Der SED-Staat
Partei, Staat und Gesellschaft 1949–1990

Das Buch

Bis zum Ende des SED-Regimes gab es keine Möglichkeit, die Geschichte der DDR genau erfassen – weder für ostdeutsche noch für westliche Historiker. Erst nach der Wiedervereinig begann die Auswertung der umfangreichen Aktenbestände in den Archiven der untergegange DDR.

Anhand des neuesten Forschungsmaterials schrieb Klaus Schroeder die erste umfasse Geschichte der DDR. Im Vordergrund steht dabei die SED. Denn die staatsführende Partei bestrebt, sich bis in die privatesten Belange der Bürger einzumischen.

Der SED-Staat ist ein Standardwerk zum Lesen und Nachschlagen, unverzichtbar für Verständnis der jüngsten deutschen Geschichte.

Der Autor

Klaus Schroeder, geboren 1949 in Lübeck-Travemünde, ist promovierter Soziologe habilitierter Politikwissenschaftler. An der Freien Universität Berlin leitet er den Forschungs bund SED-Staat und die Arbeitsstelle Politik und Technik. Er ist Autor und Herausge zahlreicher Bücher zur aktuellen deutschen Geschichte.

Klaus Schroeder
unter Mitarbeit von Steffen Alisch

Der SED-Staat
Partei, Staat und Gesellschaft 1949–1990

Propyläen Taschenbuch

Propyläen Taschenbuch 2000
erscheint in der Econ Ullstein List Verlag GmbH & Co. KG, München
© 1998 Bayerische Landeszentrale für politische Bildungsarbeit, München
Lizenzausgabe mit freundlicher Genehmigung des Carl Hanser Verlag München Wien
Buchhandelsausgabe: © 1998 by Carl Hanser Verlag München Wien
Umschlagkonzept und -gestaltung: Morian & Bayer-Eynck, Coesfeld
Titelabbildung: AKG Berlin
Gesamtherstellung: Druck + Verlag Ernst Vögel GmbH, Stamsried
Printed in Germany
ISBN 3-612-26729-9

Für Tim und Laura

Inhaltsverzeichnis

Vorbemerkung XV

Einleitung XVII

A Politisch-historische Entwicklung der SBZ/DDR 1945–1990

I Das Ende der Nazi-Herrschaft 1944/45 und die Politik der Alliierten 1

Zusammenfassung 1

Chronik 2

1. Erwägungen und Pläne der Anti-Hitler-Koalition zur Neuordnung Deutschlands 4
2. Die Nachkriegsplanungen der KPD 7
3. Die Etablierung sowjetischer Herrschaft in Ostdeutschland durch die SMAD 18

II Die verordnete Diktatur: Der Aufbau der „Volksdemokratie" 1945–1949 23

Zusammenfassung 23

Chronik 24

1. Die Gründung der Parteien und die Durchsetzung der führenden Rolle der Kommunisten 30
   a) Die Parteienlandschaft 1945/46 30
   b) Die Gründung der SED 33
   c) Die Gründung von DBD und NDPD 41
   d) Die Gründung gesellschaftlicher Organisationen 43
   e) Der Übergang von der SBZ zur DDR: Blockparteien und Massenorganisationen unter Führung der SED 46
2. Die Sowjetisierung der Gesellschaft 48
   a) Wirtschaft 48
   b) Bildungswesen 52
   c) Die politischen Parteien und die Umgestaltung der Gesellschaft ... 53
3. Wiederaufbau von Verwaltungsstrukturen und die Grundlegung des ostdeutschen Staates 54

4.	Die SED auf dem Weg zu einer „Partei neuen Typs"	59
5.	Entnazifizierung und Ausschaltung der Opposition Sonderlager und Hinrichtungen	66

III Die Gründung der DDR 1949 ... 71

Zusammenfassung ... 71

Chronik ... 72

1. Die Zementierung der Spaltung ... 74
2. Die SED als marxistisch-leninistische Partei ... 76
3. Die Staatsgründung ... 77

IV Die Etablierung der SED-Herrschaft und der Aufbau des staatlichen Gewaltapparates 1949–1960 – Krisen und Konsolidierung ... 83

Zusammenfassung ... 83

Chronik ... 84

1. Der Aufbau des Sozialismus ... 96
   a) Internationale Rahmenbedingungen ... 96
   b) Die Formierung der SED als Staatspartei ... 99
   c) Die Disziplinierung der Blockparteien und Massenorganisationen ... 101
   d) Die Kirchenpolitik der SED ... 104
   e) Der Sicherheitsapparat ... 105
   f) Die Justiz als Instrument der SED ... 107
   g) Die Umgestaltung der DDR-Wirtschaft ... 110
   h) Die ideologiezentrierte Umgestaltung der Gesellschaft ... 115
2. Zeit der Krisen: Der 17. Juni 1953 ... 119
   a) Der Weg in die Krise ... 119
   b) Die Volkserhebung ... 122
   c) Die Bewältigung der Krise ... 126
3. Zaghafte Entstalinisierung und die Stabilisierung Ulbrichts ... 131
   a) Die Integration in den sowjetischen Block und der XX. Parteitag der KPdSU ... 131
   b) Der ungarische Volksaufstand und die verschärfte Repression in der DDR ... 135
   c) Der zweite Anlauf zum „Aufbau des Sozialismus" ... 143

V Vom Mauerbau zur Entspannungspolitik – die Konsolidierung des sozialistischen Staates 1961–1971 … 149

Zusammenfassung … 149

Chronik … 150

1. Der Mauerbau … 162
   a) Außenpolitische Rahmenbedingungen … 162
   b) Innenpolitische Schwierigkeiten der DDR … 164
   c) Die Mauer … 167
   d) Folgen des Mauerbaus … 170
2. Sozialismus in einem eingemauerten Land … 173
   a) Reformversuche in Staat und Gesellschaft … 173
   b) Die Simulation des Marktes als Wirtschaftsreform: NÖSPL … 178
3. Das Scheitern der Hoffnung auf einen demokratischen Sozialismus … 183
4. Die Festschreibung der führenden Rolle der SED in der Verfassung von 1968 … 187
5. Deutsch-deutsche Beziehungen im Wandel … 189
6. Die DDR am Ende der Ära Ulbricht … 197

VI Der Beginn der Ära Honecker – eine Zeit der Versprechungen und Hoffnungen 1971–1975 … 199

Zusammenfassung … 199

Chronik … 200

1. Dramaturgie des Machtwechsels … 206
2. Die Sicherung der Macht … 210
3. Kulturpolitische Lockerungen zu Beginn der Ära Honecker … 217
4. Die Einheit von Wirtschafts- und Sozialpolitik … 219
5. Entspannung und Abgrenzung … 223

VII Das schnelle Ende der Hoffnungen 1976–1981 … 227

Zusammenfassung … 227

Chronik … 228

1. Außenpolitisch Öffnung – innenpolitisch Eindämmung … 233
2. Die „Gestaltung der entwickelten sozialistischen Gesellschaft" … 244
3. Die Krise im sozialistischen Lager … 250

VIII	**Stagnation und Krise 1981–1985**	255
	Zusammenfassung	255
	Chronik	256
1.	Die Sicherung der Macht und die Suche nach Legitimation und Sinnstiftung	261
2.	Die Ziele der SED-Westpolitik: Anerkennung der DDR und Destabilisierung der Bundesrepublik	265
3.	Der verzögerte Niedergang der DDR-Wirtschaft	269
4.	Die innere Erosion des Staatssozialismus	274
	a) Friedens- und Umweltgruppen	274
	b) Ausreisewillige	276
	c) Unzufriedenheit in der SED	278

IX	**Der Niedergang der DDR 1986–1989**	279
	Zusammenfassung	279
	Chronik	281
1.	Gorbatschow und der Niedergang der SED	288
2.	Der wirtschaftliche Offenbarungseid	306
3.	Die Formierung einer politischen Opposition	310

X	**Die DDR auf dem Weg zum vereinten Deutschland**	319
	Zusammenfassung	319
	Chronik	320
1.	Modrows vergeblicher Versuch, die DDR zu retten	327
2.	Von der SED zur PDS	332
3.	Das Ende des MfS	335
4.	Der Runde Tisch	344
5.	Deutschlandpolitischer Schlagabtausch	350
6.	Das Ende der Ära Modrow	355
7.	Auf dem Weg zur deutschen Einheit	361
8.	Die Regierung de Maizière	366
9.	Der Einigungsvertrag	375
10.	Die internationale Einbettung des deutschen Vereinigungsprozesses	378

B Strukturen der DDR-Gesellschaft

I Das politische System ... 387

1. Die SED ... 387
   a) Führungsanspruch ... 387
   b) Organisatorischer Aufbau ... 389
   c) Die Parteiführung ... 395
   d) Der Parteiapparat ... 402
   e) Mitglieder und Funktionäre ... 405
   f) Das Nomenklatursystem ... 407
   g) Die Durchsetzung der Parteimacht ... 411
2. Die Gestaltung und Inszenierung des politischen Systems durch die SED ... 412
   a) Blockparteien ... 412
   b) „Nationale Front" und Wahlsystem ... 415
   c) Massenorganisationen ... 416
3. Die SED und der Staatsapparat ... 420
4. Die SED und die (politische) Justiz ... 423
   a) Anleitung und Struktur der Justiz ... 424
   b) Das Justizpersonal ... 425
   c) Funktion und Steuerung der (politischen) Justiz ... 427
5. Das MfS – Schild und Schwert der Partei ... 430
   a) Entstehung und Entwicklung ... 431
   b) Der Rechtsstatus ... 439
   c) Die „Anleitung" des MfS ... 440
   d) Die Mitarbeiter ... 441
   e) Ausstattung, Aufgaben und Struktur ... 444
6. Die Koordinierung der Sicherheitsorgane und die geplanten Isolierungslager für Oppositionelle ... 450
   a) Bewaffnete Kräfte ... 450
   b) Das Netz der Sicherheitsorgane ... 454
   c) Isolierungs- und Internierungslager ... 456
7. Opposition im SED-Staat ... 462
   a) Opposition in einem halben Land ... 462
   b) Grundformen des antitotalitären Widerstandes ... 465
   c) Historische Erscheinungsformen der Opposition ... 466
   d) Wandel von Trägern und Motiven der Opposition ... 468
   e) Formierung und Krise einer politischen Opposition ... 469

8.	Kirchen und SED-Kirchenpolitik	474
	a) Anfänge der SED-Kirchenpolitik	475
	b) Theologisch-politische Kontinuitätslinien	476
	c) „Differenzierung" und Unterwanderung	478
	d) Der Bund der Evangelischen Kirchen in der DDR	479
	e) Der konziliare Prozeß	482
	f) „Angepaßte" Kirchen?	483

II Das Wirtschafts- und Sozialsystem … 487

1.	Das Wirtschaftssystem der DDR	487
	a) Wirtschaftsordnung	487
	b) Das System ökonomischer Planung und Lenkung	489
	Wirtschaftshierarchie	489
	Organe, Typen, Methodik und Instrumente der Planung	493
	Preise und Preissystem	496
	Anreizsysteme	498
	Kontrollsystem	501
	c) Außenwirtschaftliche Rahmenbedingungen	502
	d) Wirtschaftspolitische Kurswechsel	504
	Zwang zum wirtschaftspolitischen Experiment: NÖSPL	504
	Die Einheit von Wirtschafts- und Sozialpolitik	507
	e) Das Scheitern des planwirtschaftlichen Experimentes in der DDR	509
2.	Sozialpolitik	512
	a) Historische Entwicklungslinien	512
	b) Die DDR als Arbeitsgesellschaft	515
	c) Das soziale Netz	520
	d) Frauen- und Familienpolitik	527
	e) Die DDR als Versorgungsstaat	529
3.	Sozialstruktur	531
	a) Die soziale Umwälzung der Gesellschaft	532
	b) Die Verteilung gesellschaftlicher Ressourcen	535
	Bildung und Beschäftigung	535
	Einkommen und Vermögen	538
	c) Die soziale Schichtung der DDR	543

III Ideologie und Lebenswirklichkeiten im SED-Staat … 547

1.	Die SED-Ideologie	547
	a) Antifaschismus und Marxismus-Leninismus als Staatsdoktrin	547
	b) Antisemitische Schatten auf dem antifaschistischen Selbstbild	550
	c) Sozialistische Moral und Ethik	554

2. Das Bildungs- und Erziehungssystem 556
   a) Historische Entwicklung 556
   b) Die institutionelle Gliederung des Bildungssystems 560
   c) Die politisch-ideologische Erziehung in der Schule 563
3. Die SED-Medienpolitik. 565
4. Alltagsleben 571
   a) Sozialistischer Alltag 571
   b) Arbeitsalltag 574
   c) Konsumalltag 576
   d) Wohnen 578
   e) Freizeit 579
   f) Ausgegrenzte Außenseiter – Nicht-Deutsche und Subkulturen 583
   g) Folgen des Alltags 585

C Determinanten und Entwicklungslinien der DDR-Geschichte

I Die DDR als sowjetisierter und deutscher Teilstaat 589

1. Die deutsche Selbstpreisgabe als Teilungsvoraussetzung 589
2. Die Sowjetisierung der SBZ/DDR und ihre Einbeziehung in den sowjetischen Machtbereich 592
3. Abgrenzung und Annäherung: Das innerdeutsche Verhältnis 597

II Strukturmerkmale des DDR-Sozialismus im historischen Verlauf 607

1. Die Errichtung und Aufrechterhaltung der Parteidiktatur 607
2. Die sozialistische Umgestaltung und ideologische Formierung der Gesellschaft 614

III Der gescheiterte Totalitarismus 621

1. Der Streit um die Bewertung der DDR in der westdeutschen DDR-Forschung vor 1989 621
2. Zugänge zur Erforschung der DDR-Geschichte nach 1989 628

3. Die Kennzeichnung der DDR durch die Forschung nach 1989 632
   a) Die DDR als sozialistische Parteidiktatur 632
   b) Entstehung und Entwicklung des Totalitarismusmodells 634
   c) Die DDR: ein (spät-)totalitärer Versorgungs- und Überwachungsstaat 643

Dokumenteverzeichnis 649

Dokumente 651

Abkürzungsverzeichnis 725

Verzeichnis der Tabellen und Schaubilder 729

Literatur 731

Personenverzeichnis 775

Vorbemerkung zur Taschenbuchausgabe

Neun Jahre nach ihrem Untergang ist die DDR in den Köpfen mancher Menschen lebendiger denn je: Nicht nur unbelehrbare Einheitssozialisten, sondern auch viele „normale Bürger" und sogar einstige Oppositionelle scheinen die DDR zu vermissen. Erstere, weil sie Macht, Status und Privilegien verloren haben; letztere, weil sie sich durch die Vereinigung um ihren Erfolg, den Sturz der Diktatur, betrogen fühlen. Nicht wenige Normalbürger trauern ihr nach, weil sie sich im vereinigungsbedingten Umwälzungsprozeß um Sicherheit und Orientierung gebracht fühlen. Die meisten von ihnen wollen freilich nicht in die DDR zurück, aber im pluralistischen Werte- und Gesellschaftssystem und der Parteiendemokratie sind sie auch nicht angekommen.

Solche Einstellungen sind angesichts der gewaltigen Veränderungen nachvollziehbar, größtenteils auch verständlich. Bedenklich stimmt dagegen, daß sich eine Stimmung breitmacht, die den diktatorischen Charakter der DDR in Frage stellt oder ausblendet, wenn nicht sogar leugnet. Über einen positiven Bezug zum Alltagsleben werden wesentliche Facetten des SED-Staates bis hin zu den Herrschaftsstrukturen nostalgisch verklärt. Die aus dem Macht- und Gestaltungsanspruch der SED-Führung resultierende totalitäre Überformung des Lebens wird dabei weitgehend ignoriert.

Dieses vor knapp zwei Jahren im Hanser-Verlag erstmals erschienene Buch versucht der Verklärung durch eine nüchterne Bestandsaufnahme und eine am Totalitarismuskonzept orientierten theoretischen Einordnung entgegenzuwirken. Die überwiegend positive Resonanz auf den „SED-Staat", vor allem auch im Bildungsbereich, zeugt von einem aufgestauten, enormen Aufklärungsbedarf.

Die seither erschienenen quellengestützten Veröffentlichungen etwa zur DDR-Wirtschaft, zu den „Bewaffneten Organen", zur Arbeit des zentralen Parteiapparates, zur marxistisch-leninistischen Ideologie oder zum MfS bestätigen die Charakterisierung der DDR als eine totalitäre Gesellschaft, die sich allerdings vom ebenfalls totalitären NS-Staat in wesentlichen Punkten unterschied.

Dieser Deutung der DDR als ein spättotalitärer Versorgungs- und Überwachungsstaat ist von einzelnen Kritikern widersprochen worden. Oft wird dabei – zumeist wider besseres Wissen – unterstellt, daß totalitarismustheoretisch orientierte Darstellungen umstandslos die Anweisungen und Ansprüche der SED mit deren Realisierung gleichsetzen, also eine Identität von Herrschaftsanspruch und -wirklichkeit behaupten würden. Der unvoreingenommene Leser kann leicht feststellen, daß dieser Vorwurf jedenfalls für dieses Buch nicht zutrifft.

Mit dem Allgemeinplatz, allein herrschaftsgeschichtlich lasse sich eine Gesellschaft nicht angemessen beschreiben, wird vor allem in jüngster Zeit und gerade auch von ostdeutschen Wissenschaftlern erneut versucht, den Primat gesellschafts- bzw. alltagsgeschichtlicher Darstellungen unter weitgehender Ausklammerung oder zumindest Verharmlosung des diktatorischen Charakters der DDR durchzusetzen.

Der wiederholt anzutreffende Rückgriff auf „immanente" Betrachtungsweisen stiftet – wie schon zu Zeiten der deutschen Teilung – mehr Verwirrung als Aufklärung. Hiermit geht zumeist Verzicht auf Einordnungen wie „Diktatur", „Gewaltherrschaft" oder „totalitäre Herrschaft" einher, was die Gefahr in sich birgt, die DDR zu idealisieren bzw. als relative Idylle erscheinen zu lassen und aus dem Blickwinkel von „Nischen" zu charakterisieren. Tatsächlich blieben jedoch auch sie, wenngleich mit abnehmender Intensität, von den Macht-

und Herrschaftsstrukturen geprägt. Allein die SED-Führung und ihr Apparat entschieden über Gewährung oder Entzug von Freiräumen.

Häufig ist auch zu lesen, für den durchschnittlichen DDR-Bewohner wäre statt der Politik die ganz normale Alltäglichkeit bestimmend gewesen; dieser Bereich sei deshalb im vorliegenden Buch zu pauschal und zu kurz beschrieben. Doch gerade bei der Betrachtung des Alltagslebens wird der aus dem totalitären Charakter des Systems resultierende hypertrophe Machtanspruch der SED überdeutlich, der die Bürger zu einem ständigen quasi-schizophrenen Pendeln zwischen Anpassung und Resistenz zwang.

Selbstverständlich wurde in der DDR gefeiert, gelacht, geküßt und anderes mehr. Auch wenn die Fassaden der Diktatur überwiegend grau in grau erschienen, konnte das Leben jenseits des Offiziellen zufriedenstellend sein; Menschen waren glücklich oder traurig, gleichgültig oder engagiert. Diese Beobachtung ist ebenso richtig wie banal. Diktatoren greifen bekanntlich zumeist erst dann zum Mittel der offenen Repression, wenn sich Bürger ihren Anmaßungen widersetzen, ansonsten wollen auch sie von den Untertanen geliebt oder zumindest geschätzt werden und versuchen, dies durch soziale Zugeständnisse zu erreichen.

Zu der heute in einigen Kreisen modisch gewordenen „ostalgischen" Verklärung des DDR-Alltages besteht indes wenig Anlaß. Dieser war nicht nur von Versorgungsmängeln, vielfältigem Frust und nicht zuletzt von der auch sinnlich wahrzunehmenden fortschreitenden Zerstörung der natürlichen Umwelt geprägt. Noch gravierender war die Tatsache, daß es keinerlei wirkliche Refugien vor dem Macht- und Gestaltungsanspruch der SED gab. Der Überwachungsapparat der Staatssicherheit und die im Auftrag von Partei und Staat tätigen Denunzianten machten ohnehin weder vor Kirchentüren noch vor Privatwohnungen halt.

Die Unkenntnis über die Verhältnisse in der DDR ist immer noch groß – zu groß, weil gesellschaftlichen Unfrieden stiftend. So wird etwa die SED-Phrase vom „Friedensstaat DDR" für bare Münze genommen oder behauptet, es habe „ein hohes Maß an sozialer Gleichheit" und ein die „ganze Gesellschaft umfassendes soziales Band" gegeben. Leser dieses Buches werden schnell feststellen können, daß die empirischen Daten ein anderes Bild zeigen. Gleiches gilt für Behauptungen, die soziale Sicherheit in der DDR sei vorbildlich, die institutionelle Erziehung der Jugend vornehmlich auf solidarisches und verantwortungsbewußtes Verhalten gerichtet oder die DDR in „Ansätzen eine solidarische Gesellschaft" gewesen.

Überhaupt ist die Rede von **den** *Ostdeutschen irreführend. Weder gab es bei der großen Mehrheit der Bevölkerung eine „DDR-Identität" – diese scheint sich in beträchtlichen Teilen der Bevölkerung erst nach der Vereinigung als Trotzreaktion herausgebildet zu haben –, noch hat die angestrebte soziale und ideologische Nivellierung zu gemeinsamen Einstellungen und Verhaltensweisen oder gar zu einer Interessenidentität von Herrschern und Beherrschten geführt. Viele DDR-Bürger sind angesichts der Anmaßungen, denen sie seitens der SED und ihres Staates ausgeliefert waren, und der systembedingten Verstrickungen durchaus aufrecht durch die DDR gekommen. Auch die zahlreichen Opfer und couragierten Widerständigen haben es nicht verdient, mit denen, die sie unterdrückt und verfolgt haben, in einen Topf gesteckt zu werden.*

Abschließend möchte ich einigen Rezensenten und Lesern für Anregungen danken, die sich in dieser Auflage in entsprechenden Ergänzungen und Korrekturen niedergeschlagen haben.

Berlin, im Februar 2000   Klaus Schroeder

Einleitung

Mit dem Ende der deutschen Zweistaatlichkeit im Oktober 1990 wurde die DDR zum abgeschlossenen Kapitel deutscher Geschichte. Sie entstand als Folge des vom nationalsozialistischen Deutschland entfesselten und verlorenen Weltkrieges und blieb zeit ihrer Existenz Teil des sowjetischen Imperiums. Das diesem kleineren deutschen Teilstaat aufgezwungene Herrschafts- und Gesellschaftssystem entsprach im wesentlichen dem sowjetischen Vorbild. Die allumfassende und unbegrenzte Verfügungsmacht über Staat, Wirtschaft und Gesellschaft lag in den Händen der kommunistischen Partei, der SED. Sie vor allem bestimmte und prägte das Leben in der DDR, indem sie ihre Prinzipien, Vorstellungen und Ziele auf alle Bereiche der Gesellschaft übertrug.

Viele der vor 1989 entstandenen Darstellungen zur DDR-Geschichte sind nach dem nun möglichen Zugang zu geheimgehaltenen Daten und Akten weitgehend Makulatur bzw. stark korrekturbedürftig. Nicht nur die im Auftrag der Parteiführung verfaßten Selbstdarstellungen der SED- und DDR-Geschichte, auch ein Großteil der Werke westdeutscher Forscher zeichneten ein Bild von der DDR, das in vielen Punkten nicht der Realität entsprach. Vor allem der diktatorische Charakter des SED-Staates wurde ausgeblendet oder relativiert, wie andererseits die wirtschaftliche und politische Stabilität überschätzt wurde. Allerdings gab es auch Ausnahmen, die unter den gegebenen Bedingungen ein annähernd wirklichkeitsgetreues Bild entwarfen. Anknüpfen kann die notwendige Neubewertung der DDR-Geschichte zum Beispiel an Studien von Karl C. Thalheim zur DDR-Wirtschaft oder an Karl Wilhelm Frickes Arbeiten zur Opposition und zum Unterdrückungsapparat, aber auch an Autoren wie Martin Draht und Ernst Richert, die unter demokratietheoretischen und antitotalitären Prämissen in den 50er Jahren die DDR analysiert haben.

Die mit diesem Buch vorgelegte Gesamtdarstellung zur DDR-Geschichte bezieht die verwertbaren Ergebnisse der DDR-Forschung vor 1989 sowie der wichtigsten seitdem verfaßten zahlreichen Detailstudien mit ein. Die auf der Grundlage des jetzt zugänglichen Daten- und Aktenmaterials entstandenen Einzeluntersuchungen ermöglichen in der Gesamtschau eine Beschreibung und Einordnung der DDR, die viele Aspekte umfaßt, welche zuvor nicht bekannt waren. Möglich war dieses Buch freilich nur, weil ich mich auf Forschungsergebnisse und Vorarbeiten stützen konnte, die in dem 1992 gegründeten Forschungsverbund SED-Staat an der Freien Universität Berlin entstanden sind.

Die gewählte Darstellungsform, neben dem geschichtlichen Abriß auch die zentralen Strukturen und die begriffliche Einordnung mit aufzunehmen, soll dem Leser ein möglichst umfassendes Bild der DDR vermitteln. Hierbei mußten allein aus Platzgründen bestimmte Aspekte stärker und andere schwächer gewichtet werden. Die Herrschaftsgeschichte nimmt dabei einen größeren Raum ein als etwa die Untersuchung des Alltags oder der informellen Strukturen. Da in der DDR Herrschafts- und Gesellschaftsgeschichte – anders als zum Beispiel in der Bundesrepublik – weitgehend zusammenfallen, läßt sich diese Vorgehensweise rechtfertigen. Andere Aspekte wie etwa die Außen- und Militärpolitik oder die detaillierte Auslegung von Ideologie und Programm der SED werden nur in dem Maße berücksichtigt, wie sie zum grundsätzlichen Verständnis notwendig sind. Generell werden Bereiche, über die viele neue Forschungsergebnisse vorliegen (z. B. das MfS), stärker in die Darstellung einbezogen als andere, die bereits ausführlich in der einschlägigen Literatur behandelt wurden (z. B. der formale Aufbau des Staatsapparates).

Während im ersten Teil die wesentlichen Stationen der Errichtung, der Stabilisierung und des Niedergangs der DDR beschrieben werden, geht es im zweiten Teil bei der Untersuchung der Strukturen zwar auch um deren historische Herausbildung, aber in erster Linie um den Zustand in den achtziger Jahren. Soweit es ohne Verlust an Erklärungskraft möglich war, wurde versucht, die hiermit notwendigerweise verbundenen Überschneidungen zwischen den einzelnen Kapiteln zu begrenzen. Der Schlußteil, der vor allem dem Leser, der das Buch nur kapitelweise studiert, die Möglichkeit zu einem Gesamturteil bieten soll, enthält eine komprimierte Betrachtung von Geschichte und Strukturen sowie eine knappe Darstellung der Kontroversen um die begriffliche Kennzeichnung der DDR vor und nach 1989. Ein nachklassisches Totalitarismusmodell eignet sich dabei – zumindest in seinen Grundzügen – besser als andere Zugänge zur Beschreibung und Bewertung der DDR-Geschichte. Insgesamt läßt sich die DDR von ihren äußeren Bedingungen her als ein sowjetisierter deutscher Teilstaat und von ihrer inneren Struktur als (spät-)totalitärer Versorgungs- und Überwachungsstaat darstellen.

Das vorliegende Buch soll einen Beitrag zur Aufarbeitung der deutschen Teilungsgeschichte leisten, indem es die Geschichte der DDR auf der Grundlage der wichtigsten Forschungsergebnisse rekonstruiert und die wichtigsten Kontroversen um die Bewertung historischer Ereignisse und zentraler Strukturen offenlegt. Dies scheint mir zu diesem Zeitpunkt allein schon deshalb notwendig, um nicht den Verantwortlichen für diese Diktatur mit ihren Veröffentlichungen und Biographien das Feld der Geschichtsinterpretation zu überlassen. Die weitere Forschung wird insbesondere die Bedeutung der Sowjetunion für die Entwicklung in der DDR und das innerdeutsche Wechselspiel stärker zu gewichten haben.

Dieses Buch konnte nur mit Unterstützung von Mitarbeitern des Forschungsverbundes SED-Staat in vergleichsweise kurzer Zeit verfaßt werden. Alexander Claus, Rüdiger Dambroth, Andreas Kossert, Kerstin Pohl und Karoline Rörig möchte ich für ihre Literaturrecherchen, Frank-Uwe Fuhrmann, Peter Erler, Walter Heering, Martin Jander, Rainer Koll, Michael Kubina, Friederike Sattler, Jochen Staadt und Manfred Wilke für die Durchsicht einzelner Abschnitte oder Kapitel, kritische Anmerkungen und Ergänzungen sowie Monika Deutz-Schroeder darüber hinaus für ihre Lektoratstätigkeit danken. Ein besonderer Dank gilt Horst Laude, der mich mit seinen ausführlichen kritischen Anmerkungen und Ergänzungen zu erneutem Nachdenken über bestimmte Darstellungen und Wertungen anregte, auch wenn ich mich nicht immer seiner Meinung anschließen konnte. Ohne die zuverlässige und gleichermaßen von Sorgfalt und Geschwindigkeit geprägte Arbeit von Cornelia Wassmann wäre die technische Fertigstellung des Manuskripts in diesem Zeitrahmen wohl nicht gelungen. Wesentliche Impulse, Ergänzungen und Richtigstellungen verdanke ich Steffen Alisch, der nicht nur – ebenso wie Walter Heering, Uwe Hilmer und Martin Jander – Vorarbeiten verfaßte, sondern auch das gesamte Manuskript mitüberarbeitete und dabei zu einem unverzichtbaren Mitarbeiter wurde. Schließlich möchte ich Peter März Dank sagen, ohne dessen Anregung dieses Buch nicht entstanden wäre und dessen inhaltliche wie lektoratsmäßige Anmerkungen überwiegend Eingang in die Darstellung fanden.

Berlin, im Juni 1997   Klaus Schroeder

A) Politisch-historische Entwicklung der SBZ/DDR 1945–1990

Das Ende der Nazi-Herrschaft 1944/45 und die Politik der Alliierten

Zusammenfassung

Der vom nationalsozialistischen Deutschland entfesselte Zweite Weltkrieg führte die Kriegsgegner des Deutschen Reiches zu einem Zweckbündnis – der „Anti-Hitler-Koalition" – zusammen, dem es bis Kriegsende jedoch nicht gelang, gemeinsame Vorstellungen für Nachkriegsdeutschland zu entwickeln. Das aus unterschiedlichen Interessenlagen resultierende und trotz der militärischen Zusammenarbeit fortbestehende Mißtrauen zwischen den westlichen Alliierten und der Sowjetunion verhinderte eine gemeinsame Deutschlandpolitik. Da das nationalsozialistische Regime bis Kriegsende seine Herrschaft ungeschmälert aufrechterhalten konnte, brachte erst die „bedingungslose Kapitulation" den Zusammenbruch der NS-Herrschaft, der zugleich auch das vorläufige Ende der deutschen Staatlichkeit bedeutete. Das weitere Schicksal Deutschlands hing weitgehend von der Politik der alliierten Siegermächte ab.

Ziele sowjetischer Politik waren die Gewährleistung der eigenen Sicherheitsinteressen (Entmilitarisierung Deutschlands), Reparationen für den ökonomischen Wiederaufbau in der Sowjetunion und die Ausdehnung ihres Macht- und Einflußbereiches bis in die Mitte Europas. Ein strategisches Gesamtkonzept für die Zukunft Deutschlands existierte jedoch nicht, Stalin hielt sich mehrere Optionen offen. In dem Maße, in dem ein unter sowjetischem Einfluß stehendes Gesamtdeutschland unwahrscheinlicher wurde, forcierte er die Errichtung eines sowjetisierten deutschen Teilstaates.

Für die KPD-Führung im Moskauer Exil war unbedingte Loyalität zur Sowjetunion selbstverständlich. Unmittelbar nach der Teheraner Konferenz 1943 begann sie auf Weisung der KPdSU ihre Politik für Nachkriegsdeutschland auszuarbeiten. Sie bezog sich dabei zunächst, entsprechend dem Stand der Verhandlungen zwischen den Alliierten, auf Deutschland als Ganzes. Ihr Hauptziel war es, ein maßgeblich von der politischen Führungsrolle der KPD sowie der politischen und ökonomischen Vormachtstellung der Sowjetunion in Europa geprägtes Nachkriegsdeutschland zu schaffen, in dem perspektivisch eine sozialistische Gesellschaft nach sowjetischem Modell aufgebaut werden sollte. Zu diesem Zweck entwarf die KPD eine Bündnisstrategie, nach der die Parteien der Arbeiterbewegung gemeinsam mit bürgerlichen Kräften eine antifaschistische „kämpferische Demokratie" errichten sollten. Für den staatlich-politischen Raum war ein vordergründiger Pluralismus in Gestalt eines Blocks von Parteien und Massenorganisationen vorgesehen, dessen organisierendes und kontrollierendes Zentrum die KPD, unterstützt von den sowjetischen Besatzungsorganen, sein sollte.

Nach den alliierten Entscheidungen über die Aufteilung Deutschlands in Besatzungszonen richtete sich die politische Planung der KPD-Führung vorrangig auf die spezifischen Bedingungen und Möglichkeiten der eigenen politischen Führung entsprechend den Maßgaben der sowjetischen Organe in der von ihnen besetzten Zone. Mit Rücksicht auf das Verhältnis der Sowjetunion zu den Alliierten und die nach dem Zusammenbruch des Nationalsozialismus entstandenen inneren Bedingungen verzichtete die KPD nach Kriegsende zunächst auf ihre frühere revolutionäre Agitation und Propaganda zur Schaffung einer sozialistischen Gesellschaft nach sowjetischem Vorbild.

Die deutschen Kommunisten, die den Stalinschen Terror im sowjetischen Exil überlebt hatten, waren nicht zuletzt durch die Begleiterscheinungen dieser Säuberungsprozesse in ihrem Menschenbild und Verhalten geprägt. Ihr autoritäres Politik- und bolschewistisches Parteiverständnis und ihre bedingungslose Gefolgschaftstreue gegenüber Stalin korrespondierten mit eigenem ungeteilten Machtwillen und einer kühl kalkulierenden Skrupellosigkeit, die zur angestrebten totalen Unterwerfung von Staat und Gesellschaft unerläßlich waren.

Bestimmende Kraft in der sowjetisch besetzten Zone (SBZ) blieb freilich die mit absoluter Verfügungsgewalt ausgestattete „Sowjetische Militäradministration in Deutschland" (SMAD). Gemeinsam mit den deutschen Kommunisten, die in ihrem Sinne und ihren Weisungen folgend tätig wurden, gestaltete und kontrollierte die SMAD das politische und gesellschaftliche Leben in ihrem Machtbereich. Trotz gelegentlicher Kompetenzkonflikte und taktisch motivierter Kurswechsel Moskaus schuf die SMAD mit der Errichtung einer „antifaschistisch-demokratischen Ordnung" die Voraussetzungen für eine Sowjetisierung der SBZ. Während auf der politischen Ebene ein kontrollierter Pluralismus den Anschein demokratischer Verhältnisse wecken sollte, wurden auf der gesellschaftlichen Ebene zügig tiefgreifende Umwandlungsprozesse nach sowjetischem Vorbild eingeleitet. Die Geschichte der SBZ muß insoweit vor allem als Wirkungsgeschichte der SMAD interpretiert werden.

Chronik

23. August 1939	Nichtangriffspakt Deutschland-Sowjetunion (Hitler-Stalin-Pakt); deutsch-sowjetisches Geheimprotokoll über Abgrenzung der beiderseitigen Interessensphären in Ost- und Mitteleuropa.
22. Juni 1941	Deutscher Überfall auf die Sowjetunion.
14. August 1941	Der amerikanische Präsident Franklin D. Roosevelt und der britische Premierminister Winston Churchill verkünden die Atlantik-Charta: Gemeinsame Grundsätze für die Nachkriegspolitik; Selbstbestimmungsrecht der Völker.
11. Dezember 1941	Kriegserklärung Deutschlands an die USA.
14.–25. Januar 1943	Roosevelt und Churchill verständigen sich bei einem Treffen in Casablanca auf die Forderung nach „bedingungsloser Kapitulation" Deutschlands.
2. Februar 1943	Die 6. deutsche Armee kapituliert in Stalingrad.
Juli 1943	Gründung des „Nationalkomitees Freies Deutschland" (NKFD) in Krasnogorsk bei Moskau.
24. September 1943	Die spätere Grenze zwischen der Bundesrepublik Deutschland und der DDR wird zum ersten Mal auf einer Karte des britischen Ausschusses für Nachkriegsplanung als „Zonengrenze" gezogen.
19.–30. Oktober 1943	Moskauer Außenministerkonferenz der drei Alliierten.
28. November bis 1. Dezember 1943	Konferenz von Teheran. Roosevelt und Churchill beraten mit Stalin die alliierten Kriegsziele.
15. Januar 1944	Britischer Plan zur Aufteilung Deutschlands in drei Zonen.

15. September 1944	Der Morgenthau-Plan zur teilweisen „Entindustrialisierung" Deutschlands wird von Roosevelt und Churchill zur Kenntnis genommen.
4.–11. Februar 1945	Konferenz von Jalta. Roosevelt und Churchill treffen erneut mit Stalin zusammen.
März/April 1945	Gründung antifaschistischer Aktionsausschüsse (Antifas) in zahlreichen Städten Deutschlands.
12. April 1945	Tod Roosevelts; Harry S. Truman wird neuer US-Präsident.
30. April 1945	Adolf Hitler begeht Selbstmord.
2. Mai 1945	Die „Gruppe Ulbricht" nimmt in Berlin ihre Tätigkeit auf.
8. Mai 1945	Bedingungslose Kapitulation Deutschlands.
14. Mai 1945	Die Direktive JCS 1067 für die Arbeit der US-Militärbehörden in Nachkriegsdeutschland tritt in Kraft: Fraternisierungsverbot; Deutschland wird als „besiegter Feindstaat" definiert.
4.–9. Juni 1945	Walter Ulbricht, Anton Ackermann und Gustav Sobottka treffen in Moskau zur Vorbereitung und Festlegung des KPD-Aufrufs mit Stalin zusammen.
5. Juni 1945	Proklamationen der Besatzungsmächte zur Übernahme der Regierungsgewalt in Deutschland.
9. Juni 1945	Bildung der „Sowjetischen Militäradministration in Deutschland" (SMAD).
17. Juli bis 2. August 1945	Potsdamer Konferenz.
6. August 1945	Abwurf einer amerikanischen Atombombe auf Hiroshima.

1. Erwägungen und Pläne der Anti-Hitler-Koalition zur Neuordnung Deutschlands

Nach dem deutschen Überfall auf die Sowjetunion im Juni 1941 und der Kriegserklärung an die USA im Dezember 1941 bildeten zunächst die USA, Großbritannien und die Sowjetunion die „Anti-Hitler-Koalition", deren Ziele der militärische Sieg über die Wehrmacht und die Zerschlagung des nationalsozialistischen Regimes waren. Die Alliierten hatten jedoch keine gemeinsame politische Konzeption für das, was in Deutschland nach der militärischen Niederlage geschehen sollte. Zwar war das Thema „Deutschlandpolitik" immer wieder Gesprächsgegenstand, es kam jedoch zu keiner verbindlichen Übereinkunft in dieser Frage. Die zunächst zwischen der US- und der britischen Regierung im August 1941 vereinbarte „Atlantik-Charta", der einige Monate später auch die UdSSR unter Vorbehalt beitrat, fixierte mit der Erklärung des Verzichts auf fremdbestimmte Grenzverschiebungen und der Bestätigung des Selbstbestimmungsrechts der Völker lediglich allgemeine völkerrechtliche Prinzipien. Aber konkrete Pläne für eine Nachkriegsordnung waren hiermit nicht verbunden; vornehmlich die USA hatten zu diesem Zeitpunkt kein Interesse an Festlegungen, die spätere Handlungsoptionen hätten blockieren können, zumal die Sowjetunion aus ihrer Sicht kein verläßlicher Bündnispartner war.[1]

Frage der Nachkriegsordnung

Im Dezember 1941 unterbreitete Stalin dem britischen Außenminister Anthony Eden in Moskau einen ersten Neuordnungsvorschlag. Er forderte eine Bestätigung der sowjetischen Annexionen (u. a. Ostpolen, Baltikum), die nach seinem Pakt mit Hitler erfolgt waren, sowie generell eine Ausdehnung der sowjetischen Einflußsphäre. Die Briten wiesen diesen Vorstoß unter Hinweis auf die Atlantik-Charta und ihren Beistandspakt mit Polen zurück. Überdies fürchtete die britische Regierung eine mögliche sowjetische Dominanz in Kontinentaleuropa. Schon nach frühen strategischen Planungen Churchills für die europäische Nachkriegsordnung sollte Deutschland als Bollwerk gegen die Ausdehnung der sowjetischen Hegemonie in ein westliches Bündnis eingebunden werden. Derartige Überlegungen mußten angesichts der militärischen Lage jedoch noch zurückgestellt werden; vordringlich blieb die Herbeiführung des militärischen Zusammenbruchs der Achsenmächte.

Amerikaner und Briten hatten im Laufe des Jahres 1942 mehrfach einen vollständigen Sieg über Deutschland verlangt. Auf ihrer Konferenz im Januar 1943 in Casablanca legten sich Roosevelt und Churchill auf die Forderung nach der bedingungslosen Kapitulation des Deutschen Reiches fest. Nachdem Stalin mit mehreren Sondierungsversuchen hinsichtlich eines deutsch-sowjetischen Sonderfriedens, die an der deutschen Ablehnung scheiterten[2], seine Unzufriedenheit über die Kriegsführung der Westalliierten demonstriert hatte, kam es auf der Moskauer Außenministerkonferenz im Oktober 1943 und der Konferenz von Teheran im November/Dezember 1943 zu einer Wiederannäherung der Alliierten. Die Sowjetunion bestand jedoch auf Anerkennung der Grenzverschiebungen. Die Verhandlungspartner stimmten überein, die Eingliederung Ostpolens und des Baltikums in

---

[1] Vgl. Fischer/Rißmann 1995, S. 1304 ff.
[2] Vgl. ebd., S. 1307 f.

die Sowjetunion zu akzeptieren und Polen zu Lasten Deutschlands gebietsmäßig zu entschädigen.[3]

Die Alliierten erörterten auf beiden Konferenzen verschiedene Möglichkeiten der territorialen Aufteilung des besiegten Deutschland, Festlegungen erfolgten indes nicht. Eine weitgehende Einigung erzielten sie über die Notwendigkeit der Besetzung Deutschlands, der Demilitarisierung, Entnazifizierung und Demokratisierung sowie der Einrichtung einer alliierten Kontrollkommission.

Die Außenminister setzten die European Advisory Commission (EAC) ein, die Vorschläge für eine gemeinsame Besatzungspolitik und eine mögliche territoriale Aufgliederung Deutschlands ausarbeiten sollte. Auf Grundlage eines britischen Vorschlages erfolgte am 12. September 1944 die Verabschiedung eines Protokolls über die Aufteilung Deutschlands in Besatzungszonen. Die Sowjetunion stimmte dem britischen Plan zu, da die für sie vorgesehene Zone weit größer als erhofft ausfiel, das Prinzip der gemischten Besetzung der Zonen aufgegeben wurde sowie die Hoheitsrechte der jeweiligen Oberbefehlshaber fixiert worden waren. Bereits zuvor hatte Großbritannien der sowjetischen Forderung zugestimmt, das Ziel der bedingungslosen Kapitulation auch auf die osteuropäischen Satellitenstaaten Deutschlands auszuweiten.[4]

Aufteilung Deutschlands in Besatzungszonen

Die von der EAC entwickelten Vorstellungen sahen für Berlin eine Sonderregelung vor. Geplant war eine gemeinsame Verwaltung der Stadt. Ansonsten sollte die Kompetenz des Alliierten Kontrollrats jedoch auf Angelegenheiten beschränkt bleiben, die Deutschland als Ganzes betrafen; seine Entscheidungen hatten einvernehmlich zu erfolgen. Die am 5. Juni 1945 schließlich von den drei Siegermächten und Frankreich unterzeichnete „Erklärung in Anbetracht der Niederlage Deutschlands und der Übernahme der obersten Regierungsgewalt hinsichtlich Deutschlands" basierte ebenfalls auf Ergebnissen der EAC, enthielt allerdings keine präzisen inhaltlichen Bestimmungen.[5]

Obgleich sich auf der Konferenz von Jalta im Februar 1945 die Verhandlungspartner prinzipiell auf eine Teilung Deutschlands verständigten, faßten sie noch keine endgültigen Beschlüsse. Auf Drängen Großbritanniens einigten sie sich nur auf die Anerkennung Frankreichs als Besatzungsmacht und seine Aufnahme als Mitglied im Alliierten Kontrollrat. Diese Maßnahme diente aus britischer und amerikanischer Sicht der Zurückdrängung einer absehbaren sowjetischen Expansionspolitik in Osteuropa.

Verbindliche Übereinkünfte über die territoriale Aufgliederung und eine einheitliche Verwaltung Deutschlands, über die konkrete Regelung der Reparationen sowie über die definitive Anerkennung der Oder-Neiße-Linie als polnische Westgrenze konnten nicht erzielt werden. Kritiker wie der amerikanische Botschaftsrat in Moskau, George F. Kennan, werteten das Ergebnis, insbesondere die Polen-Erklärung, dennoch als ein Zurückweichen der Westalliierten vor sowjetischem Hegemoniestreben in Mittel- und Osteuropa.[6] Die Westalliierten stimmten sogar der Regelung zu, die auf deutscher Seite kämpfenden russischen Soldaten (Wlassow-

---

[3] Vgl. Graml 1985, S. 27 ff.
[4] Vgl. Steininger 1996a, S. 17 ff.
[5] Vgl. Fischer/Rißmann 1995, S. 1317/1318.
[6] Vgl. Schöllgen 1996, S. 41.

Zukünftige Konfliktlinien

Armee), aber auch sowjetische Bürger, die in (West-)Europa Asyl erlangt hatten, in die Sowjetunion zurückzuschicken, wo sie Lagerhaft und in vielen Fällen auch der sichere Tod erwartete.[7]

Im Abschlußkommuniqué von Jalta zeichneten sich die zukünftigen Konfliktlinien in Europa schon deutlich ab. Die Sowjetunion trachtete nach Ausweitung ihres Einflußbereiches und versprach sich von Reparationen eine rasche Behebung der Kriegsschäden und Stärkung der eigenen Wirtschaftskraft. Großbritannien favorisierte die Herstellung einer europäischen Balance, weswegen es eine Aufwertung Frankreichs und eine nicht zu starke Schwächung Deutschlands wünschte. Den Vereinigten Staaten wurde zunehmend bewußt, daß ein stabiles Gleichgewicht in Mitteleuropa nur durch ein dauerhaftes amerikanisches Engagement zu gewährleisten war. Da die Sowjetunion sich einverstanden erklärte, in den Krieg gegen Japan miteinzutreten und Mitglied der Vereinten Nationen (UN) zu werden, waren die USA zu Kompromissen gegenüber der Sowjetunion bereit.[8]

Unmittelbar nach der Konferenz von Jalta verschärften sich die Interessengegensätze unter den Kriegsalliierten. Churchill warnte nun offen vor der expansiven Politik der Sowjetunion, die unter Mißachtung des Selbstbestimmungsrechtes der osteuropäischen Völker ihre Einflußsphäre auszuweiten trachtete. In einer Botschaft an Stalin vom 28. April 1945 protestierte er gegen das sowjetische Vorgehen in Ostmittel- und Südosteuropa; wenige Tage später sprach er in einem Telegramm an Truman, der inzwischen den verstorbenen Roosevelt als amerikanischer Präsident abgelöst hatte, erstmals vom „Eisernen Vorhang", der bald Europa und die Welt teilen würde. Als Konsequenz befürwortete der britische Premier eine Stärkung der jeweiligen Zonenverwaltung gegenüber der alliierten Zentrale.[9]

Die Haltung von Präsident Truman gegenüber der SU schwankte zwischen harten Worten und versöhnlichen Gesten. Im Gegensatz zur britischen Politik der „Eindämmung" des sowjetischen Expansionsstrebens verfolgten die USA zumindest bis zur deutschen Kapitulation das Ziel der kooperativen Friedenssicherung durch alle Bündnispartner. Die Schwächung Deutschlands sollte über Dezentralisierung und Föderalisierung, aber nicht über eine staatliche und wirtschaftliche Teilung erreicht werden. Die Direktive JCS 1067 an den Oberbefehlshaber der US-Streitkräfte befahl eine harte Linie gegenüber der deutschen Bevölkerung, sprach ein „Fraternisierungsverbot" aus und verordnete eine rigide Aufsicht über das politische Leben im „besiegten Feindstaat".[10]

Sowjetische Ziele in Deutschland

Der Sowjetunion ging es unter Hinweis auf ihr Sicherheitsbedürfnis um die Erweiterung ihres Macht- und Einflußbereiches sowie um die Sicherstellung umfangreicher Reparationen. Die Grundlinien ihrer Deutschlandpolitik sollten unter maßgeblicher Beteiligung der deutschen Kommunisten verwirklicht werden. Maximalziel war die Kontrolle über Gesamtdeutschland. Daher sah Stalin am 9. Mai 1945 keinen Anlaß, „Deutschland zu zerstückeln oder zu zerteilen".[11] Gleichwohl ließ er im internen Gespräch keinen Zweifel an der Grundlinie der sowjetischen

---

7 Vgl. Steininger 1996a, S. 35.
8 Vgl. Graml 1985, S. 31 ff.
9 Vgl. Fischer/Rißmann 1995, S. 1322.
10 Vgl. ebd., S. 1323.
11 Vgl. ebd., S. 1325.

Nachkriegspolitik aufkommen. Dem Stellvertreter Titos, Milovan Djilas, erklärte er 1944: „Dieser Krieg ist nicht wie in der Vergangenheit; wer immer ein Gebiet besetzt, erlegt ihm auch sein eigenes gesellschaftliches System auf. Jeder führt sein eigenes System ein, soweit seine Armee vordringen kann. Es kann gar nicht anders sein."[12]

Das in den Kreis der Siegermächte aufgenommene Frankreich betrieb zunächst die nachhaltige Schwächung Deutschlands verbunden mit der Auflösung seiner territorialen Einheit. Frankreich forderte eine internationale Kontrolle des Ruhrgebietes, die Abtrennung des Saarlandes, der gesamten links- sowie einiger rechtsrheinischer Gebiete. Erst im Sommer 1947 führten die Ost-West-Spannungen dazu, daß auch Frankreich auf die inzwischen moderater gewordene deutschlandpolitische Linie der beiden anderen Westalliierten einschwenkte.[13]

Da unter den Alliierten bis zum Zeitpunkt der deutschen Kapitulation am 8./9. Mai 1945 noch keine Einigung über die Neugestaltung Deutschlands hergestellt werden konnte, trafen Truman, Churchill und Stalin im Juli/August 1945 zu erneuten Verhandlungen in Potsdam zusammen. Doch auch die hier ohne Beteiligung Frankreichs erzielten Übereinkünfte brachten keinen Durchbruch. Die getroffenen Regelungen hatten zudem nur politischen Charakter, eine völkerrechtswirksame Ratifizierung der Beschlüsse erfolgte nicht. Weiterhin verzichteten die Verhandlungspartner auf eine endgültige territoriale Aufteilung des Reichsgebietes. Wegen des zunehmenden Dissenses mit der Sowjetunion betonten die Westmächte stärker die Zuständigkeit des Alliierten Kontrollrates für Deutschland als Ganzes. Da sie jedoch gleichzeitig den jeweiligen Oberbefehlshabern Handlungsfreiheit einräumten, waren Blockaden der gemeinsamen Politik absehbar. Die Proklamation, Deutschland als wirtschaftliche Einheit zu betrachten, wurde durch die Aufteilung in Reparationsgebiete für die einzelnen Besatzungsmächte ebenfalls unterlaufen. Hieran änderten auch die auf der Konferenz vereinbarten interzonalen Ausgleichslieferungen nichts.

Potsdamer Konferenz

In allgemeinen politischen Grundsätzen der Besatzungspolitik waren sich die Alliierten einig: Demilitarisierung, Entnazifizierung, Entflechtung der Konzerne sowie Dezentralisierung und Demokratisierung der Macht. Strittig bzw. ausgeklammert blieben konkrete Maßnahmen zur Durchsetzung dieser Ziele. Da sich die Verhandlungspartner auf der Potsdamer Konferenz nur auf grobe Zielbestimmungen und allgemeine Absprachen verständigen konnten und den kontroversen Problembereichen durch interpretationsbedürftige Kompromißlösungen auswichen, war eine der Folgen, die Teilung Deutschlands, vorgezeichnet.[14]

2. Die Nachkriegsplanungen der KPD

Die Vorstellungen, die die deutschen Kommunisten im Moskauer Exil zur Gestaltung Nachkriegsdeutschlands entwickelten, haben bisher kaum Eingang in Gesamtdarstellungen zur Geschichte der SBZ/DDR gefunden. Die Auswertung der seit 1990 zugänglichen Quellen bestätigt, daß die Moskauer KPD-Führung seit 1943

---

[12] Zit. nach: Steininger 1996a, S. 86.
[13] Vgl. Fischer/Rißmann 1995, S. 1325.
[14] Vgl. ebd., S. 1328/29 und Steininger 1996a, S. 86.

Strategie der KPD ab 1943

die Strategie verfolgte, unter dem Schutzschild der Roten Armee in Gesamtdeutschland bzw. – nach Bekanntwerden der zonalen Aufteilung – zumindest in den sowjetisch besetzten Gebieten eine maßgeblich von ihr bestimmte politisch-soziale Ordnung zu etablieren, wobei dieses Vorhaben mit Stalins Expansionsstreben korrespondierte. Da sich die deutschen Kommunisten den Interessen der sowjetischen Führung unterordneten, vollzog die KPD jede taktisch oder strategisch motivierte Kursänderung der Sowjetführung nach.

„Brüsseler" Exil-Konferenz 1935

Zwei Jahre nach ihrem Verbot durch die Nationalsozialisten hatte die KPD auf ihrer „Brüsseler" Exil-Konferenz, die in Wirklichkeit in der Nähe von Moskau stattfand, im Oktober 1935 einen grundlegenden strategischen und taktischen Kurswechsel vorgenommen.[15] In Nachvollzug der Beschlüsse des VII. Weltkongresses der Kommunistischen Internationale (Komintern) verabschiedete sie sich von der Sozialfaschismustheorie, mit der sie selbst nach Hitlers Machtübernahme SPD und NSDAP noch nahezu gleichgesetzt hatte; die Sozialdemokratie wurde nicht länger als „soziale Hauptstütze der Bourgeoisie" angesehen.[16]

Aktionseinheit der Arbeiterklasse

Zur zentralen Aufgabe wurde jetzt „die Herstellung der Aktionseinheit aller Teile der deutschen Arbeiterklasse und die Schaffung der antifaschistischen Volksfront aller Werktätigen zum Kampf gegen die faschistische Diktatur und für ihren Sturz" erklärt.[17] Das korrespondierte mit der gleichzeitigen Abkehr von der ebenfalls nach der Hitlerschen Machtergreifung weiterhin aufrechterhaltenen strategischen Konzeption, die die Errichtung der „Diktatur des Proletariats", eines „Sowjetdeutschlands", als unmittelbares Kampfziel der KPD proklamiert hatte. Unter Berufung auf Lenins Diktum, die Partei müsse „die Form des Übergehens zur proletarischen Revolution oder des Herangehens an sie" ausfindig machen[18], führte Wilhelm Pieck in seinem grundlegenden Referat auf der Brüsseler Konferenz aus, daß die Erreichung des revolutionären Endzieles „nur durch die Heranführung der Massen an den Kampf um dieses Ziel auf Grund ihrer eigenen Erfahrungen und der Erkenntnis von der Notwendigkeit dieses Ziels möglich ist".[19] Für das Teilziel „Sturz der faschistischen Diktatur" gelte es, solche Losungen aufzustellen, die geeignet sind, „auch alle die Schichten für den Kampf um dieses Ziel zu gewinnen, die noch nicht von der Richtigkeit des kommunistischen Programms und unseres Endziels überzeugt, ja, die vielleicht sogar dagegen sind."[20]

Die Taktik der proletarischen Einheitsfront, die bislang als „Einheitsfront von unten", d. h. mehr oder weniger direkt als Werbung sozialdemokratischer und anderer Arbeiter für die Mitglied- und Anhängerschaft der KPD verstanden worden war, sollte nun „auf neue Art" angewendet werden: als Aktionseinheit zwischen den beiden Parteien, ihren Organisationen und Leitungen sowie den Mitgliedern. Ausgangspunkt und Hauptinhalt der Einheitsfront und entsprechender „Abkommen" sollten der Kampf um die ständige Verteidigung der unmittelbaren wirtschaft-

---

[15] Die wichtigsten Materialien der Brüsseler Konferenz sind veröffentlicht in: Mammach 1975. Siehe besonders die Berichte von Pieck und Florin sowie die Resolution der Konferenz.
[16] Vgl. hierzu besonders Mammach 1975, S. 86 ff. und S. 589 f.
[17] Vgl. ebd., S. 588.
[18] Vgl. ebd., S. 172.
[19] Vgl. ebd., S. 164.
[20] Vgl. ebd., S. 170.

lichen, politischen und sozialen Interessen der Arbeiter, für demokratische Freiheiten und die Erhaltung des Friedens sein.[21] Die antifaschistische Volksfront, als deren führende Kraft die proletarische Einheitsfront aktiv werden sollte, war als „Vereinigung aller Gegner des faschistischen Regimes auf ein politisches Kampfprogramm gegen die faschistische Diktatur" und als Kampfbündnis der Arbeiterklasse mit den werktätigen Bauern, dem städtischen Mittelstand (Kleinbürgertum) und den Intellektuellen als „Zusammenschluß aller Werktätigen in Stadt und Land zum Kampf für Freiheit, Frieden und Brot" gedacht. Darüber hinaus sollte sie die Aktivitäten bürgerlicher Oppositionsgruppen mit eigenen Aktionen verbinden.[22]

Aus dem Aufschwung der revolutionären Massenbewegung könne sich unter den Bedingungen der politischen Krise beim Sturz des Nationalsozialismus die Möglichkeit und Notwendigkeit der Bildung einer Regierung der proletarischen Einheitsfront oder der antifaschistischen Volksfront ergeben, „die noch keine Regierung der proletarischen Diktatur ist", aber „entschlossene Maßnahmen gegen Faschismus und Reaktion, gegen Großkapitalisten und Großagrarier durchführt und den Kampf der Arbeiterklasse und die Tätigkeit der kommunistischen Partei in keiner Weise einschränkt".[23] Im Zusammenhang mit dem Gedanken der Einheitsfront wurde auf der Brüsseler Konferenz außerdem bereits propagandistisch die Perspektive der „Schaffung einer einheitlichen revolutionären Massenpartei des deutschen Proletariats" ins Spiel gebracht. Eine solche Partei müsse „die Notwendigkeit des revolutionären Sturzes der Bourgeoisie und die Aufrichtung der Diktatur des Proletariats in der Form der Sowjets" anerkennen und auf der Grundlage des „demokratischen Zentralismus" aufgebaut sein.[24]

Der neue strategische und taktische Ansatz der Brüsseler Konferenz wurde von der KPD-Führung weiter ausgearbeitet und konkretisiert in den „Richtlinien für die Ausarbeitung einer politischen Plattform der deutschen Volksfront", die Wilhelm Pieck im Juni 1936 dem Pariser „Ausschuß zur Vorbereitung einer deutschen Volksfront" unter dem Vorsitz von Heinrich Mann übergab.[25]

Deutsche Kommunisten im Moskauer Exil

Die Verfolgung durch die Nationalsozialisten trieb in der ersten Hälfte der dreißiger Jahre etwa 5000 bis 6000 deutsche Kommunisten ins Moskauer Exil. Mehr als 1000 KPD-Mitglieder fielen den von Stalin angeordneten „Säuberungen" zum Opfer.[26] Wer den stalinistischen Gulag überlebte, war in vielfacher Weise gebrochen und hatte sehr oft ein von tiefem Mißtrauen und Zynismus geprägtes Menschen- und Gesellschaftsbild verinnerlicht.

Die in Moskau als Funktionäre und Mitarbeiter der Komintern agierenden ZK-Mitglieder der KPD um den 1935 zum Parteivorsitzenden gewählten Wilhelm Pieck hatten – nach der Internierung des in Paris von Franz Dahlem geleiteten „Auslandssekretariats" der KPD bei Ausbruch des Zweiten Weltkrieges – im Oktober 1939 auch formell die „Führung der Partei" übernommen. Im Juni 1941

---

21 Vgl. ebd., S. 588 ff.
22 Vgl. ebd., S. 598 ff.
23 Vgl. ebd., S. 171 ff.
24 Vgl. ebd., S. 168 bzw. S. 593.
25 Vgl. SAPMO-BArch, ZPA, NY 4036/558.
26 Vgl. Bahne 1993, S. 236 ff. und Weber 1990, S. 17 ff.

setzte sich diese Führung aus Wilhelm Pieck, Wilhelm Florin, Walter Ulbricht, Anton Ackermann und Elli Schmidt zusammen. Dieses Quintett verfügte über gemeinsame Erfahrungen aus zum Teil langjähriger Arbeit in der KPD-Führung und den Leitungsorganen bzw. dem Apparat der Komintern. Die vier Erstgenannten hatten zudem bis 1937 dem anschließend aufgelösten Politbüro angehört.[27] Erfolgreich sicherte diese Moskauer Gruppe ihre Führungsrolle gegen Auslandskader der KPD in anderen Exilländern ab.

Kurswechsel nach Hitler-Stalin-Pakt

Nach dem Hitler-Stalin-Pakt vom August 1939 und dem Beginn des Zweiten Weltkrieges mit dem deutschen Überfall auf Polen am 1. September vollzog die KPD-Führung im Schlepptau der Komintern einen erneuten Kurswechsel. Das Bekenntnis führender SPD-Emigranten, gemeinsam mit anderen sozialdemokratischen Parteien an der Seite der westeuropäischen Demokratien gegen das NS-Regime zu kämpfen, veranlaßte die KPD-Führung zu einer in scharfem Ton verfaßten Stellungnahme gegen diese Politik der Sozialdemokratie. In einem „Brief der Parteileitung an die Leitungen und Funktionäre der KPD im Lande über die Aufgaben der Partei" vom 21. Oktober 1939 wurde behauptet, der Übergang dieser Parteien „in das Lager des englischen Imperialismus" und „sogenannter ‚demokratischer' bürgerlicher Richtungen auf die Seite der imperialistischen Kriegstreiber" mache die Weiterführung der bisher verfolgten Taktik der Einheits- und Volksfront „unmöglich". Der Krieg verschärfe die Krise des Kapitalismus und stelle die Arbeiterklasse vor die historische Aufgabe der Beseitigung des Kapitalismus und der Verwirklichung des Sozialismus. Unter diesen Bedingungen müsse die KPD ihre Kraft darauf konzentrieren, die Aktionseinheit der Arbeiter herzustellen und sie „für den gemeinsamen Kampf mit der KPD und für die sozialistische Sowjetunion zu gewinnen". Die „reaktionären" führenden Kräfte der SPD und der bürgerlichen Parteien sollten als „Verräter" bekämpft werden.[28]

Die „Moskaukader" – nach dem Angriff Deutschlands auf die Sowjetunion im Juni 1941 von den ideologischen Irritationen im Gefolge des Hitler-Stalin-Paktes befreit – hofften lange Zeit auf die Selbstbefreiung der Deutschen von der NS-Diktatur. Für die Zeit nach einer „Volkserhebung" gegen Hitler entwarfen sie unermüdlich immer neue Konzeptionen, die sich in ihrer Substanz aber kaum von den Ausarbeitungen von 1935/36 unterschieden.

Nachdem Stalin im Juni 1943 die Komintern auflösen ließ – vermutlich nicht zuletzt um Befürchtungen der Westalliierten über eine kommunistische Unterwanderung anderer Länder zu zerstreuen –, erhielt die Moskauer KPD-Führung ihre „Anleitung" direkt von sowjetischen Partei- und Staatsinstanzen. Auch weiterhin spielte sie nur die Rolle eines Ratgebers, der Vorschläge und Ausarbeitungen bei den zuständigen Stellen zur Bewilligung einreichen konnte.[29]

Nationalkomitee „Freies Deutschland"

Typisch für die „Bündnis"-Aktivitäten der KPD war die von der sowjetischen Führung inspirierte Gründung des Nationalkomitees „Freies Deutschland" (NKFD) am 12./13. Juli 1943 in Krasnogorsk bei Moskau. Das NKFD sollte insbesondere Agitationsarbeit unter den deutschen Fronttruppen bzw. Kriegsgefangenen leisten sowie für Flugblatt- und Radiopropaganda nach Deutschland

---

27 Vgl. Erler u. a. 1994, S. 24.
28 Vgl. SAPMO-BArch, ZPA, Ry 5/I 6/10/75.
29 Vgl. ebd., S. 63.

zuständig sein. Sein Manifest, das vor allem den Sturz des NS-Regimes durch das deutsche Volk selbst forderte, wurde neben zwölf kommunistischen Emigranten (darunter Pieck, Ackermann, Florin und Ulbricht) auch von 33 Wehrmachtsangehörigen unterschrieben.[30] Doch die angestrebte Vermeidung der Besetzung Deutschlands erwies sich angesichts der militärischen Erfolge der Sowjets und der innenpolitischen Lage in Deutschland zunehmend als unrealistisch.

Kurze Zeit vor der Teheran-Konferenz, am 20. November 1943, erläuterte Georgi Dimitroff, Ex-Generalsekretär der Komintern und nunmehr Verbindungsmann der KPdSU zu den anderen kommunistischen Parteien, der KPD-Führung die neuen Gegebenheiten, von denen bei der weiteren Planung auszugehen sei. Aufzeichnungen Florins vom selben Datum halten fest, es sei der Hitler-Partei gelungen, die Massen und vor allem die Jugend an sich zu binden und alle Opponenten aus dem Staatsapparat zu beseitigen. Das Regime sei imstande, „alle Bewegungen noch zu unterdrücken und am Boden zu halten". Deswegen werde der Zusammenbruch wahrscheinlich nicht durch die Revolution kommen, sondern durch die unmittelbaren Schläge von außen. „Das bedeutet die Okkupation durch die Mächte." Die KPD ging deshalb bei den konzeptionellen Überlegungen für die Gestaltung Nachkriegsdeutschlands von einem unmittelbaren Zusammenspiel mit der sowjetischen Besatzungsmacht aus: „Daraus folgt eine große Frage: Organisierung einer solchen Volkskraft, die mit Unterstützung der Sowjetmacht das neue Deutschland organisiert ... So kann ein demokratisches Volksdeutschland kommen."[31] Die Beratungen innerhalb der Moskauer KPD kreisen von diesem Zeitpunkt an um die Frage möglicher Aktionspartner und „Bundesgenossen" sowie die gesellschaftliche und politische Struktur des neuen Deutschland.

Okkupation durch die Mächte

Nach einem erneuten Treffen mit Dimitroff am 13. Januar 1944, bei dem das weitere konzeptionelle und organisatorische Vorgehen festgelegt und auch die Anweisung zur Bildung eines „Blocks der kämpferischen Demokratie" gegeben wurde, setzte die KPD-Führung am 6. Februar 1944 eine zwanzigköpfige Funktionärs-Kommission zur Ausarbeitung konzeptioneller Vorstellungen für die politische Gestaltung Nachkriegsdeutschlands („Arbeitskommission des ZK") ein. Die Arbeitsergebnisse dieser Kommission mündeten unmittelbar in dem von Oktober bis Dezember 1944 von der KPD-Führung entworfenen „Aktionsprogramm des Blockes der kämpferischen Demokratie".[32]

Block der kämpferischen Demokratie

Der von Dimitroff stammende zentrale Begriff der „kämpferischen Demokratie" sollte einerseits zum Ausdruck bringen, daß die „Diktatur des Proletariats" und das „Endziel" Sozialismus nicht als unmittelbare Aufgabe der politischen und gesellschaftlichen Neugestaltung Deutschlands angesehen wurden. Andererseits sollte er eine von bürgerlich-parlamentarischen Verhältnissen ausgehende, aber zugleich über sie „hinausgehende" Form von „Demokratie" charakterisieren, die die aus KPD-Sicht bestehenden Schwächen der Weimarer Republik überwinden sollte. Der kommunistischen Partei war eine staatstragende Rolle zugedacht.[33]

---

30 Vgl. ebd., S. 63 ff.
31 Vgl. ebd., S. 68 ff.
32 Vgl. ebd., S. 83.
33 Vgl. „Zum Aktionsprogramm der KPD" – handschriftliche Disposition Wilhelm Piecks für eine Lektion vor dem 1. Lehrgang der KPD, o. D., am 18. Oktober 1944 vorgetragen, in: ebd., S. 247 ff.

Die allgemeinen Zielsetzungen eines künftigen Programms sind in einem (undatierten) maschinenschriftlichen Dokument aus dem Nachlaß Florins umrissen (Notizen zur „Orientierung der Kommunisten"), das höchstwahrscheinlich von Januar/Februar 1944 stammt:

> „Für die Konzentration der Kräfte in Deutschland zum Kampfe gegen die Reaktion und für den Aufbau eines neuen freien Deutschland ist die Schaffung eines Blocks der kämpferischen Demokratie notwendig ... Der Block soll alle antifaschistischen und antiimperialistischen Organisationen, Parteien, Gruppen und Persönlichkeiten zusammenfassen. Die Kommunisten geben in diesem Block die Hauptorientierung der innen- und außenpolitischen Linie und die entsprechenden Forderungen ..."[34]

Konkretisiert wurden die von Florin nur stichwortartig aufgelisteten Ziele durch die verschiedenen Entwürfe für das erwähnte Aktionsprogramm. Nach dem im Grundsatz von Wilhem Pieck erarbeiteten 3. Entwurf sollte im neuen Deutschland die „Allmacht des faschistisch-imperialistischen Monopolkapitals" durch die „Enteignung der großen Kriegsverbrecher" und der „Kriegsschuldigen" (ein bewußt weit, im Sinne des kommunistischen Imperialismusverständnisses, gefaßter Begriff) und mittels „Lenkung und Kontrolle der Wirtschaft durch die Organe des demokratischen Staates im engen Zusammenwirken mit den Betriebsräten und Gewerkschaften" gebrochen werden. Im gleichen Sinne sollte die geforderte „demokratische Bodenreform zugunsten der landarmen Bauern und der Landarbeiter" wirken. Die „Freiheit der bäuerlichen Wirtschaft und ihre staatliche Förderung" wurde ebenso zugesichert wie die „Wirtschaftsfreiheit des gewerblichen Mittelstandes und Sicherung seiner Existenz".

Die zweite Hauptsäule der programmierten Umwälzung betraf die völlige Neugestaltung des politischen Systems. Der „Zerschlagung des imperialistischen Kriegs- und Gewaltapparates", verbunden mit der Verhaftung und Bestrafung der „Nazimörder", „Kriegsverbrecher" und „Kriegsschuldigen" sowie mit der „gründliche(n) Säuberung des gesamten Staatsapparates und der Kommunalverwaltungen von allen faschistischen Elementen" sollte die „Aufrichtung eines starken demokratischen Volksregimes" folgen. Die Forderung nach „Schaffung einer festen Ordnung, Disziplin und Sauberkeit im staatlichen und wirtschaftlichen Leben" zielte, unter Berufung auf die notwendige Beseitigung des vom Hitlerregime hinterlassenen Chaos, auf eine betont starke und autoritäre Staatsmacht. Die Zuordnung des Gedankens einer „Umstellung der Wirtschaft in den Dienst des Volkes" zur Forderung nach dem „starken demokratischen Volksregime" ließ überdies eine besondere Akzentuierung der wirtschaftspolitischen Funktion des Staates erkennen. Die Wiederherstellung des freien, gleichen, geheimen und direkten Wahlrechts für alle staatlichen und kommunalen Organe auf Grund des Verhältnis-Wahlsystems stand als programmatische Forderung neben der Schaffung und Entwicklung von „Volksorganen zur Kontrolle und Sicherung der Durchführung der beschlossenen Gesetze und Maßnahmen zur Heranziehung der Volksmassen zur aktiven Teilnahme am Staatsleben". Wie schon in vorausgegangenen programmatischen Ausarbeitungen wurden „volle Glaubens- und Gewissensfreiheit", „Freiheit der Organisation, der Presse und der Versammlung" und, ergänzend, auch

Starke Staatsmacht

---

[34] Zit. nach: ebd., S. 90.

„Freiheit der wissenschaftlichen Forschung und Lehre und der schöpferischen, künstlerischen Gestaltung" proklamiert.

Als eine dritte Grundaufgabe der politischen und sozialen Neugestaltung war die antifaschistische „Umerziehung des ganzen Volkes zur Demokratie", die Überwindung der „imperialistischen Verseuchung und knechtischen Erziehung des deutschen Volkes" und seines Rassismus apostrophiert. Als Voraussetzungen dafür wurden das Verbot jeder faschistischen und imperialistischen Propaganda, die „Säuberung des gesamten Erziehungs- und Bildungswesens (Schulen, Universitäten, Theater, Kino, Literatur, Zeitungen usw.) von dem faschistischen, imperialistischen Unrat und Ungeist" und die „Pflege eines wahrhaft demokratisch-freiheitlichen nationalen Geistes zur Wiederherstellung der Ehre der Nation", die Umerziehung „für den Frieden und die Freundschaft der Völker" gesehen.[35]

Antifaschistische Umerziehung

Auf der Grundlage des 3. Entwurfs erstellte Anton Ackermann im November/Dezember 1944 eine stärker auf agitatorische Wirksamkeit ausgerichtete Fassung, deren Veröffentlichung unmittelbar nach Kriegsende geplant war. Vor allem in der detaillierten Bestimmung des „Blocks der kämpferischen Demokratie" als „die nationale Wiederaufbau- und die demokratische Erneuerungsbewegung, die alle Kräfte des schaffenden deutschen Volkes aus allen Gauen, allen Altersstufen über die weltanschaulichen und politischen Unterschiede hinweg erfaßt", kam das Bestreben der KPD sehr deutlich zum Ausdruck, als politischer Kern einer breiten nationalen Sammlungsbewegung zu fungieren und andere politische Kräfte des Neubeginns wohlkalkuliert zu umarmen.[36]

Umarmung anderer Kräfte

Florin hielt am 6. März 1944 in der genannten „Arbeitskommission" eine programmatische Rede zur Deutschlandpolitik der KPD.[37] Hier prophezeite er die später in den Kalten Krieg einmündende Systemauseinandersetzung zwischen Ost und West, die auch die Konflikte um Deutschland begründen werde. Aus dieser Perspektive forderte er eine strikte Orientierung Nachkriegsdeutschlands auf die konsequente Einbindung in das europäische Glacis der Sowjetunion. Diesem Ziel, für das auch Teile des deutschen Bürgertums gewonnen werden sollten, räumte Florin Vorrang vor der sozialistischen Umgestaltung ein. In der aktuellen Situation des Krieges bekräftigte er zugleich die Notwendigkeit, „das Bündnis der drei Großmächte weiter zu unterstützen und nichts zu unternehmen, was der Reaktion in den Vereinigten Staaten und England erlauben könnte, dieses Bündnis zum Bruch zu treiben". Unter Berücksichtigung dieser Realitäten gelte es für die KPD, „hinsichtlich der inneren Umgestaltung Deutschlands das weitgehendste, was die internationale Lage und die Kräfteverhältnisse in Deutschland selbst erlauben, zu erreichen".

Im März 1945 stellte Pieck fest, die KPD habe in der zu erwartenden Situation nach dem Sturz des NS-Regimes die Chance, „unsere Partei zu der großen wahrhaft nationalen Volkspartei (zu) entwickeln".[38] Arbeiter, Bauern, Angestellte, Beamte,

---

[35] „Aktionsprogramm des Blockes der kämpferischen Demokratie" – maschinenschriftlicher 3. Entwurf, o. D., (1944), in: ebd., S. 265 ff.

[36] Vgl. „Aktionsprogramm des Blocks der kämpferischen Demokratie" – maschinenschriftliche Abschrift des Entwurfs von Anton Ackermann von Ende 1944, in: ebd., S. 290 ff.

[37] Vgl. Erler u. a. 1994, S. 83 ff.

[38] Vgl. die handschriftliche Disposition Wilhelm Piecks auf dem zweiten Lehrgang der Parteischule der KPD, vorgetragen am 1. März 1945, in: ebd., S. 361 ff.; hier: S. 378.

Angehörige des Mittelstandes, selbst Katholiken und Protestanten sollten als Mitglieder in die künftige KPD aufgenommen werden, sofern sie bereit seien, für das Aktionsprogramm zu kämpfen. Gleichzeitig stand für Pieck außer Frage, daß „eine zielklare bolschewistische Partei mit fester revolutionärer Disziplin und einer in den Massen verwurzelten Organisation zu schaffen" sei.[39]

Bei der Benennung der ausschlaggebenden Organisationsprinzipien des kommunistischen Parteiaufbaus zitierte Pieck das KPdSU-Politbüromitglied Shdanow:

Kommunistische Organisationsprinzipien

„Straffste(n) Zentralismus in der Tätigkeit der Parteiorganisation, bewußte innere Disziplin, Einheit des Willens und Einheit der Aktion, Unzulässigkeit von Fraktionen und Gruppierungen, sorgfältige Auslese der in die Partei Eintretenden, Fernhaltung opportunistischer kleinbürgerlicher Elemente von der Partei, ständige Sorge für die Hebung der Aktivität der Parteimitglieder und für die Entfaltung der innerparteilichen Demokratie."[40]

Besonders aufschlußreich waren die Moskauer Diskussionen der KPD über die Politik der Aktionseinheit mit den Sozialdemokraten. Zwar sollte eine organisatorische „Einheit der Arbeiterklasse" in Gestalt einer einzigen Partei erst in einer späteren Etappe der Entwicklung des Sozialismus angestrebt werden, in der, so Pieck, entsprechend den Schlußfolgerungen aus der kanonisierten „Geschichte der KPdSU (B)" „die in der Arbeiterklasse tätigen kleinbürgerlichen Parteien, die die Einheit der Arbeiterklasse zerstören, vernichtet" würden.[41] Dennoch müsse die

Kein Sozialdemokratismus

KPD frühzeitig dafür Sorge tragen, daß der „Sozialdemokratismus" in der wiederentstehenden SPD keinen Fuß fassen könne. Das mögliche Vorgehen hatte Sepp Schwab, ein Mitglied der Arbeitskommission, im April 1944 folgendermaßen beschrieben: „Wir müssen selbst Hand anlegen in der Schaffung einer solchen Sozialdemokratie, die mit uns zusammenarbeitet"; dabei müßten die Kommunisten „zu den größten Kompromissen" bereit sein. Widerstand gegen diese Einheitsbestrebungen soll notfalls gewaltsam beseitigt werden: „Die Einheit der Arbeiterklasse ist mit allen Mitteln (auch mit dem Einsatz von Heer und Polizei-Positionen) zu verteidigen."[42]

Die Moskauer Exil-Führung der KPD stellte auch detaillierte Überlegungen darüber an, welche Kader (aktive, geprüfte Parteimitglieder) die politische Gestaltung Nachkriegsdeutschlands in die Praxis umsetzen sollten. Schon im Januar 1944 legte Paul Försterling, „Kaderchef" des Auslandsbüros der KPD in Moskau, einen vorläufigen Überblick über die zur Verfügung stehenden Parteimitglieder aus der sowjetischen Emigration vor. Die entsprechende Liste umfaßte 264 Personen und enthielt Vorschläge, in welche Funktionen die vorgesehenen Kader einzusetzen wären.[43]

Außer den in Moskau befindlichen Parteimitgliedern sollten auch die in andere westeuropäische Länder und nach Übersee geflohenen deutschen Kommunisten in den Neuaufbau der KPD im Nachkriegsdeutschland einbezogen werden. Im

---

[39] Ebd., S. 100.
[40] Ebd., S. 276.
[41] Vgl. Wilke 1994, S. 10.
[42] Stenographische Notizen Sepp Schwabs für einen Diskussionsbeitrag zum Referat Walter Ulbrichts vor der Parteikommission, vorgetragen auf der Sitzung am 24. April 1944; in: Erler u. a. 1994, S. 167 ff.
[43] Vgl. ebd., S. 52 ff.

August 1944 rechnete die Parteiführung mit ca. 300 Emigranten aus Schweden, 300 aus Großbritannien, insgesamt 300 aus den USA, Mexiko und der Schweiz sowie insgesamt 600 aus Frankreich, Belgien, den Niederlanden und Norwegen. Vor ihrem Einsatz waren diese Kommunisten freilich von den KPD-Leitungen der jeweiligen Exilgruppen auf ihre Zuverlässigkeit zu überprüfen. Zusätzliche Kader sollten in sowjetischen Kriegsgefangenenlagern durch politische Aufklärungs- und Erziehungsarbeit gewonnen werden.[44]

Eine „volksparteiliche" Öffnung barg nach Meinung der KPD-Führung die Gefahr, daß die Partei ihre „Linie" verlieren konnte; dem sollte durch eine intensive Schulung der kommunistischen Kader begegnet werden. Damit wurde im September 1944 in der UdSSR begonnen.[45] Besondere Zielsetzung war, die für einen kommunistischen Parteifunktionär der Stalin-Zeit typischen Denk- und Verhaltensmuster auszuprägen, einen hohen Grad an Disziplin zu erreichen und die absolute Orientierung an den Interessen der Sowjetunion und der KPdSU (B) durchzusetzen. Daneben wurden theoretische und historische Kenntnisse über den Marxismus-Leninismus, die Sowjetunion sowie zu Problemen der deutschen Geschichte, aber auch praktisch-politische Fähigkeiten und Informationen für den zukünftigen Einsatz in Deutschland vermittelt. Zu den Grundlagentexten der Schulung zählte ab Mitte Oktober 1944 das Aktionsprogramm des „Blocks der kämpferischen Demokratie".

Schulung der Kader

Die von der Moskauer KPD-Führung vor Kriegsende formulierten programmatischen und strategischen Grundprinzipien belegen, daß nicht entfernt daran gedacht war, die bolschewistische Parteikonzeption zugunsten einer sozialistischen Einheitspartei zur Disposition zu stellen. Schon im Januar 1944 hatte Pieck das „Gelöbnis" der deutschen Kommunisten bekräftigt, „durch die Schaffung einer mächtigen, vom Geist des Marxismus, Leninismus, Stalinismus, erfüllten einheitlichen Kampfpartei der deutschen Arbeiterklasse die Voraussetzung zum Sieg unserer großen Sache zu schaffen."[46]

Im Februar 1945 verfaßte Walter Ulbricht einen Entwurf zu „Anweisungen" für den Aufbau der Parteiorganisation in den besetzten Gebieten. Er hob darin besonders die Rolle der Parteiführung hervor:

> „Die Parteiführung bestimmt für jeden Bezirk eine zeitweilige Kommission zur Leitung des Aufbaus der Parteiorganisation. Die Kommission bestätigt die vorläufige Parteileitung in jedem Ort. In den Städten und Ortschaften schließen sich die besten Kommunisten und Antifaschisten zusammen und bestimmen eine Kommission zum Aufbau der Parteiorganisation. Die Kommission sorgt dafür, daß in den Betrieben, Häuserblocks, sowie in den neugeschaffenen Verwaltungs- und Wirtschaftsorganen Parteigruppen geschaffen werden."

Rolle der Parteiführung

---

[44] Vgl. ebd., S. 114.

[45] Zur raschen Schulung neuer Kader gedachte Pieck, auf Erfahrungen der Nationalsozialisten bei der Schulung ihres Führungsnachwuchses anzuknüpfen: „Ich denke da an ähnliche Einrichtungen, wie sie die Nazi-Partei auf ihren Ordensburgen für reaktionäre Zwecke geschaffen hat. Vielleicht sogar einen Orden (als Kadertruppe) schaffen, dessen Mitglieder besonders qualifiziert sind, die keine besonderen Rechte, aber höhere Pflichten für die Partei haben, wodurch keine Zweiteilung eintritt." Zit. nach: ebd., S. 288.

[46] Zit. nach: Wilke 1994, S. 11.

Daneben forderte Ulbricht eine Überprüfung aller Kommunisten und Antifaschisten, die für die Mitgliedschaft in Fragen kamen, durch die für sie zuständige lokale Kommission. KPD-Mitglieder aus der Zeit vor 1933, die wieder als Mitglieder anerkannt werden wollten, sollten über ihr Verhalten in Gefängnissen und Konzentrationslagern, im Betrieb und in der Wehrmacht Rechenschaft ablegen. Besonders zu überprüfen waren jene früheren Mitglieder, die nicht an der illegalen Arbeit teilgenommen hatten. Kommunisten, „die sich dem Faschismus angepaßt" hatten oder „parteifeindlichen Gruppierungen" (Brandleristen, Trotzkisten, Neumanngruppe) angehörten, sollte in der Regel der Weg in die KPD versperrt bleiben.[47]

Die Ergebnisse der Konferenz von Jalta rückten die Ziele des „Aktionsprogramms" vorerst in eine weite Zukunft, namentlich, soweit sie ganz Deutschland betrafen und von einer wenn auch minimalen Handlungsfähigkeit deutscher politischer Organe ausgingen. Auch wenn das Programm in dieser Form nun nicht veröffentlicht werden konnte, behielt seine strategische Perspektive dennoch Gültigkeit. Nach sowjetischen Plänen wurde das Konzept – vorläufig – auf die perspektivisch von der Roten Armee besetzten Gebiete Deutschlands reduziert. Ansonsten hielt man aber an den Planungen fest – insbesondere was die Übernahme der Schlüsselpositionen durch Kommunisten betraf. Dimitroff übermittelte noch während der Konferenz von Jalta Pieck den Auftrag, absolut zuverlässige Kader für den Einsatz in Deutschland auszuwählen und vorzubereiten. Den Kriterien entsprachen nur ca. 150 KPD-Mitglieder. Etwa dreißig von ihnen kamen schon Ende April/Anfang Mai 1945 in drei Gruppen aufgeteilt zum Einsatz: in Berlin unter Leitung von Walter Ulbricht, im sächsischen Industriegebiet unter der Leitung Anton Ackermanns und in Mecklenburg-Vorpommern unter der Leitung von Gustav Sobottka. Besondere Bedeutung kam der Berliner Gruppe zu, da die Beherrschung der Reichshauptstadt Einfluß auf die gesamte politische Landschaft in Nachkriegsdeutschland versprach.

„Moskaukader" nach Deutschland

Bereits am 2. Mai 1945, dem Tag der Kapitulation von Berlin, nahm die von Ulbricht geleitete Arbeitsgruppe gemeinsam mit Vertretern des Stabes der 1. Belorussischen Front und Offizieren mit Verwaltungskenntnis ihre Arbeit in Berlin auf.[48] Für die personelle Besetzung der neuen Verwaltung bemühten sich die Gruppe Ulbricht und die SMAD-Offiziere, auch „Partner" aus anderen politischen Lagern zu finden. Ihnen wurden eine demokratische Geschäftsgrundlage und gleichzeitig repräsentative Posten in Aussicht gestellt. Die Verteilung der Verwaltungsposten erfolgte nach bündnispolitischen Überlegungen sowie entsprechend der Sozialstruktur in den Berliner Verwaltungsbezirken. Als Bürgermeister schlugen die deutschen Kommunisten den sowjetischen Kommandanturen für die Arbeiterbezirke in der Mehrzahl Sozialdemokraten sowie für die sogenannten „Villenviertel" im Westteil Berlins „bürgerliche Antifaschisten" vor. Die aus ihrer Sicht wichtigen Funktionen besetzte die KPD allerdings mit ihren eigenen Aktivisten. „Der erste stellvertretende Bürgermeister", so instruierte Ulbricht seine Mitstreiter, „der

Wichtige Funktionen durch KPD besetzt

---

47 „Anweisungen für die Anfangsmaßnahmen zum Aufbau der Parteiorganisation" – maschinenschriftlicher Entwurf Walter Ulbrichts vom 15. Februar 1945; abgedruckt in: Erler u. a. 1994, S. 327/328.
48 Vgl. Keiderling 1993, S. 39 ff.

Dezernent für Personalfragen und der Dezernent für Volksbildung – das müssen unsere Leute sein."[49] Besonderes Augenmerk richtete Ulbricht auf den Aufbau der Polizei, der durch einen „ganz zuverlässigen Genossen in jedem Bezirk" vollzogen werden sollte.[50] Die schon vor dem Eintreffen der Moskauer KPD-Funktionäre in Ost-Deutschland entstandenen antifaschistischen Komitees und andere spontane Zusammenschlüsse, die den kommunistischen Plänen nicht entsprachen, wurden auf Veranlassung Ulbrichts bis Mitte 1945 aufgelöst.[51] Als Leitlinie diente die von Wolfgang Leonhard, einem Mitglied der Gruppe Ulbricht, überlieferte Maxime seines Chefs: „Es muß demokratisch aussehen, aber wir müssen alles in der Hand behalten".

In den Überlegungen der Moskauer KPD-Führung und ihrer sowjetischen Anleiter zur Neugestaltung Deutschlands spielten die Massenmedien eine zentrale Rolle. Schließlich mußten große Teile der deutschen Bevölkerung politisch beeinflußt und „umgezogen" werden. Erste Kadervorschläge für die Redaktion der „Deutschen Volkszeitung" und zwei deutschsprachige Radiostationen wurden im Februar 1945 vorgelegt. Deutsche Kommunisten mit journalistischer oder schriftstellerischer Qualifikation waren in allen drei Einsatzgruppen vertreten. Der von Hans Mahle aus der Gruppe Ulbricht geleitete Berliner Rundfunk begann am 13. Mai 1945 mit den ersten Sendungen. Ab 15. Mai 1945 erschien die „Tägliche Rundschau" als Organ der Besatzungsmacht; unter den Redakteuren war Rudolf Herrnstadt, der Ende Mai als Chefredakteur der „Berliner Zeitung" eingesetzt wurde.[52]

Bedeutung der Massenmedien

Am 26. Mai 1945 erteilte Stalin überraschend die Anweisung, in der SBZ „antifaschistische Parteien", „freie Gewerkschaften und Organisationen" in „allernächster Zeit" zuzulassen. Auf diese Weise sollte gegenüber den Westalliierten Zeit gewonnen werden. Zugleich verschaffte dieser Schachzug der KPD für ihre Blockkonzeption einen Vorsprung gegenüber möglichen Kontrahenten. Vor allem die bürgerlichen Parteien diskutierten zu diesem Zeitpunkt noch über ihre politische Orientierung und Perspektive.

In der Nacht vom 3. zum 4. Juni 1945 flogen Ulbricht, Ackermann und Sobottka auf sowjetische Anordnung zur Berichterstattung nach Moskau. Am 4. Juni trafen sie mit Stalin, Molotow und anderen Mitgliedern des Politbüros des ZK der KPdSU zusammen. Hier und auf den nachfolgenden Treffen mit Dimitroff wurde die weitere Politik der KPD festgelegt.[53] Auf Weisung Stalins hatte sich die KPD auf den Aufbau ihres Parteiapparates zu konzentrieren und vorerst auf die Gründung einer „Einheitspartei der Arbeiterklasse" zu verzichten. Weiterhin sollte sie den Aufbau einer parlamentarisch-demokratischen Republik für Gesamtdeutschland propagieren sowie die entschädigungslose Enteignung aller Grundbesitzer mit mehr als 100 ha fordern. Dementsprechend war auch der geplante KPD-Aufruf anläßlich der Zulassung politischer Parteien in der SBZ abzufassen. Der von Ackermann nach

Vorerst keine „Einheitspartei der Arbeiterklasse"

---

49 Vgl. Leonhard 1961, S. 293.
50 Vgl. ebd., S. 293/294.
51 Vgl. Erler u. a. 1994, S. 118.
52 Vgl. ebd., S. 119.
53 Vgl. Zank 1995 und Laufer 1996, S. 355 ff.

der Besprechung mit Stalin niedergeschriebene Entwurf[54] enthielt zudem wichtige Teile der Moskauer Vorarbeiten der KPD-Führung, so daß der Aufruf innerhalb kürzester Zeit fertiggestellt werden konnte. Am 7. Juni 1945 kam es zu einer zweiten Besprechung mit Stalin und weiteren Politbüromitgliedern der KPdSU, auf der der Aufruf endgültig verabschiedet wurde. Die in Moskau weilende engere KPD-Führung bestimmte sodann in Abstimmung mit der sowjetischen Seite den Personenkreis, der schließlich den Aufruf „im Auftrag des Zentralkomitees der Kommunistischen Partei Deutschlands" unterzeichnete. Die fünfzehn Auserwählten fungierten von diesem Zeitpunkt an als „provisorisches Zentralkomitee".

Führungskreis der KPD

Neben dem engeren Führungskreis der Moskauer KPD – Pieck, Ulbricht, Ackermann sowie Elli Schmidt – fanden sich die Namen von neun weiteren Parteikadern aus der sowjetischen Emigration. Lediglich drei der Unterzeichner, Jendretzky, Geschke und Dahlem, kamen aus deutschen Gefängnissen und Konzentrationslagern.[55] Der im Mai 1945 aus dem Konzentrationslager Mauthausen befreite Franz Dahlem, bis zu seiner Internierung in Frankreich im September 1939 an der Spitze des Auslandssekretariats der KPD, wurde nun nach seiner Überprüfung in Moskau auf Platz 3 der Hierarchie gesetzt. Als „nächste zentrale Aufgaben der Parteiführung und des Aufrufes des ZK der KPD" legten Pieck, Ulbricht, Ackermann und Sobottka am 9. Juni 1945 die Aufgabenverteilung im provisorischen Sekretariat des ZK fest. Pieck war für die allgemeine Leitung zuständig, Ulbricht unter anderem für den organisatorischen Aufbau der Partei, für Kaderfragen sowie für kommunale und staatliche Probleme, Dahlem und Ackermann für Propaganda und die Parteischulung.[56] Nach dem Eintreffen Dahlems in Berlin Anfang Juli 1945 wurde ihm u. a. das Kaderressort übertragen.

Mit Befehl Nr. 2 vom 10. Juni 1945 gestattete die SMAD die Bildung oder Gründung antifaschistisch-demokratischer Parteien und Gewerkschaften in der SBZ. Nur zwei Tage später veröffentlichte die „Deutsche Volkszeitung" in ihrer ersten Nummer den in der Vorwoche unter Stalins Kontrolle erarbeiteten und nun auf den 11. Juni datierten „Aufruf des ZK der KPD"[57], in den modifizierte Elemente des Aktionsprogramms des „Blocks der kämpferischen Demokratie" eingingen.

3. Die Etablierung sowjetischer Herrschaft in Ostdeutschland durch die SMAD

Einen Tag vor Ankündigung der Zulassung deutscher Parteien sah der Befehl Nr. 1 vom 9. Juni 1945 die Errichtung der „Sowjetischen Militäradministration in Deutschland" (SMAD) vor. Diese hatte die Aufgabe, „die Einhaltung der Bedingungen, die sich aus der bedingungslosen Kapitulation für Deutschland ergeben, zu kontrollieren, die Sowjetische Besatzungszone (SBZ) in Deutschland zu verwalten und die vereinbarten Beschlüsse des Kontrollrates zu grundsätzlichen

---

54 Laut Keiderling übernahm Ackermann diese Aufgabe schon nach einer gemeinsamen Beratung der Reisegruppe mit Pieck am 4. Juni 1945; vgl. Keiderling 1997, S. 271.

55 Vgl. Erler u. a. 1994, S. 122 und Zank 1995.

56 „Nächste zentrale Aufgaben der Parteiführung aufgrund des Aufrufes des ZK der KPD" – maschinenschriftliche Ausarbeitung vom 9. Juni 1945, in: Erler u. a. 1994, S. 387 ff.

57 Aufruf des ZK der KPD vom 11. Juni 1945, in: ebd., S. 390 ff.

befehlen oder auch nur konsultativ Einfluß nehmen. Da die deutschen Verwaltungsdienststellen nach dem Befehl Nr. 108 vom 8. April 1946 monatlich Bericht zu erstatten hatten, war die SMAD in der Lage, die Umsetzung ihrer Anweisungen im Detail zu kontrollieren.[67] Das ganze Ausmaß des SMAD-Dirigismus wird jedoch erst deutlich, wenn man bedenkt, wie „auf allen Ebenen ‚Befehlsschreiben‘, ‚Verfügungen‘, ‚Anordnungen‘, ‚Genehmigungen‘, ‚Bestätigungsvermerke‘, ‚Anweisungen‘, ‚Erlasse‘, ‚Order‘, ‚Instruktionen‘, ‚Richtlinien‘, ‚Erläuterungen‘, ‚Mitteilungen‘ verfaßt, erteilt oder erlassen wurden".[68]

Die wiederaufgebauten und personell veränderten deutschen Verwaltungseinheiten dienten der SMAD als Organe zur Durchsetzung ihrer Politik. Kritik an sich widersprechenden oder schwer umzusetzenden Befehlen wiesen die Mitarbeiter der SMAD strikt zurück; selbst hohe Funktionäre der KPD mußten sich immer wieder „Belehrungen" gefallen lassen. Die moskauhörigen und disziplinierten deutschen Kommunisten akzeptierten die SMAD als Quelle und Basis ihrer Macht und hielten sich an deren Weisungen, die allerdings im Grundsatz zumeist mit ihren eigenen Vorstellungen übereinstimmten. Für die Realisierung eigenständiger und nicht abgestimmter Pläne gab es für die KPD-Spitze – die regelmäßig mit hohen Vertretern der SMAD zusammentraf – ohnehin keine Spielräume. Wie die fragmentarischen Niederschriften des Vorsitzenden Pieck über derartige Treffen nahelegen, organisierte die Führung der KPD ihre Arbeit bis ins Detail entsprechend den Weisungen der SMAD.[69] Einen größeren Aktionsradius gestattete die Sowjetunion der SED erst nach Gründung der DDR; doch auch dann hatte in Nachfolge der SMAD die Sowjetische Kontrollkommission in Deutschland (SKK) das letzte Wort. Ohne ihre Zustimmung konnte keine wichtige Entscheidung von ostdeutscher Seite getroffen werden.[70] Zwischen dem Zentralen Parteiapparat der SED und der SMAD bildete sich im Laufe der Jahre ein festes Verbindungsnetz heraus, so daß unterhalb der Führungsspitzen eine direkte Abstimmung auf fachlicher Ebene erfolgen konnte.

KPD-Tätigkeit detailliert nach SMAD-Vorgaben

Die SMAD hatte „ihre" KPD/SED unter direkter Kontrolle;[71] der Spielraum der anderen Parteien war noch geringer, was schon die Zulassungspraxis der Parteien aufgrund des Befehls Nr. 2 verdeutlicht. Die strikte Abhängigkeit von den sowjetischen Besatzungsbehörden stand außer Frage. Diese ließen nur solche Parteien zu, die sich als „antifaschistisch-demokratisch" (im sowjetischen Sinne) bekannten und – als entscheidendes Kriterium – ihre Bereitschaft zur Zusammenarbeit mit den anderen Parteien in dem von SMAD und KPD kontrollierten Block erklären mußten. Mit der Registrierung war die Verpflichtung verbunden, zukünftig entsprechend den SMAD-Weisungen zu arbeiten. Die beiden bürgerlichen Parteien CDU und LDP wie auch die SPD wurden in nahezu allen Bereichen und bei jeder Gelegenheit von der SMAD gegenüber der KPD/SED benachteiligt; die SMAD revidierte Personalentscheidungen, nahm Einfluß auf Programme, verzögerte die Zulassung von Ortsgruppen, be- oder verhinderte Versammlungen und verweigerte Druckerlaubnisse oder Papierzuteilungen. In die Kontrolle der bürgerlichen Parteien griff sie immer dann ein, wenn die KPD/SED die Situation nicht mehr beherrschte.

---

67 Vgl. Foitzik 1990, S. 45.
68 Foitzik 1995b, S. 20.
69 Vgl. Badstübner/Loth 1994.
70 Vgl. Foitzik 1995b, S. 50 und Otto 1993.
71 Vgl. Wettig 1996a, S. 107.

Keine wirklich demokratische Phase

Die mehrfach erfolgte Absetzung (und zuweilen gar Verhaftung) von Führungskräften der bürgerlichen Parteien, die Verhinderung von weiteren freien Wahlen nach dem für die SED negativen Ausgang der Landtagswahlen im Jahre 1946 wie auch die Allgegenwart von Einflußnahme und Kontrolle in allen gesellschaftlichen Bereichen relativieren weitgehend die häufig gebrauchte Kennzeichnung dieser Zeit als „demokratische" Phase; bestenfalls läßt sich von einem verordneten, gesteuerten und kontrollierten Pluralismus sprechen.

A) Politisch-historische Entwicklung der SBZ/DDR 1945–1990

Die verordnete Diktatur: Der Aufbau der „Volksdemokratie" 1945–1949

Zusammenfassung

Die KPD ordnete ihre Programmatik zum inneren Aufbau der Ostzone der Erweiterung des sowjetischen Einflusses auf Gesamtdeutschland, zugleich aber auch der Zuordnung wenigstens des sowjetisch besetzten Teils Deutschlands zum kommunistisch beherrschten Osteuropa, unter. Sie verzichtete damit zunächst weitgehend darauf, das Ziel einer sozialistischen/kommunistischen Umgestaltung zu propagieren.

Zur Verschleierung ihrer eigentlichen Ziele bezog sie unter dem Etikett „antifaschistisch-demokratisches Bündnis" auch nicht-kommunistische Personen und Gruppen in den Aufbauprozeß mit ein, allerdings vorwiegend in lediglich repräsentativ bedeutsamen Positionen. Die durch Befehl der SMAD zugelassenen Parteien wurden in einen Blockausschuß integriert.

Zunächst ließ die SMAD nur zwei bürgerliche Parteien zu. Die LDP, die als einzige Partei keine auf Sozialismus zielenden Programmpunkte verkündete, deckte das alte liberale Spektrum ab. Die neugegründete CDU versuchte, als überkonfessionelle Volkspartei über das alte Zentrum hinaus die politische Mitte zu organisieren. Programmatisch orientierte sich die CDU zunächst an einem „christlichen Sozialismus".

Die SPD trat in der SBZ für eine schnelle Verschmelzung von KPD und SPD ein. Da dies an der Haltung der KPD zunächst scheiterte, stimmte sie der Bildung eines gemeinsamen „Arbeitsausschusses" zu, der die Politik beider Parteien koordinieren sollte. Die SPD forderte Verstaatlichungen und Sozialisierungen zum Zwecke der Umgestaltung der Gesellschaft. Diesem Ziel sollte letztlich auch die Schaffung einer einheitlichen Arbeiterpartei durch Vereinigung von SPD und KPD dienen. Die KPD konnte sich dem aus zwei Gründen nicht anschließen: Zum einen wäre sie aus sowohl organisatorischen wie inhaltlichen Beschränkungen nicht mehr in der Lage gewesen, als Transmissionsriemen der Sowjetisierungspolitik zu fungieren, zum anderen wäre sie angesichts ihrer geringeren Mitgliederzahl der SPD gegenüber quantitativ ins Hintertreffen geraten.

Nach dem für die Kommunisten negativen Ergebnis der Wahlen von 1945 in Ungarn und Österreich und angesichts des zunehmenden Einflusses der SPD betrieben SMAD und KPD einige Monate später von sich aus die Verschmelzung der beiden Arbeiterparteien. Die Vereinigung wurde schließlich 1946 auch gegen Widerstände in der ostdeutschen Sozialdemokratie und gegen den entschiedenen Widerspruch der West-SPD vollzogen. Die leitenden Parteigremien von Ost-SPD und KPD votierten nahezu einstimmig dafür. Aus Sicht der Vereinigungsgegner vollzog sich die SED-Gründung als Zwangsvereinigung.

Die ebenfalls zugelassenen gesellschaftlichen Organisationen gaben sich vorerst nach außen hin einen Anstrich von Überparteilichkeit. Trotz pluralistisch zusammengesetzter

Mitgliedschaft waren sie aber von Beginn an kommunistisch dominiert. Über den Einheitsblock und den bestimmenden Einfluß der KPD/SED in den Massenorganisationen wurde das politische System in der SBZ frühzeitig von kommunistischen Vorstellungen geprägt. Die zwei Jahre später von der SED inszenierte Volkskongreßbewegung zielte propagandistisch auf die Einheit Deutschlands und legte gleichzeitig den Grundstock für das spätere Repräsentationssystem der DDR.

Ungeachtet taktisch bedingter Rücksichtnahme bei der Gestaltung des politischen Systems ordnete die SMAD unmittelbar nach Kriegsende umfassende Strukturreformen an. Mit der Bodenreform und den Enteignungen von Industriebetrieben legte sie ebenso wie mit der Schul- und Justizreform gesellschaftliche Grundlagen für die Sowjetisierung Ostdeutschlands. Die auf Befehl und unter Obhut der SMAD eingerichteten Zentral- und Landes- bzw. Provinzverwaltungen hatten nur begrenzte Eigenständigkeit, auch in ihnen besetzten Kommunisten die Schlüsselfunktionen. Mit der Gründung der Deutschen Wirtschaftskommission 1947 wurde der Keim für die spätere ostdeutsche Staatlichkeit gelegt, zugleich wurde das Prinzip der Planwirtschaft auf die Sowjetische Besatzungszone übertragen.

Bei den Landtagswahlen in der SBZ und in Groß-Berlin im Herbst 1946 schnitt die SED unerwartet schlecht ab; gleichzeitig traten die Spannungen zwischen den Siegermächten deutlicher hervor. Daraufhin änderten SMAD und SED ihre Strategie. Sie verzichteten auf taktisch bedingte Rücksichtnahmen gegenüber anderen Parteien und gesellschaftlichen Kräften. Im Jahre 1948 begann die formelle Umwandlung der SED in eine „Partei neuen Typs", die getreu dem sowjetischen Vorbild den Marxismus-Leninismus als Ideologie, den demokratischen Zentralismus als Organisationsprinzip sowie die Beherrschung von Staat und Gesellschaft als Hauptaufgabe proklamierte. Unterstützt durch die sowjetischen Sicherheitsdienste NKGB/MGB begann die Parteiführung jetzt auch mit Parteisäuberungen, die im Zuge der Spaltung der kommunistischen Bewegung durch den Selbstbehauptungswillen Titos und der KP Jugoslawiens noch einmal verschärft wurden. Vor allem ehemalige Sozialdemokraten, die Vorbehalte gegenüber der SED-Gründung geäußert hatten oder durch kritische Äußerungen zum Übergewicht der Kommunisten aufgefallen waren, wurden aus der Partei ausgeschlossen, zum Teil inhaftiert oder zur Flucht in den Westen getrieben. Die kommunistischen Führungskader in der SED festigten ihre Vormachtstellung. Die Umgestaltung der Parteiführung durch Bildung eines Politbüros und eines „kleinen Sekretariats" nutzte Walter Ulbricht, der schon vorher im Hintergrund die Fäden gezogen hatte, zur Stärkung seiner Macht.

Die von den Alliierten gemeinsam beschlossenen, aber in den Besatzungszonen verschieden gehandhabten Entnazifizierungsmaßnahmen benutzten und mißbrauchten SMAD und SED für weitergehende politische Zwecke. Neben der Inhaftierung von tatsächlichen Nazi-Verbrechern beschuldigten sie auch politisch Andersdenkende zu Unrecht als NS-Täter, was in der Konsequenz zu weiteren Enteignungen führte. Die SED nutzte somit die Entnazifizierung zur weiteren Festigung ihrer Macht. Der Aufbau eines Sicherheitsapparates wie auch die Instrumentalisierung der Justiz für politische Zwecke garantierten die unangefochtene Dominanz der SED in Ostdeutschland. Im Zusammenspiel von SMAD und SED waren damit zu Beginn des Jahres 1949 die letzten grundsätzlichen Weichen für die Gründung eines deutschen Teilstaates gestellt.

Chronik

1945

4.–7. Juni 1945	Ulbricht, Ackermann, Sobottka werden nach Moskau zur Abfassung eines „Gründungsaufrufs" der KPD beordert.
5. Juni 1945	Berliner Deklaration; die vier Siegermächte übernehmen die „oberste Regierungsgewalt in Deutschland"; Alliierter Kontrollrat beginnt mit seiner Arbeit.

9. Juni 1945	Befehl Nr. 1 über die Bildung der Sowjetischen Militäradministration in Deutschland (SMAD) mit Sitz in Berlin-Karlshorst.
10. Juni 1945	Zulassung von Parteien und Gewerkschaften durch SMAD-Befehl Nr. 2.
11. Juni 1945	Aufruf des Zentralkomitees der KPD nach ihrer Zulassung durch die SMAD; Vorsitzender: Wilhelm Pieck.
15. Juni 1945	Aufruf des Zentralausschusses der SPD in Berlin; Vorsitzender des Zentralausschusses: Otto Grotewohl.
15. Juni 1945	Gründungsinitiative für den Aufbau „freier, demokratischer Gewerkschaften".
19. Juni 1945	KPD und SPD beschließen die Gründung eines „gemeinsamen Arbeitsausschusses".
26. Juni 1945	Gründung der Christlich-Demokratischen Union Deutschlands (CDUD), Vorsitzender: Andreas Hermes.
26. Juni 1945	Unterzeichnung der UN-Charta in San Francisco.
1. Juli 1945	Unter Kontrolle der SMAD beginnt die Aufstellung der „Deutschen Volkspolizei".
1.–4. Juli 1945	Die Westmächte ziehen ihre Truppen aus Thüringen sowie den von ihnen besetzten Teilen Sachsens, Sachsen-Anhalts und Mecklenburgs ab, die Rote Armee rückt ein; im Gegenzug besetzen Briten und Amerikaner die Westsektoren Berlins (Franzosen folgen am 15. August 1945).
5. Juli 1945	Gründung der Liberal-Demokratischen Partei Deutschlands (LDP), Vorsitzender: Waldemar Koch.
8. Juli 1945	Gründungskundgebung des Kulturbundes zur demokratischen Erneuerung Deutschlands.
9. Juli 1945	SMAD-Befehl Nr. 5: Schaffung von fünf Ländern bzw. Provinzen in der sowjetischen Zone.
14. Juli 1945	Gründung der „Einheitsfront der antifaschistisch-demokratischen Parteien"; dieser Einheits-Block wird anschließend auch in den Ländern und Provinzen, Kreisen, Städten und in den Gemeinden der SBZ gebildet.
17. Juli bis 2. August 1945	Konferenz von Potsdam.
23. Juli 1945	SMAD-Befehl Nr. 10: Beschlagnahme aller Banken, Sparkassen und Versicherungen.
27. Juli 1945	SMAD-Befehl Nr. 17: Bildung von 11 der SMAD unter- und beigeordneten Deutschen Zentralverwaltungen.
27. August 1945	SMAD-Befehl Nr. 42: Registrierungspflicht für alle ehemaligen deutschen Offiziere, Mitglieder der NSDAP, der SS und SA sowie der Gestapo.
3.–11. September 1945	Verabschiedung der „Bodenreformverordnungen" durch die Provinz- und Landesverwaltungen; entschädigungslose Enteignung von Großgrundbesitz über 100 ha.
1. Oktober 1945	Offizieller Wiederbeginn des Schulunterrichts in der SBZ; KPD und SPD leiten mit einem gemeinsamen Aufruf die „demokratische Schulreform" ein (18. Oktober).

30. Oktober 1945	SMAD-Befehl Nr. 124: Beschlagnahme von Betrieben NS-naher Personen oder Institutionen, Legalisierung bisheriger Beschlagnahmungen.
31. Oktober 1945	SMAD genehmigt die Bewaffnung der „Volkspolizei" in der SBZ.
4. November 1945	Wahlen in Ungarn: die Kommunisten erhalten nur knapp 17%.
25. November 1945	Wahlen in Österreich; vernichtende Niederlage der Kommunisten (5,4%).
19. Dezember 1945	Die SMAD setzt CDU-Führungsmitglieder wegen ihrer Ablehnung der entschädigungslosen Enteignungen bei der Bodenreform ab und bestätigt deren Nachfolger (Kaiser und Lemmer für Hermes und Schreiber).
20./21. Dezember 1945	Erste Sechziger-Konferenz von KPD und SPD: Beschluß zur Vereinigung nach Bestätigung durch Parteitage.

1946

9. Februar 1946	In der „Einheit" erscheint ein Artikel Anton Ackermanns über den „besonderen deutschen Weg zum Sozialismus".
9.–11. Februar 1946	Gründung und 1. Bundeskongreß des FDGB für die SBZ.
22. Februar 1946	Der amerikanische Botschafter in Moskau, George F. Kennan, warnt in einem „langen Telegramm" Truman vor aggressiver und expansionistischer Politik der Sowjetunion.
5. März 1946	Churchill äußert in seiner berühmten „Fulton-Rede": „Eiserner Vorhang" trennt Europa.
7. März 1946	Gründung der Freien Deutschen Jugend (FDJ), Vorsitzender: Erich Honecker.
31. März 1946	West-Berliner SPD-Mitglieder lehnen in einer Urabstimmung die sofortige Vereinigung von SPD und KPD ab, plädieren aber mehrheitlich für Zusammenarbeit.
19.–20. April 1946	15. Parteitag der KPD und „40. Parteitag" der SPD beschließen in Berlin die Vereinigung zur SED.
21./22. April 1946	Gründungsparteitag der Sozialistischen Einheitspartei Deutschlands (SED).
5. Juni 1946	SMAD-Befehl Nr. 167: Gründung von „Sowjetischen Aktiengesellschaften" (SAG); Entnahme von Reparationsleistungen aus der laufenden Produktion dieser Betriebe.
30. Juni 1946	Volksentscheid in Sachsen billigt mehrheitlich Enteignung der Großbetriebe von „Kriegs- und Nazi-Verbrechern".
17. August 1946	SMAD-Befehl Nr. 253: Gleicher Lohn für gleiche Arbeit für Arbeiter und Angestellte, Männer, Frauen und Jugendliche.
6. September 1946	Rede des US-Außenministers William Byrnes: Perspektive, Deutschland in den Westen zu integrieren.
19. September 1946	Rede von Churchill in Zürich; Vorschlag zur Errichtung der „Vereinigten Staaten von Europa".
30. September/ 1. Oktober 1946	Urteile im Nürnberger „Hauptkriegsverbrecher-Prozeß".
20. Oktober 1946	Erste und letzte halbwegs freie Landtagswahlen in der SBZ; SED erhält durchschnittlich 47% der Stimmen, bei gleichzeiti-

	gen Wahlen in Groß-Berlin nur knapp 20%; danach wird nur noch über „Blocklisten" abgestimmt.
18. November 1946	Die SMAD ordnet Aufbau der Grenzpolizei (GP) in der SBZ an.

1947

1. Januar 1947	Zusammenschluß der amerikanischen und britischen Besatzungszone zur „Bi-Zone".
1. März 1947	Aufruf der SED zu einem „Volksentscheid für die Einheit Deutschlands".
7.–9. März 1947	Gründungskongreß des Demokratischen Frauenbundes Deutschlands (DFD).
10. März bis 24. April 1947	Außenministerkonferenz der Alliierten in Moskau: weitgehende Uneinigkeit.
12. März 1947	„Truman-Doktrin": Ankündigung, die sowjetische Expansionspolitik einzudämmen.
5. Juni 1947	Ankündigung eines amerikanischen Aufbauprogramms für Europa: „Marshall-Plan".
5.–7. Juni 1947	Konferenz der Ministerpräsidenten der deutschen Länder in München; ostdeutsche Ministerpräsidenten reisen nach Eklat ab.
11. Juni 1947	SMAD-Befehl Nr. 138: Bildung der Deutschen Wirtschaftskommission (DWK); 1949 geht die DWK in der Provisorischen Regierung der DDR auf.
27. Juni bis 2. Juli 1947	Beratungen in Paris über den Marshall-Plan; nach Ablehnung bilateraler Kreditgewährung betrachtet Sowjetführung den Plan als Bedrohung ihres Einflußbereiches.
11. Juli 1947	Die Leitlinie JCS 1779 löst die restriktive amerikanische Besatzungsdirektive JCS 1067 ab; Aufhebung von Einschränkungen der Wirtschaft.
16. August 1947	SMAD-Befehl Nr. 201 zur Entnazifizierung.
6.–8. September 1947	2. Parteitag der CDU in Berlin; Jakob Kaiser kritisiert die Politik der SED.
20.–24. September 1947	II. Parteitag der SED: „Kampf um die Einheit Deutschlands" als Hauptaufgabe.
22.–30. September 1947	Gründung des Kommunistischen Informationsbüros (Kominform); Zwei-Lager-Theorie von Shdanow.
9. Oktober 1947	Der SMAD-Befehl Nr. 234 beinhaltet Maßnahmen zur Steigerung der Arbeitsproduktivität und zum Kampf gegen „Bummelanten".
22.–23. November 1947	1. Deutscher Bauerntag in Berlin, Gründung des Hauptverbandes der Vereinigung der gegenseitigen Bauernhilfe (VdgB).
25. November bis 15. Dezember 1947	Scheitern der Londoner Außenministerkonferenz, endgültiger Zerfall der Anti-Hitler-Koalition.
6.–7. Dezember 1947	Tagung des 1. Deutschen Volkskongresses für Einheit und gerechten Frieden in Berlin.
20. Dezember 1947	Die SMAD setzt die Vorsitzenden der CDU, Kaiser und Lemmer, ab.

1948

26. Februar 1948	SMAD-Befehl Nr. 35: Ende der Entnazifizierung in der SBZ, insgesamt wurden über eine halbe Million Personen aus Dienststellen und Einrichtungen aller Art entfernt.
9. März 1948	Deutsche Wirtschaftskommission (DWK) erhält Vollmachten zur zentralen Lenkung und Leitung der Wirtschaft in der SBZ.
17./18. März 1948	2. Deutscher Volkskongreß für Einheit und gerechten Frieden wählt einen Deutschen Volksrat.
20. März 1948	Die Sowjetunion verläßt die Sitzung des Alliierten Kontrollrates.
17. April 1948	SMAD-Befehl Nr. 64: Vorläufiger Abschluß der Überführung von Betrieben in Volkseigentum.
23. April 1948	SMAD-Befehl Nr. 76: Schaffung von „Vereinigungen volkseigener Betriebe" (VVB).
29. April 1948	SED initiiert Gründung der Demokratischen Bauernpartei Deutschlands (DBD), Vorsitzender: Ernst Goldenbaum (früher KPD).
23. Mai bis 13. Juni 1948	Volksbegehren „für eine unteilbare deutsche demokratische Republik" findet in der SBZ mit ca. 13 Mio. Stimmen Zustimmung, auch in der britischen Zone unterschreiben 1 Mio. Menschen; Amerikaner und Franzosen verbieten die Abstimmung in ihren Zonen.
25. Mai 1948	Die SED initiiert Gründung der National-Demokratischen Partei Deutschlands (NDPD), Vorsitzender: Lothar Bolz (ehemaliges KPD-Mitglied).
18.–20. Juni 1948	Währungsreform in den drei Westzonen.
23. Juni 1948	SMAD-Befehl Nr. 111: Währungsreform für die SBZ und Groß-Berlin.
24. Juni 1948	Einführung der D-Mark in West-Berlin durch die Westalliierten.
24. Juni 1948	Beginn der Blockade West-Berlins durch die Sowjetunion; Versorgung der Stadt über eine Luftbrücke.
28. Juni 1948	Kominform veröffentlicht Resolution gegen die KP Jugoslawiens, die einen „eigenen Weg" gehen will.
29./30. Juni 1948	Die SED beschließt ersten Zweijahrplan der SBZ; Beginn der zentralistischen Planwirtschaft.
1. Juli 1948	Übergabe der „Frankfurter Dokumente" zur Vorbereitung einer westdeutschen Staatsgründung an die Ministerpräsidenten der Länder der Westzonen.
3. Juli 1948	Die SMAD stellt bewaffnete „Kasernierte Bereitschaften" der Volkspolizei auf.
1. August 1948	Erweiterung der „Bi-Zone" zur „Tri-Zone".
5. August 1948	"Antifa-Block" nimmt DBD und FDGB auf.
1. September 1948	Der Parlamentarische Rat tritt in Bonn zusammen.
6. September 1948	Die nicht-kommunistischen Abgeordneten Berlins tagen nach Störungen durch kommunistische Demonstranten von nun an im Westteil der Stadt; Spaltung Berlins.
7. September 1948	"Antifa-Block" nimmt NDPD auf.

16. September 1948	Die SED beschließt die Einrichtung einer „Zentralen Parteikontrollkommission" (ZPKK).
20. September 1948	Die SED erklärt Stalins „Geschichte der KPdSU (B), Kurzer Lehrgang" zur Pflichtlektüre für alle Parteimitglieder.
24. September 1948	Ackermann widerruft im „Neuen Deutschland" die These vom „besonderen deutschen Weg zum Sozialismus".
13. Oktober 1948	Adolf Hennecke übererfüllt angeblich sein Soll mit 380%; Beginn der Aktivistenbewegung in der SBZ.
23. Oktober 1948	Der Deutsche Volksrat billigt einstimmig einen Verfassungsentwurf für eine deutsche demokratische Republik.
15. November 1948	Eröffnung der ersten Verkaufsstellen der staatlichen Handelsorganisation (HO) in der SBZ.
25./26. November 1948	Die Betriebsräte werden aufgelöst und in die „Betriebsgewerkschaftsleitungen" (BGL) überführt.
13. Dezember 1948	Auf Vorschlag der SED beschließt die FDJ die Gründung der Kinderorganisation „Junge Pioniere".

1. Die Gründung der Parteien und die Durchsetzung der führenden Rolle der Kommunisten

a) Die Parteienlandschaft 1945/46

Für die Westalliierten und die deutschen Kommunisten gleichermaßen überraschend fällte Stalin bereits am 26. Mai 1945 die Entscheidung, „antifaschistische Parteien" sowie „freie Gewerkschaften und Organisationen" im sowjetisch besetzten Teil Deutschlands zuzulassen.[1] Unmittelbar nach ihrer Gründung erließ die Sowjetische Militäradministration in Deutschland (SMAD) am 10. Juni 1945 dazu den Befehl Nr. 2. Die Leiter der drei kommunistischen Einsatzgruppen auf dem Gebiet der SBZ wurden Anfang Juni nach Moskau beordert und von der sowjetischen Führung angewiesen, gemeinsam mit dem in Moskau verbliebenen Pieck einen programmatischen Aufruf zu entwerfen. In Anknüpfung an die im Moskauer Exil erarbeitete Strategie verzichtete die KPD vorerst auf den sofortigen Aufbau des Sozialismus: „Wir sind der Auffassung, daß der Weg, Deutschland das Sowjetsystem aufzuzwingen, falsch wäre, denn dieser Weg entspricht nicht den gegenwärtigen Entwicklungsbedingungen in Deutschland." Statt dessen propagierten die Kommunisten „den Weg der Aufrichtung eines antifaschistischen, demokratischen Regimes, einer parlamentarisch-demokratischen Republik mit allen demokratischen Rechten und Freiheiten für das Volk . . .".[2]

Aufruf der KPD

Am 12./13. Juni trat die KPD mit ihrem auf den 11. Juni datierten Gründungsaufruf an die Öffentlichkeit. Die vermeintliche Abkehr von radikalen Losungen erstaunte nicht nur ihre Gegner, sondern irritierte auch große Teile ihrer Anhängerschaft. Daß mit dieser Kursänderung keineswegs der Verzicht auf eine zielstrebige Machtpolitik verbunden war, wird schon in den „Richtlinien für die Arbeit der deutschen Antifaschisten in dem von der Roten Armee besetzten deutschen Gebiet" vom 5. April 1945 deutlich.[3] Bereits hier definierte die Führung der KPD neben der Propagierung der vollständigen Vernichtung des Nazismus und der antifaschistischen Umerziehung die Schaffung von Verwaltungsorganen in den Städten und Dörfern des besetzten Gebietes als vordringlichste Aufgabe. Schaltstelle für die Etablierung kommunistischer Macht sollten die Personalämter der Verwaltungsorgane werden, die mit zuverlässigen Kadern zu besetzen waren. Als weitere Schlüsselbereiche galten der KPD die Volksbildung, die Medien und selbstverständlich die Sicherheitsorgane.

Als zweite Partei wurde die SPD zugelassen, deren Zentralausschuß sich am 15. Juni 1945 ebenfalls mit einem Aufruf an die Bevölkerung wandte. Darin forderte die SPD die Enteignung des Großgrundbesitzes, die Verstaatlichung von Banken, Versicherungsunternehmen, Bergwerken und Energiewirtschaft sowie eine starke kommunale Selbstverwaltung. Der Zentralausschuß der Ost-SPD plädierte außerdem für eine Rückbesinnung auf den revolutionären Marxismus und eine schnelle politische Vereinigung mit den Kommunisten als Lehre aus der nationalsozialistischen Diktatur. Die Losung „Demokratie in Staat und Gemeinde, Sozialismus in

---

1 Vgl. Badstübner/Loth 1994, S. 50 und Loth 1996, S. 28 ff.
2 Zit. nach: Erler u. a. 1994, S. 394.
3 Abgedruckt in: Erler u. a. 1994, S. 380 ff.

Wirtschaft und Gesellschaft!" brachte Stimmung und Hoffnung führender ostdeutscher Sozialdemokraten auf den Punkt.[4]

Ausgehend von den Bezirken erfolgte der Aufbau der SPD in den folgenden Monaten in allen Besatzungszonen ohne zentrale Lenkung. Organisatorisch knüpften die Gründungsmitglieder an die Prinzipien des Parteiaufbaus in der Weimarer Republik an. Nur innerhalb der SBZ konnte der Zentralausschuß der SPD seinen überregionalen Führungsanspruch durchsetzen; in den Westzonen stieß er auf massive Ablehnung durch die von Schumacher geführte SPD. Im Sommer 1945 entwarf der Zentralausschuß ein auf „Ostorientierung" beruhendes Konzept. Otto Grotewohl und andere empfahlen der SPD, sich langfristig auf eine wirtschaftliche und politische Entwicklung nach „Osten" hin einzustellen.[5] In einer von Gustav Klingelhöfer erarbeiteten Denkschrift heißt es:

Aufbau der SPD

> „... [D]ie Sowjetunion kann die Bedingungen, unter denen Deutschland seinen wirtschaftlichen und geistigen Neuaufbau zum Erfolg führen muß, durch ihren Einfluß im interalliierten Rat und ihre Herrschaft in der sowjetischen Besatzungszone besser und anders fördern als ihre kapitalistisch-imperialistischen Partner. Sie hat es in der Hand, die deutsche Arbeiterklasse für sich zu gewinnen statt sie von sich abzustoßen".[6]

Sogar ein föderativer Zusammenschluß des sozialistischen Deutschland mit weiteren sozialistischen Republiken wurde erwogen.[7] Andere führende Sozialdemokraten lehnten dagegen eine einseitige „Ostorientierung" ab und favorisierten eine Strategie der „Brückenfunktion" zwischen Ost und West.[8]

Die Forderung nach sofortiger Bildung einer Einheitspartei der Arbeiterklasse[9] korrespondierte in dieser frühen Phase mit einer strikten Abgrenzung von bürgerlichen Parteien: „Die organisierte Arbeiterklasse verbündet sich für den antifaschistischen Kampf auch mit den bürgerlichen Parteien. Sie hält diese aber ebenso unter Kontrolle, wie sie in der Willensbildung des Volkes mit ihnen im Kampf steht."[10] Trotz der Behinderung sozialdemokratischer Aufbauaktivitäten bei gleichzeitiger Bevorzugung der KPD durch die sowjetischen Besatzungsbehörden verzeichnete die SPD einen für die KPD-Spitze alarmierend hohen Zulauf. Schon im Herbst 1945 überstieg ihr Mitgliederstand in der SBZ den von 1933; mit etwas über 300 000 lag die Mitgliederzahl damit um 50 000 über der der KPD[11], mit der sie schon am 19. Juni 1945 die Bildung eines gemeinsamen Arbeitsausschusses vereinbarte.[12]

Als dritte Partei ließ sich die Christlich-Demokratische Union Deutschlands (CDU) bei der SMAD registrieren. In ihrem Gründungsaufruf vom 26. Juni 1945 bekannte sie sich zu christlicher, demokratischer und sozialer Politik, ohne sich allerdings genauer festzulegen. Diese Neugründung überraschte auch die SMAD,

Gründung der CDU

---

4 Vgl. Moraw 1973, S. 87.
5 Vgl. ebd., S. 97 und (die These einschränkend) Caracciolo 1989, S. 86/87.
6 Zit. nach: Moraw 1973, S. 101.
7 Vgl. ebd., S. 102/103.
8 Vgl. Müller 1990a, S. 460 ff.
9 Die SPD bzw. der Zentralausschuß begrüßte auch „aufs wärmste den Anruf des ZK der KPD vom 11. Juni 1945"; vgl. Keiderling 1997, S. 276.
10 Zit. nach Moraw 1973, S. 99.
11 Vgl. Müller 1990a, S. 479/480.
12 Vgl. Keiderling 1997, S. 277.

die mit dem Wiederaufleben des alten, auf das katholische Milieu beschränkten Zentrums gerechnet hatte. Eine solche Partei hätte in der SBZ aufgrund des geringen katholischen Anteils nur eine schmale Bevölkerungsschicht ansprechen können. Erst am 10. Juli erfolgte die Zulassung der CDU unter der ausdrücklichen Maßgabe, dem „Einheitsblock" beizutreten.[13] Bis Ende 1946 erhöhte sich die Mitgliederzahl der CDU in der SBZ von 68 000 auf etwa 190 000.[14]

Schon bald kam es zu ernsthaften Konflikten zwischen SMAD und der gewählten CDU-Führung, weil diese der geplanten entschädigungslosen Bodenreform nicht zustimmen wollte. Im Dezember 1945 setzte die SMAD daraufhin den Vorsitzenden Andreas Hermes sowie den zweiten Vorsitzenden Walther Schreiber ab. An ihre Stelle rückten Jakob Kaiser und Ernst Lemmer, die der SMAD aufgeschlossener gegenüberstanden. Programmatisch strebte Kaiser einen „Sozialismus aus christlicher Verantwortung" an, den er als dritten Weg zwischen Kapitalismus und sowjetischem Sozialismus verstand. Trotz massiver Behinderungen seitens SMAD und SED konnte die CDU bei den Gemeinde- und Landtagswahlen 1946 beachtliche Erfolge erringen; bei den Landtagswahlen erreichte sie in den Ländern jeweils zwischen 20% und 25%. Aber auch Kaiser und seinen Stellvertreter Ernst Lemmer zwang die SMAD bald zum Rücktritt, als beide den Marshall-Plan befürworteten und sich weigerten, an dem von der SED inszenierten Volkskongreß teilzunehmen. Als Folge dieser Zwangsmaßnahme stellte die westliche CDU/CSU Ende 1947 die Zusammenarbeit mit dem neuen, von der SMAD eingesetzten Vorstand ein. Zugleich kam es zu Verhaftungen von CDU-Funktionären, deren Aburteilung teilweise erst bei den „Waldheimer Prozessen" (vgl. Kap. A. IV 1 f) erfolgte.

Diese neue, sowjetfreundliche Führungsspitze mit Otto Nuschke, Hugo Hickmann und Georg Dertinger stimmte später sogar der Staatsgründung der DDR im Oktober 1949 zu, wenn auch gegen das Versprechen der SED, im nächsten Jahr freie Wahlen ohne Einheitslisten abzuhalten.[15]

Konstituierung der LDP

Als vorerst letzte Partei konstituierte sich im Juni 1945 die LDP (ab Oktober 1951 LDPD). Die Initiative ging von einem Kreis ehemaliger Mitglieder der liberalen Weimarer DDP um die beiden früheren Reichsminister Wilhelm Külz und Eugen Schiffer aus. In ihrem Gründungsaufruf vom 5. Juli setzte sie sich für Demokratie und Rechtsstaatlichkeit, freie Persönlichkeitsentfaltung und – als einzige Partei der SBZ – eindeutig für ein marktwirtschaftliches System mit Privateigentum an Produktionsmitteln ein. Ihre Lizensierung am 10. Juli durch die SMAD erfolgte ebenfalls unter der Maßgabe des Beitritts zum „Einheitsblock".

Der erste Vorsitzende der LDP, Waldemar Koch, trat schon im November 1945 zurück, nicht zuletzt auf Druck der SMAD. Sein Nachfolger, Wilhelm Külz, betrieb eine SMAD-freundliche Politik. Die Mitgliederzahl stieg von etwa 90 000 (1945) auf knapp 200 000 im Jahre 1948. Bei den Wahlen von 1946 erzielte die Partei trotz massiver Behinderungen durch SMAD und SED einen nicht erwarteten Erfolg und erreichte mit annähernd 25% das zweitbeste Ergebnis. Anders als die CDU befürwortete die LPD indes die entschädigungslose Enteignung landwirtschaftlichen Bodens und nahm auch an der Volkskongreßbewegung teil. Gemeinsam mit den anderen Parteien hatte sie 1946

---

[13] Vgl. Keiderling 1997, S. 280/281.
[14] Vgl. Suckut 1990, S. 515 ff.
[15] Vgl. Zeidler 1996, S. 22 ff. und Agethen 1994, S. 47 ff.

der Verstaatlichung der größeren Industriebetriebe zugestimmt.[16] Nach dem Tod von Külz im April 1948 und der nun immer offensichtlicher werdenden „Bolschewisierung" der SED nahm die LDP eine kritischere Haltung gegenüber der SED ein und wandte sich öffentlich gegen deren Streben nach Alleinherrschaft und kommunistischer Umgestaltung Deutschlands.[17] Die SMAD brach den Widerstand der Parteiführung durch Auflösungsdrohung und erzwang eine gefügigere Parteispitze.[18]

Die Zulassung der vier genannten Parteien sollte das Bild einer vielfältigen Parteienlandschaft vorspiegeln und in die Westzonen ausstrahlen; tatsächlich verhinderte der erzwungene Beitritt zur „Einheitsfront der antifaschistisch-demokratischen Parteien" eine wirkliche Auseinandersetzung zwischen den verschiedenen politischen Richtungen. Die Blockpolitik war „Camouflage" und diente der Steuerung des Parteiensystems im kommunistischen Interesse. Illusionen der beiden bürgerlichen Parteien, in dem am 14. Juli 1945 gegründeten „Block" aufgrund des Konsensprinzips eigene Positionen durchsetzen oder jedenfalls kommunistische abschwächen zu können, zerplatzten recht bald; in keiner entscheidenden Frage konnten die beiden Parteien eigene Vorstellungen durchsetzen. Im Gegenteil: KPD und SPD traten per Vorabsprache den bürgerlichen Parteien geschlossen gegenüber.[19] Auf gesellschaftspolitische Veränderungen zielende besatzungspolitische Maßnahmen erhielten dennoch durch die Zustimmung der Blockparteien eine gleichsam „ostdeutsche Legitimation".[20]

Blockpolitik als „Camouflage"

Die Kontrolle der politischen Parteien erfolgte nicht nur mittelbar über den Block, sondern auch durch direktes Eingreifen der SMAD. Die Sowjets behielten sich die Vorzensur aller Referate und die Genehmigung für Versammlungen sowie die Vervielfältigung von Schriftstücken vor.[21] Hinzu kam die Überwachung aller Parteiaktivitäten durch den sowjetischen Geheimdienst.[22]

b) Die Gründung der SED

In ihrem Gründungsaufruf vom 15. Juni 1945 proklamierte die Ost-SPD die sofortige politische und organisatorische „Einheit der deutschen Arbeiterklasse". Diese hielt sie für eine der Lehren aus dem Untergang der Weimarer Republik, für den die Spaltung der Arbeiterbewegung mitverantwortlich gemacht wurde, und des gemeinsamen Widerstandes und der Leidensgeschichte in der NS-Zeit. Zudem ließ die gegenläufige Entwicklung der Programmatiken – Teile der SPD vertraten erheblich radikalere Positionen als zu Zeiten der Weimarer Republik, während die KPD jedenfalls nach außen weitaus gemäßigter auftrat – ein Zusammengehen möglich erscheinen. Auch war im Zentralausschuß der Ost-SPD die Perspektive einer stärkeren Anlehnung an die Sowjetunion durchaus mehrheitsfähig.

Die kommunistischen Führungskader lehnten eine schnelle Vereinigung ab, da sie zuerst ihre eigene Partei wiederaufbauen und konsolidieren wollten. Aufgrund der

---

16 Vgl. Suckut 1996a, S. 31 ff. und Papke 1994, S. 25 ff.
17 Vgl. Papke 1994, S. 37 f.
18 Vgl. Papke 1995, S. 2403.
19 Vgl. Keiderling 1997, S. 288 ff.
20 Vgl. Richter 1995, S. 2521.
21 Vgl. Foitzek 1990 und Foitzek 1995.
22 Vgl. die Schilderungen in: Schollwer 1995.

rasch und unerwartet wachsenden Mitgliederzahl der SPD fürchteten sie wohl auch, in einer gemeinsamen Partei aus der Unterlegenheit heraus agieren zu müssen.

Erst Erfahrungen der eigenen Benachteiligung bei gleichzeitiger Bevorzugung der KPD durch die SMAD sowie des Mitgliederzustroms ließen führende Sozialdemokraten von ihrem Wunsch nach schneller Vereinigung abrücken. Grotewohl reklamierte auf einer Großkundgebung seiner Partei am 14. September 1945 in Berlin einen Führungsanspruch der SPD und bezeichnete seinerseits nunmehr die organisatorischen Voraussetzungen für eine Verschmelzung mit der KPD als noch nicht erfüllt.[23] In Reaktion auf diese Rede sprach Wilhelm Pieck kurze Zeit später von der Notwendigkeit einer baldigen Vereinigung beider Parteien.[24] Die KPD-Führung mußte jetzt fürchten, daß sich auch innerhalb der ostdeutschen SPD ein strikter Abgrenzungskurs gegenüber KPD und Sowjetunion, wie ihn Kurt Schumacher forderte, durchsetzen würde. Am 28. September verkündete das Sekretariat des Zentralkomitees der KPD eine neue Offensive der Partei, „in deren Mittelpunkt die Frage der Einheit von KPD und SPD rückte".[25] Aber auch in der SPD wurde der Gedanke an die Vereinigung oder mindestens an eine intensive Zusammenarbeit wachgehalten. So bestätigte der erste Landesparteitag der SPD in Sachsen Anfang Oktober 1945 mit Otto Buchwitz den wichtigsten Verfechter der Vereinigung mit den Kommunisten in seinem Amt als Landesvorsitzender; auch führende SPD-Funktionäre wie Werner Bruschke, Friedrich Ebert und Carl Moltmann sprachen sich nachdrücklich für eine Zusammenarbeit mit der KPD aus.[26]

Treffen in Wenningsen

Bei dem Treffen in Wenningsen bei Hannover vom 5. bis 7. Oktober 1945 traten die Gegensätze zwischen Vertretern des Zentralausschusses und dem Repräsentanten der West-SPD, Kurt Schumacher, offen zutage. Schumacher verwahrte sich gegen alle Versuche, gesamtdeutsche SPD-Strukturen zu schaffen, da er deren Instrumentalisierung durch die Sowjets befürchtete. Im Bemühen um einen Kompromiß wurden Einflußzonen abgesteckt, und die Gesprächspartner verständigten sich auf das vorläufige Nebeneinander zweier provisorischer Parteiführungen für die sowjetische bzw. die westlichen Besatzungszonen.[27] Kritiker wie Otto Suhr sahen in der Haltung Schumachers eine Begünstigung der späteren Vereinigung: „Seine Politik, die SPD in der SBZ und in Berlin mit ihren Problemen allein zu lassen, erleichterte es der KPD und SMAD ohne Frage, die Sozialdemokraten in der SBZ unter Druck zu setzen."[28]

Während die KPD ihre Vereinigungskampagne intensivierte, gingen die Mitglieder des Zentralausschusses der SPD zunehmend auf Distanz. Otto Grotewohl stellte am 11. November fest, eine Vereinigung könne nur im Reichsmaßstab erfolgen und müsse vom Willen der Mitglieder beider Parteien getragen sein.[29] Die sowjetische Pressezensur verhinderte die Erwähnung dieser Rede in den Zeitungen, einschließlich des SPD-Zentralorgans. Seit Oktober 1945 hatte auch die SMAD den

---

23 Vgl. Schlomann 1996.
24 Vgl. Pieck 1951, S. 27.
25 Vgl. Malycha 1995, S. LXVI.
26 Vgl. Schlomann 1996, S. 4.
27 Vgl. Moraw 1973, S. 124 ff.
28 Zit. nach: Schlomann 1996, S. 4 f.
29 Vgl. Gniffke 1966, S. 105.

Fusionsdruck auf die SPD verstärkt. Tulpanow, Leiter der Informationsabteilung der SMAD, und andere sowjetische Entscheidungsträger hielten die politische Vereinigung der beiden Arbeiterparteien für die einzige Möglichkeit, eine Niederlage der KPD bei den bevorstehenden Gemeinde- und Landtagswahlen abzuwenden. Ein entsprechender Bericht des Militärrates der SMAD wurde im November 1945 an Stalin gesandt.[30]

Fusionsdruck auf die SPD

Auf Vorschlag der KPD fand am 20. und 21. Dezember 1945 eine gemeinsame Konferenz von je dreißig Vertretern beider Parteien statt („Sechziger-Konferenz").[31] Grotewohl versuchte unter Hinweis auf die Notwendigkeit einer Verschmelzung im Reichsmaßstab erneut eine Gratwanderung zwischen prinzipieller Zustimmung und Ablehnung des sofortigen Zusammenschlusses. Die Vereinigung von SPD und KPD allein in der Sowjetischen Besatzungszone lehnte er ausdrücklich ab.[32] Nach lebhaften Diskussionen und auf Drängen von KPD und SMAD-Vertretern stimmten die SPD-Vertreter schließlich doch der Vereinigung zu, bestanden jedoch auf der – allerdings nur mündlich abgegebenen – Festlegung einer Priorität zur Schaffung einer gesamtdeutschen Partei. Dieser Vorbehalt geriet indes bald in Vergessenheit. Nur wenig später äußerte sich Grotewohl anläßlich des 70. Geburtstages von Wilhelm Pieck am 3. Januar 1946 geradezu euphorisch zur gemeinsamen Politik: „Diese Hände, die sich heute hier gegenseitig ergriffen haben, werden niemals wieder gelöst werden. Die Arbeiterklasse hat gelernt. Wir werden die Garanten dafür sein, daß die Einigkeit der Arbeiterklasse niemals mehr gestört wird."[33]

Sechziger-Konferenz

Kurt Schumacher zog nach der Sechziger-Konferenz einen deutlichen Trennungsstrich gegenüber der ostdeutschen SPD und erklärte die von ihr getroffene Vereinbarung als nicht bindend für die westlichen Zonen.[34] Die Einheitspartei erkannte er als ein Instrument sowjetischer Deutschlandpolitik, der sich die SPD um jeden Preis widersetzen müsse: „Die Unterwerfung unter eine Einheitspartei wäre die Parteinahme für die eine gegen alle anderen Siegermächte."[35] Die KPD war für ihn keine deutsche Klassenpartei, sondern Partei eines fremden Staates.[36] Trotz oder gerade wegen dieser heftigen Reaktion aus dem Westen verstärkte die KPD nun mit Unterstützung der SMAD die Vereinigungskampagne. Die SMAD übte dabei nicht nur Druck – bis hin zu Inhaftierungen – auf einzelne SPD-Funktionäre aus[37], die als Vereinigungsgegner oder -skeptiker bekannt waren, sondern „belohnte" Einheitsbefürworter auch reichlich mit Geschenken und Zugeständnissen.[38]

Die taktischen Voraussetzungen der Einheitskampagne hatte die KPD vorab festgelegt. Pieck, der selbst aus der SPD stammte und mit den Denkstrukturen und Verhaltensweisen der SPD-Funktionäre vertraut war, skizzierte in einer erweiterten Sekretariatssitzung des Zentralkomitees am 20. November nochmals das geplante

---

30 Vgl. Wilke/Erler 1995, S. 46.
31 Vgl. Gruner/Wilke 1981.
32 Vgl. Moraw 1973, S. 138.
33 Zit. nach: Schlomann 1996, S. 8.
34 Vgl. Wilke/Erler 1995, S. 46.
35 Zit. nach: ebd.
36 Ebd., S. 47.
37 Vgl. Bouvier/Schulz 1991 und Bouvier 1996.
38 Vgl. Schlomann 1996, S. 8/9.

Vorgehen gegenüber der Sozialdemokratie: „Wir machen auch gelegentlich Kompromisse an die falschen Vorstellungen der Sozialdemokratie, soweit diese Kompromisse der weiteren Entwicklung nicht schaden, weil wir wissen: Auf unserer Seite steht der Marxismus-Leninismus: Wir haben den festen Kurs und werden auch in der praktischen Politik den Marxismus-Leninismus so anwenden, daß wir dabei die führende Kraft in der ganzen Bewegung bleiben werden."[39] Unmittelbar nach der Sechziger-Konferenz erklärte Franz Dahlem intern noch deutlicher: „Wir müssen uns darüber klar sein, daß die konsequente schrittweise Annäherung von KPD und SPD ein ständiger Prozeß der Liquidierung aller Grundlagen des sozialdemokratischen Ideals ist."[40]

Taktik der KPD

Die KPD bediente sich für ihre „Einheitsfrontpolitik" ihrer in der Weimarer Republik entwickelten Taktik: Sie spannte neugebildete sozialdemokratische Betriebsorganisationen für ihre Einheitskampagne ein und erzeugte auf diesem Wege „Druck von unten". Für die Parteispitze im Zentralausschuß und den Landesvorständen entstand der Eindruck einer breiten Bewegung von Einheitsbefürwortern an der Basis. Skeptiker wagten aufgrund des überall erzeugten Einheitsdrucks häufig keinen offenen Widerspruch.[41]

Im Januar 1946 mehrten sich innerhalb der SPD die Stimmen für eine rasche Vereinigung. Damit verstärkte sich der Druck auf den Zentralausschuß, der immer noch auf eine gesamtdeutsche Lösung setzte. Neben dem Landesvorstand von Sachsen engagierte sich nach der Absetzung von Hermann Brill insbesondere die Thüringer Parteispitze für den sofortigen Vollzug der Vereinigung.

Am 23. Januar 1946 übermittelte Fjodor Bokow, Mitglied des Kriegsrates der Gruppe der Sowjetischen Streitkräfte in Deutschland, Wilhelm Pieck die Forderung Stalins, den 1. Mai 1946 als Zeitpunkt der Vereinigung festzulegen. In der Folge erhielten die sowjetischen Kommandanturen die Anweisung, auf eine örtliche Vereinigung hinzuwirken; für Vereinigungsskeptiker in der SPD häuften sich Vorladungen und „Gespräche" bei der Besatzungsmacht. Die ostdeutsche SPD-

Sowjetischer Druck

Führung nahm nun überaus engagiert an der Kampagne von SMAD und KPD teil, verhängte Redeverbote gegen Vereinigungsgegner und diffamierte ihre innerparteilichen Kontrahenten als Spalter.[42]

Otto Grotewohl wurde Anfang Februar bei zwei Besprechungen mit Vertretern der SMAD nochmals auf die Bedeutung der Vereinigung hingewiesen. Marschall Shukow verlangte von ihm bis Ende Februar unter Hinweis auf die Fortexistenz der deutschen Teilung für unbestimmte Zeit eine klare Entscheidung. Grotewohl und Gustav Dahrendorf – ebenfalls Zentralausschußmitglied – unternahmen noch einen letzten Versuch, Schumacher positiv zu beeinflussen. Sie erklärten ihm, „daß die Entwicklung zur Einheitspartei nach Tempo und Inhalt nicht mehr unter ihrem Einfluß stünde". Schumacher stellte sie daraufhin vor die aus seiner Sicht verbleibenden Alternativen: Auflösung der SPD oder ihre Eroberung durch die KPD. Er empfahl nachdrücklich die Selbstauflösung. Grotewohl sah darin keine Lösung, da sich in jedem Fall die Funktionäre und der kontrollierbare Teil der

---

[39] Zit. nach: Wilke/Erler 1995, S. 47.
[40] Zit. nach: Ebd., S. 47/48.
[41] Vgl. Walter F. 1996.
[42] Vgl. Schlomann 1996, S. 11.

„Massen" für die Vereinigung aussprechen würden. Schumacher blieb auch gegenüber diesen Argumenten verschlossen.[43]

Auf einer Sitzung des Zentralausschusses mit den Vertretern der Landesverbände am 10./11. Februar 1946 fiel schließlich die sozialdemokratische Entscheidung für die sofortige Vereinigung. Nachdem sich alle anwesenden Landesvorsitzenden dafür ausgesprochen hatten, schwenkte auch der Zentralausschuß auf diese Position ein und verständigte sich auf einen Parteitag allein für die sowjetische Besatzungszone. Der Gegenantrag Dahrendorfs, ehedem selbst Verfechter des Einheitsgedankens, auf Selbstauflösung wurde nicht einmal zur Abstimmung gestellt. Dahrendorf verließ ein paar Tage später die SBZ und stellte sich unter den Schutz der britischen Besatzungsmacht.[44] Die mit einer Mehrheit von 8 gegen 3 Stimmen bei 4 Enthaltungen angenommene Entschließung zur sofortigen Verschmelzung mit der KPD besiegelte die Abspaltung der Ost-SPD und markierte das Ende einer ohnehin nur in Ansätzen vorhandenen gesamtdeutschen sozialdemokratischen Politik.[45]

Auf seiner Sitzung am 21. Februar billigte der Parteiausschuß der SPD die Vereinigungsempfehlung des Zentralausschusses. Er beschloß, am 6. und 7. April in der SBZ Bezirksparteitage durchzuführen und für den 19. und 20. April einen zentralen Parteitag in Berlin einzuberufen. Wiederholte Warnungen Schumachers vor der „Zwangsvereinigung" verhallten ungehört.[46] Auf der zweiten Sechziger-Konferenz am 26. Februar 1946 legten KPD und Ost-SPD den Weg zur SED-Gründung endgültig fest. Widerstand drohte nur noch aus Berlin; hier hatten sozialdemokratische Funktionäre aus den Westsektoren der Stadt die Forderung nach einer Urabstimmung erhoben. Auf einer Funktionärskonferenz am 1. März erlebte Grotewohl ein Fiasko. Die große Mehrheit der 2000 bis 2500 Anwesenden stimmte gegen das Votum Grotewohls und des Bezirksvorsitzenden von Groß-Berlin für eine Entscheidung durch die Parteibasis.[47] In einem wenige Tage später veröffentlichten Aufruf warb der Bezirksvorstand nunmehr für ein positives Votum bei dieser Urabstimmung: „Die Berliner Sozialdemokratie marschiert geschlossen in die Sozialistische Einheitspartei Deutschlands."[48] Trotz der ablehnenden Haltung des Zentralausschusses wurde in den Westsektoren der Stadt am 31. März eine im Ost-Sektor durch die Besatzungsmacht nicht zugelassene Abstimmung unter den Mitgliedern durchgeführt, bei der diese über zwei Fragen zu entscheiden hatten: „Bist Du für den sofortigen Zusammenschluß beider Arbeiterparteien? Ja/Nein, oder bist Du für ein Bündnis beider Parteien, welches gemeinsame Arbeit sichert und den Bruderkampf ausschließt? Ja/Nein." Zwar sprach sich bei einer Wahlbeteiligung von 73% eine große Mehrheit (82,2%) gegen den sofortigen Zusammenschluß aus, dennoch befürworteten 61,7% der Abstimmungsteilnehmer grundsätzlich ein Bündnis mit der KPD. Die Mehrheit der (West-)Berliner SPD-Mitglieder zeigte sich somit mißtrauisch gegenüber den aktuellen Vereinigungsofferten der KPD, wollte aber die Option für einen späteren Zusammenschluß offenhalten.[49]

Urabstimmung nur in West-Berlin

---

43 Vgl. Moraw 1973, S. 150 f.
44 Vgl. Schlomann 1996, S. 13.
45 Vgl. Moraw 1973, S. 154.
46 Vgl. Schlomann 1996, S. 13.
47 Vgl. Moraw 1973, S. 159 f.
48 Zit. nach: Schlomann 1996, S. 14.
49 Vgl. Moraw 1973, S. 161.

In der SBZ konnten sich die Vereinigungsgegner mit der Forderung nach Urabstimmung nicht durchsetzen. Eine breite Mehrheit der jeweiligen Parteiführungen unterstützte die Vereinigungspolitik des Ost-Berliner Zentralausschusses. Druck der Besatzungsmacht, Einschüchterung wie Verheißungen, spielte dabei eine große Rolle. In Leipzig zum Beispiel befürwortete die letzte große Funktionärsversammlung, an der ca. 2000 Personen teilnahmen, bei neun Gegenstimmen die Politik der Berliner Parteiführung; daraufhin wurde am 30. und 31. März 1946 in Leipzig die SED gegründet – und zwar mit nur einer Gegenstimme.[50] Auch in Mecklenburg-Vorpommern beschloß der Landesparteitag der SPD am 7. April einstimmig die Vereinigung beider Parteien.[51] In Thüringen behinderte die regionale Parteiführung Vereinigungsgegner massiv; auch hier sprach sich der Parteitag am 7. April einstimmig für die Fusion aus. Hermann Brill, der abgesetzte ehemalige Landesvorsitzende, erinnerte sich an dieses Ereignis: „Es widerstrebt mir . . ., diesen Sumpf von materieller Korruption, Brutalität, Feigheit, Gefühlsduselei, Rührseligkeit, die doch alle zusammen ein verantwortungsloses Verbrechen sind, zu beschreiben."[52]

Als ein Beispiel für besondere Härte bei der Unterdrückung von Vereinigungsgegnern kann der Fall von Willi Köhler aus Blankenburg im Harz angesehen werden. Nach seiner Festnahme am 26. März 1946 war er zunächst mehr als 4 Jahre – ohne Urteil und unter extremen Bedingungen – vor allem in den „Speziallagern" Mühlberg und Buchenwald inhaftiert. Erst im Rahmen der „Waldheimer Prozesse" erhielt er im Juni 1950 10 Jahre Zuchthaus. Im Oktober 1952 vorzeitig entlassen, floh er kurz darauf in den Westen.[53]

Auch in den anderen Landesverbänden der SBZ ergab sich eine zumeist einstimmige Mehrheit für die Vereinigung. Der am 19./20. April 1946 stattfindende Parteitag der SPD in der SBZ billigte schließlich einstimmig die Durchführung der Fusion mit der KPD sowie die Grundsätze und Ziele der zu gründenden SED. Der gleichzeitig tagende 15. KPD-Parteitag mit 380 Delegierten aus der SBZ und 127 aus den Westzonen votierte ebenfalls einstimmig für die neue Einheitspartei. Gleichzeitig sprachen sich die Delegierten für einen raschen Aufbau der Einheitspartei in ganz Deutschland aus.

Gemeinsamer Parteitag KFD/SPD

Auf einem gemeinsamen Parteitag am 21./22. April 1946 stimmten die Delegierten von KPD und SPD einstimmig dem offiziellen Vereinigungsbeschluß zu. Programm und Statut der neugegründeten Partei basierten auf den Arbeiten einer gemeinsamen „Studienkommission", die schon am 21. Dezember 1945 eingesetzt worden war. Als Konzession an die Sozialdemokraten fand Anton Ackermanns Formel von einem „besonderen deutschen Weg zum Sozialismus" Eingang in die „Grundsätze und Ziele der Sozialistischen Einheitspartei Deutschlands". Ackermann hatte schon Anfang 1946 ausgeführt: „Die Sozialistische Einheitspartei Deutschlands kämpft als unabhängige Partei in ihrem Lande für die wahren nationalen Interessen ihres Volkes."[54] Scheinbar kam die KPD den Sozialdemokraten auch mit dem Verzicht auf die Erwähnung des Leninismus in der Programmatik der SED entgegen. Als

---

50 Vgl. Schlomann 1996, S. 14.
51 Ebd., S. 19.
52 Zit. nach: ebd., S. 24.
53 Vgl. Bouvier 1996, S. 198 ff.
54 Zit. nach: Moraw 1973, S. 167.

weltanschauliche Grundlage wurde allein der Marxismus genannt. Ansonsten finden sich weitgehend die aus dem KPD-Gründungsaufruf bekannten Forderungen wieder.

Das SED-Statut wies den Parteisekretariaten erhebliche Macht zu. Insgesamt setzten die Kommunisten so gut wie alle angestrebten Strukturprinzipien auch gegen Bedenken der Sozialdemokraten durch.[55] Festgelegt wurde weiter, daß Vorstandspositionen auf allen Ebenen paritätisch mit ehemaligen SPD- und KPD-Mitgliedern besetzt werden sollten. Zum Zeitpunkt der Gründung zählte die SED offiziell 1,3 Mio. Mitglieder, wobei 620 000 aus der KPD und 680 000 aus der SPD kamen.[56] Damit traten die KPD-Mitglieder nahezu vollständig und die SPD-Mitglieder zum weit überwiegenden Teil in die neue Partei ein. Während in der KPD neue Mitglieder überwogen, bestand in der SPD-Mitgliedschaft eine starke personelle Kontinuität aus der Zeit vor 1933.[57]

Kommunistische Strukturprinzipien in der SED

Die SED konnte ihren Mitgliederstand schnell steigern und erreichte im September 1947 mit 1,8 Mio. eingeschriebenen Genossen ihren vorläufigen Höchststand.[58] Ungefähr jeder zehnte Bewohner der SBZ war damit in der SED organisiert. Die Motivation zum Verbleib oder zum Neueintritt in die Staatspartei mag unterschiedlich gewesen sein. Neben der Anknüpfung an sozialistische und antifaschistische Traditionen dürften auch Opportunität und Karrieredenken eine maßgebliche Rolle gespielt haben. Die soziale Struktur der Partei war anfangs noch stark von der Arbeiterschaft und älteren Personen geprägt. Bis 1953 verschob sie sich zugunsten der Angestellten und der „Intelligenz".[59]

Rasch gerieten die ehemaligen Sozialdemokraten in der neuen Partei unter Druck. Für die Verfolgung und Ausgrenzung derjenigen, die sich nicht bedingungslos dem Diktat der SED-Führung unterwarfen und an alten sozialdemokratischen Werten und Prinzipien festhielten, gibt es zahlreiche Beispiele:[60] Der frühere SPD-Kreisvorsitzende Albert Wesemeyer, Leiter des Erfurter Amtes für Arbeit und Sozialfürsorge, wurde ebenso wie der Ingenieur Curt Eckhardt wegen seiner Kontakte zum Ostbüro der SPD im Frühjahr 1948 verhaftet, als „Schumacher-Faschist" beschimpft und von einem sowjetischen Militärgericht zu 25 Jahren Zwangsarbeit verurteilt; beide kamen erst 1956 frei. Auch Fritz Drescher, Ministerialdirektor in der Regierung von Sachsen-Anhalt, erhielt wegen desselben „Delikts" 1949 25 Jahre Arbeitslager. Diese Strafe verbüßte er zum Teil im nordrussischen Workuta. Unmittelbar nach seiner vorzeitigen Entlassung und seiner Rückkehr in die DDR 1955 floh er wie viele seiner Gesinnungsgenossen in den Westen.[61]

Andere Sozialdemokraten – mit Grotewohl an der Spitze – fügten sich schnell in das totalitäre Denken der Kommunisten ein und gehörten bald zu den schärfsten Kritikern des „Sozialdemokratismus". Die Mehrzahl ehemaliger Sozialdemokraten hat sich freilich still und unauffällig angepaßt. Nicht wenige von ihnen sahen eine soziale und berufliche Karriere für sich, da die Vertreibung der alten Eliten durch

---

55 Vgl. Moraw 1973, S. 173 f.
56 Vgl. Kowalczuk u. a. 1995, S. 179.
57 Vgl. Moraw 1973, S. 177.
58 Vgl. Kowalczuk u. a. 1995, S. 179.
59 Vgl. ebd., S. 181.
60 Vgl. Loew 1994, Grebing u. a. 1992 und Bouvier 1996.
61 Vgl. Bouvier 1996, S. 221 ff.

SMAD und SED ein Vakuum entstehen ließ, das Mitglieder der neuen totalitären Staatspartei ausfüllen mußten. Wie auch immer einzelne Sozialdemokraten sich verhalten haben mögen, als Ergebnis der SED-Gründung bleibt festzuhalten, daß seit April 1946 keine freiheitliche sozialdemokratische Kultur in der SBZ mehr existieren durfte.[62]

„Einheitswillen" oder „Zwangsvereinigung"

DDR-Historiker werten die Verschmelzung von SPD und KPD zur SED als Ausdruck des „Einheitswillens", während westdeutsche Historiker sie eher als „Zwangsvereinigung" charakterisierten.[63] Der von Dahrendorf geprägte und von Schumacher übernommene Begriff der Zwangsvereinigung spiegelt vornehmlich die Sicht sozialdemokratischer „Opfer" wider, die sich dem Druck von SMAD, KPD oder eigener Parteispitze vor dem April 1946 widersetzten und erheblichen Repressionen ausgesetzt waren.[64] Eine Reihe führender Sozialdemokraten mag von der Erwartung geleitet gewesen sein, sie könnten sich ob ihrer zahlenmäßigen Stärke in der neuen Partei durchsetzen oder jedenfalls maßgeblichen Einfluß erringen. Doch das erwies sich schnell als Selbsttäuschung. Der unbedingte Machtwille der KPD-Führung und deren ungebrochen totalitäres Menschen- und Gesellschaftsbild sollten sich als stärker erweisen.

Weiterhin darf die programmatische Nähe von SPD und KPD nicht vergessen werden: In Fragen einer umfassenden Bodenreform, in der Gestaltung des Gesundheitswesens, der Schulen etc. wie auch hinsichtlich der Verstaatlichung der Industrie glichen sich die Vorstellungen, wobei semantische Feinheiten kommunistischer Terminologie („Demokratisierung" als Synonym für Herrschaftsmonopolisierung) oft noch nicht deutlich erkennbar waren. Auch das sozialistische Endziel und die Ablehnung der politischen Ziele des Bürgertums waren vielen Sozialdemokraten und KPD-Genossen gemeinsam.

Die in der Zeit des Nationalsozialismus miteinander erlittenen Verfolgungen und Inhaftierungen ließen nicht wenige Sozialdemokraten die auf Zerstörung von Demokratie und Freiheit gerichtete Politik der Weimarer KPD vergessen. Die Überwindung der nationalsozialistischen Hinterlassenschaften und die Bildung einer „antifaschistischen Koalition" überlagerten hier die kritische Betrachtung der KPD. Die Tragik mancher ostdeutscher Sozialdemokraten bestand zudem darin, daß sie dem Nationalsozialismus widerstanden hatten, aber im Nachkriegsdeutschland die notwendige Distanz zum Kommunismus vermissen ließen.[65] Viele hofften zudem auf eine Einigung der Alliierten und glaubten nicht an die ‚Endgültigkeit' der Teilung.

Zwiespältige Haltung der SPD

Die nach dem Ende der DDR nun zugänglichen Dokumente über Umstände und Vorbereitungen der SED-Gründung ergeben bezüglich der Haltung der SPD ein zwiespältiges Bild. Warnungen vor der Machtpolitik der KPD, Forderungen nach Urabstimmung und Selbstbehauptung der SPD wechselten ab mit Einheitsbekundungen und geradezu euphorischen Appellen an die Parteiführung, die Einheit zu

---

[62] Vgl. Bouvier/Schulz 1991 und Schlomann 1996.
[63] Vgl. zu der Kontroverse: Weber 1996; Merseburger 1996; Krusch 1996; Historische Kommission der PDS 1995; Friedrich-Ebert-Stiftung 1996; Staritz/Weber 1989; Krusch/Malycha, 1990; Wilke/Erler 1995 und Benser 1995.
[64] So die Interpretation in Fricke 1964, S. 29 ff.
[65] Vgl. Walter, F. 1996.

vollziehen.⁶⁶ Dabei darf zugleich nicht verkannt werden, daß viele Sozialdemokraten wegen der Mechanismen von Druck, Erpressung und Verlockung, denen sie ausgesetzt waren, bei ihrer Entscheidung innerlich nicht frei waren. Während die SED-Gründung in der tagespolitischen Auseinandersetzung auch heute noch häufig durch eine parteipolitische Brille bewertet wird, stellt sich dieser Vorgang für den kritischen Beobachter im Abstand als Zwangsvereinigung, aber auch als ein Stück Selbstaufgabe dar. Es bleibt dabei richtig, daß die Strategie der sowjetischen Besatzungsmacht mit größter Beharrlichkeit in Richtung Vereinigung zielte, und eine Verweigerung wohl die zwangsweise Auflösung der SPD nach sich gezogen hätte; genauso schwer wiegt der Macht- und Vernichtungswille der deutschen Kommunisten gegenüber einer Freiheit und Demokratie verpflichteten Sozialdemokratie. Im nachhinein erwiesen sich die Warnungen Schumachers und seine Empfehlung, die Partei in der SBZ lieber selbst aufzulösen als sie den Kommunisten zu übergeben, prinzipiell als berechtigt. Unter Umständen hätte dies freilich eine Fülle an zusätzlichen Verfolgungen und Drangsalierungen für die Sozialdemokraten bedeutet.

Warnungen Schumachers berechtigt

Aber auch so dürfte die Zahl der in der Folgezeit bis in die fünfziger Jahre als „Schumacher-Agenten" verurteilten Sozialdemokraten bei 5000 bis 6000 gelegen haben.⁶⁷

c) Die Gründung von DBD und NDPD

Vor dem Hintergrund des ungünstigen Abschneidens der SED bei den Landtagswahlen im Oktober 1946 und anhaltender Spannungen im „Blockausschuß" zwischen SED auf der einen, CDU und LDP auf der anderen Seite, entstanden auf Weisung und in Abstimmung mit der SMAD zwei neue Parteien. Ziel war die Schwächung der bürgerlichen Parteien durch Abwerbung ihrer politischen Klientel. Eine Zielgruppe war die Bauernschaft, die mit der VdgB nur unzureichend in die Machtpolitik der SED einbezogen werden konnte. Unter direkter Mitwirkung der SMAD wurde deshalb im April 1948 die Demokratische Bauernpartei Deutschlands (DBD) gegründet. In den ersten Vorstand beorderte die SED eigene Funktionäre⁶⁸, deren Herkunft sie verschwieg. Auch die SMAD nahm Einfluß, indem sie ihre Kandidaten zum Teil gegen den Willen der SED durchsetzte. Die SMAD räumte der neuen Partei sofort Vertretungen im Deutschen Volksrat (3. August 1948), im Zentralen Block (5. August 1948) und in der Deutschen Wirtschaftskommission (1. Januar 1949) ein. Ihre faktische Funktion bestand nach Bildung der „Einheitsliste" in der Unterstützung der SED, deren führende Rolle sie anerkannte. Ihre Mitgliederzahl stieg von knapp 30 000 (1948) auf 114 000 im Jahre 1987.⁶⁹

Demokratische Bauernpartei Deutschlands (DBD)

Den Ausgangspunkt für die zweite Parteineugründung – von der SED ebenfalls in Absprache mit der SMAD vorbereitet – bildete der Abbruch der Entnazifizierung in der SBZ mit dem SMAD-Befehl Nr. 35, der „unbelasteten" früheren NSDAP-Mitgliedern fortan politische Betätigung erlaubte. Die im Juni 1948 lizensierte

---

66 Vgl. Malycha 1995; Krusch 1996; Benser 1995 und Bouvier 1996.
67 Vgl. Bouvier 1996, S. 258.
68 Vgl. Nehrig 1980, S. 2379.
69 Vgl. Nehrig 1995, S. 2397.

Nationaldemokratische Partei Deutschlands (NDPD)

Nationaldemokratische Partei Deutschlands (NDPD) sollte Mitläufern der NSDAP, ehemaligen Offizieren und Kriegsgefangenen sowie Vertriebenen eine politische Heimat bieten. Die offizielle Begründung für diesen Schritt führte Pieck in seinem Schlußwort auf der 10. Tagung des Parteivorstandes der SED im Mai 1948 aus:

> „Wir wollen nicht, daß die politisch uninformierten Massen der Heimkehrer und der Umsiedler ... selbstverständlich auch die nominellen PGs, die politisch nicht belastet sind, daß alle diese politisch unklaren Menschen eine Stütze der bürgerlichen Parteien und bei den Wahlen das Stimmvieh für diese Parteien abgeben ... Diese Gefahr können wir nur abwehren, wenn diese Menschen in stärkerem Maße in das politische Leben hineingezogen werden und selbst auch eine gewisse Verantwortung dafür übernehmen. Wir glauben, daß das durch die Bildung der beiden neuen Parteien möglich sein wird, damit die Menschen, die nach einem politischen Stützpunkt suchen, ihn nicht bei den beiden bestehenden bürgerlichen Parteien, bei denen, wie gesagt, die reaktionären Elemente immer mehr die Oberhand gewinnen, finden, sondern in den beiden neuen Parteien".[70]

Mit diesem Schritt folgte die SED-Spitze einer Empfehlung Stalins, der bei einer Zusammenkunft führender Vertreter des ZK der KPdSU und des ZK der SED im März 1948 geraten hatte:

> „... Sie haben nun demokratische Reformen durchgeführt und viel für die Entnazifizierung getan. Glauben Sie nicht, daß es an der Zeit wäre, die Trennlinie zwischen ehemaligen Nazis und Nichtnazis aufzuheben? Vielleicht sollte man ehemaligen Mitgliedern der Nazi-Partei, die keine Verbrechen gegen das deutsche Volk oder gegen andere Völker auf sich geladen haben, alle aktiven und passiven Bürgerrechte zurückgeben, damit sie am Aufbau Deutschlands teilhaben können? ... Glauben Sie nicht, daß man die Entnazifizierungskommissionen auflösen und diese Tätigkeit einstellen sollte? ... Geben wir doch den ehemaligen Nazis die Möglichkeit, wenn sie es wollen, eine eigene Partei zu gründen, natürlich eine demokratische. Wie könnte man sie nennen? Nationalsozialistische Arbeiterpartei? Nein, das geht sicher nicht ... Vielleicht Nationaldemokratische Partei Deutschlands. An ihre Spitze könnte ein bekannter Nazi treten ..."[71]

Zum ersten Parteivorsitzenden wurde Lothar Bolz bestimmt, der 1928 der KPD beigetreten und in der Sowjetunion Lehrer an Antifaschulen für Kriegsgefangene sowie Mitarbeiter des Nationalkomitees „Freies Deutschland" gewesen war. Als Stellvertreter fungierte von Oktober 1949 bis Oktober 1952 der ehemalige Wehrmachtgeneral Vincenz Müller, der deutsche Truppen in der Schlacht bei Minsk kommandiert und im Juni 1944 den Befehl zur Kapitulation gegeben hatte. Daneben standen ehemalige Kriegsgefangene, die im Nationalkomitee „Freies Deutschland" sowie im Bund Deutscher Offiziere gearbeitet hatten, an der Spitze dieser neuen Partei. Um die Mitgliederzahl schnell zu erhöhen und zusätzlichen Einfluß auf die Entwicklung der „Nationaldemokraten" zu nehmen, stellte die SED sogar eigene Mitglieder zum Eintritt in die NDPD ab.[72] Schon drei Monate nach ihrer Gründung wurde die neue Partei im September 1948 in den „Demokratischen Block" aufgenommen. Die Mitgliederzahl stieg dennoch nur langsam an. Im Oktober 1948 zählte die Partei nur 2000 Mitglieder, in der Endphase der DDR etwas über

---

[70] Zit. nach: Friedrich u. a., 1995, S. 111.
[71] Zit. nach: Semjonow 1995a, S. 253/254.
[72] Vgl. Fröhlich 1995b, S. 1547.

100 000.⁷³ Ihrer wichtigsten Aufgabe, Nazi-Mitläufern eine politische Heimat zu geben, konnte die NDPD nur bedingt gerecht werden. Der Anteil ehemaliger Nationalsozialisten in der SED dürfte erheblich höher gewesen sein.⁷⁴ Selbst ein bescheidener Erfolg bei der strukturell durch das politische System ohnehin begrenzten Interessenwahrnehmung sozialer Gruppen scheint ihr insoweit nicht beschieden gewesen zu sein.⁷⁵

<small>Politische Heimat für Nazi-Mitläufer angestrebt</small>

d) Die Gründung gesellschaftlicher Organisationen

Der SMAD-Befehl Nr. 2 schuf nicht nur die besatzungsrechtliche Grundlage für die Bildung von Parteien, sondern ebenso für die Gründung gesellschaftlicher Organisationen. Unter diesen Sammelbegriff fielen insbesondere die Gewerkschaften, für deren Aufbau die KPD im Moskauer Exil bereits eine Konzeption erarbeitet hatte. Angestrebt wurde eine Einheitsgewerkschaft, die als „Massenorganisation" unter dem maßgeblichen Einfluß der KPD fungieren sollte. Unter Hinweis auf das Versagen der Gewerkschaftsführungen 1933 sollte auch unter dem Etikett parteipolitischer Neutralität der kommunistische Führungsanspruch durch aktives Wirken der eingesetzten Kader durchgesetzt werden.

> „Die Gewerkschaften entstehen neu, und Gewerkschaftsleitung und Führer entstehen auch neu. Und wer die Interessen der Arbeiter richtig vertritt, der wird in der Leitung sein, nicht die, die aus alten Traditionen alte Rechte herleiten, sie sind alles, nur nicht besonders lobens- und erneuerungswert ... Wir wollen einheitliche Gewerkschaften, und jeder, der das nicht will und auf alten Dingen ausruhen oder anknüpfen will, muß als Feind der Arbeiterklasse gebrandmarkt werden. Das ist notwendig. Und Genossen, das ist das Verhältnis zur politischen Arbeiterbewegung."⁷⁶

Diese Begründung der kommunistischen Vorherrschaft in den Gewerkschaften durch den KPD-Funktionär Hermann Matern blieb Leitlinie für die Wiedergründung der Gewerkschaften nach dem Krieg.

Ein solcher Anspruch bedurfte natürlich auch der personellen Unterfütterung: Die Auswahl von Kadern für die kommunistische Gewerkschaftsarbeit erhielt daher eine hohe Priorität.⁷⁷ Auf Initiative der KPD entstand bereits Mitte Mai 1945 in Berlin ein Gremium zur Vorbereitung eines einheitlichen Gewerkschaftsbundes. Von Beginn an dominierten kommunistische Funktionäre diese „Bewegung".⁷⁸ Am 15. Juni 1945 trat der Vorbereitende Gewerkschaftsausschuß mit einem Gründungsaufruf an die Öffentlichkeit. Seine programmatischen Forderungen zielten auf Entnazifizierung von Betrieben und Verwaltungen, auf Mitarbeit der Gewerkschaften beim wirtschaftlichen Wiederaufbau, auf Sicherung demokratischer Mitbestimmungsrechte der Arbeiter und Angestellten sowie auf „Erziehung der Arbeiterschaft im Geiste des Antifaschismus". Mit Hilfe der SMAD gelang es der KPD, den

<small>Kommunistische Gewerkschaftsarbeit</small>

---

73 Vgl. ebd., S. 1554.
74 Vgl. Kowalczuk 1995b, S. 171 ff.
75 Vgl. Fröhlich 1995b, S. 1576.
76 Hermann Matern: Der Wiederaufbau der deutschen Gewerkschaften, Lektion vom 8. März 1945 in der Parteischule der KPD in Moskau, zit. nach: Laude/Wilke 1994, S. 45.
77 Vgl. ebd., S. 49f.
78 Vgl. Sattler 1995, S. 2642.

sozialdemokratischen Einfluß zurückzudrängen und ihre traditionelle Minderheitsrolle in der Gewerkschaftsbewegung zu überwinden.

Bei den Vorstandswahlen anläßlich des Gründungskongresses vom 9. bis 11. Februar 1946 konnte die KPD die Hälfte der Vorstandssitze erringen. Weitere vier Vorstandsmitglieder gehörten der SPD an, die CDU erhielt einen Sitz.[79] Der „Freie Deutsche Gewerkschaftsbund" (FDGB) registrierte zum Zeitpunkt seiner Gründung bereits 2 Mio. Mitglieder, von denen in den Wochen vor der SED-Gründung viele von kommunistischen Funktionären gezielt mobilisiert wurden, um den Vereinigungsprozeß der Arbeiterparteien an der Basis zu fördern. Auf dem 2. Kongreß des FDGB (17.–19. April 1947) erhielt die SED die absolute Mehrheit im Vorstand und forcierte die Umgestaltung der Einheitsgewerkschaft zu einer vollständig kommunistisch gesteuerten Massenorganisation. Auf dem 3. Kongreß des FDGB (30. August bis 3. September 1950) kulminierte dieser Prozeß im Bekenntnis zum Marxismus-Leninismus und zur „führenden Rolle" der SED.[80] In der Präambel der neuen Satzung vom 18. Juni 1955 schlug sich diese Entwicklung schließlich auch formell nieder:

Umgestaltung der Einheitsgewerkschaft

> „Der Freie Deutsche Gewerkschaftsbund ist die Klassenorganisation der in der DDR herrschenden Arbeiterklasse, die in festem Bündnis mit den werktätigen Bauern steht, und bekennt sich zur Politik der Sozialistischen Einheitspartei Deutschlands, der Partei der deutschen Arbeiterklasse."[81]

Die SED bezog den FDGB frühzeitig in staatliche Aufgaben ein. Ihm oblag vor allem, die Arbeiterschaft an das System der Planwirtschaft zu gewöhnen und für die Planerfüllung zu sorgen. Von der alten Gewerkschaftsbewegung blieb organisatorisch kaum etwas übrig. Im November 1948 wurde die Auflösung der Betriebsräte und ihre Verschmelzung mit den Betriebsgewerkschaftsleitungen (BGL) angeordnet. Gleichzeitig übernahm der FDGB die Organisation der betrieblichen Sozialpolitik und später auch der allgemeinen sozialen Versorgung. Nahezu alle Beschäftigten waren Mitglied im FDGB. Da die Bildung anderer Gewerkschaftsorganisationen nicht erlaubt war, wurde der FDGB faktisch zur staatlichen bzw. von der Partei eingesetzten Interessenvertretung der Arbeitnehmer. Die Verfassung räumte ihm zwar weitgehende Rechte bei der politischen Gestaltung des gesellschaftlichen Systems der DDR ein, er nahm jedoch überwiegend sozialpolitische Aufgaben wahr und diente der SED als „Überwachungs- und Mobilisierungsinstrument."[82] Obschon Streiks und andere Arbeitskampfmaßnahmen zu dieser Zeit noch nicht verboten waren, verzichtete der FDGB auf selbständige Aktionen zur Durchsetzung von Arbeitnehmerinteressen. Der kommunistische Einfluß in den Führungsebenen verhinderte Aktionen unzufriedener Arbeitnehmer bzw. zwang diese, ihren Unmut unabhängig von der Gewerkschaft zu äußern. Die SED reagierte aufgrund ihres totalitären Gesellschaftsverständnisses auf Arbeitskonflikte nach dem Prinzip von „Zuckerbrot und Peitsche". Sie griff einmal hart durch, ein anderes Mal begnügte sie sich mit einer moderaten Konfliktregulierung, aber immer wertete sie

---

[79] Vgl. ebd., S. 2643.
[80] Vgl. Eckert 1995b, S. 1253.
[81] Zit. nach: Steininger 1996a, S. 162.
[82] Vgl. Eckert 1995b, S. 1253.

intern die Unruhen als unzureichende Erziehung der Arbeiter durch die Betriebsleitung und die jeweilige Gewerkschafts- und Parteiorganisation.[83]

Durch die gelenkte Bildung einer Vielzahl weiterer Organisationen wollten SMAD und KPD/SED den Aufbau unabhängiger und pluralistischer Verbände verhindern. Diese Organisationen erhielten allesamt formal einen überparteilichen Anstrich, waren aber von Beginn an kommunistisch dominiert. Über kurz oder lang „erklärte" die SED sie zu „Massenorganisationen", die unter Anerkennung der „führenden Rolle der SED" als „Transmissionsriemen" kommunistischer Politik wirken sollten. Dieser Rollenverteilung trugen die Organisationen in den nachfolgenden Jahren durch die Festschreibung der „führenden Rolle" der SED in den jeweiligen Statuten Rechnung.

Massenorganisationen als Transmissionsriemen kommunistischer Politik

Auch die Initiative zur Gründung des „Kulturbundes zur demokratischen Erneuerung Deutschlands" ging von Moskauer Exil-Kommunisten aus. Die auf der Gründungskundgebung am 3. Juli 1945 beschlossenen „Leitsätze" proklamierten als Ziele u. a. „die Bildung einer nationalen Einheitsfront der deutschen Geistesarbeiter", die „Vernichtung der Nazi-Ideologie" sowie die „Wiederentdeckung und Förderung der freiheitlichen, humanistischen, wahrhaft nationalen Traditionen unseres Volkes". Zwar gehörten dem am 8. August 1945 konstituierten Präsidialrat des Kulturbundes Repräsentanten verschiedener parteipolitischer Richtungen an, auf der Leitungsebene dominierten indes Kommunisten wie Johannes R. Becher als Präsident und Heinz Willmann als Generalsekretär.[84]

Besonderes Augenmerk richteten SMAD und KPD auf die „ideologische Erziehung" der Jugend, hatte diese doch die nationalsozialistische Massenbewegung wesentlich mitgetragen. Der im September 1945 gebildete Zentrale Jugendausschuß für die SBZ unter dem Vorsitz von Erich Honecker und Edith Baumann bereitete die Gründung einer einheitlichen Jugendorganisation vor, die sich am 7. März 1946 als „Freie Deutsche Jugend" (FDJ) konstituierte. Die FDJ verstand sich als „überparteiliche, einige, demokratische Jugendorganisation", die sich für den Frieden und die Einheit Deutschlands einsetzen wollte. Da die SMAD keine weiteren Jugendorganisationen zuließ, hatte die FDJ von Beginn an ein Monopol auf die Organisierung der Jugend. Der auf dem 1. Parlament der FDJ (8.–10. Juni 1946) bestimmten ersten „provisorischen Leitung" gehörten mehrheitlich SED-Mitglieder an, an ihrer Spitze stand Erich Honecker. Die Vertreter anderer Parteien hatten nur Alibi-Funktion. Als sie dies erkannten und 1947 ein CDU-Vertreter verhaftet wurde, zogen CDU und LDP ihre Mitglieder aus den Führungsgremien der FDJ zurück.[85] Auch nach außen hin wurde die enge Anbindung der FDJ an die SED sichtbar. Schon im Oktober 1948 bezeichnete der Parteivorstand der SED die FDJ als „Kampfreserve der SED" und als „Instrument der Partei für die Einwirkung auf die Jugend".[86] In der im Mai 1952 beschlossenen „Verfassung" der FDJ verpflichtete sich diese zur Verteidigung der DDR, der Anerkennung der führenden Rolle der SED und zur Freundschaft mit der Sowjetunion.[87]

Anbindung der FDJ an die SED

---

83 Vgl. Hübner 1995.
84 Vgl. Sattler 1995, S. 2644.
85 Vgl. Eckert 1995b, S. 1256 und Mählert 1995, S. 81 ff.
86 Vgl. Zilch 1994, S. 16.
87 Vgl. Eckert 1995b, S. 1256.

Die FDJ hatte für die SED nicht nur als Kaderreservoir Bedeutung. Sie sollte auch die jeweilige politische Linie der Partei in der Jugend propagieren. Selbstverständlich mußte die FDJ ihren Beitrag zur „Wehrerziehung" leisten. Außerdem besaß sie durch ihre Monopolstellung alle formalen und inhaltlichen Möglichkeiten, die Freizeitgestaltung der Jugendlichen zu organisieren und damit auch zu kontrollieren. Am 13. Dezember 1948 gründete die FDJ eine Kinderorganisation, den „Verband der Jungen Pioniere", der 1952 den Namen „Ernst Thälmann" erhielt.[88]

Die SED schuf zur Unterstützung ihrer Politik der engen Bindung an die Sowjetunion die „Gesellschaft für deutsch-sowjetische Freundschaft" (DSF). Diese wurde 1947 zunächst als „Gesellschaft zum Studium der Kultur der Sowjetunion" gegründet und 1949 in DSF umbenannt. Aufgabe der neuen Vereinigung sollte es sein, der SBZ- bzw. DDR-Bevölkerung die Sowjetunion „näherzubringen". Stärker noch als in den anderen Organisationen dominierte hier schon in der Frühphase die SED.[89]

Zur organisatorischen Erfassung der gesamten Bevölkerung der SBZ rief die SED noch vor Gründung der DDR weitere Massenorganisationen ins Leben. Der 1947 gegründete „Demokratische Frauenbund Deutschlands" (DFD) sollte das Wirken kommunaler „Frauenausschüsse" beenden und die Dominanz der SED auch auf diesem Sektor sichern.[90] Die „Vereinigung der gegenseitigen Bauernhilfe" (VdgB) entstand im Zuge der im Herbst 1945 eingeleiteten Bodenreform und konstituierte sich im November 1947 als „Zentralvereinigung". Sie gewährte den Neubauern technische Unterstützung und propagierte die gegenseitige Hilfe der Bauern wie auch genossenschaftliche Wirtschaftsformen.[91] Eine wichtige Rolle spielte auch die „Gesellschaft für Sport und Technik" (GST), die 1952 als Instrument der vormilitärischen Ertüchtigung und wehrsportlichen Ausbildung gegründet wurde.[92]

Die KPD bzw. SED konnte sich bei der Vorbereitung der SED-Gründung sowie den Kreis- und Landtagswahlen im Oktober 1946 der Unterstützung der gesellschaftlichen Organisationen gewiß sein. Vor allem die VdgB sicherte ihr in drei von fünf Landtagen die absolute Mehrheit.[93] Angesichts des für die SED eher schwachen Ergebnisses bei den Landtagswahlen (insgesamt 47,6% gegenüber 49,7% für CDU und LDP) propagierte sie schon im Oktober 1946 die Einbeziehung der großen gesellschaftlichen Organisationen in den „Block der antifaschistisch-demokratischen Parteien". Dieses Vorhaben begann die SED 1948 in die Praxis umzusetzen. Die Massenorganisationen wurden in den „Block" aufgenommen und erhielten anläßlich der „Wahl" zur Volkskammer der DDR im Oktober 1950 mittels Einheitsliste eine festgelegte Zahl von Abgeordneten zugewiesen.

e) Der Übergang von der SBZ zur DDR: Blockparteien und Massenorganisationen unter Führung der SED

Mit der Gründung von DBD und NDPD und ihrer Aufnahme in den „Einheitsblock", in den zum gleichen Zeitpunkt auch der FDGB und etwas später

---

88 Vgl. ebd., S. 1257.
89 Vgl. Sattler 1995, S. 2650.
90 Vgl. ebd., S. 2648.
91 Vgl. ebd., S. 2650.
92 Vgl. Eckert 1995b, S. 1260.
93 Vgl. Sattler 1995, S. 2654.

FDJ und DFD aufgenommen wurden, war bereits im Jahre 1948 das politische System der späteren DDR ausgebildet. Nach außen hin sollte der Anschein pluralistischer Interessenvertretung und demokratischer Mitwirkung aller sozialen und politischen Kräfte gewahrt sein, tatsächlich hatte die SED durch die Unterstützung der SMAD „alles in der Hand" und ihre faktische Macht auch förmlich abgesichert.

Nach Verkündung der Truman-Doktrin und der „Zwei-Lager-Theorie" (Shdanow) forcierten die jeweiligen politischen Akteure ihre Vorbereitungen zur Gründung von zwei deutschen Teilstaaten in den drei Westzonen und der SBZ. Zunächst versuchte die SED noch im Sinne der sowjetischen Deutschlandpolitik, die sich abzeichnende Weststaatsbildung durch eine gesamtdeutsche Kampagne zu verhindern. Der II. Parteitag der SED im September 1947 erklärte den „Kampf um die Einheit Deutschlands" zur Hauptaufgabe. Im Vorfeld der alliierten Außenministerkonferenz vom November/Dezember 1947 in London, auf der die alliierten Mächte noch einmal über die Lösung der Deutschlandfrage verhandelten, rief die SED zu einem „deutschen Volkskongreß für Einheit und gerechten Frieden" auf.

Ziel der „Volkskongreßbewegung" sollte die Mobilisierung des „ganzen Volkes" sein, ein Anspruch, der von der tatsächlichen Zusammensetzung des am 6. und 7. Dezember in Berlin zusammengetretenen 1. Deutschen Volkskongresses keineswegs eingelöst wurde. Die über 2000 „Delegierten", von denen trotz des teilweisen Verbots der VK-Bewegung durch die Westmächte über 650 aus den Westzonen kamen, waren nach einem undurchsichtigen Verfahren von Landtagen, Parteien, Massenorganisationen oder Betriebsversammlungen entsandt worden. Der wenig später in den Westen geflohene ehemalige Sozialdemokrat Erich W. Gniffke berichtete von über 70% SED- und KPD-Mitgliedern unter den Teilnehmern.[94] Die deutliche Dominanz der SED resultierte vor allem aus dem Einbezug der Massenorganisationen. Der Volkskongreß verabschiedete eine Entschließung, in der unter anderem der Abschluß eines Friedensvertrages und eine gesamtdeutsche Regierung gefordert wurden. Während die CDU-Führung unter Kaiser und Lemmer eine Beteiligung ablehnte, nahm die Spitze der LDP unter Külz an dieser SED-Inszenierung teil. Kurze Zeit später setzte die SMAD Kaiser und Lemmer als Parteivorsitzende ab; der spätere Nachfolger Otto Nuschke beteiligte sich von Beginn an an der Volkskongreßbewegung.

„Volkskongreß-bewegung"

Auf einem 2. Volkskongreß im März 1948 wurde auf Weisung des SED-Parteivorstandes ein mit quasi parlamentarischen Funktionen und Gremien ausgestatteter (Präsidium, Sekretariat, Ausschüsse) 400köpfiger „Deutscher Volksrat" „gewählt", dem auch ca. 100 westdeutsche Mitglieder angehörten. In allen Gremien verfügte die SED über die absolute Mehrheit, die sie gemäß ihrer Interpretation des Konsensprinzips der Blockpolitik ausnutzte, um CDU und LDP in strittigen Fragen zu überstimmen. Mit dem Volksrat schuf sich die SED erstmalig ein zentrales „repräsentatives" Gremium für die SBZ, mit dem zugleich die Bedeutung der Landtage als Legislative eingeschränkt werden konnte. Der Volksrat zog sehr schnell Länderkompetenzen an sich und verstärkte dadurch Zentralisierungseffekte, die auf der Verwaltungsebene mit der Gründung der „Deutschen Wirtschaftskommission" im Jahre 1947 begonnen hatten.[95]

94 Vgl. Gniffke 1966, S. 105.
95 Vgl. Koch 1990, S. 349 ff.

2. Die Sowjetisierung der Gesellschaft

a) Wirtschaft

Die Rote Armee begann bald nach ihrem Einmarsch mit Beschlagnahmungen[96], die sich auf alle Rüstungswerke, öffentliche Regiebetriebe, Unternehmen der Schlüsselindustrie, Versorgungsbetriebe, Rohstoff- und Fertigwarenlager, Banken, Versicherungen und auf alle Führungs-Unternehmen von überbetrieblichen Unternehmenszusammenschlüssen in der Rechtsform von Kapitalgesellschaften erstreckten. Diese „Beuteaktionen" wurden offiziell weder registriert noch später auf die Reparationen angerechnet, gleichwohl können sie als Beginn der Demontagen gewertet werden, die offiziell ab Mitte des Jahres 1945 durchgeführt wurden.[97]

Gesellschaftliche Umgestaltung
Die unmittelbar nach Bildung der SMAD angeordneten Maßnahmen zur gesellschaftlichen Umgestaltung dienten einerseits dem Transfer von Ressourcen in die kriegszerstörte Sowjetunion, andererseits legten sie den Grundstein für eine Gesellschaftsumwälzung nach sowjetischem Vorbild. Jenö Varga, ein ökonomischer Berater Stalins, hatte schon 1942 Reparationen und Beschlagnahme deutschen Eigentums vorgeschlagen und für die Reduzierung des Lebensstandards in Deutschland auf das Niveau der Sowjetunion plädiert. Priorität hatte der Wiederaufbau der sowjetischen und nicht der der ostdeutschen Wirtschaft.[98] Die Reparationen umfaßten Demontagen und Lieferungen aus der laufenden Produktion einschließlich der Übernahme von Fachleuten, hinzu kamen noch Lieferungen an die Besatzungsmacht, die nicht als Reparationen galten. Die Hauptquelle der Reparationen bildeten 1945 die Lieferungen aus der laufenden Produktion. Sie absorbierten nahezu 60% der Nettoindustrieproduktion.[99]

Verstaatlichung des Bankenwesens
In der rückblickenden Gesamtschau wird deutlich, daß alle Befehle und Anordnungen der SMAD, die die Gestaltung der Gesellschaft betrafen, auf eine grundlegende Transformation der Gesellschaft zielten. Der erste entsprechende Befehl am 23. Juli 1945 ordnete die Schließung der Banken und die Beschlagnahme ihrer Aktiva an, gleichzeitig ging der Besitz an Gold- und Silbermünzen sowie an ausländischen Banknoten von Privatpersonen und Unternehmen an die SMAD (Befehl Nr. 11). Die sowjetische Besatzungsbehörde verfügte die Gründung von Landes- und Provinzbanken und auf kommunaler Ebene von öffentlichen Stadt- und Bezirksbanken sowie Sparkassen. Die Verstaatlichung des Bankenwesens legte als erste ordnungspolitische Maßnahme den Grundstock für die Umgestaltung der Wirtschaft. Mit dem Befehl Nr. 37 der SMAD vom 19. Februar 1947 erfolgte die Zentralisierung des Geld- und Kreditwesens. Planung und Kontrolle der Kreditgewährungen wurden der „Deutschen Finanzverwaltung" übertragen. Nach Gründung der Deutschen Wirtschaftskommission (DWK) wurde das Geld- und Kreditwesen in die Planungshoheit dieser Institution eingegliedert.[100]

Begleitet von aufwendigen Propagandakampagnen läuteten SMAD und KPD im September 1945 die Bodenreform ein. Die Enteignung des Großgrundbesitzes war

---

[96] Vgl. Buchheim 1995, S. 1052.
[97] Vgl. Buck 1995, S. 1077.
[98] Vgl. Matschke 1988.
[99] Ebd.
[100] Vgl. Gutmann/Klein 1995, S. 1592.

eine der Hauptforderungen des Aufrufes der KPD vom 11. Juni 1945. Stalin selbst wies die SMAD und die deutschen Kommunisten an, die Enteignungen unverzüglich durchzuführen. Die SMAD überließ der KPD und den deutschen Verwaltungsbehörden Anordnung und Durchführung der Maßnahme.

Schon auf der konstituierenden Sitzung des Blocks antifaschistisch-demokratischer Parteien am 29. August 1945 in Sachsen legten die Teilnehmer die Maßstäbe der Bodenreform fest. Die Höchstgrenze privaten Bodenbesitzes durfte 100 ha nicht übersteigen; enteignet werden sollten aber nicht nur die über diese Marke hinausgehenden Bodenflächen, sondern der jeweilige Gesamtbesitz. Eine Entschädigung war nicht vorgesehen.[101] Verschiedene Einwände der Blockparteien – vor allem die CDU wandte sich gegen die entschädigungslose Form der Enteignung – ignorierte der Blockausschuß. Die Bodenreform wurde beschlossen und am 3. September 1945 als Verordnung der Provinzialverwaltung Sachsen in Kraft gesetzt. Die erste Kraftprobe zwischen der KPD und den Blockparteien offenbarte die wahren Machtverhältnisse in der SBZ. Die mit Hilfe der Besatzungsmacht gegen alle Widerstände durchgesetzte Bodenreform signalisierte den anderen politischen Kräften die Dominanz der KPD bei Grundsatzentscheidungen.[102] Die sächsische Verordnung diente später als Vorlage für die anderen Länder und Provinzen; unter der Losung „Junkerland in Bauernhand" wurden landesweit Enteignungen eingeleitet. Insgesamt wurden ca. 3,3 Mio. ha Land im Zuge der Bodenreform in der SBZ requiriert; 2,2 Mio. ha erhielten über 500 000 anspruchsberechtigte private Personen (Landarbeiter, Flüchtlinge, Kleinlandwirte usw.), die restliche Fläche ging in staatlichen Besitz über.

Bodenreform

Die Durchsetzung der entschädigungslosen Enteignungen erfolgte mit äußerster Härte. Die Betroffenen verloren ihr gesamtes Privatvermögen, wurden vertrieben und einige, die sich wehrten, auch umgebracht. Die Aktion schloß auch Bauern mit ein, die weniger als 100 ha besaßen, aber in Verdacht standen, Verbrechen in der Zeit des Nationalsozialismus begangen zu haben, wobei oftmals eine bloße Denunziation genügte. Insgesamt erfolgten etwa 11 000 Enteignungen, darunter ca. 4000 mit weniger als 1200 Hektar.[103]

Die Verteilung des enteigneten Landes an die Neubauern erfolgte ohne Prüfung ihrer Eignung und ohne Berücksichtigung der Überlebensfähigkeit der unter Effektivitätsaspekten vielfach zu klein geratenen Flächen. Ob diese Maßnahme der damaligen Situation (schnelle Umsetzung, großer Kreis der Begünstigten, Ansiedlung von Vertriebenen etc.) entsprang oder bewußt der Grundstock für die spätere Kollektivierung der Landwirtschaft nach sowjetischem Vorbild gelegt werden sollte, kann derzeit nicht beantwortet werden. Tatsache ist jedoch, daß die Bodenreform durch die Verteilung des Bodens auf viele Kleinbauern die spätere Kollektivierung bzw. deren Rechtfertigung erleichterte. Die von der SED initiierte Gründung der „Vereinigung der gegenseitigen Bauernhilfe" (VdgB) ist gleichfalls im Zusammenhang mit ihrer späteren Agrarpolitik zu sehen. Zielgerichtet besetzte die SED in den folgenden Jahren zentrale und regionale Führungspositionen in den landwirtschaft-

---

[101] Vgl. Weber 1995, S. 2834.
[102] Ebd., S. 2835.
[103] Vgl. Friedrich Karl Fromme: Diese Wunde bleibt. „Bodenreform" und sonstige Enteignungen – der Ausgleich trennt West und Ost, in: FAZ vom 4. April 1997, S. 14.

lichen Verbänden und Genossenschaften und bereitete damit die Übernahme landwirtschaftlicher Genossenschaften durch den VdgB und die 1952 einsetzende erste Kampagne zur Kollektivierung der Landwirtschaft vor.[104]

Mit den Befehlen Nr. 124 und Nr. 126 vom 30. Oktober 1945 begann die SMAD mit der grundlegenden Umgestaltung der Wirtschaft. Sie verfügte die Beschlagnahmung des gesamten Eigentums des deutschen Staates, der NSDAP und ihrer Amtsleiter sowie der Wehrmacht. Betroffen waren jedoch nicht nur Betriebe aktiver Nationalsozialisten und echter Kriegsverbrecher. Darüber hinaus wurde jeder Betrieb enteignet, der mittelbar oder unmittelbar Aufträge der Wehrmacht bekommen hatte. Oft diente eine angebliche politische Belastung des Betriebseigentümers nur als Vorwand für die Enteignung.[105] Zwischen November 1945 und April 1948 wurden knapp 10 000 Einzelbetriebe, die bis zur endgültigen Bestätigung der Enteignung weiterproduzieren mußten, beschlagnahmt.

Enteignungen von Unternehmen

Zur Legitimierung dieser Enteignungen leitete die KPD eine Kampagne zur Sozialisierung und Planung der Wirtschaft ein, die in einen Volksentscheid in Sachsen mündete. Gegen anfängliche Widerstände seitens der LDP und der CDU setzte die KPD einen entsprechenden Beschluß im Einheitsblock durch. Bei der Volksabstimmung am 30. Juni 1946 sprachen sich über drei Viertel der Abstimmenden für die Enteignungen aus. In Sachsen wie auch in den übrigen Ländern, in denen keine Abstimmungen stattfanden, setzte nun unter der Parole „Enteignung der Kriegsverbrecher" die entschädigungslose Überführung von 10 000 Unternehmen in Staatsbesitz ein. Der Anteil dieser verstaatlichten Betriebe an der Produktionsleistung in der SBZ betrug 1948 etwa 60%.[106]

Mit dem Befehl Nr. 167 vom 5. Juni 1946 erfolgte die Übernahme der 1945 unter Militärverwaltung gestellten Betriebe in sowjetisches Staatseigentum. Diese Betriebe sogenannter „Sowjetischer Aktiengesellschaften" (SAG), sollten der Erfüllung der Reparationsansprüche der Sowjetunion dienen. Zu ihnen zählten die größten, wirtschaftlich leistungsfähigsten und rüstungspolitisch bedeutendsten Industrieunternehmen. Für diese Betriebe galten nach Ansicht der Sowjets nicht einmal die im „Potsdamer Industrieplan" festgeschriebenen Produktionsverbote und -beschränkungen. Zwischen Herbst 1946 und Ende 1947 entstanden 33 SAG mit insgesamt 213 Einzelbetrieben, in denen über eine halbe Million Menschen beschäftigt waren.

Gründung und Ausbau der SAG markierten einen konzeptionellen Wandel der sowjetischen Reparationspolitik: Weg von den Demontagen hin zu „Entnahmen" aus der laufenden Produktion. In diesem Zusammenhang widersetzte sich die SMAD den Anordnungen des von Moskau eingesetzten Sonderkomitees für Reparationen, das eine Politik rigoroser industrieller „Abrüstung" in der SBZ betrieb. Der Konflikt wurde beigelegt, indem das Komitee entmachtet und in die SMAD eingebunden wurde. Bis 1948, als die UdSSR die Demontagen ganz einstellte, wurden diese den Prioritäten des sowjetischen Fünfjahresplanes stärker angepaßt. Damit gewann die wirtschaftliche Vernunft die Oberhand, denn die Fortdauer der Demontagen hätte lediglich den völligen Verlust der wirtschaftlichen Basis für den Wiederaufbau im Osten Deutschlands bedeutet.

---

[104] Vgl. Weber 1995, S. 2855.
[105] Vgl. Buck 1995, S. 1078 ff.
[106] Vgl. ebd., S. 1105.

Die SAG, deren Bruttoanlagevermögen an der Industrie der SBZ einen Anteil von 16% ausmachte[107], waren vollständig in den sowjetischen Wirtschaftsplan integriert. Schon 1945 beliefen sich die direkten Lieferungen an sowjetische Stellen auf über 2 Mrd. Mark, insgesamt betrugen die Reparationsleistungen 26 Mrd. Mark (ca. 7 Mrd. Dollar nach damaligem Austauschverhältnis). Rechnet man die jährlichen Lieferungen an die Besatzungstruppen mit einem Volumen von etwa 1 Mrd. Dollar hinzu, beläuft sich die Summe auf 12 Mrd. Dollar (in Preisen von Ende der 40er Jahre). Schätzungen zufolge wurde von der Bundesrepublik etwa die gleiche Summe an „Wiedergutmachungszahlungen" geleistet; in Anbetracht der Größenverhältnisse mußte die SBZ/DDR jedoch eine dreimal so hohe Belastung verkraften.[108] Die Rückgabe der nicht in die ostdeutsche Wirtschaft integrierten Betriebe erfolgte in mehreren Etappen von 1947 bis 1954.[109]

„Wiedergutmachungszahlungen"

Die institutionellen Grundlagen für die Planung, Lenkung und Kontrolle der Volkswirtschaft schuf die am 4. Juni 1947 gegründete „Deutsche Wirtschaftskommission". Der von ihr vorgelegte Plan für das zweite Halbjahr 1948 kann als erster Versuch systematischer zentraler Planung in der SBZ/DDR angesehen werden.[110] Mit der Zuordnung der bisher im Eigentum der Länder der SBZ stehenden Staatsbetriebe zur DWK wandelte sie sich von einer reinen Planungsbehörde zu einem wirtschaftspolitischen Machtfaktor. Dieser in späteren Jahren „zentral geleitete Industrie" genannte Wirtschaftsbereich bildete bis 1981 den Kern der DDR-Ökonomie.[111] Den vorläufigen Schlußpunkt der schnellen grundlegenden Umgestaltung der Wirtschaft und ihrer Transformation in eine sozialistische Planwirtschaft setzte der „Beschluß über die Aufstellung eines Zweijahrplans für die Sowjetische Besatzungszone" vom 12. Mai 1948, der die rechtliche Grundlage für das Diktat der DWK gegenüber den Betrieben bildete. Da auch die noch verbleibenden Reste der Privatwirtschaft in das System zentraler Planung durch Bestimmungen zur Gestaltung des Ertragssystems und durch politische Maßnahmen des staatlichen Bankensystems in die „Staatswirtschaft" einbezogen wurden, kontrollierte die SED mehr oder weniger direkt die gesamte Wirtschaft.[112]

Ein kaum zu bewältigendes Problem entstand aus der Vertreibung der alten ökonomischen Elite und der Flucht von Fachkräften in den Westen. Die neuen ökonomischen Führungskräfte wie auch die Planungskader waren entweder überhaupt nicht oder schlecht ausgebildet und mußten in Schulungskursen erst für ihre Aufgabe qualifiziert werden. Ein Zeitzeuge, Fritz Selbmann, Vizepräsident der Landesverwaltung für Wirtschaft und Arbeit und späterer Minister für Wirtschaft und Wirtschaftsplanung in Sachsen, bekundete: „Meine Mitarbeiter waren keine Wirtschaftsplaner, und ich selbst hatte neben einigen ganz nebelhaften Vorstellungen von Wirtschaftsplanung auch keine Ahnung."[113] Sowohl der Verlust an „Know-how" als auch die materiellen Verluste der ostzonalen Wirtschaft durch die

Hypotheken für den wirtschaftlichen Wiederaufbau

---

[107] Vgl. Buchheim 1995, S. 1053.
[108] Vgl. ebd., S. 1056 ff.
[109] Vgl. Matschke 1988, S. 112.
[110] So Gutmann/Klein 1995, S. 1581.
[111] Vgl. Buck 1995, S. 1110.
[112] Vgl. Gutmann/Klein 1995, S. 1646.
[113] Zit. nach Schneider, J. 1996, S. 38 f.

sowjetischen Entnahmen aus der laufenden Produktion und die vorangegangenen Demontagen waren eine schwere Hypothek für den wirtschaftlichen Wiederaufbau in der SBZ/DDR. Daß die Industrieproduktion im Jahre 1947 erst etwa 52% des Standes aus dem Jahr 1936 erreichte, ist somit keineswegs allein durch Kriegsfolgeschäden zu erklären.[114]

b) Bildungswesen

Kurz nach Kriegsende besetzte die KPD Schlüsselpositionen in der Bildungsverwaltung mit ihren Kadern; Entnazifizierung und Umerziehung dienten häufig nur als Staffage. Als zentrale Verwaltungsbehörde für das gesamte Bildungswesen richtete sie mit Unterstützung der SMAD die Deutsche Zentralverwaltung für Volksbildung ein, aus der später das Ministerium für Volksbildung hervorging. Bereits im Oktober 1945 veröffentlichten KPD und SPD einen gemeinsamen Aufruf zur Schulreform, dessen Leitgedanken in das von den Provinzial- und Länderverwaltungen beschlossene „Gesetz zur Demokratisierung der deutschen Schule" von Mai/Juni 1946 eingingen. Vorrangiges Ziel der Bildungsreform war die Brechung des „bürgerlichen Bildungsprivilegs". An die Stelle des alten, institutionell differenzierten Schulsystems trat eine einheitliche achtjährige gemeinsame Schule für alle Kinder, Privatschulen wurden aufgelöst. Auf die gemeinsame Grundschule folgte eine vierstufige Ober- bzw. dreistufige Berufsschule.

Gleichzeitig begann der Aufbau von Zentralschulen, Dorfschulen wurden vielerorts geschlossen. Als Hauptproblem erwies sich die Rekrutierung von Lehrern, da ca. drei Viertel des Lehrpersonals Mitglied der NSDAP gewesen waren und größtenteils ausscheiden mußte. In Schnellkursen ausgebildete Neulehrer sollten vor allem eine „antifaschistische" Erziehung der Kinder gewährleisten.[115] Den anfangs noch zugelassenen begrenzten Pluralismus in den Erziehungskonzepten, der z. B. reformpädagogische Ansätze miteinschloß, schaffte die SED im Herbst 1947 ab. Ihre Bildungspolitiker drangen nun darauf, den Einfluß der Partei in der Bildungs- und Jugendarbeit strikter durchzusetzen.

Umbau der Hochschulen

Ähnlich fundamental bauten SMAD und SED die Hochschulen um. Sie entließen und vertrieben nicht nur NS-belastete, sondern auch viele bürgerlich-konservative Professoren, die sich ihrem Diktat nicht beugten. Der Verlust an Professoren konnte nur mühsam durch Lehrkräfte kompensiert werden, die in Kurzlehrgängen ausgebildet wurden. Nach den ersten, noch freien Wahlen im Hochschulbereich im Wintersemester 1946/47, die eine starke nichtkommunistische Mehrheit ergaben, griff die SED zu repressiven Maßnahmen. Studentenführer, die nicht unter ihrer Kontrolle standen und beispielsweise ein Recht auf freie Meinungsäußerung oder auch freie Wahlen in der SBZ forderten, wurden verfolgt und inhaftiert. Die SED verstärkte ihren Einfluß auf Lehre und Forschung, die Gleichschaltung der studentischen Vertretung erfolgte über die FDJ und den „Demokratischen Block".[116]

---

[114] Vgl. Ritschel 1995, S. 22 f.
[115] Vgl. Weber 1991, S. 37.
[116] Vgl. allgemein Müller 1953 sowie für das Beispiel der Berliner Universität: Lönnendonker 1988 und Rabehl 1988.

Nach dem Verständnis der SED hatten die Hochschulen die Ausbildung einer neuen sozialen und politischen Elite zu gewährleisten, die an die Stelle der alten treten sollte. Die Hochschulen öffneten sich für jüngere Berufstätige ohne Abitur. Zur Erhöhung des Arbeiteranteils an den Studierenden wurden Zulassungsquoten nach der sozialen Herkunft eingeführt. Auch durch spezielle Vorbereitungskurse in neuen Institutionen, die später zu Vorstudienanstalten und Arbeiter- und Bauernfakultäten ausgebaut wurden, gelang es der SED, den Anteil der Arbeiter- und Bauernkinder unter den Studierenden zu erhöhen. Von Beginn an sollten die Hochschulen neben der fachlichen Wissensvermittlung auch Einfluß auf die ideologische Schulung der Studenten nehmen. Ein Hochschulabsolvent mußte fachlich gut ausgebildet, aber auch von der Richtigkeit der SED-Ideologie überzeugt und der Partei treu ergeben sein, wobei gerade in den Anfangsjahren der SBZ/DDR der ideologischen Zuverlässigkeit höheres Gewicht zukam als der fachlichen Kompetenz. Um vor allem im Bereich von Schule und Hochschule entsprechend ausgebildetes Personal heranzuziehen, gründete die SED vier pädagogische und drei „gesellschaftswissenschaftliche" Hochschulen. Die Ausbildung erfolgte immer stärker in streng reglementiertem Rahmen, der kaum Zeit für ein selbständig gestaltetes Studium ließ.[117]

c) Die politischen Parteien und die Umgestaltung der Gesellschaft

Die von SMAD und KPD/SED vorgenommenen strukturellen Veränderungen in Gesellschaft und Staat wurden von den Blockparteien, wenn auch nicht ohne gelegentliche Widerstände und Brüche, weitgehend mitgetragen. Die Forderung nach Enteignung von Privateigentum an Produktionsmitteln und Großgrundbesitz gehörte seit langem zu den Eckpfeilern kommunistischen Gesellschaftsverständnisses ebenso wie die Lenkung und Kontrolle der Gewerkschaften. In ihrem Gründungsaufruf forderte die SPD der SBZ in Anknüpfung an ihre Programmatik von vor 1933 die Verstaatlichung von Banken und Versicherungen. Insofern fand die Transformation der Gesellschaft auch bei der SPD Widerhall. Daß die programmatische Zurückhaltung der KPD taktisch begründet war, belegt das Gründungsprogramm der SED vom April 1946, in dem als kurzfristige Aufgabe der Partei genannt wird, die „Gegenwartsbestrebungen der Arbeiterklasse in die Richtung des Kampfes um den Sozialismus zu lenken". Als längerfristiges Vorhaben wird der Aufbau der sozialistischen Gesellschaft gefordert.[118]

Die neugegründete CDU wollte einen „christlichen Sozialismus", den sie durch eine straffe Planung der Wirtschaft zu realisieren hoffte, welche wiederum mittels rechtsstaatlicher Verfahren durchgesetzt werden sollte. Daher wandte sie sich gegen die entschädigungslose Enteignung von Land, obwohl auch sie für eine Bodenreform eintrat. Doch selbst in derartigen Verfahrensfragen gewährten SMAD und SED den Blockparteien keinerlei Spielraum.[119]

Zwar mahnte auch die LDP rechtsstaatliche Verfahren bei der Umgestaltung von Staat und Gesellschaft an. Die Stimme der Liberalen war jedoch gegen den Chor der „Volksbewegung" für die Bodenreform und die Enteignungen kaum zu

---

[117] Vgl. Wiesniewski 1996, S. 82 ff.
[118] Vgl. Gutmann/Klein 1995, S. 1586.
[119] Vgl. Agethen 1994, S. 47 ff.

vernehmen. Dennoch reagierten SMAD und SED auf die Kritik mit Drohungen, Repressionen und willkürlichen Verhaftungen. Erst durch personalpolitische Eingriffe in die Führung der LDP konnten widerspenstige Strömungen eingedämmt werden. Vollständig gelang die Gleichschaltung erst Anfang der fünfziger Jahre.[120]

3. Wiederaufbau von Verwaltungsstrukturen und die Grundlegung des ostdeutschen Staates

Schlüsselrolle der Kaderpolitik

Beim Wiederaufbau der Verwaltungsstrukturen in der SBZ nahm die Kaderpolitik eine Schlüsselrolle ein, wie die Empfehlung, sich auf die Besetzung politisch-strategischer Schlüsselpositionen in den städtischen und kommunalen Personalämtern zu konzentrieren bezeugt, „Die Leitung dieses Amtes soll in der Regel ein Genosse in den Händen haben, der in den letzten Jahren außerhalb Deutschlands als antifaschistischer Funktionär gearbeitet hat."[121]

Die KPD/SED verstand sich von Anfang an als staatstragende Partei, wie auch Politbüro-Mitglied Franz Dahlem auf dem 15. und letzten Parteitag der KPD am 19. und 20. April 1946 verdeutlichte:

> „Unsere Partei hat seit der ersten Stunde ihres legalen Auftretens nach dem Zusammenbruch des Hitler-Regimes als ihre Überzeugung kundgetan, daß nunmehr nach dem Bankrott der großkapitalistischen Herrschaft in unserem Land die Arbeiterklasse das Schicksal Deutschlands in ihre Hände nehmen und daß sie den neuen Staat aufbauen und führen muß. Die Partei hat dementsprechend sofort ihre Tätigkeit als eine staatsaufbauende Partei begonnen".[122]

Da der Aufbau staatlicher Verwaltungsstrukturen Priorität genoß, wurden erprobte und loyale Kader primär hierfür abgestellt. Dadurch geriet der Aufbau des Parteiapparates in Verzug. Diesen Nachteil nahm die Partei aber in Kauf, da sie sich von der Kontrolle der öffentlichen Personalpolitik einen weiterreichenden Einfluß versprach.

Die neuen Aufgaben innerhalb der staatlichen Verwaltung sowie Planung, Lenkung und Kontrolle der Wirtschaft stellten die KPD nicht nur vor personelle, sondern auch vor große organisatorische Probleme; das geht aus der von Dahlem vorgetragenen Stellungnahme der Parteiführung zur Organisationspolitik auf dem 15. und letzten Parteitag der KPD im April 1946 hervor:

> „Diese Umstellung der Partei auf die Mitverantwortung für die Lösung der Aufgaben in Produktion, Wirtschaft und Verwaltung der Gemeinden, Provinzen und Länder mußte auch eine Änderung in den Methoden der Arbeit und den Formen der Parteiorganisation zur Folge haben. Die früheren Methoden der Arbeit der Betriebs- und Straßenzellen aus der Zeit vor 1933 erwiesen sich als unbrauchbar, die alte Organisationsform als zu eng."[123]

---

120 Vgl. Papke 1994, S. 25 ff.

121 „Richtlinien für die Arbeit der deutschen Antifaschisten in dem von der Roten Armee besetzten deutschen Gebiet" vom 5. April 1945, zit. nach: Erler u. a. 1994, S. 380 ff.

122 Über die Verhandlungen vom 15. Parteitag der KPD am 19. und 20. April 1946, S. 64 f.; zit. nach: Kowalczuk 1995b, S. 176.

123 SAPMO-BArch, NY 4072/60, Blatt 235.

Es sollte „eine Kampforganisation entstehen ...., wie sie zur Führung von Staat und Wirtschaft nötig ist".[124] Der Aufbau der „Kampforganisation" erwies sich als Anpassung an die Strukturen staatlicher Verwaltung bzw. deren „Verdoppelung": „Entsprechend dem Charakter der Sozialistischen Einheitspartei wird der Parteiapparat durch die Bildung einer Reihe von Abteilungen so aufgebaut, daß er sich der Struktur des kommunalen und staatlichen Verwaltungsapparates angleicht."[125]

Am 4. und 16. Juli 1945 bestätigte die SMAD die Zusammensetzung der deutschen Provinzial- bzw. Landesverwaltungen, wobei die ersten Positionen in Absprache mit der KPD besetzt wurden. Bis zu den Landtagswahlen im Oktober 1946 vollzog sich der organisatorische Verwaltungsaufbau eher situativ. Erst nach den Wahlen erfolgte eine systematische Angleichung in der Organisation der Verwaltungen.[126]

Die SMAD achtete beim Aufbau deutscher Verwaltungen darauf, daß durch die richtige Auswahl und den Einsatz geeigneter Kader der Aufbau staatlicher Institutionen parallel zu den gesellschaftlichen Veränderungen ebenfalls Transformationscharakter hatte. Darüber hinaus behielt sie das Ziel im Auge, die entstehenden Verwaltungen gegebenenfalls auf ganz Deutschland übertragen zu können. Zur Optimierung der eigenen Arbeit hatte sich die SMAD durch den Befehl Nr. 5 vom 9. Juli 1945 fünf Länder- bzw. Provinzverwaltungen geschaffen, denen der Aufbau und die Kontrolle der deutschen Verwaltungen oblag. Ihnen untergeordnet waren SMAD-Bezirkskommandanturen sowie auf der untersten Ebene Kreis- und Ortskommandanturen, die als unmittelbar aktive Befehlsorgane fungierten.[127]

Transformation der staatlichen Verwaltungen

Während die unter Aufsicht der SMAD besetzten Spitzen der Landesverwaltungen aus unterschiedlichen Parteien kamen, waren sämtliche 1. Vizepräsidenten, die zugleich für den Bereich Inneres, Personal, Sicherheit und Schulung verantwortlich zeichneten, KPD-Funktionäre.[128]

Nahezu zeitgleich (am 27. Juli 1945) erging der SMAD-Befehl Nr. 17, der den Aufbau von zunächst elf Zentralverwaltungen anwies, die von August bis September 1945 in Berlin eingerichtet wurden; sie umfaßten die Bereiche Verkehrswesen, Nachrichtenwesen, Brennstoffindustrie, Handel und Versorgung, Industrie, Landwirtschaft, Finanzen, Arbeit und Sozialfürsorge, Gesundheitswesen, Volksbildung und Justiz. Als weitere Behörde entstand am 30. Juli 1946 die deutsche Zentralverwaltung des Inneren.[129] Die Zentralverwaltungen dienten der Unterstützung entsprechender Organe der SMAD, sollten aber auch Vorbildcharakter für eine gesamtdeutsche Verwaltung haben. Zum Teil auf Vorschlag der Parteien ernannte die SMAD die entsprechenden Führungskräfte dieser Zentralverwaltungen. Die KPD erhielt sechs Präsidenten und elf Vizepräsidenten, die SPD vier Präsidenten und elf Vizepräsidenten, die CDU ein Präsidentenamt und drei Vizepräsidenten, die LDP je einen Präsidenten und einen Vizepräsidenten zugewiesen. Zwei Präsidenten und vier Vizepräsidenten gehörten keiner Partei an. Wie schon in den Landesver-

Elf Zentralverwaltungen

---

[124] SAPMO-BArch, NY 4072/60, Blatt 240.
[125] SAPMO-BArch, NY 4072/60, Blatt 247.
[126] Vgl. Fait 1990, S. 74.
[127] Vgl. Foitzik 1990, S. 24 ff.
[128] Vgl. Fait 1990, S. 73 ff.
[129] Vgl. Welsh/Zank 1990, S. 201.

waltungen stellte die KPD/SED die für das Personalwesen verantwortlichen Abteilungsleiter.[130]

Im Oktober 1945 resümierte die KPD ihre bisherige Arbeit:

> „Der jetzige breite Einfluß der Partei in der sowjetisch besetzten Zone hat seine Grundlage in den günstigen Voraussetzungen, die hier von der Roten Armee für die Entfaltung unserer Arbeit geschaffen worden sind ... Die KPD besetzte die entscheidenden Positionen zuerst in den Stadtverwaltungen, dann in den Provinzial- und Landesverwaltungen und jetzt zuletzt in den zentralen Verwaltungen für das ganze sowjetisch besetzte Gebiet."[131]

Im Zentrum des Verwaltungsaufbaus stand die Deutsche Verwaltung des Inneren (DVdI); als Querschnittsverwaltung fielen ihr in Fragen der Personalpolitik, der Polizei, der Staatssicherheit, aber auch beim Aufbau paramilitärischer Einheiten bedeutsame Aufgaben zu. Die Führungspositionen der Zentralverwaltung besetzten nahezu ausschließlich Kommunisten, die diese Einrichtung in Ergänzung zu ihrem noch nicht hinreichend aufgebauten zentralen Parteiapparat auch für Parteiaufgaben nutzten.[132]

Aufbau der Polizei

Der Aufbau der Polizei erfolgte in enger Abstimmung mit der SMAD. Die Einrichtung einer in die Innenverwaltung integrierten politischen Polizei oblag dem zugleich als 2. Vizepräsident amtierenden Erich Mielke. Mitte 1948 wurde innerhalb der DVdI eine Hauptabteilung für „Polit-Kultur" gebildet, die im Rahmen der Polizeischulung die „planmäßige und systematische politisch-ideologische Arbeit" und die Kontrolle der „Durchführung der Beschlüsse der Partei" gewährleisten sollte.[133]

Am 18. November 1946 ordnete die SMAD die Aufstellung paramilitärischer Einheiten in Gestalt einer Grenzpolizei an. Zwar waren diese Grenzpolizei-Einheiten offiziell den Landespolizeibehörden unterstellt, Einsatzbefehle durften sie jedoch nur von den jeweiligen örtlichen sowjetischen Befehlshabern entgegennehmen. Ein Jahr später wurde die Grenzpolizei administrativ der DVdI unterstellt. Zum gleichen Zeitpunkt begann auch der Aufbau der kasernierten Polizeieinheiten, in die ehemalige Wehrmachtsoffiziere integriert wurden. Diese übernahmen sogar Funktionen in den im Juni 1949 gegründeten Volkspolizeischulen. Führende Polizeioffiziere delegierte die SED zur militärischen Weiterbildung in die Sowjetunion.[134]

Der innerhalb der Kriminalpolizei auf Basis des SMAD-Befehls Nr. 201 betriebene Aufbau einer besonderen Politischen Polizei, der Kommissariate 5 (K5), zielte auf die Errichtung eines geheimdienstlichen Überwachungsapparates, der in enger Abstimmung mit entsprechenden Abteilungen der SMAD agieren sollte. Sein Personal wurde von sowjetischen Sicherheitsbehörden auf politische Zuverlässigkeit überprüft. Leitende Funktionen übten kommunistische Kader aus, die in MGB-Schulen in der Sowjetunion eine Spezialausbildung erhielten. Parallel zum zentralen Sicherheitsapparat existierten in den Landes- und Provinzialverwaltungen soge-

---

[130] Vgl. ebd., S. 201 ff.
[131] SAPMO-BArch, NY 4072/209, Blatt 1.
[132] Vgl. Müller, H.-P. 1996, S. 133 ff.
[133] Vgl. Schneider, D. 1990, S. 213.
[134] Vgl. ebd., S. 214 f.

nannte Informationsabteilungen, die ebenfalls unter Leitung von Kommunisten standen und gleichfalls Kontroll- und Überwachungsfunktionen übernahmen.[135]

Der Aufbau des neuen Sicherheitsapparates wurde mit der Notwendigkeit weiterer Entnazifizierung begründet. Zu den Aufgaben des K5 zählte freilich nicht nur das Aufspüren ehemaliger Nationalsozialisten, sondern vor allem die Überwachung und Bekämpfung der „Gegner des demokratischen Aufbaus".[136]

Nach dem Amtsantritt von Kurt Fischer als Präsident der DVdI im Juli 1948 erfolgte der zielstrebige und intensive Ausbau des Polizeikomplexes. Fischer, der schon in der Weimarer Zeit im Militärapparat der KPD und danach in der Sowjetunion geheimdienstlich tätig und außerdem Offizier der Roten Armee gewesen war, besaß das besondere Vertrauen Walter Ulbrichts.[137] Kurt Fischer bekundete: „Zur vornehmsten Aufgabe der neuen Polizei gehört der Kampf gegen die Störer des Friedens, gegen die Kriegs- und Naziverbrecher, die den demokratischen Aufbau hemmen und sabotieren wollen, gegen die dunklen Elemente der Gerüchteverbreiter, gegen die Agenturen der enteigneten Junker und entmachteten Monopolkapitalisten und Finanzmagnaten."[138]

Nach ihrer Gründung verfügte die SED über ein deutliches Übergewicht in den Führungspositionen der Verwaltungen. In der Mark Brandenburg zum Beispiel stellte sie 1946 125 von insgesamt 220 Ministern, Abteilungsleitern bzw. leitenden Angestellten, während Mitglieder der CDU nur 23 und der LDP gar nur 2 entsprechende Positionen innehatten. Ein noch eindeutigeres Bild zugunsten der SED ergab sich bei einigen Zentralverwaltungen, vor allem der Deutschen Verwaltung des Inneren, der Deutschen Zentralverwaltung für Justiz und der Deutschen Zentralverwaltung für Volksbildung.[139]

Übergewicht der SED in den Verwaltungen

Gleichwohl scheint es eine umfassend koordinierte „Kaderpolitik" seitens des Zentralen Parteiapparates der SED im Jahre 1946 nur bedingt gegeben zu haben. Die höchsten Parteigremien berieten zwar über die personelle Zusammensetzung der ersten Landes- und Provinzialverwaltungen wie auch über Besetzungen und Umbesetzungen an den Spitzen der Zentralverwaltungen, aber die Besetzung weiterer Positionen erfolgte in den jeweiligen Verwaltungen durch kommunistische „Personalleiter". Von Beginn an behandelten die Einheitssozialisten organisatorische Verwaltungsfragen als Machtfragen und führten ein permanentes Berichts-, Kontroll-, Anweisungs- und Planungswesen ein. Widersetzten sich Spitzenleute in den Verwaltungen den Vorgaben der SED-Politik, wurden sie zum Rücktritt gezwungen oder durch die SMAD abgesetzt.

Obwohl die SED bei den Landtagswahlen im Oktober 1946 eine Niederlage hinnehmen mußte – sie bekam weniger Stimmen als LDP und CDU zusammen –, änderte sich an Struktur und Zusammensetzung der Landes- und Provinzialregierungen nichts. Die gemäß einer Weisung der SMAD gebildeten Landesregierungen blieben Allparteienregierungen, in denen die SED auch weiterhin alle Schlüsselpositionen innehatte. Sie stellte vier Ministerpräsidenten, nur in Thüringen

---

[135] Vgl. ebd., S. 216.
[136] Vgl. Mühlen 1953, S. 338 ff.
[137] Vgl. Schneider, D. 1990, S. 212.
[138] Fischer 1948, S. 2.
[139] Vgl. Schneider, D. 1990, S. 207 ff.

übernahm die LDP diese Funktion. Alle fünf Innenminister mit Zuständigkeit für das Personal- und Polizeiressort sowie die Volksbildungsministerien kamen aus der SED.[140]

Forcierte Umgestaltung von Staat und Partei

Unmittelbar nach der absehbaren Verschärfung der Konflikte zwischen den Alliierten, dem Scheitern der Moskauer Außenministerkonferenz im März/April 1947 sowie der Verkündung der Truman-Doktrin und des Marshall-Plans änderten SMAD und SED ihre Politik. Von diesem Zeitpunkt an forcierten sie die schon in Gang gesetzte Umgestaltung in Staat und Gesellschaft, wobei sich ihr Augenmerk nun stärker auf die „Gleichschaltung" des Personals in den Verwaltungen richtete. Im Mai 1947 äußerte sich der Leiter der ZK-Abteilung für Landespolitik, Anton Plenikowski, in einem programmatischen Referat zur „Frage der Rechtsstellung der im öffentlichen Dienst tätigen Bürger". Er begrüßte den bisherigen Aufbau der Verwaltungen mit politisch loyalen Personen, beklagte aber gleichzeitig eine unzureichende verwaltungsmäßige Ausbildung und Erfahrung. Dennoch habe die personelle Auswechslung der Verwaltung für ihn Vorrang, da schon einmal (nach 1918) eine „alte Bürokratie", gestützt auf das „reaktionäre bürokratische Berufsbeamtensystem", dem Staat ihre Politik aufgezwungen habe. Deshalb werde es auch keine Wiedereinführung des Berufsbeamtentums geben, das von der SMAD ohnehin aufgehoben worden war.[141] In der schriftlichen Überarbeitung seiner Ausführungen wurde das Ansinnen Plenikowskis noch klarer: „Aus diesem Grunde ... ist daher aber erstes Erfordernis, Funktionäre wissenschaftlich zu schulen und in den Verwaltungsapparat hineinzubringen, die eine sozialistische Einstellung besitzen ..."[142]

DWK als zentrales staatliches Exekutivorgan

Eine neue Dimension des Staatsaufbaus entstand durch die Gründung der Deutschen Wirtschaftskommission (DWK). Die SED hatte die Gründung einer zentralen Verwaltung für Wirtschaftsplanung schon seit 1946 gefordert; die Zustimmung seitens der SMAD erfolgte aber erst nach Gründung der Bi-Zone im Januar 1947 und als Reaktion auf die Einsetzung des Frankfurter Wirtschaftsrates. Die formale Grundlage für den Aufbau schuf der SMAD-Befehl 138 vom 4. Juni 1947. Vorerst hatte die DWK jedoch nur koordinierenden Charakter. Erst nach dem II. Parteitag der SED im September 1947 erhielt sie eine neue Funktion. Walter Ulbricht mahnte nachdrücklich die Schaffung weiterer institutioneller Voraussetzungen für die Errichtung der Planwirtschaft an. Seine Forderung sollte bereits im Oktober 1947 auf einer Konferenz der Parteiführung mit den Wirtschaftsministern und den Präsidenten der Zentralverwaltungen Gehör finden.[143]

Im April 1948 war der organisatorische Umbau der DWK abgeschlossen. Die meisten ehemaligen Zentralverwaltungen wurden als Hauptverwaltungen in die DWK integriert, und es wurde ein neun-, später zehnköpfiges Sekretariat gebildet. Dem Sekretariat gehörten acht Mitglieder der SED sowie je ein Vertreter der CDU und LDP an. Die SMAD sprach der DWK am 20. April 1948 die Verordnungskompetenz für die SBZ zu. Eine zusätzliche Kompetenzerweiterung der DWK erfolgte bereits im Juni 1948 durch den Auftrag zur Erstellung eines Zweijahrplans. Damit

---

140 Vgl. Müller, W. 1995, S. 2356.
141 Vgl. Müller, H.-P. 1996, S. 140 ff.
142 Zit. nach: ebd., S. 144.
143 Vgl. Müller, W. 1995, S. 2357.

besaß diese von Kommunisten konzipierte und institutionell entwickelte und geführte Kommission nahezu diktatorische Vollmachten.[144] Die SED hatte sich ein zentrales staatliches Exekutivorgan geschaffen, das mit der als Repräsentativgremium vorgesehenen „Volkskongreß-Bewegung" korrespondierte. Mitte des Jahres 1948 hatten SED und SMAD damit die institutionellen Grundlagen für die Gründung eines ostdeutschen Teilstaates gelegt.

4. Die SED auf dem Weg zu einer „Partei neuen Typs"

Die SED avancierte immer mehr zu einer Massenpartei: Die Zahl ihrer Mitglieder stieg bis zum II. Parteitag im September 1947 von 1,2 auf knapp 1,8 Mio. Hierdurch ergab sich ein deutliches zahlenmäßiges Übergewicht der vorher nicht in SPD oder KPD organisierten Mitglieder. Für die Parteiführung galten die Vereinheitlichung der Parteiorganisation und die Schulung der neuen Mitglieder zu loyalen Genossen als vordringlichste Aufgabe. Der zu den staatlichen Verwaltungsstrukturen analoge Parteiaufbau konnte bis zum Sommer 1947 abgeschlossen werden. Die weitere Zentralisierung der Partei schloß innerparteiliche Kontroversen weitgehend aus.[145] Die nach den Landtagswahlen im Herbst 1946 von ehemaligen Sozialdemokraten in der SED geäußerte Kritik an der Politik der SMAD war verstummt. Ulbricht zog aus dem schlechten Abschneiden der SED andere Konsequenzen. Er reklamierte die Übertragung von Entscheidungsbefugnissen an ein zu schaffendes zentrales deutsches Planungsamt und die Übergabe der Verantwortung für die Leitung der Wirtschaft auf deutsche Organe.[146] Mit Blick auf die Moskauer Außenministerkonferenz zögerte die sowjetische Führung indes noch.

Im Mai 1947 wurden den Mitgliedern erstmals die Prinzipien des demokratischen Zentralismus nähergebracht, freilich ohne Nennung des Begriffs. Einheit der politischen Anschauung und des Handelns der Mitglieder, Unterordnung der Minderheit unter die Mehrheit, Verbot der „Fraktionsbildung" und Übernahme des stalinschen Prinzips von Kritik und Selbstkritik standen jetzt im Zentrum der Parteischulungen.[147] Mit Gründung der Bi-Zone, der Truman-Doktrin und dem Scheitern der Moskauer Außenministerkonferenz im März/April 1947 kam für die SED der Zeitpunkt, ihre taktisch bedingte Rücksichtnahme gegenüber den Westalliierten aufzugeben. Zwar proklamierte die SED-Führung offiziell die deutsche Einheit als vorrangiges Ziel, faktisch aber wurde die weitere Umgestaltung von Wirtschaft und Gesellschaft in Richtung auf die Sowjetisierung Ostdeutschlands betrieben; eine gesamtdeutsche Option jenseits eines sozialistischen Gesamtdeutschlands verlor an Glaubwürdigkeit.

Sowjetisierung Ostdeutschlands

Dieser taktische Kurswechsel der SED wurde durch KPdSU- und SMAD-Vertreter gefördert, die eine stalinistische Ausrichtung der SED und eine engere Anbindung an die Sowjetunion präferierten.[148] Tulpanow z. B. warnte im Juli 1947

---

[144] Vgl. Zank 1990b, S. 266/267.
[145] Vgl. Müller 1990b, S. 490 ff.
[146] Vgl. Malycha 1996, S. 80.
[147] Vgl. Müller 1990b, S. 492.
[148] Vgl. ebd., S. 495.

Pieck sogar davor, die strikte Orientierung an der Sowjetunion und speziell der SMAD aufzugeben und sich westlichen Demokratievorstellungen zu nähern.[149]

Die veränderte weltpolitische Lage, die sich ausbreitende Unzufriedenheit unter der Bevölkerung in der SBZ wie auch die Ungewißheit über den weiteren Weg bestimmten den II. Parteitag der SED im September 1947. Er brachte eine stärkere öffentliche und demonstrative Hinwendung zur Sowjetunion und ihrem Führer Stalin, zugleich wurde scharfe Kritik am Marshall-Plan und der Bildung der Bi-Zone als Maßnahme zur Spaltung Deutschlands geübt. Ulbricht forderte, die SED zu einer „Partei neuen Typs" weiterzuentwickeln. Erich W. Gniffke verlangte, die Parteidisziplin zu stärken; abweichende Meinungen sollten sich nicht länger auf die „Freiheit der Persönlichkeit" berufen können.[150]

Zugehörigkeit der SED zum sozialistischen Lager

Nach Gründung des „Informationsbüros der Kommunistischen und Arbeiterparteien" (Kominform) Ende September 1947 erklärte die SED ihre Zugehörigkeit zum sozialistischen Lager. Auf einer Tagung des Parteivorstandes im Oktober proklamierte Grotewohl offen die Sowjetunion als Vorbild für die weitere Entwicklung der SBZ. „Beim Wiederaufbau Deutschlands wird die Sowjetunion eine ebenso entscheidende Rolle spielen wie bei der Gestaltung eines neuen Weltbildes."[151] Man müsse sich mit den dortigen Verhältnissen vertraut machen und aus ihren Erfahrungen lernen. In deutschlandpolitischer Perspektive bedeutete das letztlich den vorläufigen Verzicht auf die Einheit – zumal die West-Alliierten einem kommunistischen Gesamtdeutschland kaum ihren Segen gegeben hätten. So sah es auch die Führung der SED, für die Grotewohl am 14. Januar 1948 vor dem Parteivorstand erklärte, „an der Zerreißung Deutschlands in zwei Zonen kann nicht mehr gezweifelt werden."[152] Bei anderer Gelegenheit äußerte Pieck allerdings die Erwartung, daß

Piecks „Magnettheorie"

> „die Lebensverhältnisse der Bevölkerung in unserer Zone .. sich demnach sehr bald verbessern (werden), was wiederum einen starken Einfluß auf die Volksmassen im Weststaat ausüben wird. Es ist damit zu rechnen, daß auch damit der Wille zur Einheit Deutschlands nicht einschlafen, sondern sich verstärken wird."[153]

Mit der auch in den Westzonen verbreiteten „Magnettheorie" sollte Pieck recht behalten, allerdings anders, als er erhofft hatte.

Das Jahr 1948 brachte die Umsetzung der schon 1947 gereiften strategischen Überlegungen in förmliche Parteibeschlüsse. Auf verschiedenen Tagungen des Parteivorstandes der SED im Jahre 1948 und Anfang 1949 wurden die wesentlichen Beschlüsse gefaßt, die das Bild der Partei bis 1989 prägen sollten.[154] Die Diskussionen und Entscheidungen des Parteivorstandes waren allerdings vorbestimmt durch Beschlüsse des Zentralsekretariats, das laut Statut der „Durchführung der Politik der Partei" dienen sollte, faktisch aber das Machtzentrum darstellte. Die vom

---

149 Vgl. Staritz 1993, S. 25.
150 Vgl. Malycha 1996, S. 85.
151 Zit. nach: Müller 1990b, S. 496.
152 Zit. nach: Staritz 1993, S. 30.
153 Rede Wilhelm Piecks auf der 10. Tagung des Parteivorstandes der SED im Mai 1948: „Die Verschärfung des Kampfes für die Einheit, Demokratie und einen gerechten Frieden"; zit. nach: Friedrich u. a. 1995, S. 73/74.
154 Vgl. Malycha 1996 und Friedrich u. a. 1995.

Zentralsekretariat erarbeiteten Beschlüsse verabschiedete der Parteivorstand gemeinhin ohne Änderungen einstimmig. Das Zentralsekretariat wurde vom Parteivorstand gewählt und war (bis zum Ausschluß Gniffkes) paritätisch mit ehemaligen SPD- und KPD-Mitgliedern besetzt. Sie waren wie die anderen Mitglieder des Parteivorstandes „Berufsrevolutionäre"; sie arbeiteten in der Partei oder in staatlichen Verwaltungen, auch wenn einige formell in Betrieben angestellt waren.[155] Die Mehrzahl der ehemals der KPD angehörenden Mitgliedern des Zentralsekretariats hatte die Zeit des Nationalsozialismus überwiegend im sowjetischen Exil verbracht.

Bei der Vorbereitung seiner Entscheidungen konnte sich das Zentralsekretariat auf den Zentralen Parteiapparat stützen, der unterhalb der Abteilungsleiterebene im wesentlichen der alte Parteiapparat der KPD geblieben war. Seine Beschlußentwürfe stimmte das Zentralsekretariat mit der SMAD ab, soweit sie nicht ohnehin von den Sowjets vorgegeben waren. Sehr wahrscheinlich haben an den Sitzungen des Parteivorstandes, der die Vorgaben des Zentralsekretariats nachzuvollziehen hatte, auch Vertreter der SMAD teilgenommen.[156]

Anläßlich einer Tagung des Parteivorstandes bekräftigte Pieck im Mai 1948 die Entwicklung der SED zu einer „Partei neuen Typs" und meinte hiermit die Verwandlung der SED in eine marxistisch-leninistische Kaderpartei nach dem Vorbild der KPdSU. Durch Verknüpfung von parteiinternen Organisationsstrukturen mit staatlichen und gesellschaftlichen Erfordernissen wollte die SED ihrer Rolle als Staatspartei gerecht werden. In den vier Richtlinien zur Verbesserung der Organisationsarbeit der SED heißt es: „Die führende Rolle der Partei bedingt . . ., daß alle Parteileitungen die Fähigkeit erwerben, den Staat, die Länder, Kreise und Gemeinden, die Betriebe, die Industrie, die Landwirtschaft, die Schule, das kulturelle Leben usw., das alles zu verwalten und zu führen."[157] Gemäß der kommunistischen Doktrin dienten staatliche Einrichtungen als Transmissionsriemen der „Partei neuen Typs"; deshalb hatte das Personal zuerst der Partei und nicht dem Staat gegenüber loyal zu sein.[158] Parteiloyalität stand über Staatsloyalität bzw. sollte diese mit ersterer identisch werden.

„Partei neuen Typs"

Einen weiteren Schwerpunkt der strategischen Überlegungen des Parteivorstandes bildeten die Massenorganisationen, insbesondere der FDGB. Nach Übertragung der Planungskompetenz an die DWK und dem damit eingeleiteten Übergang zur Planwirtschaft wies die SED dem FDGB eine neue Hauptaufgabe zu. Er sollte nun für die Entfaltung von Masseninitiativen zur Steigerung der Arbeitsproduktivität sorgen. Zum entscheidenden Kampfplatz von Partei und Gewerkschaft wurde der Betrieb erklärt: „Die Betriebsgruppe (der Partei) muß das ideologische Kraftzentrum, die Betriebsgewerkschaftsleitung das organisatorische Kraftzentrum im Betrieb sein. Partei und Gewerkschaft bilden eine ideologische Einheit im Betrieb." Der vormals formulierte parteiübergreifende Charakter des FDGB müsse überwunden werden, schließlich könne es im Klassenkampf keine Neutralität geben.[159]

---

155 Vgl. Friedrich u. a. 1995, S. 17.
156 Vgl. ebd., S. 21.
157 Zit. nach: Malycha 1996, S. 103/104.
158 Vgl. Müller, H.-P. 1996, S. 133 ff.
159 Helmut Lehmann als Berichterstatter des Zentralsekretariats auf der 13. Tagung des Parteivorstandes der SED am 15./16. September 1948; zit. nach: Friedrich u. a. 1995, S. 307.

Bekämpfung des „Sozialdemokratismus"

Die Auseinandersetzung der SED mit der West-SPD auf allen Ebenen diente primär der Bekämpfung des „Sozialdemokratismus" in den eigenen Reihen, die als notwendiges Element der forcierten Herausbildung des neuen Parteitypus verstanden wurde. Wenngleich am Rande auch das Motiv der Beeinflussung der Basis westdeutscher Parteien eine Rolle spielte[160], muß doch die intendierte Einschüchterung und Disziplinierung ehemaliger Sozialdemokraten in der SED als bedeutsamer gewertet werden. Ihnen drohte Ulbricht unverhohlen: „Durch die Vereinigung der beiden Massenparteien KPD und SPD sind aber auch manche Mitglieder in unsere Partei gekommen, die innerlich mit ihr nicht verbunden sind. Es gibt Mitglieder, die gegnerischen Ideologien unterlegen sind und dadurch die Parteiarbeit lähmen."[161]

Der Kampf gegen den „Sozialdemokratismus" forderte 1948 auch prominente Opfer. Unter dem Vorwand der Veruntreuung von Geldern und der Kontaktaufnahme mit dem Ostbüro der SPD schloß der Vorstand z. B. den ehemaligen Sozialdemokraten Bruno Böttge, früheres Mitglied des Parteivorstandes der SPD und paritätischer Vorsitzender des Landesvorstandes Sachsen-Anhalt der SED, aus der Partei aus. „... Man redet davon, daß ich das erste Opfer der Parteireinigung bin und daß ich als derjenige, der die SPD damals maßgeblich zur Vereinigung geführt habe, nunmehr meine Pflicht getan habe und daß man mich deshalb abschieben will",[162] schrieb Böttge an den Landesvorstand der SED in Sachsen-Anhalt. Obwohl Böttge 1949 sogar verhaftet wurde, blieb er der SED treu. 1956 wurde er rehabilitiert und 1966 gar mit dem Vaterländischen Verdienstorden (Silber) ausgezeichnet.[163]

Flucht Gniffkes

Der ehemalige Sozialdemokrat Erich W. Gniffke entzog sich der Säuberung. Er hatte im Laufe des Jahres 1948 wiederholt gefordert, die SED zu einer „wahrhaften Volkspartei" zu entwickeln und eine offene Diskussion in der Partei für notwendig erklärt. Ulbricht und andere werteten diese Äußerungen als Grundsatzkritik an der Parteilinie und dem Bekenntnis zur „Partei neuen Typs". Nach Entbindung von seinen Pflichten als mitverantwortliches Mitglied des Zentralsekretariats flüchtete Gniffke in die Westzonen.[164] In einem Brief an die SED präzisierte er seine Kritik an deren Verständnis von „Volksdemokratie":

> „‚Volksdemokratisch' werden mit kommunistischen Kadern neue Parteien gebildet, die jede Art Demokratie, auch eine volksdemokratische, zu einer Farce machen. ‚Volksdemokratisch' wurde alles zusammengeschoben, angefangen von den Gewerk-

---

160 Der ehemalige Sozialdemokrat Max Fechner umriß als Berichterstatter des Zentralsekretariats auf der 10. Tagung des Parteivorstandes am 12./13. Mai 1948 den Kern dieser Strategie: „Deswegen muß unsere Grundmethode gegenüber der SPD die sein: größte Sachlichkeit und vorwiegend grundsätzliche Diskussionen ... Die Argumente aufgreifend, die bei dem marxistischen Flügel der SPD selbst gegen die Politik der Parteiführer diskutiert werden." Zit. nach: Friedrich u. a. 1995, S. 61.

161 Walter Ulbricht: Der Wirtschaftsplan für 1948 und der Zwei-Jahres-Plan 1949/50 zur Wiederherstellung und Entwicklung der Friedenswirtschaft in der sowjetischen Besatzungszone Deutschlands; Rede auf der 11. Tagung des Parteivorstandes der SED am 29./30. Juni 1948; zit. nach: Friedrich u. a. 1995, S. 127.

162 Schreiben Bruno Böttges an die Landesvorsitzenden des Landesverbandes Sachsen-Anhalt der SED, Bernard Koenen und Werner Bruschke vom 24. September 1948; zit. nach: Friedrich u. a. 1995, S. 47.

163 Vgl. Barth u. a. 1995, S. 227/228.

164 Vgl. Friedrich u. a. 1995, S. 47/48.

schaften bis zu dem ‚Deutschen Volksrat', so daß immer eine kommunistische Mehrheit dabei herauskam. Eine solche ‚Volksdemokratie' kann bei der Gesamtlage Deutschlands nur Spaltung und Separatismus bedeuten. Es ist das die Totengräberpolitik, die, von langer Hand vorbereitet, seit 1945 von Ulbricht an die Weichenstellung der Partei herangeführt wird."[165]

Den Antrag zum Ausschluß Gniffkes aus der SED begründeten bezeichnenderweise andere ehemalige Sozialdemokraten mit dem Vorwurf der Agententätigkeit und der Korruption. Einer von ihnen, Heinrich Hoffmann, erinnerte daran, daß Gniffke schon die Vereinigung „nur sehr zögernd" mitgemacht hätte, und gab darüber hinaus seiner Freude Ausdruck, „daß wir rechtzeitig zu der inneren Klärung in unserer Partei und zum Abstoßen jener Elemente kommen, die nicht ganz felsenfest auf dem Boden unserer Partei stehen"[166]. Die Zahl der Mitglieder, die im Jahre 1948 als „Schumacher-Agenten" aus der Partei ausgeschlossen wurden, hielt sich jedoch nach offiziellen Angaben in engen Grenzen; von insgesamt 2600 ausgeschlossenen Mitgliedern waren es lediglich 80 (das sind 3%), die dieses „Vergehens" bezichtigt wurden.[167] Die Mitgliederzahl der SED stagnierte 1948, Neuaufnahmen konnten die Austritte und Ausschlüsse nicht kompensieren.[168] Daneben gab es viele Verhaftungen mit langjährigen Verurteilungen bis zu Deportationen nach Sibirien.

Der Bruch Stalins mit Tito war für den Vorstand der SED ein zusätzlicher Anlaß, im Juli 1948 weitere „Säuberungen" in der SED einzuleiten. Mitglieder, gegen die Verdächtigungen, für parteifeindliche Kräfte zu arbeiten, erhoben wurden, sollten durch beschleunigte Ausschlußverfahren aus der SED entfernt werden.[169] Gleichzeitig beschloß die Parteiführung zur Stärkung des Zentralismus die Überprüfung aller Parteileitungen durch übergeordnete Instanzen, um eine schnelle „Ersetzung passiver oder den Aufgaben nicht gewachsener" Parteifunktionäre zu gewährleisten. Durch diese Maßnahme bereitete die Parteispitze atmosphärisch die dann auf der 14. Tagung des Parteivorstandes (September 1948) schriftlich beschlossene Einrichtung einer zentralen Parteikontrollkommission vor.

Säuberungen in der SED

Die Abrechnung mit einzelnen ehemaligen Sozialdemokraten verband die Parteiführung mit einer grundsätzlichen Kritik an „sozialdemokratischem Denken". Otto Grotewohl klagte die Sozialdemokratie an, sie hätte am 4. August 1914, am 9. November 1918 und am 19. Januar 1919 die Interessen der Arbeiterklasse verraten: „Drei geschichtliche Berufungen, drei geschichtliche Verfehlungen." Die reformistischen und revisionistischen Zielen verpflichtete Sozialdemokratie habe den Grundwiderspruch zwischen marxistischer Theorie und reformistischer Praxis nicht verstanden. Sie bleibe damit letztlich nur eine „sozialistisch" getarnte Agentur der Bourgeoisie. Abschließend empfahl er als Lehre aus der Geschichte seiner ehemaligen Partei die Hinwendung zu Lenin und dessen Parteitheorie: „Gemeinsame Tat und Einheit der Arbeiterklasse: Das ist die Lehre von 1918. Sie werden

---

[165] Gniffke 1966, S. 49.
[166] Zit. nach: Friedrich u. a. 1995, S. 49.
[167] Vgl. ebd., S. 35.
[168] Vgl. ebd., S. 532.
[169] Vgl. Malycha 1996, S. 105.

aber nur geboren aus der Gemeinsamkeit jenes Denkens, das aus der Lehre des Marxismus-Leninismus entspringt."[170]

Die Beherrschung des Staatsapparates und seine Instrumentalisierung für den Aufbau des Sozialismus hatte für die Parteiführung immer oberste Priorität, wie auch die jetzt zugänglichen Debatten im Parteivorstand belegen. Der ehemalige Sozialdemokrat und spätere Vorsitzende des Zentralvorstandes der Sozialversicherung der DDR, Helmut Lehmann, der nach eigenem Bekunden „zwanzig Jahre lang die Tribüne der Krankenkassenbewegung benutzte, um den Mitgliedern in der dort angemessenen Taktik den Weg zum Sozialismus zu bereiten", betonte dieses Ziel mit einer bemerkenswerten Einschätzung:

> „Dieser Staat muß unser sein . . . aber Staat bleibt Staat, das heißt, er bleibt ein Unterdrückungsinstrument. Unser Staat hat die Aufgabe, alles niederzuhalten, was den Weg zum Sozialismus aufhalten will, und alles zu fördern, was ihm diesen Weg erleichtert. Dem hat sich auch die Form der Verwaltung anzupassen, auch wenn die Blockparteien dabei manchmal das Zittern bekommen. Ein Staatsfunktionär, der diese Aufgabe nicht erfüllt, hat seinen Beruf verfehlt." Das Protokoll verzeichnet als Reaktion den Zuruf: „Sehr richtig!"[171]

Abschied vom „besonderen deutschen Weg zum Sozialismus"

Auf der 13. Tagung im September 1948 verabschiedete sich der Parteivorstand offiziell von dem „besonderen deutschen Weg zum Sozialismus". Die zwei Jahre zuvor von Anton Ackermann verkündete These hatte dieser selbst schon auf der 12. Tagung relativiert und dabei den sowjetischen Weg zum Sozialismus als den einzig möglichen bezeichnet, aber an der Notwendigkeit einer demokratischen Zwischenetappe noch festgehalten. Nun wurde er deutlicher: „Die These von einem besonderen deutschen Weg zum Sozialismus ist eine falsche, faule und gefährliche Theorie, die wir ausmerzen müssen." Sie habe Verwirrung gestiftet und Schwankungen und Unklarheiten innerhalb der Partei hervorgerufen.[172]

Otto Grotewohl schloß sich der Selbstkritik Ackermanns an und hob den taktischen Charakter der damaligen These hervor. Sie sollte in der damaligen Situation der Verhandlungen um die Vereinigung von SPD und KPD noch vorhandene Hemmungen und Schwierigkeiten bei Sozialdemokraten beseitigen. Wilhelm Pieck führte aus: „Damals aber galt es, der großen Scheu, die in den sozialdemokratischen Kreisen vor der Revolution und vor einem gewaltsamen Wege vorhanden war, Rechnung zu tragen".[173]

Die scharfe Abrechnung mit den Thesen Ackermanns stand in Zusammenhang mit dem Bruch innerhalb des kommunistischen Lagers, der durch die Abwendung der KP Jugoslawiens von Moskau ausgelöst worden war. Die SED schloß sich der Argumentation der KPdSU und des Kominform an, die die Gruppe um Tito als kleinbürgerlich und nationalistisch gebrandmarkt hatten. Zum entscheidenden

---

[170] Otto Grotewohl: Die November-Revolution und die Lehren aus der Geschichte der deutschen Arbeiterbewegung; Rede auf der 12. Tagung des Parteivorstandes der SED am 28./29. Juli 1948; zit. nach: Friedrich u. a. 1995, S. 202 ff.

[171] Diskussionsbeitrag von Helmut Lehmann auf der 12. Tagung des Parteivorstandes der SED am 28./29. Juli 1948, zit. nach: Friedrich u. a. 1995, S. 257.

[172] Diskussionsbeitrag von Anton Ackermann auf der 13. Tagung des Parteivorstandes der SED am 15./16. September 1948; zit. nach: Friedrich u. a. 1995, S. 380.

[173] Diskussionsbeitrag von Wilhelm Pieck auf der 13. Tagung des Parteivorstandes der SED am 15./16. September 1948; Zit. nach: ebd., S. 393.

Prüfstein einer ehrlichen antifaschistischen und antiimperialistischen Politik erhob die Parteiführung die Freundschaft zur Sowjetunion. Ulbricht nahm die Entschließung des Kominform zum Anlaß, eine Zentrale Parteikontrollkommission sowie Kommissionen für jedes Land und jeden Kreis zu fordern. Eine entsprechende zentrale Einrichtung hatte das Zentralsekretariat bereits einige Tage zuvor beschlossen.[174]

Die folgende 14. Tagung des Parteivorstandes vom 20./21. Oktober 1948 stellte die organisatorischen Probleme und die Arbeitsmethoden der Partei in den Vordergrund. Die Betriebsarbeit der Partei sollte grundsätzlich umgestellt und effektiviert werden. Als oberstes Ziel galt die Erfüllung der Wirtschaftspläne, um die Lage der arbeitenden Massen verbessern zu können. Gefordert wurde eine neue Einstellung zur Arbeit, eine höhere Arbeitsmoral, Arbeitsdisziplin und Arbeitsproduktivität.[175]

Disziplinierung der Parteiorganisation und Ausrichtung auf die Betriebsarbeit gingen einher mit der Intensivierung und Veränderung der Schulungsarbeit. Um die Mitglieder auf die 1947/48 formell festgelegte Parteilinie einzuschwören, machte das Zentralsekretariat im September 1948 Stalins „Kurzen Lehrgang" zur „Geschichte der Kommunistischen Partei der Sowjetunion (Bolschewiki)" zur Pflichtlektüre für alle Parteimitglieder.[176]

Mit den Beschlüssen ihres Parteivorstandes im Jahre 1948 hatte die SED nun auch die formellen Grundlagen für ihre Ausrichtung als kommunistische Partei nach sowjetischem Vorbild und die Instrumentalisierung von Staatsapparat, Wirtschaft und gesellschaftliche Organisationen zur Errichtung eines sozialistischen Staates gelegt. Die 1. Parteikonferenz der SED im Januar 1949 brachte die Angleichung der Partei an das sowjetische Vorbild zu einem vorläufigen Abschluß. Es wurde ein Politisches Büro (Politbüro) und zu dessen Unterstützung ein „Kleines Sekretariat" geschaffen, der Marxismus-Leninismus als verbindliche Ideologie fixiert und der „demokratische Zentralismus" als Organisationsprinzip festgeschrieben.[177]

Schaffung eines Politbüros

Die Parteiführung hob nun das ohnehin schon vielfach durchlöcherte Prinzip der Parität zwischen Kommunisten und ehemaligen Sozialdemokraten mit der Begründung auf, den neuen Mitgliedern eine angemessene Repräsentation bieten zu wollen. Im Politbüro gab es auch keine Parität; vier Kommunisten standen drei ehemalige Sozialdemokraten gegenüber. Das ebenfalls neu geschaffene „Kleine Sekretariat des Politbüros" sollte die Arbeit des Politbüros unterstützen, Beschlüsse vorbereiten und – was noch wichtiger war – den Zentralen Parteiapparat anleiten. Den Vorsitz des aus drei Kommunisten und zwei ehemaligen Sozialdemokraten bestehenden Gremiums übernahm Walter Ulbricht, der sich damit eine Schlüsselstellung sowohl in der Parteiführung als auch im Zentralen Parteiapparat verschaffte. Das Prinzip „Kleiner Sekretariate" wurde auch auf die Landesvorstände der Partei übertragen, wobei Ministerpräsident und Innenminister des jeweiligen Landes auf jeden Fall vertreten sein sollten. Die personelle Verflechtung von Partei- und Staatsfunktionen

---

[174] Vgl. ebd., S. 332.
[175] Vgl. ebd., S. 464.
[176] Vgl. Malycha 1996, S. 107.
[177] Vgl. Müller, W. 1995, S. 2364 ff.

Nomenklatursystem

sicherte die Parteiführung durch eine entsprechende Kaderpolitik ab, die seit Februar 1949 als Nomenklatursystem (vgl. Kap. B. I 1 f) weiterentwickelt wurde.

In den Beiträgen, in denen führende SED-Vertreter die Verfolgung und Ausgrenzung ehemaliger Sozialdemokraten und die führende Rolle der Partei begründeten, benutzten sie oft das Wort „Demokratie" oder „demokratische Ordnung". Aber hierunter verstanden sie nicht eine Demokratie im westlichen Sinn, in der ein Wettstreit verschiedener Ideen oder politischer Richtungen und die Möglichkeit eines politischen Machtwechsels selbstverständlich sind. Für die SED-Führung blieb Demokratie ein Synonym für die Durchsetzung ihres Machtanspruchs. Wer ihre Politik unterstützte, war ein „Demokrat", wer sich in Opposition dazu befand, wurde dementsprechend als „undemokratisch" ausgegrenzt oder verfolgt.

5. Entnazifizierung und Ausschaltung der Opposition Sonderlager und Hinrichtungen

Die Entnazifizierung und Umerziehung der deutschen Bevölkerung war zunächst ein programmatisches Ziel der „Anti-Hitler-Koalition". Vom Ausgangsverständnis her wurde dies jedoch höchst unterschiedlich in der Praxis ausgenutzt.[178] In der SBZ sorgten antifaschistische Ausschüsse, die zumeist unter dem Vorsitz eines KPD-Mitglieds standen, unmittelbar nach Kriegsende für erste, noch unsystematische Entlassungen von ehemaligen NSDAP-Mitgliedern aus Funktionen in Wirtschaft und Industrie. Nach ihrer Etablierung im Juli/August 1945 erließen die sowjetischen Militärkommandanturen Gesetze und Verordnungen, um die Entnazifizierung zu systematisieren. Die SMAD stützte sich dabei wesentlich auf die alliierte Gesetzgebung, insbesondere die Direktiven 24 und 38 des Alliierten Kontrollrates.[179] Es herrschte jedoch Unklarheit, welcher Personenkreis erfaßt werden sollte und vor allem, wie zwischen „aktiven" und „nominellen" NSDAP-Mitgliedern zu unterscheiden sei. Als aktive Träger des NS-Regimes bezeichneten die Behörden gemeinhin höhere und mittlere Funktionäre und Amtsträger sowie Parteimitglieder, die schon vor 1933 in die NSDAP eingetreten waren.[180] Anläßlich seines 70. Geburtstags überbrachte General Bokow am 3. Januar 1948 Wilhelm Pieck eine Order Stalins, ehemalige NSDAP-Angehörige nach nominellen und aktiven Mitgliedern zu differenzieren, um später die sogenannten Nominellen wieder in das politische Leben integrieren zu können. Selbst eine Mitgliedschaft dieses Personenkreises in der SED schloß Bokow nicht aus.[181]

Entlassungen NS-Belasteter

Bis zum August 1947 erfolgten knapp 400 000 Entlassungen bzw. Nichtwiedereinstellungen von belasteten Personen. Die über 250 Entnazifizierungskommissionen waren überwiegend mit SED-Mitgliedern besetzt. Mit dem SMAD-Befehl Nr. 201 vom August 1947 sollte der Prozeß der Entnazifizierung beschleunigt und zu Ende gebracht werden. Die Einschränkung der Maßnahmen auf aktive NS-Mitglieder wurde bestätigt, die Bildung neuer Entnazifizierungskommissionen, die nach strengen Vorgaben und einem geregelten Verfahren zu arbeiten hatten,

---

[178] Vgl. Henke/Woller 1991.
[179] Vgl. Rösler 1994, S. 23 ff.
[180] Vgl. Welsh 1991, S. 84 ff.
[181] Vgl. Rösler 1994, S. 82.

beschlossen; gleichzeitig ordnete die SMAD die Bildung politischer Sonderstrafkammern an deutschen Gerichten an. Die ostdeutsche Justizverwaltung nutzte diese Anordnung sogleich zur „Sowjetisierung" des Strafprozeßrechts. Sie beauftragte die Organe der Innenministerien der Länder mit den Untersuchungsverfahren, ermöglichte Verhaftungen ohne richterliche Genehmigung und verfügte, daß die Verhafteten bis zum Erlaß des Urteils nicht in Gerichts-, sondern in Polizeigefängnissen zu verwahren seien. Erich Mielke, damals 2. Vizepräsident der Deutschen Verwaltung des Inneren und Beauftragter zur Durchführung des Befehls Nr. 201, erkannte die „politische Bedeutung" des Befehls. Er beklagte die mangelnde Mitarbeit der Bevölkerung bei der „Aufdeckung faschistischer Überreste" und bemängelte die schleppende Durchführung der Entnazifizierungsverfahren. Wenn die Entnazifizierung zur Mobilisierung der Massen genutzt würde, schrieb Mielke im Oktober 1947, könne auch die SED ihre Macht erweitern. „Der Befehl Nr. 201 bedeutet eine Teilfrage des Kampfes um die Festigung der demokratischen Macht."[182]

Die Entnazifizierungen betrafen von den rund 1,5 Millionen ehemaligen NSDAP-Mitgliedern auf dem Gebiet der SBZ ca. 850 000. Nach Schätzungen wurden insgesamt ca. eine halbe Million Nationalsozialisten, darunter vier Fünftel aller Richter und mehr als die Hälfte der Lehrer, ihrer bisherigen beruflichen Positionen enthoben bzw. nicht wiedereingestellt. Damit waren knapp 3% der Gesamtbevölkerung direkt von Entnazifizierungsmaßnahmen betroffen. Allerdings waren in den Entnazifizierungsstatistiken auch jene ehemaligen NSDAP-Mitglieder enthalten, die in die Westzonen übersiedelten oder nur niedere Positionen innehatten. Unter Berücksichtigung dieser Daten erfaßte die Entnazifizierung nur etwa jedes achte Mitglied der NSDAP oder ihrer Gliederungen. Gleichwohl verbreitete die SED in der Öffentlichkeit das Bild einer umfassenden Entnazifizierung.[183] Diese Behauptung stellte eine der legitimatorischen Säulen im Selbstverständnis des SED-Staates dar.

Im Februar 1948 leitete der SMAD-Befehl Nr. 35 offiziell das Ende der Entnazifizierung in der SBZ ein. Die Sowjetische Militärregierung zog damit einen Schlußstrich, obschon die strafrechtlichen Verfahren gegen Nazi- und Kriegsverbrecher weitergeführt wurden. Die SED nutzte allerdings die Entnazifizierungsverfahren auch, um politisch mißliebiges Personal aus Wirtschaft und Staat zu entlassen und an dessen Stelle eigene Leute zu plazieren. Andere ehemalige NSDAP-Mitglieder, vornehmlich solche, die in sowjetischer Kriegsgefangenschaft der nationalsozialistischen Ideologie abgeschworen hatten, begannen eine zum Teil steile Karriere in der SBZ/DDR. Hochrangige Medienleute wie Günter Kertzscher (stellvertretender Chefredakteur der Parteizeitung „Neues Deutschland") und Kurt Blecha (Leiter des DDR-Presseamtes) oder auch der DDR-Staatsbank-Präsident Horst Kaminsky sowie verschiedene DDR-Minister (z. B. der Außenhandelsminister Gerhard Beil oder der Kulturminister Hans Bentzien) waren Mitglieder der NSDAP gewesen.[184]

Karrieren ehemaliger NSDAP-Mitglieder

Dessen ungeachtet bleibt festzuhalten, daß im Vergleich zu den Westzonen ein größerer Kreis von NS-Verantwortlichen mit unmittelbaren Sanktionen belegt

---

[182] Zit. nach: Rösler 1994, S. 205.
[183] Vgl. Welsh 1991, S. 95/96.
[184] Vgl. Ulrich Völklein: Ulbrichts willige Vollstrecker, in: Die Woche vom 1. November 1996, S. 12/13.

wurde. Der SED gelang es, diese Verfahren in einem doppelten Sinne zu instrumentalisieren: Einerseits, um die ideologische Formel des Antifaschismus zu erhärten, andererseits, um mit der Entnazifizierung die Gesellschaft umzugestalten und die Opposition auszuschalten. Die bloße Behauptung einer NS-Belastung reichte oftmals zur Rechtfertigung von Enteignungen. Die Kontrollratsdirektive 38 gab der SED die Möglichkeit, das Vermögen von „Hauptschuldigen" und „Belasteten" einzuziehen. In Fällen, wo vorgesehene Enteignungen mit diesem Argument nicht zu rechtfertigen waren, weil die Bestraften keine Nazis waren oder sich gar im Widerstand betätigt hatten, empfahl Walter Ulbricht, die Besitzer als Schieber und Schwarzhändler darzustellen.[185] Auch tatsächliche oder vermeintliche politische Opponenten gerieten in diesem Zusammenhang in die Fänge der sowjetischen Sicherheitsorgane. Viele Beschuldigungen und Verurteilungen insbesondere ab Ende 1947 hatten keinen nationalsozialistischen, sondern einen aktuellen politischen Hintergrund.[186] Die von barbarischen Strafen, Behandlungsmethoden und Tötungen ausgehende Einschüchterung war naturgemäß beträchtlich.

Sonderlager NKWD-Befehle aus dem Jahre 1945 führten zur Einrichtung von Sonderlagern durch die sowjetischen Militärbehörden. Darin sollten Kriegsverbrecher und unter dem Verdacht der aktiven Nazi-Mitgliedschaft stehende Personen festgesetzt werden. Von 1945 bis 1950 unterhielten sowjetische Behörden in ehemaligen Konzentrationslagern, Kriegsgefangenenlagern oder Strafanstalten zehn solcher Isolierungslager. Die bekanntesten unter ihnen waren Buchenwald, Berlin-Hohenschönhausen, Bautzen und Sachsenhausen. Im Februar 1950 übergaben die sowjetischen Besatzungsbehörden den größten Teil der verbliebenen Insassen der Deutschen Volkspolizei.

Das NKWD/MWD selbst verhaftete und verschleppte mit Unterstützung deutscher Kommunisten und Spitzel Einzelpersonen und Gruppen weit über den offiziellen Abschluß der Entnazifizierung hinaus. Neben tatsächlich „aktiven" Nationalsozialisten wurden auch Jugendliche (wegen angeblicher Werwolftätigkeit) und Personen, die sich den gesellschaftlichen und politischen Umgestaltungen widersetzten, inhaftiert. Während einer Verhaftungswelle gegen CDU-Funktionäre nach der Absetzung Jakob Kaisers 1949, wurden der Chefredakteur der CDU-Zeitung „Thüringer Tageblatt", Heinrich Baumann, und Mitglieder einer CDU-Schülergruppe in Wolgart zu 25 Jahren Arbeitslager verurteilt; ein junger CDU-Funktionär kam in Bansin zu Tode.[187]

Der evangelische Theologe und Rektor der Greifswalder Universität, das CDU-Mitglied Ernst Lohmeyer, wurde in der Nacht vor der feierlichen Wiedereröffnung der Universität am 15. Februar 1946 vom NKWD abgeholt, am 28. August von einem sowjetischen Militärtribunal zum Tode verurteilt und am 19. September 1946 im NKWD-Gefängnis Greifswald erschossen. Der russische Rehabilitierungsakt von 1996 stellte fest, Lohmeyer sei „nur aus politischen Motiven verhaftet und verurteilt" worden.[188]

---

[185] Vgl. Rösler 1994, S. 38.
[186] Vgl. Erler 1996, S. 54 f.
[187] Vgl. Richter 1995, S. 107 ff.
[188] Vgl. Schuller 1997.

Nur eine Minderheit der Verhafteten wurde von sowjetischen Militärgerichten verurteilt, die meisten blieben jahrelang ohne Gerichtsverfahren unter menschenunwürdigen Bedingungen in den Lagern. Etwa 150 000 bis 180 000 Personen wurden in Sonderlager eingewiesen. Die Zahl der hier zu Tode gekommenen, oft verhungerten Menschen wird heute mit rund 42 000 angegeben.[189] Im Zuge einer ersten Amnestie entließen die sowjetischen Behörden kurz vor den Gemeindewahlen im Sommer 1948 einen größeren Personenkreis.

Die Zahl der von Sowjetischen Militärtribunalen (SMT) unter der Beschuldigung von NS-Verbrechen Verurteilten liegt bei etwa 40 000 bis 50 000.[190] Hohe Strafen waren an der Tagesordnung. In vielen Fällen basierte die Anklage ausschließlich auf einem „Geständnis" der Inhaftierten, das häufig mit physischer oder psychischer Folter erpreßt wurde.[191] Die Urteilssprüche waren zumeist mit der Konfiszierung von Hab und Gut verbunden. Die Wertsachen der Angeklagten gingen in das „Staatseinkommen der Sowjetunion" über.[192] Die Verurteilten mußten ihre Strafe in besonderen Gefängnissen oder Sonderlagern der sowjetischen Besatzungsorgane antreten. Bis Ende 1947 wurden mehr als 20 000 Menschen in die Sowjetunion verschleppt und dort in Zwangsarbeitslager verbracht oder hingerichtet.[193] Auch in der SBZ vollstreckten sowjetische Besatzungstruppen zahlreiche Todesurteile (u. a. gegen sogenannte Werwölfe).[194]

Die Sowjets kannten auch gegenüber Jugendlichen keine Gnade: Von den 38 1945/46 verhafteten jungen Leuten aus Greubent (Thüringen) z. B. überlebten nur 14, die meisten anderen starben ebenso wie 7 von 10 verhafteten Jugendlichen aus Laage (Mecklenburg) in Sachsenhausen. Von 19 Verhafteten aus Apolda (Thüringen) wurden 5 hingerichtet, die anderen meist zu 20 Jahren Arbeitslager „begnadigt". Ähnliche Relationen ergaben sich für zahlreiche andere Orte in der SBZ.[195]

Aufbau und personelle Besetzung des Justizapparates erfolgten im Rahmen der Entnazifizierung. An die Stelle NS-belasteter Juristen traten in Schnellkursen ausgebildete Absolventen von Volksrichterlehrgängen, die sich dem Parteiwillen unterzuordnen hatten. An den Aufbau einer unabhängigen Justiz dachte die SED nicht.[196] Als geeignete Kader zur Verfügung standen, verpflichtete die Partei die Justizbehörden noch stärker auf die „Parteilinie" und besetzte ab 1949 alle Führungspositionen in der Justiz mit ihren Gewährsleuten. Max Fechner löste Eugen Schiffer (LDP) als Präsident der Deutschen Zentralverwaltung für Justiz ab, und Hilde Benjamin leitete die Abteilung Personal und Schulung. Die Justizminister der Länder verloren noch vor Gründung der DDR ihre Personalautonomie, die die SED auf die zentrale Ebene übertrug.[197] Bis zur Gründung der DDR blieben allerdings Verfolgung und strafrechtliche Aburteilung politischer Gegner weitgehend Aufgabe der Besatzungsmacht. Die „Bewährungsprobe" für die DDR-Justiz kam erst mit den Waldheim-Prozessen im Jahre 1950.

Keine unabhängige Justiz

---

[189] Vgl. Kilian 1997, S. 563.
[190] Vgl. Fricke 1979, S. 564.
[191] Vgl. Erler 1996, S. 57.
[192] Vgl. ebd., S. 58.
[193] Vgl. ebd., S. 59.
[194] Vgl. Kilian 1997, S. 558.
[195] Angaben nach Prieß 1997.
[196] Vgl. Werkentin 1995, S. 21.
[197] Vgl. ebd., S. 22.

A) Politisch-historische Entwicklung der SBZ/DDR 1945–1990

Die Gründung der DDR 1949

Zusammenfassung

Im Laufe des Jahres 1947 verschärften sich die Auseinandersetzungen zwischen den „Verbündeten wider Willen" der ehemaligen „Anti-Hitler-Koalition". Der Ost-West-Konflikt zeichnete sich in seinen Konturen schon deutlich ab. Die Sowjetunion reagierte auf die Truman-Doktrin mit der offiziellen Verkündung der sogenannten Zwei-Lager-Theorie. Die Westalliierten waren nun entschlossen, einen von westdeutscher Seite geforderten, in den Westen integrierten deutschen Teilstaat zu gründen. Der Einbezug der Westzonen in den Marshall-Plan, die Währungsreform wie auch die Überreichung der Frankfurter Dokumente waren Marksteine auf dem Weg zur Gründung der Bundesrepublik Deutschland. Die Sowjetunion unternahm mit der Berlin-Blockade einen letzten Versuch, die Westmächte von einer deutschen Teilstaatsgründung abzubringen. Diese aber gaben weder den Westteil Berlins auf, noch ließen sie sich auf die von der Sowjetunion formulierten Bedingungen für ein einheitliches Deutschland ein.

Während die Gründung der Bundesrepublik zügig vorbereitet wurde, zögerte die Sowjetunion mit dem Signal für die Errichtung eines ostdeutschen Teilstaates bis zur endgültigen westdeutschen Staatsgründung, die sie bis zuletzt zu verhindern trachtete. Die SED-Führung ließ freilich schon im Laufe des Jahres 1948 in Absprache mit der KPdSU bisherige, taktisch begründete Rücksichtnahmen auf den Westen und bürgerliche „Bündnispartner" in der SBZ fallen. Mit der ersten Parteikonferenz im Januar 1949 vollendete sie die formelle Umgestaltung der SED in eine „Partei neuen Typs". Die ohnehin schon praktizierte Festlegung auf die marxistisch-leninistische Ideologie, den „demokratischen Zentralismus" sowie die Anerkennung der führenden Rolle der Sowjetunion schlug sich jetzt auch offen in Parteibeschlüssen nieder. Mittels umfangreicher „Säuberungen" sowie einem „Kaderaustausch" im Parteiapparat versuchte die von Moskauer Exilanten dominierte SED-Führung Mitglieder und Funktionäre zu disziplinieren. Der Kampf gegen „linke und rechte Abweichungen" betraf nicht nur ehemalige Sozialdemokraten, die der „Sabotage- oder Agententätigkeit" für die „Schumacher-SPD" bezichtigt wurden, sondern erfaßte alle, die sich ihrem Diktat nicht beugen wollten.

In Erwartung eines ähnlich schlechten Ergebnisses wie bei den Landtagswahlen 1946 praktizierte die SED bei den Wahlen zum 3. Volkskongreß 1949 erstmals das Prinzip der Einheitsliste, wobei sie die Sitzverteilung unabhängig vom Wahlergebnis festlegte. Aber selbst unter diesen Voraussetzungen konnte nur mit Hilfe von Wahlmanipulationen ein halbwegs befriedigendes Ergebnis erreicht werden. Für die SED war diese Erfahrung der Anlaß, die für 1949 geplanten Wahlen zu verschieben und die Gründung der DDR ohne diese Legitimation vorzubereiten. Stalin stimmte, unmittelbar nachdem Theodor Heuß zum Bundespräsidenten und Konrad Adenauer zum Bundeskanzler gewählt worden waren, der formellen DDR-Staatsgründung zu. Wilhelm Pieck wurde erster Präsident, Otto Grotewohl erster Ministerpräsident der DDR. Seiner Regierung gehörten auch Vertreter von CDU und LDP sowie von NDPD und DBD auf faktisch untergeordneten Positionen an, während die Schlüsselministerien mit SED-Funktionären besetzt wurden. Die Blockparteien hatten nach einigem Zögern und unter Unmut ihrer Parteibasis den Wahlen zum dritten Volkskongreß wie auch der Staats- und Regierungsbildung in der Hoffnung zugestimmt, die SED würde ihr Versprechen auf freie und geheime Wahlen zur Volkskammer einhalten. Sie wurden getäuscht.

Die erste DDR-Verfassung, weitgehend nach dem Weimarer Vorbild konstruiert, blieb bedeutungslos. Nach der totalitären Doktrin der SED waren Recht und Verfassung ohnehin nur als Waffen im Klassenkampf zu betrachten. So entstand unter dem Schutz und auf Weisung der sowjetischen Besatzungsmacht ein von der Mehrheit der eigenen Bevölkerung niemals durch freie Wahlen bestätigter Staat, der sich zur Selbstlegitimation der Formel einer antifaschistisch-demokratischen Ordnung bediente.

Chronik

25. Januar 1949	In Warschau wird der „Rat für gegenseitige Wirtschaftshilfe" (RGW) gegründet. Die Volkswirtschaften Polens, der Tschechoslowakei, Ungarns, Albaniens, Rumäniens und Bulgariens werden unter das Diktat der Sowjetunion gestellt.
25.–28. Januar 1949	Die 1. Parteikonferenz beschließt die Umformung der SED zur „Partei neuen Typs" nach sowjetischem Vorbild; es erfolgte die Bildung eines Politbüros des Parteivorstandes, die Einführung des demokratischen Zentralismus als Organisationsprinzip sowie die Aufhebung der Parität zwischen Kommunisten und Sozialdemokraten in Leitungsfunktionen.
18./19. März 1949	Der Deutsche Volksrat billigt den Verfassungsentwurf für eine „deutsche demokratische Republik".
4. April 1949	Gründung der NATO.
6.–8. April 1949	Die Westalliierten beschließen das am 21. September 1949 in Kraft tretende Besatzungsstatut für den neuen Weststaat.
8. Mai 1949	Der Parlamentarische Rat verabschiedet das Grundgesetz.
12. Mai 1949	Ende der Berlin-Blockade.
15./16. Mai 1949	Wahlen zum 3. Deutschen Volkskongreß mit Einheitslisten: Erst nach Wahlmanipulationen ergibt sich eine Mehrheit von 61,1% Stimmen.
29./30. Mai 1949	Der 3. Deutsche Volkskongreß bestätigt den Verfassungsentwurf und wählt den zweiten Deutschen Volksrat.
17. Juni 1949	Der zentrale Blockausschuß des „Blocks der antifaschistisch-demokratischen Parteien" wird in „Demokratischer Block" umbenannt.
14. August 1949	Die CDU/CSU wird stärkste Partei bei den Wahlen zum ersten Deutschen Bundestag.
12. September 1949	Theodor Heuß wird Bundespräsident.
15. September 1949	Konrad Adenauer wird Bundeskanzler und bildet eine bürgerliche Koalitionsregierung.
16.–28. September 1949	Die SED-Führung erhält in Moskau die Weisung zur Gründung der DDR.

4. Oktober 1949	Die SED proklamiert die „Nationale Front des demokratischen Deutschland" als Nachfolgeorganisation der „Volkskongreßbewegung".
7. Oktober 1949	Der Deutsche Volksrat erklärt sich zur „provisorischen Volkskammer", gründet die Deutsche Demokratische Republik (DDR), setzt die Verfassung in Kraft und erklärt Berlin zur Hauptstadt der DDR.
10. Oktober 1949	Die SMAD übergibt ihre Verwaltungsfunktion formal an die „Provisorische Regierung der DDR; Bildung einer „Sowjetischen Kontrollkommission" (SKK).
11. Oktober 1949	Wilhelm Pieck wird Präsident der DDR.
12. Oktober 1949	Otto Grotewohl wird Ministerpräsident der DDR.
15.–25. Oktober 1949	Die DDR wird von der Sowjetunion und ihren „Satellitenstaaten" diplomatisch anerkannt.
22. November 1949	Das „Petersberger Abkommen" zwischen der Bundesrepublik und den Westalliierten beinhaltet die Eingliederung der Bundesrepublik in die westliche Gemeinschaft.
7. Dezember 1949	Bildung des Obersten Gerichts durch die Provisorische Volkskammer.
31. Dezember 1949	1949 flüchten 125 245 Menschen aus der SBZ/DDR nach Westdeutschland bzw. West-Berlin.

1. Die Zementierung der Spaltung

Mit dem ergebnislosen Abbruch der Londoner Verhandlungen vom Dezember 1947 trat das endgültige Scheitern der Bemühungen der ehemaligen „Anti-Hitler-Koalition" um eine gemeinsame Deutschlandpolitik offen zutage.[1] Die Westalliierten begannen unmittelbar nach Ende der Konferenz mit Erörterungen über die Bildung eines westdeutschen, in die westliche Staatengemeinschaft integrierten Teilstaates.[2] Ihre Außenminister knüpften (unter Einbezug der Außenminister der Benelux-Staaten) mit den „Londoner Empfehlungen" an diese Überlegungen an und nahmen die entscheidende Weichenstellung vor, indem sie die westdeutschen Ministerpräsidenten aufforderten, „eine verfassunggebende Versammlung zur Ausarbeitung einer Verfassung einzuberufen".

Westliche Antwort auf sowjetische Machtpolitik

Der kommunistische Umsturz in der Tschechoslowakei am 25. Februar 1948 bestärkte vor allem Großbritannien in seiner Politik der Eindämmung einer möglichen kommunistischen Expansion in Europa. Der britische Außenminister Bevin plädierte für die Bildung einer echten Einheitsfront aller demokratischen Staaten und für einen beschleunigten ökonomischen Wiederaufbau Westeuropas.[3] Der Abschluß des „Brüsseler Paktes" am 17. März 1948 bildete die militärische Antwort westeuropäischer Staaten auf die sowjetische Machtpolitik in Osteuropa. Diese Keimzelle der späteren NATO wurde zwar offiziell mit der Prävention vor einer möglichen deutschen Aggression begründet, richtete sich aber de facto gegen die Sowjetunion. Die Teilnahme der Westzonen an der im April 1948 zur Umsetzung des Marshall-Planes gebildeten Organisation für europäische wirtschaftliche Zusammenarbeit (OEEC) führte zu deren wirtschaftlicher Integration in den Westen, bevor überhaupt die Bundesrepublik gegründet worden war.

Mit der Währungsreform in den Westzonen verschärfte sich der Ost-West-Konflikt in und um Deutschland. Die Sowjetunion reagierte auf die Währungsreform, die auch in den Westsektoren Berlins erfolgt war, mit der Berlin-Blockade; vorausgegangen war die Ankündigung der Sowjetunion, die für die SBZ geplante neue Währung in ganz Berlin einzuführen. Die sowjetische Blockade der Zufahrtswege von und nach West-Berlin dauerte vom 24. Juni 1948 bis zum 12. Mai 1949. Die Überlebensfähigkeit der Teilstadt konnte nur durch die von den Westalliierten, vor allem den USA, über eine Luftbrücke erfolgte Lieferung von Lebensmitteln, Brennstoffen etc. gewährleistet werden.[4] Die Berlin-Blockade demonstrierte augenscheinlich die von der Sowjetunion ausgehende Bedrohung und schweißte Westdeutsche, West-Berliner und Westalliierte zum ersten Mal seit Kriegsende als wirkliche Partner zusammen.

Mit Überreichung der „Frankfurter Dokumente", die den westdeutschen Ministerpräsidenten und zugleich der Öffentlichkeit in den Westzonen die Positionen der Westalliierten zur geplanten Teilstaatsgründung offenlegten, war im Juli 1948 der Grundstock für die Gründung der Bundesrepublik Deutschland gelegt worden.[5] Allerdings zeigten die Westmächte noch keine Bereitschaft, die Bundes-

---

1 Vgl. Steininger 1996b, S. 15.
2 Vgl. Fischer/Rißmann 1995, S. 1344.
3 Vgl. Steininger 1996b, S. 20 ff.
4 Vgl. Mahncke 1973.
5 Vgl. Steininger 1996b, S. 29.

republik in die Souveränität zu entlassen. Ein Besatzungsstatut regelte die Rechte der Alliierten und der westdeutschen Regierung. Weitere Stationen der westdeutschen Staatsgründung stellten die Beratungen des Parlamentarischen Rates über eine Verfassung und ihre Billigung im Mai 1949, die Wahlen zum ersten Bundestag am 14. August 1949 (diese brachte eine Mehrheit für die bürgerlichen Parteien) und schließlich die Wahl Konrad Adenauers zum ersten Bundeskanzler am 15. September 1949 dar.

Die Sowjetunion reagierte auf die Pläne zur Schaffung eines demokratischen Teilstaates mit scharfer Kritik an den Westalliierten und vermehrten propagandistischen Anstrengungen für ein nicht in das westliche Bündnis integriertes einheitliches Deutschland. Gleichzeitig erfolgten aber auch strukturelle Maßnahmen zur Sowjetisierung der SBZ, die eine Grundlage für die Bildung eines ostdeutschen Teilstaates schufen.[6] Am 20. März 1948 verließ der sowjetische Oberbefehlshaber in Deutschland, Marschall Sokolowski, unter Protest den Alliierten Kontrollrat, weil er keine Auskünfte über Gespräche der Westmächte zur Vorbereitung des Brüsseler Paktes erhielt, und läutete damit das Ende der Vier-Mächte-Verwaltung Deutschlands ein.

Grundlage für ostdeutschen Teilstaat

Als SMAD-Vertreter klärte Tulpanow die SED-Führung im Mai 1948 über die notwendigen nächsten Schritte zur Umgestaltung der SBZ und der SED auf.

„1. Faktisch ist eine Aufteilung Deutschlands in zwei Teile, welche sich nach verschiedenen Gesetzen entwickeln, zustande gekommen.
2. Die Entwicklung der sowjetischen Zone ist eine Entwicklung nach dem Typ der neuen Demokratien.
3. An der Macht in der sowjetischen Zone steht die Partei der Arbeiter und Bauern.
4. Die Funktionen der Staatsmacht ändern sich grundsätzlich. Das vergesellschaftlichte Eigentum, die Planung, die Teilnahme der Massen an dem wirtschaftlichen Leben stellen die Partei vor neue Aufgaben und legen ihr neue Funktionen auf."[7]

Weiterhin forderte er eine organisatorische und ideologische Festigung der SED und eine „Entlarvung" des amerikanischen Imperialismus. „Man muß in der Partei den Haß zu dem sich rasch in der Richtung zum Faschismus entwickelnden amerikanischen Imperialismus und seinen Verbündeten entfachen."[8]

Gemäß diesen Empfehlungen verstärkte die SED-Führung ihre auf Gründung eines sozialistischen Teilstaates ausgerichtete Politik. Aber noch hielt sich die sowjetische Führung bedeckt. Erst im Oktober 1948 gab sie der SED-Führung prinzipiell grünes Licht zur Staatsbildung. Gleichwohl signalisierte Stalin seinen deutschen Gefolgsleuten im Dezember, mit der Staatsgründung aus taktischen und propagandistischen Gründen noch zu warten, bis der westdeutsche Teilstaat gebildet wäre. Zuerst sollte die Umstrukturierung der SED in eine marxistisch-leninistische Partei vollendet werden.[9] Die definitive sowjetische Anordnung zur Gründung der DDR erging im September 1949 im Verlauf einer gemeinsamen Besprechung im Politbüro des ZK der KPdSU.[10]

---

6 Vgl. Wettig 1996a, S. 111 ff.
7 Zit. nach: Steininger 1996b, S. 88.
8 Ebd., S. 89.
9 Vgl. ebd., S. 92.
10 Vgl. ebd., S. 95.

2. Die SED als marxistisch-leninistische Partei

Auf ihrer 1. Parteikonferenz im Januar 1949 übernahm die SED die von Stalin formulierten sechs Kennzeichen einer Partei neuen Typs:

1. Die marxistisch-leninistische Partei ist die bewußte Vorhut der Arbeiterklasse.
2. Die marxistisch-leninistische Partei ist die organisierte Vorhut der Arbeiterklasse.
3. Die marxistisch-leninistische Partei ist die höchste Form der Klassenorganisation des Proletariats.
4. Die marxistisch-leninistische Partei beruht auf dem Grundsatz des demokratischen Zentralismus.
5. Die marxistisch-leninistische Partei wird durch den Kampf gegen den Opportunismus gestärkt.
6. Die marxistisch-leninistische Partei ist vom Geiste des Internationalismus durchdrungen.[11]

Diese formelhaften Grundsätze sollten eine Partei charakterisieren, die für sich ideologisch den Besitz der Wahrheit und einen „rechtmäßigen", da auf historischen Entwicklungsgesetzen basierenden Monopolanspruch auf die Macht in Staat und Gesellschaft beanspruchte, von ihren Mitgliedern eine bedingungslose Unterwerfung verlangte, keinerlei Abweichung oder Fraktionen in der Partei duldete, „Demokratie" als Befehlskompetenz der jeweils höheren Ebene definierte, den ideologischen Kampf gegen bürgerliche Kräfte und den „Sozialdemokratismus" führen wollte und schließlich die führende Rolle der Sowjetunion und ihrer kommunistischen Partei anerkannte. Die neuen Organisationsstrukturen und -prinzipien entsprachen dem Modell einer marxistisch-leninistischen Partei. Das Prinzip des „demokratischen Zentralismus" als faktische Befehlsstruktur von oben nach unten sollte auch für staatliche Strukturen sowie sonstige Organisationen und Parteien der DDR gelten.[12]

Der nach gleichen Organisationsprinzipien parallel erfolgende Aufbau von Partei, Staat und gesellschaftlichen Institutionen sicherte den jeweiligen SED-Organen die Entscheidungskompetenz mit entsprechender Zugriffsmöglichkeit. Zum einen gab die jeweilige SED-Instanz den nachgeordneten Organen politische Direktiven vor, deren Umsetzung sie kontrollierte, zum anderen sorgten die ohnehin in leitenden Positionen sitzenden SED-Mitglieder für die Durchführung und Überwachung der Parteidirektiven. Schon im Juli 1948 hatte die SED den Ausbau eines „Berichtswesens" eingeleitet, um jederzeit über den Stand der Realisierung ihrer Beschlüsse informiert zu sein.[13]

Durch die Aufnahme neuer Mitglieder veränderte sich die soziale Zusammensetzung der Partei; der Anteil der Arbeiter unter den Parteimitgliedern fiel stetig, während die Zahl der Verwaltungsangestellten und der Parteibeschäftigten anwuchs.[14] Die nach der 1. Parteikonferenz durchgeführte Säuberung ließ die Mitgliederzahl der SED einschließlich der Kandidaten auf 1,2 Mio. im November 1951 zurückgehen. Ferner führten die „Parteiwahlen" im Herbst 1949 zu einem nahezu vollständigen Austausch der Parteifunktionäre unterhalb der Spitze. Nur

---

11 Vgl. Steininger 1996b, S. 101 f.
12 Vgl. Kaiser 1995, S. 1799.
13 Vgl. ebd., S. 1808 f.
14 Vgl. Kowalczuk 1995b, S. 181 ff.

jeder vierte Amtsinhaber behielt seine Parteileitungsfunktion. Vor allem ehemalige Sozialdemokraten drängte die Parteiführung aus Parteifunktionen.[15]

Um ihre Macht zu stabilisieren, systematisierte und vereinheitlichte die SED im Frühjahr 1949 ihre Kaderpolitik. Eine Aussage von Franz Dahlem vor dem 15. Parteitag der KPD 1946 verdeutlicht, daß 1949 nur offen ausgesprochen wurde, was längst Maxime kommunistischer „Kaderpolitik" war: „Genosse Stalin hat uns eindringlich gelehrt, daß der Mensch das Wichtigste ist und daß im Leben des Volkes und des Staates die Kader alles entscheiden."[16] Im Jahre 1949 benannte die SED die „Personalabteilungen" in „Kaderabteilungen" um.

Systematisierung der Kaderpolitik

Das Politbüro ordnete eine Aufstellung aller Funktionen in Parteiapparat, staatlichen Organen und Massenorganisationen an, über deren Besetzung entweder das Politbüro oder das Kleine Sekretariat zu entscheiden hatten. Die Liste enthielt alle wesentlichen staatlichen und gesellschaftlichen Führungsfunktionen, so daß die SED-Führung schon vor der DDR-Gründung umfassende Verfügungsgewalt über alle wichtigen Positionen sicherstellen konnte.[17] Die SED-Führung hatte damit bis 1949 in Partei, Staat und Gesellschaft die inneren organisatorischen und personellen Voraussetzungen geschaffen, die den Erhalt und weiteren Ausbau ihrer Macht garantierten.

3. Die Staatsgründung

Ungeachtet der auf die Einheit Deutschlands zielenden Losungen der Sowjetunion und der SED erfolgte der zielgerichtete Aufbau eines ostdeutschen Teilstaates. Über die Deutsche Wirtschaftskommission (DWK) forcierte die SED die Zentralisierung der Wirtschaft und die wirtschaftspolitische Entmachtung der Länderverwaltungen[18], indem der DWK die „Vereinigungen Volkseigener Betriebe", die Notenbank und die von ihr ins Leben gerufene staatliche Handelsorganisation (HO) unterstellt wurden. Die DWK war damit nominell zur zentralen Planungsbehörde der SBZ geworden.

Da Arbeitsmoral und Arbeitsproduktivität zu wünschen übrig ließen und die SED keine materiellen Anreiz- und Differenzierungssysteme zulassen wollte, initiierte die Parteiführung sogenannte Wettbewerbskampagnen nach dem Vorbild der Sowjetunion. Organisatorische Träger der auf Selbstverpflichtung zielenden Maßnahmen wurden die Betriebsgewerkschaftsleitungen. In Nachahmung der sowjetischen „Stachanow-Bewegung" stellte der Bergmann Adolf Hennecke nach entsprechender Vorbereitung am 13. Oktober 1948 einen Rekord auf und erzielte 387% der geforderten Normleistung. Hieran anknüpfend versuchte die SED, eine Aktivisten-Bewegung ins Leben zu rufen.

Wettbewerbskampagnen

Die Partei setzte auch den Ausbau ihrer zentralen Überwachungs- und Repressionsapparate zielgerichtet fort. Die Kommandogewalt über die Polizei einschließlich der von Erich Mielke aufgebauten Politischen Polizei wies sie der DVdI zu. Doch auch die von der SED beherrschte DWK schuf sich mit dem „Ausschuß

---

[15] Vgl. Prieß/Eckert 1993, S. 110.
[16] Bericht über die Verhandlungen der KPD. 19. und 20. April 1946 in Berlin. Berlin 1946, S. 82.
[17] Vgl. Kaiser 1995 S. 1813 ff.
[18] Vgl. Zank 1990b, S. 264 ff. und Zank 1990a, S. 60.

zum Schutz des Volkseigentums" einen eigenen Sicherheitsapparat, der die „administrative Kontrolle" und politische Überwachung des Volkseigentums auf allen Ebenen zu organisieren hatte. Diese Institution ging später im Ministerium für Staatssicherheit auf. Durch die Arbeit der DWK und der anderen Zentralverwaltungen (Inneres, Justiz, Volksbildung) entstand in der SBZ ein weitverzweigter und hochzentralisierter Behördenapparat, der durch die strikte Zentralisierung von Beginn an nur schwerfällig agieren konnte.[19]

Um den Staatsaufbau auf formaler Ebene voranzutreiben, schuf die SED Repräsentationsgremien und entwarf in Abstimmung mit der Besatzungsmacht die Verfassung des zu gründenden Staates. Der Deutsche Volksrat billigte den vom Verfassungsausschuß unter Leitung Otto Grotewohls erarbeiteten Entwurf für die Verfassung einer „deutschen demokratischen Republik". Auch der 3. Deutsche Volkskongreß stimmte (bei einer Gegenstimme!) im Mai dem Verfassungsentwurf zu und verabschiedete außerdem ein „Manifest an das deutsche Volk", in dem zur Bildung einer gesamtdeutschen „Nationalen Front für Einheit und gerechten Frieden" aufgerufen wurde. Das Manifest war auf Drängen der sowjetischen Führung verfaßt worden, die der Bildung eines westdeutschen Teilstaates entgegenwirken wollte. Die Hauptstoßrichtung der Front sollte allerdings gegen den „amerikanischen Imperialismus" gerichtet sein; als Perspektive eines einheitlichen Deutschland blieb auf dieser Grundlage nur die Ostintegration, d. h. die Anerkennung der Führungsrolle der Sowjetunion.[20]

„Wahl" zum 3. Volkskongreß auf Einheitsliste

Nach den für sie enttäuschenden Ergebnissen der Landtags- und Gemeinderatswahlen im Herbst 1946 mußte die SED ihr Legitimationsproblem angesichts absehbarer Risiken bei erneuten freien Wahlen auf andere Weise lösen. In Absprache mit der Sowjetunion verschob sie vorerst die für 1949 vorgesehenen Wahlen und leitete mit dem für die Wahl zum 3. Deutschen Volkskongreß gefundenen Modus eine neue Ära der „Demokratie" in Ostdeutschland ein. Der 3. Deutsche Volkskongreß wurde im Mai 1949 auf Grundlage einer Einheitsliste gewählt, auf der alle Blockparteien und die wichtigsten Massenorganisationen vertreten waren. Die Sitzverteilung innerhalb der Einheitsliste war von vornherein festgelegt: 25% der Sitze erhielt die SED, je 15% CDU und LDPD, je 7,5% NDPD und DBD, 10% der FDGB, je 5% FDJ und Kulturbund, je 3,7% der Demokratische Frauenbund und die VVN sowie je 1,3% die VdgB und die Genossenschaften. Auf Basis eines von der SED gegebenen Versprechens, die auf 1950 verschobenen Wahlen wieder als Konkurrenzwahlen durchzuführen, hatten CDU und LDP diesem Prinzip zugestimmt.

Manipulierung der Wahl

Doch nicht einmal die Wahl mit Einheitsliste verlief reibungslos. Die SED hatte den Stimmzettel mit dem Bekenntnis „Ich bin für die Einheit Deutschlands und einen gerechten Friedensvertrag. Ich stimme darum für die nachstehende Kandidatenliste zum 3. Deutschen Volkskongreß" verbunden und eine Alternative zwischen Ja und Nein zugebilligt. Durch Verletzung des Wahlgeheimnisses war für SED-Vertreter frühzeitig erkennbar, daß viele Zettel ohne Kreuz oder mit einem Zusatz abgegeben worden waren, und die Zahl der Nein-Stimmen unerwartet hoch ausfallen würde; daher mußte die Wahl manipuliert werden. In einem Fernschreiben an die Leiter der Landespolizeibehörden wies die DVdI darauf hin, daß die

---

[19] Vgl. Zank 1990a, S. 62.
[20] Vgl. Staritz 1996, S. 32/33.

"unverhältnismäßig hohe Anzahl von ungültigen Stimmen" nicht zu akzeptieren sei, und befahl, gegen diesen „Unfug ... entsprechende Maßnahmen zu ergreifen". Daraufhin wurden Stimmenthaltungen und ein Teil der ungültigen Stimmen als Ja-Stimmen gewertet. Auch auf diese Weise erreichte die Einheitsliste lediglich 66,1% der Stimmen. Das Ergebnis bedeutete, daß faktisch über ein Drittel der Wähler im Volkskongreß nicht repräsentiert waren. Walter Ulbricht rechnete die Wahlschlappe CDU und LDP zu, da die meisten Nein-Stimmen in deren Hochburgen zu verzeichnen waren.[21]

Details über die Gründung der DDR wurden bei einem Treffen der SED-Führung mit Politbüromitgliedern der KPdSU im September 1949 festgelegt. Die deutschen Genossen sollten in einem Brief vom 19. September an den „Genossen" Stalin um „Bildung einer provisorischen deutschen Regierung in der Sowjetischen Besatzungszone" nachsuchen. Stalin gab in einem Antwortschreiben acht Tage später sein Plazet für die Gründung der DDR. Ausschlaggebend für seine Entscheidung dürfte wohl nicht zuletzt das schlechte Abschneiden der KPD bei den westdeutschen Bundestagswahlen gewesen sein (5,6%). Einverstanden erklärte sich Stalin auch mit dem SED-Vorschlag, die Wahlen vorläufig auf den Herbst 1950 zu verschieben. Bis dahin hätte die SED ausreichend Zeit für eine „Überprüfung der Mitgliedsbücher", d. h. eine umfassende Parteisäuberung. Die Perspektive der DDR – daran ließ Stalin keinen Zweifel – bestand in der Integration in das von der Sowjetunion geführte Imperium „volksdemokratischer" Länder.[22]

Nach außen hin propagierte die SED freilich die „Wiederherstellung der Einheit Deutschlands" durch den Zusammenschluß in der „Nationalen Front des demokratischen Deutschland". Die Kampagne zur Gründung eines ostdeutschen Teilstaates begann mit einer inszenierten Mobilisierung der Massen. Die mit Stalin vereinbarten Losungen durfte die „Basis" als Forderungen an die Führung richten, die wiederum so tat, als entspräche ihre Politik den Vorstellungen der Bevölkerung. Am 4. Oktober erklärte Wilhelm Pieck, „daß sich das deutsche Volk niemals mit der Bonner Separatregierung abfindet und daher immer energischer die Forderung nach Schaffung einer provisorischen Regierung des demokratischen Deutschlands erhebt".[23] Pieck unterbreitete formell den Vorschlag, mit anderen Parteien und Massenorganisationen in Beratungen über die Bildung einer provisorischen Regierung der Deutschen Demokratischen Republik einzutreten.

Kampagne zur DDR-Gründung

Die Führungen der Blockparteien erklärten sich nicht zuletzt in der Hoffnung auf baldige „freie Wahlen" mit der Staatsgründung einverstanden. Die von der SED abhängigen Massenorganisationen „begrüßten" das Vorhaben sowieso. Ein kleines, aber schon bald beigelegtes Gerangel gab es nur um die Besetzung von Regierungsposten. Die Blockparteien bekamen schließlich einflußlose Repräsentativposten oder von der SED kontrollierte Ministerien zugewiesen. Über die Ziele der SED ließ der Leiter der DWK-Hauptverwaltung Information, Gerhart Eisler, schon auf der Sitzung der SED-Parteiführung am 4. Oktober 1949 keinen Zweifel aufkommen: „Wenn wir eine Regierung gründen, geben wir sie niemals wieder auf, weder durch Wahlen noch durch andere Methoden."[24]

---

[21] Vgl. Laufer 1991, S. 19.
[22] Vgl. Staritz 1996, S. 36/37.
[23] Zit. nach: ebd., S. 38.
[24] Zit. nach: Steininger 1996b, S. 97.

Staatsgründung

Auf einigen Unmut stieß die geplante Staatsgründung bei CDU- und LDP-Funktionären, aber schließlich folgten sie doch den Empfehlungen ihrer Parteiführungen. Ungeachtet dessen hatte die SED den weiteren Ablauf ohnehin schon vorgeplant.[25] Am 7. Oktober trat der Deutsche Volksrat als Provisorische Volkskammer der „Deutschen Demokratischen Republik" zusammen und verkündete das mit Stalin vereinbarte und einstimmig verabschiedete Programm. Nachdem sich die SMAD am 10. Oktober aufgelöst und ihre Verwaltungsfunktionen an die zukünftige DDR-Regierung übertragen hatte, wählten am 11. Oktober die Provisorische Volkskammer und die Provisorische Länderkammer Wilhelm Pieck zum ersten Staatspräsidenten der DDR. Mit einem Fackelzug feierten SED und FDJ am gleichen Abend die Gründung ihres Staates. Der Enddreißiger Erich Honecker legte als FDJ-Vorsitzender namens seiner Organisation, die sich im Juni des gleichen Jahres schon zur revolutionären Umgestaltung in der SBZ bekannt hatte, das Gelöbnis der deutschen Jugend ab.[26]

Am nächsten Tag bildete sich eine sofort von der Provisorischen Volkskammer bestätigte provisorische Regierung unter Ministerpräsident Otto Grotewohl. Die SED erhielt mit den Ressorts Inneres, Planung, Industrie, Volksbildung und Justiz die entscheidenden Fachministerien, die Blockparteien mußten sich mit den anderen begnügen, unter ihnen auch fünf Minister von CDU und LDPD. In seiner Regierungserklärung betonte der neue Ministerpräsident Otto Grotewohl vor allem die Freundschaft mit der Sowjetunion und den Volksdemokratien, hielt jedoch auch an der Floskel eines einheitlichen Deutschland fest.[27]

Der „große Führer" Josef Stalin sprach in einem Telegramm seine Glückwünsche zur Staatsgründung aus:

> „Die Bildung der friedliebenden Deutschen Demokratischen Republik ist ein Wendepunkt in der Geschichte Europas. Es unterliegt keinem Zweifel, daß die Existenz eines friedliebenden demokratischen Deutschlands neben dem Bestehen der friedliebenden Sowjetunion die Möglichkeit neuer Kriege in Europa ausschließt, dem Blutvergießen in Europa ein Ende bereitet und die Versklavung der europäischen Länder durch die Weltimperialisten unmöglich macht."[28]

„Sowjetische Kontrollkommission" Nachfolgerin der SMAD

Die „Sowjetische Kontrollkommission" (SKK) wachte als Nachfolgerin der SMAD über die Entwicklung der DDR; ohne ihre Zustimmung konnte keine wichtige Entscheidung fallen.[29]

Johannes R. Becher dichtete als Hymne „Auferstanden aus Ruinen und der Zukunft zugewandt, laß uns Dir zum Guten dienen, Deutschland, einig Vaterland". Solange das „einige Vaterland" noch Teil der SED-Propaganda war, durfte die Hymne auch gesungen werden, später war bei offiziellen Anlässen nur noch die Instrumentalfassung zu hören.

Die am 7. Oktober in Kraft gesetzte Verfassung der DDR entsprach, wahrscheinlich mit Rücksicht auf die deutschlandpolitischen Ambitionen der Sowjetunion, noch nicht dem Vorbild der Stalin-Verfassung von 1936, sondern wies deutliche

---

[25] Vgl. Staritz 1996, S. 41/42.
[26] Vgl. ebd., S. 44.
[27] Vgl. ebd., S. 45.
[28] Zit. nach: Steininger 1996b, S. 115.
[29] Vgl. Otto 1993, S. 138 ff.

Bezugspunkte zur Weimarer Verfassung von 1919 auf. Die Verfassung bezeichnete Deutschland als unteilbare Republik, bestimmte eine zentralistische Staatsform mit der Volkskammer als höchstem Organ und legte in Artikel 3 sogar fest, daß alle Staatsgewalt vom Volke auszugehen habe. „Die Staatsgewalt muß dem Wohl des Volkes, der Freiheit, dem Frieden und dem demokratischen Fortschritt dienen. Die im öffentlichen Dienst Tätigen sind Diener der Gesamtheit und nicht einer Partei." Festgeschrieben wurden auch Grundsätze des Verhältniswahlrechtes, namentlich „allgemeine, gleiche, unmittelbare und geheime Wahl". Die Regierungsbildung sollte jedoch auf Grundlage des Blocksystems erfolgen, der Ministerpräsident von der stärksten Fraktion gestellt werden. Eine Koalitionsbildung gegen die SED war damit ausgeschlossen. Eine unabhängige Justiz war – im Gegensatz zur Weimarer Republik – nicht vorgesehen. Besondere Bedeutung sollte dagegen dem Artikel 6 zukommen: „Boykotthetze gegen demokratische Einrichtungen und Organisationen" wurde als „Verbrechen im Sinne des Strafgesetzbuches" gekennzeichnet. Hiermit schuf die SED die rechtlichen Voraussetzungen zur strafrechtlichen Verfolgung jeglicher Opposition.[30]

Faktisch waren die Bestimmungen der Verfassung, vor allem die garantierten Grundrechte der Bürger (Rede-, Presse-, Versammlungs- und Religionsfreiheit, das Postgeheimnis usw.) nicht das Papier wert, auf dem sie niedergeschrieben waren, zumal sie auch nicht unmittelbar geltendes Recht wurden. Da die SED von Beginn an den Staatsapparat, die Justiz und die Massenorganisationen dominierte, das Meinungsmonopol in den Medien und der Kultur besaß und den Marxismus-Leninismus zur Staatsideologie erklärt hatte, konnten individuelle Grundrechte nicht wirksam werden. Darüber hinaus ließ die SED keinen Zweifel, welche Funktion das Recht (und damit auch die Verfassung) hatte: „Instrument im Klassenkampf".[31]

Verfassung Makulatur

War die DDR ein Produkt sowjetischen Expansionsstrebens oder aber das Ergebnis beharrlicher Bemühungen deutscher Kommunisten, war sie insbesondere ein Kind Walter Ulbrichts? Diese Frage rückte mit dem Bekanntwerden der Aufzeichnungen Wilhelm Piecks über Gespräche mit sowjetischen Führern ins Zentrum einer wissenschaftlichen Kontroverse.[32] Die Interpretation der Notizen von Pieck führte Wilfried Loth zu der These:

> „Stalin wollte keine DDR. Er wollte weder einen Separatstaat auf dem Boden der sowjetischen Besatzungszone noch überhaupt einen sozialistischen Staat in Deutschland. Statt dessen strebte er eine parlamentarische Demokratie für ganz Deutschland an, die dem Faschismus die gesellschaftlichen Grundlagen entzog und der Sowjetunion den Zugang zu den Ressourcen des Ruhrgebietes eröffnete. Erreicht werden sollte sie in gemeinsamer Verantwortung der Siegermächte. Der sozialistische Separatstaat DDR ist in erster Linie ein Produkt des revolutionären Eifers von Walter Ulbricht, der sich vor dem Hintergrund westlicher Abschottungspraxis entfalten konnte."[33]

Wollte Stalin einen ostdeutschen Teilstaat?

---

30 Vgl. Schuller 1980; Fricke 1990 und Werkentin 1995.
31 Vgl. Mampel 1962.
32 Vgl. Badstübner/Loth 1994.
33 Loth 1996, S. 10.

Loth begründet seine Auffassung mit vermeintlichen Prioritäten der Sowjetunion, die in der Befriedung eines umfassenden Sicherheitsbedürfnisses gegen eine erneute Aggression Deutschlands, der Erfüllung umfassender Reparationsleistungen, die ein ostdeutscher Teilstaat allein nicht erbringen konnte, und der Verhinderung der westdeutschen Integration in den westlichen Block bestanden hätten.[34]

Gegen diese Annahme spricht die von Beginn an erfolgte gezielte gesellschaftliche Umgestaltung der SBZ, die rasche Konzentration der begrenzten Macht ostdeutscher Institutionen auf die SED sowie die unverzügliche Schaffung der institutionellen Grundlagen für eine Staatsgründung. Einmal abgesehen davon, ob Stalin Pieck über seine wahren Intentionen informierte und Pieck das Gehörte und Niedergeschriebene in den richtigen Zusammenhang einordnete, muß vor allem angezweifelt werden, daß Stalin ein im westlichen Sinne demokratisches Deutschland akzeptiert hätte.

Demokratie als Übergangsstadium

Eine demokratische Republik war für Stalin immer nur ein Übergangsstadium, in dem die Machtübernahme durch die Kommunisten vorbereitet werden sollte. Es gibt keinerlei Hinweise, daß in den Ländern, in denen die Sowjetunion durch die Präsenz ihrer Armee herrschte, tatsächlich Spielräume zu einer von der Sowjetunion unabhängigen Entwicklung im westlichen Sinne zugelassen worden wären.[35] Daher scheint die Interpretation plausibler zu sein, daß das Zögern Stalins bezogen auf den Zeitpunkt der ostdeutschen Staatsgründung und sein Plädoyer für die deutsche Einheit auf den Einbezug ganz Deutschlands in den sowjetischen Machtbereich zielte, oder er zumindest die Westintegration verhindern und eine von der Sowjetunion zu kontrollierende Neutralisierung erreichen wollte. Das von Stalin avisierte und immer wieder ins Spiel gebrachte einheitliche Deutschland wäre selbst unter günstigsten Bedingungen allerdings nur bei einer garantierten überproportionalen Machtteilhabe der SED mit der Zielsetzung einer Sowjetisierung denkbar gewesen.

Zweifelsohne betrieben die deutschen Kommunisten unter Führung von Walter Ulbricht die zügige Gründung eines ostdeutschen Separatstaates, wußten sie doch, daß sie bei der Bevölkerungsmehrheit über keine Legitimation verfügten und ihre Macht nur durch die Präsenz der sowjetischen Armee und den Ausbau eigener Überwachungs- und Kontrollapparate sichern konnten. Doch entscheidend blieb das sowjetische Votum.

Die Verbrechen des nationalsozialistischen Regimes zwischen 1933 und 1945, die furchtbaren Erfahrungen des Krieges und die systematisch durchgeführten Massenmorde an Juden und anderen ausgegrenzten Gruppen haben viele Menschen im Nachkriegsdeutschland bewogen, den antifaschistischen Parolen der SED zu folgen. Ihr Idealismus sollte enttäuscht werden. Der SED-Führung ging es letztlich um die Einführung einer totalitären Ordnung, der ihre antifaschistisch-demokratische Rhetorik nur die nötige Legitimation verschaffen sollte.

---

[34] Vgl. ebd., S. 13 ff.

[35] Finnland kann außer Betracht bleiben, da die genannte Bedingung nicht zutrifft; Österreich stellt einen Sonderfall dar.

A) Politisch-historische Entwicklung der SBZ/DDR 1945–1990

Die Etablierung der SED-Herrschaft und der Aufbau des staatlichen Gewaltapparates 1949–1960
– Krisen und Konsolidierung

Zusammenfassung

Unmittelbar nach der Staatsgründung setzte die SED in Absprache mit der SKK die strukturellen Veränderungen in Staat und Gesellschaft nach dem Vorbild des sowjetischen Systems fort. Neben der Ausrichtung der Mitgliedschaft auf die Parteispitze durch Säuberungen und Disziplinierungen festigte sie ihre Macht durch die bedingungslose Unterordnung von Blockparteien und Massenorganisationen unter ihr Primat. Widerstrebende oder auch nur zögerliche Politiker aus CDU und LDP wurden gemaßregelt, abgesetzt, inhaftiert oder zur Flucht in den Westen getrieben. Den Massenorganisationen wies die Staatspartei neben der legitimatorischen Rolle nun verstärkt Funktionen bei der Durchsetzung von Staatsaufgaben zu; sie mutierten damit faktisch zu einem verlängerten Arm von Partei und Staat.

Den Staatsapparat nutzte die SED-Führung vor allem durch den Ausbau der Sicherheitsorgane (1950 wurde das MfS gegründet) sowie mit der Zentralisierung der Planung und Lenkung als „Instrument im Klassenkampf". In dem Maße, wie staatliche Institutionen unter das Diktat der Partei gerieten, erhöhte sich die Bedeutung des zentralen Parteiapparates, der zur Lenkung und Anleitung von Staatsgliederungen auch organisatorisch verändert wurde. Die systematische Besetzung staatlicher Positionen mit parteiloyalen Funktionären wurde bis in die mittlere Personalebene hinein erweitert. Im Jahre 1960 sprach sich das Politbüro auch formell seine unmittelbare Entscheidungsbefugnis für alle staatlichen Direktiven zu.

Während der auf die deutschlandpolitische Offensive Stalins folgende Notenwechsel über die Zukunft Deutschlands im Jahre 1952 die SED weitgehend ungerührt ließ, da sie sich des propagandistischen Gehaltes der sowjetischen Offerte gewiß war, führten der Tod Stalins und das kurzzeitige Machtvakuum in der Sowjetunion zu einem ersten Überlebenskampf der SED. Auf Druck Moskaus mußte die Parteiführung den von ihr im Überschwang verkündeten „planmäßigen Aufbau des Sozialismus" wegen absehbarer wirtschaftlicher Schwierigkeiten und der Zunahme sozialer Unzufriedenheit revidieren und einen „neuen Kurs" verkünden. Anstatt zur Stabilisierung der Lage beizutragen, ließ dieser erzwungene Richtungswechsel die SED für weite Teile der Bevölkerung noch unglaubwürdiger werden.

Der Volksaufstand im Juni 1953 erfaßte verschiedene soziale Schichten und verknüpfte von Beginn an soziale mit politischen Forderungen, die auf eine Abschaffung der SED-Diktatur gerichtet waren. Nur durch den Einsatz sowjetischer Panzer und Truppen behauptete sich die SED an der Macht, freilich war augenscheinlich geworden, daß die Partei von der Sowjetunion abhängig und nur unter dem Schutz der Sowjetarmee überlebensfähig war. Neben der brutalen Niederschlagung des Aufstandes führte auch die Zurückhaltung des Westens, auf dessen Eingreifen viele Aufständische vergeblich gehofft hatten, zu Resignation in der Bevölkerung. Die Teilung Deutschlands und die Fortsetzung der SED-Diktatur waren damit einstweilen besiegelt.

Nach ersten Irritationen und nach Ausschaltung innerparteilicher Widersacher reagierte Walter Ulbricht, der nach dem Sturz des sowjetischen Geheimdienstchefs Berija auch weiterhin auf die Unterstützung der Sowjetunion setzen konnte, mit Härte und bescheidenen sozialpolitischen Zugeständnissen auf die tiefe Krise. In der Folgezeit füllten sich die Gefängnisse und die Fluchtwelle schwoll an. Die Spaltung Deutschlands und die nun folgende militärische Integration in die jeweiligen Machtblöcke nutzte die SED zum weiteren Ausbau ihres Sicherheitsapparates und zur umfassenden Militarisierung der Gesellschaft. Ohne personelle Folgen blieb in der DDR die „Abrechnung" Chruschtschows mit Stalin, auch die folgende „Entstalinisierung" in der Sowjetunion und verschiedenen Satellitenstaaten fand keinen Widerhall. Im Gegenteil: Walter Ulbricht nutzte die Volkserhebungen in Polen und Ungarn und ihre brutale Niederschlagung erneut geschickt zur Ausschaltung innerparteilicher Kontrahenten. Die zwischenzeitlich vollzogene Rehabilitierung einzelner Opfer vorangegangener Säuberungen erfolgte ohne Aufsehen. Da erneut ein aus der direkten Kontrolle der Parteiführung geratener Staatssicherheitschef als innerparteilicher Widersacher gegen ihn um die Macht kämpfte, begann Ulbricht, den Staatssicherheitsapparat strikter unter seine Kontrolle zu stellen.

Der auf Entstalinisierung und innerparteiliche Diskussion setzenden Gruppe intellektueller Kommunisten um Harich, Janka und Just begegnete die SED-Führung mit entschiedener Härte. Zur Verhinderung möglicher Unruhen im Kultur- und Wissenschaftsbereich verhängte die von der SED gesteuerte Justiz nicht nur gegen prominente Angeklagte hohe Strafen, sondern verfolgte auch weniger bekannte Andersdenkende und „Abweichler" mit großer Entschlossenheit. Diskussionen um einen „demokratischen Sozialismus" oder gar einen „dritten Weg" duldete die Parteispitze nicht.

Ende der fünfziger Jahre hatte die SED ihre Macht konsolidiert, und der Anschein äußerlicher Ruhe bewog sie, die sozialen und gesellschaftlichen Umwälzungen mit härteren Mitteln fortzusetzen. Besonders die „Zwangskollektivierungen" auf dem Lande erzeugten jedoch eine erneute Welle des Protestes und der Unzufriedenheit. Wieder einmal hatte die Parteiführung die äußere Ruhe in der Bevölkerung mit Zustimmung verwechselt und ihre eigenen, vor allem wirtschaftlichen Möglichkeiten überschätzt. So folgte auf die Konsolidierung der Macht unerwartet schnell im Jahre 1961 der nächste Überlebenskampf der SED-Diktatur.

Chronik

1950

7. Januar 1950	Konstituierung des Sekretariats der „Nationalen Front des demokratischen Deutschland".
17. Januar 1950	Beginn der Auflösung sowjetischer Internierungslager: Übergabe von „Insassen" an die Staatsorgane der DDR.
29. Januar 1950	Die SED geht gegen „bürgerliche" Politiker (u. a. den stellvertretenden CDU-Vorsitzenden Hugo Hickmann) vor, die freie Wahlen mit konkurrierenden Listen fordern.
8. Februar 1950	Bildung des Ministeriums für Staatssicherheit; Minister wird Wilhelm Zaisser (SED).
15. Februar 1950	Der Nationalrat der Nationalen Front beschließt das Programm der „Nationalen Front des demokratischen Deutschland".
28. Februar 1950	Der amerikanische Hohe Kommissar John McCloy fordert gesamtdeutsche Wahlen für den 15. Oktober.

2. März 1950	Die provisorische Regierung der DDR lehnt gesamtdeutsche Wahlen ab, solange Besatzungstruppen stationiert sind.
24. März 1950	Gründung der „Deutschen Akademie der Künste" zu Berlin.
19. April 1950	Die provisorische Volkskammer verabschiedet das „Gesetz der Arbeit": Garantie des „Rechts auf Arbeit".
24.–29. April 1950	Schauprozeß gegen bereits im Oktober 1949 verhaftete Staats- und Wirtschaftsfunktionäre; Verurteilungen zu hohen Zuchthausstrafen.
26. April 1950	Beginn der „Waldheimer Prozesse": Bis Juni werden durch ein Sondergericht mehr als 3400 Menschen im Schnellverfahren abgeurteilt und 32 Todesstrafen verhängt, davon 23 vollstreckt.
3.–6. Mai 1950	SED-Führung in Moskau: Vorbereitung des III. Parteitages der SED.
17. Mai 1950	Das Volljährigkeitsalter in der DDR wird von 21 auf 18 Jahre herabgesetzt.
23. Juni 1950	DDR-Verzicht auf Gebietsansprüche gegenüber der Tschechoslowakei.
4.–6. Juli 1950	Gründung des Deutschen Schriftstellerverbandes.
6. Juli 1950	Görlitzer Vertrag: Polen und DDR erkennen die Oder-Neiße-Linie als „unantastbare Friedens- und Freundschaftsgrenze" an.
8. Juli 1950	Die Sowjetunion gibt 23 SAG-Betriebe an die DDR zurück, die hierfür knapp 75 Mio. Mark zahlen muß.
20.–24. Juli 1950	III. Parteitag der SED: Verabschiedung eines neuen Parteistatuts und Ankündigung eines neuen Programms, das aber erst 1963 angenommen wird; Umwandlung des Parteivorstandes in das Zentralkomitee.
25. Juli 1950	Die 1. Tagung des ZK der SED wählt Politbüro, Sekretariat des ZK und die ZPKK. Walter Ulbricht wird Generalsekretär des ZK der SED, nur noch zwei ehemalige Sozialdemokraten sind Mitglieder des Politbüro.
17. August 1950	Die provisorische Regierung billigt den von der SED eingereichten Fünfjahrplan, Priorität: Ausbau der Schwerindustrie.
24. August 1950	Führende Funktionäre, u. a. Paul Merker und Leo Bauer, werden aus der SED ausgeschlossen.
30. August bis 3. September 1950	Der 3. Bundeskongreß des FDGB beschließt neue Satzung: Anerkennung der führenden Rolle der Partei der Arbeiterklasse.
31. August 1950	Die CDU fordert auf einer Regierungssitzung Rücknahme sämtlicher Waldheim-Urteile; daraufhin wird am 6. September 1950 der CDU-Staatssekretär im Justizministerium, Helmut Brandt, verhaftet und verurteilt (Freilassung 1964).
7. September 1950	Sprengung der Ruine des Stadtschlosses in Ost-Berlin.
29. September 1950	DDR tritt dem RGW bei.
15. Oktober 1950	Volkskammerwahlen in der DDR nach Einheitslisten mit „Kandidaten der Nationalen Front".
26./27. Oktober 1950	3. Tagung des ZK der SED beschließt Überprüfung der Parteimitglieder und Kandidaten: 150 000 Parteiausschlüsse, Korrek-

	tur von Doppelzählungen; Einführung eines „Grundbuches" über jedes SED-Mitglied.
1. November 1950	Beginn des ersten „Parteilehrjahres" der SED.
15. November 1950	Neue Regierung unter Otto Grotewohl tritt ihr Amt an.
30. November 1950	Grotewohl schlägt Adenauer die Bildung eines paritätisch besetzten „Gesamtdeutschen konstituierenden Rates" vor.
15. Dezember 1950	Die Volkskammer verabschiedet „Gesetz zum Schutze des Friedens": strafrechtliches Instrument gegen Kritiker.
31. Dezember 1950	Im Jahre 1950 flüchten 197 788 Personen aus der DDR in die Bundesrepublik oder nach West-Berlin.

1951

16. März 1951	Die Bundesrepublik gründet den Bundesgrenzschutz.
22. April 1951	Gründung des „Nationalen Olympischen Komitees (NOK) der DDR".
13.–15. Juni 1951	Das ZK der SED beschließt die Einführung „neuer Methoden der Planung und Wirtschaftsführung zur Erhöhung der Arbeitsproduktivität" und das „Prinzip der wirtschaftlichen Rechnungsführung".
3. August 1951	Das erste Stalin-Denkmal der DDR wird in Ost-Berlin in der Stalin-Allee enthüllt (1961 demontiert).
5.–19. August 1951	III. Weltfestspiele der Jugend und Studenten in Ost-Berlin.
31. August 1951	Arbeitsbeginn der „Staatlichen Kommission für Kunstangelegenheiten".
1. September 1951	Die DDR erhebt Straßenbenutzungsgebühren für den Transitverkehr von und nach West-Berlin.
8. Oktober 1951	Aufhebung der Rationierungen mit Ausnahme von Fleisch, Fett und Zucker.
27. November 1951	Das SED-Politbüro beschließt verstärkte Förderung der Intelligenz.
11. Dezember 1951	Die DDR spricht sich vor UN-Ausschuß gegen die Einsetzung einer UN-Kommission zur Kontrolle der Wahlen in beiden Teilen Deutschlands aus.
21. Dezember 1951	Gründung des „Instituts für Gesellschaftswissenschaften beim ZK der SED".
31. Dezember 1951	1951 flüchten 165 648 Einwohner der DDR in die Bundesrepublik/West-Berlin.

1952

9. Januar 1952	Die Volkskammer verabschiedet Gesetzentwurf zur Durchführung freier und geheimer gesamtdeutscher Wahlen unter Vier-Mächte-Kontrolle.
10. März 1952	Übergabe der „Stalin-Note" an die drei Westmächte: Forderung nach einem neutralen einheitlichen Deutschland.
25. März 1952	Die Westmächte lehnen „Stalin-Note" ab: Wertung als Störmanöver gegen die West-Integration der Bundesrepublik, Forderung nach freien Wahlen unter UN-Aufsicht.
9. April 1952	Die Sowjetunion lehnt die Antwortnote der Westmächte ab.

8. Mai 1952	Die DDR-Regierung kündigt den Aufbau „Nationaler Streitkräfte" an.
16. Mai 1952	Die Grenzpolizei wird dem MfS unterstellt.
26. Mai 1952	Unterzeichnung des „Deutschland-Vertrages" in Bonn; Bundesrepublik erhält „die volle Macht eines souveränen Staates über ihre inneren und äußeren Angelegenheiten"; Fortbestand alliierter Sonderrechte.
26./27. Mai 1952	Der DDR-Ministerrat erläßt „Verordnung über Maßnahmen an der Demarkationslinie zwischen der Deutschen Demokratischen Republik und den westlichen Besatzungszonen Deutschlands"; Schaffung einer 5 km breiten Sperrzone; Beginn der Zwangsumsiedlung von über 12 000 Menschen aus dem Grenzgebiet.
27.–30. Mai 1952	Die FDJ erkennt auf ihrem „IV. Parlament" „führende Rolle der SED" an; Votum für militärische Verteidigung der DDR.
1. Juli 1952	Umstrukturierung der Kasernierten Volkspolizei; stärkerer militärischer Charakter.
9.–12. Juli 1952	Die 2. Parteikonferenz der SED proklamiert den „planmäßigen Aufbau des Sozialismus in der DDR".
17. Juli 1952	Der Ministerrat gibt sich nach sowjetischem Vorbild ein Präsidium.
23. Juli 1952	Administrative Neugliederung der DDR; Auflösung der Länder und Schaffung von 14 Bezirken und 217 Kreisen.
24. Juli 1952	Der Ministerrat gründet die Organisation „Dienst für Deutschland (DD)", „freiwilliger" Arbeitsdienst für Jugendliche (im Juni 1953 stillschweigend wieder aufgelöst).
24. Juli 1952	Der Ministerrat verkündet Vergünstigungen für Landwirtschaftliche Produktionsgenossenschaften (LPG).
29. Juli 1952	Der politische Ausschuß des Zentralvorstandes der LDPD stimmt dem „Aufbau des Sozialismus" zu.
7. August 1952	Gründung der „Gesellschaft für Sport und Technik" (GST).
2. Oktober 1952	Die Volkskammer verabschiedet das „Gesetz über die Verfassung der Gerichte der DDR".
7. Oktober 1952	Die Kasernierte Volkspolizei führt militärische Dienstgrade und neue Uniformen ein; seit Mitte 1952 Aufbau von „Betriebskampfgruppen".
15. Dezember 1952	Als Sündenböcke für die Versorgungskrise in der DDR werden der Minister für Handel und Versorgung, Karl Hamann (LDPD), und seine Staatssekretäre verhaftet.
20. Dezember 1952	Das ZK der SED billigt den Prager Schauprozeß gegen Slánský und bezichtigt Paul Merker und andere als „Agenten".
21. Dezember 1952	Der Deutsche Fernsehfunk in Berlin-Adlershof sendet zu Ehren von Stalins 73. Geburtstag ein erstes Versuchsprogramm.

31. Dezember 1952	1952 flüchten 182 393 Personen aus der DDR in die Bundesrepublik/West-Berlin.

1953

4. Januar 1953	Das ZK der SED kündigt erneute Überprüfung aller Mitglieder an, die vor 1945 in westlichen Staaten gelebt haben.
15. Januar 1953	Der stellvertretende Vorsitzende der CDU, Georg Dertinger, wird verhaftet und zu 15 Jahren Zuchthaus verurteilt.
4. Februar 1953	Grotewohl ruft vor der Volkskammer zu einem „Feldzug für strenge Sparsamkeit" auf.
5. März 1953	Tod Stalins; Staatstrauer in der DDR.
17. März 1953	Das ZK der SED benennt das Wohngebiet des Eisenhüttenkombinates Ost in Stalinstadt um.
9. April 1953	Der Ministerrat beschließt Entzug von Lebensmittelkarten für etwa 2 Mio. Menschen; betroffen sind vor allem private Unternehmer und Großhändler sowie Handwerker und Freiberufler.
15. April 1953	Die KPdSU fordert die SED zu einer Verlangsamung der Entwicklungsgeschwindigkeit beim „Aufbau des Sozialismus" auf.
20. April 1953	Die Preise für rationierte Lebensmittel werden erhöht.
10. Mai 1953	Chemnitz wird in „Karl-Marx-Stadt" umbenannt.
13./14. Mai 1953	Franz Dahlem wird aus Politbüro und ZK ausgestoßen wegen „politischer Blindheit gegenüber feindlichen Agenten" und „nichtparteigemäßen Verhaltens zu seinen Fehlern"; Beschluß zur Erhöhung der Arbeitsnormen um mindestens 10% bis zum 60. Geburtstag Walter Ulbrichts am 30. Juni.
28. Mai 1953	Der Ministerrat hebt für die meisten Betroffenen den Ausschluß von der Lebensmittelkartenzuteilung auf.
29. Mai 1953	Auflösung der Sowjetischen Kontrollkommission (SKK), Bildung des Amtes eines „Hohen Kommissars der UdSSR in Deutschland", Berufung von Semjonow zum Hohen Kommissar.
1.–5. Juni 1953	Die SED-Führung wird nach Moskau beordert, sowjetische Kritik am SED-Kurs; Anweisung von Maßnahmen zur „Gesundung der politischen Lage" in der DDR.
6./7. Juni 1953	Das ZK der SED nimmt einige Maßnahmen zur Zwangskollektivierung zurück.
9. Juni 1953	Das Politbüro übt Selbstkritik; Verkündung eines „neuen Kurses", mit dem Maßnahmen zum Aufbau des Sozialismus wieder zurückgenommen werden; Erhöhung der Arbeitsnormen bleibt erhalten.
16. Juni 1953	Protestzug von Bauarbeitern in Ost-Berlin gegen die Erhöhung der Arbeitsnormen und für den „Rücktritt der Regierung"; Politbüro nimmt Normerhöhung zurück. RIAS verkündet Forderungen der Ost-Berliner Bauarbeiter: Auszahlung der Löhne nach den alten Normen, sofortige Senkung der Lebenshaltungskosten, freie und geheime Wahlen; Aufruf zum Generalstreik wird vom RIAS verschwiegen.

17. Juni 1953	Volksaufstand in der DDR, an dem sich Hunderttausende beteiligen; Streiks und Demonstrationen; Verhängung des Ausnahmezustandes durch die sowjetische Besatzungsmacht; Niederschlagung des Aufstandes durch sowjetische Truppen.
18. Juni 1953	Weitere Streiks und Demonstrationen in ostdeutschen Industrieregionen.
21. Juni 1953	Das ZK der SED erklärt den Volksaufstand zu einem vom Westen gelenkten „faschistischen Putsch"; sozialpolitische Zugeständnisse.
8. Juli 1953	Mehrheit des Politbüros kritisiert Politik Walter Ulbrichts.
9. Juli 1953	Verhaftung von Berija in Moskau.
11. Juli 1953	Beendigung des Ausnahmezustandes in Ost-Berlin.
15. Juli 1953	Amtsenthebung und Verhaftung des Justizministers Max Fechner wegen seiner Äußerungen zum Streikrecht.
24.–26. Juli 1953	15. Tagung des ZK der SED: Entschließung „Der neue Kurs und die Aufgaben der Partei" wird verabschiedet; Zaisser und Herrnstadt werden aus dem ZK ausgeschlossen; Walter Ulbricht wird zum 1. Sekretär (bisher Generalsekretär) des ZK gewählt.
24. Juli 1953	Das MfS wird in das Ministerium des Innern als Staatssekretariat eingegliedert; Ernst Wollweber wird neuer Chef der Staatssicherheit.
12. August 1953	Die Sowjetunion zündet erste Wasserstoffbombe.
20.–22. August 1953	Eine SED-Delegation verhandelt in Moskau über Maßnahmen zur Stabilisierung der DDR; Einstellung aller Reparationsleistungen ab 1. Januar 1954 beschlossen.
1. November 1953	Umfangreiche Verhaftungen in Ost-Berlin, Halle, Cottbus und Potsdam wegen angeblicher „Agententätigkeit".
24. November 1953	Politbüro-Beschluß zur Bildung von „Parteiaktivs", die durch die Leitung und den Apparat bestimmt werden sollen. Zwischenbilanz der Parteiäuberungen: 20 000 Funktionäre und 50 000 einfache Mitglieder als „Provokateure" entlarvt.
31. Dezember 1953	1953 flüchten 391 390 Einwohner aus der DDR in die Bundesrepublik/West-Berlin.

1954

1. Januar 1954	Die letzten 33 SAG-Betriebe werden an die DDR zurückgegeben; die SAG Wismut bleibt jedoch weiterhin unter sowjetischer Kontrolle.
7. Januar 1954	Der Ministerrat setzt einen „Ausschuß für deutsche Einheit" ein.
23. Januar 1954	Das ZK der SED schließt Herrnstadt und Zaisser aus der Partei aus, Anton Ackermann, Hans Jendretzky und Elli Schmidt werden aus dem ZK ausgeschlossen.
25. März 1954	Die Sowjetunion gewährt der DDR „erweiterte Souveränitätsrechte".

30. März bis 6. April 1954	IV. Parteitag der SED; Billigung eines neuen Statuts, freiwilliger Austritt aus der SED nicht mehr möglich; Parteiorganisationen der SED erhalten das Recht der Kontrolle über die Betriebsleitungen.
9. Juni 1954	Verurteilung des ehemaligen Außenministers Dertinger und mehrerer Mitangeklagter zu hohen Zuchthausstrafen.
27.–29. Juni 1954	„Volksbefragung" in der DDR über „Friedensvertrag oder EVG"? (93,6% Ja-Stimmen für Friedensvertrag).
3. September 1954	Der Ministerrat beschließt umfassende Preissenkungen für Lebensmittel, Genußmittel und Gebrauchsgüter der HO sowie der Post- und Telegrammgebühren.
17. Oktober 1954	Volkskammerwahlen; Einheitsliste erhält 99,46%.
13. November 1954	Einführung der „Jugendweihe".
31. Dezember 1954	1954 flüchten 184 198 Menschen aus der DDR in die Bundesrepublik/West-Berlin.

1955

14. Januar 1955	Die Sowjetunion spricht sich gegen Ratifikation der „Pariser Verträge" durch die Bundesrepublik aus und verspricht im Gegenzug gesamtdeutsche „freie Wahlen" unter „internationaler Aufsicht".
25. Januar 1955	Die Sowjetunion erklärt den Kriegszustand mit Deutschland für beendet.
29.–30. Januar 1955	Aufruf ehemaliger Wehrmachtsoffiziere für eine „nationale Armee" anläßlich einer Tagung in Ost-Berlin.
18. Februar 1955	Das Präsidium der Volkskammer schlägt Bundestag gesamtdeutsche Wahlen unter internationaler Kontrolle vor.
27. Februar 1955	Der Bundestag ratifiziert die „Pariser Verträge".
2. März 1955	Die Volkskammer richtet eine „Proklamation an das deutsche Volk", in der eine gesamtdeutsche Volksbefragung über die friedliche Wiedervereinigung Deutschlands gefordert wird.
1. Mai 1955	Bei den Mai-Demonstrationen treten erstmals bewaffnete „Kampfgruppen der Arbeiterklasse", die früheren Betriebskampfgruppen, in der Öffentlichkeit auf.
11.–14. Mai 1955	„Warschauer Vertrag" über „Freundschaft, Zusammenarbeit und gegenseitigen Beistand" gegründet; vereintes Oberkommando der Streitkräfte der Teilnehmerstaaten (Albanien, Bulgarien, DDR, Polen, Rumänien, Tschechoslowakei, Ungarn und UdSSR).
24.–27. Juli 1955	Chruschtschow und Bulganin besuchen DDR; Chruschtschow verkündet erstmals die neue sowjetische „Zwei-Staaten-Doktrin": Wiedervereinigung nur bei Wahrung der „sozialistischen Errungenschaften der DDR".
18. August 1955	Der Ministerrat beschließt „Verordnung über Produktionsgenossenschaften des Handwerks" (PGH); damit soll das Handwerk vollständig in die Planwirtschaft eingegliedert werden.
17.–20. September 1955	DDR-Regierungsdelegation in Moskau, Unterzeichnung des „Vertrages über die Beziehungen zwischen der DDR und der

	UdSSR"; Auflösung des Amtes des „Hohen Kommissars", Gewährung der „vollen Souveränität" für die DDR.
26. September 1955	Die Volkskammer verabschiedet „Gesetz zur Ergänzung der Verfassung", das den Aufbau von Streitkräften regelt und den bewaffneten Dienst zur „Ehrenpflicht" erklärt.
10. Oktober 1955	Die Politschule der Deutschen Grenzpolizei (DGP) nimmt ihre Tätigkeit auf.
24. November 1955	Das Präsidium des Ministerrates beschließt „Maßnahmen zur Verbesserung der Arbeit des Staatsapparates"; Ulbricht wird 1. Stellvertreter des Vorsitzenden des Ministerrates.
31. Dezember 1955	1955 flüchten 252 870 Personen aus der DDR in die Bundesrepublik/West-Berlin.

1956

9.–14. Januar 1956	Der „4. Deutsche Schriftstellerkongreß" fordert Durchsetzung des sozialistischen Realismus.
18. Januar 1956	Die Volkskammer verabschiedet das Gesetz über die Schaffung der Nationalen Volksarmee (NVA).
14.–25. Februar 1956	XX. Parteitag der KPdSU; Chruschtschow rechnet in einer Geheimrede mit Stalin ab und verkündet begrenzte Entstalinisierung. Mitglieder der SED-Delegation kehren als „erklärte Anti-Stalinisten" aus Moskau zurück.
15./16. Februar 1956	Die FDGB wird alleiniger Träger des Sozialversicherungssystems der DDR; Ausgliederung bisher mitversicherter Selbständiger, Bauern, Handwerker und Kleinunternehmer.
24.–30. März 1956	3. Parteikonferenz der SED befaßt sich mit „Entstalinisierung" durch Beiträge von Schirdewan und Bredel nur am Rande; zweiter Fünfjahrplan von 1956 bis 1960 mit dem Ziel, über die Erhöhung der Arbeitsproduktivität den 7-Stunden-Arbeitstag und die 40-Stunden-Woche ohne Lohneinbußen zu erreichen.
1. Mai 1956	Einheiten der Nationalen Volksarmee beteiligen sich an der Ost-Berliner Mai-Demonstration.
26. Juni 1956	Verbunden mit dem Protest gegen die bevorstehende Einführung der Wehrpflicht in der Bundesrepublik beschränkt der Ministerrat die Truppenstärke der NVA auf 90 000 und verzichtet auf Einführung der Wehrpflicht.
27./28. Juni 1956	Zweiter „Kongreß junger Künstler" fordert Toleranz und geistige Freiheit.
21. Juli 1956	Der Bundestag verabschiedet Gesetz über die allgemeine Wehrpflicht, Recht auf Wehrdienstverweigerung.
27.–29. Juli 1956	28. Tagung des ZK der SED rehabilitiert Franz Dahlem, Anton Ackermann, Hans Jendretzky und Elli Schmidt; Kritik am „Dogmatismus" auf allen Gebieten des geistigen Lebens, Befürwortung eines wissenschaftlichen Meinungsstreits.
17. August 1956	Verbot der KPD in der Bundesrepublik.
4.–6. Oktober 1956	LDPD und FDP beraten über Möglichkeit der friedlichen Wiedervereinigung und die Zusammenarbeit beider Parteien.
19. Oktober 1956	Gomułka übernimmt die Führung der polnischen Kommunisten; „Tauwetter" in Polen.

24. Oktober 1956	Volksaufstand in Ungarn gegen das kommunistische Regime und die sowjetische Besatzungsmacht.
12.–14. November 1956	Das ZK der SED sieht die Bildung von Arbeiterkomitees vor.
16. November 1956	Erhöhung aller Renten um 30,– Mark, Festsetzung der Mindestrenten auf 105,– Mark.
29. November 1956	Verhaftung von Wolfgang Harich und anderen unter dem Vorwurf der Bildung einer „staatsfeindlichen Gruppe", am 6. Dezember wird auch Walter Janka verhaftet.
31. Dezember 1956	Walter Ulbricht bringt Konföderation der beiden deutschen Staaten ins Gespräch.
31. Dezember 1956	1956 flüchten 279 189 Einwohner aus der DDR in die Bundesrepublik/West-Berlin.

1957

18. Januar 1957	Die Volkskammer beschließt Gesetz über die schrittweise Einführung der 45-Stunden-Woche.
30. Januar bis 1. Februar 1957	Das ZK der SED konkretisiert auf seiner 30. Tagung Vorschläge Ulbrichts für eine Konföderation; Zugehörigkeit der DDR zum „sozialistischen Lager" wird für unwiderruflich erklärt. Ulbricht verkündet das Ende des „Tauwetters".
7.–9. März 1957	Der Prozeß gegen Harich und andere endet mit hohen Zuchthausstrafen.
9. März 1957	Der Ministerrat beschließt nach sowjetischem Vorbild die Berufung eines Staatssekretärs für Kirchenfragen.
12. März 1957	Truppenvertrag zwischen der DDR und der UdSSR ohne das Zugeständnis der Souveränität der DDR im Verteidigungsfall.
12. April 1957	Bildung eines „Wirtschaftsrates" beim Ministerrat.
25. April 1957	Die FDJ erklärt sich zur „sozialistischen Jugendorganisation" und nennt sich „Reserve und zuverlässiger Helfer der SED".
27./28. April 1957	Gründung des „Deutschen Turn- und Sportbundes" (DTSB).
23.–26. Juli 1957	Der Prozeß gegen weitere Angehörige der „Harich-Gruppe" (Walter Janka, Gustav Just und andere) endet mit Zuchthausstrafen; Georg Lukács wird zum „geistigen Vater der Konterrevolution in Ungarn erklärt", keiner der anwesenden Literaten wie Anna Seghers oder Helene Weigel-Brecht protestiert.
7.–14. August 1957	Chruschtschow und Mikojan befürworten anläßlich ihres Staatsbesuchs in der DDR die Bildung einer deutschen Konföderation.
4. Oktober 1957	Die Sowjetunion schießt „Sputnik 1" in den Weltraum; „Sputnik-Schock" in den westlichen Staaten.
13. Oktober 1957	Geldumtauschaktion in der DDR schöpft Bargeldbestände ab.
15. Oktober 1957	Die DDR und Jugoslawien nehmen diplomatische Beziehungen auf.
16.–19. Oktober 1957	Auf dem 33. ZK-Plenum der SED kritisiert Ulbricht den „Revisionismus" in der Partei und geht gegen innerparteiliche Gegner vor (Schirdewan, Wollweber, Fred Oelßner und Gerhard Ziller); Beschluß zur Bildung einer Kommission zu Fragen der Kultur beim Politbüro.

23./24. Oktober 1957	Kulturkonferenz des ZK der SED in Ost-Berlin; Aufruf gegen „Dekadenz" und für die „Verwirklichung der sozialistischen Kulturpolitik"; auf allen Tanzveranstaltungen sollen mindestens 60% der gespielten Titel aus dem „sozialistischen Lager" stammen.
1. November 1957	Erich Mielke löst Wollweber als Minister für Staatssicherheit ab.
14.–16. November 1957	Beratung von 64 kommunistischen und Arbeiterparteien in Moskau kritisiert den „Revisionismus" als „Hauptfeind".
11. Dezember 1957	Die Volkskammer beschließt neues Paßgesetz, wodurch die Zahl der Westreisen erheblich reduziert wird. Illegales Verlassen der DDR wird als „Republikflucht" bestraft; Verschärfung der politischen Strafjustiz.
31. Dezember 1957	1957 flüchten 261 622 Personen aus der DDR in die Bundesrepublik/West-Berlin.

1958

8. Januar 1958	Bulganin-Brief an Adenauer: Eine Möglichkeit zur deutschen Wiedervereinigung gäbe es nur durch Konföderation; von Adenauer abgelehnt.
10. Januar 1958	Die LDPD ruft Handwerker auf, sich zu Produktionsgenossenschaften zusammenzuschließen.
27. Januar 1958	Die Pionierorganisation „Ernst Thälmann" soll sozialistische Massenorganisation der Kinder werden.
3.–6. Februar 1958	35. Tagung des ZK der SED schließt Schirdewan und Oelßner aus dem Politbüro, Schirdewan außerdem zusammen mit Wollweber auch aus dem ZK aus; Beginn von Säuberungen hauptamtlicher Funktionäre in den Bezirksleitungen.
28. Februar bis 2. März 1958	3. Hochschulkonferenz der SED legt Aufgaben der Universitäten und Hochschulen und deren weitere Entwicklung zu „sozialistischen Bildungsstätten" fest.
8. März 1958	Auflösung der Arbeiterkomitees durch den FDGB.
27. März 1958	Chruschtschow wird auch Ministerpräsident.
2./3. April 1958	Walter Ulbricht kritisiert in Babelsberg „Zurückbleiben der Staats- und Rechtswissenschaften hinter den Fortschritten des sozialistischen Aufbaus" und fordert Priorität von Partei und Staat gegenüber dem Recht.
24./25. April 1958	Die Schulkonferenz der SED formuliert Ziele der verstärkten sozialistischen Erziehung und polytechnischen Bildung.
16. Mai 1958	Brief Walter Ulbrichts an die Delegierten des SPD-Parteitages: Vorschlag zur Bildung einer Aktionsgemeinschaft.
29. Mai 1958	Abschaffung aller Lebensmittelkarten in der DDR.
10.–16. Juli 1958	V. Parteitag der SED beschließt Wirtschaftsprogramm mit dem Ziel, den Lebensstandard Westdeutschlands binnen dreier Jahre zu übertreffen; „10 Gebote der sozialistischen Moral" verfaßt von Walter Ulbricht.

4. September 1958	Die DDR schlägt Bildung einer Vier-Mächte-Kommission zur Vorbereitung eines Friedensvertrages mit Deutschland vor.
6. Oktober 1958	Preissenkung für verschiedene Konsumgüter.
27. Oktober 1958	Walter Ulbricht erklärt: „Ganz Berlin gehört zum Hoheitsgebiet der DDR".
10. November 1958	Chruschtschow verkündet Berlin-Ultimatum: Westmächte sollen West-Berlin binnen sechs Monaten verlassen.
16. November 1958	Die Wahlen zur Volkskammer enden mit knapp 100% für Einheitsliste.
27. November 1958	Note der Sowjetunion: West-Berlin soll eine „entmilitarisierte Freie Stadt Berlin (West)" und eine „selbständige politische Einheit" werden; Drei-Staaten-Theorie; Androhung eines separaten Friedensvertrages mit der DDR und der Übertragung aller „Berlin-Rechte" an selbige.
2. Dezember 1958	Das ZK der SED wiederholt Vorschlag zur Aktionseinheit mit SPD und westdeutschen Gewerkschaften.
8. Dezember 1958	Die Volkskammer beschließt Auflösung der Länderkammer.
31. Dezember 1958	1958 flüchten 204 092 Einwohner der DDR in die Bundesrepublik/West-Berlin.

1959

3. Januar 1959	Die Jugendbrigade im Kombinat Bitterfeld beschließt, „sozialistisch zu arbeiten, zu lernen und zu leben" und fordert alle Werktätigen auf, nach ihrem Beispiel um den Titel „Brigade der sozialistischen Arbeit" zu „kämpfen".
5. Januar 1959	Militärakademie „Friedrich Engels" in Dresden eröffnet, die später auch das Promotionsrecht erhält.
10. Januar 1959	Note der Sowjetunion enthält Entwurf eines Friedensvertrages mit Deutschland.
15.–17. Januar 1959	Das ZK der SED beschließt Umgestaltung des Schulwesens.
27. Januar bis 5. Februar 1959	XXI. Parteitag der KPdSU; Chruschtschow will bis 1970 die Pro-Kopf-Produktion der USA erreichen.
4.–12. März 1959	Chruschtschow besucht DDR und bestreitet Berlin-Ultimatum; Vorschlag für Friedensvertrag.
2. April 1959	Das ZK der SED begrüßt „Deutschland-Plan" der SPD.
24. April 1959	Erste Bitterfelder Kulturkonferenz: Greif zur Feder, Kumpel!
11. Mai bis 20. Juni und 13. Juli bis 5. August 1959	Außenministerkonferenz in Genf unter Beteiligung von Delegationen aus beiden deutschen Staaten.
12. Mai bis 15. Mai 1959	Die FDJ beschließt „Programm der jungen Generation für den Sieg des Sozialismus".
22./23. Mai 1959	Ulbricht schlägt Nicht-Angriffs-Pakt zwischen beiden deutschen Staaten vor.
3. Juni 1959	Die Volkskammer beschließt „Gesetz über die Landwirtschaftlichen Produktionsgenossenschaften".
21. August 1959	Ulbricht: DDR wird Bundesrepublik bis 1961 einholen und überholen.

1. Oktober 1959	Die Volkskammer beschließt nach sowjetischem Vorbild Siebenjahrplan für die DDR-Wirtschaft.
Ende 1959	40% der landwirtschaftlichen Nutzfläche werden von LPGen bestellt.
31. Dezember 1959	1959 flüchten 143 917 Bewohner der DDR in die Bundesrepublik/West-Berlin.

1960

ab 1960	Verlegung von „Stockminen" an der innerdeutschen Grenze.
23. Januar 1960	Ulbricht schlägt Volksabstimmung über Abrüstung, Friedensvertrag und deutsche Konföderation vor und fordert „Freie Stadt West-Berlin".
10. Februar 1960	Die Volkskammer beschließt Bildung des „Nationalen Verteidigungsrates".
1. März 1960	Erste „volkseigene Großhandelsgesellschaft" gebildet.
4. März 1960	Beginn der letzten Phase der Zwangskollektivierungen.
17. April 1960	Das ZK der SED veröffentlicht „Deutschlandplan des Volkes".
25. April 1960	Walter Ulbricht verkündet Vollendung der Kollektivierung der Landwirtschaft.
1. Mai 1960	US-Spionageflugzeug U2 über Sowjetunion abgeschossen.
20. Mai 1960	Chruschtschow in Ost-Berlin.
24. Juni 1960	Bukarester Beratung von 12 kommunistischen und Arbeiterparteien.
14. Juli 1960	Willi Stoph wird wegen eines bekannt gewordenen Artikels in einer NS-Regimentszeitung von seinem Amt als Verteidigungsminister entbunden.
22. Juli 1960	Das „Komitee der DDR für die Solidarität mit den Völkern Afrikas" gebildet.
4. September 1960	Das „Neue Deutschland" veröffentlicht „Gebote für Jungpioniere".
7. September 1960	DDR-Präsident Wilhelm Pieck stirbt.
8. September 1960	Genehmigungspflicht für Einreise von Bundesbürgern nach Ost-Berlin.
12. September 1960	„Staatsrat der DDR" konstituiert; Vorsitzender: Walter Ulbricht.
6. November 1960	Konferenz von 81 kommunistischen und Arbeiterparteien, Meinungsverschiedenheiten mit chinesischer KP.
1. Dezember 1960	Bis zum 31. Januar 1961 befristete Umtauschaktion der SED-Mitgliedsbücher und Kandidatenkarten.
15.–17. Dezember 1960	Die 11. ZK-Tagung der SED schlägt Bundesrepublik einen „Frieden für 10 Jahre" und einen Nichtangriffspakt vor.
23. Dezember 1960	Vorzeitige Haftentlassung von Walter Janka.
31. Dezember 1960	1960 flüchten 199 188 Bewohner der DDR in die Bundesrepublik/West-Berlin.

1. Der Aufbau des Sozialismus

a) Internationale Rahmenbedingungen

Außenpolitisch blieb die Bewegungsfreiheit der beiden deutschen Teilstaaten stark eingeschränkt. Sie standen weiterhin unter Besatzungsrecht und hatten vorerst nur zu ihren jeweiligen Besatzungsmächten formalisierte internationale Beziehungen. Während die DDR von der die SMAD ablösenden Sowjetischen Kontrollkommission (SKK) „angeleitet" und kontrolliert wurde[1], fungierte in der Bundesrepublik die Hohe Kommission als oberste Behörde der Alliierten.[2] Trotz eingeschränkter Souveränität verfügte aber die Bundesrepublik über einen größeren Handlungsspielraum als die DDR.

Korea-Krieg

Im Jahre 1950 spitzte sich die internationale Lage zu. Nach dem Sieg der Kommunisten im chinesischen Bürgerkrieg 1949 und dem erfolgreichen sowjetischen Atombombenversuch begann Nord-Korea mit einer militärischen Offensive gegen den als Folge des Zweiten Weltkrieges abgetrennten südlichen Teil des Landes. Die USA befürchteten den Beginn einer weltweiten kommunistischen Expansion und entschlossen sich zum militärischen Eingreifen, das vom UN-Sicherheitsrat nachträglich legitimiert wurde. Die beiden deutschen Staaten erfuhren durch diese erste große militärische Konfrontation entlang der Ost-West-Achse eine noch stärkere Einbindung in den jeweiligen Machtbereich. Diese der Blocklogik folgende Konfrontation löste in beiden Staaten die Angst vor einer Militarisierung des Ost-West-Konfliktes auch in Deutschland aus. Vor diesem Hintergrund und angesichts der verstärkten Remilitarisierung der DDR durch kasernierte Polizei, Grenz- und Transportpolizei entschloß sich Adenauer, entsprechend den Erwartungen der Westmächte einen Verteidigungsbeitrag der Bundesrepublik anzubieten.

In einem „Memorandum über die Sicherung des Bundesgebietes nach innen und außen" hieß es: „Der Bundeskanzler hat ferner wiederholt seine Bereitschaft erklärt, im Falle der Bildung einer internationalen westeuropäischen Armee einen Beitrag in Form eines deutschen Kontingents zu leisten. Damit ist eindeutig zum Ausdruck gebracht, daß der Bundeskanzler eine Remilitarisierung Deutschlands durch Aufstellung einer eigenen nationalen militärischen Macht ablehnt."[3] Damit war das Signal gegeben, die Bundesrepublik auch militärisch in den Westen zu integrieren. Mit Unterzeichnung des „Deutschland-Vertrages" und des Vertrages über die Europäische Verteidigungsgemeinschaft im Mai 1952, der eine westdeutsche Armee von 400 000 Mann vorsah, erfolgte der erste Schritt in diese Richtung. Der Korea-Krieg förderte außerdem die außenwirtschaftliche Integration der Bundesrepublik in die von den westlichen Staaten dominierte Weltwirtschaft. Der mit einer beträchtlichen Ausweitung des Exportes einhergehende „Korea-Boom" lieferte einen wichtigen Beitrag zum Erfolg der sozialen Marktwirtschaft in der Bundesrepublik Deutschland.

Die SED-Führung nutzte unterdessen den Korea-Krieg zur Legitimierung des Ausbaus ihrer militärischen Ressourcen und des Aufbaus ihres nach innen gerich-

---

1 Vgl. Otto 1993, S. 138 ff.
2 Vgl. Graml 1995, S. 1386.
3 Zit. nach: Steininger 1996b, S. 149 f.

teten Repressionsapparates. Gegenüber der Bundesrepublik erklärte Walter Ulbricht am 3. August 1950 im „Berliner Rundfunk":

> „Korea lehrt, daß eine solche Marionettenregierung wie die in Süd-Korea, oder man kann auch nennen die in Bonn, früher oder später doch vom Willen des Volkes hinweggefegt werden. . . . Da aber die Völker den Frieden erhalten wollen, wird jede Kriegsaggression imperialistischer Mächte die Mehrheit jedes Volkes gegen sich haben. Und von den patriotischen Kräften des Volkes wird mit aller Kraft der Kampf geführt werden, um die Nester der Kriegsprovokation zu liquidieren, so wie das in Süd-Korea gegenwärtig geschieht."[4]

Als unmittelbare Reaktion auf die Unterzeichnung des „Deutschland-Vertrages" riegelte die DDR im Mai 1952 die innerdeutsche Grenze ab. Nach Zwangsumsiedlungen von Bewohnern im östlichen Zonengrenzraum wurde eine 5 km tiefe Sperrzone und ein 10 m breiter Kontrollstreifen entlang der innerdeutschen Grenze errichtet.[5]

Abriegelung der innerdeutschen Grenze

Die Sowjetunion versuchte vehement, die sich abzeichnende Westintegration der Bundesrepublik zu verhindern. Bereits im Oktober 1950 protestierte eine Außenminister-Konferenz des Ostblocks gegen die geplante Wiederbewaffnung der Bundesrepublik und schlug vor, mit Deutschland einen Friedensvertrag abzuschließen und den Abzug aller Besatzungstruppen zu vereinbaren. Ein paritätisch aus Vertretern der Bundesrepublik und der DDR zusammengesetzter „Gesamtdeutscher Konstituierender Rat" sollte dabei Deutschland vertreten. Die Westmächte lehnten die unter Beteiligung der DDR zustande gekommene „Prager Deklaration" ab, sie forderten stattdessen gesamtdeutsche Wahlen und schlugen regelmäßige Treffen vor, die indes ergebnislos endeten.[6]

Am 10. März 1952 startete die Sowjetunion eine mit der SED-Führung verabredete deutschlandpolitische Initiative, die die Westintegration der Bundesrepublik verhindern sollte. Diese sogenannte erste „Stalin-Note" enthielt den Vorschlag, eine Vier-Mächte-Konferenz abzuhalten, einen Friedensvertrag abzuschließen, eine gesamtdeutsche Regierung zu bilden sowie die Vorgabe, daß ein vereintes Deutschland sich keinerlei Koalitionen anzuschließen oder Militärbündnisse einzugehen habe.[7] Der ersten Note folgten weitere und entsprechende Antworten der Westmächte, bis schließlich im September 1952 das Scheitern der sowjetischen Initiative offenkundig war. Die Westmächte bestanden in ihren Antworten auf freien Wahlen unter UN-Aufsicht sowie darauf, daß sich eine frei gewählte gesamtdeutsche Regierung ihre Partner selbst wählen könne. Selbst wenn das Problem freier Wahlen hätte gelöst werden können, gab es doch hinsichtlich dieser Koalitionsfreiheit seitens der Sowjetunion keinerlei Spielraum. Sie hätte ein aus freien Wahlen hervorgehendes Gesamtdeutschland, das sich für eine Integration in den Westen entschieden hätte, auf keinen Fall akzeptiert. Die in den sowjetischen Noten enthaltenen Formulierungen für ein geeintes Deutschland trugen die Züge eines bis in die Details nach dem Vorbild der DDR aufgebauten Gesellschaftssystems.[8]

---

4   Zit. nach: ebd., S. 149.
5   Vgl. Bennewitz/Potratz 1994.
6   Vgl. Staritz 1996, S. 86/87.
7   Vgl. Wettig 1996a, S. 114 ff. und Wettig 1994, S. 281 ff.
8   Vgl. Wettig 1996a, S. 116 f.

Da die Westmächte als Adressaten der sowjetischen Noten das Angebot ohne Verhandlungen zurückwiesen und die Bundesrepublik – nach gültiger Rechtslage ohnehin kein Verhandlungspartner der Sowjetunion – sich diesem Votum anschloß, wird bis zum heutigen Zeitpunkt kontrovers diskutiert, ob das Angebot Stalins – freie Wahlen und Neutralisierung – tatsächlich ernst gemeint war. Die Verfechter der These einer „verpaßten Gelegenheit" zur Wiederherstellung der deutschen Einheit verweisen auf die Kontinuität Stalinscher Deutschlandpolitik, die von Beginn an auf ein neutrales einheitliches Deutschland gezielt habe[9], oder darauf, daß Stalin zur Verhinderung der Westintegration der Bundesrepublik zu echten Zugeständnissen bereit gewesen wäre.[10] Sie suchen die Schuld am Scheitern einer möglichen Wiedervereinigung im Verhalten der Westmächte und Adenauers. Tatsächlich war für die Westmächte ein neutrales Deutschland aufgrund der von ihnen angenommenen militärischen Gefahr seitens der Sowjetunion wie der Sorge vor einer unabhängigen deutschen Großmacht- und Schaukelpolitik überhaupt nicht denkbar.[11] Gleiches gilt für die Position der Bundesrepublik: Außen- und sicherheitspolitisch hatte für Adenauer die vollständige Westintegration der Bundesrepublik oberste Priorität. Eine Wiedervereinigung auf demokratischer Grundlage hielt er nur im Bündnis mit den Westmächten für möglich.

Stalin-Note: Manöver oder vertane Chance?

Gegen die These einer „vertanen Chance" sprechen freilich die Entstehung dieser Note[12] wie auch Äußerungen Stalins, der nicht an ein Eingehen der Westmächte auf seine Initiative glaubte.[13] Im Gegenteil: Noch vor Ende des Notenwechsels empfahl er der SED-Führung die verstärkte Militarisierung und Sowjetisierung Ostdeutschlands.[14] Auch der Vorwurf, die Stalin-Note sei nicht „ausgelotet" worden[15], relativiert sich, bedenkt man, daß Stalin die westlichen Antwortnoten mit Vorschlägen für freie gesamtdeutsche Wahlen eher vage beantwortete, wie überhaupt der gesamte Notenwechsel diplomatisch, d. h. nach jeder Seite interpretierbar blieb. Es ist unwahrscheinlich, daß sich Stalin mit einem starken, wenn auch neutralen einheitlichen Deutschland hätte abfinden können. Ein unter sowjetischer Kontrolle stehendes und militärisch ausgerüstetes Ostdeutschland bot eine höhere Sicherheitsgarantie als ein unsicheres und nicht berechenbares Gesamtdeutschland.[16]

So scheint es plausibel, in der Stalin-Note ein diplomatisches und propagandistisches Manöver zu sehen, das die Westintegration der Bundesrepublik stoppen und die Bevölkerung gegen die Adenauer-Regierung aufbringen sollte. Gleichzeitig sollte dem Westen die Schuld an der deutschen Teilung angelastet werden.[17] Die SED-Führung jedenfalls kam von ihrem Besuch in Moskau im April 1952 mit der Direktive „Volksarmee schaffen – ohne Geschrei – pazifistische Periode ist vorbei" und der Aufforderung zurück, die Demarkationslinie gegenüber dem Westen als „gefährliche Grenze" abzusichern und nun verstärkt gegen innere Feinde vorzuge-

---

9   Vgl. Loth 1996.
10 Vgl. Steininger 1996b, S. 175 ff.
11 Vgl. Graml 1995, S. 1394 f.
12 Vgl. Wettig 1993.
13 Vgl. Loth 1996, S. 185 ff.
14 Vgl. Graml 1995, S. 1398.
15 Vgl. Steininger 1996b, S. 176.
16 Vgl. Graml 1995, S. 1396 f.
17 Vgl. Wettig 1993.

hen sowie die Gesellschaft auf den „Weg zum Sozialismus" zu bringen.[18] Auch dieses Vorgehen deutet weniger auf einen abrupten Kurswechsel hin als auf eine seit längerem geplante Strategie und unterstützt die Interpretation, die „Stalin-Note" hätte eine nur auf die westdeutschen Auseinandersetzungen um die Westintegration zielende Funktion gehabt.[19]

b) Die Formierung der SED als Staatspartei

Die SED setzte nach der Staatsgründung ihren Kurs der Zentralisierung des politischen und wirtschaftlichen Systems wie der Konzentration der exekutiven Gewalt in der Parteiführung fort. Ihr Handlungsspielraum war jedoch stark eingeschränkt. Durch regelmäßige Treffen zwischen Vertretern der Sowjetischen Kontrollkommission (SKK), die der aufgelösten SMAD nachfolgte, und der SED-Führung wurde die Politik der Partei in allen zentralen Punkten mit sowjetischen Vorgaben abgestimmt. Obwohl es aufgrund gemeinsamer Grundüberzeugungen zwischen sowjetischen und deutschen Kommunisten ohnehin keinen prinzipiellen Dissens gab, behielt sich die SKK als Instrument der sowjetischen KP die wichtigsten Entscheidungen in den neuen staatlichen Organen selbst vor. Die SKK beanspruchte ausdrücklich das Recht zur Aufhebung von Gesetzen, zum Erlaß von Anordnungen, zur Untersuchung und Kontrolle der Tätigkeit der staatlichen Organe sowie zur Kontrolle des Handelsverkehrs mit strategischen Rohstoffen.[20] Die Besetzung von Schlüsselfunktionen, die Entwicklung in Industrie und Landwirtschaft sowie im Bildungsbereich, die Reparationen und Besatzungskosten sowie den Aufbau des Sicherheitsapparates steuerte und kontrollierte sie direkt oder über Vorgaben an die SED-Führung.[21] Letztlich blieb die SKK das eigentliche Zentrum der Macht in der DDR.

SKK Zentrum der Macht

Der III. Parteitag der SED im Juli 1950 vollendete mit der Verabschiedung eines neuen Statuts die formelle Umwandlung der SED. Die erstmalige Bildung eines Zentralkomitees (ZK) anstelle des Parteivorstandes komplettierte den schon mit Bildung eines Politbüros und eines „Kleinen Sekretariats" begonnenen organisatorischen Aufbau einer leninistischen Partei. Vom früheren Paritätsprinzip zwischen ehemaligen Sozialdemokraten und Kommunisten in den Leitungsgremien blieb nichts mehr übrig. Von den fünfzehn Mitgliedern und Kandidaten des neugewählten Politbüros hatten zwölf bis 1946 der KPD und nur drei der SPD angehört. Die SED bezeichnete sich als „bewußter und organisierter Vortrupp" der deutschen Arbeiterbewegung, die unter „Führung der Sowjetunion" und in Anwendung der marxistisch-leninistischen Theorie in der DDR mit absoluter Verfügungsmacht herrschen und darüber hinaus die Einheit Deutschlands wiederherstellen wollte. Dazu paßte die erstmalige Intonierung des Parteiliedes von Louis Fürnberg mit dem Satz: „Die Partei, die Partei, die hat immer recht."[22] Inhaltlich ging es auf dem III. Parteitag um den Fünfjahrplan 1951 bis 1955 und die Gestaltung der Kulturpolitik. Auf beiden Feldern wollte die Parteiführung die Nachahmung des

---

[18] Vgl. Loth 1996, S. 185 ff.
[19] Vgl. Wettig 1996a, S. 118 f.
[20] Vgl. Otto 1993, S. 138 ff.
[21] Vgl. ebd., S. 143.
[22] Vgl. Weber 1993, S. 31.

sowjetischen Vorbildes fortsetzen. Parallel zur Formulierung des Führungsanspruchs in Staat und Gesellschaft vollzog sich die personelle Formierung der SED als monolithischer Block Stalinscher Prägung. Der Parteitag forderte die Intensivierung des Kampfes gegen „Spione und Agenten, vor allem gegen die ‚Überreste des Sozialdemokratismus' in der SED, sowie gegen Titoisten und Trotzkisten".[23] Der von der KPdSU verordnete „Kampf gegen Titoisten" sollte signalisieren, daß die Sowjetunion jede weitere nationalistische Abweichung in ihrem Machtbereich vehement bekämpfen würde.

Partei-säuberung

Nachdem die Parteiwahlen 1949 schon eine weitgehende Auswechselung des Funktionärskorps gebracht hatten, begann die SED nach einem Beschluß des ZK vom Oktober 1950 mit einer Überprüfung der politisch-ideologischen Zuverlässigkeit ihrer Mitglieder durch eigens dafür gebildete Kommissionen. Der damit verbundene Umtausch der Mitgliedsbücher führte zum Ausschluß von über 150 000 Mitgliedern. Immerhin verweigerten nahezu 37 000 die Überprüfung, worauf sie ebenfalls ausgeschlossen wurden.[24] Inwieweit von der Parteisäuberung vor allem ehemalige Sozialdemokraten betroffen waren, läßt sich im Detail nicht nachweisen, kann aber jedenfalls als wahrscheinlich gelten.[25] Ehemalige NSDAP-Mitglieder waren dagegen eher unterdurchschnittlich von den Säuberungen betroffen, stellten sie doch zusammen mit früheren Offizieren und Berufssoldaten Ende 1950 nach offiziellen SED-Angaben 175 000 Mitglieder. Da vermutet werden kann, daß viele ehemalige Nationalsozialisten ihre einstige Parteimitgliedschaft verschwiegen haben, dürfte ihr Anteil eher höher gewesen sein.[26] Im Dezember 1951 zählte die SED nur noch 1 256 002 Mitglieder und Kandidaten gegenüber knapp 1,6 Mio. im Dezember 1950.[27]

Durch Säuberungen und den hohen Anteil von SED-Mitgliedern, die aus der Arbeiterschaft in staatliche Verwaltungsapparate aufgestiegen waren, veränderte sich die soziale Zusammensetzung der Partei. Der Anteil der Arbeiter fiel von knapp 55% (April 1946) über 41,2% (Dezember 1951) auf 39% im Dezember 1953, während der Anteil der Angestellten von 17,5% (April 1946) über 29,3% (Dezember 1951) auf 32,4% (Dezember 1953) stieg.[28] Aber nicht nur das: Durch die fast vollständige Neubesetzung des Funktionärskorps entstand eine stalinistische Partei, die sich den Weisungen der Parteiführung nahezu blind fügte.

Auch die Führungsspitze der SED blieb von den Säuberungen nicht unberührt. Auf der 2. Tagung des Zentralkomitees im August 1950 gerieten Parteifunktionäre ins Schußfeld, die während der Zeit des Nationalsozialismus in westliche Länder emigriert waren. Unter dem Vorwand, sie hätten Kontakt zu einem angeblichen amerikanischen Spion, dem US-Bürger und KP-Sympathisanten Noel H. Field unterhalten, der im Mai 1949 in Budapest festgenommen und erst 1954 wegen erwiesener Unschuld freigelassen wurde, ging die Parteiführung gegen ihre Genossen vor. Wie in anderen osteuropäischen Ländern konstruierte sie Anklagen,

---

[23] Vgl. ebd., S. 32 und Fricke 1971.
[24] Vgl. Kowalczuk 1995b, S. 188.
[25] Vgl. Deutschland-Archiv 1980.
[26] Vgl. Kowalczuk 1995b, S. 183.
[27] Vgl. ebd., S. 197.
[28] Vgl. ebd., S. 181.

erpreßte Geständnisse und führte „Sündenböcke" vor. Zu den prominentesten Opfern zählten Paul Merker, Mitglied des Politbüros, Lex Ende, Chefredakteur des „Neuen Deutschland", Willi Kreikemeyer, Generaldirektor der (Ost-)Deutschen Reichsbahn und Leo Bauer, Chefredakteur des Deutschlandsenders in Ost-Berlin.[29] Auf den sofortigen Parteiausschluß folgten in den nächsten Jahren Prozesse, bei denen mehrjährige Zuchthausstrafen verhängt wurden.[30] Nach sowjetischem Vorbild bereitete die SED auch Schauprozesse gegen diesen Personenkreis vor, die jedoch wegen des Todes von Stalin im März 1953 unterblieben.[31]

Vorführung von Sündenböcken

Schließlich geriet auch Franz Dahlem, die ehemalige Nr. 3 in der kommunistischen Hierarchie nach Pieck und Ulbricht, in den Sog der Säuberungen; ihm wurde falsches Verhalten in der französischen Emigration vorgeworfen. Nachdem ihm bereits 1949 seine Zuständigkeit für die Kaderarbeit entzogen worden war, folgte im Frühjahr 1953 der Ausschluß aus dem Sekretariat, dem Politbüro und dem ZK.[32]

Parteisäuberungen und Prozesse gegen vermeintliche Abweichler dienten einem doppelten Zweck: Einerseits sollten hierdurch mißliebige Personen aus Staats- und Parteifunktionen entfernt und die Existenz von Agenten in der Parteiführung „bewiesen" werden, andererseits sollte der Druck auf Parteimitglieder und Funktionäre intensiviert werden, damit sie strikte Disziplin hielten. Stalin hatte in den dreißiger Jahren vorgeführt, welches Ausmaß und welche Folgen eine flächendeckende Parteisäuberung annehmen konnte. In einem Klima verschärfter Blockkonfrontation wurde die ohnehin vorhandene Angst kommunistischer Führer vor „Verrätern" und „Saboteuren" bis zur Hysterie gesteigert. Daneben war es für die jeweiligen Parteiführer eine günstige Gelegenheit, sich potentieller Konkurrenten um die Macht zu entledigen.

c) Die Disziplinierung der Blockparteien und Massenorganisationen

Die Säuberungen machten auch vor den Blockparteien nicht halt; widerständige und mißliebige Funktionäre von CDU und LDP wurden ihrer Ämter enthoben und zum Teil strafrechtlich verfolgt oder zur Flucht in den Westen gezwungen.[33] Ein prominentes Opfer war Hugo Hickmann, der von 1945 bis 1950 als 1. Vorsitzender des CDU-Landesverbandes Sachsen und von Oktober 1949 bis Januar 1950 als Vizepräsident der Volkskammer fungierte. Hickmann geriet auch innerparteilich unter Druck, da er die Union als Klammer der deutschen Einheit begriff, zugleich aber den Willen zur Mitarbeit im Rahmen der politischen Ordnung der SBZ bekundete. Sein Streit mit Jakob Kaiser führte zu einer innerparteilichen Polarisierung der CDU.[34] Nachdem sich Hickmann auf dem 4. Parteitag der DDR-CDU im November 1949 in Leipzig unter frenetischem Beifall der Delegierten gegen eine zu enge Zusammenarbeit von CDU und Marxisten ausgesprochen hatte, wurde er durch Angriffe seitens der SED zur Niederlegung aller öffentlichen Ämter gezwungen. Unmittelbar darauf schloß ihn auch die CDU aus.[35] Bis zur endgültigen

---

29 Vgl. Staritz 1996, S. 77.
30 Vgl. Kießling 1994 und Ackermann 1996
31 Vgl. Weber 1993, S. 32 f.
32 Vgl. Staritz 1996, S. 78 f.
33 Vgl. Richter 1995, S. 2509 ff.
34 Vgl. Richter 1991, S. 74 ff.
35 Vgl. Barth u. a. 1995, S. 309.

Unterwerfung unter den Führungsanspruch der SED auf dem 6. CDU-Parteitag 1952 in Berlin (Ost) waren erzwungene Fraktionswechsel, Aberkennung parlamentarischer Mandate und Parteiausschlußverfahren eher die Regel denn die Ausnahme. Für den Kampf gegen bürgerliches Selbstbewußtsein in den Blockparteien setzte die SED auch „Sicherheitsorgane" und Justiz ein: Beispiele sind die Absetzung und Verhaftung des mecklenburgischen CDU-Wirtschaftsministers Witte im Januar 1950, die Verhaftung und Folterung mit Todesfolge des 72jährigen Brandenburger Oberbürgermeisters und Landtagsabgeordneten Frank Schleusener im März/April 1950 oder das Todesurteil gegen Pfarrer Reinhard Gettner aus Frankfurt/Oder, der in einem sowjetischen Lager verstarb. Die CDU-Mehrheiten in den Kommunalvertretungen des katholischen Eichsfeldes wurden brutal gebrochen. In Dessau fand ein Schauprozeß gegen Leo Herwegen, CDU-Vorsitzender in Sachsen-Anhalt und Minister für Arbeit und Sozialordnung, sowie gegen den Sozialdemokraten Willi Brundert, der hohe Funktionen in der Industrie inne hatte, statt; beide wurden zu 15 Jahren Zuchthaus verurteilt.[36]

Disziplinierung von CDU und LDP

Anfang der fünfziger Jahre war der Disziplinierungsprozeß von CDU und LDP weitgehend abgeschlossen. Auf ihren nachfolgenden Parteitagen bekundeten sie mit teilweise neuen, SED-loyalen Spitzenfunktionären die Anerkennung der Führungsrolle der SED und die vorbehaltlose Zustimmung zu Stalins politischer Rhetorik von Frieden und Einheit.[37] Die Parteiapparate waren nach den brutalen Übergriffen eingeschüchtert und gefügig, viele Mitglieder an der Basis zogen sich zurück, ob mit oder ohne förmlichen Parteiaustritt, und verharrten in Distanz zu ihrer eigenen neuen Führung.

Die strikte Anbindung der Massenorganisationen an die SED wurde nach der Gründung der DDR offen proklamiert. Der FDGB z. B. bekannte sich im August 1950 offiziell zum Marxismus-Leninismus und zur „führenden Rolle der SED in Staat und Gesellschaft". Umgesetzt wurde das Bekenntnis in den Betrieben, wo der FDGB den „sozialistischen Wettbewerb" unter den Arbeitnehmern forcierte und für die Steigerung der Arbeitsleistungen eintrat. Außerdem führte der FDGB einen entschiedenen Kampf gegen das „Nurgewerkschaftertum", womit die Funktionäre die gewerkschaftliche Schutzfunktion für die Arbeitnehmer in Arbeitskonflikten und darüber hinaus meinten, die der FDGB gegen die SED nicht auszuüben gedachte.[38] Die praktizierte Kaderpolitik der SED und die Übernahme des „demokratischen Zentralismus als Organisationsprinzip" taten ein übriges, um den FDGB zu einem bloßen Erfüllungsgehilfen der SED zu formen.[39] Gleiches galt für die FDJ, die ohnehin überwiegend von kommunistischen Funktionären geführt wurde. Sie verankerte 1952 in ihrem Statut die führende Rolle der „großen Sozialistischen Einheitspartei". Die anderen Massenorganisationen akzeptierten ihre Unterordnung unter die SED-Führung ähnlich vorbehaltlos.[40]

---

36 Vgl. Richter 1995a.
37 Vgl. Richter 1995, S. 2562.
38 Vgl. Gill 1991, S. 33 ff.
39 Vgl. Sattler 1995, S. 2662 ff.
40 Vgl. Sattler 1995, Eckert 1995b und Henkel 1994.

Die SED-gelenkte Formierung des politischen Systems fand ihren Abschluß mit der Überführung „des Einheitsblocks" in die „Nationale Front", die mit der Staatsgründung der DDR als Institution gebildet worden war und mit nationalen Parolen in ganz Deutschland agieren sollte. Innerhalb der DDR hatte sie die Funktion, die Kontrolle der SED über die anderen Parteien und die Massenorganisationen zu perfektionieren. Gleichzeitig sollte sie durch ihr Wirken in die Bundesrepublik dortige „nationale Kreise" für die DDR einnehmen.[41] Das letzte Hindernis für die Bestätigung und Vervollkommnung ihrer politischen Macht räumte die SED mit der Verpflichtung der Nationalen Front auf die Durchführung der Volkskammerwahlen nach dem Prinzip der Einheitsliste aus dem Wege. Obwohl in der Verfassung noch allgemeine, gleiche, unmittelbare und geheime Wahlen nach den Grundsätzen des Verhältniswahlrechtes vorgesehen waren, bestimmte die SED die Sitzverteilung zwischen den einzelnen Parteien und Massenorganisationen vorab. Die durch Maßregelungen und Verfolgung eingeschüchterten Funktionäre der CDU und der LDP akzeptierten dieses Procedere nach kurzem Zögern, obschon sie seinerzeit der DDR-Gründung nur auf der Grundlage des Versprechens künftiger geheimer Wahlen zugestimmt hatten. Unmut gab es allenfalls an der Basis von CDU und LDP, die sich eher an der Bundesrepublik und deren politischen Führungen orientierten, als an der von SMAD und SED ins Leben gerufenen Diktatur.[42]

„Nationale Front"

Walter Ulbricht begründete im Mai 1950 das Vorgehen der SED mit den Worten:

> „Die antifaschistisch-demokratischen Parteien und Massenorganisationen . . . haben gemeinsam durch die Bildung der DDR den anglo-amerikanischen Räubern den Weg versperrt zur Kolonialisierung ganz Deutschlands . . . Daraus ergibt sich, daß die Oktoberwahlen den gemeinsamen Willen aller patriotischen Kräfte zum Ausdruck bringen müssen . . . deshalb erfordert es das nationale und demokratische Interesse, daß bei den Oktoberwahlen gemeinsame Listen der Nationalen Front des demokratischen Deutschland aufgestellt werden."[43]

Erst nach der Einigung über die Sitzverteilung, die der SED durch die Massenorganisationen eine absolute Mehrheit ihrer Mitglieder sicherte, wurde ein neues Wahlgesetz entworfen und verabschiedet. Den Generalsekretär und Abgeordneten der LDP, Günter Stenzel, der sich gegen die Annahme des Wahlgesetzes ausgesprochen hatte, verhaftete das MfS schon einen Tag nach der Verabschiedung des Gesetzes. Er wurde sowjetischen Organen überstellt und von einem sowjetischen Gericht zu 25 Jahren Zwangsarbeit verurteilt.

Aus dem für ihren Machtanspruch nicht gerade förderlichen Wahlergebnis zum 3. Deutschen Volkskongreß zog die SED noch eine weitere Konsequenz: Der § 36 des Wahlgesetzes reduzierte die Wahlhandlung auf das selbständige (!) Einwerfen des Stimmzettels in die Wahlurne.[44] Doch selbst diese Vorkehrungen reichten nicht aus, das gewünschte Ergebnis bei der Volkskammerwahl zu erzielen. Trotz penetranter Aufforderungen zur „offenen Stimmabgabe", trotz Drucks auf die Bevölkerung, zur Wahl zu gehen, mußten SED und MfS zum Mittel der

---

[41] Vgl. Weber 1993, S. 30.
[42] Vgl. Suckut 1993, S. 97.
[43] Zit. nach: Laufer 1991, S. 21.
[44] Vgl. ebd., S. 21 ff.

Wahlfälschung

Wahlfälschung greifen, um schließlich das gewünschte Ergebnis verkünden zu können: Sie legten schließlich die Wahlbeteiligung mit 98,5% und die Ja-Stimmen mit 99,72% fest.[45] Gegenstimmen werteten sie nur, soweit der Wähler „alle Kandidaten durchgestrichen (hatte), oder wo der Wähler durch seine Aufschrift zum Ausdruck gebracht hat, daß er gegen die Kandidaten der Nationalen Front stimmt".[46]

Auflösung der Länder

Der Prozeß der Zentralisierung von Entscheidungen und Ressourcen in allen Bereichen führte zu einem permanenten Kompetenzverlust der Länder. Sie standen dem Einheitsstaat im Wege und wurden konsequenterweise 1952 aufgelöst. Ministerpräsident Grotewohl begründete diese Entscheidung im Juli 1952 vor der Volkskammer mit der neugeschaffenen Gesellschaftsordnung:

> „Das noch vom kaiserlichen Deutschland übernommene System der administrativen Gliederung in Länder mit eigenen Landesregierungen sowie in große Kreise gewährleistete nicht die Lösung der Aufgaben unseres Staates ... Die großen Aufgaben unserer gesamten Aufbauarbeit wurzeln in unserem Fünf-Jahres-Plan ... Damit sind auch die entscheidenden Aufgaben für die gesamte Verwaltungstätigkeit zentral festgelegt ... Gegenüber dieser Aufgabe hat sich der staatliche Apparat in den Ländern mit ihren Parlamenten und Regierungen als hemmend erwiesen, als eine Quelle bürokratischer Erschwerungen, ja Verfälschungen bei der Verwirklichung unserer fortschrittlichen Ziele."[47]

Die 8. Tagung des ZK der SED im Februar 1952 bereitete die „Länderreform" vor, die letztlich nur die formelle Anpassung an den ohnehin schon praktizierten Zentralismus war.[48] Im Juli 1952 beschloß das Politbüro die Gesetzesvorlage zur Länderauflösung, und elf Tage später erfolgte die Selbstauflösung der Landtage. Das Verschwinden der Länder steht im Zusammenhang mit dem im gleichen Jahr verkündeten „planmäßigen Aufbau des Sozialismus". Die territoriale Neugliederung der DDR in Bezirke und Kreise korrespondierte mit der organisatorischen Ausrichtung des Staatsapparates auf die Prinzipien des „demokratischen Zentralismus". Als Ergebnis entstand ein sozialistischer, zentralistischer Einheitsstaat nach sowjetischem Muster.[49] Die Folge war freilich nicht eine effizientere Verwaltung, sondern eher deren personelle Aufstockung durch die Schaffung neuer kleiner Verwaltungseinheiten in den Bezirken und Kreisen.

d) Die Kirchenpolitik der SED

Als einzige Institutionen, die nicht dem direkten Machtwillen der SED unterworfen waren und sich einer unmittelbaren Steuerung und Kontrolle entzogen, blieben die Kirchen ein Fremdkörper in der DDR-Gesellschaft. Da in der DDR-Verfassung in Art. 41 die „volle Glaubens- und Gewissensfreiheit", die „ungestörte Religionsausübung" sowie „das Recht der Religionsgemeinschaft, zu den Lebensfragen des Volkes von ihrem Standpunkt aus Stellung zu nehmen", verankert waren, aber

---

[45] Vgl. ebd.
[46] Vgl. Staritz 1996, S. 84.
[47] Zit. nach: Mielke 1995, S. 9.
[48] Vgl. ebd., S. 165.
[49] Vgl. ebd., S. 161.

Kommunisten von jeher die Religion für das „Opium des Volkes" (Marx) hielten, waren Auseinandersetzungen vorprogrammiert. Ein Hauptkonfliktfeld stellte die Schul- und Jugendpolitik dar: Ging es anfangs um das Prinzip der „Trennung von Kirche und Schule" oder etwa um die Behinderung der Durchführung des Religionsunterrichts in Schulräumen, verschärfte sich der Ton zwischen Staat und Kirchen mit dem von der SED-Führung Mitte 1950 angekündigten Vorhaben, den „dialektischen Materialismus als die wissenschaftliche Weltanschauung der Arbeiterklasse" im gesamten schulischen Bereich durchzusetzen.[50]

Der Protest der Kirchen richtete sich vor allem gegen das mit dem marxistisch-leninistischen Erziehungssystem verbundene atheistische Weltbild. Die Synode der Evangelisch-Lutherischen Landeskirche Sachsens stellte 1951 fest:

Protest der Kirchen gegen Erziehungssystem

> „Die durch die Verfassung gewährleistete Freiheit des Glaubens ist praktisch dadurch aufgehoben, daß in der Schule die Lehre des historischen und dialektischen Materialismus alleinige Geltung beansprucht ... Wir wissen, daß der Glaube nicht jedermanns Ding ist, und nötigen den Glauben niemandem auf. Aber wir verlangen auch, daß niemandem der Unglaube aufgenötigt wird. Glaubensfreiheit in der Schule besteht nur dann, wenn der Unterricht in allen Fächern so erteilt wird, daß Christen und Nichtchristen in gleicher innerer Freiheit teilnehmen können."[51]

Im Januar 1953 beschloß das SED-Politbüro einen detaillierten Maßnahmeplan gegen die „Junge Gemeinde".[52] Aus der Sicht von Partei und Regierung war diese eine „illegale Agenten- und Spionageorganisation".[53] Die in den Medien einsetzende Kampagne wurde begleitet von zahlreichen Prozessen gegen Geistliche nach Art. 6 der Verfassung („Boykottthetze"). Allein 1952/53 nahmen die Sicherheitsorgane 72 Pfarrer und Jugendgruppenleiter fest und verwiesen mehr als 300 Jugendliche von Schulen.[54] Nach an die SKK gerichteten Protesten der evangelischen Bischöfe erfolgte im Juni 1953 auf sowjetischen Druck im Rahmen des „neuen Kurses" auch eine neue Kirchenpolitik. Partei und Staat sollten die Einmischung in kirchliche Angelegenheiten unterlassen und stattdessen den kirchlichen Einfluß durch eine „tüchtig durchdachte Aufklärungs- und Kulturarbeit" zurückdrängen.[55] Diese Entspannung des Verhältnisses zwischen Staat und Kirche in der DDR hielt indes nicht lange an. Die Einführung der Jugendweihe, auf die die Kirchen zunächst mit einer Unvereinbarkeitserklärung von Konfirmation und Jugendweihe reagierten, provozierte 1954 eine neue Runde der Auseinandersetzung.[56]

e) Der Sicherheitsapparat

Zur Sicherung ihrer Macht setzte die SED unmittelbar nach Gründung der DDR in verstärktem Maße Polizei und Justiz ein und schuf sich im Jahre 1950 mit dem Ministerium für Staatssicherheit einen Überwachungs- und Kontrollapparat, der

Einrichtung des Ministeriums für Staatssicherheit

---

50 Vgl. Enquetekommission 1994, S. 164 und Goerner/Kubina 1995.
51 Zit. nach: Heidtmann 1954, S. 107 f.
52 Vgl. Enquetekommission 1994, S. 164.
53 Vgl. den Artikel „Faschistische Umtriebe des BDJ unter dem Deckmantel der illegalen jungen Gemeinde" im ND vom 28. April 1953.
54 Vgl. Solberg 1962, S. 14.
55 Vgl. Enquetekommission 1994, S. 164.
56 Vgl. Goerner/Kubina 1995.

fortan die Geschichte der DDR nachhaltig bestimmen sollte. Das 1949/50 im wesentlichen aus der Informationsabteilung der DWK, der Hauptverwaltung zum Schutze des Volkseigentums und der K5 aufgebaute MfS hatte 1950 erst 2700 hauptamtliche Mitarbeiter. Nach dem 17. Juni 1953 stockte die SED das Ministerium personell erheblich auf; im Jahre 1954 wurden knapp 13 000 Mitarbeiter registriert.[57] Die Einrichtung des Ministeriums für Staatssicherheit begründete die SED-Führung mit den durch die angebliche Tätigkeit feindlicher Spione und westlicher Saboteure verursachten wirtschaftlichen und politischen Gefahren:

> „Die Spionage-, Diversions- und Sabotageakte gefährden aber nicht nur den wirtschaftlichen und politischen Aufschwung der Deutschen Demokratischen Republik, sondern sie sind auch geeignet, den Frieden zu gefährden dadurch, daß sie direkt oder indirekt Anlaß für neue kriegerische Verwicklungen bieten können ... Der Ministerrat faßte deshalb einmütig den Beschluß über die Abwehr von Sabotage. Gleichzeitig beschloß der Ministerrat einstimmig, im Hinblick auf Umfang und Bedeutung der zu lösenden Aufgaben, der provisorischen Volkskammer das ihnen vorliegende Gesetz zur Umbildung der bisher dem Ministerium des Inneren unterstellten Hauptverwaltung zum Schutze der Volkswirtschaft in ein Ministerium für Staatssicherheit zur Annahme zu empfehlen."[58]

Ohne Aussprache beschloß die Volkskammer das Gesetz zur Bildung eines Ministeriums für Staatssicherheit. Die Aufgaben und Zuständigkeiten des MfS waren jedoch zunächst nicht eindeutig festgelegt. Noch bis zum Ende der DDR blieb die Tätigkeit dieses Organs zur Überwachung und Unterdrückung der Bevölkerung mit nur vagen Formulierungen umschrieben, so daß die Bevölkerung die Machtfülle des MfS nur ahnen konnte. Der Aufbau erfolgte nach sowjetischem Vorbild, und sowjetische Instrukteure trugen Sorge, daß die DDR-Staatssicherheit bis ins Detail hinein auch die Methodik der sowjetischen Geheimpolizei übernahm.[59] Das MfS blieb bis zuletzt das wichtigste Herrschaftsinstrument der SED: Schild und Schwert der Partei!

Schild und Schwert der Partei

Die bedeutendsten Richtlinien, Dienstanweisungen und Befehle des MfS resultierten aus Beschlüssen der Parteiführung; die Führungspositionen waren mit Nomenklaturkadern besetzt.[60] Minister Wilhelm Zaisser, Reserveoffizier im I. Weltkrieg, absolvierte 1924 einen Lehrgang in der Militärschule in Moskau und führte für den sowjetischen Geheimdienst mehrere Aufträge aus. Im Spanischen Bürgerkrieg war er als „General Gomez" Stabschef aller Internationaler Brigaden. Staatssekretär Erich Mielke war 1931 an dem Mord an den Polizeioffizieren Anlauf und Lenk beteiligt, floh in die Sowjetunion und absolvierte die Leninschule der Komintern. Er war gleichfalls in Spanien eingesetzt und erhielt Aufträge vom sowjetischen Geheimdienst. Auch Markus Wolf, seit 1951 Leiter der Abteilung Aufklärung, hatte seine Ausbildung in der Sowjetunion durchlaufen.[61]

---

57 Gieseke 1995, S. 98.
58 Zit. nach: Fricke 1993b, S. 10.
59 Vgl. ebd., 1993, S. 11.
60 Vgl. ebd., S. 16 f.
61 Vgl. Barth u. a. 1995, S. 810.

Das MfS überwachte und bespitzelte auch die Blockparteien und Massenorganisationen, indem es beispielsweise Inoffizielle Mitarbeiter und später auch Offiziere in besonderem Einsatz (OibE) in diese Organisationen einschleuste. Nur hohe Funktionäre der SED durften nicht ohne Anweisung der Parteispitze von der Staatssicherheit „betreut" werden. „Erst wenn das Politbüro oder die zentrale Parteikontrollkommission oder nachgeordnete Führungs- und Kontrollinstanzen ‚Abweichler' oder ‚Parteifeinde' in der SED entlarvt und gebrandmarkt hatten, durfte und mußte die Stasi tätig werden. Die Stunde der Staatssicherheit schlug erst, nachdem die betreffenden Genossen ins Visier der Herrschenden geraten waren. Nie hat das MfS eigenmächtig gehandelt, ohne Wissen, ohne Zustimmung der Parteibürokratie."[62]

Überwachung durch MfS

Aufbauend auf den seit 1948 vorhandenen kasernierten Polizeieinheiten entstanden unmittelbar nach Gründung der DDR zentral geleitete und nach militärischen Gesichtspunkten organisierte Polizeiformationen. 1952 begann die SED-Führung auf Anweisung der Sowjets mit dem Aufbau eigener „nationaler Streitkräfte", die zunächst als „Kasernierte Volkspolizei" (KVP) firmierten. Diese intern „Polizeitruppen" genannten Kräfte umfaßten auch See- und Lufteinheiten.[63]

Polizeitruppen

f) Die Justiz als Instrument der SED

Ohne große strukturelle Änderungen wurde nach der Gründung der DDR die Deutsche Zentralverwaltung für Justiz zum Justizministerium umbenannt und Max Fechner zum ersten Justizminister berufen. Im Dezember des gleichen Jahres legte das „Gesetz über die Errichtung des Obersten Gerichtshofes und der Obersten Staatsanwaltschaft" die Voraussetzungen zur Zentralisierung der Justiz, die die Macht der SED rechtlich absichern sollte. Die „Verordnung über die Vereinfachung der Justiz" vom August 1951 erhob den Generalstaatsanwalt zur eigenständigen Justiz- und Einstellungsbehörde sowie zur Aufsichtsinstanz für alle Staatsanwälte der Republik.[64] Eine weitere Stärkung erfuhr die Staatsanwaltschaft durch das im Mai 1952 verabschiedete „Gesetz über die Staatsanwaltschaft", das ihr gewissermaßen die Verwaltungsgerichtsbarkeit übertrug. Die kaderpolitischen Entscheidungen der SED-Führung im Bereich der Justiz sprechen für sich: Im April 1950 waren über die Hälfte aller Richter und 86% aller Staatsanwälte SED-Mitglieder.[65] Zwischen Staatsanwaltschaft und MfS bestand von Beginn an ein besonderes Verhältnis, das eine eigene Spezies, den vom MfS bestätigten Staatsanwalt, hervorbrachte.[66] Nur ein solcher durfte Aufsicht über Untersuchungen des MfS führen oder prüfen, ob in den Strafanstalten des MfS die Gesetze eingehalten wurden. Die SED-Führung setzte die Justiz als „das scharfe Schwert unserer Arbeiter- und Bauernmacht zur energischen Unterdrückung der Feinde, zur Erziehung der Staats- und Arbeitsdisziplin und damit zur Stärkung des Staatsbewußtseins unserer Bürger" ein.[67]

Justiz als „Schwert der Arbeiter- und Bauernmacht"

---

62 So die Einschätzung von Fricke 1993a, S. 13 f.
63 Vgl. Lapp 1995, S. 1902 f.
64 Vgl. Werkentin 1995, S. 28 f.
65 Vgl. ebd., S. 28.
66 Vgl. ebd., S. 29.
67 Zit. nach: ebd., S. 50.

Die Arbeit freier Anwälte wurde von den Justizbehörden zuerst behindert und dann eingeschränkt, indem nach sowjetischem Vorbild Anwaltskollegien zu bilden waren. Nur derart niedergelassene Rechtsanwälte konnten als Pflichtverteidiger in Strafsachen und als Armenanwälte bestellt werden.[68] Die Bildung der Kollegien erwies sich gleichwohl als zäher Prozeß. 1954 waren von 840 Rechtsanwälten in Ost-Berlin und in der DDR lediglich 143 einem Kollegium beigetreten, und bis 1959 hatten sich erst 415 von 863 zu diesem Schritt entschieden. Erst danach sank die Zahl der Einzelanwälte erheblich, so daß es 1988 nur noch 26 von ihnen gab. Zu diesen zählten z. B. Rechtsanwalt Wolfgang Vogel, „Experte" in Sachen „Häftlingsfreikauf", sowie der später als Inoffizieller Mitarbeiter des MfS enttarnte Rechtsanwalt Wolfgang Schnur, der vornehmlich Bürgerrechtler zu vertreten hatte.[69]

Damit die Justizfunktionäre die ihnen zugedachte Rolle als „unerbittliche Waffenträger der Partei" auch tatsächlich einnahmen, waren ständige Kontrollen durch übergeordnete Instanzen an der Tagesordnung.[70] Die rechtliche Kodifizierung der Justizaufgaben erfolgte offiziell durch Gesetze der Volkskammer oder Verordnungen der Regierung; voraus ging jedoch jeweils ein entsprechender Beschluß des Politbüros bzw. des Sekretariats des ZK der SED. Die SED-Führung war sich – obwohl oder vielleicht gerade weil sie ein instrumentelles Verhältnis zur Justiz hatte – sehr wohl deren Bedeutung bewußt und akzeptierte keine „Sonderrolle" oder gar „Unabhängigkeit" der Rechtsorgane: „Die Organe der Justiz sind Teile des Staatsapparates, und deshalb gelten alle die Anweisungen, Maßnahmen, Beschlüsse der Partei, die sich auf den Staatsapparat beziehen, unmittelbar auch für die Genossen im Justizapparat."[71]

Das Führungspersonal des Justizministeriums wurde ebenso wie der Generalstaatsanwalt und die Bezirksstaatsanwälte vom Politbüro bzw. dem Sekretariat des ZK der SED als Nomenklaturkader geführt.[72] Prägenden Einfluß auf die Struktur der Justiz in der DDR hatten die Sowjetunion und die SKK. Der organisatorische Aufbau der sowjetischen Justiz diente ebenso als Vorlage wie die Äußerungen und Abhandlungen zum Recht von Lenin und Stalin sowie von Wyschinski, dem Chefankläger der Moskauer Schauprozesse der dreißiger Jahre. Inwieweit der sowjetische Einfluß auch nach dem 1955 abgeschlossenen Vertrag über die Beziehungen der DDR zur UdSSR, der die volle Souveränität der DDR postulierte, bestehen blieb, kann derzeit noch nicht abschließend beantwortet werden.[73]

Lenkung der Justiz durch die Partei

Der in der ersten Verfassung der DDR verankerten richterlichen Unabhängigkeit kam keine praktische Bedeutung zu, schon gar nicht bei politischen Strafsachen. Die Lenkung der Justiz durch die Partei ging einher mit der politischen Selbststeuerung der Justizfunktionäre. Den SED-Mitgliedern unter ihnen war ohnehin bewußt, wem sie ihre Funktion verdankten, und den anderen stand das Schicksal derer, die sie in

---

68 Vgl. ebd., S. 30.
69 Vgl. Fricke 1995, S. 11.
70 Vgl. Werkentin 1995, S. 32.
71 Plenikowski, Anton: Die Aufgaben der Parteiorganisation in der Justiz – Rede auf der Parteiaktivtagung mit den 1. Sekretären der Parteiorganisation der Justiz am 19. Januar 1952, in: Schriftenreihe für den Parteiarbeiter, H. 8, Berlin (DDR), S. 21, zit. nach: Werkentin 1995, S. 32.
72 Vgl. Werkentin 1995, S. 35.
73 Vgl. ebd., S. 38 ff.

politischen Prozessen verurteilt hatten, vor Augen. So erzeugte die Angst vor einem schnellen Karriereende oder gar einer Inhaftierung willige Vollstrecker der SED-Politik.[74]

Die erste „Bewährungsprobe" für die DDR-Justiz reifte nach der Auflösung der sowjetischen Speziallager heran, als die Sowjets ca. 3400 noch nicht Verurteilte und unter dem Verdacht von NS-Verbrechen stehende Insassen an die Behörden der DDR übergaben. Die DDR-Justiz verurteilte 1950 in Waldheim innerhalb kürzester Zeit mehr als 3300 Angeklagte, nur knapp 300 erhielten weniger als 10 Jahre Haft. 157 von ihnen waren vor 1933 Sozialdemokraten gewesen, 55 frühere KPD-Mitglieder. Verurteilt wurden u. a. auch „der seit 1946 im früheren Konzentrationslager Buchenwald inhaftierte Gründer der CDU in Lauchhammer, Heinrich Metz, und das CDU-Mitglied Erich-Achim Hindermann aus Gera, der bereits von den Nazis 1944 zum Tod verurteilt worden war".[75] 31 Menschen wurden zum Tode verurteilt, 24 von ihnen am 4. November hingerichtet.[76] Die Vorbereitung dieser Prozesse erfolgte unter Kontrolle der SKK durch das Zentralsekretariat der SED, das die Auswahl der Richter in die eigene Hand nahm und den Urteilsrahmen vorab festlegte. Die ZK-Abteilung Staatliche Verwaltung übernahm die direkte Kontrolle über die tägliche Prozeßregie. Die Anklageschrift wurden den Beschuldigten erst am Abend vor der Verhandlung ausgehändigt und nach der Verhandlung sofort wieder eingezogen. Mit Ausnahme von zehn Schauprozessen gab es keinen Beistand von Verteidigern, auch eine eigenständige Beweiserhebung erfolgte nicht. Die Waldheimer Prozesse waren inszenierte Verfahren ohne Rechtscharakter.[77] Sie hatten die Funktion, das antifaschistische Anliegen der DDR mit drakonischen Strafen demonstrativ zu unterstreichen und die Entnazifizierung mit einem „symbolischen" Akt offiziell für beendet zu erklären. Als der CDU-Staatssekretär im DDR-Justizministerium Dr. Helmut Brandt den CDU-Vorsitzenden und stellvertretenden Ministerpräsidenten Otto Nuschke im Sommer 1950 über das Geschehen bei den Waldheimer Prozessen informierte, wurde dieser aktiv und bemühte sich um eine Aufhebung der Urteile. Die Folge war, daß Staatssekretär Brandt auf Betreiben Ulbrichts am 6. September 1950 verhaftet wurde und für 14 Jahre in Zuchthäusern verschwand.[78]

Die Zahl der wegen politischer Delikte Verurteilten und Inhaftierten läßt sich nur näherungsweise ermitteln, sie fiel jedoch erst 1956 unter die Schwelle von zehntausend pro Jahr. Vorzeitige Entlassungen und Verurteilungen wegen geringfügiger Vergehen wechselten sich im Laufe der Jahre ab. Die SED-Führung verwahrte sich gegen die Bezeichnung „politische Häftlinge". Justizminister Fechner, der nach den Turbulenzen des 17. Juni 1953 selbst Opfer der politischen Strafjustiz werden sollte, führte damals zur Rechtfertigung der auch von ihm zu verantwortenden „Terrorjustiz" aus:

Waldheimer Prozesse

---

74 Vgl. Leutheusser 1994.
75 Vgl. Richter 1995a, S. 116.
76 Vgl. Jodl 1997, S. 214 ff.
77 Vgl. Werkentin 1995, S. 174 ff. und Fricke 1991a, S. 209 ff.
78 Vgl. Jodl 1997, S. 214, 326.

„Die faschistischen Gewalthaber in Deutschland haben Zehntausende aufrechte Antifaschisten in die Gefängnisse, Zuchthäuser und Konzentrationslager geworfen. Es genügte, eine andere politische Überzeugung zu haben, den Faschismus abzulehnen, Mitglied oder Funktionär einer Arbeiterbewegung gewesen zu sein, um verfolgt, mißhandelt und der Freiheit beraubt zu werden. Für diese Opfer des Faschismus gebrauchen wir die Bezeichung ‚politischer Häftling'. Heute wird niemand seiner Gesinnung wegen inhaftiert. Wer unsere antifaschistische und demokratische Ordnung angreift, wer den Aufbau unserer Friedenswirtschaft stört, begeht eine strafbare Handlung und wird seiner verbrecherischen Taten wegen bestraft. Die Strafgefangenen dieser Art sind deshalb auch keine politischen Gefangenen, sondern kriminelle Verbrecher. Die Bezeichnung dieser Strafgefangenen als politische Häftlinge wird daher untersagt."[79]

Die SED-Führung setzte die Justiz in den Anfangsjahren der DDR auch für die gesellschaftliche Transformation ein. Sie hatte nach Maßgabe der Wirtschaftsstrafverordnung von 1948 die staatlichen Enteignungskampagnen wie auch später die Zwangskollektivierungen in der Landwirtschaft zu unterstützen. Selbst auf dem Feld des „Kirchenkampfes" mußte die Justiz die SED-Kirchenpolitik mit rechtlichen Mitteln fortsetzen.[80] Nach der Auflösung der Lager für Inhaftierte wurden bis zum Ende der DDR Haftanstalten wie Bautzen und Hoheneck sprichwörtliches Synonym für Unerbittlichkeit und Vergeltungssucht des Regimes.

g) Die Umgestaltung der DDR-Wirtschaft

Die Umformung der Wirtschaftsordnung in eine von der SED gesteuerte und kontrollierte Zentralverwaltungswirtschaft sicherte der Partei die direkte Verfügung über Produktionsmittel und gab ihr die Möglichkeit, Lebenschancen und Ressourcen zu verteilen. Erste Voraussetzung hierfür war die weitgehende Abschaffung des Privateigentums an Produktionsmitteln, die mit den Beschlagnahme- und Enteignungsaktionen der sowjetischen Besatzungsbehörden im Jahre 1945 begonnen hatte.

Zu Beginn des ersten Wirtschaftsplanes 1948 erzeugten die Volkseigenen Betriebe (VEB) zusammen mit den Betrieben der Sowjetischen Aktiengesellschaften (SAG) etwas über 60% der Industrieproduktion in der DDR. Im Jahre 1949 stieg der Anteil auf knapp 69% und 1950 bei Abschluß des Zweijahresplans auf 76%.[81] Diese Zurückdrängung des privaten Sektors erreichte die SED durch die gezielte Bevorzugung „Volkseigener Betriebe" und die „Verordnung über die Bestrafung von Verstößen gegen die Wirtschaftsordnung". Mit der einschlägigen Gesetzgebung, die in der Präambel der entsprechenden Verordnung als „einheitliche, dem Geiste der demokratischen Wirtschaft entsprechende Strafgesetzgebung" bezeichnet wurde, hatte sich die SED die rechtsförmige Möglichkeit geschaffen, die verbliebenen Reste der Privatwirtschaft zu disziplinieren bzw. zu liquidieren.[82] Durch die Benachteiligung bei der Ressourcenverteilung waren Privatbetriebe ohnehin gezwungen, fehlende Ersatzteile oder Werkzeuge im Tauschhandel zu beschaffen, und standen dadurch immer in Gefahr, von der „Wirtschaftsstrafverord-

Zurückdrängung des privaten Sektors

---

[79] Zit. nach: Sagolla 1952, S. 53.
[80] Vgl. Werkentin 1995, S. 47 ff.
[81] Vgl. Staritz 1996, S. 51.
[82] Vgl. Buck 1995, S. 1115.

nung" erfaßt zu werden. Schon im Dezember 1950 hatte die SED ihr gestecktes Ziel erreicht. Der volkseigene Sektor erstreckte sich nunmehr auf alle wesentlichen Wirtschaftszweige, dominierte die industrielle Produktion und zwang den anderen Betrieben Logik und Struktur einer zentralistischen Staatswirtschaft auf.[83]

Bis 1955 gelang es der SED, die Zahl der Privatbetriebe auf knapp 14 000 mit weniger als einer halben Million Beschäftigten zu reduzieren. Ihr Anteil an der Bruttoproduktion betrug nunmehr knapp 15%.[84] Parallel zur Umgestaltung der Eigentumsordnung der Industriebetriebe drängte die SED den privaten Einzel- und Großhandel durch verschiedene Mittel zurück.[85] Diese erstreckten sich auf Benachteiligungen im Abgabensystem, Rationierung der meisten Lebensmittel oder staatliche Festsetzung von Preisen. Angesichts der darüber hinaus bestehenden Konkurrenz der staatlichen Handelsorganisationen (HO) ging der Anteil der Privatbetriebe am Einzelhandelsumsatz des Binnenhandels von 54% im Jahre 1950 auf 31% im Jahre 1953 zurück.[86]

Im Gegensatz zur erfolgreichen Verdrängung des Privateigentums in der Industrie und der schon vorher erfolgten Verstaatlichung der Finanzdienstleistungen vollzog sich die Liquidierung des privaten Besitzes oder seine Überführung in genossenschaftliche Formen im Handwerk und in der Landwirtschaft unter erheblichen Schwierigkeiten. Zwar stieg auch in der Landwirtschaft der Anteil staatlich geförderter Produktionsgenossenschaften, aber ihr Anteil blieb bis 1955 eher begrenzt. Zu diesem Zeitpunkt bewirtschafteten die LPG, deren Zahl von 1900 (1952) auf ca. 6000 gestiegen war, nur etwa 18% der landwirtschaftlichen Nutzfläche. Hinzu kamen noch „Volkseigene Güter" (VEG) mit etwa 5% Anteil. Vorherrschend waren aber immer noch kleine und mittlere Betriebe zwischen 5 und 20 ha, die zu einem beträchtlichen Teil erst im Zuge der Bodenreform entstanden waren und 1951 knapp 60% der landwirtschaftlichen Fläche bebauten.[87]

Schwierigkeiten bei Kollektivierung der Landwirtschaft

Obwohl die unter Produktivitätsgesichtspunkten viel zu kleinen Neubauernwirtschaften und auch das gestaffelte Abgabensystem zu einer insgesamt ungenügenden landwirtschaftlichen Ertragssituation führten, wollte die SED zunächst nicht dem sowjetischen Vorbild einer großräumigen „sozialistischen Agrarstruktur" folgen, da gerade erst mit einer entgegengesetzten Begründung die Landjunker enteignet und die Bodenreform durchgeführt worden war. So begnügte sich die SED vorerst mit der Kritik an der „Benachteiligung der werktätigen Bauern" gegenüber den „Großbauern". Erst 1952 begann sie im Zuge des verkündeten „Aufbaus des Sozialismus" die ideologisch und gesetzestechnisch gut vorbereitete Kollektivierung der Landwirtschaft, die lediglich für einige Zeit durch den von der Sowjetunion im Jahre 1953 erzwungenen „neuen Kurs" ausgesetzt wurde; unmittelbar nach den Ereignissen des Jahres 1953 lösten sich sogar einige LPGs auf. Doch in den folgenden Jahren setzte wieder der Druck auf die Bauern ein, sich zu Kollektiven zusammenzuschließen. Ab Ende der fünfziger Jahre verstärkten sich die Pressionen

---

83 Vgl. ebd., S. 1123.
84 Vgl. ebd. und Weber 1991, S. 62 f.
85 Vgl. Weber 1991, S. 63.
86 Vgl. Buck 1995, S. 1129.
87 Vgl. Staritz 1996, S. 52.

1960 Kollektivierung abgeschlossen

und nahmen zum Teil brachiale Züge an, so daß im Jahre 1960 die Kollektivierung landwirtschaftlicher Betriebe als abgeschlossen betrachtet werden kann.[88]

Das bis 1950 noch weitgehend privat wirtschaftende Handwerk sah sich nach der 2. Parteikonferenz 1952 ebenfalls einer Sozialisierungswelle ausgesetzt. Durch politischen Druck und materielle Versprechungen versuchte die SED mit geringem Erfolg, die Bildung von „Produktionsgenossenschaften des Handwerks" durchzusetzen. Zwar gaben innerhalb von drei Jahren (1951–1953) rund 45 000 Meister ihre Betriebserlaubnis zurück und schlossen ihre Firma, zumeist Familienbetriebe mit ein bis zwei Beschäftigten. Dennoch verblieb die Mehrzahl der Handwerksbetriebe, denen seit 1950 verboten war, mehr als zehn Arbeitskräfte zu beschäftigen, in privater Hand.[89]

„Staatliche Plankommission"

Die Beseitigung des Privateigentums an Produktionsmitteln ging einher mit der Verfeinerung der zentralen Planung der Wirtschaft. Das nach der Staatsgründung aus der DWK entstandene „Ministerium für Planung" wurde 1950 in die direkt dem Ministerrat unterstellte „Staatliche Plankommission" umgewandelt. Gleichzeitig wurden drei neue Ministerien (Ministerium für Schwerindustrie, Ministerium für Maschinenbau, Ministerium für Leichtindustrie) anstelle eines einzigen Ministeriums für Industrie gebildet. Die volkseigenen Betriebe hatten zunächst den Status unselbständiger Filialbetriebe der ihnen übergeordneten Vereinigungen Volkseigener Betriebe (VVB). Nach deren Auflösung und der nicht mehr existierenden Länderkompetenz in Wirtschaftsangelegenheiten im Jahre 1952 wurden die volkseigenen Betriebe den zuständigen Fachministerien direkt unterstellt oder in „Verwaltungen volkseigener Betriebe" überführt.[90] Zwar erhielten diese Betriebe nun den Status selbständig wirtschaftender Einheiten, aber da der direkte Zugriff durch die entsprechenden, zum Teil neu gegründeten oder umgebildeten Ministerien gewährleistet blieb, besaßen sie keinen eigenen Handlungsspielraum. Sie hatten sich der Plandisziplin zu unterwerfen und waren den vorgesetzten Instanzen rechenschaftspflichtig. Die Überführung von Betrieben in Staatseigentum und ihre Einbindung in zentralistische Planstrukturen sollte die kontrollierte Entwicklung der Volkswirtschaft nach den Vorgaben von Partei und Staat gewährleisten.[91]

Erster Fünfjahrplan

Der erste Fünfjahrplan 1951 bis 1955 sah die besondere Förderung der Schwerindustrie und einen relativen Rückgang der Konsumgüterproduktion mit dem Ziel vor, den Industrialisierungsgrad zu erhöhen und die technische Basis der Produktion zu erweitern. Die Arbeitsteilung zwischen den verschiedenen Planungsinstanzen wies die Verantwortung für die unmittelbare Leitung der Betriebe und der Produktion den Ministerien, für die Lenkungsmethode der Staatlichen Plankommission sowie für die Erarbeitung wirtschaftspolitischer Konzeptionen den entsprechenden ZK-Abteilungen zu. Umsetzung der Planungsvorgaben und faktische Leitung der einzelnen Betriebe erfolgten im Zusammenspiel von Betriebsleitung, Betriebsgewerkschaftsleitung (BGL) und Leitung der Betriebsparteiorganisation. Die Gewerkschaften hatten auf betrieblicher Ebene eine doppelte Funktion;

---

88 Vgl. Weber 1995, S. 2809 ff.
89 Vgl. Buck 1995, S. 1130 f.
90 Vgl. Gutmann/Klein 1995, S. 1600 ff.
91 Vgl. ebd., S. 1603.

durch den Abschluß von „Rahmenkollektivverträgen" fungierten sie als Vertreter der zentralen Planungsinstanzen vor Ort, und als den Arbeitnehmern aufgezwungene institutionelle Vertretung sollten sie zugleich deren Interessen vertreten.

Die Übernahme der sowjetischen Wirtschaftsordnung mit zentraler Planung, Lenkung und Kontrolle wurde durch den Beitritt der DDR zum RGW noch beschleunigt. Ziel dieser weitgehend auf sowjetische Bedürfnisse zugeschnittenen Wirtschaftsgemeinschaft war die Synchronisierung der Volkswirtschaften der Satellitenstaaten. In den frühen fünfziger Jahren hatten zwar bilaterale Abkommen zu einer Vertiefung des Warenaustausches und zu ersten Ansätzen wirtschaftlicher Arbeitsteilung geführt, aber von der Schaffung eines „gemeinsamen Wirtschaftsmarktes" waren diese Länder noch weit entfernt.[92] Mit dem zweiten Fünfjahrplan (1956–1960) versuchten die RGW-Staaten, zu einer Institutionalisierung der multilateralen Plankoordination zu kommen. Das Grundproblem zentral geleiteter Planwirtschaften, der Widerspruch zwischen individuellen bzw. betrieblichen Handlungszielen und Spielräumen und den Vorgaben der zentralen Planungs- und Lenkungsapparate, konnte auch dadurch nicht überwunden werden. Für die verschieden entwickelten nationalen Volkswirtschaften kam erschwerend hinzu, daß sie sich den Vorgaben der industriell vergleichsweise unterentwickelten Führungsmacht fügen mußten. Für die DDR bedeutete dies z. B. den Aufbau einer eigenen Schwerindustrie sowie eines Hochseeschiffbaus; dadurch vergrößerten sich die Disparitäten zwischen Schwer- und Konsumgüterindustrie.

Beitritt der DDR zum RGW

Die auf Basis des umgestalteten Wirtschaftssystems nach Planungsvorgaben erbrachte Produktionsleistung fiel vorerst recht bescheiden aus, zumal die junge DDR-Wirtschaft an der Bürde der Besatzungskosten und der Reparationen schwer zu tragen hatte. Die Belastung der DDR-Volkswirtschaft durch Reparationen und Besatzungskosten betrug 1950 immer noch beachtliche 25%–33% des Inlandsproduktes, erst danach sank die Quote über 23% bis 30% (1951), 20% bis 28% (1952) auf 18% bis 26% im Jahre 1953.[93] Unter Berücksichtigung der schon vorher erbrachten Leistungen entstand eine erhebliche Schwächung und Belastung der DDR-Ökonomie, die ursprünglich teilweise bessere Ausgangsbedingungen als die westdeutsche Wirtschaft hatte, da in Ostdeutschland die Kriegszerstörungen geringer ausgefallen waren, und man in einigen Regionen auf einer ausgeprägten Industriestruktur aufbauen konnte.[94] Als gravierendes Problem erwies sich auch die durch die Teilung Deutschlands bedingte Abtrennung von gewachsenen arbeitsteiligen Wirtschaftsstrukturen, die in der SBZ/DDR eine „Rumpfwirtschaft" zurückließ. Umso schwerer wogen die Reparationen aus laufender Leistung, die zu einem großen Teil von den SAGs aufgebracht werden mußten. Sie betrugen 1950 immerhin noch knapp ein Viertel der industriellen Bruttoproduktion.[95] Der 1950 beginnende „Rückkauf" der SAG-Betriebe belastete den DDR-Staatshaushalt noch einmal zusätzlich. Insgesamt mußte die SBZ/DDR zwischen 1947 und 1953 mindestens 1,7 Mrd. Ost-Mark zu laufenden Preisen an die Sowjetunion zahlen.[96]

Belastung durch Reparationen und Besatzungskosten

---

92 Vgl. Schüller/Hamel 1995, S. 2755.
93 Vgl. Schwarzer 1995, S. 125.
94 Vgl. Baar u. a. 1995b, S. 955.
95 Vgl. Buck 1995, S. 1089.
96 Vgl. Baar u. a. 1995b, S. 936.

Unter diesen Bedingungen stand die DDR-Wirtschaft im Jahre 1950 auf einem gegenüber der Bundesrepublik schwachen Ausgangsniveau. Die Produktivität erreichte nach verschiedenen Schätzungen zwischen 50% und 60% des westlichen Niveaus.[97] Den entsprechenden gesamtdeutschen Produktivitätsstand von 1943 scheint die DDR im Verlaufe ihrer 41jährigen Geschichte nie nennenswert überschritten zu haben, während die Produktivität der westdeutschen Wirtschaft bis 1989 auf über das Vierfache gestiegen ist.[98]

Hoher Staatsverbrauch, Belastung der Volkswirtschaft

Die Akzentsetzung des ersten Fünfjahrplanes auf die Schwerindustrie ging zu Lasten des Konsumgütersektors; daher stagnierte auch die Versorgungslage der Bevölkerung auf niedrigem Niveau. Doch die eigentliche Misere der DDR-Wirtschaft lag im hohen Anteil des „Staatsverbrauchs" begründet. In den Jahren zwischen 1950 und 1953 verschlangen die Subventionen der volkseigenen Wirtschaft, der defizitäre Außenhandel und der Staatsverbrauch, also die Kosten für Machtsicherung sowie Parteien und Massenorganisationen, nahezu ein Drittel des gesamten Inlandsproduktes. Zusammen mit den Reparationen und Besatzungskosten ergab sich für 1950 sogar ein Anteil von über 55%, der nicht für den privaten Verbrauch und für Investitionen zur Verfügung stand. Die Kosten der revolutionären Umgestaltung von Wirtschaft und Gesellschaft, die zur Zerstörung bestehender Institutionen und traditioneller Wirtschaftsrechnung der Unternehmen führte, belasteten ebenso wie die Strukturdefizite der zentralistischen Planwirtschaft den Auf- und Ausbau der DDR-Wirtschaft. Die durch die schnelle und radikale Umgestaltung der Wirtschaft bedingten Reibungsverluste konnten auch durch den Enthusiasmus „sozialistischer Idealisten" in Betrieben und Planungsinstanzen nicht kompensiert werden.[99]

Die Ernährungslage blieb weiterhin prekär. Die ursprünglich für 1950 angestrebte durchschnittliche Versorgung mit 2600 kcal pro Tag wurde mit 2000 kcal deutlich unterschritten. Im Vergleich zu 1934/38 sank der Pro-Kopf-Verbrauch von Fleisch und Speisefett auf etwa die Hälfte, der von Fisch auf ein knappes Drittel. Der Besitz von Textilien und Schuhwerk lag ebenfalls weit unter Vorkriegsniveau.[100] Dagegen besserte sich die Ernährungssituation in den Westzonen bzw. der Bundesrepublik durch die britisch-amerikanischen Nahrungsmittellieferungen schon ab 1947/48 spürbar.[101] In Anbetracht der gegenüber der Vorkriegssituation wie auch im Vergleich zur Bundesrepublik erheblich schlechteren Lebenssituation und forciert durch das Ausbleiben sichtbarer Verbesserungen, entwickelte sich aus wirtschaftlichen und sozialen Gründen ein hohes Unzufriedenheitspotential in der frühen DDR.

Durch die fortbestehende Strukturschwäche der DDR-Wirtschaft, den unzureichenden Anteil von Investitionsausgaben am Sozialprodukt, war der wirtschaftliche Bankrott des Jahres 1989 gewissermaßen vorprogrammiert. Von allen ordnungspolitischen Defiziten abgesehen fehlte der finanzielle Spielraum für die technische Erneuerung der Produktion. Die Innovationsschwäche der DDR-Wirtschaft war

---

[97] Vgl. Schwarzer 1995, S. 123.
[98] Vgl. ebd., S. 123.
[99] Vgl. ebd., S. 125.
[100] Vgl. Staritz 1996, S. 58.
[101] Vgl. Schwarzer 1995, S. 127.

mithin auch eine Folge der Verwendung des Sozialproduktes. Die mangelnde Produktivität erforderte als Kompensation die Mobilisierung zusätzlicher Arbeitskräfte. Die Zahl der Beschäftigten stieg von 7,3 Millionen (1949) auf 7,7 Millionen (1955) und verblieb auf diesem Niveau bis 1960. Frauen bildeten die bevorzugte Zielgruppe als Arbeitskräftereserve; ihr Anteil an den Beschäftigten wuchs von 40,9% (1949) über 44% (1955) auf 45% im Jahre 1960.[102]

h) Die ideologiezentrierte Umgestaltung der Gesellschaft

Der politischen und wirtschaftlichen Umgestaltung folgte die soziale. SMAD/SKK und SED vertrieben die alten Eliten und konstituierten eine neue Führungsschicht. Diese besetzte alle Machtpositionen in Partei, Staat, Gesellschaft und Wirtschaft und genehmigte sich selbst materielle und soziale Privilegien[103], auch wenn diese anfangs noch vergleichsweise bescheiden ausfielen. Durch den personellen Austausch in den staatlichen Verwaltungseinheiten und den personalaufwendigen Aufbau der Apparate von Parteien und Massenorganisationen entstand eine neue soziale Schicht, die sich durch politische Gesinnungstreue und soziale Anpassung auszeichnete. Für einen umfangreichen, vornehmlich aus der Arbeiterschaft stammenden Personenkreis ermöglichte die Vertreibung der alten Eliten einen schnellen sozialen Aufstieg. In Schnellkursen oftmals unzureichend ausgebildet, nahmen sie Führungspositionen insbesondere im Bereich der Wirtschaft und Justiz ein. Dank der umfassenden Kaderpolitik konnte die SED den Prozeß der Rekrutierung der neuen Elite steuern und kontrollieren, und durch die alleinige Verfügung über materielle Ressourcen besaß sie zudem ein hinreichendes Gratifikationspotential, um diese zu korrumpieren. Zu den „alten Kämpfern" der kommunistischen Partei, die schon in Leitungspositionen aufgestiegen waren, gesellte sich nun eine aus der jüngeren Generation stammende Schicht, die der SED alles verdankte. Gerade diese in den fünfziger Jahren an die Schalthebel gelangten Personen sollten die Geschichte der DDR bis zu ihrem Ende entscheidend prägen.

Neue Führungsschicht

Im ideologischen Zentrum der DDR standen der Antifaschismus, der ihrer Existenz historische Legitimation verleihen, und die Lehre des Marxismus-Leninismus, mit der die gesellschaftliche Entwicklung zugleich gedeutet und in einen übergeordneten historischen Prozeß eingeordnet werden sollte. Mit dieser Ideologie, die den Menschen nicht nur im Bildungssystem penetrant aufgenötigt wurde, wollte die SED ihre Vorstellung von einer geschichtlich fortschrittlichen und objektiv notwendigen „sozialistischen Gesellschaft" einprägen. Im Marxismus-Leninismus glaubte die SED-Führung den theoretischen Schlüssel für ihren totalitären Anspruch sowie zur Rechtfertigung ihrer Politik gefunden zu haben.

Antifaschismus und Marxismus-Leninismus als zentrale ideologische Bausteine

Alle Akteure hatten sich an dem vorgegebenen ideologischen Konstrukt zu orientieren. Da indes der Lektüre der „Klassiker" nur Grundsätzliches zu entnehmen ist, kam der herrschenden Interpretation und konkreten Modifikationen dieser Lehre entscheidende Bedeutung zu. Die SED nutzte ihre als Wissenschaft bezeichnete marxistisch-leninistische Ideologie zur Sicherung und Legitimation ihrer Macht[104] und legte damit zugleich die Fallstricke aus, in denen sie sich

---

[102] Vgl. Winkler 1990c, S. 79.
[103] Vgl. Weber 1991, S. 65.
[104] Vgl. Enquetekommission 1994, S. 47 ff.

verfangen sollte. In dem Maße, in dem die Realität nicht der herrschenden Lehre entsprach, mußten entweder die Lehre oder die Realität anders interpretiert werden. So ließ sich unter Hinweis auf die „Wissenschaftlichkeit" der vorgenommenen Maßnahmen zwar immer die eigene Machtfülle begründen, gleichzeitig aber häuften sich die Paradoxien einer ideologiegestützten und -zentrierten Realpolitik.

Aus legitimatorischer Sicht als weit bedeutsamer erwies sich jedoch die Formel vom Antifaschismus. Sie diente im kommunistischem Verständnis nicht nur der Abgrenzung und Bekämpfung des Faschismus/Nationalsozialismus, sondern ließ sich auch mit der Kritik an Kapitalismus und westlicher Demokratie verbinden. Da Faschismus und parlamentarische Demokratie nach diesem Verständnis nur politische Formen der gleichen Basis – eben des Kapitalismus – darstellten, konnte die Bundesrepublik als potentiell faschistisch diffamiert werden.[105]

Mythos Antifaschismus

Gerade unter Intellektuellen der Nachkriegszeit war die Abscheu über das nationalsozialistische Gewaltregime weit verbreitet; der zum Mythos erhobene Antifaschismus traf insoweit auf entsprechende Resonanz. Zumindest in den Anfangsjahren der DDR wirkte der Antifaschismus als eine Art Ersatzreligion, die in verschiedenen Formen sogar Anleihen bei den Kirchen – etwa im Märtyrer-Kult oder in der Gestaltung der Gedenkstätten – nahm und gleichzeitig bestimmte Rituale entwickelte, die diesen Mythos immer wieder verbreiten und verankern sollten.[106] Mit der Kennzeichnung der DDR als „antifaschistisch" erreichte die SED eine in den Köpfen der Bevölkerung – vor allem in der Intelligenz – bis heute nachwirkende Selbstdeutung. Selbst die instrumentell-polemische Handhabung, z. B. durch die Bezeichnung der Mauer als „antifaschistischer Schutzwall", verringerte nicht die Bedeutung dieser Formel. Der von der SED gepredigte „Antifaschismus" hatte insoweit doppelte Bedeutung: Er rechtfertigte die Abgrenzung von der Vergangenheit und dem westdeutschen Teilstaat, wie er auch die erneute Errichtung einer Diktatur und deren Verbrechen legitimierte bzw. als solche gar nicht mehr erscheinen ließ. Die offizielle marxistisch-leninistische Faschismustheorie wies die Schuld am Faschismus/Nationalsozialismus den „reaktionärsten" und „aggressivsten" Kräften des Finanzkapitals zu. Durch diese Schuldzuweisung sowie durch das Bündnis mit der ‚historisch überlegenen' Sowjetunion wurde die ostdeutsche Bevölkerung gleichsam vom Faschismusvorwurf entlastet.

„Antifaschistische Erziehungsdiktatur"

Trotzdem herrschte seitens der SED-Führung ein ausgeprägtes Mißtrauen gegenüber der eigenen Bevölkerung vor. Die auf Gewalt und einen gigantischen Planungs-, Überwachungs- und Kontrollapparat gegründete DDR nahm damit auch Züge einer „antifaschistischen Erziehungsdiktatur" an. Zumindest in einem wesentlichen Punkt konnte die SED an die Erfahrungen der Sozialisation und der kulturellen Muster im Nationalsozialismus anknüpfen. Die meisten Menschen beugten sich den Anordnungen der Obrigkeit. Die Formen der bewußten oder erzwungenen Unterordnung der Bevölkerung unter die Weisungen von Partei und Staat wiesen in beiden Diktaturen mehr Gemeinsamkeiten als Unterschiede auf. Zwar ging es um „Klassenkampf" und nicht mehr um den „Rassenkampf", aber wieder diente ein Feindbild der Mobilisierung der Massen und der Legitimation der Herrschaft.

---

[105] Vgl. Grunenberg 1993.
[106] Vgl. Enquetekommission 1994, S. 52.

Aber es gab auch von Beginn an Widerstand gegen die Errichtung und den Ausbau der SED-Diktatur.[107] Allerdings wurde er dadurch geschmälert und geschwächt, daß Opponenten des Regimes in die Bundesrepublik flohen. Die „Ausreisebewegung" untergrub insoweit nicht nur die Wirtschaft und damit das System insgesamt, sondern auch die Opposition.[108]

Die ideologische Schulung der Bevölkerung erhielt hohe Priorität, da sich die SED ein loyales Staats- und Parteivolk erst weitgehend neu sozialisieren mußte. Entsprechend umfassend verstärkte sie den Zugriff auf das seit 1945 schrittweise umgestaltete Bildungswesen. Die Einführung einer auf dem Marxismus-Leninismus beruhenden „neuen deutschen Pädagogik in der DDR" führte rasch zu einer Ideologisierung des Bildungswesens, auch dies in Anlehnung an das sowjetische Vorbild. Daher kam dem Austausch des Lehrkörpers zentrale Bedeutung zu. Bereits 1949 gab es an den allgemeinbildenden Schulen über 45 000 Neulehrer, die gemeinsam mit 20 000 schon vor 1945 ausgebildeten Kollegen die Schüler unterrichteten.[109] Von 1949 bis 1953 verließen noch einmal fast 10 000 Lehrkräfte freiwillig oder gezwungenermaßen die Schulen und Hochschulen.[110]

Lehrer, aber auch Kindergärtnerinnen und Heimerzieher, mußten an obligatorischen Weiterbildungskonferenzen über die Sowjetpädagogik teilnehmen und ihren Unterricht auf der Grundlage neuer Lehrpläne und -inhalte sowie neuer, den ideologischen Vorgaben entsprechender Schulbücher abhalten. Erste marxistisch-leninistische Lehrpläne mit Russisch als einziger Pflicht-Fremdsprache wurden schon im September 1951 eingeführt. Gleichzeitig intensivierte die SED die „Schulungsarbeit" an Schulen und Bildungsstätten. In den Schulen mußte der „führenden Rolle der Partei" auch dadurch Tribut gezollt werden, daß die „Einheit von Bildung und Erziehung" auf der Grundlage des Marxismus-Leninismus zur Maxime der Arbeit von Lehrern und Erziehern erklärt wurde. Nachdem das „Bildungsmonopol der bürgerlichen Schichten" für gebrochen erklärt worden und die Ideologisierung der Bildungsinhalte weitgehend abgeschlossen war, ergänzte die SED ihre Bildungskonzeption seit etwa 1955 mit Blick auf die Schwerpunkte Naturwissenschaft und Technik. Von 1958 an wurde in allen Schulen ab der 7. Klasse ein „wöchentlicher Unterrichtstag in der Produktion" (UTP) eingeführt.[111]

Marxistisch-leninistische Lehrpläne

Die unter der Losung „Stürmt die Festung Wissenschaft" durchgeführte zweite Hochschulreform von 1951 brachte die Zentralisierung des Hochschulwesens durch Gründung eines Staatssekretariats, das mit verbindlich vorgegebenen genauen Studien- und Stoffplänen die einheitliche Steuerung und Leitung aller Universitäten sowie deren Einpassung in das System des Fünfjahrplans gewährleisten sollte.[112] Durch Erhöhung der Wochenstundenzahl und Einführung von zehnmonatigen Studienjahren statt der bisherigen Semester sollte die Zeit für selbständiges Studieren

---

[107] Vgl. die Beiträge in: Poppe u. a. 1995 und generell Fricke 1984b.
[108] Vgl. Eisenfeld 1995a.
[109] Vgl. Weber 1991, S. 68 ff.
[110] Vgl. Margedant 1996, S. 119.
[111] Vgl. Margedant 1996, S. 120.
[112] Vgl. Wiesniewski 1996, S. 284.

Verschulung des Studiums

und Forschen für Lehrende und Lernende drastisch beschnitten werden. Die verordnete Verschulung des Studiums korrespondierte mit der Einrichtung von Prorektoraten für Studienangelegenheiten und für das marxistisch-leninistische Grundstudium. Prorektoren galten gemeinhin als besonders SED-höriges Hochschulpersonal.[113]

Angesichts zahlreicher Proteste aus den Reihen der Studenten Anfang der fünfziger Jahre verstärkte die SED ihren politischen Zugriff auf die Studentenschaft. Die Mehrheit in den Studentenvertretungen, die die FDJ durch Wahlen nicht erlangt hatte, sicherte sie sich nun auch hier durch Bildung eines „demokratischen Blocks". Zur Verhinderung unbotmäßiger Handlungen wurden die Studierenden in „kollektive Lerngemeinschaften" eingebunden, die eine nahezu vollständige Kontrolle der Studierenden durch gegenseitige Bespitzelung sichern sollte. Die Einführung des Ein-Fach-Studiums und des zehnmonatigen Studienjahres gewährleistete kurze Studienzeiten und erhöhte die Zahl der Absolventen. Durch die Gründung von 25 neuen Lehrstätten konnte die Zahl der Studenten von 28 000 (1951) auf 57 500 (1954) erhöht werden, wobei der Anteil der Arbeiter- und Bauernkinder unter den Studenten auf beachtliche 53% (1954) wuchs.[114]

„Sozialistischer Realismus" als „Waffe im Klassenkampf"

In der Kulturpolitik ging die SED anfangs „behutsamer" vor. Allein schon aufgrund mangelnder personeller Alternativen wollte sie Teile der „humanistischen bürgerlichen Kulturschaffenden" einbinden, um sie in den Dienst der neuzuschaffenden „Staatskultur" zu stellen. Doch auch hier stieß die SED auf unerwartete Schwierigkeiten. Richtungsweisend verdammte sie auf ihrem III. Parteitag 1950 die „volksfeindlichen Theorien des Kosmopolitismus" ebenso wie den „bürgerlichen Objektivismus" und die „amerikanische Kulturbarbarei". Kurze Zeit später setzte sie eine „Staatliche Kommission für Kunstangelegenheiten" sowie ein „Amt für Literatur und Verlagswesen" zur Überwachung und Kontrolle der „Kulturschaffenden" ein. Die SED forcierte 1951 ihren Kampf gegen die „dekadente" bürgerliche Kunst und Kultur und erklärte den „sozialistischen Realismus" zur verbindlichen Richtschnur in Kunst und Kultur. Damit hatte sie die Grundlagen für eine Kulturpolitik gelegt, die das nationale Kulturerbe, die „humanistischen und fortschrittlichen Traditionen", für die DDR reklamierte, den Kampf gegen „reaktionäre" und „feindliche" bürgerliche Einflüsse, gegen „Formalismus" und „Dekadenz" ausrief und die Orientierung auf eine parteiliche ideologiebildende Kunst und Literatur sowie die Gestaltung des „demokratischen" und „sozialistischen Aufbaus" verlangte. Für Künstler und Kulturschaffende sollten keine besonderen Freiräume mehr existieren, da sie, wie der ZK-Sekretär Paul Wandel kurz und knapp ausführte, ebenfalls dem Diktat der Partei unterlagen: „Auch für die Genossen Künstler gelten die Beschlüsse unserer Partei."[115]

Entschieden betonte die SED auch die Rolle von Kultur und Kunst als „Waffe im Klassenkampf" und bei der ideologischen „Erziehung" und Handlungsorientierung. Die Kulturabteilungen des ZK der SED hatten einen systematischen Zugriff auf Künstlergruppen, Kunsthochschulen und Verbände. Auch durch die verstärkte

---

[113] Vgl. Enquetekommission 1994, S. 69.
[114] Vgl. Weber 1991, S. 69 f.
[115] Zit. nach: ebd., S. 70.

Vergabe von Auftragswerken sollte die künstlerische Kreativität im Sinne der Partei gesteuert werden. Kunstwerke, die den Vorstellungen der SED nicht entsprachen, verurteilte sie als dekadent und abweichlerisch.[116] Aber gerade im Bereich von Kunst und Kultur konnte die Partei ihren totalitären Anspruch nicht zu jeder Zeit und auf allen Feldern einlösen. Wie das Beispiel vieler Künstler zeigt, die in den Westen vertrieben wurden, entstanden immer wieder Konflikte zwischen „Kulturschaffenden" und den für sie zuständigen Funktionären.

Die radikale Umwälzung der politischen, ökonomischen und sozialen Grundlagen der Gesellschaft standen in einem engen Verhältnis zu den internationalen Rahmenbedingungen und Entwicklungen. Die SED-Politik von 1949 bis 1952 kann in gewisser Weise als verdeckter Widerstand gegen das „Offenhalten der deutschen Frage" seitens der Sowjetunion gewertet werden. Durch die von ihr geschaffenen „neuen Realitäten" wollte die SED-Führung die deutsche Wiedervereinigung verhindern oder zumindest die eigenen Ausgangsbedingungen dafür verbessern. Für diese Annahme spricht auch, daß innerparteiliche Konflikte und Kämpfe immer auch die „nationale Frage" zum Gegenstand hatten. Konnte sich die SED-Führung um Walter Ulbricht innerparteilich immer wieder durchsetzen, erhielt die Radikalität ihrer Politik außerhalb der Partei eine ebenso radikale Antwort.

„Neue Realitäten" gegen Wiedervereinigung

2. Zeit der Krisen: Der 17. Juni 1953

a) Der Weg in die Krise

Mit der 2. Parteikonferenz im Juli 1952 versuchte die SED-Führung, den Prozeß der Sowjetisierung der Gesellschaft zu einem vorläufigen Abschluß zu bringen. Die noch vorhandenen wirtschaftlichen und sozialen Überreste einer nicht-sozialistischen Gesellschaft sollten beseitigt, der Klassenkampf forciert werden. Doch es kam anders: Die SED provozierte ein Anwachsen der Flüchtlingszahlen und eine Erhebung gegen ihr Gewaltregime, die gleichermaßen Ausdruck bereits vorhandener Unzufriedenheit und mangelnder Legitimation dieses Staates waren. Der 17. Juni 1953 sollte zum Symbol des fehlenden Rückhalts der SED-Diktatur und zu einem Trauma für die Parteiführung werden.

Am 9. Juli 1952 verkündete der Generalsekretär der SED, Walter Ulbricht, in der Deutschen Demokratischen Republik werde nun der Sozialismus planmäßig aufgebaut. Er meinte damit die Fortsetzung des bisherigen Kurses, dem die noch verbliebenen Mittelschichten nach seiner Auffassung im Wege standen. Selbständige Bauern und kleine Handel- und Gewerbetreibende sollten durch extrem hohe Abgaben gezwungen werden, ihre Selbständigkeit aufzugeben.

Planmäßiger Aufbau des Sozialismus

Als „Generallinie der Partei" propagierte die Führung die „Stärkung der Staatsmacht". Um dieser Forderung gerecht werden zu können, legte die Parteiführung eine Verbesserung der Organisations- und Kaderarbeit fest. Gleichzeitig sollte das Kontrollsystem über die Durchführung der Parteibeschlüsse verbessert werden. Hierzu war schon vor der II. Parteikonferenz die Abteilung „Leitende Organe der Partei und der Massenorganisationen" (LOPM) gebildet worden, deren Führung im Januar 1953 Karl Schirdewan übernahm. Diese Abteilung war verantwortlich für

---

[116] Vgl. Enquetekommission 1994, S. 75.

die Auswahl und den Einsatz führender Parteikader, die Kontrolle und Anleitung aller untergeordneten Parteidienststellen, Massenorganisationen und Blockparteien sowie für die Berichterstattung über die Stimmung unter den Parteimitgliedern und in der Bevölkerung.[117]

Katastrophale ökonomische und soziale Situation

Die Beschlüsse zum „Aufbau des Sozialismus" resultierten nicht zuletzt aus der katastrophalen ökonomischen und sozialen Situation zu diesem Zeitpunkt. Die Bevorzugung der Schwerindustrie hatte zu Einschränkungen in der Konsumgüterindustrie und zu Versorgungsengpässen geführt, und die Staatsfinanzen waren durch die wachsenden direkten und indirekten Militärausgaben mehr als angespannt. Die Militärausgaben im weiteren Sinne betrugen 1952 einschließlich der Besatzungskosten 3,3 Mrd. Mark und 1953 3,5 Mrd. Mark. Dies entsprach 11% bzw. 10% des gesamten Staatshaushaltes; rechnet man die zu leistenden Reparationen und andere Formen des Sonderverbrauchs noch hinzu, so waren für diese Zwecke 1952 sogar 20% des Staatshaushaltes gebunden.[118] Angesichts dieser Situation verordnete die SED-Führung der Bevölkerung Enthaltsamkeit und Sparsamkeit und forderte eine Steigerung der Arbeitsproduktivität. Von der Kollektivierung der Landwirtschaft und der Enteignung der noch verbliebenen Privatindustrie versprach sie sich eine Erweiterung ihres wirtschaftlichen Spielraums. Zur Erreichung dieses Ziels mobilisierte sie auch die Justiz, die einen gewichtigen Beitrag zum Verschwinden der Mittelschichten in der DDR leistete.[119] Gestützt auf das „Gesetz zum Schutz des Volkseigentums" wurde der Kreis der vom „Justizterror" betroffenen Personen drastisch ausgeweitet. Die Zahl der Strafgefangenen stieg bis zum Juni 1953 auf ca. 60 000. In der Bundesrepublik gab es – bei einer dreifachen Bevölkerungszahl – zur gleichen Zeit etwa 40 000 Gefangene.[120]

Anstieg der Fluchtbewegung

Die Verengung individueller Gestaltungsspielräume und die Verschlechterung der Lebenssituation führten zu einem erheblichen Anstieg der Fluchtbewegung. Allein im ersten Halbjahr 1952 verließen über 70 000 Personen die DDR, im zweiten Halbjahr waren es sogar über 110 000. Dieser Trend beschleunigte sich im ersten Halbjahr 1953, bis zum Juli wurden über 300 000 Flüchtlinge registriert.[121] Zur Verhinderung der „Republikflucht" bauten die Behörden der DDR in Absprache mit den sowjetischen Besatzungsbehörden, die ihrerseits Desertationen eindämmen wollten, seit 1952 die gesamte „Demarkationslinie" zur Bundesrepublik mit umfangreichen Sperranlagen, Stacheldrahtzäunen und Minenfeldern zur am schärfsten bewachten Grenze in Europa aus.[122]

Die Beschlüsse der 2. Parteikonferenz wurden nicht nur von der Bevölkerung sondern auch von Teilen der SED-Basis mit Unmut und Widerwillen registriert. Die Mehrheit der SED-Mitglieder akzeptierte jedoch auch diese „Verschärfung des Klassenkampfes"; die Zahl der Mitglieder blieb 1952 weitgehend konstant.[123] Dies hielt die SED-Führung nicht davon ab, den „Slánský-Prozeß" in der Tschechoslowakei zum Anlaß zu nehmen, eine erneute Säuberungswelle in der Partei einzulei-

---

117 Vgl. Kowalczuk 1995b, S. 192 ff.
118 Vgl. Diedrich 1995, S. 772.
119 Vgl. Werkentin 1995, S. 47 ff.
120 Vgl. Steininger 1996b, S. 223 und Werkentin 1995, S. 359 ff.
121 Vgl. Steininger 1996b, S. 222.
122 Vgl. Lexikon – Institut Bertelsmann 1981, S. 73.
123 Vgl. Kowalczuk 1995b, S. 196 f.

ten, deren prominentestes Opfer Paul Merker wurde.[124] Gleichzeitig intensivierte die Parteispitze auch propagandistisch die Auseinandersetzung mit potentiellen Kritikern; das „Neue Deutschland" z. B. sah überall Saboteure, Provokateure und Agenten am Werk. „Feindliche Elemente" orteten die „Späher" vor allem in den bürgerlichen Parteien. Die Hälfte der Funktionäre innerhalb dieser Parteien rechnete die SED-Führung dem reaktionären Flügel zu.[125]

Der Tod Stalins am 5. März 1953 führte in der SED-Führung zu Unsicherheit: Welchen Kurs würde der Nachfolger Stalins einschlagen? Um keine „Unklarheiten" in der Bevölkerung aufkommen zu lassen, entfachte die Partei-Führung eine Kampagne zur „freiwilligen Selbstverpflichtung" und zum Eintritt in die SED. Anläßlich der Beerdigung des „größten Menschen unserer Epoche" (Neues Deutschland) hatte die sowjetische Führung der SED-Delegation signalisiert, sie könne keine finanzielle oder materielle Hilfe mehr erwarten.[126]

Die SED entschied im Mai 1953, den wirtschaftlichen Schwierigkeiten durch Anordnung bzw. Einführung einer mindestens 10%-igen Normenerhöhung zu begegnen. Dieser Schritt führte zu erheblicher Unruhe in den Betrieben, und die Fluchtbewegung vor allem über die offene Sektorengrenze in Berlin schwoll weiter an. In dieser Situation wurde die SED-Spitze nach Moskau zitiert, um dort mit einem Beschluß der KPdSU-Führung „über die Maßnahmen zur Gesundung der politischen Lage in der DDR" konfrontiert zu werden. Die in der Analyse enthaltene schonungslose Kritik an den Zuständen in der DDR und den Fehlern der SED-Politik verbanden die Sowjets mit der Forderung nach einer Korrektur der bisherigen, mit ihr abgesprochenen oder gar von ihr angeordneten Politik;[127] vor allem kleinbürgerlichen Schichten und der Kirche gegenüber sollte die SED nun ihre harte Linie abschwächen.[128]

Normenerhöhung

Nach mehreren Sitzungen verabschiedete das Politbüro gemäß der sowjetischen Direktive am 9. Juni einen „Neuen Kurs". Neben ökonomischen Zugeständnissen an die Bevölkerung sollte u. a. eine Überprüfung aller Strafurteile erfolgen und die Kollektivierungen auf dem Lande gestoppt werden.[129]

Nur die angeblich herrschende Arbeiterklasse bedachte die Partei nicht. Die Erhöhung der Arbeitsnormen blieb, auch im Moskauer Papier waren sie unerwähnt geblieben. Die Verkündung des „Neuen Kurses" am 11. Juni verfehlte nicht zuletzt deshalb die beabsichtigte Wirkung. Vor allem die Arbeiter in den Großbetrieben reagierten empört. Wie die von der SED ermittelten Stimmungsberichte verdeutlichten, spitzte sich der Unmut in der Arbeiterschaft zumeist auf eine grundsätzliche Kritik an der SED zu.[130] Schon am 11. und 12. Juni registrierte die Parteiführung Protestkundgebungen, vereinzelte Streiks und überall Forderungen an Partei und Regierung, die Arbeits- und Lebensbedingungen zu verbessern. Nach den für die Parteiführung angefertigten Stimmungsberichten wertete die Bevölkerung den

Empörung in der Arbeiterschaft

---

124 Vgl. Ackermann 1996 und Kießling 1994.
125 Vgl. Mitter 1995b, S. 761.
126 Vgl. Baring 1965, S. 36 f.
127 Vgl. Kowalczuk 1995b, S. 203.
128 Vgl. Jäger 1994, S. 71, Steininger 1996b, S. 278 ff. und Goerner 1994, S. 112 ff.
129 Vgl. Mitter 1995b, S. 762 f.
130 Vgl. Kowalczuk/Mitter 1995, S. 48 ff.

„neuen Kurs" als „Bankrotterklärung der SED-Diktatur".[131] Im Lagebericht vom 12. Juni heißt es beispielsweise: „Die Diskussionen unter der Bevölkerung sind kritischer geworden, teilweise haben sie einen heftigen Charakter gegen unsere Partei und Regierung angenommen und treten besonders umfangreich ... auf dem Lande auf."[132]

Die SED-Führung reagierte nicht mit weiteren Zugeständnissen. Auch ein Funktionär wie Heinz Brandt aus der Berliner SED-Bezirksleitung ahnte um diese Zeit noch nicht, „daß wir nur vier Tage vor einer Volkserhebung gegen Partei und Regierung – indirekt auch gegen die sowjetische Besatzungsmacht – standen, so ernst ich auch die Lage ansah".[133] Einen halben Schritt in die richtige Richtung tat Rudolf Herrnstadt als Chefredakteur des Neuen Deutschland. Er ließ unter der Schlagzeile: „Es wird Zeit, den Holzhammer beiseite zu legen" eine Reportage von Siegfried Grün und Katja Stern drucken, die sich lediglich kritisch mit der diktatorischen Methode auseinandersetzte, mit der die Normenerhöhung im VEB Wohnungsbau Berlin durchgesetzt wurde.[134] Auch wenn der Artikel nicht die Rücknahme der Normenerhöhung forderte, wirkte er als Fanal. Die Veröffentlichung im Zentralorgan der SED ging in den Betrieben von Hand zu Hand. Otto Lehmann, Sekretär des FDGB-Vorstandes, rechtfertigte dagegen zwei Tage später in einem Artikel in der Gewerkschaftszeitung „Tribüne" die Normenerhöhungen als „in vollem Umfang richtig", was auf die Protestierenden provozierend wirken mußte.[135] Die Führung des FDGB stellte damit für jedermann erkennbar ihre Parteinahme für die SED und gegen die Interessen der eigenen Mitglieder klar.

Auch innerhalb der SED führte die Verkündung des „neuen Kurses" eher zu Verunsicherung als zu Klarheit, zumal sich gerade untere Parteifunktionäre stellvertretend für ihre Führung kritische Fragen anhören mußten. Aber es wurden auch Stimmen laut, die der Parteiführung ein Zurückweichen gegenüber der Kirche oder dem „Klassenfeind" und insgesamt eine nicht nachvollziehbare „Zick-Zack-Politik" vorwarfen.[136] Die Verunsicherung der Parteifunktionäre verstärkte sich durch für sie undurchschaubare Kämpfe um die Führung der KPdSU zwischen Lawrenti Berija und Nikita S. Chruschtschow sowie durch Spekulationen über die Ablösung Ulbrichts.

b) Die Volkserhebung

Mit der Übergabe einer die Rücknahme der Normerhöhungen fordernden Resolution von Bauarbeitern an den Ministerpräsidenten Otto Grotewohl am 15. Juni begann die „heiße Phase" der Volkserhebung. Am Morgen des 16. Juni zogen Bauarbeiter, denen sich spontan Tausende von Passanten anschlossen, zum Hause des FDGB-Vorstandes, das jedoch verschlossen blieb, anschließend zum Haus der Ministerien in der Leipziger Straße. Die Demonstranten forderten die Rücknahme der Normerhöhung, freie Wahlen und den Rücktritt der Regierung.[137]

---

[131] Vgl. Kowalczuk 1995b, S. 203.
[132] Zit. nach: Mitter 1995b, S. 763.
[133] Brandt 1967, S. 218.
[134] Vgl. Grün/Stern 1991, S. 211 f.
[135] Vgl. Steininger 1996b, S. 225 f.
[136] Vgl. Kowalczuk 1995b, S. 204 ff.
[137] Vgl. Kowalczuk/Mitter 1995, S. 53 ff.

Auf einer Tagung der Parteiaktive verkündete Walter Ulbricht, der seine Macht schwinden sah, einen Politbürobeschluß vom gleichen Tag: „Deshalb hat das Politbüro der SED in seiner heutigen Sitzung beschlossen, der Regierung vorzuschlagen, die Anordnung der einzelnen Ministerien auf obligatorische Erhöhung der Arbeitsnorm als unrichtig aufzuheben. Wir sind der Meinung, daß eine Erhöhung der Normen nur auf der Grundlage der Überzeugung und der Freiwilligkeit erfolgen kann."[138] Gleichzeitig bekräftigte er jedoch den Führungsanspruch der SED und forderte eine „enge Verbindung der Parteiführung und der Partei mit den Massen sowie eine Entfaltung der Selbstkritik und der Kritik von unten". Die nach und nach vorgenommene Korrektur des 1952 eingeschlagenen Kurses wertete er als Beleg für die Richtigkeit der SED-Politik.[139] Für große Teile der Bevölkerung dagegen war diese Politik eher Ausdruck für die aktuelle Schwäche der SED-Führung.

Die Ankündigung Ulbrichts führte daher nicht zur Befriedung der Situation. Im Gegenteil: Am darauffolgenden Tag – dem 17. Juni – artikulierte sich in der gesamten DDR Protest gegen die Partei- und Staatsführung. Allein in Berlin (Ost) gingen hunderttausend Menschen auf die Straße, in Halle ca. 60 000 und in Leipzig an die 40 000. SED-Funktionäre wurden beschimpft oder auch angegriffen, Betriebe bestreikt, Parteihäuser gestürmt. In etwa 400 Städten verzeichneten Beobachter an diesem und den darauffolgenden Tagen ähnliche Aktionen. Vereinzelt gab es auch Plünderungen und Brandstiftungen sowie Gefangenenbefreiungen.[140] Die Teilnehmer der Proteste kamen aus allen sozialen Schichten, wobei Arbeiter in der Mehrheit gewesen sein dürften. Die Forderungen waren nun überall allgemein-politischer Natur und müssen als prinzipielle Ablehnung des SED-Regimes gewertet werden. Der Minister für Staatssicherheit, Wilhelm Zaisser, kommentierte die Situation: „Die Lage ist außerordentlich ernst. Es geht jetzt darum, wir oder sie."[141] Der Versuch der SED-Führung, durch den Einsatz verläßlicher SED-Funktionäre und Jugendlicher die Proteste einzudämmen, scheiterte. Auch Volkspolizei und Staatssicherheit verloren schon am Vormittag des 17. Juni die Kontrolle über die Zentren des Aufruhrs.[142] Die Kasernierte Volkspolizei kam nur begrenzt zum Einsatz, anscheinend herrschte seitens der Sowjets wie auch der SED-Führung großes Mißtrauen gegenüber den Militärverbänden der DDR.[143] Erst nach der vorläufigen Niederschlagung des Aufstandes durch sowjetische Truppen wurde die KVP ab 18. Juni mit einem „klaren Schießbefehl" zur Niederhaltung von Streiks und Demonstrationen eingesetzt.[144]

Protest gegen Partei- und Staatsführung

Nur die Ausrufung des Ausnahmezustandes durch die SKK und der Einsatz sowjetischer Panzer und Truppen retteten die SED vor dem Sturz ihres Regimes. Die Demonstranten – das vielbeschworene „Volk" – führten der SED-Führung vor Augen, daß sie weder Rückhalt in der Bevölkerung hatte noch in der Lage war, einen

Einsatz der Roten Armee

---

138 Zit. nach: ebd., S. 56.
139 Ebd.
140 Vgl. Steininger 1996b, S. 228.
141 Zit. nach: Kowalczuk/Mitter 1995, S. 57.
142 Vgl. Spittmann 1993, S. 635.
143 Vgl. Diedrich 1995, S. 774.
144 Vgl. ebd., S. 775.

breiten Volksaufstand mit eigenen Mitteln niederzuhalten. In der Verkündung des Ausnahmezustandes durch die SKK fand die DDR-Regierung nicht einmal am Rande Erwähnung. Dem nach Karlshorst beorderten Politbüro demonstrierten die Sowjets, wer in der DDR das Sagen hatte.[145]

Durch Zerschlagung von Demonstrationen und eine Verhaftungswelle gelang es den sowjetischen Truppen, eine Ausweitung der Unruhen am 17. Juni zu verhindern. Bei den Auseinandersetzungen wurden über 50 Protestierende von sowjetischen Soldaten bzw. der Kasernierten Volkspolizei getötet, mindestens 20 standrechtlich erschossen. Etwa die gleiche Zahl an sowjetischen Soldaten, die sich weigerten, gegen die Demonstranten vorzugehen, wurde gleichfalls hingerichtet.[146] Dennoch setzten sich die offenen Proteste bis zum 21. Juni und vereinzelte Aktionen noch bis in den Juli hinein fort. Auf die 3000 Festnahmen durch sowjetische Truppen folgten einige Zeit später 13 000 Verhaftungen durch DDR-Dienststellen.[147] Unter den 1240 bis zum 5. Oktober durch Gerichte der DDR wegen ihrer Teilnahme an der Volkserhebung Verurteilten befanden sich nur 59 SED-Mitglieder. Die Zahl der in Folge der Ereignisse um den 17. Juni ausgeschlossenen Genossen hielt sich ebenfalls in engen Grenzen.[148] Daraus läßt sich schließen, daß sich die SED-Mitglieder aus dem Geschehen weitgehend herausgehalten oder jedenfalls nicht nennenswert zur Volkserhebung beigetragen haben.

Polemik gegen den Westen

Die von der Dramatik der Ereignisse überraschte Parteiführung reagierte nach dem ersten Schock am Abend des 17. Juni mit Polemik gegen den Westen: „Der Anlaß für die Arbeitsniederlegungen der Bauarbeiter in Berlin ist durch den gestrigen Beschluß in der Normenfrage fortgefallen. Die Unruhen, zu denen es danach gekommen ist, sind das Werk von Provokateuren und faschistischen Agenten ausländischer Mächte und ihrer Helfershelfer aus den deutschen kapitalistischen Monopolen", hieß es z. B. in einer am 17. Juni abends im Rundfunk verlesenen Erklärung des Ministerpräsidenten Otto Grotewohl.[149] Die Interpretation der Volkserhebung als „faschistischer" oder „konterrevolutionärer Putsch" hielt sich als Tenor offizieller DDR-Geschichtsschreibung bis in die achtziger Jahre hinein nahezu unverändert. Hiernach waren die „faschisierten Adenauer- und Eisenhower-Staaten" und der Rundfunksender RIAS schuldig. Als Beleg hierfür führten die Autoren die Mitwirkung von Demonstranten aus dem Westteil Berlins und die (vereinzelte) Teilnahme von ehemaligen, zum Teil aus Zuchthäusern befreiten NSDAP-Mitgliedern an den Unruhen an.[150]

Nicht nur die nun einsehbaren Stimmungs- und Lageberichte von SED und MfS, sondern auch das tatsächliche Verhalten des Westens und des RIAS legen indes eine andere Deutung nahe. Der RIAS vermied auf Anweisung amerikanischer Stellen noch bis in die Nacht des 16./17. Juni hinein die Erwähnung des Begriffs Generalstreik, seine ersten Meldungen über Proteste in Ost-Berlin übernahmen

---

[145] Vgl. Hagen 1995, S. 777.
[146] Vgl. Mitter/Wolle 1993, S. 105.
[147] Vgl. Foitzik 1995a, S. 1357.
[148] Vgl. Kowalczuk 1995b, S. 210.
[149] Zit. nach: Kowalczuk/Mitter 1995, S. 61.
[150] Vgl. Diedrich 1994, S. 293 und Roth, H. 1991, S. 581.

andere Sender nicht. Jakob Kaiser, Minister für gesamtdeutsche Fragen, forderte noch am Abend des 16. Juni über den RIAS alle DDR-Bürger auf, „sich weder durch Not noch durch Provokationen zu unbedachten Handlungen hinreißen zu lassen". Gleichwohl entwickelte sich dieser Sender am 17. Juni und den folgenden Tagen zur wichtigsten Informationsquelle über Streikaktionen und -zentren für die DDR-Bürger.[151]

Die USA taktierten mit äußerster Vorsicht. Sie sperrten in West-Berlin die Zufahrtsstraßen zur Sektorengrenze ab und schlugen dem sich in Wien aufhaltenden Regierenden Bürgermeister Ernst Reuter sogar die Bitte um einen Platz in einer Militärmaschine ab. Seinem Vorschlag, eine in russisch gehaltene Ansprache mit der Bitte, nicht auf unbewaffnete deutsche Arbeiter zu schießen, halten zu dürfen, entsprachen die Amerikaner nicht.[152] In der nach dem Tode Stalins unklaren weltpolitischen Situation wollten die USA für die Sowjetunion berechenbar bleiben und sich trotz aller „roll-back"-Rhetorik nicht in ein ungewisses Abenteuer stürzen. Keinesfalls sollte das Risiko eines Konflikts mit einer durch revolutionäre Entwicklungen provozierten UdSSR eingegangen werden.

Reaktion der USA

Erst Tage später schien sich die SED-Führung vom Schock der Ereignisse halbwegs erholt zu haben. Sie versandte an alle Bezirksleitungen einen Fragenkatalog, um sich einen Überblick über die Geschehnisse und die derzeitige Lage zu verschaffen.[153] Auf der Sitzung des Zentralkomitees am 21. Juni räumte die Führung zwar vorsichtig Fehler ein, dennoch wurden die Ereignisse weiterhin als faschistischer Putsch interpretiert, dem sich die SED entgegengestellt habe. Die Parteibasis wurde aufgefordert, die Krise zu überwinden und die Autorität der SED wiederherzustellen.[154] In den darauffolgenden Wochen mußten die SED-Funktionäre aber erkennen, wie verbreitet der Unmut unter den „Werktätigen" war.[155] Die Parteibasis verhielt sich weitgehend passiv und konnte das Wiederaufflammen von Streiks bis um den 18./19. Juli herum vor allem in den ostdeutschen Industrieregionen nicht verhindern. Die SED-Führung entschloß sich deshalb, ihre eigene Parteibasis in den Prozeß der Abrechnung mit der Volkserhebung miteinzubeziehen.

Weitere Streiks

Streiks und Demonstrationen registrierten Partei und MfS in nahezu 400 Orten, darunter in 14 der 15 Bezirksmetropolen (einschließlich Ost-Berlin) und in 113 der 182 Kreisstädte. In 13 Bezirks- und 51 Kreisstädten verkündeten die sowjetischen Kommandanturen den Ausnahmezustand. Am 17. Juni beteiligten sich über 500 000 Menschen an Streiks und etwas über 400 000 an Demonstrationen. Am 18. Juni wurden noch 126 Betriebe voll und 60 zum Teil bestreikt. Polizei- oder Sowjettruppen besetzten zur Niederschlagung der Proteste und zur Wiederherstellung von „Ruhe und Ordnung" häufig sogar Großbetriebe.[156]

---

[151] Vgl. Spittmann/Fricke 1982, S. 212 ff.
[152] Vgl. Steininger 1996b, S. 227.
[153] Vgl. Kowalczuk 1995b, S. 211.
[154] Vgl. ebd., S. 212.
[155] Vgl. ebd., S. 214.
[156] Vgl. Diedrich 1991, S. 132 f.

c) Die Bewältigung der Krise

Innerparteilicher Machtkampf

Die Ereignisse um den 17. Juni trieben den innerparteilichen Machtkampf zwischen Ulbricht und Herrnstadt/Zaisser auf die Spitze. Herrnstadt und Zaisser hatten im Politbüro zur Erneuerung der Partei auf der Grundlage des von der sowjetischen KP verordneten „neuen Kurses" aufgerufen. Sie bemängelten die Verselbständigung des Parteiapparates und die fehlende Berücksichtigung der Interessen breiter Schichten der Bevölkerung durch die SED-Führung. Die „führende Rolle der SED" und ihr Machtmonopol stellten die Kritiker indes nicht in Frage.[157] Die desolate Lage der Partei lasteten sie einer inkompetenten Parteiführung und insbesondere dem diktatorischen Führungsstil Walter Ulbrichts an. In die Kritik einbezogen wurde auch Hermann Matern, der Vorsitzende der Zentralen Parteikontrollkommission, der die Politik Ulbrichts disziplinarisch durchgesetzt hatte.[158] Ende Juni 1953 forderte Herrnstadt in einem Entwurf des Politbüros für das 15. ZK-Plenum: „Die Partei muß zur Partei des Volkes werden, sie muß die berechtigten Interessen auch der anderen Klassen und Klassenteile vertreten, dann wird sie die volle Unterstützung sowohl der Arbeiterklasse wie der anderen Klassen und Schichten finden."[159]

Kritik an Ulbricht

In mehreren Sitzungen einer vom Politbüro eingerichteten „Kommission des Politbüros zur Ausarbeitung von Vorschlägen für Veränderungen organisatorischer Art" formulierten Zaisser und Herrnstadt ihre Kritik an der Parteiführung, speziell an Ulbricht. Am späten Abend des 7. Juli diskutierte das Politbüro die Vorschläge der Kommission und mögliche Folgen für die Parteiführung. Nur Matern und Honecker plädierten für Ulbricht als Generalsekretär, Oelßner und Mückenberger hielten sich bedeckt. Dagegen sprachen sich die Politbüromitglieder Rau, Ebert, Zaisser und Herrnstadt für den Rücktritt Ulbrichts aus. Eine förmliche Abstimmung erfolgte freilich nicht. Elli Schmidt brachte die Kritik auf den Punkt. Sie selbst habe vor der Bevölkerung

> „Dinge verteidigt, die nicht zu verteidigen sind, und Zustände beschönigt, die zu beschönigen ein Verbrechen sei. Wie könne ein Kommunist in eine solche Lage kommen? Die Ursachen hierfür lägen nicht nur in der faschistischen Provokation vom 17. Juni. Es sei auch ein Selbstbetrug, zu glauben, sie lägen nur in den fehlerhaften Beschlüssen der 2. Parteikonferenz. Der ganze Geist, der in unserer Partei eingerissen ist, das Schnellfertige, das Unehrliche, das Wegspringen über die Menschen und ihre Sorgen, das Drohen und Prahlen – das erst hat uns so weit gebracht, und daran, lieber Walter, hast Du die meiste Schuld und das willst Du nicht eingestehen, daß es ohne alledem keinen 17. Juni gegeben hätte." Und sie fügte hinzu: „Es geht nicht gerecht zu, Walter. Wer Dir zu Munde redet und immer hübsch artig ist, der kann sich viel erlauben. Honecker, zum Beispiel, das liebe Kind. Aber wer Dir nicht zu Munde redet, der bekommt keine Hilfe und kann sich totarbeiten und es wird nicht anerkannt. Und wehe gar, es passiert ihm ein Fehler!"[160]

Ulbricht verteidigte sich und warf seinen Kontrahenten im Gegenzug „fraktionelle Tätigkeit" und „Sozialdemokratismus" vor. Zaisser und Herrnstadt ginge es

---

[157] Vgl. Herrnstadt 1990, S. 20.
[158] Vgl. ebd., S. 20 f.
[159] Ebd., S. 96.
[160] Zit. nach: Herrnstadt 1990, S. 128.

doch nur um die Eroberung der Macht in der Partei. Die Rettung für Walter Ulbricht kam kurze Zeit später aus Moskau. Die Entmachtung, Verhaftung und spätere Hinrichtung des sowjetischen Sicherheitschefs Berija am 26. Juni unter dem Vorwand, einen konterrevolutionären Putsch geplant zu haben, veränderte auch die Situation in der DDR.[161] Berija hatte im Machtvakuum in der Sowjetunion nach dem Tode Stalins auf eine Veränderung der sowjetischen Deutschlandpolitik gedrängt und die Frage der „Einheit Deutschlands" wieder auf die Tagesordnung der Weltpolitik bringen wollen. Die Opponenten Ulbrichts hatten seine Hilfe im Machtkampf um die SED-Führung erwartet.

Die durch den Sturz Berijas gestärkte alte SED-Führung begann jetzt mit umfassenden Parteisäuberungen sowie mit Maßregelungen und Sanktionen in den Blockparteien. Walter Ulbricht selbst konnte die Ereignisse des 17. Juni geschickt für sich nutzen und seine zwischenzeitlich wankende Machtposition wieder stabilisieren. Die Mehrheit im Politbüro, die auf der Sitzung am 7. Juli noch für die Ablösung des Generalsekretärs war, wagte es ohne Rückendeckung aus Moskau nicht, diesen Schritt zu vollziehen. Eine Absetzung Ulbrichts schien den neuen sowjetischen Machthabern nicht geraten, so daß der Generalsekretär nach einer am 8. Juli 1953 kurzfristig anberaumten Reise nach Moskau mit dem sowjetischen Vertrauensbeweis im Gepäck an die Säuberung der eigenen Partei gehen konnte. In der Vorbereitung des 15. Plenums wandte sich nunmehr eine Mehrheit im Politbüro gegen das Duo Zaisser/Herrnstadt und bezichtigte diese einer „kapitulantenhaften Linie".[162]

Alte SED-Führung gestärkt durch Sturz Berijas

Die beiden Opponenten Ulbrichts, die bisweilen gar zu Reformern stilisiert werden,[163] wurden ihrer Funktionen im Politbüro und ZK enthoben und später aus der Partei ausgeschlossen. Justizminister Max Fechner, ehemals SPD, ließ die Parteiführung verhaften. Zum Verhängnis wurde ihm ein am 30. Juni im Neuen Deutschland abgedrucktes Interview, in dem er versprach, alle Inhaftierten vor ein ordentliches Gericht zu stellen und Personen nur zu bestrafen, wenn sie sich tatsächlich eines Verbrechens schuldig gemacht hätten. Ein bloßer Verdacht dürfe auch bei vermuteten Anführern von Streiks nicht zu einer Aburteilung führen.[164] Die SED enthob Fechner wegen staats- und parteifeindlichen Verhaltens seines Amtes und schloß ihn aus der Partei aus. Hilde Benjamin, als Vizepräsidentin des Obersten Gerichts wegen ihrer „Bluturteile" berühmt-berüchtigt, übernahm seine Position.

Trotz der konstruierten Anschuldigungen und der gegen ihn verfügten Disziplinierungen blieb Herrnstadt Musterbeispiel eines überzeugten Kommunisten; er wollte „um keinen Preis ... gegen die Partei recht haben".[165] Die Interessen der Partei setzte er in tradierter kommunistischer Manier über seine eigenen:

> „Ich mußte schuldig sein, gleichgültig, ob ich es war oder nicht. Und die Menschen mußten dazu gebracht werden, an meine Schuld zu glauben, und zwar schnell. Denn

---

[161] Vgl. Fricke 1984, S. 28 f. und Lewytzkyi 1967.
[162] Vgl. Herrnstadt 1990, S. 140.
[163] Vgl. Kowalczuk 1995b, S. 220.
[164] Vgl. Fricke 1995, S. 26 ff.
[165] Vgl. Herrnstadt 1990, S. 194.

hielten die Menschen den Beschluß für zweifelhaft oder gar für eine Fälschung, so war das nicht nur politisch eine Katastrophe, weil es Zersetzung in die Partei trug – es mußte die Organisatoren des ‚Falles Zaisser/Herrnstadt' veranlassen, uns immer wilder und wüster anzugreifen, um die Zustimmung der Partei und der Öffentlichkeit zu dem einmal gefaßten Beschluß zu erzwingen. Also war ich als Genosse wie als Individuum daran interessiert, daß zunächst einmal geglaubt werde und Ruhe eintrete."[166]

Öffentliche Kampagne gegen Zaisser/ Herrnstadt

Unmittelbar nach dem 15. Plenum inszenierte die SED eine öffentliche Hetzkampagne gegen Zaisser und Herrnstadt. Als Scharfrichter trat vor allem Karl Schirdewan auf, der nun auf Betreiben Semjonows in das Politbüro aufgenommen und engster Mitarbeiter Ulbrichts geworden war. Er bezeichnete die Kritiker der Parteiführung als „Trotzkisten" und als „offene und versteckte Feinde des deutschen Volkes und der Partei der Arbeiterklasse".[167] Hans Jendretzky, Anton Ackermann und Elli Schmidt wurden ob ihrer Kritik an Ulbricht während der Volkserhebung nicht mehr in das neugebildete Politbüro übernommen und Adalbert Hengst, seit 1952 Mitglied des Sekretariats des ZK der SED und Abteilungsleiter Wirtschaft, wegen „faktischer Unterstützung von Provokateuren" aus der Partei ausgeschlossen.

Disziplinierung und Säuberung der Partei gingen jedoch über Veränderungen in der Parteispitze hinaus. Bei den Partei„wahlen" 1957 kamen mehr als 60% der 1952 bestimmten Mitglieder der SED-Bezirksleitungen nicht mehr in ihre Ämter, und im ZK betrug der Prozentsatz nicht Wiedergewählter über 30%.[168] Zur weiteren Abschreckung wechselte die Parteiführung vor allem auf der Kreisebene 71% ihrer Sekretäre aus und entfernte einige kritische Mitglieder aus ihren Reihen.[169] Unter den neu gewählten Leitungen wie auch den neuen Mitgliedern stieg interessanterweise der Anteil ehemaliger NSDAP-Mitglieder an.[170] Einen anderen Weg wählten Tausende SED-Mitglieder: Sie verließen ihre Partei, indem sie nach Westdeutschland oder West-Berlin flohen. Allein im Jahre 1953 waren es 11 000.[171]

Bildung von Einsatzleitungen

Auch gegenüber den Blockparteien und den Massenorganisationen demonstrierte die SED-Führung Härte und verhängte Sanktionen,[172] die schon im Herbst/Winter 1952 mit der Entlassung eines LDPD- und eines CDU-Ministers begonnen hatten. Aber die wichtigste Reaktion der SED-Führung auf den 17. Juni bestand in der Straffung und dem Ausbau ihres Macht- und Disziplinierungsapparates. Zur Koordination möglicher Aktivitäten von Staats- und Parteiorganen im inneren und äußeren Spannungsfall ordnete die Parteiführung im Juli 1953 die sofortige Bildung von Einsatzleitungen an. Diese setzten sich auf der Bezirksebene aus dem Vorsitzenden des Rates des Bezirkes, dem 1. Sekretär der SED-Bezirksleitung, einem beauftragten Offizier der KVP, dem Leiter der Bezirksbehörde der Deutschen Volkspolizei und dem Leiter der Bezirksverwaltung des MfS zusammen. Der Vorsitz

---

[166] Ebd., S. 186.
[167] Zit. nach: ebd., S. 190 f.
[168] Vgl. Staritz 1996, S. 130 f.
[169] Vgl. Kowalczuk 1995b, S. 234 f.
[170] Vgl. ebd., S. 238.
[171] Vgl. Foitzik 1995a, S. 1361.
[172] Vgl. Haupts 1995, S. 278 ff. und Mitter 1995b, S. 766.

der neu zu schaffenden Gremien wurde anfangs dem Vorsitzenden des Rates des Bezirkes und ab Ende Januar 1954 dem 1. Sekretär der SED-Bezirksleitung übertragen.[173]

Im September 1953 beschloß das Politbüro auf Veranlassung Ulbrichts, auf zentraler Ebene eine „Kommission für Sicherheitsfragen" zu bilden, deren konstituierende Sitzung allerdings wahrscheinlich erst im Juli 1954 stattfand. Die weitgehend konspirativ arbeitende Sicherheitskommission sollte sich mit generellen Fragen der „Sicherheit und Verteidigung des Landes" beschäftigen, doch zielte ihre Gründung vorrangig gegen die „innere Opposition" in der DDR und sogar in der Partei selbst.[174]

Das nach der Absetzung von Zaisser vorübergehend formell zum Staatssekretariat degradierte Ministerium für Staatssicherheit, dem die Parteiführung im Zusammenhang mit dem 17. Juni eine einseitige Orientierung auf den „äußeren Feind" vorwarf, erhielt neue Aufgaben und wurde personell verstärkt. An seine Spitze berief die Parteiführung mit Ernst Wollweber wiederum einen Kader aus den sowjetischen Geheimdiensten. Die Partei stellte darüber hinaus die enge Anbindung der Staatssicherheitsorgane an ihre Gliederungen sicher.

Verstärkung des MfS

> „Die Auffassung, daß die Staatssicherheitsorgane außerhalb oder über der Partei stehen, ist bei den Mitarbeitern ziemlich weit verbreitet. Aber es muß ein für alle Mal damit Schluß sein. Es gibt nichts neben und nichts über der Partei. Alle Organe sind der Partei untergeordnet und werden von der Partei geleitet. Alles, was wir sind, sind wir durch die Partei",

bekundete Herrmann Matern, der Vorsitzende der Zentralen Parteikontrollkommission im November 1953.[175]

Aufgrund der Erfahrungen des Jahres 1953 reorganisierte die SED-Führung auch die Parteiorganisation im MfS. Hochrangige Kader des MfS wurden Mitglieder des ZK bzw. der Bezirks- und Kreisleitungen der SED, um zukünftig einen engeren Kontakt zwischen Ministerium und Partei zu gewährleisten. Wollweber erklärte auf dem IV. Parteitag der SED, der „Versuch Zaissers, die Staatssicherheit über die Partei zu stellen" sei gescheitert,

> „wie alle parteifeindlichen Handlungen scheitern müssen, die darauf hinauslaufen, Macht gegen die Partei zu sammeln. Die Leute, die Macht gegen die Partei sammeln wollen, werden immer wieder feststellen müssen, daß sie Ohnmacht gesammelt haben ... Daß die Genossen in den Organen der Staatssicherheit in jeder Situation standhaft seien und treu zur Partei stehen müssen, ist eine der Voraussetzungen für eine wirklich erfolgreiche Arbeit der Staatssicherheit."[176]

Die SED-Führung befahl überdies die Bildung von Informationsgruppen im Ministerium für Staatssicherheit. Der Sicherheitsapparat sollte der Parteiführung präzise Informationen über die Stimmung in der Bevölkerung und die wirkliche Lage in den Betrieben geben können. Durch die regelmäßige Berichterstattung und die engere Anbindung der Staatssicherheit an die Partei wollte diese einem zweiten

---

[173] Vgl. Kowalczuk 1995b, S. 218 und Wagner 1997, S. 175 ff.
[174] Vgl. Wagner 1997, S. 173 ff.
[175] Zit. nach: Mitter 1995b, S. 766 f.
[176] Zit. in: SED 1954, S. 710.

17. Juni vorbeugen und sich entsprechende Handlungsspielräume sichern.[177] Darüber hinaus verstärkte die Partei im September 1953 die personelle Ausstattung ihrer Mitte 1952 gebildeten bewaffneten „Betriebskampfgruppen".[178]

Die Reaktion der SED-Führung auf die Krise ihres Gewaltregimes sollte beispielhaft für ihre Lösungsversuche bei später auftretenden Schwierigkeiten werden: Erstens hielt die Parteiführung unbeirrt an ihrem Kurs der „gesetzmäßigen gesellschaftlichen Entwicklung zu einem von Krisen und antagonistischen Widersprüchen freien Sozialismus" fest und begegnete Kritik und Protest mit dem Ausbau der Zentralisierung von Macht und Kontrolle durch Partei- und Staatsorgane. Zweitens wies sie die Schuld für die Krise inneren und äußeren Feinden des Sozialismus zu, die sie zumeist als Faschisten oder imperialistische Agenten bezeichnete. Zur Bestätigung dieser Anschuldigung führte sie drittens Säuberungen und Disziplinierungen durch, enthob prominente Kritiker als warnendes Beispiel ihrer Ämter und schloß sie aus der Partei aus. Viertens appellierte sie an ihre Basis, um diese für verstärkte Anstrengungen zum Aufbau bzw. zur Verteidigung des Sozialismus zu gewinnen und versprach der Bevölkerung Reformen sowie eine Verbesserung der sozialen Lage.

Der 17. Juni 1953 in der DDR-Forschung

In der westdeutschen DDR-Forschung galt der 17. Juni seit den sechziger Jahren gemeinhin als „Arbeiteraufstand".[179] Nach 1989 mehren sich die Stimmen, die von einer Volkserhebung[180] oder gar einer gescheiterten Revolution[181] sprechen. Nach den jetzt einsehbaren Unterlagen scheint der allgemeinpolitische Charakter der Proteste offenkundig zu sein. Selbst das MfS räumte in einer Analyse der Geschehnisse als eine zentrale Triebfeder das Motiv der grundsätzlichen und bewußten Gegnerschaft gegen die DDR ein.[182] Die wirtschaftlichen und sozialen Schwierigkeiten wie die Normerhöhung mögen Auslöser der Unruhen gewesen sein, aber die rasche Verbreitung politischer Forderungen nach freien Wahlen oder dem Ende der SED-Herrschaft zeigen, daß der wahre Kern der Unruhen in einer allgemeinen Unzufriedenheit mit dem politischen und gesellschaftlichen System begründet lag. Die mehrheitliche Beteiligung von Arbeitern spricht keineswegs gegen diese These[183], zumal der Kampf für bessere Lebensbedingungen gerade in totalitär verfaßten Gesellschaften immer auch Kampf gegen die politische Führung bzw. dessen Ouvertüre ist.

Volkserhebung

Angesichts der sozialen Breite und der nahezu flächendeckenden Ausweitung kann zu Recht von einem „Volksaufstand" oder – treffender – von einer „Volkserhebung" gesprochen werden, die sich möglicherweise zu einer „Revolution" entwickelt und zur Abschaffung des SED-Regimes, zu freien Wahlen sowie zur Wiedervereinigung geführt hätte, wäre die sowjetische Besatzungsmacht nicht gewaltsam eingeschritten. Inhalte und Ziele der Volkserhebung lassen sich nicht auf einen Nenner reduzieren: Forderungen nach besseren Arbeits- und Lebensbedin-

---

[177] Vgl. Mitter/Wolle 1993, S. 145 ff.
[178] Vgl. Staritz 1996, S. 131.
[179] Vgl. z. B. Baring 1965.
[180] Vgl. Hagen 1992.
[181] Vgl. Mitter/Wolle 1993.
[182] Vgl. Staritz 1996, S. 123.
[183] Vgl. Mitter 1995a, S. 22.

gungen korrespondierten mit dem Streben nach Freiheit, Demokratie und – darüber vermittelt – nach nationaler Einheit. Im Vergleich zu Aufständen in anderen Ländern des Ostblocks (Polen, Ungarn, ČSSR) wird jedoch die nationale Besonderheit der Volkserhebung sichtbar; Gegner des Systems in der DDR konnten zwischen der Flucht in die Bundesrepublik und der Beteiligung am Aufstand wählen. Für die SED-Führung jedenfalls blieb der 17. Juni 1953 bis zum Zusammenbruch ihrer Diktatur eine stete Warnung und Erinnerung, daß sie „Fremde im eigenen Land" waren, die ihre Macht nur durch den Einsatz von Gewalt und durch Unterstützung der sowjetischen Führungsmacht sichern konnten. Aber auch der Bevölkerung blieb der 17. Juni in traumatischer Erinnerung: Die Angst vor dem erneuten Einsatz sowjetischer Panzer ließ prinzipiellen Widerstand gegen das SED-Regime über Jahrzehnte als aussichtslos erscheinen.[184]

3. Zaghafte Entstalinisierung und die Stabilisierung Ulbrichts

a) Die Integration in den sowjetischen Block und der XX. Parteitag der KPdSU

Der IV. Parteitag der SED vom 30. März bis 6. April 1954 knüpfte wieder an die Leitlinie der 2. Parteikonferenz von 1952 an und nahm den weiteren Aufbau des Sozialismus ins Visier. Die Delegierten beschlossen ein neues Statut, das der Partei formell weitergehende, in der Praxis ohnehin übliche Rechte in allen gesellschaftlichen Bereichen einräumte, z. B. Kontrollrechte der Betriebsparteiorganisationen über die Betriebsleitungen in sämtlichen volkseigenen Betrieben. Nach dem neuen sowjetischen Raster einer „kollektiven Führung" für die kommunistischen Parteien nannte sich der erste Mann der SED, Walter Ulbricht, noch immer im Besitz der uneingeschränkten Macht, nicht mehr Generalsekretär, sondern „Erster Sekretär" des ZK der SED. Der gerade erst auf sowjetisches Betreiben in das Politbüro aufgenommene Karl Schirdewan, als Sekretär auch für Kaderfragen verantwortlich, rückte in der Parteihierarchie nach Ulbricht zum „zweiten Mann" auf.[185] Weiterhin änderte der Parteitag die Kriterien der Parteimitgliedschaft. Das Mindestalter für den Eintritt wurde von 16 auf 18 Jahre heraufgesetzt und der Austritt aus der Partei war nun nicht mehr zulässig. In einem Appell verpflichtete der Parteitag die Mitglieder zur Erziehung aller Werktätigen im Geiste des sozialistischen Internationalismus sowie auf die Verteidigung der Heimat.[186]

Kurz vor dem Parteitag hatte die DDR nach dem Scheitern der Berliner Außenministerkonferenz der vier Mächte von der Sowjetunion „erweiterte Souveränitätsrechte" gewährt bekommen. Sie sollte fortan „nach eigenem Ermessen über ihre inneren und äußeren Angelegenheiten" entscheiden können. An die Stelle der aufgelösten Behörde des „Hohen Kommissars" (HK) trat nun der Botschafter der UdSSR in der DDR. Die faktische Funktion einer Oberaufsicht in der DDR blieb indes gewahrt. Hierfür sorgte allein schon die personelle Kontinuität in SMAD, SKK, der Funktion des Hohen Kommissars bis hin zur Botschaft. Auf die

„Erweiterte Souveränitätsrechte"

---

[184] Vgl. Schroeder 1997.
[185] Vgl. Weber 1987, S. 24.
[186] Vgl. ebd.

Ratifizierung der „Pariser Verträge" und den im Mai 1955 erfolgten Eintritt der Bundesrepublik in die NATO reagierte die Sowjetunion mit der Einbeziehung der DDR in den „Warschauer Vertrag über Freundschaft, Zusammenarbeit und gegenseitigen Beistand".

Unmittelbar nach dem Scheitern der Genfer Konferenz im Juli 1955, auf der die sowjetische Seite erneut freie gesamtdeutsche Wahlen als Voraussetzung der Wiedervereinigung abgelehnt hatte, verkündete Chruschtschow in Ost-Berlin erstmals die neue sowjetische „Zwei-Staaten-Doktrin". Hiernach wäre eine zukünftige Wiedervereinigung zwar Angelegenheit der Deutschen, aber aus sowjetischer Sicht nur unter Wahrung der „sozialistischen Errungenschaften" der DDR möglich. Damit sprach erstmals auch die Sowjetunion die Intention der SED-Führung offen aus, derzufolge ein vereintes Deutschland nur unter sozialistischen Vorzeichen denkbar sei. Im September wurde schließlich der „Vertrag über die gegenseitigen Beziehungen zwischen der DDR und der Sowjetunion" geschlossen, der der DDR die „volle Souveränität" geben sollte. Die sowjetischen Truppen blieben freilich im Lande, und die Sowjetunion behielt sich die Kontrolle des Verkehrs der Alliierten nach West-Berlin vor. In den folgenden Jahren wurde die DDR in verstärktem Maße wirtschaftlich, politisch und nun auch militärisch in den von der Sowjetunion geführten Block integriert. Die Vier-Mächte-Verantwortung für Deutschland blieb dadurch unberührt.

„Zwei-Staaten-Doktrin"

Entsprechend sowjetischen Anweisungen entstand 1956 durch den Ausbau schon vorhandener paramilitärischer Strukturen in Gestalt der Kasernierten Volkspolizei eine reguläre Armee auf „Freiwilligenbasis" mit einer Stärke von vorerst 120 000 Mann. In einem Beschluß der 23. Tagung des ZK der SED vom April 1955 heißt es, die KVP sei „unverzüglich zu einer schlagkräftigen, kampfstarken und von hohem Bewußtsein erfüllten Kaderarmee zu entwickeln".[187] Nach einer Verfassungsänderung im September 1955 erließ daraufhin die DDR-Volkskammer im Januar 1956 das „Gesetz über die Schaffung der Nationalen Volksarmee und des Ministeriums für Nationale Verteidigung". Auch wenn die neuen Uniformen an die der Deutschen Wehrmacht erinnerten und generell zumindest äußerlich preußische Militärtraditionen gepflegt wurden, handelte es sich doch um keine wirklich eigenständige Armee. Vielmehr wurde sie nach sowjetischen Bedürfnissen strukturiert, bewaffnet und ausgebildet.[188]

Schaffung der NVA

Das Jahr 1956 begann für die SED-Spitze um Walter Ulbricht mit einem Paukenschlag: Nach der Erholung vom Schock der Juni-Ereignisse 1953 und der nachfolgenden mühsamen Konsolidierung der Macht führte der XX. Parteitag der KPdSU im Februar 1956 erneut zu einer akuten Bedrohung der Führungsspitze. Zwar war schon seit dem Machtantritt Chruschtschows im September 1953 eine Neuorientierung der sowjetischen Politik erkennbar gewesen[189], aber erst die Verkündung einer neuen Generallinie und vor allem die Abrechnung mit Stalin auf bzw. nach dem XX. Parteitag und die von ihr ausgelösten Erschütterungen in Polen und Ungarn brachten die SED-Führer in Zugzwang. Schließlich hatten sie sich

XX. Parteitag der KPdSU

---

[187] Zit. nach: Lapp 1995a, S. 1903.
[188] Vgl. ebd., S. 1900 ff.
[189] Vgl. Staritz 1996, S. 141 ff.

allesamt als treue Gefolgsleute Stalins verstanden und auch nach seinem Tode keine Distanzierung erkennen lassen. Im Gegenteil: Noch auf der 25. ZK-Tagung vom Oktober 1955 sprach die Parteispitze weiter von der „Lehre von Marx, Engels, Lenin und Stalin" als ideologischer Grundlage der Partei.[190]

Nachdem der XX. Parteitag offiziell beendet war, wurden die etwa 1500 Delegierten zu einer Nachtsitzung in den Kreml einbestellt. Chruschtschow verlas vier Stunden lang im Namen des neuen Zentralkomitees sein Referat „Über den Personenkult" und seine Folgen. Darin hieß es unter anderem:

> „Stalin hielt sich nicht damit auf, die Menschen zu überzeugen, aufzuklären und geduldig mit ihnen zusammenzuarbeiten, sondern er zwang anderen seine Ansichten auf und verlangte absolute Unterwerfung unter seine Meinung. Wer sich seiner Konzeption widersetzte oder einen eigenen Standpunkt zu vertreten, die Korrektheit der eigenen Position zu beweisen suchte, wurde unweigerlich aus dem Führungskollektiv ausgestoßen und anschließend sowohl moralisch als auch physisch vernichtet."

Stalins Charaktereigenschaften, der Kult um die eigene Person, hätten ihn zum größenwahnsinnigen und krankhaft mißtrauischen Despoten werden lassen, der Massenmord und die Ausrottung ganzer Völker anordnete. Schließlich trage er wegen der Ermordung der militärischen Führung der Roten Armee die Verantwortung für die mangelhafte Vorbereitung des sowjetischen Militärs auf den Überfall der deutschen Wehrmacht am 22. Juni 1941.[191]

Nicht von ungefähr richtete Chruschtschow, zuvor ein Gefolgsmann Stalins, seine Kritik ausschließlich auf die Person Stalins und dessen Charaktereigenschaften. Dank dieser Fokussierung blieben die eigentlichen Mechanismen des totalitärgewaltsamen Herrschaftsapparates außerhalb des Blickwinkels. Indem die Verantwortung allein dem übermächtigen Diktator zugeschoben wurde, sollte die Auseinandersetzung mit den Strukturen und Inhalten des keineswegs allein von Stalin zu verantwortenden Gesellschaftssystems vermieden werden. Im Gegenteil, angesichts des Terrors gegen ihre Funktionäre ab 1934 – als mit dem Leningrader Parteichef Kirow ein potentieller Konkurrent von Stalin ermordet wurde – konnte die Partei sich selbst als Opfer von Stalins Verbrechen hinstellen. So verwundert es nicht, daß die Kritik personalistisch blieb und damit das Regime bei allen Tauwettertendenzen letztlich unangetastet ließ.

Kritik an der Person Stalins

Der öffentliche Vorwurf exzessiven Machtmißbrauchs durch Stalin erschütterte nicht nur die versammelten sowjetischen Kommunisten, sondern auch die SED-Delegation. Die freilich war bestrebt, ein Übergreifen der Kritik auf die DDR zu verhindern, da dies ihre eigene Position hätte in Frage stellen können. Immerhin verdankte sie ihre Machtstellung der von Stalin geführten Sowjetunion. Bezeichnenderweise wurde das Referat von Chruschtschow in der DDR erst nach dem Fall der Mauer veröffentlicht.

Walter Ulbricht kehrte allerdings taktisch klug als „Kritiker" Stalins aus Moskau zurück. Am 4. März schrieb er im Neuen Deutschland:

> „Wenn man von Genossen gefragt wird, ob Stalin zu den Klassikern des Marxismus gehört, kann man darauf nur antworten: Zweifellos hat Stalin nach dem Tode Lenins bedeutende Verdienste beim Aufbau des Sozialismus und im Kampf gegen die

---

[190] Vgl. Weber 1987, S. 24.
[191] Vgl. Krusius/Wilke 1977, S. 487 ff.

parteifeindlichen Gruppierungen ... Als sich Stalin jedoch später über die Partei stellte und den Personenkult pflegte, erwuchsen der KPdSU und dem Sowjetstaat daraus bedeutende Schäden. Zu den Klassikern des Marxismus kann man Stalin nicht rechnen."[192]

Teile der „Geheimrede" Chruschtschows, die im Westen schon früh Verbreitung gefunden hatten, wurden den Delegierten der 3. Parteikonferenz der SED im März 1956 durch Karl Schirdewan zur Kenntnis gegeben. Anlaß zur Selbstkritik boten sie freilich der SED-Führung nicht. Walter Ulbricht hatte schon vorab empfohlen, die Lehren des XX. Parteitages der KPdSU auch in der DDR zu beherzigen, aber nur, „soweit sie auf unsere Verhältnisse anwendbar sind". Da es in der DDR keinen Personenkult und keine Massenrepressalien gegeben hätte, dürfte eine „rückwärtsgewandte Fehlerdiskussion" nicht zugelassen werden. Die Parteikonferenz widmete sich vielmehr vor allem dem zweiten Fünfjahrplan (1956 bis 1960), der eine Erhöhung der Arbeitsproduktivität und eine Steigerung der industriellen Bruttoproduktion von mindestens 55% bringen sollte.[193]

Keine „rückwärtsgewandte Fehlerdiskussion"

Die SED-Führung leistete etwas später doch noch einen kleinen Beitrag zur „Entstalinisierung": Ehemalige Parteiführer wie Dahlem, Ackermann und andere wurden politisch rehabilitiert, über 11 000 Personen begnadigt und bis Oktober insgesamt rd. 21 000 Häftlinge (darunter auch Max Fechner) entlassen.[194] Ferner rief die Parteispitze zur Überwindung des Dogmatismus auf allen Gebieten des geistigen Lebens auf und befürwortete den wissenschaftlichen Meinungsstreit.

Prinzip der „friedlichen Koexistenz"

Auf der gleichen Tagung des Zentralkomitees im Juli 1956 übernahm die SED das von Chruschtschow unter Berufung auf Lenin vorgegebene Prinzip der „friedlichen Koexistenz". Hiernach waren Kriege zwischen Staaten unterschiedlicher Gesellschaftsordnung vermeidbar. Der Kampf der Gesellschaftssysteme würde sich zukünftig auf politischen, wirtschaftlichen und technischen Feldern abspielen, wobei sich – selbstredend – das kommunistische System als überlegen erweisen würde. Eine Koexistenz auf dem Gebiet der Ideologie galt weiterhin als ausgeschlossen. Ebenso könnte es keine Koexistenz zwischen „Kolonisatoren und ihren Opfern" geben, nationale Befreiungskriege wären auch zukünftig unvermeidbar. Als strategische Formel für die Außenpolitik der von der Sowjetunion geführten Länder stand die „friedliche Koexistenz" für eine territoriale und militärische Status-quo-Politik gegenüber dem Westen, dessen Einfluß in den Ländern der Dritten Welt jedoch systematisch zurückgedrängt werden sollte. Die Sowjetunion versprach sich von dieser Festschreibung des zwischenstaatlichen Status-quo eine Verbesserung der Wirtschaftsbeziehungen und des Technologietransfers. Mit der Verkündung dieser neuen Generallinie versuchte sie, auf ökonomischem und technischem Gebiet zu den kapitalistischen Gesellschaften aufzuschließen. Für die DDR hatte dieser strategische Kurswechsel ihrer Führungsmacht kaum Bedeutung, da die Regierung der Bundesrepublik unter Adenauer auf dem „Alleinvertretungsanspruch" bestand. Eine Intensivierung der Wirtschaftsbeziehungen mit ihr stieß darum auf enge Grenzen. Ihre Einflußnahme auf das politische Kräfteverhältnis in der Bundesrepublik setzte die SED ohnehin unbeirrt fort.[195] Allerdings verlor sie mit dem Urteil

---

[192] Zit. nach: Bögeholz 1995, S. 203.
[193] Vgl. Weber 1991, S. 76.
[194] Vgl. ebd., S. 46 und Fricke 1995a, S. 26 ff.
[195] Vgl. Staadt 1993.

des Bundesverfassungsgerichtes zum Verbot der KPD 1956 ihren legalen Interventionsapparat.

b) Der ungarische Volksaufstand und die verschärfte Repression in der DDR

Die SED-Führung mußte zur Kenntnis nehmen, daß sich die Stimmung in der Bevölkerung wegen andauernder Versorgungsengpässe weiter verschlechtert hatte und vereinzelte Streiks im Frühjahr 1956 Ängste vor neuem Aufruhr entstehen ließen.[196] In dieser angespannten Lage wirkte der Aufstand der Bevölkerung in der polnischen Industriestadt Poznan (Posen) als gefährliches Warnsignal, zumal das MfS als Grund für die Unruhen Versorgungskrisen ausmachte.[197] Zur Abwehr des „polnischen Bazillus" reagierte die SED-Führung mit dem Schüren antipolnischer Gefühle und Ressentiments, die an vorhandene Stimmungslagen in Teilen der Bevölkerung anknüpften.[198]

Das Zentralkomitee der Vereinigten Polnischen Arbeiterpartei wählte am 20. Oktober 1956 ohne Einverständnis der sowjetischen Führung Władysław Gomułka, der Jahre in polnischen Gefängnissen verbracht hatte, zum Ersten Sekretär. Den blutig niedergeschlagenen Arbeiteraufstand von Posen würdigte Gomułka als Lektion für die Partei. Nicht imperialistische Agenten und Provokateure seien für die Unzufriedenheit der Arbeiter verantwortlich, sondern Partei und Regierung.[199] Mit der Wahl Gomulkas schien die Krise unter Kontrolle, die Macht der Partei nicht gefährdet.

Ende Oktober kam es in Ungarn zu einem Volksaufstand gegen die kommunistische Diktatur und die Sowjetunion. Binnen weniger Tage war die Macht der ungarischen Partei gebrochen, diese löste sich sogar auf, so daß János Kádár sie am 1. November 1956 unter dem Namen „Ungarische Sozialistische Arbeiterpartei" neu gründen mußte. Zuvor war der zu Hochzeiten des Stalinismus kaltgestellte Reformkommunist Imre Nagy – in den dreißiger Jahren in der sowjetischen Emigration Zuträger des NKWD – zum Ministerpräsidenten ernannt worden. Mit den Sowjets verhandelte er über den Abzug ihrer Truppen aus Budapest, der am 30. Oktober erfolgte. Nachdem Nagy eine Koalitionsregierung mit den 1948 verbotenen antifaschistischen Parteien eingegangen war und den Austritt aus dem Warschauer Pakt erklärt hatte, kehrten die sowjetischen Truppen indes am 4. November zurück. Sie schlugen den Volksaufstand mit militärischer Gewalt nieder. Der Preis dafür war hoch: Mehrere tausend Menschen kamen ums Leben, über 10 000 wurden verletzt. Wegen Beteiligung am Aufstand verhängten die Sowjets und die von Kádár gebildete „Revolutionäre Arbeiter- und Bauernregierung" über 2000 Todesurteile. Etwa 200 000 Ungarn flohen ins Ausland. Der „Reformkommunist" Nagy wurde nach einem Geheimprozeß zusammen mit seinen Mitarbeitern Maléter (Verteidigungsminister) und Gimes am 16. Juni 1958 hingerichtet. Ihre Leichname ließ die neue Führung verscharren.[200] Mit der Roten Armee im Rücken konnte Kádár die kommunistische Herrschaft in Ungarn reorganisieren.

Ungarischer Volksaufstand

---

[196] Vgl. Mitter/Wolle 1993, S. 184 ff.
[197] Vgl. ebd., S. 214 ff.
[198] Vgl. ebd., S. 218.
[199] Wladislaw Gomulka: Rede auf dem VIII. Plenum des ZK der PVAP vom 20. Oktober 1956, in: Krusius/Wilke 1977, S. 114.
[200] Vgl. Lendvai 1996, S. 182 ff.

Die Sowjetunion hatte damit unter Beweis gestellt, daß die „Entstalinisierung" nur begrenzten Charakter hatte und sie in ihrem direkten Machtbereich keinen eigenen oder besonderen Weg zum Sozialismus, wie etwa in Jugoslawien, dulden würde. Dies kam der SED-Führung um Walter Ulbricht zugute, die unterdessen das ohnehin nur zaghafte „Tauwetter" in der DDR rasch wieder beendet hatte. Anlaß zur Besorgnis bot vor allem die Lage an den Universitäten, wo Studenten und Teile des Lehrkörpers eine weitergehende „Entstalinisierung" forderten und sich durch die Ereignisse in Ungarn bestärkt sahen, auch in der DDR mehr Freiheit zu verlangen. Doch die SED ließ keine Zweifel am eigenen Machtanspruch aufkommen. Schon 1955 hatte sie bei Unruhen an der Universität Greifswald hart durchgegriffen.[201] Auch 1956 reagierte sie mit Härte; in der am 3. November 1956 erlassenen „Richtlinie über die Abwehr feindlicher Tätigkeit gegen die Universitäten und Hochschulen der Deutschen Demokratischen Republik" heißt es:

Unruhige Lage an den DDR-Hochschulen

„Die Ereignisse in Ungarn, die neuerdings in eine gefährliche Phase getreten sind und Chaos und Anarchie ausbreiten, beweisen, wie die konterrevolutionären Elemente von der Durchführung ihrer Agententätigkeit über einzelne Feindhandlungen zu blutigen Provokationen übergehen, um die alten kapitalistischen Verhältnisse wiederherzustellen ... Die Mitarbeiter (des MfS – d. Verf.) ... müssen in Auswertung der Vorkommnisse in Ungarn, wo die konterrevolutionären Aktionen von feindlichen Studentengruppen eröffnet worden sind, besonders die Wachsamkeit erhöhen und die Ergebnisse der bisherigen operativen Arbeit überprüfen, des weiteren den jetzigen Arbeitsstil um ein Höchstmaß verbessern, so daß in der nächsten Zeit die Arbeitsintensität verdoppelt wird."[202]

Die Partei hatte ihre Lektion aus den Erfahrungen des Juni 1953 gelernt: Proteste und Unruhen sollten fortan im Keime erstickt werden. Zur Abschreckung der unruhigen Geister an den Universitäten ließ die Parteiführung am 29. November 1956 den Philosophen Wolfgang Harich verhaften und 1957 zusammen mit einigen Mitstreitern zu zehn Jahren Zuchthaus verurteilen.[203]

Der überzeugte Marxist-Leninist Wolfgang Harich hatte ein Papier verfaßt, in dem er die Abkehr vom bisher verfolgten dogmatischen Weg und einen besonderen deutschen Weg zum Sozialismus sowie die Diskussion eines vom Stalinismus befreiten Marxismus-Leninismus anmahnte. Darüber hinaus enthielt der Aufsatz Forderungen zur Verbesserung des Lebensstandards, zur Einstellung der „Normentreiberei" und der landwirtschaftlichen Kollektivierungen, zur „Wiederherstellung der völligen Geistesfreiheit", zur Auflösung des MfS und der Beendigung des Kirchenkampfes, der die Partei von den religiösen Schichten der Bevölkerung isoliert habe. Zur Reform des politischen Systems schlug Harich ein erweitertes Blocksystem vor, an dessen Spitze eine reformierte SED stehen sollte. Bei der Wahl sollte die Bevölkerung auf der Einheitsliste des Blocks zwischen verschiedenen Kandidaten auswählen können.[204]

---

[201] Vgl. Mitter/Wolle 1993, S. 260.
[202] Zit. nach: ebd., S. 268.
[203] Vgl. ebd., S. 273.
[204] Vgl. Weber 1963, S. 602, Mitter/Wolle 1993, S. 274 ff. und Harich 1993.

Der Gruppe um Harich ging es mithin nicht um die Abschaffung der DDR oder auch nur die Rücknahme des Machtmonopols der SED, sondern eher um einen „demokratischeren und liberaleren Sozialismus", wie sie selbst bekundeten: „Wir wollen nicht mit dem Marxismus-Leninismus brechen; aber wir wollen ihn vom Stalinismus und Dogmatismus befreien und auf seine humanistischen und undogmatischen Gedankengänge zurückführen."[205] Der Parteiführung galten diese Forderungen als „Ketzerei" und Auftakt einer „Verschwörung". Sie ließ kurze Zeit später weitere Personen, die in Kontakt zu Harich standen, verhaften und aburteilen. Unter ihnen befand sich auch Walter Janka, der zum „Staatsfeind" stilisiert und ebenfalls zu einer hohen Freiheitsstrafe verurteilt wurde. Mit der Stigmatisierung als verschwörerische Gruppe zielte die Parteiführung auf eine abschreckende Wirkung gegenüber Diskussionszirkeln innerhalb der Partei, vor allem im Bereich der Kultur und Wissenschaft. Wie weit das gegenseitige Mißtrauen auch bei „kritischen Geistern" in der SED ausgeprägt war, zeigen die späteren gegenseitigen Beschuldigungen der beiden Hauptakteure. Bis zu ihrem Ableben bezichtigten sie sich als Vertrauensleute des MfS (Harich über Janka) bzw. des KGB (Janka über Harich).[206]

Den Harich-Prozeß nutzte die Parteiführung, staatstragenden Intellektuellen und Kulturschaffenden ihre Allmacht unmittelbar vor Augen zu führen. Die Schriftsteller Willi Bredel und Anna Seghers sowie die Brecht-Witwe Helene Weigel verfolgten den Prozeß vor Ort, enthielten sich freilich jeden Kommentars. Selbst der Delinquent durfte bei der Inszenierung und Zelebrierung des Rituals kommunistischer Parteisäuberung nicht abseits stehen, in seiner Selbstkritik führte Harich aus:

Harich-Prozeß

> „... ich möchte einen Dank abstatten, und zwar an die Staatssicherheit der DDR ... und ich habe da die Feststellung gemacht, sie sind sehr korrekt und anständig ... ich war nämlich nicht mehr aufzuhalten ... Ich war ein politisch durchgebranntes Pferd, das mit Zurufen nicht mehr aufzuhalten war ... Wenn man mich nicht festgenommen hätte, dann wäre ich heute nicht reif für die zehn Jahre, die der Herr Generalstaatsanwalt beantragt hat, sondern für den Galgen, und deshalb sage ich der Staatssicherheit dafür, für deren Wachsamkeit, meinen Dank."[207]

Die Verfolgung widerspenstiger Studenten und Wissenschaftler setzte sich noch bis 1958 fort. Die Methoden der Abschreckung reichten von Zwangsrelegationen über Absetzungen bis hin zu Inhaftierungen und Verhängung hoher Zuchthausstrafen.[208] Der marxistische Philosoph Ernst Bloch, der mit der Existenz der DDR die Hoffnung auf eine sozialistische Gesellschaft im Marxschen Sinne verband, wurde 1957 zwangsweise emeritiert und damit von der Universität Leipzig entfernt.[209] Nach dem Bau der Mauer blieb er endgültig in der Bundesrepublik.

Die Hoffnungen einiger Intellektueller, die Parteiführung würde eine Abkehr vom Dogmatismus einleiten und eine schrittweise Liberalisierung des politischen Lebens zumindest tolerieren, wurden 1956/57 bitter enttäuscht. Spielräume für ein „sozialistisches Experimentieren" gab es nicht. Doch 1956 wuchs der Keim für eine

---

205 Zit. nach: Weber 1963, S. 599.
206 Vgl. Harich 1993 und Janka 1990.
207 Zit. nach: Janka 1991, S. 337 f.
208 Vgl. Hertwig 1995, S. 889 ff.
209 Vgl. Fricke 1964, S. 133 f.

DDR-Opposition, die unter sozialistischem Vorzeichen für „mehr Demokratie" und einen „dritten Weg" plädieren sollte. Damit unterschied sie sich wesentlich von den in den fünfziger Jahren agierenden Oppositionsgruppen, die sich am westlichen Demokratiemodell orientierten und die deutsche Wiedervereinigung anstrebten.

Gruppe um Schirdewan und Wollweber

Um einen wie auch immer gearteten „demokratischen Sozialismus" ging es der zu dieser Zeit gegen Ulbricht um die Macht in der Partei konkurrierenden Gruppe um Schirdewan und Wollweber nicht. Sie plädierten für Kurskorrekturen, z. B. für eine Reform des Leitungssystems in der Industrie oder für eine Reform der Strukturen im Handels- und Versorgungssystem und insgesamt für weniger Zentralismus und etwas mehr Eigenverantwortlichkeit auf den verschiedenen Parteiebenen. Aber in erster Linie kritisierten sie den selbstherrlichen Führungsstil Ulbrichts, dem sie ansonsten durchaus Respekt entgegenbrachten. Solange sie noch auf Unterstützung durch „sowjetische Freunde" hoffen konnten und Ulbricht seinerseits deren bedingungsloser Unterstützung nicht sicher war, blieb der Machtkampf in der Schwebe. Als jedoch Chruschtschow, der nach den Aufständen in Polen und Ungarn unter Druck geriet, sich im innersowjetischen Machtkampf endgültig durchsetzte und zum Kampf gegen den „Revisionismus" aufrief, war der „alte Fuchs" Ulbricht wieder in seinem Element. Mit der Rückendeckung Chruschtschows, der keine weiteren Unruhen oder auch nur Veränderungen in den Satellitenstaaten und erst recht nicht an der Systemgrenze zum Westen brauchen konnte, ging er gegen seine tatsächlichen oder vermeintlichen Widersacher vor.

Im Oktober 1957 gerieten Paul Wandel und Kurt Hager in den Verdacht der Abtrünnigkeit. Hager zeigte sich reuig und durfte nach seiner Selbstkritik im Amt bleiben, während Wandel seine Funktionen verlor. Im November des gleichen Jahres verlor Ernst Wollweber sein Ministeramt in dem nach 1955 wieder in ein Ministerium umgewandelten Bereich der Staatssicherheit, und im Februar 1958 ließ Ulbricht Schirdewan, Oelßner und Wollweber unter dem Vorwurf der „Fraktionsbildung" aus Politbüro und ZK ausschließen. Die weitere Bestrafung der Kontrahenten fiel vergleichsweise milde aus: Wollweber konnte in Pension gehen, Schirdewan wurde Leiter der Zentralen Staatlichen Archivverwaltung in Potsdam, und Oelßner durfte sich als Direktor des Instituts für Wirtschaftswissenschaften der Deutschen Akademie der Wissenschaften wieder der Forschung widmen. Der ZK-Sekretär für Wirtschaft, Gerhart Ziller, der in angetrunkenem Zustand die Politik Ulbrichts massiv kritisiert hatte, nahm sich seine vorgesehene Degradierung so sehr zu Herzen, daß er Ende 1957 Selbstmord beging.[210]

Säuberung in der Parteispitze

Auf die Säuberung in der Parteispitze folgte sogleich die „Bereinigung" des Parteikörpers. Bis zum V. Parteitag im Juli 1958 wechselte die Führung per Parteiwahlen knapp ein Drittel der hauptamtlichen Funktionäre der Bezirksleitungen aus.[211]

Die in den Fraktions- und Machtkämpfen innerhalb der SED zum Ausdruck gekommenen Unstimmigkeiten resultierten nicht zuletzt aus der weiterhin angespannten inneren Lage der DDR. Die in weiten Teilen der Bevölkerung vorhandene Unzufriedenheit mit den Verhältnissen äußerte sich in einer anhaltend hohen Fluchtbewegung – jährlich verließ etwa eine Viertelmillion Personen die DDR – sowie in einer Verweigerungshaltung gegenüber den Anordnungen und Bevormun-

---

[210] Vgl. Staritz 1996, S. 165 ff.
[211] Vgl. Weber 1987, S. 26.

dungen der Partei. Wie auch immer die Ablehnung des Systems begründet gewesen sein mag, die politischen, wirtschaftlichen und sozialen Verhältnisse boten hinreichend Stoff dafür. Die Opposition erhielt zudem durch die Sowjetisierungspolitik der SED-Führung immer neue Nahrung, so daß die Spirale von Repression und Widerständigkeit nicht zum Stillstand kam. Angesichts verbreiteten Unmuts in der Bevölkerung waren die Machtkämpfe in der SED vornehmlich ein Konflikt um die Art der Durchsetzung der SED-Politik. Während es der innerparteilichen „Opposition" um geschicktere Methoden der Durchsetzung des Machtmonopols ihrer Partei ging, zielte Opposition außerhalb der Partei auf die Abschaffung der Diktatur.

Auch diesmal, wie in den Jahren zuvor, reagierte Walter Ulbricht 1957/58 auf die Krise in der Gesellschaft und den Machtkampf in der Partei mit dem Ausbau des Repressionsapparates und der noch stärkeren Anbindung des Staatsapparates und der politischen Institutionen und Organisationen an die Parteiführung: Der zentrale Parteiapparat wurde gestrafft, Politische Abteilungen in der NVA, der Deutschen Grenzpolizei und der Bereitschaftspolizei gebildet, und 1959/60 die Errichtung von Kommissionen für Parteikontrolle in den Betrieben angeordnet. Auf diese Weise entstand ein einheitliches und wirksames System der Parteikontrolle in den wichtigsten Bereichen der materiellen Produktion, um die Durchsetzung der Beschlüsse und Weisungen der Parteigliederungen zu überwachen.[212]

System der Parteikontrolle

Bis Ende der fünfziger Jahre hatte sich die SED in nahezu allen gesellschaftlichen Bereichen, in den staatlichen Verwaltungen ebenso wie in den Betrieben, Parteigliederungen etabliert, die neben den Parteivorgaben die Dominanz der SED absichern sollten. Im Juli 1960 legte das Politbüro „für die weitere Qualifizierung der Organe des Staatsapparates" schließlich fest, daß „alle Beschlüsse des ZK bzw. des Politbüros des ZK der SED, die die staatliche Tätigkeit betreffen, als Vorlage unverändert dem Ministerrat bzw. seinem Präsidium zu unterbreiten sind".[213] Zur Sicherstellung einer „einheitlichen Leitung der Partei und Staat von oben bis unten" erfolgte 1961 eine weitere Umgestaltung des zentralen Parteiapparates in Richtung auf eine Synchronisierung mit dem Staatsapparat.[214]

Bereits im Dezember 1957 verschärfte die SED-Führung das politische Strafrecht. Es wurde nun nach den Maßgaben der 3. Parteikonferenz der SED auf die systematische und differenzierte Verfolgung und Aburteilung Andersdenkender ausgerichtet.[215] Hilde Benjamin gab die Linie vor: „Genosse Walter Ulbricht legte dar, wo das Schwergewicht des Klassenkampfes liegt und gegen welche Kräfte der Hauptschuß zu führen ist: gegen Agenten westlicher Agenturen, Spione, Abwerber, Saboteure. Dieser Hinweis ist sowohl für die Untersuchungsorgane und die Staatsanwaltschaft wie für die Strafgerichte von Bedeutung, denn er zeigt ihnen, wo in der gegenwärtigen Situation das Schwergewicht unserer Gesetzlichkeit liegt."[216] Zynischerweise rühmte die SED sich ob der Strafrechtsänderung selbst, indem sie dem Gesetz einen „zutiefst humanistischen Charakter" bescheinigte: „Ihm lag der

Verschärfung des politischen Strafrechts

---

[212] Vgl. Prieß/Eckert 1993, S. 113 ff.
[213] Vgl. ebd., S. 114.
[214] Vgl. ebd.
[215] Vgl. Schuller 1980, S. 102 ff.
[216] Benjamin 1956, S. 229.

Gedanke zugrunde, nach dem Grad der Gesellschaftsgefährlichkeit der Straftaten und dem Charakter ihrer Motive sowohl in den Strafarten als auch im Strafmaß zu differenzieren."[217] Durch die Einführung der „bedingten Verurteilung" bzw. des „öffentlichen Tadels" gab es jetzt die Möglichkeit, je nach dem Grad der „Gesellschaftsgefährlichkeit" differenziert und nach dem „Erziehungsprinzip" vorzugehen. Besondere Bedeutung in späteren Prozessen erfuhren der Tatbestand der „staatsgefährdenden Propaganda und Verleumdung", der „Staatsverleumdung" sowie des „Verleitens zum Verlassen der DDR". Unter dem Motto „Der Hetzer von heute ist der Terrorist von morgen" konnte abgeurteilt werden, „wer einen Bürger wegen seiner staatlichen oder gesellschaftlichen Tätigkeit oder Zugehörigkeit zu einer staatlichen Einrichtung oder gesellschaftlichen Organisation öffentlich verleumdet oder verächtlich macht".[218]

Die strafrechtliche Ahndung des Versuchs oder der Beihilfe zum Verlassen der DDR sollte für Zehntausende zu einem lebensbestimmenden Schicksal werden. Für Walter Ulbricht dagegen war die Sache bereits vor der Verschärfung des Strafrechts ganz einfach:

> „Jede Flucht oder Übersiedlung nach Westdeutschland bedeutet eine Hilfe für die westdeutsche Militärbasis der NATO mit Arbeitskräften und einen Verlust von Arbeitskräften in der DDR. Eine Republikflucht ist Verrat an den friedlichen Interessen des Volkes und nützt Westdeutschland."[219]

Unterdrückung der „Konterrevolution"

Hintergrund der Strafrechtsänderung war ein Beschluß des Politbüros über „Maßnahmen zur Unterdrückung konterrevolutionärer Aktionen" vom November 1956. Hier hatte das oberste Gremium der SED ein geradezu generalstabsmäßiges Szenario innerer Gewaltmaßnahmen entwickelt. In der ersten Phase der Bekämpfung und Niederschlagung von Unruhen sollten die Volkspolizei, die bewaffneten Kräfte der Staatssicherheit und die Kampfgruppen zum Einsatz kommen. Sollten diese Kräfte nicht ausreichen, würde die NVA hinzugezogen, und erst für die dritte Phase war der Einsatz der sowjetischen Truppen in Deutschland vorgesehen. Der Beschluß legte fest, daß „unter Federführung des Ministers für Nationale Verteidigung für alle bewaffneten Kräfte in der Deutschen Demokratischen Republik Einsatzpläne ... gemäß den Erfordernissen für den inneren Einsatz zu überprüfen und zu ergänzen" sind.[220] Die „politische und operative Führung" sollte im Krisenfall bei der Sicherheitskommission des Politbüros liegen. Die militärische Befehlsgewalt lag in der ersten Phase beim MfS, in der zweiten Phase bei der NVA. Der Schußwaffengebrauch blieb einem besonderen Beschluß der Kommission vorbehalten. Die Bekämpfung und Niederschlagung von Unruhen sollte zuerst mit „einfachen polizeilichen Mitteln" erfolgen. Abschließend heißt es in dieser „Notstandsverordnung" der SED-Führung: „Wenn und wo es zum militärischen Einsatz kommt, werden Verhandlungen nicht geführt."[221]

---

[217] Zit. nach: MdI 1987, S. 283.
[218] Zit. nach: Mühlberger 1956, S. 387.
[219] Ulbricht 1957.
[220] Vgl. Mitter/Wolle 1993, S. 258 sowie die Direktive Nr. 3/56 des Ministers für Staatssicherheit und des Ministers des Innern, BStU-Dokumentstelle 101145 Blatt 1 ff.
[221] Vgl. Mitter/Wolle 1993, S. 260.

Erneut war es zu Spannungen zwischen Parteiführung und Leitung der Staatssicherheit gekommen. Für Ulbricht besonders bedrohlich und ärgerlich war, daß nach Zaisser nun mit Wollweber zum zweiten Mal innerhalb kurzer Zeit der Chef des MfS zum Konkurrenten aufstieg bzw. einen solchen – Schirdewan – unterstützte. Mit der Entmachtung Wollwebers und der Inthronisierung Mielkes gingen eine Umstrukturierung, ein gezielter Ausbau und eine noch engere Anbindung dieses Sicherheitsapparates an die Parteiführung einher. Laut Beschluß des Politbüros vom 9. Februar 1957 überwachte nunmehr die „Sicherheitskommission" des Politbüros das MfS. Diese ordnete sogleich eine Überprüfung des Staatssicherheitsdienstes in den Bezirken an, um angebliche Verfehlungen des „Wollweber-Imperiums" offenzulegen.[222] Auf einer „Dienstbesprechung" des MfS im April 1957 kritisierte Walter Ulbricht die vorrangige Ausrichtung des MfS nach „Westen" und forderte eine Schwerpunktsetzung auf die „innere Überwachung". Mit Erich Mielke hatte Walter Ulbricht einen in konspirativer Arbeit erfahrenen und ihm loyalen Mann mit der Leitung beauftragt, der die personelle Aufstockung des hauptamtlichen Apparates und den Aufbau eines flächendeckenden Netzwerkes von Inoffiziellen Mitarbeitern zielgerichtet in die Hand nahm.

Mielke wird Leiter des MfS

Die Parteiführung wies außerdem eine intensivere Zusammenarbeit zwischen dem nur auf vager gesetzlicher Grundlage arbeitenden MfS und der von der SED gesteuerten Justiz an. In einigen Fällen gab das MfS in Abstimmung mit entsprechenden Parteigliederungen das Strafmaß vor, das die Richter durch ihr Urteil nur noch zu formalisieren hatten.[223] Am Beispiel der Verfolgung zweier Pfarrer wegen angeblicher „Beihilfe zur Republikflucht" im November 1959 wird diese Kooperation augenfällig. Mielke übersandte den Abschlußbericht der MfS-Untersuchungen Ulbricht mit folgenden Worten: „Ich bitte hier um Mitteilung, in welcher Höhe die Strafe ausgesprochen werden soll oder ob die Stellung der Strafanträge dem Staatsanwalt oder dem Gericht überlassen werden sollen."[224]

Die Zusammenarbeit zwischen der Parteiführung, der Staatssicherheit und der Justiz vollzog sich seit den späten fünfziger Jahren zumeist nach folgendem Muster: Das MfS fungierte in politischen Strafsachen als Untersuchungsorgan, entweder aus eigener Initiative oder auf Weisung einer Parteiinstanz, und informierte über Stand und Ergebnis der Vernehmungen die Abteilung Staatliche Organe/Staat und Recht im ZK. In bedeutenden Fällen setzte diese das Politbüro in Kenntnis und bat um Anweisung. Nachdem das Verfahren formal in die Zuständigkeit des Generalstaatsanwaltes übergegangen war, stimmte sich dieser mit der ZK-Abteilung über die Anklageschrift ab, bevor sie zum Obersten Gericht gelangte. Der zuständige Abteilungsleiter ließ eine Vorlage fertigen, die Walter Ulbricht oder dem Politbüro zur Kenntnisnahme und Billigung vorgelegt wurde. Erst danach erhob die Staatsanwaltschaft in aller Form Anklage beim Obersten Gericht, und das Verfahren konnte vor dem Ersten Strafsenat durchgeführt werden.[225] Das vom MfS oder der ZK-Abteilung vorgeschlagene Strafmaß nahm Ulbricht zumeist billigend zur

Zusammenspiel Parteiführung, Staatssicherheit, Justiz

---

222 Vgl. Engelmann/Schuhmann 1995, S. 346 f.
223 Vgl. Fricke 1995d, S. 206 ff.
224 Zit. nach: Schell/Kalinka 1991, S. 126 f.
225 Vgl. Fricke 1995d, S. 213.

Kenntnis, in einigen Fällen veränderte er das Strafmaß im Stile Stalins durch handschriftlichen Vermerk.[226]

Damit öffnete sich rechtlicher Willkür Tür und Tor. Für die Betroffenen gab es im subjektiven „Unrecht" nicht einmal „Rechtssicherheit". Was einmal aus politischen Gründen strafrechtlich verfolgt wurde, konnte morgen toleriert werden und umgekehrt. Gerade in den fünfziger Jahren benötigte die Parteiführung dieses Zusammenspiel der Organe, gab es doch noch vereinzelt Richter, die sich den Anweisungen nicht bedingungslos unterordneten, was sie zumeist mit Strafversetzungen büßen mußten. In späteren Jahren erübrigte sich die aufwendige Prozedur, denn nun gab es ausreichend parteiloyale Richter, Staatsanwälte und Rechtsanwälte, die ein reibungsloses Funktionieren der politischen Strafgerichtsbarkeit garantierten.

Das Grundprinzip der Steuerung und Kontrolle der Justiz war denkbar einfach: Es gründete im Anspruch der SED, als „ ‚Partei der Gesetzlichkeit', d. h. über den Gesetzen stehend, jederzeit erwünschte rechtliche Entscheidungen durchsetzen zu können".[227] Melsheimer, damaliger Generalstaatsanwalt der DDR, formulierte das Grundprinzip des DDR-Rechtswesens in bemerkenswerter Deutlichkeit: „In der richterlichen Entscheidung muß sich die Bereitschaft widerspiegeln, die von der Partei der Arbeiterklasse und von der Regierung gefaßten Beschlüsse durchzusetzen."[228] Auf Karl Marx jedenfalls konnte sich diese Justiz indes nicht berufen. Im Gegenteil: Dieser hatte formuliert: „Gesetze, die nicht die Handlung als solche, sondern die Gesinnung des Handelnden zu ihren Hauptkriterien machen, sind nichts als positive Sanktionen der Gesetzlosigkeit."[229]

Bildung des Staatsrates

Mit der Bildung des Staatsrates und des Nationalen Verteidigungsrates fand die Formierung und Ausrichtung des Staates auf die SED und ihre Strukturen ein vorläufiges Ende. Der nach dem Tod Piecks im September 1960 eingeführte Staatsrat, dessen Vorsitz Ulbricht übernahm, brachte eine neuerliche Machtkonzentration. Obwohl die wesentliche Aufgabe dieses Gremiums die außen- und innenpolitische Repräsentation war, nutzte Ulbricht auch diese Institution vornehmlich für seine persönlichen Ziele. Neben Repräsentativaufgaben behandelte der Staatsrat Strukturfragen des Staatsaufbaus und der Rechtspflege, das Eingabewesen, Angelegenheiten der Bildungs-, Kultur- und Jugendpolitik sowie außen- und wehrpolitische Materien. Die Einbeziehung der Blockparteien, deren Vorsitzende zu Stellvertretern des Staatsratsvorsitzenden ernannt wurden, sollte nach außen hin „Pluralismus" demonstrieren. Tatsächlich bestimmte der Vorsitzende im Zusammenspiel mit dem Sekretär des Staatsrates die Politik dieses Gremiums allein. Mit der Entmachtung Ulbrichts als Parteichef verlor das Gremium wieder an Bedeutung.[230]

Nationaler Verteidigungsrat

Der Nationale Verteidigungsrat löste 1960 als oberstes Koordinierungsgremium in Militär- und Sicherheitsfragen die 1954 gebildete Sicherheitskommission des Politbüros ab. Er übte die oberste militärische Kommandogewalt gegenüber allen

---

[226] Vgl. ebd., S. 210.
[227] Vgl. Rottleuthner 1995, S. 137.
[228] Zit. nach: Grasemann 1994, S. 38.
[229] Zit. nach: ebd., S. 39.
[230] Vgl. Brunner 1995, S. 1006.

bewaffneten Kräften der DDR aus. Als Vorsitzender dieser ausschließlich von hohen SED-Parteifunktionären besetzten Kommission fungierte immer der jeweilige Parteichef. Faktisch blieb der NVR eine Parteikommission, die die Beschlüsse des Politbüros zur Sicherheitspolitik nach innen und außen planerisch vorbereitete, bestätigend zur Kenntnis nahm und die Durchsetzung anordnete und kontrollierte. Auch wenn das neue Staatsorgan die „innere Sicherheit" keineswegs aus den Augen verlor, bekamen – verglichen mit der Tätigkeit der früheren Sicherheitskommission – militärische Aufgaben nunmehr ein stärkeres Gewicht. Für die Ministerien der bewaffneten Organe sowie für die Vorbereitung von Staat, Wirtschaft und Gesellschaft auf einen potentiellen Kriegszustand war der NVR nach dem Politbüro das wichtigste Organ.[231] Neben Walter Ulbricht, der 1960 den Vorsitz des NVR übernahm, nahm der ZK-Sekretär für Sicherheitsfragen, das Politbüromitglied Erich Honecker, als Sekretär des NVR von Beginn an eine herausgehobene Rolle ein. Als faktischer Vertreter des Vorsitzenden hatte er Weisungsrecht gegenüber den Vorsitzenden der Bezirkseinsatzleitungen. Nach dem Sturz Ulbrichts zog Honecker hieraus Konsequenzen; zum Sekretär des NVR bestimmte er keinen potentiellen Konkurrenten aus der Parteiführung, etwa seinen Nachfolger als ZK-Sekretär für Sicherheitsfragen, Paul Verner, sondern den Generalleutnant der NVA, Fritz Streletz.[232]

c) Der zweite Anlauf zum „Aufbau des Sozialismus"

Die Unterordnung und Anleitung der Blockparteien und Massenorganisationen bereitete der SED seit den frühen fünfziger Jahren keine größeren Schwierigkeiten mehr. Die jeweiligen Führungen waren auf unbedingten Gehorsam gegenüber den SED-Direktiven eingeschworen. Alle Organisationen hatten im Laufe der fünfziger Jahre auch förmlich die „führende Rolle der SED" anerkannt und sich bereitwillig dem hehren Ziel verpflichtet, den Sozialismus aufzubauen. Die ihnen von der SED zugedachten Funktionen als „gesellschaftliche Transmissionsriemen", denen es oblag, die jeweilige Zielgruppe mit je verschiedenen Methoden und Inhalten an das System zu binden, konnten sie dennoch nur begrenzt ausüben. In erster Linie fanden sich in CDU und LDPD über die Jahrzehnte hinweg Mitglieder, die politisch mit der eigenen Parteiführung nicht immer übereinstimmten. In noch geringerem Maße dürfte die Integration in das sozio-kulturelle System der DDR gelungen sein, die man wohl eher als rein äußerliche Anpassung beschreiben kann. Letztlich blieben diese Umstände bedeutungslos, denn die Parteien hatten nicht einmal eine begrenzte Eigenständigkeit, geschweige denn gesamtgesellschaftlichen Einfluß. Nach dem V. Parteitag der SED 1958 bekräftigten die Parteiführungen von CDU und LDPD noch einmal ihr „Treuebekenntnis" zur Führungspartei und betonten ihre untergeordnete Rolle.[233]

Blockparteien ohne gesamtgesellschaftlichen Einfluß

Der ZK-Sektor „Befreundete Parteien" (früher: „Befreundete Organisationen") führte diese Parteien durch programmatische Vorgaben, Abstimmungsprozeduren bei personellen Entscheidungen etc. an der kurzen Leine. Doch das Mißtrauen der SED gegenüber den einfachen Mitgliedern von CDU und LDPD, deren Zahl in den

---

[231] Vgl. Wagner 1997, S. 179 ff.
[232] Vgl. Wenzel 1995, S. 35.
[233] Vgl. Weber 1991, S. 79 ff.

fünfziger Jahren rasch abnahm, blieb erhalten. Noch 1958 hielt die SED in einem internen Papier fest: Die „Mehrheit der CDU-Mitglieder (sei) nicht von der Politik unserer Arbeiter- und -Bauern-Macht überzeugt ... (Es gebe nur einen) geringen Kern positiver Kräfte (in der Union, er bestehe) größtenteils aus Staatsfunktionären, Abgeordneten, Angestellten und Mitarbeitern der Nationalen Front."[234] Zur Vermeidung unliebsamer Überraschungen installierte der ZK-Sektor „Befreundete Parteien" seit 1952 ein eigenes Netz von Instrukteuren zur dezentralen Kontrolle und Steuerung der Blockparteien. So konnte die SED Informationen über die politische Einstellung und die Verhaltensweisen der Mitglieder und Funktionäre der „befreundeten Parteien" zur Gegenkontrolle von deren Berichten sammeln. Die Instrukteure standen zudem in direktem Kontakt mit den zuständigen Stellen des MfS.[235]

Instrumentalisierung der Massenorganisationen

Die beiden anderen von der SED gegründeten Blockparteien und die verschiedenen Massenorganisationen nutzte die SED-Führung stärker zur Durchsetzung spezieller Anliegen. Den FDGB bezog sie immer intensiver in die Durchsetzung der Planvorgaben in den Betrieben und als Träger der Sozialpolitik ein, die Vereinigung der gegenseitigen Bauernhilfe sollte die Bildung von LPG befördern, die Gesellschaft für Sport und Technik (GST) eine sportlich motivierte Bereitschaft zum Militärdienst wecken. Der „Kampf- und Kaderreserve" der SED, der FDJ, fiel 1957 eine besondere Rolle zu. Sie sollte die Ausrichtung der Jugend auf die Wehrerziehung propagieren. Auf ihrer 16. Tagung im April 1957 versprach die FDJ, sich vordringlich der Arbeit in der Armee und in der vormilitärischen Ausbildung zu widmen, und im Mai 1959 kündigte sie einen stärkeren Beitrag der FDJ beim „sozialistischen Aufbau" an. Über „Jugendobjekte" sollte eine „wirtschaftliche Tätigkeit" der Mitglieder direkt in die Arbeit des Verbandes integriert werden.[236]

Neben der Überwindung parteiinterner Machtkämpfe und der weiteren Formierung des politischen Systems widmete sich die SED-Führung Ende der fünfziger Jahre in verstärktem Maße der Wirtschaftsplanung und -lenkung sowie der weiteren gesellschaftlichen Umgestaltung. In völliger Verkennung der wirtschaftlichen Realitäten verkündete Walter Ulbricht auf dem V. Parteitag im Juli 1958 die neue ökonomische Hauptaufgabe:

> „Die Volkswirtschaft der DDR ist innerhalb weniger Jahre so zu entwickeln, daß die Überlegenheit der sozialistischen Gesellschaftsordnung ... gegenüber der Herrschaft der imperialistischen Kräfte im Bonner Staat eindeutig bewiesen wird und infolgedessen der Pro-Kopf-Verbrauch unserer werktätigen Bevölkerung mit allen wichtigen Lebensmitteln und Konsumgütern den Pro-Kopf-Verbrauch der Gesamtbevölkerung in Westdeutschland erreicht und übertrifft."[237]

Mit diesem propagandistischen Paukenschlag folgte Ulbricht der Devise Chruschtschows, der im Zeichen des Systemwettbewerbs die USA wirtschaftlich zu überholen trachtete. Aber er erntete mit dieser kühnen Forderung selbst posthum nur Hohn und Spott, da sich der Abstand zur Bundesrepublik bis zum Ende der DDR unter Schwankungen kontinuierlich vergrößerte. Während in der Bundes-

---

[234] Zit. nach: Suckut 1994, S. 115.
[235] Vgl. Papke 1995, S. 2426.
[236] Vgl. Weber 1991, S. 81 und Zilch 1994, S. 49 ff.
[237] Zit. nach: Staritz 1996, S. 174.

republik ab Ende der fünfziger Jahre der Wohlstand allmählich breitere Schichten der Bevölkerung erreichte, hatte die DDR eben erst die Abschaffung rationierter Lebensmittelzuweisungen beendet. Der Produktivitätsabstand zur Bundesrepublik dürfte damals mehr als 50% betragen haben, so daß der Fehlschlag vorprogrammiert war.[238] Sollte Ulbricht geglaubt haben, mit seiner Ankündigung die Fluchtwelle begrenzen oder die „werktätige" Bevölkerung zu einem höheren Arbeitseinsatz motivieren zu können?

Ulbricht selbst mußte schon 1961 in einem Brief an Chruschtschow seine Überschätzung der wirtschaftlichen Potenz der DDR eingestehen. Die bundesdeutsche Wirtschaft hatte sich entgegen den marxistisch-leninistischen Krisenprognosen unerwartet expansiv und dynamisch entwickelt, während die DDR-Wirtschaft ihre ehrgeizigen Pläne nicht verwirklichen konnte.[239]

Überschätzung der DDR-Wirtschaft

Doch gab es 1958/59 zugleich berechtigte, wenn auch nicht allzu große Erwartungen an eine allmähliche Erhöhung des Lebensstandards. Die Wachstumsraten der Industrie waren durchaus vielversprechend, und die Löhne wurden moderat erhöht. Mit der im Oktober 1957 verfügten „zweiten Währungsreform" schöpfte die SED den vorhandenen Geldüberhang zur Stabilisierung von Wirtschaft und Währung ab. Bargeldbestände wurden nur bis zu einem Betrag von 300,– Mark in neue Noten umgetauscht.[240] Da außerdem die Zahl der in die Bundesrepublik oder nach West-Berlin Flüchtenden 1958 und 1959 leicht abnahm, konnte eine gewisse Konsolidierung des SED-Herrschaftssystems erwartet werden. Doch wieder einmal sollte es anders kommen. Der 1959 erfolgte Abbruch des Fünfjahrplans und seine Ersetzung durch einen Siebenjahrplan sowie die aufgrund der Kollektivierungen auf dem Land wieder anschwellende Fluchtbewegung führten zu unerwartet niedrigen Wachstumsraten (1960: 6%; 1961: 4%) und innenpolitischen Schwierigkeiten.

Zum entscheidenden Verhängnis geriet der SED-Führung der ab Ende 1959 nun mit härteren Bandagen wiederaufgenommene Kampf um den „Übergang zur genossenschaftlichen Produktionsweise" in der Landwirtschaft, wie die Kollektivierungen in der SED-Sprache beschönigend hießen. Die 7. Tagung des Zentralkomitees im Dezember 1959 gab den Startschuß zum geplanten Abschluß dieser Maßnahme. Unter Einsatz aller Mittel erzwang die SED die Liquidierung der selbständigen Bauernschaft, die in ihrer Mehrheit freiwillig oder nur durch materielle Anreize wahrscheinlich nicht zum Eintritt in die LPG zu bewegen gewesen wäre. In den ersten drei Monaten des Jahres 1960 wurden knapp 40% der landwirtschaftlichen Fläche der DDR in die Verfügungsgewalt von Landwirtschaftlichen Produktionsgemeinschaften übertragen, was etwa der Fläche entsprach, die seit 1952 kollektiviert worden war.[241] Ein Jahr später betrug der Anteil des „sozialistischen Sektors" (Staat und Genossenschaften) fast 90% an der gesamten landwirtschaftlichen Bruttoproduktion.[242] Als Folge verließen viele Bauern das

Liquidierung der selbständigen Bauernschaft

---

[238] Vgl. Schwarzer 1995.
[239] Vgl. Staritz 1996, S. 177.
[240] Vgl. Bögeholz 1995, S. 221.
[241] Vgl. Weber 1995, S. 2868.
[242] Vgl. Weber 1991, S. 87.

Land. Der schnelle, erzwungene Übergang brachte zudem erhebliche Produktionsprobleme mit sich, die erst Jahre später bereinigt werden konnten.[243]

Die seit 1989 zugänglichen Archivmaterialien belegen, daß neben der Überzeugungsarbeit der SED, die nicht selten mit Drohungen und Nötigungen verbunden war, auch Volkspolizei, MfS und Justiz ihren Teil zur Kollektivierung beitrugen. Die Aktion „Sozialistischer Frühling auf dem Lande", wie die SED-Propaganda diesen Vorgang nannte, wurde von den Machtorganen gut vorbereitet, ihre Durchsetzung überwacht.[244] Der mit strafrechtlichen Mitteln verfolgte und unterdrückte Widerstand gegen die als Zwang empfundenen Kollektivierungen drückte sich dementsprechend auch in der „Kriminalstatistik" des Jahres 1960 aus. „Die verstärkte Wühltätigkeit des Feindes zur Störung der sozialistischen Entwicklung ...,

Kampf gegen den „bäuerlichen Klassenfeind"

insbesondere zur Zeit der Genossenschaftsbewegung in der Landwirtschaft ..." führte zu einem Anstieg der „Staatsverbrechen und Verbrechen gegen die Tätigkeit der Staatsorgane", hieß es in der offiziellen Begründung.[245] Doch der Kampf der Sicherheitsorgane gegen den „bäuerlichen Klassenfeind" nahm mit dem erfolgreichen Abschluß der Kollektivierungen noch kein Ende. Jetzt mußte der Widerstand von Bauern gebrochen werden, die aus den LPGs austreten wollten.[246]

Parallel dazu drängte die SED auf eine verstärkte Kollektivierung des Handwerks durch Bildung von Produktionsgenossenschaften des Handwerks (PGH). Aber der Druck hielt sich hier in Grenzen, da gerade das Handwerk einen wichtigen Wirtschaftsfaktor für die Industrie und die gesamte Wirtschaft, aber auch für das „Wohlbefinden" der Bevölkerung darstellte. Ende des Jahres 1960 entfielen auf genossenschaftliche Handwerksbetriebe knapp 30% des handwerklichen Umsatzes (1958: 7%). Die Zahl der in diesem Bereich Beschäftigten wuchs auf fast 150 000, lag aber immer noch deutlich unter den etwas über 430 000 Beschäftigten in privaten Betrieben.[247]

In Industrie und Einzelhandel nahm der private Anteil ebenfalls ab. Er lag im Einzelhandel 1960 bei unter 10% und in der Industrie bei nur noch knapp 4%.[248] Diese Reduzierung des privaten Eigentums gelang der SED durch die ab 1956 erfolgte Einführung einer neuen Unternehmensform – dem „halbstaatlichen Betrieb". Während der ehemalige Besitzer in dieser Unternehmensform Geschäftsführer wurde, erlangte der Staat den Status eines Kapitalgebers. Durch die Benachteiligung bei der Vergabe langfristiger Kredite wurden diese Betriebe zur Erhöhung der ursprünglich 50%igen Staatseinlage gezwungen. Ihr Anteil an der industriellen Warenproduktion stieg bis 1971 auf ca. 10% an, gleichzeitig sank der Anteil privater Betriebe auf 1,3%.[249]

Die teils durch Anreize freiwillig, teils durch kampagnenartigen Druck mit strafrechtlichem Begleitschutz erreichten gesellschaftlichen und sozialen Strukturveränderungen führten rasch zu einem erneuten Anstieg der Flüchtlingszahlen. Im

---

[243] Vgl. ebd.
[244] Vgl. Werkentin 1995, S. 97 ff.
[245] Zit. nach: ebd., S. 103.
[246] Vgl. ebd.
[247] Vgl. Staritz 1996, S. 183 f.
[248] Vgl. Buck 1995, S. 1138.
[249] Vgl. ebd., S. 1139.

Laufe des Jahres 1960 verließen wieder knapp 200 000 DDR-Bürger ihre Heimat gen Westen.

Der auf dem V. Parteitag im Jahre 1958 proklamierte „Kampf für den Sieg des Sozialismus" betraf nicht nur Staat und Wirtschaft, sondern auch die „sozialistische Umwälzung auf dem Gebiet der Ideologie und Kultur". Bereits der Parteitag bezeichnete die „sozialistische Erziehung" der Menschen als „Schlüssel, um die nächsten ökonomischen und politischen Aufgaben zu lösen".[250] Die im Januar 1959 beschlossenen ZK-Thesen zur „sozialistischen Umgestaltung des Schulwesens" bildeten die Grundlage für das „Gesetz über die sozialistische Entwicklung des Schulwesens" vom Dezember 1959, das die schrittweise Einführung der zehnklassigen allgemeinbildenden polytechnischen Oberschule bis 1964 festlegte. Um im Kampf der Gesellschaftssysteme den wissenschaftlich-technischen Fortschritt besser nutzen zu können, sollten schon in der Schule naturwissenschaftliche Fachkenntnisse ebenso wie Wissen und Erfahrung über Technik und Produktion vermittelt werden. Die naturwissenschaftlichen Fächer, Mathematik, Technik und Wirtschaft erhielten neben der „ideologischen Erziehung" ein deutliches Übergewicht in den Lehrplänen.[251]

Sozialistische Erziehung in der Schule

Analog zur Schulreform strebte die 3. Hochschulkonferenz der SED im Frühjahr 1958 eine engere Anbindung der „sozialistischen Bildungsstätten" an die Praxis in Industrie und Landwirtschaft an. Die Studenten sollten gleichermaßen zu qualifizierten Fachleuten wie zu „bewußten Sozialisten" erzogen werden. Nach den Vorstellungen der SED-Führung hatte das Erziehungssystem dafür Sorge zu tragen, daß die Schüler und Studenten eine hohe technisch-naturwissenschaftliche Qualifikation und gleichzeitig eine intensive ideologische Schulung vermittelt bekamen. Die technische Intelligenz sollte sowohl das technologische Niveau der DDR-Wirtschaft anheben als auch der Partei in Treue verbunden bleiben.[252]

Mehr Praxisbezug in Schulen und Hochschulen

Die angestrebte „Versöhnung" zwischen technischer Intelligenz und ideologisierter Parteibürokratie gelang unterdessen bis zum Ende der DDR nicht. Zwar unternahm die SED schon im Dezember 1959 auf der 7. Tagung des Zentralkomitees durch die Einbeziehung von Fachleuten und Experten in die Beratungen den Versuch, technokratische Elemente der Planung und Herrschaft mit ihrer Machtpolitik zu verbinden. Dabei griff sie immer wieder auf Teile der technischen Intelligenz zurück, die parteipolitisch nicht gebunden waren, aber im Zweifel stellte sie doch Parteiloyalität und Machterfordernisse über ökonomisch-technische Effizienz.

Die genannte ZK-Tagung hatte im übrigen einige westdeutsche DDR-Forscher zu der Annahme bewogen, das totalitäre Herrschaftssystem würde nun in ein autoritäres politisches System mit einer dynamischen Wirtschaft und einer sozial stabilisierten Gesellschaft übergehen.[253] Tatsächlich scheint die SED aber genau daran gescheitert zu sein; die Transformation in ein technokratisches System konnte

---

[250] Vgl. Weber 1987, S. 26.
[251] Vgl. Weber 1991, S. 92.
[252] Vgl. ebd.
[253] Vgl. Lippe 1995, S. 2047 und Schroeder/Staadt 1994a, S. 312 ff.

Kampagne gegen „Dekadenz" in Kunst und Kultur

ihr nicht gelingen, da sie ihrer Räson entsprechend zu Lasten von Rationalität und Effektivität auf die Sicherung ihrer Macht setzte.

Im Rahmen der Kampagne gegen den „Revisionismus" im Herbst 1957 verschärfte die SED-Führung ihre Angriffe gegen „Abweichungen" in Kunst und Kultur. Die Kulturpolitik der Partei richtete sich gegen als „dekadent" diffamierte westliche Kunstströmungen und setzte diesen den „sozialistischen Realismus" entgegen. Mit der 1959 erfolgten Propagierung des „Bitterfelder Weges" sollte die werktätige Bevölkerung selbst als „schöpferischer Mitgestalter der sozialistischen Kultur" in Erscheinung treten.[254]

Die Konsolidierung von Ulbrichts Macht in der Partei wie auch die aus seiner Sicht erfolgreiche Formierung von Staat und Gesellschaft bewog ihn, nach sowjetischem Vorbild auf dem V. Parteitag eine neue sozialistische Ethik zu verkünden. Die „10 Gebote der sozialistischen Moral", die unter anderem einen sauberen und anständigen Lebenswandel, täglich eine gute Tat für den Sozialismus und eine grenzenlose Partei- und Vaterlandsliebe forderten, wurden auf dem VI. Parteitag im Januar 1963 sogar in das Parteistatut aufgenommen und erst auf dem IX. Parteitag im Mai 1976 durch eine knappe Formulierung ersetzt.[255]

Walter Ulbricht und seine Mitstreiter im engeren Führungszirkel der SED wähnten sich ein Jahrzehnt nach Gründung der DDR im Besitz eines konsolidierten Staates, einer weitgehend sozialistischen Gesellschaftsordnung und einer halbwegs zufriedengestellten Bevölkerung. Doch diese Annahme stellte sich schon bald als trügerisch heraus. Die SED hatte mit ihrer radikalen Gesellschaftsveränderung, vor allem mit der „Kollektivierung" auf dem Lande, ihr Konto überzogen. Knapp zwei Jahre später stürzte die Partei in eine Krise, von der sie glaubte, sie sei nur noch mit Hilfe von Beton und Stacheldraht sowie durch „Schußwaffengebrauch" zu lösen.

---

[254] Vgl. Jäger 1994.
[255] Vgl. ebd., S. 233.

A) Politisch-historische Entwicklung der SBZ/DDR 1945–1990

Vom Mauerbau zur Entspannungspolitik – die Konsolidierung des sozialistischen Staates 1961–1971

Zusammenfassung

Die Hoffnung Walter Ulbrichts, den Wettlauf mit der Bundesrepublik um das höhere soziale und wirtschaftliche Niveau gewinnen zu können, fand ein jähes Ende. Durch die mit allen Mitteln erzwungene Kollektivierung auf dem Lande und teilweise auch im Handwerk stieg die Zahl der in die Bundesrepublik oder nach West-Berlin Flüchtenden wieder dramatisch an. Zu Beginn der sechziger Jahre deutete sich eine in mancher Beziehung dem Jahre 1953 vergleichbare Entwicklung an. Die Unzufriedenheit der im Land Verbliebenen wuchs, so daß Partei und Sicherheitsapparat erneute Unruhen bzw. immer weiter steigende Flüchtlingszahlen befürchteten.

Auf Drängen der SED-Spitze, die das Ende ihres Staates oder zumindest einen wirtschaftlichen Kollaps mit unabsehbaren Folgen vorhersah, gab die sowjetische Führung grünes Licht für die Abriegelung der DDR und den Bau der Berliner Mauer. Hierdurch war das Fortbestehen der DDR vorerst gesichert; eine Garantie für den wirtschaftlichen und sozialen Aufschwung war damit freilich nicht verbunden. Mit der Existenz der Mauer blieb die Bevölkerung der Staatspartei allerdings weitgehend ausgeliefert; dies ermöglichte der Parteiführung zunächst eine Lockerung und begrenzte Liberalisierung des geistigen und kulturellen Lebens. Der weitere Aufbau des Sozialismus sollte von nun an den Individuen und Kollektiven einen – freilich begrenzten – Raum für Eigeninitiativen belassen.

Im Zentrum der Neuorientierung stand der Versuch einer Wirtschaftsreform. Die angestrebte Steigerung von Produktivität und Produktion war bislang gescheitert; eine gewisse Dezentralisierung von Planungs- und Lenkungskompetenzen sollte nunmehr Produktivitätspotentiale freisetzen. Doch die Reform mißlang. Das Mißtrauen der Parteiführung, möglicherweise systemgefährdende, sich ihrer Kontrolle entziehende Veränderungen in Gang zu setzen, ließ ohnehin nur eine halbherzige Umsetzung zu. Da zudem die erhoffte Wirtschaftshilfe der Sowjetunion in Form weiterer Rohstofflieferungen ausblieb, war das Ende dieses Versuchs vorprogrammiert.

Die infolge der begrenzten Lockerung entstandenen Diskussionen im wissenschaftlichen und kulturellen Bereich erweckten schon bald den Argwohn der SED-Führung. Abrupt und mit aller Härte beendete sie bereits im Dezember 1965 Kontroversen im kulturellen und wissenschaftlichen Bereich. Robert Havemann, der Verfechter eines „demokratischen Sozialismus", fiel als erster in Ungnade; andere sollten folgen. Auch die von der SED mit Mißtrauen beobachtete Entwicklung in der Tschechoslowakei trug zum Abbruch der Reformansätze bei. Hier hatte eine teilweise erneuerte kommunistische Partei eine Wirtschafts- und Gesellschaftsreform eingeleitet, die nicht nur Effektivität versprach, sondern auch Zustimmung bei der Bevölkerungsmehrheit fand. Die „sozialistischen Bruderländer" beendeten den „Prager Frühling" mit Waffengewalt; vor allem die SED-Führung drängte auf eine schnelle und nachhaltige Lösung des Problems.

In der DDR hatte die SED inzwischen für „Ordnung" gesorgt. Die Partei war zum wiederholten Male „gesäubert", der sozialistische Staat als „Hauptinstrument des sozialistischen Aufbaus" und im Klassenkampf genutzt worden. In der neuen Verfassung von 1968 schrieb die SED ihre führende Rolle in Artikel 1 fest und paßte den Verfassungstext damit an die von Beginn an vorhandenen Realitäten an.

Die Abkehr der SED von der „Einheit der Nation" vollzog sich in mehreren Etappen. Hielt man anfangs noch an der Vorstellung fest, ein einheitliches Deutschland sei zumindest auf sozialistischer Grundlage denkbar, so konzentrierte sich die SED – nach dem ostpolitischen Kurswechsel der SPD – in der Regierungszeit der Großen Koalition und der sozialliberalen Koalition auf das Ziel einer völkerrechtlichen Anerkennung der DDR als „sozialistischer Staat deutscher Nation". Die Abgrenzung zur Bundesrepublik begleitete die Parteiführung mit dem Versuch, „fortschrittliche Kräfte" in der Bundesrepublik zu mobilisieren, die die Sache der DDR und ihr Streben nach Anerkennung vertreten sollten. Mit dem Sturz Walter Ulbrichts legte die neue Parteiführung schließlich die Vorstellung einer einheitlichen deutschen Nation endgültig ad acta.

Chronik

1961

30. Januar 1961	Der Staatsrat beschließt „weitere Entwicklung der Rechtspflege".
16.–19. März 1961	Das ZK der SED setzt auf schnelle Durchsetzung der modernen Wissenschaft und Technik zur Überwindung wirtschaftlicher Schwierigkeiten.
28./29. März 1961	Warschauer Pakt beschließt Maßnahmen zur Erhöhung der Verteidigungsbereitschaft und für eine moderne Ausrüstung der NVA; Ulbricht plädiert für Abriegelung Ost-Berlins.
12. April 1961	Juri Gagarin als erster Mensch im Weltraum; die Volkskammer verabschiedet das „Gesetzbuch der Arbeit": „Recht auf Arbeit" und „Arbeitserziehung", keine Erwähnung des Streikrechts.
3./4. Juni 1961	Treffen von Kennedy und Chruschtschow in Wien; Erneuerung des „Berlin-Ultimatums" durch Chruschtschow; Drohung mit militärischen Auseinandersetzungen bei Mißachtung durch den Westen; Kennedy sagt Nichteinmischung in sowjetische Sphäre zu.
15. Juni 1961	Ulbricht erklärt: „Niemand hat die Absicht, eine Mauer zu errichten."
16. Juni 1961	Der in den Westen geflohene ehemalige SED-Funktionär, der IG-Metall-Gewerkschafter Heinz Brandt, wird aus West-Berlin in die DDR entführt.
6. Juli 1961	Die Volkskammer verabschiedet „Deutschen Friedensplan".
3.–5. August 1961	Beratung der 1. Sekretäre der ZK der Kommunistischen und Arbeiterparteien der Warschauer-Pakt-Staaten über den Abschluß eines deutschen Friedensvertrages und die „Regelung der West-Berlin-Frage".
10. August 1961	Treffen des Befehlshabers der sowjetischen Streitkräfte in Deutschland mit den drei westlichen Berliner Stadtkommandanten.

11. August 1961	Die Volkskammer bevollmächtigt Ministerrat, „alle Maßnahmen vorzubereiten und durchzuführen, die sich aufgrund der Festlegungen der Teilnehmerstaaten des Warschauer Vertrages als notwendig erweisen".
13. August 1961	Abriegelung Ost-Berlins; Beginn des Mauerbaus in Berlin.
19. August 1961	Betriebskampfgruppen schließen die SPD-Parteibüros in Ost-Berlin.
25. August 1961	Der 24jährige Günter Litwin wird als erster Flüchtling nach dem Mauerbau bei einem Fluchtversuch erschossen.
15. September 1961	Umbenennung der „Deutschen Grenzpolizei" in „Grenztruppen der DDR"; Unterstellung unter das Ministerium für Nationale Verteidigung; Schußvorschriften der NVA bekommen Geltung.
20. September 1961	Die Volkskammer verabschiedet „Gesetz zur Verteidigung der DDR".
10./11. Oktober 1961	Wirtschaftskonferenz des ZK der SED und des Ministerrates der DDR: „Störfreimachung" der Wirtschaft vom „westdeutschen Imperialismus".
17.–31. Oktober 1961	XXII. Parteitag der KPdSU: Aufhebung des „Berlin-Ultimatums"; endgültiger Bruch mit China; Bestätigung der Kritik am „Personenkult" um Stalin und des Kurses auf „Wiederherstellung der Leninschen Normen des Partei- und Staatslebens".
13. November 1961	Umbenennung von Stalinstadt in Eisenhüttenstadt und der Ost-Berliner Stalinallee in Karl-Marx-Allee; Abbau des Stalin-Denkmals in Ost-Berlin.
30. November 1961	Grotewohl unterbreitet Adenauer Vorschläge zur „Normalisierung der Beziehungen".
16. Dezember 1961	Frauenkommuniqué des Politbüros.
30. Dezember 1961	Ulbricht beziffert in einem Interview mit der „Prawda" die durch die Massenflucht entstandenen materiellen Schäden auf 30 Mrd. Mark.
31. Dezember 1961	Vom 1. Januar bis zum 15. August 1961 flüchteten 159 730 Personen aus der DDR in die Bundesrepublik/West-Berlin.

1962

24. Januar 1962	Volkskammer beschließt Einführung der allgemeinen Wehrpflicht (auch in Ost-Berlin).
21.–23. März 1962	ZK der SED beschließt Entwurf des „Nationalen Dokuments": „Die geschichtliche Aufgabe der Deutschen Demokratischen Republik und die Zukunft Deutschlands"; Vorschlag für „deutsche Konföderation" unter Wahrung des Sozialismus in der DDR.
14. April 1962	Deutschlandpolitische Initiative der USA zur Stabilisierung des Status quo.
10. Mai 1962	Der entführte Heinz Brandt wird zu 15 Jahren Zuchthaus verurteilt.
23. Mai 1962	Feuergefecht zwischen West-Berliner Polizisten und Angehörigen der Grenzsicherungsorgane der DDR; dabei wird der DDR-Soldat Peter Göring getötet.

25. Mai 1962	Offener Brief des ZK der SED an alle SPD-Mitglieder mit der Aufforderung, die „friedliche Koexistenz" anzuerkennen und den „DDR-Sozialismus" vor Ort zu studieren.
30. Mai 1962	Die deutsche Akademie der Künste in Ost-Berlin wird laut neuem Statut „Sozialistische Akademie".
17. August 1962	Der bei einem Fluchtversuch über die Berliner Mauer angeschossene Peter Fechter verblutet wegen unterlassener Hilfeleistung.
22. August 1962	Sowjetische Stadtkommandantur in Ost-Berlin aufgelöst.
23. August 1962	DDR-Stadtkommandant für Ost-Berlin eingesetzt.
3.–5. Oktober 1962	ZK der SED konstatiert auf 17. Tagung den „Sieg der sozialistischen Produktionsverhältnisse" in der DDR.
16. Oktober 1962	Politbüro beschließt Bildung von Kommissionen für sozialistische Wehrerziehung, die diesbezügliche Aktivitäten koordinieren sollen.
31. Dezember 1962	Im Jahre 1962 verlassen 21 356 Personen die DDR als Flüchtlinge oder Übersiedler.

1963

15.–21. Januar 1963	VI. Parteitag der SED: Verabschiedung eines Parteiprogramms.
26. Februar 1963	Das SED-Politbüro beschließt „die Leitung der Parteiarbeit nach dem Produktionsprinzip" (1966 wieder aufgegeben).
17. April 1963	Die Volkskammer führt das Prinzip „Jeder nach seinen Fähigkeiten, jedem nach seiner Leistung" formell in das „Gesetzbuch der Arbeit" ein.
Ostern 1963	Die Bundesrepublik und die DDR einigen sich über Häftlingsfreikauf von in der DDR Inhaftierten gegen Bargeld; Festsetzung des „Kopfgeldes" auf 40 000,– DM.
14. Mai 1963	Bildung der „Arbeiter- und Bauern-Inspektion" (ABI).
20. Juni 1963	Die DDR-Regierung veröffentlicht einen „Appell an die Bevölkerung Westdeutschlands" für „Erhalt und Sicherung des Friedens".
24./25. Juni 1963	Die Wirtschaftskonferenz des ZK der SED beschließt mit dem „Neuen ökonomischen System der Planung und Leitung der Volkswirtschaft" (NÖSPL) eine Wirtschaftsreform.
26. Juni 1963	Kennedy erklärt sich in einer Rede in Berlin zum „Berliner" und dämpft Hoffnung auf Wiedervereinigung.
30. Juni 1963	Walter Ulbricht feiert unter dem Motto „Uns allen zum Nutzen – Walter Ulbricht zu Ehren – am 30. Juni planschuldenfrei" seinen 70. Geburtstag.
3. Juli 1963	SED-Politbüro beschließt Systematisierung des polytechnischen Unterrichts, schrittweise Einführung der beruflichen Grundausbildung und Entwicklung von Spezialschulen und -klassen.
13. August 1963	Bisher 65 Tötungen an der innerdeutschen Grenze bekannt; Politbüromitglied Albert Norden rechtfertigt in der Zeitung „Volksarmee" Todesschüsse: Keine Gnade für Verräter.

21. September 1963	Das SED-Politbüro beschließt Kommuniqué über Jugendfragen.
20. Oktober 1963	Die Volkskammerwahlen bringen mit einer Wahlbeteiligung von 99,25% und einer Zustimmung von 99,95% neuen „Wahlrekord".
26. Oktober 1963	Handelsabkommen zwischen der DDR und der Sowjetunion zur Intensivierung des Warenaustausches.
17. Dezember 1963	Erstes Passierscheinabkommen, das West-Berlinern den Besuch von Verwandten im Ostteil der Stadt zu Weihnachten gestattet, wird unterzeichnet.
31. Dezember 1963	Im Jahre 1963 verlassen 42 623 Personen die DDR als Flüchtlinge oder Übersiedler.

1964

2. Januar 1964	Neue DDR-Personalausweise: „Bürger der Deutschen Demokratischen Republik" als Staatsangehörigkeit.
6. Januar 1964	Vorschlag Ulbrichts an Kanzler Erhard über Verzicht auf Kernwaffen; Erhard läßt Brief ungeöffnet zurückschicken.
12./13. März 1964	Robert Havemann wird von SED-Parteileitung der Humboldt-Universität aus der Partei ausgeschlossen; Entlassung durch Humboldt-Universität.
4. Mai 1964	Volkskammer beschließt „Jugendgesetz der DDR" zur Einbindung der Jugend in den „umfassenden Aufbau des Sozialismus".
16.–18. Mai 1964	Drittes und letztes „Deutschlandtreffen der Jugend" durch FDJ; Gründung des Radio-Jugendstudios DT 64.
12. Juni 1964	„Vertrag über Freundschaft, gegenseitigen Beistand und Zusammenarbeit" zwischen der Sowjetunion und der DDR unterzeichnet; Bestandsgarantie für DDR.
1. August 1964	Ausgabe neuer Banknoten in der DDR: „Mark der Deutschen Notenbank".
18. August 1964	Abkommen über den Wiederaufbau der Saale-Brücke (Fertigstellung im Dezember 1966).
1. September 1964	Die Volkskammer bestätigt Straffreiheit für „Republikflüchtlinge", die vor dem 13. August 1961 geflohen sind.
7. September 1964	Einführung der „Bausoldaten" als Dienst ohne Waffe.
8. September 1964	Der Ministerrat gestattet Rentnern Besuchsreisen in die Bundesrepublik und nach West-Berlin.
21. September 1964	Ministerpräsident Otto Grotewohl stirbt; Nachfolger: Willi Stoph.
24. September 1964	Neues Passierscheinabkommen für Besuchsreisen von West-Berlinern nach Ost-Berlin unterzeichnet.
6. Oktober 1964	Amnestie für etwa 10 000 kriminelle und politische Strafgefangene; u. a. für Georg Dertinger (CDU), Heinz Brandt (IG Metall), Wolfgang Harich und Erich Loest.
14. Oktober 1964	Sturz Chruschtschows; Nachfolger als Parteichef wird Leonid Breschnew. Das SED-Politbüro spricht in einer Erklärung auch von Verdiensten Chruschtschows.

16. Oktober 1964	Die Volksrepublik China zündet erste Atombombe.
5.–11. November 1964	Ulbricht und Stoph treffen in Moskau neue Führung der KPdSU.
25. November 1964	Einführung des Mindestumtausches für Besuche in der DDR.
28. Dezember 1964	Erste Volkszählung in der DDR ergibt 17 Mio. Einwohner, d. h. 1,3 Mio. weniger als 1950.
31. Dezember 1964	Walter Ulbricht fordert Regierungsverhandlungen zwischen der DDR und der Bundesrepublik.
31. Dezember 1964	Im Jahre 1964 verlassen 41 878 Personen die DDR als Flüchtlinge oder Übersiedler.

1965

11./12. Februar 1965	Das ZK der SED veröffentlicht „Manifest an das deutsche Volk . . .“; Ulbricht erklärt später hierzu, daß ein wiedervereinigtes Deutschland nur noch als sozialistisches Deutschland möglich sei.
24. Februar 1965	Erster Staatsbesuch Ulbrichts in einem nichtsozialistischen Land: Empfang in Kairo durch Präsident Nasser.
25. Februar 1965	Die Volkskammer verabschiedet „Gesetz über das einheitliche sozialistische Bildungssystem"; Ziel: „die allseitig und harmonisch entwickelte sozialistische Persönlichkeit"; außerdem Verabschiedung des „Gesetzes über das Vertragssystem in der sozialistischen Wirtschaft".
26.–28. April 1965	Ulbricht fordert 120 Mrd. Mark Schadenersatz von der Bundesrepublik für an die Sowjetunion geleisteten Reparationen, die Ausbildung geflüchteter Personen etc.
7. Mai 1965	US-Präsident Johnson fordert in einer Fernsehansprache „Erosion des Eisernen Vorhangs" und „Ende der Ostzone".
14. Mai 1965	Die Sowjetunion droht den USA mit „wirksamen Maßnahmen" zur „Sicherung der Unantastbarkeit der Grenze der DDR . . ."
8.–13. Juni 1965	Tito auf Staatsbesuch in Ost-Berlin.
14. Juli 1965	DDR und Sowjetunion schließen Abkommen über die Zusammenarbeit beim Bau von Atomkraftwerken in der DDR.
1. August 1965	Ulbricht schlägt Bildung einer gemeinsamen deutschen Wirtschaftskommission vor.
17.–28. September 1965	SED-Delegation besucht Sowjetunion: Bildung einer „Paritätischen Regierungskommission für ökonomische und wissenschaftlich-technische Zusammenarbeit".
8. Oktober 1965	IOC läßt zwei deutsche Mannschaften für Olympische Spiele des Jahres 1968 zu.
16.–22. Oktober 1965	Manöver „Oktobersturm" des Warschauer Paktes simuliert in der DDR die Abwehr einer von der Bundeswehr überfallenen DDR.
27.–29. November 1965	Besuch Breschnews in der DDR.
3. Dezember 1965	Erich Apel, Kandidat des Politbüros und Vorsitzender der Staatlichen Plankommission, begeht Selbstmord; Nachfolger: Gerhard Schürer.

5. Dezember 1965	„Neues Deutschland" eröffnet Kampagne gegen den „Liedersänger" Wolf Biermann, der die SED-Führung in seinen Liedern und Texten kritisiert.
15.–18. Dezember 1965	11. Tagung des ZK der SED beschließt mit der zweiten Etappe des „Neuen ökonomischen Systems" eine teilweise Rücknahme der Dezentralisierung; Verkündung einer neuen restriktiven kulturpolitischen Linie, verbunden mit rigoroser Kritik an unbotmäßigen Schriftstellern und Künstlern.
18. Dezember 1965	Bildung eines Staatssekretariats für gesamtdeutsche Fragen; Leiter: Joachim Herrmann.
20. Dezember 1965	Die Volkskammer beschließt das „Familiengesetzbuch der DDR".
22. Dezember 1965	Der Ministerrat löst den Volkswirtschaftsrat auf und errichtet neun neue Industrieministerien.
31. Dezember 1965	Im Jahre 1965 verlassen 29 552 Personen die DDR als Flüchtlinge oder Übersiedler.

1966

12. Januar 1966	Amtsenthebung des Kulturministers Hans Bentzien; Nachfolger: Klaus Gysi.
13. Januar 1966	Die SED bildet einen „Rat für gesamtdeutsche Fragen".
7. Februar 1966	Offener Brief Walter Ulbrichts an die SPD plädiert für Zusammenarbeit der beiden „größten Parteien Deutschlands" zur „Lösung der Deutschland-Frage".
28. Februar 1966	Die DDR beantragt erstmalig die Aufnahme in die Vereinten Nationen (abgelehnt).
18. März 1966	Die SPD-Spitze beantwortet „offenen Brief" der SED mit Fragen zur Situation in der DDR und an der Grenze.
25. März 1966	Das ZK der SED beantwortet „offene Antwort" der SPD auf ihren „offenen Brief" und schlägt Redneraustausch vor.
1. April 1966	Ab jetzt gilt wöchentliche Arbeitszeit von 45 Stunden für alle Werktätigen; Akademie der Wissenschaften schließt Havemann aus.
14. April 1966	Die SPD-Spitze reagiert positiv auf Vorschlag für Redneraustausch.
26./28. April 1966	Ulbricht schlägt Vertagung des Redneraustausches vor.
29. April 1966	Erstes Gespräch zwischen SPD und SED über geplanten Redneraustausch.
9. Mai 1966	Erstes Atomkraftwerk der DDR geht in Rheinsberg in Betrieb.
26. Mai 1966	Einigung auf Redneraustausch für den 15. Juli in Karl-Marx-Stadt und den 21. Juli in Hannover; SPD benennt Willy Brandt, Fritz Erler und Herbert Wehner als Redner.
22. Juni 1966	Ulbricht unterbreitet Brandt Vorschlag für politische Besprechungen beider Parteien noch vor Redneraustausch.
23./24. Juni 1966	„Rationalisierungskonferenz" des ZK und des Ministerrates propagiert in Leipzig erstmals umfassende „sozialistische Rationalisierung".

23. Juni 1966	Der Bundestag verabschiedet „die befristete Freistellung von der deutschen Gerichtsbarkeit" und gewährt damit SED-Rednern in der Bundesrepublik freies Geleit.
29. Juni 1966	Albert Norden sagt namens der SED den geplanten Redneraustausch ab.
4.–6. Juli 1966	Der Warschauer Pakt verpflichtet seine Mitgliedstaaten auf Solidarität zur DDR; keine Verhandlungen mit der Bundesrepublik ohne Anerkennung der europäischen Grenzen und der DDR.
24.–31. Juli 1966	Erste Kinder- und Jugendspartakiade in Ost-Berlin.
1.–12. August 1966	Das ZK der KP Chinas ruft „große proletarische Kulturrevolution" aus, die wahrscheinlich Millionen Menschen das Leben kostete.
13. August 1966	Parade der Grenztruppen und der Kampfgruppen in Ost-Berlin anläßlich des 5. Jahrestages des Mauerbaus trotz Protestes der alliierten Stadtkommandanten.
26. September bis 2. Oktober 1966	SED-Delegation in Jugoslawien: Aufwertung der Gesandtschaften zu Botschaften.
22. Oktober 1966	Die SED-Führung veröffentlicht „Sechs Fragen" zur „deutschlandpolitischen Situation" an die SPD-Führung.
1. Dezember 1966	CDU/CSU und SPD bilden „Große Koalition".
15.–17. Dezember 1966	Das ZK der SED lehnt „neue Ostpolitik" der Großen Koalition scharf ab.
31. Dezember 1966	Im Jahre 1965 verlassen 24 131 Personen die DDR als Flüchtlinge oder Übersiedler.

1967

25. Januar 1967	Die SED beginnt als Reaktion auf die neue Ostpolitik der Großen Koalition, alle gesamtdeutschen Bezüge zu kappen.
31. Januar 1967	Die DDR kritisiert die Aufnahme diplomatischer Beziehungen zwischen Rumänien und der Bundesrepublik.
2. Februar 1967	Das DDR-Staatssekretariat für gesamtdeutsche Fragen wird umbenannt in „Staatssekretariat für westdeutsche Fragen".
8.–10. Februar 1967	Die Warschauer-Pakt-Staaten beantworten die „Hallstein-Doktrin" mit der „Ulbricht-Doktrin": Keine diplomatischen Beziehungen zur Bundesrepublik ohne Anerkennung der DDR.
20. Februar 1967	Die Volkskammer beschließt Gesetz über „Staatsbürgerschaft der DDR".
15. März 1967	Freundschaftspakt zwischen Polen und der DDR unterzeichnet.
17. März 1967	Freundschaftspakt zwischen der Tschechoslowakei und der DDR unterzeichnet.
17.–22. April 1967	Der VII. Parteitag der SED proklamiert die Entwicklung der „sozialistischen Menschengemeinschaft"; Übergang vom NÖSPL zum „ökonomischen System des Sozialismus" (ÖSS); Rücknahme des Konföderationsgedankens.

3. Mai 1967	Der Ministerrat beschließt die Fünf-Tage-Arbeitswoche ab 28. August 1967.
10. Mai 1967	Brief von Ministerpräsident Stoph an Bundeskanzler Kiesinger: Forderung nach „ordnungsgemäßen Vereinbarungen".
18. Mai 1967	Freundschaftspakt zwischen Ungarn und der DDR unterzeichnet.
13. Juni 1967	Kiesinger antwortet Stoph: Vorschlag für gemeinsame Gewaltverzichtserklärung.
17. Juni 1967	China zündet erste Wasserstoffbombe; Sowjetunion befürchtet Einsatz chinesischer Atomwaffen gegen Nachbarländer.
13./14. Juli 1967	Konstituierung des neuen Staatsrates und der neuen Regierung; Ablösung von Hilde Benjamin als Justizministerin.
1.–18. August 1967	Einseitige Grenzmarkierung an der gesamten „Staatsgrenze/West"; Errichtung der ersten Metallgitterzäune.
18. August 1967	Mit der Verurteilung von 37 „Fluchthelfern" beginnt eine jahrelange Prozeßwelle.
7. September 1967	Freundschaftspakt zwischen Bulgarien und der DDR unterzeichnet.
12./13. September 1967	Ulbricht erklärt den Sozialismus für „eine relativ selbständige sozialökonomische Formation ...".
18. September 1967	Antwortbrief von Stoph an Kiesinger enthält „Entwurf eines Vertrages über die Herstellung und Pflege normaler Beziehungen zwischen der Deutschen Demokratischen Republik und der Bundesrepublik Deutschland".
28. September 1967	Kiesinger antwortet Stoph und fordert die Veröffentlichung des Briefwechsels in der DDR; Ende des ersten deutsch-deutschen Dialogs auf Regierungsebene.
1. Dezember 1967	Abermalige Umbenennung der DDR-Währung in „Mark der Deutschen Demokratischen Republik" (Abkürzung: M).
1. Dezember 1967	Die Volkskammer beschließt die Ausarbeitung einer sozialistischen Verfassung unter Vorsitz Ulbrichts.
31. Dezember 1967	Im Jahre 1965 verlassen 19 587 Personen die DDR als Flüchtlinge oder Übersiedler.

1968

12. Januar 1968	Die Volkskammer billigt neues Strafgesetzbuch und neue Strafprozeßordnung; Verschärfung der politischen Strafjustiz.
29./30. Januar 1968	Der tschechoslowakische KP-Chef Alexander Dubček zu Gesprächen über „Reformpolitik" in Moskau.
31. Januar 1968	Die Volkskammer legt Entwurf für „sozialistische Verfassung" vor.
13. März 1968	Ulbricht lehnt Kiesingers Vorstellungen über eine Verständigung in Sachfragen als „unfruchtbar" ab.
15. März 1968	Der Staatsrat beschließt Rentenerhöhung ab 1. Juli: Erhöhung der Mindestrente auf 150,– Mark monatlich.

23. März 1968	Treffen der KP-Führer der Ostblockstaaten in Dresden: Vorhaltungen gegenüber Dubčeks „Reformpolitik".
6. April 1968	Volksentscheid ergibt bei einer Wahlbeteiligung von 98,05% eine Zustimmung von 94,49% zur neuen „sozialistischen Verfassung" der DDR.
9. April 1968	Neue Verfassung tritt in Kraft.
22. April 1968	Der Staatsrat beschließt den Beginn einer staatlichen Strukturpolitik und damit noch mehr Zentralisierung.
2.–5. Mai 1968	Ulbricht definiert den Sozialismus der DDR als „qualitativ neue Gesellschaftsformation"; DDR als Modell.
11. Juni 1968	Die DDR führt Paß- und Visapflicht im Reise- und Transitverkehr von und nach West-Berlin ein.
13.–15. Juni 1968	Der 10. „Deutsche Bauernkongreß" in der DDR berät über Übergang zur industriemäßigen Leitung und Organisation in der Landwirtschaft und Nahrungsgüterwirtschaft.
20. Juni 1968	Die DDR erhöht den „Mindestumtausch" für alle westlichen DDR-Besucher.
14./15. Juli 1968	Die Warschauer-Pakt-Staaten (ohne Rumänien) sprechen sich auf einem Treffen in Warschau gegen tschechoslowakisches Sozialismus-Modell aus; gemeinsamer Drohbrief an das ZK der KP der Tschechoslowakei.
12. August 1968	Treffen von Ulbricht und Dubček in Karlsbad in frostiger Atmosphäre bringt keine Verständigung über Prager Reformmodell.
21. August 1968	Okkupation der ČSSR durch Truppen der Warschauer-Pakt-Staaten; SED rechtfertigt im „Neuen Deutschland" den Einmarsch; vereinzelte Proteste in verschiedenen Städten der DDR.
26. August 1968	Mitglieder des Vorstandes des „Deutschen Schriftstellerverbandes" (und Vertreter der Bezirksverbände) begrüßen Einmarsch in die Tschechoslowakei.
10. September 1968	GST erhält Hauptaufgabe „im System der sozialistischen Wehrerziehung".
12. Oktober 1968	Ulbricht fordert vor der Deutschen Akademie für Staats- und Rechtswissenschaft die Durchdringung des gesamten gesellschaftlichen Lebens mit der Weltanschauung des Marxismus-Leninismus.
21.–28. Oktober 1968	Mehrere Demonstranten gegen Einmarsch in die Tschechoslowakei werden in Ost-Berlin vor Gericht gestellt und verurteilt.
12. November 1968	Verkündung der Breschnew-Doktrin; Pflicht der Bruderländer zu „militärischer Hilfe" bei drohender Abspaltung vom Sowjetimperium.
31. Dezember 1968	Im Jahre 1965 verlassen 16 036 Personen die DDR als Flüchtlinge oder Übersiedler.

1969

ab 1969	Errichtung der ersten Beton-Beobachtungstürme an der innerdeutschen Grenze.
22./23. Januar 1969	Konferenz der „Schrittmacher" und „Neuerer" läutet Wettbewerb zum 20. Jahrestag der DDR ein.
21. Februar 1969	Ulbricht stellt Willy Brandt Besuchsmöglichkeiten für West-Berliner für Ostern 1969 in Aussicht, fordert dafür Verzicht auf die Abhaltung der Bundesversammlung zur Wahl des Bundespräsidenten in West-Berlin; Brandt lehnt ab.
2.–20. März 1969	Militärischer Zusammenstoß zwischen der Sowjetunion und China am Grenzfluß Ussuri.
5. März 1969	Gustav Heinemann wird in West-Berlin zum ersten sozialdemokratischen Bundespräsidenten gewählt.
17. März 1969	Warschauer-Pakt-Staaten regen „europäische Sicherheitskonferenz" an.
28./29. April 1969	Das ZK der SED wendet sich gegen „staatsrechtliche Beziehungen" zur Bundesrepublik anstelle einer völkerrechtlichen Anerkennung.
30. April 1969	Aufnahme diplomatischer Beziehungen zwischen der DDR und der Republik Irak.
8. Mai 1969	Diplomatische Beziehungen zwischen Kambodscha und der DDR; Beginn der Anerkennung der DDR durch Staaten der sog. Dritten Welt.
10. Juni 1969	Die acht Evangelischen Landeskirchen auf dem Gebiet der DDR trennen sich von der gesamtdeutschen EKD und bilden den „Bund Evangelischer Kirchen in der DDR" (BEK).
Sommer 1969	Die vom Ministerium für Volksbildung und dem Zentralrat der FDJ veröffentlichten „Sieben sozialistischen Grundüberzeugungen" sollen Jugend auf „DDR-Sozialismus" verpflichten.
10. Juli 1969	Die Sowjetunion begrüßt NATO-Vorschläge für Vier-Mächte-Verhandlungen über Berlin.
10. Juli 1969	Aufnahme diplomatischer Beziehungen zwischen der DDR und der Vereinigten Arabischen Republik.
16. September 1969	Erste Verhandlungen zwischen Ministerien der DDR und der Bundesrepublik über Verkehrsfragen.
29. September 1969	Die DDR ratifiziert den Atomwaffensperrvertrag.
3. Oktober 1969	Beginn des Zweiten Fernsehprogramms des Deutschen Fernsehfunks in der DDR mit vereinzelten Farbsendungen.
21. Oktober 1969	Willy Brandt wird zum neuen Bundeskanzler gewählt.
29. Oktober 1969	Die Regierungen der Bundesrepublik und der DDR veröffentlichen gleichlautende Erklärungen zur Wiederaufnahme von Verhandlungen.
17. Dezember 1969	Die Volkskammer legt Entwurf eines Vertrages „über die Aufnahme gleichberechtigter Beziehungen" zwischen der DDR und der Bundesrepublik vor.
31. Dezember 1969	Im Jahre 1969 verlassen 16 975 Personen die DDR als Flüchtlinge oder Übersiedler.

1970

ab 1970	Montage der Selbstschußanlagen (Splitterminen) SM-70 an der innerdeutschen Grenze.
19. Januar 1970	Die SED verschärft angesichts der „neuen Ostpolitik" die Abgrenzung zur Bundesrepublik; Forderung nach völkerrechtlicher Anerkennung der DDR vor weiteren Abkommen.
12. u. 18. Februar 1970	Briefwechsel zwischen Stoph und Brandt über mögliches Zusammentreffen.
16. Februar 1970	Honecker kritisiert vor der Parteihochschule „Karl Marx" die SPD als monopolkapitalistische Agentur.
19. März 1970	Brandt und Stoph treffen in Erfurt zu einem Meinungsaustausch zusammen; positive Reaktion der Bevölkerung auf Brandt verstärkt Argwohn der SED-Führung.
26. März 1970	Beginn der alliierten Vier-Mächte-Verhandlungen über Berlin.
17. April 1970	Das ZK der SED beschließt Umtausch der Parteidokumente.
29. April 1970	Postverhandlungen zwischen Bundesrepublik und DDR führen zur Einigung über Kostenausgleich; neue Telefonleitungen.
7. Mai 1970	Die DDR eröffnet Außenhandelszentrum in Paris.
15. Mai 1970	Ulbricht, Stoph und Honecker bereiten in Moskau das Gespräch zwischen Stoph und Brandt in Kassel vor.
20. Mai 1970	Diplomatische Beziehungen zwischen DDR und Algerien.
21. Mai 1970	Treffen von Brandt und Stoph in Kassel; Bundesregierung legt „20-Punkte-Memorandum" zur Gestaltung der innerdeutschen Beziehungen vor.
30. Mai 1970	Honecker lehnt Memorandum der Bundesregierung ab.
1. Juli 1970	Exportwaren der DDR bekommen Bezeichnung „Made in GDR".
16. Juli 1970	Neue deutschlandpolitische Initiative Walter Ulbrichts zur Verbesserung der Beziehungen; er bescheinigt der Bundesregierung eine „gewisse Anerkennung der Realitäten".
28. Juli 1970	Honecker intrigiert in Moskau gegen Ulbricht und fordert dessen Rücktritt als 1. Sekretär des ZK der SED.
12. August 1970	Unterzeichnung des „Moskauer Vertrages" zum Gewaltverzicht und zur Normalisierung der Beziehungen zwischen der Sowjetunion und der Bundesrepublik.
13. August 1970	Die DDR und die Sowjetunion unterzeichnen Protokoll zur Koordinierung der Volkswirtschaftspläne von 1971 bis 1975.
8. September 1970	Das SED-Politbüro berät über wirtschaftliche Krise und korrigiert Wirtschafts- und Investitionspläne.
12.–18. Oktober 1970	Manöver „Waffenbrüderschaft" des Warschauer Paktes in der DDR; bisher größtes Manöver auf DDR-Boden.
27. November 1970	Wiederaufnahme der Gespräche des Staatssekretärs im Bundeskanzleramt, Egon Bahr, und des Staatssekretärs im Ministerrat, Michael Kohl, über verschiedene Verträge zwischen der Bundesrepublik und der DDR.

9.–11. Dezember 1970	Parteikonferenz des ZK der SED berät über wirtschaftliche Schwierigkeiten; Kritik am „ökonomischen System des Sozialismus"; versteckte Kritik an Ulbricht.
17. Dezember 1970	Ulbricht erklärt DDR zu einem „sozialistischen deutschen Nationalstaat".
Dezember 1970/ Januar 1971	Behinderungen im Transitverkehr von und nach West-Berlin als Reaktion auf Fraktionssitzungen der westdeutschen Parteien im Reichstag.
31. Dezember 1970	Im Jahre 1965 verlassen 17 519 Personen die DDR als Flüchtlinge oder Übersiedler.

1. Der Mauerbau

Den in der Euphorie der Machtkonsolidierung auf dem V. Parteitag 1958 verkündeten Anspruch, den materiellen Lebensstandard der Bundesrepublik in wenigen Jahren zu überbieten, hatte die SED mit einer erneuten deutschlandpolitischen Initiative begleitet. Ganz im Sinne ihrer auf „Konföderation" selbständiger Teilstaaten zielenden Strategie forderte sie eindringlich die „Normalisierung" des Verhältnisses von West-Berlin zur DDR und die Einstellung der angeblich in West-Berlin stattfindenden „Wühltätigkeit gegen die DDR". In einer auf Anregung Moskaus verfaßten Note an die Siegermächte vom September 1958 wiederholte die DDR-Regierung ihren Vorschlag, Beratungen über einen „Friedensvertrag" mit Deutschland aufzunehmen; parallel dazu wurde der Bundesregierung vorgeschlagen, eine entsprechende Kommission beider deutscher Staaten zu bilden. Allerdings – so die Bedingung der SED – müsse eine mögliche Vereinigung von Bundesrepublik und DDR berücksichtigen, „daß die Staats- und Gesellschaftsordnung des einen Staates auf den anderen (nicht) übertragen wird".[1]

a) Außenpolitische Rahmenbedingungen

Blieb bei diesen deutschlandpolitischen Vorstößen das „Berlin-Problem" noch ausgeklammert, so ging Ulbricht in einer Rede am 27. Oktober 1958 gerade hier in die Offensive. Das 1945 von den vier Mächten gemeinsam besetzte Berlin sei stets „Bestandteil der Sowjetischen Besatzungszone" gewesen. Da die alliierte Kommandantur niemals die oberste Gewalt inne gehabt habe, gehöre ganz Berlin zum „Hoheitsbereich der Deutschen Demokratischen Republik".[2] Mit dieser Aussage läutete Ulbricht eine neue Runde der Eskalation in und um Berlin ein. Von nun an liefen die Bestrebungen der SED nach einer endgültigen Lösung des „West-Berlin-Problems" über die Zwischenstation einer entmilitarisierten „Freien Stadt" auf die Einverleibung der Westsektoren Berlins in die DDR hinaus.

Berlin-Ultimatum
Die Sowjetunion transponierte den Vorstoß der SED in die Weltpolitik und stellte den Westmächten Ende November 1958 ein Ultimatum: Sie sehe das Londoner Protokoll vom September 1944 und die darauffolgenden Abkommen „als nicht mehr in Kraft befindlich" an. Die Westmächte hätten das Recht auf Anwesenheit in Berlin verloren. Verhandlungsmöglichkeiten bestünden nur noch hinsichtlich der „Erklärung Westberlins zu einer entmilitarisierten Freien Stadt". Sollte diese Statusänderung nicht innerhalb von sechs Monaten erfolgen, würde die Sowjetunion ein Separatabkommen mit der DDR bezüglich deren Souveränität über ihr Gebiet „zu Wasser, zu Lande und in der Luft" abschließen.[3]

Auch für die Sowjetunion war das strukturelle Problem der Fluchtbewegung erkennbar; die große Zahl der Fliehenden ließ geradezu ein Ausbluten der DDR befürchten.[4] Dennoch lagen die Motive der Sowjetunion für diese kaum verhüllte Androhung einer erneuten Berlin-Blockade nicht nur in der tagespolitischen Unterstützung der SED begründet. Der innenpolitisch gestärkte 1. Sekretär des ZK

---

[1] Vgl. Staritz 1996, S. 186.
[2] Wettig 1981, S. 37.
[3] Zit. nach: Dokumente 1987a, S. 301 ff.
[4] Vgl. Wetzlaugk 1985, S. 146 ff.

der KPdSU Chruschtschow – er war aus innerparteilichen Auseinandersetzungen als Sieger hervorgegangen – versuchte auch weltpolitisch in die Offensive zu gehen, wofür sich die Berlin-Frage anbot. Schließlich hatten die erfolgreichen sowjetischen Experimente mit Interkontinentalraketen und den ersten Erdsatelliten, den sogenannten „Sputniks", sowie die Entwicklung der sowjetischen Wasserstoffbombe die westliche Welt tief beeindruckt.[5] So dürfte es auch in dieser Frage eine weitgehende Interessenidentität zwischen der DDR und der Sowjetunion gegeben haben, wenn auch die SED auf Verschärfung und zeitliche Beschleunigung des sowjetischen Vorgehens drängte.[6]

Wahrscheinlich wollte Chruschtschow darüber hinaus – wie in vielen Phasen seiner Außenpolitik – Einmütigkeit und Entschlossenheit der Westmächte testen. Diese waren sich nun keineswegs einig über ihre Reaktion auf die sowjetische Initiative. Insbesondere die US-Außenpolitik unter Präsident Eisenhower verfolgte keine klare Linie, sondern schwankte zwischen Härte und Konzessionsbereitschaft. Auf der Genfer Außenministerkonferenz zur Lösung des Berlin-Problems 1959 erreichte die Tendenz zur Nachgiebigkeit ihren Höhepunkt. Die hier in Aussicht gestellten, später aber zurückgezogenen westlichen Zugeständnisse, die u. a. DDR-Kontrolleure an den Zugangswegen nach West-Berlin, eine Einschränkung politischer Aktivitäten in West-Berlin sowie die Begrenzung der militärischen Stärke der Westalliierten in Berlin betrafen, weckten in der Stadt und der Bundesrepublik Befürchtungen, daß die bisherige rechtliche Grundlage des Status von Berlin aufgegeben werden könnte.[7]

Test des Westens

Die beunruhigte Bundesregierung reagierte rasch und drängte die Westmächte zu geschlossenem Verhalten. Adenauer gab auf einem Treffen der westlichen Regierungschefs im Dezember 1959 die Begründung: „Wenn man dem sowjetischen Verlangen entspräche und die Rechtsbasis fallenlasse, gäbe es überhaupt kein Halten mehr. Das weltweite Ansehen der Westmächte hänge engstens mit ihrer Haltung in der Berlin-Frage zusammen. Zugleich würde die Aufgabe der Rechtsgrundlage eine Massenflucht aus Berlin auslösen."[8] Gemeinsam mit den Franzosen gelang es dem Bundeskanzler, die US-Amerikaner wieder zu mehr Konsequenz und Härte zu bewegen. Die Sowjets, die sich nun erneut einem einheitlich agierenden Westen gegenübersahen, ließen daraufhin ein in Paris geplantes Gipfeltreffen platzen. Anlaß bot der Abschuß eines amerikanischen Spionageflugzeuges U-2 über dem Territorium der Sowjetunion im Mai 1960.

Der im November 1960 neugewählte US-Präsident Kennedy, mit dessen Unerfahrenheit Chruschtschow noch bis zur Kuba-Krise rechnete, präzisierte die amerikanische Position zu Berlin im Rahmen seiner Globalpolitik zur Erhaltung eines strategischen Status quo. Die NATO übernahm im Mai 1961 die „Three Essentials" der USA bezüglich der geteilten Stadt: „erstens die Freiheit der Bevölkerung West-Berlins, ihr eigenes politisches System zu wählen; zweitens die Anwesenheit westlicher Truppen, solange sie von der Bevölkerung gewünscht und benötigt werden; drittens den ungehinderten Zugang zur Stadt vom Westen auf der durch sowjetzonale Gebiete führenden Autobahn sowie auf den Luft- und Wasserwegen."

---

5 Vgl. Herzfeld 1973, S. 434 ff. und Görtemaker 1979, S. 42 ff.
6 Vgl. Herzfeld 1973, S. 436 f. und Staadt 1993, S. 52 und 62.
7 Vgl. Wetzlaugk 1985, S. 158.
8 Zit. nach: ebd., S. 159.

Da die Freiheitsgarantien nur noch für den Westteil der Stadt gegeben wurden, stellte die Bewegungsfreiheit zwischen den Sektoren keinen essentiellen Bestandteil des Status quo mehr dar. Damit betrachteten Amerikaner und NATO die deutsche (und Berliner) Teilung als gegeben.[9] Als schließlich Kennedy Chruschtschow Anfang Juni 1961 in Wien signalisierte, die USA würden sich „nicht in Entscheidungen einmischen, die die Sowjetunion in ihrer Interessenssphäre fälle"[10], waren international die Weichen für eine Lösung des „Berlin-Problems", zweifellos eine Überlebensfrage der SED-Diktatur, gestellt. West-Berliner Senat und Bundesregierung formulierten zwar „Gegenessentials", die auf (Gesamt-)Berlin zielten, aber Kennedy setzte seine auf Entspannung zielende Politik der Erhaltung des Status quo konsequent fort.

Status quo – Politik Kennedys

Der US-Präsident erkannte in zunehmendem Maße den defensiven Charakter der östlichen Berlin-Politik. Deutlich ließen amerikanische Politiker verschiedentlich ihre Erwartung erkennen, daß die ostdeutsche Regierung ihr Flüchtlingsproblem durch Einrichtung eines rigiden Grenzregimes lösen würde.[11]

b) Innenpolitische Schwierigkeiten der DDR

Der eigentliche Grund für das Drängen der SED-Führung lag in der sich 1960 verschärfenden innenpolitischen Krise. Tempo und Ausmaß der mit allen Mitteln erzwungenen Kollektivierung auf dem Lande und partiell im Handwerk hatten zu einem Wiederanschwellen der Fluchtbewegung sowie zu Versorgungsengpässen und allgemeinen wirtschaftlichen Schwierigkeiten geführt. Die optimistischen Planziffern mußten zurückgenommen, die Verschuldung der DDR erhöht werden. Als weitere Belastung kam die Kündigung des Interzonenhandelsabkommens durch die Bundesregierung im September 1960 hinzu. Sie erfolgte als Reaktion auf die Anordnung einer Genehmigungspflicht für Ost-Berlin-Aufenthalte von Westdeutschen. Zwar schlossen beide Seiten schon Anfang 1961 ein erneutes Abkommen, aber die SED nahm diesen Vorgang zum Anlaß, von einem „Wirtschaftskrieg" der Bundesrepublik gegen die DDR zu sprechen, wie sie überhaupt seit geraumer Zeit behauptete, eine Aggression der Bundesrepublik stehe unmittelbar bevor.[12]

Desolate wirtschaftliche Lage der DDR

Wie zwei nach dem Ende der DDR bekanntgewordene Briefe Ulbrichts an Chruschtschow enthüllen, war tatsächlich der desolate wirtschaftliche Zustand der entscheidende Anlaß, auf eine „Abriegelung der DDR" zu drängen. Ulbricht räumte ein, daß die optimistischen Erwartungen des Jahres 1958 keine Grundlage mehr hätten und als Konsequenz der Siebenjahrplan nach unten korrigiert werden müßte. Auch die kurzfristige Verschuldung bei kapitalistischen Ländern in Höhe von 550 Mio. Valuta-Mark als Kompensation binnenwirtschaftlicher Probleme konnte nach Meinung der SED-Führung nicht mehr zur Stabilisierung beitragen. Im Gegenteil: Die SED gestand eine zeitweise Zahlungsunfähigkeit der DDR im Jahre 1960 ein.[13]

In dem zweiten Brief – vom August 1961 – erinnerte Ulbricht daran, daß die wirtschaftlichen Schwierigkeiten und die hohe Verschuldung der DDR gegenüber

---

9 Vgl. ebd., S. 164 ff.
10 Vgl. Staritz 1996, S. 189.
11 Vgl. Wetzlaugk 1985, S. 166 f. und Porwe 1976, S. 261.
12 Vgl. Steiner 1995, S. 233 f.
13 Vgl. Brief von Walter Ulbricht an Nikita Chruschtschow vom 19. Januar 1961, auszugsweise wiedergegeben in: Staadt 1993, S. 52.

den kapitalistischen Ländern sich nicht zuletzt aus ihrem hohen Anteil am Anlagen- und Maschinenexport in die sozialistischen Länder ergeben hätten.[14] Angesichts der durch die anhaltende Fluchtbewegung hervorgerufenen Verstärkung der wirtschaftlichen Schwierigkeiten und des wider Erwarten günstigen Konjunkturverlaufs in der Bundesrepublik, der die eigenen Probleme in der Wahrnehmung der Bevölkerung umso deutlicher hervortreten ließ, plädierte die SED-Führung für eine Umwandlung West-Berlins in eine entmilitarisierte Freie Stadt und für Verhandlungen zwischen beiden deutschen Staaten mit der Perspektive einer zukünftigen Wiedervereinigung.[15] Als wichtigste Gründe für die eingetretenen ökonomischen Schwierigkeiten nannte sie die ungenügende Rohstoffversorgung, die hohe Verschuldung gegenüber kapitalistischen Ländern, den Arbeitskräftemangel, die Exportstruktur und vor allem die Auswirkungen der „offenen Grenzen".[16]

Entgegen der zukunftsgewissen Ankündigung, die Bundesrepublik wirtschaftlich zu überholen, offenbarte die SED-Führung in ihrem Hilferuf an die sowjetische Führung das wirkliche Grundproblem der DDR-Wirtschaft und -Gesellschaft: Wie Ulbricht einräumte, erlaubte die Existenz eines produktiveren Widerparts nicht die geplante strukturelle Entwicklung: „Einfach gesagt heißt das, die offenen Grenzen zwangen uns, den Lebensstandard schneller zu erhöhen, als es unseren volkswirtschaftlichen Kräften entsprach."[17] Doch selbst dieses Eingeständnis entsprach nur der „halben Wahrheit": Noch immer litt die DDR-Wirtschaft unter den hohen Kosten für die Machtsicherung, die Apparate von Parteien und Massenorganisationen sowie die Subventionierung der volkseigenen Wirtschaft. Der Anteil dieser „unproduktiven Ausgaben" lag 1959/60 zwischen 25% und 30%.[18] Unter Berücksichtigung dieser Parameter war der Anstieg des privaten Verbrauchs in der DDR unangemessen hoch und mußte die Volkswirtschaft überfordern. Aber selbst der aus Gründen politischer Opportunität gewährte Anstieg des privaten Lebensstandards machte kaum mehr als die Hälfte des durchschnittlichen Wohlstandsniveaus der Bundesrepublik aus und reichte nicht zur Befriedung der Bevölkerung. Wie in den Stimmungsberichten von SED und MfS nachzulesen ist, stieg die Unzufriedenheit mit der Lebenssituation und der SED-Politik allgemein seit 1960 stetig an.[19]

Steigende Unzufriedenheit der Bevölkerung

War diese Unzufriedenheit für die Landbevölkerung aufgrund der akuten Auswirkungen der Kollektivierungen noch leicht nachvollziehbar, so zeigte sich die SED-Führung über das hohe Unruhepotential in den Betrieben und allgemein in der Bevölkerung doch überrascht. Vereinzelte Arbeitsniederlegungen[20], nahezu durchgängige Kritik an Parteifunktionären und staatlichen Amtsträgern wie auch die schlechte Stimmung auf dem Lande zwangen die Parteiführung zum entschlossenen Handeln. Der Unzufriedenheit in der eigenen Partei begegnete man mit der

---

14 Vgl. Brief von Walter Ulbricht an Nikita Chruschtschow vom 4. August 1961, abgedruckt in: Steiner 1995, S. 254 ff., hier: S. 260.
15 Vgl. ebd.
16 Vgl. ebd., S. 255 ff.
17 Zit. nach: ebd., S. 263.
18 Vgl. Schwarzer 1995, S. 124 f.
19 Vgl. Mitter/Wolle 1993, S. 297 ff.
20 Lt. MfS-Bericht gab es 1960 insgesamt 234 Arbeitsniederlegungen, an denen sich knapp 2400 Arbeiter beteiligten. Vgl. Staritz 1996, S. 193.

Höhere Häftlingszahlen

Absetzung bezirklicher Spitzenfunktionäre und der Anordnung zum Umtausch der Parteidokumente, der laut Statut erst wieder 1970 fällig gewesen wäre.[21] Gegen besonders widerspenstige Kritiker setzte die SED erneut ihre Justiz in Gang. Der zwischenzeitlichen „Liberalisierung", die sich in einem per Gnadenakt gewährten Straferlaß ausdrückte, folgte schon im Jahre 1960 ein Anstieg der Verfahren wegen „Hetze und Staatsverleumdung"[22], der unmittelbar nach dem Bau der Mauer zu einer dramatischen Zunahme der Häftlingszahlen führte.[23]

Einige Unruhe stiftete zudem der Entwurf eines neuen Arbeitsgesetzbuches, der das Streikrecht nicht mehr erwähnte, die wöchentliche Arbeitszeit weitgehend unverändert ließ und das vielgepriesene „Recht auf Arbeit" durch zahllose Beschränkungen und Verpflichtungen in die Nähe eines Arbeitszwanges rückte. Für das Jahr 1960 verzeichnete die Abteilung Gewerkschaft und Sozialpolitik des ZK der SED insgesamt 166 Arbeitsniederlegungen, wobei die tatsächliche Zahl wahrscheinlich noch höher lag, da nicht alle Vorfälle gemeldet wurden.[24]

Berichte über allgemeine Unzufriedenheit in der Bevölkerung, über den Anstieg der Flüchtlingszahlen mit hohen Anteilen an Werktätigen und Jugendlichen sowie über vielerorts zu hörende Rufe nach freien Wahlen[25] weckten bei der SED-Führung das tiefsitzende Trauma eines neuen 17. Juni. Auf der Tagung der Warschauer-Pakt-Staaten im März 1961 plädierte Ulbricht für eine sofortige Absperrung West-Berlins bzw. für eine „Grenzsicherung", konnte mit seinen Forderungen bei Chruschtschow und anderen Parteiführern jedoch noch nicht durchdringen. Erst auf der nächsten Sitzung der Warschauer-Pakt-Staaten Anfang August hatte Ulbricht mit seinem Drängen Erfolg. Der drohende wirtschaftliche Zusammenbruch veranlaßte die sowjetische Führung, ihr Einverständnis zu den geforderten Maßnahmen zu geben.[26]

Für die Sowjetunion bedeutete das Überleben der DDR die Nagelprobe dafür, daß hochentwickelte Industriestaaten als sozialistische Gesellschaften entwicklungsfähig seien. Der Stellvertretende sowjetische Ministerpräsident Mikojan erläuterte diesen Gedanken im Juni 1961 ostdeutschen Gesprächspartnern:

> „Die DDR ist ein solcher Staat, sie ist der westliche Vorposten des sozialistischen Lagers ... In der DDR hat sich unsere Weltanschauung, unsere marxistisch-leninistische Theorie beweisen müssen ... Die DDR, Deutschland, ist das Land, in dem sich entscheiden muß, daß der Marxismus-Leninismus richtig ist, daß der Kommunismus auch für die Industriestaaten die höhere, bessere Gesellschaftsordnung ist. Und weil das so ist, deshalb ist die Bewahrung des Sozialismus in Deutschland nicht nur Eure Sache allein. ... Und gegenüber Westdeutschland können und dürfen wir uns einen Bankrott nicht leisten. Wenn der Sozialismus in der DDR nicht siegt, wenn der Kommunismus sich nicht hier als überlegen und lebensfähig erweist, dann haben wir nicht gesiegt."[27]

---

21 Vgl. Weber 1987, S. 28 und Mitter/Wolle 1993, S. 333.
22 Vgl. Mitter/Wolle 1993, S. 325.
23 Vgl. Werkentin 1995, S. 406.
24 Vgl. Mitter/Wolle 1993, S. 324 und FN 20.
25 Vgl. Werkentin 1995, S. 247.
26 Vgl. Lemke 1995, S. 157 f. und Staritz 1996, S. 194.
27 Zit. nach: Lemke 1995, S. 161 f.

c) Die Mauer

Schon vor der endgültigen Entscheidung zum Bau der Mauer auf der Tagung der Ersten Sekretäre der kommunistischen Führungsparteien der Staaten des Warschauer Paktes vom 3. bis 5. August 1961 in Moskau begann die SED-Führung mit konkreten Planungen.[28] Die von Erich Honecker, dem ZK-Sekretär für Sicherheitsfragen, geleiteten Vorbereitungen liefen unter größter Geheimhaltung. Eingeweiht war nur der engste Führungszirkel der SED.[29] Offiziell wurde die Entscheidung der Warschauer-Pakt-Staaten dem Politbüro erst am 7. August 1961 mitgeteilt, das daraufhin unverzüglich einen formalen Beschluß des Ministerrates der DDR anordnete.[30]

Am 12. August um 16.00 Uhr unterzeichnete der Erste Sekretär des ZK der SED und Staatsratsvorsitzende Ulbricht die Befehle zum Bau der Mauer. Als „X-Zeit" legte er den 13. August, 1.00 Uhr, fest.[31] Um 1.11 Uhr meldete die Ost-Berliner Nachrichtenagentur ADN, daß die DDR Maßnahmen ergreife, um „eine zuverlässige Bewachung und eine wirksame Kontrolle" der Grenze zu den Westsektoren von Groß-Berlin zu ermöglichen.[32] SED-Kampfgruppen, Volkspolizei sowie Einheiten der Nationalen Volksarmee begannen zu diesem Zeitpunkt, die Sektorengrenze zwischen Ost- und West-Berlin hermetisch abzuriegeln. Der SED war es gelungen, die Operation geheimzuhalten und die westliche Öffentlichkeit zu überraschen. Als „Ablenkungsmanöver" hatte Ulbricht auf einer Pressekonferenz im Juni 1961 auf eine entsprechende Frage noch erklärt: „Niemand hat die Absicht, eine Mauer zu errichten."[33] Selbst den westlichen Geheimdiensten blieb anscheinend der genaue Zeitpunkt unbekannt.[34]

Am gleichen Tag veröffentlichte die SED eine Erklärung der Regierungen der Warschauer-Pakt-Staaten sowie einen Beschluß des Ministerrates der DDR, in denen der Bau der Mauer als Akt der „Friedenssicherung" gerechtfertigt wurde.[35] Im Beschluß des Ministerrates heißt es:

Bau der Mauer als Akt der „Friedenssicherung"

> „In Westdeutschland ist eine Verschärfung der Revanche-Politik mit sich steigernden Gebietsforderungen gegenüber der Deutschen Demokratischen Republik und den Nachbarstaaten Deutschlands erfolgt, die in enger Verbindung steht mit der beschleunigten Aufrüstung und Atombewaffnung der westdeutschen Bundeswehr. Es wird eine systematische Bürgerkriegsvorbereitung durch die Adenauer-Regierung gegenüber der Deutschen Demokratischen Republik betrieben. Bürger der Deutschen Demokratischen Republik, die Westdeutschland besuchen, sind in zunehmendem Maße terroristischen Verfolgungen ausgesetzt. Von Westdeutschen und Westberliner Agentenzentralen wird eine systematische Abwerbung von Bürgern der Deutschen Demokratischen Republik und ein regelrechter Menschenhandel organisiert... Aus all diesen Gründen beschließt der Ministerrat... eine solche Kontrolle an den Grenzen

---

28 Vgl. ebd., S. 164 und Koop 1996b, S. 91 ff.
29 Vgl. Wyden 1995, S. 40 ff.
30 Vgl. Lemke 1995, S. 166.
31 Vgl. Koop 1996, S. 30.
32 Vgl. Wyden, S. 59.
33 Vgl. Rühle/Holzweißig 1986, S. 73.
34 Vgl. Wyden 1995, S. 13 ff.
35 Abgedruckt in: Rühle/Holzweißig 1986, S. 94/95.

der Deutschen Demokratischen Republik einschließlich der Grenze zu den Westsektoren von Groß-Berlin (einzuführen), wie sie an den Grenzen jedes souveränen Staates üblich ist."[36]

Die Westmächte reagierten gelassen. Insgeheim versprachen sie sich wohl von der Zementierung der deutschen Teilung mehr Stabilität in Europa und die westdeutsche Anerkennung des nach dem Zweiten Weltkrieg entstandenen Status quo. Fassungslos mußten die Bewohner beider deutscher Staaten mitansehen, wie die SED mit menschenverachtender Konsequenz das politisch geteilte Land noch einmal spaltete, indem sie menschliche Beziehungen zerschnitt.[37] Die grenznahen Regionen in der DDR wurden unmittelbar nach dem 13. August künstlich verödet. Die dort lebenden Menschen wurden zwangsumgesiedelt.[38]

Weite Bevölkerungskreise reagierten auf den Mauerbau mit Wut, Verbitterung oder Verzweiflung. Der ihr durch geheime Informationsberichte[39] gemeldeten Unruhe in der Bevölkerung begegnete die Parteiführung rasch und heftig. Wie im Rechtspflegebeschluß vom 30. Januar 1961 schon angekündigt, bezog die SED-Spitze nun die gesamte „sozialistische Gesellschaft" in die Mobilisierung zur „Unduldsamkeit gegen Straftaten" mit ein. Die Entfaltung des „sozialistischen Faustrechts" z. B. fand justitielle Unterstützung, da jede „Hetze" gegen den sozialistischen Staat als strafbar galt.[40] An vorderster Front im „Nahkampf" gegen die „Feinde des Sozialismus" stand die Kampfreserve der Partei, die FDJ. Noch am 13. August sorgte ihr 1. Sekretär, Horst Schumann, für den Kampfauftrag, Ordnungsgruppen aufzubauen, die in Abstimmung mit der Volkspolizei gegen „Provokateure" einschreiten sollten:

> „Mit Provokateuren wird nicht diskutiert. Sie werden erst verdroschen und dann staatlichen Organen übergeben ... Jeder, der auch nur im geringsten abfällige Äußerungen über die Sowjetarmee, über den besten Freund des deutschen Volkes, den Genossen N. S. Chruschtschow, oder über den Vorsitzenden des Staatsrates, Genossen Walter Ulbricht, von sich gibt, muß in jedem Fall auf der Stelle den entsprechenden Denkzettel erhalten."[41]

Inhaftierungen wegen „staatsfeindlicher Hetze" und „Staatsverleumdung"

Stolz berichtete die FDJ dem Politbüro von ihren Erfolgen im Kampf gegen „Provokateure".[42] Bis zum 4. September 1961 inhaftierten die Sicherheitsorgane über 3000 Personen wegen „staatsfeindlicher Hetze" oder „Staatsverleumdung".[43]

Auf der Tagesordnung des Politbüros am 22. August 1961 standen Maßnahmen zum Übergang von der ersten zur zweiten Etappe der „Grenzsicherung" sowie zur Propagierung des Schußwaffengebrauchs an der Berliner Mauer. „Aufgrund der verleumderischen Rede Brandts, daß die Angehörigen der Nationalen Volksarmee und der Volkspolizei bei Provokationen an der Grenze von der Schußwaffe keinen Gebrauch machen" würden, sollte der ZK-Sekretär für Agitation und Propaganda,

---

36 Zit. nach: Rühle/Holzweißig 1986, S. 95.
37 Vgl. Rühle/Holzweißig 1986, Wyden 1995 und Filmer/Schwan 1991.
38 Vgl. Werkentin 1995, S. 267 und Bennewitz/Potratz 1994.
39 Vgl. Staritz 1996, S. 200 f.
40 Vgl. Werkentin 1995, S. 252.
41 Zit. nach: Staadt 1993, S. 55.
42 Vgl. ebd., S. 57 ff.
43 Vgl. Staritz 1996, S. 201.

Albert Norden, dafür Sorge tragen, „daß durch Gruppen, Züge oder Kompanien schriftliche Erklärungen abgegeben werden, um was es geht, und daß jeder, der die Gesetze unserer Deutschen Demokratischen Republik verletzt, auch – wenn erforderlich – durch Anwendung der Waffe zur Ordnung gerufen wird."[44]

Der Schußwaffengebrauch wurde in einer Lagebesprechung des vom Politbüro eingesetzten und von Erich Honecker geleiteten „zentralen Stabes" am 20. September 1961 präzisiert. Angesichts der von Militärs und Polizei geschilderten „Grenzdurchbrüche" konstatierte der ZK-Sekretär für Sicherheit: „Gegen Verräter und Grenzverletzer ist die Schußwaffe anzuwenden. Es sind solche Maßnahmen zu treffen, daß Verbrecher in der 100-m-Sperrzone gestellt werden können. Beobachtungs- und Schußfeld ist in der Sperrzone zu schaffen."[45] Mit Befehl Nr. 76/61 vom 6. Oktober 1961 wurde der Schußwaffengebrauch für das „Kommando Grenze" der Nationalen Volksarmee auch förmlich bestätigt; er war u. a. vorgeschrieben „zur Festnahme von Personen, die sich den Anordnungen der Grenzposten nicht fügen, indem sie auf Anruf ‚halt – stehenbleiben – Grenzposten' oder nach Abgabe eines Warnschusses nicht stehenbleiben, sondern offensichtlich versuchen, die Staatsgrenze der Deutschen Demokratischen Grenze zu verletzen, und keine andere Möglichkeit zur Festnahme besteht".[46] Die im Befehl genannten Einschränkungen wurden durch die Bestimmungen in der Anlage 1 aufgeweicht, in der es unter Punkt 2 und 3 wörtlich hieß: „Die Waffe darf insoweit gebraucht werden, wie es für die zu erreichenden Zwecke erforderlich ist. Die Angehörigen der Nationalen Volksarmee sind jederzeit zum Waffengebrauch berechtigt, wenn sie in Ausübung ihres Dienstes zum Schutze der Deutschen Demokratischen Republik eingesetzt sind."[47]

Dieser Bestimmung zufolge hatte der einzelne Grenzsoldat selbst zu entscheiden, ob er für die „zu erreichenden Zwecke" – Grenzdurchbrüche zu verhindern – auf Flüchtlinge schoß oder nicht. Die „Kann-Bestimmung" verlagerte die Verantwortung für tödliche Schüsse von der politischen Ebene auf die Angehörigen der Grenztruppen. Aufgrund der vorgenommenen Belobigungen von Grenzsoldaten, die von ihrer Schußwaffe tödlichen Gebrauch gemacht hatten, mußten diese freilich annehmen, die Partei- und Staatsführung erwarte diese letzte Konsequenz von ihnen.[48] Die „Arbeitsgemeinschaft 13. August" schätzt die Zahl der Todesopfer des DDR-Grenzregimes seit 1949 (incl. der bei Fluchtversuchen an anderen Grenzen des Warschauer Paktes getöteten DDR-Bürger) auf 950 bis 1000.[49]

Wer trägt die Verantwortung für den Bau der Mauer und die sich hieraus in den Jahren bis 1989 ergebenden Folgen? Zwar hätten Mauerbau und Schußwaffengebrauch an der innerdeutschen Grenze nicht ohne das prinzipielle Einverständnis der Sowjetunion angeordnet werden können; die Verantwortung für Pläne und Vorschläge sowie für die konkrete Ausgestaltung der Grenzsicherung trägt aber die

---

44 Zit. nach: Staadt 1993, S. 57/58.
45 Zit. nach: Filmer/Schwan 1991, S. 379.
46 Vgl. ebd., S. 381.
47 Zit. nach: Koop 1996b, S. 120.
48 Vgl. ebd.
49 Vgl. Pressekonferenz 1997.

Verantwortung der SED-Führung für Methoden der Grenzsicherung

SED-Führung. Für gezielte Schüsse etwa auf schwimmende Halbwüchsige oder die Verlegung von Anti-Personenminen und Selbstschußanlagen gab es keine – jedenfalls bisher bekannten – konkreten Anweisungen der sowjetischen Führungsmacht. Für die Methoden der Grenzsicherung, die im Laufe der Zeit intensiviert und „perfektioniert" wurden, entwarfen die SED bzw. die zuständigen Organe ständig neue Pläne.[50] Zur Bekämpfung von „Grenzverletzern" erprobten die Sicherheitsorgane in Zusammenarbeit mit Forschungseinrichtungen wiederholt Szenarien, durch welche Maßnahmen und mit welchen Waffen die Grenztruppen ihre Arbeit verbessern konnten. In einer vertraulichen Verschlußsache (HO 2691), in der über eine wirksame Bekämpfung von Unterwasserschwimmern berichtet wird, schlugen die „Tester" der Abteilung Aufklärung der Stadtkommandantur von Ost-Berlin als wirksamste Bekämpfung den Einsatz von Handgranaten vor. Da aber die politische und militärische Führung anscheinend den politischen Schaden fürchtete, der der DDR durch den Einsatz von Handgranaten zur Bekämpfung von „Grenzverletzern" in Berliner Gewässern drohte, begnügten sich die Grenztruppen mit dem Einsatz von Maschinenpistolen, denen eine nur „moralische Wirkung" zugestanden wurde.[51]

Honecker würdigte die Leistung der SED wie auch seine eigene Rolle beim Mauerbau in seiner 1980 erschienenen Biographie:

> „Im Einvernehmen mit der KPdSU schlug die SED vor, die Grenze der DDR gegenüber Berlin-West und der BRD unter die zwischen souveränen Staaten übliche Kontrolle zu nehmen. Diesem Vorschlag stimmte die Moskauer Beratung einmütig zu. Vom damaligen Vorsitzenden des Nationalen Verteidigungsrates der DDR, Walter Ulbricht, wurde mir die Vorbereitung und Durchführung der hierfür erforderlichen Aktion übertragen ... Später konnten wir befriedigt feststellen, daß wir nichts Wesentliches unberücksichtigt gelassen hatten ... Um 00.00 Uhr wurde Alarm gegeben und die Aktion ausgelöst. Damit begann eine Operation, die an dem nun anbrechenden Tag, einem Sonntag, die Welt aufhorchen ließ ... Binnen weniger Stunden war unsere Staatsgrenze rings um Berlin-West zuverlässig geschützt. Ich hatte vorgeschlagen, direkt an der Grenze die politische und militärische Kampfkraft der Arbeiterklasse einzusetzen, d. h. Werktätige aus sozialistischen Betrieben in den Uniformen der Kampfgruppen. Sie sollten mit Bereitschaften der Volkspolizei unmittelbar die Grenze zu Berlin-West sichern."[52]

d) Folgen des Mauerbaus

Die SED nutzte die neue „Handlungsfreiheit" sogleich für eine neue Unterdrückungswelle. Die parteiloyale Jugend verstärkte z. B. einige Wochen später ihre Aktivitäten gegen „Ochsenköpfe": Unter der Parole „Aktion Blitz – kontra NATO-Sender" verbogen und verdrehten auf Dächer gestiegene FDJler Fernsehantennen, die zum Empfang von bundesdeutschen Sendern ausgerichtet waren. Das ZK-Sekretariat ermunterte die „Kampfreserve der Partei" und lieferte in einer Direktive die ideologische Begründung für das Vorgehen:

Aktivitäten gegen Westfernsehen

---

50 Vgl. Koop 1996b, S. 91 ff.
51 Vgl. Koop 1996b, S. 120 ff.
52 Honecker 1980, S. 203 ff.

> „Es ist nachzuweisen, daß jedes Abhören feindlicher Sendungen dem Feind Vorschub leistet und den Schutz der Heimat erschwert. Im Zuge der Auseinandersetzungen ist anzustreben, daß die Besitzer von Fernsehgeräten freiwillig den Kanal für Westfernsehen ausbauen lassen. In den Gebieten, wo aufgrund der technischen Belange das Fernsehen der DDR nicht empfangen werden kann, haben die Organe der Post die Fernsehzulassungen zu kündigen und dafür zu sorgen, daß die Empfänger außer Betrieb gesetzt werden. Der staatliche Handel wird angewiesen, in den betreffenden Gebieten keine Fernsehgeräte zu verkaufen. Ab sofort ist das organisierte Westfernsehen und die Verbreitung westlicher Nachrichten strafrechtlich zu verfolgen."[53]

Schon Ende September triumphierte die SED-Führung angesichts positiver Folgen des „handwerklichen Geschicks" ihres Nachwuchses: „Teile unserer Menschen werden durch diese Maßnahmen gezwungen, Fragen, denen sie bisher ausgewichen waren, gründlich zu durchdenken und sich zu entscheiden. Viele, die bisher geschwankt haben, konnten gefestigt und eine Anzahl Feinde der Arbeiter- und Bauern-Macht isoliert werden."[54] Neben die Kampagne gegen die Westmedien bzw. die Freizügigkeit der Information trat die offene Repression. Im zweiten Halbjahr 1961 stieg die Zahl der abgeurteilten „Staatsverbrecher" auf knapp 20 000 (erstes Halbjahr etwa 4500), und die Zahl der Häftlinge insgesamt erhöhte sich von knapp 24 000 im Juli 1961 auf etwa 38 000 im Dezember 1961.[55] Von nun an nahm die „versuchte Republikflucht" den Hauptanteil an den politischen Delikten ein. Bis 1989 wurden etwa 60 000 Personen wegen ihres Versuchs, die DDR zu verlassen, inhaftiert und verurteilt.[56]

Aburteilungen wegen „versuchter Republikflucht"

Ungeachtet sich aufdrängender schrecklicher Assoziationen verfügte der Staatsrat der DDR mit der „Verordnung über Aufenthaltsbeschränkung" vom 25. August 1961 die Errichtung von Arbeitslagern. Hiernach konnten Verurteilte per Gerichtsbeschluß zu einer Beschränkung des Aufenthalts und zur Aufnahme einer bestimmten Arbeit gezwungen werden. In § 3 heißt es:

> „(1) Auf Verlangen der örtlichen Organe der Staatsmacht kann, auch ohne daß die Verletzung eines bestimmten Strafgesetzes vorliegt, durch Urteil des Kreisgerichts einer Person die Beschränkung ihres Aufenthaltes auferlegt werden, wenn durch ihr Verhalten der Allgemeinheit oder dem einzelnen Gefahren entstehen oder die öffentliche Sicherheit und Ordnung bedroht ist . . . (2) Gegen arbeitsscheue Personen kann auf Verlangen der örtlichen Organe der Staatsmacht durch Urteil des Kreisgerichtes Arbeitserziehung angeordnet werden . . ."[57]

Die Festlegung eines Zeitrahmens für die Strafe erfolgte in der Verordnung nicht, so daß der Willkür Tür und Tor geöffnet war. Wurde das Instrument „Arbeitserziehung" in den ersten Jahren eher noch zurückhaltend genutzt (1962: 808), stieg die Zahl der Betroffenen in den siebziger Jahren bis auf über 12 000 im Jahre 1974 an. 1976 schaffte die SED dieses Instrument der „sozialistischen Erziehungsdiktatur" wieder ab.

---

[53] Zit. nach: Werkentin 1995, S. 255.
[54] Zit. nach: ebd., S. 250/251.
[55] Vgl. ebd., S. 268 und 406.
[56] Vgl. Pressekonferenz 1997.
[57] Zit. nach: Werkentin 1995, S. 264.

Die von der Partei und ihrem Staatssicherheitsapparat registrierten und zum Teil strafrechtlich verfolgten Unmutsäußerungen in der Bevölkerung dürfen jedoch nicht darüber hinwegtäuschen, daß die Mehrheit der Bevölkerung auf die „Einbetonierung" des Landes nicht mit lautstarkem Protest reagierte, sondern diese eher mit stiller Verbitterung oder Resignation hinnahm. Da ihnen nun die Fluchtmöglichkeit in den Westen genommen war, richteten sich viele Menschen gezwungenermaßen in dem diktatorischen System ein und arrangierten sich mit den Verhältnissen. In den SED-gelenkten Medien dagegen hieß es u. a., der Bau des „antifaschistischen Schutzwalles" habe dem Imperialismus den Weg in die DDR versperrt, der Konterrevolution sei rechtzeitig begegnet worden. Auch viele Intellektuelle bekundeten ihre, wenn nicht freudige, so doch abgewogene Unterstützung. Stephan Hermlin z. B. verkündete:

„Antifaschistischer Schutzwall"

> „Aber ich gebe den Maßnahmen der Regierung der Deutschen Demokratischen Republik meine uneingeschränkte ernste Zustimmung. Sie hat mit diesen Maßnahmen, wie sich bereits zeigt, den Anti-Globke-Staat gefestigt, sie hat einen großen Schritt vorwärts getan zur Erreichung eines Friedensvertrages, der das dringendste Anliegen ist, weil er allein angetan ist, den gefährlichsten Staat der Welt, die Bundesrepublik, auf ihrem aggressiven Weg zu bremsen."[58]

Vorübergehend größere Spielräume bei Kultur

Die SED-Führung gewährte den „Kulturschaffenden" kurz nach dem Mauerbau wieder größere Spielräume, so daß viele von ihnen die Abriegelung der DDR sogar als Erleichterung ihrer Arbeit empfanden. In dieser Periode entstanden einige Bücher und Filme, die in leisen Untertönen ein durchaus kritisches und zum Teil wahrheitsgetreues Bild von der Realität in der DDR zeichneten. Dazu gehören z. B. Christa Wolfs Roman „Der geteilte Himmel" oder Kurt Maetzigs Film „Das Kaninchen bin ich". Als die SED-Führung dieses kritischen Potentials in Kultur und Kunst gewahr wurde, griff sie erneut zu repressiven Maßnahmen. Es mehrten sich Fälle, daß Schriftsteller ihre Werke nicht mehr in der DDR, sondern nur noch in der Bundesrepublik veröffentlichen konnten.[59]

Auch das Ministerium für Staatssicherheit zog aus den Ereignissen nach dem Mauerbau Konsequenzen. Es richtete seine Fühler wieder stärker nach Westdeutschland aus, da in den Augen der Parteiführung nur eine grundlegende Veränderung der bundesdeutschen Politik verbunden mit einer völkerrechtlichen Anerkennung der DDR letzte Sicherheit für das Überleben der DDR bot. Minister Mielke formulierte die Grundlinien der neuen „Sicherheitspolitik":

> „Wir müssen die Arbeit auch in der Beziehung verändern, daß wir unsere Probleme an die Menschen in Westdeutschland herantragen, daß wir die positiven Kräfte stärken und die Ultras und ihre Lakaien zersetzen. Wir müssen eine scharfe Auseinandersetzung zwischen den verhandlungsbereiten Kräften und den Kräften, die an der alten Position festhalten, herbeiführen. Die Methoden nach Westdeutschland wie auch die Arbeit im Inneren der DDR sind also nicht konstant, sondern unterliegen ständigen Veränderungen. Neben der Festlegung der Verbindungen nach Westdeutschland müssen wir auch sichern, wie unsere Vorschläge im Inneren der DDR durchgesetzt und verwirklicht werden."[60]

---

[58] Zit. nach: Mitter/Wolle 1993, S. 352/353.

[59] Vgl. Emmerich 1996, S. 176 ff., vgl. auch die Auseinandersetzung um Heiner Müllers „Die Umsiedlerin oder das Leben auf dem Lande" in: Braun 1995.

[60] Zit. nach: Mitter/Wolle 1993, S. 261/262.

Der Leiter der Hauptverwaltung Aufklärung, Markus Wolf, nahm die Worte seines Vorgesetzten Erich Mielke auf und versprach auf der Sitzung des Kollegiums des Ministeriums für Staatssicherheit im Dezember 1961, die notwendige „Klarheit über die Perspektive des Sieges des Sozialismus in ganz Deutschland ... (als) wichtige Voraussetzung für die Erreichung von guten Ergebnissen unserer Arbeit" seinen Leuten mit auf dem Weg in die Bundesrepublik zu geben.[61] Die Personalstärke der Diensteinheiten des MfS erhöhte sich nach dem Mauerbau durch die neuen Aufgaben – Verhinderung und „Aufklärung" von Fluchtversuchen – vor allem in Berlin überdurchschnittlich (1961 zu 1960: 14% gegenüber 3,6% insgesamt).[62]

Die „zweite Teilung" Deutschlands durch den Bau der Mauer war Folge des verzweifelten Überlebenskampfes der DDR-Machthaber; sie war indirektes Eingeständnis der eigenen Schwäche und resultierte keineswegs aus einer Zuspitzung des Ost-West-Konflikts. Im Gegenteil: Mit dem Mauerbau forcierte die SED-Führung ihrerseits den Kalten Krieg in Deutschland. Von den Westmächten hatte sie vorerst nichts zu befürchten. Der amerikanische Präsident Kennedy betonte in einem Brief vom 18. August 1961 an den Regierenden Bürgermeister von West-Berlin, Willy Brandt, unmißverständlich:

> „So ernst die Sache auch ist, so stehen uns jedoch ... keine Schritte zur Verfügung, die eine wesentliche materielle Änderung in der augenblicklichen Situation erzwingen können ... (Es) handelt ... sich offensichtlich um eine grundlegende sowjetische Entscheidung, die nur ein Krieg rückgängig machen könnte. Weder Sie noch wir, noch irgendeiner unserer Verbündeten haben je angenommen, daß wir wegen dieses Streitpunktes einen Krieg beginnen sollten."[63]

2. Sozialismus in einem eingemauerten Land

a) Reformversuche in Staat und Gesellschaft

Da der aufkeimende Widerstand nach dem Mauerbau schnell und nachhaltig gebrochen werden konnte, ließ die SED-Führung 1961 die Repressionswelle Ende des Jahres langsam ausklingen. In Moskau verkündete die sowjetische Führung den Beginn einer erneuten „Entstalinisierungsphase". Während Stalins Leichnam aus dem Mausoleum am Roten Platz entfernt wurde, benannte die SED in nacheilendem Gehorsam Straßen und Betriebe um, denen sie zuvor Stalins Namen gegeben hatte. Auch das riesige Stalin-Denkmal in Ost-Berlin verschwand über Nacht. Zu weiterer Selbstkritik oder gar weitergehenden Maßnahmen sah die SED keinen Anlaß, schließlich sei es, wie das Zentralorgan der Partei, „Neues Deutschland", ausführte, „in unserer Partei, in unserer Volksmasse, nicht zu schwerwiegenden und tragischen Verletzungen der innerparteilichen Demokratie, niemals zu Massenrepressalien ... gekommen".[64]

---

[61] Zit. nach: ebd., S. 362.
[62] Vgl. Gieseke 1995, S. 97 ff.
[63] Zit. nach: Mitter/Wolle 1993, S. 364.
[64] Zit. nach: Weber 1987, S. 29.

Die besonders harte Linie der politischen Justiz nahm das Politbüro im Gefolge einer Beratung vom April 1962 zur „weiteren Entwicklung der sozialistischen Rechtspflege" zurück, indem es die Justizbehörden zu einer differenzierten Strafzumessung aufforderte. Im Zuge dieser „Liberalisierung" des politischen Strafrechts erfolgte die vorzeitige Entlassung von knapp 16 000 Häftlingen ab Juni 1962. Im August hatte die Zahl der Gefangenen wieder den Stand wie vor dem Mauerbau erreicht.[65] Diesen Kurs setzte die Partei auf ihrem V. Parteitag im Jahre 1963 zumindest propagandistisch fort. Der SED-Staat firmierte nun sogar als „der demokratische deutsche Rechtsstaat"[66], in der Substanz änderte sich jedoch nichts. Die Abhängigkeit der Justiz von der Partei und die hierdurch gegebene Kontrolle existierten ebenso weiter wie die Willkür bei der Strafverfolgung und Strafzumessung. Die tatsächlich nachlassende direkte Lenkung der Justiz dürfte insoweit eher Resultat parteiloyalen Verhaltens von Richtern und Staatsanwälten gewesen sein als Ausdruck gewonnener „richterlicher Unabhängigkeit".[67] Die Zurückhaltung der Justiz bei der Bekämpfung „staatsfeindlicher Elemente" blieb indes nur eine kurze Episode. Ab 1965 stieg die Zahl der wegen „politischer Delikte" Verurteilten und auch die der Häftlinge insgesamt wieder an.[68]

Der Einsatz von Sicherheitsorganen und Justiz war die eine Seite der Medaille, die andere bestand in dem Versuch, größere Bevölkerungsteile für die bewußte Teilnahme am Aufbau des Sozialismus zu gewinnen oder zumindest zum Stillhalten und zu loyaler „Pflichterfüllung" zu bewegen. Die Voraussetzungen hierfür waren durch die Befestigung der Grenze besser als zuvor. Der Vergleich mit dem materiellen und immateriellen Lebensniveau im anderen deutschen Teilstaat hing jedoch weiterhin wie ein Damoklesschwert über den Bemühungen der SED.

Während die KPdSU auf dem XXII. Parteitag den Übergang vom Sozialismus zum Kommunismus propagierte und den Staat nicht mehr als „Diktatur des Proletariats" ansah, sondern zum „Staat des gesamten Volkes" erklärte, verkündete die SED-Führung auf ihrem VI. Parteitag im Januar 1963, „in der Geschichte des deutschen Volkes" habe nun das „neue Zeitalter des Sozialismus" begonnen. Nach ihrem Selbstverständnis wirkte die Partei als „Siegerin der Geschichte" und als Vollstreckerin gesetzmäßiger, historisch-notwendiger Entwicklungen.[69] In ihrem

Erstes Parteiprogramm 1963

auf diesem Parteitag verabschiedeten ersten (!) Parteiprogramm verkündete die SED die „klassenlose Gesellschaft" und den „neuen Menschen" als Ziele ihrer Politik. Nach dem „Sieg der sozialistischen Produktionsverhältnisse in allen Bereichen der Volkswirtschaft" sollte in den folgenden Jahren der „umfassende Aufbau des Sozialismus" in Angriff genommen werden, um danach der höheren Entwicklungsstufe, dem Kommunismus, entgegenzugehen.[70]

Gegenwartsaufgabe sei die Mobilisierung aller Kräfte zur Steigerung von Produktion und Arbeitsproduktivität sowie zur Herstellung „sozialistischer Bezie-

---

[65] Vgl. Werkentin 1995, S. 274.
[66] Vgl. ebd., S. 277.
[67] Vgl. ebd., S. 280.
[68] Vgl. Werkentin 1995, S. 286.
[69] Vgl. Weber 1987, S. 30.
[70] Vgl. Weber 1987, S. 30.

hungen" zwischen den Menschen. Die „Wiederherstellung der nationalen Einheit Deutschlands", die ebenfalls zur politischen Aufgabe erklärt wurde, sollte auf sozialistischer Grundlage erreicht werden. Schon im März 1962 hatten SED und der Nationalrat der Nationalen Front ein „Nationales Dokument" entworfen, das die „soziale Frage" über die nationale stellte. Anläßlich der Bekanntmachung dieses Dokumentes zeigte sich Ulbricht optimistisch: „Um den in der DDR staatlich organisierten Kern der deutschen Nation wird sich die große Mehrheit auch der westdeutschen Bevölkerung gruppieren."[71]

Ihren totalitären Gestaltungs- und Machtanspruch formulierte die SED ganz offen: Die Partei leitet „das gesamte gesellschaftliche Leben der Republik und ist für den gesamten Komplex der politischen, ideologischen, wissenschaftlichen, technischen, ökonomischen und kulturellen Arbeit verantwortlich."[72]

Die Aufnahme jüngerer Akademiker und Wirtschaftler wie Erich Apel und Günter Mittag als Kandidaten des Politbüros werteten westliche Beobachter zumeist als Signal für eine „veränderte Kaderpolitik Ulbrichts"[73] und eine Technokratisierung der Politik. Diese Annahme schien die kurze Zeit später in Angriff genommene Wirtschaftsreform zu bestätigen. Wie die weitere Entwicklung zeigen sollte, brachte die Adaption akademisch gebildeter Kader in obere Parteifunktionen jedoch keinen grundsätzlichen Wandel der SED-Politik. Sie führte auch nicht, wie westdeutsche DDR-Forscher mutmaßten, zu einer Abkehr von einem totalitären Politik- und Gesellschaftsverständnis.[74]

In der kurzen Zeitspanne bis etwa Ende 1965 bemühte sich die SED-Führung, ihren gesellschaftlichen Einfluß jenseits von Zwang und Repression zu erweitern. Durch Reformprojekte, die auf bestimmte soziale Gruppen zielten, sollten mehr Menschen in den aktiven „Aufbau des Sozialismus" eingebunden werden. Mit dem im Dezember 1961 veröffentlichten Kommuniqué „Die Frau – der Frieden und der Sozialismus" und vor allem mit dem „Jugendkommuniqué" vom September 1963 gewährte die Partei einen – begrenzten und befristeten – Spielraum zur Entfaltung individueller und sozialer Initiativen, die nicht unmittelbar parteigesteuert sein sollten. „Der Jugend Vertrauen und Verantwortung" hieß die neue Formel. Jugendliche sollten so weder „gegängelt" noch ihre Entwicklung dem Selbstlauf überlassen werden. Ihre Loyalität zu Partei und Staat blieb oberstes Ziel.[75] In der einschlägigen Stellungnahme heißt es:

Reformprojekte

> „Es geht nicht länger an, unbequeme Fragen von Jugendlichen als lästig oder gar als Provokation abzutun, da durch solche Praktiken Jugendliche auf den Weg der Heuchelei abgedrängt werden. Wir brauchen vielmehr den selbständigen und selbstbewußten Staatsbürger mit einem gefestigten Charakter, mit einem durch eigenes Denken und in der Auseinandersetzung mit rückständigen Auffassungen und reaktionären Ideologien errungenen sozialistischen Weltbild, das auf fortgeschrittenen wissenschaftlichen Erkenntnissen beruht."[76]

---

71 Zit. nach: Hacker 1987, S. 48.
72 H. Dohlus: Der demokratische Zentralismus – Grundprinzip der Führungstätigkeit der SED bei der Verwirklichung der Beschlüsse des Zentralkomitees. Berlin (Ost) 1965, S. 6. Zit. nach: Weber 1987, S. 31.
73 Vgl. Weber 1991, S. 100.
74 Vgl. z. B. Ludz 1968 und Ludz 1980 sowie zur Kritik: Schroeder/Staadt 1994a, S. 312 ff.
75 Vgl. Weber 1991, S. 109.
76 Dokumente 1965, S. 691 f.

Den Frauen widmete man sich weniger in emanzipatorischer Absicht, sondern eher aus der Notwendigkeit, dringend benötigte Arbeitskräfte für die Wirtschaft zu gewinnen. Sie waren selten in Führungspositionen, aber umso häufiger auf schlecht bezahlten und minderqualifizierten Arbeitsplätzen anzutreffen. Die nahezu vollständige Einbeziehung von Frauen in den Arbeitsprozeß sollte bis 1989 gelingen, ihre strukturelle Benachteiligung blieb freilich bestehen.[77]

Rückkehr zur harten Linie in der Kulturpolitik

Die Rückkehr zur harten Linie u. a. in der Kulturpolitik, begleitet von ideologischen und „wissenschaftlichen" Auseinandersetzungen, deutete sich schon im März 1964 an, als die SED-Parteileitung der Humboldt-Universität Robert Havemann aus der Partei ausschloß. Ihm wurde vorgeworfen, er habe unter der Flagge des Kampfes gegen den Dogmatismus die Politik der SED grundsätzlich ändern wollen. Jahre zuvor (1956) hatte Havemann in Abkehr von eigenen stalinistischen Auffassungen seine Kollegen ermuntert:

> „In freiem wissenschaftlichen Meinungsstreit mit allen Ideen der Welt müssen wir unsere alte Kraft wiedergewinnen. Unsere Philosophie ist modern, sie wird die Jugend begeistern. Wir müssen sie nur freilegen, mit neuen Ideen bereichern. Wir müssen uns endlich als Marxisten schöpferisch betätigen."[78]

Damals fand er mit solchen Äußerungen noch Duldung und Zustimmung. Zwei Jahre später, im Jahre 1958, ermahnte ihn die Parteileitung zur Loyalität gegenüber der Partei. Doch Havemann stellte die Überwindung des Dogmatismus über seine „Parteidisziplin". Daraufhin konnte und wollte die SED sein Verhalten nicht mehr tolerieren. Im August 1963 entfernte sie ihn aus der Universitätsparteileitung der Humboldt-Universität, weil „Genosse Havemann grundsätzliche Vorbehalte gegen die Politik der Partei (besonders die Wirtschafts-, Kultur-, Schul- und Wissenschaftspolitik) hat und in prinzipienloser Weise gegen die Linie der Partei arbeitet."[79] Als dann ein von Havemann nicht autorisiertes Interview im Hamburger „Echo am Abend" erschien, folgten die fristlose Kündigung durch die Universität und der Parteiausschluß. Im Entlassungsschreiben heißt es: „Sie hielten es für nicht unter Ihrer Würde, sich der Publikationsorgane in Westdeutschland zu bedienen und damit gegen die Deutsche Demokratische Republik gerichtete Pläne der Militaristen und Revanchisten zu unterstützen."[80] Nach seiner Entlassung aus der Humboldt-Universität wurde Havemann Leiter der Arbeitsstelle für Fotochemie der Akademie der Wissenschaften. Alle seine Versuche, in der Industrie als Chemiker Arbeit zu finden, verliefen ergebnislos.[81]

Die Tolerierung kultureller Spielräume, die im Bereich der Literatur und Kunst einen kurzen Frühling mit nennenswerter Resonanz in der Bevölkerung gebracht hatte, stieß bald an ihre Grenzen. Bezeichnenderweise fand sich in der DDR kein Verlag für Alexander Solschenizyns „Ein Tag im Leben des Iwan Denissowitsch", 1962 in Moskau erschienen, der den Tag eines Häftlings im Archipel Gulag schildert. 1963 fand in Liblice bei Prag aus Anlaß des achtzigsten Geburtstages von Franz

---

[77] Vgl. Heering/Schroeder 1995, S. 22 ff. und Trappe 1995, S. 35 ff.
[78] Zit. nach: Müller/Florath, 1996, S. 15.
[79] Zit. nach: ebd., S. 23.
[80] Zit. nach: ebd., S. 32.
[81] Vgl. Havemann 1978, S. 107 ff.

Kafka eine internationale Konferenz statt, obwohl seine Bücher in den meisten sozialistischen Staaten nicht publiziert werden durften. Seine Darstellung des Menschen, der in eine weitverzweigte und autoritäre Bürokratie verstrickt ist, war dazu geeignet, die Realitäten in den kommunistischen Diktaturen treffend zu umschreiben. Reformkommunisten wie der Österreicher Ernst Fischer und der Slowake Eduard Goldstücker forderten die Rehabilitierung von Kafka und eine offene Diskussion der Deformationen des Kommunismus. Diese systemimmanente Reformströmung in Kunst und Literatur ließ der SED nur zwei Wege: sich der Reform zu öffnen oder die Verhältnisse weiter mit Gewalt zu reproduzieren.[82] Sie entschied sich für letzteres.

Die Freiheit des Denkens und der Kunst bedrohten gleichermaßen das ideologische und politische Machtmonopol der Partei und stürzte sie in ein Dilemma. Sobald die SED-Führung von der Parteilinie abweichende Positionen in Wissenschaft und Kultur zuließ, gefährdete sie ihr eigenes ideologisches Definitionsmonopol. Auch das Verständnis der Partei als Quelle all dessen, was als historische Wahrheit zu gelten hatte, war bedroht.

Ein deutliches Signal für eine neue „Eiszeit" in der SED-Kulturpolitik lieferte das 11. ZK-Plenum im Dezember 1965, auf dem Erich Honecker mit dem von ihm vorgetragenen Bericht des Politbüros einen Generalangriff gegen „schädliche Tendenzen" in Filmen, Theaterstücken, literarischen Arbeiten sowie in Fernsehsendungen einleitete. Er forderte eine „saubere Leinwand", um die Bevölkerung vor „Skeptizismus und Unmoral" zu schützen.[83] Ulbricht stieß in das gleiche Horn:

Neue „Eiszeit"

> „Einige Kulturschaffende haben die große schöpferische Freiheit, die in unserer Gesellschaftsordnung für die Schriftsteller und Künstler besteht, so verstanden, daß die Organe der Gesellschaft auf jede Leitungstätigkeit verzichten und Freiheit für Nihilismus, Halbanarchismus, Pornographie oder andere Methoden der amerikanischen Lebensweise gewähren."[84]

Neben Robert Havemann griff die Partei auch Wolf Biermann und Stefan Heym scharf an. Unmittelbar nach der ZK-Tagung erklärte Alexander Abusch namens des Vorstandes des „Deutschen Schriftstellerverbandes" Wolf Biermann zur Unperson: „Ein junger Dichter, der seine Kloakenbegriffe benutzt zur Besudelung der Partei der Arbeiterklasse, für deren hohe Ziele sein eigener Vater von den Faschisten ermordet wurde."[85] Bis zu seiner Ausbürgerung im Jahre 1976 erhielt Biermann Berufsverbot; öffentliche Auftritte und Veröffentlichungen wurden ihm untersagt. Walter Ulbricht schloß auch die Beat-Musik in das kulturpolitische Verdammungsurteil ein: „Die ewige Monotonie des ‚yeah, yeah, yeah' ist doch geistestötend und lächerlich."[86] Selbst der FDJ-Zentralrat holte sich von der SED-Führung einen Tadel ab, da er die Gefahren der vom Klassenfeind eingeschleusten Beat-Musik nicht erkannt hätte: „Dabei wurde übersehen, daß der Gegner diese Art Musik ausnutzt, um durch die Übersteigerung der Beatrhythmen Jugendliche zu Exzessen aufzuput-

Diskreditierung der Beat-Musik

---

[82] Vgl. Rüther 1991, S. 118.
[83] Zit. nach: Jäger 1994, S. 120.
[84] Zit. nach: ebd., S. 120.
[85] Zit. nach: Bögeholz 1995, S. 325.
[86] Zit. nach: ebd.

schen. Der schädliche Einfluß solcher Musik auf das Denken und Handeln von Jugendlichen wurde grob unterschätzt."[87] Mit der ZK-Tagung endeten die mit dem Jugendkommuniqué gerade erst verkündeten kleinen Freiheiten der Jugend.

Erich Honecker kritisierte die FDJ, die die „marxistisch-leninistische Schulung der Jugend vernachlässigt" habe.[88] Daraufhin mußte die FDJ einige Monate später eine verstärkte Schulung ihrer Mitglieder in Angriff nehmen. Das „Gesetz über das einheitliche sozialistische Bildungssystem" vom Februar 1965 forderte in diesem Sinne die Erziehung von SED-konformen „sozialistischen Persönlichkeiten", die nicht nur eine der Industriegesellschaft angemessene polytechnische Ausbildung erhalten, sondern in den Klassen 9 bis 12 obligatorisch Kenntnisse des Marxismus-Leninismus vermittelt bekommen sollten.[89]

b) Die Simulation des Marktes als Wirtschaftsreform: NÖSPL

Da nach Errichtung der Mauer der Verlust von Arbeitskräften gestoppt war, sollte das Vorhaben, das Wohlstandsniveau der Bundesrepublik zu überholen, neuerlich angegangen werden. Zu diesem Zweck wollte die SED-Führung und vor allem Walter Ulbricht eine grundlegende Reform des Wirtschaftssystems einleiten. Parteiintern war schon längere Zeit über mögliche Perspektiven einer Wirtschaftsreform diskutiert worden. Vor allem der Ökonom Fritz Behrens hatte bereits frühzeitig, obschon ohne Resonanz, darauf hingewiesen, daß nach der Festigung sozialistischer Produktionsverhältnisse der Übergang zu einer „ökonomisch geleiteten" Wirtschaft erforderlich sei, und zwar „zu einer Leitung mit einem Mindestmaß zentraler Anweisung und einem Höchstmaß an Initiative und Selbständigkeit von unten".[90] Aber erst als in der Sowjetunion der Ökonom Libermann mit seinem Artikel „Plan, Gewinn, Prämie" den Anstoß zu einer Diskussion über Wirtschaftsreformen gab, griff Walter Ulbricht den in internen Kommissionen bereits seit 1958 erörterten Gedanken auf und forderte im Dezember 1962 einen wirtschaftspolitischen Kurswechsel:

Wirtschaftspolitischer Kurswechsel angemahnt

> „Die These vom Vorrang der Politik hat zeitweise auch bei uns dazu geführt, daß die politischen Zielstellungen und bestimmte Wünsche bei der Festlegung der ökonomischen Aufgaben vorherrschen, daß die Pläne nicht immer ausreichend technisch und ökonomisch begründet waren ... Es wurden bei uns schon Maßnahmen durchgeführt mit Rücksicht darauf, was in Westdeutschland dazu gesagt wird ... Aber in der Tat haben jetzt die ökonomischen Aufgaben den Vorrang."[91]

Im Verständnis des orthodoxen Kommunisten Ulbricht zielte diese Aufforderung zur Wirtschaftsreform freilich nicht auf eine allgemeine, die Macht der Partei gegebenenfalls mindernde Gesellschaftsreform. Schon mit Beginn des Reformversuches achtete Ulbricht darauf, keine Entfernung oder gar Entfremdung zwischen Partei und Wirtschaft entstehen zu lassen. Im Sinne der prägnanten Formel Libermanns, „Was für die Gesellschaft nutzbringend ist, muß auch für jeden Betrieb

---

[87] Zit. nach: Jäger 1994, S. 122.
[88] Vgl. Weber 1991, S. 109.
[89] Vgl. Weber 1993, S. 64/65.
[90] Zit. nach: Gutmann/Klein 1995, S. 1613.
[91] Zit. nach: Wolf/Sattler 1995, S. 2913.

nützlich sein, und umgekehrt, was nicht vorteilhaft für die Gesellschaft ist, muß äußerst unvorteilhaft für die Belegschaft eines Betriebes sein",[92] initiierte er parallel zum Start des „Neuen Ökonomischen Systems der Planung und Leitung der Volkswirtschaft" (NÖSPL) im Frühjahr 1963 eine Umgestaltung der Kompetenzen von Parteiführung und Parteiapparat. Die Organisierung der Parteiarbeit nach dem auch in der Sowjetunion üblichen Produktionsprinzip (statt nach dem Territorialprinzip) führte zu einer Aufteilung bisher zentralisierter Zuständigkeiten. Durch Bildung von Büros auf der Ebene des zentralen Parteiapparates, der Bezirke und der Kreise sollte eine Parteistruktur geschaffen werden, die den Erfordernissen einer Industriegesellschaft besser entsprach. In den Büros für Industrie und Bauwesen und für Landwirtschaft arbeiteten neben hauptamtlichen Parteiangestellten auch Staatsfunktionäre und Praktiker auf ehrenamtlicher Basis mit. Diese Büros erregten als potentielle Machtzentren frühzeitig den Argwohn anderer hiervon ausgeschlossener Parteifunktionäre, die eine „Vernachlässigung ideologischer Fragen" zugunsten ökonomischer Problemstellungen und ein damit einhergehendes Primat ökonomisch-pragmatischer Denkweisen befürchteten.[93]

Aber bevor diese von Erich Honecker dominierte Gruppe im Dezember 1965 in die Offensive gehen sollte, wurde im Juni 1963 die Wirtschaftsreform als Versuch gestartet, die sozialistische Wirtschaft und Gesellschaft um technokratische Elemente zu ergänzen.

Start des NÖSPL

Der Grundgedanke des NÖSPL war simpel: Auf Grundlage der von der Staatlichen Plankommission vorgegebenen „Perspektivpläne" sollten die unteren Wirtschaftseinheiten, vor allem die Betriebe, größere Spielräume und Eigenverantwortlichkeit erhalten. Die bisherigen stark administrativen Methoden und Praktiken der zentral geleiteten Planwirtschaft waren durch ein „in sich geschlossenes System ökonomischer Hebel" zu ersetzen. Von der „engen Verbindung der materiellen Interessiertheit mit der genaueren Beachtung der ökonomischen Gesetze" versprach man sich eine höhere Wirksamkeit der Planung sowie der staatlichen Leitung der Volkswirtschaft, einen „weiteren konsequenten Ausbau des demokratischen Zentralismus in der Wirtschaftsführung". Als ökonomische Hebel definierte die Wirtschaftsreform Preise, Abgaben, Zinssätze und Gewinne wie auch Prämien und neue Entlohnungsformen. Entsprechend verknüpft und angewandt, sollten sie ein Netz von Anreizsystemen schaffen und über die Hebung der Arbeitsproduktivität das Wirtschaftswachstum erhöhen. Für die Partei- bzw. Wirtschaftsbürokratie hatte die Reform organisatorische Konsequenzen. Die Staatliche Plankommission konzentrierte sich fortan auf ihre planerische Funktion. Die Umsetzung der Planung und die Leitung der Industrie übernahm ein neugeschaffener Volkswirtschaftsrat. Dieser stellte gewissermaßen ein selbständiges zentrales Staatsorgan zur Leitung und Kontrolle der zentral gelenkten und der örtlichen Industrie dar.[94] Unterhalb dieser Ebene erhielten die neugeschaffenen Vereinigungen Volkseigener Betriebe (VVB) die Funktion einer dem jeweiligen Industriezweig übergeordneten Instanz. Diese Vereinigungen entstanden aus den fachlichen Hauptverwaltungen der bisherigen Ministerien. Die Planungs- und Leitungsebene war damit näher an die Betriebe

---

[92] Zit. nach: Bollinger 1994, S. 242.
[93] Vgl. Prieß/Eckert 1993, S. 117.
[94] Vgl. Gutmann/Klein 1995, S. 1610.

herangerückt, die im Rahmen der Planvorgaben eine gewisse Selbständigkeit in der Material- und Kreditbeschaffung, in der Investitionsgestaltung und vor allem in der Förderung der Arbeitsbereitschaft durch Gewährung materieller Anreize erlangten.

Während der Übergang von einem administrativen System der Planung und Leitung zu einem vorwiegend ökonomischen System auf der reinen Planungsebene eine gewisse Dezentralisierung brachte, verhinderten politisch-ideologische Vorgaben eine für das Funktionieren der Wirtschaftsreform notwendige Umgestaltung der zentral administrierten Preise. Die Industriepreisreform blieb wegen der Subventionierung für wichtig erachteter Bereiche (z. B. im Einzelhandel) halbherzig. Da zudem auch diese „neuen" Preise festgelegt waren und nicht auf einem Markt als Ausdruck sich laufend verschiebender Knappheitsrelationen entstanden, schlugen die Verzerrungen im Preissystem auf die anderen „ökonomischen Hebel" zurück.

Bevor die Wirtschaftsreform als Gesamtkonzept tatsächlich umgesetzt werden konnte, trat die Parteiführung schon wieder den Rückzug an. Auf der 7. Tagung des Zentralkomitees im Dezember 1964 korrigierte sie einige Veränderungen im Parteiapparat durch die wieder stärkere Betonung des Territorialprinzips und des Vorrangs der Politik vor der Ökonomie.[95] Damit folgte die SED abermals den in der Sowjetunion eingetretenen Veränderungen. Außerdem gab es direkte sowjetische Warnungen vor den Konsequenzen der Wirtschaftsreform, die einen Sonderweg der DDR begünstigen könnten.[96]

SED folgt sowjetischen Bedenken

Immerhin kam es im Juli 1965 zu einer heftigen Kontroverse zwischen Ulbricht und den Wirtschaftsreformern unter Erich Apel. Den Hintergrund bildeten die unerwartet niedrigen Rohstofflieferungen an die DDR im Rahmen des Handelsabkommens mit der Sowjetunion. Ulbricht und in der Folge das Politbüro sahen in der Staatlichen Plankommission, die sich in der gegebenen Lage als Sündenbock anbot, den Hauptverantwortlichen für die absehbare wirtschaftliche Misere und die ihrer Meinung nach fehlgeleiteten Reformen[97] und bereiteten die Korrektur des eingeschlagenen Weges vor. Die für Dezember 1965 auf der 11. Tagung des Zentralkomitees vorgesehene kritische Abrechnung mit der Wirtschaftsreform fand jedoch nicht statt, da sich wenige Tage zuvor der oberste Wirtschaftsplaner, Erich Apel, in seinem Dienstzimmer erschossen hatte, oder – nach neueren Mutmaßungen – ermordet wurde.[98] Die dennoch verkündete „zweite Etappe" der Wirtschaftsreform brachte die schrittweise Wiedereinführung zentralistischer Strukturen. Die Staatliche Plankommission, nun unter der Leitung von Gerhard Schürer, verlor Kompetenzen, der Volkswirtschaftsrat wurde aufgelöst und die Bildung weiterer Industrieministerien und Kombinate angeordnet.

Wiedereinführung zentralistischer Strukturen

Der Beginn einer Strukturpolitik mit administrativer Schwerpunktbildung und die Aufwertung der VVB gegenüber den einzelnen Betrieben verengten den Reformspielraum. Durch die Anbindung der Industrieministerien und der neu entstehenden Kombinate unmittelbar an den ZK-Apparat entstand ein Machtzu-

---

95 Vgl. Weber 1987, S. 216.
96 Vgl. Staritz 1996, S. 222.
97 Vgl. Schürer 1994, S. 143.
98 Vgl. Kaiser 1997, S. 124 ff.

wachs für den zuständigen ZK-Sekretär und die wirtschaftspolitischen Abteilungen des zentralen Parteiapparates. Der Aufstieg des ursprünglich als Protagonisten der Reform zeichnenden Günter Mittag, seit 1962 Kandidat des Politbüros und ZK-Sekretär für Wirtschaft sowie seit 1966 Mitglied des Politbüros, war damit vorprogrammiert.[99]

Die Kosten für die Schwerpunktvorhaben ließen in der Folge kaum noch Spielraum für die Betriebe, deren Rolle durch die Kombinatsbildung zusätzlich gemindert wurde. Auf dem VII. Parteitag 1967 wurde die weitere Gestaltung des „Ökonomischen Systems des Sozialismus als Gesamtsystem" (ÖSS) zur Aufgabe gestellt, wobei an die bisherige Entwicklung des „neuen ökonomischen Systems der Planung und Leitung" „angeknüpft" werden sollte. Dieser Neuorientierung dürften auch problematische Erfahrungen und Widersprüche der Wirtschaftsreform zugrunde gelegen haben. Gleichzeitig mahnte der Blick auf die Entwicklung in der Tschechoslowakei die Parteispitze zur Vorsicht. Hier waren Wirtschaftsreformen von der kommunistischen Staatspartei ganz bewußt mit gesellschaftlichen Reformen verbunden und damit das Machtmonopol der Partei in Frage gestellt worden. Der befürchtete Umschlag systemimmanenter Wirtschaftsreformen in systemsprengende und die damit verbundene Umgestaltung des gesamten Gesellschaftssystems mag die SED darin bestärkt haben, wieder stärker auf zentralistische und administrative Planungs- und Lenkungsmethoden zu setzen.[100]

Die Niederschlagung des „Prager Frühlings", die erneute Warnung vor „sozialdemokratischen und revisionistischen Abweichungen" und wohl auch die neue Ostpolitik der Großen und ab 1969 der sozialliberalen Koalition in Bonn führten zum endgültigen Abbruch des „Reformexperiments". Ideologisch begründet wurde die Kehrtwendung mit der wachsenden Bedeutung von Wissenschaft und Technik, deren Entfaltung und wirtschaftliche Umsetzung angeblich nur durch ein System zentraler Planung und Leitung möglich wäre. Über das Instrument der „Schwerpunktvorhaben" hebelte die Parteiführung das ÖSS gewissermaßen aus. Erneute wirtschaftliche Probleme und Versorgungsengpässe im Jahre 1970 taten ein übriges zur Beendigung der „Reform". Durch Beschluß des Politbüros vom 8. September 1970 stellte die SED das NÖS- bzw. ÖSS-Experiment faktisch ein.[101] Die in den letzten Jahren sichtbar gewordenen Disproportionen in der Wirtschaft erklärte sie nun wieder mit der unzureichenden „Autorität des Planes":

> „Die Herstellung und Wahrung der materiellen Proportionen unserer Volkswirtschaft bedarf eines auf die Produktions- und Leistungsentwicklung gerichteten Kennziffernsystems, mit dem der staatlichen Leitung eine auf den einzelnen Stufen und Leitungsebenen differenzierte, in ihrem Wesen jedoch konkrete gebrauchswertmäßige Steuerung der volkswirtschaftlich entscheidenden Roh- und Werkstoffe, Materialien, Ausrüstungen und Konsumgüter ermöglicht wird."[102]

Günter Mittag befürwortete auf der 14. Tagung des Zentralkomitees die strikte Zentralisierung der Entscheidungsprozesse, indem er klarstellte:

Mittag: Strikte Zentralisierung der Entscheidungsprozesse

---

99 Vgl. Prieß/Eckert 1993, S. 117.
100 Vgl. Bollinger 1994, S. 239 ff.
101 Vgl. Wolf/Sattler, S. 2920.
102 Zit. nach: Gutmann/Klein 1995, S. 1625 f.

> „Bestimmender Grundzug der Regelung für 1971 ist die Verstärkung des demokratischen Zentralismus. Das ist überhaupt der einzige Weg, auf dem ein ... ökonomisches System gestaltet werden kann. Deshalb konzentriert sich die Durchführung des ökonomischen Systems des Sozialismus im Jahre 1971 auf die klare und unmißverständliche Beauflagung der Betriebe und Kombinate und aller übrigen Gebiete der Volkswirtschaft mit den entscheidenden Kennziffern der Reproduktion, beginnend mit der Warenproduktion, die Festlegung der Bilanzverantwortung von oben nach unten ..."[103]

Wie alle anderen kurzzeitigen Reformexperimente führte der Versuch einer produktivitätsorientierten Verknüpfung von Plan- und Eigenverantwortlichkeiten in zentralistische und administrative Strukturen zurück. Wer auf wirtschaftlicher Ebene den Individuen mehr Spielräume und Selbstverantwortung beläßt, hat es schwerer, Forderungen nach gesellschaftlicher Teilhabe abzuwehren. Diese Annahme bestimmte das Handeln der um ihre Monopolstellung fürchtenden SED-Spitze.

Die zählbaren Ergebnisse dieses halbherzigen Reformversuchs waren gemessen am Anspruch letztlich wenig zufriedenstellend. Zwar stieg die Gesamtproduktion von 1961 bis 1970 erheblich an, wobei nicht nur die Schwerindustrie, sondern auch der Bereich langlebiger Konsumgüter ein kontinuierliches Wachstum verzeichnete. Dennoch erreichte die DDR das selbstgestellte Ziel, die Bundesrepublik wirtschaftlich ein- oder gar zu überholen, bei weitem nicht.[104] Im Gegenteil: Trotz begrenzter Erfolge vergrößerte sich der Einkommensrückstand; das kaufkraftbereinigte Nettodurchschnittseinkommen der Arbeiter- und Angestelltenhaushalte sank von 64% des Westniveaus im Jahre 1960 auf 55% in den Jahren 1969/70.[105] Aber nicht einmal diese bescheidenen Erfolge waren von Dauer; schon im Jahre 1971 signalisierten ernste Versorgungsengpässe und das Unterschreiten der Planziffern erneute Schwierigkeiten. Die Rezentralisierung brachte kurzfristig offenbar eher Nachteile.

Ulbrichts Ziel war nicht die nachholende, sondern die vorauseilende Modernisierung. Seine 1970 verkündete und später verspottete Formel vom „überholen, ohne einzuholen" entsprang einer Logik, die den Schlüssel für den Sieg im Kampf der Gesellschaftssysteme in der eigenständigen Entwicklung zukunftsträchtiger, auf neuen wissenschaftlichen Erkenntnissen gründender Techniken sah.[106] Die Hoffnung auf die „wissenschaftlich-technische Revolution" (WTR) als entscheidenden Hebel im Kampf gegen das kapitalistische System beherrschte Ulbrichts Denken schon deshalb, weil die DDR in der direkten sozialen und ökonomischen Auseinandersetzung mit der Bundesrepublik keine Fortschritte zu verzeichnen hatte.

Hoffnung auf „wissenschaftlich-technische Revolution" (WTR)

Wenn auch Form und Instrumente gesellschaftlicher Steuerung wieder vollständig unter das Diktat der Partei zurückgeholt wurden, so betonte der VII. Parteitag doch weiterhin die herausragende Rolle der Wissenschaft für die Entwicklung der Wirtschaft und des Sozialismus allgemein. Sie wurde als entscheidende Produktivkraft wirtschaftlicher und gesellschaftlicher Entwicklung interpretiert. Daher komme es darauf an, die Wissenschaft planmäßig weiterzuentwickeln und ihre Erkenntnisse

---

[103] Zit. nach: Prieß/Eckert 1993, S. 118.
[104] Vgl. Weber 1991, S. 120 f.
[105] Vgl. Schwarzer 1995, S. 134.
[106] Vgl. Staritz 1996, S. 225 f.

anzuwenden. Da im Sozialismus das Privateigentum an Produktionsmitteln aufgehoben und entsprechend die Produktionsverhältnisse zentral planbar seien, ergebe sich gewissermaßen naturwüchsig ein Vorteil für den Sozialismus. Während der Kapitalismus am Widerspruch zwischen Produktionsverhältnissen und Produktivkräften scheitern müsse, könne der Sozialismus seinen strategischen Vorteil nützen. Diese Argumentationskette erwies sich jedoch als Trugschluß. Die Defizite der sozialistischen Wirtschaftsordnung schlugen in diesem Bereich noch stärker durch, so daß der technologische und technische Abstand zwischen den kapitalistischen und sozialistischen Ländern sich in den darauffolgenden Jahrzehnten weiter vergrößerte.

Das latente Problem einer Interessendivergenz zwischen Parteispitze und Fachleuten spielte entgegen der Annahme vieler westlicher Beobachter kaum eine Rolle. Wenn die SED-Führung eines beherrschte, so war es die Kontrolle der Partei sowie – über den Einsatz ihrer Nomenklaturkader in den Schlüsselstellungen – von Staat und Wirtschaft. Im Zweifel war ihr die Loyalität zur Partei, d. h. die richtige Gesinnung, immer wichtiger als die fachliche Qualifikation. Das Beispiel Günter Mittag, der 1963 als Wirtschaftsfachmann ins ZK aufrückte, seine Position trotz zwischenzeitlicher Rückschläge durch Anpassung an die jeweilige Parteilinie ausbauen konnte, und 1989 eine bankrotte DDR-Wirtschaft hinterließ, mag für andere vermeintliche Garanten eines Wechsels von der dogmatischen Parteilinie zur Orientierung an den Erfordernissen einer modernen Industriegesellschaft stehen.

Loyalität vor Kompetenz

Das Spannungsverhältnis zwischen den Zwängen einer modernen Industriegesellschaft und der inneren und äußeren Logik einer totalitären Staatspartei führte letztlich zu dem entscheidenden, die DDR prägenden Antagonismus. Die „Rationalitätskriterien" einer machtfixierten Partei entsprachen eben nicht den „Rationalitätskriterien" einer modernen Gesellschaft. Eine Industriegesellschaft, die ihren Erfolg gerade aus dem Wettstreit der Ideen und Interessen zieht, ist unvereinbar mit einer nach den Vorstellungen einer totalitären Staatspartei ausgerichteten Wirtschafts- und Gesellschaftsstruktur. Entweder sprengen die Industriegesellschaft und die sie tragenden sozialen Kräfte den umfassenden Machtanspruch der Partei, oder die Partei behindert die Entfaltung der Industriegesellschaft mit ihren notwendigen Differenzierungen. Ehe ersteres eintraf, hatte die SED über vierzig Jahre Zeit, das ökonomische, ökologische und soziale System einer modernen Gesellschaft zu destabilisieren, ja: weitgehend zu zerstören.

3. Das Scheitern der Hoffnung auf einen demokratischen Sozialismus

Ähnlich wie die DDR litt auch die ČSSR ökonomisch unter der Sowjetisierung ihrer Wirtschaft. Für das gleichermaßen relativ hochentwickelte Industrieland suchte die tschechoslowakische KP-Führung nach Wegen, mittels einer Wirtschaftsreform Produktivität und Wohlstand zu erhöhen. Während die SED unter Ulbricht ihre nach dem Mauerbau eingeleitete Reform auf Wirtschaft und Parteistruktur beschränkte, erhoben die KPČ-Führer den Anspruch auf eine gesamtgesellschaftliche Reform. Den Reformkommunisten ging es um einen besonderen – tschechoslowakischen – Weg zum Sozialismus, einen „Sozialismus mit menschlichem Antlitz". Dieser Versuch, sich vom sowjetischen Modell des Sozialismus zu lösen, vollzog sich auf drei Ebenen: Die Selbsttransformation der Machtsphäre ging einher mit einer auf Demokratisierung und Modernisierung zielenden sozialen Bewegung und einer Bewegung für nationale Emanzipation in der Slowakei.[107]

Prager Reformexperiment

Das Prager Reformexperiment basierte ursprünglich auf dem Gedanken, die wissenschaftlich-technische Revolution stärker für den Sozialismus zu nutzen, ohne die führende Rolle der Partei in Frage zu stellen. Damit sollte eine Konstellation hergestellt werden, die der Parteiführung eine Reform „von oben" erlaubte. Doch diese Idee ließ sich nicht realisieren. Ota Šik erarbeitete das Konzept einer tiefgreifenden ökonomischen Reform mit dem Ziel der Einführung von Marktelementen, und Zdeněk Mlynář forderte eine Reform des politischen Systems durch die Einführung eines begrenzten Pluralismus.[108] Parallel dazu begannen Schriftsteller und Publizisten, mehr Freiraum zu fordern. Im Laufe des Jahres 1967 korrigierte die KPČ ihren moderaten Kurs in Sorge um ihre Macht und griff wieder zu den alten Methoden der Disziplinierung und Einschüchterung. Dieser Rückfall rief die Reformkräfte innerhalb der Partei auf den Plan, denen es schließlich gelang, im Januar 1968 Alexander Dubček als Nachfolger Antonín Novotnýs zum Ersten Sekretär des ZK durchzusetzen. Der von nun an beschleunigte Reformprozeß beunruhigte vor allem die SED-Führung, die eine unkontrollierbare Entwicklung und ein Übergreifen auf die DDR fürchtete. Auf der 4. Tagung des ZK der SED Ende Januar 1968 wertete der ZK-Sekretär für internationale Beziehungen, Hermann Axen, die ökonomischen Reformideen von Ota Šik als „Plattform einer bürgerlichen Liberalisierung der ČSSR".[109] Auch noch nach dem Zusammenbruch der DDR betrachtete Axen das Prager Reformexperiment als einen der „größten Anschläge auf den Sozialismus".[110]

Schon frühzeitig stellte die SED-Führung einen Zusammenhang zwischen den Ereignissen in der ČSSR und ihrer Auseinandersetzung mit der Bundesrepublik her. Axen warnte anläßlich einer Tagung des ZK der SED im Januar 1968:

> „Aber wir müssen uns auch deswegen mit diesen Fragen befassen, weil der Klassenfeind, insbesondere der westdeutsche Imperialismus, versucht, nicht nur Schwierigkeiten in der Entwicklung zur Störung der sozialistischen Entwicklung innerhalb der ČSSR auszunutzen, sondern auch Vorgänge in der Tschechoslowakei zum Anlaß nehmen wird, den psychologischen Krieg gegen die Deutsche Demokratische Republik zu verstärken."[111]

Mißtrauen der SED-Führung

Durch die sich anbahnende Entwicklung in der Tschechoslowakei erhielt die Bahrsche Formel vom „Wandel durch Annäherung" für die SED-Führung eine existenzbedrohende Dimension. Besonderes Mißtrauen erregten Kontakte tschechoslowakischer Stellen mit der westdeutschen Wirtschaft und der SPD, über die in der tschechoslowakischen Presse ausführlich berichtet wurde. Damit sah die SED ihren Verdacht bestätigt, in Prag entstünde ein sozialdemokratischer Revisionismus in neuem ideologischen Gewand.[112] Angesichts der von der Bonner Großen Koalition eingeleiteten neuen Ostpolitik, die jedoch weiterhin die Anerkennung der

---

[107] Vgl. Prieß u. a. 1996, S. 25.
[108] Vgl. ebd., S. 31.
[109] Zit. nach: ebd., S. 16.
[110] Axen 1996, S. 255.
[111] Zit. nach: Prieß u. a. 1996, S. 44.
[112] Vgl. ebd., S. 64.

DDR ausschloß, befürchtete die SED eine „Sozialdemokratisierung" der „Bruderpartei" und das Entstehen einer Allianz der reformierten ČSSR mit der Bundesrepublik zum Schaden der DDR. Für die SED-Führung stand der Prager Reformversuch auch als Beispiel für die Aushöhlung der sozialistischen Staaten von innen durch die „Sozialdemokratisierung" der regierenden kommunistischen Partei.

Von Ende März bis Mitte Juli 1968 gab es drei Konferenzen der Partei- und Staatsführer Bulgariens, Ungarns, der DDR, Polens und der UdSSR, auf denen die Lage in der ČSSR erörtert wurde. Schon auf der Tagung in Dresden im März stellten die Parteiführungen gegenüber den Reformern aus der ČSSR klar, daß die Entwicklung in ihrem Land keine innere Angelegenheit sei, sondern eine gemeinsame Sache der sogenannten „Fünf" (so ihre spätere Selbstbezeichnung). In der geheimgehaltenen Debatte legte die sowjetische Seite die Grundsätze der späteren „Breschnew-Doktrin" dar: das Recht der „sozialistischen Bruderstaaten" auf Einmischung aus sicherheitspolitischen Gründen und zur Abwehr einer Konterrevolution.

Nach der Dresdener Tagung verschärfte die SED ihre Angriffe gegen den Prager Reformkommunismus. Sie kritisierte vor allem die weitgehende Pressefreiheit, die Kontakte zu westdeutschen Institutionen und Personen sowie die öffentliche Rehabilitierung der Opfer der Parteisäuberungen und Repressionen in den fünfziger Jahren. Walter Ulbricht erläuterte gegenüber dem tschechoslowakischen Botschafter die Sicht der DDR:

> „Jetzt liefern Sie das Material für den psychologischen Krieg des Imperialismus gegen den Sozialismus. Jeden Tag bekommt die Westpresse von Ihnen Material für den Kampf gegen das sozialistische Weltsystem. Warum müssen Sie die Toten ausgraben? Während in Westdeutschland die Jugendlichen mutig auftreten, vom Imperialismus geschlagen und getötet werden, liefern Sie das Material über den ‚Terror der Kommunisten'. Die ČSSR als Freund an unserer Grenze läßt eine solche Kampagne zu. Das geht nicht. Ich bitte Sie, das dem Genossen Dubček mitzuteilen. Das andere ist vergessen. Aber daß Sie alle Schwierigkeiten und Mängel der Vergangenheit ausgraben, über die die Westpresse berichten kann, das ist zuviel, das ist schlimmer als zu Zeiten Chruschtschows."[113]

Die „Antireformkoalition" der fünf Bruderstaaten verfolgte seit dem Frühjahr eine Doppelstrategie: Durch Druck, Einschüchterung sowie durch die Unterstützung der Reformgegner in der ČSSR sollte der Reformprozeß beendet werden. Daneben trafen sie jedoch erste Vorbereitungen für eine mögliche Intervention. Diese „zweigleisige" Politik hatten die späteren „Interventionsstaaten" bei Beratungen in Moskau im Mai und in Warschau im Juli 1968 entwickelt.

„Antireformkoalition" der „Bruderstaaten"

In der ČSSR stritt man heftig über die Richtung der Reform. Mit der Veröffentlichung der „2000 Worte" durch siebzig Persönlichkeiten des kulturellen und geistigen Lebens Ende Juni 1968 demonstrierte ein gewichtiger Teil der intellektuellen Elite des Landes, daß er den Weg in eine mündige Bürgergesellschaft unabhängig von der Entwicklung der KP für unumkehrbar hielt. Die SED sah ihre schlimmsten Befürchtungen bestätigt. Der DDR-Botschafter in der ČSSR, Florin, übermittelte Ulbricht und der SED-Führung diese Thesen und charakterisierte sie folgendermaßen: „Dieses Dokument ist ein Aufruf zur Konterrevolution, der

---

113 Zit. nach: ebd., S. 90/91.

programmatischen Charakter trägt und die Methoden zur Durchsetzung der konterrevolutionären Absichten enthält."[114] Bezugnehmend auf eine schriftliche Stellungnahme des ZK der KPdSU schrieb die SED einen fünfseitigen Brief an das ZK der KPČ, in dem dieses eindeutig aufgefordert wurde, den sozialistischen Weg nicht zu verlassen. Der gleichzeitig ausgesprochenen Einladung zu einer Beratung in Warschau kam Dubček nicht nach.

Die Tagung in Warschau gestaltete sich zu einem Tribunal. Sämtliche Teilnehmer wandten sich nun offen gegen die Entwicklung in der Tschechoslowakei. In einem gemeinsamen Schreiben an die KPČ drohten sie erstmals mit einem direkten Eingreifen: „Wir können jedoch nicht damit einverstanden sein, daß feindliche Kräfte Ihr Land vom Weg des Sozialismus stoßen und die Gefahr der Lostrennung der ČSSR von der sozialistischen Gemeinschaft heraufbeschwören. Das sind nicht mehr nur Ihre Angelegenheiten."[115] Obschon ein militärisches Eingreifen noch nicht endgültig festgelegt wurde, begannen von nun an konkrete militärische Vorbereitungen. Nachdem sich der in Bratislava (Preßburg) am 3. August gefundene Kompromiß zwischen den „Fünf" und der KPČ aus sowjetischer Sicht als nicht realisierbar erwiesen hatte, gab Breschnew die Weisung zur militärischen Intervention. Formell beschloß das Politbüro der KPdSU am 17. August das weitere Vorgehen „im Kampf gegen die konterrevolutionären Kräfte".[116] In den nächsten Tagen informierte die Führungsmacht ihre Satellitenstaaten, und die „gesunden Kräfte" aus der KPČ durften am 16. August 1968 ihr Hilfeersuchen an die Sowjetunion richten.

Intervention gegen „Prager Frühling"

In den späten Abendstunden des 20. August 1968 setzten die fünf Interventionsstaaten ihre Militärmaschinerie gegen den „Prager Frühling" in Bewegung. Die dem sowjetischen Kommando unterstellte NVA nahm zwar an der Operation teil, aber ihre Kampfverbände sicherten lediglich den Nachschub und das Hinterland; sie überschritten nicht die tschechoslowakische Grenze. Der Entschluß der sowjetischen Militärbefehlshaber, NVA-Gefechtstruppen nicht direkt einzubeziehen, war weniger eine politische als eine militärische Entscheidung. Die SED-Führung behauptete bis zum Ende der Honecker-Ära die „erfolgreiche Teilnahme" der NVA an der Seite der verbündeten Armeen.[117]

Die tschechoslowakische KP-Führung kapitulierte. Zur Abwendung einer Militärdiktatur willigte sie in sowjetische Vorgaben zur „Wiederherstellung des Sozialismus" ein. In der DDR sorgte die SED-Führung dafür, daß die Ereignisse in Prag nicht zu Unruhen führten. Polizei, Staatssicherheit und „gesellschaftliche Kräfte" (freiwillige Helfer der Volkspolizei, Mitglieder der Kampfgruppen, der GST, der SED, der FDJ und andere) beugten gemeinsam „Straftaten" vor. Sympathiebekundungen für den tschechoslowakischen Reformweg oder Proteste gegen den militärischen Einmarsch erfüllten für die Sicherheitsorgane den Tatbestand der „Staatsverleumdung". Das Ministerium für Staatssicherheit erhielt besondere Befugnisse für die „Bekämpfung der Feinde".[118]

---

[114] Zit. nach: ebd., S. 177.
[115] Zit. nach: ebd., S. 193.
[116] Vgl. ebd., S. 230 ff.
[117] Vgl. ebd., S. 238.
[118] Vgl. Werkentin 1995, S. 285.

Das MfS, das schon in der ČSSR gegen die Politik Dubčeks subversiv tätig gewesen war, konzentrierte nun seine Aktivitäten gegen die vor allem von der jüngeren DDR-Generation getragenen Proteste. In vielen Städten der DDR gab es Aktionen kleinerer Gruppen oder einzelner Personen. Eine befürchtete breite Protestbewegung erstickten die Sicherheitsorgane schon im Keim.[119] Das Ministerium des Innern registrierte bis zum 29. August 1112 Fälle von „staatsgefährdender Hetze" und „Staatsverleumdung", insbesondere Losungen an Hauswänden und auf dem Straßenbelag, selbstgefertigte Flugblätter und Unterschriftensammlungen.[120] Das MfS seinerseits konstatierte bis zum 20. November über 2000 „feindliche Handlungen" im Zusammenhang mit Protesten gegen den Einmarsch. In einer Aufstellung inhaftierter Personen wurde deutlich, daß auffallend viele junge Arbeiter ihren Protest geäußert hatten.[121] Während Kinder prominenter Eltern mit vergleichsweise milden Strafen oder Ermahnungen davonkamen, erhielten andere Protestler zum Teil Gefängnisstrafen von über einem Jahr.[122] Obschon eine Übersicht über einschlägige Verurteilungen nicht vorliegt, dürfte sich das Ausmaß der juristischen Sanktionierung des Protestes dennoch in Grenzen gehalten haben. Ein besonderer Anstieg der Häftlingszahlen in diesem Jahr ist nicht verzeichnet.[123]

Proteste in der DDR im Keim erstickt

An der SED-Basis regte sich ebenfalls vereinzelt Widerstand. Die Statistik der in diesem Zusammenhang erfolgten Disziplinierungen verzeichnet 522 Parteistrafen, in der Mehrzahl gegen Arbeiter.[124] Die Ablehnung der militärischen Niederschlagung des Prager Reformexperiments dürfte in der Bevölkerung jedoch erheblich verbreiteter gewesen sein als es die Zahlen ausdrücken. Gerade junge Menschen verbanden mit dem Prager Aufbruch die Hoffnung auf eine Versöhnung von Freiheit und Sozialismus, die sie in der DDR schmerzlich vermißten.[125]

4. Die Festschreibung der führenden Rolle der SED in der Verfassung von 1968

Weder für die SED-Führung noch für die Bevölkerung hatte die DDR-Verfassung besondere Bedeutung. Während erstere ihr instrumentelles Verständnis von Recht und Verfassung offen bekundete, hatte der Bürger keine Veranlassung, sich auf eine Verfassung zu berufen, deren Grundsätze nur auf dem Papier standen. Eine Instanz, die über die Einhaltung der Normen wachte oder als Beschwerdeeinrichtung fungierte, existierte nicht. Die ausdrücklich gegen die Gewaltenteilung im bürgerlichen Staat proklamierte Machtkonzentration in den Händen der Partei verhinderte jegliche Eigenständigkeit des Rechtswesens.

Die Ausarbeitung der Verfassung von 1968, die sich weitgehend an der Stalinschen Verfassung von 1936 und der Verfassung der ČSSR von 1960 orientierte, ist in erster Linie als Versuch zu werten, der um Anerkennung buhlenden DDR internationale Reputation zu verschaffen. Erst in zweiter Linie sollte die neue Verfassung den

---

[119] Vgl. Mitter/Wolle 1993, S. 450 ff.
[120] Vgl. Werkentin 1995, S. 287.
[121] Vgl. ebd., S. 289.
[122] Vgl. Mitter/Wolle 1993, S. 453 ff.
[123] Vgl. Werkentin 1995, S. 294.
[124] Vgl. Mitter/Wolle 1993, S. 463 ff.
[125] Vgl. ebd., S. 481.

tatsächlichen Gegebenheiten in der DDR stärker Rechnung tragen. Sie wurde in über 750 000 Veranstaltungen „erörtert" und nach kleineren Änderungen der Bevölkerung am 6. April 1968 zur Abstimmung vorgelegt. Diese entschied sich mit einer für DDR-Verhältnisse eher „bescheidenen" Mehrheit (94,5%) für die Annahme der Verfassung. In Ost-Berlin stimmten „offiziell" sogar nur 91% der Abstimmenden zu.[126]

„Führende Rolle der Partei"

In Artikel 1 Absatz 1 wird die „führende Rolle der Partei", die ohnehin von allen Organisationen und Institutionen statutenmäßig anerkannt war, gesetzlich fixiert: „Die Deutsche Demokratische Republik ist ein sozialistischer Staat deutscher Nation. Sie ist die politische Organisation der Werktätigen in Stadt und Land, die gemeinsam unter Führung der Arbeiterklasse und ihrer marxistisch-leninistischen Partei den Sozialismus verwirklichen." Die „Suprematie der Partei"[127] fand damit auch Eingang in die Verfassung. Die gleichzeitige Festlegung auf den Marxismus-Leninismus verknüpfte zudem das Führungsmonopol mit dem Wahrheits- und Erkenntnismonopol.[128]

Die „Volkssouveränität" erfuhr eine kleine, aber in der Bedeutung erhebliche Abwandlung und mutierte zur „Souveränität des werktätigen Volkes", das wiederum durch die marxistisch-leninistische Partei der Arbeiterklasse repräsentiert wurde. Die eher soziologische Kategorie des „Werktätigen" wandelte sich im SED-Verständnis zu einer politischen Einstellung bzw. Gesinnung. In einem offiziellen Verfassungskommentar heißt es:

> „So ist jeder Bürger unseres Staates Werktätiger, der durch gesellschaftlich nützliche Arbeit am großen Werk der Gestaltung des entwickelten gesellschaftlichen Systems des Sozialismus aktiv tätig ist, oder seinen Beitrag zur Sache des Volkes in Ehren geleistet hat und sich verdientermaßen eines gerechten Lebensabends erfreut. In diesem Sinne gehören zu den Werktätigen selbstverständlich auch die Rentner und die Hausfrauen, die ihre Kinder erziehen."[129]

Grundrechtformulierungen „Leerformeln"

Während die verfassungsrechtliche Fixierung der „Suprematie der SED" den Realitäten durchaus entsprach, blieben andere Artikel, die die Freiheit der Persönlichkeit oder die Freiheit von Unterdrückung und wirtschaftlicher Ausbeutung, die Gewissens- und Glaubensfreiheit oder auch die Freiheit der Presse, des Rundfunks und Fernsehen garantieren sollten, bloße Leerformeln. Im Einzelfall konnte die Berufung auf diese Bestimmungen der Verfassung sogar im Gefängnis enden. Schließlich hatten die SED-Juristen die flexibel handhabbare Formel des „Staatsfeindes" nicht aus der Welt geschafft. Personen, die in eigenständiger Auslegung von Verfassungsartikeln zum Beispiel das Recht auf Gewissensfreiheit mit einer Kritik an der DDR verbanden, hatten das Recht auf dieses „Grundrecht" schon verwirkt.

Die Realität der politischen Machtverhältnisse in der DDR stellte einen permanenten Verfassungsbruch dar. So legte Artikel 48 fest: „Die Volkskammer ist das oberste staatliche Machtorgan der DDR ... Die Volkskammer ist das einzige

---

[126] Vgl. Bögeholz 1995, S. 357.
[127] Vgl. Mampel 1988.
[128] Vgl. Brunner 1995, S. 997.
[129] Zit. nach: ebd., S. 999.

verfassungs- und gesetzgebende Organ in der DDR. Niemand kann ihre Rechte einschränken." Das Politbüro der SED verletzte indes ständig die Verfassung, indem es die Beschlüsse der Volkskammer vorab festlegte. Gleiches galt für die von der SED sogar ausdrücklich geforderte Nichtbeachtung des Artikel 54, der die freie, allgemeine, gleiche und geheime Wahl vorschrieb. Die üblichen Aufforderungen zu „offenen" Abstimmungen waren somit „Verfassungsbruch".

Im Zuge der Erarbeitung der neuen Verfassung erfuhren neben dem materiellen Strafrecht auch das Strafprozeßrecht und das Polizeirecht eine Überarbeitung. Im neuen StGB wurden die Tatbestände für politische Delikte umfassender kodifiziert. „Verbrechen" gegen den Staat wogen schwerer als Verbrechen gegen Personen, so jedenfalls läßt sich die Reihenfolge ihrer Erwähnung im neuen StGB deuten.[130]

5. Deutsch-deutsche Beziehungen im Wandel

Der Mauerbau hatte alle deutschlandpolitischen Initiativen der SED vorerst zu Makulatur werden lassen. Für die SED-Führung hatte die Konsolidierung des eigenen Machtbereichs oberste Priorität, die Herstellung der Einheit Deutschlands nur zweitrangigen Charakter. Auf einer Tagung des ZK im März 1962 fixierte die SED ihre neue Strategie in einem „Nationalen Dokument". Noch immer sprach sie von der einen deutschen Nation, die allerdings in zwei sich feindlich gegenüberstehende Staaten gespalten sei. Eine künftige Vereinigung wurde an zwei grundlegende Voraussetzungen gebunden: den Sieg des Sozialismus in der DDR und die Überwindung von Imperialismus und Militarismus. Perspektive blieb ein sozialistisches Gesellschaftssystem in ganz Deutschland. Weiterhin enthielt das Dokument den Vorschlag einer „deutschen Konföderation", der sich neben der DDR und der Bundesrepublik auch das auf dem Territorium der DDR liegende West-Berlin anschließen könnte. Dies war keine ernsthafte Grundlage für innerdeutsche Gespräche, zumal westdeutsche Adressaten diverser Offener Briefe der SED sich oftmals nicht einmal zur Annahme der Briefe bereitfanden. Die SED konzentrierte sich deshalb stärker auf die Beeinflussung „fortschrittlicher Kräfte" an der Basis von SPD und Gewerkschaften und forderte diese auf, sich für die Durchsetzung des Prinzips der friedlichen Koexistenz in den Beziehungen der beiden deutschen Staaten einzusetzen und die Erfahrungen des sozialistischen Aufbaus in der DDR vor Ort zu studieren.

Beeinflussung „fortschrittlicher Kräfte" in der Bundesrepublik

Da die deutsche Einheit nach dem Verständnis der SED nur im Rahmen einer revolutionären Umwandlung und der Übertragung der sozialistischen Diktatur auf den Westteil Deutschlands erfolgen könnte und dieses Ziel vorerst in weite Ferne gerückt war, konzentrierte sich die Parteiführung auf das Erreichen der Anerkennung der DDR als gleichberechtigtes völkerrechtliches Subjekt.[131] Gleichzeitig versuchte sie, die Deutschlandpolitik der Sowjetunion vor allem in der „Berlin-Frage" zu beeinflussen. Der durch Bonner Subventionen prosperierende Westteil der Stadt erwies sich durch seine Ausstrahlungskraft auf die DDR als besonderes Ärgernis für die SED-Führung.

---

130 Vgl. Werkentin 1995, S. 286.
131 Beratung des Strategischen Arbeitskreises beim Politbüro im September 1967, zit. nach: Staadt 1993, S. 15 und Zieger 1988, S. 93 ff.

Ziele der Westberlin-Politik der SED

Die Kennzeichnung „Westberlins" als selbständige politische Einheit oder als künftige entmilitarisierte „freie Stadt" reichte der SED nun nicht mehr. Sie versuchte auch gegenüber der Sowjetunion auf besondere Betonung des Standpunktes zu dringen, daß „Westberlin ein Teil der DDR und ihrer Hauptstadt ist, der unrechtmäßig von imperialistischen Westmächten besetzt gehalten wird". Im gleichen Beitrag führte der außenpolitische Berater Ulbrichts, Gerhard Kegel, ehemaliger Agent des sowjetischen Nachrichtendienstes GPU, das eigentliche Ziel der DDR gegenüber West-Berlin – ihre Einverleibung in die DDR – unverblümt aus: „Unser Rechtsstandpunkt verträgt sich eigentlich nicht mit der Auffassung, Westberlin sei so eine Art dritter deutscher Staat. Auch die Frage der gleichberechtigten Beziehungen der Anerkennung in den Beziehungen zwischen DDR und Westberlin stellt sich heute anders dar als noch vor einiger Zeit. Ich möchte fragen, hat es die DDR noch nötig, sich von einem Stadtteil ihrer eigenen Hauptstadt Berlin anerkennen zu lassen."[132] Vor diesem Hintergrund erhalten diverse, erst nach 1989 bekanntgewordene geheimdienstliche Pläne zur militärischen Eroberung West-Berlins durch die DDR besondere Bedeutung.[133]

Anerkennungsforderung der DDR

Die SED setzte ihre Versuche der Einflußnahme auf politische Entscheidungsprozesse in der Bundesrepublik fort, obschon sie immer wieder die „gegenseitige Nichteinmischung" forderte.[134] Alle Aktivitäten der SED-Westarbeit seit 1961 zielten darauf, in der Bundesrepublik unter der Losung des Kampfes um den Frieden die Anerkennung der DDR in den Parteien, der veröffentlichten Meinung sowie in Wissenschaft und Kultur durchzusetzen. In einem internen Papier der Westkommission beim Politbüro vom September 1963 heißt es dazu: „Die wachsende Diskussion über die Notwendigkeit, die DDR in irgendeiner Form anzuerkennen bzw. ihre Existenz wenigstens zu respektieren, muß mit allen Mitteln gefördert werden." Diesem Ziel wollte die Parteiführung mit einer deutlichen Akzentverschiebung ihrer Politik gegenüber der SPD näherkommen. Ging es im Oktober 1960 noch darum, „den Einfluß von Wehner, Erler und Brandt in der Partei zurückzudrängen, damit die SPD wieder eine echte Alternative zur Politik der Rüstungskonzerne und ihrer Adenauer-Regierung werde", bestand das Ziel der Einflußnahme nun darin, die deutschlandpolitischen Vorstellungen Brandts, Bahrs und Albertz' gegen die angeblich die „Interessen der Bonner Ultras" vertretenden Wehner und Erler zu unterstützen.[135] Bei der Durchsetzung der Politik der „friedlichen Koexistenz" im Sinne der SED hatte das MfS eine besondere Bedeutung. Auch hier wurden nach dem Mauerbau Konsequenzen für die Westarbeit gezogen.

Obwohl die innerdeutsche Atmosphäre durch fortgesetzte Anwendung der Schußwaffe und Tötung von Menschen bei Fluchtversuchen immer wieder aufs

---

[132] Zit. nach: Staadt 1993, S. 64 ff.; zu G. Kegel vgl. Barth u. a. 1995, S. 360.

[133] Vgl. Tageszeitung (TAZ) vom 21. Februar 1992 (Wolfgang Gast: West-Berlin unter Stasi-Herrschaft); FAZ vom 25. Februar 1993 (Otto Wenzel: „Die sowjetischen und ostdeutschen Stoßkeile treffen sich an der Kaiserdammbrücke") und TAZ vom 20. Mai 95 (Wolfgang Gast: Linksextrem und pseudorevolutionär).

[134] Staadt 1993, S. 25.

[135] Vgl. Staadt 1993, S. 44 u. S. 91 ff.

neue belastet wurde, verständigten sich DDR und Bundesrepublik über „Mittelsmänner" im Dezember 1962 auf eine erste deutsch-deutsche Vereinbarung, den „Häftlingsfreikauf". Dieser „Menschenhandel" begann zu Weihnachten 1962 mit der Freilassung von zwanzig Häftlingen und zwanzig Kindern zum Preis von drei Eisenbahnwaggons Kalidüngemittel für die DDR-Landwirtschaft. Ab Ostern 1963 vollzog sich dieser Handel auf der Basis von „Bargeld für Häftling". Die DDR verlangte anfangs ein pauschales „Kopfgeld" von 40 000,– DM, das sie 1977 aufgrund ihrer Devisenprobleme auf über 95 000,– DM heraufsetzte. Nach offiziellen Angaben „kaufte" die Bundesrepublik bis 1989 über 30 000 Personen für insgesamt 3,4 Mrd. DM „frei".[136] Weiterhin mußte die Bundesregierung „Gebühren" für etwa 250 000 Personen entrichten, die die DDR mit einer offiziellen Ausreisegenehmigung verlassen durften.[137]

Häftlingsfreikauf

Den West-Berliner Bürgern war seit dem 22. August 1961 jede Gelegenheit genommen, Ost-Berlin zu besuchen. Westdeutsche Besucher dagegen konnten nach wie vor an Berliner Grenzübergangsstellen Passierscheine für einen Tag erhalten. Der West-Berliner Senat war daher bestrebt, mit der DDR zu einer Regelung über Besuchsreisen zu kommen. Die im Dezember 1961 aufgenommenen Geheimverhandlungen zwischen Senatsvertretern und DDR-Beauftragten scheiterten jedoch vorerst. Auch der Anfang 1962 unternommene Versuch, der DDR im Gegenzug zu einer Besuchsregelung großzügige Kredite zu gewähren, brachte noch keine Lösung. Das entscheidende Hindernis gründete in Statusfragen, da die DDR diese Verhandlungen als ersten Schritt zur Anerkennung ihrer Staatlichkeit benutzen wollte, was die Bundesregierung zu verhindern suchte.

Nachdem Bahr und Brandt Kompromißbereitschaft seitens der SPD signalisiert hatten und die Sowjetunion die SED zu Gesprächen „ermunterte", begannen am 13. Dezember erneute Verhandlungen. Die SED konnte einen ersten Erfolg verbuchen, denn anstelle eines westdeutschen Unterhändlers verhandelte der West-Berliner Senatsrat Horst Korber mit dem DDR-Staatssekretär Erich Wendt. Wendt hatte vom SED-Politbüro detaillierte Direktiven für jede der sieben Zusammenkünfte mit Korber erhalten: „Die zu treffenden Vereinbarungen sollten einen möglichst offiziellen Charakter tragen und Amtsbezeichnungen der DDR-Regierung sowie die Nennung Ost-Berlins als Hauptstadt der DDR enthalten."[138] Demgegenüber mußte die West-Berliner Seite verhindern, daß die Regelungen den Charakter eines zwischenstaatlichen Abkommens annahmen, denn damit wäre die Bindung zum Bund und die Zustimmung der Bundesrepublik gefährdet worden.[139]

Passierscheinverhandlungen

Schließlich einigten sich die Verhandlungspartner auf einen Kompromiß, der typisch für die Gratwanderung innerdeutscher Verhandlungen und Vereinbarungen werden sollte: „Die Ost-Berliner Beamten, die die Passierscheine in West-Berlin entgegennahmen, mußten Postangestellte sein (oder als solche firmieren). Weil Hoheitsakt, mußten die Anträge im anderen Teil der Stadt geprüft und ausgestellt, bei uns durften sie ausgehändigt werden. Für die Passierscheinstellen war unser

---

[136] Vgl. Bögeholz 1995, S. 286, vgl. hierzu auch Rehlinger 1991.
[137] Vgl. Bögeholz 1995, S. 286.
[138] Zit. nach: Staadt 1993, S. 84.
[139] Vgl. Brandt 1989, S. 80.

Hausrecht sicherzustellen. Durch eine salvatorische Klausel wurde festgestellt, daß man sich über Orts-, Behörden- und Amtsbezeichnungen nicht geeinigt habe ... Senatsrat Korber kam mit der Feststellung durch, daß er ‚auf Weisung des Chefs der Senatskanzlei' tätig und daß diese Weisung im Auftrag des Regierenden Bürgermeisters gegeben worden sei", so die Wahrnehmung Willy Brandts.[140]

Die Verhandlungen brachten schließlich eine Einigung. Zwischen dem 18. Dezember 1963 und dem 5. Januar 1964 passierten nach DDR-Angaben 1,3 Mio. West-Berliner die Übergangsstellen, um Verwandte ersten und zweiten Grades sowie getrennt lebende Ehepartner zu besuchen. Die SED bewertete diesen Millionenbesuch ambivalent. Geradezu triumphierend betonte sie, daß jeder West-Berliner Besucher allein durch die Ausstellung eines Passierscheins die Existenz der DDR anerkannt hätte, aber gleichzeitig sorgten sich die SED-Oberen, daß durch Gespräche mit westlichen Besuchern die ideologische Festigkeit der Ost-Berliner Bürger gefährdet werden könnte.[141] Trotz fortbestehender Differenzen zwischen Bundesregierung und Westberliner Senat über die Verhandlungsstrategie brachten komplizierte Verhandlungen mit der auf Statusfragen bedachten DDR-Seite in der Folge weitere Vereinbarungen, die allerdings immer befristeten Charakter hatten und von der SED jederzeit beendet werden konnten.[142]

1964 Vertrag DDR/UdSSR

Der Unterstützung durch ihre Führungsmacht konnte die DDR gewiß sein. Der statt eines zwischenzeitlich erwogenen separaten Friedensvertrags zwischen der DDR und der Sowjetunion 1964 abgeschlossene „Vertrag über Freundschaft, gegenseitigen Beistand und Zusammenarbeit" garantierte förmlich die „Unantastbarkeit der DDR-Grenzen" und setzte die „Existenz zweier souveräner deutscher Staaten" als selbstverständlich voraus. Abweichend von den erwähnten Vorstellungen bzw. Wünschen der SED betrachtete die sowjetische Seite aber West-Berlin in diesem Vertrag als „selbständige politische Einheit", wie sie auch die Vier-Mächte-Zuständigkeit akzeptierte.[143] Die Haltung der Sowjetunion änderte sich auch nach dem 1964 erfolgten Machtwechsel von Chruschtschow zu Breschnew nicht. Dieser forderte wie sein Vorgänger die Anerkennung des nach dem Zweiten Weltkrieg entstandenen Status quo, der die Existenz zweier deutscher Staaten einschloß.

Die Einigung auf einen Wiederaufbau der Saale-Brücke nordwestlich von Hof markierte im Sommer 1964 den ersten erfolgreichen deutsch-deutschen Verhandlungsabschluß in Verkehrsfragen. Das Strickmuster des Verhandlungsergebnisses – die DDR führte den Bau durch und war für die Instandhaltung der Brücke zuständig; die Bundesrepublik bezahlte – sollte bis zum Ende der deutschen Teilung Gültigkeit behalten.

Außenpolitische Gefahr drohte der DDR durch Aktivitäten der Bundesregierung unter dem neuen Bundeskanzler Ludwig Erhard, die auf zwischenstaatliche Vereinbarungen mit Bündnispartnern der DDR zielten. Die Bundesregierung überreichte am 25. März 1966 allen Ländern, mit denen sie diplomatische Beziehungen unterhielt, aber auch allen osteuropäischen Staaten, eine „Note zur Abrüstung

---

[140] Ebd., S. 81.
[141] Vgl. Staadt 1993, S. 85.
[142] Vgl. Dokumente 1987b, S. 156 ff.
[143] Vgl. Bögeholz 1995, S. 307 und Staritz 1996, S. 255.

und Sicherung des Friedens". Diese Friedensnote erklärte die Bereitschaft zur Teilnahme an Abrüstungs- und Entspannungsmaßnahmen und zur Verbesserung der Beziehungen zu den „Staaten und Völkern Osteuropas". Erstmals wurden Fortschritte in der Lösung der deutschen Frage nicht mehr zur Vorbedingung internationaler Entspannungsschritte gemacht, sondern umgekehrt hiervon erwartet. Die Regierung Erhard schlug den Austausch von Gewaltverzichtserklärungen „mit den Regierungen der Sowjetunion, Polens, der Tschechoslowakei und jedes anderen osteuropäischen Staates, der dies wünscht", vor. Von einer Anerkennung der Oder-Neiße-Grenze gegenüber Polen war freilich nicht die Rede. Hierüber sollte erst „zu gegebener Zeit", d. h. nach Bildung einer frei gewählten, (gesamt)deutschen Regierung und im Zusammenhang mit einem Friedensvertrag geredet werden. Schließlich erklärte sich die Bundesregierung bereit, einem Abkommen über die Nichtverbreitung von Atomwaffen beizutreten und die damit verbundenen Kontrollen zu akzeptieren.[144]

Mit dieser von einem breiten innenpolitischen Konsens getragenen „Friedensnote" wollte sich die Bundesregierung in die Entspannungspolitik der Westmächte eingliedern. Da sie die DDR jedoch mit keinem Wort erwähnte, kein konkretes Angebot zur Aufnahme diplomatischer Beziehungen zu den osteuropäischen Staaten enthielt und die Anerkennung der Oder-Neiße-Grenze unter Verweis auf den Fortbestand des Deutschen Reiches in den Grenzen von 1937 ausdrücklich ablehnte, blieb die Note in Osteuropa ohne positive Wirkung. Sie löste sogar erbitterte Polemiken von sowjetischer und polnischer Seite aus, denen sich die DDR anschloß.[145] Auf der Bukarester Konferenz des Warschauer Paktes im Juli 1966 bekundeten dessen Mitglieder ihre Solidarität mit der DDR und formulierten ihrerseits Forderungen an die Bundesrepublik als Vorbedingung ernsthafter Verhandlungen (u. a. Anerkennung aller europäischen Grenzen, insbesondere der Oder-Neiße-Grenze, Aufgabe des Alleinvertretungsanspruches und der Hallstein-Doktrin und die Anerkennung der Existenz zweier deutscher Staaten und West-Berlins als selbständige politische Einheit).[146]

„Friedensnote" der Bundesregierung 1966

Die DDR ihrerseits versuchte, der Hallstein-Doktrin zum Trotz, durch eine außenpolitische Offensive der internationalen Anerkennung näherzukommen. Im Februar 1965 gelang Walter Ulbricht ein Durchbruch: Er wurde vom ägyptischen Staatspräsidenten Nasser mit allen Ehren eines Staatsoberhauptes empfangen. Dies geschah erstmals in einem Land, das nicht zur kommunistischen Welt gehörte. Fortan verstärkte die SED ihre Bemühungen um Kontakte mit den arabischen und afrikanischen Staaten und zu den sogenannten blockfreien Staaten. Einen weiteren Erfolg konnte die DDR im Oktober 1965 mit der Zulassung einer eigenen Mannschaft zu den Olympischen Spielen des Jahres 1968 in Grenoble und in Mexico City verbuchen. Allerdings mußten beide deutsche Teams (noch) unter der schwarz-rot-goldenen Flagge mit Olympia-Emblem und unter den Klängen von Beethovens „Ode an die Freude" in das Stadion einmarschieren.

---

144 Vgl. Die deutsche Friedensoffensive (zur Note der Bundesregierung vom 25. März 1966), in: CDU: Informationen zur Verteidigungspolitik, Bundesgeschäftsstelle der CDU (Hg.), Nr. 19/April 1966, S. 1–3.
145 Vgl. Haftendorn 1986, S. 189 ff.
146 Vgl. Besson 1970, S. 375.

Offener Brief an die SPD

Im Jahre 1966 startete die SED-Führung eine neue deutschlandpolitische Offensive. An die Delegierten des Dortmunder Parteitages der SPD und an alle Freunde und Mitglieder der Sozialdemokratie richtete Walter Ulbricht im Namen des ZK der SED einen Offenen Brief, in dem er eröffnete, daß „die beiden größten Parteien Deutschlands gemeinsam den entscheidenden Beitrag zur Lösung der Deutschlandfrage leisten" könnten. Überraschenderweise reagierte die SPD-Spitze mit einer „Offenen Antwort", in der sie auf die unmenschlichen Folgen der Mauer hinwies, aber gleichzeitig ihre Dialogbereitschaft betonte. Zur Demonstration ihres Entgegenkommens veröffentlichte die SED den Antwortbrief der SPD in der DDR und schlug im Gegenzug der SPD gemeinsame Veranstaltungen in Karl-Marx-Stadt und in Essen vor. Doch kurz vor einem erfolgreichen Abschluß der Sondierungsgespräche zog die SED trotz bzw. gerade wegen der Zusage „freien Geleits" für ihre Vertreter, die als Anmaßung der Bundesregierung bezeichnet wurde, ihre Bereitschaft zu einem Redneraustausch zurück.[147] Das Risiko unbedachter und nicht kontrollierbarer Reaktionen seitens der DDR-Bevölkerung erschien ihr zu hoch.[148]

Nach dem von ihr verhinderten Redneraustausch wandte sich die SED nun wieder ihrer alten Strategie in der Westarbeit zu: Sie versuchte, die Gewerkschafts- und SPD-Basis gegen deren Führungsspitzen aufzuhetzen und sie für die Anerkennungskampagne der DDR einzusetzen. Diese neuerliche Offensive im Westen fiel in die Zeit beginnender Studentenproteste in West-Berlin. Im Februar 1966 organisierten Studenten erstmals eine größere Demonstration gegen den US-amerikanischen Krieg in Vietnam. Der Beginn der gegen die USA und die westlichen Regierungen gerichteten Studentenproteste kam für die West-Berliner Bevölkerung und den Senat wie auch für die SED-Spitze gleichermaßen unerwartet. Für die „Westkommissare" der SED erschloß sich damit ein weites Rekrutierungsfeld für „Botschafter des Friedens", die die Sache der DDR in der Bundesrepublik und in West-Berlin unter Anleitung des Ministeriums für Staatssicherheit vertraten. Obwohl die Mehrzahl der Protestierenden keine große Zuneigung zur sowjetkommunistisch geprägten DDR empfand, gab es dennoch einen wachsenden Personenkreis, der sich, sei es aus Naivität, Geltungssucht, Geldgier oder auch aus ideologischer Überzeugung, als IM anwerben ließ.[149]

Politik der Abgrenzung

Mit der Großen Koalition in der Bundesrepublik und dem Beginn einer „neuen Ostpolitik" vollzog die SED einen abrupten Kurswechsel in ihrer offiziellen Deutschland- und Westpolitik und intensivierte ihre Politik der Abgrenzung. Die Wiederherstellung der staatlichen Einheit Deutschlands bezeichnete sie nun als derzeit „nicht real", da sie eine Vereinigung beider deutscher Staaten ohne vorherige Umgestaltung der politischen, sozialen und ökonomischen Verhältnisse in der Bundesrepublik rigoros ablehnte. Walter Ulbricht griff erstmals die von SED-Verfassungsrechtlern entwickelte These von zwei Staaten in einer Nation auf: „Heute besteht die Nation im wesentlichen aus den deutschen Staatsvölkern zweier voneinander unabhängiger deutscher Staaten... Eine Einheit der deutschen Nation unter der Führung der Imperialisten ist nicht möglich."[150] Die SED begann,

---

[147] Vgl. Staadt 1993, S. 177 ff.
[148] Vgl. ebd., S. 165 ff.
[149] Vgl. für einige Beispiele Schroeder/Staadt 1995 und Staadt 1995a.
[150] Zit. nach: Hacker 1987, S. 50.

gesamtdeutsche Bezüge, soweit möglich, auch sprachlich zu streichen. Aus der „SPD" wurde die „SP", aus der „NPD" die „NP". Mit einer groß angelegten Kampagne versuchte die Parteiführung, die DDR-Bevölkerung davon zu überzeugen, daß „eine Vereinigung zwischen unserem sozialistischen Vaterland und der monopolkapitalistischen Bundesrepublik unmöglich sei".[151]

Die neue Parteilinie fand Eingang in das Anfang 1967 verabschiedete Gesetz über die „Staatsbürgerschaft der DDR", das der DDR und der Bundesrepublik unterschiedliche „Staatsvölker" und West-Berlin eine „Bevölkerung" attestierte. Danach blieben auch alle ehemaligen Einwohner der DDR, die das Land ohne Genehmigung gen Westen verlassen hatten, DDR-Staatsbürger. Demgemäß kennzeichnete die neue Verfassung von 1968 die DDR als „sozialistischen Staat deutscher Nation". Die SED hielt vorerst noch an der einen deutschen Nation fest, deren zwei, von unterschiedlichen Gesellschaftssystemen geprägte Staaten zukünftig nicht „wiedervereint", sondern „vereint" werden könnten. Allerdings bestimmte Artikel 8 der DDR-Verfassung, daß „die schrittweise Annäherung der beiden deutschen Staaten bis zu ihrer Vereinigung auf der Grundlage der Demokratie und des Sozialismus" zu erfolgen habe.[152] Zur Begründung führte der Kommentar an: „Der historische Fortschritt, d. h. der Übergang zum Sozialismus, (wird) an Westdeutschland nicht vorübergehen."[153]

Gesetz über „Staatsbürgerschaft der DDR"

Der in der ersten Regierungserklärung verkündeten Initiative der Großen Koalition zur Entspannung des innerdeutschen Verhältnisses begegnete die SED mit der Forderung, vorab die Anerkennung der gegenwärtigen Grenzen in Europa und damit die Anerkennung der DDR zu vollziehen. Obwohl die Bundesregierung eine Anerkennung der DDR rigoros ausschloß, schlug Bundeskanzler Kurt Georg Kiesinger den Beginn innerdeutscher Verhandlungen durch Beauftragte vor. Diesen Vorschlag ignorierte die SED. Sie wiederholte geradezu stereotyp die Forderung nach Anerkennung der DDR und Behandlung West-Berlins als „selbständige politische Einheit". Unter diesen Bedingungen konnte ein innerdeutscher Dialog nicht in Gang kommen. Walter Ulbricht erreichte im Februar 1967 auf der Warschauer Außenministerkonferenz, daß die sozialistischen Staaten eine verbindliche Erklärung im Sinne der Maximalforderungen der DDR unterzeichneten (Ulbricht-Doktrin).[154]

Bis zur Bildung der sozialliberalen Koalition unter Willy Brandt herrschte gewissermaßen Funkstille im innerdeutschen Schlagabtausch. Das im Oktober 1969 ausgesprochene Verhandlungsangebot Willy Brandts, der von der Existenz zweier Staaten in Deutschland, den zwischen ihnen bestehenden Sonderbeziehungen und dem Fortbestehen einer deutschen Nation sprach, nahm die SED-Führung mit einigem Mißtrauen zur Kenntnis, wiewohl ein Bundeskanzler damit erstmals der DDR „Staatsqualität" attestiert hatte.[155] Um der Umarmungsstrategie der sozialliberalen Koalition zu entgehen, polemisierte Ulbricht massiv gegen die These von der „Einheit der Nation" und rückte die Forderung nach völkerrechtlicher

1969 Verhandlungsangebot Brandts

---

[151] Vgl. Bögeholz 1995, S. 340.
[152] Vgl. Hacker 1987, S. 51.
[153] Vgl. ebd.
[154] Vgl. Staadt 1993, S. 232 f.
[155] Vgl. Hacker 1987, S. 52.

Anerkennung der DDR durch die Bundesrepublik in das Zentrum der innerdeutschen Auseinandersetzungen. Einen anderen Weg, die Sondierungen aus der Bundesrepublik abzuwehren, beschritt die SED-Führung mit der Betonung der Priorität der sozialen vor der nationalen Frage. „Zwischen den Krupps und den Krauses, zwischen den Milliardären und Multimillionären und dem werktätigen Volk gibt es keine nationale Einheit".[156]

Am 16. Februar 1970 kritisierte Honecker die SPD/FDP-Koalition:

> „Unter Ausnutzung der wirtschaftlichen Potenzen des westdeutschen Imperialismus und der sozialdemokratischen Ideologie, einer Form der bürgerlichen Ideologie, soll die Regierung Brandt/Scheel versuchen, die Vorherrschaft über Europa schrittweise zu verwirklichen ... Einmal soll sie im Sinne des langfristigen Eindringens in die sozialistischen Länder ‚das Tor nach dem Osten öffnen'. Zweitens soll sie angesichts der wachsenden Widersprüche das staatsmonopolistische System in Westdeutschland für die Auseinandersetzung mit dem Sozialismus effektiver machen."[157]

Mit diesem harten Angriff hatte Honecker die Grundhaltung vorgegeben, mit der die SED in die ihr von der Sowjetunion mehr oder weniger aufgezwungenen Gespräche mit der SPD bzw. der sozialliberalen Bundesregierung ging. Mittlerweile waren nicht nur Gespräche der vier Mächte über Berlin und zwischen der Sowjetunion und der Bundesrepublik über Grundsatzfragen ihres Verhältnisses, sondern auch Verhandlungen zwischen Bonn und Warschau über einen Gewaltverzicht in Gang gekommen.

Treffen von Erfurt und Kassel

Die Treffen der beiden Regierungschefs Brandt und Stoph in Erfurt und Kassel im März und Mai 1970 brachten im wesentlichen nur die öffentliche Darstellung bereits bekannter Grundsatzpositionen. Stoph beharrte auf der völkerrechtlichen Anerkennung, Brandt forderte besondere innerdeutsche Beziehungen. Für die SED indes brachte das Erfurter Treffen die Bestätigung ihrer geheimen Befürchtungen: Die DDR-Bevölkerung setzte große Hoffnungen auf die innerdeutschen Gespräche, wie sie auch im Gegensatz zur SED-Führung auf deutsche Gemeinsamkeiten fixiert blieb. Dies äußerte sich unüberhörbar in Beifallsbekundungen einer großen Menschenmenge vor dem Hotel, in dem der Bundeskanzler einquartiert war. Trotz umfangreicher Vorkehrungen gelang es MfS und Volkspolizei nicht, diese spontanen Äußerungen der Bevölkerung zu unterbinden. Die anläßlich des ersten Treffens von Brandt und Stoph in Erfurt erstellten Stimmungsberichte der Staatssicherheit zur Befindlichkeit der Bevölkerung meldeten „politisch-ideologische Unklarheiten in größerem Umfang."[158]

Während Honecker auf einem harten Abgrenzungskurs gegenüber der Bundesrepublik bestand, signalisierte Ulbricht Kompromißbereitschaft, indem er zwischen aktuellen und künftigen Zielen unterschied. Die vorbehaltlose völkerrechtliche Anerkennung sollte danach erst am Ende des Weges stehen. Als erstes Etappenziel strebte er die „völkerrechtliche Gleichberechtigung mit der Bundesrepublik" durch den gleichzeitigen UNO-Beitritt und den Austausch diplomatischer Vertreter „auf

---

[156] Walter Ulbricht auf einer internationalen Pressekonferenz am 19. Januar 1970, zit. nach: Hacker 1987, S. 52.

[157] Rede vor der Parteihochschule des ZK der SED, zit. nach: Bögeholz 1995, S. 383.

[158] Vgl. Staritz 1996, S. 266.

der Ebene von Botschaftern" an.[159] In der Ablehnung der von Brandt in Kassel vorgelegten „20 Punkte" war er sich freilich mit seinem Nachfolger einig, der die neue Politik der Bundesregierung als Alleinvertretungsanmaßung mit allenfalls veränderten Begriffen charakterisierte.

6. Die DDR am Ende der Ära Ulbricht

Gemessen an der Ausgangssituation und der krisenhaften Entwicklung in den fünfziger Jahren hinterließ Walter Ulbricht trotz der wirtschaftlichen Probleme seinem Nachfolger ein vordergründig politisch stabiles und sozial konsolidiertes Erbe. Selbst westdeutschen und internationalen Beobachtern erschien die damalige DDR als eine moderne Industriegesellschaft mit einem nachtotalitären politischen System. In der ersten Phase bis zur Staatsgründung im Jahre 1949 hatte Ulbricht die sowjetische Besatzungsmacht immer wieder mit Erfolg gedrängt, die gesellschaftliche Umgestaltung und den Aufbau von Machtpositionen für die KPD/SED zu forcieren. Die schnelle Sowjetisierung der SBZ schuf Fakten, die bei einer etwaigen Vereinigung Deutschlands Berücksichtigung finden sollten. Die Propagierung der deutschen Einheit als eine deutschlandpolitische Option der Sowjetunion, die auf die Verhinderung der Westintegration der Westzonen zugunsten eines möglicherweise auch neutralen Deutschlands zielte, ging immer einher mit dem konzentrierten Ausbau der eigenen Macht. Zum Zeitpunkt der Staatsgründung hatte die SED-Führung ihre eigene Partei wie auch die Massenorganisationen weitgehend unter ihre Kontrolle gebracht und die zur Vortäuschung eines politischen Pluralismus zugelassenen oder von der SED selbst gegründeten Blockparteien durch offenen Terror und falsche Versprechungen diszipliniert bzw. instrumentalisiert. Die öffentlichen Verwaltungsstrukturen, den späteren Staatsapparat, hatte die SED-Führung nahezu vollständig in ihren Besitz gebracht. Der Staat ebenso wie das Recht dienten ihr als Instrumente im Klassenkampf, den sie 1949 nach der begrenzten Übergabe der inneren Macht durch die Sowjetunion mit verstärkten Kräften fortsetzte.

Scheinbar stabile DDR am Ende der Ära Ulbricht

Die soziale Umwälzung der DDR, die zur weitgehenden Liquidierung privater Wirtschaftsstrukturen in Industrie, Handel und Landwirtschaft führte, konnte die SED bis zum Jahr des Mauerbaus weitgehend vollenden. An die Stelle der zumeist in den Westen geflohenen alten „Ausbeuterklassen" und Eliten trat eine von der SED herangezogene neue Parteielite. Sie besetzte alle wichtigen Funktionen in Staat, Wirtschaft und Gesellschaft und schuf sich eigene Privilegien. Nach der Niederschlagung des Volksaufstandes am 17. Juni 1953 durch sowjetische Truppen lockerte Ulbricht zwischenzeitlich das Ausmaß der Repression und minderte das Tempo der Umgestaltung, um ab Ende der fünfziger Jahre diesen Umwälzungsprozeß um so rascher voranzutreiben. Mit dem Bau der Mauer und der Abriegelung der innerdeutschen Grenze unterband er die inzwischen von knapp drei Millionen DDR-Bewohnern genutzte Möglichkeit zur Flucht in den Westen. Dies gab ihm die Gelegenheit, den DDR-Sozialismus nach seinen Vorstellungen auszubauen und nach Möglichkeit auch in den Menschen ideologisch zu verankern.

---

[159] Vgl. ebd., S. 266/267.

Ulbricht setzte Anfang der sechziger Jahre eine Wirtschaftsreform in Gang und lockerte zeitweise den repressiven und restriktiven Zugriff von Parteifunktionären auf Kunst und Kultur. Einige Jahre später erklärte er, abweichend von der in der Sowjetunion gültigen Theorie, den Sozialismus zu einer relativ eigenständigen Gesellschaftsformation. Doch der DDR-Sozialismus als Modell für eine moderne Industriegesellschaft erlebte nur eine Scheinblüte.

Als die Parteiführung zu erkennen glaubte, die begrenzten Reformen in Wirtschaft und Gesellschaft könnten ihre Machtbasis gefährden, beendete sie das Experiment und kehrte zur Zentralisierung und Intensivierung der Parteimacht zurück. Partei- und systemloyales Verhalten blieb über die Jahre hinweg erstes Kriterium für die Teilhabe an Macht und Privilegien. Die Parteiführung hatte den „neuen Menschen" proklamiert, eine neue sozialistische Moral und Ethik verkündet und doch nur den sozialistischen Untertan geschaffen. Wenn auch die offene Repression in den sechziger Jahren zurückging, blieb das Damoklesschwert sozialer und politischer Ächtung für Personen, die sich nicht der Parteilinie beugten, erhalten. Weiterhin bildeten das Sicherheitsregime und die zentralistische Verfügung über die Planwirtschaft die entscheidenden Säulen der Parteiherrschaft, die sich angesichts der auch militärischen Bestandsgarantie durch die sowjetische Führungsmacht sicher wähnte.

Sozialistischer Untertan

Die Ausschaltung des Klassengegners im Inneren ließ den Klassenfeind in Gestalt der Bundesrepublik Deutschland in den Augen der SED-Führung umso mächtiger erscheinen. Die Existenz eines anderen deutschen Teilstaates, der größer, wirtschaftlich produktiver und politisch in den Westen eingebunden war, relativierte alle Bemühungen Walter Ulbrichts wie auch seines Nachfolgers Erich Honecker, den eigenen Machtbereich zu stabilisieren. Für eine Mehrheit der Bevölkerung blieb das westdeutsche Gesellschaftsmodell das wichtigste Referenzsystem. Vor diesem Hintergrund verblaßten auch die durchaus beachtlichen wirtschaftlichen und sozialpolitischen Erfolge seit Anfang der sechziger Jahre. Da es Walter Ulbricht trotz mannigfacher Ankündigungen nicht gelang, das Wohlstandsniveau der Bundesrepublik zu erreichen oder auch nur den Abstand zu verkleinern, mußte er immer wieder auf Zwang und Unterdrückung als Herrschaftsmittel zurückgreifen.

Die Integration der DDR in das sowjetische Machtimperium sicherte zwar vorläufig die Existenz der DDR, verstärkte aber auch die Abhängigkeit von der Sowjetunion. Walter Ulbricht zeigte über lange Zeit eine erstaunliche Fähigkeit, sich den jeweiligen ideologischen oder taktischen Kurswechseln der Sowjetunion anzupassen. Diese Flexibilität sicherte sein politisches Überleben, begrenzte aber auch die Eigenständigkeit seiner Politik. Als er Anfang der siebziger Jahre der sowjetischen KP-Führung zu eigensinnig erschien, mußte er abtreten.

A) Politisch-historische Entwicklung der SBZ/DDR 1945–1990

Der Beginn der Ära Honecker – eine Zeit der Versprechungen und Hoffnungen 1971–1975

Zusammenfassung

Der Versuch Walter Ulbrichts, durch Wirtschaftsreformen in der DDR eine stabile und gegenüber der Bundesrepublik wettbewerbsfähige Ökonomie zu etablieren, scheiterte. Gegner befürchteten, die Wirtschaftsreformen würden – wie in der Tschechoslowakei 1968 – auf den gesamten gesellschaftlichen Raum ausstrahlen und das Machtmonopol der Partei in Frage stellen. Die Logik der zentralistischen Planwirtschaft setzte ohnehin enge Grenzen für immanente Veränderungen.

Trotz mancher Eigenmächtigkeiten folgte der alternde Diktator letztlich immer dem Kurs der sowjetischen Führungsmacht. Gleichwohl gelang es Erich Honecker, die Mehrheit der SED-Führung gegen Ulbricht auf seine Seite zu ziehen und die Zustimmung Breschnews für den Sturz Ulbrichts zu erlangen. Die Dramaturgie der Entmachtung entsprach einem wiederkehrenden Muster kommunistischer Intrige: Ulbricht trat „freiwillig" zurück, und sein von ihm selbst aufgebauter Nachfolger sorgte in den nachfolgenden Jahren schrittweise dafür, daß er möglichst schnell vergessen wurde.

Erich Honecker führte sich mit dem raschen, endgültigen Abbruch der Wirtschaftsreformen, einer stärkeren Einbindung seines Landes in das sowjetische Imperium sowie mit einer sozialpolitischen Offensive und einer begrenzten und kontrollierten kulturpolitischen Lockerung in das oberste Amt der DDR ein. Durch „Brot und Spiele" in einer sozialistischen Variante sollte die Bevölkerung stärker an die SED und die DDR gebunden werden.

Wirtschaftspolitisch ging die Rechnung in den ersten Jahren auf. Die DDR-Wirtschaft verzeichnete erhebliche Wachstumsraten, die für breite Bevölkerungskreise Konsumzuwächse brachten. Dieser Aufschwung war jedoch weitgehend auf Sand gebaut. Er gründete sich auf den verstärkten Einsatz vor allem weiblicher Arbeitskräfte und eine drastische Zunahme der Verschuldung im westlichen Ausland. Die sozialpolitischen Maßnahmen überstiegen das wirtschaftliche Leistungsvermögen. Der Weg in den späteren wirtschaftlichen Bankrott hatte hier seine Wurzeln.

Die sowjetisch-amerikanische Entspannungspolitik führte auch im innerdeutschen Verhältnis zu einer „Normalisierung". Der Grundlagenvertrag zwischen der Bundesrepublik und der DDR, mit dem die Bundesrepublik die DDR als Staat offiziell anerkannte, öffnete dieser auch die Möglichkeit zur internationalen Anerkennung. Zur Eindämmung der Entspannungspolitik fügte sich die DDR noch enger in die von der Sowjetunion geführte „sozialistische Staatengemeinschaft" ein und entwickelte gleichzeitig eine neue Abgrenzungsstrategie gegenüber westlichem Einfluß (insbesondere dem der Bundesrepublik). SED und MfS knüpften das Netz der Überwachung und Unterdrückung der Bevölkerung feiner und dichter und konzentrierten sich in ihrer Westpolitik auf das Ziel der endgültigen völkerrechtlichen Anerkennung durch die Bundesrepublik, die jedoch weiterhin von besonderen innerdeutschen Beziehungen ausging.

Im Rückblick betrachtet, dürften die frühen siebziger Jahre zu den erfolgreichsten der DDR gehören. Sie brachten, wenn auch auf vergleichsweise niedrigem Niveau, einen wachsenden individuellen Wohlstand, verbesserte soziale Absicherungen und zunehmende internationale Akzeptanz.

Chronik

1971

1. Januar 1971	Die dritte Volkszählung in der DDR ergibt eine Bevölkerungszahl von 17 053 699 Menschen.
21. Januar 1971	13 von 20 Mitgliedern und Kandidaten des Politbüros der SED um Erich Honecker fordern in einem Brief an Breschnew Ulbrichts „freiwilligen" Rücktritt.
31. Januar 1971	Der Telefonverkehr zwischen beiden Teilen Berlins wird nach neunzehnjähriger Unterbrechung wiederaufgenommen.
24. Februar 1971	Ministerratsvorsitzender Stoph schlägt dem Regierenden Bürgermeister von Berlin, Schütz, Verhandlungen über Besuchsmöglichkeiten von West-Berlinern vor.
1. März 1971	Erhöhung der Mindestlöhne und Mindestrenten.
6. März 1971	DDR-Staatssekretär Kohrt und Senatsdirektor Müller nehmen in Ost-Berlin Verhandlungen über „beiderseits interessierende Fragen" auf.
16. März 1971	Chile erkennt als 28. Staat die DDR diplomatisch an.
3. Mai 1971	Ulbricht erklärt seinen Rücktritt als Erster Sekretär des ZK der SED, bleibt jedoch Staatsratsvorsitzender. Nachfolger als Erster Sekretär wird Erich Honecker.
18. Mai 1971	Erster Besuch Honeckers als Erster Sekretär des ZK der SED in Moskau.
15.–19. Juni 1971	VIII. Parteitag der SED: Richtungsänderungen im Bereich der Wirtschafts- und Sozialpolitik und der Ideologie.
24. Juni 1971	Honecker folgt Ulbricht als Vorsitzender des Nationalen Verteidigungsrates der DDR.
1. Juli 1971	Drastische Erhöhung der Kosten für Briefe, Telefonate etc. nach West-Berlin und in die Bundesrepublik.
7. Juli 1971	Auflösung des Staatssekretariats für westdeutsche Fragen.
3. September 1971	Vier-Mächte-Abkommen über Berlin wird paraphiert.
4. September 1971	Honecker begrüßt Vier-Mächte-Abkommen über Berlin.
16.–18. September 1971	Breschnew empfängt Willy Brandt zu einem inoffiziellen Besuch; Gespräche über anstehende Ratifizierung des „Moskauer Vertrages".
20. September 1971	Postabkommen zwischen der Bundesrepublik und der DDR.
15. November 1971	Deutschlandsender und Berliner Welle werden zur „Stimme der DDR".
19. November 1971	Das Politbüro der SED und der Ministerrat beschließen intern Maßnahmen zur Stabilität der Verbraucherpreise.

16./17. Dezember 1971	Honecker verspricht vor ZK „Liberalisierung" des kulturellen Lebens.
17. Dezember 1971	Kohl und Bahr unterzeichnen das am 3. Juni 1972 in Kraft tretende Transitabkommen für den Verkehr zwischen der Bundesrepublik und West-Berlin.
20. Dezember 1971	Abschluß von Vereinbarungen zwischen dem West-Berliner Senat und der Regierung der DDR über „Erleichterungen und Verbesserungen des Reise- und Besuchsverkehrs sowie über die Regelung der Fragen der Enklaven durch Gebietsaustausch".
31. Dezember 1971	Im Jahre 1971 verlassen 17 408 Personen als Flüchtlinge oder Übersiedler die DDR.

1972

6. Januar 1972	Honecker bezeichnet die Bundesrepublik erstmals als (imperialistisches) „Ausland".
15. Januar 1972	Beginn des visafreien Reiseverkehrs in die Tschechoslowakei und nach Polen.
11. Februar 1972	Der „Deutsche Fernsehfunk" wird umbenannt in „Fernsehen der DDR".
9. März 1972	Volkskammer verabschiedet Gesetz über den Schwangerschaftsabbruch; zum ersten und einzigen Mal in der Geschichte der DDR werden Gegenstimmen (14) und Enthaltungen (8) (von CDU-Abgeordneten) verzeichnet.
24./25. April 1972	Auf der „Tanzmusikkonferenz" werden Jazz und Beat für gesellschaftsfähig erklärt, nicht jedoch Rock 'n' Roll.
27./28. April 1972	Verkündung neuer sozialpolitischer Maßnahmen (u. a. Erhöhung der Mindestrenten).
18. Mai 1972	Abschluß der letzten Verstaatlichungswelle führt zur Umwandlung der Firmen mit bisheriger „halbstaatlicher Beteiligung" bzw. kleinen Privatbetrieben in „Volkseigentum".
26. Mai 1972	Egon Bahr und Michael Kohl unterzeichnen den „Verkehrsvertrag" zwischen der Bundesrepublik und der DDR.
15. Juni 1972	Beginn der Verhandlungen über einen deutsch-deutschen Grundlagenvertrag.
6.–7. Juli 1972	6. ZK-Tagung erörtert Spielräume und Grenzen der Kulturpolitik.
6. Oktober 1972	Amnestie für politische und kriminelle Straftäter; 2000 (von 32 000) werden in die Bundesrepublik entlassen.
16. Oktober 1972	Die Volkskammer verabschiedet „Gesetz über den Ministerrat", das diesen auch förmlich der SED unterstellt, sowie das „Gesetz zur Regelung von Fragen der Staatsbürgerschaft", welches vor 1972 geflüchtete Personen aus der Staatsbürgerschaft entläßt.

18./19. Oktober 1972	Erster offizieller Meinungsaustausch zwischen FDGB und DGB seit 1948.
7. November 1972	Das SED-Politbüro faßt Beschluß über „Die Aufgaben der Agitation und Propaganda"; Verschärfung der Überwachung von Westkontakten.
8. November 1972	Bahr und Kohl paraphieren „Grundlagenvertrag" (Unterzeichnung am 21. Dezember 1972).
31. Dezember 1972	Im Jahre 1972 verlassen 17164 Personen als Flüchtlinge oder Übersiedler die DDR.

1973

5.–22. Januar 1973	13 – vorwiegend westliche – Staaten (u. a. Italien, Niederlande und Spanien) nehmen diplomatische Beziehungen zur DDR auf.
26. Januar 1973	ZK-Sekretär Hager verneint These vom Fortbestand einer einheitlichen deutschen Kulturnation.
2. Februar 1973	Die DDR tritt der Wiener Konvention über diplomatische Beziehungen bei.
9. Februar 1973	Großbritannien und Frankreich nehmen diplomatische Beziehungen zur DDR auf.
23. Februar 1973	Die DDR wird Mitglied der Konferenz der Vereinten Nationen für Handel und Entwicklung (UNCTAD).
1. März 1973	Die DDR läßt dauerhafte Akkreditierung westlicher Journalisten zu.
15./16. März 1973	Hager spricht auf ZK-Konferenz vom „unüberbrückbaren Gegensatz" zwischen der „sozialistischen Nation in der DDR" und der „fortbestehenden kapitalistischen Nation" in der BRD.
8. Mai 1973	Die DDR wird Mitglied der WHO.
11. Mai 1973	Der Bundestag ratifiziert „Grundlagenvertrag" zwischen der Bundesrepublik und der DDR gegen die Stimmen von CDU/CSU.
28./29. Mai 1973	Honecker erklärt die gegen den Empfang von Westsendern gerichtete „Aktion Ochsenkopf" für beendet; gleichzeitig erste Warnung an Kulturschaffende, den Boden des Sozialismus nicht zu verlassen.
30./31. Mai 1973	„Geheimgespräche" von Herbert Wehner und Wolfgang Mischnick mit Erich Honecker.
13. Juni 1973	Die Volkskammer ratifiziert einstimmig den „Grundlagenvertrag"
1. Juni 1973	Die DDR wird Mitglied im Weltpostverein.
12. Juni 1973	Die DDR beantragt Aufnahme in die UNO, die am 18. September 1973 erfolgt.
15. Juni 1973	Die Bundesrepublik beantragt Aufnahme in die UNO, die am 18. September 1973 erfolgt.
28. Juli bis 5. August 1973	X. Weltfestspiele der Jugend und Studenten in Ost-Berlin.
31. Juli 1973	Urteil des Bundesverfassungsgerichts zum Grundlagenvertrag.
1. August 1973	Walter Ulbricht stirbt im Alter von 80 Jahren.

27. September 1973	Die Sowjetunion unterzeichnet die „Internationale Konvention über wirtschaftliche, soziale und kulturelle Rechte" sowie die „Internationale Konvention über bürgerliche und politische Rechte" von 1966; 1974 tritt die DDR diesen Menschenrechtskonventionen bei.
2. Oktober 1973	10. ZK-Plenum der SED beschließt „Lösung der Wohnungsfrage" bis 1990; personelle Veränderungen im Politbüro, u. a. werden Verteidigungsminister Heinz Hoffmann und der Chefredakteur des „Neuen Deutschlands", Joachim Herrmann, Mitglieder.
3. Oktober 1973	Stoph wird Vorsitzender des Staatsrates, Sindermann Vorsitzender des Ministerrates, Mittag dessen Erster Stellvertreter, Gerhard Schürer Kandidat des Politbüros.
5. November 1973	Erhöhung der Mindestumtauschsätze für in die DDR einreisende Bürger nichtsozialistischer Staaten.
14.–16. November 1973	Der „Deutsche Schriftstellerverband" nennt sich in „Schriftstellerverband der DDR" um.
19. Dezember 1973	DDR-Bürger dürfen mit Devisen in „Intershops" einkaufen.
31. Dezember 1973	Im Jahre 1973 verlassen 16189 Personen als Flüchtlinge oder Übersiedler die DDR.

1974

1. Januar 1974	Fahrzeuge der DDR müssen das Länderschild „DDR" anstelle des bisherigen „D" tragen.
9. Januar 1974	Egon Krenz wird Erster Sekretär des Zentralrates der FDJ.
12. Februar 1974	Die KPdSU-Führung weist den Schriftsteller Alexander Solschenizyn wegen seines Buches „Archipel Gulag" aus und entzieht ihm die sowjetische Staatsbürgerschaft.
2. Mai 1974	Eröffnung der „Ständigen Vertretungen" der Bundesrepublik Deutschland und der DDR in Ost-Berlin und Bonn.
3. Mai 1974	Der Nationale Verteidigungsrat bestätigt den „Schußwaffeneinsatz gegen Grenzverletzer".
22. Juni 1974	Die DDR gewinnt das Vorrundenspiel der Fußballweltmeisterschaft gegen die Bundesrepublik mit 1:0; Bundesrepublik wird später dennoch Weltmeister.
4. September 1974	USA und DDR nehmen diplomatische Beziehungen auf.
27. September 1974	Volkskammer ändert DDR-Verfassung; der Begriff der „ganzen deutschen Nation" wird gestrichen, das Bündnis mit der Sowjetunion als unwiderruflich festgeschrieben.
26. Oktober 1974	Die Mindestumtauschsätze für Besucher der DDR werden gesenkt.
17. November 1974	Katholische Bischöfe der DDR wenden sich in einem Hirtenbrief gegen das staatliche Erziehungsmonopol und fordern Beachtung der Menschenrechte.

23./24. November 1974	Der sowjetische KP-Chef Breschnew und US-Präsident Ford unterzeichnen SALT-Vereinbarungen.
9. Dezember 1974	Einigung über ein neues „Swing-Abkommen"; im Gegenzug unterbreitet die DDR „Vorschläge ‚zur weiteren Normalisierung der Beziehungen'".
10. Dezember 1974	Kinder und Rentner werden vom Mindestumtausch ausgenommen.
11./12. Dezember 1974	Abkommen über Entsorgung von Müll aus dem Westen durch die DDR gegen Devisen.
31. Dezember 1974	Im Jahre 1974 verlassen 13 252 Personen als Flüchtlinge oder Übersiedler die DDR.

1975

1. Januar 1975	Die FDJ errichtet eigenes Reisebüro: „Jugendtourist".
1. Januar 1975	Alle DDR-Zeitungen stellen Sonntagsausgaben wegen angestiegener Papierkosten ein.
20. Januar 1975	Oskar Fischer wird neuer DDR-Außenminister.
31. Januar 1975	Die DDR und die Sowjetunion vereinbaren Warenaustausch für 1975, Sowjetunion paßt Rohölpreise schrittweise dem Weltmarktniveau an.
28. April 1975	Harry Tisch löst den verstorbenen Herbert Warnke als Vorsitzender des FDGB ab.
11. Mai 1975	Grenzorgane der DDR untersagen West-Berliner Feuerwehr Rettungsmaßnahmen für fünfjährigen, in die Spree gestürzten Jungen, der daraufhin ertrinkt.
19. Juni 1975	Die Volkskammer verabschiedet neues Zivilgesetzbuch und neue Zivilprozeßordnung, die beide am 1. Januar 1976 in Kraft treten.
30. Juli bis 2. August 1975	Abschlußkonferenz der KSZE in Helsinki; Schlußakte enthält u. a. Bestimmungen zur Unverletzlichkeit der Grenzen und zur „Reise in die Freiheit".
7. Oktober 1975	Neuer Freundschaftsvertrag zwischen der DDR und der Sowjetunion enthält erstmals keinen gesamtdeutschen Bezug mehr.
7. Oktober 1975	Gründungstag der DDR wird erstmals als „Nationalfeiertag" begangen. Ehrentitel „Held der Deutschen Demokratischen Republik" wird vom Politbüro der SED und dem Ministerrat ins Leben gerufen.
29. Oktober 1975	Vereinbarung über gegenseitige Hilfeleistung bei Unglücksfällen in Gewässern.
16. Dezember 1975	Nach Berichten über „Zwangsadoptionen" in der DDR wird einem Spiegelkorrespondenten die Arbeitserlaubnis entzogen; der Vorwurf der „Zwangsadoption" von Kindern geflüchteter Eltern wird zurückgewiesen.
19. Dezember 1975	Vereinbarungen zwischen der Bundesrepublik und der DDR über weitere Verbesserungen im Berlin-Verkehr.

19. Dezember 1975	Der DDR-Bürger Weinhold erschießt auf der Flucht zwei DDR-Grenzer und wird im April 1988 in der Bundesrepublik zu fünfeinhalb Jahren Freiheitsstrafe verurteilt.
31. Dezember 1975	Im Jahre 1975 verlassen 16 285 Personen als Flüchtlinge oder Übersiedler die DDR.

1. Dramaturgie des Machtwechsels

Walter Ulbricht, bisheriger Machthaber in der DDR, mußte auf einer Politbürositzung am 27. April 1971 die Macht an den von ihm aufgebauten und protegierten „Kronprinzen" Erich Honecker abgeben. Der Meister politischer Intrige und taktischer Kurswechsel unterlag einem Widersacher, der mit Hilfe der Sowjetunion eine vor allem wirtschaftspolitische Kurskorrektur durchführen sollte und zugleich in der schwierigen Phase der beginnenden Entspannungspolitik der Führungsmacht gefügiger und berechenbarer erschien.

Dabei hatte Ulbricht eben noch seine Gabe zur raschen Anpassung an veränderte Bedingungen unter Beweis gestellt. Anläßlich der sowjetisch-bundesdeutschen Verhandlungen über einen Gewaltverzicht hatte er ursprünglich darauf gedrungen, die völkerrechtliche Anerkennung der DDR durch die Bundesrepublik als Junktim für Verhandlungen seitens der UdSSR und Polens durchzusetzen. Dieser Versuch scheiterte am Bestreben der sowjetischen Führung, durch einen schnellen Vertragsabschluß mit der Bundesrepublik ihre entspannungspolitische Offensive in Europa mit einem ersten Erfolg zu krönen. Ulbricht mußte zurückstecken und sich mit der Festschreibung der Grenze zwischen der Bundesrepublik und der DDR zufriedengeben. „Die Grenze der DDR muß im Vertrag genannt sein", lautete schließlich seine Rückzugsformel.[1] Die Unterordnung der DDR-Interessen unter die der Sowjetunion entsprach nur der üblichen Hierarchie, zumal ein „deutschlandpolitischer Alleingang", der über taktische propagandistische Verkündigungen hinausging, Ulbrichts prinzipiellem Verständnis von den Aufgaben eines deutschen Kommunisten widersprochen hätte.

Deutsche Einheit „Fiktion"

Die deutsche Einheit, perspektivisch noch in der Verfassung von 1968 enthalten, bezeichnete Ulbricht jetzt als „Fiktion"; die Zusammenführung der beiden deutschen Staaten konnte er sich allenfalls auf sozialistischer Grundlage vorstellen. Auf einer internationalen Pressekonferenz sprach er am 19. Januar 1970 von der DDR als „sozialistischem deutschen Nationalstaat".[2] Diese Formulierung sollte die Formel Willy Brandts von der „Einheit der Nation" konterkarieren. Anläßlich der Vorbereitung des 25. Jahrestages der SED-Gründung präzisierte Ulbricht seine Vorstellungen vom „nationalen Charakter" der DDR weiter:

> „Wenn man die Gestaltung des sozialistischen Systems der Planung und Leitung der Volkswirtschaft und seine Weiterentwicklung, die Schaffung des einheitlichen sozialistischen Bildungssystems, die Entwicklung der sozialistischen Menschengemeinschaft zusammennimmt, so kann man sagen, daß sich die Grundzüge der nationalen Struktur der DDR herausgebildet haben, und daß in dieser Zeit die entscheidenden Schritte zum sozialistischen deutschen Nationalstaat der DDR getan wurden."[3]

Als Begründung für seine Zwei-Nationen-These und die Herausbildung einer sozialistischen Nation in der DDR verwies Ulbricht auf den Vorrang der Gesellschaftsordnung gegenüber der nationalen Frage. Dies entsprach auch der Linie Breschnews, der im Oktober 1970 die SED-Führung aufgefordert hatte, „weitere Ausarbeitungen der nationalen Frage vom marxistischen Standpunkt aus"

---

1 Zit. nach: Staadt 1996b, S. 691.
2 Vgl. Hacker 1987, S. 52.
3 Zit. nach: Staadt 1996b, S. 695.

▲ „Der Händedruck", v. l. Wilhelm Pieck, Otto Grotewohl, Walter Ulbricht auf dem Vereinigungsparteitag von KPD und SPD am 21. April 1946 in Ost-Berlin.

▼ Maikundgebung am 1. Mai 1946 im Berliner Lustgarten, v. l. die Führung der neuen SED, Grotewohl und Pieck, rechts davon Berlins erster Nachkriegsbürgermeister Artur Werner.
Fotos: Bilderdienst Süddeutscher Verlag

Kampagne für den Volksentscheid zum „Gesetz über die Übergabe von Betrieben von Kriegs- und Naziverbrechern in das Eigentum des Volkes", der am 30. Juni 1946 in Sachsen statt fand.
Foto: Bilderdienst Süddeutscher Verlag

Der erste Ministerrat der DDR im Oktober 1949.
1. Reihe von links nach rechts: Karl Steinhoff, Innenminister (SED); Walter Ulbricht, stellvertr. Ministerpräsident (SED); Georg Dertinger, Außenminister (CDU); Otto Grotewohl, Ministerpräsident (SED); Hermann Kastner, stellvertr. Ministerpräsident (LDPD); Fritz Selbmann, Minister für Industrie (SED); Hans Reingruber, Verkehrsminister (parteilos);
2. Reihe von links nach rechts: Lothar Bolz, Minister für Wiederaufbau (NDPD); Hans Loch, Finanzminister (LDPD); Max Fechner, Justizminister (SED); Heinrich Rau, Planungsminister (SED); Paul Wandel, Volksbildungsminister (SED); Ernst Goldenbaum, Landwirtschaftsminister (DBD); Georg Handke, Minister für Außenhandel (SED); Luitpold Steidle, Minister für Arbeit und Gesundheit (CDU); Friedrich Burmeister, Minister für Post- und Nachrichtenwesen (CDU).

Foto: Bilderdienst Süddeutscher Verlag

Festakt der DDR zum Jahrestag der Oktoberrevolution wenige Wochen nach ihrer Konstituierung in der Berliner Staatsoper; in der Mitte Wilhelm Pieck mit Tochter, rechts neben Wilhelm Pieck der Vorsitzende der SKK, General Tschuikow.
Foto: Bilderdienst Süddeutscher Verlag

Das Politbüro der SED, 1950 (mit Kandidaten).
V. l. n. r. (sitzend): Franz Dahlem, Walter Ulbricht, Wilhelm Pieck, Otto Grotewohl, Hans Jendretzky; (stehend): Rudolf Herrnstadt, Fred Oelsner, Hermann Matern, Wilhelm Zaisser, Heinrich Rau, Anton Ackermann, Erich Mückenberger, Erich Honecker.

Foto: Bundesarchiv

▲ Mit schwarz-rot-goldenen Fahnen am 17. Juni 1953 von Ost nach West durch das Brandenburger Tor.

▼ Sowjetische Panzer am 17. Juni 1953 in Ost-Berlin, Leipziger Straße.
Fotos: Bilderdienst Süddeutscher Verlag

▲ 17. Juni 1953: Unmittelbar an der Sektorengrenze – im Hintergrund das Nachrichtengerüst der West-Berliner Presse: Mit dem Knüppel gegen einen sowjetischen T 34.

▼ Das Zuchthaus Bautzen.
Fotos: Bilderdienst Süddeutscher Verlag

▲ Pfingsttreffen der FDJ 1954 in Ost-Berlin mit typischen Parolen aus den fünfziger Jahren.

▼ Eröffnung des V. Parteitages der SED am 10. Juli 1958 in der Ost-Berliner Werner-Seelenbinder-Halle, v. l. Chruschtschow, Ulbricht, Pieck, Grotewohl.
Fotos: Bilderdienst Süddeutscher Verlag

▲ Leipziger Studentengruppe bei der 550-Jahr-Feier der Universität 1959.

◀ Kampagne für die Kollektivierung Ende der fünfziger Jahre im Bezirk Potsdam.

Fotos: Bilderdienst Süddeutscher Verlag

▲ Auf der Fahrt durch Ost-Berlin am 19. Mai 1960 im offenen Wagen, v. l. Ulbricht, Chruschtschow, Grotewohl.

Errichtung einer LPG 1960.

Fotos: Bilderdienst Süddeutscher Verlag

Das Politbüro der SED, 1961 (mit Kandidaten).
V. l. n. r. im Vordergrund sitzend: Walter Ulbricht, Otto Grotewohl.
1. Reihe: Kurt Hager, Paul Verner, Bruno Leuschner, Paul Fröhlich, Erich Mückenberger, Friedrich Ebert, Hermann Matern, Willi Stoph, Albert Norden, Erich Honecker, Herbert Warnke.
2. Reihe: Alfred Neumann, Werner Jarowinsky, Günter Mittag, Georg Ewald, Gerhard Grüneberg, Erich Apel, Margarete Müller, Horst Sindermann, Hermann Axen.

Foto: Bundesarchiv

▲ Flucht aus Ost- nach West-Berlin unmittelbar nach dem 13. August 1961.

▼ Eine der berühmtesten Szenen der Nachkriegsgeschichte: Abtransport des tödlich verwundeten Peter Fechter durch DDR-Grenzposten, Berlin, August 1962.
Fotos: Bilderdienst Süddeutscher Verlag

▲ Trio der Mächtigen mit Sekt: v. l. Mielke, Honecker, Ulbricht. *Foto:* BStU

▼ Ideologie an der Tafel, 1964. *Foto:* Bilderdienst Süddeutscher Verlag

▲ Gratulation zum 78. Geburtstag für den entmachteten und erkrankten Walter Ulbricht durch die Mitglieder und Kandidaten des Politbüros der SED am 30. Juni 1971.
Foto: Bundesarchiv Koblenz

▼ Beisetzung der Urne mit der Asche Walter Ulbrichts am 17. September 1973 auf dem Berliner Friedhof Friedrichsfelde mit allem militärischen Gepränge, im Hintergrund Honecker und Stoph. *Foto:* Bilderdienst Süddeutscher Verlag

▲ Empfang für Leonid Breschnew am 5. Oktober 1974 in Ost-Berlin, aus Anlaß der Feierlichkeiten zum 25jährigen Bestehen der DDR. NVA paradiert im Stechschritt, dahinter v. l. Stoph, Breschnew, Honecker, DDR-Verteidigungsminister Hoffmann.

▼ Volksfest im Kulturpark in Ost-Berlin, 70er Jahre.   *Fotos:* Bilderdienst Süddeutscher Verlag

▲ Restaurant Moskwa im Zentrum von Magdeburg 1974.

▼ Braunkohleveredelungskombinat „Schwarze Pumpe" 1974.
  Fotos: Bilderdienst Süddeutscher Verlag

zu veranlassen. „Erstrangige Bedeutung" sollten dabei „Leitsätze über die Entstehung der sozialistischen Menschengemeinschaft, das Schmieden des sozialistischen Patriotismus und letztenendes über die Formierung der sozialistischen Nation in der DDR" erhalten. Des weiteren gehe es darum, „die bürgerliche und reformistische Ideologie zurückzuweisen, nationalistische und sozialdemokratische Illusionen in einigen Schichten der Bevölkerung der DDR zu überwinden".[4] Ulbricht hatte schnell verstanden. Schon im Januar 1971 verkündete er die neue Grundsatzposition als Bilanz der bisherigen sozialistischen Entwicklung. Die DDR habe sich „aus Gründen der grundsätzlichen sozialistischen Übereinstimmung, des sozialistischen nationalen Interesses und des Internationalismus, des Gebotes der Gemeinschaft der sozialistischen Länder unverbrüchlich und für immer mit der Sowjetunion und der sozialistischen Staatengemeinschaft verbunden".[5] Von einer einheitlichen deutschen Nation könne keine Rede mehr sein, mit der Bundesrepublik gebe es weder ein gemeinsames Wirtschaftsgebiet noch eine gemeinsame Gesellschafts- oder Staatsordnung, es existiere nicht einmal eine gemeinsame Kultur, „denn diese amerikanisierte westdeutsche Sumpfkultur kann man nicht als deutsche Kultur bezeichnen."[6]

Keine einheitliche deutsche Nation mehr

Dennoch strebte Ulbricht keinen „nationalkommunistischen Sonderweg" an. Auch ein weiterer vermeintlicher Dissenspunkt zwischen ihm und der KPdSU-Führung beruhte eher auf Mißverständnissen als auf prinzipiellen Meinungsverschiedenheiten. Noch im April 1969 sah das SED-Politbüro keinen „nennenswerten, politisch auswertbaren Unterschied zwischen der Politik der Parteien des westdeutschen Monopolkapitals und der Politik der sozialdemokratischen Minister der Bonner Regierung". Diesen unterstellte die SED-Führung, sie strebten nach einer Lostrennung der DDR von der Sowjetunion und den anderen sozialistischen Staaten „und nach Umwandlung der kleineren sozialistischen Länder in unstabile, kleinbürgerliche Staatswesen, die dann leichter in die Netze des westdeutschen Imperialismus getrieben werden könnten".[7] Die KPdSU dagegen hatte in Hinblick auf den Bundestagswahlkampf die Notwendigkeit betont, „den Sozialdemokraten einen Auftrieb zu geben, damit sie eine klare Alternative der CDU-CSU-Politik aufstellen".[8] Sie forderte gar – auch im Interesse der SED – eine „Einwirkung auf den Wahlkampf in der Bundesrepublik" zur Schwächung der CDU und zur Etablierung einer SPD/FDP-Koalition, mit der „unter gewissen Bedingungen" verhandelt werden kann.[9] Die positive sowjetische Reaktion auf den Entwurf eines Gewaltverzichtsabkommens von Bundesaußenminister Willy Brandt wurde durch Gespräche führender Sozialdemokraten im August 1969 und vorangegangene Gespräche führender FDP-Politiker in Moskau begünstigt. Auf Druck der KPdSU forderte daraufhin die SED DKP-nahe Bundestagskandidaten auf, in besonders hart

UdSSR für sozialliberale Koalition

---

4 Leonid Breschnew an Walter Ulbricht, Schreiben vom 21. Oktober 1970, zit. nach: Staadt 1996b, S. 695.
5 Einleitende Worte des Staatsrates der DDR in der Beratung am 14. Januar 1971, zit. nach: ebd., S. 697.
6 Rede des Genossen Walter Ulbricht, 1. Sekretär des ZK der SED, auf der Sitzung der Bezirksleitung in Leipzig am 21. November 1970, zit. nach: ebd., S. 695.
7 Protokoll Nr. 17/69 der Sitzung des Politbüros des ZK am 21. April 1969, zit. nach: ebd., S. 687.
8 Mitteilung des Politbüros des ZK der KPdSU als Antwort auf die Frage beim Besuch beim Partei- und Regierungsdelegationen der SED, zit. nach: ebd., S. 688.
9 Vgl. Staadt 1993, S. 275.

umkämpften Wahlkreisen zur Abgabe der Erststimme für SPD-Kandidaten aufzurufen.[10]

Der Kurswechsel Ulbrichts erfolgte prompt. Von nun an ging es ihm nicht mehr um die „Entlarvung der Brandt-Regierung", sondern um die Einleitung einer offensiven Politik, die eine Zusammenarbeit von SED und SPD sowie von FDGB und DGB einschloß. „Wir haben keinen anderen Weg, als der SPD-Regierung zu langem Leben zu verhelfen". Ansonsten würden, mahnte er, „Strauß und Konsorten das Übergewicht bekommen, und Kriegskonflikte sind nicht auszuschließen". Das Politbüro solle nun über die Frage entscheiden, „ob wir die Kraft haben, mit einer solchen Zusammenarbeit die fortschrittlichen Kräfte in Westdeutschland zu aktivieren und bei ihnen einzudringen, oder ob sie bei uns eindringen".[11] Diese neue Linie gegenüber der sozialliberal geführten Bundesregierung verband Ulbricht mit seiner alten und nie aufgegebenen Hoffnung, die DDR ökonomisch zu modernisieren. Zusammenarbeit meinte daher vor allem auch wirtschaftliche Stärkung der DDR.[12]

Nur mit einiger Interpretationskunst konnte diese Politik als „Eigenmächtigkeit" angesehen werden. Entsprechende Gefahren sah insbesondere Erich Honecker, sei es aus „echter" Sorge, sei es aus eigenem Machtkalkül. Er bewertete die neue Ostpolitik der sozialliberalen Koalition zurückhaltender und unterstellte der SPD eine Strategie der Destabilisierung des sozialistischen Lagers. Vor einer wirtschaftlichen Zusammenarbeit wollte er die Herstellung gleichberechtigter Beziehungen zwischen Bundesrepublik und DDR auf der Grundlage des Völkerrechts gesichert wissen. Ausdrücklich sprach er sich für eine engere Abstimmung mit der KPdSU aus.[13]

Sowjetunion verlangt Abgrenzungskurs der DDR

Nach Abschluß des „Moskauer Vertrages" im August 1970 sollte sich die Linie Honeckers als richtig erweisen. Zwar hatte die Sowjetunion ohne Rücksicht auf mehrfach formulierte Vorbehalte Ulbrichts die Gewaltverzichtsverhandlungen zu einem erfolgreichen Abschluß gebracht, jedoch zugleich Sorge getragen, daß die Bundesregierung bei der gewünschten Annäherung von Bundesrepublik und DDR möglichst erfolglos bliebe. Im Gegenteil: Auf der Basis der Verträge sollte vorrangig das sozialistische Lager konsolidiert werden. Die Sowjetunion schloß eine auch nur beschränkte Souveränität ihrer Satellitenstaaten rigoros aus. Breschnew erinnerte die SED-Delegation bei ihrem Besuch in Moskau am 20. August 1970 an die Situation in der ČSSR zwei Jahre zuvor und betonte: „Deutschland gibt es nicht mehr. Das ist gut so ... Die Zukunft der DDR liegt in der sozialistischen Gemeinschaft. Wir haben unsere Truppen bei Ihnen. Das ist gut so und wird so bleiben ... Es gibt, es kann, und es wird zu keinem Prozeß der Annäherung zwischen der DDR und der BRD kommen."[14] Zwei Tage zuvor hatte Breschnew von Honecker einen klaren Abgrenzungskurs der DDR gegenüber der Bundesrepublik und eine entschiedene Absage an die Einheit der Nation gefordert.[15]

---

10 Vgl. ebd., S. 277.
11 Wolfgang Berger: Darlegungen des Genossen Walter Ulbricht auf der Sitzung am 30. Oktober 1969, zit. nach: Staadt 1996b, S. 689; vgl. Stelkens 1997, S. 522/523.
12 Diesen Aspekt betont auch Markus Wolf; vgl. Stelkens 1997, S. 529.
13 Vgl. Staadt 1996b, S. 690 und Podewin 1996, S. 22 ff.
14 Vermerk der SED-Führung über Gespräche mit Leonid Breschnew in Moskau vom 20. August 1970, zit. nach: Przybylski 1992, S. 342.
15 Vgl. Staadt 1996b, S. 694; siehe auch Kaiser 1997, S. 370 ff.

Die schrittweise Entmachtung Ulbrichts erfolgte jetzt auf dem eigentlich strittigen Feld der wirtschaftspolitischen Strategie. Im Herbst 1970 zeichneten sich Planrückstände und Schwierigkeiten in einigen wirtschaftlichen Bereichen ab. Die von Ulbricht forcierte Politik der gezielten Unterstützung von Zukunftsindustrien und von Forschung und Technologie führte erneut zu einer Verminderung der Produktionsziffern in konsumnahen Bereichen. Ökonomen wie Gerhard Schürer konstatierten damals nach eigenem Bekunden, daß es „unmöglich so weiter gehen kann, daß wir immer nach einer gewissen Periode, erst wenn wir tief drinnenstecken, Korrekturen unserer übersteigerten Wünsche vornehmen müssen, die mit hohen Verlusten verbunden sind". Er wertete die erzielte Temposteigerung der von Ulbricht bevorzugten Gebiete als „fiktiv, ... da sie nur zu Lasten des Abbaus von Beständen und Reserven erfolgte bzw. nur auf Kosten anderer Zweige gehen, wodurch die Disproportionen wachsen".[16]

Erich Honecker nutzte die sich abzeichnenden wirtschaftlichen Kalamitäten und erstellte im Sommer 1970 gemeinsam mit Mittag und Stoph eine wirtschaftspolitische Bilanz, die auf der Sitzung des Politbüros vom 8. September 1970 zu einer Korrektur des wirtschaftspolitischen Kurses führte. Jetzt war die Rede von der Notwendigkeit einer „planmäßigen proportionalen Entwicklung der Volkswirtschaft". Ulbricht, der krankheitsbedingt auf dieser Politbürositzung fehlte, versuchte, die Revision auf dem 14. ZK-Plenum im Dezember 1970 zumindest abzumildern, was ihm jedoch mißlang. Das ihm als Erstem Sekretär des ZK zustehende Schlußwort, in dem er die erfolgte Korrektur relativieren wollte, wurde nach Intervention mehrerer Politbüromitglieder nicht im „Neuen Deutschland" veröffentlicht.[17] Diese Niederlage läutete das Schlußkapitel der Ära Ulbricht ein.

Anfang Juli 1970 hatte Ulbricht mit einem Vorstoß im Politbüro vergebens versucht, seinen Ziehsohn Honecker, den er nun zunehmend als Rivalen wahrnahm, aus der Parteiführung zu verbannen. Sowjetischer Einspruch verhinderte das.[18]

Honecker seinerseits forderte wenige Wochen später in Vier-Augen-Gesprächen mit Breschnew die Ablösung Ulbrichts. Der sowjetische KP-Chef erklärte sich zwar prinzipiell mit einem Wechsel in der DDR-Führung einverstanden, gewährte aber noch keine konkrete terminliche Zusage. Dem potentiellen Nachfolger jedenfalls gab er vorsorglich die Erkenntnis mit auf den Weg, die zwanzig Jahre später aktuell werden sollte: „Erich, ich sage Dir offen, vergiß das nie: Die DDR kann ohne uns, ohne die SU, ihre Macht und Stärke, nicht existieren. Ohne uns gibt es keine DDR."[19] Gleichzeitig versprach Breschnew, Ulbricht zum Rücktritt als 1. Sekretär der DDR zu bewegen.

Nach dieser prinzipiellen Zusage sowjetischer Unterstützung konnte Honecker mit der unmittelbaren Demontage seines politischen Ziehvaters beginnen. Zwar gelang es Ulbricht im August noch einmal, einen Konsens mit Breschnew herzustellen. Doch wenig später bot die Widerspenstigkeit Ulbrichts, sich dem im Politbüro mehrheitlich gewünschten wirtschaftspolitischen Kurswechsel anzuschließen, Anlaß zur letzten Offensive Honeckers.

Demontage Ulbrichts durch Honecker

---

[16] Schürer 1996, S. 93.
[17] Vgl. Podewin 1996, S. 40 und Stelkens 1997, S. 505 f.
[18] Vgl. Kaiser 1997, S. 371 ff. und Staadt 1996b, S. 693.
[19] Protokoll einer Unterredung zwischen L.I. Breschnew und Erich Honecker am 28. Juli 1970, zit. nach: Przybylski 1991, S. 281.

Mit Datum vom 21. Januar 1971 schrieben 13 von 20 Mitgliedern und Kandidaten des Politbüros einen als „geheime Verschlußsache" deklarierten Brief an Breschnew, in dem sie die Ablösung Ulbrichts als Erster Sekretär des ZK der SED forderten:

> „Leider können wir nicht umhin festzustellen, daß sich bei Genossen Walter Ulbricht in der letzten Zeit bestimmte negative Seiten seines auch ohnehin schwierigen Charakters immer mehr verstärken. In dem Maße, in dem er sich vom wirklichen Leben der Partei, der Arbeiterklasse und aller Werktätigen entfremdet, gewinnen irreale Vorstellungen und Subjektivismus immer mehr Herrschaft über ihn. Im Umgang mit den Genossen des Politbüros und mit anderen Genossen ist er oft grob, beleidigend und diskutiert von einer Position der Unfehlbarkeit."[20]

Rücktritt Ulbrichts

Weiterhin baten sie Breschnew, Ulbricht in einem Gespräch zu ersuchen, „aufgrund seines hohen Alters und seines Gesundheitszustandes von der Funktion des Ersten Sekretärs des Zentralkomitees der SED freiwillig noch vor dem VIII. Parteitag zurückzutreten".

Am 12. April war es soweit: Breschnew forderte Ulbricht zum Rücktritt auf, und dieser fügte sich. Am Vormittag des 27. April ließ sich Walter Ulbricht im Politbüro den mit Breschnew vereinbarten Text seiner Rücktrittserklärung bestätigen. Anschließend verließ er die Sitzung, und Erich Honecker übernahm ab dem dritten Tagesordnungspunkt die Parteiführung. Ulbrichts offizieller Rücktritt vor dem ZK am 3. Mai 1971 war nur noch Formsache. Er führte aus:

> „Nach reiflicher Überlegung habe ich mich entschlossen, das Zentralkomitee auf seiner heutigen Tagung zu bitten, mich von der Funktion des Ersten Sekretärs des ZK der SED zu entbinden. Die Jahre fordern ihr Recht und gestatten es mir nicht länger, eine solche anstrengende Tätigkeit wie die des Ersten Sekretärs auszuüben. Ich erachte daher die Zeit für gekommen, diese Funktion in jüngere Hände zu geben, und schlage vor, Genossen Erich Honecker zum Ersten Sekretär zu wählen."[21]

Demütigungen Ulbrichts

Die Demütigungen Ulbrichts fanden damit kein Ende. Zwar blieb er Staatsratsvorsitzender, doch wurde ihm auch in dieser Funktion jeder Spielraum genommen. Honecker sorgte bis zum Tode Ulbrichts im Jahre 1973 dafür, daß dieser keine Gelegenheit zur politischen Einflußnahme mehr bekam.[22] Selbst vor der Bespitzelung seines Vorgängers durch das MfS schreckte er nicht zurück.[23] Ulbricht blieb nur die Klage über „die seelenlose administrative Tätigkeit, die nichts mit Leninschen Parteinormen zu tun" hätte,[24] aber schließlich hatte er dieses System, das ihn nun unerbittlich ausgrenzte, selbst mitgeschaffen.

2. Die Sicherung der Macht

Der VIII. Parteitag im Juni 1971 brachte mit der Korrektur der Vorstellungen vom „gesellschaftlichen System des Sozialismus" und der „sozialistischen Menschengemeinschaft" sowie mit der endgültigen Aufgabe des ÖSS – das nur noch in

---

20 Zit. nach: Ebd., S. 111.
21 Zit. nach: Ebd., S. 114 f.
22 Vgl. Podewin 1995, S. 473 ff.
23 Vgl. Staadt 1996b, S. 700.
24 Walter Ulbricht: Antwort auf die Rede des Genossen Honecker im Politbüro vom 26. Oktober 1971, zit. nach: Staadt 1996b, S. 700.

Parteitagsreden weiterlebte – den ideologischen Abschied von der Ulbricht-Ära. Fortan sollte nach der Vorstellung der Parteiführung die „entwickelte sozialistische Gesellschaft" der Bevölkerung mehr sozialen Wohlstand auf der Grundlage wirtschaftlichen Wachstums bringen. Gleichzeitig betonte Honecker die enge Anbindung an die Sowjetunion und die „feste Verankerung in der sozialistischen Staatengemeinschaft".[25] Im Gleichklang mit der Sowjetunion und den anderen Satellitenstaaten verabschiedete der Parteitag einen Fünfjahrplan 1971 bis 1975, der als „Hauptaufgabe" die „weitere Erhöhung des materiellen und kulturellen Lebensniveaus des Volkes" in der DDR vorsah.

„entwickelte sozialistische Gesellschaft"

Die Führungsspitze der SED blieb zunächst weitgehend unverändert. Da Honecker das uneingeschränkte Vertrauen Ulbrichts besessen hatte, konnte er schon zuvor ihm genehme Personen um sich gruppieren und diese Genossen in entscheidende Positionen bringen.[26] Trotz des von ihm initiierten neuen, eher pragmatischen Wirtschaftskurses, einer begrenzten und kontrollierten Liberalisierung der Kulturpolitik sowie seines für DDR-Verhältnisse jovialen öffentlichen Auftretens setzte Honecker die innere Disziplinierung und Formierung der SED konsequent und unbeirrt fort. Die Parteiorganisation wurde weiter gestrafft, die „Einheit und Geschlossenheit" der Partei betont, die Mitgliederwerbung verstärkt und die Kompetenzen des Parteiapparates wurden erhöht. Die unter Ulbricht zumindest begonnene Politik, technokratische Elemente in die Gesellschaftsplanung und -gestaltung einzubeziehen, wurde weitgehend rückgängig gemacht. Die (Partei-)Politik erhielt wieder absolute Priorität. Die Weiterentwicklung des DDR-Sozialismus sollte nun in eher kleinen Schritten erfolgen, und zwar ohne Gefährdung der unbegrenzten Parteiherrschaft.

Im Februar 1972 entwarf die SED neue Grundsätze für die Arbeit der Parteikontrollkommissionen; ihnen wurden weitergehende Rechte bei der Disziplinierung von Mitgliedern zugestanden. Sie hatten nun „das Recht und die Pflicht...", sich selbst Aufgaben zu stellen und Untersuchungen in Parteileitungen und Grundorganisationen durchzuführen".[27] Zum Erhalt der „Einheit und Reinheit der Partei" machten die Parteikontrollkommissionen weiterhin regen Gebrauch von Disziplinierungsmaßnahmen bis hin zum Parteiausschluß. Von 1971 bis Ende 1975 wurden 50 000 Mitglieder und Kandidaten aus der SED ausgeschlossen oder ihre Mitgliedschaft annulliert.

Darüber hinaus gab es eine Vielzahl von Parteistrafen wegen Nichteinhaltung der Parteinormen oder Verletzung der Wachsamkeit und anderer „Verfehlungen". Notwendig erschien der Parteiführung diese organisatorische Straffung und vorsorgliche Disziplinierung der Mitgliedschaft auch als präventive Abwehr möglicher ideologischer Einflüsse im Zuge der Entspannungspolitik oder aufgrund von Unruhen im eigenen Lager, die 1970 in Polen wiederaufflammten und brutal niedergeschlagen wurden.

Straffung und Disziplinierung in der SED

In die Führungsspitze der Partei rückten in den folgenden Jahren vor allem parteierfahrene und Honecker vertraute Personen auf. Während sich die Parteiführung in der Mitgliederwerbung um die Erhöhung des Anteils von Produktionsarbeitern bemühte, vertraute sie bei der Besetzung von Führungspositionen lieber

---

25 Vgl. Weber 1993, S. 83.
26 Vgl. Weber 1987, S. 36.
27 Vgl. Otto 1996, S. 400.

apparatgeschulten und loyalen Parteiarbeitern. Der im Politbüro versammelte Kreis repräsentierte zudem die wichtigsten Staatsfunktionen. Die 1971 und vor allem im Oktober 1973 vorgenommenen personellen Veränderungen folgten diesem Muster. Mit Werner Lamberz, Werner Krolikowski, Erich Mielke, Harry Tisch sowie Heinz Hoffmann, Ingeburg Lange, Gerhard Schürer, Joachim Herrmann und Werner Felfe gelangten in den Jahren 1971 bis 1973 „jüngere" Parteifunktionäre in das Politbüro, die die Entwicklung der SED und der DDR bis zu ihrem Ende maßgeblich mitgestalten sollten.[28]

Die Zahl der SED-Mitglieder stieg bis Ende 1975 auf über 2 Millionen, wobei sich der Anteil der Produktionsarbeiter nur geringfügig erhöhte. Offiziell wuchs ihr Anteil stärker, da die SED zum Beispiel hauptamtliche Funktionäre sowie Berufsoffiziere und -soldaten der NVA als Arbeiter einstufte. Der formale Bildungsgrad in der Parteimitgliedschaft nahm stetig zu. Ende 1975 wies knapp eine halbe Million Mitglieder und Kandidaten der SED einen Hoch- oder Fachschulabschluß auf.[29]

An der strikten hierarchischen Ausrichtung der Partei und der Machtkonzentration in zentralen Gremien, vor allem im Politbüro, änderte sich in der Honecker-Ära nichts. Selbst im Politbüro gab es kaum kontroverse Diskussionen. Die Entscheidungsgewalt blieb weiterhin auf den ersten Mann konzentriert. Die Unterordnung der jeweiligen Organisationseinheiten der Partei wie auch der einfachen Mitglieder unter Vorgaben und Anweisungen der Führung wurde mit der Notwendigkeit der „Einheit und Geschlossenheit" der Partei begründet. Diskussionen erfolgten nach Maßgabe der Anweisungen und in vorgegebenen Spielräumen; abweichende Meinungen wurden nicht toleriert. Die Rituale parteiloyalen Verhaltens sahen auch weiterhin eine gewissermaßen permanente Mobilisierung der „Massen" vor, die zu gegebenen Anlässen ihre „Verbundenheit" mit Partei und Staat zu demonstrieren hatten.

Die Massenorganisationen und die „befreundeten" Parteien bezeugten nach dem personellen Wechsel an der SED-Spitze ihre Loyalität; beispielsweise sprach die CDU von einem „Anwachsen der führenden Rolle der SED" und der FDGB bekräftigte sein Treuebekenntnis als „Kampfgefährte der Partei". Die Blockparteien blieben weiterhin ohne jeden mitbestimmenden oder gar gestaltenden Einfluß, die Massenorganisationen hatten verstärkt auf die Partei fixierte Staatsaufgaben zu erfüllen.

Stärkung der Partei im Staatsapparat

Das besondere Augenmerk der Parteiführung galt in dieser Phase der Propagierung und Durchsetzung der „führenden Rolle der Partei" in staatlichen Institutionen. Das Politbüro erweiterte im Oktober 1972 die Kompetenzen des Ministerrates der DDR und verminderte die des Staatsrates. Diese Maßnahme zielte in erster Linie auf die weitere formelle Entmachtung Ulbrichts, der Staatsratsvorsitzender geblieben war.

Zwei Jahre später paßte die SED die Verfassung von 1968 den neuen Realitäten an. Die novellierte Verfassung vom Oktober 1974 hielt trotz einer kleinen Umformulierung weiterhin an der Verpflichtung aller politischen Akteure auf die

---

[28] Vgl. Weber 1987, S. 36 f.
[29] Vgl. Otto 1996, S. 503.

führende Rolle der Partei fest. Im Einleitungsartikel heißt es: „Die Deutsche Demokratische Republik ist ein sozialistischer Staat der Arbeiter und Bauern. Sie ist die politische Organisation der Werktätigen in Stadt und Land unter Führung der Arbeiterklasse und ihrer marxistisch-leninistischen Partei." Die „deutsche Nation" fand keine Erwähnung mehr. Dafür betonte die SED das Bekenntnis zur Sowjetunion verglichen mit der Verfassung von 1968 noch stärker: Nach Art. 6 war die DDR „für immer und unwiderruflich mit der Union der sozialistischen Sowjetrepubliken verbündet".[30]

Die Umstrukturierung der Justiz in den Jahren 1973/74, die auf Stärkung von „Ordnung, Disziplin und Sicherheit" in den Betrieben, Intensivierung der Rechtserziehung, verschärfte Aufsicht und Kontrolle durch die Staatsanwaltschaft sowie härtere Strafen gegen Rückfalltäter und sogenannte Asoziale zielte, sollte zu einer stärkeren politischen Anleitung aller Mitarbeiter der Gerichte führen.[31] Da das Justizpersonal zu dieser Zeit schon weitgehend aus parteiloyalen Personen bestand, waren direkte Eingriffe von Parteiinstanzen bei der Durchführung politischer Strafverfahren nicht mehr so häufig. Der Zugriff der Partei auf die Justiz vollzog sich fortan in informellen Bahnen bzw. erübrigte sich, da die Justizorgane ihren Aufgaben in geforderter Weise nachkamen. Bei Prozessen gegen prominente Abweichler oder Dissidenten gab es allerdings weiterhin eine sehr direkte Einflußnahme.[32]

Das grundlegende Mißtrauen der SED-Führung gegenüber der Bevölkerung blieb trotz der verkündeten sozialpolitischen und kulturpolitischen Initiativen und der Bereitschaft zur Teilnahme an der Entspannungspolitik erhalten. In der Honecker-Ära verlagerte und verfeinerte die SED lediglich die Methoden der Überwachung und Unterdrückung der Bevölkerung, so daß diese nach außen hin nicht mehr in dem Maße wie in den Jahrzehnten zuvor sichtbar waren. Der Übergang von offener Repression zu subtileren Formen der Einschüchterung ging einher mit einer Erhöhung der Zahl der Mitarbeiter des Ministeriums für Staatssicherheit, die möglichst präventiv für „Ruhe und Ordnung" im Land sorgen sollten. Die Mitarbeiterzahl des MfS erhöhte sich allein von 1970 bis 1975 um ca. 37% (von 43 000 auf knapp 60 000).[33]

Subtilere Formen der Einschüchterung

Ohne besonderen Anlaß demonstrierte Erich Honecker unmittelbar nach seiner Amtsübernahme, daß er an der rigiden Politik der Grenzsicherung seines Vorgängers festhielt. Auf der Sitzung des Politbüros vom 6. Juli 1971 erörterte das Gremium „Maßnahmen zur Erhöhung der Sicherheit und Ordnung an der Staatsgrenze der DDR zur BRD". Damit sollte eine „bessere Koordinierung und Lenkung in Fragen der Durchsetzung aller staatlichen Maßnahmen im Grenzgebiet" erreicht werden.[34] Das Sekretariat des Zentralkomitees setzte die Vorgaben des Politbüros in seiner Sitzung vom 28. Oktober 1971 in eine „Direktive des Sekretariats des ZK zur weiteren Arbeit im Grenzgebiet an der Staatsgrenze zur BRD und zu Westberlin" um. Hier heißt es unter anderem:

---

[30] Vgl. Friedrich-Ebert-Stiftung 1981 und Mampel 1988.
[31] Vgl. Meyer-Seitz 1995, S. 34 ff.
[32] Vgl. ebd., S. 36 und allgemein Fricke 1990, Fricke 1993a und Kap. B.I.4.
[33] Vgl. Gieseke 1995, S. 99 f.
[34] Vgl. Beschluß des Politbüros zum TOP 4 „Maßnahmen zur Erhöhung der Sicherheit und Ordnung an der Staatsgrenze der DDR zur BRD" vom 6. Juli 1971; AdV.

Schaubild 1:

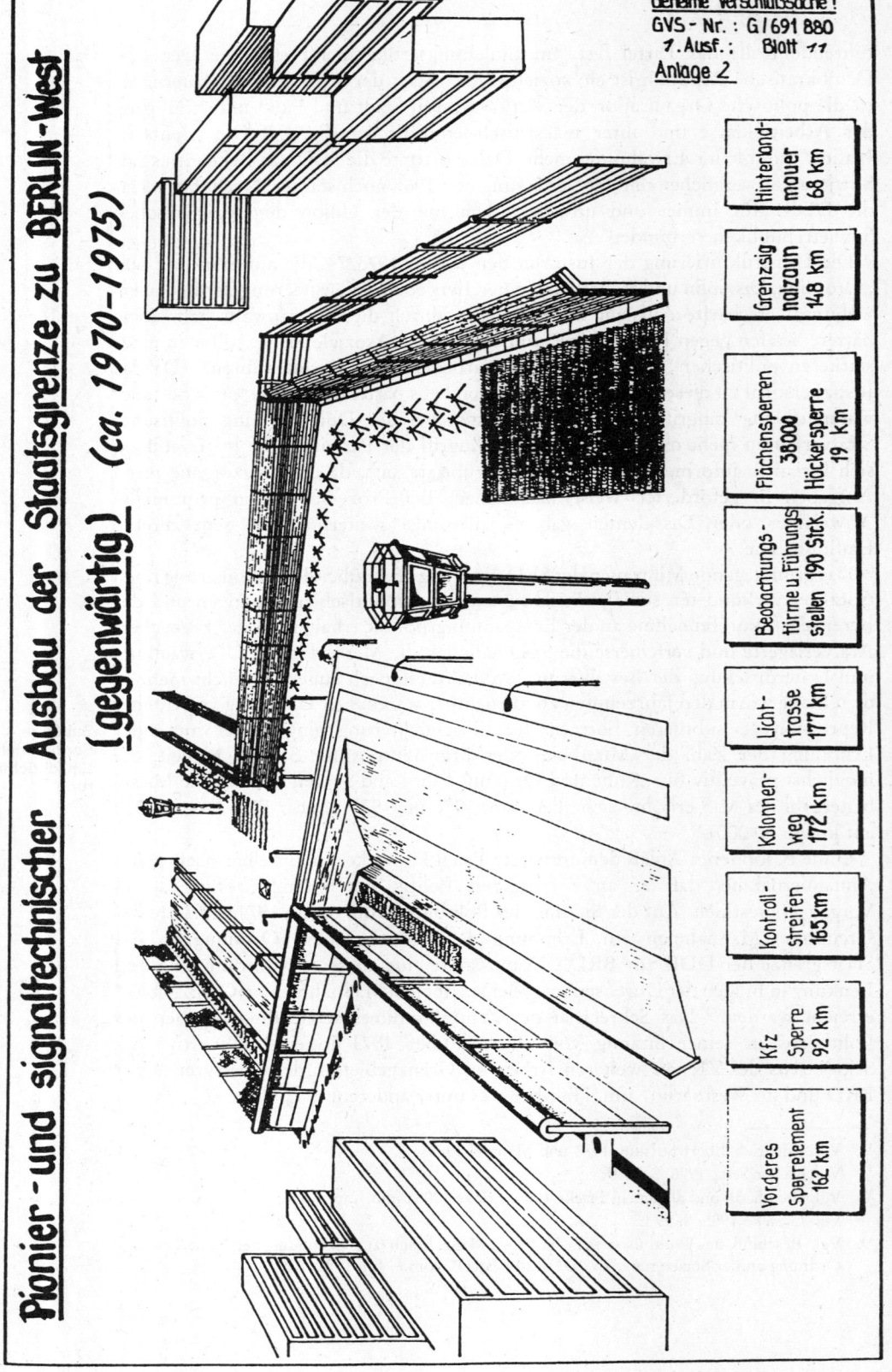

Quelle: Berliner Mauer-Archiv. Es handelt sich um die III. Generation der Mauer, die ab 1975 zum großen Teil durch eine noch „sicherere" ersetzt wurde.

> „Die Gerichte und Staatsanwaltschaften haben den ‚Angriffen gegen die Ordnung an der Staatsgrenze' die notwendige politische Bedeutung beizumessen. Solche Straftaten sind mit Konsequenz zu verfolgen. Die zentralen Justizorgane haben die Verfolgung dieser Straftaten regelmäßig zu kontrollieren und einzuschätzen sowie eine einheitliche Orientierung und Anleitung der Gerichte und Staatsanwaltschaften zu gewährleisten ... Die bewaffneten Kräfte führen ihre Aufgaben zur Grenzsicherung auf der Grundlage der hierfür bestehenden Weisungen durch".35

Politbüro und Nationaler Verteidigungsrat (NVR) beschäftigten sich immer wieder mit der Lage an der innerdeutschen Grenze und beschlossen von Fall zu Fall entsprechende Maßnahmen. Die verstärkte Abriegelung der Grenze erfolgte parallel zu den innerdeutschen Verhandlungen. Die obersten Parteiinstanzen betonten gerade in dieser Zeit wiederholt die Verantwortung von Partei, Staat und gesellschaftlichen Organisationen für die Einhaltung der Sicherungsmaßnahmen. Auf einer Sitzung des NVR vom Juli 1972 z. B. forderte Erich Honecker: „Die Grenztruppen können ihren militärischen Auftrag nur erfüllen, wenn sie dabei die allseitige Unterstützung aller zuständigen staatlichen Organe und gesellschaftlichen Organisationen haben".36

Verschärfung der Grenzsicherung

Unmittelbar nach Unterzeichnung des Grundlagenvertrages zwischen der Bundesrepublik Deutschland und der DDR im Dezember 1972 verschärfte das Politbüro im Januar 1973 erneut die Grenzsicherungsmaßnahmen. Verbessert werden sollte vor allem die Zusammenarbeit der bewaffneten Organe mit den Bezirks- und Kreisleitungen der SED, den staatlichen Organen sowie der Grenzbevölkerung. Im Klartext bedeutete das, die Grenzbewohner zur Denunziation von Fluchtwilligen zu ermuntern, um rechtzeitig „Grenzverletzungen" erkennen und verhindern zu können. Weiterhin heißt es in dem Beschluß: „Zur Sicherung der Schwerpunkteinrichtungen sind auch künftig Sperren mit richtungsgebundenen Splitterminen zu errichten."37

1973 registrierten die Sicherheitsorgane insgesamt 3004 Personen, die auf „ungesetzlichem Wege" die DDR verlassen wollten, unter ihnen 12% Schüler. Nach Mitteilung des Ministers für Nationale Verteidigung gelang nur 242 Personen die Flucht, die übrigen Personen konnten festgenommen werden.38 Auf der 45. Sitzung des Nationalen Verteidigungsrates am 3. Mai 1974 äußerte sich laut Protokoll auch Erich Honecker zu Fragen der Grenzsicherung. Nach Betonung der Unverletzlich-

---

35 „Direktive des Sekretariats des ZK zur weiteren Arbeit im Grenzgebiet an der Staatsgrenze zur BRD und zu Westberlin"; Beschluß des Sekretariats des Zentralkomitees der SED auf der Sitzung vom 28. Oktober 1971; AdV.
36 Abschlußbemerkungen von Erich Honecker zum TOP 6 auf der 41. Sitzung des NVR am 14. Juli 1972; AdV.
37 Protokoll der Sitzung des Politbüros am 23. Januar 1973 zum TOP 9 „Bericht über die Durchführung des Beschlusses des Politbüros über Maßnahmen zur Erhöhung der Sicherheit und Ordnung an der Staatsgrenze zur BRD und der Direktive des Sekretariats des ZK zur weiteren Arbeit des Grenzgebiets an der Staatsgrenze zur BRD und zu Westberlin sowie Schlußfolgerungen für eine wirkungsvolle Grenzsicherung"; AdV.
38 Vgl. Beschluß des NVR auf seiner 45. Sitzung am 3. Mai 1974 zum „Bericht des Ministers für nationale Verteidigung über die Lage an der Staatsgrenze der Deutschen Demokratischen Republik zur Bundesrepublik Deutschland, zu Westberlin und an der Seegrenze"; AdV.

keit der Grenze und der Forderung nach einem weiteren „pioniermäßigen Ausbau der Staatsgrenze" stellte er lapidar fest:

> „Überall muß ein einwandfreies Schußfeld gewährleistet werden ... Nach wie vor muß bei Grenzdurchbruchsversuchen von der Schußwaffe rücksichtslos Gebrauch gemacht werden, und es sind die Genossen, die die Schußwaffen erfolgreich angewandt haben, zu belobigen".[39]

Einsatz von Minen

Neben der „kompromißlosen Anwendung der Schußwaffe" sahen „Experten" die Verlegung von Minen als besonders wirkungsvolles Instrument der Grenzsicherung an. In der 1. Minenverlege-Vorschrift, die bereits im Februar 1967 in Kraft trat, heißt es: „Minensperren zur Sicherung der Staatsgrenze der Deutschen Demokratischen Republik zu Westdeutschland haben unter den zur Grenzsicherung geschaffenen Anlagen die größte Wirkung auf Grenzverletzer. Zweckmäßig angelegte Minensperren mit hoher Dichte behindern die Bewegung der Grenzverletzer und führen zu ihrer Festnahme bzw. Vernichtung."[40] Die 2. Minenverlege-Vorschrift aus dem Jahre 1973 brachte eine Verdichtung der Minenfelder sowie eine technische „Verbesserung" durch Selbstschußanlagen (Splitterminen) des Typs SM-70.[41]

Die Durchführung der Beschlüsse von Politbüro und Nationalem Verteidigungsrat zur Grenzsicherung erfolgte durch Befehle des Ministers für Nationale Verteidigung sowie durch Befehle und Anordnungen auf der Ebene des Grenzkommandos bzw. des Regiments. Im Befehl des Ministers für Nationale Verteidigung Nr. 101/71 vom 30. September 1971 z. B. wurde ein besonderes Augenmerk auf „das Verlegen und Aufnehmen von Infanterie- und Panzerminenfeldern, insbesondere der Minen SM-70 und PMP-71" gerichtet.[42] Der Befehl Nr. 101/73 vom September 1973 forderte die Grenztruppen auf: „Grenzdurchbrüche sind nicht zuzulassen, in das Grenzgebiet der Deutschen Demokratischen Republik eingedrungene gegnerische Kräfte sind durch die Grenztruppen ... selbständig oder im Zusammenwirken mit den territorialen Kräften der Landesverteidigung festzunehmen bzw. zu vernichten."[43]

Neue ideologische Formeln

Die Sicherung der innerdeutschen Grenze korrespondierte mit der ideologischen Abwehr der vom äußeren Feind – der Bundesrepublik – angeblich versuchten subversiven Einflußnahme auf die DDR-Bevölkerung. Mit der ständig wiederholten Forderung nach Verbesserung der ideologischen Erziehungsarbeit versuchte die SED an dieser Front eine „ideologische Mauer" zu errichten. Neben der Vermittlung grundsätzlicher Prinzipien des Marxismus-Leninismus ging es im Detail um die Erläuterung der jeweiligen, zumeist der sowjetischen Führungsmacht nachempfundenen ideologischen und politischen Kurswechsel der Partei.

---

[39] Protokoll der 45. Sitzung des Nationalen Verteidigungsrates der Deutschen Demokratischen Republik am 3. Mai 1974; abgedruckt in: Filmer/Schwan 1991, S. 389 ff., hier: S. 393.

[40] Dienstvorschrift DV-15/11-Minensperren der Grenztruppen – erlassen vom Chef der Grenztruppen der Nationalen Volksarmee am 14. Juli 1966 (gültig ab 1. Februar 1967); AdV.

[41] Vgl. Anleitung A 318/1/001 (Minensperren der Grenztruppen) des Chefs der Grenztruppen vom 27. Oktober 1972 (gültig ab 1. Februar 1973); AdV.

[42] Vgl. Befehl des Ministers für Nationale Verteidigung Nr. 101/71 vom 30. September 1971; AdV.

[43] Befehl des Ministers für Nationale Verteidigung Nr. 101/73 vom 27. September 1973; AdV.

Nach der Entmachtung Ulbrichts begründeten die Parteiideologen mit neuen Begriffen und ideologischen Formeln die „neue Politik". Aus der „sozialistischen Menschengemeinschaft" wurde z. B. die „Klassengesellschaft neuen Typs", das von Ulbricht gesehene „entwickelte gesellschaftliche System des Sozialismus" hieß nunmehr „entwickelte sozialistische Gesellschaft". Damit verabschiedete die neue Parteiführung Ulbrichts Theorie vom Sozialismus als einer relativ selbständigen Gesellschaftsformation und griff auf die sowjetische Sprachregelung zurück. Der Chefideologe Kurt Hager erklärte den Sozialismus wieder zu einer ersten, niederen Phase der kommunistischen Gesellschaftsformation; nur durch die „volle Entfaltung des Sozialismus" könne der Übergang zu einer höheren Entwicklungsstufe erfolgen. In angemessenem Abstand zur Führungsmacht durfte die DDR zumindest programmatisch und propagandistisch über den „entwickelten Sozialismus" zum Kommunismus voranschreiten.[44] Auf der 9. ZK-Tagung im Mai 1973 sprach Hager erstmals vom „realexistierenden Sozialismus", zu dem es keine Alternative gäbe. Diese neue ideologische Formel richtete sich vor allem gegen die nach wie vor in Teilen der Bevölkerung vorhandenen Träume von einem „demokratischen Sozialismus".

„Realexistierender Sozialismus"

3. Kulturpolitische Lockerungen zu Beginn der Ära Honecker

Auf Grundlage der strikten Formierung der Partei und des relativ problemlosen Machtwechsels gestattete sich die SED-Führung eine begrenzte Liberalisierung im Bereich der Kultur. Sie zielte indessen auf eine stärkere Bindung von Künstlern und Intellektuellen an die auf ihren totalitären Anspruch keineswegs verzichtende Partei. Schon auf dem VIII. Parteitag im Juni 1971 deutete sich die „längere Leine" für Kunst und Kultur an. Die in den sechziger Jahren üblichen Angriffe auf Künstler entfielen. Auf der 4. Tagung des Zentralkomitees im Dezember 1971 signalisierte schließlich das Schlußwort Erich Honeckers ein gewisses „Tauwetter": „Wenn man von der festen Position des Sozialismus ausgeht, kann es meines Erachtens auf dem Gebiet von Kunst und Literatur keine Tabus geben. Das betrifft sowohl die Fragen der inhaltlichen Gestaltung als auch des Stils – kurz gesagt: die Fragen dessen, was man die künstlerische Meisterschaft nennt."[45]

Längere Leine für Kunst und Kultur

Obschon mit diesen Sätzen durchaus restriktiv die Betonung auf die „feste Position des Sozialismus" gelegt wurde, boten sie vielen Künstlern doch eine Grundlage gegen besonders engstirnigen Provinzialismus an der Parteibasis. Da viele Kunstwerke Ergebnisse von Auftragsarbeiten waren, kam in der täglichen Auseinandersetzung um die „richtige Linie" in Fragen künstlerischer Gestaltung Honeckers Worten eine gewisse Bedeutung zu. Gleichwohl: Die Partei verwies immer wieder auch auf die Grenzen künstlerischer Freiheiten. „Wenn wir uns entschieden für die Weite und Vielfalt aller Möglichkeiten des sozialistischen Realismus, für einen großen Spielraum des schöpferischen Suchens in dieser Richtung aussprechen, so schließt das jede Konzession an bürgerliche Ideologien und imperialistische Kunstauffassungen aus" argumentierte Kurt Hager unzweideu-

---

44 Kurt Hager: Die entwickelte sozialistische Gesellschaft, zit. nach: Weber 1986, S. 325.
45 Schlußwort Erich Honeckers auf der 4. Tagung des Zentralkomitees der SED am 16./17. Dezember 1971, zit. nach: Jäger 1994, S. 140.

tig selbst im Kontext der die Künstler in vielerlei Hinsicht ermutigenden 6. Tagung des ZK knapp sechs Monate nach den Liberalität verheißenden Äußerungen Erich Honeckers.[46]

In der Folge konnten einige vorher nur im Westen veröffentlichte Bücher wie z. B. Stefan Heyms „König David Bericht" in der DDR erscheinen. Selbst die vorher als Ausdruck westlicher Dekadenz gebrandmarkte Beatmusik erklärten Parteifunktionäre jetzt für gesellschaftsfähig. „Der Beat lebt vor allem vom ‚Selbermachen', vom Ausprobieren und Experimentieren. Seine Titel entstehen oft aus der Gegebenheit der Situation heraus. Sie entspringen dem Bedürfnis der Musikanten, sich ihrem Publikum, gleichgesinnten Jugendlichen, unmittelbar mitzuteilen, sich verständlich zu machen und erreichen insbesondere durch die oft unmittelbar aus dem Leben gegriffenen Texte und Bilder einen hohen Identifikationsgrad", so erläuterte der Stellvertretende Minister für Kultur, Werner Rackwitz, einem erstaunten Publikum den Kurswechsel der Partei.[47] Fortan bemächtigte sich die SED auch dieses Mediums, um einen Zugang zur Jugend zu bekommen. DDR-Beatgruppen konkurrierten seitdem mit deutschen Texten gegen die phonetische Übermacht von Beatles und Rolling Stones.

Die begrenzte kulturpolitische Liberalisierung kam u. a. in einer vor allem in der Literaturzeitschrift „Sinn und Form" kontrovers geführten Debatte um den von Ulrich Plenzdorf verfaßten Text „Die neuen Leiden des jungen W." zum Ausdruck. Die in diesem Stück aus der Perspektive vieler Jugendlicher sichtbar werdende Kritik an den DDR-Verhältnissen verärgerte einige prominente Parteigenossen wie z. B. den Staranwalt Friedrich Karl Kaul. Dieser erklärte, ihn „ekle" die Vorstellung an, verwahrloste, verhaltensgestörte Jugendliche zu positiven Helden der sozialistischen Literatur zu erklären.[48] Aber noch setzte sich diese Auffassung Kauls in der Bewertung kritischer Literatur und Kunst in der Parteiführung nicht durch. Auf den Kongressen der Film- und Fernsehschaffenden sowie der Schriftsteller in den Jahren 1972/73 standen kontroverse Debatten über die Aufgaben von Künstlern und Literaten und ihre Orientierung an der Partei auf der Tagesordnung. Parteiloyale Autoren wie Helmut Sakowski oder Harry Thürk forderten eine klare Abgrenzung von Autoren, die „sich freiwillig in das strategische Konzept der imperialistischen Meinungsmanipulation einbeziehen" lassen.[49]

Ab 1975 wieder rigiderer kulturpolitischer Kurs

Im Mai 1973 griff Erich Honecker auf einem ZK-Plenum in die kulturpolitische Debatte ein und warnte vor Werken, die dem Anspruch des Sozialismus an Kunst und Kultur entgegenstünden.[50] Obwohl diese gesellschaftskritischen Geister keineswegs den Sozialismus in der DDR abschaffen wollten, erregten sie doch in den darauffolgenden Jahren den Unmut der Parteiführung, die ab 1975 wieder verstärkt zum Mittel der Zensur und der Unterdrückung von Literatur und Kunst griff.

---

46 Rede von Kurt Hager auf der 6. ZK-Tagung vom Juli 1972, zit. nach: ebd.
47 Referat von Werner Rackwitz auf der Tanzmusikkonferenz am 24./25. April 1972, zit. nach: ebd., S. 145.
48 Vgl. ebd., S. 153.
49 Rede von Harry Thürk auf dem VII. Schriftstellerkongreß vom 14.–16. November 1973, zit. nach: ebd., S. 159.
50 Vgl. ebd., S. 161.

Auch auf einem anderen gesellschaftlichen Feld sah sich die SED nach wie vor einer besonderen Herausforderung gegenüber. Die Kirchen, die einzigen nicht unter der direkten Kontrolle und Anleitung der Partei stehenden gesellschaftlichen Institutionen, widersetzten sich insbesondere dem staatlichen Erziehungsmonopol in weltanschaulichen Fragen. Zwar hatte die SED 1969 eine Trennung der östlichen Landeskirchen von der gesamtdeutschen Evangelischen Kirche in Deutschland (EKD) erreicht. Die Gründung eines „Bundes der evangelischen Kirchen in der DDR (BEK)" hatte sie dagegen nicht gewollt und sich erst 1971 zu dessen offizieller Anerkennung entschlossen.[51] Die seit den fünfziger Jahren praktizierte „Differenzierungspolitik" gegenüber den einzelnen Landeskirchen und Kirchenleitungen, die eine Unterstützung der aus Sicht der SED „progressiven" bzw. „realistischen" Kräfte vorsah, wurde nun mit dem vorrangigen Ziel, die Leitung des Bundes auf die „Bejahung der sozialistischen Ordnung" festzulegen, auf den BEK übertragen.[52] Dies sollte durch die Unterstützung der „loyalen Kräfte" im BEK und in den Landeskirchen – u. a. mittels Infiltration durch das MfS – erreicht werden.[53]

4. Die Einheit von Wirtschafts- und Sozialpolitik

Der VIII. Parteitag im Juni 1971 bestätigte endgültig den Abbruch der Wirtschaftsreform der sechziger Jahre und leitete eine neuerliche Rezentralisierung des Planungs- und Lenkungssystems ein. Honecker orientierte sich wieder stärker am sowjetischen Vorbild. Günter Mittags Angaben zufolge basierte die wirtschaftspolitische Korrektur auf einer Ausarbeitung Gerhard Schürers, der durch sein mehrjähriges Studium an der Parteihochschule der KPdSU das sowjetische Modell bestens kannte.[54]

Der Parteitag legte gleichzeitig Ulbrichts Überholstrategie ad acta; statt dessen proklamierte die Parteiführung „die weitere Erhöhung des materiellen und kulturellen Lebensniveaus des Volkes auf der Grundlage eines hohen Entwicklungstempos der sozialistischen Produktion, der Erhöhung der Effektivität, des wissenschaftlich-technischen Fortschritts und des Wachstums der Arbeitsproduktivität" als neue Hauptaufgabe.[55] Der auf dem VIII. Parteitag beschlossene Fünfjahrplan 1971–1975 zielte auf die Beseitigung volkswirtschaftlicher Disproportionen, die durch Förderung bestimmter „Wachstumszweige" entstanden waren, sowie auf eine stärkere Betonung sozialpolitischer Aspekte, vor allem des Wohnungsbaus. Bis zum Jahre 1990 sollte die Wohnungsfrage, d. h. die Fertigstellung „angemessenen" Wohnraums für die Bevölkerung, als „soziales Problem" gelöst sein. Weitere sozialpolitische Maßnahmen boten materielle Anreize für Frauen (Arbeitszeitverkürzung, Verlängerung des bezahlten Mutterschaftsurlaubs, Ausbau von Kindergartenplätzen etc.), in den Arbeitsprozeß einzutreten. Das Angebot wurde angenommen; die Zahl der erwerbstätigen Frauen stieg von 3,8 Mio. im Jahre 1971 auf 4,1 Mio. im Jahre 1980.[56]

Stärkere Betonung der Sozialpolitik

---

51 Vgl. Wilke/Maser 1994 und Goeckel 1996, S. 32.
52 Vgl. Kubina 1994, S. 130 ff.
53 Vgl. ebd., S. 134.
54 Vgl. die Bemerkung von Günter Mittag, in: Pirker u. a. 1995, S. 23; anders Schürer 1996, S. 94 ff.
55 Vgl. Wolf/Sattler 1995, S. 2920/2921.
56 Vgl. Statistisches Taschenbuch 1995, S. 10.3.

Überforderung der Volkswirtschaft

Mit dem 1972 verabschiedeten „großen sozialpolitischen Programm" sollte die Sozialpolitik langfristig verstetigt und mit der – optimistisch eingeschätzten – Wirtschaftsentwicklung verbunden werden. Nach Meinung von Wirtschaftsexperten, die bezeichnenderweise die hohen Kosten für das Grenzregime, die Sicherheitsapparate sowie den gesamten Sektor von Partei und Massenorganisationen verschwiegen, überforderten die sozialpolitischen Leistungen jedoch die Wirtschaftskraft der DDR, so daß der Weg in die Verschuldung und den wirtschaftlichen Bankrott vorprogrammiert war.[57] Die seinerzeit vom Vorsitzenden der Staatlichen Plankommission, Gerhard Schürer, geäußerte Kritik an überzogenen sozialpolitischen Leistungen, die zu erhöhter Verschuldung oder zur Vernachlässigung von Investitionen führen könnten, wies Honecker in der Erinnerung Schürers schroff zurück: „Wenn die Staatliche Plankommission und die Regierung diese Meinung vertreten, dann sabotieren sie den Kurs der Einheit von Wirtschafts- und Sozialpolitik. Niemand hat beschlossen, daß wir uns in kurzer Zeit entschulden wollen."[58]

Die von Honecker verordnete „sozialstaatliche Offensive" brachte eine Anhebung niedriger Einkommen und der Mindestrenten, eine bessere finanzielle Förderung von Kindern und Familien, eine verringerte Jahresarbeitszeit sowie eine rasche Ankurbelung des Wohnungsbaus. Obwohl das Wohlstandsniveau verglichen mit der Bundesrepublik immer noch gering blieb – 1976 betrugen der Mindestbruttolohn 400,– Mark und die Mindestrente 230,– Mark –, führte die Konzentration auf die Konsumgüterproduktion in den folgenden Jahren zu – für DDR-Verhältnisse – durchaus beachtlichen Ergebnissen. Die Produktion von Kühlschränken, Fernsehern und PKWs wurde beträchtlich angehoben, so daß zwischen 1970 und 1975 der Anteil der Haushalte mit Pkw von 15,6% auf 26,2%, mit Kühlschränken von 65,4% auf 84,7% sowie mit Fernsehern von 69,1% auf 81,6% stieg. Dieser Trend weckte in der DDR-Bevölkerung Hoffnungen auf weiteren Wohlstand. Doch der Schein trog: Die Ankurbelung von Wirtschaft und Konsum war nur durch erhöhte Verschuldung im westlichen Ausland möglich gewesen. Der negative Saldo in der DDR-Handelsbilanz gegenüber westlichen Ländern stieg von 1971 bis 1975 auf knapp 13 Mrd. Valuta-Mark. 1966 bis 1970 hatte er noch 2,2 Mrd. betragen.[59]

Abstand zur Bundesrepublik bleibt

Dadurch gelang es zwar der DDR-Wirtschaft in der ersten Hälfte der siebziger Jahre erstmals, den relativen Abstand zur Bundesrepublik zu verringern – das Pro-Kopf-Bruttoinlandsprodukt der DDR stieg von 36% im Jahre 1970 auf 39% (1975) des westdeutschen Niveaus –, aber schon 1980 war mit 36,4% der alte Niveauunterschied wieder hergestellt. Die zeitweilige Verringerung des Abstandes resultierte aus der im Gefolge der „Ölkrise" 1974/75 in der Bundesrepublik einsetzenden Rezession und entsprang zudem nicht einer Steigerung der Produktivität, sondern in erster Linie einer extensiven Zunahme der Erwerbstätigkeit.[60] Die Erwerbstätigenquote erreichte 1975 mit 80,1% einen neuen Höchststand; die Frauenerwerbsquote stieg auf 77,5%. Der Produktivitätsrückstand (Bruttoinlandsprodukt pro Erwerbstätigen) zur Bundesrepublik verringerte sich demgegenüber

---

[57] Vgl. z. B. Schürer 1996, S. 94 ff.
[58] Zit. nach: ebd., S. 95.
[59] Vgl. Ritschel 1995, S. 33.
[60] Vgl. Merkel/Wahl 1991, S. 25.

von 1970 bis 1975 nur geringfügig (die Produktivität stieg von 32,3% auf 33% des westdeutschen Niveaus).[61] Auch bei den für die materielle Zufriedenheit wesentlichen kaufkraftbereinigten Nettodurchschnittseinkommen der Arbeiter- und Angestelltenhaushalte konnte die DDR ihren Rückstand nicht wettmachen: Im Vergleich zur Bundesrepublik fiel deren Niveau sogar von 55% (1969/70) auf 52% (1975/77).[62] So konnte selbst der schuldeninduzierte einmalige Wachstumsboom des ersten Jahrfünfts der siebziger Jahre den historisch gewachsenen Abstand in der Produktivitäts- und Lohnentwicklung gegenüber dem Systemkonkurrenten nicht verkürzen.

Auf ordnungspolitischem Feld verzeichnete die SED einen größeren „Erfolg". Im Rahmen einer Kampagne liquidierte sie mittels Massenverstaatlichung im Frühjahr 1972 die Reste des Privateigentums im Industrie- und Baubereich (mit Ausnahme kleiner Handwerksbetriebe). Daraufhin verloren in der Industrie über 2500 Privat- und ca. 5600 halbstaatliche Betriebe ihre ohnehin bereits stark eingeschränkte Selbständigkeit. In der Bauwirtschaft traf es 182 private und rd. 800 halbstaatliche Betriebe.[63] Gleichzeitig wurden rd. 1700 „industriell produzierende" Produktionsgenossenschaften des Handwerks in „volkseigene Betriebe" umgewandelt. Die von der SED-Führung angeordnete Verstaatlichung fand auch den Beifall der Blockparteien.

Im Gegensatz zu früheren Verstaatlichungen erhielten die Eigentümer eine (geringe) Entschädigung zugesprochen und durften, wenn die Belegschaft zustimmte, fortan als „Betriebsleiter" in ihrem nun „volkseigenen" Betrieb weiterarbeiten. Für die DDR-Wirtschaftskraft hatte dieser „Sieg der sozialistischen Produktionsverhältnisse" indes eher negative Auswirkungen, denn die Privatbetriebe hatten vergleichsweise rentabel gearbeitet und sich auf Nischen spezialisiert, die der Befriedigung von Marktbedürfnissen dienten. Die ökonomisch unsinnige Verstaatlichung sollte wohl auch den „Sozialneid" eines Teils der werktätigen Bevölkerung beseitigen, da sich der übriggebliebene Mittelstand trotz staatlicher Restriktionen durch überdurchschnittliche Eigenleistung und -initiative ein höheres Lebensniveau erarbeitet hatte.

Der Landwirtschaft verordnete die SED-Führung mit Beginn der siebziger Jahre einen weiteren bedeutsamen Strukturwandel. Neben der verstärkten Fortsetzung des Konzentrationsprozesses durch die Verringerung der Anzahl der landwirtschaftlichen Produktionsgenossenschaften (LPG) begann nun die Industrialisierung der Landwirtschaft.[64] Dies bedeutete die Überführung von LPG-Betrieben (Typ I und II), die den Privatbesitz von Grünland, Wald, Gebäuden sowie lebendiges und totes Inventar gestatteten, in LPGen des Typ III, in denen die individuelle Wirtschaft auf die persönliche Hauswirtschaft reduziert blieb. Die Zahl der Landwirtschaftsbetriebe, die Ende 1960 noch knapp 20 000 betragen hatte, verringerte sich dadurch von etwa 9000 (1970) auf knapp 4000 im Jahre 1984.[65] Daneben erfolgte eine

Industrialisierung der Landwirtschaft

---

61 Vgl. ebd., S. 78.
62 Vgl. Schwarzer 1995, S. 134.
63 Vgl. Buck 1995, S. 1140.
64 Vgl. Bundesministerium für innerdeutsche Beziehungen 1987, S. 434 und Weber 1995, S. 2870 ff.
65 Vgl. Weber 1995, S. 2870/2871.

Spezialisierung einzelner Betriebe bei gleichzeitiger Bildung kooperativer Einheiten. Wie die Industriebetriebe übernahmen auch die großen landwirtschaftlichen Genossenschaften sozialpolitische Aufgaben (Kindergarten, Kantine, kulturelle Angebote etc.).

Durch eine bessere Nutzung der Technik, eine kooperative Arbeitsteilung sowie den konzentrierten Einsatz von Arbeitskräften sollten diese industriemäßig produzierenden Landwirtschaftseinrichtungen Produktion und Produktivität erhöhen. Die Angleichung von Produktionsmethoden und Arbeitsorganisation in Industrie und Landwirtschaft sollte einhergehen mit der Angleichung der Arbeits- und Lebensbedingungen in Stadt und Land. Tatsächlich stieg die Flächen- und Arbeitsproduktivität bis 1980 beträchtlich an, ohne allerdings das Niveau der Bundesrepublik zu erreichen. Im Gegenteil: Auch hier vergrößerte sich der Produktivitätsabstand im langfristigen Trend.[66]

Der Konzentrationsprozeß und die teilweise Umstellung der Arbeitsorganisation beförderten den sozialen Wandel vom Bauern (bzw. Landarbeiter) zum ländlichen Produktionsarbeiter, der sich in seiner Mentalität – vor allem in der Einstellung zur Arbeit – dem Industriearbeiter anglich. Die im Umfeld der LPGen entstehenden sozialen Milieus hatten zwar noch Traditionslinien zum alten bäuerlichen Milieu, doch mehrten sich Überschneidungen bzw. Ähnlichkeiten mit dem tradierten und politisch immer wieder neu erzeugten proletarischen Milieu. Aus der Gemengelage von Tradition, sozialem Wandel und realsozialistischem Zukunftsversprechen resultierten dörfliche Strukturen, die entgegen dem äußeren Anschein mehr Neues als Altes in sich bargen.

Proletarisches Milieu auf dem Lande

Die Nachteile dieser großen Einheiten, die in den folgenden Jahren als LPG Pflanzenproduktion, LPG Tierproduktion oder Gärtnerische Produktionsgenossenschaft (GPG) fungierten, bestanden in einer unzureichenden Nutzung der Flächen, in Fruchtfolgeproblemen aufgrund ungenügender organischer Substanzen in den Böden, unproduktiven Zuliefer- bzw. Abnahmebetrieben (Molkereien, Zuckerfabriken, Düngemittelindustrie etc.) sowie in technisch zunehmend veralteten Maschinen.[67] Die allgemeinen Defizite einer zentralistischen Planwirtschaft mit zentraler Preisregulierung wirkten sich darüber hinaus negativ aus. Die Subventionierung von Grundnahrungsmitteln führte z. B. dazu, daß die Erzeugung eines Liters Milch, der im Einzelhandel für 0,68 Mark erhältlich war, Ende der achtziger Jahre etwa 1,70 Mark kostete.[68]

Die in den achtziger Jahren stagnierende Produktivität führte später zu einer Agrarpreisreform (1984) sowie zu einem Ende des Konzentrationsprozesses. Aber selbst Veränderungen in der Betriebsorganisation konnten die Stagnation nicht überwinden, so daß sich die Strukturdefizite, die sich vor allem in einem Mißverhältnis von Aufwand und Ertrag äußerten, bis zum Ende der DDR fortsetzten. Die politisch motivierte Umwandlung landwirtschaftlicher Einheiten in „Agrarfabriken" brachte der DDR jedenfalls keine Vorteile im Systemwettbewerb mit der fortlebenden tradierten Agrarverfassung in der Bundesrepublik. Im Gegenteil: In dem Maße, wie veränderte Umwelt- und Rahmenbedingungen

---

[66] Vgl. ebd. 1995, S. 2876.
[67] Vgl. Eckart 1996, S. 370 und Weber 1995, S. 2872 ff.
[68] Vgl. Weber 1995, S. 2877.

Anpassungsprozesse erforderten, erwiesen sich große Betriebe als inflexibel und unrentabel.

Sozialstrukturell hatte die SED freilich in der Industrie wie auch der Landwirtschaft die Spuren der alten Gesellschaft weitgehend beseitigt. Die sozialen Gruppen der Selbständigen und der eigenverantwortlichen Bauern waren fast vollständig verschwunden. Die sozialistische Gesellschaft in der DDR entwickelte sich „planmäßig" weiter.

5. Entspannung und Abgrenzung

Die Gewaltverzichtsverträge zwischen der Bundesrepublik, der Sowjetunion und Polen enthielten auch eine Garantie für die Unverletzlichkeit der bestehenden Grenzen und damit die implizite Akzeptanz der staatlichen Existenz der DDR durch die Bundesrepublik. Allerdings hatte die Bundesregierung in einem „Brief zur deutschen Einheit" gegenüber der Sowjetunion fixiert, daß sie an dem Ziel der deutschen Einheit in „freier Selbstbestimmung" festhalte. Die Führung der DDR befand sich in einem Zwiespalt: Einerseits war sie in ihrem Streben nach internationaler Anerkennung weitergekommen, andererseits befürchtete sie eine innere Aufweichung ihrer Parteiherrschaft durch zuviel „Annäherung". Für die SED blieb es deshalb lebensnotwendig, die Entspannungspolitik durch eine strikte Abgrenzungspolitik zu begleiten.

Strikte Abgrenzungspolitik

Nach dem Abschluß des Vier-Mächte-Abkommens über Berlin im September 1971 läutete das im Dezember des gleichen Jahres zustande gekommene Transitabkommen zwischen beiden deutschen Staaten die Ära der „Verhandlungspolitik" ein. Der im Mai 1972 unterzeichnete und im September vom Bundestag verabschiedete Verkehrsvertrag war das erste völkerrechtlich ratifizierte Abkommen zwischen der Bundesrepublik Deutschland und der DDR.[69] Trotz der konträren Ausgangspositionen – die DDR forderte ihre völkerrechtliche Anerkennung, die Bundesregierung sprach von „besonderen innerdeutschen Beziehungen" – paraphierten die Verhandlungspartner nach nur dreimonatigen Verhandlungen im November 1972 den „Grundlagenvertrag", der prinzipielle Fragen und konkrete Vereinbarungen des innerdeutschen Verhältnisses regelte. Dieser schnelle Vertragsabschluß stand in Zusammenhang mit der bevorstehenden Bundestagswahl, die wegen unsicherer Mehrheitsverhältnisse notwendig geworden war. Die Kontroversen um die Ostverträge hatten mehrere Abgeordnete der FDP und auch der SPD zum Austritt aus ihrer Fraktion bewogen, so daß die Regierung Brandt/Scheel keine verläßliche Mehrheit mehr besaß. Der aus Sicht der Bundesregierung erfolgreiche Abschluß des „Grundlagenvertrages" wie auch der von der Bevölkerung überwiegend positiv bewertete Abschluß der Verträge mit Moskau und Warschau führten zu einem überzeugenden Wahlsieg von SPD und FDP am 19. November 1972. Die SPD wurde erstmals (und bisher auch letztmals) in ihrer Geschichte stärkste Fraktion im Bundestag.[70]

Grundlagenvertrag Bundesrepublik/DDR

Durch beigefügte Briefwechsel, Zusatzprotokolle und Erläuterungen gelang es den Verhandlungspartnern, die gegensätzlichen Standpunkte aufzulösen. Die Bun-

---

[69] Vgl. Hacker 1995a, S. 1519 ff.
[70] Vgl. Baring 1982.

desregierung hielt weiterhin am Ziel der Wiedervereinigung fest und die SED-Führung sah ihren Staat anerkannt. Zwar war im Grundlagenvertrag von einer gemeinsamen deutschen Nation oder von der „Einheit der deutschen Nation" keine Rede mehr, und der Komplex der Staatsangehörigkeit blieb ausgeklammert, aber zumindest wurde die Frage nach der Nation genannt und die Rechte und Verantwortlichkeiten der vier Mächte sowie die vierseitigen Vereinbarungen und Beschlüsse wurden anerkannt. Für die SED war von besonderer Bedeutung, daß die Bundesrepublik ihren „Alleinvertretungsanspruch" mit diesem Vertrag aufgab und Art. 6 den Grundsatz festlegte, „daß die Hoheitsgewalt jedes der beiden Staaten sich auf sein Staatsgebiet beschränkt. Sie respektieren die Unabhängigkeit und Selbständigkeit jedes der beiden Staaten in seinen inneren und äußeren Angelegenheiten."[71]

Nach Auffassung des Bundesverfassungsgerichts hatte der Grundlagenvertrag einen „Doppelcharakter, er ist seiner Art nach ein völkerrechtlicher Vertrag, seinem spezifischen Inhalt nach ein Vertrag, der vor allem Inter-Se-Beziehungen regelt".[72] Das oberste Gericht betonte in seinem einstimmig gefaßten Urteil vom 31. Juli 1973 vor allem das „Wiedervereinigungsgebot", das auch an die Verfassungspflicht der Bundesrepublik zur gesamtdeutschen Staatsangehörigkeit erinnerte,[73] ein Rechtstitel, der sich vor allem bei der Vereinigung 1989/90 als ungemein bedeutsam erwies. Das aufgrund einer Klage der bayerischen Staatsregierung ergangene Verfassungsgerichtsurteil konkretisierte und präzisierte Position, Rechtspflichten und Grenzen, die sich aus dem Grundgesetz für jede Deutschlandpolitik ergaben. Eine direkte Einwirkung auf die Außen- und Deutschlandpolitik war nur insoweit intendiert, als die Verfassungsrichter auf die Bindung aktueller Politik an verbindliche Rechtsprechung aufmerksam machten.[74]

Aufnahme beider deutscher Staaten in die UNO

Mit dem Abschluß des Grundlagenvertrages war das Signal zur Aufnahme beider deutscher Staaten in die UNO und andere internationale Organisationen sowie für die diplomatische Anerkennung der DDR durch westliche Staaten gegeben. Im September 1973 wurden Bundesrepublik und DDR Mitglieder der Vereinten Nationen, und bis zum Ende des Jahres 1973 nahmen annähernd siebzig Staaten aus aller Welt diplomatische Beziehungen zur DDR auf. Die Ostpolitik der sozialliberalen Bundesregierung hatte der DDR den außenpolitischen Spielraum eröffnet, um den sie seit ihrer Gründung vergeblich gerungen hatte; offen bleibt, ob der Grundlagenvertrag diesen Prozeß erst hervorgerufen oder nur beschleunigt hat.[75] Aus Sicht der Bundesrepublik schlugen vor allem die in dem Vertragswerk vereinbarten „menschlichen Erleichterungen" positiv zu Buche. Die „Familienzusammenführung" wurde verbessert, erweiterte Reisemöglichkeiten zugestanden sowie zusätzliche Grenzübergangsstellen eröffnet.

Zur Abwehr negativer Folgen entfaltete die SED-Führung Aktivitäten auf zwei Ebenen. Nach außen verstärkte sie die Anbindung an die sowjetische Führungs-

---

71 Zit. nach: Hacker 1995a, S. 1527/8.
72 Zit. nach: ebd., S. 1532.
73 Vgl. ebd., S. 1533/1534.
74 Vgl. hierzu das Protokoll der 50. Sitzung der Enquete-Kommission „Aufarbeitung von Geschichte und Folgen der SED-Diktatur in Deutschland", in: Materialien 1995, Band V, 1, S. 434 ff.
75 Vgl. Bleek/Bovermann 1995, S. 1164 ff.

macht, und im Inneren intensivierte sie die Überwachung der Bevölkerung. Nachdem die von Ulbricht entwickelte „ideologische Sonderstellung" der DDR schon auf dem VIII. Parteitag fallengelassen worden war, strich die SED in den folgenden Jahren nahezu alle gesamtdeutschen Bezüge und verpflichtete die DDR zu unwiderruflich brüderlichen Beziehungen mit der UdSSR sowohl in der revidierten Verfassung von 1974, im bilateralen Vertrag von 1975 wie auch im Programm der SED von 1976 und selbst im Fahneneid der Nationalen Volksarmee.[76] Der 1975 mit einer 25jährigen Laufzeit abgeschlossene Freundschafts- und Beistandsvertrag zwischen der Sowjetunion und der DDR sah eine verstärkte Zusammenarbeit auf allen Gebieten, insbesondere der Volkswirtschaften, vor und verpflichtete die DDR zur militärischen Unterstützung der Sowjetunion bei bewaffneten Konflikten. Die SED-Führung sah damit ihre „sozialistische Gegenwart und kommunistische Zukunft garantiert".[77]

Die immer wieder proklamierte Anbindung an die Sowjetunion, die faktisch auf eine Unterordnung hinauslief und die semantische Löschung der einheitlichen deutschen Nation begleitete die SED ideologisch durch einen strikten Abgrenzungskurs gegenüber der Bundesrepublik und innenpolitisch durch eine verdichtete und verfeinerte Überwachung von innerdeutschen Kontakten und möglichen Opponenten. Unmittelbar nach der Unterzeichnung des Grundlagenvertrages unterstrich das Politbüromitglied Werner Lamberz die Notwendigkeit der Abwehr westlichen Einflusses:

> „Denn der Klassenfeind wird alles versuchen, auch aus dem Prozeß der Entspannung, aus den Erfolgen unseres Kampfes um Koexistenz und Sicherheit in Europa, um die völkerrechtliche Anerkennung der DDR für sich neue, direkte Einflußmöglichkeiten herauszuholen. Wir müssen das ganz nüchtern betrachten. Bislang versuchte der Gegner im wesentlichen in zweierlei Form, bei uns Einfluß zu nehmen. Er rechnete mit den in unserer Gesellschaft noch vorhandenen alten Ansichten, Gewohnheiten und Verhaltensformen, an die er mit seiner ideologischen Diversion anknüpft und die er zu reaktivieren versucht. Dazu und generell nutzt er die Massenmedien, vor allem Rundfunk und Fernsehen, um bürgerliche Ideologie bei uns einzuschleusen."[78]

Zur Abwehr der „ideologischen Diversion" erweiterte die SED den Kreis der als Geheimnisträger eingestuften Personen, die demzufolge keine Westkontakte haben durften, und baute das MfS zielgerichtet in Hinblick auf die Gefahren deutsch-deutscher Begegnungen aus. Im Jahre 1971 richtete das MfS einen zentralen Operativstab zur Leitung und Sicherung bei Großveranstaltungen der Partei, Staatsbesuchen und sonstigen Veranstaltungen ein.[79] Die Aktivitäten des MfS in der Bundesrepublik wurden der bundesdeutschen Öffentlichkeit mit der Enttarnung von Günter Guillaume in spektakulärer Weise bewußt. Dieser hatte als enger Mitarbeiter Willy Brandts Einblick in wichtige geheime Vorgänge gehabt und seiner „Dienstbehörde" laufend berichtet. Guillaume wurde zu einer Freiheitsstrafe von 13 Jahren verurteilt und im September 1981 vom damaligen Bundespräsidenten Carstens begnadigt.[80]

Fall Guillaume

---

76 Vgl. Oldenburg 1995, S. 165.
77 Vgl. ebd., S. 165.
78 Werner Lamberz: Die Aufgaben von Agitation und Propaganda bei der Verwirklichung der Beschlüsse des VIII. Parteitages der SED, 1972, S. 52.
79 Vgl. Schell/Kalinka 1991, S. 19 f.
80 Vgl. Bögeholz 1995, S. 436.

Die Potsdamer Hochschule des MfS verlieh ihm nach seiner Rückkehr in die DDR die Ehrendoktorwürde.

Die Aufnahme des „Sicherheitsministers" Erich Mielke als Kandidat in das Politbüro unmittelbar nach der Entmachtung Ulbrichts und seine Ernennung zum Mitglied im Jahre 1976 entsprach der zunehmenden Bedeutung des MfS für die innere Stabilität der DDR und den Methoden des Machterhalts der SED in der Honecker-Ära. Das Arrangement zwischen Honecker und Mielke sollte die Entwicklung in der DDR bis zu ihrem Ende wesentlich bestimmen. Gemeinsam zogen sie das Netz der Unterdrückung und Kontrolle der Bevölkerung immer feiner und dichter.

A) Politisch-historische Entwicklung der SBZ/DDR 1945–1990

VII

Das schnelle Ende der Hoffnungen 1976–1981

Zusammenfassung

Die begrenzte und kontrollierte kulturpolitische Lockerung fand ebenso wie der durch Verschuldung finanzierte neue „Konsumsegen" schon Mitte der siebziger Jahre ein jähes Ende. Mit der Ausbürgerung des Liedersängers und Regimekritikers Wolf Biermann im Jahre 1976 und der darauffolgenden harten Linie gegenüber „Sympathisanten" Biermanns verdeutlichte die SED-Führung, daß sie selbst linke oder sozialistische Kritik an der Parteilinie als bedrohlich erachtete. Damit begann ein erzwungener Exodus von DDR-Künstlern und Schriftstellern, der letztlich zu einer weiteren Ausdünnung der Kultur in der DDR führte.

Ihre sozialpolitische Offensive setzte die Staatspartei dagegen fort. Angesichts des Auslaufens der „Sonderkonjunktur" der DDR-Wirtschaft, des weiterhin bestehenden Wohlstandsgefälles zwischen der Bundesrepublik und der DDR sowie der veränderten weltpolitischen Lage überforderte die SED die wirtschaftliche Leistungskraft des Landes noch stärker als zuvor. Den internen Warnungen ihrer Ökonomen schenkte die Parteiführung keine Beachtung, sondern hielt aus Furcht, Einschränkungen könnten soziale und politische Unzufriedenheit heraufbeschwören, an ihrem Kurs fest. Dieser ließ sich nur über eine rapide Ausweitung der Auslandsverschuldung und den Ausbau der wirtschaftlichen „Sonderbeziehungen" zur Bundesrepublik und damit indirekt zur EG finanzieren.

Auf dem IX. Parteitag im Jahre 1976 schrieb die SED die programmatischen Leitlinien der für die Honecker-Ära charakteristischen Politik fest. Die schon in der Verfassung von 1974 enthaltene enge und unwiderrufliche Anbindung an die Sowjetunion fand ebenso Eingang in das Parteiprogramm wie die führende Rolle der Partei in Staat und Gesellschaft, die angestrebte Verbesserung der Lebenslage der Bevölkerung und die auf den Prinzipien der „friedlichen Koexistenz" basierende Entspannungspolitik bei gleichzeitiger ideologischer Abgrenzung.

Ihren totalitären Anspruch auf Beherrschung von Staat, Wirtschaft und Gesellschaft ergänzte und untermauerte die SED in diesem Parteiprogramm durch einen ausführlichen „Tugendkatalog" zur „sozialistischen Lebensweise", der über die „10 Gebote" Ulbrichts hinaus der Bevölkerung Richtlinien zur Gestaltung des privaten Lebens und der sozialen Beziehungen geben sollte.

Die SED-Führung trug der Entspannungspolitik der Großmächte Rechnung, indem sie nach ihrem Beitritt zur UNO neben der Menschenrechtskonvention auch die KSZE-Schlußakte von Helsinki, die u. a. ungehinderte Reisemöglichkeiten zwischen den Ländern beinhaltete, unterzeichnete. Sie entsprach damit den sowjetischen Wünschen und erhoffte sich außerdem weitere internationale Aufwertung sowie einen Ausbau der wirtschaftlichen Beziehungen mit dem kapitalistischen Ausland. Doch innenpolitisch duldete sie keine

Berufung auf die internationalen Vereinbarungen. Sie baute das Grenzregime weiter aus, verstärkte die Überwachung und Niederhaltung „feindlich-negativer Kräfte" und kriminalisierte Bürger, die Ausreiseanträge stellten. Das Nebeneinander von Entspannungspolitik einerseits und äußerer Abgrenzung sowie innerer Repression andererseits charakterisierte die DDR fortan bis zu ihrem Ende.

Als neue Bedrohung empfand die SED-Führung ab 1976 sowohl die aufkeimende Diskussion über eurokommunistische Ideen als auch die Entwicklung in Polen. Hier hatte sich eine seit Jahren tätige Oppositionsbewegung gegen die kommunistische Partei durchgesetzt und eine unabhängige Gewerkschaft, die Solidarność, etabliert. Nachdem die sowjetische Aufrüstung den NATO-Doppelbeschluß ausgelöst hatte sowie durch den sowjetischen Einmarsch in Afghanistan eine zugespitzte weltpolitische Lage entstanden war, plädierte die SED-Führung schon 1980 für eine entschlossene, notfalls auch militärische Niederschlagung der offen agierenden polnischen Opposition. Die sowjetische Führung favorisierte dagegen eine „innerpolnische Lösung" und verzichtete, wohl auch mit Blick auf die angedrohten westlichen Wirtschaftssanktionen, auf eine Militärintervention. Die SED-Führung nahm im Dezember 1981 die Verhängung des Kriegsrechtes in Polen mit Erleichterung und Genugtuung auf, da sie vorläufig zu einer Stabilisierung des sozialistischen Lagers führte.

Vom Ausbau der innerdeutschen Beziehungen erhoffte sich die SED-Führung eine Verbesserung ihrer wirtschaftlichen Situation. Allerdings belastete sie mit den von Erich Honecker verkündeten „Geraer Forderungen", die auf eine endgültige und vorbehaltlose völkerrechtliche Anerkennung der DDR zielten, das Verhältnis zur Bundesrepublik erheblich.

Chronik

1976

1. Januar 1976	Das neue Zivilgesetzbuch (ZGB der DDR), welches das BGB ersetzt, tritt in Kraft.
12. März 1976	Die DDR verweigert westdeutschen Korrespondenten die Akkreditierung zur Leipziger Messe.
30. März 1976	Das Post- und Fernmeldeabkommen zwischen beiden deutschen Staaten wird unterzeichnet.
23. April 1976	Palast der Republik in Ost-Berlin eröffnet.
1. Mai 1976	Der freigekaufte ehemalige politische Häftling Michael Gartenschläger wird bei dem Versuch, Selbstschußgeräte abzubauen, von einer Spezialeinheit des MfS auf DDR-Gebiet erschossen.
13. Mai 1976	Gründung einer sich auf die KSZE-Schlußakte berufenden Menschenrechtsgruppe in Moskau.
18.–22. Mai 1976	Der IX. Parteitag der SED beschließt neues Parteiprogramm und Statut sowie Direktiven zum Fünfjahrplan 1976–1980; Erich Honecker wird nach sowjetischem Vorbild als Generalsekretär bezeichnet.
27. Mai 1976	Das ZK beschließt sozialpolitische Maßnahmen, u. a. Erhöhung der Mindestlöhne und -renten.
24. Juni 1976	Die Volkskammer verlängert die Wahlperiode auf fünf Jahre und beschließt Senkung des Wahlalters von 21 auf 18 Jahre.
29./30. Juni 1976	Konferenz von 29 kommunistischen und Arbeiterparteien Europas in Ost-Berlin; Kritik „eurokommunistischer" Parteien am

	sowjetischen Kurs; Veröffentlichung der Reden im „Neuen Deutschland".
10. Juli 1976	Erste Menschenrechtspetition in der DDR; ihr Wortführer Karl-Heinz Nitschke wird in Haft genommen und später, wie die anderen Unterzeichner, in die Bundesrepublik abgeschoben.
24. Juli 1976	Ein westdeutscher Urlauber wird bei irrtümlicher Überschreitung der Grenze angeschossen und schwer verletzt.
5. August 1976	Der italienische Lastwagenfahrer Benito Corghi, Mitglied der KPI, wird von DDR-Grenzsoldaten erschossen.
18. August 1976	Selbstverbrennung des evangelischen Pfarrers Oskar Brüsewitz vor der Michaeliskirche in Zeitz.
26. Oktober 1976	Die bisherige „Berliner Ordinarienkonferenz" der katholischen Bischöfe in der DDR wird in eine von der Fuldaer „Deutschen Bischofskonferenz" unabhängige „Berliner Bischofskonferenz" umbenannt.
28. Oktober 1976	Günter Mittag wird anstelle von Werner Krolikowski ZK-Sekretär für Wirtschaft.
29. Oktober 1976	Honecker wird Staatsratsvorsitzender, Stoph Vorsitzender des Ministerrates und Horst Sindermann (SED) anstelle von Gerald Götting (CDU) Volkskammerpräsident.
29. Oktober 1976	Reiner Kunze wird aus dem DDR-Schriftstellerverband ausgeschlossen, nachdem sein Buch „Die wunderbaren Jahre" in der Bundesrepublik erschienen war.
16. November 1976	Wolf Biermann wird ausgebürgert.
26. November 1976	Robert Havemann wird unter Hausarrest gestellt.
22. Dezember 1976	Der ARD-Korrespondent Lothar Loewe wird aus der DDR ausgewiesen.
31. Dezember 1976	Im Jahre 1976 verlassen 15 188 Personen als Flüchtlinge oder Übersiedler die DDR.

1977

1. Januar 1977	Gründung der Menschenrechtsgruppe „Charta 77" in der Tschechoslowakei.
17. Februar 1977	Honecker bestätigt in einem auch im „Neuen Deutschland" abgedruckten Interview indirekt die Zahl von 10 000 Auswanderungsanträgen für 1976.
25. Februar 1977	Die DDR erhebt Straßenbenutzungsgebühr für westliche Fahrzeuge in Ost-Berlin.
16. Juni 1977	Die Volkskammer verabschiedet neues „Arbeitsgesetzbuch".
23./24. Juni 1977	Das ZK beschließt die Gründung des Kombinats Mikroelektronik und Erweiterung des Kombinats Robotron.
9. August 1977	Das Politbüro beschließt die weitere Industrialisierung der Landwirtschaft.
23. August 1977	Der SED-Dissident Rudolf Bahro wird verhaftet und später zu acht Jahren Freiheitsstrafe verurteilt.
26. August 1977	Der Schriftsteller Jürgen Fuchs sowie die Musiker Christian Kunert und Gerulf Pannach werden aus der Haft entlassen und nach West-Berlin abgeschoben.

26. September 1977	Honecker verteidigt bei der Eröffnung des Parteilehrjahres 1977/78 Intershops mit dem Hinweis auf den Nutzen der Devisen für die Entwicklung der Volkswirtschaft der DDR.
7. Oktober 1977	Krawalle auf dem Ost-Berliner Alexanderplatz mit drei Toten, davon zwei Polizisten, und 200 Verletzten.
30. November 1977	Die DDR bestellt 10 000 VW-Golf, die nur in Ost-Berlin zugeteilt werden.
31. Dezember 1977	Im Jahre 1977 verlassen 12 078 Personen als Flüchtlinge oder Übersiedler die DDR.

1978

2. und 9. Januar 1978	Der Spiegel veröffentlicht das Manifest eines sogenannten „Bundes demokratischer Kommunisten Deutschlands" in der DDR.
10. Januar 1978	Die DDR schließt das Büro des „Spiegels" in Ost-Berlin.
28. Januar 1978	Offizielles Treffen zwischen Hermann Axen (Mitglied des SED-Politbüros) und Hans-Jürgen Wischnewski (SPD-Staatsminister im Bundeskanzleramt).
1. Februar 1978	Das Ministerium für Volksbildung erläßt eine Direktive zur Einführung und Gestaltung des Wehrunterrichts.
6. März 1978	Gespräch zwischen Erich Honecker und der evangelischen Kirchenleitung.
30. März/1. April 1978	Der österreichische Bundeskanzler Bruno Kreisky (SPÖ) besucht als erster westlicher Regierungschef die DDR.
12.–14. April 1978	Der DDR-Außenminister Oskar Fischer besucht den Iran.
24./25. Mai 1978	Das ZK der SED beschließt die Bildung weiterer zentral geleiteter Kombinate.
29.–31. Mai 1978	Der Schriftsteller Hermann Kant wird neuer Präsident des DDR-Schriftstellerverbandes.
1. Juni 1978	Die SED unterrichtet Bischof Schönherr über die Einführung des Fachs „Sozialistische Wehrerziehung".
7. Juli 1978	Der Wehrdienstverweigerer Nico Hübner, der sich auf den entmilitarisierten Status ganz Berlins berufen hatte, wird zu fünf Jahren Freiheitsstrafe verurteilt.
26. August 1978	Oberstleutnant Siegmund Jähn startet als erster Deutscher in den Weltraum.
13. Oktober 1978	Die Volkskammer beschließt neues „Gesetz über die Landesverteidigung der DDR"; wirtschaftlicher Vorrang der „bewaffneten Organe".
31. Dezember 1978	Nach Angaben des Generalstaatsanwaltes wurden in der SBZ/DDR von 1945 bis 1978 knapp 13 000 Personen wegen „Kriegsverbrechen" oder „Verbrechen gegen die Menschlichkeit" verurteilt.
31. Dezember 1978	Im Jahre 1978 verlassen 12 177 Personen als Flüchtlinge oder Übersiedler die DDR.

1979

1. Januar 1979	Der Mindesturlaub wird für alle Beschäftigten von 15 auf 18 Tage verlängert.
15.–24. Februar 1979	Staatsbesuch Honeckers in Libyen, Angola, Sambia und Moçambique.
16. April 1979	DDR-Bürger dürfen in Intershops nicht mehr mit D-Mark bezahlen, Einführung von „Wertschecks".
14. Mai 1979	Der ZDF-Korrespondent Peter von Loyen wird aus der DDR ausgewiesen.
7. Juni 1979	Der Schriftstellerverband schließt neun Mitglieder, u. a. Rolf Schneider und Joachim Seyppel, aus.
28. Juni 1979	Die Volkskammer ändert Wahlgesetz, Ost-Berliner Volkskammer-Abgeordnete werden zukünftig direkt gewählt; Verschärfung des politischen Strafrechts.
1. September 1979	Havemann verfaßt zehn Thesen zum 30. Jahrestag der Gründung der DDR und spricht u. a. von der „Diktatur des zentralen Parteiapparates".
11. Oktober 1979	Eine Amnestie führt zur Freilassung von über 20 000 Inhaftierten; Bahro und Hübner werden ebenfalls aus der Haft entlassen.
31. Oktober 1979	Vereinbarung der DDR und der Bundesrepublik über einen jährlichen Pauschalbetrag als Straßenbenutzungsgebühr.
13./14. Dezember 1979	Erich Honecker kündigt Erhöhung des Verteidigungshaushaltes und Überprüfung der SED-Mitglieder und Kandidaten an.
14. Dezember 1979	Preiserhöhungen für „hochwertige" Industriewaren.
27. Dezember 1979	Einmarsch sowjetischer Truppen in Afghanistan.
31. Dezember 1979	Im Jahre 1979 verlassen 12 555 Personen als Flüchtlinge oder Übersiedler die DDR.

1980

22. Januar 1980	Der russische Regimekritiker und Friedensnobelpreisträger Sacharow – „Vater" der sowjetischen Wasserstoffbombe – wird in Moskau verhaftet und nach Gorki verbannt.
30. Januar 1980	Der geplante Besuch von Kanzler Schmidt in der DDR wird auf Wunsch der SED-Führung verschoben.
24. Februar 1980	Die DDR erringt erstmals Spitzenplatz in der Nationenwertung bei Olympischen Winterspielen.
8. Mai 1980	Gespräch zwischen Honecker und Schmidt anläßlich der Beerdigung von Tito in Belgrad.
21./22. Mai 1980	Honecker verkündet vor ZK Abschluß der Parteiüberprüfung: 2,1 Mio. Mitglieder und Kandidaten, etwa 4000 Parteiausschlüsse.
13. Juni 1980	Konstituierung des Martin-Luther-Komitees zur Vorbereitung der Feiern zum 500. Geburtstag des Reformators 1983 unter dem Vorsitz Honeckers.
3. Juli 1980	Egon Franke (SPD) informiert die Öffentlichkeit über 13 000 politische DDR-Häftlinge, die durch „besondere Bemühungen" der Bundesregierung vorzeitig aus der Haft entlassen wurden.

19. Juli bis 3. August 1980	Olympische Spiele in Moskau, die u. a. von den USA und der Bundesrepublik boykottiert werden.
17.–25. September 1980	Streik der Beschäftigten der von der Deutschen Reichsbahn betriebenen S-Bahn in West-Berlin.
30. September 1980	Die DDR legt vier der sieben S-Bahn-Linien in West-Berlin und 36 der 67 Bahnhöfe still.
13. Oktober 1980	Ohne vorherige Konsultationen mit der Bundesrepublik angeordnete Anhebung des Mindestumtausches für Reisen in die DDR führt zu erheblichem Rückgang der Besucherzahlen.
13. Oktober 1980	Erich Honecker stellt „Geraer Forderungen" auf.
24. Oktober 1980	Offizielle Registrierung der Gewerkschaft „Solidarność" in Polen.
30. Oktober 1980	Fast vollständige Einstellung des privaten Reiseverkehrs zwischen Polen und der DDR durch notwendige Vorlage von „Einladung".
9.–19. November 1980	Erste „Friedensdekade" der evangelischen Jugend in der DDR.
10.–13. November 1980	Honecker zum ersten offiziellen Besuch in einem westlichen Land (Österreich).
5. Dezember 1980	Die Warschauer-Pakt-Staaten beraten über die Situation in Polen.
31. Dezember 1980	Im Jahre 1980 verlassen 12 763 Personen als Flüchtlinge oder Übersiedler die DDR.

1. Außenpolitisch Öffnung – innenpolitisch Eindämmung

Die nach dem Abschluß des Grundlagenvertrages erfolgte internationale Aufwertung der DDR und ihre Beteiligung an internationalen Übereinkünften und Institutionen barg für die SED-Führung eine nicht zu unterschätzende Gefahr. Die DDR-Bürger konnten sich fortan auf internationale Menschenrechtskonventionen und vereinbarte „menschliche Erleichterungen" berufen und diese zumindest moralisch geltend machen. Eine nach außen hin offensichtliche Mißachtung der Menschenrechte wäre geeignet gewesen, das internationale Ansehen der DDR zu schädigen. Die Partei war insoweit bestrebt, neue Wege zu finden, um ihre Politik gleichwohl fortzusetzen, ohne allzu auffällig gegen die Menschenrechte zu verstoßen.

Vor allem die von der DDR mitunterzeichnete KSZE-Schlußakte vom August 1975 bereitete der SED-Führung Sorge. Die hier fixierten Vereinbarungen zum Gewaltverzicht, zur territorialen Integrität, zur Nichteinmischung oder zur Unverletzlichkeit der Grenzen kamen dem Anliegen der DDR-Außenpolitik zwar weitgehend entgegen; die zu humanitären Fragen im sogenannten „Korb drei" getroffenen Vereinbarungen zu menschlichen Kontakten, Informationen oder zu Zusammenarbeit und Austausch im Bereich von Kultur und Bildung enthielten jedoch den Sprengstoff ansteigender Forderungen nach Besuchs- und Reiseerleichterungen oder Familienzusammenführungen. Unmittelbar nach Veröffentlichung des KSZE-Schlußdokuments im „Neuen Deutschland" und anderen DDR-Zeitungen relativierte die SED-Führung die Übereinkünfte in humanitären Fragen und machte ihre Erfüllung abhängig von weiteren zwischenstaatlichen Vereinbarungen. Erich Honecker erklärte die DDR sogar zu einem der „weltoffensten Länder".[1]

Furcht vor Wirkung der KSZE-Schlußakte

Das SED-Politbüro befaßte sich auf mehreren Sitzungen mit Möglichkeiten, den befürchteten Folgen aus der KSZE-Schlußakte wirksam begegnen zu können. In Abstimmung mit der Sowjetunion und den anderen realsozialistischen Staaten beschloß das Politbüro im Februar 1976 eine besondere „Interpretationslinie":

> „Den Versuchen der BRD, anderer kapitalistischer Staaten und des Westberliner Senats, die Schlußakte im Sinne ihrer rechtswidrigen Absichten in Westberlin betreffenden Fragen auszunutzen, ist wirkungsvoll zu begegnen ... Der besondere Schwerpunkt ist und bleibt die allseitige Einhaltung aller sich aus den Prinzipien der Unverletzlichkeit der Grenzen und der Achtung der territorialen Integrität ergebenden Verpflichtungen".[2]

Aufgeschreckt durch mehrere „Grenzzwischenfälle", die auch zum Schußwaffengebrauch von DDR-Grenzsoldaten führten, sowie durch eine Initiative des Arztes Dr. Karl-Heinz Nitschke, der unter Berufung auf die Menschenrechte und die KSZE-Schlußakte die Ausreisegenehmigung für eine Unterzeichnergruppe forderte, beschäftigte sich das Politbüro im Oktober 1976 erneut mit diesen Fragen. Nitschke hatte die DDR in einer Petition an das Menschenrechtskomitee der UN und die Regierungen der Signatar-Staaten der KSZE-Schlußakte von Helsinki der Verletzung der Menschenrechte, der Freiheitsberaubung und der Verweigerung des

Nitschke-Initiative

---

1 Vgl. Bögeholz 1995, S. 451.
2 Beschluß des Politbüros auf seiner Sitzung vom 24. Februar 1976 zu „Maßnahmen, die sich für die DDR aus der Realisierung der Schlußakte der Konferenz über Sicherheit und Zusammenarbeit in Europa ergeben". Anlage 1; AdV.

Schaubild 2:

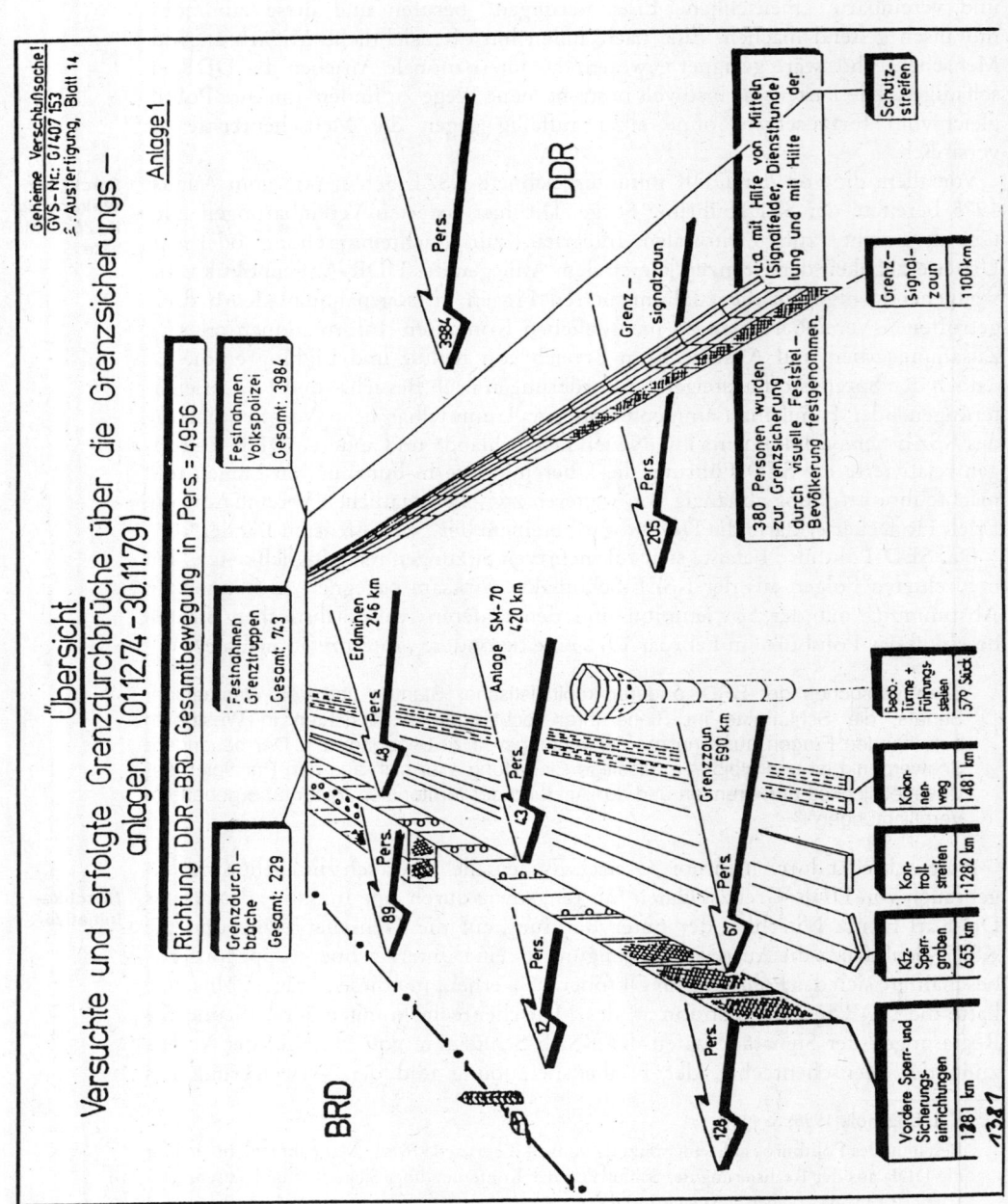

Quelle: Berliner Mauer-Archiv

Rechtes auf Emigration bezichtigt.³ Kurze Zeit später wurde er verhaftet, wegen „staatsfeindlicher Hetze" und „staatsfeindlicher Verbindungen" verurteilt und ein Jahr später ebenso wie andere Mitunterzeichner seiner Petition in die Bundesrepublik abgeschoben.⁴

In einem vom Politbüro am 26. Oktober bestätigten Fernschreiben an die Ersten Sekretäre der SED-Bezirksleitungen ordnete Erich Honecker das weitere Vorgehen gegenüber Personen an, die auf „legalem Wege" die DDR verlassen wollten:

> „Liebe Genossen! In der letzten Zeit versuchen revanchistische Kreise in der BRD krampfhaft, eine sogenannte Bürgerrechtsbewegung in der Deutschen Demokratischen Republik zu organisieren ... Es ist erforderlich, diesen Kreisen die entsprechende Abfuhr zu erteilen. Das erfordert auch, daß unsere zuständigen Organe alle Anträge ablehnen, die unter Berufung auf die Schlußakte von Helsinki oder andere Begründungen den Antrag auf Entlassung aus der Staatsbürgerschaft und Ausreise in die BRD stellen. Diese Haltung widerspricht den humanitären Anliegen unseres Staates. Die staatlichen Organe erhielten deshalb die Anweisung, alle diesbezüglichen Anträge abzulehnen, die Bürger auf das Ungesetzliche ihrer Handlung hinzuweisen. Es versteht sich von selbst, daß jeder, der es nicht unterläßt, Verleumdungen gegenüber dem Staat zu verbreiten, den Gesetzen der Republik zuwiderhandelt ... E. Honecker."⁵

Die Parteiführung beauftragte die ZK-Abteilung für Staats- und Rechtsfragen daraufhin, den „strafrechtlichen Charakter" der Ausreiseanträge herauszustellen. Gleichzeitig sollten arbeitsrechtliche Konsequenzen für den einschlägigen Personenkreis festgelegt werden. Den ihm von der ZK-Abteilung vorgelegten entsprechenden Entwurf überarbeitete und verschärfte Honecker persönlich. Entgegen dem Vorschlag, Ausreisewillige nur in politisch sensiblen Bereichen (Geheimnisträger, Leitungskader, Lehrer) und nach Prüfung des Einzelfalles aus ihrem Arbeitsverhältnis zu entlassen⁶, verlangte Honecker eine generelle Entlassung dieser Personen.⁷ Der von ihm in seinem Fernschreiben geforderten Kriminalisierung von Ausreisewilligen wurde durch einen Beschluß des ZK-Sekretariats vom 16. Februar 1977 und das 2. Strafrechtsänderungsgesetz vom April 1977 Rechnung getragen. Im Beschluß des ZK-Sekretariats wurden Versuche von Bürgern der DDR, die Übersiedlung in nichtsozialistische Staaten und nach West-Berlin zu erreichen, als rechtswidrig bezeichnet und festgelegt: „Gegen Bürger, die im Zusammenhang mit ihren Übersiedlungsabsichten Straftaten, unter anderem Rechtsverletzungen, begehen, sind strafrechtliche, arbeitsrechtliche und alle anderen Mittel des sozialistischen

Kriminalisierung Ausreisewilliger

---

3 Vgl. Der Spiegel Nr. 36/1977, S. 134.
4 Vgl. Bögeholz 1995, S. 465.
5 Fernschreiben des Generalsekretärs des Zentralkomitees der SED, Genossen E. Honecker, an die Ersten Sekretäre der Bezirksleitungen der SED über die erforderlichen Maßnahmen zur Zurückweisung von Versuchen revanchistischer Kreise in der BRD, Bürger der DDR zur Nichteinhaltung der Gesetze der DDR aufzufordern; Anlage 4 zum TOP 3 auf der Sitzung des Politbüros vom 26. Oktober 1976; AdV. Vgl. auch die Dienstanweisung des Ministers für Staatssicherheit Nr. 1081/76 vom 27. Oktober 1976, in der die Diensteinheiten aufgefordert werden, „bei Vorliegen der dafür erforderlichen Voraussetzungen (...) derartige Personen festzunehmen und strafrechtlich zur Verantwortung zu ziehen". BStU-Dokumentenstelle 101499, Blatt 1.
6 Vgl. Meyer-Seitz 1995, S. 36.
7 Vgl. ebd., S. 37 f.

Rechts konsequent und differenziert anzuwenden."[8] Im Strafrechtsänderungsgesetz fand diese Order in Ergänzung des § 14 StGB/DDR in der Tatbestandsalternative „Aufforderung zur Mißachtung von Gesetzen" Berücksichtigung. Diese Bestimmung beschloß das Politbüro am 15. März 1977, die Volkskammer stimmte am 7. April 1977 zu.[9]

Damit hatte die SED-Führung die politischen und rechtlichen Grundlagen geschaffen, ausreisewillige DDR-Bürger gesellschaftlich zu ächten und zu kriminalisieren. Viele Antragsteller erlebten eine leidensreiche Zeit der Ausgrenzung und vielfach auch Isolierung durch Bekannte und ehemalige Arbeitskollegen, ehe sie – oft erst nach mehreren Jahren – schließlich in die Bundesrepublik ausreisen durften.

Das MfS widmete sich ebenfalls möglichen innenpolitischen Folgen des KSZE-Prozesses. Die Staatsschützer konstatierten „verschärfte Klassenkampfformen des Imperialismus seit Helsinki" und schufen in der Folge spezielle Sicherheitsmaßnahmen. Als neue politische Erfordernisse definierten sie die Abwehr der „politisch-ideologischen Diversion" (PID) und die Bekämpfung der „politischen Untergrundtätigkeit" (PUT).[10] Besondere Bedeutung erlangte in den siebziger und achtziger Jahren die Hauptabteilung XX, die sich mit der Bekämpfung von PID und PUT, der Kontrolle von Reisekadern, den Blockparteien, den Medien und dem Bildungs- und Gesundheitswesen „befaßte". Diese Diensteinheit verlieh dem MfS durch die Durchdringung aller gesellschaftlichen und institutionellen Bereiche der DDR den Nimbus der Allgegenwärtigkeit. Sie stellte gewissermaßen den Kern des innerstaatlichen Überwachungsapparates dar.

Das MfS plädierte nach Unterzeichnung der KSZE-Schlußakte für eine neue Taktik, die auf Abschiebung und Ausbürgerung „kritischer Personen" zielte. Inhaftierungen und Verurteilungen sollten nur noch in besonders schweren bzw. in Ausnahmefällen erfolgen. Das MfS verstärkte fortan seine Methoden zur Verunsicherung, Zurückdrängung, Disziplinierung oder „Zersetzung" von „feindlich-negativen" Personen. In einem Referat vor der Diensteinheit der MfS-Bezirksverwaltung Gera heißt es:

> „Ein solches Vorgehen verlangt Beharrlichkeit und hartnäckiges Dranbleiben, aber auch gleichzeitig Klarheit darüber, daß ein hohes Maß an qualifizierter operativer Arbeit zu leisten ist, ohne daß bei der Mehrzahl der Fälle ein Abschluß als EV (Ermittlungsverfahren, d. Verf.) mit Haft das alleinige Erfolgserlebnis darstellt. Das muß ideologisch klar sein, damit es nicht zur Resignation bei den Genossen führt oder andererseits die tschekistische Wachsamkeit darunter leidet."[11]

Beobachtung westlicher Journalisten

Besonderer Beobachtung konnten westliche Journalisten gewiß sein, für die es seit März 1973 die Möglichkeit einer dauerhaften Akkreditierung in der DDR gab. Gerade für Ausreisewillige wie auch für Dissidenten und Oppositionelle stellten sie ein auf die DDR zurückwirkendes Sprachrohr dar, da die westlichen Medien von

---

[8] Beschluß des Sekretariats des Zentralkomitees auf seiner Sitzung vom 16. Februar 1977; TOP 3: „Unterbindung rechtswidriger Versuche von Bürgern der DDR, die Übersiedlung nach nichtsozialistischen Staaten und Westberlin zu erreichen"; AdV.
[9] Vgl. Meyer-Seitz 1995, S. 38.
[10] Vgl. Siebenmorgen 1993, S. 39; vgl. auch Andruschow 1987.
[11] Zit. nach: Jürgen Fuchs: „Landschaften der Lüge", Schriftsteller im Stasi-Netz, in: Der Spiegel Nr. 48/1991, S. 72; vgl. auch Fricke 1992a, S. 1136/1137.

der DDR-Bevölkerung – soweit sie die Möglichkeit dazu hatte – aufmerksam verfolgt wurden. Für die SED-Führung entstand ein heikles Problem, das nicht einfach mit Verboten oder gewaltsamem Zugriff zu lösen war. Daher versuchte die Partei, ihr genehme Journalisten zu unterstützen, andere, die kritisch über die DDR-Verhältnisse berichteten, setzte sie zum Teil massiven Behinderungen aus. Da die Akkreditierung an den von der SED definierten Grundsatz gebunden war, „Verleumdungen oder Diffamierungen der DDR, ihrer staatlichen Organe und ihrer führenden Persönlichkeiten sowie der mit der DDR verbündeten Staaten zu unterlassen, wahrheitsgetreu, sachbezogen und korrekt zu berichten sowie keine böswillige Verfälschung von Tatsachen zuzulassen", hatte sich die Partei die Möglichkeit eines willkürlichen Entzuges der Akkreditierung geschaffen, von der sie in den folgenden Jahren durchaus Gebrauch machte.

Ende des Jahres 1975 entzog sie dem SPIEGEL-Redakteur Jörg Mettke, den die Sicherheitsorgane für einen Artikel über „Zwangsadoptionen" von Kindern geflüchteter Eltern verantwortlich machten, die Arbeitserlaubnis und wies ihn aus. Ein Jahr später erging es dem ARD-Fernsehkorrespondenten Lothar Loewe nicht anders. Er hatte wiederholt „kritisch" über die DDR berichtet. Seine Reportagen über Ausreisewillige, über die Stimmung in der Bevölkerung oder über Dissidenten wie Robert Havemann erweckten immer wieder Argwohn bei SED und MfS. Als Loewe am 21. Dezember 1976 in einem Kommentar über die innerdeutschen Beziehungen, die „so frostig wie lange nicht mehr seien", das DDR-Grenzregime ansprach, verwies ihn die SED sofort wegen gröbster „Diffamierung des Volkes und der Regierung" des Landes. Loewe hatte den wiederholten Gebrauch der Schußwaffe bei der „Sicherung" der Grenze zum Anlaß genommen, diese Tatsache der westdeutschen Öffentlichkeit wieder stärker ins Bewußtsein zu rücken:

> „Die Menschen in der DDR verspüren die politische Kursverschärfung ganz deutlich. Die Zahl der Verhaftungen aus politischen Gründen nimmt im ganzen Land zu. Ausreiseanträge von DDR-Bürgern werden immer häufiger in drohender Form abgelehnt. Hier in der DDR weiß jedes Kind, daß die Grenztruppen den strikten Befehl haben, auf Menschen wie auf Hasen zu schießen."[12]

Durch die Gleichzeitigkeit von begrenzter kultureller Öffnung und hartem Durchgreifen gegen besonders renitente Kritiker versuchte die SED-Führung in der ersten Hälfte der siebziger Jahre, das kritische Potential von Intellektuellen unter Kontrolle zu behalten. Vieles, was vorher und nachher offiziell nicht mehr akzeptiert wurde, tolerierte sie in dieser Phase. Das schon erwähnte Stück von Plenzdorf, das die unkonventionelle Sicht der Jugend auf die DDR-Verhältnisse reflektierte, oder die von Volker Braun in der Literaturzeitschrift „Sinn und Form" veröffentlichte Erzählung „Unvollendete Geschichte", die von tragischen und verhängnisvollen Folgen eines Überwachungsstaates für das persönliche Schicksal eines jungen Liebespaares handelt, mögen exemplarisch hierfür stehen.[13] Doch wurden beispielsweise die Journalisten und Schriftsteller Dieter Borkowski, Ulrich Schacht und Siegmar Faust schon Anfang der siebziger Jahre inhaftiert und verurteilt, sei es, weil ihre Kritik grundsätzlicher ausfiel oder sie keine SED-Mitglieder bzw. weniger prominent waren.

SED-Strategien zur Kontrolle der Intellektuellen

---

12 Zit. nach: Der Spiegel Nr. 37/1977, S. 172.
13 Vgl. Jäger 1994, S. 139 ff.

Das MfS intensivierte zwar in den frühen siebziger Jahren seine Überwachung und Kontrolle der Kulturszene, hielt sich aber noch mit öffentlichen Sanktionen weitgehend zurück. Jedoch hatte sich der fortan praktizierte harte Kurs bereits im Fall Reiner Kunze angedeutet. Er war Kulturfunktionären und parteiloyalen Schriftstellern schon seit einigen Jahren durch kritische Texte aufgefallen. Als er im September 1976 „Die wunderbaren Jahre" in Westdeutschland veröffentlichte, wurde er umgehend „wegen mehrfachen gröblichen Verstoßes gegen das Statut des Verbandes" aus dem Schriftstellerverband der DDR ausgeschlossen, was faktisch mit Berufsverbot verbunden war. Anschließend schob die Obrigkeit den von den Überwachungsmaßnahmen des MfS zermürbten Dissidenten „unfreiwillig freiwillig" in die Bundesrepublik ab.[14]

Ausbürgerung Biermanns

Im November 1976 nutzte die DDR-Führung eine Konzertreise des Liedermachers und linken Regimekritikers Wolf Biermann in die Bundesrepublik zu dessen Ausbürgerung. In der Folge leitete die Staatsmacht eine Repressionswelle ein, die Dimensionen einer Machtprobe hatte. Künstler und Schriftsteller, die sich mit Biermann solidarisierten, wurden gemaßregelt, verhaftet oder abgeschoben, die relativen Freiräume der Künstler wieder eingeschränkt. Doch der Protest gegen die Ausbürgerung Biermanns fiel hartnäckiger und langwieriger aus, als es sich die Verantwortlichen vorgestellt hatten. Einer von zwölf namhaften DDR-Künstlern verfaßten Protestnote schlossen sich binnen kurzem mehr als hundert weitere Personen aus dem kulturellen Leben an. Erstunterzeichner waren Sarah Kirsch, Christa Wolf, Volker Braun, Franz Fühmann, Stephan Hermlin, Stefan Heym, Günter Kunert, Heiner Müller, Gerhard Wolf, Jurek Becker, Erich Arendt und Rolf Schneider. In ihrem Text heißt es:

> „Wolf Biermann war und ist ein unbequemer Dichter – das hat er mit vielen Dichtern der Vergangenheit gemein. Unser sozialistischer Staat ... müßte im Gegensatz zu anachronistischen Gesellschaftsformen eine solche Unbequemlichkeit gelassen nachdenkend ertragen können. Wir identifizieren uns nicht mit jedem Wort und jeder Handlung Wolf Biermanns und distanzieren uns von den Versuchen, die Vorgänge um Biermann gegen die DDR zu mißbrauchen. Biermann selbst hat nie, auch nicht in Köln, Zweifel darüber gelassen, für welchen der beiden deutschen Staaten er bei aller Kritik eintritt. Wir protestieren gegen seine Ausbürgerung und bitten darum, die beschlossenen Maßnahmen zu überdenken. 17. November 1976".[15]

Die SED-Führung schlug gegenüber den Unterzeichnern einen harten Kurs ein: Sie forderte die Künstler zur Distanzierung von der Petition auf, anderenfalls drohten ihnen Konsequenzen. Es folgten Parteiausschlüsse (unter anderem Sarah Kirsch und Jurek Becker), Verwarnungen (Stephan Hermlin und Volker Braun) und Ausbürgerungen. Einige der gegen die Ausweisung Biermanns Protestierenden wurden gezwungen, das Land zu verlassen (unter anderem Jürgen Fuchs und Christian Kunert).

Die Diensteinheiten des MfS wurden im Dezember 1976 angewiesen, „durch wirksame politisch-operative Maßnahmen die Möglichkeiten der feindlich-negativen Kräfte weiter einzuschränken sowie die politisch-operative Lage zum Erkennen der feindlich-negativen Kräfte zu nutzen". Verhindert werden sollten u. a. Protest-

---

14 Vgl. Kunze 1990.
15 Zit. nach: Jäger 1994, S. 166.

versammlungen, Unterschriftenlisten und Kontaktaufnahmen zu westlichen Journalisten. Gleichzeitig plädierte Mielke für eine ideologische Offensive, in die alle „progressiven Kräfte" einbezogen werden sollten:

> „Diesem Ziel muß auch das Wirksamwerden der Mitarbeiter des MfS, ihrer Familienangehörigen und Bekannten dienen. Durch sie und geeignete IM/GMS sowie deren Verwandte und Bekannte ist der Prozeß der ideologischen Auseinandersetzung mit gegnerischen und anderen negativen Kräften zu unterstützen.
> Die Leiter der Diensteinheiten haben in enger Zusammenarbeit mit den Parteiorganisationen die Angehörigen ihrer Diensteinheiten zum politisch-offensiven Verhalten zu befähigen und deren Einflußnahme auf Verwandte, Bekannte sowie IM/GMS zu gewährleisten. Dabei kommt es darauf an, daß alle progressiven Kräfte einheitlich, geschlossen und offensiv handeln."[16]

Der DDR-Schriftstellerverband tat ein übriges und schloß 1979 mehrere Mitglieder aus, die sich über die Knebelung der Literatur beschwert hatten.[17] Während Autoren wie Hermann Kant Sanktionen gegen Kritiker mittrugen, protestierten andere wie Heym oder Schneider gegen diese Maßnahmen.[18]

Gegenüber der Öffentlichkeit begründeten Parteifunktionäre die Sanktionen gegen Schriftsteller und Künstler mit deren „Gier" nach harter Währung, sie würden deshalb lieber im Westen veröffentlichen und sollten froh sein, daß die DDR ihre Privilegien toleriere.[19] Der Vorstand des Verbandes der Bildenden Künstler der DDR drückte in einem Schreiben an Erich Honecker den für parteiloyale Künstler korrekten Kurs aus; es verhalte sich so,

> „daß unsere sozialistische Gesellschaft uns und unsere Arbeit nicht nur braucht, sondern uns auch alle Möglichkeiten und Voraussetzungen gibt, die für uns nötig sind. Das Wichtigste dabei ist die Atmosphäre des gegenseitigen Vertrauens. Sie beruht darauf, daß wir das, was wir tun, vom Standpunkt des Sozialismus aus tun. Nur von daher ist es möglich, die Auseinandersetzungen mit dem, was uns hemmt, fruchtbar und produktiv zu führen und notwendige Kritik an Zuständen oder Verhaltensweisen, die des Sozialismus unwürdig sind, offen auszusprechen, damit die Gesellschaft, in der wir zu Hause sind, immer vollkommener wird."[20]

SED und MfS gingen gleichwohl auf Nummer Sicher. Auf Initiative des Politbüros erarbeitete das ZK-Sekretariat eine Novelle zum dritten Strafrechtsänderungsgesetz, die die Volkskammer im Juli 1979 ohne Aussprache verabschiedete. Honecker selbst billigte diese Vorlage mit einigen Ergänzungen.[21] Nach § 219, „Ungesetzliche Verbindungsaufnahme", sollte bestraft werden, „wer als Bürger der Deutschen Demokratischen Republik Nachrichten, die geeignet sind, den Interessen der Deutschen Demokratischen Republik zu schaden, im Ausland verbreitet oder verbreiten läßt oder zu diesem Zweck Aufzeichnungen herstellt oder herstellen läßt".[22] Diese Bestimmung schuf die „Rechtsgrundlage", mittels derer Schriftsteller, die im Westen publizierten, gegebenenfalls kriminalisiert werden konnten.

---

16 Schreiben des Ministers für Staatssicherheit an die Leiter der Diensteinheiten vom 22. Dezember 1976 (Tgb.-Nr. VMA/BdL/3234/76), BStU-Dokumentenstelle 102297, Blatt 8.
17 Vgl. Kleßmann 1995, S. 1088.
18 Vgl. Walther u. a. 1991 und Walther 1996.
19 Vgl. Der Spiegel Nr. 8/1977, S. 41.
20 Zit. nach: Nohara 1977, S. 16 f.
21 Vgl. Meyer-Seitz 1995, S. 38/39.
22 Zit. nach: Jäger 1994, S. 169.

Mittel und Methoden der Zersetzung

Das MfS reagierte u. a. mit der Richtlinie Nr. 1/76 zur Entwicklung und Bearbeitung operativer Vorgänge, mit der die Überwachungsmethoden gegen systemkritische Personen ausgeweitet wurden. Im Rahmen operativer Vorgänge (OV) sollten MfS-Mitarbeiter durch Einsatz Inoffizieller Mitarbeiter, Postkontrolle, Telefonüberwachung, verdeckte Observierung oder auch konspirative Durchsuchung von Wohnungen und „Maßnahmen zur Zersetzung" tätig werden. Die seit 1990 erfolgten Veröffentlichungen von Betroffenen zeigen das ganze Ausmaß dieser „Arbeit".[23]

Als Mittel und Methoden der Zersetzung führte die MfS-Richtlinie Nr. 1/76 unter anderem an:

- „Systematische Diskreditierung des öffentlichen Rufs, des Ansehens und des Prestiges auf der Grundlage miteinander verbundener wahrer, überprüfbarer und diskreditierender sowie unwahrer, glaubhafter, nicht widerlegbarer und damit ebenfalls diskreditierender Angaben;
- systematische Organisierung beruflicher und gesellschaftlicher Mißerfolge zur Untergrabung des Selbstvertrauens einzelner Personen;
- Erzeugen von Mißtrauen und gegenseitigen Verdächtigungen innerhalb von Gruppen, Gruppierungen und Organisationen;
- die Verwendung anonymer oder pseudoanonymer Briefe, Telegramme, Telefonanrufe usw.;
- kompromittierende Fotos, z. B. von stattgefundenen oder vorgetäuschten Begegnungen;
- die gezielte Verbreitung von Gerüchten über bestimmte Personen einer Gruppe, Gruppierung oder Organisation;

... Diese Mittel und Methoden sind entsprechend den konkreten Bedingungen des jeweiligen operativen Vorganges schöpferisch und differenziert anzuwenden, auszubauen und weiterzuentwickeln".[24]

Kampf gegen „Innere Opposition"

Als organisatorische Konsequenz der Biermann-Affäre richtete das MfS die Abteilung XX/9 ein, die Ansätze zur Bildung einer „inneren Opposition" unterbinden sollte. Sie war zugleich für außerstaatliche künstlerische Aktivitäten zuständig. Diese Abteilung übernahm die Observation, Kontrolle und Beeinflussung des literarischen Nachwuchses und später die Bekämpfung der „politisch-ideologischen Diversion".[25]

In diesem Sinne entwickelte das MfS für das Jahr 1978 eine neue Strategie, die die Erweiterung des qualitativen Bestandes Inoffizieller Mitarbeiter und die Besetzung von Schlüsselpositionen zur Bekämpfung des „politischen Untergrundes" zum Ziel hatte. Dadurch sollten die Organisationsstrukturen und die personelle Zusammensetzung von Gruppen aufgeklärt werden und ggf. die Aktivitäten dieser Gruppen kontrolliert und gelenkt werden. Hiermit versuchte die Staatssicherheit

- „das Entstehen einer inneren Opposition auszuschließen,
- bestehende Gruppierungen oder Zusammenschlüsse aufzulösen bzw. die zentralen Stellen innerhalb solcher Gruppierungen selbst zu besetzen,

---

[23] Vgl. als Beispiel für viele andere Veröffentlichungen zu diesem Thema: Kunze 1990, Schädlich 1992, Templin 1994 und Walter, F. 1996.
[24] MfS-Richtlinie Nr. 1/76, zit. nach: Fricke 1991b, S. 126/127.
[25] Vgl. Michael 1993, S. 25 f.

- vorbeugend verhindernd in geplante Aktivitäten einzugreifen und
- eine Politisierung zu verhindern."[26]

In seiner „kulturpolitischen Arbeit" orientierte sich das MfS an einem Strategiepapier vom Januar 1979, in dem u. a. festgestellt wurde:

„In der DDR sind seit Jahren feindlich-negative Kräfte vorhanden, insbesondere unter Kulturschaffenden, deren politische und ideologische Vorstellungen und Aktivitäten in wesentlichen Teilen den vom Gegner verfolgten Zielen und Absichten
- zur Unterwanderung der DDR und ihrer Zersetzung von innen heraus,
- zur Schaffung und Aktivierung einer sogenannten Opposition bzw.
- zur Forcierung der politischen Untergrundtätigkeit entsprachen bzw. damit übereinstimmten."[27]

Sichtbar wird die Befürchtung, es könnten sich über kritische Einzelstimmen hinaus Gruppen bilden, die in politischer Opposition zum System stehen. Allein schon die Tatsache eines gemeinsamen Briefes oder Aufrufes erregte Argwohn bei der Obrigkeit. Aus deren Sicht konnte die Schwelle vom Protest zum organisierten politischen Widerstand immer schon überschritten sein.[28]

Auch nach der Ausweisung von Biermann blieb Robert Havemann Bezugspunkt für die meisten politischen Kritiker; im Zuge der Proteste gegen Biermanns Ausbürgerung wurde der prominente Naturwissenschaftler und Dissident unter verschärften und unbefristeten Hausarrest gestellt. Havemann selbst beschrieb seine Situation im November 1978:

Havemann Symbol der Kritik

„Seit jenen Novembertagen lebe ich nun mit meiner Familie hier draußen in Grünheide unter den sehr merkwürdigen Bedingungen, die sich ein krankhaftes Gehirn ausgedacht haben mag. Der Zweck der Übung ist sicherlich nicht, irgendwelche Ermittlungen gegen mich durchzuführen, denn was über mich zu wissen ist oder was man brauchen könnte, um gegen mich vorzugehen, da bedarf es keiner weiteren neuen Erkenntnisse".[29]

Havemann forderte einen „demokratischen Sozialismus". Er plädierte für einen dritten Weg zwischen Kapitalismus und stalinistischem Kommunismus und stand der Bundesrepublik wie der DDR gleichermaßen kritisch gegenüber, wobei er allerdings in der DDR bessere Grundlagen für die Zukunft Deutschlands sah. Durch seine antifaschistische Vergangenheit und sein couragiertes persönliches Verhalten wurde er eine ideale Bezugsperson für kritische Intellektuelle, die an die Verwirklichung des Sozialismus jenseits seiner realen Verkümmerung glaubten. Ende der siebziger Jahre richtete er seine Hoffnung auf den Eurokommunismus, der geeignet sei, die Spaltung der progressiven Kräfte aufzuheben und eine „neue Einheit auf höherer Stufe" wiederherzustellen.[30] Unter Bezugnahme auf die Konferenz der kommunistischen und Arbeiterparteien in Ost-Berlin im Juni 1976 präzisierte Havemann sein Verständnis von Sozialismus: „Sozialismus sei nicht kollektive Uniformierung, bedeutet nicht Aufhebung, sondern freie Entfaltung der

---

[26] Vgl. ebd., S. 26.
[27] Zit. nach: ebd., S. 25.
[28] Vgl. Grunenberg 1995, S. 758 ff.
[29] Zit. nach: Bögeholz 1995, S. 471; vgl. Havemann 1978.
[30] Vgl. Der Spiegel Nr. 24/1977, S. 170.

breitesten Mannigfaltigkeit des menschlichen Lebens und Denkens. Sozialismus ist freier Pluralismus auf allen Gebieten des gesellschaftlichen Lebens."[31]

Rudolf Bahros „Alternative"

Im August 1977 legte ein weiterer Opponent eine linke Kritik des Realsozialismus vor. Rudolf Bahro, früher Stellvertreter Chefredakteur der FDJ-Studentenzeitung „Forum", jetzt Abteilungsleiter für wissenschaftliche Arbeitsorganisation im VEB Gummikombinat Berlin, kennzeichnete die Verhältnisse in der DDR in seinem nur im Westen veröffentlichten Buch „Die Alternative"[32] als „Industriedespotismus" und sah den Staatsapparat in der Rolle des kapitalistischen Ausbeuters. Schuld an dem desolaten Zustand von Wirtschaft und Gesellschaft trage die „bürokratische Sklerose des Machtapparates", deren Kritik sein Buch galt.

> „Die Diktatur des Politbüros ist eine verhängnisvolle Übersteigerung des bürokratischen Prinzips, weil der ihm gehorchende Parteiapparat Kirchenhierarchie und Überstaat in einem ist. Die ganze Struktur ist quasi-theokratisch. Denn der Kern der politischen Gewalt ist die geistliche Gewalt, mit der ständigen Tendenz zur Inquisition, so daß die Partei schon selbst die eigentliche politische Polizei ist".[33]

Ob dieser Kritik blieb der Parteiführung nur die Kriminalisierung. Sie ließ Bahro – bezeichnenderweise wegen „Geheimnisverrat" – zu acht Jahren Haft verurteilen. Verfahren und Strafmaß hatten Honecker und Mielke mündlich abgesprochen.[34] Aufgrund anhaltender westlicher Proteste entließ die SED Bahro im Jahre 1979 aus der Haft und schob ihn in die Bundesrepublik ab.

Reformkommunistisches Manifest

Elemente seiner Kritik fanden sich in dem im Januar 1978 vom „Spiegel" veröffentlichten Manifest eines angeblichen „Bundes demokratischer Kommunisten" in der DDR. Die Existenz eines solchen „Bundes" kann mit guten Gründen bezweifelt werden. Wahrscheinlich ist das Manifest aus Gesprächen eines informellen Zirkels um den Berliner Ökonomieprofessor Hermann von Berg hervorgegangen. Von Berg spielte vor allem in den sechziger Jahren eine wichtige Rolle im inoffiziellen deutsch-deutschen Beziehungsgeflecht. Das von ihm dem SPIEGEL-Korrespondenten Ulrich Schwarz diktierte Manifest plädierte für die Wiedervereinigung und ein Zusammengehen von Sozialdemokraten, Sozialisten und demokratischen Kommunisten:[35]

> „Wir treten ein für einen theoretisch und politisch total reformierten Kommunismus, der nach Lenin das Beste verkörpert, was die Menschheit bisher hervorgebracht hat. Wir sind daher
> – gegen die Ein-Parteien-Diktatur, die eine Diktatur der Sekretär- und Politbüro-Clique ist,
> – gegen die Diktatur des Proletariats, die eine Diktatur der Bürokratie über das Proletariat und gegen das gesamte Volk ist,
> – für einen Parteienpluralismus, denn Freiheit ist, nach Luxemburg, immer die Freiheit der Andersdenkenden,
> – für ein unabhängiges Parlament, das aus freier Entscheidung der Wähler hervorgeht,

---

31 Zit. nach: ebd., S. 173.
32 Vgl. Bahro 1977.
33 Zit. nach: Der Spiegel Nr. 35/1977, S. 36 ff.
34 Vgl. Meyer-Seitz 1995, S. 36.
35 Vgl. Geppert 1996.

- für einen unabhängigen obersten Gerichtshof, wo jeder Bürger seine Klagen gegen Machtmißbrauch vorbringen kann ...,
- für eine von lebensfremden ZK-Apparatschiks unabhängige Regierung,
- für die Abschaffung des ‚demokratischen Zentralismus' in Partei, Staat und Gesellschaft, da er ein Zentralismus gegen die Demokratie ist."[36]

Bis heute umstritten ist die Mitwirkung des MfS an diesem Manifest. Offiziell rief es jedoch heftige Gegenreaktionen der SED-Führung im „Neuen Deutschland" hervor.[37] Während „kritische" Kommunisten wie Stefan Heym das Papier schlichtweg als „Fälschung" bezeichneten, nahmen andere, insbesondere westdeutsche Leser, diese Thesen ernst und unterzogen sie einer grundsätzlichen Kritik. Herbert Wehner sprach von einer „Provokation" und wies die Thesen ebenso wie Kanzler Helmut Schmidt und Egon Bahr zurück.[38] Zeitgleich zerschlugen die Sicherheitsorgane zwei marxistische Zirkel, die Verbindung zur trotzkistischen „Gruppe Internationaler Marxisten" (GIM) hergestellt hatten. Bei diesen innerkommunistischen Kritikern verzichtete die SED-Führung auf strafrechtliche Sanktionierung. Für Mitglieder maoistischer Zirkel zeigte sie indes kein Verständnis: Einige ihrer Repräsentanten ließ sie nach ihrer Enttarnung zu hohen Haftstrafen verurteilen.[39]

Im Verhältnis zwischen Partei und evangelischen Kirchen bemühten sich beide Seiten trotz weiterhin bestehender Interessengegensätze (gerade im Bereich der „Volksbildung") zunehmend um Entkrampfung. Gestört wurde das neugefundene Arrangement durch die Selbstverbrennung des Pfarrers Oskar Brüsewitz im August 1976. Dieser hatte sich in der Zeitzer Fußgängerzone mit Benzin übergossen und angesteckt. Seinen Protest brachte er auf zwei Transparenten zum Ausdruck: „Funkspruch an alle ... Funkspruch an alle ... Die Kirche in der DDR klagt den Kommunismus an! Wegen Unterdrückung in Schulen, an Kindern und Jugendlichen".[40] Die Selbsttötung Brüsewitz', der seit Jahren durch Konflikte mit Partei und Staat, aber auch durch ein besonderes soziales Engagement aufgefallen und seit 1956 von der Staatssicherheit erfaßt worden war, löste hektische Betriebsamkeit des Staatssekretariats für Kirchenfragen aus. Bischof Krusche sollte zu einer Distanzierung von Brüsewitz bewogen werden. Nachdem die Verheimlichung des Vorgangs scheiterte und der Vorfall im Westen einige Tage später bekannt wurde, veröffentlichte ADN eine Meldung, in der Brüsewitz als „ein abnormal und krankhaft veranlagter Mensch bezeichnet wurde, der oft unter Wahnvorstellungen litt".[41] In einem „Wort an die Gemeinden" sprach daraufhin die Kirchenleitung der Kirchenprovinz Sachsen von einer „ungewöhnlichen Aktion" und wies gleichzeitig jeden Versuch zurück, „das Geschehen in Zeitz zur Propaganda gegen die Deutsche Demokratische Republik zu benutzen".[42] Das entsprach auch der Linie des Kirchenjuristen Manfred Stolpe, der bei einem Treffen von Staats- und Kirchenver-

Selbstverbrennung von Pfarrer Brüsewitz

---

36 Manifest des „Bundes demokratischer Kommunisten Deutschlands", zit. nach: ebd., S. 161 ff.
37 Vgl. Kleßmann 1995, S. 1104/1105 und Geppert 1996, S. 68 ff.
38 Vgl. Klein 1996, S. 80 ff.
39 Vgl. Jesse 1995, S. 1011.
40 Zit. nach: Müller-Enbergs u. a. 1993, S. 16.
41 Vgl. ebd., S. 109.
42 Vgl. ebd., S. 287 f.

tretern am 18. August geäußert hatte: „Für mich ist hier die Solidaritätssituation mit dem Staat gegeben, wenn er von der Westpresse massiv angegriffen werden sollte."[43]

Kirche wie Partei verschwiegen die Motive von Brüsewitz, der aufgrund jahrelanger Reibereien mit der Obrigkeit und der ihm von Kirchenvertretern angedeuteten Versetzung keinen anderen Ausweg als den Selbsttod mehr sah. Die Kirchenleitung war nicht gewillt, wegen dieses Vorfalls das Arrangement mit Partei und Staat in Frage zu stellen, andererseits verweigerte sie aber auch eine Distanzierung von Brüsewitz.

„Gipfeltreffen" SED/Evangelische Kirche

Die beiderseitigen Entspannungsbemühungen zwischen SED und dem Bund der evangelischen Kirchen kulminierten in einem „Gipfeltreffen" zwischen Honecker, Paul Verner, dem für die Kirchen zuständiger ZK-Sekretär, und dem stellvertretenden Staatssekretär für Kirchenfragen, Hermann Kalb, einerseits sowie dem Vorstand der Konferenz der Kirchenleitungen unter Führung Bischof Albrecht Schönherrs andererseits am 6. März 1978. Honecker würdigte die Tätigkeit der Kirchen, versprach Kooperation zwischen Staat und Kirche und unterstrich die Möglichkeit gleichberechtigter Mitwirkung aller Bürger an der Gestaltung der sozialistischen Gesellschaft. Außerdem gab es offiziell positive Entscheidungen zu schon vorab geklärten Sachfragen (u. a. Ermöglichung kirchlicher Bauvorhaben sowie kirchlicher Sendungen in Rundfunk und Fernsehen). Schönherr erklärte seine grundsätzliche Zustimmung zu den offiziellen innen- und außenpolitischen Zielsetzungen der DDR, sprach sich aber für größere Rechtssicherheit und mehr Transparenz in der Gesellschaft aus. Die „Kirche im Sozialismus"[44] solle den christlichen Bürgern helfen, den Weg in der sozialistischen Gesellschaft zu finden. Das Verhältnis von Staat und Kirche sei so gut, wie es der einzelne Christ vor Ort erfahre.[45]

Obwohl beide Seiten von Kontinuität im Verhältnis zwischen Staat und Kirche sprachen und ein neues Bündnis zwischen „Thron und Altar" ablehnten[46], blieben die innerkirchlichen Reaktionen zwiespältig und reichten von Zustimmung bis hin zu Vorwürfen, die Kirche habe sich nunmehr mit dem totalitären Staat liiert.[47] Doch die Beziehungen waren auch in der Folgezeit keineswegs spannungsfrei. Selbst Bischof Schönherr mußte vermittelt durch die Erfahrungen seines Sohnes Johannes, der beruflich diskriminiert wurde, die unverändert starren Verhältnisse in der DDR auf drastische Art und Weise persönlich zur Kenntnis nehmen.[48] Eine besondere Belastung des gefundenen „modus vivendi" stellte die 1978 unter kirchlichen Protesten erfolgte Einführung des Wehrunterrichtes an den Schulen dar.[49]

2. Die „Gestaltung der entwickelten sozialistischen Gesellschaft"

Der Übergang von der Ulbricht- zur Honecker-Ära vollzog sich unter mehreren Prämissen: der vollständigen Einbindung in das sozialistische Lager und dem auch

---

[43] Zit. nach: ebd., S. 270.
[44] Vgl. auch Kap. B I.8.
[45] Vgl. Besier 1995, S. 106 f.
[46] Vgl. ebd., S. 112.
[47] Vgl. ebd., S. 109.
[48] Vgl. ebd., S. 114.
[49] Vgl. ebd., S. 252 ff.

rhetorischen Verzicht auf einen partiell eigenständigen Weg, der Gratwanderung zwischen Entspannung und Abgrenzung, der stärkeren Beachtung von Konsumbedürfnissen und sozialer Absicherung sowie einer Korrektur von zu weit gesteckten ideologischen Zielsetzungen. Auf dem IX. Parteitag im Mai 1976 versuchte die SED-Führung, ihrer Politik ein neues programmatisches Gesicht zu geben.

Das neue Programm bereitete die SED-Führung sorgfältig vor. Sie rief Parteibasis, gesellschaftliche Organisationen und Bevölkerung auf, Vorschläge und Änderungen einzubringen. Da ohnehin ein breiter Konsens herrschen mußte, ging es hierbei freilich nur um Nebensächlichkeiten. Bis auf die nachträgliche Festschreibung der Gewährung von „politischen Freiheiten und sozialen Rechten" unabhängig von Weltanschauung und religiösem Bekenntnis gab es keine nennenswerten Ergänzungen oder Korrekturlinien. Dieses Zugeständnis an die Kirchen kostete die Parteiführung wenig, zumal die Praxis ohnehin anders aussah.

Neues SED-Programm

Das wiederholt vorgetragene öffentliche „Diskussionsangebot" sollte den Anschein einer breiten Beteiligung von gesellschaftlichen Organisationen, „Betriebskollektiven" und Bürgern aus allen Schichten an politischen Vorgängen erwecken, wie auch die häufige Mobilisierung der Bevölkerung das Bild einer politisch aktiven und homogenen Gesellschaft vorspiegeln sollte. Knapp zwei Millionen Bürger beteiligten sich in den „gewählten Volksvertretungen", deren Ständigen Kommissionen und Aktivs, in Schiedskommissionen, in den Komitees der Arbeiter- und Bauern-Inspektion oder in Elternbeiräten und Elternaktivs.[50] Diese Mitwirkung stand immer unter dem Zeichen der Anerkennung der „führenden Rolle der Partei", daher galt im Zweifelsfall stets das Votum der Parteiinstanzen.

Die Partei, die sich in ihrem Programm als „freiwilliger Kampfbund gleichgesinnter Kommunisten" charakterisierte, hatte ihre Mitgliederzahl auf etwa zwei Millionen Mitglieder und Kandidaten erhöhen können, so daß sie ihren Führungsanspruch auch kaderpolitisch umfassend umsetzen konnte. Damit die Parteimitglieder auch die richtige „Linie" vertraten, wurde das „gründliche theoretische Verarbeiten des Parteiprogramms" in den Mittelpunkt der Schulungen für die Jahre 1976 bis 1981 gestellt.[51]

In seinen außenpolitischen Aussagen vollzog das Programm die Entwicklungen der letzten Jahre nach. Die schon in der Verfassung von 1974 verankerte Anerkennung der Hegemonie der UdSSR wurde als „proletarischer Internationalismus" vermittelt und die Sowjetunion als „Hauptkraft der Sozialistischen Gemeinschaft" und „Pionier des Menschheitsfortschritts" charakterisiert. Statt der Einheit Deutschlands proklamierte das Programm die sozialistische deutsche Nation in der DDR. Die friedliche Koexistenz wurde als Prinzip der Beziehungen zwischen Staaten unterschiedlicher Gesellschaftsordnung bezeichnet.[52]

Gegenüber den Massenorganisationen und Blockparteien erneuerte die SED ihren Führungsanspruch. Die Blockparteien dokumentierten auf ihren Parteitagen im Jahre 1977 wie in den Jahrzehnten zuvor ihre Unterwürfigkeit und machten sich die SED-Beschlüsse des Vorjahres zu eigen. Das war allerdings weitgehend irrelevant,

---

50 Vgl. Weber 1991, S. 161.
51 Vgl. ebd., S. 152.
52 Vgl. Programm 1976.

da sie wegen ihrer vollständigen Unterordnung unter die SED ihre ursprüngliche Aufgabe, Staatspartei-ferne Personengruppen an das politische System zu binden, ohnehin nicht mehr erfüllen konnten. Das Zusammenwirken von „Ratschlägen" der zuständigen ZK-Abteilung an die „befreundeten Parteien", der Kontrolle über deren höheres Funktionärkorps sowie die Durchsetzung mit Informellen Mitarbeitern des MfS bewirkten, daß die Blockparteien ähnlich wie die Massenorganisationen zu einem bloßen Anhängsel der SED degenerierten. Selbst wenn Teile der Parteibasis von LDPD und CDU eine gewisse Distanz zur SED und ihrer eigenen Parteiführung hielten, wirkte sich das nicht auf die politische Linie dieser vormals „bürgerlichen Parteien" aus. Die Politik der Blockparteien reduzierte sich vielmehr auf den ritualisierten Nachvollzug vorgestanzter Formeln.

Transmissionsfunktion der Blockparteien kaum mehr existent

Ihre Charakterisierung als „Transmissionsriemen" der SED-Politik kann zumindest seit diesem Zeitpunkt nur sehr bedingt aufrecht erhalten werden. Denn im Gegensatz zu wenigstens einigen Massenorganisationen wie dem FDGB, dem u. a. die Sozialverwaltung oblag, der FDJ oder dem Kulturbund spielten diese Parteien innenpolitisch kaum eine Rolle mehr; ihnen gerieten nahezu sämtliche Funktionen mit Ausnahme der Aufrechterhaltung eines Scheins von Pluralität abhanden. Allenfalls für schlichte Gemüter aus dem Westen, die als Vertreter von Parteigliederungen oder Organisationen zu gewissermaßen offiziellem Besuch in die DDR reisten, war dieser „Pluralismus" mehr als Schein.[53]

Typisch für das Dilemma der Blockparteien war die Kontroverse um die Einführung des Wehrkundeunterrichts für Schüler der 9. und 10. Klasse im Jahre 1978. Während die Kirchen, wenn auch moderat, Einspruch gegen diese Erweiterung der vormilitärischen Ausbildung einlegten, schlug sich die CDU-Führung auf die Seite der SED und befürwortete die Einführung des Wehrunterrichts.[54]

Der 1971 eingeläutete Kurs der „Einheit von Wirtschafts- und Sozialpolitik" ging ebenfalls in das neue Programm ein und wurde mit Versprechungen zur Erhöhung des „materiellen und kulturellen Lebensniveaus", des Baus von mehr Wohnungen, der 40-Stunden-Arbeitswoche und der „stabilen Versorgung mit Konsumgütern" verbunden. Obwohl die sozialpolitischen Versprechungen auf dem IX. Parteitag im Jahre 1976 nicht konkretisiert werden konnten, weckten sie doch Erwartungen. Unmittelbar nach Beendigung des Parteitages verabschiedete das ZK gemeinsam mit dem DDR-Ministerrat und dem FDGB-Bundesvorstand einen Beschluß „über die weitere planmäßige Verbesserung der Arbeits- und Lebensbedingungen der Werktätigen im Zeitraum 1976 bis 1980".[55] Gegen die Warnungen von Ökonomen entschloß sich die SED-Führung – wahrscheinlich aufgrund von Enttäuschung und Protest in der Bevölkerung – zu diesem erneuten sozialpolitischen Programm. Es brachte eine Erhöhung der Mindestlöhne und -renten, eine punktuelle Verkürzung der Arbeitszeit im Schichtbetrieb sowie eine Erhöhung der Urlaubstage. Außerdem wurde das Rentensystem durch die Gewährung einer Zusatzrente für Lehrer und Erzieher weiter differenziert und die Familienpolitik durch Einführung eines „Babyjahres" und Vergabe an die Kinderzahl gebundener Kredite verbessert.

---

[53] Vgl. UVA 1995, S. 37 ff.
[54] Vgl. Weber 1991, S. 158 und generell zur „sozialistischen Wehrerziehung" Sachse 1996, S. 3 ff.
[55] Vgl. Thomas 1991, S. 19.

Die hierfür notwendigen finanziellen Aufwendungen überstiegen die Wirtschaftskraft der DDR und führten zu einer tendenziellen Verringerung der Investitionsquote. Die „Sonderkonjunktur" der DDR war 1975 ausgelaufen; nun geriet auch die DDR-Wirtschaft in den Sog der ölpreisinduzierten Weltwirtschaftskrise. Die Zuwachsraten des Bruttoinlandsproduktes und der Produktivität gingen dramatisch zurück und zwangen die DDR zur weiteren Verschuldung im nichtsozialistischen Ausland.[56] Die in der ersten Hälfte der siebziger Jahre erreichten hohen Zuwachsraten des BIP, beim Wohnungsbau und der Produktion langlebiger Konsumgüter konnten in der zweiten Hälfte des Jahrzehnts trotz Neuverschuldung nicht erreicht werden. Das Konsumgüterwachstum ging um die Hälfte zurück, das Wachstum der Investitionen reduzierte sich von durchschnittlich 5% auf 3,32%.[57] Die hohen Kosten für Subventionen und Sozialausgaben führten damit ab Mitte der siebziger Jahre zu einer leicht rückläufigen Investitionsquote mit der Folge eines drastischen Rückgangs der Innovationen, wodurch sich die Wettbewerbsfähigkeit weiter verschlechterte und die Produktivitätsrate im Vergleich zur Bundesrepublik beschleunigt abfiel.[58]

Rückgang der Investitionsquote

Die negative Handelsbilanz der DDR gegenüber ihren westlichen Handelspartnern wuchs von 1976 bis 1980 auf knapp 30 Mrd. Valuta-Mark. Selbst die Bilanz im RGW-Handel geriet in den negativen Bereich. Die Auslandsverschuldung betrug nach Schätzungen zwischen 12,3 und 14,5 Mrd. Dollar, was zu einer jährlichen Zinslast von ungefähr 1 Mrd. Dollar führte.[59] Die Vorschläge von Ökonomen, durch sozialpolitische Zurückhaltung und eine Industriepreisreform Voraussetzungen für eine Modernisierung der Wirtschaft und die Erhöhung der Produktivität zu schaffen, fanden kein Gehör. Im Gegenteil: Honecker wertete diese Vorschläge weiter als Sabotage seines Kurses der Einheit von Wirtschafts- und Sozialpolitik.[60]

Damit geriet die DDR-Wirtschaft in eine bedrohliche Abwärtsspirale, die mit einer weiteren Auslandsverschuldung und einer Verschlechterung der ökonomischen Entwicklungssubstanz einherging. Gerhard Schürer, der Vorsitzende der Staatlichen Plankommission, stellte im nachhinein fest:

Abwärtsspirale der Volkswirtschaft

> „Betrug die Rate der produktiven Akkumulation unter Ulbricht noch mehr als 16% des Nationaleinkommens, so sank sie unter Honecker auf 9% ab. Die Mittel für die Modernisierung und Rekonstruktion der Betriebe reichten vorn und hinten nicht aus. Um die ehrgeizigen Projekte wie die Programme für die Mikroelektronik, die Atomenergie, die moderne Chemie, die Veredelungsmetallurgie und anderes zu verwirklichen, wurden nicht nur die Gewinne, sondern auch ein Teil der Amortisationen der anderen Betriebe zentralisiert und umverteilt, wodurch sich der Verschleißgrad der Ausrüstung dieser Betriebe erhöhte und ihre Technik zum Teil hoffnungslos veraltete."[61]

Im Dezember 1976 beschied die Sowjetunion eine Bitte der DDR um Erhöhung der Rohölbezüge zum RGW-Preis abschlägig, womit die von der SED-Führung angestrebte Realisierung von Extra-Gewinnen durch Verkauf von Rohölprodukten

---

56 Vgl. Merkel/Wahl 1991, S. 60 ff.
57 Vgl. Ritschel 1995, S. 33.
58 Vgl. Baar u. a. 1995a, S. 47 ff. und Kusch u. a. 1991, S. 22.
59 Vgl. Ritschel 1995, S. 33.
60 Vgl. Hertle 1995a, S. 311 ff.
61 Vgl. Schürer 1996, S. 115 f.

in den Westen zu Welthandelspreisen entfiel. Angesichts nunmehr auftretender akuter Zahlungsschwierigkeiten schrieben Schürer und der ZK-Sekretär für Wirtschaft, Günter Mittag einen Brief an Honecker, in dem sie auf die prekäre wirtschaftliche Lage hinwiesen: „Im Jahre 1978 haben wir 11 Mrd. Bargeld aufzubringen, allein um Kredite und Zinsen zurückzuzahlen. Die Bargeldeinnahmen aus unserem Export betragen dagegen 9,3 Mrd. und reichen bereits nicht aus, um neue Importgeschäfte zu finanzieren."[62]

Ihren Vorschlag einer umfassenden Exportoffensive in das nichtsozialistische Wirtschaftsgebiet, verbunden mit einer entschiedenen Importablösung, lehnte Honecker ab. Er wertete die Analyse erneut als Angriff auf seine Politik, so daß Mittag und Schürer ihre Bedenken zurückstellen mußten.[63] In den Jahren bis zum Ende der DDR ging es für die Verantwortlichen dann nicht mehr um eine grundlegende Wirtschafts- und Finanzreform, sondern nur noch um pragmatische Handhabung der Verschuldung und Sicherung der Zahlungsfähigkeit.

In den drei Dezennien ihrer Herrschaft hatte die SED Staat und offizielle Wirtschaft vollständig unter ihre Kontrolle gebracht; auch die Gesellschaft bis hinein in die Gestaltung des Alltags war und blieb Ziel ihres totalitären Anspruchs. Im Verlauf ihrer Herrschaftssicherung hatten die SED und ihre Helfer die gesellschaftlichen Strukturen weitgehend umgestaltet: Überkommene soziale Milieus und Traditionen waren weitgehend zerschlagen und die Sozialstruktur neu aufgebaut und zum Teil nivelliert worden. Die materielle Existenz, das berufliche Fortkommen, der gesellschaftliche Status etc., alles hing weitgehend von der Partei ab.[64] Die SED-Gesellschaftspolitik zielte letztlich auf Entmündigung und Entindividualisierung. Der einzelne sollte im Kollektiv und der von der Partei organisierten Gesellschaft aufgehen.

„**Annäherung der Klassen und Schichten**"

Die angestrebte „Entdifferenzierung" der Bevölkerungsstruktur bildete gewissermaßen den sozialen Hintergrund der gesellschaftspolitischen Perspektiven. Im Parteiprogramm heißt es: „Die Annäherung der Klassen und Schichten vollzieht sich unter Führung der Partei auf dem Boden der marxistisch-leninistischen Weltanschauung und der Ideale der Arbeiterklasse. Sie führt zur Festigung der politisch-moralischen Einheit des Volkes und verbindet sich mit der Entfaltung der sozialistischen Lebensweise."[65]

Die Beziehungen zwischen den Menschen sollten auf „wahrer Gleichberechtigung, Freiheit und sozialer Sicherheit" beruhen.[66] Ziel war die Entwicklung „sozialistischer Persönlichkeiten", die mit ihrem „Eintreten für die revolutionäre Sache der Arbeiterklasse, Treue zum Sozialismus und die Bereitschaft, seine Errungenschaften zu schützen und zu verteidigen", zum Abziehbild totalitärer Vorstellungen der Parteiideologen werden sollten. Zum „Herzstück der sozialistischen Lebensweise" erklärte die Partei bezeichnenderweise die „gewissenhafte, ehrliche, gesellschaftlich nützliche Arbeit".[67] Schließlich ging es der SED um hohe

---

62 Zit. nach: Hertle 1995a, S. 314.
63 Vgl. ebd., S. 314/315.
64 Vgl. Hanke 1995, S. 1144 ff.
65 Vgl. Programm 1976, S. 45.
66 Zit. nach: Thomas 1995b, S. 1857.
67 Vgl. Programm 1976, S. 54 f.

Ideale – die Entwicklung zum Kommunismus, „der lichten Zukunft der Menschheit", in dem „jegliche Ausbeutung und Unterdrückung beseitigt" seien und „alle Menschen ihre Fähigkeiten und Talente voll entfalten können."[68] Eine Alternative gab es aus Sicht der Partei nicht: „Der schrittweise und allmähliche Übergang zum Kommunismus, die Herausbildung der klassenlosen Gesellschaft vollzieht sich planmäßig auf wissenschaftlicher Grundlage und bei voller Entfaltung der Initiative und Schöpferkraft aller Menschen unter der führenden und lenkenden Kraft der marxistisch-leninistischen Partei."[69]

Die Mehrheit der Bevölkerung versuchte sich diesem pseudowissenschaftlich begründeten totalitären Zugriff auf ihre Privatsphäre zu entziehen. Sie zog sich aus dem öffentlichen Leben zurück, verweigerte sich möglichst der aktiven Teilnahme an der SED-inszenierten Realität, und versuchte, sich „Nischen und Freiräume" einzurichten. Diese waren freilich vorwiegend ebenfalls von der SED geschaffen, um zumindest eine passive Zufriedenheit zu erzeugen. So konnte sich kaum jemand den Prägungen dieser totalitären Gesellschaftspolitik gänzlich entziehen. Sie wirken selbst bei Personen, die dem System distanziert oder feindlich gegenüberstanden, bis zum heutigen Tage mehr oder weniger stark nach.[70]

Die programmatische Festlegung einer „sozialistischen Lebensweise" hatte bereits im Jugendgesetz von 1974 eine Entsprechung gefunden. Als Erziehungsziel definierte die Partei dort die sozialistische Persönlichkeit, die die marxistisch-leninistische Weltanschauung, die ideologische Bewußtheit und die sozialistische Moral in sich vereinen sollte.

Erziehungsziel „sozialistische Persönlichkeit"

> „Ihre höchste Verkörperung finden alle jene Merkmale sozialistischer Persönlichkeit vor allem in den typischen Eigenschaften proletarischer Revolutionäre, der Kommunisten, die die Avantgarde des Proletariats bilden ... Der geschichtliche Typus der sozialistischen Persönlichkeit ist daher in seinen grundlegenden Merkmalen nicht nur das unmittelbare Produkt der sozialistischen Gesellschaft selbst, sondern auch Ergebnis der produktiven Tätigkeit der ganzen Arbeiterklasse und der leidenschaftlichen Klassenkämpfe jener Generation revolutionärer Arbeiter, aus deren opferreichen und mutigen Kämpfen die neue, sozialistische Gesellschaft hervorgegangen ist."[71]

Damit setzten die kommunistischen Machthaber sich selbst zum Vorbild der Jugend. Lehrer und Erzieher sollten Sorge tragen, daß die sozialistische Ideologie sich auch im Alltagsbewußtsein von Kindern und Jugendlichen verankerte. Eine wichtige Grundlage bildete die Vermittlung eines „Freund-Feind-Denkens". Der einzelne sollte Partei für die Sache des Sozialismus ergreifen, sich dem proletarischen Internationalismus verpflichtet fühlen und gleichzeitig Haß auf den Klassenfeind entwickeln.[72] Mitte der siebziger Jahre hatten große Teile der DDR-Jugend indes andere Sorgen: Sie befanden sich ähnlich wie ihre Altersgenossen im Westen im „Generationenkampf" um Musikrichtungen, Kleiderordnungen und Verhaltensnormen.

---

[68] Ebd., S. 76.
[69] Ebd., S. 75.
[70] Vgl. Hanke 1995, S. 1144 ff.
[71] Zit. nach: Margedant 1995, S. 1501.
[72] Vgl. ebd., S. 1503.

3. Die Krise im sozialistischen Lager

Die weltpolitische Offensive der von der Sowjetunion geführten sozialistischen Staaten führte Mitte der siebziger Jahre durch die Niederlage der USA in Vietnam, die Unterstützung von kommunistisch beeinflußten Befreiungsbewegungen in Afrika und die Modernisierung der auf Westeuropa gerichteten sowjetischen Mittelstreckenraketen zu einer ernsthaften Gefährdung der Entspannungspolitik. US-Präsident Carter kündigte im August 1977 die Entwicklung einer Neutronenbombe an, deren Strahlung Menschen töten könne, ohne Gegenstände in größerer Entfernung zu zerstören, und die Sowjetunion begann 1977 mit der Stationierung ihrer mobilen mit Mehrfachsprengköpfen bestückten SS-20-Mittelstreckenraketen. Die westliche Seite reagierte hierauf mit der Verkündung des „NATO-Doppelbeschlusses", der die Aufstellung von Pershing-II-Raketen und bodengestützten Marschflugkörpern vom Typ „Cruise-Missiles" vorsah, falls die Sowjetunion nicht zur beiderseitigen Abrüstung bei diesen Systemen bereit sein sollte.

Die Sowjetführung antwortete nicht auf westliche Vorschläge und setzte ihren harten Kurs der Konfrontation ungebrochen fort. Mit dem Einmarsch sowjetischer Truppen in Afghanistan Ende Dezember 1979 zur Unterstützung der ein Jahr zuvor durch einen Militärputsch an die Macht gekommenen prosowjetischen Regierung verschärfte sich die internationale Konfrontation in bedrohlichem Maße und zwang auch die beiden deutschen Staaten zur „Blockdisziplin". Während in Westdeutschland die von der SED unterstützte und durch „befreundete Organisationen und Personen" beeinflußte Friedensbewegung seit der Verkündung des NATO-Doppelbeschlusses Sturm gegen die „Nachrüstung" lief, geriet das sowjetische Lager durch die Entwicklung in Polen unter Druck.

Streiks und Proteste hatten im September 1980 in Polen schließlich zur Bildung der unabhängigen Gewerkschaft „Solidarność" geführt. Das Oberste Gericht Polens akzeptierte im Oktober die Registrierung der Gewerkschaft, die binnen kurzer Zeit nahezu 10 Mio. Mitglieder aufnahm.

Gefahr durch Entwicklung in Polen

Für die SED-Führung war die Entwicklung in Polen in doppelter Weise brisant. Einmal mußte sie ein Übergreifen sozialer Proteste und politischer Unruhen auf die DDR fürchten, außerdem wurden der Partei erneut die Risiken einer scheinbar kontrollierten „Reform des Realsozialismus" bewußt. Obwohl die Solidarność nach Auflage des Obersten Gerichts nicht die Funktion einer politischen Partei wahrnehmen durfte, waren die Zulassung einer unabhängigen Gewerkschaft, die nicht mehr die führende Rolle einer Partei anerkannte, sowie die Gewährung des Streikrechts ein potentiell bedrohlicher Angriff auf das Machtmonopol auch der SED. Entsprechend schroff reagierte die SED-Führung auf die Geschehnisse im „sozialistischen Bruderland": „Streiks zum Ausdruck ‚authentischer Arbeiterinteressen' zu erklären, ist unseres Erachtens unannehmbar. Die Klasseninteressen der Arbeiter kann niemand anders zum Ausdruck bringen als die Partei, die mit dem wissenschaftlichen Sozialismus ausgerüstet ist."[73] Schon frühzeitig zog die SED-Führung den Vergleich mit Prag 1968. In einer Analyse der ZK-Abteilung

---

[73] Rede Erich Honeckers auf dem Treffen führender Repräsentanten der Teilnehmerstaaten des Warschauer Vertrages am 5. Dezember 1980 in Moskau, zit. nach: Kubina/Wilke 1995, S. 18 und S. 166 ff.

Internationale Verbindungen zur Entwicklung in der Volksrepublik Polen vom September 1980 hieß es u. a.:

> „Der Vergleich der Programme und konkreten Forderungen der antisozialistischen Kräfte in Polen 1980 und in der ČSSR 1968 ergibt: Im Wesen und in den Zielstellungen besteht weitgehende Übereinstimmung, teils auch in den Methoden. Unterschiede gibt es in den Prioritäten der Forderungen, in den konkreten Stoßrichtungen, in den zeitlichen Vorstellungen des konterrevolutionären Vorgehens."[74]

Das SED-Politbüromitglied Joachim Herrmann, ZK-Sekretär für Agitation und Propaganda, erläuterte im Herbst 1980 gegenüber einem sowjetischen ZK-Sekretär die Sicht der SED-Führung: „Unsere Meinung ist: Die Lage in Polen ist schlimmer als 1968 in der ČSSR, schlimmer als unter Dubček."[75] Das MfS, seit September 1980 auch vor Ort in Polen im Einsatz, registrierte aufmerksam die Reaktion der DDR-Bevölkerung auf die Ereignisse. Da ein großer Teil der DDR-Bürger keine besondere Sympathie gegenüber der polnischen Bevölkerung hegte, die seit der Einführung des visafreien Reiseverkehrs vielerorts des „Leerkaufens" von DDR-Läden bezichtigt wurde, konzentrierten sich die MfS-Beobachtungen auf die Reaktionen „feindlich-negativer Kräfte" in der DDR. Der oberste Staatsschützer Erich Mielke rief zu besonderer Wachsamkeit auf:

> „Wir wissen zwar, daß es bereits in der Vergangenheit bei bestimmten kritischen innen- und außenpolitischen Situationen ... stets zu einem bestimmten öffentlichkeitswirksamen Reagieren politisch-schwankender und feindlich-negativer Personenkreise und Personen in der DDR gekommen ist. Aber hier handelt es sich um gefährliche Ereignisse in der VR Polen, unserem Nachbarland, um das konzentrierte Wirken konterrevolutionärer Kräfte inmitten unserer Staatengemeinschaft mit allen daraus für die DDR entstehenden Gefahren ... Was in Polen geschieht, das ist auch für uns in der DDR eine Kernfrage, eine Lebensfrage."[76]

Friedensinitiativen in der DDR

Spätestens im November 1980 wurden nicht nur für das MfS die Konturen eigenständiger Friedensaktivitäten in der DDR sichtbar. Die evangelische Jugend versuchte, mit ihrer ersten „Friedens-Dekade" für eine Abrüstung in Ost und West zu werben. Das Motto „Frieden schaffen ohne Waffen" wertete die SED-Führung als Kritik ihrer „Friedenspolitik", die eine Ächtung westlicher Rüstung und die Legitimierung entsprechender eigener Anstrengungen verfolgte. Angesichts dieser zugespitzten Lage verschärfte sie ihren Abgrenzungskurs gegenüber der Bundesrepublik. Zwar war sie weiterhin aus wirtschaftlichen Zwängen gewillt, den Entspannungsdialog fortzusetzen, einer möglichen Destabilisierung der politischen Situation in der DDR durch zuviel „Annäherung" wollte sie indes entgegenwirken.

Geraer Forderungen Honeckers

In einer Rede in Gera im Oktober 1980 forderte Erich Honecker eine neue Grundlage für die innerdeutschen Beziehungen. Die endgültige und vorbehaltlose völkerrechtliche Anerkennung der DDR sollte durch die Akzeptanz der DDR-

---

74 Analyse der ZK-Abteilung Internationale Verbindungen: „Die Entwicklung der Volksrepublik Polen seit dem VI. Parteitag der Polnischen Vereinigten Arbeiterpartei", zit. nach: Kubina/Wilke 1995, S. 83.
75 Information über die Gespräche zwischen Genossen Joachim Herrmann und Genossen M. V. Zimjanin am 27. und 31. Oktober 1980, zit. nach: Kubina/Wilke 1995, S. 21 und S. 96 ff.
76 Mündliche Informationen von Erich Mielke auf einer MfS-Dienstbesprechung am 2. Oktober 1980, zit. nach: Tanzscher 1995, S. 2624 f.

Staatsbürgerschaft, die Umwandlung der Ständigen Vertretungen in Botschaften, die Festlegung der Elbe-Grenze in der Mitte des Flusses und die Auflösung der zentralen Erfassungsstelle Salzgitter vorbereitet bzw. erreicht werden.[77]

Auch hinsichtlich der Lage in Polen ergriff Honecker nunmehr energisch die Initiative. In einem Brief vom 26. November 1980 wandte er sich mit der dringenden Bitte an Breschnew, ein Gipfeltreffen des Warschauer Paktes einzuberufen, um

> „kollektive Hilfemaßnahmen für die polnischen Freunde bei der Überwindung der Krise auszuarbeiten . . . Nach Angaben, die wir durch verschiedene Kanäle erhalten, greifen konterrevolutionäre Kräfte in der VR Polen ununterbrochen an, und jede Verzögerung ist dem Tod gleich – dem Tod des sozialistischen Polens. Gestern wären unsere gemeinsamen Maßnahmen vielleicht vorzeitig gewesen, heute sind sie notwendig, aber morgen können sie schon verspätet sein."[78]

Vorbereitungen zur Intervention in Polen

Obgleich in der Sowjetunion wie in der DDR die Vorbereitungen für ein militärisches Eingreifen nach dem Vorbild der Prager Intervention anliefen, entschied sich die Sowjetunion auf einem Gipfeltreffen im Dezember 1980 vorerst gegen eine militärische Lösung. Wie konkret die militärischen Vorbereitungen für eine Intervention waren, belegt der Befehl Nr. 118/80 des Ministers für Nationale Verteidigung über die Vorbereitung und Durchführung einer „gemeinsamen Ausbildungsmaßnahme" der vereinten Streitkräfte vom 6. Dezember 1980. Diese Kennzeichnung galt den militärisch-operativen Vorbereitungen zur Teilnahme von NVA-Truppen an einer möglichen Intervention der Warschauer Vertragsstaaten in Polen. Im Befehl heißt es:

> „Zur Vorbereitung und Durchführung einer gemeinsamen Ausbildungsmaßnahme der vereinten Streitkräfte der Teilnehmerstaaten des Warschauer Vertrages auf dem Territorium der Volksrepublik Polen
> befehle ich:
> 1. An der gemeinsamen Übung der vereinten Streitkräfte haben die in der Anlage 1 festgelegten Stäbe und Truppen der Nationalen Volksarmee teilzunehmen; die Bereitschaft zur Durchführung der Übung ist bis zum 7. Dezember 1980, 19.00 Uhr, in den Objekten herzustellen . . ."[79]

Nach Abschluß der Vorbereitungen erging der von Erich Honecker unterzeichnete Befehl Nr. 15/80 des Nationalen Verteidigungsrates zur Beteiligung der NVA an der „gemeinsamen Ausbildungsmaßnahme".[80] Erst im April 1982 ordnete die Sowjetunion die endgültige Einstellung dieser „Übungspläne" an.

Obschon die anscheinend von Honecker favorisierte militärische Lösung im Dezember 1980 nicht beschlossen wurde, und dieser auf dem erwähnten Gipfeltref-

---

[77] Vgl. Hacker 1995a, S. 1537.

[78] Brief E. Honeckers an L. Breschnew vom 26. November 1980, zit. nach: Kubina/Wilke 1995, S. 122.

[79] Befehl Nr. 118/80 des Ministers für nationale Verteidigung über die Vorbereitung und Durchführung einer gemeinsamen Ausbildungsmaßnahme der vereinten Streitkräfte vom 6. Dezember 1980, zit. nach: Kubina/Wilke 1995, S. 197 ff., hier: S. 197.

[80] Befehl Nr. 15/80 des Vorsitzenden des Nationalen Verteidigungsrates der Deutschen Demokratischen Republik über die Durchführung einer gemeinsamen Ausbildungsmaßnahme der vereinten Streitkräfte der Teilnehmerstaaten des Warschauer Vertrages vom 10. Dezember 1980, zit. nach: Kubina/Wilke 1995, S. 204 ff.

fen von seinem vorbereiteten und vom Politbüro bestätigten Redetext abrückte, in dem von „Blutvergießen" als „letztem Mittel", wenn die „Arbeiter- und Bauernmacht auf dem Spiele steht", die Rede war, warnte der SED-Generalsekretär vor Illusionen über die Fähigkeit der polnischen Genossen, wieder Herr der Lage zu werden.[81]

In den folgenden Monaten unterstützte die SED-Führung die „gesunden Kräfte" in Polen, wie auch das MfS seine Bemühungen zur Unterminierung und Zersetzung der polnischen Opposition verstärkte.[82] Mit besonderer Sorge registrierte die SED-Führung, daß sich auch in der PVAP Reformkräfte durchsetzten. Dem polnischen KP-Führer Kania warf sie daraufhin „Betrug an der eigenen Partei" und ein „neues großes Täuschungsmanöver gegenüber der KPdSU und den anderen Bruderparteien" vor. Orthodoxen Kräften in der PVAP sicherte sie dagegen „jede notwendige materielle und politische Hilfe für die Weiterführung ihres Kampfes" zu.[83] Die Bemühungen der SED und der sowjetische Druck führten schließlich im Oktober 1981 zur Ablösung Kanias als erstem Sekretär der PVAP durch General Jaruzelski. Dieser beendete mit der Verhängung des Kriegsrechtes am 13. Dezember 1981 vorerst die polnische Krise, ohne daß damit der Zerfallsprozeß im sozialistischen Lager aufgehalten werden konnte.

MfS und NVA reagierten auf die neue Situation mit verstärkten Aktivitäten. So wurden Teilstreitkräfte und Grenztruppen der DDR in „erhöhte Führungsbereitschaft" versetzt, und die Staatsschützer verstärkten ihre „operative Bearbeitung bzw. Kontrolle erkannter feindlich-negativer Kräfte". Erich Honecker übermittelte dem Genossen Armeegeneral Jaruzelski am 16. Dezember „brüderliche Kampfesgrüße" und sicherte Hilfe zu.

Verstärkte Aktivitäten von MfS und NVA

> „Wir sind auch bereit, Unterstützung zu leisten bei bestimmter Technik, die bei Straßenkämpfen, Barrikaden, Bauten usw. erforderlich sind ... Du kannst gewiß sein, daß Du Dich auf die Deutsche Demokratische Republik und ihre Nationale Volksarmee in jeder Beziehung verlassen kannst."

Außerdem informierte der SED-Generalsekretär seinen Amtskollegen über die Polen betreffenden Ergebnisse seines Gesprächs mit Bundeskanzler Helmut Schmidt, der vom 11.–13. Dezember zu einem Arbeitsbesuch in der DDR weilte.

> „Schmidt hat dazu erklärt, es wird höchste Zeit, daß man begonnen hat, in Polen Ordnung zu machen. Ich möchte Dir das vertraulich mitteilen, weil in dieser Art Schmidt natürlich nicht auftreten will, obwohl er auf der anschließenden Pressekonferenz erklärt hat, daß euer Vorgehen eine polnische Angelegenheit ist, in die man sich nicht einmischen soll."[84]

---

81 Vgl. Rede Erich Honeckers auf dem Treffen führender Repräsentanten der Teilnehmerstaaten des Warschauer Vertrages am 5. Dezember 1980 in Moskau, zit. nach: ebd., S. 166 ff.
82 Vgl. Tantzscher 1995, S. 2631 ff.
83 Vgl. Kubina/Wilke 1995, S. 37 und S. 312 ff.
84 Niederschrift über ein Telefongespräch des Generalsekretärs des ZK der SED, Genosse Erich Honecker, mit dem Ersten Sekretär des ZK der PVAP, Genossen Armeegeneral Wojciech Jaruzelski, am 16. Dezember 1981, zit. nach: Tantzscher 1995, S. 2646; vgl. hierzu auch Besier 1995, S. 447 ff. Allerdings hat Schmidt die ihm von Honecker unterstellte Äußerung inzwischen dementiert, vgl. Frankfurter Rundschau vom 25. Oktober 1993.

A) Politisch-historische Entwicklung der SBZ/DDR 1945–1990

Stagnation und Krise 1981–1985

Zusammenfassung

Die hohe Verschuldung im westlichen Ausland erzwang Anfang der achtziger Jahre eine Exportoffensive und eine Drosselung der Importe. Da die Parteiführung keine wesentlichen Abstriche an dem die Wirtschaftskraft überfordernden sozialpolitischen Programm vornehmen wollte, fehlten Ressourcen für die Modernisierung der DDR-Wirtschaft. Die Sowjetunion kämpfte ebenfalls mit erheblichen wirtschaftlichen Schwierigkeiten, so daß eine Erhöhung der Subventionen von dieser Seite entfiel. Für die SED begann der Überlebenskampf.

Vor allem die wirtschaftliche Krise zwang die Partei, den innerdeutschen Dialog auch nach dem Regierungswechsel in der Bundesrepublik fortzusetzen. Die Gewährung zweier Milliardenkredite durch die Regierung Kohl führte für die DDR zu einer Entlastung auf den internationalen Finanzmärkten. Die Ermahnungen der sowjetischen Führungsmacht, die sich in einem neuen „Kalten Krieg" mit den USA befand, brachten die SED-Führung nicht mehr von diesem Kurs ab. Die Ereignisse in Polen hatten ihr gezeigt, wie schnell soziale Unzufriedenheit in politische Unruhen umschlagen konnte.

Die auf innerdeutscher Ebene hergestellte „Koalition der Vernunft" wurde von der SED durch einen harten innenpolitischen Abgrenzungskurs begleitet. Neben massiver Repression wandte sie gegen die zumeist im kirchlichen Umfeld entstandenen oppositionellen Gruppen subtile „Zersetzungs"methoden an. Zwar ließ sie keinerlei Abstriche an ihrem Machtmonopol zu, duldete aber den individuellen Rückzug in private Nischen. Durch Vereinnahmung wichtiger historischer Persönlichkeiten wie Martin Luther, Friedrich den Großen oder gar Bismarck für das „nationale Erbe" der DDR versuchte sie, die angeblich breite Verwurzelung ihres Staates in der deutschen Geschichte zu demonstrieren.

Die wachsende Unzufriedenheit in der Bevölkerung äußerte sich in der Zunahme der Ausreiseanträge und Übersiedlungen in die Bundesrepublik. Trotz fortgesetzter Diskriminierungs- und Kriminalisierungsbemühungen des MfS gelang der SED die Unterbindung oder Zurückdrängung der „Ausreisebewegung" nicht. Der andauernde Freikauf politischer Häftlinge stellte überdies eine zusätzliche Quelle zur Devisenbeschaffung dar. Auch unter SED-Mitgliedern nahm in diesem Zeitraum die Unzufriedenheit zu.

Trotz massiver Einflußnahme gelang es der SED nicht, die westdeutsche Friedensbewegung erfolgreich zur Destabilisierung der Bundesrepublik oder zur Verunsicherung oder Spaltung der NATO zu instrumentalisieren. Die konsequente Durchsetzung des NATO-Nachrüstungsbeschlusses durch die Regierungen Schmidt und Kohl offenbarte die Grenzen der SED-Politik. Überdies hatte sie es fortan im eigenen Lande mit unabhängigen Friedensgruppen zu tun, die sich dem Führungsanspruch der Einheitspartei bewußt widersetzten.

Chronik

1981

14./15. Februar 1981	Erich Honecker spricht erstmals wieder von einer möglichen „Vereinigung beider deutscher Staaten" – allerdings nach der sozialistischen Umgestaltung der Bundesrepublik Deutschland.
17. März 1981	Manöver „Sojus 81" der Warschauer-Pakt-Staaten in Polen.
19. März 1981	Festnahme von Mitgliedern der KPD/ML, „Sektion DDR", die später wegen „staatsfeindlicher Hetze" zu hohen Freiheitsstrafen verurteilt werden.
19. März 1981	Handelsabkommen zwischen der DDR und der Sowjetunion für 1981 bis 1985; die zugesagten 19 Mio. Tonnen Erdöl werden kurze Zeit später auf 17 Mio. Tonnen reduziert.
10. April 1981	Der Jenaer Oppositionelle Matthias Domaschk wird auf Anordnung des MfS auf dem Weg nach Berlin verhaftet, in nächtlichen Verhören massivem psychischen Druck ausgesetzt und wenig später in der Untersuchungshaftanstalt Gera erhängt aufgefunden. Vor allem von Angehörigen und Freunden Domaschks geäußerte Zweifel an der von den DDR-Behörden offiziell mitgeteilten Version eines Selbstmords konnten auch durch ein Wiederaufnahmeverfahren in den 90er Jahren juristisch weder bestätigt noch ausgeräumt werden.
11.–16. April 1981	X. Parteitag der SED.
9. Mai 1981	Mitarbeiter der sächsischen Landeskirche fordern „Sozialen Friedensdienst" für Kriegsdienstverweigerer.
26.–31. Mai 1981	Erich Honecker hält sich zu einem Staatsbesuch in Japan auf.
29. Mai 1981	Margot Honecker, Ministerin für Volksbildung, ordnet die Einführung einer vormilitärischen Ausbildung in den Klassen 11 und 12 der EOS an.
20. Juni 1981	Das ehemalige Salzbergwerk Morsleben wird zur zentralen Endlagerstätte für radioaktive Abfälle bestimmt.
13. August 1981	Die DDR begeht 20. Jahrestag des Mauerbaus mit einem „machtvollen Kampfappell".
20. September 1981	Robert Havemann erhebt in einem Brief an Breschnew die Forderung nach einem Friedensvertrag und dem Abzug der Besatzungstruppen aus beiden Teilen Deutschlands.
24. September 1981	Pfarrer Rainer Eppelmann veröffentlicht einen Brief an Honecker, in dem er ein Verbot von Kriegsspielzeug und die Abschaffung des Wehrunterrichts fordert.
8.–18. November 1981	Zweite „Friedensdekade" der evangelischen Jugend.
11. November 1981	Das Sekretariat des ZK der SED verabschiedet „Konzeption zur Arbeit mit jungen Schreibenden und anderen am Schreiben interessierten Bürgern".
11.–13. Dezember 1981	Helmut Schmidt trifft mit Erich Honecker am Werbellinsee zusammen.
13. Dezember 1981	Verhängung des Kriegsrechts in Polen.

13.–15. Dezember 1981	„Berliner Begegnung zur Friedensförderung" mit Schriftstellern aus beiden deutschen Staaten.
15. Dezember 1981	Die DDR-Führung begrüßt offiziell die Verhängung des Kriegsrechts in Polen.
18. Dezember 1981	Erich Honecker verleiht Breschnew in Moskau den Ehrentitel „Held der Deutschen Demokratischen Republik" und den Karl-Marx-Orden.
31. Dezember 1981	Im Jahre 1981 verlassen 15 433 Personen als Flüchtlinge oder Übersiedler die DDR.

1982

25. Januar 1982	Der „Berliner Appell – Frieden schaffen ohne Waffen" wird auf Initiative von Pfarrer Rainer Eppelmann veröffentlicht. Eppelmann wird daraufhin kurzzeitig verhaftet.
11. Februar 1982	Das DDR-Innenministerium erweitert den Katalog „dringender Familienangelegenheiten" für Reisen von DDR-Bürgern in die Bundesrepublik.
14. Februar 1982	Friedensforum unabhängiger Friedensgruppen in Dresden.
18. März 1982	Erstes offizielles Treffen von Abgeordneten der Volkskammer und SPD-Bundestagsabgeordneten.
25. März 1982	Die Volkskammer beschließt ein neues Wehrdienstgesetz.
9. April 1982	Robert Havemann stirbt.
27. Mai 1982	Großkundgebung der FDJ unter dem Motto „Gegen NATO-Waffen Frieden schaffen".
15. Juli 1982	Die Sowjetunion beginnt mit der Stationierung von Kurzstreckenraketen des Typs SS21 in der DDR.
1. September 1982	Festnahme von Roland Jahn bei einer Solidaritätskundgebung für „Solidarność" in Jena.
1. Oktober 1982	Helmut Schmidt verliert sein Amt durch ein konstruktives Mißtrauensvotum; Wahl von Helmut Kohl zum Bundeskanzler einer CDU/CSU-FDP Koalition.
10. November 1982	Leonid Breschnew stirbt.
20. Dezember 1982	Honecker trifft in Moskau den Breschnew-Nachfolger Andropow.
31. Dezember 1982	Im Jahre 1982 verlassen 13 203 Personen als Flüchtlinge oder Übersiedler die DDR.

1983

2. Januar 1983	Katholische Bischöfe in der DDR kritisieren in einem Hirtenwort die zunehmende Militarisierung des gesellschaftlichen Lebens.
15. Januar 1983	Die DDR-Zentralverwaltung für Statistik teilt die niedrigste Wachstumsrate der Wirtschaft seit 20 Jahren mit.
7. Februar 1983	Honecker schreibt einen Brief an Kohl zu „atomwaffenfreier Zone in Europa".
10. April 1983	Tod eines Transitreisenden nach Verhören durch DDR-Grenzorgane.
11.–17. April 1983	Internationale „Karl-Marx-Konferenz" in Ost-Berlin.

18. April 1983	Günter Mittag zu Wirtschaftsgesprächen in Bonn.
21. April 1983	Eröffnung der restaurierten Wartburg in Eisenach anläßlich des Luther-Jahres 1983.
28. April 1983	Honecker sagt seinen geplanten Besuch in der Bundesrepublik ab.
12. Mai 1983	Bundestagsabgeordnete der Grünen demonstrieren für Abrüstung in Ost und West auf dem Alexanderplatz.
10. Juni 1983	Honecker verabschiedet den sowjetischen Botschafter Abrassimow; Nachfolger wird Kotschemassow.
1. Juli 1983	Der von Strauß vermittelte Milliardenkredit für die DDR wird unterzeichnet.
24.–27. Juli 1983	Strauß zu „Privatbesuch" bei Honecker am Werbellinsee.
24./25. August 1983	Bahr trifft Honecker in Berlin; Gespräche über „Wettrüsten" und „Nachrüstung".
1. September 1983	Die Sowjetunion schießt ein in sowjetisches Sperrgebiet geratenes südkoreanisches Verkehrsflugzeug ab.
15. September 1983	Honecker empfängt den Regierenden Bürgermeister von Berlin, Richard von Weizsäcker.
28. September 1983	Die Sowjetunion verschärft die Propaganda gegen amerikanische Rüstungspolitik; Drohung mit „Konsequenzen".
31. Oktober 1983	Honecker empfängt Delegation der Grünen.
10. November 1983	Offizieller Festakt in der DDR zum 500. Geburtstag Luthers.
15. November 1983	Abschluß eines innerdeutschen Postabkommens.
24./25. November 1983	Egon Krenz wird Mitglied des Politbüros und ZK-Sekretär für Staats- und Rechtsfragen, Sicherheit und Kaderfragen.
12. Dezember 1983	Bärbel Bohley und Ulrike Poppe von der Initiative „Frauen für den Frieden" werden verhaftet und erst am 25. Januar 1984 nach Protesten wieder freigelassen.
30. Dezember 1983	Der Berliner Senat übernimmt von der DDR-Reichsbahn das West-Berliner Streckennetz der S-Bahn.
31. Dezember 1983	Im Jahre 1983 verlassen 11 343 Personen als Flüchtlinge oder Übersiedler die DDR.

1984

27. Januar 1984	Frankreich eröffnet Kulturzentrum in Ostberlin.
31. Januar/ 1. Februar 1984	Der kanadische Premierminister Trudeau besucht die DDR.
9. Februar 1984	Der Generalsekretär des ZK der KPdSU, Andropow, stirbt; Nachfolger wird Tschernenko.
9. Februar 1984	Honecker übergibt in Ost-Berlin die (vermeintlich) zweimillionste Wohnung des Programms von 1971.
22.–24. Februar 1984	DGB und FDGB unterzeichnen Arbeitsvereinbarung.
23.–25. Februar 1984	Beginn des „Meinungsaustauschs" zwischen SPD und SED.
24. Februar 1984	14 DDR-Bürger in Prager Botschaft der Bundesrepublik erzwingen ihre Ausreise.

5. März 1984	Honecker empfängt den Vorsitzenden der FDP-Bundestagsfraktion Mischnick.
8. März 1984	Delegation von SPD-Bundestagsabgeordneten besucht Volkskammer.
14. März 1984	Die SPD-Delegation trifft die SED-Spitze in Ost-Berlin.
15. März 1984	Kohl spricht im „Bericht zur Lage der Nation" von der „offenen deutschen Frage".
6. April 1984	Günter Mittag trifft in Bonn Kohl und Strauß.
10. Mai 1984	Die DDR verkündet den Boykott der Olympischen Spiele in Los Angeles.
14. Mai 1984	Die Sowjetunion und die DDR geben die Stationierung zusätzlicher sowjetischer Raketenkomplexe bekannt.
17. Mai 1984	Verkündung neuer sozialpolitischer Maßnahmen für kinderreiche Familien.
24. Mai 1984	Herbert Häber, Werner Jarowinsky, Günther Kleiber und Günter Schabowski werden Mitglieder des Politbüros.
14. Juni 1984	Erich Honecker trifft in Moskau den neuen sowjetischen Generalsekretär Tschernenko.
29. u. 30. Juni 1984	Der schwedische Ministerpräsident Olof Palme zu Staatsbesuch in der DDR.
4.–6. Juli 1984	Der griechische Ministerpräsident Papandreou zu Staatsbesuch in der DDR.
6. Juli 1984	Die Sowjetunion beginnt eine Pressekampagne gegen die Bundesregierung und unterstellt ihr, die „Einverleibung der DDR" zu beabsichtigen.
9.–10. Juli 1984	Der italienische Ministerpräsident Craxi zu Staatsbesuch in der DDR.
25. Juli 1984	Die Bundesregierung bürgt für einen DDR-Kredit (950 Mio DM); Senkung des Mindestumtauschs für Rentner.
4. September 1984	Honecker sagt abermals seinen geplanten Staatsbesuch in der Bundesrepublik ab.
8. Oktober 1984	Die DDR verschärft Kontrollen an der Grenze zur Tschechoslowakei.
5.–6. November 1984	Der österreichische Bundeskanzler Sinowatz zu Staatsbesuch in der DDR.
30. November 1984	Die DDR beendet den Abbau der Selbstschußanlagen.
31. Dezember 1984	Im Jahre 1984 verlassen 40 974 Personen als Flüchtlinge oder Übersiedler die DDR.

1985

15. Januar 1985	Erneut DDR-Flüchtlinge in Prager Botschaft, die ihre Ausreise erzwingen wollen.
13. Februar 1985	Wiedereröffnung der 1945 zerstörten Semper-Oper in Dresden.

10. März 1985	Der Generalsekretär der KPdSU, Tschernenko, stirbt; Gorbatschow wird sein Nachfolger.
8.–10. April 1985	Geoffrey Howe reist als erster britischer Außenminister in die DDR.
23.–24. April 1985	Staatsbesuch Honeckers in Italien; Gespräch mit Papst Johannes Paul II.
6. Juni 1985	„Ausführlicher Meinungsaustausch" zwischen Wehner und Honecker am Werbellinsee.
10./11. Juni 1985	Der französische Ministerpräsident Fabius zu Staatsbesuch in der DDR.
19. Juni 1985	SPD und SED veröffentlichen „Vorschlag für ein Rahmenabkommen zur Schaffung einer chemiewaffenfreien Zone in Europa".
1. September 1985	Honecker trifft Strauß bei der Eröffnung der Herbstmesse in Leipzig.
9.–11. September 1985	Der finnische Ministerpräsident Sorsa zu Staatsbesuch in der DDR.
18.–20. September 1985	Brandt erstmals nach 1974 in der DDR; Gespräch mit Honecker.
25. September 1985	Ehrendoktorwürde der Leipziger Universität für William Borm (FDP), der 1991 als Mitarbeiter des MfS enttarnt wird.
13.–15. November 1985	Der saarländische Ministerpräsident Lafontaine besucht Honecker; Lafontaine spricht sich für die Anerkennung der DDR-Staatsbürgerschaft aus.
19.–21. November 1985	Gipfeltreffen zwischen Reagan und Gorbatschow in Genf.
22. November 1985	Konrad Naumann wird aus dem Politbüro ausgeschlossen.
3. Dezember 1985	Generaloberst Heinz Keßler löst den verstorbenen Heinz Hoffmann als Verteidigungsminister ab.
31. Dezember 1985	Im Jahre 1985 verlassen 24 912 Personen als Flüchtlinge oder Übersiedler die DDR.

1. Die Sicherung der Macht und die Suche nach Legitimation und Sinnstiftung

Anfang der achtziger Jahre stand die SED-Führung angesichts der sich zuspitzenden Blockkonfrontation, der in Polen sichtbar werdenden Auflösungserscheinungen in einigen Ländern der sozialistischen Staatengemeinschaft sowie der weiterhin angespannten wirtschaftlichen Lage vor äußerst schwierigen Problemen. Unter Ausnutzung ihres begrenzten Spielraums mußte sie schon wegen des ökonomischen Nutzens auf eine Fortsetzung des innerdeutschen Dialogs setzen und gleichzeitig dafür Sorge tragen, daß die eigene Bevölkerung ruhig blieb und eine mögliche Opposition im Keim erstickt wurde.

Der X. Parteitag im April 1981 „bestätigte" die 1971 eingeschlagene Linie: Das Treuebekenntnis zur Sowjetunion und die Einheit von Wirtschafts- und Sozialpolitik standen abermals im Vordergrund der Monologe. Unverändert ließ die SED-Führung keinen Zweifel an ihrer führenden Rolle und an der Geschlossenheit der Partei. Die Mitgliederzahl der Partei hatte knapp 2,2 Millionen erreicht, unter ihnen ca. eine halbe Million Nomenklaturkader.[1]

Diese in Partei, Staat, Wirtschaft und gesellschaftlichen Organisationen tätigen hauptamtlichen Funktionäre bildeten das personelle Rückgrat der SED-Diktatur. Längst war die SED für viele zu einer Karrierepartei geworden, war doch der berufliche Aufstieg in höhere Positionen, abgesehen von obligaten Quoten für Funktionäre der Blockparteien, ohne SED-Mitgliedschaft kaum möglich. Um das wachsende Mitgliederpotential ideologisch beeinflussen und ausrichten zu können, verstärkte die Partei die Schulung ihrer Genossen. 1,9 Millionen hatten inzwischen für wenigstens drei Monate eine Parteischule besucht, 15 000 Parteikader waren Absolventen der Parteihochschule „Karl Marx".[2] Mitgliedern wie Nomenklaturkadern vermittelten Parteiideologen in Weiterbildungslehrgängen die jeweils gültige politische Linie. Wichtigstes Lernziel blieb immer die Unterordnung unter die Führung: „Ausschlaggebend für den erfolgreichen Weg der SED erweist sich stets aufs neue, daß an ihrer Spitze ein einheitlich und geschlossen handelndes marxistisch-leninistisches Führungskollektiv steht, das von dem aus der Thälmannschen Garde hervorgegangenen und in vielen Klassenkämpfen gestählten und erfahrenen Genossen Erich Honecker geleitet wird", hieß es einige Jahre später in den Thesen der SED zum 70. Jahrestag der KPD.[3]

SED Karrierepartei

An der Spitze der SED gab es in den achtziger Jahren nur wenige personelle Veränderungen. Egon Krenz, Werner Jarowinsky, Günther Kleiber und Günter Schabowski rückten zu Politbüromitgliedern auf. Bei allen handelte es sich um treue Gefolgsleute des Generalsekretärs Honecker, um den von DDR-Medien in zunehmendem Maße ein Personenkult gepflegt wurde.

Die Blockparteien bekräftigten wie üblich auf ihren im darauffolgenden Jahr stattfindenden Parteitagen die von der SED beschlossenen Leitlinien und sicherten der Politik der „führenden Partei" ihre Unterstützung zu. Nach der Aufhebung des Verbots der Mitgliederwerbung waren die Mitgliederzahlen der Blockparteien

Blockparteien in den achtziger Jahren

---

1 Vgl. Weber 1987, S. 39.
2 Vgl. Weber 1991, S. 183.
3 Zit. nach: Weber 1991, S. 187.

wieder angestiegen. Die LDPD verzeichnete im April 1982 82 000 Mitglieder, die NDPD 91 000, die Demokratische Bauernpartei 103 000 und die größte Blockpartei – die CDU – 125 000.[4] Den Mitgliedern der Blockparteien blieben zwar Führungspositionen weitgehend versperrt, unterhalb dieser Ebene brachte die Mitgliedschaft aber nicht selten berufliche Vorteile. Erleichternd kam für die Mitglieder dieser Parteien hinzu, daß der von der SED ausgeübte Druck zur „Teilhabe am gesellschaftlichen Leben" mit der Mitgliedschaft in einer Blockpartei weitgehend entfiel. Andererseits symbolisierte der Eintritt in eine Blockpartei aber auch eine gewisse Distanz zur SED und ihren ideologischen Formeln.

Auch die Massenorganisationen bereiteten der SED keine Probleme. Die Partei bediente sich ihrer in gewohnter Weise. In den Jahren 1980/81 z. B. hatte der FDGB scharfe Abgrenzungen und Polemiken gegen Solidarność von sich zu geben, die FDJ sollte versuchen, alternatives Denken unter Jugendlichen zurückzudrängen. Auf einer Kulturkonferenz der FDJ im Oktober 1982 griffen die Jugendfunktionäre „illoyale" Künstler an: „Die Treue zu den Prinzipien sozialistisch-realistischen Kunstschaffens, die für die große Mehrheit unserer Künstler typisch ist, stellt die einzig richtige Antwort auf die gegnerische Taktik einer Erosion des Sozialismus dar. Der Gegner attackiert unsere produktive Widerspruchs- und Konfliktdarstellung und fördert Leute, die an unsere Entwicklung destruktiv herangehen."[5] Die Abwehr jeglicher, auch innerkommunistischer Kritik durchzog auch eine Rede des FDJ-Vormannes Egon Krenz:

> „Aber eindeutig vorbei an unserer Auffassung von einer vielseitigen Kultur und Kunst gehen jene Werke, die die Weltoffenheit, in der wir leben, als Einladung zum geistigen Pluralismus mißverstehen; Werke, in denen die Geschichte in den Schmutz gezogen und die Entwicklung der DDR verfälscht wird; Werke, in denen der Mensch ein Sandkorn ist, von den Stürmen der Zeit mal hierhin, mal dorthin getrieben, immer hilfs- und ahnungslos ... Für derartige Positionen gibt es bei uns in der Freien Deutschen Jugend keinen Ton, kein Blatt Papier, keinen Pinselstrich Farbe."[6]

Selektive Traditionsbildung

Neben den üblichen marxistisch-leninistischen Floskeln griff die SED zur Legitimation ihres Machtmonopols wieder stärker auf ihre Interpretation des Marxismus zurück. Zum 100. Todestag von Marx wurde 1983 ein „Karl-Marx-Jahr" angeordnet; der „reale Sozialismus" der DDR sollte als Verwirklichung der Lehre von Marx und Engels dargestellt werden. Gleichzeitig versuchte die SED-Führung, sich anderer Aspekte und Gestalten der deutschen Geschichte zu bemächtigen. Martin Luther z. B. wurde als einer der „größten Söhne des deutschen Volkes" gefeiert. Seinen 500. Geburtstag suchte die SED sowohl innenpolitisch – in den Bereichen Kirche und Kultur – als auch außenpolitisch zu nutzen. Der politische Stellenwert der „Martin-Luther-Ehrung der DDR" im Jahre 1983 kam auch darin zum Ausdruck, daß Erich Honecker den Vorsitz des Luther-Komitees und die Schirmherrschaft über die Feierlichkeiten übernahm. Bei der Konstituierung des Luther-Komitees – bereits drei Jahre vor dem Ereignis – erklärte Honecker: „Zu

---

[4] Vgl. Weber 1993, S. 93.
[5] Referat des FDJ-Kultursekretärs Hartmut König auf der FDJ-Kulturkonferenz im Oktober 1982 in Leipzig, zit. nach: Jäger 1994, S. 193.
[6] Rede von Egon Krenz auf der FDJ-Kulturkonferenz im Oktober 1982, zit. nach: Jäger 1994, S. 195.

den progressiven Traditionen, die wir pflegen und weiterführen, gehören das Wirken und das Vermächtnis all derer, die zum Fortschritt der Entwicklung der Weltkultur beigetragen haben, ganz gleich, in welcher sozialen und klassenmäßigen Bindung sie sich befinden." Die DDR sei der rechtmäßige Erbe aller, welche die gesellschaftliche Entwicklung vorangebracht haben.[7]

Auch an anderen Personen der deutschen Geschichte entdeckte die Parteiführung zunehmend „progressive" Seiten. So ließ sie Bismarck, Friedrich II. und auch den Widerstand konservativer Kreise gegen das NS-Regime von Historikern neu bewerten. Zum 35. Gründungstag der DDR im Oktober 1984 erklärte die Parteiführung, ihr Staat sei „tief und fest" in der „ganzen deutschen Geschichte verwurzelt".[8] Bei dieser selektiven Traditionsbildung blieb freilich der Nationalsozialismus bzw. eine entsprechende Diskussion um die Ursachen seiner Entstehung fernab traditioneller Faschismustheorien weitgehend ausgeklammert. Die thematische Öffnung, die zu neuen Nuancen in der Geschichtsinterpretation führte, ging nicht einher mit der Respektierung prinzipiell anderer Positionen, sondern vollzog sich in den Bahnen parteigeleiteter Weisungen. Die parteiloyale Besetzung neuer thematischer Felder sollte eine „Offenheit" vortäuschen, die tatsächlich jeder Grundlage entbehrte.

Offenbar hielt die SED-Spitze nunmehr auch die Zeit für gekommen, das Grenzregime auf eine gesetzliche Grundlage zu stellen. In der Sitzung des Politbüros vom 3. März 1981 verabschiedete sie den vom Nationalen Verteidigungsrat bestätigten Entwurf des Grenzgesetzes und leitete diesen an Volkskammer und Ministerrat zur formellen Billigung weiter. Die Volkskammer übernahm die Politbürovorlage ohne Änderung am 25. März 1982, woraufhin das Grenzgesetz am 1. Mai 1982 in Kraft trat.[9]

Grenzgesetz

Vor dessen Erlaß war der Schußwaffengebrauch durch Dienstvorschriften geregelt. Diese sahen in jedem Fall den Einsatz der Schußwaffe bzw. die Abgabe von gezielten Schüssen als letztes Mittel zur Verhinderung von Grenzdurchbrüchen vor. Der Paragraph 27 des Grenzgesetzes setzte diese Linie fort und rechtfertigte die Anwendung der Schußwaffe als „äußerste Maßnahme der Gewaltanwendung gegenüber Personen".[10] Grundsätzlich gerechtfertigt war die Anwendung der Schußwaffe zur Verhinderung einer Straftat sowie zur Ergreifung von Personen, die „eines Verbrechens dringend verdächtig sind". Da der „ungesetzliche Grenzübertritt" im schweren Fall mit einer Freiheitsstrafe von einem bis acht Jahren bedroht war, wurde den Grenzposten in der Ausbildung der Eindruck vermittelt, Grenzverletzer seien ausnahmslos „Verbrecher".[11]

In einer Ausbildungsunterlage zur Erläuterung des Schußwaffengebrauchs heißt es im Entwurf:

---

7 Neues Deutschland vom 14./15. Juni 1980.
8 Vgl. Weber 1991, S. 180.
9 Gesetz über die Staatsgrenze der Deutschen Demokratischen Republik (Grenzgesetz) vom 25. März 1982, auszugsweise abgedruckt in: Koop 1996b, S. 558ff.
10 Vgl. ebd., S. 560.
11 Vgl. DDR-GBl. vom 25. März 1982, S. 197ff. und 213, Abs. 3 StGB/DDR und „Ausbildungsunterlage zur Erläuterung der Anwendung der Schußwaffe nach dem Grenzgesetz vom 25. März 1982 bei der Sicherung der Staatsgrenze", Anlage zum Entwurf einer Dienstvorschrift über den Schußwaffengebrauch vom 12. Mai 1982; AdV.

Schaubild 3:

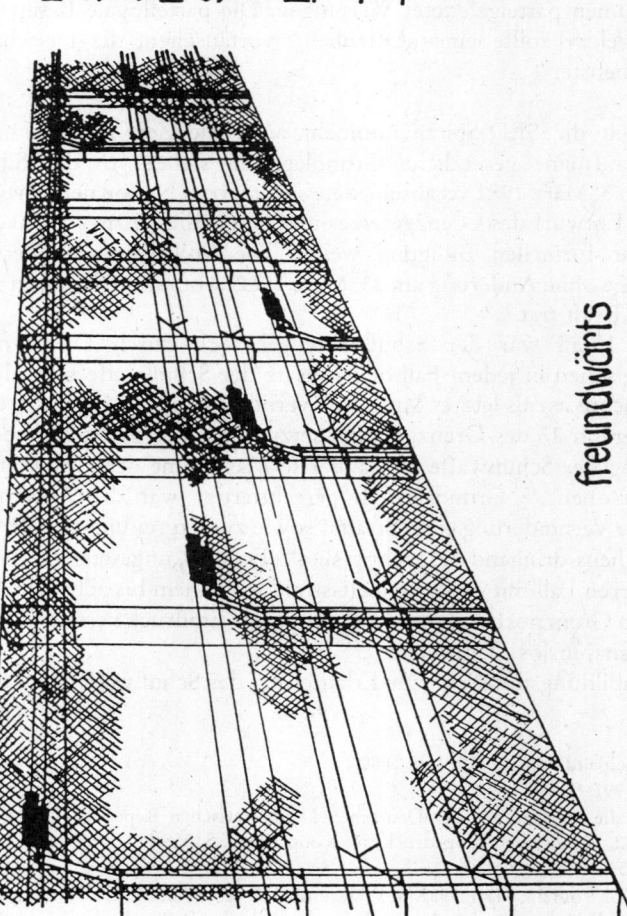

Quelle: Berliner Mauer-Archiv

„Der richtige und wirksame Einsatz der Schußwaffe im Grenzdienst ist nicht nur eine gesetzliche Pflicht, sondern das zutiefst moralische und humanistische Recht eines jeden Angehörigen der Grenzgruppen . . . Noch nie wurden in der Geschichte unseres Volkes Waffen für eine edlere Sache getragen, wurde bewaffnete Gewalt im Interesse humanerer Ziele angewendet als im ersten sozialistischen deutschen Staat, der DDR."[12]

Wie in den Jahren zuvor regelten spezielle Befehle des Kommandeurs des jeweiligen Grenzkommandos und die mündliche „Vergatterung" der Grenzsoldaten die konkrete Anwendung der Schußwaffe. Z. B. heißt es in Abschnitt 3 eines Befehls des Kommandeurs des Grenzkommandos Süd aus dem Jahre 1981:

„Es ist zu erreichen, daß die zum Grenzdienst eingesetzten Kräfte in Erfüllung des Kampfbefehls, wenn alle anderen Möglichkeiten zur Festnahme erschöpft sind, die Schußwaffe entsprechend den Bestimmungen für den Schußwaffengebrauch kompromißlos anwenden. Die Feuerführung hat in jedem Fall so zu erfolgen, daß die Staatsgrenze nicht verletzt und unbeteiligte Personen nicht gefährdet werden."

Damit der einzelne Grenzsoldat keine Skrupel entwickelte, sollte er offen zum Haß auf den „Feind" erzogen werden:

„Stärker anzuerziehen ist der unversöhnliche Haß auf den Imperialismus, seine Söldner und alle antisozialistischen Elemente. Die Haltung zum Grenzverletzer als Feind des Sozialismus und jedes Grenzsoldaten ist konsequent zu entwickeln".[13]

2. Die Ziele der SED-Westpolitik: Anerkennung der DDR und Destabilisierung der Bundesrepublik

Ermuntert von der Welle internationaler Anerkennung – in den achtziger Jahren hatten 131 Staaten die DDR diplomatisch anerkannt – und einer Vielzahl von Staatsbesuchen hoher Repräsentanten auch westlicher Staaten in der DDR, trat die Staats- und Parteiführung gegenüber der Bundesregierung selbstbewußter auf. Gleichermaßen gab es unterhalb der Führungsebene eine Vielzahl von Gesprächen, Verhandlungen und Vereinbarungen.

Ebenso wie die Bundesrepublik war die DDR bestrebt, eine längerfristige Verschlechterung des innerdeutschen Verhältnisses zu vermeiden. Die Motive für die Fortführung des innerdeutschen Dialogs selbst in Zeiten härtester Blockkonfrontation unterschieden sich freilich gewaltig. Die SED-Führung zielte auf internationale Anerkennung und Reputation, vor allem aber auf wirtschaftliche Vorteile. Die Bundesregierung wollte dagegen menschliche Erleichterungen und wohl auch eine von den politischen Akteuren verschieden interpretierte Annäherung der beiden deutschen Staaten erreichen. Die westdeutsche Industrie schließlich sah in der DDR einen Absatzmarkt für ihre Produkte. Der Tauschhandel wirtschaftliche Hilfe gegen menschliche Erleichterungen sollte die innerdeutschen Beziehungen bis zur Vereinigung maßgeblich bestimmen.

DDR will Verschlechterung der innerdeutschen Beziehungen vermeiden

---

[12] Ausbildungsunterlage zur Erläuterung der Anwendung der Schußwaffe nach dem Grenzgesetz vom 25. März 1982 bei der Sicherung der Staatsgrenze, Anlage zum Entwurf einer Dienstvorschrift über den Schußwaffengebrauch vom 12. Mai 1982; AdV.
[13] Befehl Nr. 20/81 des Kommandeurs des Grenzregiments 1 für das erste Ausbildungshalbjahr 1981/1982 vom 16. November 1981; AdV.

Trotz der angespannten internationalen Lage – Polenkrise, Nachrüstungsdebatte etc. – riß der innerdeutsche Gesprächsfaden auch auf höchster Ebene nicht ab. Allerdings hatte Erich Honecker mit seinen Geraer Forderungen, die der DDR die lang ersehnte völkerrechtliche Anerkennung ihrer Existenz durch die Bundesrepublik bringen sollten, die Latte für die Bundesregierung sehr hoch gelegt. Die Regierung Schmidt/Genscher konnte und wollte wohl überwiegend die im Grundlagenvertrag und im Bundesverfassungsgerichtsurteil festgelegten rechtlichen Prinzipien des innerdeutschen Verhältnisses nicht korrigieren.[14] Der Besuch von Helmut Schmidt in der DDR im Jahre 1981 führte infolgedessen zu keiner grundsätzlichen Veränderung des innerdeutschen Verhältnisses.

Minimalkonsens Honecker/Schmidt

Das gemeinsame Kommunique schrieb neben den bekannten gegensätzlichen Standpunkten den Minimalkonsens fest: „Erich Honecker und Helmut Schmidt bekräftigten ihre Überzeugung, daß von deutschem Boden nie wieder Krieg ausgehen darf. Beide Seiten sind sich ihrer großen Verantwortung für die Sicherung des Friedens in Europa bewußt. Sie stimmen darin überein, daß vom Verhältnis der beiden deutschen Staaten keine zusätzlichen Belastungen für das Ost-West-Verhältnis ausgehen dürfen."[15] Auch die Verhängung des Kriegsrechts in Polen am 13. Dezember 1981, über die Erich Honecker schon vor dem Besuch von Schmidt informiert war, konnte diese gemeinsame Willenskundgebung nicht beeinträchtigen. Die hier gefundene pragmatische Linie der Fortführung des Dialogs bei fortbestehenden unterschiedlichen Grundpositionen sollte auch von der Ende 1982 folgenden CDU/CSU-FDP-Koalition unter Helmut Kohl fortgesetzt werden, allerdings begleitet von einem kritischeren Tenor öffentlicher Verlautbarungen und einer deutlichen Betonung des Gedankens der nationalen Einheit.

Geradezu generalstabsmäßig unterband die SED mögliche Beifallskundgebungen für Bundeskanzler Schmidt während seines Besuchs in der DDR. Als Konsequenz des Erfurter Treffens, bei dem die Bevölkerung Willy Brandt noch zujubeln konnte, hatte das Politbüro am 28. April 1970 beschlossen, daß „bei Veranstaltungen mit ähnlichem Charakter das Leitungssystem der inneren Mobilmachung in Kraft tritt".[16] Entsprechend dieser Vorgabe hatte das MfS den Besuch von Helmut Schmidt minutiös vorgeplant. In dem von Mielke erarbeiteten und von Honecker am 8. Dezember 1981 bestätigten Maßnahmeplan wurde die umfassende „Sicherung der Orte und Einrichtungen, in denen der Bundeskanzler Besichtigungen durchzuführen beabsichtigt, unter besonderer Berücksichtigung einer hohen Konzentration der Bevölkerung in den Handlungsräumen" festgelegt. Neben der „Bildung von Sperrkreisen und mitlaufenden Sicherungszonen" sollte die „Gewährleistung eines progressiven Verhaltens und politisch überzeugenden Auftretens durch die Bevölkerung an und in der Umgebung der Besichtigungspunkte, in enger Zusammenarbeit mit den territorialen Parteiorganisationen" garantiert sein.[17] Vorgesehen war ebenfalls eine „politisch-operative Kontrolle über alle feindlich-negativen Perso-

---

14 Vgl. Hacker 1995a, S. 1537.
15 Zit. nach: Schindler 1995, S. 225.
16 Zit. nach: Staadt 1993, S. 293.
17 „Plan der Maßnahmen zur Gewährleistung der Sicherheit während des Arbeitsbesuches des Bundeskanzlers der Bundesrepublik Deutschland in der Deutschen Demokratischen Republik," BStU AGM 303, S. 6ff.

nen", d. h. über DDR-Bürger, die z. B. Ausreiseanträge gestellt hatten oder durch „provokatorisches rowdyhaftes, dekadentes oder in anderer Weise die kapitalistischen Lebensverhältnisse verherrlichendes Auftreten das Ansehen der DDR schädigten". Dieser Personenkreis durfte ab 10. Dezember 1981 nicht mehr in die vorgesehenen Besuchsstätten reisen.[18] Zur Erfüllung des Maßnahmeplans sollten ca. 19 000 Angehörige des MfS bzw. des diesem unterstellten Wachregimentes „Feliks Dzierzynski" zum Einsatz gebracht werden, hinzu kamen 18 000 Mitarbeiter des Ministerums des Innern.[19]

Die geradezu gespenstisch wirkenden Bilder aus Güstrow – einer Besuchsstation Helmut Schmidts – verdeutlichten auch dem Fernsehzuschauer in Ost und West, in welchem Umfang dieser Plan Realität wurde. Die Sicherheitskräfte riegelten das Stadtzentrum nahezu vollständig ab. Nur wenige mit Sonderausweisen versehene Güstrower durften die Straße betreten. Außer einigen bestellten „Erich, Erich"-Rufen blieb die Stadt still.[20]

Gespenstische Szenerie in Güstrow

Nach dem Regierungswechsel in Bonn mußte sich die SED auf neue Verhandlungspartner einstellen. In der CDU/CSU gab es zwar eine starke Gruppierung, die aus einem prinzipiellen Antikommunismus heraus jeden über das unbedingt Notwendige hinausgehenden Kontakt mit der SED ablehnte, doch die Mehrheit (ab 1982 inklusive der verantwortlichen Regierungsmitglieder und des Bundeskanzlers) wollte eine weitgehende Fortsetzung des eingeschlagenen Kurses. Allerdings betonte die neue Bundesregierung – anders als ihre Vorgänger – immer wieder die Perspektive einer möglichen deutschen Vereinigung bzw. eines Offenhaltens der deutschen Frage. Auch wurde von Regierungsseite verstärkt auf die Einhaltung der Menschenrechte in der DDR gedrungen. Die rechtliche Geltung der Ostverträge stand dabei allerdings stets jenseits aller Diskussionen. In einem Brief an Erich Honecker fixierte Helmut Kohl unmittelbar nach seiner Wahl zum Bundeskanzler diese Kontinuitätslinie:

> „Der Grundlagenvertrag sowie die anderen Abkommen, Vereinbarungen und Regelungen zwischen beiden deutschen Staaten bleiben Grundlage und Rahmen für die Entwicklung der Beziehungen ... Ich habe alle mit den Beziehungen zur Deutschen Demokratischen Republik befaßten Bundesminister gebeten, die laufenden Verhandlungen mit der Deutschen Demokratischen Republik fortzusetzen."[21]

Den Positionswechsel von Politikern der CDU gegenüber der DDR hatten mehrere informelle Kontakte der SED-Führung schon seit Mitte der siebziger Jahre avisiert. Zwar hatte die CDU/CSU die Ratifizierung der KSZE-Schlußakte abgelehnt, aber das Risiko außenpolitischer Isolierung wollte sie nicht eingehen. Walter Leisler Kiep, CDU-Schatzmeister und außenpolitischer Sprecher des CDU-Präsidiums, führte ebenso wie Peter Lorenz und Ottfried Henning seit Januar 1975 mehrere Gespräche mit DDR-Offiziellen. Bei diesen vertraulichen Kontakten sollte der SED-Führung die Bereitschaft einer CDU-geführten Regierung zur Fortset-

Kontakte CDU – SED

---

[18] Vgl. ebd., S. 7ff.
[19] Vgl. ebd., S. 17/18.
[20] Vgl. Bögeholz 1995, S. 547/548.
[21] Zit. nach: Nakath 1994, S. 260.

zung des bisherigen Kurses signalisiert werden. Gegenüber dem Leiter der Westabteilung des ZK, Herbert Häber, betonte z. B. Kiep, es habe in der Rede des Parteivorsitzenden Kohl hinsichtlich der Haltung zur Entspannung, zu den Beziehungen der Sowjetunion und zur DDR keine Verschlechterung gegeben. Die DDR würde angenehm überrascht sein, wie vernünftig eine CDU-Regierung Politik machen würde.[22]

Überraschenderweise griff der nach DDR-Lesart „größte Antikommunist" der Bundesrepublik, der bayerische Ministerpräsident Franz-Josef Strauß, 1983 spektakulär in den innerdeutschen Dialog ein. Strauß hatte 1980 als Kanzlerkandidat die Bundestagswahl nach einem polarisierenden Wahlkampf verloren und blieb bayerischer Ministerpräsident. Gleichwohl war sein bundespolitischer Einfluß noch immens, so daß die von ihm gegenüber der DDR eingeleitete Politik nicht ohne innenpolitische Auswirkungen in der Bundesrepublik blieb. Selbst der „rechte Flügel" der CDU/CSU akzeptierte fortan die staatliche Existenz der DDR, woraufhin antikommunistische Hardliner aus der CSU die „Republikaner" gründeten.

Milliardenkredite

Franz-Josef Strauß ging von einem pragmatischen Ansatz aus, der auf weitere Erleichterungen im innerdeutschen Verhältnis bei Wahrung prinzipieller Unterschiede zielte und vermittelte in Verhandlungen mit Alexander Schalck-Golodkowski der DDR einen Milliardenkredit unter Federführung der Bayerischen Landesbank. Kurze Zeit später reiste Strauß sogar zu einem Besuch Honeckers in die DDR. Diese neue Verbindung bewährte sich. Schon ein Jahr später ermöglichte Strauß die Gewährung eines zweiten Milliardenkredits durch westdeutsche Banken.

DDR-Gegenleistungen

Als Gegenleistung begann die SED-Führung Ende 1983 mit dem Abbau der automatischen Selbstschußanlagen, der Erhöhung der Zahl der Häftlingsfreikäufe und der Genehmigung einer steigenden Zahl von Ausreisen.[23] Allerdings hatte die DDR bereits 1981 eine UN-Konvention unterschrieben, die u. a. ein Verbot des Mineneinsatzes gegen die Zivilbevölkerung enthielt. Diese völkerrechtliche Verpflichtung trat im Dezember 1983 in Kraft.[24]

Auch die Opposition begrüßte die Gewährung der Milliardenkredite an die DDR, obschon mit Bezugnahme auf die antikommunistische Vergangenheit von Franz-Josef Strauß zum Teil mit spöttischem Unterton. Den Hintergrund bildete die Erkenntnis, daß die DDR stabilisiert werden mußte, da mit der Sowjetunion zu dieser Zeit keine Einigung über grundlegende Veränderungen zu erreichen gewesen wäre. In dieser Frage gab es zwischen Regierung und Opposition keinen Dissens.

Honecker mußte im April 1983 seinen auf Einladung von Helmut Schmidt und Helmut Kohl vorgesehenen Besuch in der Bundesrepublik auf Druck der Sowjetunion absagen. Nach der Vereinbarung des zweiten Milliardenkredites inszenierten sowjetische Medien eine regelrechte Pressekampagne gegen die „revanchistische Politik" der Bundesregierung und sparten auch nicht mit Kritik an der DDR. Die deutsch-deutsche „Koalition der Vernunft" (Erich Honecker) drohte auseinanderzubrechen, zumal Helmut Kohl in seinem Bericht zur Lage der Nation bekundet hatte: „Die deutsche Frage bleibt offen." Abermals sagte Honecker, der

---

22 Vgl. Staadt 1993, S. 302.
23 Vgl. Potthoff 1995a, S. 2070ff. und Jäger 1995, S. 1576ff.
24 Vgl. Hertle 1996, S. 33.

sich der Blockdisziplin beugen mußte, im September seinen Besuch in der Bundesrepublik ab, schlug wieder härtere Töne gegenüber den „Ultras in der BRD" an und wandte sich gegen jede Vereinigungsdiskussion: „Der Sozialismus in der DDR ist unwiderruflich. Eine Vereinigung von Sozialismus und Kapitalismus ist ebenso unmöglich wie die Vereinigung von Feuer und Wasser."[25]

Jenseits der Gespräche und Verhandlungen auf Regierungsebene setzte die SED-Führung ihre Kontakte mit der SPD fort und nahm Kontakte zu den Grünen auf, die 1983 erstmals in den Bundestag gewählt worden waren. Offizielle Parteibeziehungen zwischen der SED und SPD existierten, seit diese ihre Regierungsmehrheit 1982/83 verloren hatte. Neben der Erarbeitung einer gemeinsamen Initiative für eine chemiewaffenfreie Zone in Europa (Juni 1985), Vorschlägen für eine atomwaffenfreie Zone in Europa (Oktober 1986) sowie eines dritten gemeinsamen Projektes zur strukturellen Nichtangriffsfähigkeit und zur Vertrauensbildung, das nach dem Honecker-Besuch in Bonn im Jahre 1987 begann und nicht mehr abgeschlossen wurde, ging es vor allem um das in mehreren Sitzungen erarbeitete und im August 1987 veröffentlichte Papier „Der Streit der Ideologien und die gemeinsame Sicherheit", das in beiden deutschen Staaten für Diskussionsstoff sorgte.[26]

Kontakte SED–SPD

3. Der verzögerte Niedergang der DDR-Wirtschaft

Angesichts der in den siebziger Jahren entstandenen Importüberschüsse von insgesamt 21 Milliarden Valuta-Mark (einschließlich des Bereiches „Kommerzielle Koordinierung") und der hohen Zinslast für die aufgelaufenen Schulden sah sich die SED-Führung Anfang der achtziger Jahre nun doch zu einer drastischen Kürzung der Importe und zu einer Steigerung der Exporte genötigt.[27] Kurzfristige Folge waren erneute Versorgungsengpässe und Wachstumseinbußen in einigen Bereichen.

Diese Maßnahmen konnten den allgemeinen Rückgang des gesamtwirtschaftlichen Produktionswachstums indes nur kurzzeitig aufhalten. Ende 1981 ergab sich eine für die DDR äußerst bedrohliche Konstellation. Aufgerüttelt durch die Zahlungsunfähigkeit Polens und Rumäniens agierte die internationale Bankenwelt gegenüber den Ostblockstaaten vorsichtiger. Für die DDR bahnte sich ein Kreditstop westlicher Banken an.[28] Aber auch im sozialistischen Lager zogen dunkle Wolken auf. Durch die Verschlechterung der eigenen wirtschaftlichen Lage sah sich die Sowjetunion gezwungen, ihr Erdöl auf dem Weltmarkt gegen harte Devisen zu verkaufen und die Lieferverpflichtungen gegenüber den RGW-Partnern einzuschränken. Der sowjetischen Führung war sehr wohl bewußt, daß gerade die DDR durch den Weiterverkauf von Ölprodukten einen Extra-Gewinn erzielte. Die DDR hatte sich darauf spezialisiert, Teile ihres Kontingents an sowjetischem Rohöl auf dem westeuropäischen Markt zu verkaufen. Die Erdölraffinerien in Schwedt,

Kreditstop westlicher Banken droht

---

25 Interview mit Erich Honecker im Neuen Deutschland vom 18./19. August 1984, zit. nach: Jäger 1995, S. 1581.
26 Vgl. Garton Ash 1993, S. 469 ff.
27 Vgl. Schürer 1994, S. 158.
28 Vgl. Schürer 1996, S. 118 f.

Böhlen, Lützkendorf und Leuna waren in diesem Geschäft tätig. Da sich die Preise für sowjetisches Rohöl am mehrjährigen Durchschnitt zurückliegender Weltmarktpreise orientierten, ergaben sich für die DDR aus der zweiten Welle der Ölpreiserhöhung ab 1978 erhebliche Handelsüberschüsse, die die Zahlungsbilanz ausgeglichener gestalteten.[29]

Kürzung der sowjetischen Öllieferungen

Ende 1981 reagierte die Sowjetunion mit einer Kürzung der Rohöllieferung von jährlich 19 Millionen Tonnen auf 17 Millionen Tonnen.

> „Unsere Ökonomen, Erich, haben errechnet, daß der direkte Vorteil der Bruderländer durch die Brenn- und Rohstoffimporte aus der UdSSR im vergangenen Jahrfünft 15 Milliarden Rubel ausmachte und diesem Jahrfünft fast 30 Milliarden betragen wird. Das ist eine große Summe ... Es gibt auch sachkundige Leute, die feststellen, daß der Vorteil noch größer ist, da nicht selten die Empfänger der sowjetischen Lieferungen von Erdöl und Erdölprodukten diese an Kapitalisten weiterverkaufen".[30]

Mit diesen Worten begründete Leonid Iljitsch Breschnew gegenüber Honecker die Kürzungen der Rohöllieferungen. Obwohl Honecker mehrfach intervenierte, „damit würden die Grundpfeiler der Existenz der Deutschen Demokratischen Republik untergraben," und er Breschnew nahezu verzweifelt fragen ließ: „ob es zwei Millionen Tonnen Erdöl wert sind, die DDR zu destabilisieren und das Vertrauen unserer Menschen in die Partei- und Staatsführung zu erschüttern," blieb der Sowjetführer hart. Seine von Konstantin Russakow übermittelte Antwort zeichnete über die kurzfristigen Folgen hinaus ein düsteres Bild der weiteren Entwicklung:

> „Genosse Leonid Iljitsch hat mich beauftragt, dem Politbüro der SED mitzuteilen, in der UdSSR gibt es ein großes Unglück. Wenn Ihr nicht bereit seid, die Folgen dieses Unglücks mit uns zu tragen, dann besteht die Gefahr, daß die Sowjetunion ihre gegenwärtige Stellung in der Welt nicht halten kann, und das hat Folgen für die ganze sozialistische Gemeinschaft."[31]

Mit „Unglück" bezeichnete der sowjetische KP-Führer anscheinend die sich anbahnende wirtschaftliche Katastrophe in der Sowjetunion und einen möglichen Verzicht auf die nicht mehr finanzierbare sowjetische Globalstrategie.[32]

Die DDR reagierte mit einer Einschränkung des Heizölverbrauchs im eigenen Land sowie einem Programm zur weitestmöglichen Substitution von Ölprodukten durch eine Umstellung auf Braunkohle zugunsten weiterer eigener Ölexporte. Hierdurch konnten zwar zusätzliche Devisen erwirtschaftet werden, aber die Verwendung oft minderwertiger Braunkohle (im Volksmund „Blumenerde" genannt) verursachte enorme ökologische Schäden und hohe Kosten, vor allem im Investitionsbereich. Dadurch fehlten dringend notwendige Mittel zur Modernisierung der Produktionsbasis. Die Investitionseffizienz halbierte sich dementspre-

---

[29] Vgl. Ritschel 1995, S. 34 f.

[30] Niederschrift über das Treffen zwischen Genossen L.I. Breschnew und Genossen E. Honecker am 3. August 1981 auf der Krim, zit. nach: Hertle 1995a, S. 320 f.

[31] Anlage zum Protokoll der Politbürositzung vom 27. Oktober 1981 „Niederschrift über das Gespräch des Generalsekretärs des ZK der SED, Genossen Erich Honecker, mit dem Sekretär des ZK der KPdSU, Genossen Konstantin Viktorowitsch Russakow, am 21. Oktober 1981, zit. nach: Haendcke–Hoppe–Arndt 1995b, S. 593.

[32] Vgl. Hertle 1995a, S. 321 f.

chend in dem kurzen Zeitraum von 1981 bis 1984.[33] Damit verlangsamten sich die Produktivitätsfortschritte der DDR-Wirtschaft weiter, um schließlich zu stagnieren. Der technologische Rückstand zur Bundesrepublik wurde noch größer. Im Jahre 1985 erreichte die DDR im Bruttoinlandsprodukt pro Erwerbstätigem nur noch 29% des bundesrepublikanischen Niveaus.[34]

Der Preis für die Aufrechterhaltung der Zahlungsfähigkeit der DDR war groß. Die absehbaren Konsequenzen dämmerten schon damals einigen Verantwortlichen. Der Vorsitzende der Staatlichen Plankommission, Gerhard Schürer, erklärte:

> „1981 war die Westverschuldung zu einer Katastrophe geworden. Und in diese Situation hinein sind dann auch noch Probleme gekommen – die UdSSR hatte die Erdöllieferungen von 19 auf 17 Millionen Tonnen gekürzt, wir konnten aber ohne diese zwei Millionen Tonnen nicht auskommen und mußten deshalb große Strukturveränderungen vornehmen – so daß sich alles gebündelt hat in ein Knäuel von Sorgen und Ausweglosigkeit. Das war einer der Punkte, wo man fragen mußte, wie geht es weiter in der DDR".[35]

Diese Einschätzung führte Schürer im nachhinein zu der Erkenntnis: „Nun begann der Niedergang der DDR, und die Krise der Partei reifte heran."[36]

Die desolate Situation der DDR-Wirtschaft war auch Gegenstand in einem von Politbüromitglied Krolikowski verfaßten Bericht zur inneren Lage in der DDR vom 30. März 1983:

> „Es muß mit aller Deutlichkeit signalisiert werden, daß die Zahlungsfähigkeit der DDR in Gefahr ist. Gegenwärtig sind Anstrengungen im Gange, um diese Gefahr abzuwenden, aber der Erfolg ist noch nicht in Sicht. Es wäre gut, EH im persönlichen Gespräch bei seinem Besuch in der Sowjetunion durch J.W. Andropow zu fragen, wie er diese Lage zu meistern gedenkt."[37]

Zahlungsfähigkeit der DDR bedroht

In dieser Situation verschafften die von Franz-Josef Strauß vermittelten Finanzkredite in den Jahren 1983 und 1984 von jeweils 1 Milliarde DM der DDR eine gewisse Entlastung auf den internationalen Finanzmärkten. Mit Hilfe dieser vorwiegend in Luxemburg „geparkten" Kreditgelder konnte sie potentiellen internationalen Kreditgebern eine stabile finanzielle Situation vortäuschen – auch mit anderen Geldern verfuhr die SED nach diesem Strickmuster – und die Kreditwürdigkeit wieder herstellen. Diese Milliardenkredite waren durch massive Drohungen Honeckers, die Beziehungen zur Bundesrepublik drastisch einzuschränken, gewissermaßen erpreßt worden.[38] Wie ernstzunehmen diese Drohgebärden tatsächlich waren, sei dahingestellt, deutlich wurde indes, daß auf beiden Seiten kein Interesse an einer Verschlechterung der Beziehungen bestand, zumal die zugespitzte internationale Lage ohnehin wenig Spielraum beließ. Der SED-Führung brachte dieser innerdeutsche „Deal" folgerichtig eine Verwarnung der sowjetischen Führungsmacht ein. Der sowjetische KP-Generalsekretär Tschernenko stellte die

---

[33] Vgl. Ritschel 1995, S. 34/35 und zum Rückgang der Akkumulationsrate Kusch u. a. 1991, S. 22.
[34] Vgl. Merkl/Wahl 1991, S. 78 f.
[35] Zit. nach: Haendcke–Hoppe–Arndt 1995b, S. 592.
[36] Schürer 1994, S. 162.
[37] Notiz von Werner Krolikowski zur inneren Lage in der DDR vom 30. März 1983, zit. nach: Przybylski 1991, S. 351.
[38] Vgl. Hertle 1995a, S. 327, anders Volze 1996, S. 701 ff.

Kredite gegenüber der SED-Führungsspitze im August 1984 in einen globalen Kontext: Sie seien

> „vom Standpunkt der inneren Sicherheit der DDR zweifelhaft und stellen einseitige Zugeständnisse an Bonn dar. Sie erhalten dadurch finanzielle Vorteile, aber in Wirklichkeit sind das scheinbare Vorteile. Hier geht es um zusätzliche finanzielle Abhängigkeiten der DDR von der BRD. Die Ereignisse in Polen sind eine schwerwiegende Lehre, aus der man Schlußfolgerungen ziehen sollte."[39]

Rolle der KoKo

Für die Verzögerung des Kollaps der DDR-Wirtschaft leistete insbesondere der Bereich Kommerzielle Koordinierung (KoKo) einen wesentlichen Beitrag. Die 1966 gebildete und zunächst im Ministerium für Außenhandel angesiedelte KoKo sollte „die kommerziellen Möglichkeiten besser nutzen, die sich aus der Existenz zweier deutscher Staaten und den beiden Blocksystemen ergaben."[40] Die Bedeutung der 1976 in den Apparat des ZK eingegliederten und dort Günter Mittag unterstellten Abteilung erhöhte sich mit dem ansteigenden Valutabedarf der DDR in den siebziger Jahren. Ihre Aufgabe war die „umfassende Erwirtschaftung freier Devisen". Hierzu trugen die DM-Milliarden der Bundesrepublik als Folge innerdeutscher Abmachungen, die Gründung von Firmen im westlichen Ausland wie auch Waffengeschäfte und Kunsthandel bei. Nach DDR-Angaben stellte der Bereich KoKo der Volkswirtschaft von 1967 bis 1989 insgesamt 41 Milliarden Valuta-Mark zur Verfügung, von denen 27 Milliarden aus der unmittelbaren Tätigkeit der Betriebe und anderer Geschäfte und 14 Milliarden aus Zahlungen der Bundesrepublik stammten.[41] Die Staatliche Plankommission erhielt von den durch die KoKo erwirtschafteten Devisen jährlich einen „Einschuß" in die Zahlungsbilanz zur Finanzierung planmäßiger Aufgaben. Das Volumen stieg im Laufe der Zeit von 700 Millionen Valuta-Mark auf 2 Milliarden jährlich.[42] Die verbliebenen Überschüsse verwendete die SED nach speziellen Weisungen ihres Generalsekretärs für Sonderimporte, für „Solidaritätsleistungen" vorwiegend an marxistisch orientierte Entwicklungsländer, aber auch für die Finanzierung des Konsumbedarfs der SED-Führungsspitze.

MfS und KoKo

Die Geschäftsbeziehungen und Kontakte des KoKo-Bereichs wurden auch von der Staatssicherheit genutzt. Im Mielke-Befehl Nr. 14/83 heißt es:

> „Durch den Bereich Kommerzielle Koordinierung im Ministerium für Außenhandel der DDR ... werden spezielle Aufgaben zur Durchsetzung der Wirtschaftspolitik der Partei unter den komplizierten internationalen Bedingungen gelöst. Dazu wurden ihm spezielle Außenhandelsbetriebe und Vertretergesellschaften unterstellt, sowie Vollmachten übertragen, die ein schnelles Reagieren auf internationale Lagebedingungen und kurzfristig entstehende Situationen auf den Außenmärkten ermöglichen."[43]

---

[39] Niederschrift über das Treffen zwischen Genossen Erich Honecker und Genossen Konstantin Ustinowitsch Tschernenko am 17. August 1984, zit. nach: Hertle 1995a, S. 329.
[40] Vgl. Schürer 1996, S. 109.
[41] Vgl. ebd., S. 110.
[42] Vgl. ebd.
[43] Befehl Nr. 14/83 vom 1. September 1983 des Ministers für Staatssicherheit „Zur politisch-operativen Sicherung des Bereiches Kommerzielle Koordinierung im Ministerium für Außenhandel", zit. nach: Bahrmann/Fritsch 1990, S. 30.

Die Mitarbeiter der KoKo sollten nicht nur Geschäfte betreiben, sondern auch Informationen über ihre Gesprächspartner weitergeben sowie die „politisch-operative Arbeit" des MfS im westlichen Ausland unterstützen. Die im Ministerium für Staatssicherheit etablierte und dem Mielke-Stellvertreter Mittig unterstellte Arbeitsgruppe BKK (Bereich Kommerzielle Koordinierung) sollte vom gesamten MfS-Apparat Unterstützung erfahren. Dieser wurde durch den erwähnten Befehl Nr. 14/83 angewiesen,

> „alle dazu geeigneten Informationen (zu sammeln), einschließlich
> – operativ bedeutsamer Informationen über Personen, Objekte, Einrichtungen und die Tätigkeit des Bereiches,
> – operativ bedeutsamer Informationen über Verbindungen bzw. Partner des Bereichs,
> – Informationen über operativ bedeutsame Handlungen, Vorkommnisse und Erscheinungen im Zusammenhang mit den Außenhandelsbetrieben und Vertretergesellschaften, die Auswirkungen auf den Bereich haben könnten."[44]

Die Verflechtung von KoKo und MfS wird in der Doppelfunktion von Schalck-Golodkowski als MfS-Offizier im besonderen Einsatz (OibE) und Staatssekretär im Außenhandelsministerium besonders plastisch.[45] Wie Aufzeichnungen belegen, erwies sich Schalck als ergiebige Quelle für vertrauliche Informationen über bundesdeutsche Politiker, denn er zeichnete seine Gespräche mit westdeutschen Spitzenpolitikern wie Strauß, Lambsdorff, Waigel, Schäuble oder Seiters auf und gab die Gesprächsvermerke an Erich Mielke weiter, dem er direkt unterstellt war. So gesehen arbeitete Schalck-Golodkowski als Manager eines Wirtschaftsimperiums und als Agent.[46]

Schalck-Golodkowski Manager und Agent

Seinen „Kampfauftrag" hatte Schalck-Golodkowski schon in seiner Dissertation beschrieben:

> „Dem Feind mit allen uns zur Verfügung stehenden Mitteln und Möglichkeiten, durch Anwendung seiner eigenen Methoden und Moralbegriffe, Schaden zuzufügen sowie die sich bietenden Möglichkeiten des feindlichen Wirtschaftspotentials zur allseitigen Stärkung der DDR voll zu nutzen. Bei der Realisierung dieses Klassenauftrages kommt uns die Absicht des Feindes entgegen, die Wirtschaftsbeziehungen zur DDR auszubauen mit dem Ziel, ökonomische Abhängigkeitsverhältnisse der DDR von Westdeutschland und Westberlin zu schaffen."[47]

Wie wir heute wissen, konnte Schalck diese Aufgabe nur befristet erfüllen, da seine damalige Einschätzung der Stabilität der DDR durch deren Untergang widerlegt wurde. In seiner Dissertation hatte er noch gehofft: „Im Interesse der schnelleren Realisierung der von der Partei gestellten Aufgaben ‚überholen ohne einzuholen' werden deshalb die Wirtschaftsbeziehungen zu Westberlin sowie anderen imperialistischen Staaten weiter ausgebaut werden, weil diese der allseitigen Stärkung der DDR und des sozialistischen Weltsystems dienen." Die Gefahr wachsender Abhängigkeit sowie eines Anwachsens der westlichen „Störtätigkeit" wähnte er

---

44 Zit. nach: ebd., S. 32.
45 Vgl. Przybylski 1992, S. 244.
46 Vgl. Przybylski 1991, S. 141.
47 Zit. nach: Przybylski 1992, S. 259.

unter Kontrolle, denn „der sozialistische Staat ist stark genug, derartige feindliche Angriffe erfolgreich zu bekämpfen und zu verhindern. Voraussetzung dafür ist, daß alle vorhandenen gesellschaftlichen Potenzen zielstrebiger und wirkungsvoller in das Sicherungssystem der Volkswirtschaft einbezogen werden."[48]

4. Die innere Erosion des Staatssozialismus

Trotz verzweifelter Bemühungen, die Bevölkerung durch sozialpolitische Programme und Verheißungen sowie den Einsatz des Überwachungs- und Repressionsapparates ruhig zu stellen, gelang es der SED nicht, die Entstehung und Ausbreitung oppositioneller Gruppen zu verhindern oder den Personenkreis, der der DDR den Rücken kehren wollte, einzudämmen. Der innere Erosionsprozeß der DDR läßt sich seit den achtziger Jahren an drei Faktoren ablesen: Kritische Stimmen, besonders zur Friedens- und Umweltpolitik der SED, wurden immer lauter, trotz aller Repressalien stieg die Zahl der Ausreisewilligen und selbst unter Parteimitgliedern nahm die Bereitschaft zu aktivem Eintreten für den Machterhalt der SED-Diktatur ab.

a) Friedens- und Umweltgruppen

Entstehung informeller Gruppen

„Informelle" Gruppen artikulierten sich vor allem im Umfeld der Kirchen und definierten sich im Kontext einer europaweit agierenden Friedens- bzw. Umweltschutzbewegung. Die Blockkonfrontation und die damit einhergehende Aufrüstung auf beiden Seiten provozierte den Widerspruch. Zwar versuchte sich die SED-Führung an die Spitze des „Friedenskampfes" zu stellen, indem sie die USA und die anderen NATO-Staaten als Alleinverantwortliche für die zunehmenden Spannungen brandmarkte; sobald aber kritische Stimmen Abrüstung und gesellschaftliche Entmilitarisierung auch in der DDR forderten, wurden sie von der Obrigkeit als „feindlich-negative Kräfte" klassifiziert und vom MfS beobachtet. Dennoch entstanden in der DDR unabhängige Friedenskreise, die Abrüstung in Ost und West forderten.[49]

Damit erlitten die Bemühungen der SED-Führung, die Friedensbewegung vor allem in der Bundesrepublik für ihre Zwecke zu instrumentalisieren, einen schweren Rückschlag. Die Partei mußte jetzt eine übergreifende Bewegung fürchten, die neben Frieden auch Freiheit und Demokratie forderte.

SED-„Unterstützung" für westdeutsche Friedensbewegung

In einem Beschluß vom Juli 1981 ordnete das Politbüro weitreichende Maßnahmen zur Unterstützung der westdeutschen Friedensbewegung an. Die befreundeten Kräfte in der BRD sollten u. a. bei der Herausgabe von Schriften und Dokumentationen zu Fragen des Friedens und der Abrüstung, insbesondere zu aktuellen Fragen des Kampfes gegen die NATO-Raketenpolitik, unterstützt werden. Gleichzeitig bemühte sich die SED um eine europaweite Vernetzung der Friedensbewegung und deren konsequent antiamerikanische Ausrichtung. Als Ziel ihrer Maßnahmen formulierte sie:

---

[48] Vgl. Schalck/Volpert 1970, S. 49/50.
[49] Vgl. Neubert 1997, S. 335 ff.

> „In Verbindung mit der Notwendigkeit, der Friedensinitiative des XXVI. Parteitages der KPdSU größtmögliche internationale Unterstützung zu verleihen und die auf dem X. Parteitag der SED beschlossene Friedenspolitik der DDR allseitig zu popularisieren, wird die Auffassung unterstützt, daß es für die gesellschaftlichen Kräfte und die Friedensbewegung in Westeuropa vorrangig darauf ankommt, für die Annullierung des Brüsseler Raketenbeschlusses, für die Verhinderung der Stationierung der Raketen, für die sofortige Aufnahme von Verhandlungen ohne Vorbedingungen zu kämpfen."[50]

Trotz umfangreicher ideologischer und vor allem organisatorischer Bemühungen gelang es der SED jedoch nicht, über den Hebel der westdeutschen Friedensbewegung die Aufstellung amerikanischer Raketen zu verhindern oder gar die Bundesrepublik aus dem westlichen Bündnis herauszubrechen. Die nahezu einstimmige Ablehnung der Nachrüstung durch die Grünen und nach 1982 ganz überwiegend auch durch die SPD zeigte keine Wirkung auf die Bundesregierung, die den von Helmut Schmidt eingeleiteten Kurs entschieden fortsetzte. Geradezu enttäuscht mußte Erich Honecker in einem Gespräch mit dem sowjetischen Außenminister Gromyko am 8. Oktober 1984 konstatieren: „Es ist eine Tatsache, daß in der Mehrzahl der westlichen Länder die Bürger Angst vor der wachsenden Kriegsgefahr haben. Man muß feststellen, daß diese Angst dem Niveau der Massenaktionen gegen den Konfrontationskurs nicht entspricht. Dabei gibt es große Bewegungen, z. B. in der BRD. Diese achten aber mehr auf die Gewaltlosigkeit ihrer Aktionen. Damit ermöglichen sie es den USA, weiter ihre Pershing II und Cruise Missiles zu stationieren."[51] Wie den Worten Honeckers zu entnehmen ist, hatte die SED offenbar auf eine gewalttätigere Friedensbewegung in westlichen Staaten und vor allem in der Bundesrepublik gesetzt.

Die sich im Umfeld der evangelischen Kirchen in den achtziger Jahren herausbildenden oppositionellen Gruppen stellten die Sicherung des Friedens und später den Schutz der Umwelt in den Mittelpunkt ihrer Aktivitäten. Der Einfluß von Biermann, Bahro und vor allem Havemann (der im April 1982 starb) prägte dieses Milieu nachhaltig.[52] Aktivitäten wie Rainer Eppelmanns „Berliner Appell-Frieden schaffen ohne Waffen", die Aktionen der „Friedensgemeinschaft Jena" (Roland Jahn u. a.) oder die unter Beteiligung von Bärbel Bohley und Ulrike Poppe gegründete Gruppe „Frauen für den Frieden" versetzten SED und MfS in Alarmbereitschaft; ihnen galten diese Gruppen und Personen als Staatsfeinde.

„Berliner Appell"

In einer Analyse der Hauptabteilung XX des MfS wurde konstatiert:

> „Ende der siebziger, Anfang der achtziger Jahre intensivierten äußere und innere Feinde ihre Bestrebungen unter dem Deckmantel des Eintretens für Frieden und Abrüstung ... in der DDR eine alternative, pseudopazifistisch ausgerichtete, sogenannte staatlich unabhängige Friedensbewegung zu etablieren. Sie sollte als Basis und als Sammelbecken für feindliche, oppositionelle und andere negative Kräfte dienen".[53]

---

50 Vorlage zur Sitzung des Politbüros des ZK der SED am 7. Juli 1981: Zur Einschätzung der Friedensbewegung gegen den NATO-Raketenbeschluß; Fundort: SAPMO-BArch, Bestand Politbüro des ZK der SED. Signatur: DY 30 J IV 2/2-2.
51 Zit. nach: Schmidt, K.-H. 1995b, S. 585.
52 Vgl. Neubert 1997, S. 201 ff., Jander/Voß 1995, S. 896 ff., Jander 1996, S. 19 ff. sowie Jesse 1995, S. 987 ff.
53 Information des Ministeriums für Staatssicherheit, HA XX, Nr. 150/89, über „beachtenswerte Aspekte des aktuellen Wirksamwerdens innerer feindlicher, oppositioneller und anderer negativer Kräfte in personellen Zusammenschlüssen", zit. nach: Jesse 1995, S. 1013.

Besonderen Argwohn erregte die im „Berliner Appell" enthaltene Forderung nach Abzug der Besatzungstruppen aus beiden Teilen Deutschlands und nach dem Selbstbestimmungsrecht der deutschen Bevölkerung. Dieses im Sinne Robert Havemanns auf ein neutrales vereintes Deutschland zielende Vorhaben richtete sich nicht nur gegen das Machtmonopol der SED, sondern indirekt auch gegen die Existenzberechtigung der DDR. Die hier erfolgte Thematisierung der deutschen Frage blieb gleichwohl die Ausnahme, in der Folge spielte sie in Diskussionen oppositioneller Gruppen bis Ende 1989 keine Rolle.[54]

Subtilere Methoden der Unterdrückung

Mit Rücksicht auf das internationale Ansehen der DDR und ihre außenpolitische Reputation konnte die SED-Führung den Aktivitäten der „Staatsfeinde" nicht mehr mit dem für die fünfziger und sechziger Jahre typischen offenen Terror begegnen, sondern mußte zu subtileren Methoden der Unterdrückung widerständigen Verhaltens greifen. Oppositionelle Aktivisten wurden auf vielfältige Weise unter Druck gesetzt. Sie wurden kurzzeitig verhaftet, ausgebürgert oder zur Ausreise gezwungen und in jedem Fall gesellschaftlich ausgegrenzt. Neben willkürliche Inhaftierungen und Verurteilungen zu langjährigen Freiheitsstrafen setzte das MfS nun zunehmend auf Zersetzungspläne und verdeckten Terror. Gleichzeitig intensivierte die Staatssicherheit das Einschleusen Inoffizieller Mitarbeiter in diverse oppositionelle Zirkel und Gruppen sowie ihre Versuche zur „Anwerbung" von Gruppenmitgliedern.[55]

Die Tatsache, daß sich oppositionelle Aktivitäten zumeist unter dem Dach der evangelischen Kirchen entwickelt hatten, brachte die Kirchenleitungen, die den Gesprächsfaden mit staatlichen Stellen bzw. der SED nicht abreißen lassen wollten, in eine prekäre Situation. Die Kirchen waren Ausgangs- und Kristallisationspunkt von Unzufriedenheit und Protest und versuchten gleichzeitig, zumindest teilweise beschwichtigend auf diese Aktivitäten einzuwirken. Der Konsistorialpräsident Manfred Stolpe zum Beispiel erklärte im Juli 1983: „Auch Antragsteller und Dissidenten können gerne zu uns kommen. Aber die Kirchenleitung wird es nicht zulassen, daß aus Gemeindegruppen Auswanderungszentralen und Oppositionslokale werden."[56] Derartige Aussagen sind nicht nur als „staatsbürgerliches Wohlverhalten" zu werten, sondern dienten auch der Beruhigung theologisch konservativer Gemeindekreise, die den Rückzug der Kirchen aus der Politik und die Distanzierung von den „Gruppen" forderten. Die innerkirchlichen Auseinandersetzungen um Position und Funktion der Kirche in der Gesellschaft rissen nicht mehr ab.

b) Ausreisewillige

Wachsende Zahl von Ausreisewilligen

Als nicht minder bedrohlich schätzte die SED-Führung die hohe Zahl der Ausreisewilligen ein. Trotz massiver Diskriminierung und Kriminalisierung dieser Personen, die bis zur Bewilligung ihres Antrages in der Regel zwei oder mehr Jahre zumeist in entwürdigenden Zuständen leben mußten, stieg deren Zahl beständig an. Für die Zeitspanne von 1962 bis 1983 wurden jährlich ca. 10 000 Übersiedlungen registriert, von 1984 bis 1988 waren es bis zu 40 000 pro Jahr. Die Zahl der Antragsteller, die auf eine Genehmigung ihres Antrages warteten, stieg bis zum

---

54 Vgl. Bickhardt 1995, S. 462 ff.
55 Vgl. Templin u. a. 1995 und Bastian 1993.
56 Zit. nach: Fricke 1984, S. 198.

30. Juni 1989 auf ca. 125 000 an. Die Mehrzahl von ihnen waren jüngere Männer, die über eine gute Berufsausbildung und eine hohe Arbeitsmotivation verfügten.[57] Ihnen gegenüber geriet die SED in ein kaum lösbares Dilemma: Ließ sie die Ausreisewilligen ohne große Behinderung ziehen, würden weitere Personen ebenfalls zur Übersiedlung ermuntert; untersagte sie aber die Ausreise, würde ihr internationales Ansehen Schaden nehmen und das Protestpotential im Inneren ansteigen. So entschloß sich die SED-Führung zu einem „Mittelweg". Sie beabsichtigte, durch diskriminierende Behandlung dieser Personen auf potentielle Nachahmer abschreckend zu wirken, und ließ gleichzeitig eine kontrollierte und begrenzte Übersiedlung zu. Deshalb wies sie die entsprechenden Stellen bzw. deren Mitarbeiter an, Maßnahmen „zur Unterbindung und Zurückdrängung von Versuchen von Bürgern der DDR, die Übersiedlung nach nicht-sozialistischen Staaten und Westberlin einzuleiten". Sollte eine Beeinflussung zur „freiwilligen" Rücknahme des Ausreiseantrags nicht möglich sein, dürfe auch vor der Anwendung strafrechtlicher Mittel nicht zurückgeschreckt werden. Das MfS sollte vor allem Zusammenschlüsse von Antragstellern und öffentlichkeitswirksame Demonstrativhandlungen verhindern, die zur Diskreditierung der DDR führen oder genutzt werden könnten. In der Dienstanweisung Nr. 2/83 des Ministeriums für Staatssicherheit heißt es u. a.:

> „Durch offensive und zielgerichtete, vorbeugende politisch-operative Maßnahmen gegen operativ bedeutsame Personen sind
> — feindlich-negative Handlungen, einschließlich der Verbindungsaufnahme zum Gegner und zu erwartende Versuche des ungesetzlichen Verlassens der DDR rechtzeitig zu verhindern,
> — die Handlungsmöglichkeiten feindlich-negativer Kräfte einzuschränken, begünstigende Bedingungen zu beseitigen und gesellschaftsschädigende Auswirkungen weitgehendst zu verhindern."
> Des weiteren wurde gefordert, die „entstandenen Zusammenschlüsse durch die unverzügliche Einleitung geeigneter Gegenmaßnahmen zu zersetzen und zu zerschlagen."[58]

Auf der Grundlage des § 219 StGB (ungesetzliche Verbindungsaufnahme) wurden insbesondere Ausreisewillige, die Kontakt mit westdeutschen Stellen aufnahmen, indem sie ihren Fall schilderten und/oder um Hilfe baten, zu Freiheitsstrafen (in der Regel von ein bis zwei Jahren) verurteilt. Entsprechende Meldungen westdeutscher Medien bezeichnete die DDR-Nachrichtenagentur ADN als „Verleumdung wider besseren Wissens".[59] Tatsächlich leiteten die zuständigen Stellen vom 1. Januar 1984 bis zum 30. Juni 1986 gegen insgesamt 3364 Personen Ermittlungsverfahren wegen „begangener Straftaten im Zusammenhang mit Übersiedlungsersuchen" ein.[60]

---

[57] Vgl. Hilmer 1995, S. 430 ff. und Eisenfeld 1995, S. 192 ff.
[58] Dienstanweisung Nr. 2/1983 des Ministers des MfS vom 13. Oktober 1983 zur Unterbindung und Zurückdrängung von Versuchen von Bürgern der DDR, die Übersiedlung nach nichtsozialistischen Staaten und Westberlin zu erreichen, sowie für die vorbeugende Verhinderung, Aufklärung und wirksamer Bekämpfung damit in Zusammenhang stehender feindlich-negativer Handlungen. Zit. nach: Lochen/Meyer-Seitz 1992, S. 105.
[59] Vgl. BStU-HA IX 3319, Blatt 7.
[60] Vgl. ebd., Blatt 10. Nach einer Übersicht des MfS wurden in den Jahren 1985 und 1986 über 500 Personen wegen „ungesetzlicher Verbindungsaufnahme" rechtskräftig verurteilt. Vgl. ebd., Blatt 3.

Die Ausreiseerlaubnis war dagegen zu gewähren, wenn keine Gefahr für die staatliche Sicherheit bestand, „Schaden von der DDR abgewendet werden kann" oder „bedeutsame Vorteile für die DDR erreicht werden können". Außerdem sollten „Unverbesserliche", die partout nicht zum Verbleib in der DDR bewegt werden könnten, ihre Reisepapiere erhalten.[61]

Maßnahmen gegen Übersiedler in der Bundesrepublik

Allerdings waren schon vor der Übersiedlung Maßnahmen gegen potentielle Aktionen der Übersiedler von der Bundesrepublik aus zu treffen. Durch Desinformation und Verunsicherung und den Einsatz von Inoffiziellen Mitarbeitern im Operationsgebiet (Bundesrepublik) sollten die ehemaligen DDR-Bürger von „feindlich-negativen" Tätigkeiten abgehalten werden.[62] Ehemalige DDR-Bürgerrechtler wurden entsprechend dieser Anweisung auch nach ihrer Ausbürgerung oder erzwungenen Übersiedlung in die Bundesrepublik noch vom MfS „bearbeitet".

c) Unzufriedenheit in der SED

Die Unzufriedenheit mit den gesellschaftlichen Verhältnissen in der DDR machte auch vor SED-Mitgliedern nicht halt. Die von Erich Honecker 1981 angekündigte entschiedene Zurückweisung von „antikommunistischen, sozialreformistischen und opportunistischen Angriffen" in der Partei führte in den Jahren von 1981 bis 1985 zu über 100 000 Parteiverfahren und zum Verlust von knapp 90 000 Mitgliedern und Kandidaten, die ausgeschlossen oder gestrichen wurden.[63] Auch wenn in vielen Fällen ein politischer Hintergrund nicht unmittelbar gegeben sein mochte, kann diese hohe Zahl als Gradmesser für das erhebliche Maß an Unzufriedenheit gewertet werden. Die Zahl der Parteimitglieder, die durch einen Ausreiseantrag oder die unterbliebene Rückkehr von einer Dienst- oder Urlaubsreise ihr „Überlaufen zum Klassenfeind" dokumentierten, wuchs in den achtziger Jahren ebenfalls an.[64] Doch die überwiegende Mehrzahl der 2,3 Millionen SED-Mitglieder blieb ihrer Partei und ihrem Staat verbunden. Erst als im Laufe des Jahres 1989 das Ende der DDR absehbar wurde, setzte der rapide Zerfallsprozeß der SED ein.

Mit der Dienstanweisung 2/85 wurde die Marschroute des MfS für den „letzten Kampf" festgelegt. Erich Mielke selbst gab auf einer Dienstkonferenz im März 1985 die Richtung vor:

> „Nicht die Anzahl und Größe antisozialistischer Gruppen und Personenkreise in der DDR (seien) entscheidend, sondern ihre Existenz als solche, ihr ständiges Wirken und die von ihnen ausgehenden ständigen Gefahren, unter bestimmten Lagebedingungen im gegnerischen Sinne wirksam zu werden. Unsere Hauptstoßrichtung ist darauf zu konzentrieren, daß es auch nur einer dieser Gruppierungen nicht gelingt, sich als legale Einrichtung zu etablieren. Das wäre gleichbedeutend mit einem Durchbruch im Sinne des politischen Pluralismus nach bürgerlichem Muster, im Sinne der sogenannten Liberalisierung und Destabilisierung der politischen Machtverhältnisse ... Mit den im Sinne politischer Untergrundtätigkeit wirkenden Kräften werden politische Gespräche und Auseinandersetzungen geführt, aber keinesfalls Dialoge, die den Anschein erwecken könnten, daß sie als gleichberechtigte Partner gegenüberstünden. Über von feindlich-negativen Kräften erhobene politische Forderungen wird nicht verhandelt."[65]

---

[61] Vgl. Lochen/Meyer-Seitz 1992, S. 120.
[62] Vgl. ebd., S. 121 f.
[63] Vgl. Otto 1995, S. 1469.
[64] Vgl. ebd., S. 1487 f.
[65] Referat zur Dienstkonferenz am 20. März 1985, zit. nach: ebd., S. 1472 f.

A) Politisch-historische Entwicklung der SBZ/DDR 1945–1990

IX

Der Niedergang der DDR 1986–1989

Zusammenfassung

Ungeachtet der zunehmenden Krisensignale sowie düsterer Prognosen ihrer Wirtschaftsexperten setzte die SED ihren kaum mehr finanzierbaren Kurs der „Einheit von Wirtschafts- und Sozialpolitik" auch dann noch fort, als sie vom neuen sowjetischen Parteichef Gorbatschow zu Reformen und Experimenten ermuntert wurde. Mit der Propagierung eines „Sozialismus in den Farben der DDR" sollte dem sowjetischen Perestroika-Prozeß ein eigenes konservatives Modell entgegengesetzt werden.

Primär aus wirtschaftlichen Gründen hielt Honecker an der Politik des innerdeutschen Gespräches mit der Bundesrepublik fest. Solange die Sowjetunion vorrangig auf Interessenausgleich mit den USA und globale entspannungs- und abrüstungspolitische Fortschritte fixiert war und das deutschlandpolitische Feld noch nicht neu sondiert hatte, konnte dieser westpolitische Kurs der SED Früchte tragen. Der mehrfach von der sowjetischen KP-Führung blockierte Besuch Honeckers in der Bundesrepublik kam schließlich 1987 zustande und markierte einen Höhepunkt der politischen Laufbahn Erich Honeckers.

In der Bundesrepublik stießen Honeckers Geraer Forderungen vor allem bei den Grünen und in der SPD auf wachsende Akzeptanz; nach Einschätzung der SED-Führung stand die endgültige völkerrechtliche Anerkennung der DDR für die nahe Zukunft bevor. Obwohl der von der SED erhoffte Regierungswechsel in Bonn im Jahre 1987 ausblieb, veränderte die Parteiführung ihren Kurs gegenüber der Bundesrepublik nicht, zumal sich in der deutschen Frage auch im Umfeld der zweiten Regierung Kohl Aufweichungserscheinungen zeigten.

Der Anfang der achtziger Jahre von der SED eingeleitete halbherzige wirtschaftliche Konsolidierungskurs geriet in der Mitte des Jahrzehnts an unüberwindbare Schranken. Die Halbierung der Preise für Rohölprodukte und das hohe internationale Zinsniveau drückten auf die Zahlungsbilanz der DDR. Weitere Kredite mußten im westlichen Ausland aufgenommen werden, da zusätzliche Importdrosselungen den Lebensstandard der Bürger unzumutbar eingeschränkt hätten. Von der ebenfalls wirtschaftlich schwer angeschlagenen Sowjetunion konnte die DDR keine erhöhten finanziellen oder wirtschaftlichen Hilfen mehr erwarten. Die von den Folgen der Mißernten und den enormen Kosten des Wettrüstens gezeichnete sowjetische Wirtschaft benötigte zum Überleben selbst Devisen, die sie nun auch im Rahmen des RGW-Handels erzielen wollte. Die fortan gültige Maxime „sowjetisches Rohöl gegen harte Devisen" engte den Spielraum der DDR, die mit der Verarbeitung und dem Export des Rohöls ins westliche Ausland einen erheblichen Teil ihrer Devisen erwirtschaftet hatte, weiter ein. Eine gewisse Kompensation boten westdeutsche Transferzahlungen und der innerdeutsche Handel, wodurch sich wiederum die Abhängigkeit von der Bundesrepublik verstärkte.

Als Fehlschlag erwies sich auch die finanziell aufwendige Förderung der Mikroelektronik, mit der die DDR ihre Innovationsschwäche zu beseitigen und die Produktivität maßgeblich zu erhöhen trachtete. Letztlich führte diese Modernisierungspolitik nur zu einem neuem Subventionsfeld: Unter Weltmarktbedingungen waren die Produkte maßlos überteuert und schon im Stadium ihrer Produktreife technisch überholt.

Immer größere Teile der Bevölkerung gingen angesichts der Entwicklung ihres Landes auf Distanz und ließen sich nicht mehr mit Zukunftsversprechungen abspeisen. Die Zahl der Ausreiseanträge stieg sprunghaft an. Friedens- und Umweltgruppen weiteten ihr Engagement auch auf Menschenrechtsfragen aus. Die in kleinen informellen Gruppen und Kreisen agierenden Oppositionellen fanden freilich weder zu einheitlichen Organisationsstrukturen noch zu gemeinsamen programmatischen Vorstellungen. Überwiegend glaubten sie an die Möglichkeit einer Reform des Sozialismus in Gestalt eines dritten Weges bzw. eines demokratischen Sozialismus. Es gelang SED und MfS nicht, diese Oppositionsgruppen zu „zersetzen" und politisch unwirksam zu machen. Im Gegenteil: Die Proteste weiteten sich aus und stellten das Machtmonopol der SED in Frage.

Im Laufe des Jahres 1989 überstürzten sich die Ereignisse: Die Reformen in der Sowjetunion und anderen realsozialistischen Ländern zeigten auch in der DDR Wirkung. Die SED sah sich zu einer doppelten Abgrenzungspolitik gegenüber der eigenen Führungsmacht auf der einen sowie der Bundesrepublik auf der anderen Seite gezwungen. Als sich Möglichkeiten zum Verlassen der DDR erst über bundesdeutsche Botschaften und später über Ungarn eröffneten, nahm die Fluchtwelle ungeahnte Ausmaße an.

Große Teile der Bevölkerung nahmen nunmehr offen gegen das Regime Stellung. Selbst innerhalb der SED setzte ein Auflösungsprozeß ein. Eine „chinesische Lösung" analog zur brutalen Niederschlagung von Massenprotesten und Demokratiebewegung in Peking lag insbesondere am 9. Oktober 1989 in der Luft, denn schließlich hatten die SED-Oberen erst kurze Zeit vorher die chinesischen Kommunisten zu ihrer gewaltsamen Unterdrückung der Opposition ausdrücklich beglückwünscht. Neben Polizei und MfS sollten bei einer möglichen Niederschlagung der Proteste auch die Betriebskampftruppen einbezogen werden. Selbst die seit Ende der sechziger Jahre für den inneren und äußeren Spannungsfall vorgesehene Errichtung von Isolierungslagern für „feindlich-negative Kräfte" stand auf der Tagesordnung. Das MfS aktualisierte und ergänzte den zur Inhaftierung vorgesehenen Personenkreis bis zu diesem Zeitpunkt kontinuierlich. Der massenhafte Charakter der Proteste, die internationale Beachtung der Ereignisse, die Haltung der sowjetischen Führung und vielleicht auch die Angst vor einem Bürgerkrieg sowie Zweifel an der Loyalität von Sicherheitskräften und Militär dürften eine Rolle dabei gespielt haben, daß es letztlich nicht zu einer gewaltsamen Lösung kam.

Von großen Teilen der eigenen Bevölkerung offen abgelehnt und konfrontiert mit einer Bundesregierung, die nicht zur wirtschaftlichen Sanierung der DDR bereit war, blieb der Führung schließlich nur der Sturz ihres Generalsekretärs und die Hoffnung auf eine „Wende". Diese konnte schon deshalb nicht gelingen, weil der Nachfolger und einstige Zögling Honeckers, Egon Krenz, in den Augen der Bevölkerung für die Kontinuität der Diktatur und nicht für Veränderung stand. Die von ihm eingeleiteten Maßnahmen blieben wirkungslos, und er mußte sehr schnell zurücktreten. Letzter Hoffnungsträger der SED wurde der nicht zuletzt von westlichen Medien als Reformer aufgebaute Dresdener SED-Bezirkschef Hans Modrow, der sich mit einer Bevölkerung, in der der Ruf nach der Vereinigung Deutschlands lauter wurde, sowie mit einer täglich selbstbewußter werdenden Opposition auseinanderzusetzen hatte.

Chronik

1986

15. Januar 1986	Der KPdSU-Generalsekretär Gorbatschow schlägt ein Programm für die vollständige stufenweise Beseitigung aller Atomwaffen vor.
24. Januar 1986	Erich Honecker erklärt in einem Interview mit der „Zeit": „Es ist geradezu ein Glück für die Menschheit, daß es zwei deutsche Staaten gibt".
9. Februar 1986	Die DDR erweitert Reisemöglichkeiten in dringenden Familienangelegenheiten.
19.–22. Februar 1986	Der Präsident der DDR-Volkskammer, Sindermann, besucht auf Einladung der SPD-Bundestagsfraktion die Bundesrepublik.
27. Februar 1986	Treffen zwischen Honecker und Gorbatschow in Moskau anläßlich des XXVII. Parteitages der KPdSU.
25. März 1986	Weimarer „Friedensbewegung" – eine oppositionelle Gruppe – fordert Veröffentlichung eines „Appells zum Jahr des Friedens".
17.–21. April 1986	XI. Parteitag der SED; Rede Gorbatschows: Aufforderung zur Selbstkritik als einer „unerläßlichen Bedingung für den Erfolg einer revolutionären Partei".
26. April 1986	Im Atomkraftwerk Tschernobyl bei Kiew explodiert ein Reaktorblock, große Mengen Radioaktivität treten aus.
6. Mai 1986	Unterzeichnung eines Kulturabkommens zwischen der DDR und der Bundesrepublik.
9. Mai 1986	Angehörige der „unabhängigen Friedensbewegung" in der DDR fordern von Honecker einen „konstruktiven Dialog".
25.–27. Juni 1986	Honecker weilt zum Staatsbesuch in Schweden.
1. September 1986	Volkskammerpräsident Sindermann trifft Delegation von Bundestagsabgeordneten der Grünen.
2. September 1986	Eröffnung der „Berliner Umweltbibliothek".
15. September 1986	Proteste von Greenpeace in Ost-Berlin werden von „Sicherheitsorganen" unterbunden.
6. Oktober 1986	Saarlouis und Eisenhüttenstadt schließen erste deutsch-deutsche Städtepartnerschaft.
11.–12. Oktober 1986	Zweites Gipfeltreffen zwischen Reagan und Gorbatschow in Reykjavik.
21.–26. Oktober 1986	Honecker in China; Unterzeichnung eines Abkommens zur wirtschaftlichen und wissenschaftlich-technischen Zusammenarbeit.
21. Oktober 1986	SPD und SED veröffentlichen gemeinsame „Grundsätze für einen atomwaffenfreien Korridor in Mitteleuropa".
10. November 1986	Gorbatschow verkündet gegenüber KP-Chefs Liberalisierung der sowjetischen Ost-Europa-Politik.
16. Dezember 1986	Gorbatschow hebt Verbannung Sacharows auf.
31. Dezember 1986	Im Jahre 1986 verlassen 26 178 Personen als Flüchtlinge oder Übersiedler die DDR.

1987

12.–14. Januar 1987	Staatsbesuch des japanischen Ministerpräsidenten Nakasone in der DDR.
27.–28. Januar 1987	Gorbatschow kritisiert vor dem ZK der KPdSU Fehler der Vergangenheit: „Wir brauchen die Demokratie wie die Luft zum Atmen".
5. Februar 1987	Markus Wolf, Leiter der HVA des MfS, scheidet aus dem aktiven Dienst aus.
10. März 1987	Der Regierende Bürgermeister von Berlin, Eberhard Diepgen, (CDU), lädt Erich Honecker zur Teilnahme an 750-Jahr-Feier in West-Berlin ein; Honecker lehnt ab.
11. März 1987	Helmut Kohl wird erneut zum Kanzler einer CDU/CSU-FDP-Koalition gewählt.
28. Mai 1987	Treffen zwischen Honecker und Gorbatschow in Ost-Berlin.
29./30. Mai 1987	Parteichefs der Warschauer-Pakt-Staaten betonen Verteidigungscharakter ihres Militärbündnisses.
3.–5. Juni 1987	Honecker weilt zum Staatsbesuch in den Niederlanden.
6.–8. Juni 1987	Zusammenstöße zwischen Volkspolizei/MfS und jugendlichen Fans anläßlich eines Popkonzerts in West-Berlin; Rufe „Die Mauer muß weg" werden laut.
12. Juni 1987	US-Präsident Reagan fordert Gorbatschow in West-Berlin auf: „Herr Gorbatschow, reißen Sie diese Mauer nieder!".
17. Juni 1987	Der Staatsrat der DDR beschließt Abschaffung der Todesstrafe.
1. Juli 1987	Die DDR kürzt DM-Beträge für DDR-Reisende in die Bundesrepublik.
17. Juli 1987	Staatsrat verkündet Amnestie zum 38. Jahrestag der Gründung der DDR.
27. August 1987	SPD und SED veröffentlichen ihr gemeinsames Papier „Der Streit der Ideologien und die gemeinsame Sicherheit".
5./6. September 1987	Duldung einer ersten nicht-offiziellen Demonstration von unabhängigen Friedensgruppen in Ost-Berlin.
7.–11. September 1987	Honecker zu offiziellem Besuch in der Bundesrepublik Deutschland.
15. September 1987	Der stellvertretende DDR-Außenminister, Peter Florin, wird zum Präsidenten der 42. Tagung der UN-Vollversammlung gewählt.
12. Oktober 1987	Honecker lehnt gegenüber belgischen Journalisten sowjetische Reformpolitik als Modell für die DDR ab.
13.–15. Oktober 1987	Honecker zu offiziellem Staatsbesuch in Belgien.
13. Oktober 1987	Besuch von westdeutschen CDU-Vertretern bei Pfarrer Eppelmann in Ost-Berlin.
13./14. Oktober 1987	Tagung der RGW-Staaten; DDR lehnt vorgeschlagene Wirtschaftsreformen ab.

14./15. November 1987	Durchsuchung der Umwelt-Bibliothek in Ost-Berlin durch Staatsanwaltschaft und MfS; Festnahme mehrerer Personen löst DDR-weite Solidarisierung mit Verhafteten aus; in den folgenden Tagen weitere Aktionen gegen oppositionelle Gruppen in mehreren Städten.
7. Dezember 1987	Drittes Gipfeltreffen von Reagan und Gorbatschow in Washington.
31. Dezember 1987	Im Jahre 1987 verlassen 16 958 Personen als Flüchtlinge oder Übersiedler die DDR.

1988

7.–9. Januar 1988	Honecker zu Staatsbesuch in Frankreich.
17. Januar 1988	Festnahme von über 100 Personen anläßlich der Liebknecht/Luxemburg-Demonstration in Ost-Berlin; Beginn einer Verhaftungs- und Ausbürgerungswelle.
23. April 1988	Die SED verhindert zum wiederholten Male das Erscheinen evangelischer Kirchenzeitungen.
April–Mai 1988	Streiks in Polen, u. a. auf der Lenin-Werft in Danzig.
1.–6. Mai 1988	Das Politbüromitglied Hermann Axen reist zur Vorbereitung eines Besuchs von Erich Honecker in die USA.
29. Mai 1988	Viertes Gipfeltreffen von Gorbatschow und Reagan in Moskau.
14.–16. Juni 1988	Österreichs Bundeskanzler Vranitzky zu offiziellem Besuch in der DDR.
7. Juli 1988	SPD und SED stellen gemeinsamen Vorschlag für eine „Zone des Vertrauens und der Sicherheit in Zentraleuropa" vor.
13.–14. September 1988	Dänemarks Ministerpräsident Schlüter zu Staatsbesuch in der DDR.
24. September 1988	Aufmarsch der „Kampfgruppen der Arbeiterklasse" in Ost-Berlin anläßlich des 35. Jahrestages ihrer Gründung; Protest der drei West-Berliner Stadtkommandanten.
28. September 1988	Honecker trifft Gorbatschow in Moskau.
3.–5. Oktober 1988	Honecker zu Staatsbesuch in Spanien.
12. Oktober 1988	Erich Honecker übergibt offiziell „die dreimillionste Wohnung, die seit 1971 in der DDR entstand".Tatsächlich liegt die Zahl neuer Wohnungen unter zwei Millionen.
16.–18. Oktober 1988	Präsident des Jüdischen Weltkongresses Bronfman besucht DDR.
9./10. November 1988	Chef des Bundeskanzleramtes, Wolfgang Schäuble, zu Konsultationen in Ost-Berlin.
18. November 1988	Die sowjetische Zeitschrift „Sputnik" wird von der DDR-Postzeitungsliste gestrichen.
28. November 1988	Das ZK der SED, der Ministerrat und der Bundesvorstand des FDGB beschließen die „umfassendste Rentenreform seit Bestehen der DDR"; Anhebung der Mindestrenten.

1./2. Dezember 1988	Honecker erklärt vor dem ZK: „Das Volk der Deutschen Demokratischen Republik (hat) einen Lebensstandard erreicht wie noch nie in seiner Geschichte. Im Grunde genommen ist er höher als der in der Bundesrepublik"; erneute Ablehnung des neuen sowjetischen Gesellschaftskonzepts mit dem Argument, „daß es kein für alle sozialistischen Länder geltendes Modell gibt".
7. Dezember 1988	Gorbatschow verkündet vor UN-Generalversammlung einseitige Abrüstungsschritte der Sowjetunion und spricht von Prinzipien der Entscheidungsfreiheit und des Gewaltverzichts.
14. Dezember 1988	Die neue DDR-Verordnung über Reise- und Ausreiseangelegenheiten enthält kein generelles Recht auf Reisen.
31. Dezember 1988	Im Jahre 1988 verlassen 39 845 Personen als Flüchtlinge oder Übersiedler die DDR.

1989

15. Januar 1989	Die „Initiative zur demokratischen Erneuerung unserer Gesellschaft" ruft zur Demonstration in Leipzig auf; zahlreiche Festnahmen.
23. Januar 1989	Schwedens Ministerpräsident Carlsson zu Staatsbesuch in Ost-Berlin.
6. Februar 1989	DDR-Grenzsoldaten erschießen den 20 Jahre alten Chris Gueffroy bei Fluchtversuch durch drei Schüsse in den Rücken. Er ist das letzte Opfer an der Mauer.
10. Februar 1989	Das ZK der Ungarischen Sozialistischen Arbeiterpartei erörtert Einführung des Mehrparteiensystems.
3. April 1989	Der Minister für Nationale Verteidigung, Generaloberst Streletz, setzt durch „mündliche Beauflagung" den Schießbefehl aus.
2. Mai 1989	Ungarn beginnt mit dem Abbau des „Eisernen Vorhangs" an der Grenze zu Österreich.
7. Mai 1989	Kommunalwahl bringt Wahlbeteiligung von 98,78% und Zustimmung von 98,85%; Oppositionelle sprechen von Wahlfälschung, die sie teilweise belegen können.
8. Mai 1989	Demonstration in Leipzig gegen Fälschung der Kommunalwahlergebnisse.
29. Mai bis 2. Juni 1989	Besuch einer Volkskammer-Delegation in der Bundesrepublik auf Einladung der SPD-Bundestagsfraktion.
4. Juni 1989	Kandidaten der Solidarność gewinnen die ersten teilweise freien Wahlen in Polen.
4. Juni 1989	Blutige Niederschlagung der Demokratiebewegung in Peking.
7. Juni 1989	Eingabe an Staatsrat wegen Wahlfälschung bei der Kommunalwahl; vorübergehende Festnahmen.
8. Juni 1989	Die Volkskammer wertet das Massaker in Peking als „Niederschlagung einer Konterrevolution".
13. Juni 1989	In Ungarn beginnen die Gespräche des Runden Tisches.
25.–27. Juni 1989	Öffnung der ungarisch-österreichischen Grenze durch symbolische Aktion der Außenminister Horn (Ungarn) und Mock (Österreich).

27./28. Juni 1989	Honecker zu Besuch in Moskau; Gorbatschow drängt auf Reformen in der DDR.
Juni 1989	Gründung der Initiativgruppe „Demokratischer Aufbruch".
7./8. Juli 1989	Gorbatschow setzt auf Gipfeltreffen der Warschauer-Pakt-Staaten „Breschnew-Doktrin" außer Kraft und betont „eigenständige Lösung nationaler Probleme".
24. Juli 1989	Markus Meckel und Martin Gutzeit verfassen „Aufruf zur Bildung einer Initiativgruppe mit dem Ziel, eine sozialdemokratische Partei in der DDR ins Leben zu rufen".
ab Juli 1989	Tausende DDR-Bürger flüchten über Ungarn nach Österreich oder suchen Zuflucht in der Ständigen Vertretung der Bundesrepublik in Ost-Berlin und in den bundesdeutschen Botschaften in Budapest und Prag.
18. August 1989	Die SED rechtfertigt im „Neuen Deutschland" erneut Niederschlagung des „Prager Frühlings".
5. September 1989	Honecker erklärt die DDR im SED-Organ „Einheit" zu einem Staat „mit einem funktionierenden, effektivem sozialistischen Gesellschaftssystem, das sich mit den in ihm verwirklichten Menschenrechten auch an den Herausforderungen der 90er Jahre bewähren wird".
9./10. September 1989	Gründung der Oppositionsgruppe „Neues Forum".
10. September 1989	Ungarn gibt die Öffnung seiner Grenze zu Österreich für DDR-Bürger bekannt. Bis Ende Oktober kommen etwa 50 000 Menschen über diesen Weg in die Bundesrepublik.
11. September 1989	Festnahmen bei einer im Anschluß an ein „Friedensgebet" stattfindenden Demonstration in Leipzig.
12. September 1989	Gründung der Bürgerbewegung „Demokratie jetzt".
19. September 1989	Das „Neue Forum" beantragt offizielle Zulassung, die kurz darauf abgelehnt wird.
30. September 1989	6000 DDR-Bürgern in der Prager Botschaft wird Ausreise in die Bundesrepublik gestattet.
1. Oktober 1989	Bildung einer Gründungsinitiative für eine Grüne Partei.
1. Oktober 1989	ADN kommentiert anhaltende Flucht- und Ausreisewelle: „Sie alle haben durch ihr Verhalten die moralischen Werte mit Füßen getreten und sich selbst aus unserer Gesellschaft ausgegrenzt. Man sollte ihnen deshalb keine Träne nachweinen."
1.–5. Oktober 1989	1500 DDR-Bürgern in der Warschauer Botschaft der Bundesrepublik wird Ausreise gestattet.
2. Oktober 1989	20 000 Menschen demonstrieren in Leipzig für Reformen in der DDR; bei brutalen Einsätzen der „Sicherheitskräfte" werden viele Demonstranten verletzt bzw. festgenommen.
2. Oktober 1989	Gründung des „Demokratischen Aufbruchs" (DA).
3. Oktober 1989	Die DDR setzt visafreien Reiseverkehr mit der Tschechoslowakei aus.
4. Oktober 1989	Weitere etwa 7500 DDR-Flüchtlinge in bundesdeutscher Prager Botschaft werden in Sonderzügen in die Bundesrepublik gebracht; Unruhen auf DDR-Bahnhöfen an der Strecke.

4. Oktober 1989	Eine Kontaktgruppe von DDR-Oppositionellen fordert freie Wahlen unter UNO-Kontrolle.
5. Oktober 1989	In Magdeburg und Dresden werden Demonstrationen gewaltsam aufgelöst.
6.–7. Oktober 1989	Proteste in mehreren Städten anläßlich des 40. Jahrestages der DDR-Gründung.
7. Oktober 1989	Polizei und Staatssicherheit gehen brutal gegen Demonstranten in Ost-Berlin vor; es kommt zu Massenfestnahmen und schweren Mißhandlungen von Inhaftierten.
7. Oktober 1989	Formelle Gründung der SDP in Schwante bei Oranienburg.
8. Oktober 1989	Ein geheimes Fernschreiben der SED-Führung an die Bezirksleitungen der SED fordert Unterbindung von Protesten.
9. Oktober 1989	70 000 Menschen demonstrieren in Leipzig für demokratische Reformen; erstmals kein Eingreifen der „Sicherheitskräfte".
9. Oktober 1989	Die Evangelische Kirche in Berlin-Brandenburg fordert eine „demokratische und rechtsstaatliche sozialistische Perspektive der DDR".
11. Oktober 1989	SED-Politbüro bietet „sachlichen Dialog" an: „. . . uns nicht gleichgültig, wenn sich Menschen, die hier arbeiteten und lebten, von unserer Deutschen Demokratischen Republik losgesagt haben . . ."
13. Oktober 1989	Honecker empfängt die Vorsitzenden der Blockparteien.
16. Oktober 1989	Demonstration von über 100 000 Menschen in Leipzig.
18. Oktober 1989	Das ZK entbindet Erich Honecker „aus gesundheitlichen Gründen" von seinem Amt als Generalsekretär und wählt Egon Krenz an seine Stelle.
18. Oktober 1989	Krenz prägt für seine geplante Politik den Begriff „Wende".
23. Oktober 1989	Über eine halbe Million Menschen protestieren in zahlreichen Städten der DDR gegen die Wahl von Egon Krenz zum Generalsekretär und für die demokratische Erneuerung des Landes.
24. Oktober 1989	Krenz wird von der Volkskammer zum Staatsratsvorsitzenden und zum Vorsitzenden des Nationalen Verteidigungsrates gewählt (26 Gegenstimmen und 26 Enthaltungen).
24. Oktober 1989	Demonstration in der Ost-Berliner Innenstadt gegen die Wahl von Krenz zum Generalsekretär und für mehr Demokratie.
27. Oktober 1989	Der Staatsrat beschließt Amnestie für inhaftierte Demonstranten und wegen „Fluchtversuchs" angeklagte Personen.
29. Oktober 1989	„Sonntagsgespräche" in Ost-Berlin als Forum für den Dialog zwischen Partei und Bevölkerung etabliert.
31. Oktober bis 1. November 1989	Krenz trifft Gorbatschow in Moskau; Ergebnis: Die deutsche Wiedervereinigung stehe „nicht auf der Tagesordnung".
2. November 1989	Rücktritt mehrerer Spitzenfunktionäre von SED, Blockparteien und Massenorganisationen.
2. November 1989	Das SED-Politbüro beschließt den Entwurf eines „Aktionsprogramms": u. a. Schaffung eines Verfassungsgerichts und Einführung eines zivilen Wehrersatzdienstes.

3. November 1989	Die DDR erlaubt weiteren DDR-Bürgern, die sich in der bundesdeutschen Botschaft in Prag aufhalten, die Ausreise.
4. November 1989	Demonstration in Ost-Berlin mit über einer halben Million Teilnehmer; Forderungen nach Reformen. Auch die ČSSR läßt alle DDR-Bürger problemlos in die Bundesrepublik ausreisen, Tausende verlassen in den nächsten Tagen die DDR auf diesem Weg.
6. November 1989	Hunderttausende fordern bei Demonstrationen in Leipzig unbeschränkte Reisemöglichkeiten und freie Wahlen.
7. November 1989	Die DDR-Regierung tritt zurück.
8. November 1989	10. Tagung des ZK beginnt: Rücktritt des SED-Politbüros; Wahl eines neuen Politbüros mit nur noch 11 Mitgliedern; Krenz als Generalsekretär bestätigt.
8. November 1989	Das „Neue Forum" wird als Vereinigung zugelassen.
9.–10. November 1989	Öffnung der Grenzen zur Bundesrepublik und nach West-Berlin.

1. Gorbatschow und der Niedergang der SED

Auf dem XXVII. Parteitag der KPdSU im Februar 1986 leitete der neue Generalsekretär Michail Gorbatschow Veränderungsprozesse ein, die zuerst die sozialistische Welt erschüttern und später ihren Untergang beschleunigen sollten. Es war der Versuch, den Niedergang des realen Sozialismus durch Reformen aufzuhalten und einen modernisierten Sozialismus zu schaffen. Die Partei gab sich auf diesem Parteitag ein neues Programm und Statut; Gorbatschow verkündete die optimistische Perspektive einer reformfähigen kommunistischen Bewegung, ohne die führende Rolle der Kommunistischen Partei in der Gesellschaft aufzugeben.[1] Er verband in seinem „neuen Denken" Vorschläge zur internationalen Abrüstung mit Plänen zur Weiterentwicklung der kommunistischen Bewegung unter Verzicht auf das Wahrheitsmonopol der marxistisch-leninistischen Partei.

XL Parteitag der SED

Entgegen sonstiger Gewohnheit fiel die Reaktion der SED-Führung auf die Veränderung in der KPdSU auf dem XI. SED-Parteitag im April 1986 eher reserviert aus. Zwar wurde in tradierter Weise auf die „brüderliche Verbundenheit mit der KPdSU und der UdSSR" und die gemeinsame Friedenspolitik verwiesen, vom Leitsatz „Von der Sowjetunion lernen, heißt siegen lernen" war hingegen nichts mehr zu hören. Im Vordergrund standen Selbstbelobigungen. Die SED verklärte die DDR zum modernen Land der Roboter und Mikroelektronik und zum erfolgreichen Sozialstaat. Honecker verkündete:

> „Unser Volk hat aufgrund der Entwicklung der Produktivkräfte und der sozialistischen Produktionsverhältnisse einen Lebensstandard erzielt wie noch nie in seiner Geschichte. Arbeitslosigkeit ist für uns ein Begriff aus einer anderen, fremden Welt. Gewährleistet sind bei uns soziale Sicherheit und Geborgenheit, Vollbeschäftigung, gleiche Bildungschancen für alle Kinder des Volkes. Als wichtigste Aufgabe betrachten wir die Erhaltung des Friedens und damit die Aussicht auf eine gesicherte Zukunft."[2]

Kritische Worte zur Unzufriedenheit in der Bevölkerung, zur desolaten wirtschaftlichen Situation oder zur steigenden Auslandsverschuldung waren nicht zu vernehmen. Durch die Propagierung „konservativer" Werte wie Geborgenheit, Recht und Ordnung etc. sowie durch die Fortsetzung der Einheit von Wirtschafts- und Sozialpolitik hoffte die Parteiführung, bei der Bevölkerung eine systemstabilisierende Loyalität zu erreichen oder zumindest Opposition zu verhindern. Doch vor allem die jüngere Generation ließ sich von diesen Verkündigungen nicht mehr beeindrucken. Trotz der äußeren Ruhe, die den Anschein politischer Stabilität erweckte, vollzog sich eine zuerst unterschwellige und später auch öffentlich sichtbar werdende prinzipielle Abkehr vom DDR-Sozialismus. In der SED ging ebenso wie in den Blockparteien und Massenorganisationen alles seinen gewohnten „sozialistischen Gang". Auch wenn mancher „kleine Genosse" weiterhin von der Sowjetunion „siegen lernen" wollte, blieben „Glasnost" und „Perestroika" für die Parteiführung Fremdworte.

Bagatellisierung von Tschernobyl

Das zeigte sich beispielhaft im Gefolge der Atomkatastrophe von Tschernobyl (Ukraine) Ende April 1986. Aus der Berichterstattung der DDR-Medien über die Reaktorexplosion ergab sich kein realistisches Bild der Zerstörungen und Gefähr-

---

1 Vgl. Otto 1996, S. 438 f.
2 Zit. nach: Weber 1991, S. 183.

dungen. Westliche Darstellungen bezeichnete die SED als übertrieben bzw. als antisowjetische Hetze.[3] Doch auch in der eigenen Bevölkerung löste der Unfall starke Ängste aus. Die SED ließ unterdessen keinen Zweifel aufkommen, daß sie weiterhin an der „friedlichen Nutzung" der Kernenergie festhalten und ihr Ausbauprogramm fortsetzen wollte. Auf Forderungen aus den Reihen der Umweltgruppen nach einer gesamtgesellschaftlichen Diskussion über die Perspektiven der Atomenergie reagierte die Partei nicht. Einschätzungen des „Staatlichen Amtes für Atomsicherheit und Strahlenschutz", wonach die Zuverlässigkeit der Sicherheitssysteme der DDR-Kernkraftwerke „geringer als bei den gleichaltrigen Kernkraftwerken in kapitalistischen Ländern" sei und „vom heutigen internationalen Standard abweiche"[4], gelangten ebenso wenig an die Öffentlichkeit wie Meßwerte über das Ausmaß der radioaktiven Verstrahlung der DDR nach dem Tschernobyl-GAU.

Die Zahl der SED-Mitglieder erreichte im Jahre 1986 mit 2,3 Millionen einen Höchststand. Wie die konstant gebliebene Zahl der Parteiausschlüsse und Parteiverfahren verdeutlicht, hatte die SED-Führung zu diesem Zeitpunkt keine besonderen Probleme mit der Disziplin der Parteibasis. Allerdings war laut Statut für 1989/90 ohnehin ein erneuter Umtausch der Parteidokumente vorgesehen.[5] Der gleichbleibend hohe Mitgliederstand sowie die veränderte soziale Zusammensetzung spiegelten den hegemonialen Status der totalitären Staatspartei wider. Die SED war längst Kader-, Mitglieder- und Karrierepartei in einem geworden. Jeder sechste erwachsene Bürger besaß das Parteibuch, da der berufliche und soziale Aufstieg in der Gesellschaft weitgehend hieran gebunden blieb. Entsprechend hatte sich vor allem der Anteil der aufstiegsorientierten „Intelligenz" in der Mitgliedschaft stetig erhöht, der der Produktionsarbeiter proportional verringert. Der Anteil der Industriearbeiter unter den Parteimitgliedern fiel von 48% (1947) auf 37,9% (1986), der der „Intelligenz" stieg von 12% (1967) auf 22,4% (1986).[6] Gemessen an der formalen Qualifikation ihrer Mitglieder war die SED Ende 1985 eine „Partei der Gebildeten". Von 2,3 Millionen Mitgliedern besaßen knapp 900 000 einen Hoch- oder Fachschulabschluß.[7] In ZK und Politbüro blieb die personelle Kontinuität der alten Garde um Erich Honecker gewahrt. Das Durchschnittsalter der Vollmitglieder im Politbüro lag 1986 bei knapp 63 Jahren.[8] Impulse zur Erneuerung der Partei konnten von dieser „Rentnerriege" nicht mehr erwartet werden.

Die ein Jahr später stattfindenden Parteitage der Blockparteien bestätigten wiederum den Kurs der SED und die eigene subalterne Rolle. Obwohl ihre Mitgliederzahlen in den achtziger Jahren weiter anstiegen, so daß sie 1987 zusammen einen Mitgliederstand von knapp einer halben Million aufzuweisen hatten, kamen auch von diesen Parteien keine Impulse zur Reform der Gesellschaft.

---

3 Vgl. de Nève 1995, S. 25.
4 6. Bericht und Maßnahmen für die Gewährleistung und Erhöhung der Sicherheit der Kernkraftwerke in der DDR vom 18. November 1986. Fundort: SAPMO-BArch, Bestand Politbüro, Signatur DY 30 J IV 2/2-039/43, zit. nach: de Nève 1995, S. 22.
5 Vgl. Otto 1995, S. 1469.
6 Vgl. Weber 1991, S. 182.
7 Vgl. Otto 1995, S. 1486.
8 Vgl. Meyer 1991, S. 153.

Gleiches gilt für die Massenorganisationen, die sich weiterhin fest in der Hand der SED befanden. Die Anleitung und Steuerung von Blockparteien und Massenorganisationen erfolgte nicht mehr nur über Kaderpolitik und Anleitung durch den zentralen Parteiapparat der SED, sondern zunehmend auch über finanzielle Zuwendungen und Bereitstellung von Ressourcen.

Personenkult um Erich Honecker

In dem Maße, wie sich die wachsende Unzufriedenheit in der Bevölkerung bemerkbar machte, nahm der Personenkult um Erich Honecker zu. Kein Anlaß war zu banal, um den „Generalsekretär des ZK der SED und Vorsitzenden des Staatsrates der DDR, Erich Honecker", in der „Hofberichterstattung" der DDR-Medien zu präsentieren. Fast täglich führte er „herzliche" oder „freundliche" Gespräche, empfing Ehrengäste, nahm Glückwunschtelegramme entgegen, eröffnete Tagungen oder überbrachte brüderliche Grüße. Im „Neuen Deutschland" war Honecker an besonderen Tagen, z. B. während seines Eröffnungsrundgangs auf der Leipziger Messe, auf nahezu allen Fotos der jeweiligen Ausgabe abgebildet.[9]

Distanz zu Gorbatschow

Das anfangs reservierte Verhältnis der SED-Führung, vor allem Erich Honeckers, zu Gorbatschow schlug schließlich in ablehnende Distanz um. Da Gorbatschow jedoch vorerst den Abgrenzungskurs seines Vorgängers gegenüber der Bundesrepublik fortsetzte und Honecker von dessen verschobenem, aber weiterhin geplantem Besuch in der Bundesrepublik abriet, erkannte die SED-Führung die sich abzeichnende Brisanz der Politik Gorbatschows für die DDR erst ab Ende 1986. Bis dahin konnte Erich Honecker seine Rolle als „Verständigungsbrücke" gegenüber der Bundesrepublik und den westlichen Staaten weiter spielen. Als Gorbatschow aber über innere Reformankündigungen hinaus auch seinen globalpolitischen Kurs änderte, wurde Honecker in eine Nebenrolle gedrängt.

Im Herbst 1985 sprach Gorbatschow erstmals in der Öffentlichkeit vom „gemeinsamen europäischen Haus" als Ziel seiner Außenpolitik. Die angestrebte Überwindung der Blockkonfrontation bedeutete noch keineswegs das eingeplante Ende der DDR, wiewohl deren Rolle in einem europäischen Haus offen bleiben mußte. Anscheinend versprach sich Gorbatschow von der DDR, die er im Frühjahr 1986 nicht zuletzt wegen ihrer ökonomischen Sonderbeziehungen zur Bundesrepublik für ökonomisch und sozial stabil hielt, wirtschaftliche Hilfe für die Sowjetunion. Die Beziehungen zwischen der DDR und der Bundesrepublik sollten jedoch immer unter sowjetischer Kontrolle bleiben. Bei einem Gespräch anläßlich des XI. Parteitages der SED riet Gorbatschow weiterhin von einem Besuch Honeckers in Bonn ab.[10]

Ein halbes Jahr später, im Herbst 1986 eröffnete der sowjetische Generalsekretär seinem Amtskollegen aus der DDR die Absicht der Sowjetunion, die Beziehungen zur Bundesrepublik neu zu gestalten: „Vor uns liegt eine schwierige neue Etappe, ja eine sehr schwere Etappe ... Ihre Bewältigung hat eine große Bedeutung für uns in der Sowjetunion, für die DDR und auch für die BRD."[11] Diese Worte erregten höchsten Argwohn bei Honecker, ermunterten ihn aber zugleich, seinen geplanten Besuch in der Bundesrepublik nun endlich durchzusetzen. Scharfen Protest richtete

---

9   Vgl. Henkel 1994, S. 50 f.
10 Vgl. Küchenmeister/Stephan 1993, S. 87 ff.
11 Zit. nach: Küchenmeister 1993, S. 38.

der SED-Generalsekretär in diesem Gespräch gegen den sowjetischen Verband der Filmschaffenden, dessen Vorstand bei einem Besuch in der DDR die dortigen Verbandskollegen aufgefordert hatte, ihre „Generäle zu stürzen". Außerdem hatte der Schriftsteller Jewtuschenko in einem Interview in der ZDF-Sendung „Kennzeichen D" am 10. September 1986 die deutsche Wiedervereinigung angemahnt. Honecker wertete dieses Auftreten als konterrevolutionär und von den USA finanziert. Seinem von einem totalitären Politikverständnis geprägten Ansinnen, Gorbatschow möge solche Äußerungen unterbinden, entsprach dieser nicht. Statt dessen antwortete der KPdSU-Generalsekretär mit der Floskel, die Sowjetunion werde auch „künftig alles tun", damit die „DDR als deutscher Arbeiter- und Bauernstaat, als selbständiger sozialistischer Staat erstarkt und sich entwickelt." Honecker begriff jetzt schnell und entgegnete: „Für uns ist es wichtig, an einer und nicht an zwei Fronten kämpfen zu müssen."[12]

Von nun an begegnete die SED-Führung der sowjetischen Politik mit nahezu feindseliger Ablehnung. In der Tat mußte sie die Politik Gorbatschows auf zwei sich bedingenden Feldern fürchten. Dessen Innenpolitik, auf die Herstellung von Pluralität und Öffentlichkeit zielend, konnte dem Reformbedürfnis der Bevölkerung und vor allem von Teilen der SED-Mitgliedschaft Nahrung geben, während die außenpolitische Neuorientierung auf ein „europäisches Haus" die Existenz der DDR zumindest potentiell in Frage stellte. Da eine prinzipielle Abkehr von der Sowjetunion den Untergang zur Folge gehabt hätte und insofern nicht in Frage kam, mußte die SED eine Gratwanderung zwischen bündnispolitischem Schulterschluß und ideologischer Abgrenzung vollziehen. In einer Rede vor SED-Kreissekretären im Februar 1987 bezeichnete Honecker die Existenz zweier deutscher Staaten als „ein unverzichtbares Element für das Kräftegleichgewicht in Europa und für die Schaffung eines internationalen Sicherheitssystems ... Ausgangspunkt kann nur sein, daß die DDR und die BRD zwei voneinander unabhängige, souveräne Staaten mit unterschiedlicher Gesellschaftsordnung und Bündniszugehörigkeit sind". Gleichzeitig verwies er auf die Verwirklichung der Menschenrechte und der sozialistischen Demokratie in der DDR: „Selbstverständlich sind mit den Menschenrechten im Sozialismus auch staatsbürgerliche Pflichten verbunden. Das brauchen wir ebensowenig zu verschweigen wie die Tatsache, daß es ein ‚Recht', die Gesetze zu mißachten, nicht geben wird, so sehr das der Gegner auch wünscht. Ausübung von Menschenrechten heißt bei uns Mitgestaltung des Sozialismus."[13]

Feindselige Ablehnung gegenüber sowjetischer Politik

Honeckers bis zum Rücktritt konsequent betriebene Ablehnung der Reformen in der Sowjetunion entsprang einem durchaus realistischen und lebenssichernden Instinkt. Wäre der Bazillus „Glasnost und Perestroika" auf seine Untertanen übergesprungen, hätte dies das Ende der DDR bzw. zumindest der „führenden Rolle" der SED bedeutet. Bemühungen sowjetischer Historiker um eine partielle Neubewertung der Geschichte des „Vaterlandes aller Werktätigen" wies Honecker scharf zurück. Die ideologische Arbeit erfordere

---

12 Zit. nach: ebd., S. 39.
13 Erich Honecker vor Ersten Kreissekretären: Die Aufgaben der Parteiorganisationen bei der weiteren Verwirklichung der Beschlüsse des XI. Parteitages der SED, abgedruckt in: Deutschland Archiv Nr. 4/1987, hier: S. 443.

> „ständige Wachsamkeit, um das Eindringen antimarxistischer, antisozialistischer bürgerlicher Ideologien zu verhindern. Nach wie vor gilt der Leninsche Grundsatz: Bürgerliche oder sozialistische Ideologie. Ein Mittelding gibt es hier nicht. Die Kommunisten sind verpflichtet, Angriffen auf die Politik der Partei, auf den sozialistischen Staat der Arbeiter und Bauern entschieden entgegenzutreten, gegen Entstellungen und Verfälschungen der marxistisch-leninistischen Theorie und der Geschichte der revolutionären Arbeiterbewegung Stellung zu nehmen, ganz gleich, woher sie kommen."[14]

1987 Schicksalsjahr der DDR

Der Abwehrkampf der SED war vergeblich. Im nachhinein wertete Erich Honecker das Jahr 1987 als Schicksalsjahr für die DDR. Hier begannen „langfristig angestrebte Veränderungen auf der Weltbühne", die „das Antlitz Europas veränderten". Die vom amerikanischen Präsidenten Ronald Reagan anläßlich seines Besuchs der 750-Jahr-Feier in West-Berlin an den Generalsekretär Michail Gorbatschow gerichtete Aufforderung: „Herr Gorbatschow, öffnen Sie dieses Tor! Herr Gorbatschow, reißen Sie diese Mauer nieder!", kennzeichnete Honecker in seinen Erinnerungen als Indiz für die neue weltpolitische Lage: „Daß die Überwindung der deutschen „Zweistaatlichkeit" nach Lage der Dinge nur durch einen Systemwechsel in der DDR zu bewerkstelligen war, war nur logisch. Aber daran zu glauben, kam uns damals nicht in den Sinn. Wir glaubten an die gegenseitigen Bündnisverpflichtungen, die niemandem das Recht gaben, die DDR aufzugeben".[15] Damals hofften Honecker und die Führungsspitze der SED noch, den Veränderungen trotzen zu können. Der SED-Chefideologe, Kurt Hager, verglich im April 1987 die Perestroika mit dem Tapezieren einer Wohnung und fragte rhetorisch, „ob man seine Wohnung ebenfalls neu tapezieren" müsse, wenn der Nachbar dies tue.[16]

Gorbatschow ergänzte seine abrüstungspolitischen Vorschläge im Laufe des Jahres 1987 mit der schrittweisen Abkehr von der Breschnew-Doktrin. Bei einem Besuch in Prag im April 1987 deutete er an, die UdSSR würde künftig in ihrer Einflußsphäre nicht mehr aktiv, d. h. per militärischer Intervention, Regime stützen. Der KPdSU-Chef betonte, die einzelnen Parteien und Regierungen müßten selbständig agieren und die „Verantwortung vor dem eigenen Volk (tragen) und das Recht (haben), souverän die Fragen der Entwicklung des Landes zu lösen."[17] Knapp drei Monate später erläuterte Gorbatschow vor dem Europarat seine neue Strategie und stellte unmißverständlich klar, daß sich „jede Einmischung in die inneren Angelegenheiten" eines Staates verbieten würde.[18]

Letzte westpolitische Offensiven Honeckers

Mit einem Mißerfolg endete auch der Versuch der SED-Führung, den Bundestagswahlkampf 1986/87 zugunsten der SPD zu beeinflussen. Bereits seit 1985 hatten Vertreter der Bundesregierung und des West-Berliner Senats mehrfach versucht, die DDR zu einer Einschränkung der Einreise von Asylbewerbern über den Flughafen Berlin-Schönefeld zu bewegen, was die DDR immer unter Hinweis auf die völkerrechtlich verankerte Transitfreiheit ablehnte. Erst nach einem streng vertraulichen Gespräch des SPD-Präsidiumsmitglieds Egon Bahr mit Erich Honecker und

---

14 Zit. nach: ebd., S. 443/444.
15 Honecker 1992, S. 7.
16 Zit. nach: Küchenmeister 1993, S. 39.
17 Zit. nach: Abramowski 1992, S. 219.
18 Zit. nach: ebd.

ZK-Sekretär Hermann Axen zur „Asylantenfrage" (so die Überlieferung in den SED-Protokollen der Unterredung) am 5. September 1986 in Ost-Berlin, bei dem Bahr im Auftrag Willy Brandts um Unterstützung für den Bundestagswahlkampf der SPD bat, zeichnete sich plötzlich eine „technische" Lösung ab. SPD-Kanzlerkandidat Johannes Rau, von Honecker bei einem Besuch im März als „hoffentlich der Bundeskanzler von morgen" begrüßt, konnte am 18. September in einer in den Grundlinien von Axen und Bahr erarbeiteten Erklärung die Zusage der DDR verkünden, daß künftig nur noch Asylbewerber zum Transit zugelassen würden, die über ein Anschlußvisum verfügten. Als Gegenleistung für das Entgegenkommen der SED versprach Bahr im Auftrag Brandts im Falle eines Wahlsiegs der SPD die „volle Respektierung der Staatsbürgerschaft der DDR"[19] – was immer das rechtlich auch bedeuten mochte.

Nachdem auch diese diskrete SED-Unterstützung der SPD nichts genützt hatte – die Regierung Kohl wurde im Januar 1987 bestätigt – läutete Erich Honecker seine letzte westpolitische Offensive ein. Ende August 1987 stellten SPD und SED ein in mehreren gemeinsamen Treffen erarbeitetes Grundsatzdokument unter dem Titel „Der Streit der Ideologien und die gemeinsame Sicherheit" vor. In diesem Papier attestierten sich SPD und SED Reformfähigkeit bei der Gestaltung der Gesellschaft. Wie auch immer die Wirkung dieses Papiers eingeschätzt werden mag,[20] zumindest in einem Punkt (Dauer der Existenz beider Systeme) irrten die Verfasser des Dokuments offensichtlich:

> „Beide Seiten müssen sich auf einen langen Zeitraum einrichten, währenddessen sie nebeneinander bestehen und miteinander auskommen müssen. Keine Seite darf der anderen die Existenzberechtigung absprechen. Unsere Hoffnung kann sich nicht darauf richten, daß ein System das andere abschafft. Sie richtet sich darauf, daß beide Systeme reformfähig sind und der Wettbewerb der Systeme den Willen zur Reform auf beiden Seiten stärkt. Koexistenz und gemeinsame Sicherheit gelten also ohne zeitliche Begrenzung".[21]

Einige Tage später kam Honecker endlich zu dem lange geplanten „offiziellen" Besuch nach Bonn. Obwohl es sich offiziell nicht um einen „Staatsbesuch", sondern um einen „protokollarisch aufgezäumten Arbeitsbesuch" handelte, wurde er mit fast allen für einen Staatsbesuch üblichen Ehren empfangen.[22] Die in der Tischrede Kohls enthaltenen und vom DDR-Fernsehen übertragenen Äußerungen zur offenen deutschen Frage und zum fortdauernden Auftrag des Grundgesetzes, die „Einheit und Freiheit Deutschlands in freier Selbstbestimmung" zu erreichen, nahm Honecker anscheinend ebenso gelassen hin wie die Mahnung des Bundeskanzlers zur Achtung der Menschenrechte. Für den SED-Generalsekretär war dieser Besuch der vorletzte Schritt zur vollständigen Anerkennung der DDR. Der Besuch sollte seinem Land Zugang zu den westlichen Mächten und Märkten verschaffen, in dessen Sog dann auch die Bundesrepublik zur völkerrechtlichen Anerkennung der

Honecker-Besuch in Bonn

---

19 Vgl. Staadt 1994, S. 286 ff.
20 Zur Bewertung dieses Papiers innerhalb der DDR-Opposition vgl. Neubert 1997, S. 663 ff.
21 Grundwertekommission der SPD und Akademie für Gesellschaftswissenschaften beim ZK der SED (Hg.) „Der Streit der Ideologien und die gemeinsame Sicherheit", zit. nach: Deutschland Archiv Nr. 1/1988, S. 89.
22 Vgl. Potthoff 1995a, S. 2079 ff. und Jäger 1995, S. 1582 ff.

DDR gezwungen sein würde. In seinem Bericht für das Politbüro über den Staatsbesuch in Bonn heißt es:

> „Das Stattfinden des Besuches und die durchgesetzte politische und protokollarische Behandlung des Genossen Erich Honecker als Staatsoberhaupt eines anderen souveränen Staates dokumentierten vor aller Welt Unabhängigkeit und Gleichberechtigung beider deutscher Staaten, unterstrichen ihre Souveränität und den völkerrechtlichen Charakter ihrer Beziehung. Damit wurde allen revanchistischen und ‚innerdeutschen' Bestrebungen ein schwerer Schlag versetzt. Das konnten auch Äußerungen von Kohl und anderen über ‚Rechtsposition' und zur ‚Einheit der Nation' nicht ändern."[23]

Innenpolitische Schwierigkeiten

Der außenpolitische Erfolg Honeckers wurde durch wachsende innenpolitische Schwierigkeiten konterkariert. Die Unzufriedenheit in der Bevölkerung wuchs, was der SED-Führung durch die Stimmungsberichte aus der Partei durchaus bekannt war. Der Unmut richtete sich nicht nur gegen die Nichtgewährung politischer Freiheiten, sondern konzentrierte sich auf Probleme der Um- und Durchsetzung der Wirtschafts- und Sozialpolitik sowie auf die schlechte Versorgungslage. „Festgestellte Unzulänglichkeiten und Mißstände in Betrieben und im Bereich Handel und Versorgung wurden immer stärker als symptomatisch für die Situation und Entwicklung in der gesamten Volkswirtschaft beurteilt", heißt es in einer geheimen Information des MfS vom August 1988, und weiter: „Diese vom Grundtenor her immer kritischer und unduldsamer werdenden Diskussionen prägen zunehmend das Stimmungsbild der Bevölkerung."[24] Die schlechte Stimmung machte auch vor der breiten Masse der Parteimitglieder nicht halt. Deren Standpunkte und Verhaltensweisen würden sich kaum noch von Parteilosen unterscheiden und „viele Parteimitglieder resignierten, da sie sich mit ihren Problemen alleingelassen fühlten."[25]

Während die Zahl der Ausreisewilligen ab 1988 sprunghaft zunahm, Protestaktionen sich häuften und in der SED die Zahl der Parteiverfahren anstieg, hielt die SED-Führung unbeirrt an ihrem dogmatischen Kurs fest. Auf der 7. Tagung des ZK im Dezember 1988 wandte sich Honecker gegen „das Gequake wildgewordener Spießer, die die Geschichte der KPdSU und der Sowjetunion im bürgerlichen Sinne umschreiben möchten" und plädierte für einen „Sozialismus in den Farben der DDR."[26] Mit Verweis auf die sozialen Errungenschaften der DDR (Vollbeschäftigung, Bildungssystem, Gesundheitswesen, Wohnungsbau, Intensivierung der Volkswirtschaft etc.) und die aus seiner Sicht stärker zutage tretenden Mißstände in der Bundesrepublik wehrte der Generalsekretär jede Kritik ab: „Wir haben Großes vollbracht. Das kann selbst bei kritischster Betrachtung niemand in Abrede stellen."[27]

---

[23] Zit. nach: Jäger 1995, S. 1585 f.
[24] Streng geheime interne Information des MfS „Hinweise über bedeutsame Aspekte der Reaktion der Bevölkerung" vom 25. August 1988, zit. nach: Stephan 1994, S. 36 f.
[25] Hinweise auf beachtenswerte Reaktionen von Mitgliedern und Funktionären der SED zu einigen aktuellen Aspekten der Lage in der DDR und zum innerparteilichen Leben, Bericht der ZAIG des MfS an Minister Mielke, zit. nach: Mitter/Wolle 1990, S. 149.
[26] Vgl. Otto 1996, S. 454.
[27] Erich Honecker: Mit dem Blick auf den XII. Parteitag die Aufgaben der Gegenwart lösen, in: Dokumentation. Zur 7. Tagung des ZK der SED, abgedruckt in: Deutschland Archiv, Nr. 2/1989, hier: S. 215.

Die internationalen Proteste auf den Tod von Chris Geoffroy, der im Februar 1989 bei einem Fluchtversuch über die Mauer hinterrücks von Grenzsoldaten erschossen wurde, erzwangen die Aussetzung des Schießbefehls, was freilich öffentlich nicht bekannt gegeben wurde. In einer Niederschrift des stellvertretenden Leiters der MfS-HA I beim Kommando Grenztruppen vom 12. April 1989 heißt es:

> „Seit dem 3. April 1989 wurden nach mündlicher Beauflagung durch den amtierenden Minister für Nationale Verteidigung, Generaloberst Streletz, durch den Stellv. Minister und Chef Grenztruppen der DDR, Gen. Generaloberst Baumgarten, alle unterstellten Verbände, GK Nord, GK Mitte und GK Süd, gegen 19.00 Uhr mündlich angewiesen, die Schußwaffe im Grenzdienst (Staatsgrenze zur BRD und zu Berlin [West]) zur Verhinderung von Grenzdurchbrüchen **nicht** anzuwenden.
> Nur bei Bedrohung des eigenen Lebens darf die Schußwaffe eingesetzt werden.
> Diese Befehlsgebung ist am 4. April 1989 bis zum Grenzposten bekanntgemacht worden und wird praktiziert.
> Am 4. April 1989, 22.00 Uhr, erfolgte der Befehl des Kommandeurs GR-36 an den DHO der Grenztruppen der DDR auf der GÜSt Chausseestraße. Am 5. April 1989, 08.35 Uhr, wurde durch den DHO der Grenztruppen der DDR, Major Stockmann, bei einer Absprache im Zusammenwirken der Zugführer der PKE, Hauptmann Laban und der Obersekretär des Zolldienstes, Eckardt, mit dem Inhalt des Befehls vertraut gemacht."[28]

Die Abschottung gegenüber ideologischen Einflüssen aus dem Westen ergänzte die SED nun auch mit einer speziellen Abgrenzungspolitik gegenüber der Sowjetunion und anderen osteuropäischen Ländern. Nachdem schon einige osteuropäische Zeitungen in der DDR aus dem Verkehr gezogen worden waren, ging die SED mit dem Verbot der sowjetischen Zeitschrift „Sputnik" im November 1988 erstmals offen gegen den sowjetischen Reformkurs vor. In deren Oktoberheft waren der Hitler-Stalin-Pakt von 1939 und das Zusatzabkommen zur Aufteilung der beiderseitigen Interessensphären in Osteuropa erwähnt worden, dessen Wortlaut im August 1988 erstmals in der Sowjetunion veröffentlicht worden war. Die Begründung der SED für das Verbot fiel harsch aus: „Wer den heldenhaften Kampf der deutschen Kommunisten und aller Antifaschisten gegen den Hitlerfaschismus verleumdet, wer die heroische Geschichte der Sowjetunion und ihrer Leninschen Partei verzerrt, wer den Sozialismus schmäht, hat bei uns, ganz gleich, wo er seine Reden hält, seine Artikel schreibt und wo sie gedruckt werden, keinen Platz."[29]

Abgrenzung gegenüber Sowjetunion

Gegenüber den vom Geist der Perestroika infizierten Parteimitgliedern blieb die SED-Führung unnachgiebig. Sie verwies als nächsten Säuberungsschritt auf den für 1989 vorgesehenen Umtausch der Parteidokumente und rief zur „Reinigung" der Partei auf:

> „Immer mehr Grundorganisationen trennen sich mit Unterstützung der PKK von solchen Mitgliedern und Kandidaten, die der gegnerischen Hetze und Demagogie erliegen. Es wuchs die Zahl der Mitglieder und Kandidaten, die aus der Partei entfernt werden mußten, weil sie gegen die Generallinie der Partei auftreten, die Erfolge unseres sozialistischen Staates negieren, durch unparteiisches Verhalten, ständiges

---

[28] BStU, ZA, MfS-HA VI 1308, Blatt 27.
[29] Gerhard Müller, Kandidat des Politbüros, 1. Sekretär der Bezirksleitung Erfurt: In zehn Jahren ein Zentrum der Hochtechnologie geworden, in: Dokumentation zur 7. Tagung des ZK der SED, abgedruckt in: Deutschland Archiv, Nr. 2/1989, hier: S. 235.

Nörgeln und Meckern der Partei Schaden zufügten bzw. die DDR verrieten ... Auseinandersetzungen und Parteiverfahren ergeben sich in jüngster Zeit auch daraus, daß Parteimitglieder in provokatorischer und außergewöhnlich aggressiver Weise gegen den Kurs unserer Partei auftreten, ‚Pluralismus' fordern und sich dabei zum Teil auf Darstellungen und Artikel aus einzelnen sowjetischen Presseerzeugnissen, wie z. B. des ‚Sputnik', berufen."[30]

Gleichzeitig sprach sich die Parteiführung selbst Mut zu. Erich Honecker erklärte am 19. Januar 1989 vor dem Thomas-Münzer-Komitee: „Die Mauer wird ... so lange bleiben, wie die Bedingungen nicht geändert werden, die zu ihrer Errichtung geführt haben. Sie wird in fünfzig und auch in hundert Jahren noch bestehen bleiben, wenn die dazu vorhandenen Gründe noch nicht beseitigt sind."[31]

Politisches Klima zwischen Sowjetunion und Bundesrepublik verbesserte sich

Im Zuge der Verständigung der Großmächte über weitere Abrüstungsschritte verbesserte sich 1988 auch das politische Klima zwischen der Sowjetunion und der Bundesrepublik. Das noch vorhandene Mißtrauen gegenüber der sowjetischen Annäherungspolitik sowie einige Äußerungen des Bundeskanzlers – u. a. hatte er die Medienpolitik Gorbatschows mit dem Wirken des NS-Propagandaministers Goebbels verglichen – hatten zu Unstimmigkeiten geführt, die im Oktober 1987 bei einem Besuch Helmut Kohls in Moskau ausgeräumt werden konnten. Während Helmut Kohl die deutsche Teilung als „widernatürlich" bezeichnete und „das Ziel der Einheit mit Zustimmung der für Deutschland als Ganzes verantwortlichen Mächte" proklamierte, rief Gorbatschow dazu auf, die Sowjetunion und die Bundesrepublik sollten sich „nicht als frühere potentielle Feinde", sondern als „Partner und mögliche Freunde" sehen.[32] Der Besuch Gorbatschows im Juni 1989 in Bonn setzte diese Annäherung fort. Die Gesprächspartner stellten eine weitgehende Übereinstimmung in grundsätzlichen Fragen fest.

Thematisierung der deutschen Frage durch die CDU/CSU

Ohne die Nähe des Zeitpunkts der deutschen Vereinigung auch nur ahnen zu können, begann die CDU/CSU die „deutsche Frage" seit dem Sommer 1989 wieder stärker in der Öffentlichkeit zu thematisieren. „Es gilt, die dynamische Entwicklung im Westen und den Reformprozeß im Osten unseres Kontinents schöpferisch miteinander zu verknüpfen und so die Teilung Europas und die Teilung unseres deutschen Vaterlandes zu überwinden." Mit diesen Worten knüpfte Kohl an die Vorstellungen Gorbatschows vom „europäischen Haus" an und ließ bereits im September durchblicken, daß er die Chance zur deutschen Vereinigung nutzen würde, sobald sie sich eröffnete.[33]

Honecker war sich selbstverständlich der Gefahr eines Arrangements zwischen der Sowjetunion und der Bundesrepublik bewußt, doch blieb ihm trotz seiner prinzipiellen Kritik an der reformkommunistischen Politik Gorbatschows keine andere Wahl als der Schulterschluß mit der Führungsmacht. Geradezu stereotyp betonte er in den Monaten bis zu seinem Abtritt von der politischen Bühne die

---

[30] Bericht über die Arbeit der Partei-Kontrollkommissionen 1988 vor dem Sekretariat des ZK der SED im Januar 1989, zit. nach: Otto 1995, S. 1473/74.

[31] Zit. nach: Spittmann 1989, S. 243.

[32] Zit. nach: Bögeholz 1995, S. 644.

[33] Rede Helmut Kohls auf dem Bundesparteitag der CDU in Bremen vom 10. bis 13. September 1989, zit. nach: Jäger 1995, S. 1591/1592.

„unverbrüchliche Kampfgemeinschaft mit der KPdSU". Gorbatschow beantwortete die Monologe Honeckers in den Gesprächen mit der immer gleichen Floskel von der „festen Freundschaft und der engen Zusammenarbeit in allen Bereichen". Anläßlich eines Arbeitsbesuches von Honecker in Moskau Ende September 1988 bemerkte Gorbatschow: Dieses feste Bündnis mit dem ersten Arbeiter- und Bauernstaat auf deutschem Boden könne niemand erschüttern. Obwohl Fragen auftreten, sollte man sich dadurch nicht verwirren lassen. Das Leben stelle ständig neue Fragen, mit denen man fertig werden müsse.[34] Diese sibyllinischen Worte hätten Honecker zu denken geben müssen. Der aber setzte seine Politik ungerührt fort. Trotz der in den ersten Monaten des Jahres 1989 weiter steigenden Zahl von Ausreiseanträgen und der kurze Zeit später einsetzenden Massenflucht gestattete er keine Diskussionen im Politbüro oder im ZK, wie man angemessen auf die neue Situation reagieren und das Überleben der DDR sichern könnte.

In zynischer Machtbesessenheit fälschte die SED die Ergebnisse der Kommunalwahlen im Mai 1989 und ignorierte oder unterdrückte die daraufhin einsetzenden Proteste. Noch glaubte sie, oppositioneller Bestrebungen Herr werden zu können. Sie begrüßte die Niederschlagung der vornehmlich von Studenten getragenen Demokratiebewegung in China und weckte damit bei vielen Menschen die Befürchtung eines ähnlichen Vorgehens in der DDR. Selbst die Besetzung der Botschaften der Bundesrepublik Deutschland in Prag und Budapest durch DDR-Bürger, die hierdurch ihre Ausreise erzwingen wollten, wie auch die ohne Absprache mit der DDR von Ungarn verkündete Öffnung ihrer Grenzen zu Österreich bewirkten keinen Kurswechsel der Parteiführung. Zur kurzfristigen Lösung des Problems ließ sie sich darauf ein, die Ausreisewilligen per Zug in die Bundesrepublik bringen zu lassen. Die in der Prager Botschaft weilenden DDR-Flüchtlinge durften allerdings ihre Reise in den Westen nicht auf direktem Weg, sondern nur per Umweg über das DDR-Territorium antreten. Dort erhielten sie Dokumente überreicht, die ihre Entlassung aus der DDR-Staatsbürgerschaft bestätigten. Die SED-Führung wollte damit den Anschein formell genehmigter Ausreisen schaffen.

Fälschung der Kommunalwahlen 1989

Doch schon kurze Zeit später füllte sich die Prager Botschaft der Bundesrepublik wieder mit DDR-Flüchtlingen, so daß eine erneute Ausreisevereinbarung zwischen der Bundesrepublik und der DDR getroffen werden mußte. Rund um den Dresdener Hauptbahnhof versammelten sich am 4. Oktober mehrere tausend Menschen, die sich einen Zugang zu den Flüchtlingszügen verschaffen wollten. Unter Einsatz brutaler Gewalt ließ daraufhin die SED-Bezirksleitung Dresden den Bahnhofsplatz und die umliegenden Straßen räumen. Die sich hieraus entwickelnde Straßenschlacht war die härteste Auseinandersetzung zwischen der SED-Führung und ihren Sicherheitsorganen auf der einen und Regimegegnern verschiedenster Couleur auf der anderen Seite seit 1953.[35]

---

34 Niederschrift des Gesprächs des Genossen Erich Honecker, Generalsekretär des ZK der SED und Vorsitzender des Staatsrates der DDR mit Genossen Michail Gorbatschow, Generalsekretär des ZK der KPdSU, während des Arbeitsbesuches des Genossen Honecker in Moskau am 28. September 1988, zit. nach: Küchenmeister/Stephan 1993, S. 187.

35 Vgl. Bahr 1990, S. 25 ff.

40. Jahrestag der DDR

Doch selbst von dieser dramatischen Entwicklung ließ sich die SED-Führung nicht beirren. Anläßlich des 40. Jahrestages der Gründung der DDR inszenierte sie noch einmal das gewohnte Ritual von Mobilisierung der Massen und „heiler sozialistischer Welt". Die FDJ organisierte einen Fackelzug, und die auf der Ehrentribüne versammelten kommunistischen Führungskräfte nahmen die Parade ab. Trotz umfassender Vorkehrungen der „zuständigen Organe" prägten dennoch Mißtöne das gespenstisch anmutende Spektakel. Tausende Demonstranten in Leipzig, Dresden und anderen DDR-Städten forderten in Sprechchören „Freiheit, Freiheit" oder „Gorbi, hilf uns". Ost-Berlin erlebte die seit Jahrzehnten größte nicht genehmigte Demonstration. Diese konnte von den „Sicherheitskräften" nur gewaltsam aufgelöst werden. Massenfestnahmen und Berichte über Mißhandlungen von Inhaftierten heizten die Stimmung unter der Bevölkerung immer weiter an.

Der auf Wunsch Honeckers bei den „Feierlichkeiten" ebenfalls anwesende Gorbatschow lobte die versammelten Honoratioren der DDR-Führung:

> „Ihr ganzes Leben und all Ihre Taten waren nicht umsonst. Das was die DDR heute ist, ist eine hervorragende Krönung des langjährigen Weges bis zur Gründung des Arbeiter- und Bauern-Staates auf deutschem Boden. Natürlich gab es auch Schwierigkeiten, Fehler und Mängel. Das gab es; denn nur im Schemata geht alles glatt, im realen Leben ist alles anders. Sie können mit Recht das Gefühl der Befriedigung haben."[36]

Gleichzeitig aber mahnte der sowjetische Reformer „politische Veränderungen" an, denn „mutige Zeiten erwarten Sie, mutige Beschlüsse sind erforderlich ... In stürmischen Zeiten lernen die Leute in Wochen und Monaten mehr als sonst in Jahren." Schließlich richtete Gorbatschow seine berühmt gewordenen Sätze an die gesamte SED-Führung: „Ich halte es für sehr wichtig, den Zeitpunkt nicht zu verpassen und keine Chance zu vertun. Die Partei muß ihre eigene Auffassung haben, ihr eigenes Herantreten vorschlagen. Wenn wir zurückbleiben, bestraft uns das Leben sofort."[37] Der sichtlich konsternierte Honecker entgegnete: „Im Zusammenhang mit der Entwicklung des Lebens des Volkes: vorwärts immer, rückwärts nimmer."[38]

Mit dem harten Durchgreifen der Sicherheitskräfte gegen Demonstranten am 7. Oktober – dem 40. Jahrestag der Gründung der DDR – verschärfte sich die innenpolitische Lage. Mielke ordnete am 8. Oktober 1989 für alle Einheiten „volle Dienstbereitschaft" an und forderte:

> „Angehörige, die ständige Waffenträger sind, haben ihre Dienstwaffe entsprechend den gegebenen Erfordernissen ständig bei sich zu führen".[39] Weiter heißt es: „Durch die zuständigen Diensteinheiten ist die politisch-operative Abwehrarbeit in den bewaffneten Organen sowie in den Kampfgruppen der Arbeiterklasse zielgerichtet zu verstärken. Die politisch-operativen Maßnahmen haben sich darauf zu konzentrieren,

---

[36] Stenographische Niederschrift des Treffens der Genossen des Politbüros des Zentralkomitees der SED mit dem Generalsekretär des ZK der KPdSU und Vorsitzenden des Obersten Sowjets der UdSSR, Genossen Michail Sergejewitsch Gorbatschow, am Sonnabend, den 7. Oktober 1989 in Berlin-Niederschönhausen, zit. nach: Küchenmeister/Stephan 1993, S. 253.

[37] Ebd., S. 256.

[38] Ebd., S. 259.

[39] Fernschreiben von Erich Mielke an Leiter der Diensteinheiten, abgedruckt in: Mitter/Wolle 1990, S. 201 ff., hier: S. 201.

alle die Kampf- und Einsatzbereitschaft beeinträchtigenden bzw. untergrabenden Erscheinungen rechtzeitig zu erkennen und im engen Zusammenwirken mit den Kommandeuren unverzüglich zu beseitigen bzw. entsprechende Kräfte rechtzeitig vorher herauszulösen."[40]

Im Vorfeld der sich abzeichnenden Massendemonstration am 9. Oktober in Leipzig erwarteten viele eine „chinesische Lösung" zur „Niederschlagung der Konterrevolution". In der „Leipziger Volkszeitung" vom 6. Oktober drohte ein Kommandeur der Betriebskampfgruppen offen mit militärischer Gewalt. Die Leipziger Innenstadt glich einem Heerlager, Krankenhäuser versorgten sich mit zusätzlichen Blutkonserven. In Betrieben, Schulen und der Universität wurde nachdrücklich vor einer Teilnahme an der Demonstration gewarnt. Doch die Frustration der Leipziger über die Arroganz der Parteiführung, den Zerfall der Bausubstanz in der Stadt und die grassierende Umweltverschmutzung war stärker als die Angst. 70 000 Menschen zogen im Anschluß an „Friedensgebete" in vier Kirchen unter Rufen wie „Wir sind das Volk" und „Keine Gewalt" den Leipziger Innenstadtring entlang.[41]

Demonstration 9. Oktober 1989 in Leipzig

Diese Demonstration hatte eine lange Vorgeschichte: Die seit 1982 in der Leipziger Nikolaikirche stattfindenden und von Mitgliedern diverser kirchlicher Friedensgruppen gestalteten Friedensgebete erhielten Anfang 1988 im Kontext der Solidaritätsaktionen für verhaftete Berliner Oppositionelle mehr und mehr politische Brisanz. Insbesondere Ausreisewillige suchten hier Verständnis für ihr Anliegen. Die „offizielle Kirche" ordnete im August 1988 unter staatlichem Druck an, daß die Letztverantwortung für jede Veranstaltung bei einem „kirchlichen Amtsträger" zu liegen habe. Doch trotz der nun stärkeren „geistlichen" Ausrichtung der Friedensgebete blieben sie dennoch Kristallisationspunkt des politischen Protestes in Leipzig. Ab Mai 1989 wurde die Nikolaikirche jeden Montagnachmittag von „Sicherheitskräften" aller Couleur umstellt. Lautstarke Protestaktionen und Demonstrationsversuche vor allem Ausreisewilliger prägten im Anschluß an die Friedensgebete das Bild. Die Behörden versuchten, bei kirchlichen Stellen die Nichtwiederaufnahme der Friedensgebete nach der Sommerpause zu erreichen. Da sich die Kirche dem staatlichen Druck aber nicht beugte, konnten sich die Friedensgebete im September 1989 zur Keimzelle der „Montagsdemonstrationen" entwickeln.[42] Immer mehr Menschen beteiligten sich an öffentlichen Protesten, bei denen die Rufe „Wir wollen raus" (aus der DDR) mehr und mehr von Sprechchören „Wir bleiben hier" (und wollen Veränderung) übertönt wurden. Polizei und MfS reagierten zunehmend nervöser und brutaler; es kam zu Massenverhaftungen. Am 2. Oktober demonstrierten gewaltlos etwa 20 000 Menschen, ein brutaler Polizeieinsatz mit vielen Verletzten und Festnahmen heizte das Klima in der Stadt weiter an.

Friedensgebete Keimzelle der Montagsdemonstrationen

Am 9. Oktober schreckte die SED letztendlich vor einem Blutbad zurück. Zwar hatte Honecker einen Tag zuvor in einem Fernschreiben an die 1. Sekretäre der SED-Bezirksleitungen befohlen, „weitere Krawalle... von vornherein zu unterbin-

---

[40] Ebd., S. 202.
[41] Vgl. Neues Forum 1989.
[42] Vgl. Feydt/Heinze/Schanz 1990, S. 123 ff.

den",⁴³ ob es jedoch einen direkten Schießbefehl aus Berlin gab, ist bis heute nicht geklärt.⁴⁴ Fest steht, daß auch die SED-Bezirksleitung Leipzig eine derartige Verantwortung nicht übernehmen wollte. Die Einsatzkräfte beschränkten sich während der Demonstration von ca. 70 000 Personen daher auf „Objektschutz" (vor allem der MfS-Dienststelle). „Vorbereitete Maßnahmen zur Verhinderung/Auflösung kamen entsprechend der Lageentwicklung nicht zur Anwendung", teilte das MfS lapidar mit.⁴⁵

Das Ausbleiben von Gewalt hatte mobilisierenden Charakter: Am nächsten Montag, dem 16. Oktober, demonstrierten schon über 120 000 Menschen in Leipzig. Auch in anderen Städten demonstrierten Zehntausende und verlangten die Zulassung der Gruppe „Neues Forum", freie Wahlen, Presse- und Meinungsfreiheit sowie das Ende des Visa-Zwangs für Reisen in die ČSSR, mit dem die SED-Führung am 12. Oktober versucht hatte, die Fluchtwelle einzudämmen.

Sehr schnell verzeichneten die Demonstranten erste Erfolge. Das Politbüro verabschiedete am 10. Oktober eine von Krenz und Schabowski entworfene Erklärung, in der erstmals die Rede davon war, daß Ursachen für die Fluchtwelle auch bei der SED zu suchen wären. Angestrebt werden sollte ein „sachlicher Dialog ... im vertrauensvollen politischen Miteinander", für den „alle erforderlichen Formen und Foren" vorhanden seien.⁴⁶ Die Hauptstoßrichtung der Erklärung zielte jedoch weiterhin auf die „Provokationen und revanchistischen Machenschaften des BRD-Imperialismus". Noch immer assoziierte das Politbüro mit dem Begriff „Dialog" nicht die Respektierung anderer Gruppen und die Auseinandersetzung mit ihnen, sondern das gönnerhaft gewährte Gespräch der Partei mit der Bevölkerung. Die Führungsgarde hinter Honecker sah nun ihre Macht schwinden und entschloß sich zum Sturz des immer noch nicht vollständig von einer Operation genesenen alten Diktators. Egon Krenz schlüpfte nun in die Rolle Honeckers bei der Entmachtung Walter Ulbrichts. Honecker hatte die Absichten von Krenz schon längere Zeit geahnt. Während seiner krankheitsbedingten Abwesenheit hatte er einige Monate zuvor Günter Mittag die Staatsgeschäfte übertragen und den potentiellen Nachfolger in einen „Zwangsurlaub" geschickt. Aber es half nicht, am 17. Oktober war es soweit: Willi Stoph schlug auf der Sitzung des Politbüros als neuen Tagesordnungspunkt vor: „1. Punkt – Ablösung von Erich Honecker und Wahl von Egon Krenz zum Generalsekretär." Nachdem selbst seine engsten Vertrauten Günter Mittag und Joachim Herrmann der Amtsenthebung zustimmten, willigte Honecker ein. Im Protokoll der Sitzung des SED-Politbüros hieß es später unter Punkt 1 lapidar: „Das Politbüro stimmt dem Vorschlag des Genossen Willi Stoph zu, den Genossen Erich Honecker von der Funktion als Generalsekretär und als Mitglied des Politbüros des ZK der SED aus Gesundheitsgründen zu entbinden."⁴⁷ Auch Joachim Herrmann und Günter Mittag wurden bei dieser

Politbüro entschließt sich zum Sturz Honeckers

---

43 Vgl. Zwahr 1993, S. 71.
44 Vgl. ebd., S. 85.
45 MfS-Information über eine Demonstration und Zusammenkünfte oppositioneller Kräfte in Leipzig, Dresden und Magdeburg, abgedruckt in: Mitter/Wolle 1990, S. 216 ff., hier: S. 216.
46 Zit. nach: Staritz 1996, S. 365.
47 Protokoll der Sitzung des SED-Politbüros vom 17. Oktober 1989 (Auszug), zit. nach: Stephan 1994, S. 166.

Gelegenheit von ihren hohen Parteifunktionen entbunden. Das kurzfristig einberufene ZK stimmte mit einer Gegenstimme dem von Honecker persönlich vorgetragenen Politbürobeschluß zu und wählte anschließend ohne weitere Aussprache den von ihm vorgeschlagenen Egon Krenz einstimmig zum neuen Generalsekretär des ZK der SED.[48]

In einem allerdings wesentlichen Punkt unterschied sich die Entmachtung Honeckers von der Ulbrichts. Erstmals wurde der sowjetische Vorgesetzte nur über das Vorhaben informiert und nicht mehr um Erlaubnis gebeten. So gesehen hatten die ständigen Ermahnungen Gorbatschows, die Angelegenheiten in die eigenen Hände zu nehmen, ersten Erfolg. Gorbatschow gratulierte telegrafisch,[49] der sowjetische Botschafter Kotschemassow sprach von einer „würdigen Lösung" und zeigte sich überzeugt, „daß damit ein wichtiger Schritt zur Festigung des Sozialismus in der DDR getan wurde".[50]

In der Bevölkerung weckte der alte „Apparatschik" Egon Krenz wenig Hoffnung; Sympathie schlug ihm schon gar nicht entgegen. Seine Antrittsrede vor dem ZK, die er im DDR-Rundfunk und -Fernsehen am gleichen Abend in den wesentlichen Punkten wiederholte, enthielt neben einigen Floskeln und der Ankündigung eines „innenpolitischen Dialogs" wenig Neues. Er sprach auch weiterhin von der „führenden Rolle der Partei", die nicht in Frage gestellt werden dürfte und appellierte an die „Einheit und Geschlossenheit unserer Partei";[51] u. a. führte er aus:

Krenz kein Hoffnungsträger der Bevölkerung

> „Unsere marxistisch-leninistische Partei ist ein großer erfahrener Kampfbund. Sie hat immer an der Spitze der sozialistischen Revolution in unserem Lande gestanden und alle gesellschaftlichen Umwälzungen geführt. So wird es auch diesmal sein ... Ohne die Sozialistische Einheitspartei Deutschlands gäbe es keine Deutsche Demokratische Republik. Auf diese unleugbare Tatsache hinzuweisen, bedeutet keinesfalls, den Beitrag der mit uns verbundenen und befreundeten gesellschaftlichen Kräfte für das Werden und Wachsen des Sozialismus in der DDR zu mindern".[52]

Krenz sprach weiter von der „Wende", die die SED eingeleitet und nun zu gestalten habe; diese Redewendung entwickelte sich zu einem sprachlichen Topos, der die Liquidation der DDR begleitete. Allerdings war der frühere ZK-Sekretär für Sicherheit wohl der Letzte, der eine Perspektive jenseits des Status quo verkörperte. Selbst zu diesem Zeitpunkt konnte sich die SED-Führungsspitze nicht zu einem radikalen Wechsel entschließen. Als solcher hätte die Nominierung des Hoffnungsträgers der SED-„Reformer", Hans Modrow, zumindest im Oktober 1989 vielleicht noch gegolten.

Am 24. Oktober verabschiedete das Politbüro den Entwurf für ein neues Reisegesetz, das DDR-Bürgern das Recht auf Auslandsreisen auch ohne Vorliegen verwandtschaftlicher Verhältnisse und bisher geforderter Reisegründe garantieren sollte. Eine positive Wirkung auf die Stimmung in der Bevölkerung ging hiervon

Neues Reisegesetz

---

48 Vgl. Hertle/Stephan 1997, S. 54 ff.
49 Abgedruckt in: Deutschlandarchiv Nr. 11/1989, S. 1308.
50 Botschaft Wjatscheslaw Kotschemassows an Egon Krenz vom 20. Oktober 1989, zit. nach: Stephan 1994, S. 167.
51 Vgl. Hertle/Stephan 1997, S. 119.
52 Kommuniqué der 9. Tagung des ZK der SED; Rede von Egon Krenz, zit. nach: Deutschlandarchiv, Nr. 11/1989, S. 1307 ff.; hier: S. 1308.

nicht aus, zumal dieser Entwurf erst am 6. November veröffentlicht und sofort kritisiert wurde.

Auf der gleichen Sitzung befaßte sich das Politbüro mit einer ideologischen Offensive gegen „antisozialistische Sammlungsbewegungen, die sich gegen verfassungsmäßige Grundlagen der sozialistischen Staats- und Gesellschaftsordnung richten". Die Ideologen und Theoretiker der Partei sollten „den Nachweis erbringen, daß die SED über wissenschaftlich begründete Vorstellungen zur Überwindung vorhandener Widersprüche und Entwicklungsprobleme verfügt". Der Dialog mit der Bevölkerung und oppositionellen Gruppen sollte zwar geführt, eine offizielle Anerkennung des „Neuen Forums" oder anderer „antisozialistischer Sammlungsbewegungen" jedoch vermieden werden. Demonstrationen sollten mit politischen Mitteln zurückgedrängt oder nur mit Auflagen genehmigt werden. „Antisozialistischen Sammlungsbewegungen ist ... nach gründlicher Prüfung die Erlaubnis zu versagen bzw. die Durchführung zu untersagen." Staatliche Sicherheitskräfte sollten jedoch nur dann eingesetzt werden, wenn eine „unmittelbare Gefährdung von Personen, Objekten und Sachen vorliegt". „Einheiten der Kampfgruppen der Arbeiterklasse sind bei Notwendigkeit zum Schutz von Betrieben und Einrichtungen einzusetzen".[53]

Ebenfalls auf dieser Sitzung bestätigte das Politbüro ein Antwortschreiben des Ministeriums des Innern an das Gründungsmitglied der Sozialdemokratischen Partei in der DDR (SDP), den später als Inoffiziellen Mitarbeiter des MfS enttarnten Ibrahim Böhme, in dem die „Verfassungswidrigkeit des Zusammenschlusses" mitgeteilt wurde. Da u. a. die führende Rolle der „marxistisch-leninistischen Partei der Arbeiterklasse" im Programmentwurf der Initiativgruppe SDP keine Berücksichtigung fand, wurde dieser als Aufruf zur „organisierten verfassungsfeindlichen Tätigkeit" eingestuft.[54]

Massendemonstrationen gegen Krenz und für freie Wahlen

Die Bürger kümmerten sich jedoch immer weniger um Politbürobeschlüsse. Seit den letzten Oktobertagen forderten in nahezu allen Städten der DDR Demonstranten den Rücktritt von Egon Krenz und freie Wahlen. In Leipzig protestierten am 23. Oktober ca. 250 000 Menschen gegen die von Krenz geführte SED. Einen Tag später, am 24. Oktober, „wählte" die Volkskammer dennoch Krenz als Nachfolger Honeckers zum Staatsratsvorsitzenden und Vorsitzenden des Nationalen Verteidigungsrates. Aber auch die Gruppe der hier versammelten Vertreter von SED, Massenorganisationen und Blockparteien zeigte erste Auflösungserscheinungen; bei der Wahl des Staatsratsvorsitzenden gab es jeweils 26 Gegenstimmen und Enthaltungen. In der Ost-Berliner Innenstadt protestierten über 10 000 Personen gegen die Wahl von Krenz.

Die Massendemonstrationen rissen nun nicht mehr ab. Allein vom 23. bis 30. Oktober wurden 45 Veranstaltungen mit über einer halben Million Teilnehmern registriert. Vom 30. Oktober bis 5. November wuchs die Zahl der Demonstranten auf schätzungsweise 1,35 Millionen.[55] In einer ZK-Information „zur aktuellen

---

[53] Vorschläge des SED-Politbüros für „Maßnahmen gegen antisozialistische Sammlungsbewegungen" vom 23. Oktober 1989, zit. nach: Stephan 1994, S. 174 ff.

[54] Antwort auf die Mitteilung an das Ministerium des Innern über die Gründung der Sozialdemokratischen Partei in der DDR – SDP, zit. nach: ebd., S. 179 f.

[55] Vgl. Otto 1995, S. 1478.

politischen Lage in der DDR" vom 30. Oktober zogen die Berichterstatter eine für SED-Verhältnisse durchaus realistische Bilanz: „In vielen emotional stark aufgeladenen Diskussionen widerspiegelt sich großer Vertrauensverlust in die führende Rolle der Partei, Erschütterung im Bewußtsein der Bürger, das bis zur Enttäuschung, Resignation und Zorn reicht. Das zeigt sich auch in den Reihen der Partei."[56] Gleichzeitig enthielt der Bericht Angaben über den sich beschleunigenden Erosionsprozeß innerhalb der SED – allein in den Monaten September und Oktober hatten über 35 000 Mitglieder und Kandidaten ihren Austritt aus der Partei erklärt. Weiter heißt es: „In Grundorganisationen mit hohem Intelligenzanteil werden von Genossen Positionen und Forderungen vertreten, die denen des Neuen Forum entsprechen oder nahekommen."

Als sich unverhofft Ende Oktober auch die in Unterordnung geübten Blockparteien „neu zu positionieren" begannen,[57] geriet die von Krenz geleitete SED-Führung auch intern weiter unter Druck. Forderungen nach einer erneuerten oder gänzlich neuen sozialistischen Einheitspartei wurden laut.[58] Obwohl sich Krenz am 1. November in Moskau von Gorbatschow noch letzte Instruktionen für die „Umgestaltung" der DDR holte und sich des sowjetischen Beistands vergewisserte, konnte er nicht einmal in der Partei, geschweige denn in der Bevölkerung einen Meinungsumschwung herbeiführen. Am Vorabend der größten nicht-staatlichen Demonstration in der Geschichte der DDR kündigte Krenz namens des Politbüros ein „Aktionsprogramm" an, das u. a. die Schaffung eines Verfassungsgerichts und die Einführung eines zivilen Wehrersatzdienstes vorsah; gleichzeitig stellte er den Rücktritt mehrerer Politbüromitglieder, u. a. Erich Mielkes, in Aussicht. Die vom DDR-Fernsehen live übertragene Demonstration am 4. November in Berlin ließ indes keinen Zweifel über die Stimmung in der Bevölkerung und an der Parteibasis aufkommen: Die Teilnehmer pfiffen den offiziellen SED-Vertreter Schabowski wie auch den ehemaligen DDR-Spionagechef Markus Wolf lautstark aus.

Bevölkerung mißtraut SED-„Reformen"

Mit dem Rücktritt der Regierung Stoph am 7. November und der Neuwahl des Politbüros am 8. November trug die Partei den Protesten der Bevölkerung erst spät und vergebens Rechnung. Am 9. November eröffnete die eher beiläufige Bemerkung des sichtlich überanstrengten Politbüromitglieds Günter Schabowski auf einer Pressekonferenz in Berlin das letzte Kapitel der DDR-Geschichte. Er teilte mit, das ZK habe einen Politbürobeschluß zum Reisegesetz bestätigt, in dem es unter Punkt 2a) hieß: „Privatreisen nach dem Ausland können ohne Vorliegen von Voraussetzungen (Reiseanlässe oder Verwandtschaftsverhältnisse) beantragt werden. Genehmigungen werden kurzfristig erteilt."[59] Auf Nachfrage eines Journalisten erklärte Schabowski, das neue Reisegesetz gelte ab sofort.[60]

---

56 Zit. nach: Stephan 1994, S. 186 ff.
57 Ein erstes Signal für entsprechende Bewegung in der CDU war der „Weimarer Brief" vom 10. September 1989, in dem u. a. innerparteiliche Demokratie, ein neues Wahlgesetz und freie Reisemöglichkeiten gefordert wurden.
58 Vgl. Otto 1995, S. 1479.
59 Erklärung von SED-Generalsekretär Egon Krenz auf der 10. Tagung des ZK der SED am 9. November 1989, zit. nach: Stephan 1994, S. 238/239.
60 Vgl. Hertle 1995b, S. 844 ff. und Hertle 1996, S. 141 ff.

Öffnung der Mauer

Nachdem die DDR-Nachrichtenagentur ADN um 19.04 Uhr die Pressemitteilung des Ministerrates veröffentlicht hatte, meldeten westliche Nachrichtenagenturen noch in der gleichen Stunde den Wortlaut der neuen Reiseregelung. Als schließlich die „Tagesschau" der ARD die Meldung „DDR öffnet Grenze" um 20.00 Uhr als Topinformation plazierte, strömten immer mehr Ost-Berliner zu den Grenzübergangsstellen. Unter dem Druck dieses Ansturms öffneten schließlich Angehörige der Paßkontrolleinheiten des MfS um 22.30 Uhr den Übergang in der Bornholmer Straße. In kurzer Zeit passierten Tausende Ost-Berliner unkontrolliert die Grenze. Etwas später gingen auch die Schlagbäume an anderen Grenzkontrollpunkten hoch.[61] In dieser Nacht feierten Hunderttausende Berliner den Fall der Mauer in der West-Berliner Innenstadt. Die von der Ost-Berliner Bevölkerung erzwungene Öffnung der innerstädtischen Grenze läutete die letzte Runde im Überlebenskampf der SED und ihres Staates ein.

Auf der 10. Tagung des ZK vom 8. bis 10. November 1989 erneuerte einer der Cheftheoretiker der SED, Otto Reinhold, seine Kritik an der Partei, die den Ernst der Lage noch immer nicht begriffen hätte. Reinhold dagegen sah die Gefahr sehr deutlich: „Ohne die SED hätte es in der Deutschen Demokratischen Republik keinen Sozialismus gegeben, ohne die SED wird es auch in der Zukunft keinen Sozialismus in der Deutschen Demokratischen Republik geben . . . Ohne Sozialismus in der DDR wird es auf die Dauer keine zwei deutschen Staaten geben."[62] Er konstatierte einen „doppelten Autoritätsverlust der Partei", und zwar gegenüber der Bevölkerung und der Parteibasis.[63] Seine Klage, das Politbüro hätte Reformvorschläge von Wissenschaftlern nicht zur Kenntnis genommen und umgesetzt, wiesen Krenz und andere Redner jedoch zurück. Die anschließende Debatte über die Wirtschaftslage brachte nur Ratlosigkeit hervor. Krenz beklagte nun den wirtschaftlichen Niedergang, den er als Mitglied der engeren Parteiführung freilich mitverursacht hatte:

> „Das Prinzip, daß nur verbraucht werden kann, was vorher erwirtschaftet worden ist, wurde sträflichst verletzt, die Einheit von Wirtschafts- und Sozialpolitik inkonsequent durchgesetzt. Den Leistungsrückständen in der Produktion standen steigende Sozial- und Subventionsausgaben gegenüber. Der Ausgleich sollte durch Aufnahme ständig steigender Kredite erreicht werden. Dafür haben wir heute teuer zu bezahlen. Mit der ungenügenden Durchsetzung des Leistungsprinzips entstanden unsoziale Nebenwirkungen wie Schattenwirtschaft, Schmiergelder und Abhängigkeiten durch Beziehungen.[64]

Hans Modrow, der auf dieser ZK-Tagung ins Politbüro gewählt wurde, hielt eine dramatische Rede („Es geht in dieser Zeit um die Existenz der Partei und um die Existenz des Sozialismus in unserem Land."), in der er eine „durchgreifende Ökonomisierung der ganzen Wirtschaft" und die Beachtung des „Leistungsprinzips als ein Bewegungsgesetz der sozialistischen Gesellschaft" forderte.[65] Bei der

---

61 Vgl. Hertle 1996, S. 149 ff.
62 Zit. nach: Stephan 1994, S. 19; vgl. auch Hertle/Stephan 1997, S. 331 ff.
63 Vgl. Hertle/Stephan 1997, S. 332.
64 Abgedruckt in: Hertle/Stephan 1997, S. 190.
65 Die Rede von Modrow auf der 10. ZK-Tagung der SED ist abgedruckt in: Hertle/Stephan 1997, S. 283 ff.

Neuwahl von Politbüro und ZK-Sekretariat fielen erstmals in der Geschichte der SED einige vom Politbüro vorgeschlagenen Kandidaten durch (Günther Kleiber, Gerhard Müller, Horst Dohlus).[66] Der ausgeschiedenen Parteiführung dankte Krenz mit den Worten:

> „Einige von ihnen standen unter Spaniens Himmel, im antifaschistischen Widerstand, in faschistischen Zuchthäusern mit ihrem Leben für die Ideale ihrer Weltanschauung ein. Sie sind als Aktivisten der ersten Stunde in den Trümmern des Krieges, als die DDR nicht mehr als eine Vision war, mit allen am Frieden und an einer neuen Gesellschaft interessierten Kräften die ersten schweren Schritte zum Neubeginn gegangen. Sie haben den Aufbau des Sozialismus in der DDR mit organisiert und seine gute Entwicklung in vielen Jahren mitgeprägt. Sie alle haben Grund, Genossinnen und Genossen, mit erhobenem Haupt den Dank unserer Partei, unseres Zentralkomitees und unsere besten Wünsche für ihre Gesundheit entgegenzunehmen."[67]

Die in Führungspositionen verbliebenen alten Genossen verstanden die Welt nicht mehr. Der langjährige Erste Sekretär der SED-Bezirksleitung Potsdam – Günther Jahn – z. B. schilderte die ihm offen entgegenschlagende Ablehnung der Bevölkerung und verweigerte den Dialog mit bestimmten Kräften rundweg:

> „Die hätten mich immer gerne in die Kirche gezerrt und auf Straßen und Plätze, und ich mußte mich ‚feiger Hund' schimpfen lassen, aber ich habe gesagt, lieber ein feiger Hund als ein dummes Schwein."[68]

Einzelne ZK-Mitglieder reagierten auf die hier zur Sprache gekommenen „ernsten Fehler des abgelösten Politbüros", die „Partei und Republik in eine tiefe Krise geführt haben" – so der Wortlaut des ZK-Beschlusses[69] – mit Bestürzung. Der Generalintendant der Städtischen Theater Leipzig, Karl Kayser, der seit 1963 ZK-Mitglied war, sprach laut Protokoll „sehr erregt" davon: „Wir sind belogen worden, die ganze Zeit über. (...) Ich bin erschüttert über das, was ich hier gehört habe. In mir ist alles zerbrochen. Mein Leben ist zerstört. Ich habe geglaubt an die Partei, so bin ich mit der Muttermilch erzogen worden. Ich habe an die Genossen geglaubt!"[70] Anschließend kündigte er seinen Rücktritt aus dem ZK mit den Worten an: „Ich trete aus: ein Grund – altersmäßig, und das zweite ist, Genossen, mich ekelt das alles an."[71]

Zerfall der SED

Diese SED-Führung stand dem verstärkt auch ihre Partei erfassenden gesellschaftlichen Zerfallsprozeß hilflos gegenüber. Nun wandten sich selbst die treuesten und aktivsten SED-Mitglieder gegen ihre Oberen, indem sie auf einer Kundgebung am 11. November vor dem Haus des Zentralkomitees in Berlin die sofortige Einberufung eines Parteitages anstelle der von der Führung vorgesehenen Parteikonferenz forderten.[72] Das SED-Politbüro wie auch das Zentralkomitee gaben dem

---

66 Vgl. ebd., S. 161.
67 Abgedruckt in: Hertle/Stephan 1997, S. 169.
68 Die Rede von Jahn ist abgedruckt in: Hertle/Stephan 1997, S. 306 ff.
69 Vgl. Hertle/Stephan 1997, S. 422 ff.
70 Ebd., S. 422.
71 Ebd., S. 433.
72 Vgl. Otto 1996, S. 469 f.

„Druck der Straße" nach und beriefen vorsorglich einen Parteitag für Mitte Dezember ein. Es häufen sich jetzt Vorwürfe gegen die alte Parteiführung wegen Amtsanmaßung, Korruption und anderer Vergehen. Viele Mitglieder traten nahezu fluchtartig aus der Partei aus. Vom 18. Oktober bis zum 24. November verließen 220 000 Mitglieder und Kandidaten die SED.[73]

2. Der wirtschaftliche Offenbarungseid

Die durch eine strikte Importdrosselung und eine Exportoffensive erreichte außenwirtschaftliche Konsolidierung der DDR-Wirtschaft bei annähernd konstant bleibendem Schuldenstand von ca. 24 Milliarden DM war 1986 erneut ins Wanken geraten. Der 1985 beginnende und sich im ersten Halbjahr 1986 beschleunigende Preisrückgang für Erdölprodukte traf die DDR-Wirtschaft hart und unvermittelt. Trotz sowjetischer Lieferrückgänge hatte ihr der Export von Mineralölerzeugnissen für das Jahr 1985 noch 2,5 Milliarden Valuta-Mark eingebracht. Schon 1986 wurde mit einer kaum reduzierten Ausfuhrmenge nur noch 1 Milliarde Valuta-Mark erzielt.[74] Der Fall des Dollars, auf dessen Basis die Ölpreise fixiert werden, tat ein übriges. Die internationale Wettbewerbfähigkeit der DDR, wie im übrigen auch der Sowjetunion, verschlechterte sich rapide, zumal der technologische Rückstand in den exportträchtigen Bereichen Maschinenbau und Elektrotechnik weiter zunahm. Der durch den Preisverfall bedingte relative Anstieg der RGW-Preise für sowjetisches Öl und das Beharren der Sowjetunion auf Bezahlung in Devisen erschwerte die Situation zusätzlich. Die Auslandsverschuldung stieg ab 1985/86 zwangsläufig wieder an und bedrohte die Zahlungsfähigkeit der DDR. Die Kompensation durch Vorteile des innerdeutschen Handels und innerdeutsche Transfers reichten bei weitem nicht aus, um diesen Trend umzukehren. Während der innerdeutsche Handel insbesondere Anfang der achtziger Jahre eine erhebliche stabilisierende Wirkung auf die Wirtschaft der DDR hatte,[75] sicherten die jährlichen westdeutschen Transferleistungen von ca. 2 Milliarden DM die Devisenliquidität der DDR in den achtziger Jahren.[76] Allerdings lagen die ab Mitte der achtziger Jahre fälligen Zinszahlungen für Kredite aus der Hochzinsphase wie ein Alp auf der Wirtschaft. Allein in den drei Jahren von 1986 bis 1988 sollen die fälligen Zinsen etwa 13 Milliarden Valuta-Mark betragen haben.[77]

Die verschlechterten internationalen Wettbewerbsbedingungen, die Zahlungsbilanzschwierigkeiten sowie die Innovationsschwäche der DDR-Wirtschaft führten zu einer stagnierenden Wirtschaftsentwicklung, so daß das Bruttoinlandsprodukt pro Kopf von 1985 bis 1989 nur unwesentlich anstieg und relativ zum entsprechenden Wert der Bundesrepublik von knapp 36% (1985) auf 33% (1989) fiel.[78] Noch dramatischer dürfte anteilig die Produktivität zurückgegangen sein. Die nach

Rapide Verschlechterung der Wettbewerbsfähigkeit der DDR-Wirtschaft

---

[73] Vgl. ebd., S. 513.
[74] Vgl. Hertle 1995a, S. 332.
[75] Vgl. Haendcke-Hoppe-Arndt 1995, S. 1553.
[76] Vgl. Volze 1995, S. 2794.
[77] Vgl. ebd.
[78] Vgl. Merkel/Wahl 1991, S. 58/59.

verschiedenen Berechnungen geschätzte Produktivität der DDR-Wirtschaft lag 1989 im Vergleich zur bundesdeutschen bei ca. 16 bis 20%.[79]

Trotz des Modernitätsrückstandes demonstrierte die Parteiführung auf dem XI. Parteitag der SED im Jahre 1988 ungebrochenen Optimismus. Die hier verabschiedete Direktive zum Fünfjahrplan 1986-1990 proklamierte die „verstärkte Entwicklung und Anwendung von Schlüsseltechnologien" und hielt gleichzeitig an der „Einheit von Wirtschafts- und Sozialpolitik" fest. Wie gewohnt forderte der Parteitag die Steigerung des Nationaleinkommens, der Produktion und der Arbeitsproduktivität bei gleichzeitiger Einsparung von Energie und Material. Honecker unterstrich wiederum die historische Überlegenheit des Sozialismus über den Kapitalismus und entwarf „die neue ökonomische Strategie mit dem Blick auf das Jahr 2000". Mit den in zehn Punkten fixierten Aufgaben und Zielen sollte gewissermaßen die „Quadratur des Kreises" erreicht werden: Die Modernisierung der Wirtschaft, die Steigerung der Arbeitsproduktivität, die Erhöhung der Qualität, die Steigerung der Konsumgüterproduktion und anderes mehr sollten gleichzeitig realisiert werden.[80]

Im Vordergrund der „Innovationsoffensive" stand das Mikroelektronik-Programm. Hiermit sollten die durch die CoCom-Liste bedingten Restriktionen unwirksam gemacht und die Abhängigkeit vom technologischen Niveau und Entwicklungstempo der Sowjetunion verringert werden. Anscheinend besann sich die Parteiführung kurz vor Torschluß wieder auf die von ihr ehedem verworfene Strategie Ulbrichts, über eine gezielte Förderung von Wissenschaft und Technik den Modernisierungsrückstand der Wirtschaft zu überwinden. Für den obersten Wirtschaftspolitiker Günter Mittag ging es in der Mikroelektronik um „Sieg oder Niederlage",[81] und der KoKo-Chef Schalck-Golodkowski sicherte die Finanzierung des ehrgeizigen Programms zu. Von 1986 bis 1989 waren für diesen Bereich insgesamt etwa 3,5 bis 4 Milliarden Valuta-Mark und weitere 28 Milliarden Mark der DDR für Investitionen sowie für Forschung und Entwicklung vorgesehen.[82] Aber auch dieses Vorhaben endete in einem Fiasko: Der im Jahre 1988 von der DDR mit Kosten von 93 Mark je Stück hergestellte 64-Kbit-Chip war auf dem Weltmarkt für 1 Dollar, der mit einem Aufwand von 534 Mark produzierte 256-Kbit-Chip für 2 Dollar erhältlich. Der Industrieabgabepreis mußte infolgedessen staatlich hoch subventioniert werden.[83]

Mikroelektronik-Programm

Im April 1988 unternahm der Planungschef Gerhard Schürer einen erneuten Versuch zur wirtschaftspolitischen Kurskorrektur. In einem Papier für das Politbüro wandte er sich gegen eine weitere Verschuldung, gegen die Überkonzentration von Mitteln in der Mikroelektronik sowie gegen zu hohe Ausgaben im Sicherheits- und Militärbereich. Daneben forderte er Einschränkungen im sozialen Bereich und eine Senkung des Lebensstandards.[84] Honecker indes sah nach Rücksprache mit Mittag

---

79 Vgl. Schwarze 1996, S. 142. Andere Schätzungen gehen von 25-30% Anteil der DDR-Arbeitsproduktivität an der vergleichbaren westdeutschen aus. Vgl. z. B. Merkel/Wahl 1991, S. 78.
80 Vgl. Weber 1991, S. 202.
81 Vgl. Hertle 1995a, S. 335.
82 Vgl. ebd., S. 335/36.
83 Vgl. ebd., S. 336.
84 Gerhard Schürer, Überlegungen zur weiteren Arbeit am Volkswirtschaftsplan 1989 und darüber hinaus, Berlin, 26. April 1988, zit. nach: Hertle 1995a, S. 338/339.

keinen Handlungsbedarf und wies die Vorstellungen ohne Diskussion zurück. Mittag hatte die Analyse Schürers in einem „Gegenpapier" scharf kritisiert und für politisch untragbar erklärt. Den Überlegungen des Genossen Schürer zu folgen, führte er aus, würde bedeuten, „in einem umfassenden Maße Beschlüsse des VIII. Parteitages und des IX. Parteitages der SED in Frage zu stellen und somit die Einheit von Wirtschafts- und Sozialpolitik."[85]

Im Laufe des Jahres 1989 verschlechterte sich die wirtschaftliche Situation der DDR nahezu wöchentlich, während gleichzeitig die Verschuldung weiter zunahm. Gerhard Schürer teilte im Mai 1989 dem „Kleinen Kreis" der höchsten Wirtschaftsfunktionäre mit, daß bei fortgesetzter Neuverschuldung die „DDR 1991 zahlungsunfähig ist".[86] Doch die anwesenden Politfunktionäre sahen weiterhin keinen Handlungsbedarf, vor allem widersetzten sie sich der Einschränkung sozialpolitischer Maßnahmen. „Wir sollten jetzt nach vorne sehen. Es ist für uns gar keine Frage, ob die Einheit von Wirtschafts- und Sozialpolitik fortgeführt wird. Sie muß fortgeführt werden, denn sie ist ja der Sozialismus in der DDR!" Mit diesen Worten gab Egon Krenz den Startschuß für den endgültigen Niedergang der DDR-Wirtschaft. Im September 1989 meldete die Arbeitsgruppe Zahlungsbilanz beim Ministerrat „Land unter", da nur noch mit Tricks die weitere Zahlungsfähigkeit gesichert werden könnte.[87]

Erst nach dem erzwungenen Rücktritt von Erich Honecker kam die ganze Wahrheit über den Zustand der DDR-Wirtschaft ans Licht. Am 27. Oktober 1989 trug der Leiter der Hauptabteilung XVIII (Volkswirtschaft) des MfS, Generalleutnant Kleine, seinen Abteilungsleitern eine Krisenanalyse vor, die wenig Hoffnung ließ. Kleine beklagte u. a. einen Verschleißgrad in sensiblen Bereichen der Industrie von über 50% (bei landwirtschaftlichen Anlagen von 65%), die total veralteten Kraftwerksanlagen sowie die technologisch zurückgebliebene und mit unvertretbar hohen Kosten verbundene Produktion mikroelektronischer Speichermedien. Nach seiner Einschätzung wären 500 Milliarden Mark erforderlich, um die westlichen Industrieländer auf dem Gebiet der industriellen Produktivität einzuholen. Dies hätte zwei jährlichen Nationaleinkommen der DDR entsprochen.[88]

Seine Vorschläge zur Sanierung der DDR-Wirtschaft blieben jedoch eher allgemein, zumal gerade ihm bekannt war, daß eine zu Lasten des Lebensstandards zielende wirtschaftspolitische Strategie zu weiteren sozialen und politischen Unruhen führen mußte. „Wir wissen alle aus unserer politisch-operativen Arbeit, daß die Werktätigen zunehmend unduldsamer und zum Teil ultimativ auf die jahrelang angehäuften Probleme und Mißstände im volkswirtschaftlichen Produktionsprozeß reagieren und auch mehr und mehr den Argumenten des „Neuen Forums", anderer Gruppierungen sowie der evangelischen Kirche zugänglich werden."[89], so seine eher pessimistische Lageeinschätzung. Viel Hoffnung konnte

---

[85] Zit. nach: Przybylski 1992, S. 72.
[86] Vgl. Hertle 1995a, S. 343.
[87] Vgl. Przybylski 1992, S. 76.
[88] Referat von Generalleutnant Kleine (Leiter der HA XVIII) am 27. Oktober 1989: „Zur Um- und Durchsetzung der politisch-operativen Ziel- und Aufgabenstellungen der Planorientierung für die politisch-operative Sicherung der Volkswirtschaft der DDR von 1990", zit. nach: Bastian 1994.
[89] Zit. nach: ebd., S. 33.

der oberste Wirtschaftsinformant seinen versammelten Abteilungsleitern nicht mit auf den Weg geben. Er zitierte abschließend die DDR-Schriftstellerin und ehemalige sowjetische „Kundschafterin" Ruth Werner mit den Worten: „Sie sind ratlos und können nachts nicht schlafen. Sie sagen, sie haben die Kraft, mit mancher Enttäuschung fertig zu werden, wenn es nur den Ausblick auf ein Vorwärts gibt. Wir haben so prächtige Menschen in der DDR, ich möchte, daß sie besser schlafen können, damit sie besser anpacken können, am liebsten schon morgen."[90]

Zu einer ähnlichen Einschätzung wie Kleine gelangte die AG Zahlungsbilanz unter Leitung von Gerhard Schürer.[91] In einem dem Politbüro am 30. Oktober vorgelegten Papier forderte sie eine „grundsätzliche Änderung der Wirtschaftspolitik der DDR, verbunden mit einer Wirtschaftsreform". Als kurzfristigen Ausweg aus der wirtschaftlichen Misere sah sie nur die Gewährung von Finanzkrediten seitens der Bundesrepublik in Höhe von 2 bis 3 Milliarden Valuta-Mark über die bisherige Kreditlinie hinaus. Die Parteiführung sollte nach Meinung der Gruppe die wirtschaftliche Sanierung durch eine neue deutschlandpolitische Offensive einleiten:

> „Um der BRD den ernsthaften Willen zu unseren Vorschlägen bewußt zu machen, ist zu erklären, daß durch diese und weitergehende Maßnahmen der ökonomischen und wissenschaftlich-technischen Zusammenarbeit DDR/BRD noch in diesem Jahrhundert solche Bedingungen geschaffen werden könnten, die heute existierende Form der Grenze zwischen beiden deutschen Staaten überflüssig zu machen ... Dies müßte jedoch verbunden werden mit eigenen politischen und ökonomischen Vorschlägen der BRD zur Entspannung und zur ökonomischen Unterstützung der DDR".[92]

Die Gegenleistung war freilich schon zehn Tage später mit dem Fall der Mauer obsolet geworden, so daß Gerhard Schürer auf der 10. Tagung des Zentralkomitees am 9. und 10. November 1989 nur das Eingeständnis blieb,

> „seit vielen Jahren in dem Konflikt (zu leben): Wie weit kann ich mit meiner als Wahrheit erkannten Meinung gehen, wenn sie nicht der offiziellen Parteilinie entspricht? Wie diene ich der Partei am besten – wenn ich mich nach Darlegung der Probleme dem dann gefaßten Beschluß füge? Das habe ich getan und glaube ich auch tun zu müssen, weil es dem Statut entspricht. Oder wäre es besser gewesen, soweit zu gehen, den Skandal, den Ausschluß, in Kauf zu nehmen? Wie kann ich aber dann der Partei dienen, die Wahrheit zu finden, weiterarbeiten und meine Kraft dafür geben?"[93]

Damit hatte Schürer das Dilemma von Wirtschaftsfachleuten in der DDR auf den Punkt gebracht: Wider besseres Wissen hatte man sich immer wieder den Beschlüssen und Weisungen der Parteiführung gebeugt. Ob allerdings ihre Vorschläge zu einer grundlegenden Sanierung der DDR-Wirtschaft geführt hätten,

---

[90] Ebd., S. 51.
[91] Gerhard Schürer u. a.: Analyse der ökonomischen Lage der DDR mit Schlußfolgerungen. Vorlage für das Politbüro des ZK der SED vom 30. Oktober 1989, zit. nach: Deutschland Archiv Nr. 10/1992, S. 1112 ff. Hier heißt es u. a.: „Allein ein Stoppen der Verschuldung (gegenüber dem NSW) würde im Jahre 1990 eine Senkung des Lebensstandards um 25–30% erfordern und die DDR unregierbar machen."
[92] Ebd., S. 1120.
[93] Zit. nach: Stephan 1994, S. 232.

kann angesichts der strukturellen Defizite und Mängel einer zentralistischen Planwirtschaft bezweifelt werden.

3. Die Formierung einer politischen Opposition

Auch auf anderen Feldern steckte die SED Niederlage um Niederlage ein. So betrieb sie in den achtziger Jahren eine „chaotische Kulturpolitik ohne strategisches Konzept",[94] die weder von der Bevölkerung noch vom Großteil der Künstler akzeptiert wurde. Ihre Konflikte mit der wachsenden Zahl mißliebiger Maler, Musiker oder Schriftsteller, die Reformen à la Gorbatschow auch für die DDR einforderten, rissen nicht mehr ab. Symptomatisch war z. B. der X. Schriftstellerkongreß im November 1987, in dessen Arbeitsgruppen fast alle relevanten gesellschaftlichen Probleme der DDR zur Sprache kamen. Höhepunkt war die später in der ZEIT veröffentlichte Rede Christoph Heins, in der er in seltener Offenheit und Klarheit die „menschenfeindliche" Zensur in der DDR angriff.[95]

Gleichgültigkeit in der Jugend

Der unter der Jugend immer stärker um sich greifenden Gleichgültigkeit gegen die Parteiparolen versuchten SED und FDJ u. a. mit Konzerten und Tourneen oft jahrzehntelang verpönter westlicher Rockbands entgegenzuwirken, was allerdings auch Risiken und Nebenwirkungen hatte. So gab Bruce Springsteen am 19. Juli 1988 vor 160 000 Zuschauern in Ost-Berlin (Das FDJ-Zentralorgan „Junge Welt": „Europarekord") seiner Hoffnung Ausdruck, „daß eines Tages alle Mauern fallen".[96] Mit Problemen dieser Art hatte die Partei häufig zu kämpfen. Immer wieder galt es, zwischen einem potentiellen Imagegewinn unter der Jugend und möglicher propagandistischer Verwertbarkeit (z. B. im „Friedenskampf") einerseits sowie Devisenproblemen und ideologischen Folgeschäden andererseits abzuwägen.[97]

Wie Mehltau lag die Reformunfähigkeit der Parteiführung über der gesamten Gesellschaft. Der Rückzug großer Teile der Bevölkerung in die private Nische, lange Zeit heftigst bekämpft, wurde nun mehr und mehr toleriert, das bloße Lippenbekenntnis zum Sozialismus galt als ausreichend. Die wenigen ausdrücklichen Kritiker der SED konnten allerdings nach wie vor nicht mit Verständnis rechnen.

Ab Mitte der achtziger Jahre begann sich in der DDR in ersten Ansätzen eine politische Opposition herauszubilden, die über schon bestehende kleine informelle Gruppen hinaus landesweit politischen Protest artikulierte und Reformen im Sozialismus forderte.[98] Die bis dahin dominierenden Personen und Gruppen agierten zumeist im Umfeld der Kirchen und beschränkten sich thematisch vornehmlich auf die Friedens- und Ökologieproblematik.[99]

---

[94] Jäger 1994, S. 187.
[95] Vgl. Jäger 1994, S. 249 ff.
[96] Vgl. Dieckmann 1991, S. 18 ff.
[97] Vgl. etwa den Brief von Egon Krenz an Erich Honecker vom 12. Oktober 1987 zu einem möglichen Konzert des Rocksängers Udo Lindenberg. In: Deutz-Schroeder/Staadt 1994, S. 95 ff.
[98] Vgl. Neubert 1997, S. 499 ff.
[99] Vgl. Jander 1995, Jander 1996 und Jander/Schroeder 1996.

Für SED und MfS ergab sich damit eine neue Etappe in der Bekämpfung der innerstaatlichen Opposition. Das Ministerium für Staatssicherheit intensivierte mit der Dienstanweisung Nr. 2/85 seine Aktivitäten zur „vorbeugenden Verhinderung, Aufdeckung und Bekämpfung politischer Untergrundtätigkeit". Aus Sicht des MfS zielte die Opposition auf „Aufweichung, Zersetzung und Destabilisierung der gesellschaftlichen Verhältnisse (sowie) auf die Beseitigung der sozialistischen Staats- und Gesellschaftsordnung." Die Sicherheitskräfte befürchteten die Entstehung von „personellen feindlichen Stützpunkten", von denen aus Druck auf die sozialistische Staatsmacht ausgeübt werden könnte.

Besonderes Augenmerk sollten die Dienststellen des MfS auf die Kirchen richten, die von der Opposition „zur Sammlung oppositioneller Kräfte, der Erarbeitung und Verbreitung antisozialistischer, gegen Beschlüsse von Partei und Regierung gerichteter Schriften unter dem Deckmantel kirchlicher Glaubensbekenntnisse, der Bestrebung zur Erreichung eines Mitsprache- bzw. Entscheidungsrechts auf Teilgebieten der Gesellschaftspolitik genutzt wurden."[100] Der verstärkte Einsatz Inoffizieller Mitarbeiter sollte die erfolgreiche Bekämpfung der Opposition sicherstellen. Die Zahl der IMs, die 1968 bei etwa 100 000 lag, war in den achtziger Jahren auf etwas über 170 000 gestiegen.[101] Das MfS wollte sie „auf der Basis vorhandener echter Überzeugung für Humanismus und Frieden" werben; im Einsatz zur Kontrolle und Bekämpfung der Oppositionsgruppen sollten sie in „Schlüsselpositionen" plaziert werden.[102] Die Staatssicherheit vermutete den Feind in den Bereichen Kunst und Kultur, in intellektuellen Kreisen, unter Umweltschützern sowie in der Kirche. Durch persönliche Kontakte zu oppositionellen Personen sollte die Konspiration der Gruppen durchbrochen und geheimdienstlich relevante Informationen beschafft werden.

Verstärkter Einsatz Inoffizieller Mitarbeiter gegen die Opposition

In die Aktivitäten waren alle Diensteinheiten des MfS einbezogen. Selbstverständlich war auch die Hauptverwaltung Aufklärung (HVA) Teil dieses gigantischen Räderwerkes der Repression: Sie sollte laut Dienstanweisung u. a. die Beschaffung beweiskräftiger Belastungsmaterialien gegen die Opposition sowie die Durchführung „aktiver Maßnahmen zur Zersetzung bzw. Einschränkung der Wirksamkeit feindlicher Stellen und Kräfte" organisieren.[103] „Das eigentliche Zentrum der Staatssicherheit" wurde jedoch die Hauptabteilung XX, von der aus „ein System der totalen Überwachung nach innen" aufgebaut wurde. „Es wurden alle bespitzelt, die nur irgendwie in Verdacht standen, oppositionell tätig zu sein. Hier steckte der Kern der falschen Sicherheitsdoktrin des Ministeriums", äußerte sich der ehemalige Stellvertreter Mielkes und Leiter der HVA, Markus Wolf, im Juli 1990.[104]

Hauptabteilung XX des MfS

In der Beurteilung der DDR-Opposition stimmten hochrangige bundesdeutsche Politiker bei Besuchen in der DDR und Gesprächen mit der SED-Führung offenbar mit den Einschätzungen des MfS überein. Otto Graf Lambsdorff (FDP) z. B.

---

[100] MfS-Dienstanweisung Nr. 2/85: „Bekämpfung politischer Untergrundtätigkeit", abgedruckt in: Fricke 1991b, S. 146 ff.; hier: S. 149.
[101] Vgl. Müller-Enbergs 1996, S. 54 ff.
[102] Vgl. MfS-Dienstanweisung Nr. 2/85, in: Fricke 1991b, S. 152 f.
[103] Vgl. Fricke 1991b, S. 47.
[104] Zit. nach: ebd., S 47.

besuchte am 4. Februar 1988 gemeinsam mit dem Leiter der Ständigen Vertretung Otto Bräutigam die evangelische Kirchenleitung, nachdem man zuvor mit Honecker gesprochen hatte. Laut MfS-Bericht verglich der FDP-Politiker die DDR-Oppositionellen „mit ganz linken Kräften und Teilen der Grünen" mit dem Unterschied, daß es in der DDR keine Radikalität und Gewaltmaßnahmen gebe. Bräutigam ergänzte, „die Kirche (müsse) deutlich aufpassen, nicht zu einer Opposition in diesem Staat zu werden, weil dann die Grundlagen des Dialogs verlassen werden."[105] Im gleichen Gespräch erklärte sich Lambsdorff bereit, den im Vorfeld der geplanten „Störung" der offiziellen Liebknecht/Luxemburg-Demonstration durch Bürgerrechtler und Ausreisewillige am 17. Januar 1988[106] verhafteten und später in die Bundesrepublik abgeschobenen Musiker Stephan Krawczyk wegen dessen angeblich absprachewidrigen Auftritten in den Westmedien „abzukanzeln", da „Liedermacher ohnehin nicht sein Geschmack" seien.[107]

Zur Jahreswende 1985/86 konstituierte sich mit der „Initiative Frieden und Menschenrechte" (IFM) die erste DDR-Oppositionsgruppe, die ausdrücklich das „Dach" der Kirche nicht mehr nutzen wollte. Ihr Beharren auf Gewährung von Menschenrechten, zu denen auch das Recht zur Ausreise gehöre, war selbst innerhalb der „informellen Gruppen" nicht unumstritten.[108] Aus Sicht des MfS handelte es sich um einen höchst gefährlichen Zusammenschluß. Die IFM war schon bald zu etwa 50% vom MfS mit Informellen Mitarbeitern durchsetzt und zur Jahreswende 1987/88 faktisch zerschlagen. Ein Teil der Mitglieder wurde in die Bundesrepublik ausgebürgert, ein anderer mit Pässen der DDR zu „Studienreisen" ins Ausland verbannt.[109] Die in dieser Gruppe politisch Aktiven wirkten jedoch in der Schlußphase der DDR in verschiedenen anderen Oppositionsgruppen mit und prägten nachhaltig das Erscheinungsbild der „Bürgerbewegung". Versuche zu einem engeren Zusammenschluß der Opposition blieben bis 1988 erfolglos, da ihre zahlenmäßige Schwäche, ihre berechtigte Furcht vor Zugriffen der totalitären Staatsmacht und ihre wenig ausformulierten inhaltlichen Vorstellungen eine politisch wirksamere Konzentration der Kräfte verhinderten. Die überwiegende Mehrzahl dieser Personen und Gruppierungen träumte zum damaligen Zeitpunkt von einer Reform des DDR-Sozialismus und einem dritten Weg, etwa im Sinne des Prager Frühlings oder des von Bahro und Havemann propagierten demokratischen Sozialismus.[110]

In einem Referat vor Leitern der Bezirksverwaltungen des MfS im Februar 1988 betonte Erich Mielke ausdrücklich die Bedeutung des Vorbeugekomplexes für die Arbeit des MfS. Hierbei ging es vor allem um die Aktualisierung des für die Verbringung in Isolierungslager vorgesehenen Personenkreises sowie um entsprechende organisatorische Vorbereitungen. Mielke forderte von den Leitern der Bezirksverwaltungen erhöhte Kampfbereitschaft und führte u. a. aus:

> „Ich hebe in diesem Kreis mit Nachdruck hervor, daß die Realisierung der spezifisch-operativen Vorbeugemaßnahmen eine der wichtigsten Aufgaben des MfS

---

[105] Zit. nach: Klier 1992, S. 140.
[106] Vgl. ebd., S. 91 ff., Neubert 1997, S. 671 ff. und Rüddenklau 1992, S. 203 ff.
[107] Klier 1992, S. 140.
[108] Vgl. Jander/Voß 1995, S. 939 f. und Rüddenklau 1992, S. 51 ff.
[109] Vgl. ebd., S. 939.
[110] Vgl. Eckert 1995a, S. 700 ff. und Jander/Schroeder 1996.

in Spannungsperioden bzw. Verteidigungszustand ist. Deshalb sind diese Maßnahmen so vorzubereiten und ständig auf dem aktuellen Stand zu halten, damit sie zu jedem Zeitpunkt rasch und wirksam realisiert werden können. Um das noch deutlicher zu sagen: Die Wirksamkeit unserer gesamten Vorbeugemaßnahmen hängt entscheidend davon ab, daß die richtigen Personen, d. h. die Personen erfaßt sind, von denen die größten Gefahren unter veränderten Lagebedingungen ausgehen können. Bei der Planung des spezifisch-operativen Vorbeugekomplexes ist deshalb insbesondere zu gewährleisten, daß eine größtmögliche Übereinstimmung zwischen der realen politisch-operativen Lage im Territorium und der Aufnahme von Personen in den spezifisch-operativen Vorbeugungskomplex erreicht und dann auch gehalten wird. Die Planung der Maßnahmen für die Festnahme, Internierung und Überwachung muß weitgehend dem jeweils aktuellen Stand der Klärung der Frage ‚wer ist wer?' im Verantwortungsbereich entsprechen."[111]

Dezentralität und Vielfalt der Opposition

Die Stärke der in einem totalitären Herrschaftssystem agierenden Opposition lag in diesen Jahren vielleicht gerade in ihrer Dezentralität und Vielfalt. Den „Sicherheitskräften" wurde damit die Zersetzung und Zerschlagung der Opposition erschwert, immer wieder neu entstehende Kreise und Gruppen ließen sich nur schwer unter Kontrolle halten. In einer Information des MfS an die Parteiführung vom 1. Juni 1989 war die Rede von ca. 160 „feindlich-negativen Zusammenschlüssen", von denen fast 150 als kirchliche Basisgruppen eingeordnet wurden. „Über die Hälfte aller derartigen Zusammenschlüsse wurde vor dem Jahre 1985 gebildet. Im Ergebnis staatlicher und gesellschaftlicher Anstrengung ist es bisher nicht gelungen, ihre Gesamtzahl zu verringern. Aufgelösten personellen Zusammenschlüssen steht eine gleich große Anzahl neugebildeter gegenüber ..."[112]

Zum „Gesamtpotential" dieser Gruppen rechnete das MfS ca. 2500 Personen, davon etwa 600 in Führungsgremien. Als harter Kern „fanatischer, von sogenanntem Sendungsbewußtsein, persönlichem Geltungsdrang und politischer Profilierungssucht getriebener, vielfach unbelehrbarer Feinde des Sozialismus" kristallisierten sich, so die „Beobachter", ca. 60 Personen heraus. Namentlich führte das MfS Rainer Eppelmann, Hans-Jochen Tschiche, Vera Wollenberger, Gerd und Ulrike Poppe, Bärbel Bohley, Werner Fischer sowie Wolfgang Rüddenklau, Reinhard Schult, Thomas Klein und Heiko Lietz auf.[113] Nach der Klassifizierung des MfS firmierten die informellen Oppositionsgruppen als „Friedenskreise" (35), „Ökologiegruppen" (39), gemischte „Friedens- und Umweltgruppen" (23), „Frauengruppen" (7), „Ärztekreise" (3), „Menschenrechtsguppen" (10) bzw. „Dritte-Welt-Gruppen" (39) und „Regionalgruppen von Wehrdienstverweigerern".[114] Das MfS hob besonders die Kontakte zu vergleichbaren Gruppen in anderen sozialistischen Ländern bzw. zu grünen und alternativen Gruppen sowie zu ehemaligen DDR-Dissidenten in der Bundesrepublik hervor. Noch glaubte das Mielke-Ministerium, diese

„**Unbelehrbare Feinde des Sozialismus**"

---

111 Referat von Erich Mielke auf der Dienstbesprechung zur Mobilmachungsarbeit im MfS am 26. Februar 1988, zit. nach: Auerbach 1995, S. 17.
112 MfS-Information über beachtenswerte Aspekte des aktuellen Wirksamwerdens innerer feindlicher, oppositioneller und anderer negativer Kräfte in personellen Zusammenschlüssen, abgedruckt in: Mitter/Wolle 1990, S. 46 ff; hier: S. 47.
113 Vgl. ebd., S. 48.
114 Vgl. ebd., S. 47; vgl. Neubert 1997, S. 706 ff. als kritische Anmerkung zu den MfS-Statistiken. Neubert selbst spricht von einem „harten Kern einiger hundert Menschen, unter denen einige langjährige Aktivisten besonders herausragten", die das Zentrum der Opposition ausmachten.

Opposition durch konzentrierten und koordinierten Einsatz aller gesellschaftlichen und staatlichen Organisationen und Kräfte paralysieren oder zersetzen zu können. Das MfS hielt es für

> „zweckmäßig, in Verantwortung der Sekretariate der Bezirks- und Kreisleitungen der SED regelmäßig Beratungen durchzuführen, in denen die Entwicklungstendenzen und Aktivitäten derartiger personeller Zusammenschlüsse im Territorium sowie die erzielte Wirksamkeit bei der vorbeugenden Verhinderung und Zurückdrängung solcher Kräfte eingeschätzt und Schlußfolgerungen sowie konkrete Festlegung für die Erhöhung der Wirksamkeit gesamtgesellschaftlicher Einflußnahme auf diesem Gebiet getroffen werden" könnten.[115]

20 Thesen Schorlemmers

Als erster öffentlichkeitswirksamer Versuch, eine programmatische Grundlage für ein gemeinsames Zusammenwirken oppositioneller Gruppen zu entwickeln, können die vom Wittenberger Pfarrer Friedrich Schorlemmer Anfang Juli auf dem Evangelischen Kirchentag in Halle vorgetragenen „20 Thesen zur gesellschaftlichen Erneuerung der DDR" gewertet werden. In diesen Grundsätzen forderte Schorlemmer einen Abbau von Bürokratismus, Amtsmißbrauch und Dogmatismus, umfassende Informationen über alle relevanten Lebensfragen und eine Veränderung des bisherigen Wahlsystems durch die Möglichkeit der Wahl zwischen mehreren Kandidaten.[116] Die Resonanz auf diese Thesen blieb aufgrund ihres allgemein gehaltenen Charakters begrenzt. Das intendierte programmatische Dach für eine einheitliche Opposition entstand hieraus nicht. Gleiches gilt für ein auf dem Seminar „Frieden konkret VI" im Februar 1988 in Cottbus verabschiedetes Konsenspapier. In dieser Schrift fordern die Unterzeichner u. a. die Herstellung einer „kritischen Öffentlichkeit in der DDR, eine ökologische Umkehr der Industriegesellschaften sowie „die pluralistische, demokratische und dezentralisierte Organisation des wirtschaftlichen und gesellschaftlichen Lebens in der DDR".[117] Als Organisationsprinzip für eine mit Basisgruppen in anderen Ländern verbundene DDR-Opposition wurde ein „Netzwerkprinzip" vorgeschlagen. Zwar fanden sich viele Elemente der hier enthaltenen Kritik an der Industriegesellschaft der DDR in den Äußerungen und Schriften späterer Oppositionsgruppen wieder, aber auch dieses Konsenspapier bewirkte keine Initialzündung für die Ausbreitung einer organisierten Opposition.

Mit den im Rahmen des „Konziliaren Prozesses" stattfindenden „Ökumenischen Versammlungen" gab es wieder stärkere Berührungspunkte zwischen evangelischen Kirchen und informellen Oppositionsgruppen.[118] Die Kritik an den gesellschaftlichen Zuständen in der DDR erreichte nun auch immer größere Kreise der Bevölkerung. Doch erst der offensichtliche Wahlbetrug der SED bei den Kommunalwahlen im Mai 1989 und die einsetzende Fluchtwelle beschleunigten den Prozeß der Formierung der DDR-Opposition. Von Ende Juli bis Anfang September 1989 entstanden die wichtigsten Gruppen, die wesentlich den Zusammenbruch der SED-Herrschaft herbeiführten. Im Juli/August 1989 gründeten Oppositionelle die Gruppen „Demokratischer Aufbruch", die Initiativgruppe zur Gründung einer

---

[115] Mitter/Wolle 1990, S. 54.
[116] Vgl. Bögeholz 1995, S. 641.
[117] Vgl. Bickhardt 1995, S. 502.
[118] Vgl. Neubert 1997, S. 788 ff.

„Sozialdemokratischen Partei" sowie im September das „Neue Forum" und die Gruppe „Demokratie jetzt" (DJ). Kurze Zeit später konstituierte sich aus dem Umfeld der „Umweltbibliothek" die Gründungsinitiative „Grüne Partei/Grüne Liga".[119]

Die zahlenmäßig stärkste Gruppe der Bürgerbewegung, das „Neue Forum", verstand sich nicht als Partei, ja nicht einmal als eine ideologisch oder programmatisch strukturierte Vereinigung, sondern zunächst nur als organisatorische Basis für eine innergesellschaftliche Diskussion: „Wir bilden deshalb eine gemeinsame politische Plattform für die ganze DDR, die es Menschen aus allen Berufen, Lebenskreisen, Parteien und Gruppen möglich macht, sich an der Diskussion und Bearbeitung lebenswichtiger Gesellschaftsprobleme in diesem Land zu beteiligen. Für eine solche übergreifende Initiative wählen wir den Namen ‚Neues Forum'."[120] Erst einige Monate nach der Gründung wurde das „Plattformkonzept" zugunsten eines inhaltlichen Grundkonsenses aufgegeben. In seiner Programmerklärung vom 28. Januar 1990 sprach sich das „Neue Forum" für eine breite basisdemokratische Bewegung und eine Demokratisierung des politischen Lebens aus, befürwortete eine soziale und ökologische Marktwirtschaft und bekannte sich zur „Einheit der deutschen Nation". Als Voraussetzung zur deutschen Einheit forderte die Gruppe die „praktizierte demokratische Selbstbestimmung in der DDR". Nach einem Volksentscheid in beiden deutschen Staaten sollte, ein positiver Ausgang vorausgesetzt, ein entmilitarisierter und nicht in der NATO verbleibender deutscher Staat entstehen.[121]

Neues Forum

Die Initiativgruppe zur Gründung einer Sozialdemokratischen Partei (SDP) definierte sich dagegen von Beginn an als eine Partei, die „sich um die Entmonopolisierung, Demokratisierung und Teilung der Macht in Staat und Gesellschaft mit dem Ziel des Aufbaus einer ökologisch orientierten sozialen Demokratie" bemühte. Das am 7. Oktober in Schwante verabschiedete Parteiprogramm enthielt Forderungen nach strikter Gewaltenteilung, Trennung von Staat und Partei, ökologisch orientierter sozialer Marktwirtschaft mit demokratischer Kontrolle ökonomischer Macht, das Recht auf Bildung freier Gewerkschaften nebst Streikrecht, Reisefreiheit und Auswanderungsrecht sowie die Anerkennung der Zweistaatlichkeit Deutschlands bei gleichzeitiger Option für mögliche Veränderungen im Rahmen einer europäischen Friedensordnung.[122] Der erste gewählte Vorstand bestand aus dem ersten Sprecher Stephan Hilsberg, den zweiten Sprechern Markus Meckel und Angelika Barbe sowie Ibrahim Böhme als Geschäftsführer.[123] Obwohl ein sozialdemokratisches Milieu in der DDR seit Jahrzehnten kaum mehr vorhanden war, versprach die Orientierung auf die Sozialdemokratie als Kristallisationspunkt für die Opposition Aussicht auf Erfolg. Die Mehrheit der oppositionellen Kräfte in der DDR hing im Grundsatz Vorstellungen eines demokratischen Sozialismus an, so daß die angestrebte Unterstützung durch die bundesdeutsche Sozialdemokratie einen zusätzlichen Mobilisierungsschub hätte bewirken können. Die SPD-Führung

Programm der SDP

---

119 Vgl. Bahrmann/Links 1994 und Jander 1995.
120 Zit. nach: Bickhardt 1995, S. 495.
121 Vgl. Neues Forum. Programmerklärung (beschlossen am 28. Januar 1990), abgedruckt in: Wahltreff 90, S. 191 ff.
122 Vgl. Bahrmann/Links 1994, S. 11.
123 Vgl. Eckert 1995a, S. 714.

unterstützte die Initiativgruppe jedoch anfangs kaum, sondern blieb weiter auf Verständigung mit der (mehr oder weniger reformierten) SED-Führung fixiert.[124] Frühe Ausnahmen waren etwa aus der Bundestagsfraktion Norbert Gansel, aus stark menschenrechtlicher Perspektive Hans-Jochen Vogel und schließlich mit der bald ausgesprochenen Betonung eines legitimen deutschen Anspruchs auf Wiedervereinigung Willy Brandt. Im weiteren Verlauf des Herbstes 1989 wuchsen allmählich Öffnung und Zuwendung der SPD gegenüber der SDP.

„Demokratie jetzt"

Die im Kern aus einem innerkirchlichen Arbeitskreis – der „Initiative für Absage an Praxis und Prinzip der Abgrenzung" – entstandene Bürgerbewegung „Demokratie jetzt" (DJ) orientierte sich an einem christlich-sozialistischen Ansatz und stellte weniger eine Partei als einen informellen Arbeitszusammenhang dar. Die von ihr ausgehenden Initiativen für einen „4-seitigen Tisch" aus Vertretern der SED, der „befreundeten" Parteien, der Kirchen und der Reform- und Oppositionsbewegung sowie zur Abschaffung des Artikel 1 der DDR-Verfassung, in dem die führende Rolle der Partei festgeschrieben war, beeinflußten die politische Entwicklung der folgenden Monate nachhaltig. Die „deutsche Frage" spielte vorerst in Überlegungen der DJ keine Rolle. Sie setzte in ihrem Gründungsaufruf auf eine Reform des DDR-Sozialismus: „Der Sozialismus muß nun seine eigentliche, demokratische Gestalt finden, wenn er nicht geschichtlich verloren gehen soll. Er darf nicht verlorengehen, weil die bedrohte Menschheit auf der Suche nach überlebensfähigen Formen menschlichen Zusammenlebens Alternativen zur westlichen Konsumgesellschaft braucht, deren Wohlstand die übrige Welt bezahlen muß".[125] Ähnliche Überlegungen verbreitete der „Demokratische Aufbruch" (DA) in seinen ersten öffentlichen Stellungnahmen. Im Gründungsdokument vom Oktober 1989 heißt es: „Die Gesellschaft der DDR befindet sich in einer sozialen und politischen Krise ... So wird die Dringlichkeit zur Reform und Erneuerung des sozialistischen Systems in der DDR unausweichlich".[126] Neben diesen Gruppen, die in den darauffolgenden Monaten den Fokus des politischen Protestes gegen die SED-Herrschaft darstellten, entstand mit der „Vereinigten Linken" ein marxistisches Aktionsbündnis, das mit der „Böhlener Plattform" in Stil und Inhalt an den linken Traditionalismus erinnernde Leitsätze vorlegte.[127]

„Demokratischer Aufbruch"

„Vereinigte Linke"

Die programmatischen Aussagen der Oppositionsgruppen blieben weitgehend allgemein und waren in der Regel auf einen reformierten und demokratischen Sozialismus ausgerichtet. Einigkeit herrschte unter ihnen nur in bezug auf die angestrebte Abschaffung des SED-Machtmonopols. In einer gemeinsamen Erklärung vom 4. Oktober 1989 sprachen sich Vertreter der Bürgerbewegung „Demokratie jetzt", des „Demokratischen Aufbruchs", der „Gruppe Demokratischer SozialistInnen", der „Initiative Frieden und Menschenrechte", der „Initiativgruppe Sozialdemokratische Partei in der DDR", des „Neuen Forums" sowie Vertreter von Friedenskreisen für freie geheime Wahlen unter UN-Kontrolle aus. Die unterzeichnenden Gruppen wollten zudem prüfen, ob sie sich mit einer gemeinsamen Liste an diesen Wahlen beteiligen würden.[128] Vorerst gründeten sie eine „Kontakt-Gruppe",

---

124 Vgl. Neubert 1997, S. 898 ff.
125 Zit. nach: Bickhardt 1995, S. 496.
126 Zit. nach: ebd.
127 Vgl. Knabe 1990, S. 27 und Wahltreff 90, S. 254 ff.
128 Gemeinsame Erklärung von Oppositionsgruppen, abgedruckt in: Mitter/Wolle 1990, S. 212/213.

die trotz erheblicher Meinungsunterschiede unter den Mitgliedern eine maßgebliche Rolle vor allem bei der Etablierung des Runden Tisches spielen sollte.

Die SED-Führung kämpfte an mehreren Fronten um das Überleben ihrer Diktatur. Die anhaltende Fluchtbewegung rüttelte an den Grundfesten wirtschaftlicher, sozialer und politischer Stabilität. Die jetzt immer selbstbewußter auftretenden Oppositionsgruppen prägten die von der Teilnehmerzahl her sprunghaft angestiegenen Massendemonstrationen, auf denen das Machtmonopol der SED in Frage gestellt wurde, und schließlich war selbst auf die sowjetische Führungsmacht seit dem Amtsantritt Gorbatschows kein Verlaß mehr. Obschon das MfS fleißig weiter Informationen sammelte, konnten die führenden Genossen in der Partei und den Sicherheitsorganen nur die Zunahme oppositioneller Kräfte und Gruppen registrieren.[129]

Überlebenskampf der SED-Führung

Den am 19. September 1989 gestellten Antrag auf offizielle Gründung einer Vereinigung unter dem Namen „Neues Forum" lehnten die zuständigen staatlichen Stellen auf Veranlassung des Politbüros ab. Als Gründe führte das Ministerium des Innern unter anderem an: „Die Verfasser des Aufrufes behaupten, daß sie einen ‚Staat von Spitzeln und Bütteln' ertragen müssen. Damit wird die sozialistische Staats- und Rechtsordnung der DDR diffamiert. Eine Vereinigung, die eine derartige Position vertritt, widerspricht den Grundsätzen und Zielen der Verfassung." Als Perspektive bot die Staatspartei dem Neuen Forum „vielfältige Möglichkeiten für die demokratische Mitgestaltung der sozialistischen Gesellschaft und für den Dialog entsprechend der 9. Tagung des ZK der SED und für die Teilnahme an der öffentlichen Diskussion in Vorbereitung auf den XII. Parteitag der SED" an.[130] Schabowski und andere SED-Funktionäre sprachen mit Bürgerrechtlern, ohne ein besonderes Entgegenkommen auf deren Forderungen zu signalisieren. Durch die Verkündung einer Amnestie für alle illegal ausgereisten DDR-Bürger und für inhaftierte „versuchte Republikflüchtlinge" sowie die Aufhebung der am 12. Oktober verfügten Reisebeschränkungen in die Tschechoslowakei wollte die neue Führung die explosive Lage im Land entschärfen. Doch das Gegenteil trat ein: Die Demonstrationen wurden größer, zahlreicher und drängender.

Der eher zufällig zustande gekommene und vor allem unvorbereitete Fall der Mauer am 9. November brachte die SED-Führung wie auch die Oppositionsgruppen gleichermaßen in Zugzwang. Die Euphorie dieser Tage, die Vielfältigkeit der deutsch-deutschen Begegnungen sowie vor allem die weiter anhaltende Massenflucht und die gravierenden ökonomischen Probleme ließen einen Sog entstehen, der die Lösung der „deutschen Frage" vordringlich machte. Eine mögliche rasche deutsche Vereinigung stieß zu diesem Zeitpunkt auf strikte Ablehnung bei der SED-Führung, und auch Sprecher der DDR-Opposition reagierten nach dem

Zugzwang durch Fall der Mauer

---

129 Vgl. MfS-Bericht „Hinweise über Reaktionen progressiver Kräfte auf die gegenwärtige innenpolitische Lage in der DDR" und MfS-Information über die weitere Formierung DDR-weiter oppositioneller Sammlungsbewegungen, abgedruckt in: Mitter/Wolle 1990, S. 204 ff. und S. 208 ff.

130 Antwortschreiben des Ministeriums des Innern zur Eingabe des Dr. jur. Gysi (beabsichtigte Gründung einer Vereinigung unter dem Namen „Neues Forum"), abgedruckt in: Stephan 1994, S. 171/172, hier: S. 172.

Mauerfall eher zurückhaltend in dieser Frage. „Ich glaube, daß die Mehrheit unserer Anhänger gegen eine kapitalistische Gesellschaft ist. Sie hätten lieber einen Wiederaufbau, eine Reform des Sozialismus, so daß er für die Mehrheit der Bevölkerung akzeptabel wird". Mit diesen Worten lehnte Jens Reich, einer der Wortführer des Neuen Forum, in einem BBC-Interview eine sofortige Vereinigung der beiden deutschen Staaten ab.[131] Die Demonstranten in Leipzig, Dresden, Cottbus und anderen DDR-Städten schwenkten freilich im Rausch der Ereignisse um. „Deutschland einig Vaterland" oder „Wir sind ein Volk" hießen ab Ende November 1989 die Parolen in Leipzig und anderswo. In der „nationalen Frage" hatten sich SED und große Teile der Opposition nun gleichermaßen von den Massen isoliert. Während sich die SED jedoch noch auf den harten Kern der von ihr privilegierten Bevölkerungsgruppen verlassen konnte, verloren die Oppositionsgruppen sehr schnell ihren gerade gewonnenen Einfluß. Die DDR-Bevölkerung wollte mehrheitlich keine Erneuerung der sozialistischen DDR, ja überhaupt keine DDR mehr. Mit der Etablierung eines Runden Tisches verständigte sich eine in Maßen zu Reformen bereite SED unter Modrow mit den wichtigsten Gruppen der DDR-Opposition, aber beide konnten auf die Dynamik des Prozesses keinen Einfluß mehr nehmen. Die Bevölkerung der DDR hatte jetzt kurzzeitig die Regie übernommen und das Ende ihres ungeliebten Staates eingeleitet.

DDR-Bevölkerung will deutsche Einheit

---

[131] Zit. nach: Bahrmann/Links 1994, S. 102.

A) Politisch-historische Entwicklung der SBZ/DDR 1945–1990

Die DDR auf dem Weg zum vereinten Deutschland

Zusammenfassung

Die SED ernannte Hans Modrow zum Ministerpräsidenten und versuchte damit, ihre Macht und den Erhalt der DDR zu sichern. Die durch eine Austrittswelle zunehmend an Schwindsucht leidende Partei demonstrierte Veränderungsbereitschaft, nannte sich fortan SED-PDS (später nur noch PDS) und gab sich ein Programm mit demokratisch-sozialistischem Anstrich. Der neue Parteichef Gregor Gysi verkörperte mit seinem jovialen öffentlichen Auftreten und seiner bis heute umstrittenen Vergangenheit die widersprüchliche Hinterlassenschaft der SED. Ein SED-Verwaltungskader aus der zweiten Reihe übernahm das Erbe von Egon Krenz.

Auf Demonstrationen forderten große Teile der Bevölkerung die Wiedervereinigung, gleichzeitig verweigerte die Bundesregierung der DDR weitreichende finanzielle Hilfen ohne Vorbedingungen. Hierauf reagierte Modrow mit der Einbindung oppositioneller Kräfte in die Regierungsverantwortung. In der Ablehnung der Vereinigung und einer westlichen Gesellschaftsordnung stimmten SED und Teile der Opposition zunächst überein. Den auf Initiative der Opposition und durch Vermittlung der Kirchen etablierten zentralen Runden Tisch, der ursprünglich von der Opposition als Kontrollinstanz der Regierung gedacht war, nutzte Modrow, um seine Politik zum Erhalt der DDR zu legitimieren. Ferner sorgte er mit „fortwirkenden Maßnahmen" für die Absicherung der alten SED-Eliten.

Die Auflösung des MfS erfolgte nur durch die Intervention der Opposition: Bürgerkomitees und Oppositionskräfte am Runden Tisch sowie die Besetzung der Zentrale des Geheimdienstes zwangen die Regierung Modrow, dieses zentrale Unterdrückungsinstrument der SED-Diktatur formal stillzulegen und nicht, wie geplant, lediglich umzuwandeln. Gleichwohl gelang es SED und MfS, das ganze Ausmaß ihrer Verbrechen gegen das eigene Volk durch die teilweise Vernichtung von wichtigen Akten der öffentlichen und historischen Aufarbeitung zu entziehen. Als das Ende der SED-Herrschaft und der DDR absehbar wurde, bereiteten sich MfS-Angehörige, vermutlich in Absprache mit anderen staatlichen Organen, auf die postsozialistische Ära vor, indem sie Ressourcen „privatisierten".

Die Bundesregierung und vor allem der Bundeskanzler setzten nun auf die schnelle Vereinigung. Sie knüpften das Versprechen finanzieller Hilfen an fortwährend neue Bedingungen zur demokratischen Umgestaltung in der DDR. Letztlich versagten sie jedoch der Regierung Modrow die Unterstützung, da dies zur Stabilisierung und damit zum Erhalt der DDR hätte führen können.

Die erste und letzte freie Wahl zur Volkskammer brachte – entgegen allen Umfragen – einen überzeugenden Wahlsieg bürgerlicher Kräfte, die im Wahlkampf für die schnelle Vereinigung eingetreten waren. Die vom langjährigen Ost-CDU-Mitglied de Maizière gebildete Große Koalition setzte zwar die Politik Modrows im Inneren weitgehend fort, begann jedoch unverzüglich mit Verhandlungen über die Modalitäten der deutschen Vereinigung. Diese schienen um so dringlicher, als der Zusammenbruch der DDR-Wirtschaft wie auch die Auflösung staatlicher Autorität im Laufe des Jahres 1990 immer offensichtlicher wurden und Hunderttausende in die Bundesrepublik übersiedelten. Die zum 1. Juli 1990 eingeführte Wirtschafts-, Währungs- und Sozialunion schuf wichtige Voraussetzungen für die Vereinigung auf gesellschaftspolitischem Feld.

Die endgültige, völkerrechtlich wirksam geregelte Vereinigung konnte freilich nur durch Zustimmung der Siegermächte des Zweiten Weltkrieges erreicht werden. Mit Unterstützung des US-Präsidenten Bush schaffte es Helmut Kohl, Frankreich und Großbritannien von ihren Bedenken abzubringen und den sowjetischen Präsidenten Gorbatschow von den Vorteilen einer deutschen Vereinigung zu überzeugen. Dieser stimmte unter der Bedingung bilateraler Abkommen zwischen Deutschland und der Sowjetunion und finanzieller Hilfen für sein Land schließlich sogar der NATO-Mitgliedschaft eines vereinten Deutschlands zu. Damit war der Weg für den von der Volkskammer beschlossenen Beitritt der DDR zur Bundesrepublik am 3. Oktober frei.

Die im Osten von der PDS und den im Bündnis 90 zusammengeschlossenen Oppositionskräften sowie im Westen von den Grünen und Teilen der SPD kritisierte schnelle Vereinigung wurde bei den ostdeutschen Landtagswahlen im Oktober und den ersten gesamtdeutschen Wahlen im Dezember 1990 eindrucksvoll legitimiert. Die große Mehrheit der ostdeutschen Wähler gab ihre Stimme den Vereinigungsbefürwortern. Am 3. Oktober 1990 endete damit die deutsche Teilungsgeschichte.

Chronik

1989

10. November 1989	Demonstration von etwa 150 000 SED-Mitgliedern in Ost-Berlin für Fortbestand der DDR; Forderung nach Einberufung eines Sonderparteitages.
12. November 1989	Treffen der beiden Berliner Bürgermeister Krack und Momper.
12. November 1989	Verteidigungsminister Heinz Keßler gibt die offizielle Aufhebung des „Gebrauchs oder Einsatzes von Schußwaffen" an der Grenze bekannt.
13. November 1989	Die Volkskammer wählt Günter Maleuda (DBD) zum Volkskammerpräsidenten und Hans Modrow zum Vorsitzenden des Ministerrats (eine Gegenstimme).
13. November 1989	Sprecher des „Neuen Forums" warnen in Leipzig vor einem „Ausverkauf des Landes".
17. November 1989	Regierungschef Modrow schlägt der Bundesregierung eine „Vertragsgemeinschaft" vor. MfS wird in „Amt für Nationale Sicherheit" umbenannt.
23. November 1989	Günter Mittag wird aus der SED ausgeschlossen, gegen Honecker ein Parteiverfahren eingeleitet.
24. November 1989	Egon Krenz kündigt Streichung des Führungsanspruchs der SED aus der Verfassung an. Die LDPD streicht das Bekenntnis zur führenden Rolle der SED aus ihrer Satzung.

26. November 1989	Christa Wolf, Friedrich Schorlemmer, Günter Krusche, Volker Braun, Stefan Heym u. a. verbreiten den Aufruf „Für unser Land" (gemeint ist die DDR). Führende SED-Mitglieder wie Krenz und Modrow unterzeichnen ebenfalls.
27. November 1989	Leipziger Montags-Demonstranten fordern auf Transparenten die Wiedervereinigung.
28. November 1989	Kohl legt „10-Punkte-Plan" zur Erlangung der deutschen Einheit vor.
1. Dezember 1989	Die Volkskammer streicht die „führende Rolle der Arbeiterklasse und ihrer marxistisch-leninistischen Partei" aus der Verfassung.
1. Dezember 1989	Wolf Biermann tritt erstmals seit 25 Jahren wieder in der DDR auf.
3. Dezember 1989	Politbüro und ZK der SED treten auf Druck der Parteibasis geschlossen zurück; Gregor Gysi fordert „Rettung unserer Partei" und eine „Neuformierung einer modernen sozialistischen Partei von unten".
4./5. Dezember 1989	Modrow zu Gesprächen mit Gorbatschow in Moskau; CDU und LDPD verlassen den „Demokratischen Block".
6. Dezember 1989	Krenz erklärt Rücktritt als Staatsratsvorsitzender und Vorsitzender des Nationalen Verteidigungsrates; LDPD-Vorsitzender Manfred Gerlach wird amtierender Staatsratsvorsitzender.
7. Dezember 1989	Erste Sitzung des „Runden Tisches" in Ost-Berlin.
8. Dezember 1989	Der Sonderparteitag der SED lehnt Parteiauflösung ab und wählt Gregor Gysi zum Parteivorsitzenden.
13. Dezember 1989	SPD und SDP vereinbaren paritätischen Kontaktausschuß beider Parteivorstände.
14. Dezember 1989	„Demokratie jetzt" legt „Dreistufenplan der nationalen Einigung" vor.
14. Dezember 1989	Die DDR-Regierung kündigt Auflösung des „Amtes für nationale Sicherheit" an.
15./16. Dezember 1989	Sonderparteitag der CDU. Bekenntnis zu parlamentarischer Demokratie, Marktwirtschaft und deutscher Einheit; offizielle Wahl von Lothar de Maizière (amtiert schon seit November) zum Parteivorsitzenden.
16./17. Dezember 1989	Fortsetzung des Sonderparteitages der SED beschließt Umbenennung in „SED/PDS".
18. Dezember 1989	Der „Runde Tisch" spricht sich für „Vertragsgemeinschaft" zwischen Bundesrepublik und DDR aus.
19./20. Dezember 1989	Kohl besucht DDR; Modrow lehnt Kohls 10-Punkte-Plan ab und besteht auf Eigenstaatlichkeit der DDR.
20.–22. Dezember 1989	Frankreichs Präsident Mitterrand zu offiziellem Staatsbesuch in der DDR.
22. Dezember 1989	Modrow und Kohl eröffnen am Brandenburger Tor zwei Grenzübergänge für Fußgänger.
24. Dezember 1989	Visa-Pflicht und Mindestumtausch für DDR-Besucher aus der Bundesrepublik und West-Berlin aufgehoben.

31. Dezember 1989	Im Jahre 1989 verlassen 343 854 Personen als Flüchtlinge oder Übersiedler die DDR.

1990

2. Januar 1990	Der neue Präsident der ČSSR, Václav Havel, zu offiziellem Besuch in Ost-Berlin.
3. Januar 1990	Von SED/PDS und dem „Komitee der antifaschistischen Widerstandskämpfer" initiierte „Kampfdemonstration" gegen „Neofaschismus und Antisowjetismus" am – von Unbekannten beschmierten – sowjetischen Ehrenmal in Treptow.
3. Januar 1990	Am Runden Tisch teilnehmende Oppositionsgruppen protestieren gegen den geplanten Aufbau eines Nachrichtendienstes und eines Organs für Verfassungsschutz noch vor den Volkskammerwahlen.
7. Januar 1990	Vertreterversammlung des Neuen Forums lehnt Umwandlung der Vereinigung in eine Partei ab.
9. Januar 1990	Regierung Modrow verkürzt auf Druck der Opposition die Zahlung eines Übergangsgeldes für ausgeschiedene Mitarbeiter des MfS von drei Jahren auf 12 Monate.
10. Januar 1990	CDU-Vorsitzender Lothar de Maizière würdigt den DDR-Ministerpräsidenten Modrow als „authentischen Demokraten".
11. Januar 1990	Modrow lehnt in einer Regierungserklärung vor der Volkskammer Wiedervereinigung ab.
12. Januar 1990	Modrow teilt Verzicht auf Einrichtung eines neuen Sicherheitsdienstes bis zu den Volkskammerwahlen mit.
12. Januar 1990	Der später als MfS-Mitarbeiter enttarnte Geschäftsführer der SDP, Ibrahim Böhme, ruft Opposition zu Friedfertigkeit auf.
13. Januar 1990	Die SDP benennt sich in SPD um.
15. Januar 1990	Demonstranten stürmen die ehemalige Zentrale des MfS in Ost-Berlin.
21. Januar 1990	Gründung der Deutschen Sozialen Union (DSU) in Leipzig.
21. Januar 1990	SED/PDS schließt mit Egon Krenz, Günter Schabowski, Kurt Hager, Gerhard Schürer u. a. die „neue" alte SED-Führung aus der Partei aus.
21. Januar 1990	Der Vorstand der SED/PDS lehnt Selbstauflösung der Partei ab.
22. Januar 1990	Modrow bietet Oppositionsvertretern am Runden Tisch Ministerposten an.
25. Januar 1990	Die DDR-CDU zieht ihre Minister aus der Regierung zurück.
27. Januar 1990	Das Neue Forum gibt Bekenntnis zur Einheit der deutschen Nation ab.
28. Januar 1990	Vorverlegung der ursprünglich für den 6. Mai geplanten Volkskammerwahl auf den 18. März 1990.
29. Januar 1990	Honecker wird nach Beendigung seines Krankenhausaufenthaltes verhaftet, am nächsten Tag aber wieder freigelassen.
30. Januar 1990	Modrow zu Gesprächen mit Gorbatschow in Moskau; SED-PDS-Spitze plädiert nun auch für deutsche Einheit.

1. Februar 1990	Modrow legt persönliches Konzept „Für Deutschland, einig Vaterland" vor.
1. Februar 1990	Reisegesetz tritt offiziell in Kraft.
2. Februar 1990	Gysi trifft in Moskau Gorbatschow.
4. Februar 1990	SED-PDS nennt sich laut Beschluß des Parteivorstandes nur noch PDS.
5. Februar 1990	Gründung eines Wahlbündnisses „Allianz für Deutschland" durch Ost-CDU, DSU und DA.
5. Februar 1990	Vertreter aus verschiedenen Oppositionsgruppen übernehmen als Minister ohne Geschäftsbereich Regierungsverantwortung.
6. Februar 1990	Kohl stellt Konzept für baldige Währungsunion mit DDR vor.
7. Februar 1990	„Neues Forum", „Demokratie jetzt" und „Initiative für Frieden und Menschenrechte" gründen in Berlin das „Bündnis 90".
7. Februar 1990	Bundesregierung setzt Kabinettsausschuß „Deutsche Einheit" ein.
10. Februar 1990	Kohl bietet Gorbatschow in Moskau umfangreiche Wirtschaftshilfe an.
10. Februar 1990	Günter Grass fordert finanziellen „Lastenausgleich" für die DDR und plädiert für eine Konföderation.
12. Februar 1990	LDPD, FDP und Deutsche Forumpartei einigen sich auf Wahlbündnis „Bund Freier Demokraten".
13. Februar 1990	Modrow und Kohl vereinbaren Einsetzung gemeinsamer „Expertenkommissionen zur Vorbereitung einer Währungsunion und einer Wirtschaftsgemeinschaft".
13. Februar 1990	Egon Bahr lehnt in einem Interview mit der „Jungen Welt" sofortige Einheit ab.
17. Februar 1990	Der Unabhängige Frauenverband beschließt Wahlbündnis mit der Grünen Partei.
19. Februar 1990	Der Runde Tisch lehnt Wiedervereinigung nach Artikel 23 des Grundgesetzes ab; abgelehnt wird auch eine NATO-Mitgliedschaft des zukünftigen vereinten Deutschlands.
20. Februar 1990	Die Volkskammer verabschiedet Wahlgesetz.
24. Februar 1990	Die DDR-Sozialdemokraten wählen Ibrahim Böhme zu ihrem Parteivorsitzenden.
1. März 1990	Der Ministerrat beschließt die Umwandlung von volkseigenen Betrieben, Kombinaten und Einrichtungen in Kapitalgesellschaften sowie die Gründung einer Anstalt zur treuhänderischen Verwaltung von Volkseigentum.
1. März 1990	Wahlaufruf der „Allianz für Deutschland": „Freiheit und Wohlstand – nie wieder Sozialismus".
1. März 1990	Der DDR-SPD-Vorsitzende Böhme erklärt in Moskau eine Vereinigung bei gleichzeitiger NATO-Mitgliedschaft des vereinten Deutschland für unmöglich.
5. März 1990	Der Runde Tisch verabschiedet einstimmig Vorschläge für eine Sozialcharta.
7. März 1990	Die Volkskammer übernimmt Sozialcharta des Runden Tisches.

8. März 1990	Die DDR-Regierung entbindet alle Inoffiziellen Mitarbeiter des MfS von ihrer Aufgabe und Schweigepflicht.
12. März 1990	Der Runde Tisch tritt zu seiner 16. und letzten Sitzung zusammen und spricht sich gegen die Übertragung des Grundgesetzes durch Beitritt der DDR zur Bundesrepublik aus.
14. März 1990	Der als Inoffizieller Mitarbeiter des MfS enttarnte DA-Vorsitzende Wolfgang Schnur tritt zurück.
15. März 1990	Der Bürgerrechtler Rainer Eppelmann wird amtierender Nachfolger von Schnur.
18. März 1990	Die „Allianz für Deutschland" gewinnt die erste freie Volkskammerwahl (48,05%).
21. März 1990	Die SPD-Fraktion der Volkskammer wählt Böhme zu ihrem Vorsitzenden.
26. März 1990	Der als Inoffizieller Mitarbeiter des MfS enttarnte Böhme läßt seine Parteiämter und sein Volkskammermandat ruhen; am 1. April tritt er zurück.
28. März 1990	Mitterrand und Thatcher sprechen sich öffentlich für die deutsche Einheit aus.
28. März 1990	Die NDPD schließt sich dem Bund Freier Demokraten – Die Liberalen an.
30. März 1990	Der Zentralbankrat der Deutschen Bundesbank plant Umtausch von Mark in DM im Verhältnis von 2:1.
5. April 1990	Von Gewerkschaften, SPD, PDS und Neuem Forum initiierte Demonstrationen gegen eine Währungsumstellung im Verhältnis von 2:1; Forderung nach 1:1.
12. April 1990	Die aus CDU, SPD, DSU, DA und Liberalen gebildete Koalitionsregierung sowie der neue Ministerpräsident Lothar de Maizière erhalten in der Volkskammer eine deutliche Mehrheit.
19. April 1990	De Maizière plädiert in Regierungserklärung für Währungsumtausch von 1:1 und für Vereinigung gemäß Artikel 23 GG.
24. April 1990	Kohl und de Maizière vereinbaren Einführung einer Wirtschafts-, Währungs- und Sozialunion zum 2. Juli 1990.
28. April 1990	Der EG-Gipfel stimmt Vereinigung Deutschlands zu.
2. Mai 1990	Einigung über Modalitäten der Währungsunion.
5. Mai 1990	Beginn der Zwei-plus-Vier-Gespräche in Bonn.
6. Mai 1990	Trotz Stimmenverlusten bleibt die CDU stärkste Partei bei den Kommunalwahlen in der DDR.
9. Mai 1990	Der Vorstand des FDGB beschließt auf Druck der Einzelgewerkschaften seine Auflösung zum 14. September 1990.
16. Mai 1990	Gründung des Fonds „Deutsche Einheit" (115 Milliarden DM) durch die Bundesregierung und die Bundesländer.
18. Mai 1990	Unterzeichnung des Staatsvertrages zur Wirtschafts-, Währungs- und Sozialunion; massive Kritik der (West-)SPD.
3. Juni 1990	Gorbatschow und Bush verständigen sich über deutsche Vereinigung; sowjetische Vorbehalte gegen NATO-Mitgliedschaft des vereinten Deutschland.

6. Juni 1990	Die Volkskammerfraktion von Bündnis 90/Grüne und die Bundestagsfraktion der Grünen lehnen Staatsvertrag ab.
6. Juni 1990	Die RAF-Terroristin Susanne Albrecht wird in Ost-Berlin verhaftet; in den nächsten Wochen werden weitere RAF-Aktivisten in der DDR festgenommen.
9./10. Juni 1990	Wolfgang Thierse wird neuer Vorsitzender der Ost-SPD.
13. Juni 1990	Der Abriß der Berliner Mauer beginnt.
15. Juni 1990	Die Bundesregierung und der Ministerrat der DDR beschließen die Rückgabe von nach 1949 enteignetem Grundvermögen.
17. Juni 1990	Die Volkskammer verabschiedet Treuhandgesetz, das die Umwandlung volkseigener Betriebe und Kombinate in private Kapitalgesellschaften vorsieht.
20./21. Juni 1990	Volkskammer und Bundestag stimmen Staatsvertrag sowie einer Entschließung zur Endgültigkeit der Oder-Neiße-Grenze zu.
25. Juni 1990	Der Parteivorstand der DBD plädiert für die Fusion mit der CDU; Ende August löst sich die Partei auf.
1. Juli 1990	Die Wirtschafts-, Währungs- und Sozialunion tritt in Kraft, Einführung der DM in der DDR.
6. Juli 1990	Verhandlungen über Einigungsvertrag beginnen.
16. Juli 1990	Kohl und Gorbatschow vereinbaren im Kaukasus NATO-Mitgliedschaft des vereinten Deutschlands.
16. Juli 1990	Konstituierende Sitzung der Treuhand; erster Leiter wird Reiner Maria Gohlke, der jedoch schon am 20. August 1990 wieder zurücktritt; Nachfolger wird Detlev Karsten Rohwedder.
22. Juli 1990	Die Volkskammer beschließt Wiedereinführung der 1952 abgeschafften Länder.
24. Juli 1990	Die DDR-Liberalen treten aus der Regierungskoalition aus.
26. Juli 1990	Verständigung auf Wahltermin für gesamtdeutsche Wahlen (2. Dezember 1990).
12. August 1990	Die liberalen Parteien der DDR treten der FDP bei; erster gesamtdeutscher Vorsitzender: Otto Graf Lambsdorff.
14. August 1990	50 000 Bauern protestieren gegen die Landwirtschaftspolitik der DDR-Regierung; de Maizière entläßt Finanzminister Romberg (SPD) und Landwirtschaftsminister Pollack (parteilos), Wirtschaftsminister Pohl (CDU) und Justizminister Wünsche (früher FDP, jetzt parteilos) treten zurück.
17. August 1990	Wolfgang Roth (SPD) und Ingrid Matthäus-Meier (SPD) fordern schnellen Beitritt der DDR zur Bundesrepublik; de Maizière lehnt ab.
19. August 1990	Die DDR-SPD verläßt die Regierungskoalition.
23. August 1990	Die Volkskammer beschließt Beitritt zur Bundesrepublik nach Artikel 23 GG zum 3. Oktober 1990.
31. August 1990	Unterzeichnung des Einigungsvertrages durch Wolfgang Schäuble und Günther Krause.

6. September 1990	Die Volkskammer verabschiedet ein Rehabilitierungsgesetz für politische Opfer des SED-Staates, das jedoch nicht mehr umgesetzt wird.
10. September 1990	Einigung über Abzug der sowjetischen Truppen.
12. September 1990	Zwei-plus-Vier-Gespräche werden mit der Unterzeichnung des „Vertrages über die endgültige Regelung in bezug auf Deutschland" abgeschlossen.
12. September 1990	Die Besetzer der MfS-Zentrale treten in unbefristeten Hungerstreik; Forderung nach Einsichtnahme in die MfS-Akten.
14. September 1990	De Maizière entzieht Innenminister Peter-Michael Diestel die Zuständigkeit für die Auflösung des ehemaligen MfS/AfNS.
19. September 1990	Die DDR-Regierung ernennt Joachim Gauck zum Sonderbeauftragten für den Umgang mit personenbezogenen MfS-Akten.
20. September 1990	Bundestag und Volkskammer verabschieden Einigungsvertrag.
24. September 1990	Die DDR tritt aus dem Warschauer Vertrag aus.
24. September 1990	Der Spitzenkandidat der DDR-Grünen für die Bundestagswahl, Henry G. Schramm, gibt MfS-Mitarbeit zu.
27. September 1990	Vereinigung der SPD; erster gesamtdeutscher Vorsitzender: Hans-Jochen Vogel.
29. September 1990	Das Bundesverfassungsgericht erklärt Teile des Wahlvertrages für verfassungswidrig.
1. Oktober 1990	Die Siegermächte verzichten ab dem 3. Oktober auf ihre Vorbehaltsrechte für Berlin und Deutschland als ganzes.
1. Oktober 1990	Vereinigung der CDU; erster gesamtdeutscher Vorsitzender: Helmut Kohl.
2. Oktober 1990	Die Volkskammer löst sich auf.
3. Oktober 1990	Die DDR tritt dem Geltungsbereich des Grundgesetzes bei.

1. Modrows vergeblicher Versuch, die DDR zu retten

Die Gruppierung um Krenz hatte ursprünglich beabsichtigt, auf der 10. ZK-Tagung vom 8. bis 10. November 1989 die Weichen für eine vorsichtige Reform des DDR-Sozialismus und die Stabilisierung ihrer eben erst errungenen Machtpositionen zu stellen.[1] Da jedoch der erst für später geplante große Befreiungsschlag – die Maueröffnung – offenbar unbeabsichtigt schon in der Nacht zum 10. November erfolgte und eine völlig neue Situation schuf, gingen die inhaltlichen Debatten dieser Tagung sowie die personellen Veränderungen in der Öffentlichkeit nahezu unter. Der geschlossene Rücktritt und die anschließende Neuwahl des Politbüros (mit reduzierter Mitgliederzahl) brachte keine großen Überraschungen; wie erwartet schieden Honecker-Vertraute wie Axen, Hager, Mielke und andere aus. Nur einer der auf weitgehende Veränderungen drängenden „Reformer" – Hans Modrow – wurde neu aufgenommen.[2]

In seinem Referat kündigte Krenz an, „Bedingungen für die Erneuerung des Sozialismus zu schaffen", und versprach eine „Abgrenzung der Zentrale der Partei von der Verantwortung der Regierung".[3] Rückblickend konstatierte er weiterhin: „Aus den Erkenntnissen, die uns jetzige Analysen vermitteln, wird deutlich, daß damals (auf dem XI. Parteitag 1986, d. Verf.) bei der Formulierung ökonomischer Aufgaben nicht von der Realität, sondern von subjektiven Wunschvorstellungen ausgegangen wurde."[4] In bis dahin nicht gekannter Offenheit thematisierten die ZK-Mitglieder Günter Ehrensperger, Gerhard Schürer und Werner Jarowinsky in ihren von der DDR-Presse nicht veröffentlichen Beiträgen die wirtschaftlichen Schwierigkeiten der DDR, ohne Antworten zur Lösung der katastrophalen Lage anbieten zu können.[5]

Der von Krenz angeblich eingeleiteten „Wende" standen auch SED-„Reformer" skeptisch gegenüber. Sie demonstrierten am 8. November vor dem ZK-Gebäude und forderten die Einberufung eines Sonderparteitages, der ein neues ZK wählen sollte. In einem Schreiben protestierten Markus Wolf und 200 SED-Mitglieder gegen die Wahl der „willfährigsten Helfer der alten Führung" ins Politbüro.[6] Diese Gruppe hatte von der ZK-Tagung weitergehende Reformschritte und vor allem eine grundlegende personelle Erneuerung der Parteiführung erwartet. Ihre inhaltlichen Vorstellungen indes blieben tradiertem Geiste verhaftet: „Der Marxismus, einschließlich der durch Lenin vorgenommenen Entwicklung, bleibt die Weltanschauung der Sozialistischen Einheitspartei Deutschlands und die theoretische Grundlage ihres Handelns."[7]

SED-interne Reformforderungen

---

1 Der Tonbandmitschnitt dieser Tagung ist abgedruckt in: Hertle/Stephan 1997, S. 135 ff.
2 Vgl. Stephan 1993, S. 312.
3 Die Rede von Krenz wurde abgedruckt in: ND vom 9. November 1989.
4 Zit. nach: Reuth/Bönte 1993, S. 153.
5 Reden der ZK-Mitglieder Günter Ehrensperger, Gerhard Schürer und Werner Jarowinsky auf der 10. Tagung des SED-Zentralkomitees am 9. und 10. November 1989, nach dem unkorrigierten stenographischen Protokoll, abgedruckt in: Stephan 1994, S. 224 ff.; vgl. auch den Tonbandmitschnitt in: Hertle/Stephan 1997, S. 363 ff.
6 Vgl. Reuth/Bönte 1993, S. 153.
7 „Es hat sich eine tiefe politisch-ökonomische und moralische Krise entwickelt". Eine Aufforderung zur Reform der SED von Anfang November, abgedruckt in: Schüddekopf 1990, S. 189 ff., hier: S. 192.

Mit der Zulassung des „Neuen Forums" als Vereinigung und der Verabschiedung eines neuen Reisegesetzes hoffte die neue Parteiführung, Zeit für die Umsetzung ihrer angekündigten Politik zu gewinnen. Das taktische Kalkül der Gruppe um Krenz zielte auf begrenzte Vereinnahmung der Opposition zur Rettung der DDR sowie auf Vertrauensgewinn bei der Bevölkerung. Doch Politbüro und ZK blieben weitgehend alten Denkschemata verhaftet, wie die Aufforderung an die Parteimitglieder, die Opposition in ihre „Obhut" zu nehmen, verdeutlicht. „Die leitenden Parteiorgane und die Grundorganisationen nehmen auf die zu erwartenden Gründungsprozesse in ihrem Verantwortungsbereich Einfluß, um vor allem Verfassungstreue zu sichern und antisozialistischen Tendenzen entgegenzuwirken. Das schließt auch die gezielte Mitwirkung von Genossen in entstehenden Vereinigungen ein", heißt es in der Anweisung zur Legalisierung des Neuen Forums.[8]

Appell an Ausreisewillige

Der von der SED angestrebte Schulterschluß zwischen Partei und kritischen Intellektuellen zur Rettung der DDR fand schon am Abend des 8. November ersten Ausdruck. Die Schriftstellerin Christa Wolf verlas im DDR-Fernsehen im Namen zahlreicher Künstler und Vertreter oppositioneller Gruppen einen geradezu dramatischen Aufruf an alle Ausreisewilligen:

> „Was können wir Ihnen versprechen? Kein leichtes, aber ein nützliches und interessantes Leben. Keinen schnellen Wohlstand, aber Mitwirkung an großen Veränderungen. Wir wollen einstehen für Demokratisierung, freie Wahlen, Rechtssicherheit und Freizügigkeit. Unübersehbar ist: Jahrzehntealte Verkrustungen sind in Wochen aufgebrochen worden. Wir stehen erst am Anfang des grundlegenden Wandels in unserem Land. Helfen Sie uns, eine wahrhaft demokratische Gesellschaft zu gestalten, die auch die Vision eines demokratischen Sozialismus bewahrt. Kein Traum, wenn Sie mit uns verhindern, daß er wieder im Keim erstickt wird. Wir brauchen Sie. Fassen Sie zu sich und zu uns, die wir hierbleiben wollen, Vertrauen."[9]

Der unter anderem von Kurt Masur, Stefan Heym, Bärbel Bohley und Gerd Poppe unterschriebene Appell wurde am 9. November im Neuen Deutschland veröffentlicht.[10]

Das schon vom Politbüro gebilligte neue Reisegesetz legte Krenz eher beiläufig dem ZK zur Zustimmung vor, so daß den Anwesenden die einige Stunden später zutage tretenden Konsequenzen nicht bewußt gewesen sein dürften. In seiner kurzen Begründung führte Krenz – mit geradezu prophetischem Geschick – aus: „Was wir auch machen in dieser Situation – wir machen einen falschen Schritt", aber „schließen wir die Grenzen zur ČSSR, bestrafen wir im Grunde genommen die anständigen Bürger der DDR, die dann nicht reisen können und dann ihren Einfluß auf uns ausüben".[11]

Die „anständigen Bürger" machten in den nächsten Tagen reichlich Gebrauch von der neuen Reisefreiheit. Allein in den ersten beiden Wochen nach der Maueröffnung reisten über 13 Mio. Ostdeutsche in den Westen. Gleichzeitig wuchs aber auch die Zahl der im Verständnis von Krenz weniger „anständigen" Bürger der DDR, die die Grenzöffnung zum endgültigen Verlassen des Landes nutzten. Die Zahl der

---

8 Zit. nach: Stephan 1993, S. 313.
9 Abgedruckt in: Bahrmann/Links 1994, S. 89.
10 Vgl. Jander 1996, S. 38 und Zimmerling 1990, S. 80.
11 Zit. nach: Stephan 1993, S. 314.

Übersiedler erreichte im November 1989 mit etwa 130 000 einen neuen Rekord.[12] Damit dokumentierten diese der neuen Parteiführung ihre prinzipielle Unzufriedenheit mit den Verhältnissen in der DDR und ihr Mißtrauen in die Reformbereitschaft der jetzigen SED-Politik.

Die ohne Vorbereitung und Absprache mit westlichen Stellen zustandegekommene Maueröffnung in Berlin wurde letztlich zwar von der anhaltenden Flucht- und Protestwelle erzwungen, im taktischen Kalkül von Krenz und Schabowski stellte sie aber den einzigen Weg dar, Handlungsfähigkeit wiederzugewinnen.[13] Dieser Schritt überraschte um so mehr, als selbst die Sowjets vorab offenbar nicht informiert waren. Der sowjetische Botschafter Kotschemassow erinnert sich, er sei mit „Bestimmtheit... weder von Krenz noch von irgendjemandem aus der Führung in Kenntnis gesetzt" worden.[14] Über eventuelle informelle Absprachen mit der sowjetischen Seite läßt sich insoweit nur spekulieren. Offiziell sandte Krenz am 10. November Gorbatschow ein Telegramm, in dem er mitteilte:

Sowjets über Maueröffnung nicht informiert

> „In Zusammenhang mit der Entwicklung der Lage in der DDR war es in den Nachtstunden notwendig, zu entscheiden, die Ausreise von Bürgern der Deutschen Demokratischen Republik auch nach Berlin (West) zu gestatten. ... Eine Nichtzulassung der Ausreise nach Berlin (West) hätte auch zu schwerwiegenden politischen Folgen geführt, deren Ausmaße nicht überschaubar gewesen wären".[15]

Gorbatschow beglückwünschte über Botschafter Kotschemassow Krenz zu dessen „mutigem Schritt".[16] Ein Motiv für die eigenständige Entscheidung, die Mauer zu öffnen, lag sicherlich in der Haltung der Sowjetunion zur zugespitzten innenpolitischen Situation in der DDR. Moskau hatte zuvor signalisiert, man werde zur Stabilisierung der Lage keine Truppen einsetzen.[17] Zur Verhinderung weiterer eventuell gewaltsamer Unruhen blieb insoweit nur die Grenzöffnung als Ablaßventil für die angestaute Unzufriedenheit und Fluchtbereitschaft. Darüber hinaus hatte die Sowjetunion prinzipiell der Öffnung mehrerer Grenzübergänge an der innerdeutschen Grenze außerhalb Berlins zugestimmt.[18]

Haltung der Sowjetunion

Gorbatschows Befürchtungen galten eher einem Aufflammen nationalistischen Gedankenguts in Deutschland. In einer Botschaft an Helmut Kohl vom 10. November 1989 warnte er vor einer weiteren Destabilisierung:

> „Erklärungen aus der BRD, die vor diesem politischen und psychologischen Hintergrund abgegeben werden, die unter Losungen der Unversöhnlichkeit gegenüber der realen Existenz zweier deutscher Staaten Emotionen und Leidenschaften anheizen sollen, können kein anderes Ziel verfolgen, als die Lage in der DDR zu destabilisieren und die sich dort entwickelnden Prozesse der Demokratisierung und Erneuerung aller Bereiche des gesellschaftlichen Lebens zu untergraben."[19]

---

[12] Vgl. Jarausch 1995, S. 100.
[13] Vgl. Schabowski 1991, S. 305.
[14] Vgl. Kotschemassow 1994, S. 185.
[15] Telegramm von SED-Generalsekretär Egon Krenz an KPdSU-Generalsekretär Michail Gorbatschow, 10. November 1989, abgedruckt in: Stephan 1994, S. 240/41.
[16] Vgl. Reuth/Bönte 1993, S. 161.
[17] Vgl. Gorbatschow 1995, S. 712.
[18] Vgl. Kotschemassow 1994, S. 184 ff. Aufgrund der Vier-Mächte-Verantwortung für Berlin wäre eine sofortige sowjetische Zustimmung zur Maueröffnung kaum möglich gewesen.
[19] Botschaft Michail Gorbatschows an Helmut Kohl vom 10. November 1989, abgedruckt in: Stephan 1994, S. 241.

Ein Schreiben ähnlichen Inhalts richtete Gorbatschow an Mitterrand, Thatcher und Bush, in dem er seine Befürchtung äußerte, der sich beschleunigende Zerfall der DDR könne zu krisenhaften Entwicklungen über das Zentrum Europas hinaus führen.[20]

Am Abend des 10. November fanden unter dem Eindruck der Maueröffnung Kundgebungen in Ost- und West-Berlin statt. Während sich in der „Hauptstadt der DDR" annähernd 150 000 SED-Anhänger zu „ihrer DDR" bekannten, ereignete sich vor dem Westberliner Rathaus Schöneberg ein Eklat. Nachdem der Regierende Bürgermeister Walter Momper (SPD) für seine Kennzeichnung der vergangenen 24 Stunden als „Tag des Wiedersehens" und Altbundeskanzler Willy Brandt für seine Formel „Jetzt wächst zusammen, was zusammengehört" Beifall erhalten hatten, ging die Rede von Kohl („Wir alle haben für diesen Tag gearbeitet. Wir haben ihn herbeigesehnt") in einem gellenden Pfeifkonzert unter.[21] Kohl rief zur Besonnenheit auf und ermahnte die Bevölkerung: „Klug handeln heißt jetzt, radikalen Parolen und Stimmen nicht zu folgen", denn jetzt gelte es, „mit Bedachtsamkeit Schritt für Schritt in die gemeinsame Zukunft zu finden".[22]

Auf der westdeutschen Seite waren die Positionen zu einer möglichen Vereinigung zwiespältig. Die Regierungskoalition und vor allem Bundeskanzler Kohl intensivierten nach dem 9. November ihre Bemühungen zur Herstellung der deutschen Einheit. In einem Telefonat mit Krenz am 11. November beantwortete Kohl Krenz' Feststellung, „die Wiedervereinigung Deutschlands (stehe) nicht auf der Tagesordnung", mit dem Hinweis auf das Grundgesetz und das Selbstbestimmungsrecht der Völker.[23] Bei der SPD überwogen kritische und warnende Stimmen vor einer Politik der Wiedervereinigung.[24] Die Grünen qualifizierten jeden Gedanken an die deutsche Einheit als schlichtweg reaktionär ab.

Modrow neuer Ministerpräsident

Mit der Wahl Hans Modrows ins Politbüro auf der 10. ZK-Tagung und seiner Nominierung als DDR-Regierungschef – als solcher wurde er am 13. November in der Volkskammer in gewohnter Weise (bei einer Gegenstimme) gewählt – erhielt erstmals ein „Reformer" eine Chance. Schon seit einigen Jahren war er, vor allem in den Westmedien, als Hoffnungsträger und Mann Gorbatschows stilisiert worden. Vor seiner Wahl zum Ministerpräsidenten agierte der über verschiedene Funktionen in FDJ und SED aufgestiegene Modrow als Erster Sekretär der SED-Bezirksleitung Dresden. Der ihm zugeschriebene reformerische Impetus – der vor allem durch seinen im Vergleich zum Großteil der restlichen „Nomenklatur" deutlich bescheideneren Lebensstil begründet erschien – konnte freilich nach außen hin kaum wirksam werden. Allenfalls seine Differenzen mit der Berliner SED-Zentrale und zu Honecker könnten als Indiz für diese Einordnung herangezogen werden. In den turbulenten Tagen im Oktober 1989 jedenfalls fiel ein Schatten auf den Bezirkssekretär. Der äußerst brutale Einsatz von

---

20 Botschaft Michail Gorbatschows an François Mitterrand, Margret Thatcher und George Bush vom 10. November 1989, abgedruckt in: Stephan 1994, S. 242/243.
21 Vgl. Reuth/Bönte 1993, S. 162 und Kohl 1996, S. 129 ff..
22 Zit. nach: Teltschik 1991, S. 20.
23 Telefongespräch zwischen dem Generalsekretär des ZK der SED, Egon Krenz, und dem Bundeskanzler der BRD, Helmut Kohl, am 11. November 1989, 10.13 Uhr bis 10.22 Uhr, abgedruckt in: Stephan 1994, S. 243 ff., hier: S. 243; vgl. auch Teltschik 1991, S. 27.
24 Vgl. Farthmann 1996, S. 48.

Sicherheitskräften um den Dresdener Hauptbahnhof Anfang Oktober 1989 geschah unter seiner Verantwortung als Vorsitzender der „Bezirkseinsatzleitung", wiewohl die genauen Umstände dieser Ereignisse bisher noch nicht endgültig geklärt sind.[25] Trotz dieser für einen hohen Amtsträger in der DDR nicht vermeidbaren Vorgeschichte galt Modrow auch jenseits des engeren SED-Umfeldes vielen DDR-Bürgern als ein Lichtblick gegenüber der von Krenz repräsentierten alten Garde.[26]

Koalitionsregierung nach altem Muster

Die von ihm gebildete Koalitionsregierung entsprach dem gewohnten Muster: SED-Kader besetzten die Schlüsselressorts und stellten die Mehrheit im Kabinett, und auch in seiner Regierungserklärung vom 17. November verkündete Modrow weitgehend nur Allgemeinplätze.[27] Seine nicht näher bezeichneten Reformen zielten auf eine Umgestaltung des politischen Systems, der Wirtschaft und des Bildungssystems sowie auf eine stärkere politische Beachtung ökologischer Aspekte. Die meisten Punkte hatten schon in der Erklärung von Krenz und im Aktionsprogramm der SED vom 10. November Berücksichtigung gefunden. Darüber hinaus erwähnte Modrow eine Verwaltungsreform, die Umwandlung des MfS in ein „Amt für Nationale Sicherheit" sowie eine Vertragsgemeinschaft zwischen der DDR und der Bundesrepublik.[28] Aus den Reihen der Opposition verlauteten durchaus positive Kommentare zum Amtsantritt Modrows,[29] gleichzeitig aber forderten Sprecher des Neuen Forums gemeinsam mit Zehntausenden Demonstranten nachdrücklich freie Wahlen.[30]

Die Bundesregierung wertete die Regierungserklärung Modrows als vage Ankündigung von Reformen.[31] Die angestrebte Vertragsgemeinschaft, die er nicht weiter konkretisierte, relativierte sich für Kohl und seine Berater angesichts einer Rede, die Gorbatschow am 15. November in Moskau gehalten hatte. Dort benutzte dieser erstmals den Begriff der Wiedervereinigung – die aber „heute keine Frage der aktuellen Politik" sei – und deutete ein Selbstbestimmungsrecht der Deutschen an.[32]

Die von Modrow gebildete Koalitionsregierung versuchte in den nächsten Wochen und Monaten vor allem, die Existenz einer reformierten DDR zu sichern. Im Kampf für den Erhalt der Eigenstaatlichkeit begegneten sich kurzzeitig sogar oppositionelle und alte Kräfte. Vertreter beider Richtungen unterzeichneten den am 28. November veröffentlichten Aufruf „Für unser Land", der die „Eigenständigkeit der DDR" forderte und sich gegen einen „Ausverkauf unserer materiellen und moralischen Werte" aussprach.[33] Aber das „Volk" hatte inzwischen schon einen anderen Weg eingeschlagen: Auf der Leipziger Montagsdemonstration vom 27. November überwogen Parolen, die eine Vereinigung Deutschlands forderten.[34]

---

25 Vgl. Süß 1991a, S. 598 und Bahr 1990.
26 Vgl. Jarausch 1995, S. 101.
27 Regierungserklärung von Hans Modrow vom 17. November 1989, abgedruckt in: Deutschland Archiv Nr. 1/1990, S. 122 ff.
28 Vgl. Hamberger 1994, S. 101 ff.
29 Vgl. Jarausch 1995, S. 102.
30 Vgl. Bahrmann/Links 1990, S. 120 f.
31 Vgl. Kohl 1996, S. 148/149.
32 Vgl. Teltschik 1991, S. 37.
33 Aufruf für eine eigenständige DDR vom 26. November 1989, abgedruckt in: Schüddekopf 1990, S. 240/241.
34 Vgl. Otto 1996, S. 472.

Der Kreis um Modrow mußte in den folgenden vier Monaten an fünf Fronten gleichzeitig kämpfen. Zu der nun erstmals öffentlich bekannt gewordenen katastrophalen Situation in der Wirtschaft, die ohne auswärtige Hilfe nicht mehr zu meistern war, kamen Auseinandersetzungen innerhalb der SED, in der sich die alten Kräfte aus dem Parteiapparat und vor allem dem MfS noch regten, die Zurückweisung und Vereinnahmung der nun legalisierten Opposition und schließlich das Problem der deutschen Einheit bzw. der Annäherung der beiden deutschen Staaten. Während die Regierung Modrow auf diesen vier Feldern Initiativen entwickelte, stand sie einer von ihr nicht für möglich gehaltenen radikalen Kurskorrektur der sowjetischen Deutschlandpolitik hilflos gegenüber.

2. Von der SED zur PDS

Eine gewisse Bewegungsfreiheit konnte die neue Regierung nur erlangen, wenn sie die Praxis der SED, den Staat zu beherrschen und zu instrumentalisieren, wenigstens in Ansätzen zurückdrängen konnte, jedenfalls solange, bis auch die Partei das angestrebte neue Gesicht bekommen hätte. Aber die SED war längst nicht mehr die alte Partei, ihr Auflösungsprozeß nahm atemberaubende Geschwindigkeit an. Zwischen Oktober und Dezember 1989 verlor sie etwa eine Million Mitglieder. Der Widerstand der alten Garde um Krenz gegen ihre Entmachtung konnte von der Modrow-Gruppe schnell gebrochen werden, zumal jetzt täglich Amtsmißbrauch und Korruption der alten Machtelite publik wurden. Die noch aktive Parteibasis forderte gegen die Parteispitze vehement die Einberufung eines mit mehr Vollmachten ausgestatteten Parteitages statt einer Parteikonferenz.[35]

Auflösungsprozeß in der SED

Krenz half alles Taktieren nicht, seine innerparteilichen Gegner wollten seine Abdankung. Er vollzog sie schließlich gemeinsam mit dem Politbüro und dem ZK auf der eilends einberufenen 12. ZK-Tagung am 3. Dezember. Inzwischen war es zu einem nahezu flächendeckenden Austausch der Parteifunktionäre bis hin zur Kreis- und Bezirksebene gekommen. Alle 15 Ersten Bezirkssekretäre und 142 Ersten Kreissekretäre waren ersetzt worden.[36] Die neuen Parteifunktionäre, vor allem die Ersten Bezirkssekretäre, drängten auf einen schnellen und umfassenden Wechsel an der Parteispitze.[37]

Als letzten selbständigen Akt beschloß das Zentralkomitee den Parteiausschluß von Erich Honecker, Willi Stoph und anderen Mitgliedern aus der alten Riege, denen es die Verantwortung für die mißliche Lage in der DDR zuschrieb. Laut einer der Tagung vorliegenden Beschlußvorlage gäbe es „viele Ideen, Vorschläge und Initiativen, wie sich die Partei unter den Bedingungen der tiefen Krise neu formieren müsse ... Untrennbar damit verbunden ist die rückhaltlose Auseinandersetzung über den Amts- und Machtmißbrauch ehemaliger Mitglieder der Partei- und Staatsführung. Einhellig brachten die Delegiertenkonferenzen ihre Empörung und Verurteilung der kriminellen Handlungen und Vergehen zum Ausdruck, durch die unserer Partei und der Deutschen Demokratischen Republik schwerer Schaden zugefügt wurde." Nach dem Verweis auf die in diesem Zusammenhang geübte

---

[35] Vgl. Stephan 1993, S. 321 ff.
[36] Vgl. Hertle/Stephan 1997, S. 84.
[37] Vgl. ebd. 1997, S. 461 ff.

Kritik der Delegierten an der „Inkonsequenz und Halbherzigkeit" des Politbüros und der Zentralen Parteikontrollkommission endete der Text mit dem deutlichen Eingeständnis: „Das Politbüro erkennt die Berechtigung dieser Kritik uneingeschränkt an."[38]

Einige ZK-Mitglieder hatten auf der Suche nach Sündenböcken zuvor schon die Wiedereinführung der Todesstrafe für die „Verbrecherbande des alten Politbüros" gefordert. Der ehemalige Erste Sekretär der Bezirksleitung Schwerin, Bernhard Quandt, „vergaß" den Eigenanteil am Funktionieren der SED-Diktatur und formulierte unter dem Eindruck der Volkskammerdebatte über Amtsmißbrauch und Korruption vom 1. Dezember in einer gefühlsbetonten Rede: „Liebe Genossen! Genosse Egon Krenz, wir haben im Staatsrat die Todesstrafe aufgehoben, ich bin dafür, daß wir sie wieder einführen, daß wir die strangulieren und erschießen, die unsere Partei in eine solche Schmach gebracht haben, daß die ganze Welt vor einem solchen Skandal steht, den sie noch niemals gesehen hat."[39]

Auf dieser Tagung sprach Krenz auch die Fälschung der Kommunalwahl vom Mai 1989 an und begründete die fortgesetzte Vertuschung mit den Worten:

> „Selbstverständlich ist mir klar und bewußt, auch aus heutiger Sicht, daß das erzielte Wahlergebnis mit der tatsächlichen politischen Situation im Lande weder damals noch heute übereingestimmt hat. Es gab aber keine andere Möglichkeit, ein anderes Wahlergebnis bekanntzugeben, weil es so entsprechend den Protokollen, die auch in den Kreisen existieren, zusammengestellt worden ist.
> Würden wir jetzt, wie das einige vorschlagen, diese Frage neu aufrollen, Genossinnen und Genossen, ich habe die Furcht, dann räumen wir nicht nur Positionen, die wir noch besitzen, dann können wir ganz nach Hause gehen. Ich bitte, das nicht zu Protokoll zu nehmen."[40]

Nach der Selbstauflösung des ZK und dem Hinweis auf die Bildung eines Arbeitsausschusses, der die Partei vorübergehend führen sollte, schloß Egon Krenz diese letzte ZK-Tagung mit den Worten: „Genossinnen und Genossen! Die Tagung ist beendet."[41] Einige Tage später trat er auch als Vorsitzender des Staatsrates der DDR zurück. Am 6. Dezember beschloß der Arbeitsausschuß unter Vorsitz von Herbert Kroker die Vorverlegung des Parteitages vom 16. auf den 8. Dezember. Der Ruf nach Auflösung der Partei hatte die SED-„Reformer" bewogen, den angestrebten organisatorischen und personellen Machtwechsel so schnell wie möglich zu vollziehen, um alle Kräfte zum Erhalt der DDR mobilisieren zu können. Mit dem markigen Appell: „Macht die SED sauber und stark", rief Modrow dazu auf, die Partei nicht zu zerbrechen, schließlich gehe es „um unser Land, um diesen deutschen Staat".[42]

Rücktritt von Krenz als Staatsratsvorsitzender

Zum Star des Parteitages avancierte unterdessen der aus altem „SED-Adel" stammende Rechtsanwalt Gregor Gysi, der für einen „dritten Weg jenseits von stalinistischem Sozialismus und Herrschaft transnationaler Monopole" plädierte.

---

38 Das Protokoll der letzten (außerordentlichen) Tagung des ZK ist abgedruckt in: Stephan 1994, S. 268 ff.; zum zitierten Text vgl. ebd., S. 283; in Hertle/Stephan 1997, S. 461 ff. ist der Tonbandmitschnitt dieser Tagung abgedruckt.
39 Zit. nach: Stephan 1994, S. 276.
40 Zit. nach: Hertle/Stephan 1997, S. 465 f.
41 Vgl. ebd., S. 287.
42 Zit. nach: Reuth/Bönte 1993, S. 189.

Gleichzeitig warnte er vor einer Auflösung der SED mit anschließender Neugründung, da der Partei schließlich harte Zeiten bevorstünden.[43] Der eine Woche später fortgesetzte Parteitag löste die Zentrale Revisionskommission und die Zentrale Parteikontrollkommission auf, ersetzte die Abteilungen des ZK durch Kommissionen und das Politbüro durch ein Präsidium des Parteivorstandes. Der Parteitag wählte Gregor Gysi mit überwältigender Mehrheit (95,3%) zum neuen Vorsitzenden der Partei, die sich nun SED-PDS nannte. Dieser Namenszusatz symbolisierte freilich eher die Absicht zum Wandel als einen tatsächlichen Bruch mit der Vergangenheit. Der Verzicht auf Auflösung und Neugründung einer sozialistischen Partei erfolgte in erster Linie mit Rücksicht auf die Besitzansprüche der alten Staatspartei. Die Kritik an der Politik der SED verlief denn auch in ruhigeren Bahnen als in den Wochen zuvor, wobei die Stalinismuskritik im Vordergrund stand. Ein verbindliches Programm beschlossen die Delegierten nicht. Zwar bezeichnete sich die SED-PDS in ihrem auf diesem Parteitag angenommenen Statut als marxistische Partei, aber das war lediglich ein Minimalkonsens, auf den sich die verschiedenen Gruppierungen einigen konnten.[44]

Gregor Gysi Vorsitzender der SED-PDS

Die neue Parteiführung unter Gysi und Modrow konnte sich der Sympathie der KPdSU gewiß sein. In einem von Botschafter Kotschemassow überbrachten Glückwunschschreiben wünschte Gorbatschow dem neuen Parteivorsitzenden und allen, „denen die Interessen und das Wohlergehen des Volkes der souveränen Deutschen Demokratischen Republik teuer sind, Erfolge bei der demokratischen Erneuerung der Gesellschaft".[45] Den Parteistrategen gelang es freilich nicht, den Zerfallsprozeß der SED zu stoppen, weiterhin verließen Hunderttausende die Partei. Bis zum Februar 1990 reduzierte sich die „Avantgarde der Arbeiterklasse" von 2,3 Mio. auf ca. 700 000 Mitglieder.[46]

In der kurzen Zeit zwischen November 1989 und Ende Januar 1990 hatte die SED nahezu alles verloren, was sie früher charakterisierte. Die Mitglieder liefen ihr in Scharen davon, der Monopolanspruch auf Beherrschung von Gesellschaft und Staat ließ sich nicht mehr durchsetzen – die SED-PDS war eine politische Kraft unter anderen geworden. Auf ihrem Parteitag im Februar 1990 trug sie den gewandelten Bedingungen Rechnung und nannte sich fortan nur noch PDS. Nun ging es nicht mehr vornehmlich um die Rettung der DDR, sondern um die Absicherung der alten SED-Eliten und die Etablierung der umbenannten Staatspartei im ostdeutschen Parteienspektrum. In dem weitgehend allgemein gehaltenen Parteiprogramm bezeichnete sich die PDS als „sozialistische Partei auf deutschem Boden". Neben dem Parteiprogramm verabschiedete der Parteitag ein Wahlprogramm, das auf die Befindlichkeiten ihrer potentiellen Klientel zielte. Durch Forderungen nach Besitzstandswahrung für die alten Eliten und ihre Zuträger, nach Erhalt „sozialistischer Errungenschaften" sowie nach Einbettung der deutschen Einheit in den europäischen Einigungsprozeß, was auf eine zeitliche Verschiebung hinauslief, profilierte sich die PDS als Ost- bzw. als Anti-BRD-Partei.[47]

Umbenennung in PDS

---

[43] Vgl. Bortfeldt 1992, S. 22 ff.
[44] Vgl. Neugebauer/Stöss 1996, S. 36 ff.
[45] Zit. nach: Reuth/Bönte 1993, S. 191.
[46] Vgl. Moreau/Neu 1994, S. 14.
[47] Vgl. Neugebauer/Stöß 1996, S. 42 f.

3. Das Ende des MfS

„Stasi raus" oder „Stasi in die Produktion" hallte es im Herbst 1989 durch unzählige Straßen der DDR. Die Demonstranten forderten die Auflösung des SED-Sicherheitsorgans, das als verlängerter Arm der SED-Führung für die flächendeckende, umfassende Bespitzelung und Unterdrückung der Bevölkerung verantwortlich zeichnete. Doch die Parteiführung unter Krenz dachte überhaupt nicht daran, diese Institution aufzulösen. Weder in seiner Antrittsrede noch im Aktionsprogramm der SED wurde von Abschaffung des MfS gesprochen. Geplant war nur die Herstellung von mehr Transparenz und eine gesetzliche Neuregelung sowie die Einrichtung eines Volkskammerausschusses, der die Tätigkeit der Sicherheitsorgane kontrollieren sollte.[48]

Bevölkerung fordert Auflösung des MfS

Angesichts der öffentlichen Diskussion um die brutalen Einsätze von Polizei und MfS im Oktober und zahlreicher Demonstrationen und Protestversammlungen vor Dienstgebäuden der „Stasi" änderten SED- und MfS-Führung ihre Strategie. Mielke wies seine Mitarbeiter an, „deeskalierend" aufzutreten und die Schußwaffe nur bei einer unmittelbar drohenden Gefährdung von Personen anzuwenden.[49] Egon Krenz befahl als neuer Vorsitzender des Nationalen Verteidigungsrates am 1. November: „Die Anwendung der Schußwaffe im Zusammenhang mit möglichen Demonstrationen ist grundsätzlich verboten."[50]

Neben der Beobachtung der sich ausbreitenden Proteste sowie dem Versuch der Beeinflussung und ggf. auch Steuerung von Oppositionsgruppen richtete das MfS sein Augenmerk auf zwei neue Aufgabenfelder: die Vernichtung brisanten Materials und die zukünftige Versorgung seiner Mitarbeiter. Mit Weisung vom 6. November befahl Mielke die teilweise Räumung von Kreisdienststellen des MfS wegen „möglicher Gefährdung der Dienstobjekte". Unter Bezugnahme auf diesen Befehl empfahl der Leiter der Zentralen Auswertungs- und Informationsgruppe (ZAIG) am 13. November „folgende Grundsätze(n) zu realisieren ... 2. In die Vernichtung sind solche Dokumente einzubeziehen, die für die künftige politisch-operative Arbeit ... keine operative Bedeutung mehr haben."[51]

Neue „Herausforderungen" für das MfS

Den verunsicherten Mitarbeitern des MfS sicherte Mielke in einem Fernschreiben an die Leiter der Bezirksverwaltungen des MfS seine Unterstützung zu:

> „Ich kann euch mit Gewißheit sagen, daß die Parteiführung alles unternimmt, um eine Beruhigung und Stabilisierung der Lage zu erreichen. Durch sie wird alles getan – und diese Zuversicht kann ich euch geben –, um euch Rückhalt für die Lösung der übertragenen Aufgaben zu geben und sich schützend vor die Schutz- und Sicherheitsorgane und damit auch vor unser Ministerium und jeden Angehörigen zu stellen. Ich wende mich besonders auch an alle Leiter und Parteifunktionäre. In dieser Situation ist es besonders wichtig, daß ihr allen Mitarbeitern bei der Bewältigung der hohen Belastungen und der damit verbundenen, oft auch persönlichen Probleme jede

---

48 Vgl. Fricke 1991b, S. 69.
49 Vgl. Süß 1995, S. 126.
50 Befehl Nr. 10/89 des Vorsitzenden des Nationalen Verteidigungsrates vom 1. November 1989, zit. nach: Süß 1995, S. 126.
51 Leiter der ZAIG, Generalleutnant Irmler, „Reduzierung des Bestandes erfaßter und gespeicherter operativ bedeutsamer Informationen sowie vorliegender Einschätzungen der politisch-operativen Lage in den Kreisdienststellen/Objektdienststellen", zit. nach: ebd., S. 126/127.

erdenkliche Hilfe und mögliche Unterstützung erweist ... Gerade jetzt müssen wir alle noch enger zusammenstehen, muß sich jeder auf jeden verlassen können."[52]

Schon vor der Ernennung Modrows zum Ministerpräsidenten am 13. November waren die Weichen für die weitere Entwicklung gestellt. Modrow erwähnte das MfS in seiner Regierungserklärung nur am Rande, indem er die Umwandlung des Ministeriums in ein Amt für Nationale Sicherheit (AfNS) sowie ein „neues Denken in Fragen der öffentlichen Ordnung und staatlichen Sicherheit" ankündigte.[53] Da Modrow außer der Ankündigung einer personellen Reduzierung des Amtes weder konkretisierte, wie sich das neue Denken umsetzen sollte, noch – außer der Abdankung Mielkes – personelle Veränderungen in der Führungsspitze des MfS anordnete, blieb es im Kern bei einer bloßen Umbenennung. Der auf Vorschlag von Modrow zum neuen Leiter „gewählte" Wolfgang Schwanitz bot Gewähr für die Kontinuität des Denkens und Handelns. Der zusätzlichen Verunsicherung vieler MfS-Mitarbeiter durch die Rede des über Jahrzehnte allmächtig erscheinenden Sicherheitschefs Mielke am 13. November 1989 in der Volkskammer, in der dieser in Abwehr jeder Kritik die Worte stammelte: „Ich liebe, ich liebe doch alle ... alle Menschen", begegnete der neue Chef mit einem Befehl vom 20. November 1989, in dem u. a. ausgeführt wird:

Umbenennung statt Auflösung des MfS

> „Das einstimmige Votum der Volkskammer zur Regierungserklärung des Genossen Hans Modrow gibt uns neuen Mut und Selbstvertrauen. Alle Kommunisten – sowohl jene, die im Amt verbleiben, als auch jene, die es verlassen werden – müssen im Erneuerungsprozeß eine kämpferische Position einnehmen. Jenen, die es verlernt haben, müssen wir helfen, wieder zu kämpfen. Es geht um die revolutionäre Erneuerung des Sozialismus."[54]

Anordnungen zur Aktenvernichtung

Die Anordnungen zur Vernichtung von Akten setzten sich in den folgenden Wochen fort; am 16. November 1989 wies Generalleutnant Mittig an: „Die Vernichtungsprotokolle sind an die Arbeitsgruppe des Ministers zu senden." Anlage 1 des Schreibens enthielt die zu vernichtenden Dokumente, während die in der Anlage 2 und 3 aufgelisteten Dokumente erhalten bleiben sollten. Letztere sollten aber an das Zentrum des MfS in die Normannenstraße zurückgesandt werden, weil „unter Beachtung der Neuerarbeitung des Grundsatzdokumentes Präzisierungen, Neufassungen bzw. Veränderungen erforderlich" seien. Auch sollten Verschlußsachen, die nicht in den Listen erfaßt waren, vernichtet werden, sofern es sich nicht um „VS-Dokumente zur Vorbereitungsarbeit von Dritten (z. B. Ministerrat)" handelte. In der Anlage 3 dieses Schreibens waren einige Dokumente aufgeführt, deren Veröffentlichung das Ministerium und seine Mitarbeiter nochmals nachhaltig diskreditiert und eine eventuelle Weiterführung geheimdienstlicher Arbeit endgültig unmöglich gemacht hätte. Es handelte sich um Pläne zur Bereitstellung und Erweiterung von Objekten, die als Isolierungslager für Oppositionelle dienen sollten, sowie um die „Grundsätze zur Vorbereitung und Durchführung der Isolierung sowie der Gewährleistung der inneren und äußeren Sicherheit

---

[52] Fernschreiben von Erich Mielke an Stellvertreter des Ministers, Leiter der Bezirksverwaltung des MfS (MfS-Nr. 267/69), abgedruckt in: Mitter/Wolle 1990, S. 239/240.
[53] Vgl. Fricke 1991b, S. 69/70.
[54] Zit. nach: Schell/Kalinka 1991, S. 339.

der Isolierungsobjekte". Des weiteren wurden in Anlage 3 Dokumente über die Sicherung von Betrieben und Industriekomplexen, über Staats- und Dienstgeheimnisse sowie zahlreiche Dokumente für den Verteidigungszustand wie Mobilmachungspläne, Sicherung von Dokumenten in einer derartigen Krisensituation, Übersichten der Kräfte zur Landesverteidigung, Grundsätze zur Überführung des MfS vom Frieden in den Verteidigungszustand, chemisch-biologische Kampfmittel, Grundsätze über grenznahe Räume und anderes aufgelistet.[55]

Ungeachtet der Massendemonstrationen und der Verunsicherung von Mitarbeitern setzte die neue Führung des „Amtes für Nationale Sicherheit" ihre Politik der öffentlichen Bekundung von Erneuerung und Reform bei gleichzeitiger Konsolidierung und Effektivierung der Arbeit fort. Der Staatssicherheitsdienst orientierte sich dabei selbstredend weiterhin an der Partei, als dessen „Schild und Schwert" er entstanden war. Der neue Leiter forderte in einer persönlichen Erklärung vom 20. November alle Diensteinheiten auf, die Arbeit unter neuen Vorzeichen fortzusetzen: „In Vorbereitung des Sonderparteitages im Dezember dieses Jahres geht es darum, unsere Parteikollektive zu konsolidieren und die Kampfkraft sowie das einheitliche Handeln der Mitglieder zu gewährleisten, damit unsere Partei wieder in die Offensive kommt."[56]

Ministerpräsident Modrow ließ in seiner Rede zur Einführung des Amtsleiters Schwanitz ebenfalls keine Zweifel an seiner prinzipiellen Wertschätzung des AfNS aufkommen. Allerdings empfahl er der „lieben Genossin und den lieben Genossen", sich um die „neuen Inhalte in der Arbeit" zu kümmern. Die neue Perspektive bildete für Modrow die Verlagerung von Parteiaktivitäten in die staatlichen Organe, um so nach außen hin den Anschein eines Rückzugs der bisher allmächtigen SED und eine Trennung von Staat und Partei vorzutäuschen. Für sich selbst definierte Modrow die Arbeit als „die einzigste Möglichkeit, die ich auch in meinem neuen Amt als Vorsitzender des Ministerrates sehe, daß ich in diesem Sinne der Partei dienen und für die Partei arbeiten kann".[57] Schließlich, so erläuterte er den Leitern des AfNS, wären wir nun „an einem Punkt..., wo die Genossen in den staatlichen Organen für die Partei in neuer Weise Verantwortung übernehmen müssen und der Partei in neuer Weise eine Chance zu bieten haben".[58] Als neue Strategie legte Modrow der AfNS-Führung ans Herz, die Opposition differenziert zu sehen, um einen Teil ihrer Akteure in die Verantwortung einzubinden: „Wer soviel Vertrauen auf sich ziehen kann, daß er mit Aufrufen für Kundgebungen Zehntausende mobilisiert, muß wissen, daß er mit dem Vertrauen nicht Schindluder spielen darf. Der muß wissen, daß der Punkt von Verantwortung einsetzt. Und das ist das Spiel, was wir nun vor allem aus den örtlichen staatlichen Organen her entwickeln müssen."[59] Dem AfNS maß Modrow weiterhin eine „hohe Bedeutsamkeit" zu und versprach, den

Verlagerung von Parteiaktivitäten auf die staatliche Ebene

---

55 Die Anordnungen zur Vernichtung von Akten sind abgedruckt in: Pechmann/Vogel 1991, S. 319 ff.
56 Zit. nach: ebd., S. 341.
57 Zit. nach: Thaysen/Kloth 1995, S. 1744.
58 Zit. nach: ebd., S. 1745.
59 Ausführungen von Ministerpräsident Hans Modrow anläßlich der Diensteinführung von Generalleutnant Wolfgang Schwanitz als Leiter des Amtes für Nationale Sicherheit in Berlin am 21. November 1989, abgedruckt in: Stephan 1994, S. 253 ff., hier: S. 263.

Mitarbeitern „Kraft, Vertrauen und auch persönliche Sicherheit (zu) geben, sowohl die innere, die man für sich selber braucht, als auch das, was im Zusammenleben mit den Bürgern und im gesellschaftlichen Umgang erforderlich ist".[60] Abschließend dankte er den MfS-Mitarbeitern, mit denen er „gemeinsam in hoher Verantwortung unsere Aufgaben weitererfüllen" wollte, für ihre „geleistete Arbeit, den hohen Einsatz".[61]

Unmittelbar nach Modrow sprach der bei diesem Anlaß offiziell ins Amt eingeführte Schwanitz. Er betonte, das AfNS werde die „enge kameradschaftliche Zusammenarbeit mit allen Leitern, mit der Parteiorganisation pflegen", schließlich stehe „wirklich viel auf dem Spiel, es steht auf dem Spiel unsere Macht, darüber darf es keine Illusion geben".[62] Gleichzeitig entwarf er die Umrisse einer neuen **Neue Sicherheitsphilosophie** „Sicherheitsdoktrin und Sicherheitsphilosophie", die darauf abzielte, den Sicherheitsapparat auf die wesentlichen Punkte zu konzentrieren und Abstand von dem Anspruch zu nehmen, „wir müßten alles wissen, was in diesem Staat geschieht oder nicht funktioniert und überall Einfluß nehmen".[63] Diese neue Philosophie übernahm Schwanitz aus einem Papier des ehemaligen Leiters der Hauptverwaltung Aufklärung, Markus Wolf, der in der Rückschau zu einer beachtlichen Kritik ausgeholt hatte: Es „begann sich die Philosophie des Ministers immer mehr durchzusetzen. Die Sicherheit muß alles wissen: Was im Staat geschieht oder nicht funktioniert . . . – kein Gebiet wurde ausgenommen. Auch nicht die Partei und ihre leitenden Organe. Entsprechend wuchs und wuchs der Apparat in Dimensionen, die jeder Großmacht spürbare Belastungen auferlegen würden."[64]

Auch wenn Schwanitz gleichzeitig von einer Sicherheitspartnerschaft mit „Kräften im Neuen Forum, . . . die ebenfalls für einen demokratischen Sozialismus sind", **Feindbild bleibt erhalten** sprach, blieb das Feindbild erhalten.[65] Zur Bekämpfung von „Verfassungsfeinden" sollte „bei strengster Geheimhaltung und Konspiration" die IM-Arbeit wieder aktiviert werden. Welche „Verfassungsfeinde" gemeint waren, blieb offen. Besondere Erwähnung fand nur die SDP, die eingeschätzt werden müsse. Zum Schluß seiner Rede sprach Schwanitz an, wie er die vorgesehene personelle Reduktion des AfNS zu gestalten dachte. „Wir müssen kurzfristig 6000 bis 7000 Tschekisten zu den Zollorganen geben, und zwar nicht abkommandieren, sondern sie in das Dienstverhältnis der Zollorgane übergeben. Das ist nebenbei gesagt für viele Genossen eine sehr gute Lösung, auch, was ihre soziale Sicherheit anbetrifft."[66]

Die abschließenden Worte des neuen Sicherheitschefs: „Wir brauchen ein schlagkräftiges Staatssicherheitsorgan . . . Dafür müssen wir alle, die wir hier sitzen, geradestehen"[67], beantwortete der neue Ministerpräsident Hans Modrow mit der

---

60 Ebd., S. 267.
61 Ebd., S. 267.
62 Zit. nach: Thaysen/Kloth 1995, S. 1746.
63 Rede von Generalleutnant Schwanitz auf der „Dienstbesprechung anläßlich der Einführung des Genossen Generalleutnant Schwanitz als Leiter des Amtes für Nationale Sicherheit durch den Vorsitzenden des Ministerrates der DDR, Genossen Hans Modrow, 21. November 1989 (Tonbandabschrift), zit. nach: Süß 1995, S. 134.
64 Zit. nach: ebd., S. 134.
65 Zit. nach: ebd., S. 135.
66 Zit. nach: Thaysen/Kloth 1995, S. 1747.
67 Zit. nach: Arnold 1995, S. 119.

Feststellung: „Ich glaube, damit ist die Vertrauensbasis hergestellt, die wir miteinander brauchen, und auf dieser Grundlage würde ich vorschlagen, gehen wir an die Arbeit, und ich glaube, es ist nicht übertrieben, wenn wir sagen, wir gehen zusammen in den Kampf."[68]

In der anschließenden, ohne Modrow geführten Diskussion war sich die Führungsspitze des alten neuen Sicherheitsdienstes einig, „daß es niemanden gibt außer heute hier Gen. Modrow, und das war wohltuend, das zu hören, der sich vor die Tschekisten stellt".[69] Einigkeit herrschte auch hinsichtlich der weiteren Vernichtung von belastendem Material. Die Mitarbeiter wurden aufgefordert, diese Angelegenheit „sehr klug und sehr unauffällig" zu handhaben, schließlich hätte es keinen Zweck, „einen Haufen Papier mitzuschleppen, der uns in der gegenwärtigen und künftigen Zeit nichts nützt".[70]

Das AfNS setzte auch seine Arbeit zur Steuerung oder zumindest Beeinflussung maßgeblicher politischer Kräfte fort, wie es vermutlich ebenso den Übergang von Mitarbeitern in das zivile Leben systematisch organisierte. Über letztgenannte Aktivitäten liegen derzeit nur wenige Informationen und Erkenntnisse vor, so daß vieles noch im Bereich des Spekulativen bleiben muß. Auch läßt sich momentan nicht abschätzen, in welchem Ausmaß eine Beeinflussung politischer Kräfteverhältnisse in dieser Zeit noch möglich war. Tatsache ist jedoch, daß die Regierung Modrow von Inoffiziellen Mitarbeitern und Zuträgern des MfS durchsetzt war. Von der aus 28 Personen bestehenden Koalitionsregierung gehörten acht schon der alten Regierung unter Stoph an, bei mindestens zehn der Minister wurde eine inoffizielle Mitarbeit für das MfS vermutet, weitere sollen bei der HVA registriert gewesen sein.[71] Hinzu kam, daß die Vertreter der Blockparteien gewohnt waren, sich den Anweisungen der führenden Partei zu beugen, obwohl der Artikel 1 der Verfassung der DDR am 1. Dezember gestrichen wurde und die Parteibasis sich schnell vom alten System abwandte. In allen wesentlichen Fragen jedenfalls gab es keine nennenswerten eigenen Initiativen der Koalitionspartner der SED-PDS.

Regierung Modrow von MfS-Zuträgern durchsetzt

Ob die in die verschiedenen Oppositionsgruppen eingeschleusten Inoffiziellen Mitarbeiter des MfS im Herbst 1989 noch operativ tätig waren und im Sinne des Sicherheitsdienstes agierten, läßt sich derzeit ebenfalls nicht beantworten. Spätere Enttarnungen offenbarten jedoch in nahezu allen Gruppen die Mitwirkung von „Genossen des MfS" in führenden Positionen. Selbst am Runden Tisch saßen mindestens fünfzehn Personen, die in irgendeiner Form mit dem alten Staatssicherheitsdienst zusammengearbeitet hatten.[72] Selbst wenn sie nicht mehr operativ tätig gewesen sein sollten, waren sie doch erpreßbar und nur in engen Grenzen politisch handlungsfähig. Einen Antrag von Martin Gutzeit auf Überprüfung der Teilnehmer des Runden Tisches auf MfS-Mitarbeit lehnte das Gremium gegen nur zwei (!) Stimmen ab, wobei neben dem Antragsteller noch sein Parteikollege Ibrahim Böhme (IMF des MfS „Paul Bonkarz") dafür votierte. Der für das Neue Forum an den Runden Tisch delegierte Reinhard Schult wies diesen Antrag mit den Worten

---

68 Zit. nach: Thaysen/Kloth 1995, S. 1747.
69 Zit. nach: ebd., S. 1748.
70 Zit. nach: Süß 1995, S. 135.
71 Vgl. Reuth/Bönte 1993, S. 166.
72 Vgl. Thaysen/Kloth 1995, S. 1754.

zurück: „Wir können ja nicht zum Stasi-Spitzel-Jagen aufrufen von diesem Tisch hier. Also, ich halte das wirklich für völlig widersinnig."[73]

Unmittelbar nach der Amtseinführung von Schwanitz begannen die verschiedenen MfS-Abteilungen und -Einrichtungen mit der ‚Operation' zur sozialen Absicherung ihrer Mitarbeiter bzw. der Vorbereitung auf die postsozialistische Zeit.[74] Aus den wenigen bisher bekannten und veröffentlichten Materialien läßt sich zumindest in Umrissen das Schema der Vorgehensweise erkennen. Ab November 1989 wurden Mitarbeiter des MfS in zivile Dienststellen umgesetzt, daneben „privatisierten" die „Tschekisten" Ressourcen ihres Ministeriums. Wie aus einem Protokoll der Hauptabteilung XVIII (Volkswirtschaft) vom 22. November zu entnehmen ist, wurde auch die „Umgehung der bestehenden gesellschaftlichen Ausgrenzung von Mitarbeitern bei den Bewerbungen in den verschiedensten Bereichen" geprüft. Als mögliche Varianten schlug die Kaderabteilung vor: „1. Schaffung von volkswirtschaftlichen Einrichtungen (VEB, PGH und andere) mit abzubauenden Fonds des Amtes und vorrangige Einstellung von ehemaligen Mitarbeitern. 2. Für ausscheidende Mitarbeiter sind kurzzeitige legendierte Nachweise von zivilen Arbeitsstellen zu schaffen, um bei Bewerbungen nicht als Angehörige des MdI oder MfS in Erscheinung treten zu müssen."[75]

Umsetzung von „Tschekisten"

Nach den Vorstellungen der AfNS-Führung sollte die personelle Reduktion vor allem über die Kreisdienststellen sowie über die Auslagerung von Aktivitäten erfolgen, die Zentrale dagegen weiterhin über einen hohen personellen Bestand verfügen.[76] Auf der bezirklichen Ebene wurde offenbar unmittelbar nach Amtsantritt von Schwanitz mit der „sozialen Absicherung" der Mitarbeiter begonnen. Sie sollten auf freiwerdenden oder vorhandenen Planstellen in den Bezirksbehörden der Deutschen Volkspolizei, in den Kreisämtern, den Zollorganen und anderswo untergebracht werden. Der Leiter der Volkspolizei im Bezirk Karl-Marx-Stadt z. B. signalisierte seinen Kollegen im AfNS, wie er die Umsetzung zu bewerkstelligen gedachte. Bei im Polizeibereich angeordneten Entlassungen wollte er einfach mehr Leute entlassen als vorgesehen und dafür ehemalige MfS-Mitarbeiter einstellen. Aber die Tschekisten erörterten auch den Schritt in die Selbständigkeit: „Wir haben Vorstellungen, eine PGH-Kraftfahrzeuginstandsetzung (zu) bilden, d. h. wir sind im Besitz einer modernen Kraftfahrzeugwerkstatt... Der Genosse K. ist Ingenieurökonom und wird Vorsitzender dieser PGH". Ähnliche Überlegungen gab es zur Gründung weiterer „Instandhaltungsbetriebe".[77]

---

73 Zit. nach: ebd., S. 1756.

74 In einem internen Papier der Treuhand wird hierzu ausgeführt: „Spätestens im Dezember 1989 war erkennbar, daß in der neuen Gesellschaft für die Stasi kein Platz mehr sein würde. Um nun die Zukunft seiner Führungskräfte sicherzustellen, beauftragte der Leiter einer MfS-Dienststelle seine leitenden Mitarbeiter, mit denen ihnen noch zur Verfügung stehenden Operativgeldern, aus Tarnungsgründen, unter Vorschiebung inoffizieller Mitarbeiter, GmbHs zu gründen, die dann einen normalen Geschäftsbetrieb aufbauen sollten." Zitiert nach: Jürgs 1997, S. 112 f.

75 Protokoll über die Beratung zu den gegenwärtigen Kaderveränderungen im Bestand der Hauptabteilung XVIII, abgedruckt in: Bastian 1994, Dokument 6.

76 Vgl. Arnold 1995, S. 120 ff.

77 Vgl. Protokoll zur Dienstversammlung des Leiters der BV Karl-Marx-Stadt vom 23. November 1989, S. 23 ff., AdV.

Der Leiter der Finanzabteilung versicherte, „daß Sonderregelungen getroffen wurden über die Besoldungsverordnung und Versorgungsordnung hinaus". Ausscheidenden Mitarbeitern, die nach der Umsetzung weniger verdienen würden, versprach er Übergangsbeihilfen für die Dauer von drei Jahren. Offen angesprochen wurde auch die gängige Praxis, MfS-Objekte an verdiente Mitarbeiter zu verkaufen. Der für den Bezirk verantwortliche Generalleutnant hielt das schon deshalb für „rechtens", weil die Mitarbeiter des MfS in den letzten vierzig Jahren unendlich viel Überstunden geleistet hätten.

Bei Mitarbeitern, die weder in andere staatliche Institutionen umgesetzt noch in die Selbständigkeit entlassen werden konnten, setzte die Bezirksverwaltung auf die Möglichkeit der Invalidisierung. Für den Personenkreis unter fünfzig Jahren, aber mit fünfzehn Dienstjahren, konnte eine Übergangsrente gewährt werden, wenn der medizinische Dienst einen Körperschaden von mindestens 50% diagnostiziert hatte. Der Leiter des medizinischen Dienstes versprach: „Und hier, liebe Genossinnen und Genossen, werden wir großzügig sein." Die Invaliditäts-Gutachten müßten zwar sauber sein, um nach außen glaubhaft zu wirken, aber der Mediziner versicherte, „daß wir auch unsere Pflicht als medizinischer Dienst bis zuletzt erfüllen werden. Das sind wir schuldig, weil wir in erster Linie Kommunisten sind und in zweiter Linie Tschekisten und dann in dritter Linie erst Mediziner".[78]

Wie erfolgreich die Bemühungen der Tschekisten um ihre Zukunftssicherung waren, ist kaum abzuschätzen. Sie hatten jedoch ausgezeichnete Startbedingungen, wie auch ein Vermerk der zentralen Abteilung Finanzen vom 13. Dezember 1989 offenbarte. Da hohe Bareinzahlungen von Angehörigen des Amtes für Nationale Sicherheit bei zivilen Sparkassen aufgefallen waren, sollten die Mitarbeiter sich ihr Geld lieber von der Sparkasse der Dienststellen überweisen lassen, da dann „die Schalterangestellten in den zivilen Sparkassen nicht feststellen können, von welcher Sparkasse dieser Auftrag ausgelöst wurde".[79]

Ausgezeichnete Startbedingungen für ehemalige MfS-Angehörige

Die Aktivisten der Opposition hatten sehr wohl geahnt und zum Teil auch beobachtet, welche Täuschungsmanöver sich hinter der Umwandlung des MfS zum AfNS verbergen. Unter dem Eindruck der Volkskammerdebatte vom 1. Dezember, in der über Korruption und Amtsmißbrauch von SED-Eliten und über das brutale Vorgehen der Sicherheitskräfte Anfang Oktober debattiert wurde, sowie des Rücktritts von Politbüro und ZK am 3. Dezember kam es am 4./5. Dezember zu Demonstrationen vor Dienstgebäuden des AfNS und zu einer ersten Besetzung in Erfurt.[80] Diese Aktionen erfolgten nach einem Aufruf von Bürgerrechtsorganisationen, der auch über die Medien verbreitet worden war:

Bürgerproteste gegen Täuschungsmanöver

> „Wir haben erfahren, daß angesichts der Staatskrise wichtige Finanz- und Sachwerte ins Ausland verbracht, wesentliche Akten vernichtet wurden, und daß sich verantwortliche Personen ins Ausland abzusetzen versuchen. Diese Absatzbewegungen und Verschleierungsversuche müssen verhindert werden! ... Informiert die Deutsche Volkspolizei und die Öffentlichkeit! ... Nach wie vor gilt: Keine Gewalt."[81]

---

78 Ebd., S. 31 f.
79 Vgl. Bastian 1994, Dokument 14.
80 Vgl. Süß 1995, S. 142 f.
81 Zit. nach: Ebd., S. 142.

Die Regierung Modrow reagierte auf die Proteste mit einem Bauernopfer; sie beurlaubte am 6. Dezember die Kerngruppe der alten Generalität des MfS, allerdings blieben die Generäle Niebling, Braun und Schwanitz im Amt.[82] Die Aktenvernichtung ging weiter und erhielt durch ein internes Fernschreiben des Ministerrates an die Räte der Bezirke sogar förmlichen Charakter:

- „2. Der Ministerrat hat in seiner Sitzung vom 7. Dezember 1989 folgendes festgelegt:
- Die Regierung verurteilt das unberechtigte Sammeln von Informationen durch das ehemalige Ministerium für Staatssicherheit und verbietet ein Fortsetzen derartiger Praktiken.
- Die Regierung bekräftigt das Erfordernis des Schutzes von Staatsgeheimnissen, die die nationale Sicherheit gefährden.
- Die Regierung beauftragt den Leiter des Amtes für Nationale Sicherheit, die unberechtigt angelegten Dokumente unverzüglich zu vernichten. Das Vernichten hat unter Aufsicht von Beauftragten der Regierung, der örtlichen Staats- und Rechtspflegeorgane und ggf. Vertretern der Öffentlichkeit zu erfolgen."[83]

Begrenzte Öffnung von MfS-Unterlagen

Die daraufhin von Schwanitz angeordneten Weisungen zielten auf eine begrenzte Öffnung und Einsichtnahme von MfS-Unterlagen für „autorisierte Kontrollgruppen", gleichzeitig sollten die entsprechenden Dienststellen sicherstellen, „daß keine Aufzeichnungen angefertigt und keine Dokumente mitgenommen werden". Die Einsicht in geheime Dokumente und Materialien sollte auf jeden Fall verhindert werden.[84]

Als der gerade konstituierte Runde Tisch in seiner ersten Sitzung am 7. Dezember die Regierung der DDR aufforderte, das „AfNS unter ziviler Kontrolle aufzulösen und die Vernichtung von Dokumenten bzw. Beweismaterial einzustellen", beschloß die Regierung Modrow kurz vor dem 14. Dezember 1989, die Auflösung des Amtes für Nationale Sicherheit selbst zu übernehmen. An seine Stelle sollten ein Verfassungsschutzorgan der DDR und ein Nachrichtendienst treten.[85] Die am Runden Tisch vertretenen Kräfte der Opposition lehnten diese erneute von alten Kräften dominierte Umgestaltung des MfS ab. Sie forderten am 27. Dezember die Aussetzung des Regierungsbeschlusses bis zu den geplanten demokratischen Wahlen wie auch die Beschleunigung der von Regierungsbeauftragten immer wieder verschleppten Auflösung.[86]

Aufgrund anhaltender Proteste gegen die im Verborgenen weiterbetriebene Aktenvernichtung und „Umgestaltung" des MfS fand sich am 8. Januar am Runden Tisch eine Mehrheit, die den Ministerpräsidenten ultimativ aufforderte, „einen Bericht über die innere Sicherheit zu geben" und die mit der Abwicklung des Amtes eingesetzten Regierungsbeauftragten abzulösen.[87] Erstmals stimmten auch Vertreter der in der Koalitionsregierung vertretenen Blockparteien der Argumentation der Opposition zu. In vorherigen Diskussionen hatte insbesondere die CDU bzw. ihr

---

82 Ebd., S. 150.
83 Zit. nach: Worst 1991, S. 26.
84 Abgedruckt in: Thaysen/Kloth 1995, S. 1815/1816.
85 Vgl. Gill/Schröter 1991, S. 178 f.
86 Vgl. Worst 1991, S. 30 f.
87 Vgl. ebd., S. 31.

Vertreter de Maizière immer wieder betont, „daß kein Staat auf ein Sicherheitsorgan im Sinne von Nachrichtendienst und Abschirmdienst verzichten kann".[88] Angesichts dieser neuen Entwicklung gab Modrow schließlich am 12. Januar die Auflösung des AfNS sowie die Umbildung der mit der Auflösung betrauten Regierungskommission bekannt. Gleichzeitig unterbreitete er den Teilnehmern des Runden Tisches ein Angebot, ab sofort durch zivile Kontrolle an der Arbeit der Regierung zur Auflösung des AfNS mitzuwirken.[89] Daneben sagte er zu, bis zu den geplanten Wahlen keine neue Institution für Verfassungsschutz bilden zu wollen.

Auflösung des AfNS

Ungeachtet dieser Entscheidung demonstrierten am 15. Januar ca. 100 000 Personen vor der MfS-Zentrale in der Berliner Normannenstraße. Am Abend des gleichen Tages stürmten mehrere Tausend Demonstranten Teile des MfS-Komplexes, wobei strittig ist, inwieweit hierbei von Protestierenden selbst Gewalt angewandt wurde, bzw. ob derartige Vorkommnisse von AfNS-Mitarbeitern initiiert waren.[90] Unklar bleibt auch, ob das AfNS den Demonstranten lediglich zuvorkommen wollte, oder ob gezielte Provokationen die Rechtfertigung zur staatlichen Gewaltanwendung liefern sollten. Wie auch immer: Mitglieder des Neuen Forums wie auch der herbeigeeilte Hans Modrow riefen zu Besonnenheit und Gewaltfreiheit auf. Der Runde Tisch benannte Bevollmächtigte, die fortan mit den neuen Regierungsbeauftragten gemeinsam den Auflösungsprozeß regeln sollten.[91]

Zwischenzeitlich hatten sich in vielen DDR-Städten Bürgerkomitees konstituiert, die die Tätigkeit des AfNS kontrollieren und weitere Aktenvernichtungen verhindern wollten.[92] Die zentrale Koordination zur Auflösung der Staatssicherheit erfolgte nun über drei Träger: die Vertreter der Regierung als Verantwortliche, die Bürgerkomitees als Kontrollinstanz sowie die Mitarbeiter des ehemaligen MfS als sich selbst Abwickelnde.[93] Durch Beschluß vom 8. Februar 1990 bildete die Regierung Modrow ein „Komitee zur Auflösung des ehemaligen Amtes für Nationale Sicherheit", als dessen Leiter Günter Eichhorn, der bisherige Leiter des Arbeitsstabes zur Auflösung des MfS, eingesetzt wurde. Wie sich erst Jahre später herausstellen sollte, hatte Eichhorn in früheren Jahren ebenfalls als Inoffizieller Mitarbeiter des MfS gewirkt.[94]

Bildung von Bürgerkomitees

Die „Sicherheitspartnerschaft" zwischen Regierung und Opposition in Gestalt der Bürgerkomitees erstreckte sich nicht nur auf den Auflösungsprozeß und die Sicherung von Unterlagen, sondern auch auf die Entscheidung zur Vernichtung elektronischer Datenträger. Auf einen entsprechenden Beschluß des Runden Tisches hin wies der Ministerrat am 26. Februar 1990 die „physische Vernichtung aller magnetischen Datenträger (Magnetbänder, Wechselplatten, Disketten, Kassetten) mit personenbezogenen Daten, einschließlich der zugehörigen magnetischen Datenträger mit der Anwendersoftware" an.[95] Die vom staatlichen Komitee zur Auflösung des AfNS durchgeführte Vernichtung erfolgte innerhalb kürzester Zeit.

Vernichtung elektronischer Datenträger

---

88 Zit. nach: Thaysen/Kloth, S. 1753.
89 Zit. nach: Gill/Schröter 1991, S. 181.
90 Vgl. Worst 1991, S. 32 ff.
91 Vgl. Gill/Schröter 1991, S. 182/183.
92 Vgl. ebd., S. 183 ff.
93 Vgl. ebd., S. 187.
94 Vgl. FAZ vom 14. Dezember 1996.
95 Vgl. Gill/Schröter 1991, S. 221 ff.

Die Zustimmung der Bürgerkomitees zu diesem Vorhaben entsprang der Befürchtung, fremde Geheimdienste könnten sich Zugriff auf diese Daten verschaffen; letztlich wurden damit aber Unterlagen zerstört, die wichtige Auskünfte über die Arbeit des MfS hätten geben können.

Die Bürgerkomitees setzten parallel ihre Arbeit zur Aufarbeitung der MfS-Tätigkeit fort; vielerorts sicherten sie Akten, die ansonsten der Vernichtung anheimgefallen wären, stellten Zusammenhänge her und informierten die Öffentlichkeit.[96] Bis zur Bildung der neuen Regierung nach den Wahlen im März 1990 arbeiteten die Bürgerkomitees weitgehend einvernehmlich mit dem staatlichen Komitee zur Auflösung des ehemaligen MfS/AfNS zusammen. Mit der Auflösung des Runden Tisches und dem Ende der Regierungszeit Modrows übernahm der neue Innenminister, Peter Michael Diestel, die oberste Verantwortung für den Fortgang der Auflösung. Bis Ende März 1990 wurden nahezu alle MfS-Mitarbeiter sowohl in den Bezirken als auch in der Zentrale, sofern sie nicht freiwillig aus dem Dienst ausschieden, entweder in andere Institutionen umgesetzt oder entlassen. Die überaus großzügigen Abfindungsvergütungen und Vorruhestandsregelungen, die die Regierung Modrow im Dezember noch einmal bestätigt hatte, wurden auf Druck der Öffentlichkeit korrigiert, dennoch betrugen die Abfindungen zumeist mehrere tausend Mark und – je nach Dienstzeit und Rang im MfS – nicht selten auch fünfstellige Summen.[97]

4. Der Runde Tisch

In Anlehnung an institutionalisierte Begegnungen von alter Machtelite und Oppositionsgruppen in Ungarn und Polen forderte die „Kontaktgruppe" der sich formierenden DDR-Opposition ebenfalls die Einrichtung von Runden Tischen. Vertreter der „alten" und „neuen" Kräfte sollten in einen Dialog treten, wobei die Machthaber gezwungen werden sollten, ihre Politik offenzulegen und zu begründen. Während die Einrichtung Runder Tische auf der lokalen Ebene wie auch in den verschiedensten gesellschaftlichen Bereichen relativ rasch vonstatten ging, gestaltete sich die Etablierung eines zentralen Runden Tisches schwieriger. Da die SED einen weiteren Verlust an Autorität befürchten mußte, konnte sie dem Ansinnen der Opposition nicht direkt Rechnung tragen. Sie wollte eher Monologe als Dialoge führen und schon gar nicht eine institutionalisierte Gegenmacht zulassen.

Zentraler Runder Tisch

Der erste zentrale Runde Tisch konnte dennoch am 7. Dezember 1989 tagen, weil die von der Kontaktgruppe der Opposition angesprochenen Kirchen formell hierzu einluden und auch die Gesprächsleitung übernahmen.[98] Nach den Vorstellungen der Opposition sollten sich die Koalitionspartner der Regierung Modrow und Vertreter der verschiedenen Oppositionsgruppen paritätisch gegenübersitzen. Die durch einen Gewährsmann von diesem Ansinnen informell unterrichtete SED votierte dagegen auf der letzten Sitzung des „Demokratischen Blocks" für die Mitbeteiligung der Massenorganisationen.[99]

---

96 Vgl. z. B. Leipziger Bürgerkomitee 1991, Werdin 1990 oder Vogel 1991.
97 Vgl. Gill/Schröter 1991, S. 205/206 und Arnold 1995, S. 155 f.
98 Vgl. Thaysen 1990, S. 28 ff.
99 Vgl. Thaysen/Kloth 1995, S. 1734 ff.

Die zu diesem Zeitpunkt noch von Krenz geführte SED wollte sich damit auch in diesem Gremium eine Mehrheit sichern, was ihr jedoch nicht gelang. Zwar erzwang der FDGB durch lautstarke Proteste seine Zulassung, im Gegenzug kooptierte das Gremium aber den neugegründeten Unabhängigen Frauenverband (UFV) als mutmaßlichen Vertreter der neuen Kräfte. In der zweiten Sitzung beschloß der Runde Tisch die zusätzliche Aufnahme der Vereinigung der gegenseitigen Bauernhilfe (VdgB) sowie der Grünen Liga (GL). Weiteren Organisationen wurde nur ein Beobachterstatus eingeräumt, so zum Beispiel der FDJ und dem Kulturbund.[100] Schließlich saßen sich jeweils 19 Vertreter der alten und neuen Kräfte gegenüber, wobei sich schon schnell zeigen sollte, daß die Blockparteien nicht mehr bedingungslos und in allen Fällen dem Votum der SED folgten.

Der Runde Tisch begann seine Arbeit zu einem Zeitpunkt, als auf Demonstrationen schon die Forderung nach der deutschen Vereinigung laut wurde. Die Westorientierung in weiten Teilen der Bevölkerung konnte nicht mehr übersehen werden. Die nun auf den Demonstrationen dominierenden Sprechchöre „Wir sind ein Volk" waren Regierung und Oppositionskräften am Runden Tisch gleichermaßen suspekt. Beide strebten nach einer reformierten DDR; letztere auch mit dem Ziel, das Machtmonopol der SED zu brechen, erstere, um dieses in veränderter Form in die neue Zeit hinüberzuretten. Dieser Grundkonsens fand Ausdruck in der Selbstverständniserklärung des Runden Tisches:

- „Die Teilnehmer des Runden Tisches treffen sich aus tiefer Sorge um unser in eine Krise geratenes Land, seine Eigenständigkeit und seine dauerhafte Entwicklung.
- Sie fordern die Offenlegung der ökologischen, wirtschaftlichen und finanziellen Situation in unserem Land.
- Obwohl der Runde Tisch keine parlamentarische oder Regierungsfunktion ausüben kann, will er sich mit Vorschlägen zur Überwindung der Krise an die Öffentlichkeit wenden.
- Er fordert von der Volkskammer und der Regierung, rechtzeitig vor wichtigen rechts-, wirtschafts- und finanzpolitischen Entscheidungen informiert und einbezogen zu werden.
- Er versteht sich als Bestandteil der öffentlichen Kontrolle in unserem Land. Geplant ist, seine Tätigkeit bis zur Durchführung freier, demokratischer und geheimer Wahlen fortzusetzen."[101]

Strategie der Opposition

Für die Opposition stellte der Runde Tisch also eine Möglichkeit dar, Partei und Regierung durch Offenlegung der tatsächlichen Situation im Lande zu einem „Offenbarungseid" zu zwingen und gleichzeitig durch die Ankündigung freier, demokratischer und geheimer Wahlen das Damoklesschwert des Machtverlustes über die SED zu hängen. Die mehr oder weniger offen ausgesprochene Strategie zielte demnach auf Rettung der DDR bei gleichzeitiger Entmachtung der herrschenden Kräfte. Dieses Vorhaben konnte bis zum Eintritt der Opposition in die zweite Regierung Modrow auch wirkungsvoll umgesetzt werden. Insbesondere die immer wieder vorgetragene und letztlich erfolgreiche Forderung nach endgültiger Auflösung des MfS/AfNS versperrte der SED den Weg, ihre Macht durch den Einsatz dieses Repressionsapparates zu sichern.

---

[100] Vgl. Thaysen 1990, S. 41 ff.
[101] Zit. nach: Thaysen/Kloth 1995, S. 1721/1722.

Modrow als neuer Repräsentant der gegen ihren Machtzerfall kämpfenden SED sah im Runden Tisch anfangs eine Institution, die in Ergänzung der Regierungsarbeit zur „demokratischen Erneuerung unseres Landes" beitragen sollte. Aus seiner Sicht sollte der Runde Tisch Ratgeber und nicht Nebenregierung sein. Entschieden wandte er sich gegen die Absicht von Oppositionsgruppen, den Runden Tisch auch als Forum grundsätzlicher Kritik an der SED zu nutzen:

> „Die Situation wurde von einigen Vertretern der Opposition am Runden Tisch noch dadurch zugespitzt, daß sie die Abrechnung mit dem SED-Regime und seinen Hauptträgern immer wieder in den Vordergrund rückten. Sie richteten vor allem an die Regierung ultimative Forderungen und verlangten das Veto-Recht im Vorfeld von Regierungsentscheidungen. Das hätte eine weitgehende Blockierung unserer Regierungsarbeit bedeutet."[102]

Das für die erste Phase des Runden Tisches durchaus typische Bemühen von Oppositionskräften, die SED-Herrschaft zu destabilisieren, stieß nicht nur bei den alten Kräften auf Kritik. Ohne sich ausdrücklich auf den Runden Tisch zu beziehen, äußerte zum Beispiel Friedrich Schorlemmer im Januar 1990: „Ich bekomme eine wahnsinnige Wut, wenn ich merke, daß Leute alles daran setzen, dem Herrn Modrow ein Bein zu stellen. Ich muß dieses Gefühl verarbeiten, meine Meinung so zu sagen, daß ich deutlich mache: Weil es mir um den Frieden geht, geht es mir um die Stabilität der Regierung Modrow."[103] Da die am Runden Tisch versammelten Oppositionskräfte jedenfalls in der Frage der Auflösung des AfNS ihre politischen und moralischen Prinzipien über taktische Erwägungen zur Stabilisierung der DDR stellten, erreichten sie schließlich eine Wende im Verhältnis von Regierung und Rundem Tisch.

Auf der Sitzung am 8. Januar richteten die Oppositionsvertreter angesichts der verschleppten Auflösung des MfS ein Ultimatum an den Ministerpräsidenten: „Die Opposition fordert den Ministerpräsidenten unter Beteiligung des Generalstaatsanwaltes und des Ministers des Inneren auf, um 16.00 Uhr dem Runden Tisch einen Bericht über die innere Sicherheit zu geben."[104] Modrow konnte aufgrund einer Auslandsreise dem Dilemma entgehen, entweder die Auflösung des Runden Tisches und eine unkontrollierbare weitere Entwicklung zu riskieren, oder aber mit dem Eingehen auf das Ultimatum öffentlich Schwäche zu bekunden. Als er eine Woche später am Runden Tisch erschien, hatte er seine Strategie geändert. Er begriff fortan den Runden Tisch nicht mehr als lästiges, wenn auch notwendiges Übel, sondern als Chance, seine Macht- und Legitimationsbasis zu verbreitern. Mit einer **Umarmungsstrategie** suchte er – nicht zuletzt mit Blick auf die Bundesrepublik – die Bedingungen seines Handelns wieder stärker selbst zu bestimmen. Doch die Regierung war längst zu einem getriebenen Akteur geworden, der weder von der eigenen Bevölkerung noch von der Opposition oder der Bundesrepublik Unterstützung erhielt.

Die Einbindung von Oppositionsgruppen in eine „Regierung der nationalen Verantwortung" entsprang dabei einem doppelten und, wie sich später herausstellen sollte, dennoch nicht aufgehenden Kalkül. Die Teilhabe dieser Gruppen an der

---

[102] Modrow 1991, S. 71.
[103] Zit. nach: Lindner 1994, S. 131.
[104] Zit. nach: Thaysen 1990, S. 62.

Macht sollte die Bevölkerung beruhigen und gleichzeitig der Bundesregierung in Bonn ihre Ablehnung finanzieller Unterstützung erschweren. Doch das erhoffte Resultat trat nicht ein. Im Gegenteil: Die Teilnehmer der Leipziger Montagsdemonstration reagierten auf die am 28. Januar vereinbarte Regierungsbeteiligung mit der vieltausendfachen Forderung nach sofortiger Wiedervereinigung,[105] und die Regierung Kohl ließ sich auch jetzt nicht zu einer finanziellen Unterstützung der in Auflösung begriffenen DDR bewegen.

Für den Runden Tisch ergab sich mit dem Regierungseintritt von Oppositionskräften ein Bedeutungswandel; er war fortan ein Instrument der Regierung und nicht mehr ein Medium öffentlicher Kontrolle. Schwerer wog aber der – erst später sichtbar werdende – Glaubwürdigkeitsverlust der Opposition bei weiten Teilen der Bevölkerung. Sie hatte sich zu einem geringen Preis – Minister ohne Geschäftsbereich – von der SED/PDS in ein „nationales Rettungsprojekt" einspannen lassen und akzeptierte die Führungsrolle Modrows und damit auch die seiner Partei. Hätte die Opposition zu diesem Zeitpunkt die Ablösung des Ministerpräsidenten Modrow durch eine integre, unbelastete Persönlichkeit und die Besetzung wichtiger Ministerposten mit Oppositionellen gefordert, wäre die Entwicklung vielleicht anders verlaufen, zumindest hätte die Opposition ihr Wahldebakel vom März vermutlich verhindern können. Aber zur damaligen Zeit war die Opposition weder personell noch programmatisch hinreichend gefestigt und geeint, um ernsthaft und institutionell die Machtfrage stellen zu können.

Nach dem Regierungseintritt setzte ein Differenzierungs- und Zersplitterungsprozeß der Opposition ein, denn vor allem die nun in SPD umbenannte SDP begriff sich jetzt als Konkurrent der SED. Sie hatte lange mit ihrem Regierungseintritt gezögert, da sie die Gefahren der Einbindung am deutlichsten sah. Erst nach der Zusage eines früheren Volkskammerwahltermins im März 1990 entschloß sie sich zu diesem Schritt, richtete aber gleichzeitig ihr Augenmerk vornehmlich auf die Vorbereitung der Wahl. Gleiches gilt für die CDU, die ihren geplanten Ausstieg aus der Regierung Modrow nach dem Eintritt der SPD zurückstellte und sich ebenfalls auf die Volkskammerwahl konzentrierte.

Differenzierung und Zersplitterung der Opposition

Die Oppositionsgruppen waren vor allem personell überfordert: Die wenigen Aktivisten mußten am Runden Tisch initiativ werden, dem Unmut in der Bevölkerung demonstrativen Ausdruck geben und sich auf die Wahl vorbereiten. Da zudem das Politikverständnis vieler Oppositioneller nicht auf Etablierung einer Partei oder Übernahme der institutionellen Macht gerichtet war, geriet dieses politische Spektrum von vornherein gegenüber der SED und den vom Westen unterstützten ehemaligen Blockparteien ins Hintertreffen. In der doppelten Abgrenzung vom westdeutschen Gesellschaftssystem und der totalitären Parteiherrschaft in der DDR strebten sie nach neuen basisdemokratischen Politikstrukturen. Hiermit fanden sie, wie die Wahlen zeigten, keine nennenswerte Resonanz in der Bevölkerung.

Bis zum Ende seiner Existenz am 12. März 1990 fungierte der Runde Tisch nun vornehmlich als Impuls- und Gesetzgeber. In verschiedenen Arbeitsgruppen erarbeitete er Vorschläge zu den wichtigsten gesellschaftlichen Problemfeldern.[106]

---

[105] Vgl. ebd., S. 97/98.
[106] Vgl. ebd., S. 98 ff.

Die bedeutsamsten Aktivitäten des Runden Tisches in der zweiten Phase seiner Arbeit erstreckten sich auf die Ausgestaltung des Wahlgesetzes, die Erarbeitung eines Verfassungsentwurfes, Vorschläge für eine Sozialcharta sowie die Stärkung der Regierung Modrow gegenüber der Bundesrepublik. In der Frage des Wahlgesetzes wurden die unterschiedlichen Interessen der Oppositionsgruppen deutlich. Während SPD, Demokratischer Aufbruch und Grüne Partei sich für eine reine Parteiendemokratie und eine Sperrklausel (3%) aussprachen, plädierten andere Oppositionskräfte für die Zulassung von Bürgerrechtsorganisationen und Vereinigungen. Schließlich fand man einen Kompromiß, der letzteren unter bestimmten Bedingungen eine Teilnahme garantierte; auf eine Sperrklausel wurde verzichtet.[107]

Sozialcharta des Runden Tischs

Auf seiner 15. Sitzung verabschiedete der Runde Tisch am 5. März 1990 eine Sozialcharta. Neben Forderungen nach Erhalt „sozialer Errungenschaften" der DDR enthielt dieser Beschluß auch den Vorschlag, eine Treuhandstelle für das Volksvermögen in der DDR einzurichten. Adressat dieses Papiers war freilich nicht mehr die Regierung der DDR, die die hier enthaltenen Forderungen finanziell überhaupt nicht hätte realisieren können, sondern die Bundesregierung, die inzwischen die Bildung einer Wirtschafts-, Währungs- und Sozialunion vorgeschlagen hatte. Die später auch von der Volkskammer gebilligte Sozialcharta zielte auf eine „möglichst weitgehende Wahrung der sozialen Besitzstände aus dem DDR-System unter den zu erwartenden Bedingungen der sozialen Marktwirtschaft".[108] Die bar jeder finanzpolitischer Grundlage formulierte Begründung für die sozialpolitischen Vorstellungen deutete auf einen Konsens zwischen alten und neuen Kräften in Fragen der Wirtschafts- und Sozialordnung hin. Das Gremium faßte seine sozialpolitischen Visionen mit den Worten zusammen:

> „Die deutsche Einheit ist auf dem Wege eines wechselseitigen Reformprozesses beider deutscher sozialer Sicherungssysteme in ihren positiven Grundzügen zu vollziehen. Historisch gewachsene soziale Standards in beiden deutschen Staaten sind zu erhalten, weiterzuentwickeln und zu einem höheren sozialen Sicherungsniveau zu führen. Für alle Menschen in einem sich vereinigenden Deutschland muß mittels einer sozialen Grundsicherung ein menschenwürdiges Leben gewährleistet werden."[109]

Verfassungsentwurf

Der unter maßgeblicher westlicher Hilfe zustandegekommene Verfassungsentwurf des Runden Tisches konnte durch die Vorverlegung des Wahltermins in dessen Plenum nicht mehr verabschiedet werden. Die bis dorthin erarbeiteten „Gesichtspunkte für eine neue Verfassung" zielten auf eine von radikaldemokratischen und sozialen Grundrechten geprägte Verfassung.[110] Politisches Ziel war die Stabilisierung der DDR-Staatlichkeit und ihre Stärkung bei den kommenden Verhandlungen mit der Bundesregierung. Der Entwurf war indirekt eine Absage an eine schnelle Vereinigung nach Art. 23 GG.[111] Die hiermit verbundenen Hoffnungen der Opposition erfüllten sich freilich nicht, da die Volkskammer eine Verabschiedung

---

107 Vgl. Thaysen/Kloth 1995, S. 1772 ff.
108 Vgl. ebd., S. 1790.
109 Zit. nach: Thaysen 1990, S. 141.
110 Vgl. Thaysen 1990, S. 143, Thaysen/Kloth 1995, S. 1786 ff. und Thaysen 1995, S. 1827 ff.
111 Vgl. Thaysen/Kloth 1995, S. 1788.

des Entwurfs ablehnte; die inzwischen im Amt befindliche Regierung de Maizière startete eine neue Verfassungsinitiative.[112]

Auch in anderer Hinsicht ging es dem Runden Tisch nach Bildung der zweiten Regierung Modrow weniger um die Destabilisierung der SED-Herrschaft als um die Abwehr einer befürchteten westdeutschen Dominanz. Mit einem Positionspapier unterstützte der Runde Tisch die Verhandlungsposition Modrows bei seinem Bonn-Besuch im Februar. Kernpunkt war die Gewährung einer sofortigen finanziellen Unterstützung zur Stabilisierung der DDR-Wirtschaft.[113] Die Frontstellung zur Bundesregierung und zum westlichen Bündnis kam ebenfalls in einer einstimmig verabschiedeten Beschlußvorlage des Runden Tisches „zur NATO, zur Oder-Neiße-Grenze und zum Rechtsweg in die deutsche Einheit" zum Ausdruck. Hier hieß es:

Frontstellung zur Bundesregierung und NATO

> „1. Eine NATO-Mitgliedschaft des zukünftigen Deutschland ist mit dem Ziel der deutschen Einheit im Rahmen einer europäischen Friedensordnung nicht in Einklang zu bringen und wird deshalb grundsätzlich abgelehnt. Ein entmilitarisierter Status eines künftigen einheitlichen deutschen Staates wird angestrebt.
> 2. Die Beendigung der Teilung Europas ist nur möglich, wenn die bestehenden Grenzen zu den europäischen Nachbarn nicht in Frage gestellt werden. Vorbedingung der deutschen Einheit ist deshalb eine gemeinsame Erklärung beider deutscher Staaten, die bestehenden Grenzen, insbesondere die Oder-Neiße-Grenze, vorbehaltlos anzuerkennen und ihre Sicherheit von deutscher Seite aus zu garantieren.
> 3. Der Anschluß der DDR oder einzelner Länder an die Bundesrepublik durch eine Ausweitung des Geltungsbereiches des Grundgesetzes der BRD nach Art. 23 wird abgelehnt."[114]

Diese Vorstellungen von einem neutralen Deutschland entsprachen der Position der Grünen und vielleicht auch kleiner Teile der Sozialdemokratie in der Bundesrepublik, bei der Bevölkerung der DDR fanden sie – wie die späteren Wahlergebnisse zeigen sollten – mehrheitlich keine Zustimmung. Bei den Wahlen wandten sich die Privilegierten des alten DDR-Systems, die von der Politik der Besitzstandswahrung am meisten profitierten, der PDS zu, während sich die große Mehrheit der Bevölkerung für die Partner der Westparteien und damit für eine schnelle Vereinigung entschied. Die aufopferungsvolle und initiativenreiche Arbeit der Opposition am Runden Tisch wurde nicht durch nennenswerte Wahlerfolge belohnt.

Jenseits dieses wahlpolitischen Aspekts hat die Politik der Opposition am Runden Tisch jedoch zumindest drei wichtige Funktionen erfüllt: Sie setzte das Ende des Machtmonopols der SED und die Offenlegung des geheimgehaltenen maroden Zustands der DDR im Bereich der Wirtschaft, der Umwelt etc. durch, erzwang die Auflösung des MfS und verhinderte seine geplante Umwandlung in ein neues Machtinstrument der SED, vor allem aber führte die Politik des Dialogs mit der Machtelite und der Kanalisierung des Protestes zur gewaltfreien Ablösung der SED-Herrschaft. Die besondere historische Funktion des Zentralen Runden Tisches gründete in seiner Absicht, ein System nichtlegitimierter politischer Herrschaft in

Funktionen der Opposition am Runden Tisch

---
112 Vgl. Thaysen 1995, S. 1845 ff. und Süß 1991b, S. 476.
113 Vgl. Thaysen 1990, S. 138 f.
114 Zit. nach: Thaysen/Kloth 1995, S. 1791.

ein demokratisches Gemeinwesen zu überführen. Diese Bedeutung konnte er aber nur in einer historischen Phase des Zusammenbrechens der alten Ordnung und der Ungewißheit über die weitere Entwicklung im geteilten Land erlangen. Nachdem die außenpolitischen Weichen für die deutsche Vereinigung gestellt waren, verlor er an Einfluß und Bedeutung. Runde Tische mögen ergänzende Funktionen in Teilbereichen funktionierender Demokratien haben, gesamtgesellschaftlich bedeutsam sind sie jedoch nur in Übergangsphasen gesellschaftlicher Transformation oder in politischen Krisensituationen.

5. Deutschlandpolitischer Schlagabtausch

Modell „Vertragsgemeinschaft"

Modrows Modell einer „Vertragsgemeinschaft" zwischen DDR und Bundesrepublik, das er in seiner Regierungserklärung unterbreitet hatte, trug wohl eher programmatischen als realpolitischen Charakter. Vertragliche Vereinbarungen sollten vorerst die Zweistaatlichkeit festschreiben und zielten auf eine umfassende Zusammenarbeit, bei der die Bundesrepublik die finanziellen Lasten zur Stabilisierung eines reformierten DDR-Sozialismus getragen hätte. „Den ebenso unrealistischen wie gefährlichen Spekulationen über eine Wiedervereinigung" wurde hingegen eine Absage erteilt.[115] Für diese Absicht fand Modrow Unterstützung in den Reihen der SED-Reformer wie auch beim überwiegenden Teil der Opposition. Die selbsternannten Modernisierer des Sozialismus im „Sozialismusprojekt" der Humboldt-Universität stellten kategorisch fest:

> „Für die DDR ist dazu auch die außenpolitische Absicherung ihrer vollen Souveränität gegenüber der BRD notwendig, weil nur so im Inneren der Streit bis zu Ende ausgetragen werden kann und jede Seite erst dann auf sich und die eigene Gesellschaft verwiesen ist. Die BRD-Politik der Obhutspflicht gegenüber DDR-Staatsbürgern ist eine völkerrechtswidrige Politik der Stärke. Der politische Reformprozeß ist deshalb stärker als in anderen Staaten von den Ergebnissen der internationalen Diskussion zur europäischen Nachkriegsordnung und der Zukunft des gemeinsamen europäischen Hauses abhängig."[116]

Eine Veränderung der Konstellation im geteilten Deutschland war aus dieser Perspektive nur im Rahmen der Auflösung der militärischen und wirtschaftlichen Bündnissysteme denkbar.

Bei den „Montagsdemonstrationen" Ende November konnten die Parolen und Plakate „Deutschland – einig Vaterland" und „Wir sind ein Volk" nicht mehr übersehen werden. Die Ablehnung des SED-Sozialismus schlug um in eine prinzipielle Ablehnung jeglicher sozialistischer Experimente. Der Bundeskanzler und sein Beraterstab, die neue, auf grünes Licht für eine „wie immer geartete deutsche Konföderation" hindeutende Signale aus Moskau vernahmen,[117] begannen nun, die SED stärker unter Druck zu setzen. Gegenüber der DDR-Seite nannte Kanzleramtsminister Seiters sieben Vorbedingungen für ein wirtschaftliches Engagement der Bundesrepublik in der DDR:

---

[115] Vgl. Modrow 1991, S. 27 ff. und 91 ff.
[116] Brie u. a. 1990, S. 115.
[117] Vgl. Teltschik 1991, S. 42 ff.

> „1. Freie Wahlen,
> 2. Zulassung oppositioneller Parteien,
> 3. Aufgabe des SED-Führungsanspruchs,
> 4. Einführung marktwirtschaftlicher Mechanismen,
> 5. Einrichtung eines Devisenfonds für DDR-Reisende,
> 6. Abschaffung des Pflichtumtausches,
> 7. Reiseerleichterungen für BRD-Bürger."[118]

Die SED reagierte mit der Ankündigung von Reformen sowie mit Hinweisen, die deutsche Frage im Rahmen eines europäischen Integrationsprozesses lösen zu wollen. Modrow hoffte zudem, daß auch die Westalliierten, vor allem Großbritannien und Frankreich, kein Interesse an einem starken, wiedervereinten Deutschland hätten. In dem Maße, wie innenpolitisch die Hoffnung auf eine Stabilisierung der DDR dahinschwand, setzte die Mehrzahl der politischen Akteure der DDR auf eine internationale Koalition gegen die deutsche Vereinigung. Der Kampf um den Erhalt der DDR sollte fortan zum Bindeglied zwischen SED-kritischen, aber staatsbejahenden DDR-Intellektuellen und Teilen der Opposition werden.

In dem am 28. November veröffentlichten Aufruf „Für unser Land" wurde diese „Notgemeinschaft" überdeutlich. Allein innerhalb der ersten zwei Wochen unterschrieben 200 000 Menschen diesen vom niederländischen Pfarrer Dick Boer inszenierten und von 31 Persönlichkeiten des öffentlichen Lebens unterzeichneten Hilferuf. Schriftsteller wie Christa Wolf und Stefan Heym, Oppositionelle wie Friedrich Schorlemmer und Ulrike Poppe sowie „SED-Erneuerer" wie Dieter Klein betonten die antifaschistischen Wurzeln der DDR und sahen folgende Alternative:

Aufruf „Für unser Land"

> „Entweder können wir auf der Eigenständigkeit der DDR bestehen und versuchen, ... eine solidarische Gesellschaft zu entwickeln, in der Frieden und soziale Gerechtigkeit, Freiheit des einzelnen, Freizügigkeit aller und die Bewahrung der Umwelt gewährleistet sind. Oder wir müssen dulden, daß, veranlaßt durch starke ökonomische Zwänge und durch unzumutbare Bedingungen, an die einflußreiche Kreise aus Wirtschaft und Politik in der Bundesrepublik ihre Hilfe für die DDR knüpfen, ein Ausverkauf unserer materiellen und moralischen Werte beginnt und über kurz oder lang die Deutsche Demokratische Republik durch die Bundesrepublik Deutschland vereinnahmt wird."[119]

Stefan Heym bezeichnete den Appell vor der internationalen Presse als Stellungnahme gegen westdeutsche Bestrebungen zur Vereinnahmung der DDR. Ausdrücklich wandte er sich gegen das von Helmut Kohl am gleichen Tag vorgestellte „10-Punkte-Programm zur Überwindung der Teilung Deutschlands und Europas".[120]

In den folgenden Wochen unterzeichneten über eine Million DDR-Bürger, unter ihnen Hans Modrow und Egon Krenz und viele noch in der SED verbliebene Mitglieder, diesen Appell. Gerade durch diese Bandbreite der Unterzeichner, die die alten Kräfte mit einschloß, erfuhr der Aufruf in der DDR-Öffentlichkeit andererseits auch starke Ablehnung. Resonanz fand er hingegen in linksintellektuellen Kreisen der Bundesrepublik. In ihrem Aufruf „Für Euer Land, für unser Land"

---

118 Vgl. Bahrmann/Links 1994, S. 120/121.
119 Aufruf für eine eigenständige DDR vom 26. November 1989, abgedruckt in: Schüddekopf 1990, S. 240 f.
120 Vgl. Wuttke 1994, S. 91.

wandten sich u. a. Heinrich Albertz, Luise Rinser, Dieter Lattmann, Dorothee Sölle und Helmut Gollwitzer gegen die geplante „Vereinnahmung" der DDR durch die Bundesrepublik und wünschten ihren Partnern in der DDR Erfolg bei dem „Versuch, einen Weg sozialistischer Demokratie aus der Krise eurer Gesellschaft zu finden".[121]

Deutschlandpolitische Offensive Kohls

Kohl registrierte die veränderten Parolen in der ostdeutschen Bevölkerung und die immer deutlicher werdenden Signale aus Moskau, die auf einen deutschlandpolitischen Kurswechsel Gorbatschows hindeuteten,[122] und konzentrierte sich fortan auf die Umsetzung der Wiedervereinigungsvision in Realpolitik. Als ihm auch der USA-Präsident George Bush seine volle Unterstützung zusicherte und das Europäische Parlament bei nur zwei Gegenstimmen eine Resolution verabschiedete, die das Selbstbestimmungsrecht der DDR-Bevölkerung dahingehend billigte, daß sie „Teil eines vereinten Deutschlands und eines einigen Europas" würde,[123] startete Kohl eine in dieser Deutlichkeit unerwartete deutschlandpolitische Offensive. Unter äußerster Geheimhaltung entwickelte ein kleiner Beraterstab einen Stufenplan zur Vereinigung Deutschlands unter Berücksichtigung des europäischen Einigungsprozesses und internationaler Vereinbarungen.[124] Die Erarbeitung dieser deutschlandpolitischen Initiative erfolgte ohne Absprache mit den westeuropäischen Verbündeten, auch der Koalitionspartner FDP und selbst die eigene Fraktion waren vorab nicht informiert. Allerdings konnte sich Kohl des grundsätzlichen Einverständnisses von Bush sicher sein.[125]

Das von Kohl anläßlich der Haushaltsdebatte am 28. November der Öffentlichkeit vorgestellte 10-Punkte-Programm für Deutschland sah als ersten Schritt Sofortmaßnahmen zur Unterstützung der DDR vor. Nach verschiedenen Schritten der innerdeutschen Zusammenarbeit, politischer und wirtschaftlicher Reformen in der DDR sowie der Einbettung des deutschen Vereinigungsprozesses in den gesamteuropäischen und den KSZE-Prozeß war als zehntes und letztes Ziel die Herstellung der staatlichen Einheit Deutschlands vorgesehen.[126] Das Problem der Westintegration und der NATO-Mitgliedschaft eines vereinten Deutschlands klammerte Kohl bewußt aus.[127] Auch fehlten in dem Plan zeitliche Vorgaben für den Vereinigungsprozeß.

Geschickt knüpfte Kohl an die Formulierung Modrows von der Vertragsgemeinschaft an, wollte diese jedoch als Zwischenschritt zum Aufbau föderativer Strukturen verstanden wissen. Von der DDR-Regierung forderte er die Einleitung eines grundlegenden Wandels des politischen und wirtschaftlichen Systems in der DDR einschließlich einer Verfassungsänderung und eines neuen Wahlgesetzes: „Wir unterstützen die Forderung nach freien, gleichen und geheimen Wahlen in der DDR unter Beteiligung unabhängiger, d. h. selbstverständlich auch nicht-sozialistischer,

---

121 Vgl. Wuttke 1994, S. 98.
122 Vgl. Teltschik 1991, S. 42 ff.
123 Vgl. ebd., S. 48.
124 Vgl. ebd., S. 48 ff. und Kohl 1996, S. 157 ff.
125 Vgl. Kohl 1996, S. 167 ff.
126 Vgl. Korte 1994, S. 88 ff.; das 10-Punkte-Programm von Kohl ist abgedruckt in: Kaiser 1991, S. 158 ff.
127 Vgl. Kohl 1996, S. 157 ff.

Parteien. Das Machtmonopol muß aufgehoben werden. Die geforderte Einführung rechtsstaatlicher Verhältnisse bedeutet vor allem die Abschaffung des politischen Strafrechts und als Konsequenz die sofortige Freilassung aller politischen Gefangenen."[128] Wirtschaftliche Hilfe knüpfte der Bundeskanzler an grundlegende Reformen des DDR-Wirtschaftssystems: „Die bürokratische Planwirtschaft muß abgebaut werden. Wir wollen nicht unhaltbar gewordene Zustände stabilisieren."[129] Er wertete diese Forderungen nicht als Vorbedingungen, sondern als sachliche Voraussetzung, „damit Hilfe überhaupt greifen kann. Im übrigen kann kein Zweifel daran bestehen, daß dies auch die Menschen in der DDR wollen."[130]

Die Reaktionen auf Kohls Rede waren unterschiedlich. Die Koalitionsfraktionen und zunächst auch die SPD-Bundestagsfraktion reagierten positiv, der außenpolitische Sprecher der SPD, Karsten Voigt, bot sogar die Zusammenarbeit der SPD „bei der Verwirklichung dieses Konzeptes, das auch unser Konzept ist", an.[131] Die Grünen und der Kanzlerkandidat der SPD, Oskar Lafontaine, lehnten dagegen den 10-Punkte-Plan ab. Lafontaine wertete diesen deutschlandpolitischen Vorstoß gar als „großen diplomatischen Fehlschlag. Es ist daher kein Schritt auf dem Weg zur Einheit, sondern eher geeignet, Mißtrauen in der DDR, in den europäischen Staaten, den Vereinigten Staaten und in der Sowjetunion hervorzurufen."[132]

Reaktionen auf 10-Punkte-Programm des Bundeskanzlers

Die DDR-Opposition und die SED reagierten reserviert bis distanziert auf die Offerte Kohls; eine Konföderation wollten sie nur ins Auge fassen, wenn die Existenz zweier unabhängiger, souveräner deutscher Staaten gewährleistet wäre. Aus den Reihen der Opposition reagierte die Gruppe „Demokratie jetzt" (DJ) auf die deutschlandpolitischen Pläne von Modrow und Kohl mit einem eigenen basisdemokratischen Einigungskonzept. Für sie war die deutsche Einheit nur denkbar als das „Ergebnis eines langen Prozesses der gegenseitigen Annäherung und der politischen und sozialen Reformen in beiden deutschen Staaten". Während in der DDR in einem Reformbündnis mit „unseren osteuropäischen Nachbarn" grundlegende politische und gesellschaftliche Reformen durchgeführt werden sollten, forderte DJ von der Bundesrepublik die „Einleitung von sozialen und gesellschaftspolitischen Reformen ..., die zu mehr sozialer Gerechtigkeit" führen. In einem Volksentscheid schließlich sollten die Bürger beider Staaten über die politische Einheit in einem „Bund deutscher Länder" mit „entmilitarisiertem Status" befragt werden.[133] In der DDR-Bevölkerung dagegen ließ sich ein sprunghaft ansteigender Wunsch nach Vereinigung registrieren. Der Anteil derjenigen, die einer Vereinigung von DDR und Bundesrepublik positiv gegenüberstanden, stieg von 48% im November auf 79% Anfang Februar 1990.[134]

Die über die Initiative Kohls vorab nicht informierten westeuropäischen Bündnispartner Frankreich und Großbritannien hielten sich bedeckt. Der französi-

---

128 Abgedruckt in: Kaiser 1991, S. 162/163.
129 Ebd., S. 163.
130 Ebd.
131 Zit. nach: Teltschik, S. 57.
132 Zit. nach: Korte 1994, S. 90/91.
133 Drei-Stufen-Plan zur Einigung von „Demokratie jetzt" vom 14. Dezember 1989, abgedruckt in: Gransow/Jarausch 1991, S. 110/111.
134 Vgl. Förster/Roski 1990, S. 53.

Reaktionen in Paris und London

sche Präsident Mitterrand wie auch die britische Premierministerin Thatcher sahen den Zeitpunkt für die deutsche Vereinigung noch lange nicht gekommen, die Mitwirkung der vier Siegermächte bei diesem Prozeß sei unverzichtbar. Mitterrand dachte überhaupt nicht daran, seinen für Dezember geplanten Besuch in der DDR abzusagen und sprach sich mit Gorbatschow über das weitere deutschlandpolitische Vorgehen ab.[135] Margaret Thatcher, alles andere als glücklich über die neue Situation in Deutschland, favorisierte auf dem Brüsseler NATO-Gipfel im Dezember 1989 eine lange Übergangszeit der Demokratisierung in Osteuropa. Erst nach einem Zeitraum von 15 Jahren könnte über Veränderungen nachgedacht werden.[136]

Verärgerung Gorbatschows

Unerwartet schroff fiel die Reaktion aus Moskau aus. Gorbatschow bemängelte die fehlende Absprache Kohls mit Frankreich, Großbritannien und seinem Land und bezeichnete den Vorstoß als „den Interessen des Wahlkampfes untergeordnet". Besonders erregte er sich über die Forderungen Kohls zur inneren Umgestaltung der DDR als Vorbedingung des deutschen Einheitsprozesses.[137] Die Verärgerung Gorbatschows bekam Genscher bei seinem Besuch in Moskau Anfang Dezember zu spüren. Vehement kritisierte der sowjetische Parteichef den Bundeskanzler, der „der Meinung zu sein (scheine), nun gebe er den Ton an. Ich glaube nicht, daß solche Schritte dem gegenseitigen Vertrauen und der Verständigung förderlich sind und die zwischen uns erreichten Vereinbarungen mit Leben füllen werden." Von Genscher vermutete Gorbatschow, dieser würde die Position Kohls selbst „innerlich nicht ganz akzeptieren".[138] Abschließend warnte der KPdSU-Generalsekretär vor bundesdeutschen Einmischungen in innere Angelegenheiten der DDR und vor einer „künstlichen Beschleunigung" des Entwicklungsprozesses. Seine ablehnende Haltung gegenüber dem Etappenplan Kohls zur Vereinigung Deutschlands begründete Gorbatschow auch in einem Brief an den Bundeskanzler. Eindringlich warnte er vor einer Zuspitzung der innenpolitischen Lage in der DDR und lehnte gleichzeitig jede Preisgabe der Selbständigkeit dieses deutschen Teilstaates ab.[139]

Rückendeckung durch die USA

Nur von den Vereinigten Staaten erhielt Kohl volle Rückendeckung. Schon vor der Grenzöffnung am 9. November hatte George Bush in einem Interview die Sorgen von Thatcher und Mitterrand über eine mögliche Vereinigung nicht geteilt. Der USA-Präsident hatte keine Zweifel an der Zuverlässigkeit Deutschlands im Bündnis.[140] Außenminister James Baker stellte auf einer Pressekonferenz einen Tag nach der Rede Kohls die deutsche Vereinigung in den Kontext der Selbstbestimmung, verknüpfte sie aber mit der fortgesetzten Zugehörigkeit Deutschlands zur NATO und zur Europäischen Gemeinschaft. Als weitere Voraussetzung betrachtete Baker die Anerkennung der Unverletzlichkeit der Grenzen in Europa.[141]

Auf dem sowjetisch-amerikanischen Gipfeltreffen am 3. Dezember 1989 in Malta setzte sich Bush gegenüber Gorbatschow ausdrücklich für die deutsche Vereinigung

---

135 Vgl. Wolffsohn 1992, S. 148 ff.
136 Vgl. ebd., S. 151.
137 Vgl. Gorbatschow 1995, S. 713.
138 Vgl. ebd., S. 713.
139 Vgl. Kohl 1996, S. 209/210.
140 Vgl. Kiessler/Elbe 1993, S. 57.
141 Pressekonferenz des amerikanischen Außenministers James A. Baker am 29. November 1989 in Washington, abgedruckt in: Kaiser 1991, S. 169.

ein. Dieser hielt sich indes weiterhin bedeckt, indem er auf die Realität zweier souveräner deutscher Staaten als Ergebnis der Geschichte verwies, wiewohl er sybillinisch erklärte, „daß die Geschichte selbst über die Prozesse und das Schicksal des europäischen Kontinents sowie über das Schicksal beider deutscher Staaten entscheidet."[142] Was auch immer Gorbatschow zu diesem Zeitpunkt hierunter verstanden haben mag, Bush jedenfalls erklärte auf der NATO-Tagung am 4. Dezember 1989 in Brüssel: „Bekanntlich unterstützen wir alle die Wiedervereinigung Deutschlands seit Jahrzehnten."[143] In einem persönlichen Gespräch ermahnte Bush Kohl, Gorbatschow nicht in Bedrängnis zu bringen und die Notwendigkeit der europäischen Integration und der Bündniszugehörigkeit nicht aus dem Auge zu verlieren.[144]

Der Bundeskanzler wurde anläßlich seines Zusammentreffens mit Modrow in Dresden am 19. und 20. Dezember 1989 in seinem realpolitischen Kurs gen Wiedervereinigung ausdrücklich bestätigt. Begeisterte Dresdener empfingen ihn mit Rufen wie „Helmut, Helmut" und „Deutschland, einig Vaterland". In der gemeinsamen Dresdener Erklärung bekundeten Kohl und Modrow ihre Bereitschaft, „über die bestehenden Verträge hinaus ... eine Vertragsgemeinschaft" zu entwickeln.[145] Von zwei souveränen deutschen Staaten war in diesem Text nicht mehr die Rede.[146]

6. Das Ende der Ära Modrow

Die Einbindung der Opposition in die Regierungsverantwortung brachte für die SED/PDS nicht das erhoffte Resultat. Sie hatte erwartet, dadurch große Teile der Bevölkerung integrieren und das Bonner Streben nach schneller Wiedervereinigung abwehren zu können. Aber weder repräsentierten die Oppositionsgruppen die Bevölkerung, noch ließ sich die Bundesregierung von ihrem Vereinigungskurs abbringen. Einzig die Schwächung der Opposition gelang der alten Staatspartei im neuen Gewande; Zerfall und Auflösung der staatlichen Strukturen und Institutionen waren dagegen nicht mehr aufzuhalten. Die Ausreisewelle ebbte nicht ab, immer noch verließen mehrere tausend Menschen täglich die DDR,[147] und der wirtschaftliche Niedergang spitzte sich dramatisch zu. Immer offensichtlicher trat die geringe Produktivität der DDR-Wirtschaft zutage, und die Verantwortlichen mußten um die Konkurrenzfähigkeit der meisten Betriebe bei offenen Märkten fürchten. Ohne finanzielle Hilfe von außen würden selbst niedrige und politisch wohl kaum durchzusetzende Lohnkosten der DDR-Wirtschaft keine Chance lassen.

Zerfall staatlicher Strukturen

---

142 Gemeinsame Pressekonferenz des amerikanischen Präsidenten George Bush und des sowjetischen Partei- und Staatschefs, Michail Gorbatschow, am 3. Dezember 1989 in Malta, zit. nach: Kaiser 1991, S. 170/171.
143 Zit. nach: Kiessler/Elbe 1993, S. 56.
144 Vgl. Teltschik 1991, S. 62 ff.
145 Gemeinsame Mitteilung über die Gespräche zwischen dem Bundeskanzler der Bundesrepublik Deutschland, Helmut Kohl, und dem Vorsitzenden des Ministerrats der Deutschen Demokratischen Republik, Hans Modrow, in Dresden am 19. und 20. Dezember 1989, abgedruckt in: Kaiser 1991, S. 186/187.
146 Vgl. Teltschik 1991, S. 90.
147 Vgl. Korte 1994, S. 44 ff.

Der Massenexodus aus der DDR erfaßte vor allem junge, relativ gut qualifizierte Personen, die an ihren Arbeitsplätzen spürbare Lücken hinterließen.[148] Hinzu kam der überraschende und zuweilen abstoßende Konsumtourismus vieler Bundesbürger, die sich mit hochsubventionierten Nahrungsmitteln eindeckten. Beides trug zu Versorgungsengpässen bei, so daß die DDR-Wirtschaft Anfang des Jahres 1990 unmittelbar vor dem endgültigen Zusammenbruch stand. Schon anläßlich des Treffens mit Kohl am 19. Dezember 1989 in Dresden hatte Modrow von der Bundesregierung einen Lastenausgleich unter anderem für die von der DDR in den Nachkriegsjahren erbrachten Mehrleistungen an Reparationen gefordert. Als Soforthilfe schwebte ihm eine Summe von 15 Mrd. DM vor. In einem für die Regierung Modrow entworfenen Strategiepapier vom Januar 1990 wiederholten Wissenschaftler des „Instituts für Internationale Politik und Wirtschaft" diese Forderung: „Die Situation in der DDR ist gegenwärtig so, daß es – wenn Schaden von der deutschen Nation und den Deutschen abgewendet werden soll – immer dringlicher wird, seitens der BRD einen Solidarbeitrag für die DDR zur Verfügung zu stellen; es handelt sich um eine finanzielle Starthilfe seitens der Regierung der BRD, die einer weiteren Verschuldung der DDR vorbeugen würde. Es ist davon auszugehen, daß dies für alle Deutschen ein Vorteil ist, seine Verweigerung gereicht auch den Bürgern in der BRD zum Nachteil."[149] Diese Finanzhilfe sollte nach Ansicht der Autoren für die Modernisierung der Infrastruktur, den Umweltschutz, die Sanierung des Staates, aber auch für Warenlieferungen genutzt werden. Gleichzeitig verwiesen sie auf die destabilisierenden Effekte einer anhaltenden Ausreisewelle auch für die Wirtschaft und die öffentlichen Ausgaben der Bundesrepublik.[150]

Modrow fordert von der Bundesregierung Soforthilfe

Westliche Sympathisanten der SED/PDS hatten in Sorge um die Existenz der DDR einen weit höheren Betrag errechnet. Sie forderten die Bundesregierung auf, der DDR über 700 Mrd. DM zur Verfügung zu stellen; schließlich habe die Bundesrepublik „ihre Wirtschaft nach dem Zweiten Weltkriege auf Kosten der Wirtschaft der Deutschen Demokratischen Republik entwickelt".[151] Kohl zeigte sich hiervon unbeeindruckt. Mehrfach in Aussicht gestellte Finanzhilfen weckten zwar Hoffnung bei der Regierung Modrow, realisiert wurden sie aber nicht.[152]

Modrows Wirtschaftsreform zielte auf ein Plan und Markt verbindendes sozialistisches Wirtschaftssystem.[153] Mittels einer „sozialistischen Marktwirtschaft" sollte die DDR-Ökonomie in die internationale Arbeitsteilung eingebunden werden. Die Sicherung der Konkurrenzfähigkeit auf westlichen Märkten sollte einhergehen mit stabilen Märkten in der Sowjetunion und den anderen Staaten des RGW.[154] Beides konnte nicht gelingen, da die eingeleiteten Reformmaßnahmen

---

[148] Vgl. Gros 1994, S. 51 ff.
[149] Zit. nach: Alisch 1996, S. 62.
[150] Vgl. ebd., S. 62 f.
[151] Aufruf an die Regierung der Bundesrepublik Deutschland zur Zahlung ihrer Reparations-Ausgleichs-Schuld an die Deutsche Demokratische Republik, abgedruckt in: Prokop 1994, S. 220 ff.
[152] Vgl. Arnold/Modrow 1995, S. 50. Allerdings hat die Bundesregierung im Zeitraum von Dezember 1989 bis Februar 1990 im Rahmen von konkreten Hilfs- und Aufbauleistungen insgesamt etwa 10 Mrd. DM an finanzieller Hilfe erbracht. Vgl. Gros 1994, S. 73 f.
[153] Vgl. Gros 1994, S. 55.
[154] Vgl. Modrow 1991, S. 101/102.

halbherzig blieben und keine kurzfristige Wirkung erzielten. Weder konnte die DDR-Wirtschaft in Kürze wettbewerbsfähig werden, noch konnte sie den ohnehin zusammenbrechenden RGW-Absatzmarkt stabilisieren. Die am 1. Februar 1990 vom Ministerrat verabschiedete Wirtschaftsreform bewegte sich unterhalb der Schwelle des Erforderlichen. Private Unternehmen sollten nur bedingt genehmigt, betriebliche Unternehmensziele durch zentrale Planungsprozesse vorgegeben und die freie Preisbildung nur beschränkt zugelassen werden.[155]

Unzureichende Wirtschaftsreform

Die in der kurzen Zeit bis zur Wahl im März 1990 umgesetzten Maßnahmen konservierten eher die alten Strukturen, als daß sie Raum für das Wirken neuer Kräfte und Institutionen schufen. Die Quadratur des Kreises – soziale Leistungen und Arbeitsbedingungen weitgehend beizubehalten und gleichzeitig eine wettbewerbsfähige Wirtschaft aufzubauen – konnte mit dem Wirtschaftsprogramm Modrows nicht einmal ansatzweise realisiert werden. Im Gegenteil: Der wirtschaftliche Niedergang setzte sich ungebrochen fort. In der Bevölkerung fand die von Modrow auf einen Zeitrahmen von drei Jahren angelegte Wirtschaftsreform ebenfalls keine positive Resonanz. Das Mißtrauen war zu groß, als daß eine Mehrheit der ostdeutschen Bevölkerung einer SED-geführten Regierung grundlegende gesellschaftliche Reformen zugetraut hätte.

Etwaige Illusionen Modrows, die Macht der SED/PDS über den Wahltermin hinaus sichern zu können, dürften angesichts der desolaten Lage und der Unzufriedenheit in der Bevölkerung, aber auch in der eigenen Partei, bald verflogen sein. Seine zweite Option – der Erhalt der DDR – erhielt mit dem Besuch Kohls in Dresden einen Dämpfer. Im nachhinein erinnerte sich Modrow: „Nach meinem Eindruck hat sich Kohl bereits nach dieser Kundgebung von seiner selbstverkündeten Politik des ‚Schritt- und Augenmaßes' verabschiedet und sich für eine Vereinigung im Eilmarsch entschieden."[156] Noch aber hoffte Modrow auf die Unterstützung der Sowjetunion zumindest hinsichtlich des Tempos und der Modalitäten einer möglichen Vereinigung. Die in Dresden angekündigte Vertragsgemeinschaft ließ noch manches offen, wie auch Kohls 10-Punkte-Plan den Zeitpunkt einer möglichen Vereinigung offengehalten hatte. Die Stellungnahmen Gorbatschows zur deutschen Frage waren widersprüchlich. Äußerungen hinsichtlich des deutschen Selbstbestimmungsrechts wechselten mit Bekundungen, durch ein Verschwinden der DDR könne sich die weltpolitische Lage insgesamt destabilisieren.[157]

Nachdem die Bundesregierung auch auf den Entwurf Modrows für einen „Vertrag über Zusammenarbeit und gute Nachbarschaft zwischen der Deutschen Demokratischen Republik und der Bundesrepublik Deutschland"[158] nicht reagierte[159], unternahm Modrow einen letzten deutschlandpolitischen Vorstoß. Die Entwicklung in der Sowjetunion und in den RGW-Staaten verlief aus seiner Sicht so, „daß für uns nur die Orientierung auf die Bundesrepublik eine reale Alternative war".[160]

---

155 Vgl. Gros 1994, S. 55 ff.
156 Modrow 1991, S. 100.
157 Vgl. Teltschik 1991, S. 82 ff. und Gorbatschow 1995, S. 700 ff.
158 Abgedruckt in: Modrow 1991, S. 170 ff.
159 Vgl. Teltschik 1991, S. 109.
160 Modrow 1991, S. 119.

Deutschland-politischer Kurswechsel in Moskau

Auch die sowjetische KP-Führung nahm einen deutschlandpolitischen Kurswechsel vor. Laut Gorbatschow hatte sie einige Tage vor dem Besuch Modrows in Moskau am 30. Januar 1990 die neue Politik festgelegt:

„— Die Wiedervereinigung Deutschlands sei unvermeidlich.
— Die UdSSR solle die Initiative zu einer Konferenz der ‚Sechs' ergreifen, also der vier Siegermächte und der beiden deutschen Staaten.
— Die Verbindung zur Führung der DDR sei aufrechtzuerhalten.
— Unsere Politik in der ‚deutschen Frage' müsse enger mit Paris und London koordiniert werden.
— Achromejew müsse die Frage des Abzugs unserer Streitkräfte aus der DDR prüfen."[161]

Vor diesem Hintergrund stimmte Gorbatschow der Initiative Modrows „Deutschland, einig Vaterland" ohne große Diskussion zu. Da der DDR-Ministerpräsident seine Pläne vor dem Besuch in Moskau mit dem sowjetischen Botschafter Kotschemassow abgestimmt hatte, konnte diese Übereinstimmung nicht verwundern.[162] Modrow ging davon aus, daß die „überwiegende Mehrheit der gesellschaftlichen Kräfte – von kleinen linken Sekten abgesehen –... sich um die Vereinigungsidee (gruppiert). Wenn wir jetzt nicht die Initiative ergreifen, dann wird sich der eingeleitete Prozeß spontan und eruptiv fortsetzen, ohne daß wir dann darauf noch Einfluß nehmen könnten."[163] In der Erinnerung Modrows bedeutete sein Vorschlag einer stufenweisen Vereinigung und deren feste Verankerung im europäischen Prozeß kein schnelles Verschwinden der DDR, da er der für einen langsameren Vereinigungsprozeß plädierenden SPD größere Chancen bei der Wahl am 18. März einräumte.[164] Für Gorbatschow und Modrow war zum damaligen Zeitpunkt ein vereintes Deutschland erst nach einem Austritt aus der NATO und militärischer Neutralität denkbar.

Bereits bei der Verkündung[165] seines Konzeptes unmittelbar nach der Rückkehr aus Moskau am 1. Februar verpuffte die Wirkung. Die Berater Kohls erinnerten die Vorschläge an die von Ulbricht und Grotewohl vorgebrachten Konföderationspläne aus den fünfziger Jahren.[166] Kohl begrüßte die Initiative Modrows als Bekenntnis zur staatlichen Einheit Deutschlands, lehnte jedoch die Neutralitätsforderung strikt ab.[167] Vor allem in Modrows eigenem Lager wurde seine Initiative als „Dolchstoß" gewertet;[168] erst dadurch wäre der realpolitisch kaum verankerte Wunsch nach Wiedervereinigung in der DDR-Bevölkerung verbreitet und mehrheitsfähig gemacht worden. Kritiker warfen ihm vor, „durch diesen Schwenk auf eine reale Vereinigungschance die Hoffnungen sehr vieler DDR-Bürger auf die Verheißungen des ‚goldenen Westens' geweckt" zu haben.[169]

---

161 Gorbatschow 1994, S. 715.
162 Vgl. Modrow 1991, S. 119.
163 Zit. nach: Gorbatschow 1994, S. 714.
164 Modrow 1991, S. 121; vgl. allgemein zu diesem Thema auch Bukowski 1996.
165 „Für Deutschland, einig Vaterland", abgedruckt in: Modrow 1991, S. 186 ff.
166 Vgl. Teltschik 1991, S. 124.
167 Vgl. ebd. und Kohl 1996, S. 253 ff.
168 Vgl. Modrow 1991, S. 125.
169 Hamberger 1994, S. 110.

Schon beim Besuch Kohls in Moskau am 10. Februar 1990 relativierte Gorbatschow seine Modrow gegenüber geäußerte Position auch in den strittigen Punkten und bettete sie in eine „Unzahl von Fragen" ein, die noch zu lösen wären. Es ging ihm um „Garantien der Unantastbarkeit der Grenzen", die „Anerkennung der territorial-politischen Realität der Nachkriegszeit", den „militärpolitischen Status des vereinten Deutschlands" und die „Verknüpfung des gesamteuropäischen Prozesses mit dem der deutschen Vereinigung".[170] Gleichzeitig erklärte Gorbatschow Kohl unmißverständlich: „Wir stimmen im wichtigsten Punkt überein: Die Deutschen selbst müssen ihre Entscheidung treffen. Und sie müssen unsere diesbezüglichen Positionen kennen."[171]

Gorbatschow: Selbstentscheidungsrecht der Deutschen

In der TASS-Mitteilung über das Gespräch Gorbatschow-Kohl am darauffolgenden Tag klang die Übereinkunft noch eindeutiger:

> „Gorbatschow stellte fest – und der Kanzler stimmte ihm zu –, daß es zur Zeit zwischen der UdSSR, der BRD und der DDR keine Meinungsverschiedenheiten darüber gebe, daß die Deutschen selbst die Frage der Einheit der deutschen Nation lösen und selbst ihre Wahl treffen müssen, in welchen Staatsformen, zu welchem Zeitpunkt, mit welchem Tempo und zu welchen Bedingungen sie diese Einheit realisieren werden."[172]

Der nun schnellere Fahrt aufnehmende Zug Richtung deutsche Einheit fand nicht nur bei PDS und Oppositionsgruppen in der DDR heftigen Widerspruch, auch in der Bundesrepublik meldeten sich Kritiker, die schon seit dem 9. November gegen eine mögliche Wiedervereinigung plädiert hatten, verstärkt zu Wort. Der Schriftsteller Günter Grass avancierte dabei zu einer Art Symbolfigur westdeutscher Vorbehalte gegen die deutsche Einheit. In einem Zeitungsinterview vom 12. Februar 1990 sprach er sich dafür aus, „die deutsche Frage jenseits von Wiedervereinigung" zu lösen. Mit Hinweis auf die deutschen Verbrechen während der Zeit des Nationalsozialismus warnte er eindringlich vor einem zu starken Deutschland:

Wiedervereinigungskritiker in der Bundesrepublik

> „Der Politiker muß dem Volk antworten, ja, wir sind ein Volk. Aber die Geschichte hat es uns auferlegt, daß wir in zwei Staaten leben. Wir müssen eben versuchen, dennoch ein Volk zu sein und eine Form zu finden, die all dem Rechnung trägt, was auf uns lastet. Und dazu gehört in erster Linie Auschwitz. Trotz Auschwitz muß es möglich sein – und das ist unseren Nachbarn zuzumuten, eine Form zu finden, die erträglich ist. Deshalb schlage ich die Konföderation vor. Sie ist keine Machtballung, sie ist etwas, das sich viel leichter in ein zukünftiges Europa integrieren läßt als der 80-Millionen-Staat, der all denen vorschwebt, die aus ihrer Not heraus in der DDR ‚Deutschland, einig Vaterland' rufen, und den Politikern hier, die das beschwören, obwohl sie es besser wissen müßten. Die Politiker geben diesem Druck nach und lancieren ein solches Versprechen jetzt auch noch in den Wahlkampf der DDR. Die Wirklichkeit Europas wird sie zurückrufen. Ich bin da ziemlich sicher."[173]

Die Warnungen von Grass und anderen Linksintellektuellen verhallten freilich weitgehend ungehört. Die westdeutsche Bevölkerung optierte mehrheitlich für eine Vereinigung, ohne allerdings dieser Frage zentrale Bedeutung beizumessen. Das formelle Bekenntnis zur deutschen Einheit korrespondierte seit den siebziger Jahren

---

[170] Vgl. Gorbatschow 1994, S. 717.
[171] Ebd.
[172] Zit. nach: Teltschik 1991, S. 143.
[173] Das Interview mit Grass ist abgedruckt in: Gransow/Jarausch 1991, S. 125 ff.; hier: S. 126.

mit einem zunehmenden Desinteresse an dieser Frage.[174] Selbst in den Wochen und Monaten nach dem Fall der Mauer war von Euphorie in weiten Teilen der westdeutschen Bevölkerung wenig zu spüren. Andererseits nahm die breite Mehrheit die mögliche Vereinigung als selbstverständliche, pragmatische Politik hin. Allerdings gab es mehr öffentlichen Widerspruch gegen die Vereinigung als Forderungen nach einem baldigen Vereinigungszeitpunkt.

Treffen Kohl–Modrow 13. Februar 1990

Unter diesen Voraussetzungen verlief das Treffen Kohl–Modrow in Bonn am 13. Februar 1990 für die ostdeutsche Seite ernüchternd. Modrow war mit Ministern aller 13 Parteien und an der Regierung beteiligten Vereinigungen angereist. Vor allem die Minister ohne Geschäftsbereich aus dem Lager der Opposition forderten eine finanzielle Soforthilfe der Bundesregierung und sprachen sich entschieden gegen einen „Anschluß der DDR an die BRD nach Art. 23 des Grundgesetzes" aus. Sie sprachen von der Gefahr eines „vierten Reiches, das Ängste bei seinen Nachbarn hervorrufen" könnte.[175] Kohl wie auch die anderen westdeutschen Delegationsmitglieder reagierten auf diese Forderung abweisend. Der Kanzler war in der Erinnerung seines Beraters Teltschik nicht mehr daran interessiert, mit einem hilflosen Modrow noch entscheidende Verabredungen zu treffen.[176] Modrow war sich der Auswegslosigkeit seiner Situation bewußt: „Was ich in diesem Augenblick empfand, ist ganz schwer zu beschreiben. Enttäuschung allein war es nicht. Für mich zeichnete sich mit diesem Treffen bereits die bedingungslose Übergabe der DDR an die Bundesrepublik ab."[177]

Der Versuch Modrows, durch finanzielle Hilfen Bonns die DDR zu stabilisieren oder zumindest ihre Lebensdauer zu verlängern, schlug fehl, aber andere Maßnahmen seiner beiden Regierungen wirkten über das Ende der DDR hinaus. Gerade nach der Einbindung der Opposition in die „Regierung der nationalen Verantwortung" und der damit einhergehenden Neutralisierung, wenn nicht gar Instrumentalisierung des Runden Tisches für die Regierungspolitik, erließ die Regierung Gesetze und Anordnungen, die weitreichende politische, ökonomische und soziale Folgen hatten. Da die Regierung de Maizière nahezu alle diesbezüglichen Bestimmungen übernahm und zum größten Teil in den Einigungsvertrag einbrachte, belasten diese Hypotheken den Vereinigungsprozeß noch heute. Es bleibt der weiteren Forschung überlassen, die Auswirkungen präzise und im Detail zu beschreiben. Hier sollen nur die wohl wichtigsten „fortwirkenden Maßnahmen" der Modrow-Regierung aufgeführt werden.[178]

Fortwirkende Maßnahmen der Modrow-Regierung

1. Mit der „Verordnung zur Arbeit mit Personalunterlagen" vom 22. Februar 1990 war es allen öffentlich Beschäftigten und auch der Nomenklatur erlaubt, ihre Kaderakte eigenhändig zu säubern. Gleichzeitig setzte die Regierung in Übereinstimmung mit dem Runden Tisch die Umkehrung der Beweislast für die Verantwortlichen der SED-Diktatur durch. Angesichts der tolerierten Aktenvernichtung des MfS und der eigenhändigen Säuberung der Kaderakten hatte die

---

[174] Vgl. Herdegen 1996, S. 246.
[175] Vgl. Modrow 1991, S. 132.
[176] Vgl. Teltschik 1991, S. 145.
[177] Modrow 1991, S. 134.
[178] Vgl. allg. zur Wirtschaftspolitik der Regierungen Modrow und ihren Nachwirkungen Heering 1997a.

Einzelfallprüfung die Konsequenz, daß Beschäftigte im öffentlichen Sektor weitgehend übernommen wurden, wie überhaupt das Ausmaß der in der Amtszeit Modrows erfolgten Umsetzungen von Beschäftigten in andere öffentliche Institutionen bisher nicht bekannt ist.

2. Ebenfalls weitgehend unerforscht sind die Folgen eigentumsrechtlicher und vermögensrechtlicher Absicherungen und Privilegierungen, die etwa durch die Grundstücksgesetze vom 6. und 7. März 1990, das Gesetz über die Übertragung volkseigener landwirtschaftlicher Nutzungsflächen in das Eigentum von LPG vom 6. März oder durch das Gesetz über den Verkauf volkseigener Gebäude vom 7. März 1990 bewirkt wurden.[179]

3. Jenseits von materiellen Auswirkungen kann sich Modrow zudem das Verdienst zurechnen, das ganze Ausmaß und die personelle Verantwortlichkeit des totalitären Systems DDR verschleiert und verharmlost zu haben. Um so schwerer wiegt es, daß es ihm sogar gelang, Teile der Opposition hierfür einzuspannen. Die Tabuisierung der Kennzeichnung der DDR als (totalitäre) Diktatur sollte nicht ohne Auswirkungen auf den Vereinigungsprozeß bleiben, ja, sie behinderte oder erschwerte ihn zumindest in erheblichem Maße.[180]

Der letzte sowjetische Botschafter in der DDR, Kotschemassow, zog dagegen eine durchaus positive Bilanz der Ära Modrow und bestätigte damit ungewollt die obigen Befürchtungen:

> „Er hinterließ der folgenden Regierung ein System der Leitung. In kurzer Zeit wurden freie Wahlen vorbereitet, der Entwurf einer neuen Verfassung der DDR geschaffen. Reformen der Wirtschaft, des politischen Systems, der Armee usw. wurden ausgearbeitet. Faktisch gerade unter ihm wurden Konzeptionen und Gesetze für alle Bereiche des staatlichen und des politischen Systems entweder angenommen oder vorbereitet."[181]

7. Auf dem Weg zur deutschen Einheit

Die zweite Regierung Modrow war unter der Prämisse der Vorverlegung der ursprünglich für Mai geplanten Volkskammerwahlen auf den 18. März 1990 gebildet worden. Dieser frühe Wahltermin entsprach den Interessen der SED-PDS, die darauf hoffte, daß vor allem die Opposition noch nicht hinreichend wahlfähig werden würde, sowie der SDP, die sich schon im Januar 1990 in SPD umbenannte. Die SPD sah sich bei einem frühen Wahltermin als sicherer Wahlsieger, da die alten Blockparteien ebenso wie die SED-PDS durch ihre Verantwortung für die Diktatur diskreditiert seien und die meisten anderen Oppositionsgruppen sich noch in einem personellen und vor allem programmatischen Klärungsprozeß befänden. Erste Umfragen bestätigten diese Annahme: Im Februar 1990 gaben über 50% der Befragten an, sie würden bei der Volkskammerwahl die SPD wählen.[182] Die anderen Oppositionsgruppen taten sich in der Wahlvorbereitung wesentlich schwerer. So wollte sich das Neue Forum, der eigentliche Kristallisationspunkt der Opposition gegen die SED-Diktatur im Herbst 1989, nicht in eine Partei umwandeln. Das

Gute Wahlaussichten der SPD

---

[179] Vgl. als ersten Überblick Thaysen 1995, S. 1996 ff.
[180] Vgl. ebd., S. 2006 f.
[181] Kotschemassow 1994, S. 221.
[182] Vgl. Förster/Roski 1990, S. 147.

Politikverständnis maßgeblicher Repräsentanten dieser Gruppierung gründete auf basisdemokratischen Vorstellungen, in denen eine ausschließliche Konzentration auf eine Parteiendemokratie für nicht erstrebenswert gehalten wurde. Schließlich einigte sich das Neue Forum dennoch mit der Gruppe „Demokratie Jetzt" und der „Initiative Frieden und Menschenrechte" auf ein Wahlbündnis (Bündnis 90). Neben der Grünen Partei, die ein Wahlbündnis mit dem Unabhängigen Frauenverband einging, kandidierten noch weitere kleinere, vornehmlich linksradikale Gruppen aus dem Oppositionsspektrum.

Neue Konstellationen für Blockparteien

Die ehemaligen Blockparteien setzten ihre Abgrenzung von der PDS fort und suchten die Unterstützung durch westliche Partner, die sie schließlich auch erhielten. Die CDU hatte mittlerweile einen langen Weg hinter sich gebracht: Ende Oktober/Anfang November 1989 noch in einer ambivalenten Position (einerseits Forderung nach Demokratisierung, andererseits Festhalten am sozialistischen Charakter der Staats- und Gesellschaftsordnung) mußte der neue Vorsitzende Lothar de Maizière Ende November/Mitte Dezember 1989 einen programmatischen Wechsel hin zu klassisch-westlichen Positionen akzeptieren. Kurz nach dem Ausscheiden aus dem Demokratischen Block „verabschiedete sich die Ost-CDU offiziell vom Sozialismus, bekannte sich zu einer ökologisch-sozialen Marktwirtschaft, zur parlamentarischen Demokratie und zur Einheit der deutschen Nation"[183]

Programmatisch war die CDU damit weiter als in Strukturen und Funktionärskörpern, wo die „Altlasten" noch großes Gewicht besaßen; deshalb hielten Bundeskanzler Kohl und CDU-Generalsekretär Rühe zunächst noch Distanz zur Ost-CDU. Beiden mißfiel zunehmend auch der Verbleib der Partei in der Regierung Modrow. Der Rückzug der Ost-CDU aus diesem Kabinett Ende Januar 1990 war zentrale Vorbedingung für das Engagement der West-CDU im Volkskammerwahlkampf und damit von existentieller Bedeutung für den Erfolg der Partei. Schließlich gründete die CDU gemeinsam mit der neuentstandenen Deutschen Sozialen Union (DSU) und dem Demokratischen Aufbruch (DA) das Wahlbündnis „Allianz für Deutschland". Diese Konstellation erleichterte der westdeutschen CDU/CSU die Unterstützung. Das zersplitterte liberale Spektrum schloß sich ebenfalls zusammen und nannte sich „Bund Freier Demokraten" (BFD). In ihm waren die alte Blockpartei LDPD sowie die neugegründeten liberalen Ableger FDP und Deutsche Forum-Partei – eine Abspaltung vom „Neuen Forum" – vereint. Die SED-PDS trennte sich im Februar 1990 von der vergangenheitsträchtigen ersten Hälfte ihres Namens und nannte sich fortan nur noch „Partei des Demokratischen Sozialismus" (PDS).

Obwohl der Runde Tisch am 5. Februar jede Einmischung westlicher Parteien zugunsten ostdeutscher abgelehnt hatte, erhielten in den Wochen vor der Wahl SPD, Liberale und CDU massive Unterstützung durch die jeweiligen westlichen Schwesterorganisationen. Vor allem Willy Brandt und Helmut Kohl mobilisierten auf Wahlkampfveranstaltungen die Massen und trugen ihren Teil zum Ergebnis dieser Parteien bei. Die PDS setzte auf ihren Ministerpräsidenten Hans Modrow und versuchte, der Öffentlichkeit das Bild einer reformierten sozialistischen Partei zu vermitteln, die mit ihrer diktatorischen Vergangenheit gebrochen hätte. Sie konnte sich auf ihre immer noch vergleichsweise große Mitgliedschaft sowie

---

[183] Richter 1994, S. 131.

gewachsene formelle und informelle Strukturen stützen. Dagegen nahm sich der argumentative Wahlkampf von Bündnis 90 wenig öffentlichkeitswirksam aus und fand nur geringe Resonanz bei den Wählern. Auf eine Unterstützung der mit ihrer Politik sympathisierenden West-Grünen verzichteten die in diesem Wahlbündnis zusammengeschlossenen Bürgerrechtler.

Insgesamt stellten sich 24 Parteien bzw. Wahlbündnisse der nach einem reinen Verhältniswahlsystem ohne Sperrklausel durchgeführten Wahl am 18. März. Die großen Parteien/Wahlbündnisse unterschieden sich vor allem in zwei Punkten: in Fragen der Gesellschaftsordnung und in ihren Vorstellungen über Tempo und Art der Vereinigung.

Die zumindest auf dem Papier geläuterte PDS strebte „gemeinsam mit anderen linken und demokratischen Kräften" einen „demokratischen Sozialismus" an. Sie propagierte eine „am Gemeinwohl der Gesellschaft und an dem Wohl jedes einzelnen orientierte Marktwirtschaft" und Politik auf der Grundlage „sozialistischer Wertvorstellungen". Die ökologisch und sozial ausgerichtete Marktwirtschaft sollte durch eine „strategische Wirtschaftssteuerung des Staates ergänzt werden, wobei der Gesamtprozeß der demokratischen Kontrolle der Öffentlichkeit unterliegen muß". Die deutsche Vereinigung sollte nicht als bloßer Anschluß der DDR an das System der Bundesrepublik erfolgen.

Wahlziele der PDS

> „Der Weg zur deutschen Einheit ist als Teil der Entwicklung Europas zu einem entmilitarisierten, friedlichen, demokratischen und sozialen Europa zu gestalten, das für die Lösung der globalen Probleme einen bislang nicht gekannten Beitrag leistet. Wir halten es für notwendig und richtig, daß beide Staaten beim Zusammenwachsen ihre Vorzüge bewahren ... Die Verteidigung sozialer Errungenschaften der Bevölkerung der DDR wird nicht allein durch das kluge Wirken einzelner Politiker möglich sein"[184]

Das erst spät nach harten internen Auseinandersetzungen zustande gekommene Bündnis 90[185] unterschied sich in seinem Wahlkampfstil fundamental von den anderen Parteien. An die Stelle personenzentrierter großer Wahlveranstaltungen setzte es eine Vielzahl kleinerer Veranstaltungen sowie die Herausgabe von Informationsblättern. Inhaltlich rückte es die Auseinandersetzung mit der diktatorischen Vergangenheit und die Errichtung einer möglichst viele Bürger einbeziehenden Basisdemokratie in den Vordergrund. Die deutsche Vereinigung sollte erst nach der Etablierung der demokratischen Selbstbestimmung in der DDR und nach einem Volksentscheid in beiden deutschen Staaten erfolgen. Und weiter hieß es im Wahlprogramm: „Die Annäherung beider deutscher Staaten findet in den bestehenden Grenzen und unter Berücksichtigung der Sicherheitsinteressen der Nachbarstaaten statt. Daher treten wir für die Entmilitarisierung beider deutscher Staaten und die Auflösung der Militärblöcke ein. Einen deutschen Sonderweg, der in die NATO führt, lehnen wir ab."[186] Einer Minderheit im Neuen Forum ging selbst diese behutsame Variante der angestrebten deutschen Vereinigung zu weit. Sie beklagte

Wahlkampfstil des Bündnis 90

---

[184] Vgl. das Parteiprogramm der PDS, abgedruckt in: „Wahltreff 90", S. 199 ff.
[185] Vgl. Müller-Enbergs u. a. 1992, S. 51 ff.
[186] Vgl. Schulz 1992, S. 54/55.

die Ausgrenzung radikal-demokratischer Sichtweisen, „die sich für eine eigenständige Entwicklung der DDR und die soziale Solidargemeinschaft engagierten".[187]

Sozialdemokratisches Grundsatzprogramm

Die neugegründete SPD, die als erste Oppositionsgruppe ein Bekenntnis zur parlamentarischen Demokratie abgelegt und die Machtfrage gestellt hatte, erhielt zwar breite Unterstützung durch die westdeutschen Sozialdemokraten, litt jedoch unter ihrer personellen Schwäche und mangelnden sozialen Verankerung. Ihr Grundsatzprogramm orientierte auf eine ökologische und soziale Demokratie in einer freiheitlichen Gesellschaft. Mit ihrer Kritik an der „Verstaatlichung der Gesellschaft" setzten sich die Sozialdemokraten am radikalsten von der DDR-Vergangenheit ab und plädierten für einen „demokratischen und sozialen Rechtsstaat deutscher Nation, der dem Prinzip gesellschaftlicher Solidarität verpflichtet ist, sich zu Freiheit, Gleichheit und politischem Pluralismus bekennt, seine Staats- und Rechtsordnung auf parlamentarische Demokratie, strikte Gewaltenteilung, föderativen Staatsaufbau und kommunale Selbstverwaltung gründet".[188] Die deutsche Vereinigung sollte im Rahmen des europäischen Integrationsprozesses und über den Artikel 146 des Grundgesetzes, d. h. über die Erarbeitung und Billigung einer neuen Verfassung, erfolgen.[189]

„Allianz für Deutschland"

Die im Wahlbündnis „Allianz für Deutschland" zusammengeschlossenen konservativen Parteien traten unter der Parole „Freiheit und Wohlstand – nie wieder Sozialismus" an und forderten eine schnelle deutsche Vereinigung über Artikel 23, d. h. den Beitritt der DDR zum Geltungsbereich des Grundgesetzes. Ihr Bekenntnis zur sozialen Marktwirtschaft hob die Eigenverantwortung des einzelnen hervor, betonte jedoch gleichzeitig den sozialen und ökologischen Auftrag der Wirtschaftspolitik. „Ein breit gestreutes persönliches Eigentum gibt dem Bürger Entscheidungsmöglichkeiten und erhöht seine persönliche Freiheit", hieß es im Entwurf des Programms der CDU.[190]

In der Schlußphase des Wahlkampfes dominierten die Wahlredner aus dem Westen. Helmut Kohl unterstrich die Notwendigkeit einer schnellen Vereinigung und versprach raschen Wohlstand. Oskar Lafontaine warnte dagegen vor den finanziellen und sozialen Folgen einer baldigen Vereinigung. Willy Brandt lag eher auf der Linie des Bundeskanzlers; so wurde die innere Zerrissenheit der West-SPD in Fragen der deutschen Einheit auch nach außen hin offensichtlich. Die zur Wahl stehenden Alternativen, insbesondere zur deutschen Vereinigung wie auch zum Umgang mit der DDR-Vergangenheit, lagen vor der Wahlentscheidung offen zutage.

Kurz vor dem Wahltag wurde die „Allianz für Deutschland" von der Vergangenheit einer ihrer prominentesten Sprecher, Wolfgang Schnur (DA), eingeholt, der als Inoffizieller Mitarbeiter des Ministeriums für Staatssicherheit enttarnt wurde. Gleiches widerfuhr dem Spitzenkandidaten der SPD, Ibrahim Böhme, der sich schon als „letzter Ministerpräsident" der DDR gesehen hatte,[191] unmittelbar nach der Wahl. Beide hatten eine herausragende Rolle am Runden Tisch gespielt und als ostdeutsche „Juniorpartner" den Wahlkampf mitdominiert.

---

187 Zit. nach: ebd., S. 54.
188 Vgl. das Grundsatzprogramm der SPD; abgedruckt in: „Wahltreff 90", S. 218 ff., hier: S. 230.
189 Vgl. Korte 1994, S. 122.
190 Das Programm der CDU (Entwurf) ist abgedruckt in: „Wahltreff 90", S. 22 ff., hier: S. 42.
191 Vgl. Jarausch 1995, S. 192.

Unmittelbar vor der Wahl durchgeführte Befragungen verzeichneten einen sinkenden Trend bei der SPD und einen steigenden bei der CDU, allerdings lag die SPD mit 34% immer noch deutlich vor der CDU mit 22%. Für die PDS, die sich nach diesen Umfragen wieder im Aufschwung befand, votierten 17%.[192] Das tatsächliche Wahlergebnis brachte eine Sensation: Die „Allianz für Deutschland" gewann mit knapp 48% eindeutig und mit klarem Vorsprung die Wahl. Die SPD landete weit abgeschlagen bei knapp 22%, die PDS kam auf etwas über 16%.[193] Besonders enttäuschend fiel das Wahlergebnis für die Aktivisten der Opposition aus. Sie erhielten nur knapp 3% (Bündnis 90) bzw. knapp 2% (Grüne-UFV) und lagen damit gemeinsam noch hinter der nationalkonservativen DSU, die über 6% der Stimmen auf sich vereinigen konnte.[194]

Wahlsieg der „Allianz für Deutschland"

Die nicht erwartete hohe Wahlbeteiligung (93,4%) hatte offenbar die bürgerlich-konservativ orientierten Parteien begünstigt, die ohne Wenn und Aber für eine rasche Vereinigung plädiert und damit auch die Arbeiterschaft weitgehend für sich gewonnen hatten. Die Parteien/Wahlbündnisse, die sich gegen die Übernahme des westlichen Gesellschaftsmodells und für eine (demokratische) Erneuerung der DDR vor der Vereinigung ausgesprochen hatten, konnten nicht einmal ein Viertel der Wählerstimmen auf sich vereinigen. Eindeutiger hätte die „Abwahl der DDR"[195] nicht ausfallen können. Die überwältigende Mehrheit der ostdeutschen Bevölkerung wollte den radikalen Bruch mit der Vergangenheit und erhoffte sich durch die Aufnahme in die Bundesrepublik baldigen Wohlstand.

Eine nähere Betrachtung des Wahlergebnisses zeigt, daß die „Allianz für Deutschland" insbesondere bei den Arbeitern und Selbständigen überdurchschnittliche Stimmengewinne zu verzeichnen hatte, während die PDS ihren Stimmenanteil nur durch ihr überdurchschnittlich gutes Ergebnis bei der „Intelligenz" und dem höheren Staatspersonal sichern konnte. Die Allianz erreichte ihre besten Ergebnisse in Sachsen und Thüringen. SPD und PDS verzeichneten überdurchschnittliche Resultate in Ost-Berlin sowie in Brandenburg und Mecklenburg-Vorpommern.[196] Der Stimmenanteil für SPD, PDS, aber auch für Bündnis 90 stieg mit der Wohnortgröße, bei der „Allianz für Deutschland" verhielt es sich umgekehrt.[197] Während die Geschlechtszugehörigkeit erstaunlicherweise keinen nennenswerten Einfluß auf das Wahlergebnis hatte, ließen sich deutliche altersbestimmte Präferenzen ausmachen. Die Altersgruppen bis vierzig wählten eher unterdurchschnittlich konservative Parteien und tendierten stärker als die älteren Jahrgänge zur PDS und zum Bündnis 90. Die SPD hatte ihr bestes Ergebnis bei den über Sechzigjährigen.[198]

Die Wahlentscheidung fiel weniger aufgrund eines ausgeprägten programmatischen Profils der jeweiligen Partei oder einer bestimmten Vorliebe für prominente Politiker,[199] sondern resultierte aus den persönlichen Zielsetzungen der Wähler. Sie wählten die Partei, die ihrer jeweiligen Einstellung und Perspektive am nächsten

---

[192] Vgl. Förster/Roski 1990, S. 147.
[193] Vgl. Korte 1994, S. 123.
[194] Vgl. ebd.
[195] Korte 1994, S. 124.
[196] Vgl. Falter 1992, S. 166.
[197] Vgl. ebd., S. 169.
[198] Vgl. ebd., S. 169.
[199] Vgl. Roth, D. 1991, S. 124.

kam. Im Vordergrund stand die deutsche Vereinigung, die fast 90% aller Wähler befürworteten, und die von einem ähnlich hohen Prozentsatz favorisierte Einführung der D-Mark.[200] Keine wahlentscheidende Rolle spielte die Einstellung zur westdeutschen Demokratie oder die persönliche Einschätzung des Sozialismus als Idee. Bei diesen Fragen zeigte sich ein differenzierteres Bild: Nur etwa 50% der DDR-Wähler hielten sehr viel oder viel von der Demokratie, immerhin über ein Viertel hatte eine positive Einstellung zur Idee des Sozialismus.[201] Unter Berücksichtigung dieser Befragungsergebnisse kann dem ostdeutschen Wähler ein rationales Wahlverhalten beim ersten demokratischen Urnengang attestiert werden: Er wählte die Partei, von der er sich den größten Nutzen versprach und die seinen persönlichen Einstellungen am nächsten kam.[202]

Rationales Wahlverhalten

8. Die Regierung de Maizière

Die Regierungsbildung erwies sich anfangs als recht schwierig, da der Wahlverlierer SPD auf keinen Fall mit der DSU in ein gemeinsames Kabinett eintreten wollte, andererseits de Maizière und die CDU eine Regierungskoalition mit einer verfassungsändernden Mehrheit bilden wollten. Nachdem sich jedoch die DSU für umstrittene Wahlkampfäußerungen bei der SPD entschuldigt hatte und der inzwischen zum Fraktionsvorsitzenden gewählte und einer großen Koalition abgeneigte Ibrahim Böhme, durch eine Veröffentlichung im „Spiegel" als Inoffizieller Mitarbeiter des MfS enttarnt,[203] zurücktreten mußte, war der Weg für eine große Koalition frei. Die „Allianz für Deutschland" einigte sich mit den Liberalen, denen sich inzwischen die NDPD angeschlossen hatte, und den Sozialdemokraten unter Markus Meckel und Richard Schröder auf eine Koalitionsvereinbarung, die als Ziel formulierte, „Wohlstand und soziale Gerechtigkeit für alle Bürger der DDR zu sichern, Freiheit und Rechtsstaatlichkeit durchzusetzen; die Einheit Deutschlands nach Verhandlungen mit der BRD auf der Grundlage des Artikel 23 Grundgesetz zügig und verantwortungsvoll für die gesamte DDR gleichzeitig zu verwirklichen und damit einen Beitrag zur europäischen Friedensordnung zu leisten".[204] Gleichzeitig enthielt die Koalitionsvereinbarung die Willensbekundung, soziale Sicherungsrechte als nichteinklagbare Individualrechte in die neue Verfassung bzw. ein geändertes Grundgesetz einzubringen.[205]

Große Koalition

Der am 12. April 1990 von der Volkskammer gewählte neue Ministerpräsident de Maizière kündigte in seiner Regierungserklärung an: „Die Einheit muß so schnell wie möglich kommen, aber ihre Rahmenbedingungen müssen so gut, so vernünftig und so zukunftsfähig sein wie nötig."[206] Nachdrücklich plädierte er für eine Währungsumstellung im Verhältnis 1:1, damit DDR-Bürger nicht das Gefühl bekämen, zweitklassige Bundesbürger zu werden. Er appellierte eindringlich an die

Regierungserklärung de Maizières

---

[200] Vgl. Falter 1992, S. 171.
[201] Vgl. Roth, D. 1991, S. 137.
[202] Vgl. ebd., S. 127.
[203] Vgl. Der Spiegel vom 26. März 1990.
[204] Zit. nach: Korte 1994, S. 125/126.
[205] Vgl. Warbeck 1991, S. 73.
[206] Die Regierungserklärung ist auszugsweise abgedruckt in: Gransow/Jarausch 1991, S. 157 ff.

▲ DDR-Wohnungsbau in Halle-Neustadt 1977.

Das Universitätshochhaus in Jena.
Fotos: Bilderdienst Süddeutscher Verlag

▲ Katholizismus in der DDR: Pontifikalamt zur 200-Jahr-Feier der Sankt-Hedwigs-Kathedrale am 1. November 1973 in Ost-Berlin, im Vordergrund Kurienkardinal Rossi, links im Hintergrund Kardinal Bengsch. *Foto:* Bilderdienst Süddeutscher Verlag

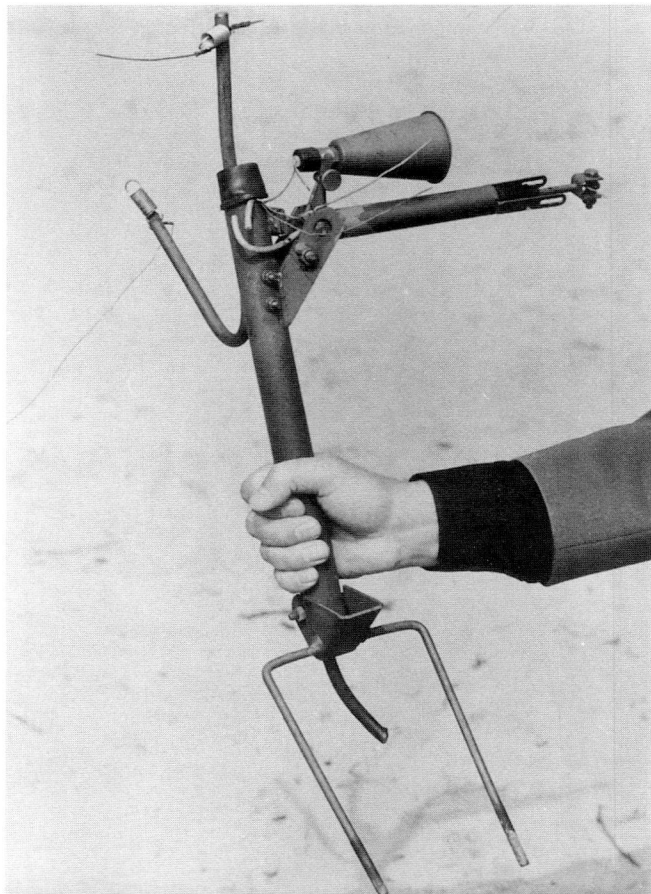

Selbstschußautomat.
Foto: BStU

▲ Gemälde zur Selbstverbrennung von Pfarrer Brüsewitz am 18. August 1976 in Zeitz, ein Jahr später in West-Berlin vorgestellt.

▼ Das „Gipfeltreffen" von Partei- und Staatsfunktionären unter Leitung Erich Honeckers mit dem Vorstand der Konferenz der (ev.) Kirchenleitungen (KKL) am 6. März 1978.
V. l.: Rudi Bellmann (Leiter Arbeitsgruppe Kirchenfragen des ZK), Paul Verner (ZK-Sekretär), Erich Honecker, Heinz Eichler (Sekretär des Staatsrates), Hermann Kalb (Stellvertreter des Staatssekretärs für Kirchenfragen) – von seiten der Kirchen Manfred Stolpe (Leiter Sekretariat BEK), Christina Schultheiß (Mitglied Synodalpräsidium), Werner Krusche (Bischof), Albrecht Schönherr (Bischof, Vorstandsvorsitzender KKL), mit dem Rücken zur Kamera Kurt Domsch (Präsident), Siegfried Wahrmann (Präses).

Fotos: Bilderdienst Süddeutscher Verlag

▲ Gottesdienst auf der Wartburg am 4. Mai 1983 zur Eröffnung des Lutherjahres durch die evangelischen Kirchen in der DDR.
Foto: Bilderdienst Süddeutscher Verlag

▼ „Zuführung" demonstrierender Antragsteller vor der Ständigen Vertretung der Bundesrepublik Deutschland in Ost-Berlin, Februar 1980.
Foto: K. Mehner

Das Politbüro der SED, 1981 (mit Kandidaten).
V. l. n. r; 1 Reihe: Horst Dohlus, Hermann Axen, Erich Mückenberger, Günter Mittag, Paul Verner, Willi Stoph, Erich Honecker, Horst Sindermann, Kurt Hager, Heinz Hoffmann, Erich Mielke, Harry Tisch, Werner Felfe.
2. Reihe: Werner Walde, Margarete Müller, Günther Kleiber, Gerhard Schürer, Werner Krolikowski, Joachim Herrmann, Konrad Naumann, Alfred Neumann, Ingeburg Lange, Werner Jarowinsky, Egon Krenz, Günter Schabowski.

Foto: Bundesarchiv

▲ Ein „Schweigekreis" von Antragstellern auf Ausreise in die Bundesrepublik auf dem Marktplatz von Jena wird von der Polizei aufgelöst (MfS-Observationsfoto). *Foto:* BStU

▼ Eine Stadt in der Kälte: Güstrow im Zugriff der „Organe" beim Besuch von Bundeskanzler Schmidt, 13. Dezember 1981.
Foto: Bilderdienst Süddeutscher Verlag

▲ Verabschiedung am Zugfenster: Helmut Schmidt und Erich Honecker (rechts von Schmidt der Bundesminister für Innerdeutsche Beziehungen Egon Franke) auf dem Bahnhof von Güstrow, 13. Dezember 1981. *Foto:* Bilderdienst Süddeutscher Verlag

◀ 35. Jahrestag der DDR 1984, Parade in Ost-Berlin.
Foto: Bundesarchiv Koblenz

▲ Universität Rostock 1984.

▼ Wochenendausflug in der Mark Brandenburg 1986.
  Fotos: Bilderdienst Süddeutscher Verlag

▲ „Großer Wachaufzug" im Stechschritt vor dem „Mahnmal für die Opfer des Faschismus und Militarismus", Anfang 1987.
Foto: Bundesarchiv Koblenz

Auf dem Evang. Kirchentag im Juni 1987 in Ost-Berlin, v. l. Hans Otto Bräutigam, Ständiger Vertreter der Bundesrepublik in der DDR, der Physiker und Philosoph Carl Friedrich von Weizsäcker, Superintendent Manfred Stolpe.

Foto: Bilderdienst Süddeutscher Verlag

▲ Forderungen bei der Schlußkundgebung auf dem Evangelischen Kirchentag am 28. Juni 1987 in Ost-Berlin.

▼ Tischrede von Bundeskanzler Kohl beim Besuch Erich Honeckers in der Bundesrepublik am 9. September 1987, rechts neben Kohl Günter Mittag.

Fotos: Bilderdienst Süddeutscher Verlag

▲ Erich Honecker (links) und der polnische Staatschef Wojciech Jaruzelski (rechts) unterzeichnen am 24. Juni 1988 in Wroclaw (Breslau) einen Vertrag über „das Freundschaftswerk der Jugend" ihrer Länder; in der Mitte Egon Krenz.
Foto: Bilderdienst Süddeutscher Verlag

▼ Diskrepanzen. *Foto:* Hauswald

▲ Kinderkarussell im „Friedensstaat DDR". *Foto:* Hauswald

▼ 10 000 Angehörige der Betriebskampfgruppen aus Anlaß des 35jährigen Jubiläums ihres Bestehens am 24. September 1988 angetreten in Ost-Berlin.
Foto: Bilderdienst Süddeutscher Verlag

▲ Demonstrationsfrust.
 Foto: Hauswald

▼ Ernte im großen Stil auf einer LPG in Thüringen, August 1989.
 Foto: Bundesarchiv Koblenz

▲ Noch steht die Mauer ... Berlin im November 1989.   *Foto:* Bilderdienst Süddeutscher Verlag

▼ Absage an das Regime, November 1989.   *Foto:* Hauswald

Abnahme des SED-Symbols (die verschränkten Hände) am ehemaligen ZK-Gebäude in Ost-Berlin (Werderscher Markt) Anfang 1990.

Foto: Bundesarchiv Koblenz

Freiwillige der NVA exhumieren Opfer des sowjetischen Internierungslagers Sachsenhausen, Anfang April 1990.

Foto: Bilderdienst Süddeutscher Verlag

Halle kurz nach dem Ende der DDR.

„Scheunenviertel",
Berlin-Mitte, März 1990.

Fotos: Bilderdienst
Süddeutscher Verlag

Bürger der Bundesrepublik, die Leistungen der Ostdeutschen anzuerkennen: „Wir bringen unsere bitteren und stolzen Erfahrungen an der Schwelle zwischen Anpassung und Widerstand ein. Wir bringen unsere Identität ein und unsere Würde. Unsere Identität, das ist unsere Geschichte und Kultur, unser Versagen und unsere Leistung, unsere Ideale und unsere Leiden. Unsere Würde, das ist unsere Freiheit und unser Menschenrecht auf Selbstbestimmung."[207] Als Schwerpunkte der Regierungsarbeit nannte de Maizière die Umstellung vom staatlichen Plandirigismus auf soziale Marktwirtschaft, die Umsetzung der von der Bundesrepublik angebotenen Währungs-, Wirtschafts- und Sozialunion sowie die Aufhebung der institutionellen Grundlagen des SED-Staates. Der neue Ministerpräsident dankte seinem Vorgänger Modrow, als dessen Stellvertreter er amtiert hatte, ausdrücklich für seine Arbeit.

Der Amtsantritt de Maizières wurde in der Bundesrepublik – mit Ausnahme der Grünen – und in der Sowjetunion begrüßt. Gorbatschow wie auch der sowjetische Botschafter Kotschemassow anerkannten das Bemühen des neuen Ministerpräsidenten, „loyale Beziehungen zur Sowjetunion, die schließlich wichtigster Wirtschafts- und Handelspartner der DDR war, aufrecht zu erhalten".[208] Die seinerzeit noch fortbestehende Abhängigkeit der DDR von der Sowjetunion kam nicht zuletzt darin zum Ausdruck, daß sich de Maizière häufig mit Kotschemassow traf, um mit ihm über „die Lage in der Republik und auch über innerdeutsche Angelegenheiten" zu reden.[209] Der sowjetische Botschafter war sich freilich über die begrenzten Spielräume der Regierung de Maizière im klaren, insofern wertete er die Arbeit der vielen Regierungsberater aus der Bundesrepublik als informelle Vorabsprache zwischen der Bundesrepublik und der DDR.[210]

In einer eindrucksvollen Erklärung bekannte sich das erste und letzte freigewählte Parlament der DDR zur Verantwortung der Deutschen in der DDR gegenüber der Geschichte. Es bekundete Mitverantwortung für die von Deutschen verübten Verbrechen vor allem gegenüber jüdischen Menschen und den Völkern der Sowjetunion in der Zeit der nationalsozialistischen Gewaltherrschaft. Gleichzeitig entschuldigte es sich bei der Bevölkerung der Tschechoslowakei für die Beteiligung der DDR an der militärischen Intervention der Warschauer-Pakt-Staaten im August 1968. Die Erklärung endete mit der vorbehaltlosen Anerkennung der nach dem Zweiten Weltkrieg entstandenen deutschen Grenzen.[211]

Volkskammer-erklärung zur historischen Verantwortung

Als „Altlast" der vorangegangenen Regierung übernahm das Kabinett de Maizière die Auflösung des MfS. Anfang April teilten die Vertreter des Staatlichen Auflösungskomitees den Regierungsbevollmächtigten und dem Koordinator der Bürgerkomitees den Stand der Auflösungsarbeiten mit, und die neue Regierung übertrug die Leitung aller weiteren staatlichen Maßnahmen dem neuen Innenminister, Peter-Michael Diestel (DSU, später CDU).[212] Dieser bestätigte den bisherigen

„Altlast" MfS

---

[207] Zit. nach: ebd., S. 158.
[208] Vgl. Gorbatschow 1995, S. 719.
[209] So die Darstellung von Kotschemassow, in: Kotschemassow 1994, S. 241.
[210] Ebd., S. 239.
[211] Die Volkskammer-Erklärung ist abgedruckt in: Gransow/Jarausch 1991, S. 155/156.
[212] Vgl. Gill/Schröter 1991, S. 253 ff.

Leiter des Staatlichen Komitees zur Auflösung des AfNS, Günther Eichhorn, in seiner Funktion.

Die Mehrzahl der Komiteemitglieder waren ehemalige MfS-Mitarbeiter, Angehörige der Bürgerkomitees blieben in der Minderzahl.[213] Diestel übernahm das Staatliche Komitee ohne die inzwischen für andere öffentliche Bereiche übliche Personalüberprüfung. Die Proteste der Bürgerkomitees gegen die von Insidern vorgenommene Auflösungspraxis, die sich in vielen Fällen als Verschleierung entpuppte, verhallten vorerst ungehört. Mit einem Ministerratsbeschluß vom 16. Mai versuchte die Regierung de Maizière, den Protesten Rechnung zu tragen. An die Stelle der Regierungsbevollmächtigten und des Regierungsbeauftragten, die das Staatliche Auflösungs-Komitee anzuleiten hatten, trat nun der Innenminister, der zur Vorbereitung grundsätzlicher Entscheidungen eine Regierungskommission berufen sollte.[214]

Schweigepflicht für MfS-Mitarbeiter nur begrenzt aufgehoben

Der Ministerratsbeschluß hob auch die Schweigepflicht für hauptamtliche und Inoffizielle MfS-Mitarbeiter auf, insoweit sie im Rahmen von Ermittlungsverfahren oder von parlamentarischen Gremien befragt wurden,[215] ansonsten bekräftigte er die Pflicht zur Verschwiegenheit:

> „Alle ehemaligen bzw. zeitweise mit der Auflösung beschäftigten Mitarbeiter des ehemaligen Ministeriums für Staatssicherheit bzw. des Amtes für Nationale Sicherheit sind weiterhin zur Geheimhaltung ihnen anvertraut gewesener Staatsgeheimnisse, sofern sie die mit der Verfassung der DDR in Übereinstimmung stehende frühere geheimdienstliche Tätigkeit betreffen, verpflichtet. In Zweifelsfällen ist der für den sachlichen Bereich der Geheimhaltung zuständige Leiter berechtigt, zu entscheiden, ob die Notwendigkeit der weiteren Geheimhaltung besteht."[216]

Diese Bestimmung erschwerte den Auflösungsprozeß ungemein, weil die ehemaligen MfS-Mitarbeiter sich auf den Geheimnisschutz berufen und Auskünfte oder Akteneinsicht verweigern bzw. verhindern konnten. Weiter erschwert bzw. unmöglich gemacht wurde auch der unmittelbare Zugriff auf die Akten des MfS; das Schrift- und Archivgut wurde zum Teil an andere Ministerien gegeben oder der Staatlichen Archivverwaltung unterstellt.[217]

In die Regierungskommission berief Diestel mit dem Physiker Michael Kummer nur einen Vertreter der Bürgerkomitees. Sein Vorhaben, den ehemaligen Mielke-Stellvertreter und Leiter der Hauptverwaltung Aufklärung, Markus Wolf, zu kooptieren, scheiterte am öffentlichen Protest.[218] Auf Drängen der Bürgerkomitees beschloß die Volkskammer am 7. Juni die Bildung eines „Sonderausschusses zur Kontrolle der Auflösung des ehemaligen Ministeriums für Staatssicherheit/Amt für Nationale Sicherheit". Zu dessen Vorsitzenden wählten sie den Abgeordneten der Fraktion Bündnis 90/Grüne, Joachim Gauck. Dieser Ausschuß bezog im Gegensatz

---

213 Vgl. Worst 1991, S. 84.
214 Vgl. Gill/Schröter 1991, S. 258.
215 Vgl. Worst 1991, S. 44.
216 Ministerrat: „Beschluß über weitere Aufgaben und Maßnahmen, die sich aus der Auflösung des ehemaligen Ministeriums für Staatssicherheit/Amtes für Nationale Sicherheit ergeben", 16. Mai 1990, zit. nach: Worst 1991, S. 45.
217 Vgl. Worst 1991, S. 45.
218 Vgl. ebd., S. 90.

zur Regierungskommission die Mitglieder der Bürgerkomitees in seine Beratungen mit ein.

Zum Konflikt kam es, als der Sonderausschuß der Volkskammer Ende Juli eine Überprüfung der leitenden Mitarbeiter des staatlichen Komitees zur Auflösung der Staatssicherheit auf eine frühere MfS-Mitarbeit forderte. Innenminister Diestel widersetzte sich diesem Ansinnen und stellte sich vor das staatliche Komitee und dessen Chef Eichhorn.[219] Aber Diestel deckte nicht nur der MfS-Mitarbeit verdächtige Mitglieder des Komitees, sondern plädierte auch für eine endgültige Vernichtung der MfS-Akten. Als Begründung führte er an, im geeinten Deutschland dürften nicht weiter mit „verbrecherischem Material" Politik oder Privatgeschäfte gemacht werden.[220] Nach dem Bekanntwerden der Beschäftigung von geheimen MfS-Offizieren im besonderen Einsatz (OibE) im Innenministerium stellten 24 Abgeordnete einen Mißtrauensantrag gegen Diestel, der mit den Stimmen von CDU und PDS jedoch abgelehnt wurde. Ministerpräsident de Maizière entzog ihm allerdings die Verantwortung für die MfS-Auflösung und übertrug sie dessen Staatssekretär Eberhard Stief (FDP).[221]

Der Sonderausschuß entwarf schließlich auf Grundlage eines Entwurfs der Regierungskommission ein Gesetz über die Sicherung und Nutzung der personenbezogenen Daten des ehemaligen MfS, das die Volkskammer am 24. August mit großer Mehrheit verabschiedete.[222] Der westdeutschen Seite gingen freilich die hier enthaltenen Bestimmungen zu weit. Sie plädierte für eine zentrale Lagerung der Archivbestände im Bundesarchiv sowie für eine „differenziertere Vernichtungsregelung".[223]

Der Konflikt eskalierte, als deutlich wurde, daß die Bundesrepublik versuchte, ihre Position im Einigungsvertrag festzuschreiben. Aus Protest gegen dieses Vorhaben besetzten Mitglieder der Bürgerkomitees und DDR-Oppositionelle einen Komplex der MfS-Zentrale in der Berliner Normannenstraße. Die Besetzer begründeten ihr Anliegen mit den Worten:

Besetzung der MfS-Zentrale

> „Mit der Besetzung des Archivs des ehemaligen MfS haben die Beteiligten die Absicht zu verhindern, daß auch der letzte gute Gedanke des vergangenen Herbstes, die vollständige Auflösung des MfS, durch Machtinteressen bestimmter Parteipolitiker in der BRD mißbraucht wird. Die vereinbarten Festlegungen im Einigungsvertrag über das Aktenmaterial des MfS verhindern eine grundlegende Aufarbeitung der letzten 40 Jahre. Diese Form von Vergangenheitsbewältigung, wie sie schon nach dem Zweiten Weltkrieg praktiziert wurde, halten wir für unverantwortlich."[224]

Als Reaktion auf die Besetzung ordnete Innenminister Diestel an, Mitgliedern von Bürgerkomitees ab sofort den Zugang zu den MfS-Archiven nicht mehr zu gestatten. Gleichzeitig beauftragte er den Leiter des staatlichen Komitees Eichhorn, Strafanzeige wegen Hausfriedensbruchs gegen die Besetzer zu stellen. Das konnte durch Proteste aus allen politischen Parteien verhindert werden.[225] Die Besetzer

---

[219] Vgl. Gill/Schröter 1991, S. 282 ff.
[220] Vgl. Worst 1991, S. 48.
[221] Vgl. Worst 1991, S. 48.
[222] Vgl. Gill/Schröter 1991, S. 286 ff.
[223] So die Stellungnahme des Bundesinnenministeriums zum Gesetzesentwurf, vgl. ebd., S. 287.
[224] Zit. nach: Worst 1991, S. 54.
[225] Vgl. ebd., S. 54/55.

erreichten mit ihrer Aktion, die zu Solidaritätsbekundungen in mehreren Städten der DDR geführt hatte, daß dem Einigungsvertrag eine ergänzende Vereinbarung auf Grundlage des Volkskammergesetzes vom 24. August 1990 beigefügt wurde.

Mit dem Beitritt der DDR zur Bundesrepublik am 3. Oktober verschwanden auch alle Auflösungsgremien, und die Mitarbeiter des staatlichen Komitees wurden zum größten Teil in die für die weitere Abwicklung des materiellen Erbes des MfS verantwortliche Treuhand übernommen.[226] Joachim Gauck erhielt das am 3. Oktober um Mitternacht gegründete Amt eines „Sonderbeauftragten der Bundesregierung für die personenbezogenen Unterlagen des ehemaligen Staatssicherheitsdienstes" mit anfangs 18 Mitarbeitern.[227]

Gauck Sonderbeauftragter für personenbezogene Stasi-Unterlagen

Neben dem MfS-Thema bestimmten die Auseinandersetzungen um die genauen Bestimmungen der geplanten Währungs-, Wirtschafts- und Sozialunion zwischen beiden deutschen Staaten die ersten Wochen der Regierungsarbeit. Die Bundesregierung hatte anläßlich des Modrow-Besuchs in Bonn der DDR ein entsprechendes Angebot übermittelt. Sie erhoffte sich hiervon ein Abebben der Übersiedlungen und eine schockartige Sanierung der DDR-Ökonomie. Indes wandten sich Wirtschaftsexperten wie auch der Bundesbankpräsident gegen die schnelle Einführung der Währungsunion. Nach ihrer Auffassung sollten zuerst durch marktwirtschaftliche Reformen die ordnungspolitischen Voraussetzungen für die Einführung einer gemeinsamen Währung gelegt werden.[228] Besondere Ablehnung erfuhr die Währungsunion aus Kreisen westdeutscher Linksintellektueller. Jürgen Habermas, einer der bedeutendsten Sozialphilosophen, sah sogar einen D-Mark-Nationalismus aufziehen:

> „Es wird schwer, auf die ersten Blüten eines pausbäckigen D-Mark-Nationalismus keine Satire zu schreiben. Der auftrumpfende Kanzler ließ den schmächtigen Ministerpräsidenten die Bedingungen wissen, unter denen er die DDR ankaufen wird: Währungspolitisch macht er den Wähler einer von ihm erpreßten Allianz für Deutschland Mut: Verfassungspolitisch stellte er die Weichen über Artikel 23 des Grundgesetzes auf Anschluß".[229]

Ungerührt von dieser Kritik einigten sich die Verhandlungspartner auf einen Staatsvertrag, der die Bedingungen der Vereinigung auf ökonomischem und sozialem Gebiet festlegte. Auch der letzte große Streitpunkt konnte ausgeräumt werden: die Festlegung der Umstellungsparität der Währung. Kohl verpflichtete Kabinett und Bundesbank auf eine Umstellung der Löhne und Gehälter und eines Teils der Spareinlagen im Verhältnis 1:1.[230] Diese aus sozialen und politischen Motiven getroffene Entscheidung ging freilich an der ökonomischen Realität weit vorbei. Der Schwarzmarktkurs der DDR-Mark war inzwischen im Verhältnis zur D-Mark bei 1:10 angelangt. Ein produktivitätsorientierter Umstellungskurs, der der

Währungsumstellung

---

226 Vgl. ebd., S. 60 ff.
227 Vgl. ebd., S. 61/62.
228 Vgl. Korte 1994, S. 157 ff.
229 Jürgen Habermas: Der DM-Nationalismus, zit. nach: Gransow/Jarausch 1991, S. 148 ff., hier: S. 148.
230 Vgl. Teltschik 1991, S. 203/204.

DDR-Wirtschaft Wettbewerbschancen eröffnet hätte, lag bei etwa 1:4.[231] Hunderttausende ostdeutsche Demonstranten hatten aber signalisiert, daß bei einer Nichterfüllung ihrer Forderung nach einem Umtauschkurs von 1:1 soziale Unruhen nicht auszuschließen waren.

Gerade noch rechtzeitig vor der Kommunalwahl erzielten die Verhandlungspartner am 2. Mai eine Übereinkunft über die Austauschkurse: Löhne, Gehälter und Renten sowie Spareinlagen (bis zu einer gewissen Höhe) sollten 1:1 getauscht, Schulden 2:1 verrechnet und ausländische Guthaben, die nach dem 31. Dezember 1989 entstanden waren, 3:1 umgestellt werden. Die Umrechnung der Spareinlagen erfolgte für Kinder unter 15 Jahren bis 2000 DM zum Kurs von 1:1, bei Erwachsenen unter 60 Jahren konnte bis zu 4000 DM und bei Senioren bis zu 6000 DM paritätisch getauscht werden.[232]

Helmut Kohl hatte schon in seiner Regierungserklärung vom 15. Februar 1990 anläßlich des Besuchs der Modrow-Regierung in Bonn betont, daß er angesichts der sozialen Problematik wirtschaftliche Aspekte nicht in den Vordergrund stellen werde. Gleichwohl war er sich der wirtschaftlichen Risiken des präferierten Vereinigungsweges durchaus bewußt:

> „Über eines kann kein Zweifel bestehen: In einer politisch und wirtschaftlich normalen Situation wäre der Weg ein anderer gewesen, und zwar derjenige schrittweiser Reformen und Anpassungen mit der gemeinsamen Währung erst zu einem späteren Zeitpunkt.
> Vor diesem Hintergrund – ich sagte es – gibt es kritische Stimmen von Experten. Auch der Wirtschaftssachverständigenrat hat sich in dieser Weise geäußert. Wir nehmen die Argumente ernst. (...)
> Die krisenhafte Zuspitzung der Lage in der DDR macht mutige Antworten erforderlich. Politische und gesellschaftliche Umwälzungen haben zu einer dramatischen Verkürzung des Zeithorizonts geführt, so daß für – wie auch immer definierte und auch ökonomisch begründete – Stufenpläne aus meiner Sicht die Voraussetzungen entfallen sind.
> In einer solchen Situation geht es um mehr als um Ökonomie, so wichtig Ökonomie ist. Es geht jetzt darum, ein klares Signal der Hoffnung und der Ermutigung für die Menschen in der DDR zu setzen.
> Deswegen und nur deswegen haben wir in dieser konkreten Situation die in der Tat historisch zu nennende Entscheidung getroffen, der DDR jetzt das Angebot einer Währungsunion und Wirtschaftsgemeinschaft zu machen – ein Angebot, für das es kein vergleichbares Beispiel gibt.
> Für die Bundesrepublik Deutschland – das sage ich auch ganz bewußt an die Adresse der Kritiker in der DDR, von denen ja nicht wenige Hauptverantwortung dafür tragen, daß die DDR in diese katastrophale Lage gekommen ist – bedeutet das, daß wir damit unseren stärksten wirtschaftlichen Aktivposten einbringen: die Deutsche Mark.
> Wir beteiligen so die Landsleute in der DDR ganz unmittelbar und direkt an dem, was die Bürger der Bundesrepublik Deutschland in jahrzehntelanger beharrlicher Arbeit aufgebaut und erreicht haben."[233]

---

[231] Vgl. Jarausch 1995, S. 220.
[232] Vgl. Korte 1994, S. 174.
[233] Zitiert nach Bundesministerium für innerdeutsche Beziehungen 1991, S. 115.

Kommunal-wahl

Die auf der Basis eines kombinierten Personen- und Verhältniswahlsystems durchgeführte Kommunalwahl am 6. Mai bestätigte im großen und ganzen die Ergebnisse der Volkskammerwahl. Die CDU blieb trotz Verlusten mit 34,4% eindeutig stärkste Partei, die SPD (21,3%) konnte ihr Ergebnis der Volkskammerwahl nicht verbessern, und die PDS (14,6%) mußte leichte Verluste hinnehmen. Auch das Neue Forum konnte das schlechte Ergebnis bei der Volkskammerwahl nicht verbessern und erreichte nur 2,4%. Zulegen konnten kleinere Parteien, vor allem konzentrierten Wählervereinigungen über 10% der Stimmen auf sich, so daß sich ein unmittelbarer Vergleich mit der Volkskammerwahl ohnehin verbot.[234] Die CDU hatte mit diesem Ergebnis ihren von Demoskopen verzeichneten Rückgang in der Wählergunst aufhalten können. Ausschlaggebend hierfür dürfte die Einigung auf die für die DDR-Bevölkerung günstige Währungsumstellung gewesen sein.[235]

„Fonds Deutsche Einheit"

In relativ kurzer Zeit gelang den Verhandlungspartnern anschließend ein Konsens über die noch ausstehenden Vertragsgegenstände. Besondere Schwierigkeiten ergaben sich nur bei der Festlegung der Finanzhilfen sowie in der Eigentumsfrage. Die Regierungen vereinbarten die Einrichtung eines „Fonds Deutsche Einheit" mit einem Volumen von 115 Mrd. DM, dessen Finanzierung gemeinsam durch Bund, Länder und Kommunen getragen werden sollte.[236] Erst nach der Unterzeichnung des Vertragswerks am 18. Mai verständigten sich die Unterhändler, Staatssekretär Günther Krause (DDR) und Staatssekretär Klaus Kinkel (Bundesrepublik Deutschland), auf Regelungen in der umstrittenen Eigentumsfrage. Zwar vereinbarten sie den Grundsatz Rückgabe vor Entschädigung, allerdings mit erheblichen Einschränkungen. Ausgenommen von der Rückgabe waren die von 1945 bis 1949, also vor der Gründung der DDR, unter Verantwortung der SMAD erfolgten Enteignungen sowie die Mehrzahl der Fälle, bei denen DDR-Bürger dingliche Rechte erworben hatten. Privateigentum, das in staatliches Eigentum übergegangen oder staatlich genutzt worden war, blieb ebenfalls ausgespart.[237] Ob die Bestimmung, vor der Gründung der DDR enteignetes Eigentum nicht zurückzugeben, auf Druck der Sowjetunion oder durch eine Initiative de Maizières unter Billigung der Sowjetunion entstand, ist bis heute strittig.[238]

Staatsvertrag über Wäh-rungs-, Wirt-schafts- und Sozialunion

Der Staatsvertrag schuf die institutionellen und ordnungspolitischen Grundlagen für die Einführung der sozialen Marktwirtschaft in der DDR und garantierte durch die Übernahme des westdeutschen Sozialsystems eine begrenzte soziale Abfederung des Transformationsprozesses.[239] Zur Begründung der Wirtschafts- und Sozialunion sprach Kohl in einer Regierungserklärung die später vielzitierten Worte: „Es wird niemandem schlechter gehen als zuvor – dafür vielen besser."[240] Der Vertrag besiegelte faktisch das Ende der DDR, da das wirtschaftliche und soziale System

---

234 Zu den Ergebnissen der Kommunalwahlen vgl. Gransow/Jarausch 1991, S. 170 und Falter 1992, S. 174 f.
235 Vgl. Förster/Roski 1990, S. 154 ff.
236 Vgl. Korte 1994, S. 177/178.
237 Vgl. Winters 1995, S. 2023 ff.
238 Vgl. Jäckel 1995, S. 2021 ff.
239 Vgl. die Übersicht in: Korte 1994, S. 182 sowie den Vertragstext in: Gransow/Jarausch 1991, S. 174 ff.
240 Zit. nach: Bahrmann/Links 1995, S. 255.

der deutschen Teilstaaten kompatibel und die „Herstellung der staatlichen Einheit nach Artikel 23 des Grundgesetzes der Bundesrepublik Deutschland" in der Präambel festgeschrieben worden war. Am 2. Juli kam dann – inszeniert als Medienspektakel – die D-Mark zur ostdeutschen Bevölkerung. Damit fiel der Startschuß für den schwierigsten Teil des Vereinigungsprozesses: die Umwandlung des Wirtschaftssystems.

Volkskammer und Bundestag billigten schließlich am 21. Juni den Staatsvertrag mit 302 gegen 82 Stimmen (der PDS und des Bündnis 90) bzw. 445 zu 60 (Grüne); anschließend ratifizierte der Bundesrat gegen die Stimmen Niedersachsens und des Saarlandes ebenfalls dieses epochale Vertragswerk. Die Fraktion von Bündnis 90/Grüne in der Volkskammer sowie der Grünen im Bundestag hatten bereits am 6. Juni in einer gemeinsamen Erklärung den Vertrag als „Ausverkauf des Produktivvermögens sowie von Grund und Boden in der DDR" kritisiert und erneut ein „vereintes, entmilitarisiertes Deutschland" gefordert, das „zur Auflösung der NATO anstatt zu ihrer Stärkung beitragen" sollte.[241] Mit dieser Interpretation standen Bündnis 90 und die Grünen weitgehend allein, nur die PDS argumentierte in ähnlicher Weise.

Die Volkskammer setzte in den folgenden Wochen eine Vielzahl von Gesetzen in Kraft, die sich aus der Logik des ersten Staatsvertrages ergaben. Am 17. Juni hatte sie schon das Treuhandgesetz verabschiedet, das diese Behörde verpflichtete, „die unternehmerische Tätigkeit des Staates durch Privatisierung so rasch und so weit wie möglich zurückzuführen". Die Treuhandanstalt wurde als Anstalt des öffentlichen Rechts konzipiert, die direkt der Aufsicht des Ministerpräsidenten unterstellt wurde.[242] Auf der gleichen Sitzung forderte die DSU den sofortigen Beitritt der DDR zur Bundesrepublik nach Artikel 23 Grundgesetz, der jedoch durch einen Geschäftsordnungstrick an die Ausschüsse verwiesen wurde.[243]

Treuhandgesetz

In den folgenden Wochen diskutierten die Parteien in Ost und West, ob die DDR – sobald die internationalen Voraussetzungen vorlägen – sofort der Bundesrepublik beitreten oder vorab Wahlen stattfinden sollten. Ende Juni votierten Sozialdemokraten in der DDR wie in der Bundesrepublik für einen Beitritt der DDR noch vor gesamtdeutschen Wahlen nach Artikel 23 des Grundgesetzes. Daneben forderten sie Änderungen im Grundgesetz (Festschreibung sozialer Grundrechte als Staatszielbestimmungen) sowie eine Volksabstimmung über die künftige gesamtdeutsche Verfassung.[244] In eine ähnliche Kerbe schlug die FDP. Ihr Vorsitzender Lambsdorff forderte ebenfalls im Juni den raschen Vollzug der Vereinigung und verwies dabei auf finanzpolitische Aspekte: „Wir wollen nicht, daß die mit unserem Geld weiter DDR spielen."[245] Ministerpräsident de Maizière dagegen hielt den Beitritt der DDR erst nach der Einigung über einen zweiten

Diskussion um Beitrittstermin der DDR

---

[241] Erklärung von Bündnis 90/Grünen zum Staatsvertrag am 6. Juni 1990, abgedruckt in: Gransow/Jarausch 1991, S. 182 f.
[242] Gründung der Treuhandanstalt am 17. Juni 1990 durch die Volkskammer, abgedruckt in: Gransow/Jarausch 1991, S. 185/186 und Fischer u. a. 1993.
[243] Vgl. Korte 1994, S. 187.
[244] Vgl. Bahrmann/Links 1995, S. 260.
[245] Zit. nach: Grosser u. a. 1991, S. 102.

Staatsvertrag, der Errichtung der Länder in der DDR mit entsprechenden Landtagswahlen sowie einer gesamtdeutschen Wahl für möglich.

Die Frage der Reihenfolge von Beitritt und gesamtdeutschen Wahlen führte zum Bruch der ohnehin nur mühsam zusammengehaltenen Koalitionsregierung. Diese einigte sich am 22. Juli 1990 noch auf einen Volkskammer-Beschluß zur Neukonstituierung der Länder Brandenburg, Mecklenburg-Vorpommern, Sachsen, Sachsen-Anhalt und Thüringen. Als danach über die Frage von gesamtdeutschen Wahlen und Beitrittszeitpunkt keine Einigkeit erzielt werden konnte und ein Antrag der Liberalen, am 1. Dezember der Bundesrepublik beizutreten und erst anschließend Wahlen abzuhalten, keine Mehrheit in der Volkskammer fand, traten die Liberalen aus der Koalition aus. Taktischer Hintergrund des Streits war die Spekulation der Ost-CDU, durch getrennte Wahlgebiete (alte und neue Bundesländer) mit je eigener Sperrklausel die DSU über die 5%-Hürde zu bekommen und damit die Ausdehnung der CSU auf die neuen Bundesländer zu verhindern. Die SPD dagegen wollte sich durch eine gesamtdeutsche Sperrklausel bei gemeinsamen Wahlen der unliebsamen Konkurrenz der PDS und vielleicht auch des Bündnis' 90 entledigen.[246]

Neukonstituierung der Länder

De Maizière mußte schließlich dem Druck der SPD nachgeben; am 26. Juli einigten sich die gemeinsam tagenden Parlamentsausschüsse Deutsche Einheit von Bundestag und Volkskammer auf gesamtdeutsche Wahlen am 2. Dezember in einem Wahlgebiet und nach einem Wahlrecht. Der entsprechende Wahlvertrag, der Listenverbindungen von in Ost und West getrennt angetretenen Parteien zuließ, wurde am 2. August paraphiert und am Folgetag unterzeichnet. De Maizière schlug nach Rücksprache mit Kohl eine Vorverlegung der gesamtdeutschen Wahlen vom 2. Dezember auf den 14. Oktober vor. Diesem Vorschlag widersetzte sich die SPD, die mutmaßte, Kohl und de Maizière wollten ihre Wahlchancen angesichts einer sich täglich verschlechternden wirtschaftlichen Lage in der DDR verbessern. Sie forderte einen späteren Termin, so daß die aus ihrer Sicht negativen Auswirkungen des Staatsvertrages erkennbar würden. So blieb es beim Wahltermin 2. Dezember, da zu einer Verschiebung eine verfassungsändernde Mehrheit notwendig gewesen wäre.

Beitritt der DDR gemäß Art. 23 GG

Trotz der sich im August innenpolitisch zuspitzenden Lage in der DDR, die zur Entlassung verschiedener Minister und auch zum Austritt der Ost-SPD aus der Regierungskoalition führte, gelang es Regierung und Volkskammer, den Fahrplan zur deutschen Einheit einzuhalten. Mit der breiten Mehrheit von 294 : 62 Stimmen beschloß die Volkskammer am 23. August den Beitritt der DDR zur Bundesrepublik Deutschland zum 3. Oktober 1990 gemäß Artikel 23 des Grundgesetzes. Die Parteien vollzogen unterdessen ihre gesamtdeutsche Metamorphose. Als erste traten die liberalen Parteien der DDR der West-FDP bei (12. August 1990), SPD und CDU folgten kurze Zeit später. Allein Bündnis 90 und die Grünen verzichteten vorerst auf eine Verschmelzung. Da das Bundesverfassungsgericht Ende September die im Wahlvertrag getroffene Regelung zur einheitlichen Sperrklausel für verfassungswidrig erklärte, änderte der inzwischen gesamtdeutsche Bundestag das Wahlgesetz und beschloß die Einrichtung zweier Wahlgebiete mit jeweils getrennter 5%-Klausel. Damit eröffnete sich der Bürgerbewegung, aber auch der PDS, die Aussicht, in den Bundestag ohne Verschmelzung mit einem westdeutschen Partner einzuziehen.

---

[246] Vgl. Korte 1994, S. 185 ff.

9. Der Einigungsvertrag

Die Regierung de Maizière hatte darauf bestanden, den Beitritt der DDR zum Geltungsbereich des Grundgesetzes nicht durch ein Überleitungsgesetz, sondern durch einen Staatsvertrag vor der Vereinigung zu regeln.[247] Dieser zweite Staatsvertrag – der Einigungsvertrag – sollte die rechtlichen und institutionellen Grundlagen zur Schaffung einheitlicher Lebensverhältnisse in Deutschland festlegen. Die offiziellen Verhandlungen begannen am 4. Juli unter der Leitung von Innenminister Wolfgang Schäuble auf der westdeutschen und des parlamentarischen Staatssekretärs Günther Krause auf der ostdeutschen Seite. Das von Ministerpräsident de Maizière vorgetragene Ansinnen, in den Einigungsvertrag auch grundlegende Neuerungen für das einheitliche Deutschland, z. B. in der Namensgebung oder bei den Staatssymbolen, aufzunehmen, wies Schäuble entschieden zurück.[248] Schäuble ließ keinen Zweifel über das Verhältnis von Bundesrepublik und DDR aufkommen:

Einigungsvertrag

> „Es handelt sich um einen Beitritt der DDR zur Bundesrepublik, nicht um die umgekehrte Veranstaltung. Wir haben ein gutes Grundgesetz, das sich bewährt hat. Wir tun alles für Euch. Ihr seid herzlich willkommen. Wir sollten nicht kaltschnäuzig über Eure Wünsche und Interessen hinweggehen. Aber hier findet nicht die Vereinigung zweier gleicher Staaten statt. Wir fangen nicht ganz von vorn bei gleichberechtigten Ausgangspositionen an. Es gibt das Grundgesetz und es gibt die Bundesrepublik Deutschland. Laßt uns von der Voraussetzung ausgehen, daß Ihr 40 Jahre lang von beiden ausgeschlossen wart. Jetzt habt Ihr einen Anspruch auf Teilnahme, und wir nehmen darauf Rücksicht."[249]

Neben diesen grundsätzlichen Auseinandersetzungen sahen sich beide Verhandlungsseiten zudem mit internen Schwierigkeiten konfrontiert. Die Bundesregierung brauchte das Votum der Länder im Bundesrat sowie der SPD im Bundestag; die DDR-Regierung hatte kurze Zeit später keine Mehrheit mehr in der Volkskammer und war infolgedessen auch auf die Unterstützung der Opposition angewiesen. So kamen zu den prinzipiellen Streitpunkten noch tagespolitische hinzu. Trotzdem gelang es in wenigen Verhandlungsrunden, einen unterschriftsreifen Vertrag zu entwerfen. Nach knapp acht Wochen Verhandlungszeit unterzeichneten die Verhandlungsführer am 31. August 1990 in Ost-Berlin das Vertragswerk, das am 20. September im Bundestag mit 442 gegen 47 (bei 3 Enthaltungen) und von der Volkskammer mit 299 gegen 80 Stimmen (bei 1 Enthaltung) verabschiedet wurde. Der Bundesrat billigte den Einigungsvertrag – ein Konvolut von etwa 1000 Schreibmaschinenseiten (einschl. Anlagen) – einen Tag später.[250]

In der Präambel bekunden die Vertragspartner den „Wunsch der Menschen in beiden Teilen Deutschlands, gemeinsam in Frieden und Freiheit in einem rechtsstaatlich geordneten, demokratischen und sozialen Bundesstaat zu leben". Artikel 1 legt fest, daß mit dem Beitritt der Deutschen Demokratischen Republik zur Bundesrepublik Deutschland gemäß Artikel 23 des Grundgesetzes am 3. Oktober 1990 die Länder Brandenburg, Mecklenburg-Vorpommern, Sachsen, Sachsen-

---

[247] Vgl. Korte 1994, S. 192.
[248] Vgl. Jarausch 1995, S. 264 f. und Schäuble 1993, S. 129 ff.
[249] Schäuble 1993, S. 131.
[250] Vgl. Korte 1994, S. 206.

Grundgesetz-änderungen

Anhalt und Thüringen Länder der Bundesrepublik Deutschland werden. In den folgenden Artikeln werden die notwendigen Änderungen des Grundgesetzes, eine die Sperrminorität der großen Länder sichernde Veränderung der Sitzverteilung im Bundesrat, die künftige Finanzverfassung, die Rechtsangleichung, die Übertragung des Sozialrechts sowie weitere Übertragungen des westdeutschen politisch-institutionellen Systems auf die neuen Bundesländer geregelt.[251]

Strittige Verfassungs-fragen vertagt

Strittige Fragen lösten die Verhandlungspartner durch Kompromisse, vage Formulierungen oder durch ein Verschieben endgültiger Bestimmungen auf einen späteren Zeitpunkt. Dem Anliegen von Sozialdemokraten und Grünen, eine grundlegende Verfassungsdiskussion und -reform in Gang zu setzen, wurde nur mit dem Verweis auf eine später mögliche Reform und Einsetzung einer Gemeinsamen Verfassungskommission, die im November 1991 erfolgte, entsprochen. Der insbesondere vom ostdeutschen Verhandlungspartner vorgebrachten Forderung, im Einigungsvertrag Berlin zur Hauptstadt und zum Regierungssitz zu erklären, konnte die westdeutsche Seite schon deshalb nicht entsprechen, weil hierdurch die notwendige verfassungsändernde Mehrheit im Bundestag in Gefahr geraten wäre. So einigte man sich auf Berlin als Hauptstadt und vertagte die Entscheidung über den Regierungssitz auf später. Den gleichen Weg ging man in der besonders umstrittenen Frage der Abtreibung, die in der DDR bis zum dritten Monat generell legal und in der Bundesrepublik durch Indikationsrecht geregelt war. Die unterschiedliche Rechtslage sollte für eine zweijährige Übergangszeit fortbestehen, danach sollte der gesamtdeutsche Gesetzgeber eine verfassungskonforme Lösung in Kraft setzen.[252]

Obwohl die ostdeutsche Seite aus einer Position der Schwäche verhandelte, setzte sie sich dennoch in wesentlichen Punkten durch. Die gegen den Widerstand der westdeutschen Länder vereinbarte schrittweise Aufnahme der neuen Bundesländer in den Länderfinanzausgleich wie auch die Übernahme des Treuhandgesetzes in Artikel 25 und die Einschränkung des Prinzips „Rückgabe vor Entschädigung" gingen auf ihr Konto. Zwar wurde der Grundsatz „Rückgabe vor Entschädigung" mit Ausnahme der zwischen 1945 und 1949 erfolgten Enteignungen in Artikel 41 des Einigungsvertrages endgültig festgeschrieben, erfuhr aber mit dem gleichzeitig fixierten Investitionsvorrang eine weitere Restriktion.[253]

Besondere Schwierigkeiten bereitete der Umgang mit den archivalischen Hinterlassenschaften des Ministeriums für Staatssicherheit. Der westdeutsche Bundesinnenminister Schäuble (CDU) plädierte für eine restriktive Lösung bei der Einsichtnahme in diese Akten und einen relativ großzügigen Umgang mit der Vergangenheit von in das System verstrickter DDR-Bürger (von schweren Vergehen und Verbrechen abgesehen):

> „Ich habe aus solchen Erwägungen heraus öffentlich dafür geworben, nicht die Vergangenheit von 40 Jahren DDR in allen Einzelheiten aufarbeiten zu wollen, sondern

---

[251] Einigungsvertrag vom 31. August 1990, abgedruckt in: Gransow/Jarausch 1991, S. 206 ff.

[252] Vgl. Korte 1994, S. 202 und Prützel/Thomas 1995, S. 156.

[253] Vgl. Prützel/Thomas 1995, S. 148 ff.; eine weitere Einschränkung erfolgte durch das „zweite Vermögensänderungsgesetz" vom Juli 1992; insgesamt dürfte sich unter den gegebenen Bedingungen nur etwa ein Viertel der Rückgabeansprüche realisieren lassen, vgl. ebd., S. 151.

sich auf die schweren Fälle von wirklicher Schuld zu konzentrieren und im übrigen eher großzügig als selbstgerecht zu sein. So habe ich schon bald als der für den Verfassungsschutz zuständige Innenminister darüber gesprochen, daß die weit über zwei Millionen SED-Mitglieder im Falle der Wiedervereinigung nicht grundsätzlich von der Teilhabe am öffentlichen Leben – auch am öffentlichen Dienst – ausgeschlossen bleiben dürften."[254]

Schäuble war damals wie viele andere überzeugt, die Integration der DDR-Bevölkerung in das neue Gesamtdeutschland könne angesichts der vielen Veränderungen durch eine zu scharfe Konfrontation mit der Vergangenheit Schaden nehmen.

Die ostdeutsche Seite bestand gleichwohl darauf, den Umgang mit den Akten des MfS gemäß den Volkskammerbeschlüssen vom August 1990 zu handhaben. Schließlich einigten sich die Verhandlungspartner auf die von der Volkskammer verabschiedeten Grundsätze, die die Nutzung personenbezogener Daten zu bestimmten Zwecken erlaubten.[255] Nach Unterzeichnung des Einigungsvertrages wurde zudem in einer Zusatzvereinbarung im September 1990 ausdrücklich festgelegt, den Betroffenen ein Auskunftsrecht einzuräumen, die Verwendung der Daten für nachrichtendienstliche Zwecke auszuschließen und die politische, historische und juristische Aufarbeitung der MfS-Tätigkeit zu gewährleisten. Diesen Vorgaben trug der Bundestag später im sogenannten Stasi-Unterlagengesetz Rechnung.[256] Damit hatte sich der heute nach den mittlerweile gemachten Erfahrungen von keiner demokratisch relevanten Seite mehr bestrittene Vorrang der Transparenz durchgesetzt. Für die weitere historische Aufarbeitung der DDR ist er unverzichtbar. Auch die Möglichkeit der Klärung eigener Lebensschicksale durch Akteneinsicht hat sich in einem kathartischen Sinn insgesamt als sehr positiv erwiesen.

Stasi-Unterlagengesetz

Der Einigungsvertrag setzte letztlich die schon mit dem ersten Staatsvertrag zur Währungs-, Wirtschafts- und Sozialunion gefundenen Kompromißlinien fort, indem er eine schnelle Übernahme westlichen Rechts und westlicher Institutionen sicherstellte und daneben die von der ostdeutschen Seite vorgebrachten sozialen und politisch-moralischen Problemstellungen, soweit es nach bundesdeutschen Gegebenheiten möglich war, zu berücksichtigen suchte. Obschon Kritik an einzelnen Bestimmungen durchaus berechtigt sein mag, bleibt zu bedenken, daß diese rechtliche und institutionelle Übertragung eines Gesellschaftssystems auf ein anderes Land ohne Beispiel war; alternative Lösungen und Vereinbarungen hätten sicher andere Probleme ungewissen Ausmaßes hervorgebracht. Allerdings darf auch nicht vergessen werden, daß die ostdeutsche Bevölkerung, die diese schnelle Vereinigung und die Übernahme des westdeutschen Wirtschafts- und Sozialsystems gewünscht hatte, nun mit Verhältnissen zurechtkommen mußte, die sie im einzelnen kaum kannte. Während sich für die westdeutsche Bevölkerung durch die Vereinigung abgesehen von einer finanziellen Belastung nichts Wesentliches änderte, standen große Teile der ostdeutschen Bevölkerung vor einem ungewissen und unsicheren Neuanfang.

---

[254] Schäuble 1993, S. 268.
[255] Vgl. Korte 1994, S. 204.
[256] Vgl. ebd., S. 204/205.

10. Die internationale Einbettung des deutschen Vereinigungsprozesses

Wie die zwiespältige internationale Reaktion auf den Zehn-Punkte-Plan Kohls offenbarte, stieß die innerdeutsche Dynamik des Vereinigungsprozesses recht bald an die Grenzen der eingeschränkten Souveränität der Bundesrepublik Deutschland. Die alliierten Vorbehaltsrechte waren wegen eines fehlenden Friedensvertrages nie vollständig aufgehoben worden, selbst in den Ostverträgen Anfang der 70er Jahre hatten die Siegermächte ihre Rechte und Verantwortlichkeiten für Deutschland und Berlin noch einmal herausgestrichen.[257] Da zudem eine Vereinigung Deutschlands die seit 1945 gewachsenen Strukturen in Europa wie die beiderseits eingegangenen internationalen Verpflichtungen nachhaltig berührte, lag der letzte Schlüssel zum Vollzug der deutschen Einheit bei den damaligen Alliierten. Während sich die Bundesregierung darum bemühte, die internationalen Hindernisse aus dem Weg zu räumen, wobei sie letztlich auf das Wohlwollen dieser vier Staaten angewiesen blieb, hofften die Gegner der Vereinigung in der DDR und in der Bundesrepublik auf eine Vertiefung und Verfestigung der Konfliktlinien zwischen den Siegermächten.[258] Im nachhinein betrachtet, schienen freilich die Ängste und Befürchtungen vor einem zu starken Deutschland bei den Vereinigungsgegnern in Deutschland stärker ausgeprägt gewesen zu sein als bei den Nachbarstaaten und den Siegermächten.

Schlüsselrolle der Siegermächte

Die Bundesregierung versuchte, die internationalen Vorbehalte durch eine behutsame Politik und durch Zugeständnisse auszuräumen, um mögliche Befürchtungen vor einem Deutschland mit Großmachtansprüchen im Keim zu ersticken. Gegenüber den westeuropäischen Partnern betonte Kohl seinen unbedingten Willen, an der Weiterentwicklung der Europäischen Gemeinschaft zur Europäischen Union festzuhalten. Gegenüber Frankreich versprach der Bundeskanzler: „Ein nationaler Alleingang zur Lösung der deutschen Frage wäre vermessen und zum Scheitern verurteilt ... Wir Deutschen wollen diesen Weg vor allem auch zusammen mit Frankreich gehen, mit dem uns eine enge und kostbare Freundschaft verbindet".[259]

Außenminister Genscher verband in einer Rede vor der Evangelischen Akademie Tutzing am 31. Januar 1990 die Frage der deutschen Einheit ebenfalls mit der Mitgliedschaft in der Europäischen Gemeinschaft und im westlichen Bündnis: „Unsere Mitgliedschaft in der EG im Falle der Einheit ist unwiderruflich und der Wille zu fortschreitender Integration hin zur politischen Union auch." Gleichzeitig äußerte er aber auch Verständnis für die sowjetischen Sicherheitsinteressen, denen die NATO Rechnung zu tragen hätte.[260] Bundeskanzler wie Außenminister ließen in den folgenden Wochen keinen Zweifel an ihrer Bereitschaft, die Vereinigung Deutschlands in den Kontext gegenseitiger Abrüstungsvereinbarungen unter Berücksichtigung der festzulegenden militärischen Stärke Deutschlands und der endgültigen völkerrechtlichen Anerkennung der bestehenden Grenzen zu stellen.

---

[257] Vgl. Korte 1994, S. 129.

[258] Vgl. Kiessler/Elbe 1993, S. 60 ff.

[259] So Helmut Kohl in seiner Rede anläßlich einer Konferenz des Institut Français des Relations Internationales (IFRI) in Paris am 17. Januar 1990; abgedruckt in: Kaiser 1991, S. 187.

[260] Die Rede Genschers ist in Auszügen abgedruckt in: Kaiser 1991, S. 190/191.

Sowohl in Moskau als auch in Washington setzten im Januar Überlegungen ein, über eine Konferenz der ehemaligen Siegermächte gemeinsam mit den beiden Deutschlands die deutsche Frage und die sich daraus ergebenden Konsequenzen für die internationale Gemeinschaft zu lösen.[261] US-Außenminister Baker und UdSSR-Präsident Gorbatschow einigten sich auf ihrem Treffen am 9. Februar in Moskau über die Notwendigkeit dieser Konferenz, wollten mit der Aufnahme der Verhandlungen jedoch bis zur Volkskammerwahl und zur Aufnahme innerdeutscher Verhandlungen warten.[262] Anläßlich einer gemeinsamen Konferenz der Außenminister der NATO und des Warschauer Paktes am 13. Februar 1990 in Ottawa erklärten die vier Außenminister der ehemaligen Siegermächte, der Bundesrepublik und der DDR ihre Bereitschaft zu einem Treffen, „um die äußeren Aspekte der Herstellung der deutschen Einheit, einschließlich der Fragen der Sicherheit der Nachbarn, zu besprechen".[263] Mit dieser gemeinsamen Erklärung war der Weg für die „Zwei-Plus-Vier"-Verhandlungen frei.

Zwei-Plus-Vier-Verhandlungen

In den folgenden Wochen gelang es der Bundesregierung, ihre westlichen Partner auf den eigenen deutschlandpolitischen Kurs festzulegen. Der britische Außenminister Hurd erklärte in einem Interview: „Wir können jetzt sagen, daß wir die Vereinigung Deutschlands ohne Vorbehalt unterstützen."[264] Selbst die erbitterte Vereinigungsgegnerin Margaret Thatcher stellte im Februar 1990 resignierend fest, die deutsche Vereinigung sei nicht mehr zu verhindern. Gleichzeitig forderte sie die vorbehaltlose Anerkennung der bestehenden Grenzen in Europa.[265] Im März 1990 formulierte auch der französische Präsident Mitterrand die Bedingungen – Achtung der Grenzen in Europa, Entwicklung der Europäischen Gemeinschaft zu einer politischen Union, Unantastbarkeit der polnischen Grenze –, unter denen er eine deutsche Wiedervereinigung für denkbar hielt.[266]

Die Bundesregierung trug in ihrer Verhandlungsstrategie des Zwei-Plus-Vier-Verhandlungsprozesses diesen Vorbehalten Rechnung, ja sie forcierte sogar von sich aus den europäischen Integrationsprozeß und die internationalen Abrüstungsvereinbarungen, so daß auf dem Sondergipfel des Europäischen Rates in Dublin am 28. April 1990 die Staats- und Regierungschefs die Vereinigung Deutschlands und die erwarteten positiven Wirkungen für den europäischen Integrationsprozeß begrüßten.[267] Gleichzeitig verabredeten die Teilnehmer der Konferenz, die europäische Politische Union konkret einzuleiten.[268]

Sondergipfel der EG April 1990 in Dublin

Auch die polnischen Ängste, ein vereintes Deutschland könnte Gebietsansprüche an seinen östlichen Nachbarn stellen, räumte die Bundesregierung aus dem Weg. Im März 1990 gab der Deutsche Bundestag eine Garantie für die polnische Westgrenze und den Verzicht auf deutsche Gebietsansprüche ab. Eine endgültige Regelung sollte

---

[261] Vgl. Kiessler/Elbe 1993, S. 88 und Gorbatschow 1995, S. 714 ff.
[262] Vgl. Gorbatschow 1995, S. 715.
[263] Das Kommuniqué der Außenminister ist abgedruckt in: Kaiser 1991, S. 194.
[264] Zit. nach: Teltschik 1991, S. 153.
[265] Vgl. Wolffsohn 1992, S. 151.
[266] Zit. nach: Informationen zur politischen Bildung, Nr. 250, Der Weg zur Einheit. Deutschland seit Mitte der 80er Jahre, Bonn 1996, S. 38.
[267] Vgl. Korte 1994, S. 134.
[268] Vgl. Teltschik 1991, S. 211.

jedoch erst von einem freigewählten gesamtdeutschen Parlament getroffen werden. Um das polnische Mißtrauen zu entkräften und die Forderung der Polen nach Teilnahme an den Zwei-Plus-Vier-Verhandlungen zurückweisen zu können, verabschiedeten Bundestag und Volkskammer am 21. Juni 1990 eine Entschließung zur Anerkennung der polnischen Westgrenze und zur Achtung der Souveränität und territorialen Integrität Polens.[269] Eine völkerrechtlich verbindliche Vereinbarung folgte im Rahmen der Zwei-Plus-Vier-Verhandlungen im Juli 1990. Schließlich verabschiedete der erste gesamtdeutsche Bundestag am 14. November 1990 die in diesem Rahmen getroffene Vereinbarung und setzte damit einen Schlußstrich unter die Frage der deutsch-polnischen Grenze.

Bündniszugehörigkeit Deutschlands

Als die Zwei-Plus-Vier-Verhandlungen am 5. Mai auf der Ebene der Außenminister begannen, stand vor allem die Frage der Bündniszugehörigkeit eines vereinten Deutschland im Zentrum der Kontroverse. Für die Westalliierten war die Einbindung Deutschlands in das westliche Bündnissystem unabdingbare Voraussetzung, für die Sowjetunion dagegen kam zum damaligen Zeitpunkt eine Mitgliedschaft des vereinten Deutschlands in der NATO nicht in Frage. Das Politbüro der KPdSU beauftragte Außenminister Eduard Schewardnadse, auf militärischer Neutralität des vereinten Deutschlands bzw. im äußersten Fall auf Mitgliedschaft in beiden Blöcken zu bestehen.[270]

Kohl hatte schon im April dem sowjetischen Botschafter in der Bundesrepublik, Kwizinskij, signalisiert, daß die Bundesrepublik mit der Sowjetunion einen umfassenden bilateralen Vertrag abzuschließen bereit sei, sollte Moskau der NATO-Zugehörigkeit eines geeinten Deutschlands zustimmen.[271] Damit wollte Kohl dem Sicherheitsinteresse der Sowjetunion Rechnung tragen und seine Bereitschaft zu einer auch wirtschaftlichen Unterstützung der Sowjetunion demonstrieren. Die Sowjetunion befand sich im Frühsommer 1990 vor großen Problemen.

Krise der Scwjetunion

Die Wirtschaft stand am Rande des Bankrotts. Im Mai 1990 bat Schewardnadse im Auftrag seines Präsidenten den Bundeskanzler um die Vermittlung eines Kredits.[272] Der gewährte Kredit konnte an der desolaten Wirtschaftslage der Sowjetunion freilich wenig ändern, da auch nach Einschätzung des sowjetischen Botschafters Kwizinskij „die reale Grundlage für eine wirkliche Sanierung unserer Zahlungsbilanz" fehlte.[273] In einem Treffen mit Kanzlerberater Teltschik bezifferte die sowjetische Seite die benötigte Finanzhilfe auf ein Volumen von ca. 15 Mrd. Rubel, was damals in etwa der gleichen Summe in D-Mark entsprach. Gleichzeitig warb er um Unterstützung für die Reformen in der Sowjetunion, denn diese wären Voraussetzung für eine grundlegende Veränderung der weltpolitischen Situation.[274]

Zur katastrophalen Wirtschaftssituation kamen die Ablösungsprozesse der osteuropäischen Staaten – vornehmlich Polens und Ungarns – von der Sowjetunion und der sich andeutende Zerfall der Sowjetunion selbst. In verschiedenen Regionen der „Union der Sozialistischen Sowjetrepubliken" hatten sich zum Teil blutige

---

[269] Vgl. Korte 1994, S. 145 und Wolffsohn 1992, S. 152.
[270] Vgl. Gorbatschow 1995, S. 721.
[271] Vgl. Teltschik 1991, S. 205 und Kwizinskij 1993, S. 19 ff.
[272] Vgl. Teltschik 1991, S. 231 und Kwizinskij 1993, S. 25.
[273] Kwizinskij 1993, S. 28.
[274] Vgl. Teltschik 1991, S. 233.

Auseinandersetzungen entzündet, da sich unterdrückte Völker von Moskau trennen wollten. Das Baltikum hatte sich schon losgesagt, andere Unionsrepubliken suchten ebenfalls die Autonomie.[275] Gorbatschows Reformpolitik hatte aber auch Kritiker in der eigenen Partei hervorgebracht, die seine Linie als Politik der Schwäche werteten, zumal im Februar 1990 durch Änderung des Artikel 6 der sowjetischen Verfassung das Machtmonopol der Partei beseitigt worden war.[276] Um so wichtiger erschien es seinen westlichen Verhandlungspartnern, jeden Anschein zu vermeiden, sie würden die Schwäche der Sowjetunion ausnutzen.

US-Präsident George Bush unterstützte den Vereinigungskurs von Kanzler Kohl[277] (mit der Perspektive einer gesamtdeutschen NATO-Zugehörigkeit) und verpflichtete nicht nur die auf Zeitverzögerung und vorsichtige Distanz bedachten Franzosen und Briten auf eine gemeinsame Linie, sondern vertrat die deutschen Interessen auch gegenüber der Sowjetunion. Anläßlich eines Treffens mit Gorbatschow Ende Mai erzielte Bush einen ersten Erfolg. Gorbatschow stimmte zwar noch nicht einer deutschen Vollmitgliedschaft in der NATO zu, als Bush aber anmerkte, die USA würden selbstverständlich eine Entscheidung der Bundesregierung zum Austritt aus der NATO akzeptieren, antwortete Gorbatschow: „Nun gut, dann wollen wir es auch genauso formulieren: Die Vereinigten Staaten und die Sowjetunion treten dafür ein, daß das vereinigte Deutschland nach der endgültigen Regelung, die die Ergebnisse des Zweiten Weltkrieges berücksichtigt, selbständig über die Mitgliedschaft in einem Bündnis entscheiden soll."[278] Konkrete Zugeständnisse machte Gorbatschow indes nicht, immer noch favorisierte er eine Doppelmitgliedschaft Deutschlands in der NATO und im Warschauer Pakt, was Bush sofort zurückwies.[279] Die widersprüchlichen Äußerungen Gorbatschows im Gespräch mit Bush, sein Zugeständnis deutscher Selbstbestimmung bei gleichzeitiger Ablehnung der NATO-Mitgliedschaft, deutete auf eine noch nicht festgelegte Moskauer Marschroute hin. Tatsächlich hatte es darüber in der sowjetischen Delegation Spannungen gegeben.[280] Für einige Beobachter war Gorbatschow „über die intern vereinbarten Positionen hinausgegangen".[281] Das Gipfeltreffen endete mit einem Appell Gorbatschows zur wirtschaftlichen Unterstützung der Sowjetunion.[282]

Amerikanische Unterstützung Kohls

Richtungsweisend für die weitere Entwicklung dürften die von Bush gegenüber Gorbatschow vorgeschlagenen Garantien der USA im Fall einer Wiedervereinigung Deutschlands unter den sich abzeichnenden Bedingungen (NATO-Mitgliedschaft, Westintegration) gewesen sein. Die in neun Punkten zusammengefaßten Vorschläge sollten die Fortsetzung des Abrüstungsprozesses unter Einbeziehung der Sowjetunion wie auch spezielle Rücksichtnahmen auf sowjetische Interessen festlegen.[283] Das zweite Treffen der Zwei-Plus-Vier-Außenminister am 22. Juni 1990 in Berlin brachte nach außen noch keinen Durchbruch. Erst als die NATO in ihrer Londoner

---

[275] Vgl. Gorbatschow 1995, S. 475 ff.
[276] Vgl. ebd., S. 507 ff.
[277] Vgl. Kohl 1996, S. 377 ff.
[278] Vgl. Gorbatschow 1995, S. 723.
[279] Vgl. Kiessler/Elbe 1993, S. 150/151.
[280] Vgl. Zelikow/Rice 1995, S. 278/279.
[281] Zit. nach: Kiessler/Elbe 1993, S. 151.
[282] Vgl. Teltschik 1991, S. 258.
[283] Vgl. Kiessler/Elbe 1993, S. 149 und Korte 1994, S. 148.

NATO-Erklärung vom 5. Juli 1990

Erklärung vom 5. Juli 1990 zusicherte, „daß in dem neuen Europa die Sicherheit eines jeden Staates untrennbar mit der Sicherheit seiner Nachbarn verbunden ist. Die NATO muß zu einem Forum werden, in dem Europäer, Kanadier und Amerikaner zusammenarbeiten, nicht nur zur gemeinsamen Verteidigung, sondern auch beim Aufbau einer neuen Partnerschaft mit allen Ländern Europas.", war der weitere Weg vorgezeichnet.[284] Den Mitgliedstaaten des Warschauer Paktes versicherte die NATO gleichzeitig, sich jeder Androhung oder Anwendung von Gewalt zu enthalten und sie nicht mehr als Gegner, sondern als potentielle Partner und Freunde zu betrachten. Zum gleichen Zeitpunkt wurde deutlich, daß sich der Warschauer Pakt in Auflösung befand; Ungarn und Polen waren fest entschlossen, die Vertragsgemeinschaft sobald wie möglich zu verlassen.[285]

Die Konferenz über Sicherheit und Zusammenarbeit in Europa (KSZE) sollte nach Auffassung der NATO an Bedeutung gewinnen und die Länder Europas und Nordamerikas zusammenführen. Schon auf dem Flug von London nach Houston zum geplanten Weltwirtschaftsgipfel schrieb Bush einen Brief an Gorbatschow, in dem er die Londoner NATO-Erklärung als Sicherheitsgarantie für ganz Europa und damit auch für die Sowjetunion apostrophierte und Gorbatschow noch einmal ausdrücklich Unterstützung für dessen Reformpolitik zusicherte.[286] Der Weltwirtschaftsgipfel bekräftigte diese prinzipiellen Zusagen und stellte gleichzeitig konkrete Finanzhilfen in Aussicht.[287] Innerhalb kürzester Zeit hatte der Westen auf drei Gipfelbegegnungen – Europäischer Rat in Dublin, NATO-Gipfel in London und Weltwirtschaftsgipfel in Houston – die vorbehaltlose Unterstützung Deutschlands auf dem Wege zur Vereinigung und für die Sowjetunion politische und finanzielle Unterstützung des Reformprozesses organisiert.

Das Angebot der NATO, Strategie und Strukturen der neuen Situation anzupassen, enthielt angesichts des bevorstehenden Endes des Warschauer Paktes neue Bedeutung. Für Gorbatschow war damit die Brücke gebaut, einer NATO-Mitgliedschaft des vereinten Deutschland nach Umgestaltung der beiden Allianzen zuzustimmen.[288]

Treffen Kohl–Gorbatschow im Juli 1990

Während des Besuchs von Kohl, Genscher und Waigel in der Sowjetunion vom 14.–16. Juli 1990 fiel die letzte Entscheidung. Gorbatschow hatte trotz vehementer Angriffe auf seine Politik den XXVIII. Parteitag der KPdSU vom 1.–11. Juli 1990 mit einer Stärkung seiner Position überstanden und benötigte nun dringend westliche Hilfe bei seinen weiteren Vorhaben zur Umgestaltung der Sowjetunion. Auf dem Parteitag hatte Gorbatschows Gegner Ligatschow ihn des Ausverkaufs von Osteuropa beschuldigt und zu einer Umkehr gemahnt, aber mit dieser Kritik keine Mehrheit gefunden.[289] Doch auch der Parteitag konnte den Niedergang der KPdSU und des sowjetischen Imperiums nicht mehr aufhalten. Der stellvertretende Außenminister und frühere Botschafter in Bonn, Kwizinskij, konstatierte: „Die KPdSU ging kampfunfähig in die kritischste Phase ihrer Geschichte."[290]

---

[284] Die „Londoner Erklärung" ist abgedruckt in: Kaiser 1991, S. 241 ff., hier: S. 242.
[285] Vgl. Teltschik 1991, S. 259.
[286] Vgl. Zelikow/Rice 1995, S. 324/325.
[287] Vgl. Teltschik 1991, S. 308/309.
[288] Vgl. ebd., S. 263.
[289] Vgl. Kiessler/Elbe 1993, S. 164 ff. und Kwizinskij 1993, S. 37 ff.
[290] Kwizinskij 1993, S. 38.

In einem Vier-Augen-Gespräch am 15. Juli 1990 eröffnete Gorbatschow Helmut Kohl, die Sowjetunion werde unter bestimmten Bedingungen einer NATO-Mitgliedschaft des vereinten Deutschland und dem Abzug der sowjetischen Truppen aus der DDR in einer angemessenen Frist zustimmen. Gleichzeitig versprach er, daß Deutschland nach dem Ende der Zwei-Plus-Vier-Gespräche die volle Souveränität erhalten werde.[291] Die näheren Einzelheiten und strittigen Interpretationen des Agreements sowie die zeitliche Dimension verhandelten Kohl und Gorbatschow am darauffolgenden Tag in der Heimat des sowjetischen Präsidenten im Kaukasus.[292] Die Regelung der deutschen Frage sollte nach wechselseitigem Verständnis in den Kontext eines umfassenden Kooperationsvertrages des vereinten Deutschlands mit der Sowjetunion gestellt werden. Kohl betonte vor der Presse: „Dieser Vertrag wird geschlossen auf der festen Grundlage und im beiderseitigen klaren Verständnis, daß sowohl mit der deutsch-sowjetischen Zusammenarbeit als auch mit der festen Verankerung im Westen ein unerläßlicher Beitrag zur Stabilität in der Mitte Europas und darüber hinaus geleistet wird."[293] Der Bundeskanzler faßte die Ergebnisse seiner Gespräche mit Gorbatschow in zehn Punkten zusammen:

— Die Einigung Deutschlands umfaßt die Bundesrepublik Deutschland, die DDR und Berlin.
— Das vereinte Deutschland wird zum Zeitpunkt seiner Vereinigung uneingeschränkt souverän.
— Das vereinte Deutschland kann über seine Bündniszugehörigkeit selbst entscheiden.
— Das vereinte Deutschland schließt mit der Sowjetunion einen zweiseitigen Vertrag zur Abwicklung des Truppenabzugs innerhalb von drei bis vier Jahren.
— Solange sowjetische Truppen auf dem Territorium der DDR stationiert sind, werden keine Strukturen der NATO auf dieses Gebiet ausgedehnt.
— Verbände der Bundeswehr, die nicht in die NATO integriert sind, können unmittelbar nach der Vereinigung auf dem Gebiet der heutigen DDR und in Berlin stationiert werden.
— Die westlichen Streitkräfte bleiben für die Dauer der Anwesenheit sowjetischer Truppen auf neuer Rechtsgrundlage in Berlin.
— Nach Abzug der sowjetischen Truppen können auf dem Territorium der ehemaligen DDR in die NATO integrierte Streitkräfte stationiert werden, allerdings ohne für Atomwaffen verwendbares Abschußgerät.
— Das vereinte Deutschland reduziert innerhalb von drei bis vier Jahren seine Streitkräfte auf eine Personalstärke von 370 000 Mann.
— Das vereinte Deutschland wird auf Herstellung, Besitz und Verfügung der ABC-Waffen verzichten und Mitglied des Nichtverbreitungsvertrages bleiben.[294]

Was mag Gorbatschow zum Einlenken und zu diesen weitreichenden Zugeständnissen bewogen haben? Er selbst erwähnt nur die schon vorab bekannten und später

Zugeständnisse von Gorbatschow

---

291 Vgl. Teltschik 1991, S. 319 ff., Korte 1994, S. 150 ff. und Zelikow/Rice 1995, S. 333 ff.
292 Vgl. Kohl 1996, S. 433 ff.
293 Erklärung Kohls vor der Bundespressekonferenz am 17. Juli 1990 in Bonn über Bilanz und Perspektiven der Politik der Bundesregierung und über die Ergebnisse der Gespräche mit Präsident Gorbatschow, abgedruckt in: Kaiser 1991, S. 246 ff., hier: S. 246/247.
294 Vgl. Kaiser 1991, S. 247 f. und Kohl 1996, S. 438/439.

in den zehn Punkten niedergelegten Übereinkünfte zu strittigen Fragen, um dann auszuführen:

> „Ein demokratisches, politisch stabiles und wirtschaftlich gesundes Deutschland, das seine Grenzen anerkennt und mit seiner politischen Gesellschaftsordnung sowie seiner Rolle in Europa und in der Welt zufrieden ist, wird zu einem der wichtigsten positiven Faktoren der europäischen und internationalen Entwicklung werden. Es wäre jedoch naiv anzunehmen, daß Deutschlands Vereinigung als solche zwangsläufig zum Erreichen dieses Zieles führe."[295]

Tatsächlich dürften vor allem zwei Aspekte für die Zustimmung Gorbatschows zur raschen Vereinigung Deutschlands und zu dessen NATO-Mitgliedschaft maßgeblich gewesen sein. Zum einen benötigte die Sowjetunion dringend umfangreiche finanzielle und wirtschaftliche Hilfen, um dem sich abzeichnenden Zerfall des eigenen Staatswesens entgegentreten zu können. Da nur Deutschland überhaupt bereit war, die gewünschten Finanzhilfen ohne Vorbedingungen zu leisten, blieb Gorbatschow keine Wahl, zumal der Prozeß in Richtung auf eine deutsche Vereinigung auch ohne NATO-Mitgliedschaft nicht mehr aufzuhalten gewesen wäre. Ein gutes Verhältnis zu Deutschland versprach zudem auch mittel- und langfristig Kooperation auf vielen Feldern und weitere wirtschaftliche Hilfe. Zum zweiten wäre die Aufrechterhaltung des sowjetischen Imperiums in Osteuropa und in der DDR zu diesem Zeitpunkt nur noch durch den Einsatz massiver militärischer Gewalt möglich gewesen, und diesen Preis wollte Gorbatschow nicht zahlen. So versuchte er, die für sein Land unter den gegebenen Bedingungen beste Lösung zu erreichen, allerdings ohne Gewähr auf späteren Erfolg, wie die Geschichte zeigen sollte. Die Preisgabe der DDR war, so gesehen, ein Versuch zur Rettung der Sowjetunion. Letztlich aber wurde 1989/90 offenkundig, daß der aufgestaute Reformbedarf unter realsozialistischen Bedingungen nicht zu bewältigen war.

Mit der Übereinkunft zwischen Kohl und Gorbatschow war die Grundlage für einen Durchbruch bei den Zwei-Plus-Vier-Verhandlungen gelegt. Diese konnten schließlich mit der Unterzeichnung des „Vertrages über die abschließende Regelung in bezug auf Deutschland" am 12. September 1990 in Moskau beendet werden. Der Vertrag enthält die vorab gefundenen Festlegungen zur Vereinigung Deutschlands, zur Bündniszugehörigkeit, zur zukünftigen militärischen Rolle sowie zu den europäischen Grenzen.[296]

Zwei-Plus-Vier-Vertrag

Einen Tag nach der Unterzeichnung paraphierten Genscher und sein sowjetischer Amtskollege Schewardnadse den „Vertrag über gute Nachbarschaft, Partnerschaft und Zusammenarbeit" zwischen der Sowjetunion und Deutschland. Kernpunkte waren u. a. ein Gewaltverzicht, die Vereinbarung von Zusammenarbeit in Wirtschaft, Industrie, Wissenschaft, Technik und Umweltschutz sowie die gemeinsame Verpflichtung auf internationale Abkommen.[297] In weiteren deutsch-sowjetischen Verträgen wurde der Abzug der sowjetischen Truppen auf dem Gebiet der ehemaligen DDR, einschließlich dessen Finanzierung, sowie eine Finanzhilfe u. a.

Deutsch-sowjetische Verträge

---

[295] Gorbatschow 1995, S. 725/726.

[296] Vgl. Korte 1994, S. 152 ff.; der „Vertrag über die abschließende Regelung in bezug auf Deutschland vom 12. September 1990" ist abgedruckt in: Kaiser 1991, S. 260 ff.

[297] Vertrag über die Entwicklung einer umfassenden Zusammenarbeit auf dem Gebiet der Wirtschaft, Industrie, Wissenschaft und Technik zwischen der Bundesrepublik Deutschland und der Union der sozialistischen Sowjetrepubliken vom 9. November 1990, abgedruckt in: Kaiser 1991, S. 346 ff.

für den Bau von Wohnungen für in die Heimat zurückkehrende sowjetische Offiziere vereinbart.[298] Über die Höhe dieser von Kohl bei seinem Besuch Mitte Juli versprochenen finanziellen Unterstützung hatte es in letzter Sekunde noch Irritationen gegeben. Die von Kohl zugestandene Summe lag deutlich unter der von Gorbatschow geforderten, so daß dieser in einem Telefonat die Unterzeichnung des Zwei-Plus-Vier-Verhandlungsergebnisses plötzlich in Frage stellte. Für Gorbatschow bestand ein innerer Zusammenhang zwischen den bilateralen Verträgen und der internationalen Vereinbarung. Als Kohl schließlich insgesamt 15 Mrd. DM anbot, willigte Gorbatschow ein,[299] was ihm von Kritikern den Vorwurf einbrachte, die DDR unter Wert preisgegeben zu haben.[300] Der Unterzeichnung und späteren Ratifizierung der Verträge durch die Parlamente stand nun nichts mehr im Wege.

Auf der KSZE-Außenministerkonferenz am 1. Oktober 1990 in New York setzten die Teilnehmerstaaten einen Schlußstrich unter die Auseinandersetzungen und internationalen Vereinbarungen der Nachkriegszeit. Das zwei Tage später vereinte Deutschland erhielt die volle Souveränität, und die als Ergebnis des Weltkrieges entstandenen Grenzen wurden von allen Beteiligten völkerrechtlich verbindlich anerkannt. In der „Charta von Paris für ein neues Europa" erklärten die Staats- und Regierungschefs der KSZE-Mitgliedstaaten am 21. November 1990,

„Charta von Paris für ein neues Europa"

> „daß sich unsere Beziehungen künftig auf Achtung und Zusammenarbeit gründen werden. Europa befreit sich vom Erbe der Vergangenheit. Durch den Mut von Männern und Frauen, die Willensstärke der Völker und die Kraft der Ideen der Schlußakte von Helsinki bricht in Europa ein neues Zeitalter der Demokratie, des Friedens und der Einheit an."[301]

Die Teilnehmerstaaten verpflichteten sich zur Anerkennung der Demokratie als einziger Regierungsform, zur Gewährleistung von Menschenrechten und Grundfreiheiten sowie zur Rechtsstaatlichkeit.[302]

Am 2. Oktober löste sich die DDR-Volkskammer auf. Der letzte Ministerpräsident de Maizière nannte das Verschwinden der DDR einen „Abschied ohne Tränen" und sprach die Hoffnung aus, „daß die selbstverständliche Zusammengehörigkeit wieder gelebt werden kann".[303] Der „Kanzler der Einheit", Helmut Kohl, dankte in einer Botschaft an alle Regierungen der Welt am 3. Oktober 1990 allen, „die sich für das Recht der Deutschen auf Selbstbestimmung eingesetzt und unseren Weg zur Einheit erleichtert haben". Gleichzeitig versprach er: „Unser Land will mit seiner wiedergewonnenen nationalen Einheit dem Frieden in der Welt dienen und die Einigung Europas voranbringen ... Zugleich stehen wir zu den moralischen und rechtlichen Verpflichtungen, die sich aus der deutschen Geschichte ergeben ... Von deutschem Boden wird in Zukunft nur Frieden ausgehen."[304]

---

298 Vgl. Korte 1994, S. 156 und Kaiser 1991, S. 325 ff. und S. 318 ff.
299 Vgl. Teltschik 1991, S. 359 ff.
300 Vgl. Kotschemassow 1994, S. 286.
301 Charta von Paris für ein neues Europa. Erklärung des Pariser KSZE-Treffens der Staats- und Regierungschefs vom 21. November 1990, abgedruckt in: Kaiser 1991, S. 368 ff., hier: S. 368.
302 Vgl. ebd.
303 Zit. nach: Jarausch 1995, S. 276.
304 Botschaft des Bundeskanzlers der Bundesrepublik Deutschland, Helmut Kohl, zum Tag der deutschen Einheit an alle Regierungen der Welt vom 3. Oktober 1990, abgedruckt in: Kaiser 1991, S. 313 ff., hier: S. 314.

Kritiker der Vereinigung

Während die übergroße Mehrheit der politischen Klasse im nun vereinten Deutschland die deutsche Einheit mit Optimismus, Pragmatismus oder auch mit einiger Skepsis begrüßte, gehörten neben der PDS und den Grünen prominente westdeutsche Linksintellektuelle zu den lautstärksten Kritikern der Vereinigung. Sie sprachen von einem „überhasteten Anschluß", befürchteten einen Rückfall in „nationalistische Großmachtallüren" und malten das Bild einer „Kolonisierung Ostdeutschlands" an die Wand.[305] Der Schriftsteller Günter Grass führte am Vorabend der Vereinigung die Rede von dem „Schnäppchen namens DDR" und prophezeite der ostdeutschen Bevölkerung: „Anstelle kommunistischer Mangelwirtschaft wird ihnen unter dem Etikett ‚soziale Marktwirtschaft' rüde Ausbeutung geboten. Häßlich sieht diese Einheit aus."[306]

Die Bevölkerung indes feierte den Tag der Einheit ohne nationales Pathos auf Volksfesten in nahezu allen deutschen Städten. Allein in Berlin versammelten sich in der Nacht zum 3. Oktober mehr als eine Million Menschen.

Landtagswahlen am 14. Oktober 1990

Die beiden nach der Vereinigung durchgeführten Wahlgänge in Ostdeutschland bestätigten die Politik der raschen Vereinigung eindrucksvoll. Die Landtagswahlen am 14. Oktober brachten für die Vereinigungsbefürworter, vor allem für die CDU, beachtliche Erfolge. Die Christdemokraten erreichten einschließlich der am 2. Dezember 1990 durchgeführten Wahlen zum Berliner Abgeordnetenhaus in den ostdeutschen Ländern insgesamt 42% der Stimmen, die FDP kam auf 7,6% und die SPD auf knapp 26%. Während die im Bündnis 90 zusammengeschlossenen ehemaligen DDR-Oppositionskräfte ihren Stimmenanteil auf knapp 6% steigern konnten, fiel die PDS auf unter 13% zurück.[307] Außer in Brandenburg stellte die CDU in allen wiederhergestellten ostdeutschen Ländern den ersten Ministerpräsidenten.

Wahl zum Deutschen Bundestag am 2. Dezember 1990

Bei der ersten gemeinsamen Wahl zum Deutschen Bundestag stand der Vereinigungskritiker Oskar Lafontaine gegen den „Kanzler der Einheit" Helmut Kohl, so daß auch aus dieser Konstellation die Wahl zu einer gesamtdeutschen Abstimmung über Tempo und Art der Vereinigung geriet. Die Regierungskoalition gewann mit deutlichem Vorsprung (CDU/CSU: 43,8%; FDP: 11,0%), die SPD sackte auf 33,5% ab und erzielte damit ihr schlechtestes Ergebnis seit der Bundestagswahl von 1957. Die härtesten Vereinigungsgegner in Ost- und Westdeutschland, die PDS bzw. die Grünen, mußten zum Teil beträchtliche Stimmeinbußen hinnehmen. Letztere verfehlten mit 4,7% sogar den Einzug in den Bundestag. Ihr ostdeutscher Partner – Bündnis 90 – gelangte dagegen aufgrund der getrennten Auszählung der Stimmen in Ost und West mit 6% in das erste gesamtdeutsche Parlament.[308] In Ostdeutschland fiel die PDS auf 11%. Die Kritiker und Gegner der schnellen deutschen Vereinigung blieben somit in beiden Teilen Deutschlands deutlich in der Minderheit. Die deutsche Einheit, aber auch der Vereinigungsprozeß erhielten mit diesem Wahlergebnis eine demokratische Legitimation. Seit dem 3. Oktober 1990 ist die DDR nur noch Geschichte.

---

[305] Vgl. Jarausch 1995, S. 292.
[306] Grass 1993, S. 46.
[307] Vgl. Falter 1992, S. 176.
[308] Vgl. Jarausch 1995, S. 301.

B) Strukturen der DDR-Gesellschaft

Das politische System

1. Die SED

a) Führungsanspruch

Das politische System blieb von der Gründung der DDR bis zu ihrem Untergang durch den Führungsanspruch der SED geprägt. Dieser erstreckte sich auf alle Bereiche von Staat und Gesellschaft und war verbunden mit einer entsprechenden Politik der Sicherung und des Ausbaus der Parteimacht. Die SED bezeichnete sich in ihrem Statut als „die höchste Form der gesellschaftlich-politischen Organisation der Arbeiterklasse, als ihr kampferprobter Vortrupp" sowie als die „führende Kraft der sozialistischen Gesellschaft, aller Organisationen der Arbeiterklasse und der Werktätigen, der staatlichen und gesellschaftlichen Organisationen". Sie legitimierte ihre „Führungsrolle" mit der „historischen Mission",[1] die der Marxismus-Leninismus der „Arbeiterklasse" zuschreibt, sowie dem Selbstverständnis der kommunistischen Partei als Trägerin der „wissenschaftlichen Weltanschauung". Die Arbeiterklasse könne ihre „historische Mission nur erfüllen, wenn sie von einer zielklaren, geschlossenen, kampfgestählten marxistisch-leninistischen Partei geführt wird, die eng mit den Massen verbunden ist".[2] Ihre Aufgabe definierte die SED als Vollstreckerin geschichtlicher Gesetzmäßigkeiten: Auf der Tagesordnung standen die Überwindung des Kapitalismus, der Aufbau des Sozialismus und der spätere Übergang zum Kommunismus. Da sie den Anspruch erhob, allein über die Einsicht in die weitere historische Entwicklung zu verfügen, hatten sich alle anderen politischen Parteien und gesellschaftlichen Organisationen ihrem Führungsanspruch zu beugen. In ihrem Selbstverständnis verkörperte die SED Wahrheit, Recht und Zukunft. „Die Partei hat immer Recht", Refrainzeile eines häufig benutzten Liedes, war insoweit für überzeugte Genossen mehr als nur ein propagandistischer Schlachtruf.[3]

„Historische Mission" der Arbeiterklasse

Unter diesen selbstdefinierten Voraussetzungen betrachtete die SED die DDR geradezu selbstverständlich als **ihren** Staat. In ihrem Programm stellte sie unmißverständlich fest:

---

[1] Vgl. die Präambel des Statuts der SED von 1976, S. 5.
[2] Vgl. Programm der SED von 1976, S. 6.
[3] Vgl. Schmitz 1995, S. 41 ff.

„In Gestalt der Deutschen Demokratischen Republik errichtete und festigte die Arbeiterklasse im Bündnis mit den Bauern und den anderen Werktätigen ihre politische Herrschaft. Sie schuf den sozialistischen Staat der Arbeiter und Bauern als eine Form der Diktatur des Proletariats. Gestützt auf die Lehre des Marxismus-Leninismus, wurde die revolutionäre Umgestaltung der Eigentumsverhältnisse an den entscheidenden Produktionsmitteln vollzogen und eine feste politische und ökonomische Basis für die Lösung der sozialen, kulturellen und ideologischen Aufgaben der sozialistischen Gesellschaft geschaffen."[4]

Unter dem Schutz der sowjetischen Besatzungsmacht nahm die SED schon vor der Gründung der DDR eine dominierende Stellung ein, verzichtete aber aus taktischen – vor allem deutschlandpolitischen – Gründen vorerst auf die Fixierung dieses Anspruchs in der Verfassung. Allerdings forderte die SED-Führung schon 1949 in einer „Richtlinie über die Fertigstellung von Vorlagen und wichtigen Materialien für die Regierung (...)", daß wichtige Gesetze, Verordnungen und Materialien „vor ihrer Verabschiedung durch die Volkskammer oder die Regierung dem Politbüro bzw. Sekretariat des Politbüros zur Beschlußfassung übermittelt werden (müssen)".[5] Dieser ersten Festschreibung des Vorrangs der Partei gegenüber dem Staat folgte in den fünfziger Jahren die „freiwillige" Anerkennung der Führungsrolle der SED in Stellungnahmen von Blockparteien und gesellschaftlichen Organisationen.[6]

In einem Politbürobeschluß vom 12. Juli 1960 legte die Parteiführung fest, daß „alle Beschlüsse des Zentralkomitees bzw. des Politbüros des ZK der SED, die die staatliche Tätigkeit betreffen, als Vorlage unverändert dem Ministerrat bzw. seinem Präsidium zu unterbreiten" seien.[7] Diesem Beschluß folgten entsprechende „Ordnungen" staatlicher Instanzen, die verkündeten, daß in der DDR die Arbeiterklasse „unter Führung der Sozialistischen Einheitspartei Deutschlands" die politische Macht ausübe und den Sozialismus aufbaue.[8] In der Verfassung von 1968 fand dieser unbegrenzte Machtanspruch der SED schließlich zentrale Berücksichtigung. Art. 1 Abs. 1 lautete: „Die Deutsche Demokratische Republik ist ein sozialistischer Staat deutscher Nation. Sie ist die politische Organisation der Werktätigen in Stadt und Land, die gemeinsam unter Führung der Arbeiterklasse und ihrer marxistisch-leninistischen Partei den Sozialismus verwirklichen." Dieser Verfassungsrang des Führungsanspruchs blieb auch in der Verfassung von 1974 erhalten, die bis zum Ende der DDR gültig war; erst am 1. Dezember 1989 wurde er durch die Volkskammer unter dem Druck der Bevölkerung gestrichen.[9]

Durchsetzung des Führungsanspruchs

Zur Durchsetzung dieses umfassenden Führungsanspruchs baute die SED-Führung in Partei und Staat einen aus systematisch ausgewählten und geschulten Kadern bestehenden Herrschaftsapparat auf. Partei- und Staatsapparat waren personell und funktionell miteinander aufs engste verflochten, wobei die „Kompetenzkompetenz" (Entscheidungsbefugnis über Zuständigkeiten) immer bei der Parteiführung lag. Die vom Parteiapparat gesteuerten und kontrollierten Blockparteien und Massenorga-

---

4 Vgl. die Präambel des Programms der SED von 1976, S. 7.
5 Zit. nach: Prieß 1995, S. 2490.
6 Vgl. Ammer 1995a, S. 808 f.
7 Vgl. Prieß 1995, S. 2490.
8 Vgl. Brunner 1996, S. 221.
9 Vgl. Holzweißig 1996a, S. 29/30.

nisationen dienten nicht der Begrenzung, sondern der Kaschierung des totalitären Herrschaftsanspruchs. Die Konzentration der Macht in den Händen der SED schloß jede Form von Gewaltenteilung im politischen System aus.

Keine Gewaltenteilung

Zur Legitimierung ihres Herrschaftsanspruchs instrumentalisierte die SED das Bildungswesen und die Massenmedien ebenso wie die Kultur- und Wissenschaftspolitik und alle anderen Politikfelder. Wer sich ihrem Herrschaftsanspruch nicht unterordnete oder gar oppositionellen Handelns verdächtigt wurde, geriet in die Netze des unter Honecker flächendeckend ausgeweiteten Repressionsapparates. Dessen wichtigste Bestandteile waren das Ministerium für Staatssicherheit, die „Volkspolizei" und die politische Justiz.

Die DDR war zuallererst eine „politische Gesellschaft" (Agnes Heller),[10] in der eine weitgehende Identität von privater und öffentlicher Sphäre angestrebt wurde und es nahezu keine staatsfreien Räume geben sollte. Mit dem Leitbild von der „politisch-moralischen Einheit des Volkes" schloß die SED in den politischen Grundpositionen jegliches eigenständige Denken und abweichende Verhalten aus. Sie ignorierte oder unterdrückte Individualität, sofern diese nicht mit der Parteilinie übereinstimmte. Zu ihrem Ideal einer homogenisierten Gesellschaft paßten nur Individuen, die sich entsprechend den von der Partei vorgegebenen „gesellschaftlichen Erfordernissen" verhielten. Durch Einordnung in Kollektive, die die Werte der sozialistischen Gesellschaft vertreten sollten, versuchte die Partei, die Entwicklung der Individuen zu steuern und zu kontrollieren. Die weitgehende Kollektivierung sozialer Beziehungen sollte Konformität jenseits repressiver Maßnahmen herstellen.[11] Die SED strebte eine ideologiegeleitete Vervollkommnung des einzelnen zum „neuen Menschen" (so die Standardformel früherer Jahrzehnte) bzw. zur „sozialistischen Persönlichkeit" (so die in der Honecker-Ära gebräuchliche Prägung) an. Die immer wieder propagierte Formel von der Notwendigkeit der „Arbeit mit den Menschen" stand für einen umfassenden Erziehungsanspruch und damit auch für die Aufrechterhaltung einer Erziehungsdiktatur.[12]

b) Organisatorischer Aufbau

Ein straffer organisatorischer Aufbau war für die SED, wie auch für andere kommunistische Parteien, keine rein technische Frage, sondern besaß immer auch eine enorme politische Bedeutung. Die Partei schuf sich gemäß ihrem Vorbild – der KPdSU – eine Organisationsstruktur, die den Vorstellungen von der „Partei neuen Typus" entsprach. Als verbindliches Organisationsprinzip mit Verfassungsrang (Art. 47 Abs. 2 der DDR-Verfassung von 1974) wurde in der Partei wie auch im Staatsapparat und den gesellschaftlichen Organisationen der „demokratische Zentralismus" eingeführt. Dieses leninistische Prinzip bedeutete eine strikte Hierarchisierung von Partei, Staat und Gesellschaft. Die jeweils untere Funktionsebene hatte sich der höheren unterzuordnen. Alle Bereiche mußten sich den Weisungen der obersten Führung unterwerfen. Die Parteiführung setzte mittels dieses Prinzips ihre Politik durch und verhinderte somit auch die Entfaltung innerparteilicher Demo-

„Demokratischer Zentralismus"

---

10 Vgl. Heller u. a. 1983.
11 Vgl. Schmitz 1995, S. 49 ff.
12 Vgl. Beintker 1996, S. 398 ff.

kratie. Das Attribut „demokratisch" stellte angesichts des praktizierten administrativen Zentralismus nur eine leere Floskel dar. Die Rechenschaftsberichte auf den verschiedenen Parteiebenen reduzierten sich fast ausschließlich auf propagandistische Übungen, eine kontroverse Diskussion von Beschlüssen wurde nicht zugelassen. Parteiinterne Wahlen brachten stets einhellige Zustimmung zu den von übergeordneten Leitungen vorgeschlagenen oder zuvor gebilligten Kandidaten, die nach erfolgter Wahl nochmals vom Leitungsorgan bestätigt werden mußten.[13]

Schaubild 4: Organisatorischer Aufbau der SED (1980)

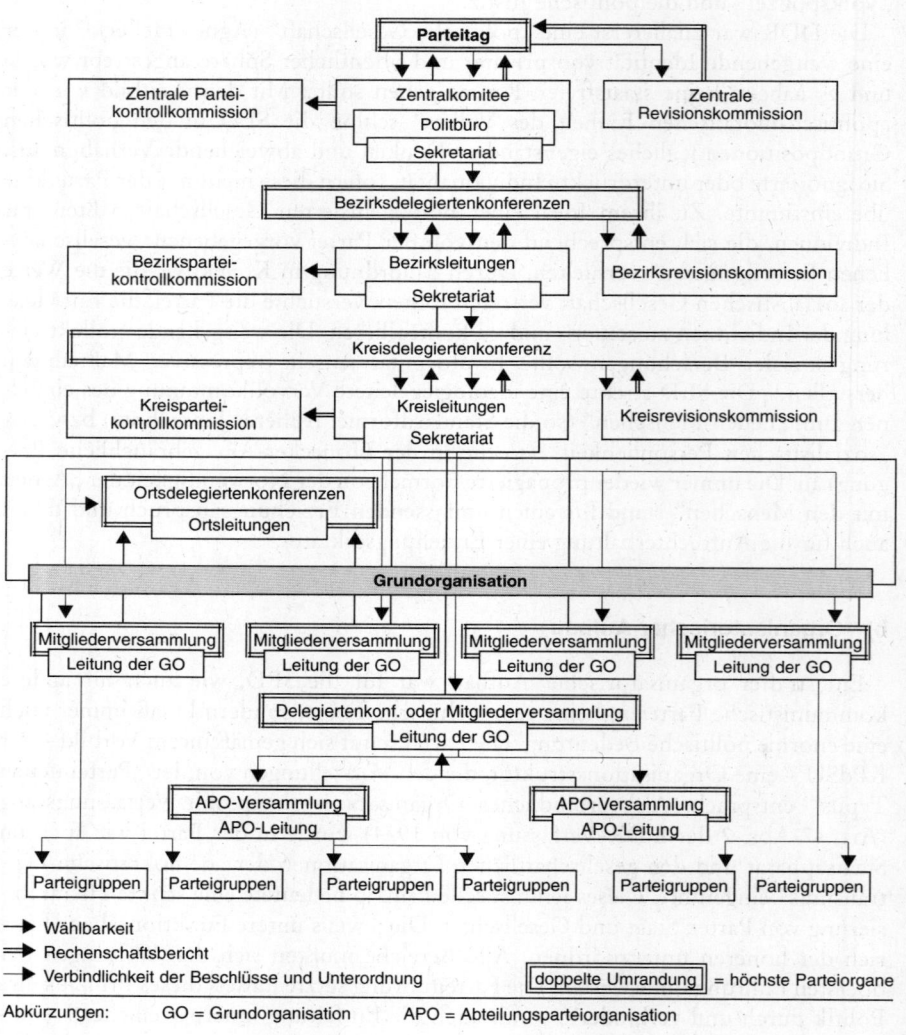

Abbildung nach: Henkel 1994, S. 21

---

[13] Vgl. Ammer 1995a, S. 810.

Die zuletzt ca. 2,3 Millionen Mitglieder und Kandidaten der SED (19% der DDR-Bewohner über 18 Jahre) waren primär nach dem „Produktionsprinzip", d. h. an ihren Arbeitsplätzen in „Betriebsparteiorganisationen" organisiert. Lediglich Parteimitglieder, die in Betrieben mit weniger als drei Genossen tätig waren, wurden anderen Grundorganisationen angegliedert. Genossen, die nicht mehr im Arbeitsprozeß standen, wurden in „Wohnparteiorganisationen" zusammengefaßt. Die Mitgliederzahlen stiegen von 1,3 Millionen im April 1946 auf 1,8 Millionen im September 1947, pendelten bis Ende der sechziger Jahre zwischen 1,4 und 1,7 Millionen und stiegen über 1,9 Millionen im Juni 1971 und 2,2 Millionen im April 1981 auf schließlich 2,3 Millionen im April 1986 an. Die soziale Zusammensetzung der Parteimitgliedschaft läßt sich nur bedingt abbilden, da die parteioffiziellen Angaben vage und uneinheitlich ausfielen und zudem die sozialen Typisierungen eher politischen Definitionen als soziologischen Kategorien entsprangen.[14] So galten z. B. Angestellte der SED und der Massenorganisationen wie auch Angehörige der Sicherheitsapparate als Arbeiter. Nach dieser politischen Definition stellten die „Arbeiter" den Hauptanteil der Mitglieder. Werden zumindest die „hauptamtlichen Funktionäre" aus den statistischen Kategorien „Arbeiter" und „Bauern" herausgestrichen, so ergibt sich für Ende 1987 folgende soziale Zusammensetzung der SED-Mitgliedschaft:

Zusammensetzung der SED-Mitgliedschaft

- Produktionsarbeiter: 37,6%
- LPG-Bauern: 4,9%
- Intelligenz: 22,3%
- Rentner: 15%
- Angestellte: 7,4%
- Sonstige: 12,8%

Die hauptamtlichen Funktionäre dürften unter den verbleibenden 12,8% den Löwenanteil gestellt haben.[15] Knapp 40% der Parteimitglieder verfügten zum angegebenen Zeitpunkt über einen Fachschul- bzw. Hochschulabschluß.[16]

Zur Durchsetzung der „Linie" der Parteiführung wurden in den Bezirken, Kreisen, Städten, in größeren Betrieben und Institutionen „Parteiaktivs" gebildet. Zu dieser Gruppe besonders zuverlässiger und einsatzbereiter Genossen gehörten viele Funktionäre der Partei, des Staatsapparates, der Wirtschaft und der Massenorganisationen.

Kader- und Massenpartei

Die SED war zugleich Kader- und Massenpartei. Aufgrund ihrer hohen Mitgliederzahl wirkte sie als Massenpartei, durch ihr spezielles „Nomenklatursystem", das zur „Kaderauswahl und -lenkung" diente, sowie durch das Organisationsprinzip des „demokratischen Zentralismus" hatte sie gleichzeitig aber auch die Merkmale einer Kaderpartei, die alle Macht in Staat und Gesellschaft auf sich konzentrierte.

Es existierten drei regionale Organisationsebenen, in denen es je nach funktionalen und politischen Erfordernissen Unterteilungen bzw. Zusammenlegungen gab:
- Die unterste Ebene bildeten ca. 59 000 Grundorganisationen in Betrieben und Institutionen, Staatsorganen oder Wohngebieten. Die etwa 4600 größeren Grundorganisationen (mehr als 150 Mitglieder) waren in ca. 29 000 Abteilungsparteiorganisationen (APO) unterteilt. Diese wurden, wie auch kleinere Grund-

---

14 Vgl. Henkel 1994, S. 37.
15 Vgl. Otto 1996, S. 502.
16 Ebd., S. 503.

Grund-
organisationen

organisationen, noch einmal in knapp 97 000 Parteigruppen gegliedert.[17] Die Leitungen der Grund- und Abteilungsparteiorganisationen zählten Ende 1985 über 670 000 Mitglieder. Als Parteisekretäre fungierten auf dieser Ebene Ende 1985 etwa 88 000 Parteimitglieder, darunter ca. 4700 in hauptamtlicher Funktion.[18] Der jeweilige Parteisekretär war neben einem Funktionär der Kreisebene für die Anleitung der Grundorganisation zuständig. Um dem propagierten Anspruch der SED auf Gestaltung und Kontrolle von Staat und Gesellschaft gerecht werden zu können, zeichneten die anderen Leitungsmitglieder der Grundorganisation für bestimmte Bereiche, wie z. B. Agitation und Propaganda, Wissenschaft und Technik, Kulturarbeit, Jugend und Sport, Wehrerziehung/Kampfgruppen/Zivilverteidigung u. a. verantwortlich. In der Leitung der Grundorganisation waren stets auch der Vorsitzende der Betriebsgewerkschaftsleitung und der Sekretär der FDJ-Grundeinheit sowie häufig der Betriebsdirektor oder der Kaderleiter vertreten. Der Parteisekretär hatte damit bedeutenden Einfluß in vielen Betrieben, Verwaltungen und gesellschaftlichen Institutionen. Ohne seine Zustimmung fiel in der Regel keine wichtige Entscheidung.[19]

– Die Grundorganisationen wurden von der jeweiligen Kreisleitung angeleitet und kontrolliert. Die insgesamt 265 Stadt- und Kreisorganisationen bzw. Stadtbezirksorganisationen (in Großstädten) der Partei wurden nach territorialen Prinzipien (242) oder nach funktionalen Gliederungen in zentralen Staatsorganen, Universitäten und den wichtigsten Kombinaten (23) gebildet. Das Ministerium für Staatssicherheit (MfS), das Ministerium des Innern (MdI), die Staatliche Plankommission, die Akademie der Wissenschaften oder die Humboldt-Universität Berlin hatten ebenso wie z. B. das Chemie-Kombinat Bitterfeld eine eigene Kreisparteiorganisation. Während die nach territorialen Prinzipien gebildeten Kreisparteiorganisationen der jeweiligen Bezirksleitung unterstanden, übte die SED-Bezirksleitung Berlin die Anleitungs- und Kontrollfunktion über die zentralen funktionalen Kreisparteiorganisationen in Berlin aus.[20]

Kreisparteiorganisationen

Für die Arbeit der Kreisparteiorganisation war die jeweilige Kreisleitung verantwortlich. Sie hatte durchschnittlich sechzig Mitglieder und „wählte" aus ihren Reihen entsprechend der „Kaderplanung" von ZK und Bezirksleitung Sekretäre, die für bestimmte Arbeitsbereiche zuständig waren. Die Aufgabe der Kreisleitungen bestand darin, zentrale und bezirkliche Beschlüsse, Direktiven und Anweisungen durch- und umzusetzen sowie die ihr unterstehenden Grundorganisationen anzuleiten und zu kontrollieren. Zum „Sekretariat der Kreisleitung" gehörten der 1. Sekretär, der 2. Sekretär, der Sekretär für Agitation und Propaganda, der Sekretär für Wirtschaftspolitik, in Landkreisen auch der Sekretär für Landwirtschaft, der Vorsitzende der Kreisparteikontrollkommission (KPKK) sowie der Vorsitzende des Rates des Kreises oder Stadtbezirkes, der Vorsitzende des FDGB-Kreisvorstandes und der 1. Sekretär der FDJ-Kreisleitung.[21]

---

17 Vgl. Ammer 1995a, S. 815.
18 Ebd., S. 817.
19 Ebd., S. 818.
20 Ebd., S. 820.
21 Vgl. Prieß 1995, S. 2484/2485.

Die Sekretariate der Kreisleitungen trugen die Verantwortung für die eigentliche Parteiarbeit vor Ort und stellten faktisch die territorialen Machtzentren dar. Sie verfügten über einen eigenen Apparat, der aus dreißig bis fünfzig hauptamtlichen Mitarbeitern bestand. Dieser Parteiapparat auf Kreisebene war weitgehend parallel zu den Staatsorganen (Rat des Kreises) gegliedert. Die Mitarbeiter mußten monatlich Lageanalysen erstellen, die zum Teil an die Bezirksorganisationen weitergeleitet wurden. Der 1. Sekretär einer Kreisleitung war Nomenklaturkader des ZK, die übrigen gehörten der Nomenklatur der Bezirksleitung an. Zur Unterstützung des hauptamtlichen Funktionärskörpers bildete die Kreisleitung ein Forum besonders zuverlässiger und einsatzbereiter Parteimitglieder – das Kreisparteiaktiv.[22]

Obwohl die Kreisparteileitungen fester Bestandteil der Machthierarchie der SED waren und als territoriales Machtzentrum wirkten, konnten sie doch keine eigenständige, über die Beschlüsse der Bezirksparteiorganisationen oder der Parteizentrale hinausgehende Politik betreiben. Sie wirkten als verlängerter Arm der Parteiführung und des zentralen Apparats, hatten staatliche und gesellschaftliche Institutionen wie auch die Grundorganisationen der Partei anzuleiten und zu kontrollieren. Auch sorgten sie für Auswahl, Einsatz und Kontrolle von Kadern auf Kreisebene. Die Grenzen ihrer Macht ergaben sich insoweit nur aus ihrer Funktion innerhalb der Partei.[23] Wie auf allen Ebenen der SED hatte der 1. Sekretär der Kreisleitung eine besondere Machtfülle. Er personifizierte Anspruch und Machtwillen der Parteiführung.[24]

– Die Kreisleitungen unterstanden den fünfzehn territorialen Bezirksparteiorganisationen in den vierzehn Bezirken der DDR (Cottbus, Dresden, Erfurt, Frankfurt/Oder, Gera, Halle, Karl-Marx-Stadt, Leipzig, Magdeburg, Neubrandenburg, Potsdam, Rostock, Schwerin, Suhl) sowie in Berlin (Ost). Daneben gab es Parteiorganisationen mit ähnlichem Status bei der NVA und den Grenztruppen sowie der „Gebietsorganisation Wismut". Die Bezirksparteiorganisationen hatten zwischen 70 000 und 250 000 Mitglieder.[25] Die aus etwa hundert Personen bestehende Bezirksleitung tagte mindestens viermal jährlich, wählte auf ihrer konstituierenden Sitzung das „Sekretariat der Bezirksleitung" und berief die Bezirksparteikontrollkommission.[26] Dem Sekretariat gehörten neben sechs Sekretären der Vorsitzende der Bezirksparteikontrollkommission, die 1. Sekretäre der Stadt- bzw. Kreisleitung der Bezirksstadt sowie der FDJ-Bezirksleitung und die Vorsitzenden des Rates des Bezirkes (bzw. in Berlin der Oberbürgermeister), der Bezirksplankommission, sowie des FDGB-Bezirksvorstandes an.[27] Die Sekretariate der Bezirksleitungen beschäftigten in ihren Apparaten ca. 180 bis 250 Mitarbeiter. Analog zur Kreisebene existierte ein „Bezirksparteiaktiv", das zwischen ein und drei Prozent der Mitglieder der Bezirksparteiorganisationen umfaßte.[28] Die Überwachung der „Einheit und Geschlossenheit" der SED

Bezirksparteiorganisationen

---

22 Vgl. Ammer 1995a, S. 821.
23 Vgl. Prieß 1995, S. 2500/2501.
24 Vgl. Scherzer 1989 und Fritschler 1996.
25 Vgl. Ammer 1995a, S. 823.
26 Vgl. ebd., S. 823.
27 Vgl. Kaiser 1995, S. 1803.
28 Vgl. Ammer 1995a, S. 824.

oblag der Bezirksparteikontrollkommission (BPKK), die eng mit der entsprechenden Ebene des MfS zusammenarbeitete. Zwar konnte sie selbständig agieren, ihre Beschlüsse bedurften allerdings der Bestätigung durch das Sekretariat. Prinzipiell galt zudem, daß übergeordnete Parteikontrollkommissionen Beschlüsse untergeordneter aufheben konnten.[29] Zur Unterstützung ihrer Arbeit bildeten die Bezirksleitung wie auch die Kreisleitung ressortübergreifende Kommissionen, in denen Mitarbeiter und Vertreter verschiedener Abteilungen, staatlicher Verwaltungen, Massenorganisationen etc. mitwirkten. Neben ad hoc eingerichteten Kommissionen gab es häufig Kommissionen für Frauen, für Jugend und Sport sowie „Veteranenkommissionen" zur Betreuung alter, verdienter Parteimitglieder.[30]

Bezirkseinsatzleitungen
Besondere Bedeutung hatten die Bezirkseinsatzleitungen (BEL), die für die Aufrechterhaltung der inneren Sicherheit in Krisensituationen und Spannungsperioden sorgen sollten. Die als Reaktion auf die Volkserhebung am 17. Juni 1953 auf Weisung der Sicherheitskommission des SED-Politbüros eingerichteten Einsatzleitungen auf Bezirks- und Kreisebene unterstanden seit 1954 den 1. Sekretären der Bezirks- bzw. Kreisleitung. Neben dem 1. Sekretär der Bezirksleitung gehörten diesen Gremien unter anderem der Leiter der Bezirksverwaltung für Staatssicherheit, der Chef der Bezirksbehörde der Deutschen Volkspolizei, der Chef des Wehrbezirkskommandos der Nationalen Volksarmee sowie der Vorsitzende des Rates des Bezirkes an. Laut Statut aus dem Jahre 1981 mußten die Bezirkseinsatzleitungen mindestens einmal vierteljährlich und die Kreiseinsatzleitungen mindestens einmal in zwei Monaten zusammentreten. Neben Aufgaben zur Vorbereitung bzw. Aufrechterhaltung eines möglichen Verteidigungszustandes hatten die Einsatzleitungen die Aufgabe, „Maßnahmen zur Gewährleistung der allseitigen staatlichen Sicherheit und der öffentlichen Ordnung und Sicherheit auf ihrem Territorium" zu veranlassen und zu kontrollieren.[31]

Zu ihrer Unterstützung bildete die Parteiführung in der Honecker-Ära zudem noch „Gruppen der politischen Mitarbeiter der SED bei den Bezirks- und Kreiseinsatzleitungen in Vorbereitung auf den Verteidigungszustand sowie nach Auslösung von Bereitschaftsstufen".[32]

Wie die Kreisleitungen arbeiteten auch die Bezirksleitungen auf der Grundlage eines zumeist halbjährlichen Arbeitsplanes und spezieller „Maßnahmepläne".[33] Ihre wichtigsten Aufgaben bestanden neben der Anleitung der bezirklichen Staatsorgane sowie der Kreisparteiorganisationen in der Zusammenstellung von Informationen für die Parteiführung, die hierüber die Umsetzung ihrer zentralen Beschlüsse kontrollieren konnte. Die Bezirksleitungen stellten das Bindeglied zwischen ZK und Kreisleitungen wie auch das Anleitungs- und Kontrollorgan für staatliche Institutionen auf Bezirksebene dar. Auch auf der Bezirksebene fiel keine wichtige staatliche Entscheidung ohne die Billigung der entsprechenden

---

29 Vgl. Kaiser 1995, S.1804.
30 Vgl. ebd.
31 Vgl. Sélitrenny 1996, S. 37 ff.
32 Vgl. Kaiser 1995, S. 1805.
33 Vgl. Ammer 1995a, S. 824.

Parteiinstanz.³⁴ Die Bedeutung der Bezirksleitungen kam nicht zuletzt darin zum Ausdruck, daß die Sekretäre zur Nomenklatur des ZK gehörten, und in der Honecker-Ära die 1. Sekretäre allesamt ZK-Mitglieder wurden. Es handelte sich in der Regel um „Parteisoldaten", d. h. Parteifunktionäre, die ihr Amt über viele Jahre ausübten. Im Jahre 1989 lag das Durchschnittsalter der 1. Sekretäre der SED-Bezirksleitungen bei 62 Jahren, die durchschnittliche Dauer ihrer Amtszeit betrug 14 Jahre. Sie hielten ihrer Partei im Durchschnitt bereits 42 Jahre die Treue.³⁵

c) Die Parteiführung

Die SED folgte in ihrem Parteiaufbau und ihrer Führungsstruktur dem Vorbild der KPdSU. Als personifiziertes Machtzentrum der Partei agierte der jeweilige Generalsekretär (1953-1976: 1. Sekretär) des Zentralkomitees, der als Gewährsmann der sowjetischen Führung mit einigen ausgewählten Sekretären des Zentralkomitees und Mitgliedern des Politbüros einen engen Zirkel bildete, dessen Tätigkeit in der Regel nicht einmal vom Politbüro kontrolliert wurde.³⁶ Da seine Befugnisse und Aufgaben im Statut der SED nicht beschrieben waren, konnte dieser, einmal im Besitz der Macht, nahezu unbeschränkt walten.³⁷ Laut Politbürobeschluß vom 22. Juni 1971 erhielt z. B. der Generalsekretär, Erich Honecker, eine übergeordnete Verantwortlichkeit „für die Vorbereitung aller Fragen des Politbüros" und die letzte Entscheidungsbefugnis über alle „operativen und laufenden Fragen der Tätigkeit des ZK".³⁸

Machtzentrum Generalsekretär

Der Generalsekretär hatte die wichtigsten Funktionen in Partei und Staat inne. Er leitete in der Regel die Sitzungen des Politbüros und des Sekretariats des ZK und war Chef des zentralen Parteiapparates. In der absoluten Verfügungsmöglichkeit über diesen Apparat gründete die wohl wichtigste Machtbasis des Generalsekretärs. Schon Stalin gelang es, sich über dieses zunächst mit rein administrativen Aufgaben ausgestattete Amt Schritt für Schritt die Macht in der KPdSU zu sichern. Auch die Macht seines Protegés Ulbricht basierte von Beginn an auf dessen direktem Zugriff auf den zentralen Parteiapparat.

Der jeweilige Generalsekretär stand an der Spitze des 1960 aus der Sicherheitskommission des Politbüros entstandenen „Nationalen Verteidigungsrates", der ausschließlich aus hohen SED-Funktionären bestand. Er war für die „zentrale Leitung der Verteidigungs- und Sicherheitsmaßnahmen" zuständig und konnte über die „allgemeine oder teilweise Mobilmachung" entscheiden. Seit September 1960 fungierte der Generalsekretär zudem als Vorsitzender des nach dem Tode des Staatspräsidenten Wilhelm Pieck neugeschaffenen Staatsrates und damit als Staatsoberhaupt und oberster außenpolitischer Repräsentant.³⁹

Staatsoberhaupt

---

34 Vgl. Kaiser 1995, S. 1807.
35 Vgl. Meyer 1991, S. 186.
36 Vgl. Schabowski 1990, S. 44 und Arnold/Modrow 1994, S. 44.
37 Vgl. Ammer 1995a, S. 830.
38 Zit. nach: Hertle/Stephan 1997, S. 28/29.
39 Ausnahmen von der Regel gab es nur in den Jahren von 1971 bis 1976, da der als 1. Sekretär abgelöste Walter Ulbricht bis zu seinem Tod Staatsratsvorsitzender blieb und ab 1973 bis 1976 Willi Stoph dieses Amt ausübte.

Schaubild 5: Funktionen der Mitglieder und Kandidaten des SED-Politbüros (1989)

Generalsekretär des ZK der SED, Vorsitzender des Staatsrates der DDR, Vorsitzender des Nationalen Verteidigungsrates: Erich Honecker	**Sekretäre des ZK der SED:** Hermann Axen Horst Dohlus Kurt Hager Joachim Herrmann Werner Jarowinsky Egon Krenz Werner Krolikowski Günter Mittag Inge Lange

Präsident der Volkskammer: Horst Sindermann	**Minister für Nationale Verteidigung:** Heinz Keßler	**Minister für Staatssicherheit:** Erich Mielke

Vorsitzender des Ministerrates: Willi Stoph	**1. Stellvertreter des Vorsitzenden des Ministerrates:** Günter Kleiber	**1. Stellvertreter des Vorsitzenden des Ministerrates:** Alfred Neumann	**Vorsitzender der Staatlichen Plankommission:** Gerhard Schürer

1. Sekretäre von Bezirksleitungen: Hans-Joachim Böhme Werner Eberlein Siegfried Lorenz Gerhard Müller Günter Schabowski Werner Walde	**Vorsitzender des Bundesvorstandes des Freien Deutschen Gewerkschaftsbundes:** Harry Tisch

Vorsitzender der Zentralen Parteikontrollkommission:
Erich Mückenberger

Vorsitzender einer Agrar-Industrie-Vereinigung:
Margarete Müller

Kommissionen und Arbeitsgruppen beim Politbüro:
Außenpolitische Kommission:
Hermann Axen
Agitationskommission:
Joachim Herrmann
Kulturkommission:
Kurt Hager
Frauenkommission:
Inge Lange
Wirtschaftskommission:
Günter Mittag
Jugendkommission:
Egon Krenz
Kommission der Leiter gesellschaftswissenschaftlicher Institute beim ZK der SED:
Kurt Hager
Kommission zur Koordinierung der ökonomischen, kulturellen und wissenschaftlich-technischen Beziehungen der DDR zu Ländern Asiens, Afrikas und des Arabischen Raumes:
Günter Mittag
Arbeitsgruppe Zahlungsbilanz:
Günter Mittag

Abbildung nach: Modrow 1994, S. 35

Je unangefochtener die Parteichefs Ulbricht und Honecker die SED beherrschten, desto kleiner wurde der um sie gruppierte Führungszirkel, und desto einflußloser waren die eigentlichen kollektiven Leitungsgremien. Unter Honecker gehörten zuletzt die ZK-Sekretäre für Sicherheit/Staats- und Rechtsfragen (Egon Krenz), Kultur/Wissenschaft/Volksbildung, Gesundheitspolitik (Kurt Hager) sowie insbesondere Günter Mittag (ZK-Sekretär für Wirtschaft) und Erich Mielke (Mitglied des Politbüros und MfS-Chef) zum engeren Kreis der Macht.

Die „Parteiorgane" Politbüro und Zentralkomitee übernahm die KPD 1925 aus dem Musterstatut der Kommunistischen Internationale für den Parteiaufbau. Ihre damalige Einführung galt als Ausdruck der „Bolschewisierung" der Partei. Im Zuge der offiziellen Formierung zu einer marxistisch-leninistischen „Partei neuen Typus" bildete die SED im Januar 1949 erstmals ein Politbüro. Das „politische Büro des Zentralkomitees", wie es ab Juli 1950 offiziell hieß, diente nach dem Statut der SED nur zur politischen Leitung der Arbeit des ZK zwischen den Parteitagen, dennoch hatten seine Beschlüsse in der DDR faktisch Gesetzeskraft. Bei ihm lag neben der „Kompetenzkompetenz" (Entscheidungsbefugnis über die Zuständigkeiten) auch die „Personalkompetenz" (Befugnis über die Besetzung von Spitzenämtern in Partei, Staat und Gesellschaft).[40] Obwohl das Zentralkomitee laut Statut die Mitglieder des Politbüros und des Sekretariats des ZK wählen sollte, rekrutierte sich dieses oberste Gremium faktisch selbst, da immer nur eine vom Politbüro der vergangenen Wahlperiode aufgestellte Liste zur Wahl stand.[41] Entscheidend war die Personalpolitik des jeweiligen Generalsekretärs, der die Zusammensetzung des Politbüros nach eigenen Vorstellungen gestaltete.

Zusammensetzung des Politbüros

Im Jahre 1989 hatte das Politbüro 21 Mitglieder und 5 Kandidaten (eine in der politischen Praxis nur für das persönliche Prestige bedeutsame Unterscheidung). Deren Aufstieg ins Politbüro ging in der Regel langjährige Arbeit im Partei- bzw. Staatsapparat voraus. Wegen der geringen Fluktuation und der damit verbundenen langjährigen Zugehörigkeit stieg das Durchschnittsalter der Politbüro-Mitglieder stetig an. Betrug es unter Walter Ulbricht noch 52 Jahre (Kandidaten: 45 Jahre), so erreichte es in der Ära Honecker 62 Jahre. Im Jahre 1989 hatten diese Parteiveteranen das Pensionsalter mit einem Altersdurchschnitt von 67 Jahren schon überschritten.[42]

Durch personelle und institutionelle Verflechtungen beherrschten Politbüromitglieder alle wichtigen Funktionen in der DDR. Die Sekretäre des ZK gehörten zuletzt geschlossen dem Politbüro an, ebenso wie die wichtigsten Vertreter aus Ministerrat, Nationalem Verteidigungsrat, Staatsrat und Volkskammer, der Vorsitzende des FDGB und der Zentralen Parteikontrollkommission sowie die 1. Sekretäre einiger SED-Bezirksleitungen. Zu den eher einflußlosen Angehörigen des Politbüros zählten ein bis zwei „Alibi-Frauen", die sich zum Teil jahrzehntelang mit dem Kandidatenstatus abfinden mußten, und denen die „Altmännerriege" nie bedeutsame Funktionen überließ.[43]

---

40 Vgl. Ammer 1995a, S. 831.
41 Vgl. ebd. und Meyer 1991, S. 53.
42 Vgl. Schneider 1994, S. 160.
43 Vgl. Meyer 1991, S. 53 f.

Das Politbüro tagte einmal wöchentlich unter der Leitung des Generalsekretärs. Nach Aussagen ehemaliger Politbüromitglieder wurde in diesem Gremium zumindest in der Honecker-Ära höchst selten kontrovers diskutiert. Viele Entscheidungen waren bereits im Vorfeld gefallen, so daß es kaum Einwände gegen die von Mitarbeitern des Parteiapparates in Zusammenarbeit mit den zuständigen Ministerien bzw. Massenorganisationen erstellten Vorlagen gab. ZK-Sekretäre hatten im Regelfall größere Gestaltungsmöglichkeiten als andere Politbüromitglieder. Jede Vorlage, die in die Sitzung des Politbüros bzw. des Sekretariats des ZK eingebracht werden sollte, mußte vorher mit dem zuständigen Sekretär „abgestimmt" werden; besonders wichtige wurden anschließend noch dem Generalsekretär vorgelegt.

Die Zentralisierung der Entscheidungen führte dazu, daß neben Beschlüssen zur politischen Generallinie sowie zu Grundfragen der Außen-, Sicherheits-, Innen- und Wirtschaftspolitik häufig auch vergleichsweise banale Dinge auf der oft mehr als zwanzig Punkte umfassenden Tagesordnung des Politbüros standen. So beschäftigte sich das oberste Parteigremium beispielsweise mit der mangelnden sommerlichen Fleischversorgung im Kreis Bischofswerda oder mit der Versorgung der Bevölkerung mit Sportschuhen, wobei es die Ursachen für die Mängel selbstverständlich nicht in der Planwirtschaft, sondern in der ungenügenden Arbeit örtlicher Funktionäre sah. Die von den ZK-Sekretären in den Parteiapparat „durchgestellten" Schlußbemerkungen des Generalsekretärs zu wichtigen Tagesordnungspunkten galten in der Partei als verbindliche Auslegung der Beschlüsse und als „gültige Linie".[44] Die jahrelange Fixierung des Politbüros auf Erich Honecker und seine formelhafte und mechanistische Arbeitsweise führten zu einer vollständigen politischen Lähmung, wie sich nach Honeckers Sturz im Oktober 1989 zeigen sollte.[45]

Sekretariat des ZK

Wie das Politbüro tagte auch das Sekretariat des ZK zumeist wöchentlich unter Leitung des Generalsekretärs. Es war grundsätzlich für parteiorganisatorische Fragen zuständig und hatte häufig Ausführungsbestimmungen für Grundsatzentscheidungen des Politbüros zu erarbeiten. Wesentliche Aufgaben des ZK-Sekretariats bestanden in der Anleitung und Kontrolle des gesamten Partei- und Staatsapparats, der Bezirks- und Kreisleitungen, der Massenorganisationen, in der Vorbereitung von Parteitagungen sowie von Personalentscheidungen usw.

Zentralkomitee

Das Zentralkomitee war nominell das höchste Führungsgremium der SED zwischen den Parteitagen. Bei ihrer Gründung übernahm die SED von der SPD die Bezeichnung Parteivorstand (PV); aber bereits 1950 erfolgte die Umbenennung in Zentralkomitee. Dem ersten ZK von 1950 gehörten 51 Mitglieder und 30 Kandidaten an. Mit seiner ständigen Vergrößerung in den folgenden Jahren verlor das ZK an politischer Bedeutung, was sich auch an den größer werdenden Abständen zwischen den einzelnen Plenartagungen zeigte. Tagte es zunächst viermal jährlich, so kam es am Ende der SED-Herrschaft nur noch zweimal im Jahr zusammen. Seine personelle Erneuerungsquote ging von 1954 bis 1986 nahezu kontinuierlich zurück. Nicht einmal jedes fünfte Mitglied war auf dem letzten Parteitag in der Honecker-Ära im Jahre 1986 neu in dieses Gremium gelangt.[46] Entsprechend stieg

---

44 Vgl. Modrow 1994, S. 31 ff.
45 Vgl. Schabowski 1991, S. 218 ff.
46 Vgl. Schneider 1994, S. 192.

das Durchschnittsalter der ZK-Mitglieder, die in großer Zahl aus dem Parteiapparat stammten, auf 63 Jahre (1989).[47]

In den sechziger Jahren hatte Walter Ulbricht zeitweise versucht, die ökonomische Kompetenz des ZKs und dessen Apparates durch die Zuwahl von Wirtschaftsexperten bzw. durch deren Mitarbeit in erweiterten Plenarsitzungen zu erhöhen. Aber mit dem Amtsantritt Honeckers verloren Wirtschaftsvertreter zugunsten hauptamtlicher Parteifunktionäre wieder an Bedeutung. Nach wie vor gehörten diesem Gremium führende Funktionäre aus Partei, Staat und Gesellschaft an. Die Mitglieder und Kandidaten des ZKs wurden nach dem gängigen Verständnis des „demokratischen Zentralismus" von der jeweils amtierenden Parteiführung nominiert und auf einer Vorschlagsliste dem Parteitag präsentiert, der durch einstimmige Akklamation dem Wahlvorschlag entsprach. Nach diesem Verfahren „wählte" zum Beispiel 1986 der XI. Parteitag 165 Mitglieder und 57 Kandidaten des ZK. Zum ZK gehörten zu dieser Zeit selbstverständlich wiederum alle Mitglieder und Kandidaten des bisherigen Politbüros, alle 1. Sekretäre der Bezirksleitungen der SED, 17 Abteilungsleiter des ZK-Apparates, 36 Minister, Stellvertretende Minister und Staatssekretäre, 21 Vorsitzende von Massenorganisationen und einige MfS-Generäle. Unter den ZK-Angehörigen, die offiziell in Industrie und Landwirtschaft tätig waren, gab es neben 30 Generaldirektoren von Kombinaten bzw. Leitern von mittleren Industrie- und Landwirtschaftsbetrieben auch 8 Brigadiere bzw. Meister und sogar einen Arbeiter.[48] 14 Mitglieder des Zentralkomitees repräsentierten die verschiedenen Sicherheitsapparate der DDR. Hierzu gehörten die Minister für Nationale Verteidigung, für Staatssicherheit und des Innern, 4 Generäle der NVA im Range von Stellvertretenden Ministern, 2 Leitungskader aus der politischen Hauptverwaltung der NVA, ein erster Stellvertreter und ein Stellvertretender Minister aus dem MdI, 2 Stellvertretende Minister aus dem MfS und der 1. Sekretär der SED-Kreisleitung des MfS. Relativ unterrepräsentiert blieb der gesamte kulturelle, wissenschaftliche, pädagogische und publizistische Bereich.[49]

Das Durchschnittsalter der ZK-Angehörigen betrug im Jahre 1989 bei den Mitgliedern 63 Jahre, bei den Kandidaten 55 Jahre; in der Ulbricht-Ära hatte es noch bei 46 bzw. 41 Jahren gelegen.[50] Protokollarisch rangierten Mitglieder und Kandidaten des Zentralkomitees bei offiziellen Anlässen vor Ministern. Auch waren die Sekretäre des ZK gegenüber Ministern weisungsbefugt. Obwohl das ZK in den letzten zwanzig Jahren seiner Existenz oft nur rein akklamatorische Funktion hatte, und es auf Tagungen und Plenen in der Regel nur noch schriftlich vorbereitete, von den Sekretären des ZK vorab genehmigte Diskussionsbeiträge gab,[51] war für den einzelnen Funktionsträger die ZK-Mitgliedschaft doch von erheblicher Bedeutung. In ihr kam das politische Gewicht der eigenen Person oder der vertretenen Institution im Gefüge der SED-Diktatur zum Ausdruck. Formell waren die Aufgaben und Befugnisse des ZK freilich gewichtig; so bestätigte ein vom Parteitag neu konstituiertes ZK die „Wahlvorschläge" für das Politbüro, den Generalsekretär

Zuletzt nur noch akklamatorische Funktion des ZK

---

[47] Vgl. Schneider 1994, S. 158.
[48] Vgl. Herbst u. a. 1994, S. 1216 ff.
[49] Vgl. Meyer 1991, S. 65/66.
[50] Vgl. Schneider 1994, S. 158.
[51] Vgl. die Anhörung von Schürer auf der 25. Sitzung der Enquete-Kommission, in: Materialien 1995 Bd. II,1, S. 482.

sowie die Zusammensetzung der Zentralen Parteikontrollkommission. Bei den turnusmäßigen Plenarsitzungen nahm das ZK den Bericht des Politbüros zustimmend zur Kenntnis und „bestätigte" in der Diskussion dessen Aussagen. In den Herbsttagungen mußte schließlich der vom eigenen Apparat „abgesegnete" Entwurf der Staatlichen Plankommission zum Volkswirtschafts- bzw. Staatshaushaltsplan für das folgende Jahr noch „bestätigt" und der Volkskammer zur formalen Beschlußfassung übergeben werden. Das Zentralkomitee war kein wirkliches Kontrollorgan der Parteiführung und des ZK-Apparates. Ein Aufbegehren gegen diese Rollenverteilung lag außerhalb der Denk- und Verhaltensmuster der ZK-Mitglieder. Als linientreue Kommunisten konnten sie sich eine Veränderung nur auf Initiative „von oben", d. h. des Politbüros oder Generalsekretärs, vorstellen,[52] zumal das geltende Verbot von „Fraktionsmacherei und Gruppenbildung" eine Sammlung von Unzufriedenen in den Gremien verhinderte.

Die tatsächliche Aufgabenverteilung zwischen Politbüro und Zentralkomitee wurde nicht im Statut, sondern in einer im Jahre 1953 vom Politbüro als faktisch oberstem Gremium beschlossenen und bis 1989 gültigen geheimgehaltenen „Geschäftsordnung des Zentralkomitees und seines Apparates" festgelegt. Das Politbüro hatte demnach folgende Aufgaben:

„– Einberufung der Sitzung des Zentralkomitees, Festlegung der Tagesordnung und Vorbereitung der Tagung, Beratung und Beschlußfassung über grundsätzliche Fragen der Parteipolitik und der Parteitaktik,
– Beratung und Beschlußfassung über grundsätzliche Fragen der Staatsführung,
– Beratung und Beschlußfassung über grundsätzliche Fragen der Durchführung der Linie der Partei auf dem Gebiete der Wirtschafts- und Landwirtschaftspolitik,
– Beratung und Beschlußfassung über grundsätzliche Fragen der Arbeit der (West-) KPD und Anleitung der Arbeit des Parteivorstandes der (West-) KPD,
– die Arbeit des demokratischen Blocks,
– die Arbeit der Nationalen Front des demokratischen Deutschland,
– Fragen der internationalen Arbeiterbewegung,
– Anleitung der Redaktion des Organs des Zentralkomitees ‚Neues Deutschland' und des theoretischen Organs der Partei ‚Einheit',
– Beschlußfassung über personelle Fragen: der zentralen Parteiführung, der 1. und 2. Bezirkssekretäre der Partei, der Vorsitzenden der zentralen Organe der Massenorganisationen, der Zusammensetzung der Regierung, des Präsidiums der Volkskammer, der Zusammensetzung der Volkskammer, der Besetzung der Diplomatischen- sowie Handelsmissionen."[53]

Das Zentralkomitee dagegen durfte laut Geschäftsordnung die vom Politbüro oder dem ZK-Sekretariat gefaßten Beschlüsse und Empfehlungen absegnen oder zur Kenntnis nehmen. Weiterhin heißt es: „Bei der Vorbereitung von wichtigen Fragen für das Politbüro können Mitglieder und Kandidaten des ZK zur teilweisen Mitarbeit herangezogen werden."[54]

---

[52] Vgl. Arnold/Modrow 1994, S. 68.

[53] Geschäftsordnung des Zentralkomitees und seines Apparates (Beschluß des Politbüros des ZK vom 15. September 1953), S. 2, in SAPMO-BArch, DY 30, J IV 2/2/323; zit. nach: Hertle/Stephan 1997, S. 27.

[54] Zit. nach: ebd., S. 28.

Erst unmittelbar vor dem Ende der alten SED und ihres ZK's dämmerte auch einigen Mitgliedern, daß sie bzw. das ZK nur als Akklamations- und Legitimationsgremium der jeweiligen Parteiführung gedient hatten.[55]

Parteitage

Der Parteitag sollte laut Statut als offiziell höchstes Parteiorgan die Richtlinien der Politik bestimmen („Das höchste Organ ist der Parteitag"). Tatsächlich erfüllte nur der XII. Parteitag im Dezember 1989 diese Funktion, als nach dem Rücktritt des Politbüros und des Zentralkomitees sowie wegen der Handlungsunfähigkeit des zentralen Parteiapparates die eigentlichen Machtzentren faktisch nicht mehr funktionsfähig waren. Die elf Parteitage, die bis dahin stattgefunden hatten, waren von der Parteiführung inszenierte Propagandaveranstaltungen. Das vom Gründungsparteitag der SED im April 1946 verabschiedete Statut sah die Einberufung von jährlichen Parteitagen vor. Doch schon nach dem II. Parteitag 1947 dauerte es drei Jahre, bis 1950 wieder eine derartige Veranstaltung stattfand. Die inzwischen eingeleitete Formierung der SED zu einer marxistisch-leninistischen „Partei neuen Typus" war – statutenwidrig – nicht durch einen Beschluß des formell höchsten Parteiorgans legitimiert, sondern im Januar 1949 auf einer „Parteikonferenz" proklamiert worden. Ab 1950 fanden Parteitage alle vier Jahre, von 1971 bis 1986 alle fünf Jahre statt.

Abgesehen vom Gründungsparteitag 1946 rekrutierte der ZK-Apparat die Parteitagsdelegierten nach kaderpolitischen Gesichtspunkten und zum Zwecke der propagandistischen Außendarstellung. Dabei mußten staatliche Organe, „Massenorganisationen", Kombinate, landwirtschaftliche Betriebe usw. jeweils angemessen berücksichtigt werden. Auch für eine gewisse Anzahl von „Vorzeigearbeitern", Frauen und Jugendlichen unter den Teilnehmern trug der Parteiapparat Sorge.[56] Die von der Parteiführung gekürten Kandidaten wurden offiziell von Bezirksdelegiertenkonferenzen „gewählt". Die Benennung der Teilnehmer dieser Delegiertenkonferenzen wiederum erfolgte gemäß den Prinzipien des demokratischen Zentralismus: Offiziell wurden sie von unten nach oben auf einer Linie Mitgliederversammlung – Betriebsdelegiertenkonferenz – Kreisdelegiertenkonferenz – Bezirksdelegiertenkonferenz gewählt. Tatsächlich jedoch bestimmte der jeweils zuständige lokale Parteiapparat nach Richtlinien der Zentrale die Teilnehmer dieser Veranstaltungen.

Die Delegiertenkonferenzen bildeten außerdem einen wichtigen Baustein in der Propagandakampagne im Vorfeld von Parteitagen. Die Presse füllte sich in solchen Zeiten über das normale Maß hinaus mit Verpflichtungserklärungen einzelner „Werktätiger" oder „sozialistischer Kollektive" zu hoher Arbeitsproduktivität, freundlichem Umgang mit Kunden oder längerer Dienstzeit in der „Nationalen Volksarmee".

Die Parteitage waren allein durch ihre Größenordnung kaum arbeitsfähig. So nahmen zum Beispiel am X. Parteitag 1981 2573 Delegierte mit beschließender und 180 mit beratender Stimme sowie eine Vielzahl von Gästen, zumeist Vertreter anderer kommunistischer Parteien, teil. Allein dem nur Repräsentationszwecken dienenden Präsidium gehörten 200 Funktionäre an, darunter alle Mitglieder und Kandidaten des Politbüros. Die eigentliche Leitung lag in den Händen eines zwölfköpfigen Parteitagssekretariats.

---

[55] Vgl. ebd., S. 135 ff.
[56] Vgl. Henkel 1994, S. 78 ff.

Höhepunkt: „Bericht des Generalsekretärs"

Die Hauptfunktion der in Berlin stattfindenden Parteitage bestand in der akklamatorischen Zustimmung zur jeweils aktuellen „Linie" der Parteiführung, die dem Fußvolk durch den Bericht des Generalsekretärs verkündet wurde. Trotz der bis ins Detail gehenden Vorbereitung und Inszenierung blieb das Mißtrauen der Parteiführer groß: Sämtliche auf Parteitagen oder selbst auf Bezirksdelegiertenkonferenzen gehaltenen „Diskussionsbeiträge" mußten vorab den zuständigen Gremien im Parteiapparat vorgelegt werden.

Als formal wichtigste Aufgabe hatte der Parteitag das neue von der Parteiführung personell zusammengestellte ZK zu „wählen", das schließlich offiziell als höchstes Gremium zwischen den Parteitagen galt. Die konstituierende Sitzung des neuen ZK fand noch während des Parteitages statt. Als gewissermaßen erste Amtshandlung „wählte" es den Generalsekretär, das Politbüro und das Sekretariat des ZK und bestätigte die Zusammensetzung der Zentralen Parteikontrollkommission, so daß diese Entscheidungen dem heftig applaudierenden Parteitagsplenum verkündet werden konnten. Eingeleitet wurden die Parteitage und Parteikonferenzen seit 1952 mit Auftritten von Formationen der bewaffneten Kräfte und Delegationen der Pionierorganisation „Ernst Thälmann" und/oder der FDJ.[57]

Die von der Partei angeordnete exzessive Berichterstattung in allen Medien über Vorbereitung, Durchführung und Nachbereitung der Parteitage sollte Gefühl und Eindruck einer engen Zusammengehörigkeit von Partei und Volk vermitteln.

d) Der Parteiapparat

Die im Politbüro bzw. im Sekretariat des ZK getroffenen Entscheidungen waren für die regionalen Gliederungen der Partei wie auch für die Staatsorgane verbindlich. Zuständig für die „Durchstellung" der Beschlüsse, ihre Konkretisierung und Umsetzung, war der ebenfalls regional gegliederte Parteiapparat, der vom Generalsekretär, dem Politbüro, dem Sekretariat des ZK und dessen Sekretären angeleitet wurde.

Der Parteiapparat war die unkontrollierte eigentliche Exekutive des SED-Staates. Dennoch ist die vor allem in der westlichen DDR-Forschung der siebziger und achtziger Jahre häufig gebrauchte Bezeichnung „bürokratische Herrschaft" für die ostdeutsche Diktatur irreführend, da sie zu stark auf eine nach spezifischen Rationalitätskriterien relativ autonom handelnde Bürokratie im Sinne Max Webers abhebt.[58] Der bürokratische SED-Apparat dagegen blieb vollständig von der politischen Führungsebene und deren jeweiliger „Linie" abhängig. Häufig griffen übergeordnete Funktionäre auch auf informellen Wegen in laufende Verfahren ein.[59] Die Rationalität dieser Bürokratie erschöpfte sich letztlich in der Umsetzung und Erfüllung der Machtpolitik der SED-Führung. Der ZK-Apparat stellte sich auch für Parteifunktionäre vor allem als ausführendes Organ des Generalsekretärs dar.[60] Seine Aufgabenstruktur doppelte gewissermaßen die staatliche Verwaltung, um sie besser „anzuleiten". Die etwa 2000 Mitarbeiter verteilten sich auf mehr als vierzig Abteilungen. Zu den wichtigsten gehörten u. a. die Abteilungen für Sicherheits-

ZK-Apparat: ausführendes Organ des Generalsekretärs

---

57 Vgl. ebd., S. 79.
58 Vgl. Müller, H.-P. 1996.
59 Vgl. Uschner 1993.
60 Vgl. Arnold/Modrow 1994, S. 61.

fragen, Kaderfragen, Staats- und Rechtsfragen, Agitation, Propaganda, Kultur, Wissenschaft, Volksbildung, Internationale Politik und Wirtschaft und Internationale Verbindungen. Die jeweiligen Abteilungen und ihre Abteilungsleiter unterstanden direkt einem Sekretär des ZK. Der enge Honecker-Vertraute und ZK-Sekretär für Wirtschaft, Günter Mittag, kontrollierte zuletzt allein neun wirtschaftspolitische ZK-Abteilungen.[61]

Zum ZK-Apparat gehörte auch die Zentrale Parteikontrollkommission (ZPKK), die vom ZK „berufen" wurde. Die entsprechenden Organe auf Bezirks- bzw. Kreisebene wurden von den Bezirks- bzw. Kreisleitungen berufen. Ihre Aufgaben betrafen den Kampf gegen „feindliche Einflüsse" sowie gegen jede „fraktionelle Tätigkeit", Verletzung der Parteimoral, Bruch der Parteidisziplin, (z. B. durch „Verleumdungen führender Genossen"), gegen Mißbrauch von Funktionen etc. Die ZPKK, die eng mit dem MfS zusammenarbeitete,[62] konnte Parteistrafen und Parteiausschlüsse verhängen. Zugleich hatte sie über Einsprüche von Mitgliedern und über die Revision von Parteistrafen zu befinden. Ihre Entscheidungen bedurften der Zustimmung durch die jeweils zuständigen Leitungen. Bei den etwa alle fünf Jahre durchgeführten „Mitgliederüberprüfungen" fungierten die Parteikontrollkommissionen als ausführende Organe der Kreisleitungen bei der Sanktionierung von SED-Mitgliedern.[63] Die Anzahl derartiger Parteiverfahren lag in den achtziger Jahren bei über 20 000 pro Jahr.[64]

Neben den „Parteikontrollkommissionen" gab es auf allen Ebenen der Partei bis zu den Stadt-, Kreis- und Stadtbezirksorganisationen „Revisionskommissionen", die die Organisations- und Verwaltungsabläufe in den Gliederungen, im Apparat und den Einrichtungen der SED überprüften, sowie diesbezügliche Hinweise und Anregungen der Basis bearbeiteten. Daneben sollten sie die Verwendung der Parteigelder und des Parteivermögens kontrollieren.[65] Die Arbeiter-und-Bauern-Inspektion (ABI) dagegen hatte als staatliches und gesellschaftliches Kontrollorgan, das über einen Personalbestand von etwa 250 000 überwiegend ehrenamtlich tätigen Mitarbeitern verfügte, die Erfüllung der Parteibeschlüsse in Wirtschaft und Verwaltung zu überwachen. Schwerpunkte seiner Tätigkeit lagen im Bereich von Planerfüllung und Versorgung. Die Untergliederungen der ABI arbeiteten vor Ort mit den „Arbeiterkontrolleuren des FDGB" und den „Kontrollposten der FDJ" zusammen.[66]

Parteikontroll-kommissionen/ Revisions-kommissionen

Neben den Abteilungen unterhielt der ZK-Apparat auch „wissenschaftliche" Parteiinstitute: die Akademie für Gesellschaftswissenschaften beim ZK der SED (AfG); das Institut für Marxismus-Leninismus beim ZK der SED (IML); das Zentralinstitut für sozialistische Wirtschaftsführung beim ZK der SED (ZWF); die Parteihochschule „Karl Marx" beim ZK der SED (PHS) sowie z. B. das nominell dem Ministerrat unterstellte Institut für Internationale Politik und Wirtschaft (IPW).[67] Ebenso wie das Sekretariat des ZK auf zentraler Ebene besaßen Bezirks-

„Wissen-schaftliche" Parteiinstitute

---

[61] Vgl. Arnold/Modrow 1994, S. 34.
[62] Vgl. Ammer 1995a, S. 842.
[63] Vgl. ebd.
[64] Vgl. Otto 1996, S. 505.
[65] Vgl. Ammer 1995a, S. 842/843.
[66] Vgl. Ammer 1995a, S. 844.
[67] Vgl. Herbst u. a. 1994, S. 1216 ff. und Alisch 1996.

Schaubild 6: Sekretariat des Zentralkomitees und die ZK-Abteilungen (1989)

Sekretär	Abteilungen	Sekretär	Abteilungen
Generalsekretär des ZK: Erich Honecker	Abteilung Büro des Politbüro	Sekretär beim ZK: Joachim Herrmann	Abteilung Agitation
	Abteilung Kaderfragen		Abteilung Propaganda
	Abteilung Verkehr		Abteilung Befreundete Parteien
Sekretär des ZK: Hermann Axen	Abteilung Internationale Verbindungen	Sekretär des ZK: Werner Jarowinsky	Abteilung Handel, Versorgung und Außenhandel
	Abteilung Internationale Politik und Wirtschaft		Arbeitsgruppe Kirchenfragen
	Abteilung Auslandsinformation	Sekretär des ZK: Egon Krenz	Abteilung Sicherheitsfragen
Sekretär des ZK: Horst Dohlus	Abteilung Parteiorgane		Abteilung Staats- und Rechtsfragen
	Abteilung Finanzverwaltung und Parteibetriebe		Abteilung Jugend
	Abteilung Verwaltung der Wirtschaftsbetriebe		Abteilung Sport
	Leitung der Parteiorganisation	Sekretär des ZK: Günter Mittag	Abteilung Planung und Finanzen
	Leitung der Betriebsgewerkschaftsleitung beim ZK der SED		Abteilung Forschung und technische Entwicklung
	Redaktion „Neuer Weg"		Abteilung Grundstoffindustrie
Sekretär des ZK: Kurt Hager	Abteilung Wissenschaften		Abteilung Maschinenbau und Metallurgie
	Abteilung Kultur		Abteilung Bauwesen
	Abteilung Volksbildung		Abteilung Leicht-, Lebensmittel und Bezirksgeleitete Industrie
	Abteilung Gesundheitspolitik		Abteilung Transport- und Nachrichtenwesen
	Redaktion „Einheit"		Abteilung Gewerkschaften und Sozialpolitik
	Akademie für Gesellschaftswissenschaften beim ZK der SED		Abteilung Soz. Wirtschaftsführung
	Parteihochschule „Karl Marx" beim ZK der SED		Zentralinstitut für Soz. Wirtschaftsführung beim ZK der SED
	Institut für Marxismus-Leninismus beim ZK der SED	Sekretär des ZK: Inge Lange	Abteilung Frauen
Sekretär des ZK: Werner Krolikowski	Abteilung Landwirtschaft	Sekretär des ZK: Günter Schabowski	1. Sekretär der Bezirksleitung Berlin

Abbildung nach: Modrow 1994, S. 34

und Kreisleitungen bzw. deren Sekretariate gegenüber der bezirklichen und örtlichen Staatsverwaltung Anweisungsbefugnis und bestimmten die Personalpolitik auf Grundlage ihrer Nomenklaturordnung. Der Parteiführung war phasenweise durchaus bewußt, daß eine Überzentralisierung von Entscheidungsprozessen zwangsläufig zur Lähmung des Apparates führen mußte. So gab es immer wieder Willensbekundungen, sich stärker auf „Grundsatzentscheidungen" zu beschränken und die regionalen Parteiorgane zu größerer Eigenverantwortlichkeit anzuhalten. Noch häufiger allerdings waren Klagen „übergeordneter Leitungen" über zu große regionale oder kommunale Eigenmächtigkeiten. Nach Aussagen früherer Funktionäre existierten gewisse Spielräume für die lokalen und regionalen „Parteiarbeiter". Ob sie genutzt wurden, hing allerdings von der Zivilcourage der betreffenden Funktionäre ab, eine Eigenschaft, die dem „Überleben" im Apparat normalerweise nicht besonders förderlich war.[68]

Als Finanzierungsquellen für ihren gigantischen Apparat dienten der SED neben den Beiträgen ihrer Mitglieder auch Staatszuschüsse, Entnahmen aus dem „Volksvermögen" sowie aus offiziellen und inoffiziellen Parteibetrieben im In- und Ausland. Eine vorläufige Aufstellung der Personal- und Verwaltungskosten zeigt, daß die zwischen 1959 und 1989 eingenommenen Mitgliedsbeiträge jedenfalls nicht zur Finanzierung ausgereicht hätten.[69] Auch einige Jahre nach dem Ende der DDR gibt es noch keine genauen Kenntnisse über alle Finanzquellen und das gesamte Vermögen der SED. Weitgehend im Dunkeln liegen ebenfalls Umfang und Struktur des im Parteiauftrag entstandenen gewaltigen Finanznetzes des MfS-Offiziers im besonderen Einsatz (OiBE), Schalck-Golodkowski.[70]

Finanzquellen nicht hinreichend bekannt

e) Mitglieder und Funktionäre

Wer in der DDR höhere Positionen bekleiden oder auch nur beruflich schneller vorankommen wollte, tat gut daran, in die SED einzutreten. Für diejenigen, die ohnehin mit den politisch-ideologischen Zielen der Partei oder zumindest mit dem Sozialismus/Kommunismus als gesellschaftliche Perspektive übereinstimmten oder sympathisierten, war dieser Schritt nur konsequent. Andere, denen es eher um das berufliche Fortkommen und einen gewissen gesellschaftlichen Status ging, mußten sich zwischen der Mitgliedschaft in einer Blockpartei oder der SED entscheiden. Eine berufliche Karriere in höheren und höchsten Positionen sowie in sicherheitsrelevanten Bereichen und im Sicherheitsapparat war aber ohne SED-Mitgliedschaft nicht denkbar. In der NVA zum Beispiel besaß zuletzt nicht ein einziger aktiver Offizier das Mitgliedsbuch einer der vier Blockparteien. Nahezu alle Offiziere gehörten der SED an.[71] Gleiches gilt für die hauptamtlichen Mitarbeiter des MfS.

Profilierte Karriere nur mit SED-Mitgliedschaft

In den Anfangsjahren der SBZ/DDR bekundeten viele mit dem Eintritt in die SED ihre Ablehnung des gerade untergegangenen nationalsozialistischen Terrorregimes und ihre Bereitschaft, ein „besseres Deutschland" mitaufzubauen. Die Parteiführung nutzte diese antifaschistische Motivation von Beginn an für ihre Zwecke und beschuldigte zur eigenen Legitimation die Westzonen bzw. die

---

[68] Vgl. Modrow 1994, Modrow 1996, Prieß 1995, Zimmermann/Schütt 1992 und Scherzer 1989.
[69] Vgl. Henkel 1994, S. 93/94.
[70] Vgl. Pryzybilski 1992 und Koch 1992.
[71] Vgl. Lapp 1996, S. 112.

Motivation für Parteieintritt ändert sich

Bundesrepublik besonders in den fünfziger und sechziger Jahren der Nähe zum Nationalsozialismus. Mit der Integration ehemaliger nationalsozialistischer Parteigenossen in die SED und dem allmählichen Verblassen des antifaschistischen Gründungsmythos überwogen bei einer Mehrzahl der Mitglieder sicherlich handfeste materielle Motive. Aber die Gründe für den Parteieintritt änderten sich nicht nur mit den Jahrzehnten, auch die jeweilige soziale Schichtzugehörigkeit spielte eine entscheidende Rolle. Während die SED keine Mühe hatte, Angehörige der „Intelligenz" zu rekrutieren, scheiterte sie bei dem Versuch, den Anteil der „realen" Arbeiterschaft – besonders der Industriearbeiterschaft – nennenswert zu erhöhen.[72]

Wie wenig die Loyalität in der Mitgliedschaft der SED über gesellschaftlichen Konformitätsdruck und taktische Vorteilsnahme hinausreichte, zeigte die Mitgliederentwicklung nach dem Beginn der Massendemonstrationen gegen die SED-Diktatur im Herbst 1989. Von Oktober bis Dezember 1989 verließen eine Million und bis Februar 1990 insgesamt 1,6 Millionen Personen die SED/PDS. Bis Juni 1990 sank die Mitgliederzahl schließlich auf etwa 350 000.[73]

Mit Aufnahme in die SED nach einjähriger Kandidatenzeit verpflichtete sich das Mitglied, sich den Beschlüssen der Partei unterzuordnen und diese aktiv durchzusetzen. Neben der aktiven Teilnahme an der Gestaltung der entwickelten sozialistischen Gesellschaft sollten die SED-Mitglieder „die Einheit und Reinheit der Partei als die wichtigste Voraussetzung ihrer Kraft und Stärke stets wahren und sie in jeder Weise schützen". Gleichzeitig mußte jedes Parteimitglied „für die unverbrüchliche Freundschaft, Zusammenarbeit und das brüderliche Bündnis mit der Sowjetunion" eintreten. Das Statut forderte die Parteimitglieder zum „kompromißlosen Kampf gegen alle Erscheinungen des Antikommunismus" und zur „notwendigen Wachsamkeit" gegenüber den Feinden der Partei auf. Die laut Statut ständig an der Hebung ihres politischen Bewußtseins und an der Aneignung des Marxismus-Leninismus arbeitenden Parteimitglieder hatten zudem ihre persönlichen Interessen gegenüber den gesellschaftlichen Notwendigkeiten, die von der Parteiführung definiert wurden, zurückzustellen und die „Normen der sozialistischen Moral und Ethik einzuhalten".[74] Mit welcher Ernsthaftigkeit und Intensität das einzelne Parteimitglied auch immer seinen im Statut festgelegten Rechten und Pflichten nachgekommen sein mag, läßt sich nicht überblicken. Die Partei behielt sich bei Verstößen gegen das Statut ausdrücklich disziplinarische Maßnahmen vor. Mit einem umfangreichen und zum Teil vage formulierten Pflichtenkatalog schuf sich die Parteiführung ein willkürlich zu handhabendes Instrumentarium für Sanktionen gegenüber der eigenen Mitgliedschaft.[75] Die Mitglieder selbst besaßen aufgrund des Fraktionsverbotes nicht das Recht, sich innerhalb der Grundorganisationen mit Gleichgesinnten zusammenzuschließen oder Alternativen zu diskutieren.

„Kritik und Selbstkritik"

Zur Erziehung ihrer Mitgliedschaft übernahm die SED das von der KPdSU in den zwanziger Jahren zum Zwecke der „Selbstreinigung" entwickelte System von „Kritik und Selbstkritik". Bei „Abweichungen" von der Parteilinie oder einem

---

72 Vgl. Otto 1996, S. 496 ff.
73 Vgl. Moreau 1996, S. 457.
74 Vgl. Statut der SED, Kap. 1: Die Parteimitglieder, ihre Pflichten und Rechte, S. 6–7.
75 Vgl. ebd., Kap. 1, Abs. 7–17.

Bruch der internen Disziplin hatte der Betroffene durch Selbstkritik in Parteiversammlungen oder vor Gericht seine „Verfehlungen" einzugestehen sowie auf die Kritik von Parteileitung und Mitgenossen mit einem Schuldeingeständnis zu reagieren. Mündeten Kritik und Selbstkritik in der Sowjetunion der dreißiger Jahre oftmals in ein Todesurteil für den „Verräter", reduzierte sich dieses Ritual in der DDR immer mehr auf formelhafte Ermahnungen und das Herausstellen der Unfehlbarkeit der Partei bzw. ihrer Führung.

Zur politisch-ideologischen Beeinflussung und Ausrichtung entwickelte die SED-Führung ein umfassendes Schulungswesen, an dem Mitglieder der SED, der Blockparteien, wie auch ausgewählte parteilose Angehörige von Massenorganisationen teilnehmen mußten. Dem hierarchisch gegliederten parteiinternen Schulungssystem konnte sich niemand entziehen, der eine leitende Position in Partei, Staat, Massenorganisation oder Wirtschaft erreichen wollte. Die in verschiedenen Institutionen von der Kreisparteischule bis zur Parteihochschule „Karl Marx" vermittelte ideologische Erziehung und politische Weiterbildung sollte in abgestufter Weise vom einfachen Parteimitglied bis hin zum Funktionär die ideologische Festigkeit der Partei gewährleisten. Rigide Organisation und doktrinärer Charakter der Inhalte verhinderten faktisch jede Form intellektueller Auseinandersetzung.[76] An dem im Jahre 1950 eingeführten Parteilehrjahr nahmen jährlich ca. 1,5 Millionen Mitglieder und Parteilose aus bestimmten Bereichen (z. B. Lehrer) teil.[77]

Die SED-Führung konnte ihre Herrschaft über vier Jahrzehnte aufrechterhalten, weil sie sich auf eine ihr loyal ergebene Schicht von Funktionären in Partei, Staat und Gesellschaft stützen konnte. Die zur Machtausübung notwendige Funktionärsschicht umfaßte etwa 3% der ca. 12 Millionen erwachsenen DDR-Bürger und damit ca. 300 000 bis 400 000 Personen (1989).[78] Als systemtragende Kräfte im engeren Sinne des Wortes können die hauptamtlichen SED-Funktionäre (44 000), die Mitglieder und Kandidaten der Bezirks- und Kreisleitungen (21 000), ein Teil der Parteisekretäre (88 000), die etwa 150 000 Funktionäre in Massen- und gesellschaftlichen Organisationen, ein Großteil der hauptamtlichen MfS-Mitarbeiter und der Offiziere von NVA und Volkspolizei (50 0000 bzw. 40 000) sowie etwa 150 000 Funktionäre in Verwaltung und Staatswirtschaft bezeichnet werden.[79] Insgesamt umfaßte der von SED-Mitgliedern gestellte Funktionärskörper ca. 1,2 Millionen Personen.[80]

Funktionärsschicht von 300 000 bis 400 000 Personen

f) Das Nomenklatursystem

Durch ein regional abgestuftes und hierarchisiertes Nomenklatursystem schuf sich die SED-Führung das Instrumentarium, um alle wichtigen Funktionen nach ihrer Maßgabe zu besetzen. Dieses System beinhaltete die Festlegung der Leitungspositionen in Partei, Staat, Wirtschaft und Massenorganisationen und bestimmte die jeweils zuständige Ebene in der Partei sowie den staatlichen und gesellschaftlichen Institutionen, die für bestimmte Nomenklaturpositionen ein Vorschlagsrecht hatten

---

[76] Vgl. Bock 1994, S. 85.
[77] Vgl. Ammer 1995b, S. 468.
[78] Vgl. Ammer 1994, S. 5 ff.
[79] Vgl. Ammer 1995a, S. 846/847.
[80] Vgl. Ammer 1995a, S. 846.

Schaubild 7: Nomenklatursystem der DDR

Nomenklatur	Parteiapparat	Staatsapparat	Wirtschaftsapparat	Massenorganisationen, andere Parteien
Politbüro	ZK-Mitglieder Sekretäre des ZK 1. Sekretär der Bezirksleitungen Leiter zentraler Parteiinstitutionen	Staatsrat Ministerrat Vorsitzender der SPK u. a.		Vorsitzende der anderen vier Parteien (DVD, DBD, CDPD, NDPD) Vorsitzende u. a. der in der VK vertretenen Massenorganisationen (FDJ, FDGB, Kulturbund, DFG, VdgB) Präsidenten der wissenschaftl. Akademien
I.	Abteilungsleiter (und Stellvertreter) des ZK-Apparats Leitende Mitarbeiter zentraler Parteiinstitutionen Sekretäre der Bezirksleitungen Parteiorganisatoren in Kombinaten und Großbetrieben 1. Sekretäre der Kreisleitungen Leiter der Bezirksparteischule	Stellvertretender Minister Stellvertretender Vorsitzender der SPK Leiter und Stellvertreter zentraler Staatsorgane Vorsitzende des Rates des Bezirks Mitglieder der Räte der Bezirke Leiter der Bezirksinspektion der ABI Vorsitzender des Rates des Kreises	Generaldirektoren der Kombinate Direktoren wichtiger Großbetriebe Leiter von Großbaustellen Vorsitzende der Bezirkswirtschaftsräte	Stellv. Vorsitzende und Bezirksvorsitzende der anderen vier Parteien Stellv. Vorsitzende und Bezirksvorsitzende der VK – Massenorganisationen Vorsitzende anderer bedeutender Massenorganisationen z. B. Verbände der Schriftsteller, Journalisten, Bildende Künstler, DTSB, VKSK, Volkssolidarität, KDT Stellv. Präsidenten der wissenschaftl. Akademien Rektoren von Universitäten und wissenschaftlichen Hochschulen
II.	Sekretäre der Kreisleitung Sekretäre von Grundorganisationen aus wichtigen Bereichen Leiter von Kreis- und Betriebsschulen des Marxismus/Leninismus	Abteilungsleiter, Sektorenleiter Leiter von Fachabteilungen Leiter von Stabsorganen zentraler Staatsorgane Leiter von ökonomisch selbständigen Einrichtungen (z. B. Reisebüros, Banken) Abteilungsleiter der Räte der Bezirke 1. Stellv. des Vorsitzenden des Rates des Kreises Mitglieder der Räte der Kreise	Stellvertretende Generaldirektoren Abteilungsleiter von Kombinaten und wichtiger Großbetrieben Werkdirektoren und stellvertretende Direktoren mittelgroßer Betriebe (1000–5000 Beschäftigte) Leiter von Zweigbetrieben, Hauptbuchhalter, stellv. Vorsitzender und Abteilungsleiter des Bezirkswirtschaftsrates	Mitglieder der Führungsgremien, Fachdirektoren und leitende Mitarbeiter der anderen vier Parteien und politisch wichtiger Massenorganisationen auf Bezirksebene Stellv. Vorsitzende und Bezirksvorsitzende anderer großer Massenorganisationen
III.	hauptamtliche Mitarbeiter der Kreisleitungen Sekretäre der Grundorganisationen	Kreisbaudirektoren Stadtbaudirektoren Abteilungsleiter der Räte der Kreise	Werkdirektoren kleiner Betriebe Fachdirektoren und Abteilungsleiter mittelgroßer Betriebe	Leitende Vorsitzende und Mitarbeiter der o. g. Organisationen auf Kreisebene

Abbildung nach: Meyer 1991, S. 90

und entscheidungsbefugt waren.[81] Die als „Kader" bezeichneten Fach- und Führungskräfte standen auch nach ihrer Berufung auf die vorgesehene Position unter ständiger Beobachtung des Parteiapparates und mußten regelmäßig an speziellen Schulungskursen teilnehmen, in denen ihnen die jeweiligen Vorgaben der Parteiführung vermittelt wurden. Das auf Stalin und die KPdSU zurückgehende Prinzip, „Kaderpolitik" über spezielle Verzeichnisse (Nomenklatur) zu betreiben, bereitete die KPD-Führung schon im Moskauer Exil vor.[82] Mit der Losung Stalins: „Nachdem eine richtige politische Linie ausgearbeitet und in der Praxis erprobt ist, sind die Parteikader die entscheidende Kraft der Partei- und Staatsführung",[83] kehrten die Moskauer Emigranten in das zerstörte Nachkriegsdeutschland zurück, um von Beginn an ihre Macht durch diese spezielle Personalpolitik aufzubauen und zu sichern.

Nomenklaturkader

Das erste Nomenklatursystem der SBZ/DDR wurde vom Politbüro im März 1949 verabschiedet. Es enthielt alle Positionen im Parteiapparat, in den staatlichen Organen und in den Massenorganisationen, über deren Besetzung Politbüro oder ZK-Sekretariat entschieden.[84] Im Laufe der Jahrzehnte weitete die Parteiführung das Nomenklatursystem horizontal und vertikal aus, bis schließlich, abgesehen von den Kirchen, alle Führungspositionen in Staat und Gesellschaft erfaßt waren.[85] Die Zahl der Nomenklaturkader stieg dementsprechend von ca. 20 000 im Jahre 1951 auf über 300 000 im Jahre 1989.[86]

Nach dem Prinzip des demokratischen Zentralismus entschied die jeweils höhere Instanz über den Einsatz von Kadern der ihr untergeordneten Ebene. So entstand ein zwar regional und sektoral abgestuftes, aber dennoch auf die Zentrale fixiertes System. Über die Besetzung der höchsten Positionen entschieden das Politbüro, das Sekretariat des ZK bzw. die Kaderkommission des ZK selbst. Im Jahre 1986 erstreckte sich diese Zuständigkeit auf etwa 10 000 Nomenklatur-Funktionen.[87] Die in der Nomenklatur des Zentralkomitees fixierte Schicht repräsentierte in einem weiten Sinne die Funktions- und Machtelite der DDR.

Ausgehend von den Führungspositionen im politischen System läßt sich aus der Nomenklaturstufe I die eigentliche politische Elite bzw. Machtelite der DDR herausfiltern. Sie zählte hiernach ca. 660 Positionen bzw. 520 Personen.[88] Neben den Spitzenfunktionären der SED gehörten die obersten Staats- und Sicherheitsfunktionäre sowie die Vorsitzenden der wichtigsten Massenorganisationen und der Blockparteien dazu. Während hierunter noch einzelne, nicht der SED angehörende (folgsame) Spitzenfunktionäre der Blockparteien zu finden waren, stellte ausschließlich die SED den politischen Führungskern, der die Mitglieder und Kandidaten des Politbüros, die ZK-Sekretäre, die 1. Sekretäre der SED-Bezirksleitungen, die Vorsitzenden des Staatsrates und des Nationalen Verteidigungsrates, die

Politischer Führungskern der DDR

---

81 Vgl. Meyer 1991, S. 89.
82 Vgl. Erler 1994, S. 52 ff.
83 Stalin 1951, S. 715.
84 Vgl. Kaiser 1995, S. 1813.
85 Vgl. Wagner 1997, S. 148 ff.
86 Vgl. Kaiser 1995, S. 1817, Ammer 1995a, S. 848 und Wagner o.J., S. 65.
87 Vgl. Kaiser 1995, S. 1818.
88 Vgl. Meyer 1991, S. 76.

SED-Mitglieder im Präsidium des Ministerrates und den Präsidenten der Volkskammer umfaßte. Es handelte sich 1989 um insgesamt 64 Positionen bzw. 44 Personen.[89]

Das Nomenklatursystem war nicht öffentlich bekannt. Der betreffende Kader wußte oftmals nicht, ob und auf welcher Stufe er in das System eingebunden war. Die Parteiführung legte die allgemeinen Kriterien fest, nach denen die jeweiligen Kaderabteilungen zu verfahren hatten. Laut Beschluß des Sekretariats des ZK vom Juni 1977 sollten Nomenklaturkader unter anderem folgende Bedingungen erfüllen:
– Unbedingte Treue zur SED und zum Marxismus-Leninismus;
– kompromißloser Kampf gegen alle Erscheinungen der bürgerlichen Ideologie;
– unbedingte Loyalität gegenüber der Sowjetunion;
– konsequente Erfüllung der Hauptaufgabe in ihrer Einheit von Wirtschafts- und Sozialpolitik;
– Parteilichkeit, Sachkenntnis, Disziplin, schöpferische Initiative, Bescheidenheit und vorbildliche Haltung in der Arbeit und im Privatleben;
– Wahrung von Partei- und Staatsgeheimnissen, Bereitschaft zur engen Zusammenarbeit mit dem MfS, z. B. bei der Auswahl und Sicherheitsüberprüfung von Reise- bzw. Auslandskadern.[90]

Nach diesen Kriterien stand die politische Zuverlässigkeit in der Regel vor der fachlichen Eignung, so daß auf vielen Positionen eher das Mittelmaß als die fachliche Elite dominierte.[91]

Rekrutierung/ Qualifizierung von Nachwuchskadern

Die jeweilige Kaderpolitik erfolgte auf der Grundlage von Kaderprogrammen und Kaderentwicklungsplänen. Während erstere die Kaderordnungen der einzelnen Bereiche festlegten, umfaßten die Entwicklungspläne die Qualifizierung und Entwicklung der erfaßten Mitarbeiter für einen gewissen Zeitraum. Hieraus resultierten entsprechende Vorschläge zur Besetzung und zur Veränderung von Nomenklaturpositionen. Nomenklaturkader konnten aus Staats-, Wirtschafts- und gesellschaftlichen Funktionen in den Parteiapparat und umgekehrt versetzt werden. Feste Aufstiegsordnungen existierten nicht. Über soziale und berufliche Karrieren entschied allein die zuständige Parteiinstanz, wobei deren letztlich ausschlaggebende Kriterien bei der Besetzung von Stellen geheim blieben.[92] Die Nomenklaturkader rekrutierten sich aus einem Reservoir von Nachwuchskräften, die schon in jungen Jahren systematisch ausgewählt und auf ihre spätere Position hin vorbereitet wurden. Nach entsprechender Qualifizierung und fortwährenden politisch-ideologischen Loyalitätsnachweisen erfolgte eine Aufnahme dieses Führungsnachwuchses in die sogenannte Kaderreserve. Die Beurteilungen über die politische und fachliche Eignung hielten die jeweiligen Kaderabteilungen in speziellen Kaderakten fest, deren Inhalt dem einzelnen nur punktuell bekannt war.

Die Nomenklaturkader genossen (abgestuft) spezielle Privilegien, z. B. eine überdurchschnittliche Entlohnung, eine bessere medizinische Versorgung, Zusatzrenten, Vergünstigungen bei der Wohnungszuteilung und der Versorgung mit knappen Konsumgütern oder auch Vorteile bei der Zulassung der Kinder zu höheren Bildungseinrichtungen.[93] Allerdings waren mit diesen Positionen auch

---

89 Vgl. ebd., S. 77/78.
90 Vgl. Ammer 1995a, S. 848/849.
91 Vgl. Kaiser 1995, S. 1819.
92 Vgl. ebd., S. 1819.
93 Vgl. Ammer 1995a, S. 850.

erhebliche Belastungen wie ein Verlust an Freizeit, das Verbot privater Westkontakte oder auch eine intensive Kontrolle durch Partei- und Staatsorgane (teilweise auch durch das MfS) verbunden.

Die „Kader" stellten das personelle Rückgrat der SED-Diktatur dar und sicherten deren Überleben. Wer sich nicht mehr einfügte, dem drohten sozialer Abstieg und Ausgrenzung. So folgte diese mehrere hunderttausend Personen umfassende Funktionärsschicht der Parteiführung bis zum Untergang, war aber 1989/90 nicht mehr willens oder fähig, das sozialistische System aktiv zu verteidigen. In der Endphase der DDR hatte sich die in der Bevölkerung anwachsende innere Distanz zum System, die mit erheblichen Zweifeln an Ideologie und Utopie einherging, nun auch in ihren Reihen ausgebreitet.

g) Die Durchsetzung der Parteimacht

Die SED beanspruchte nicht nur die „führende Rolle" bei der Gestaltung von Staat, Wirtschaft und Gesellschaft in der DDR, sondern setzte diese mittels verschiedener Instrumente und Methoden auch weitgehend durch. Dabei begnügte sich die Parteiführung nicht mit einer einfachen Doppelstruktur von Partei und Staat zur Anleitung und Kontrolle, sondern verknüpfte alle staatlichen und gesellschaftlichen Bereiche auf vielfältige Weise mit der zentralistisch geführten Partei bzw. dem Parteiapparat – parallel dazu existierte auch noch der Apparat des MfS. Zum Ausbau und zur Aufrechterhaltung ihrer Macht stützte sich die Partei vor allem auf folgende Strukturen und Mechanismen:

Strukturen und Mechanismen des Machterhalts

- In der nach dem Prinzip des „demokratischen Zentralismus" aufgebauten SED beherrschten die Parteiführung und ihr zentraler Apparat alle Parteigliederungen, wobei nachgeordnete Instanzen die Beschlüsse der Zentrale und der übergeordneten Gliederung in ihrem Bereich umzusetzen hatten. Durch die Bezugnahme auf den Marxismus-Leninismus erklärte sich die Parteiführung zum Gralshüter von Wahrheit und „gesellschaftswissenschaftlicher" Erkenntnis und entzog sich damit jeglicher Kritik. Die Basis blieb einem strengen Kontroll- und Disziplinierungsregiment unterworfen, so daß jede Form innerparteilicher Kritik verhindert und unterbunden wurde. Die Besetzung von Schlüsselpositionen erfolgte durch die engere Parteiführung, die sich gewissermaßen selbst rekrutierte und „kontrollierte".
- Der Zentrale Parteiapparat sowie seine regionalen Gliederungen waren den staatlichen und gesellschaftlichen Leitungs- und Abteilungsstrukturen vorgelagert. Der Parteiapparat leitete die staatlichen und gesellschaftlichen Institutionen an und kontrollierte sie gleichzeitig. Die Beschlüsse der Partei hatten für alle staatlichen Instanzen und gesellschaftliche Institutionen verbindlichen Charakter.
- Die Besetzung aller wichtigen Leitungsfunktionen in Staat, Wirtschaft und wichtigen gesellschaftlichen Organisationen erfolgte nach einem Nomenklatursystem, das der Partei einen direkten personellen Zugriff gestattete. Über die Aufnahme in die oberste Funktions- und Machtelite der DDR bestimmte die engere Parteiführung selbst. Ansonsten erfolgten Kaderauswahl und -politik durch ein mehrstufiges und hierarchisiertes System, in dem aber die jeweils zuständige Parteiinstanz immer die letzte Entscheidung traf.

- In allen staatlichen Verwaltungen, wichtigen Betrieben, gesellschaftlichen Institutionen etc. existierten Parteiorganisationen und -gruppen, deren Leitung eine gesonderte Kontrollfunktion und zum Teil auch die direkte Führungsrolle einnahm. Außerdem waren SED-Mitglieder nie zuerst ihrem Vorgesetzten, sondern immer vorrangig der Parteidisziplin unterworfen.
- Durch ein umfassendes Berichts- und Informationswesen sowie die Arbeit des MfS verschaffte sich die Parteiführung einen zusätzlichen Überblick, der ihr als Grundlage für weitere Eingriffsmöglichkeiten diente.

2. Die Gestaltung und Inszenierung des politischen Systems durch die SED

a) Blockparteien

Mit Blick auf die westlichen Besatzungszonen und entsprechend den sowjetisch inspirierten Vorstellungen der KPD-Führung zur Blockpolitik hatte die sowjetische Besatzungsmacht unmittelbar nach Kriegsende neben KPD und SPD mit der CDU und der LDP auch zwei „bürgerliche" Parteien zugelassen. Diese wurden mit SPD und KPD bzw. SED in einem „Block der antifaschistisch-demokratischen Parteien" zusammengeschlossen. Sie besaßen von Beginn an keine wirkliche Selbständigkeit, sondern standen unter strikter Kontrolle der Besatzungsmacht. Durch das im Block geltende Prinzip der Einstimmigkeit konnte zudem die KPD/SED ihre zum größten Teil mit der SMAD abgesprochene Politik durchsetzen.[94] Deshalb handelte es sich selbst in den Anfangsjahren der SBZ um einen sehr eingeschränkten und zudem streng kontrollierten Pluralismus.

Blocksystem

Hoffnungen auf Überwindung der deutschen Teilung, die viele Mitglieder und Wähler der beiden bürgerlichen Parteien gehegt haben mögen, fanden mit der Absetzung widerspenstiger Parteiführer, der von der SED auf Geheiß Moskaus initiierten Gründung zweier weiterer „bürgerlicher" Blockparteien (DBD und NDPD), der Verpflichtung aller Parteien auf das Wahlprinzip nach Einheitslisten sowie einer immer systematischer ausgeprägten Anleitung und Kontrolle durch den ZK-Apparat ein rasches Ende. Das Mißtrauen der SED-Führung gegen CDU und LDP, vor allem gegenüber deren Mitgliedern und Funktionären auf lokaler Ebene, war zu groß, um wenigstens für eine eingeschränkte Selbständigkeit Raum zu lassen.

Die seitens der SED den Blockparteien zugedachte Rolle bestand darin, Bevölkerungsschichten zu erfassen und politisch zu kontrollieren, die sich ihrem direkten Einfluß entzogen. Hierbei handelte es sich um soziale Gruppen wie Gewerbetreibende, freiberuflich Tätige, selbständige Handwerker, Teile der Intelligenz, Bauern etc., die im Zuge des sozialistischen Aufbaus an den gesellschaftlichen Rand gedrängt und von sozialem Statusverlust bedroht waren, aber auch um kirchliche Kreise, frühere Berufssoldaten und Offiziere oder ehemalige NSDAP-Mitglieder bzw. NS-Funktionsträger. Eine wirkliche Interessenvertretung dieser Gruppen konnten die Blockparteien jedoch im Zeitverlauf immer weniger leisten, da sie die „führende Rolle der SED" immer wieder neu bestätigen mußten und somit faktisch den weiteren sozialen Abstieg ihrer Klientel selbst mitunterstützten. Sie

---

[94] Vgl. Suckut 1986.

verzichteten auf eigene Programme und begnügten sich seit den frühen fünfziger Jahren mit dem Nachvollzug der jeweils von der SED verkündeten Generallinie.[95] Da sie die ihnen ursprünglich zugedachte Rolle des „Transmissionsriemens", d. h. der Vermittlung der SED-Politik in ihre Mitglied- und Anhängerschaft, aus objektiven Gründen nur sehr bedingt wahrnehmen konnten, reduzierten sich die Blockparteien auf die Rolle von Komparsen in dem von der SED inszenierten und kontrollierten politischen System.

Blockparteien nur Komparsen bei SED-Inszenierung

Bis zum Herbst 1989 blieben sie von der SED politisch und finanziell abhängige Organisationen,[96] in denen allenfalls „rudimentäre Reste politischen Eigencharakters" zu verzeichnen waren.[97] Die durch den ZK-Apparat und entsprechende Abteilungen auf Kreis- und Bezirksebene praktizierte institutionalisierte Anleitung und Kontrolle der Blockparteien erstreckte sich auf nahezu alle personellen und organisatorischen Veränderungen. Für die Besetzung von Leitungsfunktionen oder die Benennung von Kandidaten für Volksvertretungen hatten die Blockparteien zwar ein Vorschlagsrecht, aber der SED-Apparat behielt sich die Bestätigung vor.[98]

Trotz dieser institutionalisierten Absicherung blieb die SED-Führung gegenüber der Parteibasis von CDU und LDPD prinzipiell mißtrauisch und erwog zeitweise sogar die Auflösung dieser Parteien.[99] So verwundert es nicht, daß die Blockparteien vom MfS intensiv überwacht wurden. Ihre führenden Funktionäre hatten der jeweils zuständigen MfS-Dienststelle ohnehin regelmäßig Bericht zu erstatten; gleichzeitig waren die Parteien bis in die Führungsspitzen hinein mit inoffiziellen Mitarbeitern der Staatssicherheit durchsetzt.[100]

Die Motive, in eine Blockpartei einzutreten, mögen im Detail unterschiedlich gewesen sein, aber zwei gewichtige Aspekte galten für die meisten Mitglieder. Sie wollten nicht in die SED eintreten und dennoch begrenzte Chancen auf einen beruflichen Aufstieg wahren. Zwar blieben ihnen in der Regel Leitungspositionen oder Arbeitsmöglichkeiten in den Sicherheitsapparaten versperrt, aber sie konnten bis zur mittleren Karriereebene und zu klassischen „Stellvertreterpositionen" aufsteigen.[101]

Die von der SED gewünschte soziale Zusammensetzung der Mitgliedschaft konnten die Blockparteien, die phasenweise nur sehr eingeschränkt bzw. überhaupt nicht werben durften, nur bedingt garantieren. Unter den zum Ende der DDR ca. 140 000 Mitgliedern in der CDU stellten Arbeiter und Angestellte knapp die Hälfte, Angehörige der „Intelligenz", Freiberufler, Handwerker und Gewerbetreibende dagegen nur ein Viertel der Mitglieder.[102] Personen aus dem kirchlichen Umfeld rekrutierte sie in geringem Ausmaß. Die LDPD verzeichnete unter ihren etwa 110 000 Mitgliedern (1988) einen höheren Anteil von selbständigen Handwerkern und Gewerbetreibenden sowie von Personen aus der „Intelligenz". Zusammen mit

Soziale Zusammensetzung der Mitgliedschaft

---

[95] Vgl. Richter 1995, Papke 1995, Nehring 1995 und Frölich 1994.
[96] Vgl. Gerlach 1991.
[97] Vgl. Suckut 1994, S. 101.
[98] Vgl. Blaschke 1995, S. 383, Suckut 1994 und Graumann 1994, S. 344 ff.
[99] Vgl. Suckut 1994, S. 105/106.
[100] Vgl. Ditfurth 1991, S. 88 ff. und Suckut 1994, S. 103.
[101] Vgl. Lapp 1995a, S. 293.
[102] Vgl. Richter 1995, S. 2603.

Schülern, Studenten und Rentnern stellten diese sozialen Gruppen knapp 60% der Mitglieder.[103] Eine ähnliche soziale Zusammensetzung wie die LDPD wies die NDPD auf.[104] Obschon die SED die Mitgliederrekrutierung der Blockparteien mitsteuerte, entsprach deren soziale Zusammensetzung eher dem Typus einer „Volkspartei" mit unterschiedlichem weltanschaulichen Zuschnitt als dem spezifisch „kleinbürgerlicher" Parteien.[105] Allein die DBD konnte ihrem „Parteiauftrag" gerecht werden, indem sie ihre etwa 115 000 Mitglieder (1987) überwiegend aus dem bäuerlichen Milieu rekrutierte.[106]

Tabelle 1: Mitglieder politischer und gesellschaftlicher Organisationen 1946–1987

Jahr	SED[1]	CDU	LDPD	NDPD	Pionier-Org. „Ernst Thälmann"	Demokr. Frauenbund	Deutscher Kulturbund
1946	1.298.415	68.000	180.000	–	–	–	98.000
1950	1.673.305	180.000	199.000	100.000	–	–	194.734
1955	1.413.313[2]	105.000	100.000	120.000	–	1.260.304[7]	167.986
1961	1.610.769	70.000	67.000	100.000	1.668.595[5]	1.322.723[5]	183.678[5]
1966	1.769.912	90.000	80.000	110.000	1.829.733[6]	1.300.000[6]	185.802[6]
1970	1.909.859[3]	–	–	–	1.852.443	1.300.000	193.345
1975	2.043.697[4]	100.000	70.000	80.000	1.683.730	1.300.000	202.531
1980	2.130.671	125.000[8]	82.000[8]	91.000[8]	1.507.211	1.400.000	257.628
1985	2.293.000	131.000	92.000	98.000	1.340.557	1.500.000	263.874
1987	2.328.331	140.000	104.000	110.000	1.440.385	1.500.000	277.327[9]

[1]) ab 1950 Mitglieder und Kandidaten; [2]) April 1954; [3]) Juni 1971; [4]) Mai 1976; [5]) 1960; [6]) 1965; [7]) 1957; [8]) 1982; [9]) 1989

Angaben aus: Frerich/Frey 1993, S. 65

Während die Funktionärsschicht bis hin zur Kreisebene sich geradezu eilfertig und in nicht wenigen Fällen mit vorauseilendem Gehorsam der jeweiligen SED-Instanz unterwarf,[107] blieb an der Parteibasis in der Regel ein zwar äußerlich loyales, aber dennoch teilweise kritisches Verhältnis zur SED erhalten.[108] Vor allem scheint eine gewisse Westorientierung unter einigen Mitgliedern der Blockparteien bestanden zu haben.[109]

In dem von der SED inszenierten und gesteuerten politischen System spielten die Blockparteien in der Geschichte der DDR nie eine eigenständige Rolle. Sie blieben in allen wichtigen Entscheidungen wie auch in ihrer Finanzierung von der Staatspartei abhängig. Trotz ihrer subalternen Stellung trugen zumindest die höheren Funktionäre der Blockparteien Mitverantwortung für die SED-Diktatur,

---

[103] Vgl. Papke 1995, S. 2458.
[104] Vgl. Fröhlich 1995, S. 1558.
[105] Vgl. Lapp 1995a, S. 295.
[106] Vgl. Nehrich 1995, S. 2397.
[107] Vgl. Ditfurth 1991 und Blaschke 1995, S. 383.
[108] Vgl. Blaschke 1995, S. 383.
[109] Vgl. Suckut 1994, S. 114 ff.

haben sie doch durch ihre Mitarbeit dem SED-Staat einen Anschein von Pluralität und Legitimität gegeben, der nie der Realität entsprach.

b) „Nationale Front" und Wahlsystem

Die auf die Repräsentationsebene des politischen Systems ausgerichteten Aktivitäten der Blockparteien steuerte die SED über die „Nationale Front", den Dachverband aller Parteien und gesellschaftlichen Organisationen in der DDR. Hatte dieser ehedem eine primär deutschlandpolitische Funktion bei der angestrebten Verhinderung der Westintegration der Bundesrepublik und der Durchsetzung der sowjetischen Deutschlandpolitik, so bestand seine spätere Aufgabe in der Vorbereitung und Durchführung von Wahlkampagnen sowie in der formalen Legitimierung des politischen Systems. Hinzu kamen Aktivitäten im Wettbewerb „Schöner unsere Städte und Gemeinden – mach mit!" und in der „massenpolitischen Arbeit" im Wohngebiet. Innerhalb der Nationalen Front fungierte der „Demokratische Block" als Koordinationsgremium für die in der Volkskammer und den Volksvertretungen repräsentierten Parteien und Massenorganisationen. Hier wurden die Wahlkampagnen vorbereitet, die Kandidaten ausgewählt und die Einheitslisten der Nationalen Front aufgestellt. Nachdem sich die vorgesehenen Kandidaten in öffentlichen Sitzungen interessierten Wählern vorgestellt hatten, entschieden Ausschüsse der Nationalen Front über die endgültige Reihenfolge der Liste.[110] Der prinzipiell gegebenen Möglichkeit, die Aufstellung bestimmter Kandidaten auf Einspruch von Wählern hin zu verhindern, bedienten sich die entsprechenden Gremien nur in äußerst seltenen Einzelfällen.

Dachverband der Parteien und gesellschaftlichen Organisationen

Der Wähler stimmte nicht über konkurrierende Parteien oder Kandidaten ab, da die Einheitsliste mit einem gemeinsamen – auf die SED fixierten – Wahlprogramm auftrat und die Verteilung der Mandate auf die Parteien und Massenorganisationen schon vorab festgelegt worden war. Die Wahlen reduzierten sich damit auf die vorbehaltlose Zustimmung zu der von der SED gesteuerten Einheitsliste. Zwar hatten die Wähler formal das Recht zur geheimen Stimmabgabe und auch – seit 1965 – die Möglichkeit, einzelne Kandidaten zu streichen und andere „hochzuwählen", sie machten hiervon aber nur selten Gebrauch. Den meisten DDR-Bürgern war klar, daß sie nur als Statisten bei einer gigantischen Inszenierung namens „Sozialistische Demokratie" mitspielen durften, und auch Gegenstimmen an den politischen Machtverhältnissen nichts ändern würden. So folgten die Bürger den Anordnungen und unterwarfen sich der geforderten offenen Stimmabgabe („Zettelfalten") als einem notwendigen Übel. Aus Sicht moderner Demokratietheorien („Rational Choice") eine durchaus rationale Entscheidung, überwogen doch die befürchteten persönlichen Konsequenzen (berufliche Nachteile, soziale Ausgrenzung, teilweise sogar Überwachung durch das MfS) die möglichen Effekte eines durch Nein-Stimmen oder gar Teilnahmeverweigerung artikulierten Protestes bei weitem. Erst als nennenswerte Teile der Bevölkerung bei den Kommunalwahlen im Mai 1989 die Zivilcourage zur Verweigerung dieser Inszenierung aufbrachten und durch unabhängige Gruppen massive Wahlfälschungen aufgedeckt werden konnten, änderte sich das Bild. Bis zu diesem Zeitpunkt erhielten die Einheitslisten der Nationalen

„Zettelfalten" als notwendiges Übel

---

[110] Vgl. Henkel 1994, S. 103.

Front bei einer Wahlbeteiligung von über 98% offiziell stets über 99% der abgegebenen Stimmen.

In den verschiedenen „Volksvertretungen", von den Gemeinderäten bis hin zur Volkskammer, stellte die SED immer die Mehrheit der Abgeordneten, obschon sich die Partei direkt nur etwa ein Viertel der Mandate zusprach.[111] Da jedoch in den Massenorganisationen vornehmlich SED-Mitglieder agierten, entstand stets eine zahlenmäßige SED-Mehrheit, die eigentlich schon nicht mehr vonnöten war, da die Blockparteien ohnehin die „führende Rolle" der SED anerkannten und sich in den Volksvertretungen entsprechend verhielten. Mit einer Ausnahme – der Freigabe des Schwangerschaftsabbruchs, bei der es Gegenstimmen aus der CDU-Fraktion gab – wurden alle Beschlüsse in der Volkskammer einstimmig gefaßt. Aber ihr kam ebenso wie den anderen Organen der Legislative nur die Funktion zu, den von den jeweiligen SED-Instanzen beschlossenen Entscheidungen ohne kontroverse Diskussion zuzustimmen. Nach Auffassung der SED hatten Volksvertretungen mit der Errichtung der Diktatur des Proletariats ihre Funktion als Ort der Klassenauseinandersetzung verloren und symbolisierten die „Einheit des Volkes". Faktisch wurde unter „sozialistischer Demokratie"[112] die „freiwillige" Unterordnung aller sozialen Gruppen und Individuen unter das Diktat der Partei verstanden. Schließlich verkörperte diese in ihrem Selbstverständnis historische Wahrheit und Fortschritt.

c) Massenorganisationen

Während die Blockparteien mit ihren etwa 500 000 Mitgliedern die ihnen zugedachte Rolle als gelenkte und kontrollierte Interessenvertretungen oder als Transmissionsorganisationen nur bedingt erfüllen konnten und insgesamt als willfährige Marionetten im sozialistischen Demokratietheater unter der Regie der SED charakterisiert werden können, hatten die Massenorganisationen allein wegen ihrer hohen Mitgliederzahlen für die SED-Führung eine weitaus höhere Bedeutung. Sie sollten als gesellschaftliche Organisationen die Bevölkerung nach Maßgabe bestimmter Kriterien in den verschiedenen Bereichen möglichst umfassend politisch organisieren und ideologisch beeinflussen. Im Verständnis der SED bestand die Aufgabe der Massenorganisationen darin, ihre Mitglieder zur „bewußten und aktiven Mitarbeit an der Erfüllung staatlicher und gesellschaftlicher Aufgaben" zu bewegen und „das sozialistische Bewußtsein der Werktätigen zu formen".[113] In der Realität hatten sie ihren Mitgliedern die jeweilige Parteilinie und die aktuellen Beschlüsse der SED als Richtschnur des Handelns zu vermitteln und gleichzeitig parteigesteuerte staatliche Aufgaben im Bereich der Sozialpolitik, der Erziehung, der Kultur etc. zu übernehmen.[114] Insoweit wirkten sie als „Transmissionsriemen" kommunistischer Politik. Andererseits sollten sie die Interessen der jeweiligen Bevölkerungsgruppe systemimmanent kanalisieren, artikulierte Widersprüche abfedern sowie an der Organisation von Alltag und Freizeit mitwirken. Die Massenorganisationen erfüllten damit auch die Aufgabe einer umfassenden Kontrolle der Bevölkerung.

---

[111] Vgl. Henkel 1994, S. 104.
[112] Vgl. KPW 1989, S. 173 ff. und 878 ff.
[113] Vgl. KPW 1989, S. 329.
[114] Vgl. Eckert 1995b, S. 1243 ff., Sattler 1995, S. 2639 ff. und Hübner 1995, S. 1723 ff.

Über diese Organisationen erreichte die SED große Teile der Bevölkerung. Ob allerdings hiermit auch der politisch-ideologische Erziehungsauftrag erfüllt wurde, muß bezweifelt werden. Viele Mitglieder waren in die Organisationen eingetreten, weil sie dem Konformitätsdruck nicht ausweichen konnten, oder weil hiermit soziale Vergünstigungen und berufliche Aufstiegschancen verbunden waren. Sie nahmen vor allem die Freizeitangebote wahr, zumal die hier vermittelten Veranstaltungen, Reisen, Feste etc. eine willkommene Ablenkung vom Arbeits- und Alltagsleben boten. So verbinden viele ehemalige DDR-Bürger mit den Massenorganisationen durchaus positive Erinnerungen jenseits formelhafter und ritualisierter politisch-ideologischer Parolen, die ohnehin nur von einer Minderheit für bare Münze genommen wurden.[115]

Schaubild 8: Organisationsaufbau des FDGB (ab 1977)

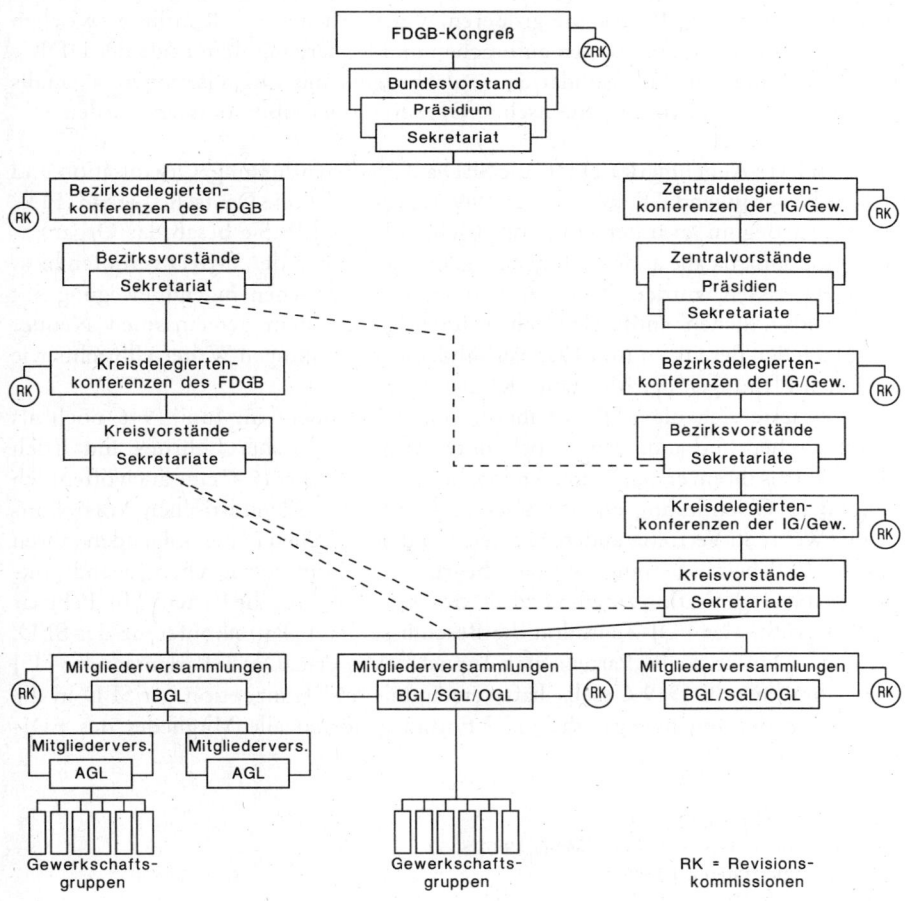

Abbildung nach: Henkel 1994, S. 274

---

[115] Vgl. Eckert 1995b, S. 1299/1300.

Einige wichtige und zahlenmäßig bedeutsame Massenorganisationen band die SED direkt in das politische System ein. FDGB (9,6 Millionen Mitglieder), FDJ (2,3 Millionen), DFD (1,4 Millionen), Kulturbund (280 000) und seit Mitte der achtziger Jahre die VdgB (640 000) waren Teil des demokratischen Blocks der Nationalen Front und bekamen ein bestimmtes Kontingent an Mandaten in den Volksvertretungen zugewiesen. Da die Mitgliedsbeiträge für die entstehenden Sach- und Personalkosten nicht ausreichten, erfolgte die Finanzierung über „Staatszuschüsse" verschiedenster Art.[116] Die SED-Führung und ihr Parteiapparat leiteten die gesellschaftlichen Organisationen nicht nur über entsprechende Abteilungen an, sondern beherrschten auch deren Apparate. Die Mehrzahl der hauptamtlichen Funktionäre waren SED-Mitglieder, die Führungskräfte auf den verschiedenen Ebenen von der Zentrale bis zum Kreis sogar Nomenklaturkader der SED. Daneben existierten auch hier Parteiorganisationen, die eine kontrollierende und organisierende Rolle bei der Umsetzung der konkreten Politik spielten. So erstaunt es nicht, daß bis zum Herbst 1989 keine größeren Widersprüche oder Konflikte zwischen SED und Massenorganisationen aufbrachen und letztere mit dem Ende der DDR – mit Ausnahme der Volkssolidarität – als bedeutsame Organisationen ebenfalls verschwanden bzw. von westdeutschen Organisationen übernommen wurden.

FDJ als „einheitliche Jugendbewegung"

Besonderes Augenmerk richtete die SED auf die Beeinflussung, Organisation und Kontrolle der Jugend. Die am 7. März 1946 gegründete Freie Deutsche Jugend (FDJ) stand von Beginn an unter kommunistischem Einfluß.[117] Sie besaß das Organisationsmonopol, da alle anderen Jugendorganisationen von der SMAD verboten bzw. nicht zugelassen wurden.[118] Der Aufbau einer einheitlichen Jugendbewegung mit einer verbindlichen antifaschistischen Ideologie als dem gemeinsamen Nenner entsprach den bereits im Juni 1945 verkündeten Vorstellungen Walter Ulbrichts wie auch den Planungen der Moskauer KPD-Führung.[119]

Präsentierte sich die FDJ auf ihrem ersten Parlament im Juni 1946 noch als pluralistischer Verband, wenn auch unter kommunistischer Führung mit Erich Honecker als ihrem ersten Vorsitzenden, begann ab Herbst 1947 eine auch öffentlich bekundete Orientierung an der SED und marxistisch-leninistischen Vorstellungen.[120] Während Vertreter anderer Parteien und der Kirchen in den folgenden Jahren aus der FDJ herausgedrängt wurden, begriffen die kommunistischen Jugendfunktionäre die Organisation zunehmend als „Kaderreserve" für die Partei.[121] Im Februar 1949 begrüßte der FDJ-Zentralrat die Beschlüsse der 1. Parteikonferenz der SED, die sich nun offiziell als „Partei neuen Typus" deklarierte. Das 3. Parlament der FDJ übernahm im Juni 1949 Gesellschaftsverständnis und Konzeption der SED in die Verfassung der Jugendorganisation.[122] Fortan gehörten alle Mitglieder des FDJ-Sekretariats der SED an.[123]

---

[116] Vgl. Henkel 1994, S. 221 ff.
[117] Vgl. Mählert 1995, S. 346 und Weber 1997, S. 50.
[118] Vgl. Mählert/Stephan 1996, S. 18.
[119] Vgl. ebd., S. 16 f.
[120] Vgl. Mählert 1995, S. 349.
[121] Vgl. Weber 1997, S. 59 und Hille 1996, S. 210.
[122] Vgl. Weber 1997, S. 57 und Mählert 1995, S. 352.
[123] Vgl. Hille 1996, S. 210.

Die Anerkennung der „führenden Rolle der SED" und des demokratischen Zentralismus als Organisationsprinzip in der neuen FDJ-Verfassung von 1952 vollendete die formelle Eingliederung der FDJ in das von der SED gesteuerte gesellschaftliche und politische System.[124] Aus der Sicht der SED hatte die FDJ die Aufgabe, die Jugend mit den Inhalten und Zielen der jeweiligen Parteilinie vertraut zu machen und sie gleichzeitig in ein kollektives Organisationsgefüge einzubinden. Als die vier Grundanforderungen an jedes FDJ-Mitglied legte die 16. Tagung des Zentralrates der FDJ im Jahre 1957 folgende Kriterien fest: 1. Studium des Marxismus-Leninismus; 2. öffentliches Bekenntnis zur FDJ, d. h. ständiges Tragen des Abzeichens; 3. Vorbildwirkung; 4. politische Ausstrahlung auf nichtorganisierte Jugendliche.[125]

Anerkennung der „führenden Rolle der SED"

Nach der Abriegelung der DDR im Jahre 1961 übernahm die FDJ auf Weisung der SED die Verantwortung für die „klassenmäßige Erziehung" der Jugend und wurde in die verschiedenen Kampagnen zum Aufbau des Sozialismus, zur Militarisierung von Schulen und Hochschulen, zur internationalen Solidarität etc. einbezogen. Mit ihren Aktivitäten sollte die FDJ alle Lebensbereiche von Kindern und Jugendlichen erfassen. Dabei wies die SED gemäß ihres totalitären Selbstverständnisses der FDJ umfassende Funktionen zu. Sie sollte auf politischem, ideologischem und kulturellem Feld sozialisierend wirken, die Freizeit umfassend gestalten, den einzelnen in das Kollektiv einbinden sowie den Nachwuchs auf eventuell später zu übernehmende Funktionen in Partei und Staat vorbereiten.[126]

Schaubild 9: Organisationsaufbau der FDJ (in den achtziger Jahren)

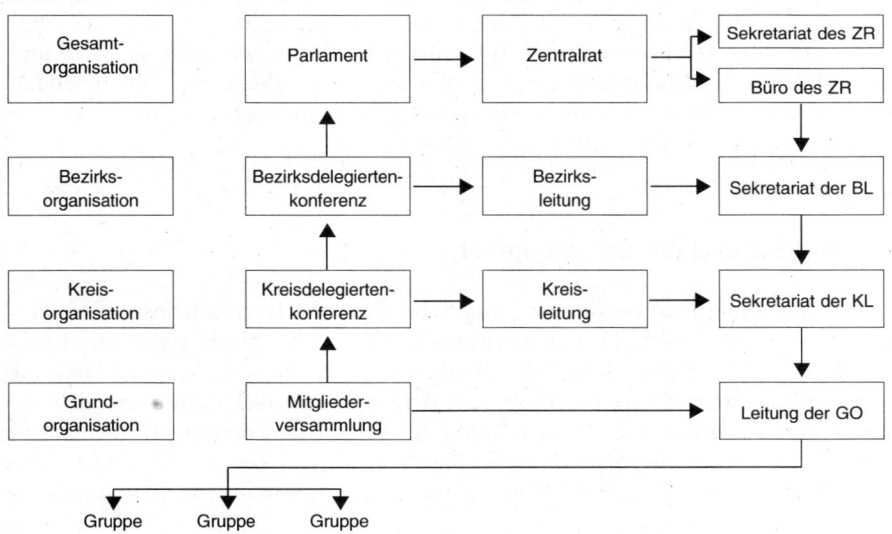

Abbildung nach: Henkel 1994, S. 284

---

[124] Vgl. Hille 1996, S. 210.
[125] Vgl. Zilch 1994, S. 50.
[126] Vgl. Walter, M. 1996, S. 197 ff.

Kein Aufstieg ohne FDJ-Mitgliedschaft

Die Motive zum Eintritt in die FDJ lagen auf der Hand: Wer in der Schule, beim Studium und im Beruf keine Nachteile haben wollte, konnte sich dieser Organisation nicht entziehen. Der über das Elternhaus, die Schule oder die Altersgenossen erzeugte Konformitätsdruck tat ein übriges. Daneben dürfte die von der FDJ organisierte Freizeitgestaltung zumindest für einen Teil der Jugendlichen attraktiv gewesen sein. Nur eine verschwindend geringe Zahl der Mitglieder fühlte sich von der politischen und inhaltlichen Arbeit dieser Organisation wirklich angesprochen.[127]

Die Mitgliederzahl der FDJ stieg von 160 000 (1946) über eine Million (1950) auf etwa 2,3 Millionen Ende der siebziger Jahre. Mitte der achtziger Jahre waren etwa zwei Drittel aller Jugendlichen in der FDJ organisiert.[128] Das Durchschnittsalter der FDJ-Mitglieder lag seit den siebziger Jahren zwischen 18 und 19,5 Jahren. Das berufsjugendliche Funktionärskorps dagegen hatte zumeist das dritte Lebensjahrzehnt schon überschritten.[129]

Der Organisationsgrad nahm mit steigendem Alter ab und lag bei Schülern, Lehrlingen und Studenten deutlich höher als bei Jugendlichen, die ihre Ausbildung bereits abgeschlossen hatten,[130] was deutlich auf den Zwangscharakter der Mitgliedschaft verweist. Erstaunlicherweise erhöhte sich der Organisationsgrad bei Mädchen, die anfangs in der Organisation noch deutlich unterrepräsentiert waren, kontinuierlich, so daß schließlich fast drei Viertel von ihnen das Mitgliedsbuch besaßen.[131] Während Frauen und Mädchen in unteren Leitungsfunktionen der FDJ überdurchschnittlich vertreten waren, stellten sie im oberen Leitungsbereich wie auch bei den hauptberuflichen Funktionären nur eine kleine Minderheit.[132]

Ob die FDJ ihrem politischen und ideologischen Erziehungsauftrag in nennenswertem Ausmaß gerecht wurde, kann bezweifelt werden. Gerade bei älter werdenden Jugendlichen stießen die formelhafte Belehrung wie auch die rigide und hierarchisierte Organisationsform seit den siebziger Jahren auf zunehmenden Widerspruch. Stärker als andere Altersgruppen wandte sich die Jugend in den achtziger Jahren von der DDR und der SED ab.

3. Die SED und der Staatsapparat

Staat als „Machtinstrument der herrschenden Klasse"

In Anknüpfung an Vorstellungen Lenins zum Staat als Herrschaftsinstrument von Klassen definierte die SED den sozialistischen Staat als „Machtorganisation und Machtinstrument in den Händen der ökonomisch herrschenden Arbeiterklasse zur Durchsetzung ihrer Klasseninteressen".[133] Bereits unmittelbar nach dem Ende der NS-Diktatur avancierte die Beherrschung des Staates und seine Instrumentalisierung für die Zwecke der Parteiführung zum vorrangigen Ziel der KPD/SED. Die Schlüsselpositionen in der Verwaltung hatten loyale Kommunisten bzw. Einheits-

---

[127] Vgl. Zilch 1996, S. 222 und Walter, M. 1996, S. 199.
[128] Vgl. Zilch 1996, S. 216.
[129] Vgl. ebd., S. 217.
[130] Vgl. ebd., S. 218/219.
[131] Vgl. ebd., S. 221.
[132] Vgl. ebd., S. 222/223.
[133] Vgl. KPW 1989, S. 929.

sozialisten inne. Gleichzeitig baute die Partei ihren eigenen Apparat parallel zu den Staatsstrukturen auf, wobei die Parteigliederungen den jeweiligen Staatsgliederungen vorgelagert und übergeordnet blieben.[134] Das Primat der Partei vor dem Staat fand in entsprechenden Politbürobeschlüssen,[135] in den Verfassungen von 1968 und 1974 sowie in den Statuten verschiedener Ministerien ihren Ausdruck. Im Statut des Ministeriums für Auswärtige Angelegenheiten heißt es zum Beispiel: „Das Ministerium verwirklicht seine Aufgaben in Durchführung der Verfassung der Deutschen Demokratischen Republik und gemäß den Beschlüssen der Sozialistischen Einheitspartei Deutschlands ..."[136]

Die genaue Aufgabenteilung zwischen Partei und Staat blieb im SED-Schrifttum ungenau. Zumeist sprach man der Parteiführung die Entscheidung über allgemeine Grundsätze und Orientierungen, dem Staatsapparat deren konkrete Umsetzung zu.[137] In der Praxis dürfte die wechselseitige Verknüpfung von Partei und Staat zu einer schwer identifizierbaren Aufgabenteilung geführt haben. Dies hatte für die Partei den Vorteil, daß sie bei auftretenden Mängeln und Schwierigkeiten den staatlichen Instanzen die Verantwortung zuschieben und für die Partei das Dogma der Unfehlbarkeit aufrecht erhalten konnte.[138]

Verflechtung zwischen Partei und Staat

Die Partei beherrschte und kontrollierte den Staat auf allen Ebenen und auf vielfältige Weise:
- Die Beschlüsse der Parteiführung wie auch die Anweisungen der Parteigliederungen hatten für die Staatsorgane verbindlichen Charakter. Gleichzeitig kontrollierte der Parteiapparat die Umsetzung der entsprechenden Beschlüsse und konnte zu jeder Zeit korrigierend in den Ablauf staatlicher Politik eingreifen. („Kompetenzkompetenz")
- Die Partei besetzte mittels ihres Nomenklatursystems alle wichtigen Staatsfunktionen mit systematisch ausgewählten und geschulten parteiloyalen Kadern. Die entscheidenden Führungspositionen im Staat übten Spitzenfunktionäre der Partei in Personalunion aus. Funktionären der Blockparteien billigte die SED die Besetzung zumeist untergeordneter oder mehr oder weniger repräsentativer Funktionen im Staatsapparat zu. In dieser Funktion waren sie ebenfalls Teil des Nomenklatursystems. Durch sogenannte Mitarbeiter-Verordnungen verpflichtete die SED auch Nicht-Mitglieder unter den Staatsbediensteten zur Umsetzung von Parteibeschlüssen als Grundlage ihrer Arbeit.[139]
- In allen Ministerien und staatlichen Verwaltungen gab es SED-Parteiorganisationen, deren Leitungen zusätzlich auf die Umsetzung der Parteivorgaben und die Loyalität des Staatspersonals achteten.
- Durch ein umfassendes Berichts- und Informationssystem verschaffte sich der Parteiapparat einen weiteren Überblick über die Abläufe im ebenfalls nach dem Prinzip des demokratischen Zentralismus gegliederten Staatsapparat.

Die staatlichen Verwaltungen stellten ebenfalls keine Bürokratie im Sinne Max Webers dar. Während diese als ein Organisationstyp mit einer spezialistischen

---

[134] Vgl. zum Aufbau des Parteiapparates die Beiträge in Wilke 1998, vor allem Kubina 1998.
[135] Vgl. Kap. B I 1.
[136] Zit. nach: Ammer 1994, S. 15.
[137] Vgl. Brunner 1995, S. 1002.
[138] Vgl. ebd.
[139] Vgl. Brunner 1995, S. 1017.

Schaubild 10: Partei und Staat

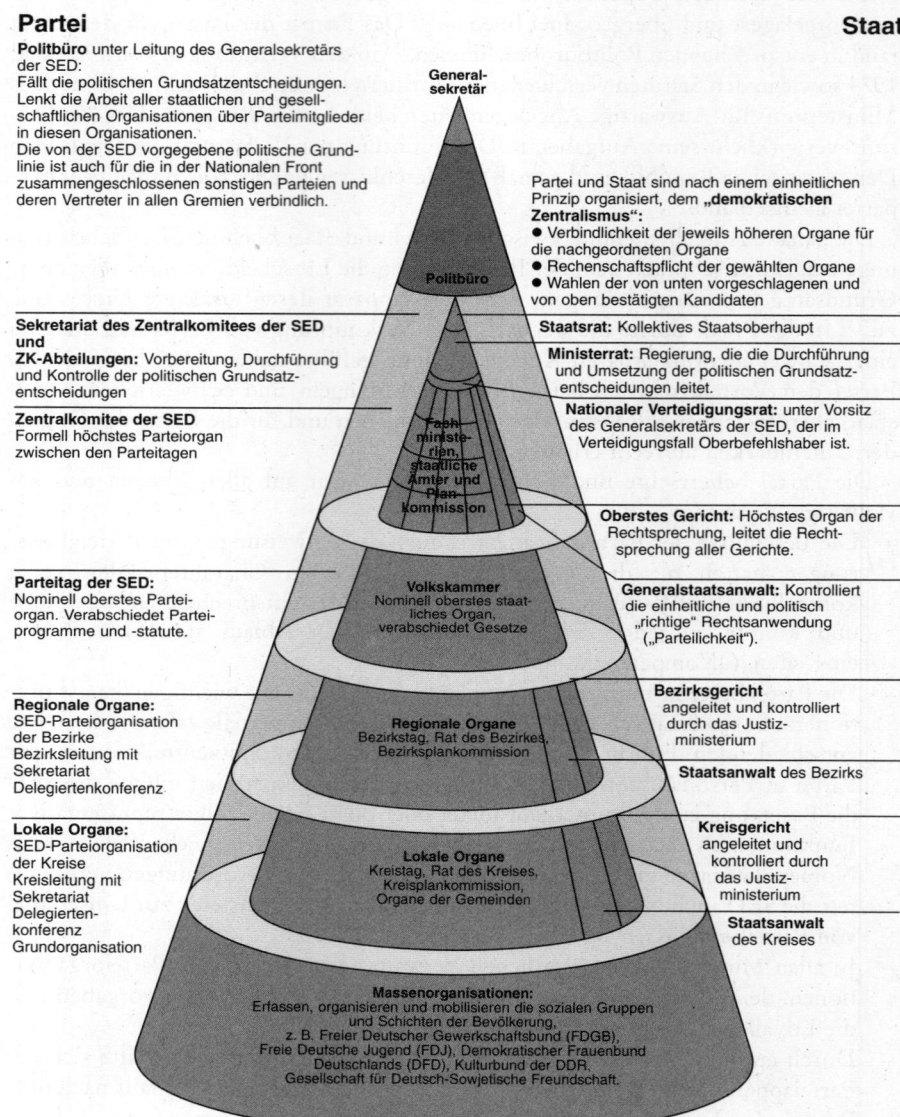

Abbildung nach: Zahlenspiegel 1988, S. 17

Rationalität und formal berechenbaren Regeln charakterisiert werden kann, war die sozialistische „Kaderverwaltung" durch einen universalistischen Charakter gekennzeichnet. Die Verwaltung als Einheitsorganisation entsprach dem kommunistischen Denken von der Einheit der Gesellschaft und der sich entfaltenden Universalität des Menschen.[140] Faktisch bedeutete „Kaderverwaltung" die jederzeitige Möglichkeit, nach Maßgabe politischer Kriterien und Beschlüsse entscheiden zu können.

Verwaltung als Einheitsorganisation

Die Regierung der DDR, der Ministerrat, war ebenso wie der 1960 gegründete Staatsrat, der nach Ulbrichts Tod vornehmlich als außenpolitische Repräsentationsinstanz diente, eine von der SED gesteuerte Institution. Eine für den demokratischen bürgerlichen Staat charakteristische Gewaltenteilung existierte nicht. Die Gewalteneinheit bzw. die unbeschränkte und unbegrenzte Konzentration der Macht lag in den Händen der Parteiführung. So erwies sich die Einheit von Partei und Staat als historische Realität mit prä- und postindustriellen Fakten- und Denkelementen und berechtigt zur Kennzeichnung der DDR als SED-Staat.

4. Die SED und die (politische) Justiz

Die SED-Führung nutzte ebenso wie vorher die SMAD „das Recht als Waffe im Klassenkampf". Da nach marxistisch-leninistischem Gesellschaftsverständnis Rechtsfragen immer Machtfragen sind, konnte es keine unabhängige Justiz geben. Sie blieb eingebunden in die Strukturen und Mechanismen des Machtapparates der herrschenden Partei. Die politische Steuerung der Justiz zielte auf Ausschaltung Andersdenkender, Legalisierung von Willkürmaßnahmen der SED und Schaffung einer „Erziehungsdiktatur", in der die Menschen durch rechtliche Sanktionierung (politisch) abweichenden Verhaltens auf den richtigen (sozialistischen) Weg gebracht werden sollten.[141]

Keine unabhängige Justiz

Die institutionelle und personelle Neuordnung des Justizsystems nach Gründung der DDR folgte der Maxime ihrer strikten Unterordnung unter Parteiinstanzen. Schon vor Gründung der DDR hatte die SED gemeinsam mit der SMAD auf Länderebene eine nahezu vollständige personelle Erneuerung der NS-belasteten Justiz durchgeführt. Begonnen wurde mit der Ersetzung der alten Richter durch Personen mit proletarischem bzw. antifaschistischem Hintergrund, die in Schnellverfahren zu „Volksrichtern" ausgebildet wurden. Diese verstanden ihre Rolle überwiegend als „politische Funktionäre".[142] Schon im April 1950 waren über die Hälfte der Richter und 86% der Staatsanwälte SED-Mitglieder.[143] Diese personalpolitische Dominanz baute die SED weiter aus, so daß zum Ende der DDR alle Staatsanwälte und über 96% der Richter an Bezirksgerichten Mitglieder der SED waren.[144]

Hohe Justizfunktionäre waren in das Nomenklatursystem eingebunden.[145] Die institutionelle Grundlegung des Justizwesens erfolgte nach den Prinzipien der

---

[140] Vgl. Balla 1972, S. 267 ff.
[141] Vgl. Werkentin 1995, S. 49.
[142] Vgl. ebd., S. 304 und 310 f. Eine Auflistung der Instrumente, mit denen Richter zur Parteitreue bewegt werden sollten, findet sich ebd., S. 312.
[143] Vgl. ebd., S. 28.
[144] Vgl. Rottleuthner 1994c, S. 38.
[145] Vgl. Werkentin 1995, S. 35.

Gewalteneinheit und des „demokratischen Zentralismus". Der Auf- und Ausbau der Justiz vollzog sich auf der Grundlage von Beschlüssen des Politbüros bzw. des Sekretariats des ZK. Diese wurden von staatlichen Institutionen nur noch in Gesetzesform gegossen bzw. formal legalisiert.[146] Eine unabhängige Justiz, wie sie in der Verfassung festgeschrieben war, existierte faktisch nicht. Trotzdem sollen hier kurz die Strukturen der Justiz dargestellt werden, um zu verdeutlichen, an welchen Stellen die SED in das Rechtswesen eingriff bzw. eingreifen konnte, um es in ihrem Sinne politisch zu steuern.[147]

a) Anleitung und Struktur der Justiz

Innerhalb der SED waren vor allem das Politbüro und die ZK-Abteilung für Staats- und Rechtsfragen für die Steuerung der Justiz zuständig. Das Politbüro befaßte sich vorwiegend mit einzelnen Verfahren, in denen besonders „schwere" (politische) Delikte verhandelt wurden. Im Laufe der Jahre standen Strafprozesse immer seltener auf der Tagesordnung des obersten Parteigremiums. Während in den fünfziger Jahren auf durchschnittlich sieben Sitzungen im Jahr Strafverfahren behandelt wurden (der Höhepunkt lag 1953–1956), ging diese Zahl in den folgenden Jahren stark zurück. Nach 1963 gab es nur eine einzige Sitzung (1971), auf der sich das Politbüro mit einem Prozeß beschäftigte. Bei der Behandlung von Rechtsfragen standen fortan Probleme der Gesetzgebung im Vordergrund.[148]

Zentrale Rolle der ZK-Abteilung Staat und Recht

Die ZK-Abteilung für Staats- und Rechtsfragen bildete das wichtigste Organ zur politischen Steuerung der Justiz. Sie war zuständig für die „Anleitung" der Rechtswissenschaft und der rechtswissenschaftlichen Ausbildung, die Vorbereitung von Richterwahlen, die Vorbereitung der Richtlinien des Obersten Gerichtes (OG), die Vorbereitung und Durchführung von „Brigadeeinsätzen" an ausgewählten Gerichten sowie für die Überprüfung von Gerichten durch einzelne Abteilungsmitarbeiter. Zusätzlich konnte sie Vorschläge für die Strafpolitik der Gerichte machen und über Amnestien entscheiden.

Die Bezirksgerichte und das OG hatten die Möglichkeit, Strafsachen, für die eigentlich die Kreisgerichte zuständig waren, an sich zu ziehen. Auch wurden die Direktoren der jeweils untergeordneten Gerichte von übergeordneten Instanzen regelmäßig einbestellt, die außerdem durch Fachrichtertagungen und andere Veranstaltungen Einfluß nahmen. Das OG leitete zudem durch verschiedene schriftliche Materialien, die zum Teil auch in Form „gemeinsamer Standpunkte" mit anderen Organen wie dem Justizministerium (MdJ) verfaßt wurden, die unteren Gerichte an. Bis 1960 war das MdJ neben dem OG für die Leitung der Rechtsprechung zuständig. Es wurden Justizverwaltungsstellen eingerichtet, die für die Steuerung der unteren Gerichte zuständig waren. Die ihnen von den Kreis- und Bezirksgerichten zugesandten Urteile mußten sie kritisch beurteilen und an das MdJ weiterleiten. Zusätzlich besuchten Instrukteure der Justizverwaltungsstellen die Gerichte, um eine Einschätzung der Arbeit vor Ort vorzunehmen und ggf. „ideologische Schwächen" von Richtern aufzudecken. Die Justizverwaltungsstellen wurden 1963 aufgelöst. Der aus demselben Jahr stammende Rechtspflegeerlaß

---

[146] Vgl. ebd., S. 33 ff.
[147] Vgl. Rottleuthner 1994c, S. 27 ff.
[148] Zahlen nach ebd., S. 40.

reduzierte die Aufgaben des MdJ im wesentlichen auf die Kaderpolitik und die Verwaltung der Justiz, so daß die inhaltliche Steuerung vorübergehend in den Händen des OG lag. Erst das neue Gerichtsverfassungsgesetz (GVG) von 1974 stärkte erneut die Funktion des MdJ, das nun formal für die „Anleitung" zuständig war, während dem OG die „Leitung" oblag. Schwierigkeiten in der Kompetenzabgrenzung blieben damit allerdings auch in der Folgezeit bestehen.

Die Hauptabteilung IX des MfS diente als Untersuchungsorgan bei Staatsschutzdelikten, während die Abt. XIV für U-Haft und Strafvollzug zuständig war. Zusätzlich lagen die Sicherheitsüberprüfungen der Justizmitarbeiter in den Händen der Staatssicherheit.[149] Obschon das MfS bzw. dessen Abteilung IX als Untersuchungsorgan förmlich der Aufsicht der Staatsanwaltschaft unterstand, sah die Rechtswirklichkeit anders aus. Das MfS war jederzeit Herr des Verfahrens, agierte nach eigenem Ermessen bzw. nach Weisungen des Parteiapparates. Die für die politische Justiz zuständigen Staatsanwälte der Abteilungen I A unterlagen einer strengen Auswahl und Kontrolle, ihr Einsatz erforderte die Bestätigung durch das MfS.[150] Die von dessen Untersuchungsorganen in entwürdigender Weise behandelten Beschuldigten hatten keine einklagbaren Rechte. Die Länge der Untersuchungshaft in speziellen Einrichtungen des Mielke-Ministeriums unterlag ebenso der Willkür der Vernehmer wie die Zuteilung spezieller vom MfS ausgewählter Rechtsanwälte. Die Überwachung der Kontakte zwischen diesen Anwälten und den Beschuldigten erfolgte nahezu lückenlos.[151] Viele Geständnisse entstanden auf der Basis von Drohungen, Nötigungen oder Erpressungen. Tag- und Nachtverhöre, Einzelhaft oder totale Isolation waren hierbei keine Ausnahme.

Staatsanwälte und Richter folgten in der Regel der Argumentation und den Strafempfehlungen der MfS-Ermittler. Vor allem bei Staatsanwälten war es gängige Praxis, die Abschlußberichte des MfS weitgehend unverändert als Anklageschriften zu übernehmen.[152] Die in politischen Verfahren zumeist unter Ausschluß der Öffentlichkeit stattfindende Hauptverhandlung „legalisierte" damit nur die Vorgehensweise und Ergebnisse des MfS.[153] Direkte schriftlich fixierte Eingriffe der obersten Parteiführung in laufende Verfahren, die in den fünfziger Jahren noch an der Tagesordnung waren,[154] gab es in den achtziger Jahren kaum noch; solche Parteieingriffe schienen sich damals weitgehend erübrigt zu haben oder wurden informell gehandhabt.[155]

MfS als Untersuchungsorgan

b) Das Justizpersonal

Ein weiteres wichtiges Instrument der SED stellte auch im Justizbereich die Kaderpolitik dar. Der Anteil der Parteimitglieder war in der Juristenschaft infolge der gezielten Personalauswahl sehr hoch, so daß jenseits der institutionsinternen Sanktionspraxis die Möglichkeit gegeben war, Richter und Staatsanwälte durch Parteiverfahren zu disziplinieren. Auch die Grundorganisationen der SED an den

Kaderpolitik in der Justiz

---
[149] Vgl. Fricke 1994, S. 25.
[150] Vgl. ebd., S. 26 und Meinerzhagen 1995, S. 127.
[151] Vgl. Fricke 1994, S. 27/28.
[152] Vgl. Werkentin 1995, S. 49.
[153] Vgl. Meinerzhagen 1995, S. 128 und Fricke 1994, S. 31.
[154] Vgl. z. B. Wendel 1996.
[155] Vgl. Meyer-Seitz 1995, S. 33.

Gerichten, in denen die Parteimitglieder am Arbeitsort zusammengefaßt waren und die enge Kontakte zur ZK-Abteilung für Staats- und Rechtsfragen unterhielten, sicherten der Partei einen unmittelbaren Einfluß auf nahezu das gesamte Justizpersonal.

Hohe Justizfunktionäre der SED ließen von Beginn an keinen Zweifel über dessen Aufgaben. Hilde Benjamin, die zunächst als Vizepräsidentin des Obersten Gerichts und danach bis 1967 als Justizministerin tätig war, begründete und rechtfertigte den Einsatz der Justiz zur Aufrechterhaltung der Parteimacht:

> „Dem Klassenkampf als objektive Erscheinung des politischen und gesellschaftlichen Lebens entspricht unsere Parteilichkeit der ideologischen Haltung. Das muß auch in der Prozeßführung zum Ausdruck kommen und kann nicht dazu führen, daß der Richter ‚objektiv' Angeklagte, Verteidiger und Staatsanwalt als gleichberechtigte Parteien behandelt."[156]

Die in der Verfassung von 1949 garantierte Unabhängigkeit der Richter existierte faktisch nicht. Ziel der Einheitspartei war eine Richterschaft, die relativ eigenständig parteikonforme Urteile fällen konnte. Auf direkte Eingriffe seitens der Partei sollte dabei so weit wie möglich verzichtet werden. In dem Maße, wie es der SED gelang, mit dem ihr verpflichteten Justiznachwuchs alle maßgeblichen Positionen zu besetzen, ließen direkte Eingriffe nach.

Domestizierung der Rechtsanwälte

Wenn auch die Abhängigkeit der Richter und Staatsanwälte von der SED weitgehend bekannt war, so galten doch zumindest einige Rechtsanwälte als partiell unabhängig; auch das erweist sich indes nach neueren Erkenntnissen als Trugschluß. Während die Gleichschaltung von Richtern und Staatsanwälten vergleichsweise problemlos verlief, bedurfte die Domestizierung der Rechtsanwälte jedoch stärkerer Nachhilfe. Um die Abschaffung der Freiheit und Unabhängigkeit der Advokatur in der SBZ/DDR hatte sich die SED schon frühzeitig bemüht. Mit der Verordnung zur Bildung von Kollegien der Rechtsanwälte, die als „Kollektivierung der Rechtsanwaltschaft" bezeichnet werden kann, begann ab 1953 der Druck auf Rechtsanwälte, ihre Eigenständigkeit aufzugeben.[157] Während im Jahre 1948 in Ost-Berlin und den fünf ostdeutschen Ländern noch knapp 1200 Rechtsanwälte zugelassen waren, belief sich ihre Zahl 1988 nur noch auf 606, wovon lediglich 26 als Einzelanwälte tätig sein durften.[158] Der „sozialistische Rechtsanwalt" hatte seine „gesellschaftliche Funktion" als klar umrissenen politischen Auftrag zu begreifen: Die SED definierte ihn als „Justizkader", der gegenüber seinem Mandanten einen „Erziehungsauftrag" zu erfüllen hatte. Der Schutz des Staates bzw. die Sicherung der Parteimacht hatte auch für Anwälte von höherem Rang zu sein als der Schutz ihres Mandanten. Viele Rechtsanwälte arbeiteten zudem eng mit entsprechenden Parteigliederungen und/oder dem MfS zusammen.[159] Unter diesen Voraussetzungen glich die Verteidigung eines Mandanten durch einen „sozialistischen Rechtsanwalt" in politischen Strafprozessen eher einer Farce, als daß rechtsstaatliche Prinzipien

---

156 Hilde Benjamin: Grundsätzliches zur Methode und zum Inhalt der Rechtsprechung, in: Neue Justiz 1961, S. 155; zit. nach: Fricke 1993a, S. 15.
157 Vgl. Fricke 1995c, S. 10 ff.
158 Vgl. ebd., S. 10 und Rottleuthner 1994a, S. 229.
159 Vgl. Fricke 1995c, S. 15 f.

auch nur ansatzweise zur Geltung kamen. Verfahren dienten allein der Täuschung der Öffentlichkeit im In- und Ausland, die allerdings nur sehr begrenzt gelang. Zu offensichtlich war der Rechtsstaat in der DDR bloße Fassade.

c) Funktion und Steuerung der (politischen) Justiz

Die gesellschaftliche Umwälzung nach 1945 erfolgte ebenso wie die Ausschaltung politisch Andersdenkender mit Unterstützung von Recht und Justiz.[160] Unter dem Vorwand der Entnazifizierung führte die sowjetische Besatzungsmacht auf der Grundlage alliierten Rechts Enteignungen und Verstaatlichungen durch, unabhängig davon, ob die Betroffenen tatsächlich belastete Nationalsozialisten waren. Die SED setzte diese sozialistische Umgestaltung mit ihrem neu aufgebauten rechtlichen Instrumentarium nach 1949 fort. Die Kollektivierung der Landwirtschaft, die Enteignung des gewerblichen Mittelstandes wie auch die Durchsetzung der Erziehungsdiktatur, d. h. die Aburteilung von DDR-Bürgern, die den „sozialistischen Weg" nicht mitgehen wollten, erfolgten allesamt auf der Grundlage des neu geschaffenen „sozialistischen Rechts".[161]

Für die Verfolgung und strafrechtliche Verurteilung politischer Gegner benutzte die SED anfangs den Artikel 6 Abs. 2 der Verfassung, in dem sie „Boykotthetze gegen demokratische Einrichtungen und Organisationen, Mordhetze gegen demokratische Politiker, Bekundung von Glaubens-, Rassen-, Völkerhaß, militaristische Propaganda sowie Kriegshetze und alle sonstigen Handlungen, die sich gegen die Gleichberechtigung richten", als Verbrechen im Sinne des Strafgesetzbuches wertete.[162] Durch eine breite und willkürliche Auslegung dieses Artikels konnten nahezu alle gegen Partei und Staat gerichteten Äußerungen geahndet werden. Selbst das Verlassen der DDR, später „Republikflucht" genannt, fiel unter diesen „Straftatbestand".[163] Fortan konnte jede Opposition mit den Mitteln der politischen Strafjustiz auf scheinbar gesetzlicher Grundlage ausgeschaltet werden. Bis in das Jahr 1957 hinein diente der Artikel 6 als Generalklausel zur Verurteilung Zehntausender politisch Verfolgter.[164]

Die Abwendung von offenem Terror und Hinwendung zu Verfahren scheinbar „rechtsstaatlichen" Zuschnitts im Zuge der „Entstalinisierung" machte eine Verfeinerung des strafrechtlichen Instrumentariums notwendig. Auf die Novellierung des Strafrechts vom Dezember 1957 folgten die Verabschiedung eines „sozialistischen Strafgesetzbuches" im Januar 1968 sowie drei Strafrechtsänderungsgesetze in den siebziger Jahren.[165] Hiermit vergrößerte sich die Zahl möglicher politischer Delikte, wie auch die Mindeststrafen bei verschiedenen „Straftatbeständen" erhöht wurden. Im Vordergrund stand die justizielle Aburteilung von Personen, die des versuchten ungesetzlichen Grenzübertritts oder der Kontaktaufnahme zu Personen oder Institutionen im „nichtsozialistischen Ausland" beschuldigt wurden.[166] Schon die

Verfeinerung des strafrechtlichen Instrumentariums

---

160 Vgl. Werkentin 1995, S. 19 ff.
161 Vgl. ebd., S. 47 ff.
162 Vgl. Schuller 1980, S. 35 ff.
163 Vgl. ebd., S. 54 ff.
164 Vgl. Fricke 1993a, S. 15.
165 Vgl. Fricke 1995c, S. 20/21.
166 Vgl. Meinerzhagen 1995, S. 125/126.

wiederholte Beantragung der Ausreise konnte hiernach als Beeinträchtigung staatlicher oder gesellschaftlicher Tätigkeit (§ 214 StGB/DDR) gewertet und mit Freiheitsstrafe verurteilt werden.[167] Zwar ging in den siebziger und achtziger Jahren die Zahl der Verurteilungen zurück, wie auch Verfahren wegen politischer Witze oder Verunglimpfungen von Parteiführern, die in den fünfziger Jahren noch zu erheblichen Freiheitsstrafen geführt hätten,[168] eher die Ausnahme waren, dennoch sprach die politische Justiz auch jetzt noch zum Teil langjährige Freiheitsstrafen gegen politisch Andersdenkende aus, die um ihr Recht auf Meinungs- oder Reisefreiheit oder die Einhaltung von Bürgerrechten kämpften. Die Zahl der in vierzig Jahren DDR politisch Verfolgten und zu Haftstrafen Verurteilten liegt nach Schätzungen bei insgesamt 200 000, wobei die Mehrzahl auf die Zeit bis 1961 entfiel, in der sich viele noch durch Flucht der Strafverfolgung entziehen konnten.[169] Wie die hohe Zahl der Häftlingsfreikäufe von 1963 bis 1989 (knapp 35 000) belegt, griff die SED zur Sicherung ihrer Macht aber bis zum Ende ihrer Herrschaft auch auf das Mittel der politischen Strafjustiz zurück.[170]

200 000 politisch Verfolgte

Der Einsatz der Justiz zur Machtsicherung verlief nicht geradlinig. Die SED-Führung konnte je nach politischer Opportunität auch im Bereich der politischen Strafjustiz die Zügel einmal lockerer und ein anderes Mal wieder schärfer anziehen. Da das Strafrecht generell nicht dem Legalitätsprinzip folgte, verfuhr die Staatsanwaltschaft nach dem Prinzip politischer Opportunität. Dabei mußte nicht immer auf die „politischen Paragraphen" des Strafrechts zurückgegriffen werden. Oppositionelle Schriftsteller z. B. verurteilte die Justiz formell für Devisenvergehen, tatsächlich aber für die Verbreitung unbotmäßiger Schriften. Doch über alle Phasen der Entwicklung hinweg blieb das Prinzip der Steuerung durch die Partei erhalten:[171]

- Gesetzliche und institutionelle Grundlagen für das Justizwesen wurden durch Beschlüsse des Politbüros oder Vorgaben der ZK-Abteilung für Staats- und Rechtsfragen geschaffen, die vom Staatsrat oder von der Volkskammer verabschiedet wurden.
- Die direkte Anleitung und Kontrolle des Justizwesens erfolgte durch die ZK-Abteilung für Staats- und Rechtsfragen, die von der Gesetzgebung über die Vorbereitung von Richterwahlen und Richtlinien des Obersten Gerichts bis hin zu Vorgaben für die Strafpolitik der Gerichte, die Durchführung von Lehrgängen sowie die Auswertung und Umsetzung von Parteibeschlüssen verantwortlich war.
- Als zusätzliche Anleitungs- und Kontrollinstanz fungierte das Justizministerium, in dem ebenfalls Nomenklaturkader das Sagen hatten.
- In besonderen Fällen konnte die Parteiführung direkten Einfluß auf richterliche Entscheidungen nehmen. Diese Praxis verlor jedoch seit den sechziger Jahren an Bedeutung, da parteiloyale Justizfunktionäre keinen Anlaß zur Klage mehr boten.
- Das Justizpersonal stand unter direkter Kontrolle von Parteigliederungen und war zumindest im leitenden Bereich Teil des Nomenklatursystems.

---

167 Vgl. Lochen 1995, S. 276.
168 Vgl. Grasemann 1994, S. 23 ff.
169 Vgl. Fricke 1993a, S. 22 und Berliner Morgenpost vom 21. Februar 1997.
170 Vgl. Rehlinger 1991.
171 Vgl. Meyer-Seitz 1995, S. 32 ff.

– Die Parteiorganisationen der SED sorgten auf allen Ebenen des Justizwesens für eine zusätzliche Kontrolle und für informelle Absprachen, da ohnehin nahezu alle Justizangehörigen Parteimitglieder waren.

Die SED-Führung hatte keine Probleme, ihr Verständnis von „sozialistischer Gesetzlichkeit" als „Ausdruck der historischen Mission der Arbeiterklasse" zu kennzeichnen: „Das sozialistische Recht ist ein staatliches Instrument, um die aus den objektiven Gesetzen abgeleiteten und in den Parteibeschlüssen formulierten Aufgaben beim Aufbau und bei der Gestaltung der sozialistischen Gesellschaft allgemeinverbindlich durchzusetzen."[172] Da alle in der DDR-Verfassung verbürgten das Individuum an sich schützen sollenden Grundrechte nur insoweit galten, als sie den politischen Interessen der Partei nicht widersprachen, gleichzeitig die Justiz vollständig von der SED gesteuert und alle bedeutsamen Rechts- und Verfassungsinstitutionen nur Fassade waren, kann die DDR als „Nicht-Rechtsstaat" und im Bereich des politischen Strafrechts als „Unrechtsstaat" charakterisiert werden. Das politische Strafrecht war Gesinnungsstrafrecht, das den Beschuldigten unter Mißachtung auch in der DDR formal verbürgter individueller Menschen- und Bürgerrechte gerade dafür bestrafte, daß er sich für deren Verwirklichung einsetzte. Vom Mißbrauch blieben beispielsweise auch Arbeits- und Familienrecht nicht verschont. So mußten „Antragsteller auf ständige Ausreise" gegen alle Bestimmungen des Arbeitsgesetzbuches mit dem Verlust des Arbeitsplatzes rechnen, gelegentlich wurde ihnen auch das Sorgerecht für ihre Kinder entzogen. Zwar gab es gerade im Zivilrecht durchaus auch korrekt und transparent ablaufende Verfahren, eine „Rechtsstaatlichkeit" der DDR kann daraus aber nicht abgeleitet werden. Dazu taugliche Beurteilungskriterien können nur aus Verfahren gewonnen werden, die das Verhältnis des Bürgers zum Staat betreffen. Kein Staat kann als Rechtsstaat bezeichnet werden, der die Abwehrrechte der Bürger gegen den Staat selbst nicht achtet.[173]

DDR kein Rechtsstaat

Solange sie ihren Interessen und konkreten Absichten nicht widersprachen, hielt die SED zwar selbst in der politischen Strafjustiz die von ihr geschaffenen Gesetze ein, wenn es politisch geboten schien, konnten sich Partei und Justiz freilich jederzeit über bestehende Gesetze hinwegsetzen.[174] So kann als zentrales Strukturprinzip der DDR-Justiz angesehen werden, daß die SED, als Partei der „sozialistischen Gesetzlichkeit" ohnehin über Staat und Recht stehend, stets in laufende Verfahren einzugreifen und deren Ergebnisse zu präjudizieren vermochte.[175] In der Rückschau verklärt sich diese Tatsache für manchen damaligen Protagonisten. Ehemalige DDR-Richter geben z. B. häufig an, sie hätten sich relativ unabhängig gefühlt. Die „führende Rolle der Partei" hatten sie offenbar als selbstverständlich verinnerlicht und ihre eigene Unterwürfigkeit nicht politisch gewertet.

Die Akzeptanz des sozialistischen Rechtsverständnisses in der Bevölkerung mag – zumindest im nachhinein – schwer zu beurteilen sein. Aber fest steht, daß verschiedene Faktoren wie die Nichtöffentlichkeit politischer Verfahren als Regelfall, das Fehlen kontradiktorischer Verfahren (Streit: Anklage vs. Verteidigung), die

---

[172] KPW 1989, S. 813.
[173] Vgl. dazu auch Werkentin 1995, S. 10.
[174] Vgl. Fricke 1993a, S. 13.
[175] Vgl. Rottleuthner 1995, S. 137.

erkennbare Abhängigkeit der Richter von den Vorgaben der SED und die offensichtliche Willkür von Urteilen eine Akzeptanz der politischen Justiz für große Teile der Bevölkerung unmöglich machten. Die Inszenierung rechtsstaatlicher Verfahren bei politischen Straftatbeständen war insoweit relativ durchschaubar.[176] Die politische Justiz wurde weithin als das gesehen, was sie war: ein brutales Herrschaftsinstrument der SED.

5. Das MfS – Schild und Schwert der Partei

Die SED konnte ihre Macht nur unter dem Schutz der Sowjetarmee und mit Hilfe eines gigantischen Sicherheitsapparates errichten und aufrechterhalten. Das wahre Ausmaß der nach Zugang zu den Archiven jetzt offenliegenden Aktivitäten dieses speziellen Unterdrückungs- und Kontrollapparates übertrifft selbst die Vermutungen scharfsinniger und weitsichtiger Analytiker,[177] die vor 1989 von Teilen der westdeutschen DDR-Forschung zudem noch als „Kalte Krieger" oder „unverbesserliche Antikommunisten" eingestuft wurden.[178] Das im Auftrag des Bundesministeriums für innerdeutsche Beziehungen 1985 verfaßte DDR-Handbuch z. B. widmete dem MfS knappe zwei Seiten.[179]

MfS nicht vergleichbar mit Verfassungsschutzorganen demokratischer Gesellschaften

Im Ministerium für Staatssicherheit konzentrierten sich Funktionen zur Überwachung und Unterdrückung der eigenen Bevölkerung sowie externe Aufklärungs- und Diversionsmaßnahmen vor allem gegen die Bundesrepublik. Das MfS war politische Geheimpolizei, Ermittlungsbehörde bei „politischen Straftatbeständen" und Nachrichtendienst in einem, schon deswegen geht jeder Vergleich mit Verfassungsschutzorganen oder Nachrichtendiensten in demokratischen Gesellschaften fehl.

Die Rekonstruktion der Entstehung und Entwicklung der inneren Organisationsstrukturen des MfS sowie der inhaltlichen und perspektivischen Vorgaben seiner Tätigkeit belegt, daß es konstitutiver Teil der SED war. Dieser exekutive Zusammenhang fand auch Ausdruck in der verquasten Propagandalyrik eines MfS-Mitarbeiters:

> „Schwert der Partei,
> dem tückischen Feind
> entreißt du unbarmherzig die Maske,
> legst seine Würgehände bloß,
> kommst dem heuchelnden Verräter
> auf die Spur.
> Die Scharten des Kampfes
> machen dich nicht stumpf:
> ständig erneuerst du dich.
> Nur immer noch schärfer und stärker
> kommen deine Schläge
> aus der Unsichtbarkeit –
> Schwert der Partei,

---

[176] Vgl. Werkentin 1995, S. 306 und Rottleuthner 1994a, S. 240.
[177] Vgl. vor allem Fricke 1982.
[178] Vgl. Schroeder/Staadt 1994a, S. 342 ff.
[179] Vgl. Zimmermann 1985, S. 909/910.

sichtbar für
alle
bist du:
ein sicherer Schutz
für das friedliche Werden."[180]

a) Entstehung und Entwicklung

Die Vor- und Frühgeschichte des Ministeriums für Staatssicherheit konnte von der zeitgeschichtlichen Forschung wegen des schwierigen Quellenzugangs erst in groben Zügen rekonstruiert werden. In den zentralen Archivbeständen der SED wie auch des ehemaligen Staatsarchivs der DDR wurden erst sehr lückenhaft Bestände zu diesem Thema erschlossen. Tiefergehende Aufschlüsse könnten auch die in Moskau lagernden und größtenteils noch immer nicht zugänglichen Aktenbestände der sowjetischen Besatzungsmacht geben.[181]

Nach der Besetzung Deutschlands oblag die „Sicherheit" in der sowjetischen Besatzungszone und dem Ostsektors Berlins ausschließlich den entsprechenden sowjetischen Sicherheitsorganen, wobei die schon bald gebildete „Deutsche Volkspolizei" (DVP) zunächst nur Hilfsdienste leistete.[182] Allerdings galt bereits einer der ersten Beschlüsse des KPD-Sekretariats im Sommer 1945 dem Aufbau eines parteieigenen Spitzel- und Abwehrapparates. Dessen Mitarbeiter waren zunächst verschiedenen Abteilungen innerhalb des Parteiapparates zugeordnet (vor allem der personalpolitischen und der Presseabteilung), wobei die tatsächliche Aktivität dieser Mitarbeiter nur wenigen kommunistischen Führungskräften bekannt war. Im Juni 1947 wurde im Zusammenhang mit etlichen Beschlüssen zum Ausbau des zentralen Parteiapparats die Einrichtung von sogenannten Abwehrreferaten auf zentraler und Landesebene innerhalb der Personalpolitischen Abteilungen beschlossen. Mitarbeiter dieser Abwehrreferate übernahmen später führende Funktionen in den Sicherheitsapparaten der SED (MfS, NVA etc.).[183]

<small>Schon 1945 parteieigener Spitzel- und Abwehrapparat</small>

Bereits im Herbst 1946 soll in der SBZ ein zentral geführter geheimdienstlicher Apparat der Besatzungsmacht unter Leitung des sowjetischen Ministeriums für Staatssicherheit (MGB) bestanden haben,[184] der auch für den schrittweisen Aufbau entsprechender deutscher Strukturen verantwortlich zeichnete. Ein Schritt hierzu wurde mit der Einrichtung sogenannter „Kommissariate 5" (K5) in den ostdeutschen Ländern und Kreisen etwa zur Jahreswende 1945/46 getan. Diese hatten die Sowjets bei der Verfolgung „politischer Verbrechen" zu unterstützen. Auf zentraler Ebene entstand eine entsprechende Abteilung (K5) Ende 1946.[185]

<small>„Kommissariate 5" (K5)</small>

Mit dem Befehl 201 der SMAD vom 16. August 1947, der der beschleunigten Durchführung der Entnazifizierung in der SBZ dienen sollte, gestand die Besatzungsmacht den K5 größere Kompetenzen zu. Sie erhielten die Aufgaben einer

---

[180] Auszug aus Arndt Berger: »Schwert der Partei«, in: Wir über uns. Anthologie der Kreisarbeitsgemeinschaft »Schreibende Tschekisten«, Reprint Berlin 1990, hgg. vom Haus am Checkpoint Charlie, S. 9.
[181] Vgl. Laufer 1992.
[182] Vgl. Fricke 1992a.
[183] Vgl. Kubina 1996.
[184] Vgl. Fricke 1990, S. 26 f. und Marquardt 1995b, S. 297 ff.
[185] Vgl. Seul 1995, S. 539 und Wolf 1992, S. 175.

Politischen Polizei.[186] Offiziell gingen diese Abteilungen zwar zunächst nur gegen „faschistische Überreste" vor, doch die von ausgewählten kommunistischen Kadern geleiteten K5 dehnten den Faschismusbegriff auf alle vermeintlichen oder tatsächlichen Gegner der „antifaschistisch-demokratischen Ordnung" aus.[187]

Zu diesen Gegnern zählten sie z. B. die Kirchen. Bischof Otto Dibelius, Vorsitzender des Rates der Evangelischen Kirchen in Deutschland, beklagte in einer Botschaft an die Gemeinden zu Pfingsten 1949:

> „... in der Abteilung K5 der sogenannten Volkspolizei" sei „die Gestapo unseligen Andenkens wieder erstanden. Es wird mit denselben Mitteln gearbeitet wie damals. ... Das Sammeln von Material durch Spitzel und Denunzianten, die nächtlichen Verhaftungen, die Zermürbung der Menschen in Gefängnisräumen, die oft der Beschreibung spotten, die Verhöre, bei denen der Angeschuldigte keine Möglichkeit hat, sich wirksam zu verteidigen, die unbestimmte Dauer der Haft, die Ungewißheit über das, was aus den Angehörigen wird – wir kennen das aus zwölfjähriger bitterer Erfahrung".[188]

Als weitere Vorläufer des MfS, aus denen später auch Kader für das neue Ministerium rekrutiert wurden,[189] können die innerhalb der – seit August 1946 bestehenden – Deutschen Verwaltung des Innern aufgebauten Strukturen zur Bekämpfung von Wirtschaftsverbrechen bzw. zur Absicherung der beginnenden Sozialisierung der Wirtschaft angesehen werden. So entstand im Mai 1948 der von Erich Mielke geleitete „Ausschuß zum Schutz des Volkseigentums".

Sämtliche institutionellen Vorläufer des MfS ordnete die Parteiführung nach der Gründung der DDR der „Hauptverwaltung Schutz der Volkswirtschaft" des Innenministeriums zu (daneben existierte noch die „Hauptverwaltung Deutsche Volkspolizei").[190] In MfS-Quellen wie Statistiken, Kaderakten u. ä. wurde das Jahr 1949 regelmäßig als erstes Jahr der MfS-Existenz aufgeführt, höchstwahrscheinlich bezieht sich dies auf Mitarbeiter der „Verwaltungen zum Schutz der Volkswirtschaft" auf DDR- bzw. Länderebene.[191]

Gründung des MfS

Zur agitatorischen Vorbereitung der geplanten offiziellen MfS-Gründung verwies die SED auf die Notwendigkeit, den äußeren (Klassen-)Feind zu bekämpfen. So berichtete Mielke, damals Generalinspekteur der „Hauptverwaltung zum Schutz der Volkswirtschaft", in einem ND-Artikel vom 28. Januar 1950 über angebliche Sabotageakte „krimineller Verbrecher im Dienst des amerikanischen und britischen Geheimdienstes". Anschließend kündigte er die „Schaffung geeigneter Organe, die den Kampf gegen Agenten, Saboteure und Diversanten führen", an. Wenige Tage später, am 8. Februar 1950, wurde in einem von Spionage- und Sabotagehysterie geprägten Klima das neue Ministerium offiziell gegründet. Innenminister Karl Steinhoff nannte bei der Einbringung des Gründungsgesetzes in die Volkskammer ebenfalls den Schutz der Volkswirtschaft vor Anschlägen von außen als wichtigstes Arbeitsfeld des MfS.[192]

---

186 Vgl. Fricke 1992a.
187 Vgl. Laufer 1992.
188 Junge Kirche Nr. 10/1949, Sp. 400; zit. nach: Wolf 1992, S. 169.
189 Vgl. Gieseke 1995.
190 Vgl. Fricke 1992a.
191 Vgl. Gieseke 1995, S. 39.
192 Vgl. Seul 1995, S. 540 f.

Eine genaue Regelung der Kompetenzen, Strukturen und Aufgaben des neuen Ministeriums erfolgte nicht. Doch allen Beteiligten waren diese auch ohne schriftliche Fixierung deutlich; das MfS war ein Instrument in der Hand der Partei und nur ihr rechenschaftspflichtig. Die SED-Führung hatte sich entsprechend dem sowjetischen Vorbild eine Einrichtung geschaffen, die als „Schild und Schwert der Partei" zur inneren Herrschaftssicherung dienen sollte. Gesetzlich festgelegte Grenzen für die Tätigkeit des neuen „ausführenden Organs der Diktatur des Proletariats"[193] hätten dessen Wirken gegebenenfalls unnötig erschweren können – die SED verzichtete deshalb hierauf.

Der Aufbau des MfS-Apparates erfolgte unter unmittelbarer Anleitung und Kontrolle sowjetischer „Instrukteure". Faktisch führten sowjetische Offiziere die DDR-Staatssicherheit, bis sie im Juni 1952 von „Beratern" abgelöst wurden. Ab 1957 begann der Aufbau eines Apppparates von Verbindungsoffizieren. Die bestimmende Rolle der Sowjets im Apparat des MfS wurde erst Anfang der sechziger Jahre schrittweise abgebaut. Bis dahin galten „Beraterempfehlungen" für MfS-Offiziere als dienstliche Weisungen. Auch wenn der direkte Einfluß des KGB auf das MfS fortan zurückging, blieben beide Geheimdienste bis zum Ende der DDR in vielfältiger Weise miteinander verknüpft.[194]

Wilhelm Zaisser erster Minister

Wilhelm Zaisser, 1920 in Essen Teilnehmer am bewaffneten Kampf der Roten Ruhr-Armee, später General der Internationalen Brigaden im Spanischen Bürgerkrieg, danach für die Komintern in Moskau tätig, wurde erster Minister für Staatssicherheit. Zunächst verfügte er nur über ca. 1000 hauptamtliche Mitarbeiter. Der Personalbestand wurde allerdings in den ersten Jahren sehr schnell aufgestockt, für 1955 kann man bereits von etwa 15 000 „Hauptamtlichen" ausgehen.[195] Nach Gründung des MfS setzte außerdem eine systematische Arbeit mit „Inoffiziellen Mitarbeitern" (IM) ein, die in den Vorläuferinstitutionen noch eine eher untergeordnete Rolle gespielt hatten. Diese Ausweitung begründete das Ministerium ebenfalls mit angeblichen Aktivitäten westlicher Agentenzentralen. Die Zahl der IM-Rekrutierungen im Zeitraum 1950–52 dürfte bei etwa 30 000 gelegen haben.[196]

Bereits unmittelbar nach seiner Gründung bezog die SED-Führung das MfS in innerparteiliche Säuberungen ein. So kooperierte das Ministerium schon 1950 bei der Vorbereitung der Prozesse gegen sogenannte „Westemigranten" (u. a. Paul Merker, Leo Bauer) mit der Zentralen Parteikontrollkommission (ZPKK).[197]

Entführungen aus West-Berlin und der Bundesrepublik

Um sich „Feinden der DDR" außerhalb der Grenzen bemächtigen und sie für ihre „Wühltätigkeit" bestrafen zu können, schreckte das MfS vor Entführungen aus der Bundesrepublik und insbesondere aus dem Westteil Berlins nicht zurück. Opfer dieses Menschenraubs waren häufig Journalisten, aber auch DDR-Flüchtlinge, insbesondere aus den „bewaffneten Organen". Zu den prominentesten Fällen gehörte der in West-Berlin tätige Journalist Karl Wilhelm Fricke, der im April 1955 von Stasi-Agenten in einer West-Berliner Wohnung betäubt und anschließend in

---

[193] Diese Formulierung entstammt einem internen „Studienmaterial zur Geschichte des Ministeriums für Staatssicherheit" der Juristischen Hochschule des MfS, Potsdam 1980, Teil 3, S. 19; zit. nach: Gill/Schröter 1991, S. 17.
[194] Vgl. Marquardt 1995b, S. 308 ff.
[195] Vgl. Giesecke 1995, S. 40.
[196] Vgl. Müller-Enbergs 1996, S. 23 ff.
[197] Vgl. Fricke 1992a, S. 128.

den Ostteil der Stadt entführt wurde. In einer Geheimverhandlung vor dem Obersten Gericht der DDR wegen „Kriegshetze" und „Spionage" zu vier Jahren Haft verurteilt, konnte er erst im März 1959 in den Westen zurückkehren.[198] Der im Juli 1952 entführte Dr. Walter Linse, tätig im „Untersuchungsausschuß freiheitlicher Juristen", wurde dem sowjetischen Geheimdienst überstellt, durch ein Militärgericht zum Tode verurteilt und erschossen.[199]

Zusammenwirken zwischen MfS und Justiz

Von Anfang an existierte eine enge Verquickung zwischen politischer Justiz und MfS.[200] Die Staatssicherheit führte nicht nur Ermittlungen durch und nahm Verhaftungen vor, sondern unterhielt auch eigene Untersuchungshaftanstalten. Die U-Haft beim MfS diente neben der Untersuchung und Befragung verdächtiger Personen zur „politisch-psychologischen Vorbereitung des Gefangenen auf die Hauptverhandlung vor Gericht".[201] Zur Erlangung von Geständnissen wandte man besondere Vernehmungstechniken an. Die Verhöre führten zumeist mehrere MfS-Mitarbeiter, wobei die Androhung von Repressionen gegen Verwandte, gezielte Fehlinformationen über das Verhalten des sozialen Umfelds, Isolierung von Verwandten, die Verweigerung von Rechtsmitteln sowie Dauerverhöre der psychischen und physischen Erschöpfung der Inhaftierten dienten; auch Isolationshaft war verbreitet.[202] Bis zum Todesjahr Stalins (1953) waren körperliche Mißhandlungen durch MfS-Untersuchungsführer „die Regel, nicht die Ausnahme".[203]

Bis zum Inkrafttreten der Strafprozeßordnung vom 2. Oktober 1952 arbeitete die Staatssicherheit die Anklageschriften aus. Diese mußten von der zuständigen Staatsanwaltschaft nur noch formell bestätigt werden. Auch danach nahm das MfS auf den Verlauf der gerichtlichen Verhandlung maßgeblichen Einfluß; es stellte die Gerichtsakte zusammen und ließ Häftlinge in andere Haftanstalten verlegen, um Prozesse in die Zuständigkeit von wenig beachteten Bezirksgerichten zu verlagern und damit öffentliche Aufmerksamkeit zu vermeiden. Nicht selten konnte der Vernehmungsoffizier dem Untersuchungshäftling bereits das Strafmaß mitteilen, das die sozialistische Justiz gegen ihn verhängen würde.[204] Häufig sagten die Vernehmer den Gefangenen eine Beendigung des Straf- bzw. Untersuchungsverfahrens zu, sollten sich diese zu einer Tätigkeit als IM bereiterklären. Eine Ablehnung dieses Verlangens hatte ein erheblich härteres Strafmaß zur Folge.[205]

Im Jahre 1952 erfuhr das MfS durch die Unterstellung der Grenzpolizei eine bedeutende Erweiterung seiner Zuständigkeiten.[206] Eine Verordnung vom 26. Mai 1952 gebot ihm, „unverzüglich strenge Maßnahmen zu treffen für die Verstärkung der Bewachung der Demarkationslinie zwischen der Deutschen Demokratischen Republik und den westlichen Besatzungszonen, um ein weiteres Eindringen von Diversanten, Spionen, Terroristen und Schädlingen in das Gebiet der Deutschen Demokratischen Republik zu verhindern". Bis Mitte Juni wurden unter Federfüh-

---

[198] Vgl. Fricke 1996a.
[199] Vgl. Schuller 1997.
[200] Vgl. Kap. B I 4.
[201] Vgl. Fricke 1989, S. 130.
[202] Vgl. Fuchs 1995, S. 44 ff.
[203] Vgl. Fricke 1989, S. 135 f.
[204] Vgl. ebd.
[205] Vgl. Fricke 1988, S. 181 ff. und Stiller 1986, S. 140 ff.
[206] Vgl. Autorenkollektiv 1969, S. 31.

rung des MfS Tausende „unsicherer Elemente" aus einer Sperrzone entlang der innerdeutschen Grenze umgesiedelt, anderen gelang die Flucht in den Westen.[207]

Die als „Institut für Wirtschaftswissenschaftliche Forschung" (IWF) im Dezember 1951 gegründete Auslandspionage der DDR (Leitung: Anton Ackermann) wurde offiziell zunächst dem Außenministerium unterstellt. Erst ab September 1953 gehörte der Auslandsnachrichtendienst als Hauptabteilung XV offiziell zum MfS-Apparat. Als Chef der neuen Abteilung fungierte Markus Wolf.[208]

In eine schwere Krise geriet das MfS im Zusammenhang mit dem Volksaufstand am 17. Juni 1953, der alle Sicherheitsorgane der DDR überraschte. Demonstranten stürmten auch örtliche Dienststellen des verhaßten Ministeriums. Erst nach der Niederschlagung des Aufstandes durch sowjetische Panzer agierte das MfS in gewohnter Weise und nahm Verhaftungen insbesondere von Mitgliedern der Streikleitungen vor.[209] Die Parteiführung übte harte Kritik an der Leitung des MfS, zumal Rudolf Herrnstadt und der Minister für Staatssicherheit, Wilhelm Zaisser, im Kontext der Diskussion um einen „neuen Kurs" Anfang Juni 1953 im Politbüro besonders scharfe Attacken gegen Ulbricht vorgetragen hatten. Dieser nutzte mit sowjetischer Rückendeckung die unübersichtliche Gesamtsituation nach dem Ende der Unruhen zur Abrechnung mit seinen Gegnern. Zaisser wurde „wegen fraktioneller und gegen die Einheit der Partei gerichteter Tätigkeit" als Minister entlassen und ebenso wie Herrnstadt aus dem ZK der SED ausgeschlossen.[210]

Schwere Krise durch 17. Juni

Ende Juli beschloß die Parteiführung, das MfS als Staatsekretariat in das Ministerium des Innern einzugliedern. Die Erwartungen der Partei, nun wenigstens im nachhinein die „amerikanischen faschistischen Elemente" konkret zu ermitteln, die angeblich als „Hintermänner und Organisatoren" des 17. Juni operierten, konnte der Staatssicherheitsdienst allerdings auch als Staatsekretariat nicht erfüllen, wie sein neuer Chef Ernst Wollweber – der von den Sowjets bereits 1932 mit dem Aufbau eines KPD-Geheimapparates beauftragt worden war – auf einer zentralen Dienstberatung im November 1953 einräumen mußte. Hermann Matern, Chef der Zentralen Parteikontrollkommission, machte sehr deutlich, wo die Parteiführung die Ursachen dafür sah:

Zwischenzeitliche Degradierung zum Staatssekretariat

> „Die Auffassung, daß die Staatssicherheitsorgane außerhalb oder über der Partei stehen, ist bei den Mitarbeitern ziemlich weit verbreitet. Aber es muß ein für allemal damit Schluß sein. Es gibt nichts neben oder über der Partei. Alle Organe sind der Partei untergeordnet und werden von der Partei geleitet. Alles, was wir sind, sind wir durch die Partei."

Weiterhin wies er das MfS an, „hart und rücksichtslos zuzuschlagen: ... In den Reihen der Staatssicherheit darf es keinen Liberalismus geben gegen die Feinde unserer Republik ... Für knieweiche Pazifisten oder Mondgucker ist in unseren Reihen kein Platz."[211]

---

207 Verordnung über Maßnahmen an der Demarkationslinie zwischen der Deutschen Demokratischen Republik und den westlichen Besatzungszonen Deutschlands vom 26. Mai 1952 [GBl. 1952 S. 405]; Vgl. hierzu Fricke 1989, S. 26.
208 Vgl. Fricke 1992a, S. 129 und Fricke 1997, S. 17 ff.
209 Vgl. Mitter/Wolle 1993, S. 106.
210 Vgl. ebd., S. 144.
211 Zwischenarchiv Normannenstraße, Dokumentenverwaltung, Nr. 102272; zit. nach: Mitter/Wolle 1993, S. 144 ff.

Die SED verlangte von der Staatssicherheit fortan „ein objektives Bild über die wirkliche Lage in den Betrieben, unter der Bevölkerung und beim Feind". Diese „politische Aufgabe" sei „untrennbar mit der operativen Arbeit verbunden".[212]

1955 erstes Statut

Der MfS-Apparat wurde trotz seiner zwischenzeitlichen institutionellen Degradierung faktisch nicht in das Innenministerium integriert, sondern blieb weitgehend autonom. Ab Oktober 1953 – die DDR war inzwischen formell souverän – regelte erstmals ein internes Statut die innere Ordnung. An vielen Punkten wirken die Formulierungen eher schwammig, die „führende Rolle der Partei" wird allerdings sehr deutlich herausgestellt. So werden als Arbeitsgrundlage genannt: „Die Beschlüsse und Direktiven des ZK bzw. des Politbüros der SED, die Gesetze und Verordnungen bzw. die Anweisungen des Ministerpräsidenten sowie die Befehle und Anordnungen des Ministers des Innern." Auch bezüglich der Personalpolitik verfolgte die Partei eine klare Linie: „Die Bestätigung der leitenden Kader erfolgt entsprechend der Nomenklatur des ZK der SED."[213]

Im November 1955 erlangte die Staatssicherheit im Rahmen der sowjetisch oktroyierten Umstrukturierungen des Apparates der Staatssicherheit, die zu einer verstärkten „Arbeit im und nach dem Westen" führte,[214] wieder eine formelle Eigenständigkeit als Ministerium. Obwohl es dem nunmehrigen Minister Wollweber gelang, die Arbeit des MfS erfolgreicher zu gestalten, wurden ihm Differenzen mit Ulbricht sowie die Unterstützung der Anti-Ulbricht-Gruppe im Politbüro um Karl Schirdewan zum Verhängnis. Im November 1957 mußte Wollweber „aus Gesundheitsgründen" als Minister abtreten, die SED-Führung erklärte ihn zur Unperson.[215] An seine Stelle trat Erich Mielke, der sein Amt bis 1989 nicht mehr abgab.[216]

Seit 1957 Mielke Minister

Nachdem das MfS Anfang 1957 die Zuständigkeit für die kasernierte Bereitschaftspolizei, die Transportpolizei sowie die Grenzpolizei verloren hatte und ihm nur noch das eigene Wachregiment als kasernierte Einheit verblieben war, gelang Mielke nunmehr eine Konsolidierung des Apparates. Mit seinem Amtsantritt stieg die Zahl der hauptamtlichen MfS-Mitarbeiter jährlich wieder um etwa 1000 an. Hinzu kamen ab diesem Zeitpunkt etwa 15 000 IM-Neurekrutierungen pro Jahr.

Als Reaktion auf die Ereignisse in Polen und Ungarn 1956 richtete die SED, abweichend von sowjetischen Interessen, die Tätigkeit des MfS wieder primär auf die „innere Sicherheit" aus und korrigierte die Anweisung Wollwebers, gerade IM vorrangig „gegen die amerikanischen und westdeutschen Kriegstreiber" in der Westarbeit einzusetzen.[217] Obwohl sich aus Sicht des MfS mit dem Mauerbau 1961 die Sicherheitslage deutlich entspannte, wurde der Personalbestand weiter vergrößert. Die Zahl der hauptamtlichen Mitarbeiter stieg (jeweils ohne Wachregiment) von 19 000 im Jahre 1961 auf 30 000 (1968). Ab 1965 erstellte das Ministerium „Kaderprogramme", die mit einer großzügigen Ausweitung der Stellenpläne

---

[212] Verwaltung Groß-Berlin (Informationsgruppe) 22. Oktober 1953, Zwischenarchiv Normannenstraße, Allg. S. 9/57, Bd. 13; zit. nach: Mitter/Wolle 1993, S. 146.
[213] Vgl. Fricke 1992a, S. 130 f.
[214] Vgl. Engelmann 1997, S. 62.
[215] Vgl. Flocken/Scholz 1994, S. 142 ff.
[216] Zu seinem Werdegang und Einfluß vgl. Schwan 1997.
[217] Vgl. Müller-Enbergs 1996, S. 39 ff. und Engelmann 1997, S. 64 ff.

verbunden waren.²¹⁸ Die Schwerpunkte der operativen Arbeit verschoben sich auf Spionageabwehr, Bekämpfung einer dem Westen unterstellten psychologischen Kriegsführung bzw. der von dort agierenden „Menschenhändlerbanden".²¹⁹

Aus dem Abschluß des deutsch-deutschen Grundlagenvertrags 1972 bzw. der darauf folgenden internationalen Anerkennung der DDR resultierten für das MfS neue Anforderungen. Nunmehr galt es, die notgedrungen zugelassenen Aktivitäten westlicher Diplomaten und Journalisten in der DDR möglichst einzuschränken sowie die sprunghaft gewachsene Zahl westdeutscher Besucher zu überwachen. Letztere waren zwar als Devisenbringer willkommen, dennoch sahen SED und MfS in ihnen auch eine große Gefahr für das „staatsbürgerliche Bewußtsein" der Ostdeutschen. So erklärte Mielke auf einer Dienstkonferenz am 10. März 1972:

Neue Anforderungen durch Grundlagenvertrag

> „Unser Ministerium – so klar und eindeutig muß das gesagt werden – steht vor einer außerordentlichen Bewährungsprobe. Diese ... ergibt sich ... aus der vor uns stehenden wesentlichen Veränderung der politisch-operativen Lage. Diese Probleme fest in den Griff zu bekommen, die Sicherheit der DDR unter den veränderten Bedingungen zu gewährleisten und größere Gefahren für die weitere Entwicklung und die innere Ordnung und Sicherheit abzuwehren, dazu bedarf es größter Anstrengungen ... und des zielgerichteten Einsatzes all unser Kräfte und Mittel."

Da sich dem Gegner wesentlich größere Möglichkeiten der „politisch-ideologischen Diversion" und der „feindlichen Kontakttätigkeit" böten, sei die „Abwehrarbeit im Innern der DDR entscheidend zu verstärken und zu qualifizieren".²²⁰ Aus diesem Grund baute das MfS sein IM-Netz stark aus. Mit mindestens 180 000 erreichte die Zahl der Inoffiziellen Mitarbeiter 1975 einen absoluten Höchststand (1961 gab es ca. 100 000 IM).²²¹ Bereits ab 1968 stieg auch die Zahl der „Hauptamtlichen" nochmals signifikant an, deren Bestand wuchs bis zum Jahre 1982 um 41 000 auf 71 000.²²²

Ausbau des IM-Netzes

Diese Personalexpansion entsprang dem ständig wachsenden Sicherheitsbedürfnis der SED-Führung, die von einem grundsätzlichen Mißtrauen gegenüber der eigenen Bevölkerung und deren politischer Loyalität geprägt blieb. In dem Maße, wie offene Unterdrückung und Verfolgung politisch Andersdenkender aufgrund der internationalen Öffentlichkeit an Grenzen stieß, versuchte die SED, über das MfS ihre Sicherheitsinteressen gewissermaßen präventiv zu verfolgen. Der flächendeckende Ausbau des Kontroll- und Unterdrückungsapparates seit den siebziger Jahren war der innenpolitische Preis für die internationale Entspannungspolitik und die Anerkennung der DDR. Selbst in Zeiten ökonomischer Schwierigkeiten konnte das MfS seinen hohen Personalbestand aufrechterhalten bzw. noch weiter ausbauen und den steigenden Finanzbedarf decken. So haben die Kosten für diesen gigantischen Apparat ihren Teil zum ökonomischen Niedergang der DDR beigetragen.²²³

Von besonderer Bedeutung für die Arbeit des MfS war ab Mitte der siebziger Jahre die Zurückweisung und Reduzierung der Ausreiseanträge, deren Zahl im Gefolge

Zurückweisung von Ausreiseanträgen

---

218 Vgl. Gieseke 1995, S. 41 f., 98.
219 Vgl. Müller-Enbergs 1996, S. 45.
220 BStU, ZA, DSt 102209, S. 1 f.; zit. nach: Müller-Enbergs 1996, S 53 f.
221 Vgl. Müller-Enbergs 1996, S. 54 ff.
222 Vgl. Gieseke 1995, S. 98 ff.
223 Vgl. ebd., S. 43.

der Unterzeichnung der Schlußakte von Helsinki stark angestiegen war. Seit 1976 existierte dafür eine „Zentrale Koordinierungsgruppe", deren Mitarbeiterzahl von 20 im Gründungsjahr bis auf 185 im Oktober 1989 anwuchs.[224] Mielke erließ am 18. März 1977 den Befehl 6/77 zur „Vorbeugung, Verhinderung und Bekämpfung feindlich-negativer Handlungen im Zusammenhang mit rechtswidrigen (Übersiedlungs)Ersuchen". Aufgeklärt werden sollten Gesinnung, Charakter, Lebensgewohnheiten, berufliche Funktion, Motive und Verbindungen der Antragsteller, um bereits im Vorfeld evtl. geplante „feindlich-negative Handlungen" zur Beschleunigung der Ausreise zu verhindern.[225]

Letztlich blieb dem MfS ein Erfolg bei der „Eindämmung" des Wunsches nach Emigration aus der DDR versagt. Aus dem Ansteigen der Zahl der Ausreiseanträge resultierte aus Sicht des Ministeriums ab Mitte der achtziger Jahre eine verschlechterte Sicherheitslage. Neben den Ausreisewilligen, die stärker versuchten, mit ihrem Anliegen an die Öffentlichkeit zu gehen,[226] bekämpfte das MfS in dieser Zeit vor allem die sich unter dem Dach der evangelischen Kirchen sammelnden Friedens-, Umwelt- und Menschenrechtsgruppen. Ausreisewillige und Mitglieder dieser „Basisgruppen" initiierten die ersten Demonstrationen, die im Herbst 1989 zunächst in Leipzig und Dresden stattfanden, nach und nach auf die gesamte DDR übergriffen und das Ende der SED und ihres scheinbar allmächtigen Sicherheitsapparates einläuteten.

MfS gegen „Basisgruppen"

Eine Hauptforderung der Demonstrationen, an denen wöchentlich eine wachsende Zahl von Menschen teilnahm, war die Auflösung des verhaßten MfS. Meist kam der Demonstrationszug an regionalen MfS-Dienststellen vorbei, wo die Situation häufig zu eskalieren drohte (so z. B. an der „Runden Ecke", der Bezirksverwaltung des MfS, in Leipzig). Der seit dem 13. November 1989 amtierende Ministerpräsident Modrow (SED) versuchte zunächst, die Auflösungsforderungen mit der Umwandlung des Ministeriums in ein „Amt für Nationale Sicherheit" (AfNS) zu umgehen, das mit nur leicht reduziertem Personalbestand ähnliche Aufgaben erfüllen sollte. Zur Beschwichtigung des Volkszorns entließ er den zuständigen Minister Mielke, der mit einer Rede in der Volkskammer sich und seine Unterstellten lächerlich gemacht hatte.[227] Nachfolger wurde dessen bisheriger Stellvertreter Schwanitz, durch den die personelle Kontinuität gewahrt blieb. Massive Bürgerproteste und die Besetzung einiger MfS-Dienststellen durch Demonstranten führten schließlich per Regierungsbeschluß vom 14. Dezember 1989 zur Auflösung des AfNS, wobei zunächst ein Verfassungsschutz und ein Nachrichtendienst an dessen Stelle treten sollten.[228] Diese Pläne wurden erst im Januar 1990 nach Intervention des Runden Tisches endgültig ad acta gelegt.

Fortdauernde Tätigkeit Ende 1989

Ungeachtet der Verunsicherung in den eigenen Reihen durch die Demonstrationen ab Herbst 1989 wies die MfS/AfNS-Führung noch im November/Dezember 1989 eine andauernde Bespitzelung der Opposition an und versuchte weiterhin, möglichst starken Einfluß auf politische Entscheidungsträger auszuüben. Diese

---

[224] Vgl. Eisenfeld 1995b, S. 4.
[225] Vgl. Lochen/Meyer-Seitz 1992, S. 13.
[226] Vgl. Hirschman 1992, S. 330 ff.
[227] Dokumentiert in: Fricke 1991b, S. 186 ff.
[228] Vgl. Gill/Schröter 1991, S. 138 ff.

Einflußnahme zeitigte durchaus Erfolge. So gelang es, einen Beschluß des mit inoffiziellen MfS-Mitarbeitern durchsetzten „Runden Tisches" zur Vernichtung elektronischer Datenträger mit personenbezogenen Daten sowie des Bestandes der Hauptverwaltung Aufklärung mit herbeizuführen.[229] Daneben lief die ungenehmigte Vernichtung bzw. Verbringung brisanten Aktenmaterials sowie die „Privatisierung" materieller Werte des MfS auf Hochtouren.

Inoffizielle MfS-Mitarbeiter in den eigenen Reihen und staatliche Stellen behinderten die Versuche engagierter Bürgerkomitees, den Auflösungsprozeß zu überwachen und den Abfluß von Akten und Vermögen zu stoppen. An dieser Lage änderte sich auch nach dem Amtsantritt der ersten frei gewählten DDR-Regierung Mitte April 1990 nur wenig. Zwar wurden eine Regierungskommission und ein Sonderausschuß der Volkskammer zur MfS-Auflösung eingesetzt, gleichwohl entbanden Regierung und Parlament die ehemaligen MfS-Mitarbeiter noch immer nicht vollständig von ihrer Schweigepflicht. Insbesondere Innenminister Diestel, in dessen Ministerium weiterhin eine Reihe hoher Mitarbeiter der früheren SED-„Sicherheitsorgane" arbeitete, bremste die Aktivitäten der Bürgerrechtler, soweit er konnte. Dennoch gelang es vor allem den Bürgerkomitees immer wieder, ehemalige MfS-Zuträger in allen Bereichen des öffentlichen Lebens, darunter in sämtlichen Fraktionen der Volkskammer, zu enttarnen.[230] Im September 1990 entzog Ministerpräsident de Maizière nach öffentlichen Protesten kurzzeitig Diestel die Zuständigkeit für die MfS-Auflösung. Aber auch de Maizière, der im Dezember 1990 aufgekommene Vorwürfe, er habe der Staatssicherheit jahrelang als IM „Czerny" gedient, nie ausräumen konnte, lehnte alle Forderungen nach Akteneinsicht ab. Erst im Zuge der Vereinigungsverhandlungen konnte auf Druck von Bürgerrechtlern der Zugang zu den Akten des MfS, festgelegt im „Gesetz über die Unterlagen des Staatssicherheitsdienstes der DDR", gesichert werden.

b) Der Rechtsstatus

Aufgaben und Kompetenzen des MfS blieben in der DDR gesetzlich ungeregelt. Neben diversen Dienstanweisungen, Befehlen etc. existierte ab 1953 lediglich ein internes Statut, das 1969 eine bis zuletzt gültige Neufassung erhielt. Die Tätigkeit des MfS konzentrierte sich danach „auf die Aufklärung und Abwehr zur Entlarvung und Verhinderung feindlicher Pläne und Absichten der aggressiven imperialistischen Kräfte und ihrer Helfer". Die Hauptaufgaben des MfS bestanden nach § 2 des Statuts

Aufgaben und Kompetenzen nie gesetzlich geregelt

> „darin:
> a) feindliche Agenturen zu zerschlagen, Geheimdienstzentralen zu zersetzen und andere politisch-operative Maßnahmen gegen die Zentrale des Feindes durchzuführen ...;
> b) entsprechend den übertragenen Aufgaben alle erforderlichen Maßnahmen für den Verteidigungszustand vorzubereiten und durchzusetzen;
> c) Straftaten insbesondere gegen die Souveränität der Deutschen Demokratischen Republik, den Frieden, die Menschlichkeit und Menschenrechte sowie gegen die Deutsche Demokratische Republik aufzudecken, zu untersuchen und vorbeugende Maßnahmen auf diesem Gebiet zu treffen;

---

[229] Vgl. ebd., S. 221 ff.
[230] Vgl. Worst 1991, S. 44 ff.

d) die zuständigen Partei- und Staatsorgane rechtzeitig und umfassend über feindliche Pläne, Absichten und das gegnerische Potential sowie über Mängel und Ungesetzlichkeiten zu informieren;

e) die staatliche Sicherheit in der Nationalen Volksarmee und den bewaffneten Organen zu gewährleisten;

f) im Zusammenwirken mit den staatlichen Organen, insbesondere dem Ministerium für Nationale Verteidigung und dem Ministerium des Innern, die Staatsgrenze mit spezifischen Mitteln und Methoden zu schützen und unter Einbeziehung der Organe der Zollverwaltung der Deutschen Demokratischen Republik den grenzüberschreitenden Verkehr zu sichern;

g) eine wirksame Öffentlichkeitsarbeit zu leisten."[231]

MfS kein Staat im Staate

In der Bündelung umfassender Aufgaben und Kompetenzen, die keinerlei administrativer oder parlamentarischer Kontrolle unterlagen, bestand die besondere Gefährlichkeit des MfS. Dennoch war sein Schattenreich nie „Staat im Staate", sondern „zuverlässiger Schutz und scharfes Schwert der Partei" (Mielke). Der Minister, seit 1971 Kandidat bzw. Mitglied (1976) des Politbüros, war nach dem „Prinzip der Einzelleitung" persönlich für die gesamte Tätigkeit des MfS verantwortlich.[232] Nach § 1 des Statuts sollte das MfS seine Aufgaben auf der Grundlage des SED-Programms sowie der Beschlüsse des ZKs bzw. des Politbüros der SED verwirklichen, erst nachfolgend werden Verfassung und Staatsorgane genannt.[233]

c) Die „Anleitung" des MfS

Die „Anleitung" des MfS und der anderen Sicherheitsorgane durch die SED geschah auf mehreren Ebenen. Als wohl wichtigstes Instrument der Einflußnahme ist zunächst die gezielte „Kaderpolitik" anzusehen. Alle Führungspositionen auf zentraler wie regionaler Ebene gehörten zur jeweiligen Nomenklatur der SED. Da zumindest alle operativ tätigen hauptamtlichen Mitarbeiter Parteimitglieder bzw. Kandidaten waren, unterlagen sie automatisch der Parteidisziplin. Die Gesamtheit der SED-Mitglieder im MfS bildete die dortige Parteiorganisation, die nach besonderen Instruktionen des Zentralkomitees arbeitete. Der Apparat der Parteileitung verfügte zuletzt über 158 hauptamtliche Mitarbeiter.[234] Entsprechende Gliederungen der Partei existierten horizontal und vertikal zur inneren Struktur des MfS. Sie vermittelten alle Beschlüsse und Anordnungen der Partei in das Innenleben des MfS. Außerdem waren MfS-Mitarbeiter in allen wichtigen Parteigremien der SED, vom Politbüro über das Zentralkomitee bis hin zu den Kreisleitungen, überproportional vertreten. Diese auf allen Ebenen anzutreffende personelle Verquickung sollte die enge Anbindung an die Partei bzw. die Parteiführung garantieren.

Für die Umsetzung der SED-Sicherheitspolitik und damit auch für das MfS zeichnete formal der ZK-Sekretär für Sicherheit verantwortlich, dem im ZK-Apparat u. a. die Abteilung Sicherheitsfragen unterstand.[235] Hatte dieser ZK-Sekretär, vor allem in der Zeit, in der Erich Honecker die Funktion ausübte, noch eine herausgehobene Bedeutung auch für die Arbeit des MfS, dürfte der zum

---

[231] Statut des MfS von 1969; dokumentiert in: Fricke 1992a, S. 139 ff.
[232] Vgl. ebd., § 8.
[233] Ebd., § 2.
[234] Vgl. Fricke 1992c, S. 6.
[235] Vgl. Süß 1997, S. 219 ff.

Generalsekretär aufgestiegene Honecker ab 1971 gemeinsam mit dem Minister Erich Mielke die wesentlichen Angelegenheiten persönlich geregelt haben.²³⁶ Die zuständige ZK-Abteilung hatte mit Unterstützung der MfS-Parteiorgane auch für „ideologische Sauberkeit" unter den „Tschekisten" (Bezeichnung in Anlehnung an den früheren sowjetischen Geheimdienst „Tscheka") zu sorgen. An der engen Verbindung zwischen Partei und MfS und der Bedeutung der Parteiorganisationen im MfS ließ Erich Mielke keinen Zweifel. Auf einer Delegiertenkonferenz der Hauptverwaltung Aufklärung erklärte er im Januar 1986:

Unmittelbare Kooperation Honecker/Mielke

> „Die Partei- und Grundorganisationen müssen mit darauf achten, daß nirgends von der operativen Lage und Praxis losgelöste, vom tschekistischen Kampf wegführende, philosophische Betrachtungsweisen Fuß fassen können. Derartige Theoretisiererein können wir nicht gebrauchen. Was wir brauchen, ist Parteilichkeit, Objektivität und Wissenschaftlichkeit im Denken und Handeln unserer Genossen, die Verkörperung der Einheit von marxistisch-leninistischer Theorie und operativer Praxis."²³⁷

Schließlich waren alle Sicherheitsorgane der DDR auf der Ebene der Sicherheitskommission sowie ab 1960 des „Nationalen Verteidigungsrates" bzw. der Bezirks- und Kreiseinsatzleitungen institutionell und funktionell vernetzt. Als Vorsitzende dieser Gremien fungierten nach 1957 stets die jeweiligen 1. Sekretäre der SED, was die direkte Unterstellung des MfS unter die SED eindrucksvoll bestätigt.²³⁸ So hatte etwa der 1. Sekretär der Bezirksleitung direkte Weisungsbefugnis gegenüber dem Chef der Bezirksverwaltung des MfS.²³⁹ Parteiapparat und hauptamtliche SED-Mitarbeiter blieben für das MfS weitgehend tabu, Ausnahmen bedurften der Zustimmung des regionalen 1. Sekretärs bzw. der Abteilung Sicherheitsfragen des ZK.²⁴⁰

Parteiapparat für MfS tabu

d) Die Mitarbeiter

Am 31. Oktober 1989, noch vor den ersten Entlassungen, standen 91 015 hauptamtliche Mitarbeiter beim MfS in Lohn und Brot, davon gehörten 11 426 dem Wachregiment an (teilweise Zeitsoldaten).²⁴¹ Etwa 12% verfügten über einen Hochschulabschluß, 15% waren Fachschulabsolventen. Nur ca. 15% der „Hauptamtlichen" waren Frauen.²⁴² Der Großteil des MfS-Kaders bestand aus Berufssoldaten.

1989 waren 2232 „Offiziere im besonderen Einsatz" (OibE) – ausgestattet mit „legendierter" Biographie – in „sicherheitspolitisch bedeutsamen Positionen im Staatsapparat, der Volkswirtschaft oder in anderen Bereichen des gesellschaftlichen Lebens"²⁴³ (auch außerhalb der DDR) für das MfS tätig. Unter besonderer

Offiziere im besonderen Einsatz (OibE)

---

236 Vgl. Schabowski 1990, S. 44.
237 Zit. nach: Fricke 1995b, S. 12.
238 Vgl. Süß 1997, S. 221 ff.
239 Vgl. Fricke 1995b.
240 Vgl. den Diskussionsbeitrag von Thomas Rudolph auf der 23. Sitzung der Enquete-Kommission „Aufarbeitung von Geschichte und Folgen der SED-Diktatur in Deutschland" zum Thema: „Das ehemalige Ministerium für Staatssicherheit"; in: Materialien 1995, Band VIII, S. 47.
241 Vgl. Gieseke 1995, S. 101.
242 Vgl. ebd., S. 49, 54.
243 Vgl. Ordnung 6/86 des Ministers über die Arbeit mit Offizieren im besonderen Einsatz des MfS – BStU, ZA, DSt 103276; zit. nach: Gieseke 1995, S. 23 f.

Konspiration arbeiteten einige hundert sogenannte „U-Mitarbeiter", die z. B. im Bereich der Spionageabwehr oder bei der Observation in Verdacht geratener Angehöriger der Sicherheitsorgane eingesetzt wurden.[244]

Hauptamtliche Inoffizielle Mitarbeiter (HIM)

Eine Art Mischtypus zwischen hauptamtlicher und inoffizieller Arbeit stellten die „Hauptamtlichen Inoffiziellen Mitarbeiter" (HIM) dar,[245] von denen es im Jahre 1989 2118 gab.[246] Meist handelte es sich um zuverlässige inoffizielle Mitarbeiter, die durch ihre Tätigkeit für das MfS stark in Anspruch genommen wurden. Um Dekonspiration zu vermeiden – bspw. hätte man im Betrieb Verdacht schöpfen können – oder dem MfS-Zuträger bessere soziale Bedingungen zu verschaffen, wurde dieser aus seiner bisherigen beruflichen Tätigkeit herausgelöst und in ein „stabiles Scheinarbeitsverhältnis" vermittelt.[247]

Das MfS unterhielt eine eigene „Juristische Hochschule" in Potsdam-Eiche. Von dieser „tschekistischen Kaderschmiede" verliehene akademische Grade – oft genug in Arbeiten über die Bekämpfung und „Zersetzung" des Gegners erworben – sind auch heute noch gültig.[248] Das 1985 in 2. Auflage von der „Hochschule" zum internen MfS-Gebrauch herausgegebene „Wörterbuch der Staatssicherheit" zeigt etwa im Stichwort „Haß", in welchem Geist Mielkes Nachwuchskräfte erzogen wurden:

> „Haß: intensives und tiefes Gefühl, das wesentlich das Handeln von Menschen mitbestimmen kann. Er widerspiegelt immer gegensätzliche zwischenmenschliche Beziehungen und ist im gesellschaftlichen Leben der emotionale Ausdruck der unversöhnlichen Klassen- und Interessengegensätze zwischen der Arbeiterklasse und der Bourgeoisie (Klassenhaß). Der moralische Inhalt des H. ist abhängig vom Gegenstand, auf den er gerichtet ist, und kann von daher wertvoll und erhaben oder kleinlich und niedrig sein. H. zielt immer auf die aktive Auseinandersetzung mit dem gehaßten Gegner, begnügt sich nicht mit Abscheu und Meidung, sondern ist oft mit dem Bedürfnis verbunden, ihn zu vernichten oder zu schädigen. H. ist ein wesentlicher bestimmender Bestandteil der tschekistischen Gefühle, eine der entscheidenden Grundlagen für den leidenschaftlichen und unversöhnlichen Kampf gegen den Feind. Seine Stärkung und Vertiefung in der Praxis des Klassenkampfes und an einem konkreten und realen Feindbild ist Aufgabe und Ziel der klassenmäßigen Erziehung. H. ist zugleich ein dauerhaftes und stark wirkendes Motiv für das Handeln. Er muß daher auch in der konspirativen Arbeit als Antrieb für schwierige operative Aufgaben bewußt eingesetzt und gestärkt werden".[249]

Inoffizielle Mitarbeiter (IM)

Neben den 91 000 hauptamtlichen gab es 1989 noch einmal ca. 174 000 inoffizielle Mitarbeiter.[250] Damit kam in der DDR auf 62 Einwohner ein Mitarbeiter des MfS; eine Relation, die weltweit ihresgleichen sucht. Für die „Ehrenamtlichen" galt die von Mielke erlassene „Richtlinie 1/79 für die Arbeit mit Inoffiziellen Mitarbeitern (IM) und Gesellschaftlichen Mitarbeitern für Sicherheit (GMS)".[251] Hiernach war

---

244 Vgl. ebd., S. 26 f.
245 Vgl. Müller-Enbergs 1996, S. 90.
246 Vgl. Gieseke 1995, S. 101.
247 Vgl. Müller-Enbergs 1996, S. 89 f. und S. 322.
248 Vgl. Voigt/Mertens 1995 und Förster 1994.
249 Zit. nach: Suckut 1996, S. 168; vgl. allgemein zum Feindbild des MfS auch Bergmann 1997, S. 27 ff.
250 Vgl. Müller-Enbergs 1996, S. 59.
251 BStU, ZA, DSt 102658; Dokumentiert ebd., S. 305 ff.

Schaubild 11: Mitarbeiterbestand des MfS von 1950 bis 1989
Anzahl

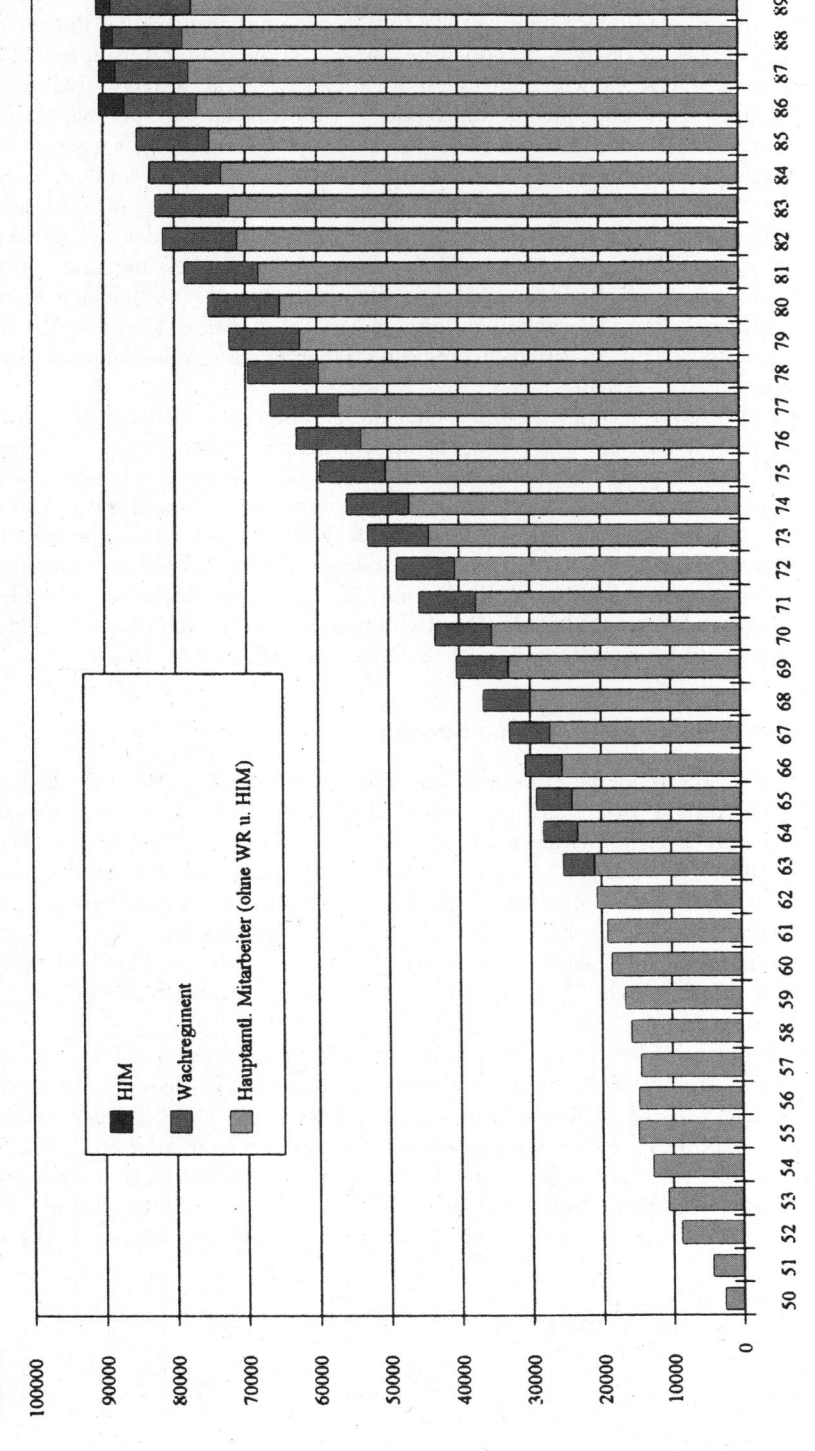

Abbildung aus: Giesecke 1995, S. 39

Häufig Verweigerung inoffizieller Mitarbeit

der Inoffizielle Mitarbeiter u. a. vorgesehen bei der „Abwehr feindlich-negativer Handlungen", dem „Einschränken des Einflusses feindlich-negativer Personen und Personenkreise, Zersetzen feindlich-negativer Gruppen und Gruppierungen im Innern der DDR" sowie dem „Desinformieren, Desorganisieren, Lähmen und Zerschlagen feindlicher Stellen und Kräfte".[252] Inoffizielle wie auch hauptamtliche Mitarbeiter suchte das MfS stets selbst aus, eine eigene Bewerbung war offiziell nicht vorgesehen. Entgegen einer verbreiteten Vorstellung waren bei weitem nicht alle angesprochenen IM-Kandidaten zur Zusammenarbeit mit dem MfS bereit; viele verweigerten eine Mitarbeit oder stiegen durch „Passivität" wieder aus. Die Anfang der fünfziger Jahre bevorzugten Werbungsmethoden Erpressung und Nötigung verloren später an Bedeutung.[253] Die Bereitschaft zur inoffiziellen Mitarbeit gründete sich jetzt vornehmlich auf materielle Aspekte (Bezahlung, soziale Privilegierung), auf politisch-ideologische Überzeugung oder einfach nur auf Geltungssucht.

Das MfS setzte Inoffizielle Mitarbeiter in den unterschiedlichsten Bereichen ein. MfS-intern gab es eine Aufteilung in verschiedene „Funktionstypen". Besondere Bedeutung erlangten die sogenannten IMB („IM der Abwehr mit Feindverbindung bzw. zur unmittelbaren Bearbeitung im Verdacht der Feindtätigkeit stehender Personen"), die teilweise mit westlichen Geheimdiensten Kontakte halten sollten, aber auch zur Unterwanderung innerer Feinde, die „politische Untergrundtätigkeit" betrieben, eingesetzt wurden.[254] Eine bloße „Abschöpfung" des bei einem IM bereits vorhandenen Wissens sahen die IM-Richtlinien nicht vor, vielmehr sollte jeder IM von seinem Führungsoffizier konkrete Aufgaben erhalten.[255]

e) Ausstattung, Aufgaben und Struktur

MfS verbrauchte 1,3% des Staatshaushalts

Für das MfS stellte die SED bzw. der Ministerrat zuletzt jährlich Haushaltsmittel in Höhe von 3,6 Mrd. Mark bereit, das entsprach etwa 1,3% des Staatshaushalts. Neben 1262 Dienstobjekten und 1181 „konspirativen Objekten" nutzte das MfS allein 18 000 Wohnungen. Auch die mit der Auflösung des MfS/AfNS durch die „Volkspolizei" übernommenen Waffenbestände sind von ziemlich erschreckender Quantität: 124 503 Pistolen und Revolver; 76 592 Maschinenpistolen; 3611 Scharfschützengewehre; 449 leichte Maschinengewehre, 766 schwere Maschinengewehre 3537 Panzerbüchsen; 342 Flugabwehr-Maschinengewehre; 48 Polizeiflinten; 3303 Leuchtpistolen.[256]

Ende der achtziger Jahre existierten ca. 300 von verschiedenen DDR-Behörden angelegte Datenbanken, in denen von Kontenbewegungen bis Geschlechtskrankheiten alle nur erdenklichen Informationen über jeden DDR-Bürger gesammelt wurden. Auf diese Datenträger hatte das MfS zumeist ungehinderten Zugriff, oder es verwaltete sie sogar selbst. Zusätzlich legte die Staatssicherheit schätzungsweise 6 Millionen personenbezogener Akten an (ca. 4 Mill. betrafen DDR-Bürger, 2 Mill. Westdeutsche bzw. Ausländer). Abzüglich Sicherheitsüberprüfungen, Kaderunter-

---

252 Vgl. ebd., S. 311/312.
253 Vgl. Müller-Enbergs 1996, S. 91 ff.
254 Vgl. ebd., S. 77 ff.
255 Vgl. ebd., S. 121 ff.
256 Vgl. Gill/Schröter 1991, S. 90 ff.

lagen für hauptamtliche Mitarbeiter, IM-Vorgänge u. ä. kann eine Zahl von etwa einer Million DDR-Bürgern angenommen werden, über die ein Untersuchungsvorgang angelegt oder die „operativ bearbeitet" wurden.[257]

Im Rahmen des „politisch-operativen Zusammenwirkens" (POZW) arbeitete das MfS eng „mit anderen staatlichen und wirtschaftsleitenden Organisationen, Betrieben, Kombinaten und Einrichtungen sowie gesellschaftlichen Organisationen"[258] zusammen. Das MfS beobachtete nicht nur die „feindlich-negativen" Kräfte, indem es im Zusammenwirken mit anderen Institutionen deren Leben und Verhalten vom Beruf bis zur intimsten Sphäre mit allen zur Verfügung stehenden Mitteln im wahrsten Sinne des Wortes ausschnüffelte, sondern entwickelte auch Maßnahmepläne, die die „Zersetzung" bestimmter Personen zum Ziel hatten. Dabei bezeichnete „Zersetzung" die „Zersplitterung, Lähmung, Desorganisierung und Isolierung feindlich-negativer Kräfte" auf konspirativer Basis.[259] Diese Maßnahmen kannten keine Grenzen. Der Betroffene sollte am Arbeitsplatz und in seinen persönlichen Beziehungen isoliert und diskreditiert, persönlich verunsichert und sogar kriminalisiert werden.[260] Das MfS stützte sich dabei auf Erkenntnisse der sogenannten „operativen Psychologie".[261] Die hieraus entwickelten Methoden sollten die Persönlichkeitsstruktur der Betroffenen zerstören, indem sie u. a. „Personen des Vertrauens (Familie, Freunde)" als IM zum Einsatz brachten. Die negativen Folgen dieses „Angriffs auf das Herzstück menschlicher Beziehungen, das Vertrauen"[262], wirken bei vielen Betroffenen bis heute nach.[263]

Maßnahmen zur Zersetzung

Insbesondere bei in die Bundesrepublik geflohenen „Überläufern" aus den eigenen Reihen, aber auch bei Fluchthelfern (z. B. Wolfgang Welsch) schreckte das MfS selbst vor Mord nicht zurück. Bezüglich des Schicksals von MfS-Angehörigen, denen eine geplante Flucht mißlang, äußerte sich Erich Mielke in seiner bekannt offenherzigen Art: „Das ganze Geschwafel von wegen nicht hinrichten und nicht Todesurteil – alles Käse, Genossen. Hinrichten, wenn notwendig auch ohne Gerichtsurteil."[264]

Neben der MfS-Zentrale in Berlin gliederte sich das MfS regional seit 1952 entsprechend der DDR-Verwaltungsstruktur in 15 Bezirksdienststellen (zuzüglich „Verwaltung Wismut", die ebenfalls Bezirksverwaltungsstatus besaß) sowie in zuletzt 211 Kreis- und 7 regionale Objektdienststellen (in ausgewählten Betrieben).[265] Die MfS-Zentrale in der Berliner Normannenstraße war in 13 Hauptabteilungen und 20 selbständige Abteilungen unterteilt (siehe Strukturschema), von denen hier nur auf einige wichtige eingegangen werden kann.

---

257 Vgl. Referat Rudolph, in: Materialien 1995, Band VIII, S. 19 ff.
258 Richtlinie 1/79 für die Arbeit mit inoffiziellen Mitarbeitern (IM) und gesellschaftlichen Mitarbeitern für Sicherheit (GMS), abgedruckt in: Müller-Enbergs 1996, S. 305 ff.; hier: S. 367.
259 Vgl. Suckut 1996, S. 422/423.
260 Vgl. den „Fall" Wolfgang Templin, in: Spiegel Spezial 1993, S. 28 ff. und Bastian 1993.
261 Vgl. Behnke 1995, S. 12 ff. und Fuchs 1995, S. 44 ff.
262 Vgl. Fuchs 1995, S. 65.
263 Vgl. Priebe u. a. 1996 und Kunze 1990.
264 Vgl. Voigt 1996, S. 54 ff.
265 Vgl. Fricke 1991b, S. 31.

Schaubild 12:
Strukturschema des MfS
(Stand: 1. Oktober 1989)

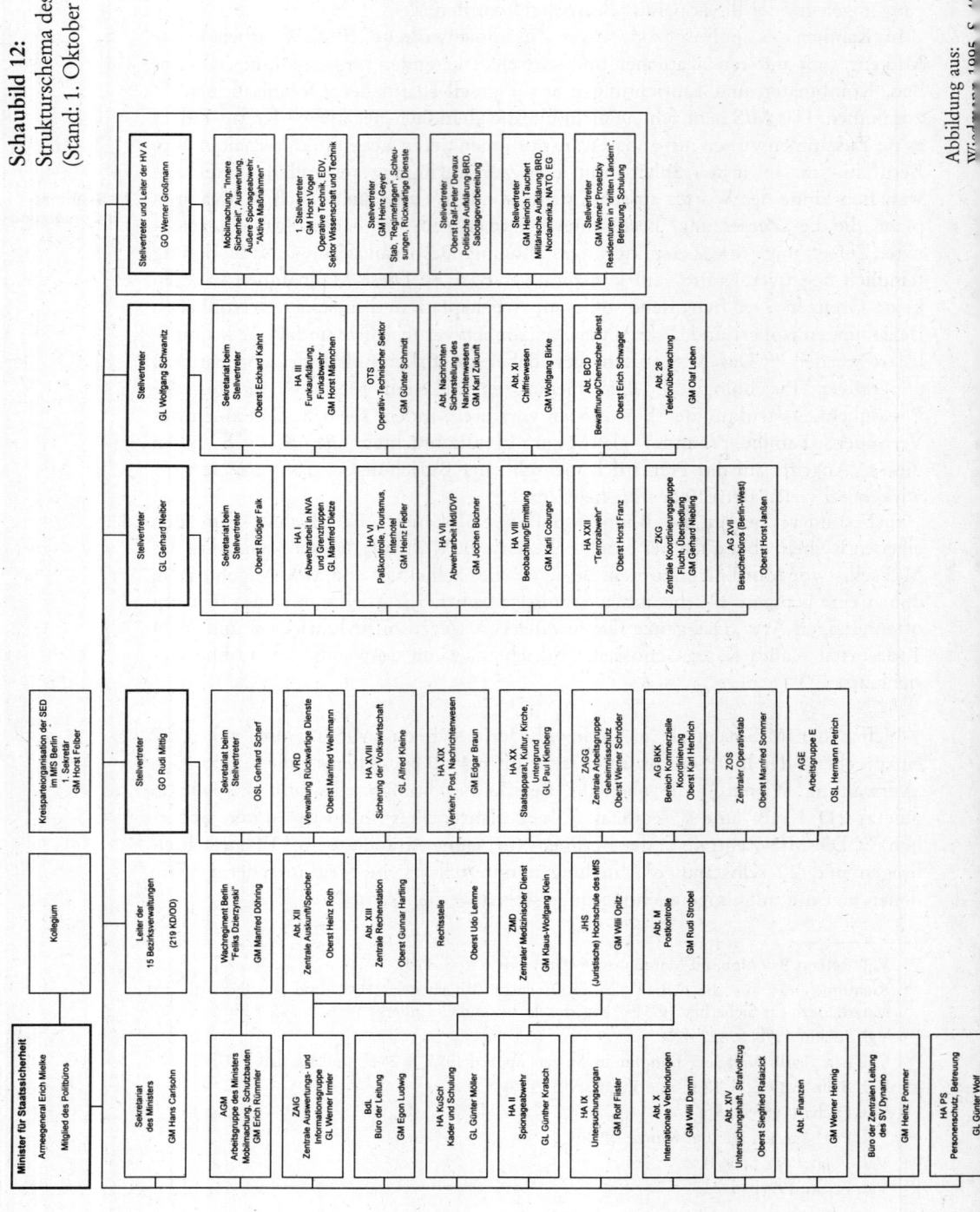

Als Untersuchungsorgan des MfS in politischen Strafsachen wirkte die Hauptabteilung IX. Gemäß § 98 der DDR-Strafprozeßordnung war diese Tätigkeit „legal". Selbst nach DDR-Recht illegal blieb allerdings die dabei geübte Präjudizierung der Urteile durch die HA IX bzw. die ihr nachgeordneten Abteilungen IX der Bezirksverwaltungen des MfS.[266]

Für die „Sicherung der Volkswirtschaft" war die HA XVIII zuständig. In Zusammenarbeit mit Schalck-Golodkowskis Wirtschaftsimperium[267] wurden z. B. auch westliche Embargobestimmungen durchbrochen.[268] Alle Informationsstränge im MfS liefen bei der „Zentralen Auswertungs- und Informationsgruppe" (ZAIG) zusammen. Diese wertete interne Nachrichten, aber auch westliche Massenmedien aus und erarbeitete Lageeinschätzungen für die Leitung des eigenen Ministeriums sowie die Partei- und Staatsführung.[269]

In der Öffentlichkeit breit diskutiert wurde nach der „Wende" die Tätigkeit der Hauptabteilung (HA) XX. Diese hatte u. a. die „Federführung auf dem Gebiet der Verhinderung bzw. Aufdeckung und Bekämpfung ‚politisch-ideologischer Diversion' (PID) und ‚politischer Untergrundtätigkeit' (PUT)".[270] Die Abteilung XX/4 beschäftigte sich mit der Überwachung von Kirchen und Religionsgemeinschaften, XX/7 mit Kultur und Medien, XX/9 mit der Bekämpfung der DDR-Opposition.[271]

Allerdings lag die Bekämpfung von PID und PUT keineswegs nur im Zuständigkeitsbereich der HA XX, spätestens seit 1985 stellte dieser Kampf die zentrale Aufgabe aller Diensteinheiten des MfS dar. Hierbei bezog das Ministerium insbesondere auch die „Hauptverwaltung Aufklärung" intensiv mit ein. Gerade deren langjähriger Chef Markus Wolf versucht der Öffentlichkeit jedoch immer wieder das grobe Zerrbild von der HV A als einem „normalen Nachrichtendienst" zu vermitteln, der mit den Unterdrückungsmethoden anderer Teile des MfS wenig zu tun gehabt habe. Aber Wolf selbst berichtete u. a. am 6. Januar 1986 seinem Minister Mielke über den „Beitrag der HV A zur inneren Sicherung der DDR" im Jahre 1985 und betonte dabei die Rolle der HV A bei der Bekämpfung des „inneren Feindes". Durch die unterstellten oder tatsächlichen Kontakte zwischen Gruppen in der Bundesrepublik und Oppositionsgruppen in der DDR lag für ihn der innere Zusammenhang gewissermaßen auf der Hand. Die HV A konnte nach seiner Meinung nur deshalb aktiv im Ausland tätig werden, weil sie sich auf den gesamten Apparat des MfS stützen konnte, wie umgekehrt die HV A integraler Bestandteil des MfS bei der Bekämpfung des inneren Feindes war.[272]

„Hauptverwaltung Aufklärung"

Die HV A arbeitete besonders intensiv mit dem KGB und anderen „sozialistischen Bruderorganen" zusammen. Die Beziehungen zwischen MfS und KGB beruhten seit den sechziger Jahren auf vertraglicher Basis. Ein EDV-„System der vereinigten Erfassung von Informationen über den Gegner" (SOUD) diente Geheimdiensten der Warschauer-Pakt-Staaten (außer Rumänien) zur Sammlung

Zusammenarbeit mit Bruderorganen

---

266 Vgl. Wiedmann 1995, S. 131 ff.
267 Vgl. Koch 1992.
268 Vgl. Wiedmann 1995, S. 172 ff.
269 Vgl. ebd., S. 39 ff.
270 Vgl. ebd., S. 193.
271 Vgl. ebd.
272 Vgl. Chaker 1995, S. 169 f. und S. 190/191 sowie Fricke 1997, S. 17 ff.

von Personendaten über Angehörige westlicher Nachrichtendienste, Kontaktpersonen usw.[273]

Die Arbeit der HV A im Ausland, vor allem in der Bundesrepublik, wird von vielen Beobachtern nach wie vor als erfolgreich und effektiv bewertet. Diese Einschätzung verdankt sie nicht zuletzt spektakulären Aktionen wie der Plazierung des Spions Günter Guillaume an die Seite von Bundeskanzler Willy Brandt oder der Arbeit von „Topas" (alias Rainer Rupp) im Internationalen Stab der NATO in Brüssel.[274] Allerdings mußte die Wolf-Abteilung als Geheimdiensttruppe infolge von Enttarnungen und „Überläufern" auch herbe Niederlagen einstecken. Vor allem die dramatische Flucht des ehemaligen Oberleutnants Werner Stiller, Führungsoffizier im Sektor Wissenschaft und Technik, führte Anfang 1979 in der HV A zu erheblicher Aufregung, da Stillers Aussagen zur „Dekonspirierung" einer beträchtlichen Zahl von Inoffiziellen Mitarbeitern in der Bundesrepublik führte.[275]

Einflußnahme im (westdeutschen) „Operationsgebiet"

Neben der politisch und wirtschaftlich motivierten Informationsbeschaffung zielte die Arbeit der HV A analog zur Westarbeit der SED auch auf die politische Einflußnahme im „Operationsgebiet".[276] In einem umfassenden Sinn hatte die HV A die Aufgabe, „feindliche Agenturen zu zerschlagen, Geheimdienstzentralen zu zersetzen und andere politisch-operative Maßnahmen gegen die Zentren des Feindes durchzuführen".[277] Während der politische Feind durch Desinformationskampagnen, Zersetzungsmaßnahmen etc. verunsichert sowie in seinen innenpolitischen Aktivitäten und seiner „Wühltätigkeit" gegen die DDR behindert werden sollte (z. B. Kampagne gegen den ehemaligen Bundespräsidenten Lübke, vgl. Dok. 17), wurden als DDR-freundlich eingeschätzte politische Kräfte durch „aktive Maßnahmen" unterstützt.[278]

Von den etwas über 4000 hauptamtlichen Mitarbeitern in der Zentrale und den entsprechenden Untergliederungen auf Bezirks- und Kreisebene in den letzten Jahren der DDR waren nach Auskunft ihres letzten Leiters, Werner Großmann, etwa 30% operativ tätig.[279] Über eingeschleuste Spione und Agenten hinaus, die von Erich Mielke als „Kundschafter an der unsichtbaren Front"[280] bezeichnet wurden, konnten die HV A und andere MfS-Abteilungen – neben der HV A agierten auch die Hauptabteilungen II (Spionageabwehr), XVIII und XX in besonderem Ausmaß in der Bundesrepublik – auf mindestens 20 000 Inoffizielle Mitarbeiter in der Bundesrepublik zurückgreifen.[281] Als besondere Rekrutierungsfelder dienten dabei die Sympathisanten und Mitglieder DDR-freundlicher Gruppierungen sowie die

---

[273] Vgl. Marquardt 1995b, S. 312.
[274] Vgl. Fricke 1997, S. 21 ff.
[275] Vgl. Fricke 1997, S. 22 sowie die Schilderung der HV A-Arbeit von Stiller selbst, in: Stiller 1996a.
[276] Vgl. z. B. Bohnsack/Brehmer 1992.
[277] Vgl. Statut des Ministeriums für Staatssicherheit der Deutschen Demokratischen Republik, bestätigt vom Nationalen Verteidigungsrat am 30. Juli 1969; zit. nach: Knabe 1997, S. 6.
[278] Vgl. Knabe 1997, S. 6.
[279] Vgl. Fricke 1997, S. 19.
[280] Vgl. Erich Mielke, Sozialismus und Frieden, Sinn unseres Kampfes, ausgewählte Reden und Aufsätze (Ost-)Berlin 1987, S. 316; zit. nach: Fricke 1997, S. 19. Die westdeutschen Agenten des MfS bezeichnen sich oftmals – in selbstverklärender Weise – als „Kundschafter des Friedens".
[281] So die Schätzung von Joachim Gauck; vgl. FAZ vom 21. Oktober 1996.

Hochschulen.[282] Auch die DKP und die von ihr gesteuerten Organisationen dürften als direkte Zuträger von SED und MfS tätig gewesen sein. Spezialisten des MfS bildeten sogar mehrere hundert DKP-Mitglieder militärisch aus. Sie sollten im Krisenfall als „Partisanenarmee" eingesetzt werden.[283]

Selbst wenn derzeit aufgrund der unzureichenden Quellenlage nicht konkret abschätzbar ist, inwieweit Einflußnahmen des MfS (und der SED) zu tatsächlichen Erfolgen geführt haben,[284] kann dennoch aufgrund der bisher vorliegenden Hinweise und angesichts der in den siebziger und achtziger Jahren zunehmend DDR-freundlicher werdenden Stellungnahmen vieler Organisationen und Gruppen vermutet werden, daß die „Kundschafter an der unsichtbaren Front" das Wirken des „Zeitgeistes" zumindest kräftig unterstützten.[285]

Hubertus Knabe, wissenschaftlicher Mitarbeiter beim Bundesbeauftragten für die Unterlagen des Staatssicherheitsdienstes der ehemaligen DDR, gelangt zu folgender Einschätzung: „Natürlich sind die Dimensionen der Stasi-Durchdringung in der DDR und in der alten Bundesrepublik nicht gleichzusetzen. Eine flächendeckende Überwachung war in Westdeutschland weder möglich noch von der SED beabsichtigt. Insbesondere fehlten dem MfS im Westen die Sanktionsmöglichkeiten des Parteistaates und der totale Zugriff auf den einzelnen – was freilich auch die Verpflichtung von Bundesbürgern zu einer IM-Tätigkeit in einem anderen Licht erscheinen läßt. In den Nervenzentren der westdeutschen Gesellschaft war der Staatssicherheitsdienst jedenfalls fast durchgehend verankert, und seine Maßnahmen zur politischen Einflußnahme und zur Bekämpfung ‚feindlicher' Stellen und Personen trugen mit dazu bei, daß die SED-Diktatur im Westen zunehmend Akzeptanz fand."[286]

Die starke Abhängigkeit des MfS von der SED bzw. ihrer jeweiligen Parteiführung legt den Schluß nahe, daß parallel zum politisch-ideologischen Verfall der SED in der Endzeit der DDR auch die ideologische Motivation und politische Mobilisierung der MfS-Mitarbeiter verfiel. Dies würde erklären, warum aktiver Widerstand gegen die Liquidierung des MfS ausblieb.[287]

Heute ist von dem gigantischen Unterdrückungs- und Schnüffelapparat des MfS neben „hinterlassenen" Tätern und ihren Widersachern und Opfern offenbar nur noch ein riesiger Aktenbestand (ca. 180 Kilometer) übriggeblieben. Forderungen nach Schließung bzw. Vernichtung der Akten (Friedrich Schorlemmer z. B. regte ein „Freudenfeuer" an) werden freilich in Ost und West immer wieder laut. Eine solche Maßnahme würde allerdings weniger zum „inneren Frieden" beitragen, als vor allem einer weiteren Verdrängung der SED-Diktatur Vorschub leisten.

Umgang mit Aktenbestand

---

[282] Vgl. Knabe 1997, S. 9.
[283] Vgl. Knabe 1997, S. 15 und Spiegel Nr. 1 und 2/1990.
[284] Da die Akten der HV A offiziell weitgehend vernichtet wurden, kann derzeit die Arbeit dieser Abteilung nur aufgrund verstreuter Hinweise in anderen MfS-Abteilungen sowie auf Grundlage von Zeitzeugenberichten rekonstruiert werden.
[285] Dabei muß offen bleiben, inwieweit DDR-freundliche Maßnahmen, Erklärungen etc. vor allem aus einem gewandelten Selbstverständnis dieser Gruppen resultierten. SED- und MfS-Einflußnahmen und DDR-freundliche Selbstverständnisse „realistischer Kräfte" in der Bundesrepublik dürften insoweit Hand in Hand gegangen sein.
[286] Knabe 1997, S. 15.
[287] Vgl. Fricke 1995b, S. 18 f.

6. Die Koordinierung der Sicherheitsorgane und die geplanten Isolierungslager für Oppositionelle

a) Bewaffnete Kräfte

Die SED konnte sich zur Aufrechterhaltung ihrer Macht auf ein umfassendes System von bewaffneten Kräften und Sicherheitsorganen stützen. Das leitende Personal in den auf Weisung oder nach Absprache mit der sowjetischen Besatzungsmacht entstandenen Organen zeichnete sich durch eine hohe politische Zuverlässigkeit und enge Anbindung an die SED aus. In den Leitungspositionen wirkten ausschließlich SED-Mitglieder bzw. Nomenklaturkader.

Aufbau militärischer Polizeiformationen

Der Aufbau bewaffneter Kräfte begann in der SBZ mit der Aufstellung territorialer Bereitschaften der Polizei schon im April 1948. Durch die Einführung von politischen Leitern sicherte die SED frühzeitig ihr Machtmonopol in den bewaffneten Organen.[288] Nach der Gründung der DDR setzte die SED mit der „Hauptverwaltung für Ausbildung" (HV A) und der „Hauptverwaltung See-Polizei" (HVS) den Aufbau militärischer Polizeiformationen systematisch fort. Die drei Jahre später in die „Kasernierte Volkspolizei" (KVP) überführten Einheiten erreichten Mitte der fünfziger Jahre eine Personalstärke von etwa 100 000 Mann und bildeten die Grundlage für die 1956 per Gesetz geschaffene Nationale Volksarmee.[289]

Ehemalige Wehrmachtsoffiziere am NVA-Aufbau beteiligt

An der Spitze der Streitkräfte, die bis 1962 ihr Personal aus Freiwilligen und seitdem aus Wehrpflichtigen rekrutierten, standen „bewährte Antifaschisten aus der sowjetischen Emigration".[290] Sie besaßen zumeist nicht nur das Vertrauen der SED-Führung, sondern ebenso das der sowjetischen Seite. In den Anfangsjahren dienten jedoch auch Offiziere der ehemaligen Wehrmacht in der NVA. Die Posten Chef des Hauptstabes, Chef Panzer, Chef Waffentechnischer Dienst und Chef Rückwärtige Dienste hatten z. B. die ehemaligen Wehrmachtsgenerale Müller, von Lenski, Wulz und von Weech inne.[291] Vor allem ehemalige Wehrmachtsoffiziere, die im „Nationalkomitee Freies Deutschland" bzw. dem „Bund Deutscher Offiziere" gewirkt hatten, wurden wieder in die Armee aufgenommen. In dem Maße, wie ab Ende der fünfziger Jahre in der DDR und der Sowjetunion ausgebildete Offiziere zur Verfügung standen, mußten sie ihren Dienst quittieren oder wurden auf Ausbildungsposten versetzt. Viele NVA-Offiziere absolvierten einen Teil ihrer Ausbildung an sowjetischen Militärakademien, nahezu alle Generale mußten an Lehrgängen sowjetischer Spezialschulen teilnehmen. Die obersten Militärs der DDR begriffen sich als „Parteifunktionäre in Uniform" und zugleich als untergeordneter Teil der von der Sowjetunion geführten Warschauer-Pakt-Streitkräfte.[292]

Bis etwa 1960 hatte die DDR nach und nach wahrscheinlich alle NVA-Verbände den „Vereinigten Streitkräfte" des Warschauer Paktes unterstellt, dem sie seit der Gründung (Mai 1955) angehörte. Dies war vor allem für den strategischen Aufbau der NVA von Bedeutung, auf den die NVA-Führung selbst bzw. der „Nationale

---

288 Vgl. Merkel, G. 1996, S. 10/11.
289 Vgl. ebd., S. 11/12 und Lapp 1995b, S. 1902 ff.
290 Vgl. Goldbach 1992, S. 129.
291 Vgl. ebd., S. 130.
292 Vgl. Goldbach 1992, S. 130 und Lapp 1995b, S. 1902.

Verteidigungsrat" nur begrenzten Einfluß hatte.[293] Der Einsatz der DDR-Streitkräfte wäre im Kriegsfall unter sowjetischem Oberbefehl erfolgt.[294] Geplant war, zwei NVA-Armeen zu bilden, die unter folgendem Befehlsstrang gestanden hätten: Sowjetischer Generalstab – Oberkommando der westlichen strategischen Richtung – Oberbefehlshaber der Westfront – Befehlshaber der dritten und fünften Armee.[295]

Die NVA war in Gliederung, Struktur, Bewaffnung, Ausrüstung und Ausbildung überwiegend der Sowjetarmee nachgebildet,[296] darüber hinaus gab es an allen Schaltstellen sowjetische „Verbindungsoffiziere".[297]

NVA reine Koalitionsarmee

Der ehemalige Stellvertretende Verteidigungsminister der DDR, Joachim Goldbach, schätzt die Rolle der NVA im nachhinein folgendermaßen ein:

> „Sie war eine reine Koalitionsarmee und hätte auf ihrem konkreten Kriegsschauplatz nie eine eigenständige Rolle spielen können. Ihre operativen Aufgaben wurden im sowjetischen Generalstab erarbeitet, durch den Oberkommandierenden der Vereinten Streitkräfte übermittelt, in DDR-Stäben ausgearbeitet, durch die DDR-Spitze zur Kenntnis genommen und den Befehlshabern der Teilstreitkräfte und Armeen und den Kommandeuren und Divisionen als Befehle übergeben."[298]

Selbstverständlich machte sich die SED (und damit die DDR) auch die sowjetische Militärdoktrin zu eigen, die bis 1987 im Kriegsfall die „Vernichtung" des Feindes auf dessen Gebiet vorsah.[299] Diese „offensive Verteidigungsstrategie" bedeutete die militärische Vorbereitung und Einübung von Angriffsfähigkeit, d. h. die Streitkräfte des Warschauer Paktes wären in der Lage gewesen, einen Angriffskrieg zu führen.[300]

Auch wenn die nahezu vollständige Abhängigkeit der NVA von den sowjetischen Streitkräften weitgehend unbestritten ist, bleibt freilich ebenso richtig, daß die SED-Führung die sowjetische Militärdoktrin bereitwillig übernahm bzw. hiermit übereinstimmte und die NVA aus Überzeugung dem sowjetischen Oberkommando unterstellte.[301] Erst 1987 setzte auf Initiative Gorbatschows ein Umdenken innerhalb des Warschauer Pakts ein. Der NATO wurden nun nicht mehr generell „aggressive Absichten" unterstellt, und es wurde eine neue Militärdoktrin formuliert. Entgegen der bisherigen Annahme, Kriege seien zu führen und auch zu gewinnen, verpflichteten sich die Teilnehmerstaaten jetzt,

> „... keinen Krieg – weder einen mit nuklearen noch mit konventionellen Waffen geführten – zuzulassen. Es liegt im Wesen ihrer Gesellschaftsordnung, daß die sozialistischen Staaten ihre Zukunft nie mit der militärischen Lösung internationaler Probleme verbunden haben und nicht verbinden werden. Sie treten für die Lösung aller strittigen internationalen Fragen ausschließlich auf friedlichem Weg, mit politischen Mitteln ein ... Die Militärdoktrin der Teilnehmerstaaten des Warschauer Vertrages hat ausschließlich Verteidigungscharakter ... Die Teilnehmerstaaten ... werden niemals und unter keinen Umständen militärische Handlungen gegen einen

Neue Militärdoktrin des Warschauer Pakts

---

[293] Vgl. Lapp 1995b, S. 1905 ff.
[294] Vgl. Wünsche 1996, S. 39 und Lapp 1995b, S. 1905.
[295] Vgl. Wünsche 1996, S. 39.
[296] Vgl. Merkel, G. 1996, S. 15.
[297] Goldbach 1996, S. 128.
[298] Vgl. Lapp 1995b, S. 1918.
[299] Vgl. ebd., S. 1905/1906.
[300] Vgl. ebd., S. 1906 und kritisch hierzu: Wünsche 1996, S. 37/38.
[301] Vgl. Brühl 1992, S. 31 ff. und Wünsche 1996, S. 28 ff.

beliebigen Staat oder ein Staatenbündnis beginnen, wenn sie nicht selbst einem bewaffneten Überfall ausgesetzt sind ...".[302]

Der direkte Einsatz der NVA in Spannungsfällen unterblieb. Allerdings waren zwei Divisionen strategisch in die Interventionsarmee des Warschauer Paktes im Jahre 1968 eingebunden. Die schon in volle Gefechtsbereitschaft überführten Einheiten marschierten am 21. August 1968 aber nicht in die ČSSR ein, wobei die Gründe hierfür bisher nicht bekannt sind. Die SED-Führung allerdings hatte zweifelsohne sowohl auf diese Intervention als auch auf die Beteiligung von NVA-Truppen gedrängt.[303] Gleiches gilt für die geplante Intervention in Polen im Dezember 1980. Auch hier hatte die SED-Führung keine Bedenken, NVA-Verbände an einer derartigen Aktion zu beteiligen.[304]

Ihrem Selbstverständnis nach war die NVA eine „sozialistische Armee". Der Fahneneid enthielt nicht nur den Schwur auf die DDR, sondern auch den auf die Sowjetarmee und den Sozialismus.[305] Jenseits der generellen Abhängigkeit von sowjetischen Überlegungen und Befehlen sorgte die SED, ebenso wie in anderen Sicherheitsbereichen, für die bruchlose Anbindung der NVA an Parteibeschlüsse und die korrekte politisch-ideologische Ausrichtung ihres Personals. Die politisch-militärische Anleitung erfolgte durch das Politbüro und die Abteilung Sicherheitsfragen des ZK der SED bzw. durch den Nationalen Verteidigungsrat und den Minister für Nationale Verteidigung.

Dem Minister waren im „Verteidigungsfall" neben der NVA und den Grenztruppen auch die Kräfte der „Zivilverteidigung" unterstellt. Diese stellten eine Art militarisierten Zivilschutz dar und rekrutierten sich aus freiwilligen, ehrenamtlichen Mitarbeitern, auch Frauen. Allerdings war ihre Personalstärke mit etwa 15 000 Angehörigen eher gering.[306] Die Grenztruppen, die von 1961 bis 1973 formell Bestandteil der NVA waren, sollten im Kriegsfall zwar auch in die Kampfhandlungen einbezogen werden, ihre hauptsächliche Aufgabe bestand jedoch in der Verhinderung von „Grenzverletzungen", d. h. der Unterbindung von Fluchtversuchen bis hin zur „Vernichtung von Grenzverletzern".

Politische Hauptverwaltung (PHV) der NVA

Für die spezielle politisch-ideologische Indoktrination der Streitkräfte sorgte die Politische Hauptverwaltung (PHV) der NVA, die den Status einer SED-Bezirksorganisation hatte. Ihr Leiter nahm faktisch die Position eines ersten Stellvertretenden Verteidigungsministers ein und unterstand direkt dem Generalsekretär der SED.[307] Die PHV, der etwa 6000 Offiziere angehörten, die in der militärischen Führungsstruktur als Stellvertreter der jeweiligen Kommandeure wirkten,[308] sollte nicht nur die politische und ideologische Zuverlässigkeit der Streitkräfte sicherstellen, sondern auch die Erfüllung von Parteiaufträgen kontrollieren, kaderpolitische

---

302 Über die Militärdoktrin der Teilnehmerstaaten des Warschauer Vertrages, verabschiedet auf der Tagung des Politischen Beratenden Ausschusses der Teilnehmerstaaten des Warschauer Vertrages im Mai 1987 in Berlin. Vgl. den auszugsweisen Abdruck in: Merkel/Wünsche 1996, S. 54/55.
303 Vgl. Prieß u. a. 1996.
304 Vgl. Wünsche 1996, S. 41/42, Kubina/Wilke 1995 und Gutsche 1994.
305 Vgl. Lapp 1995b, S. 1913/1914.
306 Vgl. ebd., S. 1928/1929 und Wünsche 1996, S. 32/33.
307 Vgl. Lapp 1995b, S. 1933.
308 Vgl. Merkel, G. 1996, S. 19.

Vorschläge unterbreiten und die Zusammenarbeit mit der PHV der Sowjetarmee organisieren.[309] Die Parteigliederungen innerhalb der NVA bis hin zur Kompanie waren analog zu Parteiorganisationen in Behörden aufgebaut.

Zusätzlich zur Parteikontrollkommission (PKK) der PHV kontrollierte und bespitzelte die der MfS-Hauptabteilung I unterstellte „Verwaltung 2000" im Ministerium für Nationale Verteidigung Verhalten, Kontakte und Äußerungen der Soldaten. Durch einen vom Militär unabhängigen Personalbestand und Tausende inoffizieller Mitarbeiter aller Dienstgrade konnte der militärische Arm des MfS seine Aufgaben, die nur bedingt mit denen einer „Militärabwehr" vergleichbar waren, erfüllen.[310]

Den Soldaten der NVA wurde bis zumindest Mitte der achtziger Jahre ein klares Feindbild vermittelt: der Klassenfeind in Gestalt der imperialistischen Kräfte der Bundesrepublik bzw. der Bundeswehr. Hiermit einher ging die Erziehung zum Haß: „Teil des geistigen Faktors ist auch der Haß auf den Feind ... Dieser Haß ist unerläßlich, um das geistige Potential des Sozialismus zu einem Überlegenheitsfaktor zu machen."[311] Den NVA-Angehörigen verbot die SED Westkontakte wie auch den Empfang von westlichen Rundfunk- und Fernsehsendungen.[312]

Die SED-Führung setzte ihre bewaffneten Kräfte in bestimmten politischen Krisenzeiten auch innenpolitisch ein. Einheiten der Kasernierten Volkspolizei führten nach der Niederschlagung der Volkserhebung am 17. Juni 1953 durch sowjetische Truppen gemeinsam mit MfS-Einheiten die Repression gegen die eigene Bevölkerung fort.[313] Im Rahmen der nachfolgend eingerichteten Einsatzleitungen war die NVA auch für die Bekämpfung innerer Unruhen vorgesehen. Während der Abriegelung der innerdeutschen Grenze sicherten Soldaten hinter der Grenz- und Bereitschaftspolizei die Bauarbeiten.[314] Im Herbst 1989 schließlich unterstützten einige NVA-Einheiten die Polizei bei ihren „Ordnungsaufgaben". Ihr Einsatz erfolgte zumindest in Dresden in der Zeit vom 5. bis 8. Oktober 1989 bei der versuchten Verhinderung von Demonstrationen.[315]

Auch innerer „Einsatz" der NVA

Während des Niedergangs der SED-Herrschaft und der daraufffolgenden Vorbereitung der Wiedervereinigung spielte die „Nationale Volksarmee" wie in den Jahrzehnten zuvor keine eigenständige Rolle. Mit dem Ende des SED-Staates verschwand auch die NVA nahezu geräuschlos von der historischen Bühne der deutschen Nachkriegsentwicklung.

Von 1956 bis 1989 hatten etwa 2,5 Millionen DDR-Bürger freiwilligen Wehrdienst geleistet bzw. ihre achtzehnmonatige Wehrpflicht (ab Frühjahr 1962) absolviert. Zum Zeitpunkt ihrer Auflösung verfügte die NVA über eine Personalstärke von etwa 173 000 Angehörigen und ca. 400 000 Reservisten.

---

309 Vgl. Lapp 1995b, S. 1933.
310 Vgl. ebd., S. 1938/1939.
311 Oberst K. H. Licht/Oberleutnant H. J. Lange: Der geistige Faktor im sozialistischen Militärwesen, in: Militärwesen, 28. Jg. (1984), Heft 10, S. 38; zit. nach: Lapp 1995b, S. 1962.
312 Vgl. ebd., S. 1963.
313 Vgl. Merkel, G. 1996, S. 11.
314 Vgl. Wünsche 1996, S. 40.
315 Vgl. ebd., S. 42.

Bausoldaten

Ein Fremdkörper in der NVA blieben die ca. 15 000 „Bausoldaten", die von 1964 bis 1989 ihren „Wehrdienst ohne Waffe" ableisteten. Diese im Warschauer Pakt einzigartige Möglichkeit beruhte auf einer Anordnung des Nationalen Verteidigungsrates vom September 1964 und sollte vor allem kirchlichen Forderungen nach Alternativen zum Wehrdienst die Spitze nehmen. Der Anteil junger Männer, die sich zur Verweigerung des Waffendienstes entschlossen und damit vielfältige gesellschaftliche und berufliche Diskriminierungen auf sich nahmen, stieg in den achtziger Jahren sprunghaft an. 1989 bestand sogar ein „Stau" von 12 000 nicht einberufenen Personen. Bausoldaten kamen auf militärischen und zivilen Baustellen, in Industriebetrieben oder im Bereich der Rückwärtigen Dienste der NVA zum Einsatz. Die dort gemachten Erfahrungen führten viele von ihnen zu weiteren oppositionellen Aktivitäten oder ließen sie gar zu „Antragsstellern auf ständige Ausreise aus der DDR" werden.[316]

Totalverweigerer

Die bis 1989 insgesamt mindestens 6000 Wehrdiensttotalverweigerer riskierten mehrjährige Haftstrafen; bis 1982 gab es insgesamt etwa 2900 Verurteilungen, die zu 90% „Zeugen Jehovas" betrafen. Ab 1986 wurden Wehrdienstverweigerer, deren Zahl anstieg, nur noch in Ausnahmefällen inhaftiert. Gleichwohl schätzte die SED sie weiterhin als „Staatsfeinde" ein.[317]

b) Das Netz der Sicherheitsorgane

Hatte die NVA vorrangig Aufgaben für den äußeren Ernstfall, so sah die SED für den inneren Einsatz zur Niederschlagung von Unruhen primär andere Sicherheitsorgane vor. Die verschiedenen Sicherheitsorgane und -kräfte wurden auf den einzelnen Ebenen institutionell verknüpft und dem Diktat der Partei unterstellt.

Nach dem Volksaufstand am 17. Juni 1953 bildete die Parteiführung entsprechende Koordinationsinstanzen, die einen abgestimmten Einsatz aller Sicherheitskräfte garantieren sollten. Während die Sicherheitskommission des Politbüros entsprechende Aktivitäten zentral planen und umsetzen sollte, entstanden auf Bezirks- und Kreisebene sogenannte Einsatzleitungen.

Nationaler Verteidigungsrat (NVR)

Das Statut des 1960 nach sowjetischem Vorbild geschaffenen Nationalen Verteidigungsrates (NVR) – der früheren Sicherheitskommission des Politbüros – bestimmte den Generalsekretär des Zentralkomitees der SED zu seinem Vorsitzenden. Dieser verfügte über das alleinige Weisungsrecht gegenüber den Leitern der zentralen Führungsbereiche sowie den 1. Sekretären der Bezirksleitungen der SED, die ab 1954 als Vorsitzende der Bezirkseinsatzleitungen agierten.[318] Der Nationale Verteidigungsrat war „das oberste Planungs- und Lenkungs- (nicht: Entscheidungs-)gremium im Sicherheits- und Militärbereich der DDR".[319] Im Gegensatz zu anderen Staatsorganen wurden ausschließlich SED-Genossen als Mitglieder zugelassen. Die strategischen Entscheidungen zur Machtsicherung nach innen und außen blieben denn auch dem Politbüro vorbehalten, der NVR war diesem in der Hierarchie untergeordnet.[320]

---

316 Vgl. Eisenfeld 1996a.
317 Vgl. Eisenfeld 1996b.
318 Vgl. Statut des Nationalen Verteidigungsrates der Deutschen Demokratischen Republik von 1981; abgedruckt in: Wenzel 1995, S. 267 ff.
319 Vgl. Wagner 1997, S. 179.
320 Vgl. ebd., S. 179 ff.

Das 1981 – im Jahr des polnischen Kriegsrechts – in Kraft gesetzte und bis 1989 gültige Statut der Einsatzleitungen legte fest, daß die in jedem Bezirk einschließlich der „Hauptstadt der DDR, Berlin" und in jedem Kreis bzw. Stadtbezirk gebildeten Einsatzleitungen ebenfalls auf der Grundlage der Beschlüsse der SED, der Rechtsvorschriften der DDR sowie der Anordnungen und Beschlüsse des NVR zu arbeiten hatten. Die unter Vorsitz des 1. Sekretärs der Bezirks- bzw. Kreisleitungen der SED und unter Beteiligung der jeweiligen obersten Repräsentanten von NVA, MfS und Deutscher Volkspolizei agierenden Gremien sollten u. a. die „Koordinierung des Einsatzes der Kampfkräfte zur Vernichtung von subversiven Kräften" gewährleisten. Bei einer plötzlichen ernsthaften Gefährdung der staatlichen Sicherheit hatten sie die volle Gefechts- bzw. Einsatzbereitschaft anzuordnen.[321]

Einsatzleitungen

Die dem Ministerium des Innern (MdI) unterstellte Deutsche Volkspolizei war in das flächendeckende Netz der Überwachung der Bevölkerung sowie der Verfolgung politisch Andersdenkender konstitutiv einbezogen. Die Abschnittsbevollmächtigten (ABV) zum Beispiel sollten ein Wohngebiet bzw. einen Abschnitt polizeilich und politisch überwachen. Sie kontrollierten die Hausbücher wie auch die Einhaltung der Meldeordnungen und konnten sich zur Erfüllung ihrer Aufgaben auf ein „System von Vertrauenspersonen" stützen.[322] Zum Ende der DDR gab es etwa 175 000 freiwillige „Helfer der Volkspolizei", die auf ehrenamtlicher Basis als Hilfspolizisten fungierten. Zusätzlich versorgten sogenannte Inoffizielle Kriminalpolizeiliche Mitarbeiter (IMK) und Kriminalpolizeiliche Kontaktpersonen (KK) die Volkspolizei mit entsprechenden Informationen. Diese nach dem Vorbild der Inoffiziellen Mitarbeiter des MfS eingesetzten Personen wurden vom Arbeitsgebiet 1 (AG I) der Kriminalpolizei angeworben und eingesetzt.[323]

„Volkspolizei"

Ihre dem MfS zur Verfügung gestellten Informationen nutzte dieses zur Überwachung und Verfolgung politisch Andersdenkender. Als gewissermaßen direktes Hilfsorgan des MfS wirkten spezielle Politische Abteilungen bzw. Kommissariate (K5, später umbenannt in K I und dann AG I) der Kriminalpolizei. Die Arbeit dieser Kommissariate unterlag der Geheimhaltung, auch waren sie nicht in die normale Hierarchie der Polizei eingebunden. Führungspositionen waren vielfach mit Offizieren im besonderen Einsatz (OibE) des MfS besetzt.[324]

Zur Kontrolle alltäglicher Abläufe in verschiedenen Bereichen der Gesellschaft und damit auch zur Beobachtung und Unterdrückung vermeintlicher oder tatsächlicher politischer Gegner dienten der SED-Führung noch weitere Heerscharen von „Sicherheitskräften". Neben der Deutschen Volkspolizei und ihren freiwilligen Helfern sowie dem MfS und dessen Spitzelarmee waren z. B. die freiwilligen Helfer der Grenztruppen, die Arbeiter-und-Bauern-Inspektionen, die Arbeitskontrolleure des FDGB sowie die Kontrollposten der FDJ ebenso Teil des Systems. Die verschiedenen Sicherheitsorgane und -kräfte handelten alle auf der Basis von Direktiven und Anordnungen der zuständigen Parteigliederungen.

Weitere Kontrolleinrichtungen

Die „Volkskontrolleure" der ABI sollten die Erfüllung der Wirtschaftspläne überwachen und Mißstände in der Versorgung aufdecken. Ihnen zur Hand gingen

---

[321] Vgl. Statut der Einsatzleitungen; in: Wenzel 1995, S. 273 ff.
[322] Vgl. Marquardt 1995a, S. 661.
[323] Vgl. Fricke 1996c, S. 641.
[324] Vgl. ebd., S. 641.

„Kampfgruppen der Arbeiterklasse"

die „Arbeiterkontrolleure" des FDGB, die von den zuständigen Betriebsgewerkschaftsleitungen (BGL) als Kontrollfunktionäre in Industriebetrieben und auf Baustellen eingesetzt wurden. Eine ähnliche Aufgabe erfüllten die „Kontrollposten" der FDJ.[325] Mit der im Frühjahr 1953 begonnenen Aufstellung von „Kampfgruppen der Arbeiterklasse" in allen großen Betrieben und Verwaltungen hatte sich die SED-Führung sogar zusätzliche bewaffnete Formationen geschaffen, die im Falle eines Bürgerkrieges gegen Aufständische und im Kriegsfall zur „Heimatverteidigung" eingesetzt werden sollten. Die in der Tradition der Proletarischen Hundertschaften und des Rot-Front-Kämpferbundes der KPD stehenden „zweckmäßig ausgerüsteten und militärisch gut ausgebildeten Einheiten"[326] erlebten bei der Abriegelung der DDR ab dem 13. August 1961 ihren ersten (und einzigen) großen Einsatz. Ihre Ausbildung erfolgte durch die Deutsche Volkspolizei, ihr Einsatz durch die Bezirks- bzw. Kreiseinsatzleitungen. In den turbulenten Tagen des Herbstes 1989 standen diese „Kampfgruppen der Arbeiterklasse" – allerdings unbewaffnet – in vielen Städten zum Einsatz gegen Demonstranten bereit. Zur direkten Konfrontation kam es indes nicht.

Der Dienst in den Kampfgruppen, die jenseits spezieller übergeordneter Einsätze von den jeweiligen SED-Leitungen befehligt wurden, hatte auch seine attraktiven Seiten. Es entfiel die Pflicht, am Reservistendienst der NVA (maximal 18 Monate) teilzunehmen, und gleichzeitig erhöhte sich die Altersrente für langjährige „Kämpfer der Arbeiterklasse" um beachtliche 100,– Mark monatlich.

Inwieweit und mit welchen Folgen diese riesige Armee von Kontrolleuren und Spitzeln tatsächlich zum Einsatz kam, kann und sollte nur im Einzelfall und historisch differenziert beantwortet werden. Der „normale DDR-Bürger" jedenfalls lernte hiermit umzugehen und Anpassungs- sowie Ausweichstrategien zu entwickeln. Bedrohlicher und gefährlicher waren zweifelsohne die Aktivitäten der professionellen Staatssicherheitskräfte und ihrer inoffiziellen Mitarbeiter.

c) Isolierungs- und Internierungslager

Flächendeckende Inhaftierung Andersdenkender geplant

Im Zuge der Auflösung des MfS gelang es den Bürgerkomitees, eines der geheimsten Vorhaben der SED und des MfS aufzudecken. Diese hatten in Vorbereitung des Tages X – innere Unruhen, äußerer Spannungsfall – die flächendeckende Inhaftierung politisch Andersdenkender vorbereitet. Auch wenn die Planungen nicht Realität wurden, zeigen sie doch den menschenverachtenden Charakter der SED-Politik.

Die aufgefundenen Planungen zur massenhaften Festnahme von tatsächlichen oder vermeintlichen politischen Gegnern und ihrer Isolierung in eigens hierzu eingerichteten Lagern[327] waren Teil der sogenannten Mobilmachungsarbeit im MfS, die in der von Mielke im Juli 1967 erlassenen Direktive Nr. 1/67 im Grundsatz geregelt wurde. Diese präzisierte und aktualisierte auf Weisung des Nationalen Verteidigungsrates die schon in der Direktive 1/66 festgelegten Aufgaben des MfS.[328] Die in den jeweiligen Einsatzleitungen dem Oberbefehl der 1. Bezirks- bzw.

---

[325] Vgl. ebd., S. 642/643.
[326] Vgl. KPW 1989, S. 470.
[327] Vgl. Knabe 1993 und Sélitrenny 1995.
[328] Vgl. Arnold 1994, S. 35 ff. und Auerbach 1995, S. 14.

Kreissekretäre unterstellten MfS-Gliederungen erhielten die Aufgabe zugewiesen, für eine „rasche Liquidierung erkannter feindlicher Agenturen" sowie für eine „Isolierung bzw. Überwachung von Personen" zu sorgen.[329] Unter Hinweis auf die „illusionäre Absicht" der Bonner Generalität, die „Deutsche Demokratische Republik ... unter Ausnutzung bzw. durch die Entwicklung von Bürgerkriegssituationen ... zum Zusammenbruch bringen zu können", legte die Direktive die speziellen Aufgaben des MfS „in Vorbereitung auf Spannungsperioden und den Verteidigungszustand" fest.[330]

Die Mobilmachung konnte durch den Vorsitzenden des Nationalen Verteidigungsrates der DDR (seit Juni 1971 Erich Honecker) und für das MfS durch den Minister für Staatssicherheit angeordnet werden. Der Direktive Nr. 1/67 war als Anlage ein Kennziffersystem beigefügt, in dem unter der Kennziffer 4.1 detailliert Vorgehensweise und Einsatzstrategien zu „spezifisch-operativen Vorbeugemaßnahmen" beschrieben wurden. Im einzelnen wurden aufgeführt: Verhaftung, definiert als ‚vorbeugende Tätigkeit'[331] (4.1.1), Internierung (4.1.2), Isolierung (4.1.3) und Überwachung unzuverlässiger staatlicher Leiter in der Volkswirtschaft (4.1.4). Später wurde unter der Kennziffer 4.1.5. eine weitere Kategorie eingeführt, die der „Erfassung feindlich-negativer Personen" diente und als selbständiger Vorgang bearbeitet wurde.[332]

Maßnahmen bei Mobilmachung

Die Durchführung der vorgesehenen Maßnahmen sollte mit der Übermittlung eines Codewortes (z. B. „Leuchtturm", „Sandkasten" oder „Saaleaue"[333]) einsetzen, das zur Öffnung der einschlägigen Planungs- und Befehlsdokumente berechtigte.[334] In jeweils gesonderten Dokumenten waren die vorgesehenen Maßnahmen beschrieben sowie der Einsatzplan in chronologischer Reihenfolge zusammengefaßt. Beides mußte fortwährend präzisiert werden und hatte „stets dem aktuellen Stand zu entsprechen". Verantwortlich für Vorbereitung und Durchführung der Mobilmachungsaufgaben für den Gesamtbereich des MfS war der Leiter der Arbeitsgruppe des Ministers (zuletzt Generalmajor Erich Rümmler). Diese Diensteinheit unterhielt u. a. auch speziell ausgebildete Kampfkräfte für „spezifische tschekistische Maßnahmen in ... bestimmten Bereichen des Operationsgebietes", d. h. Sonderkommandos für bewaffnete Einsätze während der Mobilmachungsperiode vor allem in der Bundesrepublik.[335]

Zur Festnahme vorgesehen waren Bürgerrechtler, Friedens- und Umweltaktivisten, in den Kirchen Engagierte, Übersiedlungswillige sowie kritische Marxisten, aber auch Personen, die im Zusammenhang mit Straftaten gegen die allgemeine Sicherheit oder die staatliche Ordnung „operativ bearbeitet" wurden – beispielsweise ehemalige „Spione" oder zu Alkoholkonsum und Gewalt Neigende.[336] Für die unter 4.1.1 und 4.1.3 registrierten Personen hatten die zuständigen Diensteinheiten Auskunftsberichte (auch „Personenerfassung" genannt) und Personalkarten ange-

Festzunehmender Personenkreis

---

329 Vgl. ebd., S. 36.
330 Vgl. Selitrenny 1995, S. 11/12.
331 Vgl. ebd., S. 24.
332 Vgl. Auerbach 1995, S. 14 ff. und 18 ff.
333 Vgl. ebd., S. 35.
334 Vgl. Knabe 1993, S. 26.
335 Vgl. ebd., S. 24/25.
336 Vgl. Auerbach 1995, S. 18 ff. und Knabe 1993, S. 26.

fertigt, um den Verhaftungsgruppen des MfS die Identifizierung der gesuchten Personen zu ermöglichen.³³⁷ Die Festnahmen sollten den Einsatzbefehlen zufolge „schlagartig und konspirativ durchgeführt" und innerhalb von sechzehn Stunden abgeschlossen werden, was eine akribisch bis ins Detail durchdachte Einsatzplanung voraussetzte. Die Festnahmegruppen waren mit Pistolen, Maschinenpistolen, Führungsketten, Schlagstöcken und Taschenlampen ausgerüstet. Festgenommene Personen sollten in die Untersuchungshaftanstalten der MfS-Bezirksverwaltungen eingeliefert werden, wobei alle Vorkehrungen zu treffen waren, um ein mögliches Ausbrechen zu verhindern.³³⁸ Auf dem Gebiet der DDR befindliche Ausländer (incl. Bundesbürger) sollten in spezielle Internierungslager, kritische DDR-Bürger in Isolierungslager gebracht werden.³³⁹

Unterscheidung von Isolierungs- und Internierungslagern

Einzelheiten der Planungen sind unter anderem aus Berlin bekannt geworden, wo ein zentrales Internierungslager in Blankenburg mit einer Gesamtkapazität von 1000 Personen vorgesehen war. Den geplanten Aufbau des Lagers und den Vollzug der Internierung regelte ein Befehl des Präsidenten der Volkspolizei, dem Kartenmaterial, Strukturschema sowie ein handschriftlich mit Namen ausgefüllter Plan für die personelle Besetzung des Lagers als Anlagen beigefügt waren.³⁴⁰ Listen mit weiteren Internierungslagern fanden MfS-Auflöser auch in anderen Bezirken, vor allem in Erfurt. In der Außenstelle Frankfurt/Oder des Bundesbeauftragten für die Unterlagen des Staatssicherheitsdienstes der ehemaligen DDR sind darüber hinaus detaillierte Planungsunterlagen zur Einrichtung von Internierungssammelstellen im Kreis Strausberg (im Gebäude des „Franz-Mehring"-Klubs) und in Eisenhüttenstadt (im Gebäude des Bahnhofsrestaurants „Mitropa") aufgetaucht.

Während genaue Zahlen für den zu internierenden Personenkreis nicht vorliegen,³⁴¹ hatten die Bezirksverwaltungen und acht Hauptabteilungen des MfS im Dezember 1988 ca. 86 000 Personen als „feindlich-negative Kräfte" im Vorbeugekomplex erfaßt.³⁴² Von diesem Personenkreis sollten im Spannungsfall ca. 3000 inhaftiert und etwa 11 000 in Isolierungslagern untergebracht werden.³⁴³ Als potentiell unruhigste Städte galten Karl-Marx-Stadt, Leipzig, Gera und Schwerin; Berlin war bei den Erfassungen im Vorbeugekomplex eher untergewichtet.³⁴⁴

Als Bestimmungsgründe für den zur Inhaftierung in den Isolierungslagern vorgesehenen Personenkreis galten dem MfS folgende von ihm definierte Kriterien:³⁴⁵
- Personen, die der „politisch-ideologischen Diversion" verdächtigt wurden und bestimmte Bevölkerungskreise massiv beeinflussen und zu Handlungen gegen den Staat aufwiegeln könnten;
- vorbestrafte Personen, darunter speziell wegen „Staatsverbrechen und anderer operativ bedeutsamer Straftaten" verurteilte Personen;

---

337 Vgl. Auerbach 1995, S. 27 ff.
338 Vgl. Knabe 1993, S. 27.
339 Vgl. ebd., S. 25.
340 Vgl. ebd., S. 29.
341 Vgl. ebd., S. 28.
342 Vgl. Auerbach 1995, S. 23 f.
343 Vgl. ebd., S. 24.
344 Vgl. ebd., S. 26.
345 Vgl. Knabe 1993, S. 30 f.

Schaubild 13: Insgesamt durch die Bezirksverwaltungen und (acht) Hauptabteilungen des MfS im Vorbeugekomplex erfaßte Personen

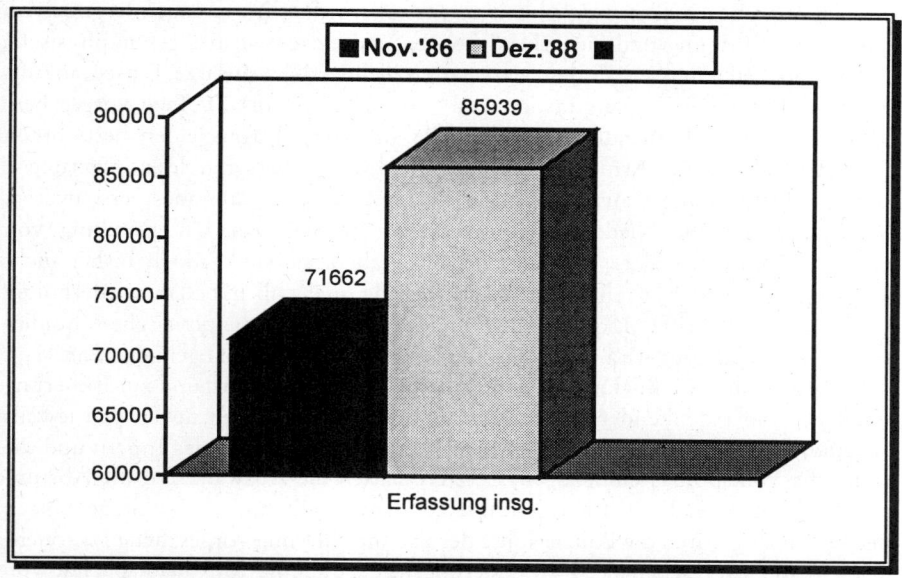

Eigene Grafik, Zahlen nach Auerbach 1995, S. 23

- vorbestrafte Personen, bei denen aufgrund wiederholt begangener Straftaten wie „Rowdytum, Zusammenrottung, öffentliche Herabwürdigung von Partei und Staat und anderer Störungen der öffentlichen Ordnung und Sicherheit" die Begehung erneuter derartiger Handlungen im Verteidigungszustand zu erwarten war;
- Personen, die Ersuchen auf Übersiedlung gestellt hatten und mit Einrichtungen und Kräften im Operationsgebiet (= Bundesrepublik/West-Berlin – KS) in Verbindung standen, derartige Kontaktaufnahmen oder Demonstrativhandlungen angedroht hatten bzw. zu spontanen und unkontrollierten Reaktionen neigten sowie
- Personen, die zu „reaktionären klerikalen Kräften und anderen inneren Feinden in der DDR bzw. zu feindlich-negativen Einrichtungen und Kräften im Operationsgebiet und dem übrigen Ausland" enge, operativ bedeutsame Kontakte unterhielten.[346]

Ziel der Maßnahmen entsprechend der Direktive 1/67 war, innerhalb kürzester Frist Personen und Personengruppen festzunehmen, die unter dem begründeten Verdacht standen, staatsfeindliche Handlungen zu begehen, zu dulden oder davon Kenntnis zu haben, sowie Personen und Personengruppen zu isolieren bzw. unter Kontrolle zu halten, die verdächtigt wurden, „durch ihre Handlungsweise gegen die Sicherheitsinteressen der Deutschen Demokratischen Republik und ihre Verteidigungsbereitschaft zu verstoßen".[347]

---
[346] Vgl. ebd., S. 30.
[347] Vgl. ebd., S. 26.

Geplantes Lagerregime

In den Lagern angekommen, wären die „feindlich-negativen Kräfte" zunächst registriert und erkennungsdienstlich behandelt worden. Ab diesem Zeitpunkt hätten sie sich ohne Beschwerdemöglichkeit einem außerordentlich strengen Regime von „Disziplin, Ordnung und Sicherheit" beugen und extrem anstrengende physische Arbeit verrichten müssen. Zudem waren zusätzliche Arbeitseinsätze, Einschränkungen und Entzug von „Vergünstigungen" sowie Arrest bis 21 Tage vorgesehen. Morgendliche und abendliche Zählappelle und das Tragen einer bestimmten Anstaltskleidung mit Ärmelstreifen und -binden zur besseren Identifizierung[348] sollten Fluchtversuche aus dem Lager verhindern oder zumindest erschweren. Spezielle Pläne zur Niederschlagung von Meutereien, zur Unterbindung von Geiselnahmen etc. soll es ebenfalls gegeben haben, sie sind jedoch bisher nicht aufgefunden worden.[349] Ungeklärt bleibt bislang auch, ob mit dem wiederholten Gebrauch der Begriffe „Liquidierung" und „Vernichtung" die physische Liquidierung von Regimegegnern in zugespitzten Spannungssituationen gemeint war.[350]

In die geplanten Maßnahmen zur Internierung von Ausländern und zur Isolierung politisch Andersdenkender in der eigenen Bevölkerung waren neben den jeweils zuständigen Parteigliederungen und dem MfS das Ministerium des Innern und die Deutsche Volkspolizei einbezogen. Letztere hatten die Auswahl und die Abstimmung der Objekte, die als Internierungslager dienen sollten, vorzubereiten.[351] Nach der Verhaftung durch die Polizei sollte der zur Internierung vorgesehene Personenkreis in die vorgesehenen 35 Internierungslager, die eine Maximalkapazität von 26 000 Personen hatten, gebracht werden.[352] Während die Internierungslager unter Bezug auf das Genfer Abkommen zum Schutz von Zivilpersonen in Kriegszeiten geplant wurden, gab es für die Isolierungslager keine völkerrechtliche Grundlage.

„Isolierungslisten" ständig aktualisiert

Bis kurz vor dem Ende der DDR aktualisierten die zuständigen MfS-Kreisdienststellen ihre Listen über den zur Isolierung bestimmten Personenkreis. Da die Kriterien eher vage formuliert waren, lag es im Ermessen der dezentralen Stellen, eine bestimmte Person zur Beobachtung, zur Festnahme oder zur Isolierung vorzusehen. Die Kreisdienststelle Rudolstadt zum Beispiel legte noch am 27. Oktober 1989 folgenden Bericht zu den Akten: „Der A ist Inspirator, Organisator und Vorbereiter der politischen Plattform ‚Demokratie jetzt'. In Veranstaltungen, die vorwiegend in kirchlichen Einrichtungen stattfinden, ist er ein konsequenter Verfechter der ‚Demokratie jetzt'. A war stets prowestlich eingestellt und lehnte die sozialistische Entwicklung ab. Im gegenwärtigen politischen Dialog sind seine Aktivitäten darauf gerichtet, die führende Rolle der SED zu beseitigen und eine Opposition gegen den sozialistischen Staat zu schaffen. (...) In Spannungssituationen und im VZ (Verteidigungszustand) stellt er einen Unsicherheitsfaktor dar und ist zu isolieren."[353]

Als der Ernstfall eintrat und die DDR ihrem Untergang entgegenging, wurden die Pläne zur Isolierung der politischen Opposition nicht realisiert. Zwar hatte Erich

---

[348] Vgl. Auerbach 1995, S. 97 ff.
[349] Vgl. Knabe 1993, S. 33.
[350] Vgl. Auerbach 1995, S. 126/127.
[351] Vgl. Knabe 1993, S. 28 ff.
[352] Vgl. Auerbach 1995, S. 4.
[353] Zit. nach: Auerbach 1995, S. 28.

Schaubild 14: Auswahl der im Vorbeugekomplex erfaßten DDR-Bürger in einzelnen Bezirken und Städten

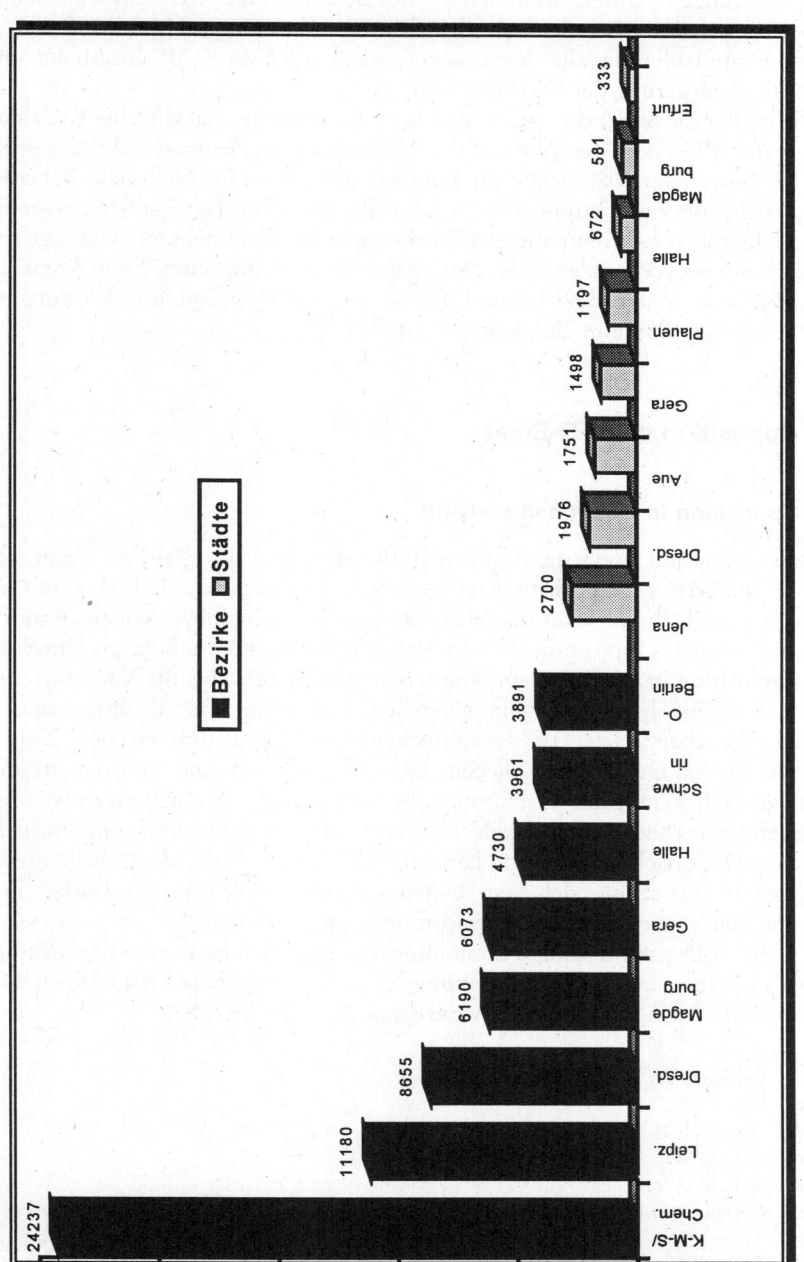

Eigene Grafik, Angaben nach Auerbach 1995, S. 26

Pläne am Ende der DDR nicht realisiert

Honecker in einem Fernschreiben an die 1. Sekretäre der Bezirksleitungen der SED vom 22. September 1989 noch gefordert, „dafür Sorge zu tragen, daß die Organisatoren der konterrevolutionären Tätigkeit isoliert werden. Alle Fragen werden vom Politbüro gründlich verfolgt und zum geeigneten Zeitpunkt zur Entscheidung gestellt ..."[354] Doch blieb diese Anordnung ebenso ohne Folgen wie die von den Bezirksleitungen verfügte Weiterleitung des Befehls an die Kreisleitungen. Selbst in Dresden, wo der erste Sekretär der SED-Bezirksleitung, Hans Modrow, „die konsequente Isolierung aller konterrevolutionären Kräfte ..."[355] anordnete, unterblieb die Realisierung der Direktive 1/67.

Wie prekär die Situation war, verdeutlicht die Tatsache, daß einzelne Kreisdienststellen des MfS bis in den November 1989 hinein ihre Planungen aktualisierten.[356] Am 27. November 1989 befahl die Führung des „Amts für Nationale Sicherheit", die umgehende Vernichtung aller Dokumente und Unterlagen sowie persönlicher Aufzeichnungen zur Kennziffer 4.1 (Vorbeugungsmaßnahmen).[357] Zwei Tage später verfügte der neue Vorsitzende des Nationalen Verteidigungsrates, Egon Krenz: „Die Einsatzleitungen der Bezirke und Kreise der DDR haben mit Wirkung vom 30. November 1989 ihre Tätigkeit einzustellen."[358]

7. Opposition im SED-Staat

a) Opposition in einem halben Land

Opposition und Widerstand in der DDR unterlagen den gleichen Bedingungen wie in anderen realsozialistischen Regimen, in denen die Diktatur mit ihrer Ideologie und ihren institutionellen Strukturen prinzipiell keinen Raum für Opposition ließ. Oppositionelle Gruppen[359] im Ostblock mußten im Unterschied zur Opposition in westlich demokratischen Staaten zunächst die Voraussetzungen für ihre eigene legale Existenz herstellen, indem sie das Machtmonopol der kommunistischen Partei zu durchbrechen versuchten. Ihre eigenen Ziele zur Gestaltung der Gesellschaft blieben dabei oft unscharf und kreisten bis in die sechziger Jahre in ganz Osteuropa überwiegend um Vorstellungen von einer Erneuerung des Sozialismus durch eine Reform der herrschenden kommunistischen Parteien. Die Errichtung einer parlamentarischen Demokratie mit Gewaltenteilung, Rechtsstaat etc. schlug sich erst in den siebziger Jahren wieder stärker in der Programmatik osteuropäischer Oppositionsgruppen nieder.[360]

Opposition aus SED-Sicht ohne Existenzberechtigung

Für die SED wie für andere kommunistische Parteien hatte eine Opposition im Sozialismus keinerlei Existenzberechtigung. Im parteioffiziellen „Kleinen Politischen Wörterbuch" schrieb ein „Autorenkollektiv der SED":

---

354 Vgl. Dokument 8, in: Selitrenny 1995.
355 Vgl. ebd.
356 Vgl. Auerbach 1995, S. 131.
357 Vgl. ebd., S. 147.
358 Vgl. ebd., S. 147/148.
359 Zur Definition von Opposition vgl. z. B. Klokocka/Ziemer 1986, S. 305 ff. und Woods 1986, S. 17 ff.
360 Vgl. Arato 1990.

„In sozialistischen Staaten existiert für eine Opposition gegen die herrschenden gesellschaftlichen und staatlichen Verhältnisse keine objektive politische oder soziale Grundlage. Da die sozialistische Staatsmacht die Interessen des Volkes verkörpert und seinen Willen verwirklicht, die Staatsmacht tatsächlich vom Volk ausgeht, der Erhaltung des Friedens, dem Aufbau des Sozialismus und damit der kontinuierlichen Entfaltung umfassender Demokratie sowie der ständig besseren Befriedigung der materiellen und ideellen Lebensbedürfnisse aller Werktätigen dient, richtet sich jegliche Opposition gegen die sozialistische Gesellschaftsordnung gegen die Werktätigen selbst."[361]

Im Unterschied zu den anderen osteuropäischen Staaten entstand durch die Teilung Deutschlands in der DDR ein „Sozialismus in einem halben Land".[362] Dieser Umstand hatte wesentliche Auswirkungen auf Opposition, Dissidenz und Widerstand wie auch auf den Bestand der Diktatur selbst. Die Teilung Deutschlands bedingte zunächst, daß die DDR ihre Existenz zwar durchaus als „besserer deutscher Staat" zu rechtfertigen suchte, eine gesellschaftliche Integration auf nationaler Grundlage aber ausgeschlossen blieb. Dies führte von Beginn an zu einer hohen Instabilität der DDR; ihre Existenz als Staat konnte 1961 nur durch den Bau der Mauer aufrechterhalten werden. Die innergesellschaftliche Repression stand insoweit nicht nur im Zusammenhang mit den üblichen Mechanismen einer sozialistischen Diktatur, sondern auch mit der gewaltsam erzwungenen Aufrechterhaltung deutscher Zweistaatlichkeit.[363] Neben der Politik der Sowjetunion und des westlichen Bündnisses wirkten auch Regierungen, Verbände und Bürger der Bundesrepublik auf die inneren Verhältnisse der DDR mit ein. Sowohl Adenauers „Politik der Stärke" in den fünfziger Jahren als auch die spätere Entspannungspolitik Brandts hatten wesentlichen – fördernden wie hemmenden – Einfluß auf die Bedingungen und Möglichkeiten politischer Opposition in der DDR.

„Sozialismus in einem halben Land"

Die innerdeutschen Kontakte und Beziehungen und die hieraus resultierende wechselseitige Beeinflussung verhinderten von 1945 bis 1989 eine von der SED-Führung immer wieder versuchte vollständige Abschottung ihres Staates.[364] So gab es z. B. für die DDR-Bewohner bis 1961 die Möglichkeit der Flucht nach West-Berlin und Westdeutschland. Nach dem Mauerbau war diese nur unter Lebensgefahr möglich, erst in den achtziger Jahren nahm die Zahl legaler wie illegaler Ausreisen wieder stark zu. Wer die DDR in Richtung Bundesrepublik verließ, kam zwar auch in eine ihm fremde Gesellschaft, allerdings erleichterten Sprache und gemeinsame kulturelle Wurzeln die Eingewöhnung. Die Ausreise aus der DDR blieb damit im Vergleich zu anderen osteuropäischen Ländern in höherem Maße eine Alternative zu dem mit großen Gefahren verbundenen Versuch, politische Opposition zu begründen und zu entfalten.

Innerdeutsche Kontakte verhindern vollständige Abschottung

Im Unterschied zu den anderen osteuropäischen Staaten war die DDR ebenso wie die Bundesrepublik Nachfolgestaat des nationalsozialistischen Deutschen Reiches.[365] Dessen rassistischem Vernichtungskrieg verdankte die DDR ihre Existenz. Die Auseinandersetzung mit der selbst zu verantwortenden nationalsozialistischen

---

[361] KPW 1967, S. 471.
[362] Vgl. Staritz 1975.
[363] Vgl. Fricke 1984.
[364] Vgl. Garton Ash 1993.
[365] Vgl. Torpey 1995, Joppke 1995 und Jander 1996.

Vergangenheit spielte in beiden deutschen Staaten und deshalb auch für die Opposition in der DDR eine nicht zu unterschätzende Rolle. Ein umstandsloser Rückgriff auf Traditionen und Vorbilder von vor 1945 war für Oppositionelle in der DDR nur schwer möglich. Diese besonderen „deutschen" Verhältnisse prägten auf je verschiedene Weise die im historischen Verlauf zu unterschiedlichen Anlässen und Konflikten sich herausbildende DDR-Opposition. Obwohl Opposition und Widerstand im Verlauf ihrer vierzigjährigen Geschichte nicht einheitlich beschreibbar sind, lassen sich doch wesentliche gemeinsame Ursachen und Entstehungsgründe benennen:[366]

Ursachen für Entstehung der Opposition

- Die sozial-ökonomische und politische Ordnung der DDR war großen Teilen der Bevölkerung gegen ihren Willen aufgezwungen worden. Die enge wirtschaftliche und politische Einbindung der DDR in den von der Sowjetunion geführten Ostblock und die Erinnerung an deren Rolle als Besatzungsmacht ließen das politische System als fremdbestimmt erscheinen und erschwerten der Mehrheit der DDR-Bürger die Identifizierung.
- Die Parteiherrschaft war nicht demokratisch legitimiert. Bis in die sechziger Jahre hinein versuchte die SED, diese Legitimationslücke vorwiegend mit dem Hinweis auf eine zukünftig bessere Gesellschaft zu überdecken. In den siebziger und achtziger Jahren strebte sie danach, Zustimmung durch wirtschaftlichen Fortschritt und wachsenden Lebensstandard zu gewinnen. Die schrumpfende Bedeutung sozialistischer Utopie für die Politik der SED brachte gleichzeitig auch bei „Parteigängern" eine partiell kritische oder resignative Haltung gegenüber dem System hervor.
- Die Teilung des Landes als Folge der zerfallenden Anti-Hitler-Koalition nach dem Krieg und die damit offene deutsche Frage verhinderte die Mobilisierung nationaler Energien für die Stabilisierung des Regimes.
- Besonders bei der „marxistisch" erzogenen Jugend führte der Widerspruch zwischen den Idealen der Theorie und der Wirklichkeit des Sozialismus immer wieder zu grundsätzlicher immanenter Kritik am System.
- Durch die Westmedien vermittelte Informationen über den Lebensstandard und die politische Freiheit jenseits der Mauer förderten den Vergleich mit den Leistungen des eigenen Systems und ließen eine latente Unzufriedenheit entstehen, die in den Augen großer Teile der Bevölkerung ökonomische Anstrengungen des SED-Regimes immer wieder relativierte.

Am Umgang der SED mit politischer Opposition hat sich bis zum Ende der DDR viel und gleichzeitig wenig geändert. Zweifellos war er in den vierziger und fünfziger Jahren in höherem Maße von Terror und Gewalt gekennzeichnet als in der Ära Honecker. Trotz dieser Veränderungen ging die Parteiführung bis zum Zusammenbruch des Regimes davon aus, daß der vollständige Führungsanspruch der Partei umfassend durchgesetzt werden müsse. Innere Widersprüche der Diktatur begriff die SED nicht als hausgemachte Krisenphänomene, denen mit den Mitteln politischer Reform zu begegnen wäre. Sie definierte Opposition und Kritik auch noch in den siebziger und achtziger Jahren als Erscheinungen, die dem „Erbe des Kapitalismus" zuzurechnen seien, oder durch „imperialistische Kreise und Diversions-

SED: Imperialismus nutzt Reste kapitalistischen Bewußtseins

---

[366] Vgl. Weber/Koch 1983, S. 142/143.

zentralen" von außerhalb in die DDR hineingetragen wurden. Hermann Axen charakterisierte dieses Verständnis von Opposition in der DDR mit folgenden Worten:

> „Das Vorhandensein einzelner feindlicher Elemente ist kein gesetzmäßiges Produkt der inneren Entwicklung unseres Landes. Früher, als die Frage „Wer – wen?" nicht entschieden war, gab es noch eine soziale Basis für antisozialistische Gruppen. Heute dagegen nicht mehr. Aber es gibt einzelne Feinde des Sozialismus. Das hat seine Gründe. Die Überwindung der materiellen und politischen Grundlagen des Kapitalismus erfolgt rasch und umfassend. Aber die Überwindung der bürgerlichen Ideologie und Moral, der Überreste des Kapitalismus im Bewußtsein der Menschen, dauert lange. Diese Überreste des Kapitalismus im Bewußtsein werden von außen, vom Imperialismus, ständig, und insbesondere jetzt als Bestandteil der von aggressiven Kreisen gegen die Entspannung betriebenen Gegenattacken, verstärkt gefördert. Die imperialistischen Diversionszentralen nutzen die rückständigen und reaktionären Einstellungen einzelner Menschen aus."[367]

Wegen ihres anhaltenden Mißtrauens gegenüber der Gesellschaft installierte die SED zur Sicherung ihres Führungsanspruchs eine Vielzahl von Verfahren und Regelungen, die jede oppositionelle Regung möglichst prophylaktisch ausschalten sollten. Die fortgesetzte Ausdehnung des Sicherheitsapparates, Zensurmaßnahmen, eine dichte Staatsschutzgesetzgebung, aber auch politisch-psychologische Disziplinierungen, z. B. durch das Statut der SED, dienten diesem Zweck. An der Entwicklung des politischen Strafrechts wird der Trend zur umfassenden und vorsorglichen Eindämmung bzw. Ausschaltung der Opposition ebenfalls deutlich. Gerade in der Phase der Entspannungspolitik und der wachsenden internationalen Anerkennung der DDR dehnte die SED die politischen Straftatbestände aus und verschärfte die Überwachung und Verfolgung politisch Andersdenkender.[368] Hinzu kamen barbarische Haftmethoden (Dunkelarrest, Kälte, Minimum an Ernährung, Schlafentzug, Schikanen) in Gefängnissen wie Bautzen und Hohenschönhausen, die Menschen physisch und psychisch brechen sollten.

b) Grundformen des antitotalitären Widerstandes

Wie bereits angedeutet, kann von Opposition im westlichen Sinne in der DDR wie generell in Osteuropa nicht gesprochen werden. Eine legale Grundlage für Opposition existiert in totalitären Systemen nicht. Da zwischen einzelnen Formen dieser spezifischen Opposition aber durchaus erkennbare Unterschiede zu verzeichnen sind, ist es üblich, hierfür unterscheidbare Bezeichnungen zu verwenden, die aus der Widerstandsforschung des Nationalsozialismus übernommen werden.[369]

Als „bewußte politische Opposition"[370] werden Aktivitäten bezeichnet, „die (...) bewußt gegen die Parteidiktatur gerichtet waren, ihre Untergrabung und ihren schließlichen Sturz anstrebten und daher notwendig von vornherein illegal waren und konspirativ betrieben werden mußten."[371] Davon unterscheidbar sind Aktivitäten, „die sich ohne politische Flagge konkret und relativ offen gegen die Eingriffe

---

[367] Axen 1979, S. 264.
[368] Vgl. Fricke 1984, S. 15 f.
[369] Vgl. Kowalczuk 1995a und Neubert 1997, S. 25 ff.
[370] Vgl. Löwenthal 1982, S. 11.
[371] Ebd.

in das gesellschaftliche Leben und seine Organisationen richteten – in den Betrieben und auf dem Lande, in den Kirchen und in der Nachbarschaft".[372] Sie lassen sich als „gesellschaftliche Verweigerung" oder auch als „Resistenz"[373] kennzeichnen. Von diesen beiden Formen läßt sich als gesondertes Handeln eine bewußte Ablehnung der verordneten Weltanschauung in Teilen von Literatur, Kunst und Wissenschaft unterscheiden, die durch ihre Wirkung dazu beiträgt, das Bewußtsein wichtiger Minderheiten zu beeinflussen und als „weltanschauliche Dissidenz"[374] bezeichnet wird.

Opposition, Dissidenz und Verweigerung

Opposition, Dissidenz und Verweigerung in totalitären Systemen charakterisieren verschiedenartige Verhaltensformen von einzelnen oder Gruppen, die in unterschiedlicher Intensität auf die Wiederherstellung oder den Schutz gesellschaftlicher Räume gerichtet sind, die die Voraussetzung von Politik als kommunikatives, durchdachtes gemeinsames Handeln von Menschen bilden. Zumindest geht es diesen Widerstandsformen um die Verteidigung begrenzter Sphären privater Autonomie und Handlungsfreiheit, die dem Wirkungsbereich totalitärer Politik Schranken setzen.[375] Wo eine Verfassung, Öffentlichkeit, Recht, Gewaltenteilung, intermediäre Gewalten etc., aber auch Individualität und Gewissen als Mindeststandards einer gesellschaftlichen Integration nicht existieren, kann es auch keine Politik in einem öffentlichen Raum geben. Opposition, Verweigerung und Dissidenz kennzeichnen in diesem Fall unterschiedliche Vorformen der Wiederherstellung von Politik.[376]

c) Historische Erscheinungsformen der Opposition

Trotz des Versuchs der SED, das politische System und die Gesellschaft hermetisch gegen Kritik abzuriegeln, gab es in der DDR immer wieder unterschiedliche Formen von Opposition, Selbstbehauptung und gesellschaftlicher Verweigerung.[377] In den vierziger und fünfziger Jahren bis zum Mauerbau entstanden Opposition und Widerstand – abgesehen von Überbleibseln nationalsozialistischen Denkens – vorwiegend als Reaktion auf die Durchsetzung der sich selbst als antifaschistisch-demokratisch und später sozialistisch definierenden Diktatur. Sozialdemokraten wehrten sich gegen die Vereinigung mit der KPD und stellten sich dem Ostbüro der SPD für Kooperation zur Verfügung,[378] Protest und Widerstand formierten sich gegen Bodenreform[379] und Enteignung[380], gegen die Gleichschaltung der Parteien,[381] für Freiheit von Forschung und Lehre,[382] für freie Wahlen[383] wie auch gegen den Umbau der Gewerkschaften und der Betriebsräte in

---

372 Ebd.
373 Vgl. Broszat 1981, S. 691 ff.
374 Vgl. Löwenthal 1982, S. 11.
375 Vgl. Joppke 1995.
376 Vgl. Arendt 1994, S. 201 ff.
377 Vgl. Fricke 1964, Fricke 1971, Fricke 1984, Weber/Koch 1983 sowie Staritz 1987.
378 Vgl. Fricke 1984, S. 31 ff., Buschfort 1991 und Rieke 1994.
379 Vgl. Fricke 1984, S. 27 f. und 129 ff.
380 Vgl. ebd., S. 28 f.
381 Vgl. ebd., S. 47 ff. und Frölich 1994.
382 Vgl. Ammer 1969.
383 Vgl. Enquete-Kommission 1995, S. 571.

„Transmissionsriemen" der Partei.[384] Die unterschiedlichen Motive und Proteste kulminierten im Volksaufstand vom 17. Juni 1953. Nicht vergessen werden darf darüber hinaus die Verfolgung der Kirchen[385] und die Repression gegen Vertreter eines „marxistischen Revisionismus" im Gefolge des XX. Parteitages der KPdSU.[386] Bis zum Mauerbau verließen zudem ungefähr 3,5 Millionen Menschen die DDR.[387]

Unterschiedliche Motive

In den sechziger Jahren schien sich die DDR innenpolitisch zu stabilisieren, jedenfalls waren ihre inneren Konflikte nicht mehr so deutlich sichtbar. Mit dem Bau der Mauer entstand eine neue Form gesamtdeutsch orientierter Opposition gegen die SED: Sperrbrecher und Fluchthelfer.[388] Hinzu kam der Konflikt, den die Parteispitze 1965 mit kritischen Intellektuellen im Rahmen des 11. Plenums des ZKs austrug.[389] Wolf Biermann, Stefan Heym und Robert Havemann befanden sich fortan in der Rolle politischer Dissidenten. Sie nahmen die Themen der „revisionistischen Opposition" aus den fünfziger Jahren auf und hofften auf einen „Sozialismus mit menschlichen Anlitz".[390] Mit dem „Leipziger Beataufstand" (1965) und ähnlichen Jugendunruhen in anderen Städten[391] meldete sich eine junge Generation zu Wort,[392] die nicht mehr gewillt war, sich dem Verhaltenskodex der Partei bedingungslos zu beugen. Hiervon ausgehend entwickelte sich am Rande der protestantischen Kirche eine später bedeutsame Öffnung für soziale Randgruppen.[393] Ebenfalls meist aus christlichen Motiven entstand in diesen Jahren die „Bewegung" der Bausoldaten,[394] die den Dienst an der Waffe ablehnten und als „Spatentrupp" in der NVA dienten. Das Jahr 1968 schließlich erschütterte zwar die DDR vom Osten wie vom Westen her, jedoch nur geringfügig im Innern des Systems.[395]

Auch in der ersten Hälfte der Ära Honecker schien die DDR innenpolitisch vorwiegend stabil. Mit ihrer steigenden internationalen Anerkennung bildete sich nach Helsinki aber eine neue Form von Opposition, die „Abstimmung mit dem Ausreiseantrag" heraus, was erneut den Charakter der DDR als „halbes Land" unterstrich.[396] Innenpolitisch verunsicherten die Ausbürgerung des Poeten und Sängers Biermann, der Hausarrest Robert Havemanns und später die Verhaftung von Rudolf Bahro und die hierdurch hervorgerufenen internationalen Proteste das System.[397] Wie sehr es in der Jugend gärte, zeigte sich u. a. 1977 bei einer Massenschlägerei zwischen Volkspolizei und Jugendlichen auf dem Berliner Alexander-

„Abstimmung mit dem Ausreiseantrag"

---

384 Vgl. Fricke 1984, S. 82 ff.
385 Vgl. Fricke 1984, S. 71 ff. und Wentker 1994, S. 95 ff.
386 Vgl. Fricke 1984, S. 105 ff., Enquete-Kommission 1995, S. 576 ff., Jänicke 1964, Kantorowitz 1968 und Müller-Enbergs 1991.
387 Vgl. Wendt 1991, S. 386 ff.
388 Vgl. Fricke 1984, S. 138 ff. und Enquete-Kommission 1995, S. 578 f.
389 Vgl. Fricke 1984, S. 158 ff.
390 Vgl. Hoffmann 1991, S. 191 ff.
391 Vgl. Ehring/Dallwitz 1982, S. 92.
392 Vgl. Fricke 1984, S. 139 f.
393 Vgl. Rüddenklau 1992, S. 25 ff. und Neubert 1997, S. 183 ff.
394 Vgl. Eisenfeld 1978, Koch/Eschler 1994, Enquete-Kommission 1995, S. 579 und Neubert 1997, S. 191 ff.
395 Vgl. Fricke 1984, S. 148 f.
396 Vgl. Fricke 1984, S. 162 ff., Enquete-Kommission 1995, S. 582 und Eisenfeld 1995a, S. 192 ff.
397 Vgl. Fricke 1984, S. 150 ff., Enquete-Kommission 1995, S. 583.

platz.[398] Proteste gegen die allgemeine Militarisierung der Gesellschaft (1978 führte die SED den obligatorischen Wehrunterricht ein), Forderungen nach einem „sozialen Friedensdienst" als Alternative zum Wehrdienst und anderes waren das Ferment für die Bildung von Diskussionskreisen in den evangelischen Kirchen, die sich vorwiegend mit der Friedensproblematik beschäftigten und aus denen später „informelle Gruppen" als Keimzellen der Opposition entstanden.[399]

Kirchliche Friedenskreise Keimzellen der Opposition

Oppositionelles Engagement und sichtbarer Widerspruch blieben allerdings auch in den achtziger Jahren eher eine Randerscheinung.[400] Zwar existierte weiterhin ein fundamentaler Widerspruch zwischen SED und Gesellschaft, aber es gab keine breite gesellschaftliche Opposition, die vor diesem Hintergrund auf Veränderung drängte. Stattdessen organisierten sich in der zweiten Hälfte der Ära Honecker bis zu dessen Rücktritt im Oktober 1989 die wenigen sozialistischen Kritiker der DDR zusammen mit dem sehr viel breiteren christlich-pazifistischen Milieu in „informellen Gruppen".[401] Der breite Strom derjenigen, die keine Chance zur Veränderung der DDR sahen und eine Verbesserung ihrer Lage durch Verlassen des Landes zu erreichen glaubten, fand nur in seltenen Fällen zu eigenständiger Organisation.

Mit den Veränderungen in der Sowjetunion durch Gorbatschow entstanden Schritt für Schritt Vorformen einer politischen Opposition. Auf ihre Herausbildung und ideelle und moralische Prägung hatten sozialistische Kritiker der SED-Herrschaft maßgeblichen Einfluß. Nicht zufällig wurde das „Neue Forum" im September 1989 auf dem Grundstück Robert Havemanns in Grünheide bei Berlin gegründet. Den entscheidenden Auftrieb erhielten die informellen Oppositionsgruppen durch ihren Protest gegen die von der SED betriebene Fälschung der Kommunalwahlen im Mai 1989. Die breite Resonanz in der DDR-Bevölkerung ermutigte sie zu weiteren Aktivitäten. Die Gruppen traten jedoch erst aus dem Schatten der Kirche, als der Massenexodus über Ungarn und die Botschaftsflüchtlinge in Prag die Grundfesten des SED-Staates erschütterten.

Protest gegen Fälschung der Kommunalwahlen 1989 stärkt Opposition

d) Wandel von Trägern und Motiven der Opposition

So deutlich im nachhinein die unterschiedlichen Formen von Opposition und Widerstand in der DDR als Reaktionen auf die Durchsetzung der SED-Diktatur und ihre Unfähigkeit zu politischer Reform zu erkennen sind, so wenig sind sie durch eine Identität ihrer Träger oder gar gemeinsame Motive und Absichten gekennzeichnet.[402] Ihre Gemeinsamkeit ergab sich oft lediglich aus dem gleichen Gegenüber: der totalitären Partei- und Staatsmacht. Selbst in den vierziger und fünfziger Jahren bestimmten unterschiedliche Motive die verschiedenen Oppositionsgruppen. Während die einen gegen die Gleichschaltung der „bürgerlichen" Parteien CDU und LDPD kämpften und für eine parlamentarische Republik eintraten, orientierten sich innerparteiliche Gegner Ulbrichts an einem reformierten Sozialismusmodell. Beide Strömungen hatten nicht viel gemein.[403]

---

[398] Vgl. Winkler 1983, S. 117 ff.
[399] Vgl. Ehring/Dallwitz 1982, S. 92, Enquete-Kommission 1995, S. 583 ff., Knabe 1996, S. 23 ff. und Neubert 1997, S. 299 ff.
[400] Vgl. Jander 1996.
[401] Vgl. Gutzeit 1993.
[402] Vgl. Jander/Schroeder 1996.
[403] Vgl. Fricke 1964, S. 167.

Im Laufe der 41jährigen Existenz der DDR wandelten sich allein schon als Folge der gesellschaftlichen Veränderungen die Träger der Opposition wie auch ihre Ziele. Bürgertum und (Einzel-)Bauern wurden durch Entnazifizierung und Enteignung wirtschaftlich ausgeschaltet und als politische und kulturelle Eliten und soziale Gruppen geschwächt bzw. vertrieben. Daneben resultierte ein Wandel aus Anpassungs- und Lernprozessen der totalitärer Herrschaft unterworfenen Bürger. Diese richteten nach den negativen Erfahrungen des 17. Juni 1953 und des 13. August 1961 ihre Kritik nun auf die geringe ökonomische Effizienz des Systems, die fortbestehenden Einschränkungen demokratischer Teilhabe und die fehlende Freizügigkeit.[404] Die Abschottung der DDR, die den Ausweg der Flucht weitgehend versperrte, löste unter der Mehrheit der Bevölkerung, die sich fortan wohl oder übel in das System einpassen mußte, tiefe Resignation aus. Im Unterschied zu Polen, Ungarn und der Tschechoslowakei erlangten linke Kritiker der SED innerhalb und außerhalb der herrschenden Partei keinen bestimmenden politischen Einfluß. In der Bundesrepublik dagegen wurden in den fünfziger und sechziger Jahren innerparteiliche Kritiker wie Harich und in den siebziger und achtziger Jahren linke Dissidenten und Bürgerrechtler wie Biermann, Heym, Havemann oder Bahro stark beachtet. Deren Hoffnung aber, eine sich reformierende SED erhöhe die Attraktivität der DDR im Westen und ließe somit ein demokratisch-sozialistisches Gesamtdeutschland in greifbare Nähe rücken, blieb eine einsame Idee.[405]

Während sich in den ostmitteleuropäischen Ländern 1956 (Polen und Ungarn) und 1968 (Tschechoslowakei) Teile der herrschenden Partei mit der Bevölkerung gegen das sowjetische Modell des Sozialismus verbündeten, um einen besonderen nationalen und demokratischen Sozialismus aufzubauen, gab es in der DDR (und in der Bundesrepublik) zwar durchaus Bestrebungen, die nationales Gedankengut mit sozialistischen oder kommunistischen Reformansätzen verbanden, doch eine relevante gesellschaftliche Bedeutung erreichten sie nicht.[406]

Die entstehenden kleinen informellen Gruppen in der DDR thematisierten einzelne Mißstände, stellten aber im Gegensatz zur Opposition in anderen osteuropäischen Ländern weder auf lokaler noch auf zentraler Ebene die Machtfrage. Außerdem gab es keinen „pragmatischen Dissens", d. h. es fehlte an Stimmen aus dem Milieu der Wissenschaftler und Techniker, die gegen die Parteilinie größere Effektivität oder wirtschaftlichen Fortschritt einforderten.[407]

e) Formierung und Krise einer politischen Opposition

Im Laufe des Jahres 1989 geriet die DDR unter starken außenpolitischen Druck.[408] Vor allem die Abkehr der Sowjetunion von der Breschnew-Doktrin und die beginnenden Veränderungen in Polen und Ungarn schufen neue Bedingungen für die realsozialistischen Länder und öffneten vorher verschlossene Ventile. Der Reformprozeß in Ungarn z. B. hatte am 2. Mai des Jahres zum Abbau der Zäune an der Grenze zu Österreich geführt. Die ungarische Führung ermöglichte

---

[404] Vgl. Weber/Koch 1983, S. 133.
[405] Vgl. Prieß 1996, S. 139 ff. und Feher/Heller 1985.
[406] Vgl. Garton Ash 1990, S. 72 ff.
[407] Vgl. Woods 1986, S. 21 ff.
[408] Vgl. Garton Ash 1993, S. 503 ff., Jarausch 1995, S. 29 ff.

DDR-Bürgern, die sich dort aufhielten, später sogar die Ausreise. Die Regierung der Bundesrepublik hatte zwar durch Verhandlungen mit Ungarn diesen Prozeß beschleunigt, erklärte jedoch weiterhin, an einer Destabilisierung der Lage in der DDR nicht interessiert zu sein. Doch selbst die außenpolitischen Schwierigkeiten führten erstaunlich lange zu keiner Veränderung der Politik der SED.

Opposition: aus der Kirche in die Öffentlichkeit

Die „informelle Opposition" dagegen begann im Sommer 1989, sich in großem Maßstab außerhalb der Kirchen politisch zu organisieren.[409] Bis zu diesem Zeitpunkt hatte das nur die Anfang 1986 gegründete „Initiative Frieden und Menschenrechte" getan.[410]

Im Juli 1989 bildete sich eine Initiative zur Wiedergründung einer sozialdemokratischen Partei (SDP), die am 7. Oktober vollzogen wurde.[411] Zur wichtigsten oppositionellen Gruppierung entwickelte sich sehr schnell das am 9. September 1989 gegründete „Neue Forum", dessen Aufruf „Aufbruch 89" mehr als 200 000 Menschen unterzeichneten. Dieser wandte sich „gegen die gestörte Kommunikation zwischen Gesellschaft und Staat" und forderte einen „öffentlichen Dialog über die entstandenen Probleme", um in der DDR endlich eine politische Willensbildung von unten nach oben durchzusetzen.[412] Als weitere wichtige Neugründungen sind vor allem „Demokratie Jetzt" (DJ) und „Demokratischer Aufbruch – sozial und ökologisch" (DA) zu nennen. Das oppositionelle Spektrum zersplitterte in der Folgezeit in weitere Gruppen und Kleinparteien.

Parteien und Bürgerbewegungen

Die Perspektive unterschiedlich gedachter Demokratisierung der DDR und der Beibehaltung der deutschen Zweistaatlichkeit war dabei nahezu allen gemeinsam.[413] Wie jedoch die demokratische Umgestaltung von Staat und Gesellschaft vor sich gehen sollte und welche Rolle die oppositionellen Gruppen sich selbst dabei zumaßen, war umstritten. Unterscheidbar waren Gruppierungen, die eine parlamentarische Demokratie anstrebten (Sozialdemokratische Partei, Demokratischer Aufbruch, Grüne Partei) und sich selbst parteiförmig konstituierten, Bürgerbewegungen, die als kritisches Ferment einer zu erreichenden demokratischen Gesellschaft wirken wollten (Initiative Frieden und Menschenrechte, Neues Forum und Demokratie Jetzt), sowie eine sozialrevolutionäre Plattform, die auf eine revolutionäre Erneuerung des Sozialismus zielte (Vereinigte Linke).[414] Die Differenzen wurden unübersehbar deutlich zwischen der Gruppe Vereinigte Linke, die eine Neuformulierung des Kommunismus als weltweite Perspektive beabsichtigte („Hier geht es nicht allein um die Zukunft realsozialistischer Länder, sondern auch um die Frage, inwieweit solche Länder aus sich selbst heraus fähig sind, die weltweite Perspektive des Kommunismus zu rehabilitieren und als Alternative für die beiden anderen Welten wieder sichtbar auf die Tagesordnung zu setzen"[415]), und den Initiatoren der Sozialdemokratischen Partei. Letztere riefen zu folgenden Orientierungen auf: „Rechtsstaat und strikte Gewaltenteilung, Parlamentarische Demokratie

---

[409] Vgl. Neubert 1997, S. 833 ff.
[410] Vgl. Rüddenklau 1992, S. 51 ff.
[411] Vgl. Wuttke/Musiolek 1991, S. 17 und 58.
[412] Vgl. ebd., S. 55.
[413] Vgl. z. B. die Beiträge in Findeis/Pollack/Schilling 1994.
[414] Vgl. Knabe 1990, S. 26 ff.
[415] Vgl. Rein 1989, S. 113.

und Parteienpluralität, relative Selbständigkeit der Regionen, Kreise, Städte und Kommunen, soziale Marktwirtschaft mit striktem Monopolverbot, Demokratisierung des Wirtschaftslebens, Freiheit der Gewerkschaften und Streikrecht."[416]

Unter dem Eindruck zerfallender Machtstrukturen versuchten die Oppositionsgruppen, in die politische Offensive zu kommen. Am 4. Oktober veröffentlichten alle bereits landesweit konstituierten Gruppen gemeinsam eine Erklärung, in der sie ihre Mindestforderungen erläuterten: „Uns verbindet der Wille, Staat und Gesellschaft demokratisch umzugestalten. Es kommt darauf an, einen Zustand zu beenden, in dem Bürgerinnen und Bürger dieser Gesellschaft nicht die Möglichkeit haben, ihre politischen Rechte so auszuüben, wie es die Menschenrechtskonventionen der Vereinten Nationen und die KSZE-Dokumente verlangen."[417] In der Erklärung forderten die Gruppen die Freilassung der politischen Gefangenen, die Aufhebung von Urteilen und die Einstellung laufender Ermittlungsverfahren. Darüber hinaus plädierten sie für eine öffentliche Diskussion darüber, „welche Mindestbedingungen für eine demokratische Wahl eingehalten werden müssen", sowie für die Abhaltung der nächsten Wahlen unter Kontrolle der UNO.[418]

Erklärung vom 4. Oktober

Der 40. Jahrestag der DDR brachte entscheidende Veränderungen. Nachdem Anfang Oktober in Dresden die Durchfahrt von Zügen mit DDR-Flüchtlingen aus der Botschaft der Bundesrepublik in Prag heftige Auseinandersetzungen zwischen Demonstranten und Polizei ausgelöst hatte,[419] und in der Nacht vom 7. auf den 8. Oktober in Berlin Demonstranten für ihre Forderungen (u. a. nach Zulassung des Neuen Forum) brutal niedergeknüppelt worden waren,[420] wendete sich ab dem 9. Oktober das Blatt. Die SED schreckte in Leipzig im letzten Moment vor einer gewaltsamen Auflösung der mit 70 000 Teilnehmern größten „nichtorganisierten" Demonstration in der DDR seit 1953 zurück. Der Erfolg der Demonstranten stellte einen Wendepunkt in der Geschichte des SED-Staates dar. Der totalitäre Machtanspruch der Partei konnte fortan nicht mehr durchgesetzt werden.[421] Am 11. Oktober ließ das Politbüro in einer Erklärung zwischen den Zeilen erkennen, die SED suche nunmehr den Dialog mit den Bürgern.[422]

Im Oktober wurden die Gruppen der Opposition vorerst zum Sprachrohr der Bevölkerung. Auf die zunächst bei den Demonstrationen in Leipzig und Dresden zu hörenden Forderungen „Wir wollen raus!" folgten die Rufe „Wir bleiben hier!", „Neues Forum zulassen!" und „Wir sind das Volk!". Die Fluchtbewegung hielt zwar weiter an,[423] sie wurde Anfang Oktober jedoch durch eine gewaltfreie Protestbewegung ergänzt. Die Demonstrationen der Bevölkerung rissen nicht mehr ab. Hatten in Leipzig am 9. Oktober etwa 70 000 Menschen demonstriert, so waren es eine Woche später ca. 120 000 und an den nächsten Montagen jeweils mehrere

Leipziger Demonstration

---

[416] Ebd., S. 88.
[417] Vgl. Zimmerling 1990, Bd. 1, S. 72.
[418] Vgl. ebd.
[419] Vgl. Bahr 1990, Krohmer 1990, Liebsch 1989 und Flach 1993.
[420] Vgl. Mitter/Wolle 1993 und Schnauze! Gedächtnisprotokolle 7. und 8. Oktober 1989, Berlin 1990.
[421] Vgl. Schneider, W. 1990, Tetzner 1990 und Findeis/Pollack/Schilling 1994, S. 192 ff.
[422] Vgl. Zimmerling 1990, Bd. 1, S. 103.
[423] Vgl. Jarausch 1995, S. 29 ff.

hundertausend Menschen.⁴²⁴ Proteste und Demonstrationen fanden seit der Ankündigung des Dialogs jedoch nicht nur in Leipzig und Dresden statt, sie erfaßten die ganze DDR.⁴²⁵ Am 18. Oktober mußte Erich Honecker zurücktreten.

Die Flüchtlingswelle erreichte – wie die Anzahl der Demonstrationsteilnehmer – im November 1989 ihren Höchststand. Im Juli verließen etwa 12 000 Menschen die DDR in Richtung Bundesrepublik, im August ca. 21 000, im September 33 000, im Oktober 57 000 und im November ca. 133 000 Menschen.⁴²⁶ Oppositionsgruppen richteten an die Bürger des Landes einen Appell, sich einzumischen und Resignation, Flucht und Nischendasein zu überwinden. Prominente Oppositionelle unterschrieben am 8. November einen von Christa Wolf und anderen – der SED mehr oder weniger kritisch verbundenen – Kulturschaffenden verfaßten Aufruf zur Erneuerung der DDR.⁴²⁷

Mit der Öffnung der Mauer am 9. November veränderte sich die internationale und innenpolitische Lage der DDR radikal. Bundeskanzler Kohl legte am 28. November seinen „Zehn-Punkte-Plan" vor, in dem er Schritte zu einer Vereinigung der beiden deutschen Staaten formulierte. In der DDR überschlugen sich im November/Dezember die Ereignisse. Politbüro und ZK der SED traten ebenso wie Egon Krenz zurück; die SED wählte Gregor Gysi zu ihrem neuen Vorsitzenden und bereitete ein neues Statut und ein neues Programm vor. Die Volkskammer wählte Hans Modrow zum neuen Ministerpräsidenten und entfernte den Artikel 1, der die führende Rolle der SED in Staat und Gesellschaft festlegte, aus der DDR-Verfassung. Die Auseinandersetzungen und der Dialog zwischen Herrschenden und Oppositionellen traten mit der Konstituierung des Runden Tisches in eine neue Phase.⁴²⁸

Oppositionsgruppen als respektierte Partner

Die Oppositionsgruppen waren fortan respektierte Partner im weiteren Geschehen. Zwangsläufig mußten sie nun ihr Selbstverständnis hinsichtlich ihrer Mitarbeit am Runden Tisch, ihrem Verhältnis zur jetzigen Regierung sowie zu den alten Institutionen des Regimes klären. Dieser Prozeß führte zu einer weiteren Differenzierung der Oppositionsgruppen und damit auch zu einer Zersplitterung der Kräfte. Die schon angelegten Pole parlamentarische Demokratie, Bürgerbewegung oder sozialistische Revolution differenzierten sich weiter aus, und der Streit über eine Selbstkonstituierung als Partei oder Bewegung erschütterte und überforderte angesichts des Zeitdrucks die Gruppen.

Die Situation verschärfte sich vor allem durch die weiter anhaltende Massenflucht in den Westen.⁴²⁹ Zum ersten Mal unüberhörbar am 27. November in Leipzig und dann weiter im Dezember artikulierten die Demonstranten deutlich den Wunsch nach Vereinigung der beiden deutschen Staaten. Fortan stand die Abschaffung und nicht mehr die Reform der DDR im Zentrum der Forderungen. Die Mehrzahl der Oppositionellen setzte sich dagegen weiterhin für den Fortbestand einer souveränen DDR ein. Bärbel Bohley, eine der Wortführerinnen der Bürgerbewegung, konstatierte im nachhinein:

---

424 Vgl. Jarausch 1995, S. 100.
425 Vgl. Bahrmann/Links 1990.
426 Vgl. Jarausch 1995, S. 100.
427 Vgl. Zimmerling 1990, Bd. 2, S. 80.
428 Vgl. Thaysen 1990, S. 32 ff.
429 Vgl. Jarausch 1995, S. 77 ff.

„Wir wollten die DDR verändern. Die deutsche Einheit war nicht unser Problem. Ich glaube, daß alle Leute, die dabei waren, eine Demokratisierung des Sozialismus und nicht eine Umstülpung der Systeme anstrebten. Es ging nicht darum, ein anderes System zu installieren, sondern wirklich dieses System zu ändern."[430]

In der Politik gegenüber der Bundesrepublik stimmten Regierung und Opposition weitgehend überein. Die Opposition ließ sich jetzt auf den Vorschlag Modrows zur Regierungsbeteiligung ein und verlor damit ihre „politische Unschuld". Da gleichzeitig eine Vorverlegung des Wahltermins für die Volkskammerwahlen auf den 18. März beschlossen wurde,[431] begannen die Parteien mit dem Wahlkampf.

Der Zersplitterungsprozeß der Opposition beschleunigte sich.[432] Das am 4. Oktober 1989 noch avisierte gemeinsame Wahlbündnis der Opposition kam nur teilweise zustande. Die als „Bündnis 90" kandidierende Listenverbindung stieß am 18. März ebenso wie andere unter eigenem Namen angetretene Oppositionsgruppen beim Wahlvolk auf wenig Resonanz. Allein die aus der SDP hervorgegangene SPD konnte nennenswert Stimmen auf sich vereinigen. Das Wahldesaster für die Opposition zeigte noch einmal an, wie tief die Gräben zwischen den einstmals Herrschenden und ihren Widersachern, aber auch die zwischen einer breiten Bevölkerungsmehrheit und einer zahlenmäßig marginalisierten Opposition tatsächlich waren.[433] Durch die sich überstürzenden Ereignisse im Herbst 1989/Frühjahr 1990 konnte eine unter totalitären Verhältnissen zwangsläufig gefesselte Opposition nicht mehr die Zeit finden, eigene realistische Vorstellungen zur Umgestaltung der Gesellschaft zu entwickeln und in der Bevölkerung zu verbreiten. Mit der strikten Ablehnung einer schnellen deutschen Vereinigung und dem Festhalten an der Utopie eines „dritten Weges" stellte sich die Opposition in den Augen der Bevölkerung selbst ins politische Abseits.

Weitere Zersplitterung der Opposition

Die erneute politische Isolierung der Bürgerbewegung im Frühjahr 1990 hatte jedoch tiefere Ursachen. Die in den achtziger Jahren entstehenden oppositionellen Gruppen blieben nicht nur zahlenmäßig sehr begrenzt, sondern repräsentierten nur bestimmte soziale Gruppen bzw. Milieus.[434] Die Dominanz protestantischer Vorstellungen sowie das Fehlen einer auch nur ansatzweisen Verankerung in der „Normalbevölkerung" resultierte aus den genannten besonderen Entstehungsbedingungen von Opposition in der DDR. Nur die Kirche als Institution konnte einen gewissen Schutz vor dem Zugriff der Partei- und Staatsmacht bieten. In einem totalitär verfaßten und institutionell geschlossenen politischen System, das keinen öffentlichen Raum zur Artikulation und Austragung von Konflikten ließ, konnte sich Opposition nur verdeckt und vielfältig gebrochen herausbilden. Auch wenn sich in den achtziger Jahren durch die internationale Beobachtung und die Berichterstattung der westlichen Medien die Bedingungen zur Artikulation für politische Opposition verbesserten, mußten die Aktivisten jederzeit damit rechnen, inhaftiert, ausgewiesen oder jedenfalls sozial und gesellschaftlich ausgegrenzt zu

Politische Isolierung der Bürgerbewegung

---

430 Zit. nach: Findeis/Pollack/Schilling 1994, S. 54.
431 Vgl. Jarausch 1995, S. 71 ff.
432 Vgl. Zimmerling 1990, Bd. 4/5.
433 Vgl. Pollack 1990b, S. 18.
434 Vgl. Knabe 1996, S. 24 ff.

werden. Allein schon durch persönlichen Mut und Risikobereitschaft, durch Zivilcourage und Unerschrockenheit unterschieden sich die wenigen Oppositionellen von der Mehrzahl der Herrschenden wie auch der Mitläufer. Gerade letztere bekamen vor Augen geführt, daß Opposition und Widerstand auch unter totalitären Verhältnissen möglich waren. Die im schlechten Wahlergebnis zutage tretende Ablehnung der Opposition hatte insoweit auch individual- und sozialpsychologische Gründe.

Unterschiedliche Positionen von Demonstranten und „Opposition"

Eine Gegenüberstellung von Meinungsbefragungen und Sozialstrukturuntersuchungen von Demonstranten der Leipziger Montagsdemonstrationen mit den politischen Zielvorstellungen der oppositionellen Gruppen zeigt, daß Dissonanzen zwischen Normalbevölkerung und Opposition nicht erst im Verlauf der Endphase der DDR auftraten. Im Gegenteil: Beide hatten nur kurzfristig und in einigen wenigen Themenbereichen gemeinsame Positionen.[435]

Die Bevölkerung orientierte sich mehrheitlich in Richtung Westen und drängte auf eine rasche (Wieder-)Vereinigung mit der Bundesrepublik, die „Gruppen" dagegen setzten auf einen „Dialog" mit der SED über demokratische Reformen innerhalb des Sozialismus und der DDR. Diese zwei Grundorientierungen waren das Resultat von Entwicklungen, die sich bereits Jahrzehnte vor der Wende in der DDR herausgebildet hatten. Opposition, Dissidenz und Verweigerung waren vor dem Ende der DDR bereits verschiedene Wege gegangen.

8. Kirchen und SED-Kirchenpolitik

Existenz der Kirchen widerspricht weltanschaulichem Totalitätsanspruch

Die Kirchen als einzige der SED nicht untergeordnete Großorganisationen stellten einen Fremdkörper in der „sozialistischen Gesellschaft" dar. Unabhängig von der großen Bandbreite politischer Haltungen, die Kirchenleitungen, Mitarbeiter und Laien vertraten, widersprach allein die bloße Existenz religiösen Lebens dem weltanschaulichen Totalitätsanspruch des Marxismus-Leninismus.

Entgegen der offiziellen Rhetorik von der „anerkannten Rolle der Kirchen im Sozialismus", die insbesondere nach dem Treffen zwischen Honecker und dem Vorstand des Bundes der Evangelischen Kirchen in der DDR im Jahre 1978 immer wieder betont wurde, bestand das Nahziel der SED-Kirchenpolitik in der Einschränkung und Kanalisierung kirchlicher Aktivitäten sowie einer Beschleunigung der Entchristianisierung der DDR-Gesellschaft. Am Ende sollte die völlige Zerschlagung dieser „legalen Organisation des Gegners" (Mielke) stehen. Obwohl offiziell Religionsfreiheit herrschte, wurden gerade Kinder und Jugendliche aus christlichen Elternhäusern im atheistisch geprägten Bildungssystem stark behindert oder benachteiligt.

Christliche Betätigung wertete die SED vor allem dann negativ, wenn sie sich nicht auf ein religiöses Ghetto beschränkte, sondern politische Folgerungen implizierte, die sich nicht mit Parteivorstellungen deckten. Zur Eindämmung dieser Aktivitäten setzte die SED vielgestaltige Sanktionen ein, die von beruflicher Diskriminierung über „Bearbeitung" durch das MfS bis hin zu strafrechtlicher Verfolgung reichten.

---

[435] Vgl. Torpey 1992, S. 21 ff.

a) Anfänge der SED-Kirchenpolitik

In der Kirchenpolitik konnte sich die SED-Führung aufgrund der völlig unterschiedlichen kulturellen Voraussetzungen – auf DDR-Gebiet lag das „Stammgebiet des Protestantismus" – nicht auf sowjetische Vorbilder stützen. Nach dem Zusammenbruch des Nationalsozialismus und der Bestandsgarantie des Potsdamer Abkommens für die „religiösen Einrichtungen" hatte auch die SMAD zunächst eine eher kirchenfreundliche Politik betrieben. So wurde etwa der kirchliche Landbesitz nicht in die Bodenreform einbezogen, religiöse Stiftungen blieben unangetastet,[436] und selbst die Entnazifizierung ihrer Mitarbeiter blieb den Kirchen selbst überlassen.[437] Auch die KPD/SED bemühte sich bis ca. 1948 im Rahmen ihrer Bündnispolitik und gesamtdeutscher Ambitionen um ein einigermaßen „korrektes" Verhältnis zu den (Groß-)Kirchen. Erst als deutlich wurde, daß sich diese nicht ohne weiteres für die politischen Ziele der Kommunisten instrumentalisieren ließen (u. a. Rückzug der kirchlichen Vertreter aus der Volkskongreßbewegung), kühlte das Klima merklich ab.[438]

Die Konflikte eskalierten 1952/53, als die SED einen „offenen Liquidationskurs" gegen die Kirchen einleitete. Die Angriffe richteten sich vor allem gegen die kirchliche Jugendarbeit („Junge Gemeinde"), die Studentengemeinden sowie die Sozialeinrichtungen von Diakonie und Caritas. Partei und FDJ forderten Jugendliche auf, ihre Verbindungen zur Kirche aufzugeben, anderenfalls hätten sie mit negativen Konsequenzen für Ausbildung und berufliche Zukunft zu rechnen. Kirchliche Mitarbeiter wurden verhaftet und meist unter unsinnige Anklagen wie Spionage, Devisenvergehen oder „staatsfeindliche Hetze" gestellt, kirchliche Einrichtungen aufgelöst und die Jugendzeitschrift „Stafette" verboten. Nachdem die evangelischen Bischöfe in einer Denkschrift für die Sowjetische Kontrollkommission die Verfolgung der Kirchen beklagt und vor einem „folgenschweren Kirchenkampf" gewarnt hatten, wiesen die Sowjets die SED im Rahmen des „Neuen Kurses" vom Juni 1953 zu einer Rücknahme der kirchenfeindlichen Maßnahmen an.[439] An die Stelle der Repression sollte nun eine „durchdachte Aufklärungs- und Kulturarbeit" treten, um den „reaktionären Einfluß der Kirche" zurückzudrängen.[440]

1952/53 offener Liquidationskurs

Im Zuge der neuen Kirchenpolitik ließ die Parteiführung im ZK-Apparat erstmals ein systematisches kirchenpolitisches Konzept erarbeiten, das sie am 14. März 1954 im Politbüro verabschiedete („Die Politik der Partei in Kirchenfragen"). Dieses sah eine breit angelegte Differenzierungs- und Unterwanderungspolitik gegenüber den Kirchen vor. Zu deren Umsetzung installierte die SED bis 1957 einen umfangreichen Apparat, der bis zum Ende der DDR im Grundsatz unverändert bestehen blieb. Als zentrale Schaltstelle diente die vom Politbüro bzw. dem zuständigen ZK-Sekretär „angeleitete" „Arbeitsgruppe Kirchenfragen" im ZK-Apparat, deren Struktur im November 1954 festgelegt wurde.[441] Einen Monat später erhielt das MfS eine eigene

Differenzierungs- und Unterwanderungspolitik

---

[436] Vgl. Wilke/Maser 1994, S. 3.
[437] Vgl. Goerner/Kubina 1995, S. 626.
[438] Vgl. Besier 1993, S. 53 ff.
[439] Vgl. Wilke/Maser 1994, S. 3 f.
[440] Vgl. Goerner/Kubina 1995, S. 642.
[441] Vgl. Goerner 1997, S. 131 ff.

kirchenpolitische Abteilung, deren Aufbau sich an den der ZK-Arbeitsgruppe anlehnte.[442] Schließlich beschloß die SED im November 1956 die Bildung eines Staatssekretariats für Kirchenfragen und berief im März 1957 den ersten Staatssekretär. Diese als offizieller Ansprechpartner der Kirchen geschaffene neue Institution blieb allerdings politisch weitgehend bedeutungslos und diente – wie auch andere Staatsorgane – vorwiegend zur Verschleierung der Verantwortung der Partei auch für die Kirchenpolitik.[443]

Mit dem Aufbau des neuen SED-Apparates ging ein Bedeutungsverlust der CDU und ihres kirchenpolitischen Apparates als bisheriger Transmissionsriemen der SED zu den Kirchen einher. Bei der „Bearbeitung" der Kirchen mußten die SED-Funktionäre den Umgang mit deren sehr vielgestaltigen politischen Prägungen, die vor allem zwischen evangelischen und katholischen Kirchen zu fundamentalen Unterschieden in den Strategien beim Umgang mit dem atheistischen Staat führten, mühsam lernen; eine Aufgabe, die sie im Laufe der Jahrzehnte allerdings zunehmend besser beherrschten.

b) Theologisch-politische Kontinuitätslinien

In protestantischen Gebieten waren im Deutschland der Reformationszeit die Rechte der Bischöfe als Landesherren auf den jeweiligen weltlichen Herrscher übertragen worden. Dieses bis 1918 bestehende sogenannte landesherrliche Summepiskopat führte bei allen theologischen Bedenken, die schon auf Luther und Melanchthon zurückgehen, naturgemäß zu einer herrschaftsstabilisierenden Rolle der Kirche. Indem sie die Bindung des Herrschergewissens an Gott anmahnten, versuchten protestantische Theologen aber auch immer wieder, politische Macht vom Gemeinwohl her zu begrenzen (z. B. in den „Fürstenpredigten" des 17. Jahrhunderts).

Leitbild vom „christlichen Staat"

Dieses – im Grundsatz auch nachfolgend wenig geänderte – kirchliche Leitbild vom „christlichen Staat", der auch mit harter Hand gegen das „Böse" vorgehen sollte, die starke Bindung des Protestantismus an die Monarchie und das tiefe Mißtrauen gegen die „Volkssouveränität" verhinderten die umfassende Integration der evangelischen Kirche in die Weimarer Republik. Autoritäre Politikmuster verbanden sich im protestantischen Denken mit der Utopie einer harmonisierten Gesellschaft. Die Kirche strebte ein „Wächteramt" über die politische Kultur an. Damit geriet der christliche Wahrheitsanspruch zunehmend in Spannung zu der in einer Demokratie bestehenden Pluralität der Weltanschauungen.[444] Obwohl die Weimarer Republik von der evangelischen Kirche nicht als „Staat im eigentlichen Sinne" akzeptiert wurde, regte sich nur dann kirchlicher Widerstand gegen staatliche Maßnahmen, wenn ihre religiöse Autonomie oder die individuelle Glaubens- und Gewissensfreiheit angetastet werden sollten (so im Schulstreit mit der preußischen Regierung 1919).

Auch der „Kirchenkampf" der „Bekennenden Kirche" gegen den NS-Staat bezog sich weitgehend auf dessen Versuch, eine „Staatskirche" nach eigenem Gutdünken

---

[442] Vgl. Vollnhals 1996, S. 79 ff.
[443] Vgl. Boyens 1996, S. 120 ff.
[444] Vgl. Nowak 1992, S. 1 ff.

zu schaffen. Politischen Widerstand gegen die Diktatur selbst leisteten nur einige wenige Kirchenleute, unter ihnen Dietrich Bonhoeffer und Martin Niemöller.

Die Vorbehalte gegen eine Demokratie waren im deutschen Protestantismus auch nach Ende des Zweiten Weltkriegs nicht mit einem Mal verschwunden. Zwar stellten sich die Kirchen nicht gegen den Aufbau einer parlamentarischen Demokratie im Westteil Deutschlands, leisteten für diesen anfangs aber auch kaum einen aktiven Beitrag. Ein ausdrückliches Bekenntnis zur liberalen Demokratie gab die EKD erst 1985 mit ihrer in der DDR nicht rezipierten Denkschrift „Evangelische Kirche und freiheitliche Demokratie" ab.[445]

Selbstverständlich erfüllte der entstehende ostdeutsche Teilstaat ebensowenig wie seine Vorgänger seit 1918 die Kriterien für ein der Kirche genehmes Staatswesen. Doch die acht Regionalkirchen lutherischer, reformierter und unierter Provenienz waren – auch bedingt durch ihre theologische Vielgestaltigkeit[446] – nicht einer Meinung. Unter den Stellungnahmen der Landesbischöfe kristallisierten sich zwei besonders profilierte Positionen heraus, verbunden mit den Namen Otto Dibelius und Moritz Mitzenheim.

Rolle von Dibelius und Mitzenheim

Dibelius, der sich nach anfänglicher Begeisterung für den „nationalen Aufbruch" zum konsequenten NS-Gegner entwickelt hatte, war von 1945 bis 1966 evangelischer Bischof von Berlin-Brandenburg; von 1949 bis 1961 agierte er gleichzeitig als Vorsitzender des Rates der Evangelischen Kirche in Deutschland. Für ihn war die DDR – wie der NS-Staat – ein totalitärer Staat, in dem der den Christen verpflichtende Obrigkeitsgehorsam suspendiert war. Seine radikale Distanz zum SED-Staat kam am deutlichsten in seiner Schrift „Obrigkeit?" von 1959 zum Ausdruck, in der er dafür plädierte, selbst die von der DDR-Regierung erlassenen Verkehrsregeln nur zu beachten, um Unfälle zu vermeiden, nicht aber aus Rechtsgründen. Solche Fundamentalopposition erbitterte nicht nur die SED, die ihn ab 1957 nicht mehr in die DDR einreisen ließ, sondern stieß auch auf fast einhellige Ablehnung innerhalb der Kirchen. Während ihm einige Kirchenleute einseitige „Westorientierung" im Kalten Krieg vorwarfen, fürchteten andere gravierende Nachteile für einfache Gemeindeglieder, wenn sie entsprechend dieser Vorgaben lebten.[447]

„Thüringer Weg" – Neuauflage des Bündnisses von Thron und Altar

Für ein anderes Verhalten gegenüber der neuen Obrigkeit entschied sich der Thüringer Landesbischof Mitzenheim. Er erhoffte sich vom Zugeständnis politischer Loyalität eine weitgehende Bewegungsfreiheit für die kirchliche Arbeit. Mit seinem „Thüringer Weg", einer Neuauflage des Bündnisses von Thron und Altar, verkörperte er den Typus eines der SED genehmen Kirchenmannes.[448]

Während protestantische Grundsatzüberlegungen nach wie vor von dem aus dem 19. Jahrhundert stammenden Modell einer „Volkskirche" und damit von der wechselseitigen Bedingtheit von Staat und Kirche ausgingen,[449] sah dies bei den

---

[445] Vgl. ebd., S. 10 ff.
[446] Vgl. Nowak 1996, S. 9 ff.
[447] Vgl. Schröder 1995, S. 1166 ff.
[448] Vgl. ebd., S. 1185.
[449] Vgl. Nowak 1996, S. 22 f.

Situation der katholischen Kirche

Katholiken ganz anders aus. Zwar verdoppelte sich durch Flucht und Vertreibung aus den Ostgebieten der Anteil der Katholiken an der Gesamtbevölkerung auf SBZ-Gebiet von 6% (1939) auf 12% (1946),[450] dennoch geriet die katholische Kirche in eine „doppelte Diasporasituation" gegenüber atheistischer Umwelt und evangelischer Mehrheitskonfession.[451]

Ohnehin hatten die deutschen Katholiken, anders als etwa ihre polnischen Glaubensbrüder, nie eine vergleichbar enge Bindung an den Nationalstaat entwickelt wie die Protestanten, erst recht nicht im antikatholischen Preußen. Zunächst hatte für die katholische Kirche die Konsolidierung der eigenen Organisationsstruktur höchste Priorität. Bis 1947 gelang es engagierten Katholiken, einen starken Einfluß auf die interkonfessionelle CDU zu gewinnen, die auch in der Tradition des katholischen Zentrums stand. Mit Andreas Hermes und Jakob Kaiser stellten die Katholiken beide Parteivorsitzende. Nach dem von den Sowjets erzwungenen Rücktritt Kaisers ging der Einfluß der Katholiken in der CDU jedoch stetig zurück. Der Berliner Kardinal v. Preysing verbot seinem Klerus 1947 die Abgabe politischer Erklärungen, machte aber zugleich seine ablehnende Haltung gegenüber der neuen Diktatur öffentlich immer wieder deutlich. Nach seinem Tod 1950 blieb die Abgrenzung von der SED bestehen, allerdings bemühte sich v. Preysings Nachfolger Wesskamm um einen weniger konfrontativen Umgang mit den Machthabern, so daß politische Abstinenz zum Merkmal des ostdeutschen Katholizismus wurde.[452]

c) „Differenzierung" und Unterwanderung

Die SED konzentrierte ihre kirchenpolitischen Aktivitäten vornehmlich auf die evangelische Kirche, die zahlenmäßig weit bedeutsamer als die katholische war und nicht auf politische Aktivitäten verzichten wollte. Eine besondere Rolle in der SED-Kirchenpolitik spielte die sogenannte Strategie der „Differenzierung". Dahinter verbarg sich die alte Herrschaftstechnik des „Teile und herrsche". Durch verschiedene Aktivitäten und Maßnahmen sollten Gegensätze zwischen einzelnen kirchlichen Mitarbeitern, zwischen Mitarbeitern und Kirchenleitungen oder zwischen den einzelnen Landeskirchen verstärkt oder erzeugt werden, um ein Klima der Entsolidarisierung und Vereinzelung innerhalb des sozialen Raumes der Kirche entstehen zu lassen. Innerkirchliche Loyalitätsbeziehungen und Abhängigkeitsverhältnisse sollten aufgebrochen und durch übergeordnete Loyalitäten und Abhängigkeiten der Kirchenmitglieder gegenüber dem Staat bzw. der SED überlagert oder ersetzt werden.[453]

Ähnlich wie bei den Blockparteien unterschied die SED bei den Kirchen zwischen „progressiven" und „reaktionären" Kräften. Später entdeckte sie als gewissermaßen mittlere Gruppe noch „realistische" Kreise. Als „fortschrittliche Kräfte" kennzeichnete die Partei verständnisvolle oder naive kirchliche Ansprechpartner, die sich für die Zwecke und Ziele der Partei instrumentalisieren ließen. Sie sollten in den folgenden Jahrzehnten zum entscheidenden Werkzeug der SED zur Unterwande-

---

[450] Vgl. Hehl/Tischner 1995, S. 878.
[451] Vgl. Raabe 1996, S. 354.
[452] Vgl. Hehl/Tischner, 1995, S. 882 ff.
[453] Vgl. Goerner 1997, S. 234 und Goeckel 1996, S. 38 f.

rung bzw. Kontrolle der Kirchen werden.[454] Insbesondere an den Theologischen Fakultäten der Universitäten betrieb die SED seit den fünfziger Jahren eine systematische Kaderpolitik, um eine neue Generation „loyaler Theologen" heranzuziehen. Dieses Vorhaben war allerdings nur begrenzt von Erfolg gekrönt.[455]

Eine besondere Bedeutung bei der Sammlung und „Anleitung" „progressiver Kräfte" spielten „Sympathisantenorganisationen" der SED (Arbeitsgruppe „Christliche Kreise" der Nationalen Front, Christliche Friedenskonferenz, Pfarrerbund u. a.), die durch entsprechende Zeitschriften publizistisch unterstützt wurden.

Sympathisantenorganisationen der SED

Die versuchte Einflußnahme auf kirchliche Gremien aller Ebenen – selbst in den Gemeindekirchenräten strebte die SED eine Mehrheit „fortschrittlicher und für den Frieden eintretender Personen" an – ergänzte sie durch Zurückdrängung der Kirchen aus dem Bildungsbereich (1954: Einführung der Jugendweihe; 1958: faktische Abschaffung des Religionsunterrichtes) und Beschneidung kirchlicher Finanzen und Baumöglichkeiten.[456]

d) Der Bund der Evangelischen Kirchen in der DDR

Etwa seit Mitte der fünfziger Jahre strebte die SED die Abspaltung der DDR-Kirchen von der gesamtdeutschen EKD an. Der von der EKD-Synode im März 1957 auch mit den Stimmen der Mehrheit der ostdeutschen Synodalen verabschiedete Militärseelsorgevertrag lieferte der DDR den Vorwand zum 1958 vollzogenen Abbruch der offiziellen Beziehungen zur EKD.[457] Die grenzüberschreitenden Arbeitsmöglichkeiten der EKD wurden durch den Mauerbau 1961 weiter behindert. Ab 1967 drängte die SED im Zuge der allgemeinen Abgrenzungspolitik gegenüber der Bundesrepublik immer stärker auf eine Trennung von Ost- und West-Kirchen.[458]

Trennung von Ost- und West-Kirchen

Nachdem die formellen kirchlichen Rechte durch die DDR-Verfassung von 1968 erheblich beschnitten worden waren, gaben die Kirchen mit der Gründung eines eigenen „Bundes der evangelischen Kirchen in der DDR" (BEK) dem staatlichen Druck nach. Freilich war nur die Trennung von der EKD, nicht aber die Gründung eines Bundes von der SED intendiert. Im Sinne der Partei wären eigenständige Landeskirchen gewesen, die sie separat hätte „bearbeiten" können. Brisant erschien ihr vor allem Artikel 4,4 der Grundordnung des Bundes, der von „einer besonderen Gemeinschaft der ganzen evangelischen Christenheit in Deutschland" sprach. Nicht zuletzt aus diesem Grund tat sich die SED mit der offiziellen Anerkennung des BEK schwer und entschloß sich erst 1971 zu diesem Schritt.[459]

Mit der Bundesgründung war eine intensive Diskussion um eine „Standortbestimmung" der Kirchen in der DDR verbunden. Der Bericht der Konferenz der

---

454 Vgl. Goerner 1997, S. 236.
455 Vgl. Besier 1996, S. 267 ff.
456 Vgl. Goerner 1997, S. 267 ff.
457 Vgl. ebd., S. 333 ff.
458 Vgl. Goeckel 1996, S. 38 f.
459 Vgl. Schröder 1995, S. 1186 ff., Wilke/Maser, 1994, S. 8 ff. und Besier 1995, S. 34 ff.

Kirchenleitungen an die Bundessynode vom Juli 1971 in Eisenach formulierte: „Eine Zeugnis- und Dienstgemeinschaft von Kirchen in der DDR wird ihren Ort genau zu bedenken haben: In dieser so geprägten Gesellschaft, nicht neben ihr, nicht gegen sie. Sie wird die Freiheit ihres Zeugnisses und Dienstes bewahren müssen." Und im Beschluß der Synode dazu hieß es: „In Zeugnis- und Dienstgemeinschaft lernen, was es heißt: Nicht Kirche neben, nicht gegen, sondern im Sozialismus zu sein . . ."[460] Das Wörtchen „für" fehlte hier bewußt, was dem Bund von SED-nahen Theologen immer wieder vorgeworfen wurde. Statt dessen wollte der BEK „Kirche für andere" sein. Der Begriff „Sozialismus" wurde in einschlägigen Kirchenpapieren nie eindeutig definiert, sondern als bloße Ortsbeschreibung verstanden. Indirekt entsprach er damit jedoch der begrifflichen Kennzeichnung der DDR-Gesellschaft durch die SED. Vorsichtige Versuche, eine gegenüber dem „real existierenden Sozialismus" eher kritische Beschreibung des Begriffs zu erreichen, etwa durch die von dem Erfurter Probst Heino Falcke 1972 ausgesprochene Hoffnung auf einen „verbesserlichen Sozialismus", wertete die SED als Affront.[461]

„Kirche im Sozialismus"

Auch auf die katholische Kirche übten Partei und Staat Druck zur „Anerkennung territorialer Realitäten" aus, dem diese nach langen Auseinandersetzungen durch die Schaffung einer eigenständigen „Berliner Bischofskonferenz" (deren Beschlüsse im Westteil Berlins nicht galten!) nachgab.[462]

Die (Partei-)Staat-Kirche-Beziehungen entspannten sich in den siebziger Jahren trotz fortbestehender grundsätzlicher Interessengegensätze deutlich. Beide Seiten arbeiteten mit einer „Konfliktvermeidungsstrategie", die innerkirchliche Kritiker wie Heino Falcke als „System wechselseitiger Stabilisierung" ansahen. Der Staat räumte der evangelischen Kirche einen „staatsfreien Raum eigenständigen Lebens und Wirkens" ein und erwartete dafür von ihr, „daß sie sich loyalitätsverstärkend . . . als Stabilisierungsfaktor bewähr(e)".[463]

Beiderseitige Deeskalationsstrategie

Die Kirchenleitungen versuchten, selbst dann an dieser Deeskalationsstrategie festzuhalten, als sie heftigen Angriffen von staatlicher Seite ausgesetzt waren, etwa anläßlich der Ereignisse nach der öffentlichen Selbstverbrennung des Pfarrers Oskar Brüsewitz im August 1976. Der Individualist Brüsewitz – seit Jahren im Streit mit Staat und Kirchenleitung – wollte mit seinem spektakulären Selbstmord ein Fanal gegen die SED-Kirchenpolitik setzen und seine Kirche zu stärkerer Opposition motivieren. Hetzartikel in DDR-Zeitungen (Brüsewitz sei „abnormal veranlagt" gewesen) steigerten die Unruhe an der Kirchenbasis. Die Kirchenleitung wies diese Angriffe empört zurück und versuchte, die Gemüter mit einem allerdings verklausuliert verfaßten „Brief an die Gemeinden" zu beruhigen.[464]

„Spitzengespräch" 1978

Den Höhepunkt der Entspannungspolitik zwischen Staat und Kirche bildete das „Spitzengespräch" vom 6. März 1978, an dem auf staatlicher Seite neben Honecker und dem für die Kirchen zuständigen ZK-Sekretär Paul Verner u. a. auch der

---

[460] Zit. nach: Schröder 1995, S. 1190.
[461] Vgl. ebd., S. 1193 ff., Besier 1995, S. 55 ff. und Neubert 1996b, S. 351.
[462] Vgl. Hehl/Tischner 1995, S. 914 ff.
[463] Zit. nach: Materialien 1995, Band VI, 1, S. 19.
[464] Vgl. Müller-Enbergs u. a. 1993, Besier 1995, S. 79 f. und Neubert 1997, S. 275 ff., sowie die Stellungnahme von Bischof Werner Krusche, in: Materialien 1995, Band VI, 1, S. 170 f.

Stellvertretende Staatssekretär für Kirchenfragen, Hermann Kalb (CDU), teilnahm. Kirchlicherseits erschien der gesamte Vorstand der Konferenz der Kirchenleitungen unter Leitung Bischof Albrecht Schönherrs.[465] Die Ergebnisse dieses „Gipfeltreffens" – die als Vereinbarung über eine „friedliche Koexistenz" charakterisiert werden können – verstanden beide Seiten als modus vivendi. Eine Rechtsgrundlage hatten die verbesserten Staat-Kirche-Beziehungen allerdings auch jetzt nicht, statt dessen stieg die Zahl informeller bis offizieller Gespräche auf allen Ebenen stark an.

Besondere Bedeutung und große Ambivalenz erhielten die Auseinandersetzungen auf den Themenfeldern „Frieden" bzw. „Menschenrechte". Einerseits versuchte die SED, kirchliche Vertreter auf innerdeutschem bzw. internationalem ökumenischen Parkett für die eigenen außenpolitischen Ziele zu instrumentalisieren (z. B. Propagierung der „Friedenspolitik" der DDR, Abwehr von Angriffen gegen Menschenrechtsverletzungen in der DDR und anderen Ostblockstaaten im Gefolge der Schlußakte von Helsinki), was ihr zumindest teilweise wohl auch gelang.[466] Andererseits wurde sie innenpolitisch auf diesen Feldern auch mit einem wachsenden kirchlichen Protestpotential konfrontiert, wie sich schon wenige Monate nach dem Spitzengespräch zeigte, als in der DDR der obligatorische Wehrunterricht eingeführt wurde.[467]

Ab 1981/82 begannen in den evangelischen Kirchen umfangreiche friedenspolitische Diskussionen. Es entstanden Friedensgruppen, die sich zum Teil als kirchliche, zum Teil als sich nur unter dem Dach der Kirche organisierende verstanden.[468] Im Jahre 1983 gründete sich das Netzwerk „Konkret für den Frieden".[469] Die SED vermutete hinter diesen Aktivitäten die Formierung einer unabhängigen Friedensbewegung und versuchte solche Ansätze mit aller Gewalt zu zerschlagen. Die ergriffenen Maßnahmen, z. B. gegen Träger des Symbols „Schwerter zu Pflugscharen", führten aber eher zu innerkirchlichen Solidarisierungen als zum Erfolg. Die Kirchenleitung stellte sich schützend hinter verhaftete Friedensaktivisten, Wehrdienstverweigerer etc., unterlief aber auch mit der häufig praktizierten Taktik der „Geheimdiplomatie" die auf Schaffung einer Gegenöffentlichkeit angelegten Aktivitäten der „Gruppen". Die innerkirchlichen Auseinandersetzungen um Friedens-, Umwelt- und Menschenrechtsgruppen, die im Kern tiefgreifende theologisch-politische Meinungsverschiedenheiten über die Position der Kirchen in der Gesellschaft offenbarten[470] – eine wachsende Zahl von Kritikern stellte die zunehmend als bloße Status-Quo-Formel empfundene Standortbeschreibung „Kirche im Sozialismus" in Frage –,[471] eskalierten 1986 im Streit um die vom Berliner Generalsuperintendenten Günter Krusche zensierte Friedenswerkstatt.[472]

Auseinandersetzung um „Gruppen"

Die Kirchenleitungen gerieten dabei von drei Seiten unter Druck: Die oppositionellen Gruppen verlangten die Abkehr von der sogenannten „kritischen Solidarität"

---

465 Vgl. Besier 1995, S. 99 ff.
466 Vgl. Materialien 1995, Band VI, 1, S. 76 ff.
467 Vgl. Neubert 1997, S. 304 ff.
468 Zum Verhältnis Kirche-Gruppen vgl. Materialien 1995, S. 175 ff. und Pollack 1990a.
469 Vgl. Neubert 1997, S. 473 ff.
470 Vgl. ebd., S. 539 ff.
471 Vgl. die sehr gute Dokumentation bei Schröder 1995, S. 1363 ff.
472 Vgl. Materialien 1995, Band VI, 1, S. 185.

mit dem SED-Staat. Der traditionalistische Teil der kirchlichen Basis forderte den Rückzug auf die aus seiner Sicht „eigentlichen" (religiösen) Aufgaben der Kirche. Partei und Staat schließlich drangen auf eine klare Distanzierung von den oppositionellen Gruppen und reagierten mit Zensurmaßnahmen gegen die kirchliche Presse, wenn diese zu „kritische" Artikel brachte.

e) Der konziliare Prozeß

Die verschiedenen Interessenlagen auch in der Kirchenleitung führten zu immer heftigeren Schwankungen zwischen Loyalität und Systemkritik. Doch der oppositionelle Geist ließ sich nicht mehr unterdrücken. Dies zeigte sich in dem die Entwicklung der späten achtziger Jahre prägenden „konziliaren Prozeß", der die kirchenpolitische Entwicklung seit dem 6. März 1978 gleichsam bündelte. Ausgangspunkt war die vom Weltkirchenrat ausgehende Planung einer konzilähnlichen Versammlung von Vertretern aller großen Kirchen, die eine verbindliche Stellungnahme zu den großen Weltproblemen erarbeiten sollte. Initiativkreise in beiden deutschen Staaten setzten daraufhin die Ausrichtung von Regionalkonferenzen in der DDR und der Bundesrepublik durch, die unter Beteiligung der ganzen Bandbreite der kirchlichen Basis Stellungnahmen zur spezifischen Situation vor Ort im Kontext der globalen Probleme erarbeiten sollten. Die SED hoffte, den konziliaren Prozeß in gewohnter Weise außenpolitisch für sich instrumentalisieren zu können und schätzte ihn deshalb zunächst als „legitim" ein. Allerdings sah sie von Anfang an auch die Gefahr eines „Mißbrauchs durch feindlich-negative Kräfte".

„Ökumenische Versammlungen"

Die 150 Teilnehmer der ersten „Ökumenischen Versammlung" im Februar 1988 bildeten einen relativ repräsentativen Querschnitt des politisch aktiven Teils des DDR-Protestantismus. Die katholische Kirche entsandte 26 Delegierte. Schon dieses erste Treffen, das im Gefolge verschärfter staatlicher Repressionen gegen die „Gruppenszene" (Durchsuchung der Berliner Umweltbibliothek und Verhaftung von Aktivisten, weitere Inhaftierungen bei Protesten am Rande der offiziellen Liebknecht/Luxemburg-Demonstration) stattfand, bestätigte die Befürchtungen der SED. Vor allem in neun sogenannten „Zeugnissen der Betroffenheit" wurde die krisenhafte Entwicklung in der DDR öffentlich sehr deutlich thematisiert. Die SED wertete jetzt den gesamten konziliaren Prozeß als von feindlich-negativen Kräften gesteuert. Ihre Bemühungen, die politischen Aussagen in dem von der 3. Versammlung im April 1989 zu verabschiedenden Abschlußdokument (vor allem im Themenbereich „Mehr Gerechtigkeit in der DDR") zu entschärfen, waren weitgehend vergeblich. Die Versammlung, die die Legitimation ihrer Aussagen vor allem aus den ca. 10 000 schriftlichen Stellungnahmen der kirchlichen Basis bezog, verabschiedete einen Forderungskatalog, der eng an die Gorbatschowschen Reformideen anknüpfte und großen Einfluß auf die Programme der entstehenden Oppositionsgruppen haben sollte.[473]

1989 Schutzraum für Gegenöffentlichkeit

Im Herbst 1989 waren die Kirchen zunächst vor allem „Schutzraum" und „Kristallisationspunkt" für eine Gegenöffentlichkeit, die später Ausdruck in Massenprotesten fand. Die von vielen politisch aktiven Protestanten vertretene Idee eines „dritten Weges", die zunächst einen Großteil der kirchlichen Stellungnahmen

---

[473] Vgl. Ziemer 1995, S. 1430 ff. und Neubert 1997, S. 788 ff.

bestimmte, konnte jedoch keine Massenwirkung erreichen. Sie wurde von der Sehnsucht der meisten Demonstranten nach „westlichen Verhältnissen" nahezu überrollt. Den Kirchen verblieb nur die allgemein akzeptierte Moderatorenrolle zwischen der um ihre Macht kämpfenden SED und den Oppositionsvertretern aller Couleur, die sie vor allem an den „Runden Tischen" ausgiebig wahrnahmen. Noch in dieser Zeit gab es intensive Versuche von SED/PDS bzw. MfS/AfNS, mit Hilfe kirchlicher Vertreter eigene politische Ziele zu erreichen, insbesondere die „Zersetzung" der Opposition.

f) „Angepaßte" Kirchen?

Unmittelbar nach dem Zusammenbruch des SED-Regimes erschien die politische Rolle insbesondere der evangelischen Kirchen in vierzig Jahren DDR in der öffentlichen Meinung in mildem, teilweise sogar heroischem Licht. Doch der Beitrag der Kirchen zur „Wende" wurde (und wird) weithin überschätzt, bis hin zu der These, der Umbruch sei eine „protestantische Revolution" gewesen.[474] Andererseits häuften sich Berichte über angebliche oder tatsächliche IM-Tätigkeit kirchlicher Mitarbeiter, die schon bald den Vorwurf der „Kumpanei" und „Kooperation" zwischen Kirchen und SED-Staat aufkommen ließen.[475]

Eine sachliche Bilanz fällt noch immer schwer, da insbesondere kirchliche Archive nicht in ausreichendem Maße für die Forschung geöffnet werden und die Notwendigkeit einer innerkirchlichen Aufarbeitung der Vergangenheit vielfach nicht gesehen wird. Kritische Fragen aus den Gemeinden werden nach wie vor häufig als „Nestbeschmutzung" angesehen.[476]

Der Rückblick verdeutlicht die schwierige Lage der Kirchen. Die SED versuchte zunächst, mit den bei Blockparteien und Massenorganisationen „bewährten" Methoden auch diese letzten größeren Refugien unabhängigen Denkens zu beseitigen. Von zentraler Bedeutung war dabei eine intensive „Kaderpolitik", die sich besonders auf die Kirchenleitung konzentrierte. Die gewünschte „Gleichschaltung" gelang allerdings nur ansatzweise (bspw. in der Thüringer Landeskirche). Allgemein neigte die SED dazu, den Einfluß der Kirchenleitungen zu überschätzen und die Wirkung des demokratischen Synodalprinzips wie auch die Vielfalt kirchlichen Lebens und kirchlicher Traditionen zu gering einzuschätzen – zwei Faktoren, die strukturell der Einflußnahme durch die SED entgegenstanden.[477] Der Staatspartei gelangen zwar Etappensiege wie die Abspaltung der ostdeutschen evangelischen Kirchen von der EKD, jedoch nie die gewünschte vollständige Unterwanderung, obwohl die von SED und MfS angewandten kirchenpolitischen Methoden zunehmend verfeinert wurden. MfS-Spezialisten erarbeiteten theologische Argumentationen zur Unterstützung von SED-Positionen – Theologie verkam hier zur „operativen Ideologie" – oder entwarfen Strategien zur kirchenrechtlichen Disziplinierung von kritischen Pfarrern.[478] Das MfS entwickelte sogar Mordpläne gegen

Kirchenpolitik der SED immer mehr verfeinert

---

[474] Vgl. Neubert 1990.
[475] Vgl. Besier/Wolf 1991.
[476] Vgl. Vollnhals 1996, S. 434 ff.
[477] Vgl. Goeckel 1996, S. 40 und Vollnhals 1996, S. 440.
[478] Vgl. Neubert 1996b, S. 342 ff.

einzelne widerspenstige Personen, wie gegen den „hartnäckigen Feind der DDR" Rainer Eppelmann.

Inoffizielle Gespräche

Ein beliebtes Instrument zur „Unterwanderung" und Beeinflussung der Kirchen waren inoffizielle Kontakte. Dabei gab es bei den „Gesprächspartnern" auf staatlicher Seite fließende Übergänge zwischen dem Staatssekretariat für Kirchenfragen, Parteistellen und dem MfS. Diese Strategie betrieb das Ministerium bewußt, um teilweise noch vorhandene Hemmschwellen bei kirchlichen Verhandlungsführern zu beseitigen. Partei und Staat behielten bei diesen Gesprächen alle Trümpfe in der Hand: Sie bestimmten, was besprochen werden konnte und setzten die Maßstäbe für die Wertung eines Gesprächs als „konstruktiv".[479]

Gerade das MfS nutzte außerdem mit Vorliebe persönliche Eitelkeiten bzw. Interessen kirchlicher Gesprächspartner zur „Privatisierung" der Gespräche. Beispielsweise förderte das MfS die Selbstüberschätzung des von ihm seit 1970 als IM „Sekretär" geführten Berlin-Brandenburger Konsistorialpräsidenten Manfred Stolpe, der von seiner Kirchenleitung zwar ein Mandat für offizielle Gespräche mit staatlichen Stellen, keinesfalls jedoch für Treffen in konspirativen Wohnungen u. ä. erhalten hatte. So warnte z. B. Bischof Gottfried Forck in einer Synodalpredigt 1985 scharf vor Kontakten mit dem MfS, so daß der staatliche Bericht über die Synode von „einer regelrechten Kampagne gegen die Arbeit der Staatssicherheitsorgane" sprach.[480] Stolpes Geheimdiplomatie – die er selbst als im Interesse der Kirche liegend darstellte[481] – trug zwar zur Lösung humanitärer Angelegenheiten bei, dennoch überwogen die Negativeffekte, die aus dieser Art „Verhandlungsführung" resultierten. Sie bestanden vor allem in der massiven Ausgrenzung unabhängiger bzw. oppositioneller Stimmen aus der Kirche – an der SED und „realistische Kräfte" in der Kirchenleitung gleichermaßen Interesse hatten – sowie in der Weitergabe vertraulicher Informationen und dem damit verbundenen Vertrauensverlust.[482]

Bei Überprüfungen kirchlicher Mitarbeiter auf Registrierung als IM ergab sich bisher eine Quote von etwa 5% ein nicht eben geringer Anteil.[483] Zudem erreichten diese durch ihre prominente Plazierung häufig große Wirkung. Im katholischen Bereich, der stets eine besondere Distanz zum Staat hielt, führte das MfS fast alle kirchlichen Gesprächspartner als IM; allerdings waren diese bei ihren Kontakten davon überzeugt, Interesse und Position ihrer Kirche zu vertreten.[484] Sich der vom MfS geschaffenen vertraut-konspirativen Atmosphäre nicht entschieden genug widersetzt und dadurch mit Vertretern der Staatsmacht unangemessen fraternisiert zu haben – dieser Vorwurf gegen viele „Kirchendiplomaten" besteht wohl zu Recht.

Auch die materiellen Transferleistungen der EKD an die DDR-Kirchen hatten nicht nur positive Wirkungen. Sie waren einerseits für wichtige kirchliche Arbeitsbereiche wie die Diakonie und den Erhalt von Gebäuden unverzichtbar.

---

[479] Vgl. ebd., S. 331 ff.
[480] Vgl. Krötke 1996, S. 412.
[481] Zu den Motivationsstrukturen kirchlicher IM vgl. Vollnhals 1996, S. 438 f.
[482] Vgl. vor allem Landtag Brandenburg: Bericht des Untersuchungsausschusses 1/3 vom 29. April 1994 und Reuth 1992.
[483] Vgl. Vollnhals 1996, S. 438.
[484] Vgl. Hehl/Tischer 1995, S. 932.

Andererseits schufen die diversen Finanztransaktionen, in die u. a. auch die KoKo von Schalck-Golodkowski eingeschaltet war, neue Abhängigkeiten vom „Wohlwollen" staatlicher Stellen und stabilisierten durch die damit verbundenen Deviseneinnahmen außerdem auch den DDR-Staatshaushalt.[485]

Der interessengeleitete kirchliche Pragmatismus, durchmischt mit sozialromantischen Ordnungsvorstellungen, führte die evangelischen Kirchenleitungen letztlich zur Anerkennung des SED-Staates als einer legitimen Obrigkeit.[486]

Erst auf der BEK-Synode im September 1989 vermochten sich die evangelischen Kirchen deutlich erkennbar auf die Seite von Demokratie und Freiheit stellen. Bis dahin hatten sie zwar hinsichtlich der Kirchen- und Glaubensfreiheit Widerstand gegen die totalitäre Politik der SED geleistet, jedoch das Engagement für die politische Freiheit aus ihrer Sicht der Gesamtkonstellation in der DDR zum guten Teil dem Arrangement mit der Parteidiktatur untergeordnet.[487] Diese Einschätzung schmälert nicht die mutige Haltung vieler Christen vor Ort, die wegen ihrer Resistenz gegen die SED-Ideologie häufig berufliche Nachteile oder gar politische Verfolgung auf sich nahmen.

---

[485] Vgl. Besier 1995, S. 511 ff. und Goeckel 1996, S. 54 f.
[486] Vgl. Vollnhals 1996, S. 446.
[487] Vgl. Nowak 1992, S. 10 ff.

B) Strukturen der DDR-Gesellschaft

Das Wirtschafts- und Sozialsystem

1. Das Wirtschaftssystem der DDR

Unmittelbar nach Kriegsende begann die sowjetische Besatzungsmacht in ihrer Zone mit der Umgestaltung der Eigentumsverhältnisse. Banken und Versicherungen sowie der größte Teil der Industrie wurden beschlagnahmt, Großgrundbesitzer und Großbauern im Zuge einer Bodenreform enteignet. Zwar standen diese ersten Maßnahmen vorderhand unter dem Etikett der Entnazifizierung, sie bildeten jedoch auch die Basis für die Einführung der Planwirtschaft in der sowjetischen Zone. Bereits für das letzte Quartal 1945 erließ die SMAD Produktionsbefehle für ausgewählte Industriebereiche der SBZ. Dabei standen freilich die Sicherung von Reparationsleistungen aus der laufenden Produktion und die Versorgung der Besatzungstruppen im Vordergrund. Schrittweise legte die SMAD bis zur Gründung der DDR am 7. Oktober 1949 die Grundlagen für eine „Zentralverwaltungswirtschaft sowjetischen Typs".[1]

Grundlage für Zentralverwaltungswirtschaft

Mit der „Deutschen Wirtschaftskommission" (DWK) wurde im Juni 1947 die institutionelle Voraussetzung für eine gesamtwirtschaftliche Planung, Lenkung und Kontrolle des Wirtschaftsprozesses geschaffen; aufgrund ihrer weitgehenden Weisungsbefugnisse glich sie eher einer Zonenregierung als einer Planungsbehörde. Priorität in der Wirtschaftsentwicklung sollten die Konsolidierung und der Ausbau der Schwerindustrie haben; auch darin folgte man dem sowjetischen Vorbild. Parallel dazu trieben SMAD und SED die Sozialisierung der Wirtschaft weiter voran.

a) Wirtschaftsordnung

Die Siegermächte des Zweiten Weltkrieges übertrugen ihre jeweilige Gesellschaftsordnung auf ihre Besatzungszonen: die Westalliierten, indem sie Rahmenbedingungen für Demokratie und freie Marktwirtschaft schufen, die Sowjetunion, indem sie in der von ihr besetzten Zone zum Teil auch planwirtschaftliche Elemente des nationalsozialistischen Deutschlands weiter ausbaute und durch eine entsprechende Eigentumsordnung unterfütterte.[2] Eine antikapitalistische Grundstimmung war nach Ende des Krieges in Europa weit verbreitet, und selbst herausragende Ökonomen wie Schumpeter und Keynes sahen die Zukunft des Kapitalismus zum

---

1 Vgl. Thalheim 1995b, S. 96 ff.
2 Vgl. Schneider 1995.

damaligen Zeitpunkt eher skeptisch.³ Freilich blieben liberale Wirtschaftsvorstellungen stets in der Diskussion, und insbesondere in Westdeutschland etablierte sich mit der „Freiburger Schule" schon bald eine ordoliberale Richtung, die staatlichen Einfluß auf das Setzen und Aufrechterhalten von Rahmenbedingungen für privatwirtschaftliche Aktivitäten begrenzen wollte.

Die weitestgehende Abschaffung des Privateigentums im Produktionsbereich bildete letztlich die entscheidende Voraussetzung für das Entstehen einer zentralen Planwirtschaft: In dem Maße, in dem einzel- und gesamtwirtschaftliche Variablen vorbestimmt werden, findet faktisch ein Eingriff in die Entscheidungsautonomie und damit in Eigentumsrechte der Individuen statt. „Enteignung" im Sinne der grundsätzlichen und endgültigen Aufhebung von Eigentumsrechten ist dann lediglich der formal konsequenteste, juristische Ausdruck dieses Sachverhalts. Insoweit ist das kommunistische Programm durchaus folgerichtig, wenn es insbesondere das Eigentum an Produktionsmitteln zur Schlüsselfrage erhebt. In der DDR (wie in allen Ostblockstaaten) hatte das Junktim zwischen Sozialisierung und Planwirtschaft Verfassungsrang. In den Artikeln 2 und 9 der Verfassung von 1974 heißt es:

Junktim zwischen Sozialisierung und Planwirtschaft

> „Das sozialistische Eigentum an Produktionsmitteln [und] die Leitung und Planung der gesellschaftlichen Entwicklung ... bilden unantastbare Grundlagen der sozialistischen Gesellschaftsordnung ... Die Volkswirtschaft der DDR beruht auf dem sozialistischen Eigentum an den Produktionsmitteln ... In der DDR gilt der Grundsatz der Leitung und Planung der Volkswirtschaft sowie aller anderen gesellschaftlichen Bereiche. Die Volkswirtschaft der DDR ist sozialistische Planwirtschaft."⁴

Die zentrale Planung sollte dabei nach kommunistischer Vorstellung nicht nur für die Ökonomie im engeren Sinne, sondern allgemein für alle gesellschaftlichen Bereiche Anwendung finden. Da aber dafür stets die Verfügung über Ressourcen entscheidend war, erhielt der ökonomische Bereich zwangsläufig eine herausragende Bedeutung. Die Lenkung der Wirtschaft war in diesem Sinne die Voraussetzung für die Lenkung der gesamten Gesellschaft.⁵

Gemäß marxistisch-leninistischer Ideologie kann nur durch Abschaffung des Privateigentums eine wirklich freie Assoziation der Produzenten entstehen, das „Chaos" einer profitorientierten kapitalistischen Produktion durch bewußte Planung überwunden und die gesellschaftlichen Produktivkräfte in ungeahnter Weise zur Entfaltung gebracht werden. Die Koexistenz von totalitärer Herrschaftsform und Planökonomie ist insoweit weit mehr als eine historisch zufällige Allianz. Im Gegenteil: Beide entsprechen sich und bedingen sich wechselseitig.⁶ Die Abschaffung der bürgerlichen Eigentumsordnung in der SBZ schuf die Basis für eine Diktatur totalitärer bzw. stalinistischer Prägung. Die ideologische Grundlage dafür bildete die „Suprematie" der sozialistischen Partei.⁷ Die SED konnte wegen ihres totalitären Anspruchs weder individuelle Lebensentwürfe der Menschen noch demokratische Entscheidungsstrukturen in der Gesellschaft zulassen. Für die

---

3 Vgl. Maier 1995, S. 652.
4 Zit. nach: Gutmann/Buck 1996, S. 23 f.
5 Vgl. Gutmann 1995, S. 641 f.
6 Vgl. Thalheim 1987a und Gutmann 1994 und 1995.
7 Vgl. Mampel 1968.

Wirtschaft bedeutete dies, daß an die Stelle der „Koordination" im Wirtschaftsprozeß die „Subordination" seiner Akteure treten mußte.[8]

b) Das System ökonomischer Planung und Lenkung

Bis Mitte der fünfziger Jahre vollzog sich in der DDR die Etablierung einer Zentralverwaltungswirtschaft nach sowjetischem Vorbild. Krisenerscheinungen in den späten fünfziger und frühen sechziger Jahren, die von der Parteiführung der „Überzentralisierung" angelastet wurden, motivierten diese 1963 zur Einführung des NÖSPL (ab 1968: ÖSS), indem die direkte Lenkung der Wirtschaft durch indirekte, ökonomische Steuerungsmethoden ergänzt werden sollte. Mit dem – vornehmlich politisch bedingten – abrupten Abbruch des Experiments Ende 1970 setzte ab 1971 wieder eine stärkere Rezentralisierung der Wirtschaft ein. Das Planungs- und Lenkungssystem der DDR-Wirtschaft, wie es sich in den nachfolgenden Jahren herausbildete, blieb – von eher geringfügigen Modifikationen abgesehen – bis zum Ende der DDR bestehen und läßt sich anhand einiger zentraler Strukturmerkmale charakterisieren.

Reformversuche gescheitert

Wirtschaftshierarchie

Getreu dem Primat der Politik war die Gestaltung des Wirtschaftsprozesses eine staatliche Aufgabe auf der Grundlage von Parteibeschlüssen und konkreten Direktiven der entsprechenden Parteigliederungen. Wie in anderen gesellschaftlichen Bereichen muß auch im Wirtschaftssystem strikt zwischen formalen und faktischen Kompetenzen unterschieden werden. Förmlich und nach außen hin war der Ministerrat das oberste Wirtschaftsorgan der DDR, faktisch galt aber auch hier die Suprematie der Partei. Die Parteiorgane vom Politbüro bis hin zur örtlichen Ebene hatten daher auch in ökonomischen Angelegenheiten das letzte Wort.

Die Entscheidungsfindung des Politbüros zu Wirtschaftsfragen erfolgte auf der Grundlage entsprechender Ausarbeitungen und Vorschläge der zuständigen ZK-Abteilungen. Diese ergänzten oder korrigierten in der Regel die Vorstellungen der Staatlichen Plankommission (SPK) oder der einzelnen Ministerien nach Maßgabe von Parteibeschlüssen.[9] Die insgesamt neun ZK-Abteilungen, die mit Wirtschaftsfragen befaßt waren, unterstanden dem ZK-Sekretär Günter Mittag (von 1962 bis 1973 und von 1976 bis 1989). Gleichzeitig war Mittag u. a. Vorsitzender der Wirtschaftskommission, der Arbeitsgruppe Zahlungsbilanz und der Arbeitsgruppe BRD des Politbüros. Die Wirtschaftskommission, der einzelne Abteilungsleiter und einige Minister und Staatssekretäre angehörten, beschäftigte sich sowohl mit wirtschaftlichen Grundsatzfragen als auch mit den Planentwürfen der SPK. Obschon sie offiziell keinerlei Entscheidungsbefugnis hatte, determinierte sie doch weitgehend die nachfolgenden Beratungen und Beschlüsse des Politbüros.[10]

Zentrale Rolle Günter Mittags für Wirtschaftspolitik

Darüber hinaus basierte die politische und wirtschaftliche Macht von Günter Mittag auf seiner Weisungsbefugnis gegenüber den Generaldirektoren der Kombinate, die allesamt Nomenklaturkader des ZK-Sekretariats waren.[11] Zusätzlich zur

---

[8] Vgl. Propp 1964, S. 18.
[9] Vgl. Krömke 1995, S. 57 und Wenzel 1992, S. 14 ff.
[10] Vgl. Koziolek 1996, S. 74.
[11] Vgl. Schürer/Wenzel 1995, S. 83.

politischen Einsetzung und Anbindung der Generaldirektoren gab es in allen Kombinaten noch einen sogenannten Parteiorganisator des ZK. Dieser sollte die Umsetzung der Parteibeschlüsse vor Ort kontrollieren.[12] Mittag unterstellt war auch der Bereich Kommerzielle Koordinierung (KoKo), der mit seinen Aktivitäten die Devisenprobleme der DDR entschärfen sollte.[13] Da der innerhalb seiner Zuständigkeit nahezu allmächtige Günter Mittag zudem – zumindest im letzten Jahrzehnt – beste Beziehungen zu Erich Honecker hatte, der in der Regel seinen Ratschlägen folgte, prägte und bestimmte Mittag die DDR-Wirtschaft fast dreißig Jahre lang. Eine Mitverantwortung für den wirtschaftlichen Niedergang der DDR wies er jedoch weit von sich.[14]

Der Parteiapparat nahm außerdem informell Einfluß auf die Arbeit der Staatlichen Plankommission und der Ministerien, wie er auch durch seine Personalkompetenz für eine enge Verbindung von Partei- und Staatsgliederungen sorgte. Die zumeist unter der Oberfläche schwelenden Konflikte zwischen Vertretern staatlicher Institutionen und Parteiinstanzen entsprangen zumeist persönlichen Animositäten oder unterschiedlichen Vorstellungen in wirtschaftspolitischen Details, aber keinesfalls grundlegenden Differenzen über die Wirtschafts- und Gesellschaftsordnung der DDR.[15]

Wirtschaftsrelevante Institutionen auf staatlicher Ebene

Der dominierende Einfluß der SED auf die Wirtschaftspolitik setzte sich auf der Bezirks- und Kreisebene fort, wo der zuständige Sekretär bzw. der Parteiapparat entsprechenden Einfluß auf staatliche Gremien und Entscheidungen nahmen. Auf staatlicher Ebene selbst lassen sich fünf Kategorien wirtschaftsrelevanter Institutionen unterscheiden:[16]

- Wirtschaftszweigleitende Staatsorgane; darunter wurden die elf Industrieministerien sowie acht weitere wirtschaftsleitende Ministerien für spezielle Wirtschaftsbereiche (Ministerien für Bauwesen, für Außenhandel, für Land-, Forst- und Nahrungsgüterwirtschaft etc.) verstanden. Ihnen oblagen Anleitung und Kontrolle der jeweils zugeordneten Kombinate, VEB oder sonstigen Einrichtungen.
- Wirtschaftsfunktional leitende Staatsorgane mit entsprechenden nachgeordneten Organen auf Bezirks-, Kreis- und Kommunalebene; dazu zählten Ministerien und andere zentralstaatliche Organe mit Querschnittaufgaben oder speziellen Funktionsbereichen wie insbesondere die Ministerien für Wissenschaft und Technik, für Materialwirtschaft, für Finanzen, für Justiz sowie für Umweltschutz und Wasserwirtschaft, die Staatliche Plankommission (SPK), die Staatsbank der DDR, das Amt für Preise, das Staatssekretariat für Arbeit und Löhne, die Staatliche Zentralverwaltung für Statistik und die Arbeiter- und Bauerninspektion (ABI).

---

12 Vgl. Krömke 1995, S. 60/61.
13 Vgl. ebd., S. 59/60.
14 Vgl. Mittag 1991.
15 Vgl. zum Konflikt zwischen dem Vorsitzenden der Staatlichen Plankommission Gerhard Schürer und dem ZK-Sekretär Günter Mittag: Hertle 1992, S. 127 ff., sowie Mittag 1991, Schürer 1996 und Schürer/Wentzel 1995.
16 Vgl. Erdmann/Krakat 1987, S. 112 ff. und Gutmann/Buck 1996, S. 25 ff.

Die genannten zentralstaatlichen Institutionen waren generell Organe des Ministerrates der DDR, der zwar formal für die Volkswirtschaft zuständig war,[17] aber faktisch nur die Funktion der Wirtschaftsverwaltung wahrnahm.[18] Ihre Leiter waren entweder Mitglieder des Ministerrates oder diesem unterstellt (je nach Bedeutung des Bereiches).

– Territoriale Leitungsorgane: das sind sowohl die örtlichen Räte (etwa des Bezirkes oder des Kreises) mit ihren örtlichen Wirtschaftsabteilungen (Wirtschaftsräte der Bezirke und der Kreise).

Schaubild 15: Vereinfachte Darstellung der Leitungsstruktur der zentralen Planwirtschaft in der DDR

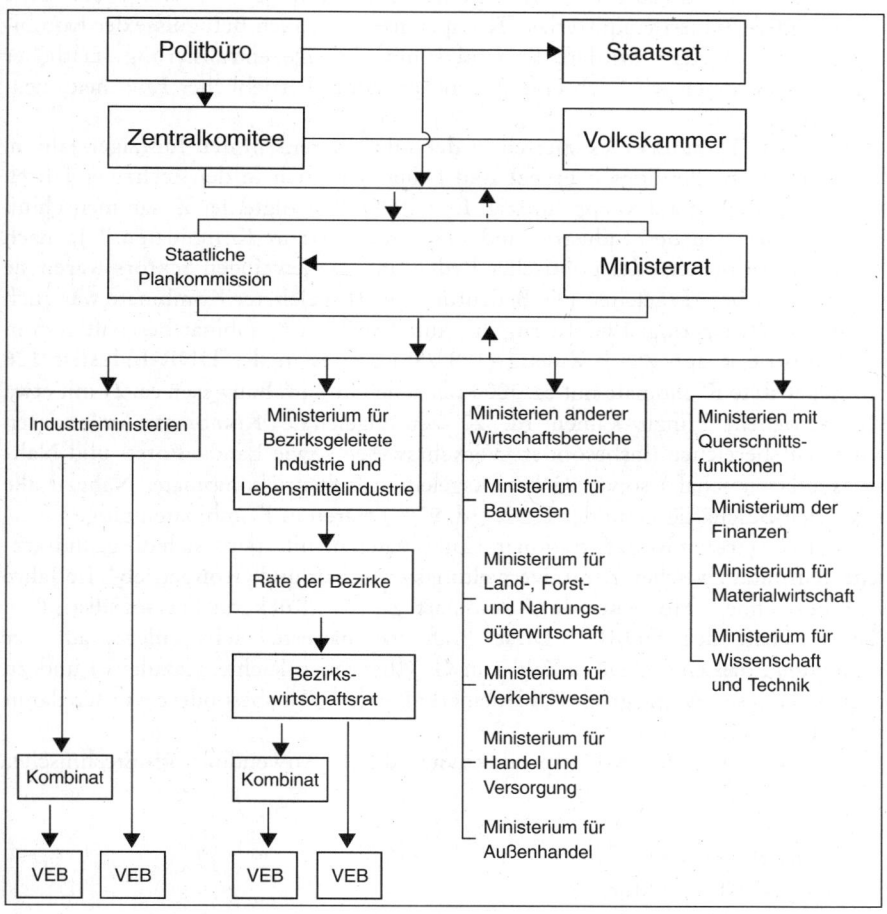

Abbildung nach: Schwarzer 1996, S. 45

---

17 Vgl. Mittag 1991, S. 326 ff.
18 Vgl. Lepsius 1995, S. 353.

- Kombinate: das sind vertikale oder horizontale Zusammenfassungen von Betrieben, die ab 1980 als „Grundeinheiten der materiellen Produktion" galten.[19]
- Volkseigene Betriebe (VEB): seit Ende der siebziger Jahre meist in Kombinaten zusammengefaßte, juristisch eingeschränkt selbständige und ökonomisch abhängige Wirtschaftseinheiten.

Einen groben Überblick über die grundsätzliche Leitungsstruktur vermittelt Schaubild 15, in dem allerdings die Parteidimension weitgehend ausgeblendet ist.

Kombinats-Generaldirektoren

Für die Kombinate ergab sich eine Doppelbestimmung, die seit der Kombinatsreform von 1979/80 in dieser Form bestand und sich insbesondere in einer ambivalenten Doppelrolle der Kombinats-Generaldirektoren als staatliche Leiter einerseits und „sozialistische Manager" andererseits niederschlug. Diese Zwitterstellung ergab sich daraus, daß den Generaldirektoren sowohl einige staatliche (insbesondere industrieministeriale) Kompetenzen wie auch Befugnisse der Kombinatsbetriebe zugeteilt wurden. Es fand somit eine Dezentralisierung staatlicher Leitungsfunktionen wie auch eine Rezentralisierung betrieblicher Entscheidungsbefugnisse statt.[20]

Vereinzelte Kombinate existierten in der DDR bereits in den fünfziger Jahren. Ihre Zahl blieb allerdings begrenzt und belief sich auch in den sechziger Jahren insgesamt lediglich auf knapp fünfzig. Erst 1978/79 erfolgte der Zusammenschluß fast aller Betriebe der Industrie und des Bauwesens in Kombinaten.[21] Je nach volkswirtschaftlicher oder politischer Bedeutung des jeweiligen Sektors waren sie zentral- oder bezirksgeleitet. Die Bedeutung bezirksgeleiteter Kombinate war auch quantitativ eher gering; 1985 betrug ihr Anteil an allen Kombinatsbeschäftigten in der Industrie knapp 7%.[22] Zuletzt (1988/89) gab es in der DDR-Industrie 126 zentralgeleitete Kombinate mit ca. 3000 Betrieben und im Bauwesen ca. 21 mit etwa 300 Betrieben. Hinzu kamen rd. 20 zentralgeleitete Kombinate in anderen Wirtschaftsbereichen (insbesondere Verkehrswesen sowie Land-, Forst- und Nahrungsgüterwirtschaft) sowie 95 bezirksgeleitete Industriekombinate. Nahezu alle industriell Beschäftigten in der DDR (rd. 97%) waren in Kombinaten tätig.[23]

Tendenz zum Großbetrieb

In der verstärkten Konzentration in Kombinaten manifestierte sich die grundsätzliche „Affinität zwischen Zentralverwaltungswirtschaft und Großbetrieb". Im Jahre 1986 bezeichnete Honecker die Kombinate gar als „Rückgrat der sozialistischen Planwirtschaft der DDR".[24] Diese Präferenz basierte nicht zuletzt auf der Vorstellung, daß eine kleinere Zahl von Großbetrieben leichter anzuleiten und zu kontrollieren sei als eine große Zahl kleinerer Betriebe;[25] insbesondere wurden damit Hoffnungen verbunden:
- auf Steigerung der Arbeitsproduktivität durch Anwendung großtechnischer Verfahren;

---

19 Vgl. Hamel 1983, S. 29.
20 Vgl. Hamel 1983 und Klein 1983.
21 Vgl. Hax/Piorkowsky 1987, S. 176, 169, Kusch u. a. 1991, S. 94.
22 Vgl. Erdmann/Krakat 1987, S. 112.
23 Vgl. Fritze 1993, S. 19 und Gutmann/Buck 1996, S. 27.
24 Vgl. Thalheim 1987b, S. 108.
25 Vgl. Hamel 1983, S. 31 und Heering 1993, S. 140.

- auf Erhöhung der Flexibilität durch effektive Nutzung moderner Informationstechnologien;
- auf Stabilisierung der Kooperationsbeziehungen zwischen Zulieferern und Abnehmern, vor allem innerhalb, aber auch außerhalb der Kombinate;
- auf Effektivierung des Einsatzes erwirtschafteter Investitionsmittel durch zentrale kombinatsinterne Zuteilung;
- auf Beschleunigung des technischen Fortschritts durch konzentrierten Einsatz des vorhandenen Forschungs- und Entwicklungspotentials;
- auf Herausbildung hochqualifizierter und motivierter Kader durch Gewährung größerer Eigenverantwortlichkeit für die Generaldirektoren der Kombinate.[26]

Die Erwartungen erfüllten sich nicht, weil die Nachteile der Bürokratisierung in Großorganisationen letztlich immer schwerer wiegen als die Effizienzvorteile der Zentralisierung. Die Bildung von Kombinaten kam zudem der aus den Unwägbarkeiten der Planerfüllung resultierenden Tendenz zur Autarkie entgegen. Sie stand damit aber im Gegensatz zu den Geboten volkswirtschaftlicher Spezialisierung und Arbeitsteilung.[27]

Organe, Typen, Methodik und Instrumente der Planung

Ein Plan im ökonomischen Sinne ist eine komplette Liste von „Inputs" und „Outputs", die der Erreichung eines vorgegebenen Zieles dienen. In diesem Sinne wird in allen modernen Wirtschaftssystemen geplant. In marktwirtschaftlichen Systemen entscheiden Haushalte über ihre „Konsumpläne" und Unternehmen über ihre „Produktionspläne", wobei für die ersteren das Ziel einer möglichst hohen Bedürfnisbefriedigung und für die letzteren vor allem ein möglichst hoher Gewinn ist. Unterschiede zwischen Markt- und Planwirtschaften bestehen vor allem bezüglich der „Subjekte" der Planung und deren intendierten Wirkungsbereich. In Marktwirtschaften sind Pläne grundsätzlich dezentraler Natur. Jedes Wirtschaftssubjekt stellt seinen individuellen Plan nach eigenem Ermessen auf, und die Koordinierung der Einzelpläne findet (idealerweise) am Markt durch den Preismechanismus statt. Pläne in Zentralverwaltungswirtschaften legen demgegenüber wirtschaftliche Variablen zentral fest, die daher dem Konzept gemäß vorab aufeinander abgestimmt sind (bzw. sein müssen). Eigentliches Wirtschaftssubjekt wird hier nur der Staat bzw. eine entsprechende politische Instanz.[28]

Aus dieser Definition ergibt sich auch, daß Pläne grundsätzlich stofflicher Natur sind; die jeweils erforderlichen Inputs und Outputs werden in physischen Mengeneinheiten gemessen. Es ist daher nur konsequent, wenn die sozialistische Planwirtschaft von Anfang an nach sowjetischem Vorbild auf einer strikten Mengenplanung aufbaute.[29] Erst die enormen Schwierigkeiten, eine derartige Planung zu operationalisieren, führten zur Ergänzung und teilweise auch zur Substituierung durch eine zusammenfassende Wertplanung, die jedoch lediglich Hilfsmittel bzw. Ersatz für eine (eigentlich anzustrebende) Mengenplanung blieb.[30]

Strikte Mengenplanung

---

[26] Vgl. Klein 1983, S. 80 f.
[27] Vgl. Wolf/Sattler 1995, S. 2930.
[28] Vgl. Hayek 1945, S. 30 f. und Propp 1964, S. 19.
[29] Vgl. Schürer 1996, S. 74.
[30] Vgl. Propp 1964, S. 35, 55 f. und Lohmann 1986, S. 12.

Die oberste Planhoheit in der DDR-Wirtschaft lag wiederum beim SED-Politbüro. Die SPK als oberste planausarbeitende Behörde hatte dessen Ziele in konkrete, quantitative und qualitative Kennziffern zu übersetzen und den planausführenden Einheiten (Kombinate; VEB; öffentliche Haushalte) zuzuleiten. Außerdem mußte sie die Planerfüllung der operativen Einheiten ständig anleiten und kontrollieren.

Nach ihrem Zeithorizont lassen sich vier verschiedene Plantypen unterscheiden:
- Volkswirtschaftliche Prognosen für einen Zeitraum von 20 bis 30 Jahren(!);
- langfristige Konzeptionen mit einem Zeithorizont von 10 bis 15 Jahren;
- Perspektivpläne mit einer Laufzeit von 5 bis 7 Jahren;
- laufende Pläne auf Jahres-, Halbjahres-, Quartals-, Monats- oder Dekadenbasis.[31]

In der Praxis spielten Fünfjahr- und Jahrespläne die wichtigste Rolle; erstere waren (im Unterschied zu Prognosen und Konzeptionen) vollzugsverbindlich und wurden in fortlaufenden Jahresplänen konkretisiert und ggf. modifiziert.

Planausarbeitung

Die Planausarbeitung vollzog sich in vier Phasen streng nach zentralistischen Prinzipien. Bei Jahresplänen waren dafür ca. zehn Monate vorgesehen.[32] Im ersten Schritt definierte die SPK in Abstimmung mit der Parteiführung[33] sog. Planaufgaben, die staatliche Mindestanforderungen für die Planperiode festlegten; diese wurden durch den Ministerrat den nachgeordneten Organen zugeleitet, die für die Instanzen der jeweils nächsttieferen Ebene entsprechende Aufschlüsselungen und Konkretisierungen vorzunehmen hatten. Auf diese Weise wurde der Prozeß bis zu den untersten Einheiten (insbesondere Betriebe) fortgesetzt. Danach begann in einem zweiten Schritt der Planrücklauf, bei dem die jeweiligen Instanzen unter Abwägung ihrer Kapazitäten und Beschaffungsmöglichkeiten (Vorverträge bzw. Protokolle über Zulieferungen) ihren vorgeordneten Organen realistische Planangebote unterbreiten mußten. Diese waren gegenüber letzteren zu „verteidigen" und ggf. auf deren Weisung zu korrigieren, zu ergänzen oder auch zu detaillieren. Anschließend wurden die Einzelpläne auf jeder Ebene aufeinander abgestimmt, zusammengefaßt und nach oben weitergegeben, wo sich die gleiche Prozedur wiederholte. In die Verhandlungen über die Details des Planes wurden auch die jeweils zuständigen ZK-Abteilungen miteinbezogen, um die Position der Parteiführung möglichst vorab mitberücksichtigen zu können. Gleiches galt für die Bezirks- und Kreisebene, wo die jeweilige Parteileitung auf die Einhaltung der von ihr gesehenen Prioritäten achtete.[34] Dieser Verfahrensablauf war zugleich eine der wichtigsten Methoden zur Informationsgewinnung und -zentralisierung.

War der Rücklauf abgeschlossen, so hatte nun die SPK die Aufgabe, im dritten Schritt nach abermaliger Abstimmung sämtlicher ihr vorgelegter Angebote die endgültige staatliche Planauflage zu erarbeiten und dem Politbüro zur Bestätigung vorzulegen.[35] Damit wurde der Plan vollzugsverbindlich und erhielt durch Volkskammerbeschluß Gesetzeskraft. Dies bedeutete, daß eine selbst zu verantwortende

---

[31] Der Leiter der SPK, Gerhard Schürer, berichtet, daß Günter Mittag 1988 gar „... Tagespläne ein[führte], was dem Wahnsinn nahe kam"; vgl. Schürer 1996, S. 68.
[32] Vgl. Erdmann/Krakat/Meyer 1987, Fritze 1993, Gutmann/Klein 1995 und Gutmann/Buck 1996.
[33] Vgl. Wenzel 1992, S. 15.
[34] Vgl. Lepsius 1995, S. 355/356 und Schürer/Wenzel 1995, S. 85/86.
[35] Vgl. Schürer/Wenzel 1995, S. 86.

Nichterfüllung des Planes sanktioniert wurde. Diese zentralen Planvorgaben mußten sodann wie in der ersten Phase sukzessive aufgeschlüsselt und konkretisiert werden. Im vierten und letzten Schritt mußte die Umsetzung des Planes (resp. deren Vorbereitung) seitens der wirtschaftenden Einheiten stattfinden, indem diese mit Zulieferern und Abnehmern verbindliche Verträge aushandelten. Die vertikal verordneten Einzelpläne wurden so auf unterster Ebene horizontal abgestimmt und verzahnt und durch entsprechende Verträge mit Außenhandelsbetrieben (AHB) ergänzt.

    Wichtigstes Medium der Planung war die sog. Bilanzierung.[36] Durch Abstimmung zwischen Aufkommen und Verwendung von Gütern und Leistungen sollten volkswirtschaftliche Gleichgewichts- und Proportionalitätsbedingungen realisiert und damit die Konsistenz des Gesamtplanes gesichert werden. Ca. 2150 volkswirtschaftlich besonders wichtige Güter wurden dafür von der Wirtschaftsführung ausgewählt und direkter staatlicher Bewirtschaftung und güterwirtschaftlicher Bilanzierung unterworfen. Dabei handelte es sich um die berühmt-berüchtigten MAK-Bilanzen (Material-, Ausrüstungs und Konsumgüterbilanzen). Über drei Viertel der gesamtwirtschaftlichen Produktion und neun Zehntel des Gesamtexports sollen auf diese Weise zentral entschieden worden sein. Die Bilanzgüter waren in drei Prioritätsklassen eingeteilt: Etwa 400 Rohstoffe und Investitionsgüter lagen unmittelbar im Verantwortungsbereich der SPK. Die Güter dieser sog. Staatsplanbilanzen (S-Bilanzen) genossen oberste Priorität. Ca. 650 weitere Güter der zweiten Prioritätsstufe unterstanden fachministerieller Verantwortung (M-Bilanzen). Kombinate bilanzierten nochmals rd. 1100 Güter der dritten Wichtigkeitsstufe (K-Bilanzen). Darüber hinaus wurden etwa 2400 weitere Bilanzen von Kombinatsbetrieben erstellt. Aufgrund der allgemeinen Mangelsituation gab es ein ständiges Gerangel unter den Partei- und Staatsfunktionären um die Anerkennung eigener Projekte in den S-Bilanzen, die eine vordringliche Bereitstellung erfuhren; ausgesprochen abstruse Begründungszusammenhänge waren dabei keine Seltenheit.[37]

    Bilanzierung

    Die Ergebnisse der Bilanzierung fanden ihren Niederschlag in sog. Plankennziffern, durch die die Menge der zu produzierenden Güter festgelegt und die Verwendung der dafür erforderlichen Produktionsfaktoren gesichert werden sollte. In der zweiten Hälfte der achtziger Jahre wurden 93 Kennziffern mit weiteren 61 Untergliederungen verwendet, von denen freilich nicht alle gleich wichtig waren. Als „Hauptkennziffern der Leistungsbewertung", die als Kriterien der Planerfüllung dienten, fungierten ab 1984: Nettoproduktion, Nettogewinn, Export und Leistungen für die Bevölkerung.[38]

    Plankennziffern

    Mit den genannten Hauptkennziffern wurden allerdings nur Outputgrößen erfaßt. Um zugleich auch eine möglichst effiziente Nutzung der Inputs zu gewährleisten, bediente man sich sog. Normative. Dabei handelte es sich um staatlich bestätigte Richtwerte („Normen") für den optimalen Aufwand an Arbeit, Material und Maschinennutzung. Normen sollten „technisch-ökonomisch" konzi-

---

[36] Vgl. Baßeler/Heinrich/Koch 1991, S. 89 ff.
[37] Vgl. Erdmann/Krakat/Meyer 1987, S. 131 f. und Gutmann/Buck 1996, S. 32 ff.
[38] Vgl. Schürer 1996, S. 67.

Informationsproblem bei Planerstellung

Die obige Darstellung läßt bereits den Bürokratismus der Planungsprozedur erahnen, der das gesamte System in hohem Maße inflexibel machte. Reaktionen auf Engpässe oder Veränderungen in Technologie oder Bedarf erfolgten daher nur mit großer Trägheit. Grundsätzlich stellt sich das Aufstellen eines solchen Planes als ungeheueres Informationsproblem dar, da in komplexen Gesellschaften funktionales Wissen in den Köpfen einer Vielzahl von Einzelakteuren dezentralisiert ist. Selbst wenn die Individuen willens wären, dieses Wissen anderen mitzuteilen – wovon im allgemeinen nicht ausgegangen werden kann –, wäre es unmöglich, dieses an einer Stelle effizient zu zentralisieren.[39] Die Zentrale muß daher immer ein Informationsdefizit im Vergleich zur Summe der Einzelakteure aufweisen. Diese asymmetrische Informationsverteilung zwischen Zentrale und Akteuren kann von letzteren in ihrem eigenen Interesse und im Zweifelsfall auch wider den Interessen der Zentrale genutzt werden.[40]

Ist ein vollzugsverbindlicher Plan erst einmal vorgegeben, so wird die Planerfüllung zum primären Ziel aller planausführenden Organe und Einheiten. Auch sind daran sämtliche Vergünstigungen und Privilegien gekoppelt.[41] Da Mängel in der Planerfüllung immer irgendwo auftreten können, sind alle anderen Akteure stets dem Risiko ausgesetzt, davon durch Zulieferstörungen in der eigenen Planerfüllung behindert zu werden. Aus diesem Grund besteht in Planwirtschaften eine immanente Tendenz zur Autarkie der Wirtschaftseinheiten. Betriebe und Kombinate möchten sich möglichst weitgehend von Außenabhängigkeiten frei halten.

Aufbau heimlicher Reserven

Dem diente auch der Aufbau „heimlicher Reserven" an Material, Maschinenkapazitäten und Arbeitsleistung. Diese Reserven waren darüber hinaus das Mittel, um am „Schwarzen Markt" (dem marktwirtschaftlichen „Ventil" der Planwirtschaft) vieles von dem eintauschen zu können, was der reguläre Plan nicht bereitstellen konnte. Dieses Prinzip – im DDR-Jargon: SKET = sehen, kaufen, einlagern, tauschen – galt nicht nur für die privaten Haushalte, sondern insbesondere auch für die Betriebe. Durch „illegalen Naturaltausch" am Plan vorbei war es in vielen Fällen doch noch möglich, die zur Planerfüllung nötigen Zulieferungen zu besorgen. Die ökonomischen Ziele wurden dann nicht wegen, sondern trotz des Planes erreicht.[42] Solche Praktiken waren jedermann bekannt und wurden stillschweigend geduldet, weil letztlich alle Betriebsmitglieder davon profitierten; mehr noch: in diese „Plankumpanei" waren häufig auch mittlere und obere Leitungsorgane direkt einbezogen.[43]

Preise und Preissystem

In der DDR unterlag der gesamte Preisbildungskomplex (Erarbeitung von Grundsätzen für die Preispolitik; Preisfestsetzung, von einigen Ausnahmen abgese-

---

[39] Vgl. Hayek 1945.
[40] Vgl. Gutmann 1995, S. 650.
[41] Vgl. ebd., S. 645.
[42] Vgl. Fritze 1993, S. 43 f.
[43] Vgl. Gutmann/Klein 1995, S. 1643 f.

hen; Durchsetzung und Kontrolle der staatlichen Preisbeschlüsse) dem Amt für Preise. In politisch brisanten und volkswirtschaftlich wichtigen Fällen behielt sich allerdings formell der Ministerrat und faktisch das Politbüro die letztendliche Preishoheit vor. In den achtziger Jahren wurden die meisten Industriepreise unmittelbar durch die Kombinate festgesetzt, die aber strikten staatlichen Preissetzungsregeln unterworfen waren. Deren Einhaltung überwachten u. a. die mit ähnlichen staatlichen Kompetenzen wie die Hauptbuchhalter der Kombinate ausgestatteten Leiter der Abteilungen Preise.[44]

Das Preissystem war Planungsinstrument und Planungsgegenstand zugleich: Als Instrument der Planung sollte es die wertmäßige Zusammenfassung von Gütergruppen zu überschaubaren Plangrößen ermöglichen, was ein stabiles Niveau wie auch insbesondere eine stabile Struktur der Preise wünschenswert machte.[45] Darüber hinaus sollten Preise als „ökonomische Hebel" eine Anreizfunktion ausüben, was demgegenüber möglichst flexible, an realen Knappheitsverhältnissen orientierte Preise erfordert hätte. Schließlich hatten die Preise als Plangegenstand auch eine ideologisch und politisch motivierte Verteilungsfunktion, die nicht zuletzt in der großzügigen Subventionierung von Gütern und Leistungen für den Grundbedarf der Bevölkerung zum Ausdruck kam. Hiermit wollte die Partei- und Staatsführung im Wettbewerb mit dem marktwirtschaftlichen System in Westdeutschland die Überlegenheit des „realen Sozialismus" in punkto „sozialer Gerechtigkeit" demonstrieren. Es ist offensichtlich, daß nicht alle drei Funktionen gleichzeitig erfüllt werden konnten. Daher gab es mannigfache Unstimmigkeiten im Preissystem, die im Laufe der Zeit immer wieder zu „Preisreformen" zwangen. Sein in sich widersprüchlicher Charakter konnte allerdings nie behoben werden.[46]

Preise: Planungsinstrument und -gegenstand

Da Preise in Zentralplanwirtschaften bestenfalls zufällig die realen Knappheitsrelationen widerspiegeln können, die Knappheiten aber selbstverständlich durch die staatliche Preisadministration nicht beseitigt sind, ergibt sich ein weiteres Dilemma: „Zu niedrige" Preise führen nämlich auch in Planwirtschaften zu einem verschwenderischen Umgang mit Gütern und Ressourcen, falls die entsprechenden Verbrauchsmengen nicht vollständig und strikt durchgeplant werden. Das war in der DDR z. B. beim Konsum generell nicht der Fall. Auf der anderen Seite hatten aber „zu hohe" Preise nicht im gleichen Maße dämpfende Wirkungen wie in Marktsystemen, da insbesondere die betrieblichen Akteure aufgrund der staatlichen Bestandsgarantie unter „weichen Budgetbeschränkungen" operierten.[47]

Rückblickend haben DDR-Ökonomen im Preissystem die Achillesferse des planwirtschaftlichen Systems gesehen.[48] Die entscheidenden Defekte lagen freilich viel tiefer. Das Preissystem kann seine Steuerungsfunktion idealerweise nur auf der Basis vollständig definierter Eigentumsrechte (die Verfügung und Nutzung von Gütern und Ressourcen sowie die Haftung für daraus entstehende Schäden) erfüllen, die über Konkurrenzmärkte zwischen eigenverantwortlichen Akteuren freiwillig ausgetauscht werden.

---

44 Vgl. Melzer 1983, S. 65, Erdmann/Krakat 1987, S. 117 und Haffner 1987, S. 151.
45 Vgl. Lohmann 1986, S. 35.
46 Vgl. Melzer 1983, Haffner 1987 und Schürer 1996.
47 Vgl Fritze 1993, S. 134 und Wolf/Sattler 1995, S. 2906.
48 Vgl. Schwarz 1995, S. 137.

Anreizsysteme

Während in marktwirtschaftlich geprägten Gesellschaftssystemen die Vermittlung von Eigen- und Fremdinteresse zumindest theoretisch durch frei ausgehandelte Verträge bewerkstelligt wird, ist dies im Zentralplansystem naturgemäß nicht möglich. Die SED glaubte statt dessen, ihre Bürger zu „neuen Menschen" erziehen zu können, die die „gesellschaftlichen" Ziele soweit verinnerlicht haben sollten, daß diese nicht länger im Konflikt mit ihren Individualzielen stünden.[49]

Selbst frühere hohe Parteifunktionäre der SED sind mittlerweile der Meinung, daß diese Illusion einen wichtigen Anteil am Niedergang der DDR-Wirtschaft und am Scheitern des „real existierenden Sozialismus" hatte. Der Vorsitzende der SPK, Gerhard Schürer, verweist im nachhinein auf den

> „... falschen Glauben, daß der Mensch aus ideologischen Gründen bereit sei, sein Leben lang große Taten für die neue Gesellschaft zu vollbringen. Denn der Mensch ist so, wie er ist. Ihm sitzt stets das Hemd näher als der Rock. Das Versprechen auf eine Zukunft, in der er einmal nach seinen Bedürfnissen leben soll, bewegt ihn weniger als die Sorge, was wird morgen sein, wie er seine Kinder großziehen, sein Eigentum sichern und mehren kann ... Der Gedanke, daß alle in einen großen Topf wirtschaften, aus dem dann neu verteilt wird, überzeugt die Menschen nicht, täglich ihr Bestes zu geben, und der materielle Anreiz ersetzt nicht das Streben, privates Eigentum zu schaffen und möglichst zu vergrößern."[50]

In der Praxis konnte auch die DDR nicht gänzlich auf Anreizsysteme verzichten, da das reguläre Entlohnungssystem nur geringe Differenzierungen zuließ.[51] Die offizielle Nivellierungsphilosophie hatte sich in den achtziger Jahren bereits so tief im Alltagsbewußtsein der „Werktätigen" verankert, daß der Versuch einer Abkehr der SED-Führung nicht mehr möglich schien, obschon das Problem von einigen Soziologen und Funktionären durchaus gesehen wurde.[52] Zur Kompensation hatte die SED spezielle Anreizsysteme und -mechanismen geschaffen, die als „Stimulierung" bezeichnet wurden.

Ideelle Stimulierungen

Zu „ideellen Stimulierungen" zählten insbesondere: Präsentation bewährter Werktätiger oder Arbeitskollektive in den Medien; Verleihung von Wimpeln und „Ehrenbannern"; Auszeichnung durch Orden, Medaillen und Ehrentiteln („Held der Arbeit"; „Aktivist der sozialistischen Arbeit"; „Kollektiv der sozialistischen Arbeit" etc.). Diese Maßnahmen waren in das Konzept des „sozialistischen Wettbewerbs" eingebunden, der als „Masseninitiative" durch den FDGB organisiert wurde und seinen Anreizeffekt insbesondere mittels Herstellung von Öffentlichkeit zu erzielen suchte. In ihm wurde ein wesentliches Moment zur Herausbildung der „sozialistischen Persönlichkeit" und zugleich eine Triebkraft der gesellschaftlichen Entwicklung gesehen. Wichtigste Formen der Arbeitsstimulation waren die „Neuerer-" und „Aktivistenbewegung" sowie die „Produktionspropaganda".[53] Von derartigen Aktivitäten konnte man sich nicht ausschließen, wollte man nicht zuweilen empfindliche Sanktionen riskieren. Aufgrund des Zwangscharakters dieser

---

[49] Vgl. Hof 1983, S. 108 und Schwarzer 1996, S. 25 ff.
[50] Schürer 1996, S. 257.
[51] Vgl. Thalheim 1987b, S. 109 f. und Gutmann/Buck 1996, S. 45.
[52] Vgl. Lötsch 1988.
[53] Vgl. Beyer/Klein 1987, S. 142 f. und Schwarzer 1996, S. 53 ff.

Schaubild 16: Konzeption des sozialistischen Wettbewerbs

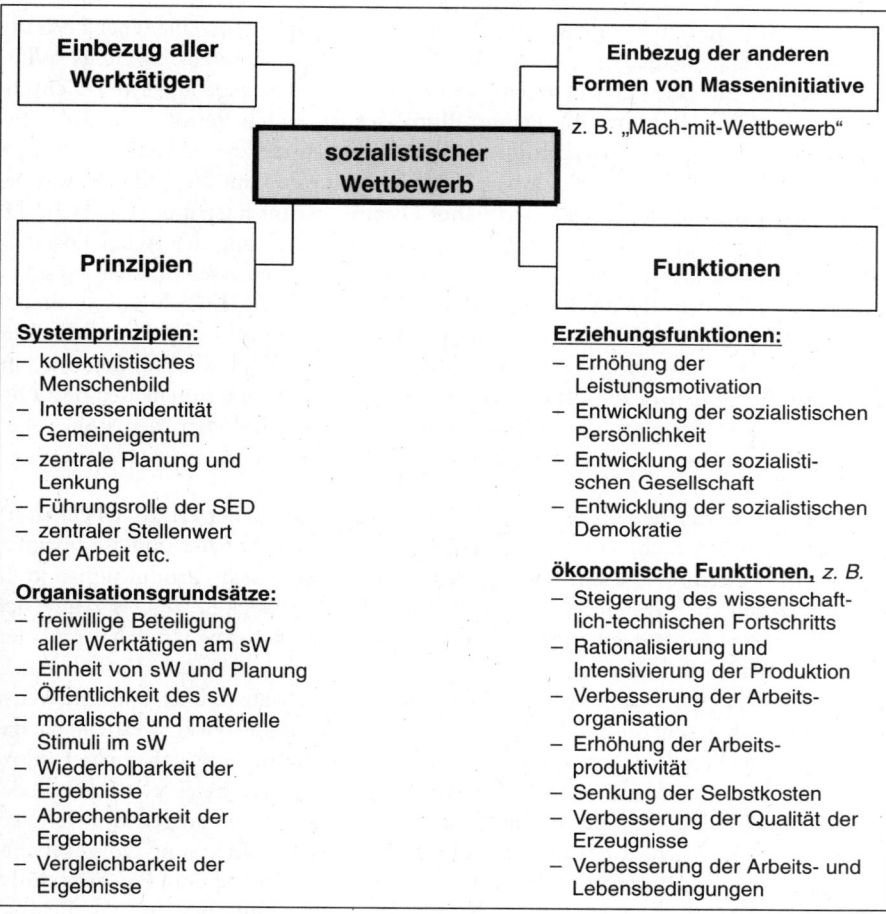

Abbildung nach: Schwarzer 1996, S. 55

Rituale ist indes von einem nachhaltigen Effekt auf die Arbeitsmoral nicht auszugehen. Daher wurde von Anfang an, obschon im Zeitverlauf mit unterschiedlicher Gewichtung versucht, auch das „Prinzip der materiellen Interessiertheit" zur Stimulierung der Werktätigen auszunutzen.

Entscheidendes Instrument bildete das Prämiensystem. Prämien sind Sondergratifikationen, die an den Grad der Erfüllung vorgegebener Ziele gekoppelt sind. In einer Zentralplanwirtschaft ist die Planerfüllung bzw. angesichts des allseits bekannten Phänomens „weicher Pläne" auch die Planübererfüllung oberstes Ziel; daher mußte die Prämiengewährung mit der Planerfüllung durch die operativen Einheiten und Akteure verknüpft werden. Das bedeutete einen Soll-Ist-Vergleich der Leistungen. Ausgehend von einer Sockelprämie für eine 100%ige Planerfüllung sollten Prämienzu- und -abschläge progressiv mit der Ist-Soll-Differenz der

Prämiensystem

Planerfüllung ansteigen. Die Grundidee bestand darin, daß bei gegebenen Planvorgaben eine höhere Leistung zu höheren Prämien führte.[54]

Von diesem System wurde die Erfüllung wenigstens dreier verschiedener Funktionen erhofft: erstens die des oben beschriebenen Leistungsanreizes; zweitens sollten die Betriebe zu einer „ehrlicheren" Informationspolitik gegenüber der Zentrale animiert werden. Je höher die Planerfüllung der laufenden Periode, um so höher konnte das Plansoll der darauffolgenden Periode festgesetzt werden, so daß diese Funktion offensichtlich mit der ersten in Widerstreit treten mußte. Drittens war das Prämiensystem auch als innerbetriebliches Disziplinierungsinstrument gedacht. Da aufgrund der staatlichen Beschäftigungsgarantie die Drohung der Arbeitslosigkeit als härtestes Disziplinierungsmedium innerhalb marktwirtschaftlicher Systeme entfiel, sollte der drohende Prämienentzug dies in gewisser Hinsicht ausgleichen.[55]

Neben den eigentlichen Prämienfonds der Betriebe wurden im Laufe der Zeit Leistungs- und Verfügungsfonds eingeführt. Während jedoch die Prämienfonds im Regelfall zur Aufstockung des persönlich verfügbaren Einkommens der Betriebsangehörigen verwendet wurde, sollten die neuen Fonds eher der kollektiven Leistungsstimulierung dienen und waren insoweit offenbar weniger effektiv.[56]

„System kollektiver Verantwortungslosigkeit"

Über Mängel der Arbeitsmotivation und -moral wurde in der DDR viel geklagt;[57] als Beleg können nicht zuletzt die vielen einschlägigen Appelle und Kampagnen angeführt werden.[58] Die Aufhebung des Privateigentums an Produktionsmitteln schuf letztlich ein „System kollektiver Verantwortungslosigkeit".[59] Das zeigte sich vor allem an der Gleichgültigkeit bis Fahrlässigkeit beim Umgang mit den betrieblichen Produktionsmitteln.[60] Auch der mangelnden Arbeitsdisziplin, die u. a. zur unzureichenden Nutzung der Arbeitszeit in den Betrieben führte, konnte weder disziplinarisch noch durch das Prämiensystem entgegengewirkt werden, da das verfassungsmäßige „Recht auf Arbeit" und der darauf beruhende, nahezu lückenlose Kündigungsschutz Sanktionen der Betriebsleitung gegen Belegschaftsmitglieder kaum zuließ.[61] Das Prämiensystem mit seinem systemnotwendigen Soll-Ist-Vergleich belohnte nicht Leistung als solche, sondern die Erfüllung vorgegebener Normen. Es kam daher nicht selten vor, daß Pläne lediglich auf dem Papier „erfüllt" wurden.[62] Vor allem aber waren die Betriebe daran interessiert, das Plansoll möglichst niedrig zu halten (Strategie der „weichen Pläne"), weil damit unter sonst gleichen Bedingungen eine höhere Prämie winkte. Das gelang ihnen offenbar recht gut; durch ihren Informationsvorsprung waren sie in der Lage, die Zentrale zu täuschen und ihre Ressourcen niedriger auszuweisen als sie waren, also „geheime Reserven" zurückzuhalten.[63]

---

54 Vgl. Lohmann 1986, S. 18 ff.
55 Vgl. ebd., S. 48.
56 Vgl. Beyer/Klein 1987, S. 143 und Schwarzer 1996, S. 52.
57 Vgl. Krakat 1996b, S. 146 f.
58 Vgl. Hof 1983, S. 104.
59 Vgl. Maier 1995, S. 656.
60 Vgl. Beyer/Klein 1987, S. 138.
61 Vgl. Hof 1983, S. 113 und Gut u. a. 1993, S. 34 f.
62 Vgl. Krakat 1996b, S. 143 f.
63 Vgl. Gutmann/Klein 1995, S. 1643 f.

Die SED versuchte dieser Tendenz seit etwa 1973/74 mittels „Gegenplänen" entgegenzuwirken. Hiernach konnten Betriebe durch höhere Selbstverpflichtung in der Phase der Planausarbeitung ihre Prämie spürbar erhöhen, wenn sie die übernommenen Planverpflichtungen auch tatsächlich erfüllen konnten. Diese Bemühungen wurden jedoch schon 1981 wieder eingestellt, weil sie offensichtlich nicht das gewünschte Resultat erbrachten.[64] Offenbar war das Aufstellen „weicher Pläne" und das damit verbundene Horten von Ressourcen für die Betriebe rationaler als eine kurzfristige Plansoll- und Prämienerhöhung. Sie schufen sich hiermit einen operativen Puffer gegen die Unwägbarkeiten des Planprozesses und sicherten in einer mittelfristigen Perspektive das Prämienniveau.[65]

Gegenpläne

Kontrollsystem

Zur Verengung oder Schließung der zur Operationalisierung der Pläne notwendigen Entscheidungs- und Handlungsspielräume der planausführenden Akteure und Einheiten gibt es prinzipiell nur zwei Methoden: Einerseits (positive) Anreize und andererseits (negative) Sanktionen („Zuckerbrot und Peitsche"). Die Androhung von Sanktionen kann nur wirksam werden, wenn Fehlverhalten aufgedeckt wird. Dazu bedarf es geeigneter Kontrollmechanismen. Da die Träger und Befürworter der marxistisch-leninistischen Ideologie den Menschen aufgrund ihres elitären Anspruches (trotz gegenteiliger Beteuerungen) letztlich doch nicht zu vertrauen wagten, bildete eine straffe und weitgehende Kontrolle seit jeher ein wesentliches Element dieser Gesellschaftssysteme (Lenin: „Vertrauen ist gut; Kontrolle ist besser!"). Das galt natürlich auch und insbesondere für das Wirtschaftssystem. Mit der Rezentralisierung seit Anfang der siebziger Jahre ging auch im Ministerrat eine Aufwertung traditioneller Kontrollmechanismen einher.[66]

Grundsätzlich hatte in der DDR jedes Leitungs- und Planungsorgan entsprechende Kontrollaufgaben gegenüber den untergeordneten Instanzen zu erfüllen. Jenseits dieser Regelung gab es jedoch auch eine Fülle spezieller Kontrollgremien der Wirtschaft:[67] Auf zentralstaatlicher Ebene waren dies die Staatliche Zentralverwaltung für Statistik, die Staatliche Finanzrevision, die Staatsbank der DDR („Kontrolle durch die Mark"), bei deren Filialen die Betriebe zur Kontoführung verpflichtet waren. Daneben existierte das Staatliche Vertragsgericht, das eine rechtliche Kontrolle der wirtschaftlichen Beziehungen zwischen den Betrieben und Kombinaten durchführte, und die Staatliche Bilanzinspektion (SBI), die alle mit der MAK-Bilanzierung zusammenhängenden Belange zu kontrollieren hatte. Darüber hinaus waren für spezielle ökonomische Bereiche die Zentrale Staatliche Inspektion für Investitionen, das Amt für Preise, das Amt für Standardisierung, Meßwesen und Warenprüfung einschließlich Staatlicher Qualitätsinspektion sowie die Technische Kontrollorganisation zuständig.

Wichtigstes zentrales Kontrollorgan aber war seit 1963 die Arbeiter- und Bauerninspektion (ABI) mit nachgeordneten territorialen und funktionalen Unter-

Fülle von Kontrollgremien

---

[64] Vgl. ebd., S. 1638 f. und Wolf/Sattler 1995, S. 2925.
[65] Vgl. Lohmann 1986, S. 95 f. und Maier 1995, S. 654 f.
[66] Vgl. Gutmann/Klein 1995, S. 1640.
[67] Vgl. Beyer/Klein 1987, S. 144 f. und Gutmann 1995, S. 645.

gliederungen bis in die Kombinate hinein. Wegen ihrer politischen Bedeutung war diese Inspektion schon formell der Partei- wie der Staatsführung unterstellt. Sie überwachte die Einhaltung der Beschlüsse und Direktiven von Partei und Regierung sowie die Realisierung des Volkswirtschaftsplanes auf allen Ebenen.

Daneben fungierten kombinatsintern die Hauptbuchhalter sowie die Leiter der Abteilungen Preise, die eine gewisse Unabhängigkeit von den Generaldirektoren hatten, als staatliche Kontrollinstanzen. Kontrolle übten darüber hinaus immer auch die entsprechenden Partei- und Gewerkschaftsorgane aus.

MfS in der Volkswirtschaft

Neben diesen mehr oder weniger offen arbeitenden Kontrollorganen verfügte das Ministerium für Staatssicherheit über ein dichtes Netz verdeckt tätiger Informanten in allen operativen Einheiten, aber auch in den Leitungs- und Kontrollinstanzen selbst. Im Wirtschaftsbereich war dafür insbesondere die Hauptabteilung XVIII („Sicherung der Volkswirtschaft") zuständig, deren Aufbau parallel zu dem des Wirtschaftssystems verlief. Partei- und Staatsführung waren auf diese Weise laufend über die aktuelle Situation in der DDR-Wirtschaft informiert.[68] Die MfS-Berichte zeichneten in den achtziger Jahren ein zunehmend finsteres Bild vom Zustand der Wirtschaft, ohne daß entsprechende Konsequenzen gezogen wurden.[69] Darüber hinaus oblagen der HA XVIII operative Maßnahmen gegen Personen und gegenüber Objekten zur Schadensabwendung in der Wirtschaft sowie die Überwachung von DDR-Bürgern im Ausland (insbesondere im „nichtsozialistischen Wirtschaftsgebiet"), die Überwachung von Ausländern in der DDR und Bereiche der Auslandsaufklärung, nicht zuletzt die Industriespionage im Westen.[70]

Der wuchernde Auf- und Ausbau von Kontrollorganen in der DDR weist auf eine grundsätzliche Schwäche aller diktatorischen Regime hin: den Zusammenhalt einer Gesellschaft allein mittels Kontrolle zu gewährleisten. Diese Kontrollinstanzen verschlangen knappe Ressourcen in ungeheurer Größenordnung, die in anderen Bereichen fehlten. Dabei belegen organisationstheoretische und -empirische Untersuchungen, daß der Kontrollaufwand eher exponentiell denn linear mit der Kontrollaufgabe zunimmt. Kontrolle wird mit zunehmendem Ausmaß immer ineffektiver. Auch darin muß wohl ein Faktor für den schließlichen Wirtschaftskollaps der DDR gesehen werden.

c) Außenwirtschaftliche Rahmenbedingungen

Abschottung vom Westen

Im Vergleich zur Bundesrepublik Deutschland, die seit dem Boom im Gefolge des Korea-Krieges vom sich rasch entwickelnden Welthandel kräftig profitierte, ergab sich für die DDR nach dem Weltkrieg eine ganz andere Konstellation. Die von der Sowjetunion erzwungene Abschottung der SBZ/DDR vom Westen bedeutete das Zerschneiden der gewachsenen innerdeutschen Wirtschaftsbeziehungen. Dies traf Ostdeutschland ungleich härter als Westdeutschland, weil geeignete Partner im sich konstituierenden Ostblock nicht vorhanden waren. Da mit Ausnahme der ČSSR alle in Frage kommenden Länder wirtschaftlich weit weniger entwickelt waren, konnten sich für die DDR weder ein effizienzfördernder Konkurrenz- und Spezialisierungsdruck entfalten noch hinreichende Handelsanrei-

---

[68] Vgl. Haendcke-Hoppe-Arndt 1995b, S. 594 ff.
[69] Vgl. Handelsblatt vom 21./22. Februar 1997.
[70] Vgl. Seul 1995.

ze entstehen.[71] Die DDR mußte zudem Produktionszweige (z. B. Schiffbau) auf- bzw. ausbauen, die nicht der tradierten Produktionsstruktur Mitteldeutschlands entsprachen.

An der wirtschaftlichen Unterentwicklung Osteuropas vermochte auch die Gründung des „Rates für Gegenseitige Wirtschaftshilfe" (RGW), die am 25. Januar 1949 in Reaktion auf den Marshall-Plan (1947) und Jugoslawiens Abkehr von Moskau (1948) vollzogen wurde, nichts Grundsätzliches zu ändern. Stalin verfolgte vornehmlich das politische Ziel, die osteuropäischen Satelliten-Staaten auch wirtschafts- und handelspolitisch stärker an die Sowjetunion zu binden. Ökonomische Ziele, die im Gründungsdokument durchaus formuliert worden waren, erhielten erst Anfang der siebziger Jahre eine größere Bedeutung.[72] Von Beginn an waren die Prioritäten innerhalb des RGW einseitig an den Interessen der SU ausgerichtet und politisch determiniert. Insbesondere die hohen, ab Mitte der sechziger Jahre langfristigen Lieferverpflichtungen gegenüber der Sowjetunion engten den Handelsspielraum der DDR stark ein.[73]

Innerdeutscher Handel

Die DDR hatte allerdings durch die Besonderheiten des innerdeutschen Handels (IDH), der bis zum Ende der DDR eine Art „Klammer" zwischen den beiden deutschen Staaten bildete, einen ökonomischen Vorteil, über den andere RGW-Länder nicht verfügten: Für mehr als 40% ihres Westhandels zahlte sie nicht in harten Devisen, sondern durch Lieferung eigener Erzeugnisse, flankiert durch großzügige Kreditarrangements seitens der Bundesregierung im Rahmen des sogenannten „Swing". Auch hier dominierten indes Grundstoff- und Vorprodukte für die Produktionsgüterindustrie, nicht aber Fertigerzeugnisse, wie es für den Handel zweier Industrieländer angemessen gewesen wäre.[74]

Die Beziehungen der DDR zum RGW, dem sie erst am 29. September 1950 beitrat, waren während der ersten Phase (1950–62) geprägt durch Sowjetisierungsbestreben und „Ergebenheitsintegration" (die Honecker später noch intensiver fortsetzen sollte), in der zweiten Phase (1963–1971) durch eine relative Distanzierung während der NÖSPL-Periode unter Ulbricht, sowie in der dritten Phase (1971–1985) durch erneute Integrationsbemühungen seitens Honeckers, die mit einer stärkeren Unterordnung der DDR-Wirtschaft unter Bedürfnisse und Ziele der sowjetischen Wirtschaft einhergingen. In der vierten und letzten Phase (1985–89) löste sich die Struktur des RGW zusehends auf, da Gorbatschow eine Linie der Handelsliberalisierung innerhalb des RGW sowie einer stärkeren Öffnung nach Westen verfolgte. Es ist bezeichnend, daß die DDR unter Honecker hierbei zum entschiedensten Bremser wurde und sogar für eine stärkere Harmonisierung plädierte.[75]

Grundsätzlich erwies sich das System der Zentralplanwirtschaft mit seinem strikten Außenhandels- und Devisenmonopol selbst als entscheidendes Hemmnis für eine stärkere Integration der DDR-Wirtschaft in die internationale Arbeitsteilung.[76] Für potentielle marktwirtschaftliche Partner waren die Kosten im Zusam-

---

[71] Vgl. Haendcke-Hoppe-Arndt 1994, S. 48, 1995b, S. 1552 und Krakat 1996, S. 137.
[72] Vgl. Derix/Haendcke-Hoppe 1987, S. 217.
[73] Vgl. Haendcke-Hoppe-Arndt 1994, S. 50, 1995b, S. 1571.
[74] Vgl. Haendcke-Hoppe-Arndt 1995b, S. 1553.
[75] Vgl. Schüller/Hamel 1995, S. 2806 ff.
[76] Vgl. Kusch u. a. 1991, S. 131 f.

menhang mit der Vereinbarung und Ausführung von entsprechenden Transaktionen angesichts der ausufernden Bürokratie zu hoch, als daß dort bei gleichzeitig aufblühendem Handel innerhalb der westlichen Hemisphäre ein größeres Interesse an einer engeren Zusammenarbeit hätte aufkommen können. Der DDR andererseits fehlte es an Devisen, um von sich aus aktiv werden zu können. Gegenüber den Partnerländern im RGW wiederholte sich die systemimmanente „Autarkie-Falle", die binnenwirtschaftlich zur Bildung der Kombinate führte: Jedes Land entwickelte ein ähnliches Produktions- und Spezialisierungsprofil, das wenig Spielraum und wenig Anreize für eine Intensivierung der länderübergreifenden Arbeitsteilung bot.

„Autarkie-Falle"

Mit dem Bereich Kommerzielle Koordinierung (KoKo) schuf sich die SED angesichts chronischer Devisenknappheit eine Institution, die über marktwirtschaftlich agierende Unternehmen vor allem in der Bundesrepublik verfügte, die als „Devisenausländer" behandelt wurden. Die hier erwirtschafteten Devisen galten als außerplanmäßige Mittel, die zwar zum Teil in die offiziellen Kanäle flossen, andererseits aber auch flexibel eingesetzt werden konnten.[77] Der von Alexander Schalck-Golodkowski geleitete Bereich erwirtschaftete jedoch nicht nur Devisen, sondern beschaffte unter Umgehung des CoCom-Embargos der DDR auch Technologien westlicher Länder. Durch die enge Anbindung an das MfS – Schalck-Golodkowski war gleichzeitig Offizier im besonderen Einsatz (OibE) – sowie durch den Zugriff auf außerplanmäßige Mittel gelang es der KoKo, vor allem in den achtziger Jahren wirtschaftliche Defizite zu vermindern. Doch selbst diese unkonventionelle und sehr „effektive" Art der Technologieförderung und Devisenbeschaffung konnte die Innovationsschwäche der DDR-Wirtschaft letztlich nicht kompensieren.[78]

d) Wirtschaftspolitische Kurswechsel

Durch die Orientierung und den Aufbau einer zentralistischen Planwirtschaft gab es wenig Spielräume für eine situative Konjunktur- oder Wirtschaftspolitik. Ein Kurswechsel in der Wirtschaftspolitik mußte insoweit immer auch die ordnungspolitischen Rahmenbedingungen miteinbeziehen. Bevor unter Honecker die „Einheit von Wirtschafts- und Sozialpolitik" zum allgemein verbindlichen Ziel von Partei und Staat erhoben wurde, versuchte die Parteiführung unter Walter Ulbricht in den sechziger Jahren, durch eine (eingeschränkte) Dezentralisierung die Effektivität des Wirtschaftssystems zu erhöhen.

Zwang zum wirtschaftspolitischen Experiment: NÖSPL

Die geschilderten Probleme einer Zentralplanwirtschaft resultieren letztlich alle aus dem gleichen Grunddilemma: Während eine strikt zentralistische Planung (Mengenplanung) nicht möglich ist, bedingt jede Form der Dezentralisierung (Wertplanung) Entscheidungsspielräume der planausführenden Akteure und muß zwangsläufig zu Konflikten mit den Planvorgaben der Zentrale führen. Ordnungspolitisch ergibt sich daraus ein ständiges Schwanken zwischen diesen beiden Polen.[79]

Permanentes Schwanken zwischen Zentralisierung und Dezentralisierung

---

[77] Vgl. Lepsius 1995, S. 356.
[78] Vgl. Krakat 1996a, S. 288 ff.
[79] Vgl. Beyer/Klein 1987, S. 139.

Allein schon daraus erklärt sich der permanente „Zwang zum wirtschaftspolitischen Experiment",[80] der den realsozialistischen Wirtschaftssystemen innewohnte. Anders als beispielsweise in Jugoslawien und Ungarn, wo marktorientierte Reformen relativ offen diskutiert und erprobt wurden, beschränkten sich die meisten Modifikationen im Wirtschaftssystem der DDR vornehmlich auf Details des Planungssystems wie die Konzipierung und Propagierung stets neuer Kennziffern, Abwandlungen im Prämiensystem, Umstrukturierungen des bürokratischen Wirtschaftsapparates u. ä. Lediglich die grundsätzlich angelegten Dezentralisierungsversuche im Rahmen des „Neuen ökonomischen Systems der Planung und Leitung" (NÖSPL), die 1963 unter Ulbricht begonnen, ab 1968 unter dem Namen „Ökonomisches System des Sozialismus" (ÖSS) fortgeführt und Ende 1970 abrupt abgebrochen wurden, verdienen die Bezeichnung „Reform".[81]

Wie bereits während früherer Planperioden zeigten sich ab Mitte der fünfziger Jahre in der Wirtschaft der DDR erneut gravierende Mängel: Disproportionen zwischen den Sektoren, Ersatzteilmangel, unzureichende Qualität vieler Güter, niedrige Arbeitsproduktivität. Der Fünfjahrplan 1956–60 – erst 1958 als Gesetz verabschiedet – mußte ein Jahr danach wieder abgebrochen werden. Gleichwohl formulierte der V. Parteitag der SED im Juli 1958 ein ehrgeiziges Ziel: Bis 1961 sollte als „ökonomische Hauptaufgabe" das westdeutsche Niveau des Pro-Kopf-Verbrauchs bei allen wichtigen Lebensmitteln und Konsumgütern eingeholt und übertroffen werden. Der 1959 begonnene Siebenjahrplan enthielt die waghalsige Zielsetzung, bis zum Jahre 1965 eine Steigerung der Arbeitsproduktivität um 85% zu erreichen. Damit wollte man der immer bedrohlicher werdenden Flut von Abwanderungen nach West-Berlin und Westdeutschland entgegenwirken.

Ziel der SED: westdeutsches Niveau übertreffen

Trotz einiger organisatorischer Veränderungen im Leitungsaufbau der Industrie (Auflösung der Industrieministerien und Überführung von deren Kompetenzen an die neugegründeten VVB; Ausgliederung eines „Volkswirtschaftsrates" aus der Staatlichen Plankommission, der bis zu seiner Wiederauflösung 1965 als eine Art Superministerium für die Industrie fungierte), wurde zu Beginn der sechziger Jahre klar, daß die gesteckten Ziele nicht zu realisieren sein würden. Es zeigten sich deutliche Wachstumseinbrüche, auf die man zunächst entsprechend dem traditionellen Muster extensiven Wachstums mit der Schließung der Grenze reagierte. Aber auch danach blieben die Wachstumsraten des produzierten Nationaleinkommens weit hinter den Plansätzen zurück. Als tieferliegende Ursachen wurden diagnostiziert:
- Überzentralisierung der Wirtschaft hemme die Leistungsbereitschaft und Eigeninitiative der planausführenden Organe;
- die mengenorientierte Bruttoproduktion als Hauptkennziffer der Planerfüllungsleistung führe zur berüchtigten „Tonnen-Ideologie", da in ihr weder die Qualität der Güter noch deren Produktionskosten Berücksichtigung fänden;
- das bestehende Prämiensystem stimuliere nicht primär Leistung, sondern eher die Tendenz zu „weichen Plänen";

---

[80] Vgl. Hensel 1970.
[81] Vgl. Gutmann/Buck 1996, S. 23.

1963 Einführung des NÖSPL

– das bestehende Preissystem führe zur massenhaften Verschwendung knapper Ressourcen.[82]

Als Ausweg entschied sich Ulbricht zur Einführung des NÖSPL, die er auf dem VI. Parteitag der SED im Januar 1963 verkündete. Die Grundidee bestand in einer Verknüpfung zentraler Planung mit einer größeren Eigenverantwortlichkeit der Betriebe. Dadurch erhoffte man sich allgemein eine maßgebliche Effizienzsteigerung und insbesondere die Inszenierung einer „wissenschaftlich-technischen Revolution".[83]

Die Idee wurde konkretisiert durch den Versuch, ein „in sich geschlossenes System ökonomischer Hebel" zu entwickeln, mit dem das Verhalten der Betriebe so gesteuert werden sollte, daß es mit den Absichten der politischen Führung in Einklang stünde. Unterschieden wurde zwischen „Hebeln der wirtschaftlichen Rechnungsführung" (Preise; Abgaben; Gewinne) und „Hebeln der materiellen Interessiertheit" (Entlohnung; Prämien). Dem Vorhaben sollte eine großangelegte Industriepreisreform dienen (die jedoch inkonsistentes Stückwerk blieb), des weiteren die Ablösung der Bruttoproduktion durch den Nettogewinn als für Prämien bedeutsame Hauptkennziffer, die Produktionsfondsabgabe als Ersatz für den ideologisch geächteten Kapitalzins und das Prinzip der „Eigenerwirtschaftung der Mittel", das nunmehr auch für betriebliche Investitionen gelten sollte. Zugleich baute die SED allerdings auch den wirtschaftlichen Kontrollapparat weiter aus.[84]

Neue Disparitäten Ende der 60er Jahre

Hervorzuheben ist die innere Widersprüchlichkeit der Einzelmaßnahmen, die schon bald Nachbesserungen erforderlich machte. Nach anfänglichen, durchaus bemerkenswerten Erfolgen kam es gegen Ende des Fünfjahrplans 1966–70 zu neuerlichen schwerwiegenden Disparitäten, deren wichtigste Ursache in – unter den veränderten Bedingungen allerdings zu erwartenden – Abweichungen der aggregierten Produktionsergebnisse der Betriebe von den zentralen Planvorgaben bestand.[85] Eine 1968 im Zuge des Übergangs zum ÖSS eingeführte Schwerpunktplanung „volkswirtschaftlich bestimmender Erzeugnisse, Verfahren und Technologien" verschärfte dieses Problem in anderen Bereichen um so mehr.[86] Der von Teilen der Parteiführung wie auch des Apparats ohnehin nicht geliebte Reformversuch wurde angesichts einer allgemeinen Wachstumskrise im Herbst 1970 sang- und klanglos begraben.

Der Abbruch des Reformexperiments von NÖSPL bzw. ÖSS führte 1971 zu einer Rezentralisierung der Entscheidungskompetenzen in der DDR-Wirtschaft.[87] Nun erhielten die Betriebe wieder detaillierte Plangrößen, mit denen – nach Aussage eines DDR-Ökonomen – eine „... konkrete gebrauchswertmäßige Steuerung der volkswirtschaftlich entscheidenden Roh- und Werkstoffe, Materialien, Ausrüstungen und Konsumgüter ermöglicht" werden sollte.[88]

---

82 Vgl. Hardes u. a. 1990, S. 67.
83 Dieser Begriff war allerdings erst ab 1964 gebräuchlich, 1963 sprach man zunächst noch vom „Kampf um den Höchststand der Technik".
84 Vgl. Gutmann/Klein 1995, S. 1618 ff.
85 Vgl. Kusch u. a. 1991, S. 17.
86 Vgl. Gutmann/Klein 1995, S. 1617 f.
87 Vgl. Hamel 1983, S. 30 f.
88 Zit. nach: Gutmann/Klein 1995, S. 1626.

Rückblickend betrachtet war das NÖSPL/ÖSS-Experiment kaum dazu geeignet, den Übergang zu einem „Marktsozialismus" einzuleiten. Am Prinzip der zentralen und verbindlichen Planung wurde nicht gerüttelt, und die vielbeschworene Eigenverantwortung der Akteure war lediglich ein Versuch, diese effektiver zu instrumentalisieren.[89] Alles in allem handelte es sich um eine systemerhaltende (bzw. -optimierende), nicht um eine systemverändernde Reform,[90] wie einige Autoren im nachhinein darzulegen suchen.[91]

Die Einheit von Wirtschafts- und Sozialpolitik

Gerade erst an die Macht gekommen, gab Erich Honecker auf dem VIII. Parteitag der SED im Juni 1971 folgende Zielsetzung für den Fünfjahrplan 1971–75 bekannt: „Die Hauptaufgabe des Fünfjahrplans besteht in der weiteren Erhöhung des materiellen und kulturellen Lebensniveaus des Volkes auf der Grundlage eines hohen Entwicklungstempos der sozialistischen Produktion, der Erhöhung der Effektivität, des wissenschaftlich-technischen Fortschritts und des Wachstums der Arbeitsproduktivität".[92] Diese als „Einheit von Wirtschafts- und Sozialpolitik" bekannte Programmatik sollte eine stärkere Orientierung der Wirtschaftspolitik an der Steigerung des materiellen Lebensniveaus der Bevölkerung einleiten. Im Jahre 1972 wurde das „große sozialpolitische Programm" mit ehrgeizigen Zielen

„Einheit von Wirtschafts- und Sozialpolitik"

Tabelle 2: Gesamtwirtschaftliche Grunddaten 1950–1989

Jahr	Nationaleinkommen[1]		Investitionen (in Mio. Mark)[7]	Industrielle Warenproduktion[8]	Arbeitsproduktivität[2]	Bruttomonatseinkommen in M[3]	Einnahmen pro Kopf der Bev. in M[4]	Sparguthaben d. Bevölkerung[5]
	insgesamt (Mio. Mark)	M pro Kopf[6]						
1950	30.352	100	4.786	–	100	311	100	1.275
1955	56.221	190	10.864	–	153	459	170	4.936
1960	79.379	279	21.949	65.951	217	575	238	17.498
1965	94.182	335	27.556	122.279	287	655	272	31.275
1970	121.563	432	43.707	162.140	388	768	334	52.149
1975	158.157	569	55.793	237.280	500	897	439	75.315
1980	193.644	701	65.702	339.568	623	1.038	542	99.730
1985	241.863	880	62.602	524.844	741	1.145	666	124.577
1986	252.220	919	65.933	536.038	770	1.185	704	132.315
1987	260.640	949	71.205	552.563	797	1.251	737	141.851
1988	268.060	974	76.368	545.400	821	1.290	768	151.590
1989	273.670	998	77.053	538.683	829	1.322	791	159.671

Wegen grundsätzlicher methodischer Unterschiede sind die Angaben mit gesamtwirtschaftlichen Daten der Bundesrepublik Deutschland nicht vergleichbar; 1) in Preisen von 1985; 2) industrielle Bruttoproduktion je Arbeiter und Angestelltem, 1950 = 100; 3) durchschnittliches monatliches Arbeitseinkommen vollbeschäftigter Arbeiter und Angestellter in der sozialistischen Industrie; 4) verfügbares Einkommen pro Kopf der Bevölkerung; 1950 = 100; 5) in Mio. Mark; 6) im Inland produziertes Nationaleinkommen pro Kopf der Bevölkerung, 1950 = 100; 7) in der Volkswirtschaft insgesamt, in Preisen von 1985; 8) in Mio. Mark, jeweilige Preise.

Angaben aus: Frerich/Frey 1993, S. 72

---

[89] Vgl. Hardes u. a. 1990, S. 69 und Kusch u. a. 1991, S. 16.
[90] Vgl. Hamel 1983, S. 28.
[91] Vgl. Roesler 1993, Schwarz 1995 und Schürer 1996, S. 55 ff.
[92] Zit. nach: Thalheim 1987a, S. 23.

ausgearbeitet. Da darin jährliche Steigerungen des Lebensstandards vorgesehen waren, die jegliche realistische Wachstumserwartung hinsichtlich der gesellschaftlichen Produktion überstiegen, kamen dem Planungschef Schürer Bedenken, daß dieses Programm aus eigenen Mitteln nicht zu finanzieren sei.[93]

Tatsächlich erhöhte sich das Entwicklungstempo des Konsums in den Folgejahren deutlich; insbesondere in den Jahren 1976–80 überstieg der Verbrauch die Produktion der DDR, so daß sich entsprechend der Import erhöhte.[94] Wie Schürer vorausgesehen hatte, ergab sich in der Konsequenz eine wachsende Auslandsverschuldung (nahezu ausschließlich bei nicht-sozialistischen Staaten). Als die Ostblockländer zu Beginn der achtziger Jahre in eine durch die Zahlungsunfähigkeit Polens ausgelöste internationale Kreditkrise gerieten, waren zumindest gewisse Korrekturen unabdingbar. Der X. Parteitag der SED im Jahre 1981 bekräftigte zwar (wie bereits der IX. 1976) die Einheit von Wirtschafts- und Sozialpolitik. In seinem Bericht des ZK an den Parteitag mußte Honecker allerdings besonders in Erinnerung bringen: „Nur das kann verteilt werden, was auch vorher produziert worden ist".[95]

Wachsende Auslandsverschuldung

Eine Absenkung des Lebensstandards der Bevölkerung wollte die Partei- und Staatsführung indes nicht riskieren. Als Ausweg blieb nur eine drastische Einschränkung der Investitonstätigkeit: Die gesamtwirtschaftliche Bruttoinvestitionsquote („Akkumulationsrate") sank von 29% im Jahre 1970 über 27% in der zweiten Hälfte der siebziger Jahre auf knapp 22% im Durchschnitt der achtziger Jahre.[96] Dieser Schritt blieb nicht ohne Folgen für den inländischen Kapitalstock und das mittelfristige Produktionswachstum. Die jährliche Wachstumsrate des produzierten Nationaleinkommens ging von durchschnittlich 4,6% während der ersten Hälfte der achtziger Jahre auf 4,3% (1986), 3,6% (1987), 2,9% (1988) und endlich 2% (1989) zurück.[97]

Rückgänge bei Investitionen und Wachstum

Die propagierte und auch durchgesetzte Steigerung des Lebensstandards schlug sich freilich nicht nur im individuellen privaten Verbrauch, sondern stärker in der gesellschaftlichen Konsumtion nieder. Die verfügbaren Arbeitseinkommen und die Prämienfonds blieben hinter dieser Entwicklung zurück; die angestrebte Leistungsstimulierung konnte auf diese Weise nicht gelingen.[98] Im Gegenteil: Ein Großteil der Mittel floß in die Subventionierung der Grundnahrungsmittel, der Mieten (bei kräftiger Steigerung des Wohnungsbaus) sowie des Energieverbrauchs. Dies provozierte Verschwendung, Mißbrauch und spekulative Transaktionen seitens der Bevölkerung und führte nicht zuletzt auch zu wachsenden Umweltbelastungen.[99]

Ökonomen aus dem ehemaligen Forschungsinstitut der Staatlichen Plankommission resümierten Anfang 1991 das Dilemma dieser Politik:

„Die als Grundsäule seiner [Honeckers] Strategie deklarierte ‚Einheit von Wirtschafts- und Sozialpolitik' scheiterte, weil einerseits das Wirtschaftssystem keine Anreize implizierte, die zu Leistungen führten, mit denen die sozialen Ansprüche befriedigt

---

93 Vgl. Schürer 1996, S. 95 und Kap. A VI.3.
94 Vgl. Kusch u. a. 1991, S. 19.
95 Zit. nach: Peterhoff 1983, S. 410.
96 Vgl. Kusch u. a. 1991, S. 22.
97 Vgl. ebd., S. 22.
98 Vgl. ebd., S. 22, 26.
99 Vgl. ebd., S. 27 f.

werden konnten, und andererseits die nicht an eigene Leistungen gebundene Zunahme sozialer Sicherheit kontraproduktiv auf die Leistungsmotivation zurückwirkte ... Der DDR-Bürger hat in all diesen Jahren über seine Verhältnisse und vor allem zu Lasten der Zukunft gelebt."[100]

Dabei waren die gesellschaftlichen Ressourcen, wie nach dem Ende der DDR sichtbar wurde, nicht gleichmäßig verteilt. Auch darf nicht vergessen werden, daß die Aufrechterhaltung des Macht- und Repressionsapparats gewaltige Summen verschlang, die zur Modernisierung der Wirtschaft dringend benötigt wurden.

e) Das Scheitern des planwirtschaftlichen Experimentes in der DDR

Die deutsche Teilung und die damit einhergehende parallele Ausbildung unterschiedlicher Wirtschaftssysteme legt den Vergleich nahe. Schließlich war auf beiden Seiten die Ausgangsbasis weitgehend dieselbe: zerstörte Städte, vernichtete Vermögen und ein zerstörter Kapitalstock. Mentalitäten und Tugenden waren gleich verteilt, beide Seiten hatten eine gemeinsame Geschichte und Sprache. Beiden wurde – je verschieden – die Gesellschafts- und Wirtschaftsordnung von der jeweiligen Besatzungsmacht aufgezwungen bzw. nahegelegt. Der Wettbewerb zwischen sozialer Marktwirtschaft und sozialistischer Planwirtschaft stand letztlich im Zentrum der Systemauseinandersetzung, auch wenn diese hierauf nicht reduziert werden kann.[101]

Natürlich ist ein Vergleich der Leistungsfähigkeit von Gesellschaftssystemen methodisch auch im vorliegenden Fall nicht ganz so einfach (selbst wenn man über die Kriterien Konsens erzielen könnte); schließlich hat sich die Entwicklung beider deutscher Teilstaaten nicht isoliert von der Außenwelt, gleichsam in Retorten vollzogen. Obwohl die produktionsstrukturellen Ausgangsbedingungen in der SBZ sich zunächst von denen in den Westzonen nicht wesentlich unterschieden, kann kein Zweifel daran bestehen, daß die Reparations- und Demontagepolitik der Sowjetunion eine gewaltige Belastung des ökonomischen Wiederaufbaus in Ostdeutschland bedeutete.[102] Gleichwohl: Diese Faktoren können bestenfalls ein relatives Zurückbleiben der DDR während der ersten zehn Jahre erklären, nicht aber, warum der Entwicklungsrückstand gegenüber Westdeutschland in den darauf folgenden Jahren deutlich zunahm und schließlich in den ökonomischen, sozialen und politischen Bankrott führen mußte.[103]

Leistungsvergleich der Systeme

Den Zusammenhang zwischen diesen gesellschaftlichen Faktoren betonte Günter Mittag in einem Spiegel-Interview im September 1991 wie folgt:

> „Ohne die Wiedervereinigung wäre die DDR einer ökonomischen Katastrophe mit unabsehbaren sozialen Folgen entgegengegangen, weil sie auf Dauer allein nicht überlebensfähig war ... Man denke nur, angesichts dieser schwierigen Lage in der Sowjetunion, was heute hier los wäre, wenn es die DDR noch gäbe. Unbeschreiblich. Da läuft es mir heiß und kalt über den Rücken. Mord und Totschlag, Elend und Hunger."[104]

---

[100] Ebd., S. 18, 21.
[101] Vgl. Baader 1995b, S. 245.
[102] Vgl. Merkel/Wahl 1991, S. 15 ff., Baar/Karlsch/Matschke 1995, S. 97 ff. und Buchheim 1995, S. 1034, 1066.
[103] Vgl. Gutmann/Klein 1995, S. 1641.
[104] Vgl. Spiegel Nr. 37/1991, S. 92, 104.

Die prinzipielle Schwäche dieser Wirtschaftsordnung wurde oftmals überlagert von Konflikten bzw. unterschiedlichen Vorstellungen politischer und wirtschaftspolitischer Instanzen. Letztere beklag(t)en die häufigen (sozial-)politisch motivierten Eingriffe der Parteiführung in ihre ökonomisch begründeten und rationalen Pläne.[105] Doch dieser „Subjektivismus" war nicht die Ursache der wirtschaftlichen Schwäche, sondern selbst logische Folge der Wirtschaftsordnung, die ihn ermöglichte. Selbst wenn einzelne Eingriffe den Wirtschaftsablauf noch zusätzlich negativ beeinträchtigt haben mögen, ändert dies nichts an den grundsätzlichen Problemen einer zentralistischen Planwirtschaft. Die Krisendynamik war den systemimmanenten Mängeln des Wirtschafts- und Gesellschaftssystems insgesamt geschuldet, zu denen in den letzten Jahren die Auflösungstendenzen innerhalb des RGW sowie die Halsstarrigkeit der SED-Führung natürlich noch verschärfend hinzutraten. Einige Befunde mögen dies illustrieren:[106]

Systemimmanente Krisendynamik

Kapitalstock verschlissen
– Aufgrund rückläufiger Investitionstätigkeit war der Kapitalstock der DDR Ende der achtziger Jahre weitgehend verschlissen. Davon konnte sich jeder überzeugen, der in den ersten Monaten nach dem November 1989 ostdeutsche Industriebetriebe, Verwaltungen etc. besuchte.[107] 1989 waren rd. 47% aller Produktionsanlagen buchmäßig abgeschrieben, in der Industrie und der Bauwirtschaft sogar 54% bzw. 69%. Insgesamt hatte die Kapitalausstattung ein nahezu biblisches Alter erreicht: Mehr als 50% der Industrieausrüstungen waren 1989 älter als zehn Jahre (21% sogar älter als 20 Jahre), lediglich 27% jünger als fünf Jahre. Die Vergleichszahlen aus Westdeutschland sind 30% (älter als zehn Jahre) und 40% (jünger als fünf Jahre). Dieser desolate Zustand des Ausrüstungsbestandes hatte u. a. eine hohe Reparaturanfälligkeit zur Folge: 1988 waren z. B. in der chemischen Industrie der DDR ein Fünftel aller Beschäftigten (60 Tsd.) für Reparaturarbeiten eingesetzt.[108]

Niedrige Produktivität
– Entsprechend niedrig waren wirtschaftliche Leistungskraft und Produktivität der DDR-Ökonomie: Nach neueren Rückrechnungen betrug das reale Bruttoinlandsprodukt je Einwohner (Pro-Kopf-Produktion) im Vereinigungsjahr 1990 knapp ein Drittel des Wertes in der Bundesrepublik. Bereits 1985 war diese Quote mit knapp 36% nur unwesentlich höher, während sie 1950 immerhin noch bei 50% gelegen hatte. Damit stand die DDR an ihrem Ende im internationalen Vergleich etwa auf gleicher Stufe mit Portugal und Griechenland.[109] Aufgrund der hohen Erwerbsbeteiligung fällt ein Vergleich der gesamtwirtschaftlichen Produktivität (reales Bruttoinlandsprodukt je Erwerbstätigen) noch dramatischer aus: Neuesten Berechnungen zufolge betrug diese 1989 lediglich 16–20% des westdeutschen Niveaus.[110] Dabei war die Arbeitsproduktivität für die SED-Führung getreu Lenins Devise von 1919 immer ein zentraler Erfolgsmaßstab: „Die Arbeitsproduktivität ist in letzter Instanz das Allerwichtigste, das Ausschlaggebende für den Sieg der neuen Gesellschaftsord-

---

105 Vgl. Schürer/Wenzel 1995, Schürer 1996, Koziolek 1996 und Krömke 1996.
106 Vgl. Gutmann/Buck 1996, S. 8 ff.
107 Vgl. Heering/Schroeder 1995.
108 Vgl. Kusch u. a. 1991, S. 57 und Kleine 1989, S. 18 f.
109 Vgl. Merkel/Wahl 1991, S. 59.
110 Vgl. Schwarzer 1995, S. 140, 142.

nung ... Der Kapitalismus kann endgültig besiegt werden und wird dadurch endgültig besiegt werden, daß der Sozialismus eine neue, weit höhere Arbeitsproduktivität schafft".[111]

- Eine der Folgen der niedrigen Arbeitsproduktivität war der chronische Arbeitskräftemangel. Die Intensivierung der Produktion blieb weit hinter den Erwartungen zurück, die Modernisierung der Wirtschaft in den Ansätzen stecken, und letztlich gelang nicht einmal mehr der Ersatz des verbrauchten Kapitalstocks. Diese Effekte mußten schließlich auf das Produktionsniveau durchschlagen: In der zweiten Hälfte der achtziger Jahre wuchs das produzierte Nationaleinkommen jahresdurchschnittlich nur mehr mit einer Rate von 3,1%. Die Vorgaben des Fünfjahrplans 1986–90 von jährlich 4,8% Wachstum wurden damit selbst nach offiziellen Angaben weit unterschritten. In den ersten zehn Jahren der „Einheit von Wirtschafts- und Sozialpolitik" verbrauchte die DDR Güter im Wert von insgesamt über 200 Mrd. Mark mehr als sie erzeugte. Die durch die außenwirtschaftlichen Schwierigkeiten erzwungene Wende in den achtziger Jahren ging zu Lasten der Investitionen und des privaten Verbrauchs. Für die Aufrechterhaltung der Zahlungsfähigkeit der DDR spielten die innerdeutschen Transfers, die von Privaten, Kirchen und der öffentlichen Hand aus diversen Anlässen an Privatpersonen oder offizielle Stellen in der DDR gezahlt wurden und eine Größenordnung von jährlich ca. ein bis zwei Milliarden DM aufwiesen, eine nicht zu unterschätzende, in der zweiten Hälfte der achtziger Jahre zunehmend wichtige Rolle. Ihre Bedeutung für die Stabilisierung der DDR-Binnenwirtschaft wird indes eher überschätzt.[112]

Chronischer Arbeitskräftemangel

- Die sektorale Produktionsstruktur der DDR entsprach Ende der achtziger Jahre ziemlich genau der der Bundesrepublik in der zweiten Hälfte der sechziger Jahre, die sich dann gerade in den folgenden Jahren gewaltig verschoben hat.[113] So gesehen hatte die DDR-Wirtschaft einen „Modernisierungsrückstand" von wenigstens zwanzig Jahren.

Modernisierungsrückstand von zwanzig Jahren

- Auch die in ungeheurem Kraftakt vollzogene „Exportoffensive" im letzten Jahrzehnt der DDR vermochte es nicht, die Außenverschuldung auch nur zu bremsen. „Liquidität geht vor Rentabilität", so lautete die neue Maxime.[114] Die sogenannte Devisenrentabilität, die den Valutaerlös je Mark Exportproduktion in Inlandspreisen auswies, sank von 0,54 (1970) und 0,45 (1980) auf zuletzt 0,25 (1988); gemessen an inländischen Werten wurde der Export für die DDR also zunehmend „teurer".[115] Demzufolge stieg die Verschuldung gegenüber dem nichtsozialistischen Ausland stetig an und erreichte im Herbst 1989 die dramatische Größenordnung von bis zu 21 Milliarden Dollar. Aber selbst wenn der Schuldenstand – wie neuere Berechnungen ausweisen – nur zwischen 13 und 14 Milliarden Dollar betragen hätte,[116] wäre dies für die grundsätzlichen Probleme und den drohenden Niedergang ohne Belang gewesen, zumal die

Dramatische Auslandsverschuldung

---

[111] Zit. nach: Gutmann/Buck 1996, S. 8 f.
[112] Vgl. Volze 1995.
[113] Vgl. Eckart 1995, S. 578 f.
[114] Zit. nach: Volze 1996, S. 702.
[115] Vgl. Kusch u. a. 1991, S. 54.
[116] Vgl. Volze 1996.

entscheidenden Akteure in der DDR von der erstgenannten Größenordnung ausgingen. Für Schürer und die Mitglieder des Politbüros jedenfalls war das Ausmaß der Verschuldung ein endgültiges Zeichen für den drohenden Staatsbankrott der DDR und das Signal zur Aufnahme von Verhandlungen mit der Bundesregierung.[117]

– Schließlich sollte auch der jahrzehntelange Raubbau an natürlichen Ressourcen nicht unerwähnt bleiben, der alle Ideologie über eine angeblich höhere Lebensqualität im real-existierenden Sozialismus Lügen straft.[118]

2. Sozialpolitik

a) Historische Entwicklungslinien

Die KPD/SED entwickelte ihre ersten sozialpolitischen Maßnahmen aus den Vorstellungen der KPD der zwanziger Jahre und entsprechenden Erfahrungen in der Sowjetunion. Für sie war Sozialpolitik vor allem proletarischer Klassenkampf zur Zerschlagung alter Macht- und Eigentumsstrukturen und Instrument zum Aufbau sozialistischer Verhältnisse.[119] So lange die SED ihre Macht aber noch nicht gesichert hatte, und die deutschlandpolitischen Optionen der Sowjetunion offen waren, formulierte sie Grundlinien einer Sozialpolitik, die deren klassische Felder umfaßten. In den „Sozialpolitischen Richtlinien" der SED vom Dezember 1946, die drei Jahre später zum Teil Eingang in die erste DDR-Verfassung finden sollten, ging es um das Recht auf (und die Pflicht zur) Arbeit, das Recht auf Versorgung bei Krankheit und im Alter, den Mutterschutz, den Aufbau einer einheitlichen Sozialversicherung sowie um nachkriegsspezifische Problemlagen. Die SED verknüpfte ihre sozialpolitischen Vorstellungen mit Forderungen zur Umgestaltung der Gesellschaft, indem sie einen engen Zusammenhang zwischen wirtschaftlichen und sozialen Prozessen herstellte.[120]

Einheitliche Sozialversicherung

Mit dem Befehl Nr. 28 der SMAD zur „Einführung eines einheitlichen Systems und von Maßnahmen zur Verbesserung der Sozialversicherung in der sowjetischen Besatzungszone Deutschlands" vom Januar 1947 entstand ganz im Sinne der SED die institutionelle Grundstruktur einer einheitlichen Sozialversicherung, die an die seit 1945 bestehende „Deutsche Verwaltung für Arbeit und Sozialfürsorge" anknüpfte.[121] Ebenfalls im Jahre 1947 begann durch verschiedene Befehle der SMAD zur Einführung des Betriebsgesundheitswesens und zum verstärkten Aufbau kommunaler Polikliniken und Ambulatorien die Sowjetisierung des Gesundheitswesens in der SBZ.[122] Parallel erfolgten Befehle und Anordnungen der sowjetischen Besatzungsmacht, die sich u. a. auf Arbeitsrecht und -schutz, Lohnfindung (mit Einschränkung der Tarifvertragsfreiheit) und Wohnungsversorgung bezogen. Damit waren die Grundstrukturen gelegt, die der Zentralmacht den Zugriff auf alle

---

[117] Vgl. Wilke 1996.
[118] Vgl. Kusch u. a. 1991, S. 69 ff.
[119] Vgl. Winkler 1990b, S. 646 ff.
[120] Vgl. Frerich/Frey 1993, S. 12 ff. und Winkler 1989, S. 31 ff.
[121] Vgl. Frerich/Frey 1993, S. 19/20.
[122] Vgl. ebd., S. 28 ff.

sozialpolitischen Felder eröffneten und ihr gleichzeitig die Möglichkeit boten, Sozialpolitik als staatliche Versorgungspolitik zu etablieren.[123]

Nach der Gründung der DDR definierte die SED Sozialpolitik als ein Element der neugestalteten gesellschaftlichen Verhältnisse. In sozialistischen Staaten, in denen die Aufhebung des Privateigentums eine Identität von Produktionsmittelbesitzern und Produzenten herbeigeführt habe, Arbeit keine Last, sondern Lebensbedürfnis sei und soziale Risiken ausgeschaltet worden seien, entfalle jegliche Grundlage für eine gesonderte Sozialpolitik.[124] Diese sei Bestandteil des Kapitalismus, Instrument der herrschenden Klasse, die den Arbeitern Zuckerbrot gebe, um sie die Peitsche vergessen zu lassen.

Erst in den sechziger Jahren tauchte der Begriff Sozialpolitik in parteioffiziellen Verlautbarungen wieder auf. Auf dem VI. Parteitag 1963 sprach die Partei von „sozialer Sicherheit" als wesentlicher Aufgabe im „Zeitalter des Sozialismus", ohne näher auf den Begriff „Sozialpolitik" einzugehen, aber auf dem nachfolgenden Parteitag 1967 forderte Walter Ulbricht eine „umfassende Sozialpolitik", die dem DDR-Bürger „das Recht auf Schutz seiner Gesundheit und seiner Arbeitskraft" gewährleisten sollte. Diese Formulierung fand als Artikel 35 auch Eingang in die DDR-Verfassung von 1968.[125] Die SED konstatierte nun, eine „echte" Sozialpolitik sei nur in sozialistischen Staaten möglich, da sie hier an den Interessen der Werktätigen ausgerichtet und kein „Tarnmittel bei der Unterdrückung der Werktätigen" sei.[126] Diese veränderte Sichtweise stand in Zusammenhang mit den Anfang der sechziger Jahre eingeleiteten Wirtschaftsreformen und der von Walter Ulbricht proklamierten Formel von der „sozialistischen Menschengemeinschaft". Erst mit der Machtübernahme durch Erich Honecker erwuchs der Sozialpolitik indes die zentrale Rolle, die sie bis zum Ende der DDR einnehmen sollte.

Sozialistische Sozialpolitik

Nachdem die KPdSU auf dem XXIV. Parteitag im März 1971 „einen bedeutsamen Aufschwung des materiellen und kulturellen Lebensniveaus des Volkes" zur wichtigsten Aufgabe des Fünfjahrplans in der Sowjetunion erklärt und ein „großzügiges Programm sozialer Maßnahmen" auf den Weg gebracht hatte,[127] bezeichnete auch Erich Honecker auf dem VIII. SED-Parteitag im Juni 1971 in nahezu wörtlicher Kopie die „weitere Erhöhung des materiellen und kulturellen Lebensniveaus des Volkes auf der Grundlage eines hohen Entwicklungstempos der sozialistischen Produktion, der Erhöhung der Effektivität, des wissenschaftlichen Fortschritts und des Wachstums der Arbeitsproduktivität" als Hauptaufgabe des Fünfjahrplans.[128] In den nachfolgenden Jahren realisierte die SED mehrere sozialpolitische Programme, die u. a. eine Erhöhung der Mindestlöhne und -renten sowie eine forcierte Wohnungsbaupolitik beinhalteten.[129]

Auf dem IX. Parteitag im Jahre 1976 schließlich ging die Formel von der „Einheit von Wirtschafts- und Sozialpolitik" in das SED-Parteiprogramm ein. Diese Rückbindung der Sozialpolitik an die wirtschaftlichen Möglichkeiten sollte zwar die

---

123 Vgl. Hoffmann 1997, S. 347 ff.
124 Vgl. Winkler 1990b, S. 648 ff. und Lampert 1991, S. 110 f.
125 Vgl. Hockerts 1994b, S. 792.
126 Vgl. Ulbricht 1965, S. 56.
127 Vgl. Hockerts 1994b, S. 793/794.
128 Zit. nach: Thalheim 1987a, S. 23.
129 Vgl. Lampert 1991, S. 116, Hockerts 1994b, S. 793 und Winkler 1989, S. 153 ff.

Möglichkeit einer gleichzeitigen Verfolgung wirtschafts- und sozialpolitischer Ziele suggerieren, aber andererseits auch verdeutlichen, daß ohne wirtschaftliches Wachstum eine Ausweitung der Sozialpolitik nicht gelingen könne.[130] Folgerichtig benutzte die SED-Führung diese Formel auch in ihrer Propaganda zur Steigerung der Arbeitsproduktivität und des Leistungswillens der werktätigen Bevölkerung.[131]

Sicherung der Grundversorgung

Im Selbstverständnis der SED sollte die Sozialpolitik die Grundversorgung der Bevölkerung in allen Lebensphasen und -bereichen umfassen. Das Netz der sozialen Sicherung war insoweit dicht gewebt, das Niveau freilich niedrig. Im Vordergrund stand nicht die soziale Absicherung von Lebensrisiken, sondern die Garantie eines vergleichsweise bescheidenen materiellen Lebensniveaus unter Berücksichtigung der wirtschaftlichen Möglichkeiten. Ein weiteres Ziel war die Angleichung des Lebensstandards der verschiedenen sozialen Schichten.[132] Hieraus ergaben sich die vordringlichen sozialpolitischen Felder:

– Sicherstellung von Erziehung und Bildung der Jugend;
– Recht auf Arbeit unter sozial abgesicherten Bedingungen;
– gesundheitliche Betreuung einschließlich der Vor- und Nachsorge bei Krankheiten und Unfällen;
– Versorgung im Alter;
– Versorgung der Bevölkerung mit Wohnraum.[133]

In einem übergeordneten Sinne definierte die SED Sozialpolitik aber weiterhin als Instrument der Gestaltung sozialer Verhältnisse:

„Sozialpolitik umfaßt die Gesamtheit der Gestaltung der sozialen Verhältnisse als Verhältnisse der Klassen, Schichten und sozialen (demographischen) Gruppen zueinander und nicht nur die Verbesserung der sozialen Lage wirtschaftlich und/oder sozial schwacher Gruppen. Insofern ist festzustellen: Marxistisch-leninistische Sozialpolitik ist keine Politik, die auf dem Konzept der sozialen Schwäche beruht, und sie versteht sich nicht als Politik zur Verhinderung, Behebung oder Milderung sozialer Schwächen."[134]

Priorität Absicherung des Arbeitsprozesses

Diese vom Leiter des Instituts für Soziologie und Sozialpolitik der Akademie der Wissenschaften der DDR verfaßte Definition rückte das Grundprinzip der realsozialistischen Sozialpolitik in den Vordergrund: Sie war vor allem darauf ausgerichtet, den Produktionsprozeß zu sichern bzw. zu verbessern. Im Mittelpunkt stand deshalb die soziale Absicherung und Förderung der Arbeitskräfte und des Arbeitskräftenachwuchses, während produktionsferne Schichten wie z. B. Rentner oder Behinderte als sozialpolitisch nachrangig behandelt wurden.[135] Oberstes Ziel blieb die Eingliederung möglichst aller Bevölkerungsgruppen in den Arbeits- und Produktionsprozeß. Die nur minimale Versorgung dauerhaft nicht Beschäftigter

---

[130] Vgl. Winkler 1987a, S. 423/424 und Winkler 1989, S. 180 ff.
[131] Vgl. Frerich/Frey 1993, S. 86.
[132] Vgl. Winkler 1987b, S. 33.
[133] Vgl. Frerich/Frey 1993, S. 86.
[134] Winkler 1988, S. 135.
[135] Vgl. Schmähl 1992, S. 32.

und die zögerliche Anpassung dieser Gruppen an die Wohlstandsentwicklung sollte zur unverzüglichen Wiederaufnahme oder Fortsetzung der Beschäftigung anregen. Damit selbst Rentner weiterarbeiten, wurden die im Ruhestand zusätzlich erzielten Arbeitseinkommen nicht auf die Höhe der Altersversorgung angerechnet und der Bezug von Hinterbliebenen- und Kriegsbeschädigtenrenten an die Nichterwerbsfähigkeit als Voraussetzung gekoppelt. Angesichts der sehr niedrigen Durchschnittsrenten – 1988 betrugen sie 38,6% (ohne freiwillige Zusatzrentenversicherung) bzw. 49,1% (mit Zusatzversicherung) der durchschnittlichen Nettolöhne[136] – waren nicht wenige Rentner auf diese Möglichkeit angewiesen.

Die institutionellen und strukturellen Grundprinzipien der realsozialistischen Sozialpolitik lassen sich mit sechs Prinzipien kennzeichnen:
1. Prinzip der Einheitsversicherung;
2. Dominanz zentralstaatlicher Instanzen;
3. starke Einbeziehung der Betriebe und Gewerkschaften in die organisatorische Abwicklung der sozialen Sicherung;
4. Vorrang des Versorgungsprinzips vor dem Versicherungsprinzip;
5. Fehlen einer unabhängigen Sozialgerichtsbarkeit;
6. Hervorhebung der Prophylaxe und der schnellen Wiedereingliederung der Arbeitskräfte in den Produktionsprozeß.[137]

b) Die DDR als Arbeitsgesellschaft

Stärker noch als westliche Gesellschaften war die DDR-Gesellschaft eine (erwerbs)arbeitszentrierte, in der der einzelne nur als „arbeitender Mensch" Bedeutung hatte. Im realsozialistischen Selbstverständnis war der Betrieb das Zentrum des sozialen und gesellschaftlichen Lebens. Durch die Übertragung sozialer Aufgaben (Kindertagesstätten, Ferienheime, Freizeiteinrichtungen etc.) und die organisatorische Zusammenfassung der Werktätigen in Arbeitskollektiven und Brigaden erwuchs dem Betrieb eine Funktion als sozialer Raum, unvergleichlich größer und wichtiger als in der Bundesrepublik. Er war zugleich Sozialisations- und Kontrollinstanz wie auch Fürsorgeeinrichtung; in gewissem Sinne wurde er sogar zum Familienersatz.[138] Der zentrale Charakter des Betriebes sowie die Festschreibung des Rechts auf Arbeit und Arbeitsplatz sollte eine positive Identifikation und Motivation der Beschäftigten erzeugen. Da diese häufig nur gering ausgeprägt war, blieb der Arbeitsprozeß immer auch Erziehungsprozeß: Der Betrieb wurde zu einem Ort der „Volkserziehung". Werktätige erlebten diesen Prozeß in der alltäglichen Praxis als eine von oben gelenkte Bevormundung, die Eigeninitiative und Selbstverantwortlichkeit nicht selten im Keim erstickte.[139] Darüber hinaus verstanden sie es jedoch auch, die betrieblichen Sozialbeziehungen positiv in ihr Alltagsleben zu integrieren.[140]

Betrieb als Sozialisations- und Kontrollinstanz

---

136 Vgl. Winkler 1990c, S. 336.
137 Vgl. Zimmermann 1985, S. 1217, Vortmann 1989, S. 327 ff. und Hockerts 1994a, S. 520 ff.
138 Vgl. Stephan 1991.
139 Vgl. Rottenburg 1991.
140 Vgl. Schmidt, W. 1995, S. 307.

Die Betriebszentriertheit der Sozialpolitik verengte für Bevölkerungsgruppen, die nicht erwerbstätig waren, zwangsläufig den Spielraum.[141] Artikel 24 der DDR-Verfassung legte das Recht der Bürger auf Arbeit fest, das von vielen, nicht nur von Apologeten der DDR, immer als die herausragende soziale Errungenschaft des Realsozialismus gewertet wurde. Übersehen oder verschwiegen wurde dabei, daß das Recht auf Arbeit an die Pflicht zur Arbeit gebunden blieb, die Aufhebung der Tarifautonomie und die staatliche Lohnfestsetzung voraussetzte, und die freie Wahl des Arbeitsplatzes insoweit eingeschränkt war, als sie den gesellschaftlichen Erfordernissen untergeordnet wurde. Die Arbeitsplatzgarantie förderte ein passives Selbstbewußtsein der Arbeiter, stärkte aber gleichzeitig ihre informelle Machtposition gegenüber der betrieblichen Leitungshierarchie.[142]

„Arbeitslosigkeit am Arbeitsplatz"

Das politisch angeordnete Verbot von Arbeitslosigkeit führte darüber hinaus in der Praxis vieler Betriebe zu einer formalen Beschäftigung von nicht oder kaum arbeitenden Werktätigen. Diese „Arbeitslosigkeit am Arbeitsplatz"[143] engte den ohnehin geringen Handlungsspielraum der Betriebe noch weiter ein. Die gleichzeitig proklamierte Pflicht zur Arbeit konnte bei Verweigerung in letzter Konsequenz Zwangsarbeit im Gefängnis bedeuten. Mit dem zweiten Strafrechtsänderungsgesetz vom April 1977 wurde diese „Arbeitserziehung" zwar abgeschafft, wer aber seitdem gegen die Pflicht zur Arbeit verstieß, konnte nach § 249 StGB zu einer Haftstrafe verurteilt werden.[144]

Arbeitsgesetzbuch

Das im Januar 1978 in Kraft getretene Arbeitsgesetzbuch (AGB) der DDR legte in den Grundzügen und im Detail das Arbeits- und Sozialversicherungsrecht fest.[145] Nach offizieller Lesart diente das AGB der weiteren Erhöhung des materiellen und kulturellen Lebensniveaus des Volkes auf der Grundlage eines hohen Entwicklungstempos der sozialistischen Produktion, der Erhöhung der Effektivität, des wissenschaftlich-technischen Fortschritts und des Wachstums der Arbeitsproduktivität. Zur Kompensation der „Privilegien" enthielt das AGB ein ganzes Kapitel über Arbeitsorganisation und sozialistische Arbeitsdisziplin. Hiernach mußte der Werktätige

> „... seine Arbeitspflichten mit Umsicht und Initiative wahrnehmen. Er ist insbesondere verpflichtet, seine Arbeitsaufgabe ordnungs- und fristgemäß zu erfüllen, die Arbeitszeit und die Produktionsmittel voll zu nutzen, die Arbeitsnormen und andere Kennzeichen der Arbeitsleistung zu erfüllen, Geld und Material sparsam zu verwenden, Qualitätsarbeit zu leisten, das sozialistische Eigentum vor Beschädigung und Verlust zu schützen und die Bestimmungen ... über Ordnung, Disziplin und Sicherheit einzuhalten."[146]

Die Bestimmungen zum Arbeitsvertrag schlossen betriebliche Sonderlösungen weitgehend aus und zielten auf Standardisierung; betriebsspezifische Vereinbarungen durften nur im Rahmen der arbeitsrechtlichen Bestimmungen verabredet werden.

---

141 Vgl. Hockerts 1994a, S. 535 ff.
142 Vgl. Gut u. a. 1993, S. 30 ff.
143 Vgl. Stark 1991.
144 Vgl. Voigt 1985 und Zimmermann 1987, S. 234.
145 Vgl. Frerich/Frey 1993, S. 92 ff.
146 Zit. nach: Zimmermann 1987, S. 234.

Tabelle 3: Berufstätige nach Wirtschaftsbereichen

Jahr[1]	Insgesamt	Industrie	Produz. Handwerk (ohne Bauhandwerk)	Bauwirtschaft	Land- und Forstwirtschaft	Verkehr, Post, Fernmeldewesen	Handel	Sonstige produz. Bereiche	Nicht produz. Bereiche
					1000				
1950	7196	2048	600	465	2005	455	674		899
1955	7723	2542	506	435	1721	501	845		1172
1960	7686	2768	414	470	1304	554	890	96	1191
1961	7692	2775	402	456	1278	563	902	106	1211
1962	7682	2749	404	457	1280	567	879	116	1231
1963	7646	2752	395	458	1255	564	860	111	1251
1964	7658	2791	398	458	1202	560	872	132	1245
1965	7676	2796	393	455	1179	667	885	136	1265
1966	7684	2804	396	454	1147	565	884	150	1284
1967	7714	2817	402	468	1124	560	884	172	1288
1968	7712	2821	406	502	1068	555	876	181	1304
1969	7746	2839	407	525	1026	569	868	181	1331
1970	7769	2855	404	538	997	581	858	181	1355
1971	7795	2867	398	536	974	582	847	204	1387
1972	7811	2969	300	542	936	589	848	217	1410
1973	7844	3005	288	544	918	595	838	214	1442
1974	7903	3023	278	551	903	598	844	228	1478
1975	7948	3033	269	557	895	601	846	234	1514
1976	8018	3071	261	566	878	605	848	241	1548
1977	8058	3083	259	572	874	609	844	244	1574
1978	8118	3101	257	577	877	611	841	253	1600
1979	8184	3121	258	580	876	611	846	260	1633
1980	8225	3128	259	583	879	613	850	262	1652
1981	8296	3157	260	584	884	614	850	264	1682
1982	8368	3177	262	585	889	620	853	265	1716
1983	8445	3198	262	583	901	625	856	272	1749
1984	8499	3219	263	583	914	627	861	257	1773
1985	8539	3236	264	578	922	630	869	250	1790
1986	8548	3222	264	574	927	627	878	251	1805
1987	8571	3215	265	569	929	633	881	253	1827
1988	8594	3216	266	567	928	636	883	256	1842
1989	8547	3187	267	560	924	639	877	251	1843

1) Bis 1955 Stand: 31. Dezember, ab 1956 Stand 30. September

Angaben aus: Statistisches Taschenbuch 1995, S. 10.4

Die Kündigungsschutzbestimmungen machten eine Entlassung von Werktätigen weitgehend unmöglich. Für einige gesellschaftliche Gruppen bestand sogar Kündigungsverbot (Kämpfer gegen den Faschismus und Verfolgte des Faschismus, Schwangere, Mütter mit Kindern, ehemalige Berufssoldaten etc.). Ausdrücklich sah das AGB die fristlose Kündigung bei „schwerwiegender Verletzung der sozialistischen Arbeitsdisziplin oder der staatsbürgerlichen Pflichten" vor. Eine Kündigung seitens des Betriebes bedurfte der Zustimmung der Betriebsgewerkschaftsleitung, die im letztgenannten Fall in der Regel auch nicht ausblieb.

Arbeitskräftelenkung

Die öffentliche Anwerbung von Arbeitskräften war den Betrieben nur in Ausnahmefällen gestattet. Die „Arbeitskräftelenkung" erfolgte im Rahmen von volkswirtschaftlichen Mehrjahres- und Jahresplänen auf der bezirklichen Ebene. Das örtliche Amt für Arbeit (AfA) regelte und vermittelte die (eher seltenen) Freisetzungen und die Besetzung von Arbeitsplätzen aufgrund der Richtlinien des Staatssekretariats für Arbeit und Löhne. Es konnte sogar den Betrieben Einstellungen verbieten.[147]

Betriebsleitung

An der Spitze des Betriebes stand ein in Absprache mit der SED von der Kombinatsleitung ernannter Betriebsleiter, der laut AGB für seinen Betrieb verantwortlich war. Er war gegenüber allen Betriebsangehörigen, die leitenden Angestellten gegenüber den ihnen unterstellten Mitarbeitern weisungsberechtigt. Die Weisungen blieben jedoch strikt an die im Arbeitsvertrag vereinbarten Bedingungen gekoppelt.[148] Da nahezu alle Betriebsleiter Mitglieder der SED und damit der Parteidisziplin unterworfen waren, fungierten sie gewissermaßen in dieser Funktion auch als „Parteisoldaten". Ihre Kontrolle erfolgte zudem durch die jeweilige Betriebsparteiorganisation. Bei Nichterreichen der Planziele z. B. mußte die Betriebsparteileitung diesen Tatbestand an die Kreisparteileitung melden, woraufhin sich der Direktor dort zu rechtfertigen hatte. Dieser Vorgang stellte keine reine Formalität dar, da er die Absetzung des Betriebsleiters zur Folge haben konnte.

Die Rolle der Betriebsparteileitungen war in den einzelnen Betrieben durchaus unterschiedlich; manchmal fügten sie sich in das Nebeneinander von informellen und offiziellen Betriebsabläufen reibungslos ein, manchmal wirkten sie vor allem als Kontrollinstanz und versuchten, informelle Abläufe zu unterbinden oder zumindest zu kanalisieren. Da jedoch viele nicht zuletzt ökonomische Probleme nur über Kontakte und Beziehungen des betrieblichen Parteisekretärs gelöst werden konnten, war dieser ebenfalls unverzichtbar für die Plansollerfüllung.

Als dritte Kraft wurden die Betriebsgewerkschaftsleitungen (BGL) bei allen wichtigen Entscheidungen mithinzugezogen. Über ihre offiziellen Mitwirkungsrechte hinaus bildeten sie zusammen mit der Betriebsleitung und der Betriebsparteiorganisation die oberste betriebliche Instanz: die „Betriebstroika".

Über Rolle und Bedeutung des MfS in den Betrieben gibt es bisher keine verallgemeinerbaren Aussagen. Als sicher darf gelten, daß keine wichtige Personalentscheidung im Leitungsbereich ohne das Votum des MfS, das in nahezu jedem Betrieb Mitarbeiter oder Zuarbeiter des Referates „Sozialistische Volkswirtschaft" plaziert hatte, getroffen wurde. Umgekehrt arbeiteten Betriebsleitung, Betriebsparteiorganisation und Betriebsgewerkschaftsleitung bei Ermittlungen des MfS mit diesem eng zusammen.[149]

---

[147] Vgl. Mampel 1985 und Zimmermann 1987.
[148] Vgl. Mampel 1985.
[149] Vgl. Beleites 1992.

Die meisten Werktätigen erfüllten ihre Arbeit im Rahmen sozialistischer Brigaden. Die SED betrachtete die sogenannten „Arbeitskollektive" schon frühzeitig als „Grundzellen der sozialistischen Gesellschaft". Sie bildeten nach offizieller Lesart das entscheidende Bindeglied zwischen Individuum und Gesellschaft: „Durch sein Wirken im Arbeitskollektiv ordnet sich der einzelne zunehmend bewußt in die ökonomische, soziale und politische Struktur der sozialistischen Gesellschaft ein."[150]

Plandiskussionen u. a. in den sozialistischen Brigaden hatten vor allem zwei Funktionen: einerseits durch eine verbesserte Arbeitsdisziplin zur Erhöhung der Arbeitsproduktivität beizutragen und andererseits im Sinne des sozialistischen Systems erzieherische Funktionen zu übernehmen. SED-Ideologen galt das „Kollektiv" als „der wichtigste Erzieher der Werktätigen. Es nutzt für den Erziehungsprozeß die öffentliche Meinung, stellt hohe Anforderungen und ist zugleich verständnisvoll und feinfühlig und verbindet harte Kritik mit Hilfe und Unterstützung."[151] Indem die Partei versuchte, die „Kollektive" als Instrument der Disziplinierung und Motivierung der Werktätigen einzusetzen, gab sie zu erkennen, daß die von ihr postulierte Interessenidentität zwischen Individuen und sozialistischer Gesellschaft sowie zwischen Betriebsleitung und Werktätigen nicht gegeben war.

„Kollektiv Erzieher der Werktätigen"

Da der interne Konkurrenzdruck unter Kollegen eher gering war, einmal gebildete „Arbeitskollektive" wegen niedriger betrieblicher Mobilität meist über längere Zeiträume zusammenblieben und auch Brigadefeiern, Kegelabende oder ähnliches zu deren Alltag gehörten, wurde das „Kollektiv" auch zu einer Art Solidargemeinschaft. Der Zusammenhalt in einer Brigade konnte ein gewisses Gegengewicht gegen staatlich verordnete Pläne und Anforderungen der Betriebsleitung bilden. Die starke Stellung der Werktätigen im Arbeitsrecht, die fehlenden Sanktionsmöglichkeiten und die unzureichenden individuellen Anreizsysteme untergruben in gewisser Weise die offiziellen Hierarchien und Strukturen. Dies führte unter anderem zu einem weitgehenden Verzicht auf Kontrolle und Durchführung einer ernsthaften Arbeitszeitnormung und zu großzügigen Zugeständnissen bei der Arbeitsorganisation.[152]

Die in den Betrieben vorhandene Kritik der Belegschaften an den Unzulänglichkeiten des Betriebsablaufs und der Unfähigkeit der Leitungen zu einschneidenden Veränderungen legitimierte eine großzügige Selbstbestimmung der Beschäftigten über Fragen der produktiven Nutzung von Arbeitszeit. Ganz im Gegensatz zur politischen Überempfindlichkeit und zum schnellen Einsatz restriktiver Mittel bei politischer Kritik durften die Werktätigen bei der Anprangerung von Mißständen im Betrieb eine relativ weitgesteckte Freiheit der persönlichen Meinungsäußerung in Anspruch nehmen. Die „Betriebstroika" hatte jedoch darauf zu achten, daß diese Kritik nicht in politische Systemkritik umschlug. Die überwiegende Mehrzahl der Arbeitnehmer verstand ihre Kritik subjektiv ohnehin nicht als „politisch", sondern eher als Aufbegehren gegen „die da oben".[153] Die SED dagegen wertete oftmals die betriebliche Kritik durchaus als „politische Kritik", da nach ihrem Selbstverständnis

Freiheiten bei betriebsinterner Kritik

---

[150] Vgl. KPW 1983, S. 77.
[151] Vgl. Autorenkollektiv 1973, S. 533.
[152] Vgl. Gut u. a. 1993, S. 36.
[153] Vgl. Kern/Land 1991, S. 16.

auch wirtschaftliche und betriebliche Vorgänge politisch bestimmt waren. Sie war insoweit darauf bedacht, daß die gesellschaftliche Erziehung im Arbeits- und Produktionsprozeß nicht zu kurz kam. Schließlich sollten aus allen Werktätigen sozialistische Persönlichkeiten geformt werden, die treu und loyal zur Partei standen und sich durch ein hohes fachliches und politisches Niveau auszeichneten.[154]

Restriktionen für den Produktionsprozeß

Durch die zentrale Bedeutung, die „Arbeit" im kommunistischen Selbstverständnis erhielt, sowie den starken Einbezug der Betriebe in die Sozialpolitik entstanden weitreichende Restriktionen für den Produktionsprozeß. Die ideologisch begründete, politisch gewollte und rechtlich normierte Arbeitsplatzsicherheit z. B. führte angesichts starrer hierarchisierter Planungs- und Kontrollvorgaben zu einer weitgehenden Einschränkung und Begrenzung betrieblicher Spielräume. In seiner Funktion als Produktionsstätte wie als sozialer Raum blieb der Betrieb direkt eingebunden in die politische Sphäre. Diese rigide Unterordnung der Ökonomie unter die Politik bestimmte auch den Charakter des formellen Arbeitsrechts, das gerade deshalb in entscheidenden Punkten nicht durchsetzbar war.

Mitwirkungsrechte der Werktätigen erschöpften sich in einer institutionellen Aufwertung des FDGB, der als Transmissionsriemen der Partei zu keiner Zeit – auch nicht in den Betrieben – eine unabhängige Interessenvertretung der Werktätigen verfolgte. Gleichwohl erfüllten die Gewerkschaften auf betrieblicher Ebene für die Arbeitnehmer durchaus akzeptable und wünschenswerte Funktionen. Dies betraf wichtige Aspekte der Arbeits- und Lebensbedingungen und der Entlohnung ebenso wie die Gestaltung von Urlaubs- oder Qualifizierungsmaßnahmen oder die kulturelle Betätigung und Freizeitgestaltung. Auch in Fragen der sozialen Verträglichkeit von Rationalisierungsmaßnahmen (z. B. Umsetzung innerhalb des Betriebes) hatten Gewerkschaftsvertreter eine gewisse Mitwirkungs- und Entscheidungskompetenz. Für die Werktätigen weit wichtiger scheinen indes die teilweise aus der Not geborenen informellen Netze und Spielräume gewesen zu sein, die nicht nur handfeste materielle Vorteile mit sich brachten, sondern den Betrieb auch zu einer wichtigen sozialen Instanz jenseits der Erwerbsarbeit werden ließen.

c) Das soziale Netz

Die SED überzog die DDR mit einem flächendeckenden sozialen Netz. Alle sozialen Bereiche und Beziehungen waren politisch normiert, ideologisch geprägt und materiell abgesichert. Zwar war das materielle Niveau der Sozialpolitik im Vergleich etwa zur Bundesrepublik gering, doch es gewährte soziale Sicherheit. Die Maßnahmen und Leistungen hatten zumeist Versorgungscharakter und ließen dem einzelnen wenig Freiheitsspielräume. Die soziale Differenzierung ergab sich sozusagen – ohne öffentliche Beachtung – zwischen den Zeilen, da das offizielle sozialpolitische Ziel in der sozialen Homogenisierung der Gesellschaft bestand.[155]

Nivellierendes Sozialversicherungsprinzip

Das Sozialversicherungsprinzip existierte in der DDR in sehr eingeschränktem Maße. Aufgrund der Einheits-Sozialversicherung wurde nur ein einheitlicher Sozialbeitrag erhoben, der bis zu einer Bemessungsgrenze von 600,– Mark 10% betrug. Die Betriebe mußten anfangs ebenfalls 10% für jeden Arbeitnehmer zahlen,

---

[154] Vgl. Voigt 1985.
[155] Vgl. Kap. II, 3.

ab 1978 erhöhte sich ihr Anteil auf 12,5%. Durch die Konstanz der Beitragsbemessungsgrenze und durch Mindestsicherungselemente entstand ein hochgradig egalisierendes Rentensystem. Angesichts des niedrigen Niveaus und absehbarer finanzieller Probleme führte die SED im Jahre 1971 eine freiwillige Zusatzrentenversicherung (FZR) ein, die von den meisten Arbeitnehmern (etwa 80%) auch in Anspruch genommen wurde. Der anteilige Beitrag pro Beschäftigtem hierfür betrug ebenfalls 10% des über 600,- Mark hinausgehenden Lohnes. Für die Rentner schlugen freilich bis zum Ende der DDR die hieraus resultierenden Zahlungen noch nicht nennenswert zu Buche. Die zusätzliche Rente durch die FZR betrug etwa 60,- bis 100,- Mark im Monat.[156]

Das allgemeine Rentensystem sicherte nur einen geringen Lebensstandard und hatte vergleichsweise allenfalls das Niveau der Sozialhilfe in der Bundesrepublik. Die durchschnittliche Altersrente betrug 1960 148,- Mark, 1970 191,- Mark und 1987 (einschließlich der Zusatzrente aus der FZR) 377,- Mark. Dies entsprach 36,1%, 35,9% und 41,4% des durchschnittlichen Nettolohns.[157] Anfang Mai 1990 betrug die Durchschnittsrente für die 2,5 Millionen Altersrentner 475,- Mark (ohne FZR) bzw. für die knapp 0,9 Millionen Personen mit FZR 569,- Mark.[158] Eine automatische Dynamisierung des Rentensystems, d. h. eine jährliche Anpassung an die allgemeine Einkommensentwicklung, kannte das Rentensystem der DDR nicht.

Rentenniveau niedrig

Tabelle 4: Entwicklung der Arbeitseinkommen und der Renten in Mark 1947–1989

Jahr	Arbeitseinkommen (Monatsdurchs.[1])	Mindestrente (Vollrente)	Mindestrente (Witwen)	Durchschn. monatl. Altersrente		Durchschn. monatl. Witwenrente		Rentenniveau[2]
				in der SVAA[3]	in der SV/StV[3]	in der SVAA[3]	in der SV/StV3	
1947	165	30	30	60,01[4]	–	36,81[4]	–	36,48
1948	211	50	40	68,92	–	46,38	–	32,64
1949	290	55	45	69,11	–	48,94	–	23,83
1950	311	65	55	86,10	–	60,98	–	27,68
1953	378	75	65	93,91	–	68,55	–	24,84
1956	444	105	95	126,35	–	101,46	–	28,45
1959	531	115	105	151,47	–	120,27	–	28,52
1964	610	120	110	173,16	150,48	133,02	120,18	28,38
1969	722	150	150	195,47	176,47	156,92	151,12	27,07
1971	785	160–170	160	209,69	193,01	166,52	161,53	26,71
1972	814	200–240	200	250,85	234,00	208,33	201,47	30,82
1976	920	230–300	230	300,41	277,73	241,03	230,70	32,62
1979	1.006	270–340	270	452,08	397,24	317,24	305,55	44,94
1984	1.102	300–370	300	455,93	415,48	404,18	324,41	41,37
1988	1.290	300–370	300	481,56	446,52	406,95	357,70	37,67
1989	1.322	330–470	330	555,42	520,13	478,84	389,29	42,01

1) Monatliches Bruttoeinkommen vollbeschäftigter Arbeiter und Angestellter der sozialistischen Wirtschaft;
2) Altersrente der SVAA in % des Bruttoarbeitseinkommens; 3) jeweils Dezember, ab 1979 Durchschnittsrente der Rentner, die FZR-Leistungen erhielten; 4) Januar 1948.

Angaben aus: Frerich/Frey 1993, S. 345

---

[156] Vgl. Frerich/Frey 1993, S. 339.
[157] Vgl. Vortmann 1989, S. 332.
[158] Vgl. Wolter 1992, S. 21.

Die Renten wurden durch spezielle Beschlüsse des SED-Politbüros von Zeit zu Zeit angehoben, zumeist in einem Rhythmus von drei bis fünf Jahren.

Die Voraussetzungen zur Zahlung einer Altersrente waren mit dem Erreichen der Altersgrenze (Frauen mit 60; Männer mit 65 Lebensjahren) nach einer Mindestzahl von Jahren versicherungspflichtiger Tätigkeit gegeben. Voll-Invalidität lag vor, wenn das Leistungsvermögen um mindestens zwei Drittel gemindert war.[159] Die Witwen-/Witwerrenten, die nur gezahlt wurden, falls der/die Bevorrechtigte nicht berufstätig oder nicht selber rentenberechtigt war, betrugen 50% der Rente des Verstorbenen ohne Zuschläge.[160]

Etwa zwei Drittel (darunter über 90% der Frauen) bezogen im Dezember 1989 trotz einer gerade durchgeführten Rentenerhöhung von 65,– Mark eine Altersrente unter 500,– Mark.[161] Dadurch erhöhte sich der Druck, auch nach der Verrentung erwerbstätig zu bleiben. Da dieses Einkommen nicht auf die Renten angerechnet wurde, gab es hierfür einen entsprechenden Anreiz.[162] Selbst das geringe Rentenniveau konnte nicht allein aus den Beiträgen finanziert werden. Im Gegenteil: Im Laufe der Zeit erhöhten sich die staatlichen Zuschüsse auf rd. 50%.[163]

Zusatzversorgungssysteme

Die organisatorische Abwicklung der Pflichtversicherung erfolgte für etwa 91% der Beschäftigten über den FDGB und für die verbleibenden 9% über die „Staatliche Versicherung". Daneben existierten allerdings noch – vor 1989 öffentlich zum Teil nicht bekannte – etwa sechzig Zusatzversorgungssysteme sowie vier Sonderversorgungssysteme, die zumeist Systemloyalität oder auch besondere Qualifikationen belohnen bzw. eine geringe Entlohnung kompensieren sollten.[164] Während die Masse der Rentner mehr schlecht als recht von ihrer Rente leben konnte, erhielten die hiervon Begünstigten aus den Zusatzversorgungssystemen erhebliche zusätzliche Zahlungen. Im Dezember 1990 bezogen über 200 000 Rentner entsprechende Leistungen.[165] Während sich die sogenannte Intelligenzrente auf ca. 500,– Mark monatlich belief, betrug die Zusatzrente für Mitarbeiter des Staatsapparates durchschnittlich 210,– Mark. Rentner aus den „bewaffneten Organen" erhielten eine durchschnittliche Gesamtrente um die 1000,– Mark.[166] Für eine langjährige Mitgliedschaft in den „Kampfgruppen" gab es eine zusätzliche Rente von 100,– DM. Nach überschlägigen Berechnungen bestanden zum Ende der DDR ca. eine Million Anwartschaften auf die verschiedenen Zusatzrenten.[167]

Ebenso wie das Niveau der Renten war auch die materielle Ausstattung für Alters- („Feierabend"-Heime) und Pflegeheime äußerst dürftig. Die krasse Schlechterstellung der älteren Generation entsprach der Logik einer produktionsorientierten Sozialpolitik, die ihr Augenmerk auf die Werktätigen und nicht auf die „unproduktiven Schichten" richtete.[168]

---

159 Vgl. Frerich/Frey 1993, S. 329 ff.
160 Vgl. Wolter 1992, S. 22.
161 Vgl. Winkler 1990c, S. 228.
162 Vgl. Wolter 1992, S. 22.
163 Vgl. ebd., S. 21.
164 Vgl. Wolter 1992, S. 23 ff.
165 Vgl. ebd., S. 178/179.
166 Vgl. Winkler 1990c, S. 225.
167 Vgl. Wolter 1992, S. 24.
168 Vgl. Hockerts 1994a, S. 431.

Gesundheitswesen

Das unmittelbar nach Kriegsende schrittweise verstaatlichte und zentralisierte Gesundheitswesen umfaßte ein flächendeckendes Netz öffentlicher Polikliniken, Krankenhäuser, Ambulatorien und staatlicher Gemeinschaftspraxen. Dieses nach sowjetischem Vorbild errichtete „sozialistische Gesundheitswesen" verdrängte zunehmend freiberuflich tätige Ärzte, so daß zum Ende der DDR der größte Teil des medizinischen Personals im Staatsdienst stand. Zu den wichtigsten Prinzipien dieses Gesundheitswesens zählten:[169]

- sein „staatlicher Charakter";
- Einheitlichkeit und zentrale Planung;
- Vorrang der Prophylaxe;
- systematische Bekämpfung chronischer Volkskrankheiten (Dispensairemethode);
- Gesundheitserziehung als Teil sozialistischer Bewußtseinsbildung;
- Einheit von Gesundheits- und Arbeitsschutz;
- Einheit von Theorie und Praxis der Medizin;
- unentgeltliche und allgemein zugängliche medizinische Betreuung.

Die zentrale Leitung des Gesundheitswesens erfolgte durch das Ministerium für Gesundheitswesen, dem die Abteilungen Gesundheits- und Sozialwesen der Räte der Bezirke und Kreise unterstellt waren. Die führende Rolle der SED in diesem Bereich sicherte die ZK-Abteilung Gesundheitspolitik, die zuletzt Kurt Hager, dem auch für Wissenschaft zuständigen Sekretär, unterstand.[170] Entsprechend dem produktionsorientierten Prinzip der Sozialpolitik konzentrierte sich auch die Gesundheitspolitik auf die Erhaltung bzw. Wiedergewinnung der Arbeitskraft, während andere Sektoren wie die Psychiatrie oder die Betreuung, Förderung und Integration behinderter Menschen keine entsprechende Beachtung fanden. Der frühzeitige Auf- und Ausbau des Betriebsgesundheitswesens war die logische Folge dieser Politik.[171]

Die medizinischen Einrichtungen litten vor allem bis 1961 und in der zweiten Hälfte der 80er Jahre unter der Flucht vieler Ärzte und Fachschwestern in die Bundesrepublik sowie an einem allgemeinen chronischen Arbeitskräftemangel. Dieser resultierte nicht zuletzt aus einer unterdurchschnittlichen Entlohnung der in den achtziger Jahren über 400 000 Beschäftigten im Gesundheitssektor.[172]

Die Stärken des DDR-Gesundheitswesens lagen sicherlich im Aufbau eines dichten Netzes von Vorsorge- und Reihenuntersuchungen, in der umfassenden ambulanten Versorgung, der Arbeitsmedizin sowie der Gesundheitsberichterstattung.[173] Dagegen standen aber erhebliche Mängel: Das Gesundheitswesen war materiell und medizintechnisch unzureichend ausgestattet, wurde ökonomisch ineffizient betrieben und brachte, auf die gesamte Bevölkerung bezogen, ein nur unzureichendes gesundheitliches Versorgungsniveau hervor.[174] Die Medikamentenversorgung litt an einem ungenügenden Angebot und an Versorgungsschwierigkei-

Unzureichendes Versorgungsniveau

---

[169] Vgl. Frerich/Frey 1993, S. 206.
[170] Vgl. Geisler 1996, S. 255.
[171] Vgl. Frerich/Frey, S. 212 ff.
[172] Vgl. Geisler 1996, S. 256.
[173] Vgl. Hockerts 1994a, S. 526/527.
[174] Vgl. Knieps 1990, S. 393.

ten, da auch hier bei der kurzfristigen Beschaffung zum Teil lange bürokratische Wege einzuhalten waren.

Die Gesundheitssituation der Bevölkerung verbesserte sich im Laufe der Jahrzehnte zwar erheblich, doch seit den siebziger Jahren entwickelten sich fast alle wesentlichen Gesundheitsdaten in der DDR ungünstiger als in der Bundesrepublik oder in anderen westlichen Staaten.[175] Dies drückte sich nicht nur in einer deutlich höheren Mortalitäts- und Morbiditätsrate bei einigen Krankheiten, sondern vor allem in einer geringeren Lebenserwartung aus, die 2,5 (Frauen) bzw. 3 Jahre (Männer) unter der in der Bundesrepublik lag.[176] Dies resultierte nicht nur aus einer unzureichenden medizinischen Versorgung (Medizintechnik), sondern aus unterschiedlicher bzw. ungesünderer Ernährung (weniger Obst und Gemüse), starker Umweltverschmutzung sowie dem hohen Zigaretten- und Alkoholkonsum.[177] Die Suizidrate in der DDR war in den achtziger Jahren fast doppelt so hoch wie in der Bundesrepublik.[178]

Lebenserwartung geringer als in Westdeutschland

Auf die Leistungen des staatlichen Gesundheitswesens hatten alle versicherten DDR-Bürger gleichermaßen Anspruch. Die Lohnfortzahlung im Krankheitsfall ergab für die Versicherten seit 1972 ein Krankentagegeld für längstens 78 Wochen. In den ersten sechs Wochen erhielten sie 90% des Nettodurchschnittsverdienstes (bei Arbeitsunfällen 100%), von der siebten Woche an je nach Familienstand zwischen 65% und 90% des Nettoeinkommens. Arbeitnehmer, die über 600,– Mark Bruttolohn erhielten und nur ein Kind hatten oder kinderlos waren, mußten sich ab der siebten Krankheitswoche mit 50% des durchschnittlichen Bruttolohnes (höchstens 300,– Mark pro Monat) zufrieden geben. Wer jedoch neben der Pflichtversicherung auch die freiwillige Zusatzrentenversicherung abgeschlossen hatte, erhielt bei diesem Familienstand 70% des durchschnittlichen Nettolohns. Der durchschnittliche Krankenstand in der DDR betrug etwa 6% der Soll-Arbeitszeit.[179]

Exklusive Einrichtungen für Privilegierte

Den privilegierten Schichten, vor allem SED-Funktionären, standen exklusive Einrichtungen wie das Regierungskrankenhaus oder Sonderbereiche in Bezirkskrankenhäusern zur Verfügung. Daneben verfügten die NVA, das MfS, das Ministerium des Innern sowie der Sport über eigene medizinische Dienste.[180]

Die Kosten für das Gesundheitswesen stiegen in der DDR – ebenso wie in der Bundesrepublik – nahezu explosionsartig an. Die Pro-Kopf-Ausgaben für gesundheitliche Zwecke erhöhten sich nach DDR-Angaben von 1950 bis 1988 von 67,– auf 642,– Mark.[181]

Sozialfürsorgeunterstützung

Die Ausgaben des Staates für Sozialfürsorge gingen dagegen aufgrund der Vollbeschäftigung und der Struktur des Sozialsystems im Laufe der Jahrzehnte nachhaltig zurück und betrugen im Jahre 1988 nur noch 0,1% der gesamten Sozialausgaben. Sozialfürsorgeunterstützung erhielten Personen, die nicht in der Lage waren, ihren Lebensunterhalt durch Einkommen aus Arbeitstätigkeit selbst zu

---

175 Vgl. Frerich/Frey 1993, S. 262/263.
176 Vgl. ebd.
177 Vgl. Geisler 1996, S. 259.
178 Vgl. ebd., S. 260.
179 Vgl. Vortmann 1989, S. 333 f. und Winkler 1990c, S. 231.
180 Vgl. Geisler 1996, S. 255 und Hockerts 1994a, S. 527.
181 Vgl. Frerich/Frey 1993, S. 91.

bestreiten. Im Jahre 1989 waren nur 5553 Personen Unterstützungsempfänger der Sozialfürsorge. Sie erhielten 260,- Mark (als Alleinstehende) bzw. 420,- Mark (als Ehepaare) und für jedes Kind 45,- Mark.[182] Die Sozialfürsorge konzentrierte sich auf bedürftige Personen in Notlagen. Der Staat half aber erst, wenn sich der Bedürftige im Rahmen seiner Familie nicht selbst helfen konnte.[183] Eine spezielle Sozialpolitik zur sozialen Integration von Randgruppen (z. B. „Asoziale") existierte nicht. Während diese anfänglich zum Teil in Heime oder Gefängnisse gesteckt wurden, gab es später eine versteckte und öffentlich nicht bekannte Unterstützung auf der Ebene der Kreise bzw. Kommunen.

Tabelle 5: Ausgaben des Staatshaushaltes nach ausgewählten Bereichen 1950–1989

Jahr	Ausgaben insgesamt (in Mio. Mark)	darunter (in Mio. Mark) für				Sozial-leistungs-quote[1]	Pro-Kopf-Ausgaben d. Sozialversicherung für	
		Gesund-heits- u. Sozial-wesen	Sozial-versiche-rung	Kultur	Bildungs-wesen		soziale Zwecke[2]	gesund-heitliche Zwecke[2]
1950	24.091,0	1.394,0	4.575,0	312,0	1.136,0	24,78	164,23	67,16
1955	38.326,5	2.059,0	6.334,0	392,0	2.388,0	21,90	216,23	119,77
1960	49.457,7	4.240,0	9.600,0	649,0	3.613,0	27,98	322,60	127,37
1965	55.759,1	4.877,0	11.802,0	802,0	4.351,0	29,91	389,54	160,98
1970	69.954,4	5.877,0	14.641,3	1.082,0	5.812,0	29,33	493,55	208,76
1975	114.160,2	7.888,0	21.358,3	1.082,0	5.812,0	25,62	701,90	326,47
1980	160.283,4	10.295,0	29.410,0	1.953,0	8.276,0	24,77	1.019,54	440,82
1985	235.534,6	13.237,0	32.507,9	2.484,0	10.717,0	19,42	1.089,28	552,45
1986	247.013,3	13.992,0	34.186,0	3.559,0	14.345,0	19,50	1.149,24	581,63
1987	260.448,9	16.280,0	35.186,2	3.747,0	14.944,0	19,76	1.174,33	609,52
1988	269.699,1	17.801,0	36.274,5	3.914,0	15.462,0	20,05	1.198,13	641,73

1) Anteil der Ausgaben für Gesundheits- und Sozialwesen sowie Sozialversicherung in % des Staatshaushaltes;
2) Ausgaben der SVAA bezogen auf die gesamte mittlere Wohnbevölkerung, 1950=1951, Angaben in Mark/Jahr.

Angaben aus: Frerich/Frey 1993, S. 81

Zu weiteren Schwerpunkten der Sozialpolitik entwickelten sich die Behinderten- und Altenpolitik, die Jugendhilfe[184] sowie vor allem die staatlich geplante, gelenkte und finanzierte Wohnungsversorgung. Wegen der niedrigen Mieten und der seit Anfang der siebziger Jahre immer ehrgeiziger werdenden Wohnungsbauprogramme stiegen auch in diesem Sektor die Kosten beträchtlich an.[185] Obschon es im Laufe der Jahrzehnte zu einer Verbesserung in der Wohnungsversorgung kam, konnte die SED ihr Ziel – „Lösung der Wohnungsfrage" – bis 1989 nicht erreichen.[186]

Die Sozialpolitik in einem weiteren Sinne umfaßte auch die Subventionierung von Lebensmitteln und Industriewaren des alltäglichen Gebrauchs. Diese staatlichen Zuwendungen über sogenannte gesellschaftliche Fonds bestimmten indirekt die

Subventionierung von „Waren des täglichen Bedarfs"

---

[182] Vgl. ebd., S. 364 ff. und Bundesminister für innerdeutsche Beziehungen 1987, S. 592.
[183] Vgl. Vortmann 1989, S. 335.
[184] Vgl. Frerich/Frey 1993, S. 364 ff.
[185] Vgl. ebd., S. 425 ff.
[186] Vgl. Buck 1996, S. 98.

Tabelle 6: Wohnungsbestand nach Ausstattungsmerkmalen

	1961	1971	1981	1989*
Bad bzw. Dusche	22	39	68	82
Innentoilette	33	36	60	76
Warmwasser	–	26	64	82
moderne Heizung	–	11	36	47
Telefon	–	8	12	16

* Nach Hochrechnungen des Instituts für Wohnungs- und Gesellschaftsbau, Bauakademie der DDR, 1989

Angaben aus: Winkler 1990c, S. 158

Tabelle 7: Zuwendungen für die Bevölkerung aus Mitteln des Staatshaushaltes 1971–1988

Art der Zuwendung (Mio. Mark)	1971	1975	1980	1985	1988
für Wohnungswesen	2.127	3.649	7.049	12.800	16.026
Sicherung stabiler Preise für Lebensmittel	5.492	7.178	7.848	27.561	31.948
Sicherung stabiler Preise für Industriewaren	832	1.174	5.119	9.057	11.934
Fahrpreise im Personennah- und -fernverkehr	1.668	2.195	2.924	3.171	4.979
Volksbildung	4.027	5.525	6.889	8.868	10.015
Hoch- und Fachschulwesen	1.207	1.477	2.274	2.979	3.465
Berufsausbildung	475	610	804	1.011	1.150
Gesundheitsversorgung/Mütterunterstützung/ Betreuung älterer Bürger	2.518	3.042	3.785	5.080	8.485
Sozialversicherung	6.191	9.541	14.207	15.211	17.452
Erholung und kulturelle Bedürfnisbefriedigung	1.054	1.898	2.375	3.338	3.970
dar. Kultur	511	942	988	1.691	1.956
Sportbetrieb	120	155	566	787	927
Erholungswesen und Feriendienst	89	315	295	355	451
Krediterlaß für junge Eheleute	–	94	190	207	252
insgesamt	26.253	37.119	54.496	90.189	110.730
Pro Kopf der Bevölkerung in Mark	1.539	2.203	3.256	5.419	6.644

Angaben aus: Frerich/Frey 1993, S. 89

Lebensbedingungen der gesamten Bevölkerung. Sie hoben bis zu einem gewissen Grad die sich aus einer unterschiedlichen Entlohnung ergebenden sozialen Differenzierungen wieder auf. Die gesamten „Zuwendungen für die Bevölkerung aus Mitteln des Staatshaushalts" erhöhten sich von 26 Mrd. im Jahre 1971 auf annähernd 111 Mrd. Mark im Jahre 1988. Dies entsprach einer Steigerung pro Kopf der Bevölkerung von 1500,- (1971) auf 6600,- Mark (1988). Die jährlichen Bruttoarbeitseinkommen in der Industrie stiegen im gleichen Zeitraum nur von durchschnittlich etwa 9000,- auf 16 000,- Mark.[187] Die staatlichen Subventionen umfaßten im Jahre 1989 etwa 23% des Nettogeldeinkommens. Für Erwerbstätige

---

[187] Vgl. Frerich/Frey 1993, S. 88.

mit geringem Einkommen bildeten sie einen zunehmend gewichtigeren Teil am Haushaltsnettoeinkommen.

Diese allein in den letzten achtzehn Jahren um das Vierfache gestiegenen staatlichen Subventionen führten nicht nur zu wirtschaftlich unsinnigen Verwerfungen, indem sie unrentable Produktionen und überholte Kaufkraftstrukturen erhielten, sondern trugen wesentlich zur sozialen Nivellierung des Alltagslebens bei. Vor allem aber belasteten sie den Staatshaushalt und beschleunigten den finanziellen Niedergang der DDR-Wirtschaft.

d) Frauen- und Familienpolitik

Für die SED lag die tiefere Wurzel für die „Lösung der Frauenfrage" in der Überwindung der kapitalistischen Produktionsweise und der angestrebten Integration der Frauen in die Arbeitswelt. Ihre bisherige gesellschaftliche Benachteiligung sollte damit aufgehoben werden. Fragen des Geschlechterverhältnisses oder der Arbeitsteilung zwischen den Geschlechtern thematisierte die SED nicht. Für sie zielte Frauen- und Familienpolitik vor allem auf den Arbeitsmarkt und die demographische Entwicklung.[188]

Integration der Frauen in die Abeitswelt

Die erste DDR-Verfassung von 1949 enthielt einen umfassenden Gleichberechtigungsanspruch: „Männer und Frauen sind gleichberechtigt. Alle Gesetze und Bestimmungen, die der Gleichberechtigung der Frau entgegenstehen, sind aufgehoben." (Art. 7)[189] 1966 trat dann das Familiengesetzbuch (FGB) in Kraft. Es legte die Gleichberechtigung der Ehegatten fest, die beide „ihren Anteil bei der Erziehung und Pflege der Kinder und der Führung des Haushalts" tragen sollten. Gleichzeitig wurde jedoch formuliert: „Die Beziehungen der Ehegatten zueinander sind so zu gestalten, daß die Frau ihre berufliche und gesellschaftliche Tätigkeit mit der Mutterschaft vereinbaren kann." Die eheliche Gemeinschaft finde ihre volle Entfaltung und Erfüllung nur durch die Geburt und Erziehung der Kinder. Mit diesen Aussagen wurde das tradierte Familienleitbild gesetzlich fixiert.[190]

Aufgrund der besonderen demographischen Situation nach Kriegsende war es für das wirtschaftliche Überleben beider deutscher Staaten unabdingbar, Frauen in den Arbeits- und Produktionsprozeß einzubeziehen. Da die DDR-Wirtschaft in den fünfziger Jahren noch zusätzlich unter der Abwanderung von Arbeitskräften und später unter technischer Rückständigkeit litt, blieb diese Notwendigkeit bis zum Ende der DDR bestehen. Im Arbeitsleben selbst waren Frauen gegenüber Männern indes deutlich benachteiligt. Sie arbeiteten häufig in Wirtschaftszweigen, in denen die Einkommensentwicklung unterdurchschnittlich verlief.[191] Auch bei annähernd gleichen Arbeitsplätzen kam es darüber hinaus zu einer schlechteren Bezahlung der Frauen. Verbesserte Qualifikationen – Ende der achtziger Jahre waren die formellen Qualifikationen zumindest bei den jüngeren Männern und Frauen gleich – konnten daran nichts ändern.[192]

---

[188] Vgl. Helwig 1995, S. 1223 ff.
[189] Vgl. Hampele 1993, S. 283 und Frerich/Frey 1993, S. 393.
[190] Vgl. Helwig 1995, S. 1230 ff.
[191] Vgl. Diemer 1994, S. 127.
[192] Vgl. Helwig 1995, S. 1254 ff. und Nickel 1993, S. 239 f.

Kaum Führungspositionen für Frauen

In Führungspositionen waren Frauen selten zu finden. Vor allem in der obersten Ebene der Machthierarchie in Staat und Partei waren sie die Ausnahme. Der Frauenanteil stieg z. B. im ZK der SED seit 1950 nie über 15%. Im Politbüro saßen lediglich zwei Frauen als Kandidaten, die zudem ohne Einfluß blieben. Im Ministerrat gab es in der letzten Phase ebenso nur eine Frau (Margot Honecker) wie unter den Vorsitzenden der Räte der Bezirke und im Präsidium der Volkskammer.[193]

Frauenpolitik war in der DDR hauptsächlich „Mütterpolitik". Frauen sollten neben ihrer Arbeit im Produktionssystem auch die „Reproduktionsaufgaben" der Gesellschaft übernehmen und den Kinderreichtum der DDR mehren. Durch den flächendeckenden Ausbau von Kinderbetreuungseinrichtungen und durch ideologische Kampagnen („Eine gute Mutter aber ist heute eine arbeitende Mutter, die gleichberechtigt und gleichqualifiziert neben dem Vater steht")[194] versuchte die SED, ein neues sozialistisches Familienbild im Bewußtsein der Frauen zu verankern. Die Anzahl staatlicher Betreuungsplätze für Kleinkinder, Kinder und Schüler stieg im Laufe der Jahrzehnte stetig an. Im Jahre 1989 wurde ein nahezu vollständiger Betreuungsgrad erreicht.[195] Dies begünstigte einen raschen Anstieg der Frauenerwerbstätigkeit bis zu einer Rate von über 90% im Jahre 1989. Damit war die Erwerbsbeteiligung der Frauen statistisch sogar höher als die der Männer.[196]

Ihre bevölkerungspolitischen Ziele erreichte die SED jedoch nie. Die einfache Reproduktion der Bevölkerung, d. h. der Ersatz der Elterngeneration durch eine entsprechende Kinderzahl (damals etwa 2,1 Kinder pro Frau) gelang letztmalig im Jahre 1971.[197] Durch spezielle Familienfördermaßnahmen (Kindergeld, Krediterlasse nach der Geburt von Kindern, Babyjahr, Pflegeurlaub etc.) stieg zwar die Geburtenrate in den siebziger Jahren zwischenzeitlich an, sank aber seit Anfang der achtziger Jahre wieder kontinuierlich.[198] Zum Ende der DDR lag die Kinderzahl pro Frau bei durchschnittlich 1,7.[199]

Mißerfolg der Bevölkerungspolitik

Ein Grund für den Mißerfolg der SED-Bevölkerungspolitik war sicher die unzureichende Arbeitsteilung im Haushalt. Der tägliche Zeitaufwand für hauswirtschaftliche Tätigkeiten betrug bei Frauen in Familien mit Kindern über vier Stunden, bei drei und mehr Kindern sogar weit über fünf Stunden, während Männer in der Regel weniger als drei Stunden im Haushalt beschäftigt waren.[200] Auch die Instabilität vieler Ehen – im Jahre 1989 kamen auf 137 000 Eheschließungen 50 000 Scheidungen[201] – trug zur Verringerung der durchschnittlichen Kinderzahl bei. Daneben dürften auch die beruflichen Nachteile, die Frauen trotz gesetzlicher Gegenmaßnahmen nach der Geburt von Kindern zu erwarten hatten, deren Motivation zur Geburt vieler Kinder abgeschwächt haben.

Viele Frauen reagierten auf die Doppelbelastung durch Beruf und Mutterschaft mit dem Wunsch nach Teilzeitarbeit, obwohl das von der Partei nicht gerne gesehen

---

[193] Vgl. Hampele 1993, S. 289 ff. und Helwig 1995, S. 1257.
[194] Vgl. Helwig 1996, S. 204.
[195] Vgl. Frerich/Frey 1993, S. 420.
[196] Vgl. Helwig 1996, S. 206 und Hockerts 1994a, S. 534. In der DDR-Statistik fehlten allerdings die Beschäftigten des Sicherheitsbereichs, die vornehmlich von Männern gestellt wurden.
[197] Vgl. Winkler 1990c, S. 23.
[198] Vgl. Hockerts 1994a, S. 534.
[199] Vgl. Winkler 1990c, S. 23.
[200] Vgl. ebd., S. 269.
[201] Vgl. ebd., S. 31.

wurde,[202] so daß die entsprechenden gesetzlichen Regelungen äußerst restriktiv ausfielen. Die Reduzierung der Arbeitszeit war nicht in das Ermessen der Frauen gestellt, sondern wurde nur in Abhängigkeit von der Anzahl und dem Alter der Kinder gewährt. Die Rate teilzeitbeschäftigter Frauen lag in den siebziger und achtziger Jahren um die 30%, mit leicht fallender Tendenz.[203]

Gleichberechtigung war in der DDR mitnichten ein gesellschaftlicher Konsens, sondern eine ungebrochenem paternalistischen Denken entspringende und in der Realität nicht eingelöste Proklamation der SED. Frauen konnten ihre Interessen gesellschaftlich nicht eigenständig artikulieren, da dies dem totalitären Politik- und Gesellschaftsverständnis der SED widersprochen hätte. Die offiziellen Repräsentationsorgane der Frauen vertraten vorrangig die Interessen von Staat und Partei. Die betrieblichen Frauenausschüsse – ursprünglich im Rahmen des im Jahre 1947 gegründeten „Demokratischen Frauenbundes Deutschlands" (DFD) tätig –, die seit 1952 die Frauenförderpläne als Pflichtbestandteil der Betriebskollektivverträge ausarbeiteten, wurden Ende 1964 als Kommissionen in die Betriebsgewerkschaftsleitungen eingegliedert und damit in die gewerkschaftliche Machthierarchie eingebunden.[204]

Gleichberechtigung ein gesellschaftlicher Konsens

Die Frauen- und Familienpolitik der SED blieb primär an ökonomischen und demographischen Rastern ausgerichtet. Sie verzichtete völlig auf emanzipatorische Impulse, stellte das Rollenverständnis der Männer nicht in Frage, und mutete den Frauen eine doppelte Belastung und mangelnde Chancengleichheit in Beruf und Gesellschaft zu.[205] Aber: Wie auch immer die SED-Frauen- und Familienpolitik motiviert gewesen sein mag, im Ergebnis brachte sie den meisten Frauen bzw. ihren Familien eine Verbesserung der materiellen Lage, eine höhere Qualifikation und eine gewisse ökonomische Unabhängigkeit.[206]

e) Die DDR als Versorgungsstaat

Die SED-Führung rückte seit den siebziger Jahren die umfassende soziale Versorgung der Bevölkerung – neben der „Friedenspolitik" – in das Zentrum ihrer Rhetorik und Propaganda. Die „Einheit von Wirtschafts- und Sozialpolitik" und die vielbeschworenen „sozialen Errungenschaften des realen Sozialismus" sollten der Legitimation der Parteiherrschaft dienen. Tatsächlich erreichte die Einheitspartei jedoch nur eine hohe Akzeptanz dieser Maßnahmen, ohne daß eine Mehrheit der Bevölkerung damit die SED-Diktatur insgesamt akzeptierte. Dies verhinderten die diktatorischen Züge der Parteiherrschaft ebenso wie die gerade im Vergleich zur Bundesrepublik in den meisten Bereichen doch eher karg ausfallenden Leistungen; Rentner und andere Angehörige produktionsferner Schichten lebten nicht selten an oder unter der Armutsgrenze.[207]

Parteiherrschaft durch „soziale Errungenschaften" nicht legitimiert

Die bedeutendste „soziale Errungenschaft" der DDR – die Arbeitsplatzsicherheit – diskreditierte sich in den Augen vieler leistungsorientierter Beschäftigter durch

---

[202] Vgl. Helwig 1995, S. 1239 f. und Diemer 1994, S. 129 f.
[203] Vgl. Winkler 1990c, S. 106 ff.
[204] Vgl. Hampele 1993, S. 292 ff.
[205] Vgl. Hellwig 1995, S. 1263.
[206] Vgl. Trappe 1995, S. 83 ff.
[207] Vgl. Manz 1992.

negative Folgen. Aus ihrer Sicht führte das Arbeitsrecht zu geringen Löhnen und einer unzureichenden Lohnspreizung. Weitgehend positiv bewertete die Bevölkerung die hohe Zahl von Kinderbetreuungsplätzen sowie die hohe Frauenerwerbstätigkeit. Aber auch diese Sozialpolitik diente weniger der sozialen Emanzipation von Bevölkerungsgruppen als den gesellschaftspolitischen und wirtschaftlichen Zielen der SED. So trug die Sozialpolitik, wie verklärt sie heute vielen erscheinen mag, nur äußerlich zur Stabilität der DDR bei, deren labiles Fundament Ende der achtziger Jahre offensichtlich wurde.[208]

Falsche sozialpolitische Entscheidungen führten aber auch zu direkten sozialen und ökonomischen Fehlentwicklungen. Die niedrigen Beiträge zur Sozialversicherung bedingten geringe Renten und eine Unterausstattung des Gesundheitswesens, die billigen Mieten begünstigten den Verfall von Bausubstanz, die Subventionierung von Preisen im Grundbedarf führte zu Verschwendung und Fehlallokationen, und die verordnete Vollbeschäftigung brachte ineffiziente Beschäftigungsverhältnisse und eine Blockade des innovationsgestützten Strukturwandels. Der versorgende Charakter der Sozialpolitik begünstigte Passivität und untergrub Eigeninitiative. Da bei den meisten Sozialleistungen das Äquivalenzprinzip ausgeschaltet oder untergraben war und kein Rechtsanspruch auf sie bestand, betrachtete die Bevölkerung sozialpolitische Maßnahmen als Entgegenkommen oder „Geschenk" der Parteiführung.[209] Genau diesen Eindruck wollte die SED-Führung auch erreichen, indem sie sozialpolitische Programme zumeist im Zusammenhang mit Parteitagen verkündete. Die Politik erinnerte damit eher an die „voremanzipatorische Idee der Fürsorge für den gehorsamen Untertanen"[210] als an eine moderne, einer Industriegesellschaft angemessene Sozialpolitik.

Untergrabung von Eigeninitiative

Die Versorgungspolitik verstärkte einerseits soziale Nivellierungsprozesse, reproduzierte aber gleichzeitig die sozialen Ungleichheitsstrukturen, da produktionsferne und gesellschaftlich für weniger wichtig gehaltene Gruppen am wenigsten von diesem System profitierten. Als der Übergang zu neuen Produktionsmethoden auf Basis neuer Technologien für die Wirtschaft und Gesellschaft der DDR überlebensnotwendig wurde, untergrub die auf soziale Nivellierung zielende Tendenz dieser Politik den notwendigen Innovations- und Modernisierungsdruck. Die vorsorgliche Befriedung und gewaltsame Unterbindung von sozialen Konflikten versperrte eine aktive Mobilisierung sozialer Kräfte, die für ein intensives Wirtschaftswachstum notwendig gewesen wären.[211] Aber selbst als die Wettbewerbsfähigkeit der Wirtschaft ab Mitte der siebziger Jahre nachließ, änderte die SED-Führung ihren sozialpolitischen Kurs nicht. Sozialpolitik und stagnierende Wirtschaft leiteten damit wechselseitig eine Abwärtsspirale ein, die in den achtziger Jahren zum wirtschaftlichen Niedergang führte. Die Balance des Spannungsverhältnisses jeglicher Sozialpolitik[212] – die Verknüpfung von ökonomischer Effizienz und sozialer Sicherheit – gelang der SED-Sozialpolitik jedenfalls nicht.

Unveränderte Sozialpolitik trotz stagnativer Wirtschaft

Die versorgende Sozialpolitik ließ keinen Spielraum für individuelle Verantwortung, so daß bei den Bürgern eine hohe und im Laufe der Zeit angesichts des

---

208 Vgl. Hockerts 1994b, S. 799 ff.
209 Vgl. Adler 1991a, S. 32.
210 Vgl. Hockerts 1997, S. 1.
211 Vgl. ebd., S. 38.
212 Vgl. Schroeder 1996.

westdeutschen Vorbilds noch steigende soziale Erwartungshaltung an Partei und Staat entstand. Sie erwarteten einen weiteren Ausbau der sozialen Sicherung und eine Verbesserung des Lebensstandards. Doch die Sozialpolitik reichte nicht aus, der SED-Diktatur eine wirkliche Legitimation zu verschaffen; bestenfalls erwuchs hieraus bei Teilen der Bevölkerung eine begrenzte Systemloyalität.[213] Selbst diese erodierte in dem Maße, in dem bewußt wurde, daß die westdeutsche Wohlstandsentwicklung noch den unteren sozialen Schichten einen materiellen Lebensstandard ermöglichte, der deutlich über dem DDR-Durchschnitt lag.

3. Sozialstruktur

Unter Sozialstruktur wird gemeinhin die soziale Gliederung einer Gesellschaft, die politische und soziale Prägung des Lebensablaufs sowie die Verteilung zentraler Ressourcen wie Macht, Einkommen, Bildung, Beruf etc. gefaßt.[214] Da die DDR zuallererst eine politische Gesellschaft war, d. h. eine politisch verfaßte und inszenierte, kam der Verteilung politischer Macht zentrale Bedeutung zu. Soziale Gliederung und sozialer Wandel resultierten vornehmlich aus politischen Entscheidungen, unabhängig davon, daß diese wiederum oftmals Reaktionen auf (industrie-) gesellschaftliche Veränderungen und Herausforderungen darstellten. Das Spannungsverhältnis zwischen ideologiegeleitetem politischen Primat und industriegesellschaftlichem Modernisierungsdruck bestimmte über die Sozialstruktur hinaus die Grundlinien der ökonomischen und sozialen Entwicklung der DDR.

Nach Auffassung der SED befand sich die DDR als sozialistische Gesellschaft auf dem Weg zum Kommunismus, einer „klassenlosen Gesellschaftsordnung, in der die Produktionsmittel einheitliches Volkseigentum und alle Mitglieder der Gesellschaft sozial gleichgestellt sind, in der alle Mitglieder der Gesellschaft ihre geistigen und körperlichen Fähigkeiten allseitig entwickeln und zum Wohle der Gemeinschaft einsetzen".[215]

Den „real existierenden Sozialismus" begriff die SED als Vorstufe dieses egalitären Paradieses. Wegen der noch unterschiedlichen Eigentumsformen (staatliches und genossenschaftliches Eigentum sowie Reste privaten Kleineigentums), sprach sie weiterhin von einer Klassen- und Schichtengesellschaft, die allerdings als „nichtantagonistisch" charakterisiert wurde. Im Sozialismus, in dem die „Ausbeutung des Menschen durch den Menschen" abgeschafft sei, herrschten „Beziehungen der kameradschaftlichen und schöpferischen Zusammenarbeit zwischen der Arbeiterklasse, der Klasse der Genossenschaftsbauern, der Intelligenz und den anderen Werktätigen".[216] Die noch bestehenden sozialen Unterschiede wirkten als „gesellschaftliche Triebkräfte des ökonomischen und sozialen Fortschritts, wenn sie zielstrebig für die Verwirklichung gemeinsamer Interessen zur allseitigen Stärkung des Sozialismus ... fruchtbar gemacht werden".[217] Im Prozeß „der schnellen

„Nichtantagonistische Klassengesellschaft"

---

[213] Vgl. Winkler 1990, S. 533 und Hockerts 1994a, S. 535 f.
[214] Vgl. Geißler 1996, S. 19 ff., Hanke 1995, S. 1147 und Zapf 1993, S. 29.
[215] Vgl. KPW 1988, S. 500.
[216] Vgl. Programm der SED 1976, Abschnitt II B.
[217] Vgl. KPW 1988, S. 488.

Entwicklung der Produktivkräfte und der Vergesellschaftung der Arbeit" würde jedoch die „weitere Annäherung der Klassen und Schichten" erfolgen.[218]

„Zwei-Klassen-eine-Schicht-Modell"

SED-Soziologen definierten die Sozialstruktur der DDR nach dem sogenannten „Zwei-Klassen-eine-Schicht-Modell". Hiernach stellte die Arbeiterklasse als „führende Klasse" den sozialen Kern und das zahlenmäßige Gros der Gesellschaft; die Klasse der Genossenschaftsbauern als „Hauptverbündeter" bildete die zweite Klasse. Im Dienste der Arbeiterklasse durfte die „soziale Schicht" der Intelligenz wirken, die, losgelöst von der bürgerlichen Klasse und deren Interessen, „einen wachsenden Beitrag zur allseitigen Entwicklung der sozialistischen Gesellschaft" zu leisten hatte. Als Rest verblieb die soziale Gruppe der (privaten und genossenschaftlichen) Handwerker und kleinen Gewerbetreibenden, die einen „wichtigen Beitrag zur Sicherung und Erweiterung der Dienstleistungen für die Bevölkerung" erbringen sollte.[219] Die zahlenmäßige Aufschlüsselung der Klassen- und Schichtenstruktur ergab nach offizieller Lesart für Mitte der achtziger Jahre folgendes Bild:
– Arbeiterklasse (Arbeiter und Angestellte): 75%;
– Genossenschaftsbauern: 6,5%;
– Intelligenz: 15%;
– Genossenschaftshandwerker: 1,8%;
– Private Gewerbetreibende und Handwerker: 1,7%.[220]

„Struktur-Funktions-Paradigma"

Während in offiziellen Schriften und Lehrbüchern bis zum Ende der DDR die „Annäherung der Klassen und Schichten" propagiert wurde, entdeckten einige Soziologen neue Formen sozialer Ungleichheit, die für die weitere Entwicklung des Sozialismus als soziale Triebkräfte genutzt werden sollten.[221] Das maßgeblich von Manfred Lötsch entwickelte „Struktur-Funktions-Paradigma" entstand aus der Beobachtung einer unzureichenden Innovationskraft der DDR-Wirtschaft und zielte auf die Intelligenz als sozialen Träger eines für notwendig erachteten intensiven Wirtschaftswachstums. Zur Stimulierung dieser sozialen Gruppe sollte das Spannungsverhältnis zwischen „Gleichheitszielen" und „Effizienzerfordernissen" überdacht und zugunsten sozialer Differenzierung verändert werden. Allerdings blieb die Neubewertung der Intelligenz an das übergreifende sozialistische Wertesystem und die bestehenden Machtstrukturen gebunden und sollte insoweit nur dem Leistungsprinzip in einer zunehmend von Technik geprägten Wirtschaft Rechnung tragen.[222]

a) Die soziale Umwälzung der Gesellschaft

Unmittelbar nach der Übernahme der Macht in der SBZ setzte die SMAD unterstützt von der KPD/SED eine Umgestaltung der Gesellschaft in Gang, die einen in der Geschichte nahezu beispiellosen sozialen Wandel und Wechsel in den sozialen Aufstiegsmöglichkeiten mit sich brachte. Die Enteignung von Großindustrie und Großgrundbesitz, die Verstaatlichung der Banken, die Abschaffung des

---

218 Vgl. ebd.
219 Vgl. SED-Programm, Abschnitt II B.
220 Vgl. Belwe 1989, S. 131.
221 Vgl. Solgar 1995, S. 30 ff.
222 Vgl. Lötsch 1988, S. 23/24.

Beamtentums sowie die Bodenreform führten zur Beseitigung oder Vertreibung ehemals sozial führender Schichten.[223] Da im Zuge der von der sowjetischen Besatzungsmacht und ihren deutschen Helfern betriebenen rigorosen Entnazifizierung neben Stützen des NS-Regimes auch demokratische Gegner der kommunistischen Politik aus Verwaltung, Justiz und Bildung entfernt wurden, vollzog sich schon frühzeitig ein drastischer Elitenwechsel in der SBZ. Mit der schrittweisen Übergabe der politischen Macht und der damit verbundenen Verfügung über die Ressourcen der Gesellschaft an die SED bzw. ihre Führung entstanden bereits vor Gründung der DDR die Konturen einer neuen politisch geprägten Sozialstruktur.

Drastischer Elitenwechsel

Die Parteielite besetzte die freigewordenen Leitungspositionen durch frühere Arbeiter und Kleinbauern, die sich zur SED bekannten. Schon 1948 waren mehr als 50% der Leiter „volkseigener Betriebe" ehemalige Arbeiter.[224]

Ähnlich rasant verlief der von SMAD und SED betriebene Austausch der Bildungselite. So galten etwa Lehrer, die schon während des Nationalsozialismus im Schuldienst tätig waren, unabhängig vom individuellen Grad ihrer politischen Belastung als ungeeignet für die „Schulen des demokratischen Deutschlands". Die SED setzte an ihre Stelle politisch loyale sogenannte Neulehrer, die in Schnellehrgängen ausgebildet wurden. Im April 1949 stellten diese mit 52,5% eine knappe Mehrheit unter den an allgemeinbildenden Schulen der SBZ tätigen ca. 15 000 Lehrern.[225] Der Ablösungsprozeß konzentrierte sich in den ersten Jahren vor allem auf die Grundschulen, während „Altlehrer" an den Oberschulen noch für die Ausbildung „neuer Führungskräfte" gebraucht wurden.[226] Gleiches galt für den Hochschulbereich, wo es der SED in den Anfangsjahren aufgrund des längeren Ausbildungszeitraums an loyalem Personal fehlte. Ihr gleichzeitiger Versuch, Teile der alten Bildungselite (mit Ausnahme „gesellschaftswissenschaftlicher" Fächer) für den Neuaufbau der Universitäten zu gewinnen, war nur von mäßigem Erfolg gekrönt, da viele der Umworbenen die SBZ/DDR verließen.[227]

An den 1949 gegründeten „Arbeiter-und-Bauern-Fakultäten" wurden Studienbewerber aus „werktätigen Klassen und Schichten", die mit den ideologischen Vorgaben und politischen Zielen der SED übereinstimmten und sich außerdem „in der Produktion bewährt" hatten, auf ein Hochschulstudium vorbereitet. Dies war ein wesentlicher Schritt zur Schaffung einer „sozialistischen Intelligenz", der mit sozialen Aufstiegsprozessen verbunden war und im nachhinein in romantisierter Form verklärt wurde.[228] Zusätzlich baute die SED ein parteiinternes Schulungswesen auf, das bis zur Hochschulreife führte. Daneben existierten vielgestaltige Möglichkeiten zur berufsbegleitenden Qualifizierung (Fern- und Direktstudium).

Arbeiter-und-Bauern-Fakultäten

Auch in den fünfziger Jahren setzte die Partei die begonnene Umgestaltung der Gesellschaft zielgerichtet fort. Die verschiedenen Kollektivierungsschübe in der Landwirtschaft und im Handwerk sowie die weitere Verstaatlichung der Wirtschaft führten zusammen mit der Industrialisierung der Landwirtschaft und der sozialen

---

223 Vgl. Belwe 1989, S. 126 ff., Solgar 1995, S. 95 ff. und Hanke 1995, S. 1168 ff.
224 Vgl. Belwe 1989, S. 127.
225 Vgl. Vogt/Gries 1995, S. 1924 ff.
226 Vgl. Solgar 1995, S. 96.
227 Vgl. Belwe 1989, S. 127.
228 Vgl. Kant 1965.

Auflösung tradierter Sozialmilieus

Öffnung von Bildungs- und Berufswegen, die mit einem raschen Ausbau der Bildungsinstitutionen einhergingen, zur Auflösung tradierter Sozialmilieus. In den gewaltigen Wanderungsbewegungen von 1945 bis 1961, die durch den Zustrom von Flüchtlingen und Vertriebenen aus den Ostgebieten sowie die Rückkehr von Kriegsgefangenen (insgesamt über vier Millionen Menschen) einerseits sowie von der Flucht in die Westzonen bzw. die Bundesrepublik (insgesamt über zwei Millionen Menschen) andererseits geprägt waren, spiegelte sich der soziale Wandel ebenfalls wider. Ehemalige Selbständige und Gewerbetreibende, höhere Beamte und Verwaltungsangestellte sowie ein Großteil des alten Bildungsbürgertums verließen die SBZ/DDR. Gleichzeitig integrierte die SED Neuankömmlinge in die von ihr geschaffenen sozialen Strukturen.[229]

Da parallel zur gesellschaftlichen Umgestaltung und zum sozialen Wandel mit der Forcierung der Säkularisierung und der Einführung des Marxismus-Leninismus als offizielle Partei- und Staatsideologie gewissermaßen eine verordnete „Umwertung der Werte" stattfand, verloren sinn- und identitätsstiftende herkömmliche Lebenswelten und soziale Milieus zunehmend an Bedeutung. An ihre Stelle traten weniger die offiziell vielbeschworenen positiven Werte der Arbeiterklasse („Schöpfertum, Initiative, Kollektivität, Drang nach Bildung, gesellschaftliches Verantwortungsbewußtsein, gegenseitige Hilfe und kulturvolle Lebensweise"[230]) als vielmehr eine Mischung zwischen proletarischem Habitus und kleinbürgerlichem Lebensstil.[231]

Veränderung des Familienlebens

Die Folgen des Krieges für die Arbeitskräftesituation und die Abwanderung vor allem jüngerer Fachkräfte erzwangen die außerordentlich starke Einbeziehung der Frauen in die Produktion. Die Frauenerwerbsquote stieg von etwa 44% im Jahre 1950 über 55,4% (1955) auf über 60% Anfang der sechziger Jahre.[232] Am Ende der DDR betrug sie schließlich über 90%.[233] Obschon das tradierte Geschlechterverhältnis hiervon nur oberflächlich berührt wurde, leitete die hohe Frauenerwerbstätigkeit auch eine Veränderung des Familienlebens ein. Seit den siebziger Jahren mußten nahezu alle Frauen Familie und Beruf miteinander vereinbaren; Erwerbsunterbrechungen nach der Geburt von Kindern wurden auf ein Minimum reduziert. Durch die umfassende Bereitstellung von Kinderbetreuungsplätzen gelang der SED die sozialpolitische Steuerung der Lebensgestaltung vieler Frauen.[234] Die Sozialisation der Kinder erfolgte überwiegend in staatlichen Einrichtungen und im gesellschaftlichen Rahmen, da allein wegen der langen Arbeitszeiten wenig Zeit für das Familienleben blieb.

Nach der Abschottung der DDR im Jahre 1961 und der darauffolgenden Zeit wirtschaftspolitischer Reformen (NÖSPL, später ÖSS) verlangsamte sich die soziale Nivellierung kurzzeitig. Die starke Betonung von Wissenschaft und Technik weckte bei einigen westlichen Beobachtern sogar Hoffnungen auf einen sozialen Differenzierungsprozeß und einen Bedeutungswandel der technischen Intelligenz.[235] Die

---

[229] Vgl. Geißler 1996, S. 116 ff.
[230] Vgl. Programm der SED von 1976, Abschnitt II B.
[231] Vgl. Hanke 1995, S. 1171.
[232] Vgl. Solgar 1995, S. 100.
[233] Vgl. Heering/Schroeder 1996, S. 392.
[234] Vgl. Trappe 1995, S. 210.
[235] Vgl. Ludz 1970.

(technische) Intelligenz befand sich indes nicht auf dem Weg zur „Klassenmacht"; sie mußte sich ebenfalls dem Primat der Parteipolitik beugen. Da die SED Anfang der siebziger Jahre die Zulassung zu den Hochschulen wieder restriktiver handhabte, verringerte sich zudem die Zahl der Studenten.[236]

Der Abbruch des wirtschaftspolitischen Experiments Anfang der siebziger Jahre ging einher mit einer massiven Enteignungs- und Verstaatlichungswelle in Industrie, Handel und Gaststättengewerbe. Die früheren (Teil-)Eigentümer erhielten nur eine geringe Entschädigung, durften ihre Betriebe aber häufig als Direktoren weiterführen.[237] In den siebziger Jahren nahm auch die Zahl der privat wirtschaftenden Handwerker und der Freiberufler ab, so daß die Zahl der Selbständigen von ca. 1,6 Millionen im Jahre 1955 auf 180 000 im Jahre 1980 sank.[238]

In den achtziger Jahren blieb diese neue – realsozialistische – Sozialstruktur weitgehend unverändert erhalten. Weder veränderte sich die soziale Nivellierung noch eröffneten sich neue Mobilitätschancen.[239] Im Gegenteil: Es setzte eine „soziale Schließung" der einzelnen Schichten ein.[240]

b) Die Verteilung gesellschaftlicher Ressourcen

Die Bevölkerungsentwicklung in der DDR wich eklatant von der anderer Industriegesellschaften ab. Sie war das einzige Industrieland der Welt, dessen Geschichte durchgängig durch Bevölkerungsverluste gekennzeichnet war.[241] Die Einwohnerzahl fiel von 18,4 Millionen (1950) auf 16,4 Millionen im Jahre 1989.[242] Diese negative Bevölkerungsbilanz resultierte aus der Flucht von Millionen Menschen und einem – nur kurz unterbrochenen – langfristig fallenden Trend der Geburtenrate.[243] Das kriegsbedingt zugunsten der Frauen verschobene Geschlechterverhältnis normalisierte sich im Laufe der Jahrzehnte, so daß Ende der achtziger Jahre auf 109 Frauen jeweils 100 Männer kamen (1950: 125 : 100; 1970: 117 : 100).[244] Während die DDR in den ersten drei Jahrzehnten ihrer Existenz im Vergleich zur Bundesrepublik „überaltert" war, da insbesondere jüngere Menschen bis 1961 das Land verließen, kehrte sich dieses Verhältnis in den achtziger Jahren durch eine vergleichsweise höhere Geburtenrate wieder um. Im Jahre 1989 war die DDR die „jüngere" Gesellschaft.[245]

Negative Bevölkerungsbilanz

Bildung und Beschäftigung

Vor dem Hintergrund ihres sozialrevolutionären Anspruchs und angesichts der Notwendigkeit, nach der Vertreibung der alten Führungsschichten frei gewordene Positionen mit einer „neuen Elite" besetzen zu müssen, baute die SED das

---

[236] Vgl. Solgar 1995, S. 112.
[237] Vgl. Geißler 1996, S. 116 f.
[238] Vgl. ebd., S. 117.
[239] Vgl. Solgar 1995, S. 122.
[240] Vgl. Hanke 1995, S. 1181.
[241] Vgl. Geißler 1996, S. 335.
[242] Vgl. Winkler 1990c, S. 11.
[243] Vgl. ebd.
[244] Vgl. ebd., S. 13.
[245] Vgl. Geißler 1996, S. 345.

Bildungswesen umfassend aus. Gleichzeitig legte sie durch verschiedene Reformen – Einheitsschule, Landschulreform, intensive Bildungswerbung etc. – die Grundlagen für die soziale Öffnung der Bildungsinstitutionen. Während Arbeiterkindern der Zugang zu den Universitäten erleichtert wurde, hatten Kinder aus bürgerlichen Schichten eher abnehmende Bildungschancen. In den fünfziger Jahren stellte der Arbeiternachwuchs etwa die Hälfte der Studierenden, der Anteil der Kinder von Angestellten und aus der Intelligenz ging dagegen zurück.[246] Dieses Verhältnis kehrte sich jedoch ab den sechziger Jahren wieder um, so daß schließlich zum Ende der DDR knapp 80% der Studierenden aus Elternhäusern stammten, die selber über einen Fach- oder Hochschulabschluß verfügten. Der Anteil der Arbeiterkinder sank dagegen auf unter 10% (Bundesrepublik: 15% im Jahre 1988).[247]

Den sozial und bildungsmäßig in den ersten beiden Jahrzehnten der DDR aufgestiegenen Schichten gelang es insoweit, ihren Platz in der Bildungshierarchie an die Kindergeneration „weiterzugeben", was eine soziale Schließung der Universitäten zur Folge hatte.[248] Darüber hinaus dürfte dieser Prozeß aber auch Ausdruck der Erschöpfung der Bildungsreserven und der nachlassenden Bereitschaft von Arbeiterfamilien gewesen sein, ihre Kinder auf höhere Schulen und Universitäten zu schicken. Ein wichtiger Grund für diesen schwachen „Aufstiegshunger" bestand in den vergleichsweise geringen Einkommensunterschieden zwischen Facharbeitern und Fach- und Hochschulabsolventen. Letztlich entscheidend aber war die zentral ermittelte und politisch verfügte Verteilung von Bildungschancen. Die Begrenzung der Zahl der Abiturienten zum Beispiel führte automatisch zu einem sozialen Ausleseprozeß, der bildungsnahe und systemloyale Schichten begünstigte.[249] Analog zur Bundesrepublik läßt sich feststellen, daß der Widerstand privilegierter Schichten gegen den sozialen Abstieg ihrer Kinder stärker ausgeprägt war als der Wille unterer Schichten, ihren Kindern einen sozialen Aufstieg zu ermöglichen.[250]

Politisch verfügte Verteilung von Bildungschancen

Durch den gezielten Ausbau der Einheitsschule, die Einführung des polytechnischen Unterrichts und eine breite Facharbeiterausbildung gelang es der SED freilich, das Qualifikationsniveau der Bevölkerung nachhaltig zu erhöhen. Der Anteil der Berufstätigen mit Fach- oder Hochschulausbildung stieg von 4,4% (1955) auf etwa 22% (1988), der Anteil der Facharbeiter/Meister im gleichen Zeitraum von ca. 27% auf 65%, während die un- bzw. angelernten Arbeitskräfte nur noch etwa 13% der Berufstätigen stellten (1955: 68,4%).[251] Möglichkeiten zur besseren Qualifizierung eröffneten sich vor allem Frauen, deren Anteil an den Fach- und Hochschulabsolventen kontinuierlich anstieg.[252]

Bei rückläufiger Bevölkerungszahl nahm der Erwerbsgrad bis zum Ende der DDR weiter zu und lag schließlich bei über 90%.[253] Diese nicht zuletzt aus wirtschaftlichen Gründen notwendige, auch im internationalen Vergleich hohe Beschäftigungsrate resultierte vor allem auch aus der hohen Frauenerwerbsquote.

---

246 Vgl. ebd., S. 265.
247 Vgl. ebd.
248 Vgl. Solgar 1995, S. 183 ff.
249 Vgl. ebd., S. 188 ff.
250 Vgl. Geißler 1996, S. 269.
251 Vgl. Winkler 1990a, S. 41.
252 Vgl. Schwitzer 1990, S. 178.
253 Vgl. Belwe 1989, S. 129.

Schaubild 17: Erwerbstätige nach Produktionssektoren (1950–1993)

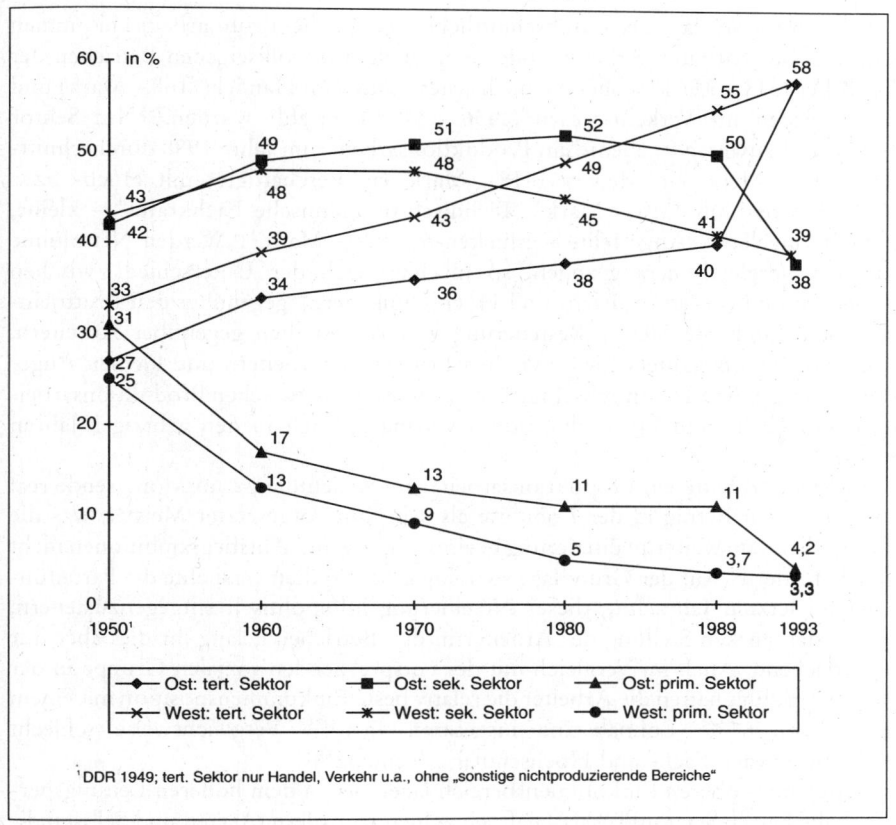

Abbildung aus: Geißler 1996, S. 137

Die etwa 8,5 Millionen Berufstätigen verteilten sich im Jahre 1989 zu 11% auf den sogenannten primären Sektor (insbesondere Landwirtschaft, Forstwirtschaft, Fischerei), zu etwa 50% auf den sekundären Sektor (Industrie und Handwerk einschließlich Bergbau und Berggewerbe) sowie zu etwa 40% auf den tertiären Sektor (Handel, Verkehr, Kommunikation, Verwaltung, Bildung, Sozial- und Gesundheitswesen u. a.).[254] In dieser Beschäftigungsstruktur wurde der Modernisierungsrückstand der Gesellschaft besonders deutlich. Anders als in der Bundesrepublik und vergleichbaren Industriegesellschaften gab es in der DDR in den siebziger und achtziger Jahren keinen „Tertiärisierungsschub", der mit einem sprunghaften Anwachsen der im Dienstleistungssektor Beschäftigten einherging. Die sozioökonomische Struktur der DDR 1989 glich in etwa der der Bundesrepublik im Jahre 1965.

Modernisierungsrückstand in Beschäftigungsstruktur besonders deutlich

---

[254] Vgl. Geißler 1996, S. 135 ff.

Einkommen und Vermögen

Im Jahre 1989 lag das durchschnittliche monatliche Bruttoarbeitseinkommen eines vollbeschäftigten Arbeiters oder Angestellten in volkseigenen Betrieben der DDR bei 1311,- Mark, wobei die niedrigsten Löhne im Handel (1168,- Mark) und die höchsten im Verkehrswesen (1436,- Mark) gezahlt wurden.[255] Im Sektor Industrie/Bauwesen verdiente ein Produktionsarbeiter im Jahre 1988 durchschnittlich 1153,- Mark, ein Meister 1418,- Mark, ein Beschäftigter mit Hoch- bzw. Fachschulabschluß 1491,- Mark. „Technisch-ökonomische Fachkräfte" – kleine, zumeist angelernte Angestellte – erhielten nur 904,- Mark.[256] Werden Nettolöhne für den Vergleich herangezogen, so nivelliert sich der Unterschied zwischen Arbeitern und Meistern/„Fach- und Hochschulkadern" gegenüber den Bruttoeinkommen durch die höhere Besteuerung von Angestellten gegenüber Arbeitern, während sich der Unterschied zwischen Produktionsarbeitern und kleinen Angestellten vergrößert. Der durchschnittliche Lohnabstand zwischen Produktionsarbeitern und Fach- und Hochschulkadern verringerte sich in den achtziger Jahren weiter.[257]

Arbeiter mit relativ bester Einkommensposition

Nicht selten hatte ein Produktionsarbeiter im Schichtdienst am Monatsende real einen höheren Betrag in der Lohntüte als sein ihm vorgesetzter Meister, was die Bereitschaft zur Weiterqualifizierung beeinträchtigte und Aufstiegsambitionen nicht gerade förderte. Auf der Grundlage soziologischer Studien versuchte die Parteiführung im letzten Jahrzehnt, dieser Nivellierung lohnpolitisch entgegenzusteuern; wegen der starken Stellung der Arbeiter in den Betrieben gelang ihr dies aber nur unzureichend. Auch im Vergleich mit der entsprechenden sozialen Gruppe in der Bundesrepublik hatten die Arbeiter die relativ beste Einkommensposition mit einem Anteil von 64% (Lohnabstand insgesamt: 45%).[258] Vergleichsweise schlecht entlohnt wurden Fach- und Hochschulabsolventen.[259]

Deutlich im oberen Einkommensbereich lagen neben dem höheren Leitungspersonal aus Partei, Staat und Wirtschaft, einzelnen Künstlern, Ärzten und Selbständigen auch viele Mitarbeiter von VP, NVA und MfS. So konnte etwa ein als Führungsoffizier für „Inoffizielle Mitarbeiter" tätiger Hauptmann des MfS mit zehn Dienstjahren ein größtenteils steuerfreies Bruttoeinkommen von 2242,- Mark (incl. Leistungszulagen) beziehen. Hinzu kamen Wohn-, Bekleidungs- und Verpflegungsgeld. Ein MfS-General verdiente zum Ende der DDR ca. 4000,- bis 6500,- Mark monatlich.[260]

Führende Funktionäre Spitzenverdiener

Die Avantgarde der Arbeiterklasse – die hauptamtlichen Parteiarbeiter – gehörte selbstverständlich zu den Spitzenverdienern. Von Beginn an genehmigte die SED-Führung sich und ihrem Apparat ein großzügiges Einkommen. Laut Beschluß des ZK-Sekretariats vom November 1950 erhielten Mitglieder und Kandidaten des Politbüros (inklusive Aufwandsentschädigung) 1950,- Mark, Abteilungsleiter des zentralen Apparates 1300,- Mark, Sektorleiter 1100,- Mark, persönliche Mitarbeiter

---

255 Vgl. Winkler 1990c, S. 114.
256 Vgl. ebd., S. 119.
257 Vgl. ebd., S. 120.
258 Vgl. Geißler 1996, S. 62.
259 Vgl. Diewald/Solgar 1995, S. 267.
260 Vgl. Gieseke 1995, S. 61 f.

von Politbüro-Mitgliedern bzw. ZK-Sekretären 700,– bis 1000,– und Sekretärinnen 450,– bis 650,– Mark. Für Lehrer an der Parteihochschule betrug das hier festgelegte Gehalt 900,– bis 1000,– Mark.[261] Das durchschnittliche monatliche Arbeitseinkommen lag dagegen 1949 bei 295,– Mark.[262]

Während die Durchschnittseinkommen bis zum Jahre 1955 auf 439,– Mark stiegen, brachte die per Beschluß des Politbüros erfolgte Erhöhung der Gehälter für den Apparat des Zentralkomitees den Mitgliedern und Kandidaten des Politbüros jetzt (inklusive Aufwand) 4500,– Mark, den Abteilungsleitern 2170,– Mark und den Sachbearbeitern 400,– bis 700,– Mark.[263] Dieses Gehaltsniveau wurde erst in den achtziger Jahren deutlich überschritten. Ab 1985 erhielten etwa die Abteilungsleiter im Zentralen Apparat (jeweils inklusive Aufwand) 4500,– Mark, die Sektorleiter zwischen 2700,– und 3250,– und die politischen Mitarbeiter zwischen 1450,– und 2500,– Mark. Gleichzeitig legte das ZK-Sekretariat die Gehälter für die Mitarbeiter von Bezirks- und Kreisleitungen fest. Die 1. Sekretäre der Bezirksleitungen verdienten nun 4500,– Mark, andere Sekretäre 3300,–, während die politischen Mitarbeiter und Lektoren mit 1200,– bis 1700,– Mark entlohnt wurden. Die entsprechende Gehaltsregelung für die Kreisleitungen ergab für die 1. Sekretäre (Kreisleitung Gruppe I) 3000,–, die Sekretäre 2300,– und die politischen Mitarbeiter zwischen 1050,– und 1600,– Mark. Die ebenfalls festgelegten Einkommen hauptamtlicher Parteisekretäre in den Grundorganisationen lagen dagegen zwischen 1600,– und 1900,– Mark.[264]

Für die oberste Parteiführung fiel die entsprechende Gehaltserhöhung im Jahre 1985 besonders erfreulich aus. Der Generalsekretär erhielt nun (jeweils inklusive Aufwandsentschädigung) 8000,– Mark, die Mitglieder und Kandidaten des Politbüros 6500,– Mark und die Abteilungsleiter 5000,– Mark.[265] Das durchschnittliche Arbeitseinkommen hatte sich im Zeitraum bis 1985 auf 1140,– Mark erhöht.[266] Da sich die geldwerten Vorteile der Privilegien der Führungsschicht, die auf etwa 20% des Einkommens geschätzt werden, in etwa mit den Einkommenseffekten der Subventionierung von Grundbedarfsgütern relativ ausglichen,[267] erhielt damit der Generalsekretär in etwa das Siebenfache eines durchschnittlichen Arbeitseinkommens.

Obschon die Frauen umfassend in die Berufsarbeit eingegliedert und in einem höheren Maße als in der Bundesrepublik von ihren Männern ökonomisch unabhängig waren, drückte sich dies nicht in einer „kulturellen Neudefinition" der Rolle des Mannes in der Familie aus, so daß Frauen neben ihrer Berufstätigkeit

---

261 Vgl. SAPMO-BArch, Bestand Sekretariat des ZK, Signatur DY 30, J IV 2/3-153, Protokoll-Nr. 26 der Sitzung des Sekretariats des ZK am 13. November 1950.
262 Vgl. Statistisches Jahrbuch der Deutschen Demokratischen Republik 1988, S. 129.
263 Fundort: SAPMO-BArch, Bestand Politbüro, Signatur DY 30, J IV 2/2-435, Protokoll-Nr. 38/55 der Sitzung des Politbüros des Zentralkomitees am 16. August 1955.
264 Fundort: SAPMO-BArch, Bestand Sekretariat des ZK, Signatur DY 30, J IV 2/3-3765, Protokoll-Nr. 3 der Sitzung des Sekretariats des ZK am 9. Januar 1985.
265 Vgl. SAPMO-BArch, Bestand Sekretariat des ZK, Signatur DY 30, J IV 2/3-3809, Protokoll-Nr. 47 der Sitzung des Sekretariats des ZK am 17. April 1985.
266 Vgl. Statistisches Jahrbuch der Deutschen Demokratischen Republik 1988, S. 129.
267 Vgl. Hauser/Wagner 1996.

überproportional mit Haushalt und Kindererziehung belastet blieben.[268] Da sie zumeist in unteren Lohngruppen arbeiteten, häufiger als Männer unterqualifiziert eingesetzt wurden und eine höhere Teilzeitbeschäftigungsquote aufwiesen, existierten signifikante Einkommensunterschiede zwischen Frauen und Männern. Im Durchschnitt verdienten vollbeschäftigte Frauen 16% weniger als Männer, im Maschinenbau sogar 21%.[269]

Anstieg der Bruttolöhne 1949/89

Die durchschnittlichen Bruttolöhne erreichten 1989 350% des Niveaus von 1949, wobei sich die Zuwachsraten im Laufe der Jahrzehnte erheblich abschwächten. Dem vergleichsweise schnellen Anstieg der Einkommen in den ersten elf Jahren (263%) folgte ein verlangsamter Zuwachs bis zum Ende der DDR (1960–1989: 135%).[270] Aufgrund dieser abgeschwächten Lohnsteigerungen vergrößerte sich der Abstand zu vergleichbaren Einkommen in der Bundesrepublik im Laufe der Jahrzehnte beträchtlich. Erreichten die DDR-Bruttolöhne im Jahre 1960 noch etwa 78% des durchschnittlichen westdeutschen Bruttolohnniveaus, sank ihr Anteil bis auf etwa 27% (Bruttolohn) bzw. 33,6% (Nettolohn) im Jahre 1989.[271]

Trotz der nach unten hin nivellierenden Tendenz der Einkommensentwicklung in der Industrie gab es entgegen der These von der „sozialen Annäherung der Schichten und Klassen" eine beträchtliche Ungleichheit auf der Ebene der Haushaltseinkommen. Unter Berücksichtigung der allgemeinen Subventionierung für Grundbedarfsgüter und der Privilegierung der oberen Schichten durch einen gesonderten Zugang zu bestimmten Luxusgütern, auch aus westlicher Produktion, ergab sich eine Verteilungsstruktur, die auf eine überraschend große materielle Ungleichheit in der DDR verweist, auch wenn diese nicht ganz die in der Bundesrepublik üblichen Werte erreichte.

Wie aus dem Schaubild 18 zu ersehen ist, verfügte das untere Einkommensfünftel in der DDR über knapp 13% der Einkommen, das oberste dagegen über knapp 31%. Im obersten Einkommensfünftel waren die sogenannten sozialistischen Dienstklassen, vor allem die Leitungskader, überdurchschnittlich, Arbeiter und Bauern dagegen weit unterdurchschnittlich vertreten.[272]

Privatvermögen bescheiden

Bedingt durch Enteignungen, Verstaatlichungen und Kollektivierungen sowie die Entwertung von Immobilienbesitz blieb das angehäufte Vermögen der DDR-Bürger nach über vierzig Jahren realexistierendem Sozialismus naturgemäß bescheiden. Der Vermögensabstand zur Bundesrepublik lag weit über der entsprechenden Einkommensdifferenz (Vermögen: 1 : 5; Bruttoeinkommen: 1 : 2,7). Dennoch existierten vor allem bei den Spareinlagen beträchtliche Vermögensunterschiede. Die am Ende der DDR knapp 200 Milliarden angesparten Mark verteilten sich auf ca. 21 Millionen

---

268 Vgl. Sorensen/Trappe 1995, S. 189 ff.
269 Vgl. ebd., S. 216 ff., Heering/Schroeder 1995, S. 23 ff., Stephan/Biedermann 1990 und Winkler 1990c, S. 122.
270 Vgl. Statistisches Taschenbuch 1991, S. 10.7 und Statistisches Jahrbuch der Deutschen Demokratischen Republik 1988, S. 129.
271 Vgl. Statistisches Taschenbuch 1991, S. 1.14, 5.5, 10.7 und Wirtschaftsreport 1990, S. 240. Unter Berücksichtigung der unterschiedlichen Kaufkraftentwicklung dürfte der Abstand in den achtziger Jahren zwischen 40% bis 50% gelegen haben. Vgl. hierzu Zahlenspiegel 1988.
272 Vgl. Diewald/Solgar 1995, S. 272.

Schaubild 18: Verteilung der Bruttoeinkommen in West- und Ostdeutschland

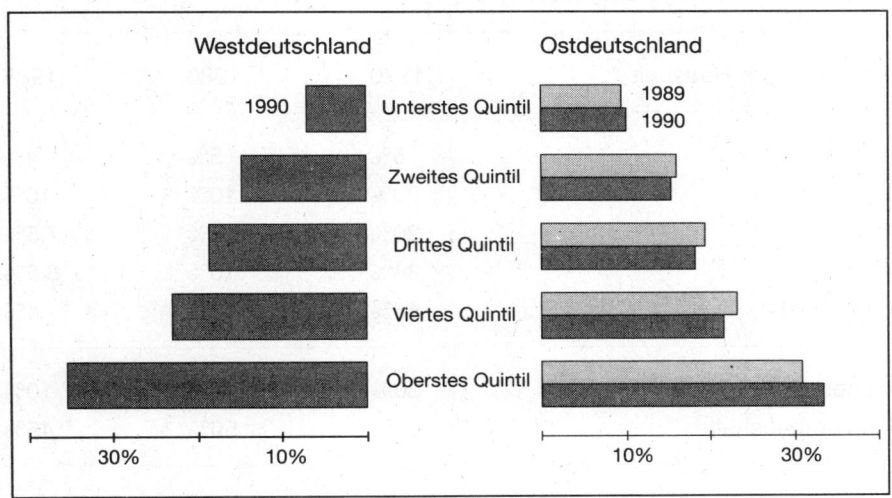

Datenbasis: SOEP (West) 1990, SOEP (Ost) 1990.

Abbildung aus: Datenreport 1992, S. 475

Kontoinhaber. Auf 80% der Konten entfielen 20% der Spareinlagen, über den gleichen Betrag verfügten aber auch die obersten 1,5% der Vermögensbesitzer.[273]

Eine kleine Schicht (etwa 3%) verfügte über Spareinlagen von durchschnittlich mehr als 50 000,- Mark, ein Drittel der Haushalte brachte es dagegen nur auf Sparsummen bis zu 5000,- Mark.[274] Der Vermögensbesitz konzentrierte sich naturgemäß auf die oberen Einkommensbezieher, d. h. die Leitungskader sowie einige Selbständige und bekannte Künstler. Die Privilegierung dieser sozialen Gruppen schlug sich auch im Besitz von „Luxusgütern" und „hochwertigen Industriewaren" nieder. Vom DDR-Normalbürger unterschieden sie sich typischerweise durch den Besitz eines Wassergrundstücks in entsprechend ansprechender Lage und eines PKWs gehobener Güte (häufig aus westlicher Produktion).

Am unteren Ende der Einkommens- und Vermögenspyramide befanden sich die Rentner. Die durchschnittliche Altersrente erreichte im Jahr 1988 nur knapp 30% des Durchschnittsbruttoeinkommens,[275] die entsprechenden Haushaltseinkommen der Rentner etwa 37%.[276] Nach der in der Bundesrepublik üblichen Berechnungsmethode von Armut (unter 50% des durchschnittlichen Einkommens) wären damit viele Rentnerhaushalte unter die Armutsgrenze gefallen. Aber selbst eine Berechnung nach „Bedürfnissen", die die spezielle Situation in der DDR (niedrige Mieten, subventionierte Waren etc.) berücksichtigt, kommt für 1988 auf eine Armutsrate von 45% der Rentnerhaushalte.[277]

Viele Rentnerhaushalte unter Armutsgrenze

---

[273] Vgl. Winkler 1990c, S. 133.
[274] Vgl. Diewald/Solgar 1995, S. 274.
[275] Vgl. Winkler 1990c, S. 229.
[276] Vgl. ebd., S. 266, Manz 1992, S. 105 und Zahlenspiegel 1988, S. 75.
[277] Vgl. Manz 1992, S. 88.

Tabelle 8: Anteil der Arbeiter- und Angestelltenhaushalte im Bereich der Armutsgrenze

Personen pro Haushalt	1970	1980	1988
1	5%	5%	4%
2	30%	10%	10%
3	20%	9%	7,5%
4	34%	10%	6,5%
5 und mehr	45%	18%	4%
Insgesamt	30%	12%	10%
Rentnerhaushalte	65%	50%	45%

Angaben aus: Manz 1992, S. 88

Nach dieser Berechnungsgrundlage galt ein Zwei-Personen-Haushalt mit einem Einkommen unter 950,- Mark im Jahre 1988 als arm. Der entsprechende Wert für eine Familie mit drei Personen lag bei 1280,- Mark, der einer Familie mit zwei schulpflichtigen Kindern bei 1450,- Mark.[278]

Im Vergleich zur Bundesrepublik war Armut in der DDR vor allem Altersarmut, wobei insbesondere ältere Frauen hiervon betroffen waren.[279] Dagegen führte die versorgende Sozialpolitik seit den siebziger Jahren zu einer relativen Besserstellung kinderreicher Familien, so daß deren Anteil im Armutsbereich deutlich zurückging.[280]

Allerdings hatten die Rentner ein besonderes Privileg, das sie von anderen Bevölkerungsgruppen unterschied. Sie durften in die Bundesrepublik und andere westliche Länder reisen. Wer die DDR auf Dauer verließ und legal in die Bundesrepublik übersiedelte, konnte in der Regel seine gesamte Habe mitnehmen und erhielt die bedeutend höhere westdeutsche Rente. Die SED ließ insofern faktisch die Bundesrepublik einen Teil ihrer Sozialpolitik finanzieren, wobei allerdings Umfang und Ausmaß bisher noch nicht errechnet wurden.

Rolle der Devisen

Die einzige Quelle sozialer Ungleichheit, die nicht direkt oder indirekt aus der Machtverteilung resultierte, stellten Devisen dar, die in der DDR gewissermaßen als Zweitwährung umliefen. In ihren Besitz gelangten DDR-Bewohner über Zuwendungen von Verwandten, durch Tauschgeschäfte oder Schwarzarbeit (vor allem Handwerksleistungen). Über die genaue Aufteilung dieser beträchtlichen Summe, mit der nach Schätzungen etwa 20% des gesamten Einzelhandelsumsatzes finanziert werden konnte, existieren jedoch keine verläßlichen Angaben.[281]

[278] Vgl. ebd., S. 86.
[279] Vgl. Geißler 1996, S. 204/205.
[280] Vgl. ebd., S. 204.
[281] Vgl. Diewald/Solgar 1995, S. 274/275.

Ein weiteres wichtiges Privileg waren private Westreisen, die nur Rentnern prinzipiell offenstanden. In sehr eingeschränktem Maße konnten DDR-Bürger bei „besonderen Familienangelegenheiten" (hohe Geburtstage, schwere Krankheiten oder Tod eines nahen Verwandten etc.) die Bundesrepublik besuchen. Diese Möglichkeit eröffnete sich für einen größeren Personenkreis erst in den letzten Jahren der DDR.

c) Die soziale Schichtung der DDR

Moderne Industriegesellschaften sind durch die Ausdifferenzierung relativ selbständiger Teilsysteme gekennzeichnet wie Wirtschaft, Recht, Politik, Kultur etc., die vor allem ihrer eigenen Funktionslogik folgen.[282] Die SED machte in den ersten beiden Jahrzehnten ihrer Herrschaft die bis 1945 erreichte und während der NS-Zeit politisch modifizierte Ausdifferenzierung der ostdeutschen Gesellschaft weitgehend rückgängig, indem sie alle Teilbereiche dem Diktat der Parteipolitik unterstellte. Damit einher gingen die Aufhebung der vormals nach funktionalen Kriterien erfolgten sozialen Differenzierung der Gesellschaft und der Aufbau einer neuen sozialen Gliederung nach politischen Kriterien. Die SED-Führung zentralisierte die gesellschaftlichen Steuerungsprozesse und bestimmte die gesellschaftlichen Interessen sozialer Gruppen. Sie verhinderte damit eine funktionsnotwendige Ausdifferenzierung von gesellschaftlichen Teilbereichen und blockierte das Wechselspiel von sozialem Wandel und wirtschaftlicher bzw. gesellschaftlicher Modernisierung. Die Gegenläufigkeit von politisch-ideologisch motivierten Homogenisierungs- und Nivellierungsprozessen und funktionalen Differenzierungsnotwendigkeiten[283] unterlegte die Sozialstruktur der DDR gewissermaßen mit einem Sprengsatz, der ebenfalls Ende der achtziger Jahre zünden sollte.

In einer Gesellschaft, die dem Primat der Politik bzw. der Parteipolitik folgte, standen Zugang zur und Verfügung über Macht im Zentrum sozialer Ungleichheitsstrukturen. Unter Macht in einem allgemeinen Sinn wird gemeinhin die Chance verstanden, „innerhalb einer sozialen Beziehung den eigenen Willen auch gegen Widerstreben durchzusetzen, gleichviel, worauf diese Chance beruht".[284] Die Inhaber politischer Macht konnten unbegrenzt und damit auch willkürlich über alle gesellschaftlichen Ressourcen verfügen; die Nähe zur Macht überlagerte alle anderen Variablen sozialer Differenzierung (Alter, Geschlecht, Bildung etc.).

Die sehr kleine Machtelite von höchsten SED-Funktionären[285] duldete keine konkurrierenden Teileliten etwa aus Wirtschaft oder Wissenschaft neben sich. Der gesamte Parteiapparat diente ebenso wie die Staatsorgane primär dem eigenen Machterhalt.[286] Aus deren Sicht war ein Hochschulrektor als Teil der Funktionselite in erster Linie Wissenschaftsfunktionär, ein Kombinatsdirektor entsprechend Wirtschaftsfunktionär usw. So schuf sich die Parteiführung im Laufe der Zeit eine Funktionselite, die sich an die Denk- und Verhaltensstandards der Machtelite vollkommen angeglichen hatte.[287]

Politische Machtelite duldete keine konkurrierenden Teileliten

---

282 Vgl. Pollack 1994, S. 57.
283 Vgl. ebd., S. 60 f.
284 Vgl. Weber 1972, S. 28.
285 Vgl. Kap. I.1.c.
286 Vgl. Voigt/Gries 1995, S. 1900 ff.
287 Vgl. Engler 1992, S. 67.

Von der zentralen Ebene bis hin zur Kreisebene galt das gleiche Prinzip: Die jeweils zuständigen Parteifunktionäre entschieden über die Verteilung gesellschaftlicher Ressourcen. Eine Gesellschaft, die in „persönliche Zuständigkeitsbereiche von Politbüromitgliedern (und Parteifunktionären)" aufgeteilt war,[288] konnte jenseits des Machtmonopols keine eigenverantwortlichen und selbständigen Sphären herausbilden. Vor allem die Verfügung über den Gewaltapparat und die ökonomische Macht erlaubte der Parteiführung eine Politik, die keine Rücksicht auf soziale Interessen nehmen mußte, die sich institutionell ohnehin nicht artikulieren konnten. Die breite Masse der Bevölkerung wurde damit zum bloßen Objekt der Zuteilung von materiellen Ressourcen wie von Statuszuweisungen.

So entstand eine sozial strukturierte Gesellschaft, die weniger der in den sechziger Jahren propagierten „sozialistischen Menschengemeinschaft" als einer sozialistischen Klassengesellschaft entsprach.[289] Als „neue herrschende Klasse" mit einer unbegrenzten Verfügungsgewalt über alle gesellschaftlichen Ressourcen fungierte die Parteiführung mit ihren Nomenklaturkadern. Sie bildete gewissermaßen den kollektiven Unternehmer im Realsozialismus.[290]

Administrative Dienstklasse

Die SED-Elite als herrschende Klasse bediente sich einer von ihr selbst rekrutierten administrativen Dienstklasse zur Steuerung und Kontrolle des Staats- und Wirtschaftsapparates. Hierzu gehörten neben den höchsten Staatsfunktionären auch die leitenden Kader im Wirtschaftsapparat einschließlich der Generaldirektoren der Kombinate und der Direktoren großer Industriebetriebe. Hinzugezählt werden können auch die obersten hauptamtlichen Funktionäre der Blockparteien sowie exponierte Wissenschaftler aus den wissenschaftlichen Instituten der SED und den einzelnen Akademien.[291]

Die Parteielite und die administrative Dienstklasse im Staats- und Wirtschaftsapparat stellten einen Anteil von etwa 1,5% bis 2% an der DDR-Bevölkerung. Diese Gruppe verfügte über hohe Einkommen, günstige Wohnverhältnisse und – abgestuft – entsprechende Machtressourcen.[292] Im Zuge der sozialistischen Umwälzung der SBZ/DDR durch soziale Aufstiegsprozesse entstanden, festigte sie ihre Machtposition in den fünfziger und sechziger Jahren, um diese in den letzten beiden Jahrzehnten der DDR gegen potentielle Konkurrenten abzusichern. Zur obersten Schicht gehörte außerdem ein kleiner Kreis von fachlich anerkannten Professoren, erfolgreichen Künstlern und auch Selbständigen,[293] denen die Parteiführung Privilegien zugestehen mußte, um ihre Abwanderung zu verhindern. Den privilegierten Schichten gelang es über das Nomenklatursystem und die soziale Schließung der höheren Bildung, ihre Stellung zu reproduzieren bzw. auf ihre Kinder zu übertragen.[294]

Als gewissermaßen obere Mittelschicht kann die sogenannte operative Dienstklasse gekennzeichnet werden, die Kader der mittleren Führungsgremien von SED und

---

288 Vgl. Adler 1991b, S. 177.
289 Vgl. Solgar 1995.
290 Vgl. Voslensky 1980, S. 215.
291 Vgl. Solgar 1995, S. 76/77.
292 Vgl. Adler 1991b, S. 192.
293 Vgl. ebd., S. 192.
294 Vgl. Solgar 1995, S. 210.

Massenorganisationen, Angestellte mit hochqualifizierten Tätigkeiten und/oder Leitungsfunktionen auf mittlerer Hierarchieebene sowie Wissenschaftler und Künstler umfaßte.[295] Als Befehlsempfänger der administrativen Dienstklasse hatten sie deren Anweisungen in ihren Bereichen umzusetzen, ohne selbst über einen direkten Zugang zur Macht zu verfügen. Sie lagen im Einkommen, der Wohnungsausstattung oder bei den Bildungschancen zwar erheblich hinter der oberen Leitungsebene, aber ebenso deutlich vor der Arbeiter- und Bauernschaft.[296]

Breite Mittelschicht

In der zahlenmäßig sehr umfangreichen sozialen Mittellage befanden sich neben den Beziehern höherer Renten auch die Mehrzahl der Facharbeiterschaft und der Genossenschaftsbauern. Die Arbeiter blieben von politischer, ökonomischer und gesellschaftlicher Macht ausgeschlossen, erfuhren jedoch durch die nivellierende Sozialpolitik und ihre starke Stellung im Arbeitsprozeß eine gewisse (relative) materielle Privilegierung. Die Einkommensdifferenz zwischen Industriearbeitern und höherqualifizierten Angehörigen der operativen Dienstklasse war zum Beispiel erheblich geringer als in der Bundesrepublik.[297] Ihr Zugang zu den Statussymbolen der realsozialistischen Gesellschaft war zwar begrenzt, aber der Unterschied zur oberen Mittelschicht hinsichtlich des materiellen Lebensstandards doch nicht so gravierend, als daß hieraus Unzufriedenheitspotentiale hätten entstehen können. Diese resultierten eher aus westdeutschen Fernsehbildern, die den materiellen Wohlstand der westdeutschen Arbeiterschaft zeigten.

Unterschicht

Zur unteren sozialen Schicht gehörten die angelernten Arbeiter, landwirtschaftliche Hilfskräfte, einfache Angestellte sowie die große Mehrzahl der Rentner. Während letztere bei den Wohnverhältnissen meist nicht wesentlich schlechtergestellt waren als die ranghöhere Gruppe, teilten sie ansonsten mit den anderen „Unterschichten" die unbefriedigende Einkommenssituation und die allgemein schlechteren Lebensverhältnisse. Die ungelernten Arbeiter hatten zudem unter schlechten und zum Teil gesundheitsgefährdenden Arbeitsbedingungen sowie geringen Mobilitätschancen zu leiden.[298] Zumindest in den letzten zwei Jahrzehnten blieb der soziale Aufstieg gerade für Kinder aus den unteren Schichten stark begrenzt. Die konstant gebliebene Zahl der Schüler ohne Abschluß weist darauf hin. Gerade diese Schicht fühlte sich meist auch subjektiv nicht integriert.[299]

Hinter dem äußeren Anschein sozialer Nivellierung und Homogenisierung verbarg sich eine sehr wohl sozial strukturierte Gesellschaft, die sich im Laufe der Jahrzehnte anhand neuer Ungleichheitslinien verfestigte. Die sozialen Differenzierungslinien verliefen entlang den Kriterien:
– Nähe und Entfernung zur Macht;
– Nähe und Entfernung zur Produktion;
– Bildung, Alter und Geschlecht.

Das zentrale soziale Selektionskriterium bildeten der Zugang zur und die Verfügung über Macht. Ohne nachdrückliche und durch eine Mitgliedschaft in der

---

[295] Vgl. ebd., S. 78.
[296] Vgl. Diewald/Solgar 1995, S. 269 ff.
[297] Vgl. Adler 1991b, S. 187.
[298] Vgl. ebd., S. 191/192.
[299] Vgl. Vester 1995, S. 16 ff.

Zentrales Selektionskriterium: Zugang zur Macht

SED begründete Systemloyalität gelang ein Aufstieg in obere und oberste Positionen nur in den seltensten Fällen. Der Aufstieg war zumeist mit einem hohen Bildungs- und Qualifikationsstatus verbunden und wurde durch einen privilegierten Zugang zu gesellschaftlichen Ressourcen belohnt.

Unterhalb der „herrschenden Klasse" verliefen die Ungleichheitslinien in nivellierender Form, so daß die anderen Selektionskriterien zumindest für die „Werktätigen" nur vergleichsweise geringe soziale Unterschiede bewirkten. Der breiten Masse der Bevölkerung war ein versperrter Zugang zur Macht gemeinsam, gleichzeitig trennte sie jedoch ihr unterschiedlicher „produktiver Nutzen" für Wirtschaft und Gesellschaft. Alte, Kranke und Behinderte, die nicht arbeiten konnten, strafte die SED durch eine spürbare materielle Schlechterstellung gewissermaßen ab.

Bildung und Leistung stellten nur insoweit Aufstiegs- und Differenzierungskriterien dar, als sie mit Systemloyalität oder einer privilegierten sozialen Herkunft verbunden waren. Vor allem die Statusnivellierung zwischen Facharbeitern und großen Teilen der wissenschaftlich-technischen Intelligenz und die Einschränkung sozialer Aufstiegsmöglichkeiten für jüngere Generationen verschütteten ein soziales Potential, das zur Stärkung der Innovationskraft von Wirtschaft und Gesellschaft notwendig gewesen wäre. Der hierdurch blockierte soziale Wandel verhinderte eine nicht zuletzt wegen der Systemkonkurrenz notwendige Modernisierung von Wirtschaft und Gesellschaft.

Blockierter sozialer Wandel

Ein abgestuftes Privilegiensystem sollte Loyalität erzeugen und gleichzeitig Anreizsysteme für sozialen Aufstieg liefern. Aber die faktische Entkoppelung von Lohn und fachlicher Leistung sowie die Abnahme sozialer Aufstiegsmöglichkeiten führten seit den siebziger Jahren zu ansteigender individueller und sozialer Unzufriedenheit. Die Geringschätzung von Leistung, Qualifikation und individueller Verantwortung bei gleichzeitiger Überbetonung von Systemloyalität und Herkunft schuf eine erstarrte Sozialstruktur, die sich als nicht zukunftsfähig erweisen sollte.

B) Strukturen der DDR-Gesellschaft

Ideologie und Lebenswirklichkeiten im SED-Staat

1. Die SED-Ideologie

a) Antifaschismus und Marxismus-Leninismus als Staatsdoktrin

Die SED-Führung begründete ihren Herrschafts- und Gestaltungsanspruch wie auch ihre konkrete Politik mit den „Erkenntnissen" des Marxismus-Leninismus. Die unter dieser Begrifflichkeit gefaßte Dogmatik entstand in der Sowjetunion Ende der dreißiger Jahre als parteiamtliche und vorgeblich wissenschaftliche Interpretation der Lehren von Marx und Lenin.[1] Tatsächlich waren aber nicht wissenschaftliche, sondern parteitaktische Kriterien und der persönliche Herrschaftswille Stalins für dessen Exegese der „Klassiker" maßgeblich. Gleichwohl entsprach diese Interpretation in den Hauptlinien größtenteils dem Denken von Marx und vor allem Lenins, der mit der politischen und ideologischen Legitimation der sowjetischen Diktatur deren Grundbausteine gelegt und die kommunistische Form des Totalitarismus begründet hatte. Das galt insbesondere für den Gedanken einer Parteidiktatur mit uneingeschränktem Herrschaftsanspruch. Der konkreten Umsetzung dieser Leninschen Ideen diente u. a. die Einrichtung eines Terrorapparates (Tscheka) zur Bekämpfung und Liquidierung Andersdenkender wie ideologisch stigmatisierter sozialer Gruppen. Die heute besonders in PDS-Kreisen vertretene Doktrin vom „Stalinismus" als vorgeblicher Entartung ursprünglich positiver Züge des Marxismus-Leninismus zielt vor allem darauf, die tatsächliche Genese dieses inhumanen Lehrgebäudes zu verschleiern.

Die an DDR-Universitäten und -Schulen bis Ende der achtziger Jahre als „wissenschaftliche Weltanschauung" gelehrte Ideologie beanspruchte für sich ein universelles Wahrheits- und Erklärungsmonopol. Der in ihr verankerte historische Determinismus deutete den Fortgang der Geschichte als eine gesetzmäßige Entwicklung zum Sozialismus/Kommunismus. Diesen Prozeß tragend, fungiere die Arbeiterklasse als „Schöpfer der sozialistischen Gesellschaft" (Lenin). Da die Arbeiterklasse aus sich heraus nur zu einer gewerkschaftlichen Interessenvertretung fähig sei, bedürfe es einer Avantgarde, der kommunistischen Partei, die dem

Universelles Wahrheits- und Erklärungsmonopol

---

[1] Vgl. Kolakowski 1981, S. 106 ff.

gesellschaftlichen Fortschritt zum Durchbruch verhelfe.[2] Die Partei bzw. ihre Führung bestimmte dementsprechend unter Bezugnahme auf den Marxismus-Leninismus und in seinem Namen, was als richtig und falsch zu gelten hatte, und welchen Fortgang die historische Entwicklung nehmen würde.[3] Da die Ideologie die einzige Legitimationsgrundlage des bolschewistischen Systems war, wurde sie zur „absoluten Bedingung seiner Existenz".[4]

Der Marxismus-Leninismus stand zu keinem Zeitpunkt zur Diskussion oder gar zur Disposition. Er blieb bis zum Ende Herrschaftsinstrument in den Händen der SED-Führung. Jede Abweichung von der verordneten Interpretation wurde sanktioniert, da eine Infragestellung Machtanspruch und -monopol der Partei gefährdet hätte. Spezielle Parteiorgane sowie eine große Zahl von „gesellschaftswissenschaftlichen" Institutionen wachten darüber, daß diese politische Heilslehre mit Ausschließlichkeitsanspruch nicht durch Kritik oder Zweifel zu Schaden kam. Gleichzeitig widmeten ganze Heerscharen von MfS-Angehörigen ihre Zeit und Arbeit dem Aufspüren und der Abwehr der „politisch-ideologischen Diversion" des „Klassenfeindes".[5] Hierunter verstand das MfS „subversive Angriffe auf ideologischem Gebiet", die

> „in der Zersetzung des sozialistischen Bewußtseins bzw. der Störung und Verhinderung seiner Herausbildung, in der Untergrabung des Vertrauens breiter Bevölkerungskreise zur Politik der sozialistischen Parteien und der sozialistischen Staaten, in der Inspirierung antisozialistischer Verhaltensweisen bis hin zur Begehung von Staatsverbrechen, in der Mobilisierung feindlich-negativer Kräfte in den sozialistischen Staaten, ... sowie im Hervorrufen von Unzufriedenheit, Unruhe, Passivität und politischer Unsicherheit unter breiten Bevölkerungskreisen bestehen".[6]

Politische Religion

Der Marxismus-Leninismus kann als „politische Religion mit geschlossener Kirche und unumstößlichem Dogma"[7] verstanden werden. Eine gängige Losung lautet: „Die Lehre von Marx und Lenin ist allmächtig, weil sie wahr ist." Die durch diese Heilslehre konstruierte Wirklichkeit gab ihren Anhängern stete Gewißheit, auf der richtigen Seite zu stehen, führte sie aber andererseits unweigerlich in Widersprüche und Konflikte mit der eigentlichen gesellschaftlichen Realität.

Die Sowjetunion übertrug nach dem Ende des Zweiten Weltkrieges den Marxismus-Leninismus als offizielle Staatsideologie auf die neu in ihren Machtbereich eingegliederten osteuropäischen Staaten. In der SBZ wurden seine Rolle und Funktion nach außen hin zunächst noch nicht so deutlich sichtbar. Die sowjetische Besatzungsmacht tolerierte vorerst – eingeschränkt – ein Nebeneinander verschiedener Weltanschauungen und hob den Antifaschismus als verbindende Doktrin hervor.[8] Dieser entsprach eher dem politischen Zeitgeist, denn alle maßgeblichen politischen Kräfte im Nachkriegsdeutschland grenzten sich strikt vom Nationalsozialismus und seinen Verbrechen ab. Der Antifaschismus ließ sich daher funktio-

---

2 Vgl. Lieber 1991, S. 918 ff.
3 Vgl. Kolakowski 1981, S. 99 ff.
4 Vgl. ebd., S. 104.
5 Vgl. Mampel 1996.
6 Vgl. Suckut 1996b, S. 303 und Mampel 1996, S. 42.
7 Vgl. Bracher 1985, S. 183.
8 Vgl. Weber/Lange 1995, S. 2048.

nalisieren und instrumentalisieren.[9] SMAD und SED benutzten ihn zur Umgestaltung der Gesellschaft.[10]

Als die Sowjetunion ihre Hoffnungen auf ein unter ihrem Einfluß stehendes vereintes Deutschland schwinden sah, verpflichtete sie die SED, deren führende Kräfte sich ohnehin als linientreue, d. h. der Sowjetunion ergebene Kommunisten verstanden, im Jahre 1948 auf ein förmliches Bekenntnis zum Sowjetkommunismus und damit zum Marxismus-Leninismus. Parteimitglieder und Funktionäre sollten nun Stalins „Kurzen Lehrgang" der „Geschichte der KPdSU" in die Schulungen einbeziehen.[11] Die 1. Parteikonferenz vom 25. bis 28. Januar 1949 erklärte die „Verpflichtung zum Studium des Marxismus-Leninismus, vor allem anhand des ‚Kurzen Lehrgangs der Geschichte der KPdSU' und der Werke von Marx, Engels, Lenin und Stalin".[12]

Der von der SED bis 1989/90 als Mythos kultivierte Antifaschismus blieb zwar weiterhin Staatsdoktrin, aber nun in eindeutig marxistisch-leninistischer Lesart.[13] Er sollte den diktatorischen Kern der angestrebten sozialistischen Gesellschaft verhüllen. Außerdem nutzte ihn die Einheitspartei zur Feinderklärung gegenüber den Westmächten und später der Bundesrepublik. Das fand z. B. in der Bezeichnung der Mauer als „antifaschistischer Schutzwall" zynischen Ausdruck. Hier ging der Antifaschismus nahtlos in „Antikapitalismus" bzw. „Antiimperialismus" über. Entsprechend galt die finanzielle und militärische Unterstützung für sowjetisch orientierte Regime bzw. „Befreiungsbewegungen" in Entwicklungsländern als „antiimperialistische Solidarität".

Mythos Antifaschismus

Im Rahmen einer „ideologischen Offensive" gegen Andersdenkende,[14] auch gegen Kritiker aus den eigenen Reihen, bestimmte die SED mit der zweiten Hochschulreform 1951 den Marxismus-Leninismus zum Pflichtfach an den Universitäten.[15] Im gleichen Jahr verpflichtete sie alle Kunst- und Kulturverbände sowie FDJ und FDGB zu „einem gründlichen marxistisch-leninistischen Studium".[16] Auch alle Studenten, Wissenschaftler und Lehrer sollten sich fortan mit dem Marxismus-Leninismus beschäftigen.

In Artikel 1 der neuen Verfassung von 1968 sprach sich die SED als „marxistisch-leninistische Partei" ausdrücklich die Führungsrolle zu.[17] Ihrem Verständnis nach stellte der Marxismus-Leninismus als „herrschende Ideologie" „die theoretische Grundlage für die praktische Tätigkeit der kommunistischen und Arbeiterparteien" dar. „Er ermöglicht die wissenschaftlich begründete Führung des proletarischen Klassenkampfes und des sozialistischen und kommunistischen Aufbaus und dient so als theoretische Anleitung zur praktisch-revolutionären Veränderung der Welt."[18] Nach sowjetischem Vorbild beschrieben SED-Wissen-

---

9 Vgl. Wilke 1995.
10 Vgl. Grunenberg 1993, S. 9 ff. und S. 120 ff.
11 Vgl. Leonhard 1994, S. 7.
12 Zit. nach: ebd.
13 Vgl. Thomas 1995b, S. 1846 ff. und Grunenberg 1993, S. 202 ff.
14 Vgl. Leonhard 1994, S. 7.
15 Vgl. Weber/Lange 1995, S. 2049.
16 Vgl. Leonhard 1994, S. 7 ff.
17 Vgl. ebd., S. 2056 und Löw 1995, S. 1404.
18 Vgl. KPW 1989, S. 602.

schaftler den Marxismus-Leninismus als „qualitativ neue Auffassung von Natur und Gesellschaft, die in der Entdeckung und wissenschaftlichen Formulierung der allgemeinen Bewegungs- und Entwicklungsgesetze der Natur, der menschlichen Gesellschaft und des Denkens ihren Ausdruck fand".[19] Als seine drei Bestandteile – nach Lenin eine „untrennbare Einheit" – wurden der dialektische und historische Materialismus, die Politische Ökonomie des Kapitalismus und Sozialismus sowie der wissenschaftliche Sozialismus/Kommunismus angesehen.

Funktion des Marxismus-Leninismus

Die Funktion des Marxismus-Leninismus im SED-Staat ging weit über das hinaus, was Weltanschauungen gemeinhin begründen:[20]

– Der Marxismus-Leninismus stellte die jeweilige Politik der Parteiführung nach deren Selbstdarstellung auf eine „wissenschaftliche" Basis und immunisierte die Partei, die sich mittels der Ideologie für unfehlbar erklärte, gegen Kritik. Da die Parteiführung selbst über Auslegung und Anwendung des Marxismus-Leninismus befand, fielen Ideologie und Politik zusammen. Damit legitimierte dieser das Machtmonopol und den totalitären Gestaltungsanspruch der SED und verschleierte gleichzeitig den diktatorischen Charakter und die Gewaltförmigkeit der Parteiherrschaft.

– Der Marxismus-Leninismus diente als Integrations-, Kontroll- und Abgrenzungsideologie innerhalb der Gesellschaft, insbesondere zur Motivierung und Mobilisierung systemtragender Kräfte.

– Durch das ihm eigene „Freund-Feind-Denken" bildete er die Grundlage zur Abgrenzung vom „Klassenfeind" und speziell gegenüber der Bundesrepublik, die als historisch rückständig diskreditiert werden konnte.

b) Antisemitische Schatten auf dem antifaschistischen Selbstbild

Aggressiver Antikapitalismus

Die Substanz der SED-Ideologie bestand vor allem aus einem aggressiven Antikapitalismus, der sich insbesondere Ende der vierziger/Anfang der fünfziger Jahre auch traditionell „rechter" Kritik am westlichen Wirtschafts- und Gesellschaftssystem bediente. Die Aversion gegen einen „wurzellosen Kosmopolitismus", der allein den Interessen des US-Finanzkapitals entspräche, verbunden mit nationalistischen und antizionistischen Elementen, knüpfte in erschreckendem Maße an entsprechende nationalsozialistische Stereotypen an. Diese ideologischen Entgleisungen entsprangen aber nicht allein taktischen Überlegungen, weil die SED zur Legitimation der eigenen Ordnung ein möglichst populäres Feindbild benötigte. Hier klang auch die Sehnsucht nach einfachen Antworten auf komplexe Fragen, nach „organischen" Denkmodellen und „gemeinschaftsorientierten" Lebensformen an. Analogien zu rechtsradikalen Ideologien waren dabei nicht zu übersehen.[21] In diesem Kontext blieb Raum für uralte antisemitische Vorurteile, auch wenn der spezifisch rassistische Antisemitismus der Nationalsozialisten der SED-Ideologie fremd war.

Ende 1946 lebten nach Schätzungen etwa 4500 Juden in der SBZ bzw. im Ostsektor Berlins, die durch die sowjetische Besatzungsmacht und später auch

---

[19] Vgl. ebd., S. 603.
[20] Vgl. Kuppe 1995, Löw 1995 und Weber/Lange 1995.
[21] Vgl. Meuschel 1992, S. 101 ff., besonders S. 112.

durch die entsprechenden deutschen Behörden zunächst umfangreiche Unterstützung erfuhren.[22] Doch eine Restitution des von den Nationalsozialisten geraubten jüdischen Eigentums erfolgte nur in Einzelfällen. Jeglichen Transfer „deutschen Volksvermögens" ins Ausland lehnten SED bzw. SMAD ebenso strikt ab wie die treuhänderische Verwaltung früheren jüdischen Eigentums durch ostdeutsche jüdische Gemeinden, die nicht einmal alle Synagogen, geschweige denn den Rest ihres früheren Eigentums, zurückerhielten.[23]

Erste deutliche antijüdische Aktivitäten der SED begannen bereits 1952/53. Den Hintergrund bildeten massive Judenverfolgungen in der Sowjetunion und anderen osteuropäischen Staaten. Im November 1952 inszenierte die tschechoslowakische KP in Prag einen Prozeß gegen ihren ehemaligen Generalsekretär, Rudolf Slánský, und dreizehn weitere angebliche „zionistische Verschwörer"; elf der Angeklagten waren Juden. Slánský wurde am 30. Dezember 1952 ebenso wie weitere zehn Angeklagte hingerichtet, nur drei Beschuldigte kamen mit lebenslanger Haft davon.[24] Im Gefolge dieser Justizfarce plante die SED ebenfalls einen Schauprozeß mit antisemitischem Hintergrund, als dessen Hauptangeklagter der im Dezember 1952 verhaftete Paul Merker – „Westemigrant" und bis 1950 Mitglied des SED-Politbüros – vorgesehen war. Das ZK der SED warf dem Nichtjuden Merker unter anderem vor, ein „Agent der Zionisten" zu sein, die wiederum eine „Agentur des amerikanischen Imperialismus" seien. Indem sich Merker für Entschädigungszahlungen auch an nichtrückkehrwillige deutsche Juden eingesetzt habe, habe er die „Verschiebung deutschen Volksvermögens" gefordert. Außerdem habe er „die aus den deutschen und ausländischen Arbeitern herausgepreßten Maximalprofite der Monopolkapitalisten in angebliches jüdisches Eigentum des jüdischen Volkes" umgefälscht. „In Wirklichkeit sind bei der ‚Arisierung' dieses Kapitals nur die Profite ‚jüdischer' Monopolkapitalisten in die Hände ‚arischer' Monopolkapitalisten übergewechselt" – so die bemerkenswerte Interpretation des ZKs. Und weiter: „Merker, der in Worten die Schuld der deutschen Arbeiterklasse und des gesamten deutschen Volkes am Sieg des Faschismus anerkennt, lehnt diese Schuld in doppelzüngerischer Weise in Wirklichkeit ab, indem er die jüdische deutsche Bevölkerung von dieser Schuld ausdrücklich freispricht...".[25]

Mit dem Slánský-Prozeß begann eine Welle antisemitischer Aktionen in Osteuropa. Auch die wiedergegründeten jüdischen Gemeinden in der DDR wurden durch das MfS, das Gemeinderäume durchsuchte, Akten beschlagnahmte und Vorsteher verhörte, erheblich verunsichert. Die Angst vor neuen Pogromen bewog zur Jahreswende 1952/53 den Berliner Rabbiner Nathan Peter Levinson, die Juden zum Verlassen der DDR aufzufordern. Bis zum März 1953 flohen etwa 550 Juden,

Antijüdische Aktionen 1952/53

Kampagne gegen Paul Merker

---

22 Vgl. Maser 1995, S. 1554 ff.
23 Vgl. Keßler 1995, S. 44 ff. und Maser 1995, S. 1555 und 1561.
24 Vgl. Keßler 1995, S. 85 ff. und Wolffsohn 1995, S. 137 ff.
25 „Lehren aus dem Prozeß gegen das Verschwörerzentrum Slánský." Beschluß des ZK der SED vom 20. Dezember 1952, hier zit. nach: Keßler 1995, S. 153 ff., zuerst veröffentlicht in: Matern 1953. Merker wurde schließlich in einem Geheimprozeß im März 1955 zu acht Jahren Zuchthaus verurteilt, das Urteil bereits im Juli 1956 wieder aufgehoben. Bis zu seinem Tod im Jahre 1969 erfolgte keine vollständige Rehabilitierung dieses altgedienten Genossen. Vgl. Keßler 1995, S. 98 f. Das Urteil und Rehabilitierungsversuche Merkers sind dokumentiert in: Herf 1994, S. 643 ff.

darunter der Vorsitzende der Ost-Berliner jüdischen Gemeinde, Julius Meyer. Erst nach Stalins Tod im März 1953 ebbten die Verfolgungen ab. Fortan unterwarf die SED die jüdischen Gemeinden einer noch strengeren Kontrolle, von einer organisatorischen Eigenständigkeit konnte keine Rede mehr sein.[26]

Zwiespältiger Umgang mit Juden

Das Verhältnis der SED zu den Juden im eigenen Land blieb in der Folgezeit zwiespältig. Einerseits erhielten Überlebende der Shoah hohe Opferrenten und andere staatliche Unterstützung, wie auch der SED-Staat die Gehälter der Funktionäre und Mitarbeiter der jüdischen Gemeinden bezahlte und Subventionen zur Pflege des religiösen und kulturellen Erbes gewährte. Doch andererseits ließ die SED keine in Konkurrenz zur eigenen Geschichtsinterpretation, in der die Auseinandersetzung mit dem Antisemitismus eine Nebenrolle spielte, stehende spezifisch „jüdische" Aufarbeitung des Nationalsozialismus zu. 1953 nötigte die Partei sogar die „Vereinigung der Verfolgten des Nazi-Regimes" (VVN) zur Selbstauflösung. Die Nachfolgeorganisation, das „Komitee der antifaschistischen Widerstandskämpfer in der DDR", nahm Juden als bloße „Opfer" des Nationalsozialismus nicht mehr auf, der jüdische Widerstand wurde auch in den nächsten Jahrzehnten totgeschwiegen.[27] In den KZ-Gedenkstätten der DDR blieb der Massenmord an den Juden ein Randthema. Jüdische Opfer wurden nicht als solche benannt, sondern als polnische, russische, französische usw. Opfer deklariert. Selbst internationaler Protest gegen solcherart Geschichtsfälschung bewog die SED nicht zu einer Änderung dieser Praxis.[28]

Über mehr als zwanzig Jahre verfügten die jüdischen Gemeinden in der DDR nicht über einen ständigen Rabbiner. Ein Studium der Judaistik war in der DDR nicht möglich. Die offizielle Pflege jüdischen Kulturerbes beschränkte sich fast ausschließlich auf das Ostjudentum, das auf DDR-Bürger in der Regel exotisch fremd wirkte. Offiziell erwünscht war gewissermaßen ein Bild vom nichtassimilierten Juden als Angehörigen einer untergegangenen Welt.[29] Die SED errichtete letztlich ein neues Ghetto, dessen unsichtbare Mauern von den wenigen verbliebenen Juden nicht unsanktioniert überstiegen werden durften. Der SED-Staat erwartete den Verzicht auf eine authentische jüdische Identität, die Verleugnung eigener Traditionen und die Abschottung gegenüber Verwandten und Freunden außerhalb der DDR.[30]

Auf außenpolitischer Ebene ging die Partei- und Staatsführung ebenfalls weitgehend funktional und instrumental mit der nationalsozialistischen Vergangenheit um. Ein wichtiges Ziel der SED-Westpolitik bestand immer darin, die Bundesrepublik als Tummelplatz alter und neuer Nazis darzustellen, wobei der DDR zugängliche Aktenüberlieferungen aus der Zeit des Nationalsozialismus insbesondere in den sechziger Jahren vorrangig für dieses Ziel eingesetzt wurden.[31] SED und MfS schreckten nicht einmal davor zurück, Antisemitismus bzw. Rechtsradikalismus künstlich zu verstärken, indem sie zur Diskreditierung der

---

26 Vgl. Maser 1995, S. 1557 ff. und Keßler 1995, S. 99 ff.
27 Vgl. Maser 1995, S. 1563 ff.
28 Vgl. Keßler 1995, S. 116 ff.
29 Vgl. Maser 1995, S. 1574 ff.
30 Vgl. ebd., S. 1594 f.
31 Vgl. Staadt 1993, S. 153 ff.

Bundesrepublik z. B. antisemitische Aktionen in westdeutschen Städten inszenierten.[32]

Vor allem in der SED-Politik gegenüber Israel und der Berichterstattung der DDR-Presse über den Nahost-Konflikt kamen regelmäßig – unter dem Deckmantel des Antizionismus – antisemitische Haltungen zum Vorschein. Israel wurde als Brückenkopf des „Weltimperialismus", finanziert von internationalen Bankenkonsortien, eingebunden in anglofranzösische Aggressionsabsichten und den „Neokolonialismus der westdeutschen Bundesrepublik" dargestellt.[33] An verantwortlichen Stellen im Medienbereich der DDR saßen auch einige ehemalige Nationalsozialisten, die bei ihrer Tätigkeit aus alten ideologischen Quellen schöpfen konnten.[34] Die DDR sah sich gegenüber Israel als nicht reparationspflichtig an,[35] da sie die Potsdamer Vereinbarungen erfüllt habe, und unterstützte den „gerechten Kampf der arabischen Staaten" nicht nur auf politischer Ebene, sondern auch mittels Waffenlieferungen. Dies geschah, obschon die SED über den Einfluß ehemaliger NS-Verantwortlicher beispielsweise auf ägyptische Regierungsstellen Bescheid wußte.[36]

Israel als Brückenkopf „des Weltimperialismus"

Erst gegen Ende der achtziger Jahre änderte die SED ihre Politik gegenüber dem „internationalen Judentum", was auch eine gewisse Abschwächung der antiisraelischen Polemik einschloß. Neben wirtschaftlichen Gründen[37] – die DDR stand kurz vor der Zahlungsunfähigkeit – war wohl vor allem der illusionäre Wunsch Honeckers, seine politische Laufbahn mit einem Staatsbesuch in den USA krönen zu können, wofür er die Unterstützung der „jüdischen Lobby" für nötig hielt, Ursache dieses Kurswechsels.[38]

Auch die umfangreichen Gedenkveranstaltungen zum fünfzigsten Jahrestag der sogenannten „Reichskristallnacht" 1988 konnten nicht überdecken, daß eine wirkliche Auseinandersetzung mit antisemitischen Vorurteilsstrukturen in der DDR niemals stattfand. Die SED sah sich nicht einmal mehr in der Lage, die drastisch gestiegene Zahl rechtsradikaler Aktivitäten im eigenen Land – die es auch vorher immer gegeben hatte[39] – länger zu verschweigen, nicht zuletzt, weil diese von oppositionellen Gruppen inzwischen thematisiert wurden.[40] Die Partei taktierte aber auch in diesem Fall: Sie versuchte, die „politisch-ideologische Arbeit mit Jugendlichen" zu verbessern,[41] um dem Selbstbild der DDR – „Rassismus und Antisemitismus sind bei uns mit der Wurzel ausgerottet"[42] – gerecht zu werden. Daneben war die SED bestrebt, selbst diese Erscheinungen u. a. zur Schwächung einer sich langsam herausbildenden politischen Opposition zu instrumentalisieren.

Reaktionen auf rechtsradikale Aktivitäten

---

32 Vgl. Knabe 1997, S. 12 ff. und Wolffsohn 1995, S. 40 ff.
33 Vgl. Staadt 1993, S. 161 und Wolffsohn 1995, S. 177.
34 Vgl. Keßler 1995, S. 140.
35 Vgl. Wolffsohn 1995, S. 182 ff.
36 Vgl. ebd., S. 249 ff.
37 Vgl. ebd., S. 209 ff. und 275 ff.
38 Vgl. Maser 1995, S. 1587.
39 Vgl. Staadt 1993, S. 157 f.
40 Vgl. Neubert 1997, S. 778 ff.
41 Vgl. Wolffsohn 1995, S. 450.
42 So Klaus Gysi, Staatssekretär für Kirchenfragen, 1984 gegenüber jüdischen Gästen aus den USA, vgl. Wolffsohn 1995, S. 55.

Kritischen Gruppen warf sie eine geistige Nähe zu rechtsradikalen Skinheads vor, die für die SED wahlweise als unpolitische Rowdys oder als von westlichen „Instrukteuren" gesteuerte Marionetten galten. Erich Honecker stellte Mitte Juni 1988 oppositionelle Demonstranten in eine Reihe mit der SA und der SS.[43] Selbst linke Jugendliche zweifelten zunehmend am antifaschistischen Selbstbild der DDR, so daß sich 1988 mehrere autonome Antifa-Gruppen bildeten, die von den Behörden als staatsfeindlich eingestuft wurden.[44]

Die Bilanz der „antifaschistischen" Politik der SED gegenüber der kleinen Gruppe überlebender Juden fällt vernichtend aus. Der ersten und letzten frei gewählten Volkskammer der DDR blieb es im April 1990 vorbehalten, ein öffentliches Schuldbekenntnis abzugeben: „Wir bitten die Juden in aller Welt um Verzeihung. Wir bitten das Volk in Israel um Verzeihung für Heuchelei und Feindseligkeit der offiziellen DDR-Politik gegenüber dem Staat Israel und für die Verfolgung und Entwürdigung jüdischer Mitbürger auch nach 1945 in unserem Land."[45]

c) Sozialistische Moral und Ethik

Gemäß ihrer Ideologie entwickelte die SED Prinzipien einer sozialistischen Moral und Ethik. Diese sollte einen gezielten Bruch mit den ethisch-philosophischen Traditionen der „antagonistischen Klassengesellschaft" markieren. An ihre Stelle traten marxistisch-leninistische Versatzstücke, die „die Übereinstimmung von gesellschaftlichen, kollektiven und persönlichen Interessen" begründeten und die „politisch-moralische Einheit des Volkes" propagierten.[46]

Indem der Marxismus-Leninismus Werte, Normen, Prinzipien und Kategorien der Moral als aus den objektiven Bedingungen des materiellen gesellschaftlichen Lebens abgeleitet postulierte, erklärte er die marxistisch-leninistische Ethik zur einzig objektiven Wissenschaft von der Moral.[47] In diesem Sinne erstellte Walter Ulbricht im Jahre 1958 zehn „Gebote der neuen sozialistischen Sittlichkeit", die konkrete Verhaltensvorschriften enthielten:

Ulbrichts Gebote der sozialistischen Sittlichkeit

„1. Du sollst Dich stets für die internationale Solidarität der Arbeiterklasse und aller Werktätigen sowie für die unverbrüchliche Verbundenheit aller sozialistischen Länder einsetzen.
2. Du sollst Dein Vaterland lieben und stets bereit sein, Deine ganze Kraft und Fähigkeit für die Verteidigung der Arbeiter-und-Bauern-Macht einzusetzen.
3. Du sollst helfen, die Ausbeutung des Menschen durch den Menschen zu beseitigen.
4. Du sollst gute Taten für den Sozialismus vollbringen, denn der Sozialismus führt zu einem besseren Leben für alle Werktätigen.
5. Du sollst beim Aufbau des Sozialismus im Geiste der gegenseitigen Hilfe und der kameradschaftlichen Zusammenarbeit handeln, das Kollektiv achten und seine Kritik beherzigen.
6. Du sollst das Volkseigentum schützen und mehren.
7. Du sollst stets nach Verbesserung Deiner Leistungen streben, sparsam sein und die sozialistische Arbeitsdisziplin festigen.

---

43 Vgl. Neubert 1997, S. 780.
44 Vgl. ebd., S. 780 f.
45 Zit. nach: Maser 1995, S. 1597.
46 Vgl. KPW 1989, S. 644.
47 Vgl. ebd., S. 252/253.

8. Du sollst Deine Kinder im Geiste des Friedens und des Sozialismus zu allseitig gebildeten, charakterfesten und körperlich gestählten Menschen erziehen.
9. Du sollst sauber und anständig leben und Deine Familie achten.
10. Du sollst Solidarität mit den um ihre nationale Befreiung kämpfenden und den ihre nationale Unabhängigkeit verteidigenden Völkern üben."[48]

Diese auch in das Parteiprogramm von 1963 aufgenommenen zehn Gebote (hier als „Grundsätze der sozialistischen Ethik und Moral") überführte die SED in ihrem letzten Programm in das Konzept der „sozialistischen Lebensweise". Die nun zurückhaltender formulierten sozialistischen Werte und Normen dienten der „allseitigen Entwicklung der Fähigkeiten und Talente der Persönlichkeit zum Wohle des einzelnen und der ganzen sozialistischen Gesellschaft".[49] Die Einordnung des Individuums in die Gesellschaft sollte in hohem Maße über Kollektive vermittelt werden, um ein „kollektives Denken und Verhalten" zu begünstigen.[50] Noch kurz vor Ende der DDR beschworen SED-Ideologen die Erfolge des sozialistischen Staates bei der „Produktion" des „neuen Menschen": „Der Sozialismus bringt massenhaft allseitig gebildete, hochbefähigte, talentierte Persönlichkeiten hervor."[51]

Zur richtigen Einstimmung des sozialistischen Nachwuchses verfaßte die FDJ ebenfalls Verhaltensregeln, die sie im Jahre 1959 in ihr Verbandsstatut aufnahm. Das einzelne FDJ-Mitglied hatte nicht nur die Pflicht, ideologisch für den Sieg des Sozialismus zu kämpfen, sondern sollte „sich vormilitärische Kenntnisse aneignen bzw. seine militärischen Kenntnisse und Fähigkeiten erhöhen". Des weiteren forderte das Statut von der Staatsjugend, sich von kleinbürgerlichen Wertvorstellungen zu lösen und „die Regeln des Gemeinschaftslebens einzuhalten, saubere und gesunde Beziehungen zwischen Jungen und Mädchen zum Gesetz" des eigenen Handelns zu machen.[52] Das Bekenntnis zu der von der SED geführten DDR und zur Freundschaft mit der Sowjetunion wurde 1958 auch in das Gelöbnis zur Jugendweihe aufgenommen.[53]

Verhaltensregeln der FDJ

Da das ideologisierte Werte- und Normensystem im Lebensalltag faktisch nicht zu erfüllen war, erwuchs der Parteiführung ein weites und willkürlich zu handhabendes Feld zur Disziplinierung der Bevölkerung, auch der eigenen Parteimitglieder. Sie definierte jede Abweichung zwischen ideologischer Vorgabe und tatsächlicher Lebenspraxis als ein Problem der „Bewußtseinsbildung". Nicht Ideologie und Politik hatten sich an der Realität zu orientieren, sondern umgekehrt sollten die Menschen dazu gebracht werden, der verordneten Ideologie zu entsprechen.

In welchem Maße der Marxismus-Leninismus tatsächlich handlungsanleitend wirkte oder aber zur Leerformel degenerierte, läßt sich kaum nachvollziehen, da die ideologisch konstruierte und die tatsächliche Realität in den Augen der Akteure

---

48 Vgl. Ulbricht 1959, S. 185.
49 Vgl. SED-Programm, Abschnitt II.E.
50 Vgl. KPW 1989, S. 491/492.
51 Vgl. KPW 1989, S. 747.
52 Zit. nach: Mählert/Stephan 1996, S. 124.
53 Vgl. ebd., S. 128.

verschwammen und eine hierdurch bedingte Schizophrenie Teil der Lebenswirklichkeit wurde.[54]

„Die Partei hat immer Recht"

Letztlich wollte die Parteiführung über die Ideologie, in Gestalt der zehn Gebote Ulbrichts, oder durch das Erziehungsziel der „sozialistischen Persönlichkeit", in der Bevölkerung folgende einfache Formeln ideologisch verankern: Die Partei hat immer Recht; jeder hat die Pflicht, sich für den Sieg des Sozialismus einzusetzen; wer nicht für uns ist, ist gegen uns; der Feind steht im Westen.[55] Doch es gelang zu keiner Zeit, eine Mehrheit der Bevölkerung auf diese Grundpositionen einzuschwören.

2. Das Bildungs- und Erziehungssystem

Die Institutionen des Volksbildungssystems der DDR hatten neben der Grundlagen- und Fachausbildung die Aufgabe, auf der Basis eines marxistisch-leninistischen Gesellschafts- und Menschenbildes „sozialistische Persönlichkeiten" zu formen. SED-Ideologen und -Pädagogen definierten Bildung und Erziehung als den „umfassenden Prozeß der zielgerichteten Einwirkung auf die allseitige Entwicklung der sozialistischen Persönlichkeit, der auf die Vermittlung von wissenschaftlichen Kenntnissen und Erkenntnissen, auf die Entwicklung von Fähigkeiten und Fertigkeiten (Bildung), auf die Herausbildung der sozialistischen Weltanschauung und Moral sowie eines entsprechenden Verhaltens (kommunistische Erziehung) gerichtet ist".[56]

Kollektive Formung und ideologische Stählung

Im Rahmen eines gleichförmigen Sozialisationsprozesses sollten die Menschen mittels einer strikt normativen Erziehung kollektiv geformt und ideologisch gestählt werden. Der sozialistische Erziehungsplan umfaßte das gesamte soziale Leben, in dem der einzelne von der Kinderkrippe bis zur Rente von einem in das nächste Kollektiv weitergereicht wurde. Jede Individualität sollte dem untergeordnet werden. Wie in anderen gesellschaftlichen Bereichen kann schwer abgeschätzt werden, inwieweit der totalitäre Anspruch der SED Realität wurde, bzw. wie sich Differenz und Widerspruch zwischen politischem Entwurf und Realität auswirkten.[57]

a) Historische Entwicklung

Die offizielle DDR-Geschichtsschreibung interpretierte die Entwicklung des Bildungswesens als „stete gesetzmäßige Höherentwicklung". Dabei unterschied man bis 1989 drei Phasen. Auf die „antifaschistisch-demokratische Schulreform" der Jahre 1945 bis 1949 folgte bis Anfang der sechziger Jahre der „Aufbau der sozialistischen Schule", an den sich „die Gestaltung des einheitlichen sozialistischen Bildungssystems" anschloß.[58]

---

54 Vgl. Enquete-Kommission 1995, S. 272 ff.
55 Vgl. Mampel 1996, S. 19.
56 Vgl. KPW 1989, S. 139.
57 Vgl. Fischer 1995, S. 853.
58 Vgl. Anweiler 1988 und Fischer 1992.

In ihrem Aufruf vom 11. Juni 1945 bezeichnete die KPD-Führung die „Demokratisierung des Erziehungs- und Bildungswesens" als eine der vordringlichen Aufgaben. Sie forderte die „Säuberung des gesamten Erziehungs- und Bildungswesens von dem faschistischen und reaktionären Unrat" und „die Pflege eines wahrhaft demokratischen, fortschrittlichen und freiheitlichen Geistes in allen Schulen und Lehranstalten".[59]

An einer pluralistischen Schullandschaft hatten allerdings weder SMAD noch KPD ein Interesse. Mit Unterstützung der sowjetischen Besatzungsmacht übernahm die KPD mittels gezielter Kaderpolitik die Schlüsselpositionen im Bildungswesen und setzte Schritt für Schritt die eigenen bildungspolitischen Grundsätze durch. Die massenhafte Entlassung ehemaliger NSDAP-Mitglieder aus dem Schuldienst ging einher mit der Werbung zehntausender Neulehrer unter „geeigneten Antifaschisten", die zumeist ohne pädagogische Vorbildung vor ihre Klassen traten. Von diesen war kein Widerstand gegen die angestrebte Sowjetisierung des Bildungswesens zu erwarten.

Kein Interesse an pluralistischer Schullandschaft

Das „Gesetz zur Demokratisierung der deutschen Schule" führte im Mai/Juni 1946 in allen Ländern der SBZ eine einheitliche, achtjährige gemeinsame Schule für alle Kinder ein. Mit der später immer wieder als bedeutende „sozialistische Errungenschaft" gefeierten „Einheitsschule" wollte man sich ausdrücklich sowohl von der nationalsozialistischen Schule als auch von der „Standesschule" von vor 1933 absetzen.

Im Herbst 1947 verstärkte die SED ihre Bemühungen, mittels Schulungsarbeit den eigenen Einfluß im Bildungsbereich auszuweiten, da man dessen Durchdringung mit marxistisch-leninistischen Inhalten als ungenügend erachtete.[60]

Der IV. Pädagogische Kongreß rechnete im August 1949 mit ideologischen Unklarheiten ab. Er forderte eine Abkehr vom „reaktionären" Inhalt der sogenannten Reformpädagogik – Ansätze, die auf demokratische Reformen in der Schule sowie die Erziehung der Schüler zu kritischem Denken zielten, standen anfangs noch in Konkurrenz zu den Modellen sowjetischer Pädagogen[61] – sowie eine Hinwendung zur sozialistischen Pädagogik der Sowjetunion.[62]

Nach Gründung der DDR übernahm das aus der deutschen Zentralverwaltung für Volksbildung entstandene Ministerium für Volksbildung als zentrales Organ die einheitliche Leitung des Schulwesens. Durch neue Schulgesetze und Verordnungen wurden die Prinzipien sowjetischer Pädagogik nunmehr vollständig im gesamten Bereich der „Volksbildung" durchgesetzt. Als zentrale Aufgabe der „sozialistischen Schule" benannte die SED jetzt die Erziehung „junger Menschen, die sich die Ideologie der Arbeiterklasse zu eigen machten" und bereit wären, die sozialistische Gesellschaft gegen alle Angriffe des Imperialismus zu verteidigen.[63] Mit den Zulassungsregeln für die weiterführenden Bildungswege schuf sich die SED ein

---

59 Zit. nach: Ministerium für Volksbildung 1959, S. 11.
60 Vgl. Margedant 1996, S. 118/119.
61 Vgl. Anweiler 1988, S. 32.
62 Vgl. Ministerium für Volksbildung 1959, S. 20.
63 Vgl. Günther u. a. 1987, S. 704.

Instrumentarium, das eine neue „sozialistische Intelligenz" nach politisch-ideologischen und sozialen Kriterien hervorbringen sollte.

Der III. Parteitag der SED im Juli 1950 forderte, den Schulunterricht analog zu parteiinternen Schulungen in allen Fächern auf der Grundlage des Marxismus-Leninismus zu gestalten.[64] Zum Schuljahresbeginn 1951/52 erschienen neue Lehrpläne, die entsprechend den „Schulpolitischen Richtlinien" der SED nach sowjetischem Vorbild vom Deutschen Pädagogischen Zentralinstitut (später: Akademie der Pädagogischen Wissenschaften der DDR – APW) auf Basis des Marxismus-Leninismus erstellt wurden. Das „Lehrplanwerk", wie seit 1959 die für alle Fächer und Klassen gültigen Lehrpläne hießen, hatte die Funktion eines verbindlichen inhaltlichen und methodischen Regelwerks zur zentralen Steuerung des Unterrichtsgeschehens. Seit der 2. Parteikonferenz der SED im Juli 1952 hatten die Schulen die Aufgabe, die Jugend auf dieser Grundlage zu „allseitig entwickelten Persönlichkeiten" zu erziehen.[65] Schon frühzeitig ergänzten die „sozialistischen Massenorganisationen der Schuljugend" (FDJ, Pionierorganisation) die politisch-ideologische Erziehungsarbeit.[66]

Lehrpläne auf Basis des Marxismus-Leninismus

Der Erziehung zum „sozialistischen Patriotismus" (bis ca. 1955: „demokratischer Patriotismus") diente vor allem das 1951/52 neu eingeführte Fach „Gegenwartskunde", daß nach mehrfachen inhaltlichen Veränderungen schließlich 1956 von dem neukonzipierten Fach „Staatsbürgerkunde" abgelöst wurde.

Die Unzufriedenheit der Parteiführung mit der politisch-ideologischen Erziehung in den Schulen blieb jedoch bestehen. Der zuständige ZK-Sekretär für Kultur/Volksbildung, Paul Wandel, wurde im Oktober 1957 wegen ungenügender Härte bei der Durchsetzung der Parteilinie abgelöst. Die Mitarbeiter des Ministeriums für Volksbildung übten am 5. April 1958 Selbstkritik, die die Verpflichtung einschloß, „sich gemeinsam mit Pädagogen und Schülern an freiwilliger körperlicher Arbeit" zu beteiligen.[67] Die SED kennzeichnete diesen Zeitraum als eine Periode des „zeitweiligen Zurückbleibens des Volksbildungswesens hinter den gesellschaftlichen Erfordernissen und des Tempoverlustes beim weiteren Ausbau der sozialistischen Schule".[68]

Institutionelle Umgestaltung der Schulen

Parallel zur ideologischen Vereinnahmung der Schulen erfolgte ihre institutionelle Umgestaltung. 1959 wurde die zehnklassige allgemeinbildende Polytechnische Oberschule (POS) zur Pflichtschule erklärt, die zehnjährige Schulpflicht für alle Schüler eingeführt und das gesamte Bildungswesen auf eine polytechnische Grundlage gestellt, womit vor allem die Einführung „produktionsnaher" Unterrichtsfächer verbunden war.[69]

Nach der Abriegelung der DDR im August 1961 verknüpfte die SED die weitere Entwicklung des Bildungssystems noch stärker mit wirtschaftlichen Erfordernissen. Laut der von Walter Ulbricht auf dem VI. Parteitag im Jahre 1963 propagierten Formel „Die Erziehung der Menschen und die Lösung der ökonomischen Aufgaben

---

64   Vgl. Dokumente zur Geschichte des Schulwesens 1970, S. 468 ff.
65   Vgl. Günther u. a. 1987, S. 704.
66   Vgl. ebd., S. 705.
67   Vgl. Fischer 1992, S. 40.
68   Vgl. Uhlig u. a. 1974, S. 48.
69   Vgl. Margedant 1995, S. 120.

sind eine Einheit" sollten alle Bildungseinrichtungen zu einem einheitlichen System zusammengefaßt und die Rolle der Wissenschaft als „unmittelbare Produktivkraft" berücksichtigt werden.

Diese programmatischen und konzeptionellen Vorstellungen fanden Eingang in das 1965 verabschiedete „Gesetz über das einheitliche sozialistische Bildungssystem" (zumeist „Bildungsgesetz" genannt), das bis zum Ende der DDR in Kraft blieb. Damit lag ein umfassendes Konzept zur Steuerung schulorganisatorischer und didaktischer Vorgaben nach allgemeinen ökonomischen und politischen Zielsetzungen vor. Die „sozialistische Bildungsplanung" war fortan Bestandteil gesamtgesellschaftlicher Pläne, die alle Aspekte der angestrebten gesellschaftlichen Entwicklung verknüpfen sollten.[70]

Mit dem Beginn der Ära Honecker, in der die SED die „untrennbare Einheit von Wirtschafts- und Sozialpolitik" zur „Hauptaufgabe" ihrer Politik erklärte, rückten im Bildungsbereich Fragen der Effektivität des Unterrichts in den Mittelpunkt.[71] Seit 1976 sprach die Partei nicht mehr nur von „sozialistischer", sondern von „kommunistischer" Erziehung. Damit einher ging die obligatorische Einführung des Wehrkundeunterrichts für die Klassen 9 und 10 mit dem Schuljahr 1978/79. Diese Lehrplanerweiterung, die vor allem in kirchlichen Kreisen Widerspruch provozierte, markierte den Höhepunkt einer schon Anfang der fünfziger Jahre begonnenen Militarisierung des Erziehungs- und Bildungswesens. Bereits im Frühjahr 1952 hatte das SED-Politbüro mit seinem „Strukturvorschlag zur Gründung der Gesellschaft für Sport und Technik" (GST) den Grundstein für die militärische Ausbildung der gesamten Bevölkerung gelegt. Aufgabe der GST sei unter anderem, für eine „Entwicklung des Massensportes auf dem Gebiet des Schießens, des Fallschirmabsprungs, Kartenkunde und Bewegung auf dem Gelände . . ." zu sorgen.[72] 1962 schuf sich die Partei mit den „Kommissionen für sozialistische Wehrerziehung" eine spezielle Struktur, die über die Bezirke und Kreise bis hinein in die Kommunen, Betriebe und Schulen wehrerzieherische Inhalte transportieren sollte. Nach mehreren Zwischenschritten wurden die gesamtgesellschaftlichen Intentionen der Wehrerziehung im Juni 1968 in einem Beschluß des ZK-Sekretariats festgeschrieben. Dieser sah ein altersspezifisches Stufenprogramm zur Wehrerziehung vom Vorschulalter bis zur Rente vor.[73] Selbst die Kindergärten blieben jetzt nicht mehr von wehrpädagogischen Aufgaben verschont; an den Schulen wurden neue Formen der Wehrerziehung wie die sogenannten „Hans-Beimler-Wettkämpfe" oder „Pioniermanöver" eingeführt.[74]

Wehrkundeunterricht

Obschon einige SED-Soziologen Anfang der achtziger Jahre forderten, das Leistungsprinzip in Wirtschaft, Wissenschaft und Bildung stärker zu betonen und hieraus resultierende soziale Unterschiede als „Wachstumsfaktoren und Triebkräfte des wissenschaftlich-technischen Fortschritts"[75] bezeichneten, sperrten sich reform-

Reformstau

---

70 Vgl. Günther u. a. 1987, S. 719.
71 Vgl. Anweiler 1988, S. 112.
72 Beschluß des Politbüros des ZK der SED vom 6. Mai 1952, zit. nach: Sachse 1996, S. 4.
73 Beschluß des Sekretariats des ZK der SED vom 19. Juni 1968, zit. nach: Sachse 1996, S. 5.
74 Vgl. Sachse 1996, S. 4 ff.
75 Vgl. Lötsch 1982, S. 721 ff.

feindliche SED-Bildungspolitiker unter Ministerin Margot Honecker, die von 1963 bis 1989 amtierte, gegen eine grundsätzliche Reform. Selbst der Anfang der achtziger Jahre immer offensichtlicher werdende ökonomisch-technische Rückstand gegenüber der Bundesrepublik brachte nicht die zur Erschließung neuer Leistungsreserven notwendigen Reformen hervor. Die SED-Bildungspolitik konnte und wollte den Widerspruch zwischen notwendiger sozialer Differenzierung und ideologischer Homogenisierung nicht auflösen.[76]

Bis zum Ende der DDR blieb die propagierte „Einheit von Unterricht und Erziehung" erhalten. Der Begriff „Erziehung" stand dabei für die angestrebte Verhaltenssteuerung auf der Grundlage ideologischer Postulate. Die SED beharrte primär auf den Grundsätzen einer umfassenden zentralen Steuerung des Bildungswesens und der Ausrichtung auf ein monistisches ideologisches System. Eine an ökonomischen Erfordernissen ausgerichtete fachliche Bildung, obwohl unentwegt propagiert, erschien demgegenüber nachrangig.

b) Die institutionelle Gliederung des Bildungssystems

Zum Ende der DDR besuchten etwa 80% der jeweiligen Jahrgänge die Kinderkrippen (für Kinder bis 3 Jahren) und über 95% die Kindergärten.[77] Letztere waren bis auf einige kirchliche Einrichtungen dem Ministerium für Volksbildung zugeordnet und hatten Aufgaben einer gezielten Schulvorbereitung zu erfüllen. Die Betreuung und Erziehung der Kinder erfolgte auf der Grundlage umfassender Vorgaben und hatte stark reglementierenden Charakter. Sauberkeit, Ordnung und Disziplin, insbesondere auch bei der Strukturierung des Tagesablaufs, waren entscheidende Erziehungsziele. Die sehr hohen Gruppenstärken (Kinderkrippe: 18 Kinder; Kindergarten: 13–19, zum Teil auch mehr Kinder) ließen wenig Spielraum für gesonderte Aktivitäten des Erziehungspersonals.[78]

Während der ersten vier Schuljahre hatten die Eltern die Möglichkeit, ihre Kinder nach dem Unterricht in „Schulhorten" betreuen zu lassen. Die „Hortnerinnen" waren u. a. mit folgenden Anforderungen an ihre Arbeit konfrontiert:

> „Die Herausbildung der kommunistischen Moral beginnt schon bei den Kleinsten. Deshalb werden hohe Anforderungen an die sittliche Erziehung gestellt. Zielstrebig gilt es, den Kindern sittliche Gewohnheiten und Verhaltensweisen anzuerziehen, sie zu Bescheidenheit, Ordnungsliebe und Diszipliniertheit anzuhalten sowie Fähigkeit und den Willen, Nützliches für das Kollektiv zu leisten, bei ihnen herauszubilden."[79]

Etwa drei Viertel aller Schüler verließ die allgemeinbildende Schule mit dem Abschluß der 10. Klasse. Der Anteil der Jugendlichen, der diesen Abschluß nicht erreichte, lag in den achtziger Jahren bei etwa 12%.[80]

Für Kinder mit starken physischen oder psychischen Schädigungen gab es Sonderschulen, die etwas über 3% eines Jahrgangs besuchten. Etwa 1% der Schüler gingen auf Spezialschulen für Mathematik, Musik, Tanz, Theater, Bildende Kunst

---

76 Vgl. Fischer 1995, S. 858.
77 Vgl. Anweiler 1989, S. 377.
78 Vgl. Fischer 1992, S. 55/56.
79 Rahmenplan 1976, S. 28.
80 Vgl. Fischer 1992, S. 60/61.

Schaubild 19: Struktur des Bildungswesens 1989

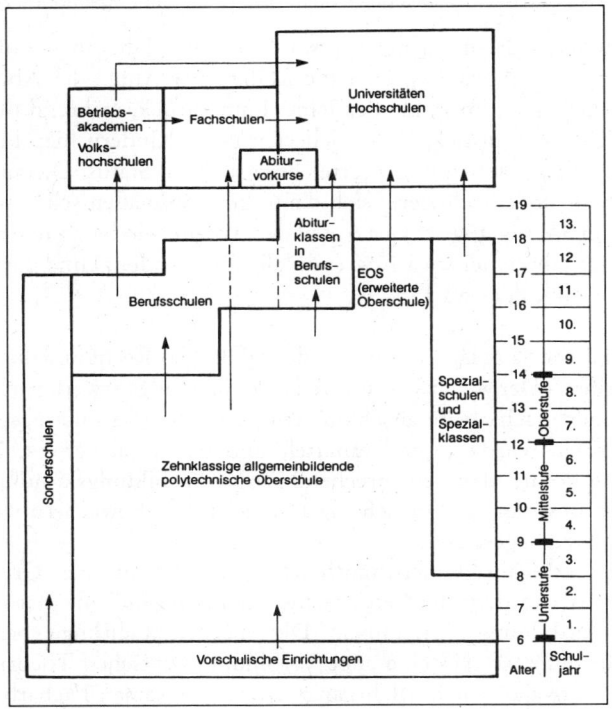

Abbildung aus: Datenreport 1992, S. 61

oder Sport, wo hohe Leistungen und herausragende Begabungen besonders gefördert wurden. Der Abschluß dieser Schulen führte in der Regel zum Abitur.[81]

Die Hochschulreife konnten Schüler im primären Schulbereich über den Besuch der erweiterten Oberschule (EOS) oder über die sogenannte Berufsausbildung mit Abitur erreichen. Die Anzahl der Schulplätze in der Abiturstufe ergab sich aus den Daten der allgemeinen Wirtschaftsplanung, die auch Prognosen über den Arbeitskräfte- und Qualifikationsbedarf umfaßten. Die Zulassung zur Abiturstufe erfolgte nach dem „Delegierungsprinzip", wobei Kriterien der schulischen Leistung, der sozialen Herkunft, vor allem aber der politisch-ideologischen Einstellung und des Studienwunsches eine Rolle spielten.[82] Wer z. B. bereit war, sich für eine fünfundzwanzigjährige Dienstzeit als Berufsoffizier der NVA zu verpflichten, erhöhte seine Chance selbst bei eher schwachen Leistungen um ein Vielfaches. In den Richtlinien über die Zulassungskriterien vom Dezember 1981 heißt es:

Erwerb der Hochschulreife

„Für die Erweiterte Oberschule und für die Berufsausbildung mit Abitur sind Schüler auszuwählen, die sich durch gute Leistungen im Unterricht, hohe Leistungsfähigkeit und -bereitschaft sowie politisch-moralische und charakterliche Reife auszeichnen und ihre Verbundenheit mit der Deutschen Demokratischen Republik durch ihre Haltung

---

[81] Vgl. ebd., S. 62/63.
[82] Vgl. Anweiler 1989, S. 378.

und gesellschaftliche Aktivität bewiesen haben ... Hervorragende Leistungen von Eltern beim Aufbau des Sozialismus sind bei der Entscheidungsfindung zu beachten."[83]

In den achtziger Jahren gelangten etwa 13% eines Jahrgangs zum Abitur, die Mehrzahl von ihnen (etwa 9%) über die EOS.[84] Der Anteil der Abiturienten aus der Arbeiterschaft ging im Laufe der Jahrzehnte zurück, während umgekehrt der der oberen Schichten anstieg. Diese sicherten ihren Kindern hierüber den beruflichen und sozialen Einstieg in den erreichten sozialen Status. Die auch ansonsten privilegierte Schicht reproduzierte sich damit gewissermaßen selbst und befestigte ihre Stellung im Sozialgefüge.[85] Der Anteil der Arbeiterkinder an den Studenten lag in den achtziger Jahren bei etwa 10% (mit fallender Tendenz) und damit unter dem westdeutschen Niveau (etwa 15%).[86]

Berufsausbildung

Jeder Jugendliche hatte laut Verfassung der DDR „das Recht und die Pflicht, einen Beruf zu erlernen". Der weitaus größte Teil eines Jahrgangs erwarb nach Beendigung der Schule einen Facharbeiterabschluß. Die Zahl der Ausbildungsplätze in den einzelnen Berufen wurde zentral ermittelt und territorial verteilt. Die jeweilige Betriebsleitung konnte dann entsprechend ihrem Ausbildungskontingent über die eingegangenen Bewerbungen entscheiden. Abgelehnten Bewerbern wurden andere Ausbildungsplätze zugewiesen.

Die zumeist zweijährige Berufsausbildung erfolgte auf der Grundlage eines „dualen Systems", in dem die Betriebe die praktische und die Berufsschulen die theoretische Ausbildung vornahmen. Die meisten Lehrlinge besuchten eine Betriebsberufsschule, so daß eine enge Verbindung zwischen Theorie und Praxis gewahrt blieb. Etwa 10% eines Jahrgangs erreichten keinen Facharbeiterabschluß und mußten als Un- oder Angelernte ins Erwerbsleben eintreten.[87]

Der Besuch einer Fachschule setzte im technischen und ökonomischen Bereich zumeist den Abschluß der zehnklassigen Oberschule und eine Facharbeiterausbildung voraus, im medizinischen, pädagogischen oder künstlerischen Bereich war die praktische Ausbildung integriert. Neben dem dreijährigen Direktstudium konnte auch ein in der Regel fünfjähriges Fernstudium absolviert werden. Die Zahl der Studierenden an Fachschulen lag 1989 bei ca. 150 000 (57% Direkt-, 38% Fern- und 5% Abendstudierende), unter ihnen über 70% Frauen.[88]

Zulassungsordnung für Hochschulen

Den Besuch einer Hochschule oder Universität regelte eine „Zulassungsordnung", die vom Bewerber neben dem Nachweis der Hochschulreife eine „aktive Mitwirkung an der Gestaltung der sozialistischen Gesellschaft und die Bereitschaft zur aktiven Verteidigung des Sozialismus" forderte.[89] Der Bedarf an Studienplätzen wurde zentral ermittelt, anschließend befand das Politbüro über die Zulassungszah-

---

[83] Anordnung über die Aufnahme in die erweiterte allgemeinbildende polytechnische Oberschule und in Spezialklassen an Einrichtungen der Volksbildung ... Zit. nach: Fischer 1992, S. 64.
[84] Vgl. Anweiler 1989, S. 378 und Fischer 1992, S. 65.
[85] Vgl. Solgar 1995, S. 183 ff.
[86] Vgl. Geisler 1993b, S. 72.
[87] Vgl. Anweiler 1989, S. 378/379 und Fischer 1992, S. 68.
[88] Vgl. Fischer 1992, S. 69/70.
[89] Zit. nach: ebd., S. 73.

len. Abgewiesenen Bewerbern wurde der Besuch einer anderen Universität bzw. ein Fachwechsel empfohlen. Allerdings erhielten nicht wenige Abiturienten sofort den gewünschten Studienplatz,[90] da im Vorfeld der Studienbewerbung bereits seitens der Schulen mit künftigen Studenten „Kadergespräche" geführt wurden, um „persönliche Interessen" und „gesellschaftliche Notwendigkeiten" aufeinander abzustimmen. Die Zahl der Studierenden stieg bis Anfang der siebziger Jahre an, um danach zurückzugehen und schließlich konstant zu bleiben. In den achtziger Jahren studierten etwa 11% bis 13% eines Jahrgangs (1970: 18,6%).[91]

Das Studium war stark reglementiert bzw. in wesentlichen Bereichen verschult. Das Fach Marxismus-Leninismus war als „gesellschaftswissenschaftliches Grundstudium" in allen Studiengängen obligatorisch. Die in Seminargruppen von etwa zwanzig Personen zusammengefaßten Studierenden mußten über ihr Studium und ihr politisches Verhalten fortwährend Rechenschaft ablegen.

Studium reglementiert und verschult

Neben den allgemeinen Universitäten und Hochschulen gab es besondere Bildungsstätten, in denen das vorgesehene Personal von Partei, Staat, Massenorganisationen sowie der Sicherheitsapparate geschult wurde. Die Parteihochschule „Karl Marx" beim ZK der SED hatte ebenso wie die Gewerkschaftshochschule „Fritz Heckert" oder die „Akademie für Staats- und Rechtswissenschaften der DDR" (die MfS-Hochschule) das Promotionsrecht. Polizei und NVA verfügten ebenfalls über eigene Hochschulen.

Mit der Hochschulreform von 1968 schaffte die SED die traditionelle Organisation der Universität in Fakultäten, Institute und Lehrstühle ab. An ihre Stelle traten Sektionen. Der Rektor und sein erster Prorektor waren gegenüber allen Hochschulangehörigen weisungsberechtigt. Wie in Betrieben und Verwaltungen hatten die Parteigruppe und der jeweilige Parteisekretär eine herausgehobene Bedeutung. Die Einstellung von Hochschulpersonal wie die Ernennung von Professoren erfolgte nur nach Absprache mit dem Parteisekretär bzw. der Leitung der Grundorganisation der SED.

Hochschulreform von 1968

Durch die Auswahl nach den erwähnten Zulassungskriterien, die rigide Reglementierung und eine fortwährende politisch-ideologische Erziehung gelang es der SED, eine Studentenschaft heranzuziehen, die sich ebenso wie das Lehrpersonal gegenüber Partei und Staat mehrheitlich loyal verhielt. Selbst in den turbulenten Tagen des Aufbruchs im Herbst 1989 blieb es an den Universitäten lange weitgehend ruhig.

c) Die politisch-ideologische Erziehung in der Schule

Die Pädagogik in der DDR stand immer unter dem Primat der Politik, wobei ihre Methoden im Rahmen der „Kollektiverziehung" darauf zielten, den einzelnen bis in die „organisierte Freizeitgestaltung" hinein mit autoritären Formen der Unterweisung und Belehrung, aber auch der unmittelbaren praktischen Erfahrung, zu einer „sozialistischen Persönlichkeit" zu formen. Die politische Erziehung setzte dabei grundsätzlich auf ein aus der „wissenschaftlichen Weltanschauung" abgeleitetes „Freund-Feind-Denken", das den „sozialistischen Patriotismus" und den „proletarischen Internationalismus" stärken sollte. Die Parteinahme für „unseren

Ziel: Sozialistische Persönlichkeit

---

[90] Vgl. ebd., S. 74.
[91] Vgl. ebd., S. 71.

sozialistischen Staat" sollte mit „Haß und Verachtung gegenüber den westdeutschen Imperialisten und Militaristen" korrespondieren.[92]

Die politisch-ideologische Indoktrination in der Schule erfolgte nicht nur über die Unterrichtsfächer Geschichte und Staatsbürgerkunde oder allgemein im geisteswissenschaftlichen Bereich, sondern erstreckte sich auf alle Fächer. Die Hauptlast hatten dabei die Lehrer zu tragen. Die Partei erwartete von ihnen als „Beauftragte des Arbeiter- und Bauernstaates" (Erich Honecker) nur sehr begrenzt eigenverantwortliches pädagogisches Handeln. Ihre „führende Rolle im Unterricht"[93] bestand in der Umsetzung der Vorgaben und Inhalte von Partei und staatlichen Institutionen. Die Schüler sollten u. a. dezidiert zum Haß auf den Klassenfeind erzogen werden. Da die Kontrolle in der Schule durch den Lehrkörper, aufmerksame Schüler oder Eltern oder auch durch Partei und MfS nahezu umfassend war, blieb den Lehrern zumeist wenig Freiraum zur Entfaltung eigener Vorstellungen. Vor allem unterschieden sich Lehrer in ihrem Umgang mit staatlichen Vorgaben und in ihrem Verhalten gegenüber den Schülern. Ihre Kennzeichnung als „willige Werkzeuge der Partei" wäre jedenfalls in dieser Pauschalität verkürzt und unzutreffend.[94] Das individuelle Bemühen vieler Lehrer und Erzieher, sich trotz der Einbindung in reglementierende und kontrollierende Programme und Rahmenpläne engagiert um die Kinder zu kümmern, wie auch ihre hohe zeitliche und nervliche Arbeitsbelastung sollten nicht unerwähnt bleiben.

Ambivalente Rolle der Lehrer

Lehrer und Schüler waren gleichermaßen an die Schulordnung gebunden. Als Abbild der gesellschaftlichen Ordnung sollte sie Schüler und Lehrer auf die ihnen zugedachte Rolle verpflichten: „Die feste Ordnung der Schule entwickelt das Verantwortungsbewußtsein der Schüler und gewöhnt sie frühzeitig daran, sich die Normen der sozialistischen Gesellschaft zu eigen zu machen und nach ihnen zu leben."[95]

Für das Konzept der politischen Erziehung spielten auch die Pionierorganisation, der nahezu alle Kinder bis zur 7. Klasse angehörten, bzw. die FDJ, die ab der 8. Klasse die Schüler „organisierte", eine wichtige Rolle. Obwohl vorwiegend außerhalb des Unterrichts aktiv, waren ihre Organisationsstrukturen auf dieser Ebene denen der Schule angepaßt; die Schulklassen bildeten Basisgruppen. Die Klassenleiter hatten in ihrer Jahresplanung Aufgabenstellungen für die FDJ festzuschreiben. Für jeden Schüler der Klasse wurden unter Beteiligung der FDJ-Mitglieder in den Gruppen im Rahmen des „Kampfprogramms" einzelne verpflichtende Aufgaben festgelegt. Die ideologische Überzeugungsarbeit an den Schulen ergänzte die SED durch den extensiven Einsatz politischer Rituale wie Jugendweihe, Aufmärsche, Fahnenappelle und Festivals aller Art.

Ein Gegengewicht gegen die offizielle politische Indoktrination in Schulen und Massenorganisationen bildeten westliche Medien, jugendliche Subkulturen, kirchliche Gruppen und auch nicht wenige Eltern, die ihre Kinder zu kritischem Denken anregten. Spätestens in den achtziger Jahren wurde deutlich, daß offenbar auch das

---

[92] Vgl. Autorenkollektiv 1971, S. 122.
[93] Vgl. Dokumente 1969, S. 365.
[94] Vgl. Margedant 1995, S. 1521 und Fischer 1995, S. 875.
[95] Vgl. Dokumente 1974, S. 302.

sozialistische Bildungswesen nicht in der Lage war den „neuen sozialistischen Menschen" hervorzubringen.[96]

Die umfassende Gleichschaltung der Sozialisationsinstanzen erwies sich als unmöglich. So führte die SED einen nie endenden „Kampf" gegen Lehrer, die ihre politischen und propagandistischen Funktionen unzureichend wahrnahmen, gegen Eltern und Betriebskollektive, deren Arbeit als „Erziehungskräfte" zu wünschen übrigließ, oder gegen Parteivertreter, die ihrer Aufsichtspflicht nicht genügend nachkamen.[97]

Obwohl vieles durch Eigenaktivitäten der Schüler gemildert und umgeformt wurde, blieb die Rigidität der Kommandostruktur der politisch dominierten Institution „Schule" bestehen. Selbst wenn das Volksbildungssystem seinen eigenen Ansprüchen nicht gerecht wurde, entstand doch ein Geflecht von habituellen und mentalen Prägungen, die bis heute fortwirken. Als nachwirkende Folgen des SED-Bildungssystems können genannt werden: eine weit verbreitete obrigkeitsfixierte Staatsauffassung, eine überwiegende Ausrichtung auf Sekundärtugenden sowie ein dichotomisches Gesellschaftsbild.

3. Die SED-Medienpolitik

Nach kommunistischem Selbstverständnis hatten die Massenmedien (Presse, Rundfunk und Fernsehen) die Aufgabe, „das Wort der Partei in die Massen zu tragen".[98] Die „politische Überzeugungs- und Erziehungsarbeit" (= Agitation) sollte u. a. durch die „überzeugende Erläuterung der Beschlüsse der SED" und „eine umfassende und aktuelle innen- und außenpolitische Information" bei den Werktätigen „sozialistische Überzeugungen und Haltungen herausbilden".[99] Die Massenmedien agierten tatsächlich nach den genannten Vorgaben, ihre von der Partei vorgegebenen Ziele erreichten sie freilich nicht.

Die im Artikel 27 der DDR-Verfassung von 1968 erwähnte Pressefreiheit („Die Freiheit der Presse, des Rundfunks und des Fernsehens ist gewährleistet") erwies sich als Makulatur, da „Pressefreiheit" nur die möglichst geschickte und attraktive Verkündung der Weltsicht der Partei – im Großen wie im Kleinen – bedeutete.

Pressefreiheit Makulatur

Die KPD-Führung hatte schon in der Moskauer Emigration der zukünftigen Medienpolitik und der Besetzung der wichtigsten Posten mit entsprechend qualifizierten und loyalen Parteikadern besondere Bedeutung beigemessen.[100] Mit Hilfe der SMAD gelang es der KPD/SED, von Beginn an eine Dominanz in Presse und Rundfunk der SBZ zu erlangen. Bei den Tages- und Wochenzeitungen geschah dies eher verdeckt durch die Zuteilung von Lizenzen, Druckgenehmigungen oder Papierkontingenten seitens der sowjetischen Besatzungsbehörde. Bis 1949 hielt die

---

[96] Vgl. Fischer 1995, S. 864.
[97] Vgl. Schneider, I. 1990.
[98] Vgl. KPW 1989, S. 17.
[99] Vgl. ebd.
[100] Vgl. Erler 1994, S. 62 ff. und Mühl-Benninghaus 1993, S. 9.

SMAD durch strenge Zensurmaßnahmen die Zügel auf diesem Gebiet fest in der Hand.[101]

Das generelle Aufsichtsrecht über den Rundfunk übergab die SMAD bereits im Dezember 1945 an die vom KPD-Funktionär Paul Wandel geleitete Deutsche Zentralverwaltung für Volksbildung (DVfV). Zum ersten Generalintendanten des „demokratischen Rundfunks" ernannte die DVfV mit Hans Mahle einen langjährig bewährten KPD-Mann, der im Moskauer Exil als stellvertretender Leiter des Senders „Freies Deutschland" gewirkt hatte und im Mai 1945 von der sowjetischen Besatzungsmacht zum Chef des Berliner Rundfunks eingesetzt worden war. Für Mahle gab es keinen Zweifel, daß der Rundfunk nach der Linie, die „das Zentralkomitee unserer Partei festgelegt hatte", aufgebaut werden mußte.[102] Bis Ende 1946 war ein weitgehend zentral gelenkter Rundfunk geschaffen worden, der unter der Anleitung und Kontrolle des Zentralsekretariats der SED stand. KPD/SED-Mitglieder, vor allem aus dem sowjetischen Exil, besetzten dabei die entscheidenden Positionen.[103]

Vorgaben der ZK-Abteilung Agitation

Nach Gründung der DDR und der Gewährung eingeschränkter Souveränität vervollständigte und verfeinerte die SED-Führung ihren Zugriff auf die Medien. Die Grundprinzipien der Anleitung und Kontrolle blieben aber bis in das Jahr 1989 erhalten. Der für Agitation und Propaganda zuständige ZK-Sekretär stellte für die Massenmedien die oberste Instanz dar. Die ihm unterstellte ZK-Abteilung Agitation setzte die politischen Richtlinien und Beschlüsse des Politbüros, des Sekretariats des ZK und des ZK-Sekretärs in tagespolitische Weisungen um und gab entsprechende Direktiven an die Verantwortlichen der verschiedenen Medien weiter. Jeweils donnerstags versammelten sich die Chefredakteure der Berliner Tages- und Wochenzeitungen sowie des Rundfunks und Fernsehens im ZK-Gebäude und nahmen vom Abteilungsleiter im Rahmen der „ARGU" (Argumentation) die aktuellen Weisungen und „Empfehlungen" entgegen.[104]

Neben Anweisungen, wie die internationale Berichterstattung oder die Darstellung und Bewertung hervorgehobener Ereignisse zu erfolgen hätte, untersagte die Agitationsabteilung en detail verschiedene Begriffe und Wörter, die ihrer Meinung nach in irgendeiner Weise negative Auswirkungen auf das „sozialistische Bewußtsein" der Bevölkerung haben könnten. Hierzu gehörten zum Beispiel:
- Nichts über Putten, Bowlingbahn, Schlößchen und Boulevards (das weckt Bedürfnisse, die wir nicht befriedigen können).
- Kein Protokollobst auf den Tischen fotografieren (sonst wird die Bevölkerung neidisch).
- Nichts über Bratwurststände (die Leute essen schon genug Fleisch).
- Nichts über Atomkraftwerke (sonst wird ein sensibles Thema hochgepuscht).
- Nichts über selbstgebaute Fluggeräte (sonst hauen uns die Leute ab).[105]

---

101 Vgl. Holzweißig 1995, S. 1689 ff.
102 Vgl. Riller 1995, S. 1216.
103 Vgl. Mühl-Benninghaus 1993, S. 10.
104 Vgl. Holzweißig 1996b, S. 54 und Hess 1993, S. 251 ff.
105 Vgl. hierzu Holzweißig 1996b, S. 56.

Die „Argumentationshilfen" des Parteiapparates gaben die Teilnehmer dieser Versammlung an ihre verantwortlichen Redakteure weiter, so daß schließlich auf allen Redaktionsebenen mit sämtlichen Beteiligten eine „ARGU" stattfand.[106] Neben dieser „Anleitungsstrecke" konnten hohe Parteifunktionäre, die Agitationskommission beim Politbüro[107] oder Mitarbeiter der ZK-Abteilung Agitation auch ad hoc in Programme oder vorbereitete Sendungen und Artikel eingreifen.[108] Die nicht unter der direkten Kontrolle der Partei stehenden Medien, etwa die Zeitungen der Blockparteien, erhielten ihre „Argumentationshilfen" durch das Presseamt beim Ministerpräsidenten, das ebenfalls an der zentralen „ARGU" teilnahm und die aktuellen Weisungen den jeweiligen Chefredakteuren übermittelte.[109]

Wer sich den Weisungen widersetzte, wurde gemaßregelt und im äußersten Fall mit Berufsverbot belegt. Andere entzogen sich Diktat und Kontrolle durch eigenes Ausscheiden aus dem Beruf. Darüber hinaus setzte die politische Justiz den § 106 des Strafgesetzbuches der DDR zur Verfolgung jeglicher oppositioneller Meinungsäußerungen in Wort und Schrift ein. Unter dem dehnbaren Begriff der „staatsfeindlichen Hetze" fanden Kritiker des totalitären Meinungsmonopols der SED eine strafrechtliche „Würdigung".[110]

Die Anwendung härterer Sanktionsmittel war zumindest nach 1961 nicht mehr in bedeutendem Maße notwendig. Die meisten Journalisten und Redakteure, die zudem in speziellen Institutionen aus- und weitergebildet wurden und sich durch eine besondere Parteinähe auszeichneten, beugten sich den Anweisungen und wählten, soweit sie nicht ohnehin mit den Vorgaben übereinstimmten, die „Schere im Kopf" zu ihrem wichtigsten Arbeitsinstrument. Der „sozialistische Journalist" sollte helfen, „das Vertrauensverhältnis des Volkes zu Partei und Staat zu festigen. Seine gesamte Tätigkeit wird grundlegend vom Programm und den Beschlüssen der marxistisch-leninistischen Partei der Arbeiterklasse sowie durch die Verfassung des sozialistischen Staates bestimmt".[111] Für die Partei galt „Medienarbeit" als „Parteiarbeit",[112] und viele, gerade auch leitende Redakteure dachten ebenso.[113]

Schere im Kopf

Durch die strikten Anweisungen und eine durch das jeweilige Medium selbst vorgegebene lückenlose Kontrolle existierten für DDR-Journalisten keine Freiräume, allenfalls Spielräume, die, solange keine vorgesetzte Instanz eingriff, in gewissem Maße genutzt werden konnten. Aber da das Ziel der Medienarbeit ohnehin nicht in wahrheitsgemäßer Aufklärung und Informationsübermittlung, sondern in der Verbreitung der Parteisicht bestand, mußten die Journalisten zwangsläufig Desinformation gegenüber ihren Lesern, Hörern und Zuschauern betreiben. Hierzu produzierten oder übernahmen sie gelegentlich auch Falschmeldungen, ließen zum Verständnis wichtige Fakten und Hintergründe weg oder berichteten über bestimmte Ereignisse überhaupt nicht.

---

[106] Vgl. Hess 1993, S. 251.
[107] Vgl. Holzweißig 1995, S. 1699.
[108] Vgl. ebd., S. 253.
[109] Vgl. Holzweißig 1995, S. 1703 ff.
[110] Vgl. Holzweißig 1989, S. 12.
[111] Zit. nach: Holzweißig 1996b, S. 62.
[112] Vgl. Hoff 1993, S. 243.
[113] Vgl. Schütt 1992, S. 190 ff., Zimmermann 1992, S. 235 ff. und Hoff 1993, S. 246.

Die SED beherrschte die Zeitungslandschaft schon allein durch die Vielzahl ihrer eigenen Zeitungen und Zeitschriften. Unter den Tageszeitungen zum Beispiel betrug der Anteil der SED-Parteizeitungen ca. 70% der Gesamtauflage, die 18 Tageszeitungen der Blockparteien erreichten dagegen nur 8,6 %.[114] Jenseits des Lokal- und z. T. auch des Kulturteils unterschieden sich die Inhalte der einzelnen Zeitungen ohnehin wenig, wobei das „Neue Deutschland (ND)" für die Bewertung übergeordneter Ereignisse Vorbildcharakter hatte. Daneben sorgte die von der SED gesteuerte staatliche Nachrichtenagentur ADN für die „korrekte Sicht" vor allem auf Auslandsereignisse. Außer dem „Neuen Deutschland" durften nur wenige Zeitungen Auslandskorrespondenten beschäftigen.[115]

Erich Honecker gab der Parteizeitung des öfteren Aufträge für Zeitungsartikel oder Kommentare und griff sogar selbst zur Feder. Im Herbst 1989 ließ er zum Beispiel einen „Hetzartikel" gegen DDR-Bürger, die in westlichen Botschaften auf ihre Ausreisegenehmigung in die Bundesrepublik warteten, schreiben, in dem es u. a. hieß, dies seien Leute, die „sich selbst aus unserer Gesellschaft ausgegrenzt" haben. Der Generalsekretär ergänzte den ADN-Kommentar noch durch den Satz: „Man sollte ihnen deshalb keine Träne nachweinen."[116]

Relativ „bunte" Wochen- und Monatszeitschriften

Einen gewissen Unterhaltungswert jenseits steriler und langweiliger parteigenehmer Artikel und Beiträge hatten einige Wochen- und Monatszeitschriften. Hierzu gehörten die „Wochenpost", die Frauenzeitschrift „Für Dich" oder das satirische Magazin „Eulenspiegel". Trotz der hohen Auflagen (insgesamt 46 Millionen Exemplare) gab es eine das Angebot übersteigende Nachfrage nach Zeitungen und Zeitschriften, so daß bei vielen Presseerzeugnissen neue Abonnenten nur bei vorangegangenen Abbestellungen angenommen werden durften.[117]

Die 34 Wochenzeitungen und Zeitschriften der Kirchen und Religionsgemeinschaften mit einer Gesamtauflage von etwa 375 000 Exemplaren standen unter besonderer Kontrolle. Da sie größtenteils nicht am Kiosk verkauft, sondern nur per Abonnement über den Postzeitungsvertrieb bezogen werden konnten, hing ihre Zustellung von einem positiven Votum des Presseamtes, Abteilung Lektorat/Lizenzen, ab. Bei nicht genehmen Artikeln verhängte diese Abteilung ein Auslieferungsverbot. Im Jahre 1988 gab es 17 generelle Auslieferungsverbote von Kirchenzeitungen, verspätete Zustellungen nach Korrektur oder Austausch von Artikeln nicht mitgezählt.[118] Dies war freilich das allerletzte Mittel. Das Presseamt versuchte in der Regel, potentielle Konflikte im Vorfeld durch Einflußnahme auf den jeweiligen Chefredakteur zu entschärfen bzw. diesen zur „freiwilligen" Rücknahme von beanstandeten Artikeln zu bewegen.[119]

„Kampf der Ideologien über den Äther"

Auch das Medium Rundfunk sollte der SED vornehmlich zur Verbreitung propagandistischer „Wahrheiten" dienen. Stärker noch als bei den Printmedien setzte schon frühzeitig der direkte „Kampf der Ideologien über den Äther" ein. Die

---

114 Vgl. Holzweißig 1995, S. 1690 ff.
115 Vgl. Holzweißig 1989, S. 20.
116 Vgl. Holzweißig 1996, S. 52.
117 Vgl. Holzweißig 1995, S. 1692.
118 Vgl. ebd., S. 1708.
119 Vgl. ebd., S. 1709.

DDR-Radiostationen mußten auch auf Beiträge westdeutscher Sender für die ostdeutsche Bevölkerung reagieren. Im September 1948 beschloß die SED, über den „Deutschlandsender" spezielle Sendungen für westdeutsche Hörer auszustrahlen.[120] Die Konkurrenz mit westdeutschen Rundfunkstationen zwang die Partei frühzeitig zu einer populäreren Gestaltung ihrer Programme. Direkte politische Agitation aus Wortbeiträgen wurde eingeschränkt, Unterhaltungs- und Musiksendungen gleichzeitig mehr Sendezeit eingeräumt.[121] Ab den sechziger Jahren bestimmten zwei gegenläufige Tendenzen die Rundfunkpolitik: Einerseits war eine gewisse Abkehr von der „Holzhammermethode" der Agitation und Propaganda zu verzeichnen, andererseits ließ sich immer wieder das Beharren auf dem „Klassenstandpunkt" in „ideologischen Fragen" feststellen.[122]

Im Zuge der Entspannungspolitik und der damit einhergehenden ideologischen Abschottung im Innern konzentrierte sich der DDR-Rundfunk auf die Auseinandersetzung mit den westlichen Sendern, stellte seine speziell auf West-Berlin und Westdeutschland gerichteten Programme ein und formalisierte die Berichterstattung über die westlichen Staaten. In den Rundfunksendungen sollte fortan das durch die internationale Anerkennung gestiegene Selbstbewußtsein der DDR und der SED zum Tragen kommen.[123] Durch Ratgeber-, Magazin- und spezielle Jugendsendungen („DT 64") sowie vor allem durch breite musikalische Angebote von klassischer Musik über Volks- zur Beatmusik sollte die Hörerzahl stabilisiert bzw. vergrößert werden. Direkte Eingriffe der Parteiführung zu besonderen Anlässen blieben jedoch bis 1989 an der Tagesordnung. So intervenierte zum Beispiel Honecker persönlich anläßlich der Ausstrahlung polnischsprachiger Sendungen durch Radio Berlin International während der Polenkrise 1980/81.[124]

Trotz aller Bemühungen blieb die Attraktivität des DDR-Rundfunks begrenzt, allein schon der ideologische Gehalt vieler Sendungen und die Behinderung einer kreativen Arbeit der Journalisten verhinderten eine größere Resonanz in der Hörerschaft.

Beitrag des Fernsehens zur „Kulturerziehung"

Als das DDR-Fernsehen nach dem ersten Versuchsprogramm anläßlich des 73. Geburtstages von Stalin im Dezember 1952 und dem Beginn des offiziellen Programms im Januar 1956 unter dem Namen „Deutscher Fernsehfunk" allmählich über eine größere Reichweite und eine nennenswerte Verbreitung (1960: 1 Million angemeldete Fernsehempfänger) verfügte, widmete sich die Parteiführung diesem Medium mit besonderem Interesse. Das Fernsehen sollte „eine große Zahl Menschen in Westdeutschland und im Ausland mit den Errungenschaften der Deutschen Demokratischen Republik und den Werken der deutschen Nationalkultur vertraut" machen und gleichzeitig „breiten Schichten der Bevölkerung die vielfältigen Schätze der nationalen Kultur und der Weltkunst vermitteln". Darüber hinaus erwartete die Parteiführung vom Fernsehen „einen wertvollen kulturellerzieherischen Beitrag auf dem Wege zur gebildeten Nation".[125] Die „Anleitung"

---

120 Vgl. Mühl-Benninghaus 1993, S. 12.
121 Vgl. Müller, S. 1995, S. 2302/2303.
122 Vgl. ebd., S. 2309 ff.
123 Vgl. ebd., S. 2316/2317.
124 Vgl. Mühl-Benninghaus 1993, S. 16.
125 Grundsätze sozialistischer Kulturarbeit im Siebenjahrplan, zit. nach: Hoff 1993, S. 241.

des Fernsehens erfolgte durch die ZK-Abteilung Agitation sowie das Staatliche Komitee für Fernsehen.[126]

Vorgaben für die „Aktuelle Kamera"

Besondere Aufmerksamkeit galt dem zentralen Nachrichtenprogramm: der „Aktuellen Kamera" (AK). Eine Aufgabe dieser Nachrichtensendung war es, in geradezu penetranter Weise bestimmte „aktuelle" Positionen der Parteiführung und der Regierung wiederzugeben.[127] Mit dem Amtsantritt von Joachim Herrmann, als ZK-Sekretär für Agitation und Propaganda auch für das Fernsehen zuständig, weiteten sich die Vorgaben für die „Aktuelle Kamera" sogar noch aus. Die Fernsehredaktion hatte der ZK-Abteilung geplante Meldungen und Themenbereiche vorab mitzuteilen, so daß die Parteiführung in den direkten Ablauf der Sendung eingreifen konnte. Der Generalsekretär widmete der Aktuellen Kamera ebenso wie dem „Neuen Deutschland" besondere Aufmerksamkeit. Aufsehen erregte am 5. Oktober 1989 sein Anruf bei dem Fernsehjournalisten Lutz Renner, der kurz vor Beginn der „Aktuellen Kamera" eine anschließende Live-Diskussion mit führenden SED-Ideologen ankündigte und die Zuschauer aufforderte, kritische Fragen an die Teilnehmer zu richten. 17 Minuten vor Beginn der Sendung, so Renner, sei die Anordnung des Generalsekretärs gekommen, „keine Probleme zu behandeln, sondern rückwärtsgewandt Positives zu erzählen".[128]

Die Mitarbeiter des Fernsehens, obschon als besonders anpassungsfähig geltend, blieben einer rigiden Reglementierung unterworfen, da über das Medium Fernsehen nach Meinung der Parteiführung seit den siebziger Jahren der entscheidende Schlagabtausch mit dem Klassenfeind ausgetragen wurde.[129] Besonders verhaßt in der Bevölkerung war der Agitator Karl Eduard von Schnitzler, der in seiner Sendung „Der schwarze Kanal" unter manipulativer Verwendung von Sequenzen aus westdeutschen Fernsehproduktionen ein überaus düsteres Bild der Verhältnisse in der Bundesrepublik zeichnete.

Reagierte die Parteiführung anfangs noch mit Kampagnen und Verboten auf den privaten Empfang westlicher Rundfunk- und Fernsehprogramme,[130] so ließ sie sich in den siebziger Jahren auf einen Wettbewerb ein, den sie nicht gewinnen konnte. Viele DDR-Sendungen erschienen dem Publikum als billige und provinzielle Imitation des Westfernsehens, so daß sie sich lieber die „Originale" ansahen. Einige durchaus anspruchsvolle Programme fanden keine angemessene Beachtung, da sie die – zum Teil noch idealisierte – Alltagswelt der DDR zum Inhalt hatten; eine Welt, der viele Zuschauer zumindest visuell entfliehen wollten.

In dem Maße, wie breite Kreise der Bevölkerung und zunehmend auch systemtreue Kader sich die Sendungen des „Klassenfeindes" anschauten und die „Tagesschau" für viele zur wichtigsten Informationsquelle wurde, standen die SED-Medien auf verlorenem Posten. Mit der Akkreditierung westlicher Korrespondenten Anfang der siebziger Jahre verlor die Parteiführung zudem ihr Monopol spezieller und lokaler Berichterstattung. Da die Einschüchterung oder Einbindung

---

[126] Vgl. Ludes 1995, S. 2194 ff.
[127] Vgl. ebd., S. 2204.
[128] Zit. nach: Holzweißig 1996b, S. 51/52.
[129] Vgl. Ludes 1995, S. 2211.
[130] Vgl. Diller 1995, S. 1238.

westlicher Journalisten nur teilweise gelang,[131] mußte die Parteiführung in den achtziger Jahren und vor allem in der Endphase der DDR miterleben, wie die Westmedien Mängel und Zerfallserscheinungen der DDR-Gesellschaft schonungslos aufdeckten und zur weiteren Demotivierung der DDR-Bevölkerung beitrugen.

Berichterstattung der Westmedien

Das umfassend aufgebaute und direkt von der Parteiführung bzw. ihrem Parteiapparat gesteuerte Meinungs- und Medienmonopol konnte nicht die gewünschte Wirkung erzielen. Stärker noch als auf anderen Feldern wurde der SED-Führung in der Medienpolitik die Tatsache zum Verhängnis, daß die DDR als deutscher Teilstaat einer offenen Informationspolitik aus dem Westen direkt ausgesetzt blieb und ihr die angestrebte „Diktatur über die Bedürfnisse der Menschen"[132] nicht gelang.

4. Alltagsleben

„Als die Straßenbahn den Ring des Stadtzentrums erreichte, wußte Dallow, wohin er fuhr. Am Hauptbahnhof stand er auf und stieg aus, sich durch die bereits einsteigenden Menschen drängend. Er lief zum Bahnhof hinüber. In der Passage zwischen den beiden Bahnhofsvorhallen suchte er vergeblich nach einem geöffneten Geschäft. Dann lief er die Treppen zu den Gleisen hoch, aber auch auf dem Bahnsteig war kein Verkaufsstand mehr geöffnet. Er ging in die Mitropa-Gaststätte, stellte sich an den Tresen und wartete, bis der Büfettier ihn nach seinen Wünschen fragte. Dallow erbat eine Schachtel Konfekt. Der Mann wies mit dem Kopf auf die Glasvitrine hinter sich, in der Keksrollen und kleine, verstaubt wirkende Konfektschachteln standen. Dallow schüttelte den Kopf. „Ich hatte an etwas anderes gedacht", sagte er. „Ich denke immer an etwas anderes", sagte der Büfettier nicht unfreundlich, „das hilft." Er ging zu seinem Wasserbecken zurück. Dallow sah weiter auf die Glasvitrine, dann ging er hinaus und die Treppe hinunter. An der Straßenbahnhaltestelle mußte er lange warten."[133]

a) Sozialistischer Alltag

Dem Berliner Schriftsteller Christoph Hein, aus dessen Feder diese triste DDR-Alltagsszene stammt, gelangen mit seinen in den achtziger Jahren entstandenen und in beiden deutschen Staaten veröffentlichten Prosawerken „Der Tangospieler", „Der fremde Freund" (in der Bundesrepublik unter dem Titel „Drachenblut" erschienen) oder „Horns Ende" illusionslose und prägnante literarische Charakterisierungen der DDR-Wirklichkeit.[134] Sie beschreiben eine Realität, die, je länger der „real-existierende Sozialismus" dahinsiechte, um so stärker von Banalität und Hoffnungslosigkeit geprägt wurde.

Tristesse des real-existierenden Sozialismus

Der „Tangospieler" Dallow, ein Leipziger Geschichtsdozent, will sich Anfang 1968 nach zweijährigem Gefängnisaufenthalt nicht wieder in sein altes, bangloses, von Lügen und Langeweile geprägtes Leben integrieren lassen, zumal ihm der Rückweg an die Universität zunächst verstellt bleibt. Als Haftgrund diente sein einmaliges Einspringen für den verhinderten Pianisten eines Studentenkabaretts. Die

---

[131] Vgl. Hacker 1992, S. 394 ff.
[132] Vgl. Heller/Feher/Markus 1983.
[133] Hein 1989, S. 96.
[134] Nicht zufällig war es auch Hein, der auf dem X. Schriftstellerkongreß der DDR im Jahre 1987 ein Ende der Zensur in der DDR forderte.

inkriminierte Vorstellung, offensichtlich als „staatsfeindliche Hetze" gewertet, wird nach Dallows Entlassung noch einmal aufgeführt, jetzt unter öffentlichem Beifall. Der politische Wind hatte sich inzwischen gedreht.

Dallow ist beileibe kein Dissident. Vielmehr verkörpert er den Typus des seiner Umwelt und seinen Mitmenschen weitgehend gleichgültig gegenüberstehenden DDR-„Intellektuellen", der zu klug ist, um die Hohlheit der ihn umgebenden politischen Phrasen und die Unglaubwürdigkeit der angepaßten Lebensentwürfe seiner Ex-Kollegen und früheren Freunde nicht zu durchschauen. Gleichwohl oder gerade deshalb bleibt er handlungsunfähig.

An eigene politische Aktivität verschwendet Dallow keinen Gedanken, er versinkt statt dessen immer tiefer in grenzenlosen Zynismus. Die Invasion des Warschauer Pakts in die ČSSR erscheint ihm offensichtlich so selbstverständlich, daß er die Aufregung seiner Umgebung darüber nicht nachvollziehen kann. Den in Prag von sowjetischen Panzerketten niedergewalzten Traum vom „Sozialismus mit menschlichen Antlitz", dem auch viele DDR-Bewohner inner- und außerhalb der SED nachhingen, träumt er längst nicht mehr. Doch Dallows Schicksal wendet sich noch einmal. Sein Hauptfeind am ehemaligen Institut, ein „1000%iger" Genosse, verliert den Arbeitsplatz, nachdem er – uninformiert – am Morgen nach dem Einmarsch der Sowjets gegenüber Studenten diesen Vorgang kategorisch bestreitet und sich dabei auf ältere Zeitungsmeldungen und Stellungnahmen der Partei- und Staatsführung beruft. Nun schließt sich der Kreis wieder: Der „Tangospieler" übernimmt die Stelle seines gestrauchelten Kollegen und kehrt in seine alte Existenz zurück, der Leser klappt das Buch verstört zu.

Hätten westliche Sozialwissenschaftler und Publizisten in höherem Maße die trotz vielfältiger Behinderungen entstandenen Werke kritischer DDR-Schriftsteller rezipiert,[135] so wäre wohl manche aus den siebziger und achtziger Jahren stammende naive Beschreibung dieser „alternativen Industriegesellschaft" realitätsbezogener ausgefallen. Allerdings hat auch heute die Beschreibung des DDR-Alltags mit sozialwissenschaftlichen Mitteln ihre Grenzen. „Harte" Fakten können nur ein Gerüst bilden, darüber hinaus ist die wissenschaftliche Analyse auf die Erinnerungen damaliger Protagonisten angewiesen, die in ihrer Gegensätzlichkeit Belege für die These liefern, daß die DDR-Gesellschaft trotz aller politischen Überformung und Gleichschaltung keineswegs so wenig ausdifferenziert war, wie es auf den ersten Blick oft scheint.

Alltagsnormalität oder politische Repression vorherrschend?

Während die meisten Ostdeutschen – selbst Teile der PDS – das politische System der DDR rückblickend als diktatorisch ansehen, wird heftig über die Frage gestritten, inwieweit politische Repression und ideologische Vorgaben den Alltag bestimmten, bzw. in welchem Maße „Alltagsnormalität" herrschte. In der Erinnerung der Opfer politischer Verfolgung dominiert selbstverständlich der repressive Aspekt, während frühere „Systemträger" und viele „Mitläufer" diesen mehr oder weniger bestreiten. Auch außerhalb des PDS-Milieus wächst die Zahl derer, die vor

---

[135] Zwar entstand im Gefolge der Biermann-Ausbürgerung 1976 durch die nachfolgende Abwanderung bedeutender Autoren eine schmerzliche Lücke, doch rückten politisch unangepaßte jüngere Schriftsteller wie Christoph Hein oder Lutz Rathenow nach, die ebenfalls über hohe literarische Fähigkeiten verfügen.

einer „Überbetonung des Zusammenhangs von politischem System und Lebenswirklichkeit" warnen. Schließlich könnten auch „autoritäre oder totalitäre Systeme ihren Bürgern eine Alltagsnormalität sowie Identifikationsmöglichkeiten bieten".[136] Dieser These entsprechen aktuelle Befragungsergebnisse, die verdeutlichen, daß einer wachsenden Zahl ostdeutscher „Normalbürger" die DDR-Zeit in mildem Licht erscheint. Frühere Negativerfahrungen werden von heutigen Problemen und Aspekten überlagert, während gleichzeitig der DDR zugeschriebene positive Eigenschaften wie „soziale Sicherheit" oder „größere Solidarität untereinander" in der Erinnerung überhöht werden.[137]

Zu dieser Verklärung des Alltags trägt häufig auch das Gefühl bei, mühsam erworbenes „kulturelles Kapital" in den neuen und fremden gesellschaftlichen Verhältnissen nicht mehr verwerten zu können. Selbstverständlich wurde auch in der DDR Alltag individuell verschieden erlebt. Aber der totalitäre Anspruch der SED auf Gestaltung der Gesellschaft machte auch vor dem Alltag nicht halt. Das Erziehungsziel „sozialistische Persönlichkeit" galt für Arbeit, Schule, Freizeit etc. gleichermaßen und stellte an den einzelnen Anforderungen, ein vor allem um die Gesellschaft und seine Mitbürger besorgter Mensch zu sein, die dieser nur als überzogen oder bestenfalls als erstrebenswerte Utopie begreifen konnte.[138] Auf einem anderen Blatt steht deshalb, inwieweit der einzelne diesen Vorgaben und Vorschriften nachkam oder sich jenseits der „offiziellen Wirklichkeit" soweit wie möglich im „Privaten" einrichtete. Der Schatten möglicher Beobachtung und politischer Verfolgung legte sich jedoch auch auf den Alltag.[139]

Die alltägliche Anpassung an die Parteinormen bzw. an die offiziellen Erwartungen erfolgte im Laufe der Jahrzehnte immer pragmatischer. Der überwiegende Teil der Bevölkerung betrachtete sie als „notwendiges Übel" und versuchte, sich in den Gegebenheiten einzurichten, soweit und so gut es ging. Einschüchterung und Gängelung ließen nach, so daß selbst diejenigen, die sich in nur minimalem Maße anpaßten, weitgehend unbelästigt leben konnten. Doch im grundsätzlichen änderte sich auch im Alltagsleben bis zum Ende der DDR nichts Wesentliches, da der individuellen Freiheit, dem selbstverantwortlichen Leben oder der Kreativität enge Grenzen gesetzt waren.

Das Verhalten gegenüber der Obrigkeit blieb bei nahezu allen DDR-Bürgern von einer tief verwurzelten Ängstlichkeit geprägt. Das ständige Pendeln zwischen Zivilcourage und Anpassung, das selbst den Alltag oppositioneller Kreise bestimmte,[140] konnte selten durchbrochen werden. Die fortwährende Furcht davor, auch als „Normalbürger" zum „Staatsfeind" gestempelt zu werden, hielt viele davon ab, der Diktatur entgegenzutreten. An eine grundsätzliche Veränderung der Verhältnisse glaubte bis zum Herbst 1989 kaum jemand; eine DDR ohne SED-Machtmonopol schien schlichtweg nicht denkbar. Der frühere Bausoldat und Redakteur einer Kirchenzeitung, Stefan Berg, beschreibt die „Geschichte der eigenen Angst", die den Alltag mitprägte, in eindrucksvollen Worten:

Pendeln zwischen Zivilcourage und Anpassung selbst in oppositionellen Kreisen

---

136 Vgl. Fritze 1996, S. 927 f.
137 Vgl. etwa SPIEGEL 45/96.
138 Vgl. Hanke 1995, S. 1152.
139 So die Kennzeichnung von Karl-Wilhelm Fricke, vgl. Materialien 1995, Bd. II, 1, S. 228.
140 Vgl. Berg 1996, S. 38 ff.

> „Die allmächtige Partei brauchte nur noch in Ausnahmefällen – an der Grenze zum Beispiel – die brutalen Herrschaftsinstrumente. Für den Alltag hatte sie ausgesorgt. Denn die Angst hatte sie in den Jahren zuvor tief in die Bevölkerung eingepflanzt. Nun konnte sie Anpassung ernten. Wie eine Erbkrankheit wurde sie von den Eltern an die Kinder weitergegeben. So verinnerlicht waren bestimmte Erfahrungen, daß viele sie gar nicht erst machen mußten, um sich doch so zu verhalten, als hätten sie sie gemacht. Heute werden, auch aus Verärgerung über das eigene angepaßte Verhalten, vielfach die Verhältnisse umgedeutet: Es sei alles gar nicht so schlimm gewesen. So steht jeder besser da, vor allem vor sich selbst."[141]

Die SED bemühte sich, den Alltag ihrer zunehmend säkularisierten Gesellschaft mit eigenen Ritualen zu durchsetzen. Im Vorfeld von Massenveranstaltungen aller Art, die das Volk von der Zukunft des Sozialismus überzeugen sollten, versuchten die Medien, „Adventsstimmung" zu verbreiten. So verkündete etwa die FDJ-Zeitung „Junge Welt" in jeder Ausgabe die bis zum betreffenden Großereignis noch verbliebene Zeitspanne („Noch 29 Tage bis zum Nationalen Jugendfestival"). Äußerlich ähnelten Militärparaden, Fackelzüge und andere inszenierte Großdemonstrationen vergleichbaren Veranstaltungen in der NS-Zeit, doch fehlte im Gegensatz zu diesen weithin die innere Begeisterung der Teilnehmer. Selbst auf sportlicher Ebene klappte die Mobilisierung nicht in dem gewünschten Maß: So erhielten etwa die gleichen Fußballer bei Vereinsspielen oft lautstärkere Unterstützung als bei ihrem Auftritt im Trikot der „Sportnation DDR". Sozialistische Zeremonien wie die 1. Mai-Demonstrationen, die Solidaritätskundgebungen oder Jugendweihefeiern mit ihrem aufgesetzten Pathos nahmen viele aber längst nicht alle Beteiligten häufig als unvermeidliche Peinlichkeit hin. Diese „Ritualisierung der auferlegten Infantilisierung"[142] zeugt nachgerade vom Ausmaß der Entmündigung, die der DDR-Bürger ertragen mußte.

Privatisierung von Ritualen

Doch oft trog der äußere Schein. Die formale Durchführung eines von der Partei vorgegebenen Rituals bedeutete noch lange nicht eine Identifikation mit dessen Inhalten und Zielen. Die Jugendweihe, an der zuletzt 97% der Jugendlichen teilnahm, kann als ein treffendes Beispiel für die „Privatisierung" eines derartigen Rituals angesehen werden. Für die Partei hatte diese antikirchliche Prozedur die Funktion, die Jugendlichen auf die Treue zum Staat und dessen Verteidigung zu verpflichten. In dem als eine Art Kinderbibel gestalteten Jugendweihebuch versuchte die SED in simplifizierter Form, ihre marxistisch-leninistische Weltanschauung zu vermitteln. Die meisten Familien ignorierten freilich den politischen und ideologischen Gehalt der Jugendweihe und begriffen sie als eine Art Familienfeier, die an die Stelle der Konfirmation gerückt war. Wie stark diese Ersatzfunktion fortwirkt, zeigt die Tatsache, daß in den neuen Bundesländern auch heute noch (von Vereinen getragene) Jugendweihefeiern stattfinden, die außer gutgemeinten Ermahnungen für den künftigen Lebensweg keinerlei Inhalte mehr bieten und sich dennoch steigender Beliebtheit erfreuen.

b) Arbeitsalltag

Arbeit war laut DDR-Gesetzgebung „Recht und Pflicht jedes Bürgers". Die zentrale Ausbildungs- und Berufslenkung schränkte freilich die individuelle

---

[141] Ebd., S. 39.
[142] Neubert 1996c.

Berufswahl in hohem Maße ein, zumal außerfachliche Kriterien dabei eine wesentliche Rolle spielten. DDR-„Werktätige" verbrachten erheblich mehr Zeit in ihren Betrieben als ihre westdeutschen Kollegen. Für 76% der Beschäftigten galt ab 1967 die 43,75-Stunden-Woche. Nur 3-Schichtarbeiter und Frauen mit 2 und mehr Kindern arbeiteten 40 Stunden, Teilzeitstellen waren selten. Der Jahresurlaub betrug etwa 4 Wochen.

Der Arbeitsalltag war mit dem in westlichen Betrieben kaum vergleichbar. Die Folgen der den DDR-Wirtschaftsprozeß bestimmenden „Entökonomisierung des wirtschaftlichen Handelns"[143] waren überall spürbar. Die Zentralisierung der Entscheidungsprozesse erwies sich gerade im wirtschaftlichen Bereich als immer weniger praktikabel und vor allem als ineffektiv. Die offiziellen Entscheidungsstrukturen wurden durch informelle Tauschgeschäfte zwischen Betrieben, „Planerfüllungspakte" zwischen Betriebsleitungen und ihren Belegschaften u. ä. fortlaufend konterkariert.[144] Der Plan war „Befehl und Fiktion" zugleich.[145]

Die Betriebe horteten Arbeitskräfte, die sie aus betriebswirtschaftlichen Gründen bzw. für die Erfüllung der Planaufgaben eigentlich nicht brauchten, um einmal die geringe Arbeitsproduktivität zu kompensieren und zum anderen möglicherweise erhöhten Anforderungen gerecht werden zu können. Schätzungen aus dem Frühjahr 1990 sprachen von ca. 1,4 Millionen entsprechender Stellen (ca. 15% aller Beschäftigten),[146] eine sicher eher zu niedrig als zu hoch angesetzte Zahl. Das häufig zwangsläufige Nichtstun durch strukturelle Probleme des Wirtschaftssystems (Maschinenstillstand, Materialmangel, personelle Überbesetzung u. ä.) wirkte auf Dauer demoralisierend auf die Beschäftigten, vor allem auf die Leistungsorientierten, und stand in einem geradezu grotesken Widerspruch zu den in den Kampagnen zur Erhöhung der Arbeitsproduktivität („Sozialistischer Wettbewerb") verwendeten Parolen wie „Aus jeder Minute Arbeitszeit, jedem Gramm Material einen höheren Nutzeffekt!". Jenseits der Erwerbsarbeit realisierte sich dieser Slogan mancherorts besser: Arbeitnehmer arbeiteten nach Feierabend, bauten, bastelten oder tauschten und kompensierten damit offensichtliche Mängel der zentralistischen Planwirtschaft. Erst im Bereich der „Schattenwirtschaft" kamen die vielgepriesenen deutschen Arbeitstugenden zum Zuge („16 Uhr: Eine tatendurstige Menge stürzt aus den Werktoren").

Arbeitstugenden in der Schattenwirtschaft

Die Produktionsarbeiter verfügten über eine relativ starke Stellung im Betrieb – schließlich erwartete die Betriebsleitung von ihnen „Chaosqualifikationen", um täglich neue „Produktionserfolge" bei häufig verschlissenem Maschinenpark und schlechter Arbeitsorganisation erbringen zu können. So sahen sich viele Direktoren gezwungen, ihre Arbeiter soweit wie möglich durch materielle Zugeständnisse zu engagierter Arbeit zu animieren, häufig auch unter Umgehung gesetzlicher Vorschriften.[147]

---

[143] Vgl. Engler 1995, S. 44.
[144] Vgl. Adler 1992, S. 40 f.
[145] Vgl. Pirker u. a. 1995.
[146] Vgl. Vollmer 1996, S. 68.
[147] Vgl. Gut u. a. 1993, S. 22 ff.

Der Betrieb war aber nicht nur Arbeitsstätte, sondern vermittelte auch Urlaubsreisen bzw. Ferienplätze in betriebseigenen oder FDGB-Ferienheimen und zum Teil auch Wohnungen für seine Beschäftigten. Des weiteren organisierte und finanzierte er gemeinsame Freizeitaktivitäten der „Arbeitskollektive" und die zahlreichen Betriebssportgemeinschaften; Großbetriebe unterhielten oftmals eigene Klubhäuser. An die eher flachen Hierarchien innerhalb der Betriebe und die meist intensiven kollegialen Beziehungen, die häufig bis ins private Leben reichten, erinnern sich noch heute viele ehemalige DDR-Bürger fast wehmütig. Die mit dem Leben in Arbeits-, Freizeit- und sonstigen Kollektiven auch einhergehende erhebliche soziale Kontrolle wird seltener erwähnt, obschon sie damals wohl von nicht wenigen gespürt und innerlich abgelehnt wurde.

c) Konsumalltag

Die Einkommensschere, obwohl stärker als vermutet vorhanden, klaffte in der DDR nicht so weit auseinander wie in westlichen Ländern.[148] Allerdings stellte ausreichende Kaufkraft allein keinesfalls eine hinreichende Bedingung für die Befriedigung materieller Bedürfnisse dar. Wer nicht den Partei-, Staats- und Wirtschaftseliten angehörte und damit Zugang zu deren abgestuften Sonderversorgungssystemen hatte, konnte sich knappe Güter häufig nur über persönliche Netzwerke oder Deviseneinsatz verschaffen.[149] Ein Grundsortiment an Lebensmitteln und einfachen Gebrauchsgütern stand zwar in der Regel zur Verfügung, genügte jedoch oftmals nicht den vorhandenen Ansprüchen. So bestand das winterliche Angebot in Obst- und Gemüsegeschäften außerhalb des als Schaufenster der DDR bei der „Verteilung des Mangels" bevorzugten Ost-Berlins größtenteils aus Weiß- bzw. Rotkohl, Kartoffeln und Äpfeln. Obwohl sich die Versorgungslage im Laufe der Jahrzehnte verbesserte, riefen Versorgungsengpässe, Waren schlechter Qualität etc. erheblichen Ärger bei den Konsumenten hervor.[150] Oft fehlten banale Alltagsgüter wie Fahrradventile, Autoreifen oder Kinderkleidung, während umgekehrt massenhaft produzierte Waren, die keiner haben wollte, die Lager und Schaufenster füllten.[151] Zusätzlich frustrierend wirkte die sprichwörtliche Unhöflichkeit vieler Mitarbeiter des „sozialistischen Handels".

„Sozialistische Wartegemeinschaften"

Für die alltägliche „Warenbeschaffung" mußte viel Zeit aufgewendet werden. Verbreitet waren „sozialistische Wartegemeinschaften" vor Geschäften, in denen limitierte Lieferungen besonders begehrter Waren eingetroffen waren oder das Eintreffen solcher Lieferungen vermutet wurde. Reste von „Verkaufskultur" verbargen sich fast nur noch in der kleinen Zahl privater bzw. in Kommission bewirtschafteter Läden.[152] Wer an begehrte Waren nicht durch das SKET-Prinzip („Sehen-Kaufen-Einlagern-Tauschen") gelangte, hatte vielleicht das Glück, spendable Westverwandtschaft zu besitzen. Diese schickten ihren „Brüdern und Schwestern in der Zone" Millionen Pakete. Seit den sechziger Jahren wurden monatlich ca. 1,5 Millionen Pakete (Weihnachten über 3 Millionen) in die DDR

---

148 Vgl. Kap. B.II.3.b.
149 Vgl. Diewald 1995, S. 223 ff.
150 Vgl. die entsprechenden Eingaben in Deutz-Schroeder/Staadt 1995 und Staadt 1996.
151 Vgl. Merkel, I. 1996, S. 14.
152 Vgl. Schmidt 1994, S. 364 ff.

geschickt, was jährlich einen Transfer von ca. 500 bis 600 Millionen DM bedeutete.[153] Auch wenn einige Sendungen in sozialistischen Bruderländern landeten, wie erstaunte Westverwandte anhand von Dankesbriefen feststellen mußten, erleichterten sie in der Regel doch den Konsumentenalltag in der DDR. Allerdings konnten sie ebenso wie die Gegenpakete häufig Anlaß für Mißverständnisse sein, kam doch gerade hierin das jeweilige Bild oder Vorurteil über die Lebensverhältnisse in der anderen Seite zum Ausdruck.[154]

Die Ausstattung der Haushalte mit langlebigen Konsumgütern verbesserte sich ab Mitte der sechziger Jahren sprunghaft. Zum Ende der DDR besaßen nahezu alle Haushalte ein Fernsehgerät, einen Kühlschrank und eine Waschmaschine.

Tabelle 9: Ausstattung privater Haushalte mit langlebigen Gebrauchsgütern

Jahr[1]	Von 100 Haushalten hatten							
	PKW[2]	Motorräder/-roller [2), 3)]	Haushaltskälteschränke	Gefrierschränke	Waschmaschinen	Rundfunkempf.	Fernsehempf.	Farbfernsehempf.
1955	0,2	10,8	0,4	–	0,5	77,1	1,2	–
1960	3,2	12,7	6,1	–	6,2	89,9	16,7	–
1965	8,2	16,5	25,9	–	27,7	86,5	48,5	–
1970	15,6	19,4	56,4	0,5	53,6	91,9	69,1	0,2
1975	26,2	19,5	84,7	3,5	73,0	96,3	81,6	2,5
1980	36,8	18,4	99,0	12,5	80,4	99,0	88,1	16,8
1985	45,8	18,4	99,0	28,7	91,8	99,0	93,4	38,4
1986	48,0	18,4	99,0	33,4	94,4	99,0	94,3	42,3
1987	49,9	18,4	99,0	38,2	96,9	99,0	95,2	46,5
1988	52,0	18,4	99,0	42,7	99,0	99,0	95,7	51,8
1989	54,3	18,4	99,0	47,5	99,0	99,0	96,2	57,2

1) Bis 1960: Stand 30. Juni, ab 1970: Stand 30. September
2) Angemeldete Fahrzeuge, ohne gewerblich bzw. von Verwaltungen genutzte Fahrzeuge
3) 1955 und 1960 ohne Motorroller

Angaben aus: Statistisches Taschenbuch 1995, S. 10.9

Die soziale Differenzierung der Gesellschaft in bezug auf den Besitz von Konsumgütern jenseits der Standardausstattung der Haushalte konzentrierte sich in den achtziger Jahren neben PKW und „Eigenheim" vor allem auf den Besitz begehrter westlicher Konsumgüter. Deren Erhalt war indes von eigenem Devisenbesitz oder von Geschenksendungen aus der Bundesrepublik abhängig. In speziellen Devisenläden („Intershops") konnte sich der DDR-Bürger langgehegte Konsumwünsche erfüllen. Bundesbürger hatten die Möglichkeit, ihren Bekannten oder Verwandten in der DDR über die „Genex"-GmbH begehrte DDR-Produkte (bis hin zum PKW) zukommen zu lassen. Der Zugang zu Devisen durchbrach die vom

---

[153] Vgl. Schneider, F. 1996, S. 223.
[154] Vgl. Dietzsch 1996, S. 204 ff.

System vorgegebene Verteilung und soziale Differenzierung und stellte insoweit eine Quelle fortwährenden Ärgernisses für die Nichtprivilegierten dar.[155] Der Versuch, über „Exquisit"- und „Delikat"-Läden, die vor allem hochwertigere DDR-Waren sowie westliche Artikel (häufig aus sogenannter „Gestattungsproduktion") anboten, die Vorteile des Devisenbesitzes zu kompensieren, gelang nur teilweise. Vor allem die extrem hohen Preise dieser Angebote (in der Regel 400–500% des DM-Preises) sorgten für neuen Unmut in der Bevölkerung.

Orientierung der Konsumenten am westlichen Standard

Die verbreitete Orientierung der Konsumenten an westlichen Standards relativierte alle Anstrengungen der DDR-Wirtschaft, Versorgungsmängel zu beheben und die Produktpalette zu erweitern. Da gerade bei Jugendlichen seit den sechziger Jahren u. a. bestimmte Kleidungsstücke wie Jeans als Statussymbole zur Herausbildung kultureller Identität dienten[156], konnte die SED-Führung, die anfangs gegen diese Erzeugnisse „amerikanischer Pseudokultur" wetterte, diesen Kampf nur verlieren.[157]

Allerdings gab es auch kurzlebige Konsumgüter, die immer reichlich und in großer Auswahl vorhanden waren, z. B. hochprozentige alkoholische Getränke. Beim Alkoholkonsum besaß die DDR das so oft beschworene, aber selten erreichte „Weltniveau" (Platz 3 seit 1982). Der Pro-Kopf-Verbrauch betrug bei Spirituosen 16,1 Liter (1955: 4,4), bei Bier 1988 143 Liter (1955: 68,5).[158]

d) Wohnen

Wie unterschiedlich in der DDR Lebenschancen verteilt waren, wird auch in der Wohnungspolitik des SED-Regimes deutlich. Der Wohnungsbau war in der Ära Ulbricht drastisch vernachlässigt worden, so daß der vorhandene Altbaubestand zunehmend verfiel. Die auf dem Stand von 1936 eingefrorenen Mieten deckten nicht die Unterhaltskosten, und daneben waren kaum Baukapazitäten für Reparaturarbeiten vorhanden, da die SED die Zahl der privaten Handwerksbetriebe und deren Produktionskapazitäten stark reduziert hatte. Der schlechte Zustand der meisten Wohnungen wie auch die geringe Möglichkeit, eine Wohnung zugewiesen zu bekommen, bildete in der Bevölkerung eine Quelle größten Ärgernisses. Unter den Eingaben an Staatsrat und Partei dominierten daher Beschwerden über die „Wohnungswirtschaft".[159]

Prestigeobjekt „Wohnungsbauprogramm"

Erich Honecker erklärte nach seiner Machtübernahme im Jahre 1971 den Wohnungsbau zum „Kernstück der Sozialpolitik". Mit einem veranschlagten Aufwand von rund 235 Milliarden Mark sollten sich bis 1990 für zwei Drittel der DDR-Bürger die Wohnverhältnisse entscheidend verbessern und damit die „Wohnungsfrage als soziales Problem" endgültig gelöst werden. Das Prestigeobjekt „Wohnungsbauprogramm" überstieg jedoch die Wirtschaftskraft der DDR bei weitem. Man half sich mit statistischen Fälschungen. Statt der offiziell verkündeten 2,8 Millionen Wohnungen wurden von 1975 bis 1989 tatsächlich nur ca. 1,7 Millio-

---

[155] Vgl. ebd., S. 274/275.
[156] Vgl. die eindrucksvolle literarische Darstellung bei Plenzdorf 1973.
[157] Vgl. Irmscher 1996, S. 185 ff.
[158] Vgl. Geisler 1996, S. 260.
[159] Vgl. z. B. Mühlberg 1996, S. 180 und Staadt 1996a, S. 70 und 73.

nen neu gebaut oder modernisiert.[160] Wegen des bedrohliche Ausmaße annehmenden Verfalls der Innenstädte waren die meist in Satellitenstädten neugebauten standardisierten Wohnungen in Plattenbauten (Volksmund: „Arbeiter-Schließfächer") heiß begehrt. Da die Wohnungsvergabe allein durch staatliche Stellen erfolgte – auch die ständig schrumpfende Zahl privater Hauseigentümer hatte kein Mitspracherecht, sondern mußte zugewiesene Mieter akzeptieren – gab es selbstverständlich eine „Wohnraumlenkungsverordnung". Deren § 11 verpflichtete die Wohnungsämter, diejenigen Bürger zu bevorzugen, „die sich durch herausragende Leistungen bei der Stärkung, Festigung sowie zum Schutze der ... Republik" ausgezeichnet hatten.[161]

Um die Wohnungsnot etwas rascher zu lindern, wurde in den siebziger Jahren der private Bau von Einfamilienhäusern wieder zugelassen. Auch hier war staatsbürgerliches Wohlverhalten hilfreich, um Baugenehmigungen, Kredite, Materialzuteilungen etc. zu erhalten. Für den Normalbürger war ein solcher „Eigenheimbau" in der Mangelgesellschaft mit einem erheblichen Aufwand an Geld, Zeit und Nerven verbunden. Dagegen konnten hohe Nomenklaturkader, wie nach 1989 offensichtlich wurde, vergleichsweise problemlos die notwendigen Ressourcen mobilisieren, einige ließen sich sogar auf Staatskosten ihre Anwesen bauen oder renovieren.

Auch das gegenüber der Bundesrepublik deutlich niedrigere Heiratsalter sowie die frühere erste Schwangerschaft junger Frauen hing nicht zuletzt mit der Wohnungsproblematik zusammen. Nur bei Eheschließung bestand für junge Paare eine realistische Chance auf Zuweisung einer eigenen Wohnung, zumal der Staat deren Einrichtung noch mit einem großzügigen Kredit förderte. Dessen Rückzahlung wurde teilweise erlassen, wenn sich Nachwuchs einstellte. Die Berufschancen junger Frauen verschlechterten sich durch eigene Kinder selbst während der Ausbildungszeit kaum. Die Kehrseite dieser großen Zahl früh geschlossener Ehen bildete die sehr hohe Scheidungsrate.[162] Wegen der Wohnungsknappheit mußten sich jedoch geschiedene Paare häufig weiterhin eine gemeinsame Wohnung teilen.

Trotz der verfallenen Bausubstanz in den Innenstädten, der nicht ausreichenden Fertigstellung von Neubauwohnungen und der im Vergleich zur Bundesrepublik kleineren und unkomfortableren Wohnungen (im Altbau teilweise ohne Bad und mit Außentoilette) verbesserte sich die Wohnungssituation in der DDR im Laufe der Honecker-Ära spürbar.[163]

Wohnungssituation für junge Leute besonders schwierig

e) Freizeit

Einen beträchtlichen zeitlichen Aufwand erforderte die „gesellschaftliche Arbeit", die von vielen als eher lästig und freizeitmindernd empfunden wurde. Hierzu zählten etwa die Parteiversammlungen, die Treffen der Massenorganisationen, Agitationseinsätze der „Nationalen Front", aber auch die Übernahme gesellschaftlicher Ämter in der Schule (z. B. als Elternvertreter), im sozialistischen Rechtswesen (z. B. als Schöffe) oder im Haus (z. B. als Hausbuchführer).

---

160 Vgl. Buck 1996a, S. 98.
161 Vgl. Buck 1996b, S. 67 ff.
162 Vgl. Huinink/Wagner 1995, S. 144 ff.
163 Vgl. Gensicke 1992, S. 1270.

„Wirkliches Leben" jenseits von Erwerbsarbeit und Ritualen

Für viele DDR-Bürger begann das „wirkliche Leben" erst jenseits der Erwerbsarbeit und der Teilnahme an staatsbürgerlichen Ritualen. Doch Freizeit war ein äußerst knappes Gut. Im durchschnittlichen wöchentlichen Zeitbudget (ohne Urlaub, Krankheit etc.) blieb dem Durchschnittsarbeiter und -angestellten nicht einmal jede fünfte Stunde zur freien Verfügbarkeit.[164] Generell hatten Frauen, die häufig die Doppelbelastung von Beruf und Haushalt trugen, weniger Freizeit zur Verfügung als Männer.[165]

Die SED versuchte, die Bürger zu einer „sinnvollen Freizeitgestaltung" anzuregen. Einschlägige Angebote des Staates, der Massenorganisationen oder Sportklubs waren breitgefächert und reichten von Weiterbildungsangeboten über Interessengruppen für Philatelie, Denkmal- oder Naturschutz, sportliche Aktivitäten, bis hin zum Jugendtanz. Auch dabei sollte allerdings möglichst viel im „vorgegebenen Rahmen" ablaufen, um Staat und Partei weitgehende Kontrollmöglichkeiten einzuräumen. Vom Staat oder den Massenorganisationen unabhängige Vereine waren nicht zugelassen. Die Mehrzahl der DDR-Bürger nahm die Angebote pragmatisch in Anspruch, soweit sie ihren Bedürfnissen entsprachen oder mangels Alternativen konkurrenzlos blieben. Gerade unter den Jugendlichen bildete sich aber in den siebziger und achtziger Jahren ein an westlichen Trends orientiertes Freizeitverhalten heraus.

Fernsehkonsum

Des DDR-Bürgers liebstes Freizeitvergnügen war – ähnlich wie bei Bundesdeutschen – das Fernsehen. Viele Zuschauer konnten via TV jeden Abend gen Westen emigrieren. Allerdings war die Reichweite westlicher Sender begrenzt, so daß ihr Empfang nur einem gewissen Teil der Bevölkerung möglich war. So wurde der Raum Dresden im Volksmund als „Tal der Ahnungslosen" verspottet, weil man dort keine westlichen Sender empfangen konnte. Während noch in den sechziger Jahren FDJ-Brigaden im Rahmen der „Aktion Blitz – gegen NATO-Sender" westwärts gerichtete Fernsehantennen umdrehten oder abbrachen,[166] versuchte die SED ab Mitte der achtziger Jahre sogar, ihre Bürger durch Verbesserung des „Westempfangs" ruhigzustellen, u. a. mittels Genehmigung des Baus von Gemeinschaftsantennen. Vor allem westliche Unterhaltungssendungen und Serien erreichten hohe Beachtung. „Der große Preis" mit Wim Thölke beispielsweise hatte nach Schätzungen Einschaltquoten von 60% bis 70%, und auch amerikanische Seifenopern wie „Dallas" und „Denver" zählten zu den Höhepunkten vieler Fernsehabende. Viele Sendungen des DDR-Fernsehens, vor allem solche mit politischem Inhalt, erfreuten sich dagegen geringer Beliebtheit. Nach Schätzungen sahen z. B. weniger als 10% der Fernsehzuschauer in der DDR die „Aktuelle Kamera".[167] „Unpolitische" Eigenproduktionen wie „Ein Kessel Buntes" erhielten allerdings damals wie heute großen Zuspruch.

Nach dem Fernsehen waren die Beschäftigung im Kleingarten, Sport und Bewegung, Lesen sowie Treffen mit Freunden und Bekannten vorrangige Freizeitbeschäftigungen.[168] Das Leben und die Arbeit im Kleingarten rund um die eigene

---

[164] Vgl. Hahn 1990, S. 244.
[165] Vgl. ebd.
[166] Vgl. Staadt 1993, S. 59 ff.
[167] Vgl. Rexin 1989, S. 407.
[168] Vgl. ebd., S. 406.

„Datsche" gehörte zu den Dingen, die sowohl der SED-Führung als auch breiten Bevölkerungsschichten gleichermaßen Freude bereiteten. Der Erholungseffekt konnte mit der Erzeugung landwirtschaftlicher Produkte verbunden werden, da die zuletzt mehr als 830 000 Kleingärtner meist großflächig nicht nutzbare Parzellen bewirtschafteten. Der Kleingarten als Lebensraum kompensierte damit Lücken und Engpässe staatlicher Organisation, sei es im Versorgungsbereich, im Wohnungssektor oder bei den Urlaubsmöglichkeiten.[169] Auch wenn der Besitz dieser „privaten Nische" sich zum Teil staatsbürgerlichem Wohlverhalten[170] verdankte, gab es hier die Möglichkeit zur Gestaltung eines Freiraums. Laubenkolonien waren – wie auch in der Bundesrepublik – charakterisiert durch soziale Gleichartigkeit, einen kumpelhaften Umgangston, lässiges Benehmen, legere Kleidung und Ausgelassenheit. Hier erschien die DDR mit dem solidarischen Prinzip der Nachbarschaftshilfe, dem Tauschhandel, der halböffentlichen Kommunikation und Kontrolle bei gleichzeitiger Begrenztheit der Lebensansprüche in der subjektiven Wahrnehmung tatsächlich als „Staat der kleinen Leute".[171]

Kleingarten als Lebensraum

Das Lesen von Zeitungen, Zeitschriften und Büchern nahm ebenfalls, wenn auch Rundfunk und Fernsehen nachgeordnet, breiten Raum in der Freizeitgestaltung ein. Die Nachfrage vor allem nach Zeitschriften überstieg das zahlenmäßig hohe Angebot. Der Zugang zu Zeitungen und Zeitschriften aus dem Westen blieb dem Normalbürger versperrt.

Die Literatur hatte in der DDR in mehrerer Hinsicht Ersatzfunktionen: Profilierte und privilegierte Autoren wie Christa Wolf, die von literarisch wie politisch interessierten Bürgern gelesen wurden, konnten in ihren Büchern Entwicklungen und Probleme ansprechen, die in den gesteuerten Massenmedien nicht behandelt wurden. Doch auch sie durften den Bogen nicht überspannen, wie beispielsweise Stefan Heym erfahren mußte, dessen Werke teilweise gar nicht oder nur mit erheblicher Verspätung – nach ihrem Erscheinen in der Bundesrepublik – veröffentlicht wurden. Vor allem im Westen weniger bekannte „unliebsame" Schriftsteller wie Lutz Rathenow erhielten keine Druckgenehmigung oder wurden strafrechtlich verfolgt.[172] Viele DDR-Bürger lasen gerne Reisebeschreibungen oder Abenteuerliteratur, um wenigstens indirekt an Erfahrungen teilzuhaben, die sie als Bewohner eines eingemauerten Landes nicht selbst machen konnten.

Ersatzfunktionen der Literatur

Höhepunkt des Jahres war der Urlaub. Der Drang in die Ferne verband die Deutschen in Ost und West. Da die Reisemöglichkeiten für DDR-Bürger aufgrund der niedrigen Einkommen, der unterentwickelten Infrastruktur und der Reiseverbote in westliche Länder beschränkt waren, begann die SED schon frühzeitig mit der Entwicklung einer Art „Sozialtourismus", der gewissermaßen eine touristische Grundversorgung garantieren sollte.

Sozialtourismus

Hauptanbieter für Ferienreisen waren der FDGB-Feriendienst, Betriebe mit eigenen Ferienheimen sowie das Reisebüro der DDR. Ende der achtziger Jahre

---

[169] Vgl. Dietrich 1996, S. 347/348.
[170] Vgl. Eckert 1996, S. 647 ff.
[171] Vgl. Dietrich 1996, S. 350.
[172] Vgl. Walther 1996.

verreisten etwa 3,2 Millionen Personen in betriebseigene Ferienheime, 1,8 Millionen erhielten eine Urlaubsreise vom FDGB und etwa 0,6 Millionen Reisen (insbesondere in das sozialistische Ausland) erfolgten über Buchungen beim DDR-Reisebüro.[173] Für Kinder und Jugendliche subventionierte und organisierte der Staat mit Hilfe vor allem der FDJ und der Pionierorganisation „Ernst Thälmann" sowie der Betriebe und Schulen zahlreiche Kinderferienlager und andere Gruppenreisen, bei denen neben der Erholung und dem Abenteuer auch die politisch-ideologische Erziehung (durch FDJ und Pionierorganisation) nicht zu kurz kommen sollte.[174] Daneben vermittelte ein spezielles Reisebüro der FDJ – Jugendtourist – Reise- und Ferienplätze.

Wer an diesen Formen „organisierten Urlaubs" nicht interessiert war oder trotz Bemühungen bei der Verteilung der Plätze leer ausging, reiste auf eigene Faust. Neben der (begrenzten) Möglichkeit, Privatzimmer zu buchen, erfreute sich der Campingurlaub besonderer Beliebtheit. Der SED gelang es nicht, diese Form des Reisens einzudämmen, die sie noch 1960 als „typisch kapitalistisch" und als „schädlichen Individualismus" bezeichnete.[175] Gegen den Widerstand der Moralapostel aus der SED-Führung, die Anfang der fünfziger Jahre ein generelles Nacktbadeverbot verhängten, setzten Nudisten ihren Anspruch auf Freikörperkultur durch. In den achtziger Jahren gab es an vielen Binnenseen wie an den Ostseestränden unzählige FKK-Plätze.[176]

Bei den beliebten Reisen ins sozialistische Ausland mußten DDR-Bürger oftmals die bittere Erfahrung mit nach Hause nehmen, verglichen mit bundesdeutschen Touristen als zweitrangig behandelt zu werden; auch sozialistische Bruderländer favorisierten statt der „Aluchips", wie DDR-Bürger ihre eigene Währung spöttisch nannten, die harte Westmark. Diese Erfahrung sollte Spuren hinterlassen.

Westreisen Reisen in den Westen unterlagen besonderen Einschränkungen. Nachdem der Reiseverkehr nach dem Bau der Mauer fast völlig zum Erliegen gekommen war, stieg die Zahl der Westreisenden, vor allem der Rentner, ab Mitte der sechziger Jahre wieder an. Zwischen 1965 und 1985 verzeichnete die Statistik im Jahresdurchschnitt etwa 1,3 Millionen Rentnerbesuche im Westen, die nach 1986 aufgrund einer großzügigeren Genehmigungspraxis sprunghaft anstiegen (1987: 3,8 Millionen; 1988: 6,7 Millionen). Bewohner unterhalb des Rentenalters durften nur in „dringenden Familienangelegenheiten" in die Bundesrepublik reisen. Bis 1986 dominierte eine restriktive Genehmigungspraxis, so daß nur einige Zehntausende hiervon Gebrauch machen konnten. Erst im Vorfeld des Honecker-Besuchs in der Bundesrepublik erhielten viele „Nicht-Rentner" diese Möglichkeit (1987: 1,2 Millionen; 1988: 1,1 Millionen).[177] Die Ablehnung eines Reiseantrags in „dringenden Familienangelegenheiten" erfolgte ohne Begründung, Antragsteller konnten über die Motive der „Sicherheitsorgane" nur spekulieren. Den mehr als drei Millionen sogenannter Geheimnisträger waren Westreisen und -kontakte generell verboten. Besonders vertrauenswürdige Kader dagegen durften und sollten Dienstreisen in

---

[173] Vgl. Selbach 1996, S. 65 ff.
[174] Vgl. ebd., S. 74.
[175] Vgl. Kruse 1996, S. 106 ff.
[176] Vgl. ebd., S. 111.
[177] Vgl. Plück 1996, S. 293 ff. und Lochen 1996, S. 489 ff.

westliche Länder unternehmen. Die Genehmigung erfolgte nach Rücksprache mit dem MfS. Es war festgelegt, daß „nur solche Kader zum Einsatz gebracht werden, deren politische Zuverlässigkeit erwiesen ist und die die DDR im Ausland würdig vertreten".[178] Die Reisekader hatten nach ihrer Rückkehr einen Bericht zu verfassen, der politisch relevante Beobachtungen enthalten sollte. Unter anderem mußten Angaben über Gesprächspartner, deren politische Einstellungen bzw. Äußerungen über die DDR sowie zum Verhalten von Mitreisenden gemacht werden. Das MfS wertete die Reiseberichte nachrichtendienstlich aus und zog daraus entsprechende Schlußfolgerungen.

f) Ausgegrenzte Außenseiter – Nicht-Deutsche und Subkulturen

In der DDR lebten vergleichsweise wenige Ausländer (1989: 1,2% der Bevölkerung). Allerdings gab es schon in den fünfziger Jahren Gaststudenten, vorwiegend aus Entwicklungsländern, deren Studium entweder als „Solidaritätsleistung" der DDR finanziert wurde oder mit Devisen bezahlt werden mußte. Ab Ende der siebziger Jahre schloß die DDR-Führung zur Linderung des chronischen Arbeitskräftemangels entsprechende Verträge mit „befreundeten Ländern". Obwohl die SED-Führung immer „Völkerfreundschaft" propagieren ließ, lebten und arbeiteten Ausländer, die auf Basis dieser Vereinbarungen in die DDR gekommen waren, meist unter erbärmlichen Bedingungen. In Wohnheimen ghettoisiert – dort standen ihnen vertragsgemäß 5 qm Wohnfläche zu –, blieben sie auch in der Freizeit meist unter sich. Von rituellen „Solidaritätsveranstaltungen" abgesehen, deren Besuch für deutsche und ausländische Arbeitskräfte obligatorisch war, tat das SED-Regime nichts, um die Isolierung der „Gastarbeiter" zu überwinden – im Gegenteil: entsprechende Bemühungen von Gruppen im Umfeld der Kirche wurden höchst mißtrauisch beobachtet. Die ausländischen Billigarbeiter bekamen ihren Lohn meist nur teilweise ausgezahlt, den Rest verrechnete die DDR mit den Heimatländern. Sprachkenntnisse, die über das unmittelbar für die Arbeit nötige Elementarniveau hinausgingen, wurden nur selten vermittelt. Wer durch Arbeitsunfall, Krankheit oder Schwangerschaft arbeitsunfähig war oder sich etwa für bessere Aufenthaltsbedingungen engagierte, wurde nach Hause zurückgeschickt. Unter den 191 000 Ausländern, die 1989 in der DDR lebten, waren 70% Männer, meist zwischen 20 und 40 Jahren. Vietnamesen (ca. 60 000) und Polen (ca. 52 000) stellten die größten Gruppen. Außerdem gab es starke Kontingente aus Kuba, Angola und Moçambique.[179]

Ausländer ghettoisiert

Die „Gruppe Sowjetischer Streitkräfte in Deutschland" mit ihren bis zu 450 000 Soldaten wurde von der Bevölkerung streng abgeschirmt. Private Kontakte zur einheimischen Bevölkerung waren sowjetischen Soldaten untersagt. Mannschaftsdienstgrade durften die Kasernen nur in Gruppen unter Begleitung eines Offiziers verlassen, und selbst Offiziere zeigten sich ohne Auftrag selten in der Öffentlichkeit. Die Lebensbedingungen der sowjetischen Soldaten, etwa ihre Unterbringung oder Verpflegung, lagen weit unter dem DDR-Niveau.[180]

Sowjetische Soldaten in der DDR

---

178 Zit. nach: Gries/Meck 1996, S. 488.
179 Vgl. Geißler 1992, S. 162 ff.
180 Vgl. Schilling 1996, S. 272 ff.

Sorben

Einzige „nationale Minderheit" auf DDR-Gebiet waren die ca. 60 000 bis 80 000 Sorben, ein kleines slawisches Volk, dessen traditionelle Siedlungsgebiete in der Ober- und Niederlausitz liegen. Kulturelle Zentren sind Bautzen und Cottbus. Über Jahrhunderte einem erheblichen Assimilationsdruck ausgesetzt, der seinen Gipfel im Nationalsozialismus erreichte, hofften die Sorben nach Kriegsende auf umfassende Autonomie, die ihnen aber auch die neuen Machthaber nicht gewährten.

Die nach dem Verbot durch die Nationalsozialisten im Mai 1945 wiedergegründete „Domowina" („Bund Lausitzer Sorben") wurde bereits 1948 gleichgeschaltet, die Mitglieder der „Sorbischen Jugend" zum kollektiven Eintritt in die „Freie Deutsche Jugend" gezwungen. Eine echte Artikulation eigener Interessen gestand die SED den Sorben niemals zu. Statt dessen versuchte die Partei, diese als Beweis für ihre vermeintlich vorbildliche Minderheitenpolitik zu instrumentalisieren. Sorbische Schulen, Medien, kulturelle und wissenschaftliche Einrichtungen – die allerdings ebenfalls der Steuerung durch die SED unterlagen – wurden vom Staat finanziert. Da aber der Sorbischunterricht ab 1964 nach einer Änderung des „Volksbildungsgesetzes" entscheidend an Bedeutung verlor und es außerdem an sorbischsprachigen Lehrkräften mangelte, beherrschten viele Sorben Ende der achtziger Jahre kaum noch die eigene Muttersprache. Ein entscheidender Schlag wurde der sorbischen Identität auch durch den extensiven Braunkohleabbau zugefügt, der große Teile des sorbischen Siedlungsgebietes erfaßte und Mondlandschaften sowie zerstörte soziale Milieus zurückließ. Trotz des zunehmenden Protestes der Sorben setzte die SED diese Politik unvermindert fort.

Die meisten DDR-Bürger kannten, wenn überhaupt, sorbische Kultur nur aus einer folkloristischen Perspektive, auch DDR-Schulen vermittelten darüber hinaus kaum weitere Aspekte. Antislawischen Vorurteilen, die unter der DDR-Bevölkerung latent verbreitet blieben und auch die Sorben betrafen, wurde von seiten der SED kaum entgegengetreten; im Gegenteil: Teilweise schürte die Partei diese sogar bewußt, etwa während der Polenkrise ab 1980.[181]

Subkulturen

In den siebziger Jahren begannen sich in der DDR ähnlich wie in westlichen Ländern Subkulturen herauszubilden, die im Zeitverlauf an zahlenmäßiger Stärke zunahmen und sich intern differenzierten. Auffallende Kleidung, die Orientierung an westlichen Trends und der „unangepaßte" Lebensstil dieser Rocker, Punks oder Skinheads gerieten zum kompletten Gegenbild der offiziell gewünschten sozialistischen Persönlichkeiten und stellten nicht nur für Partei und Staat, sondern auch für große Teile der spießig-kleinbürgerlichen DDR-Gesellschaft eine Provokation dar. Zu ihrem Alltag gehörten berufliche Diskriminierung, ständige „Personenkontrollen", grundlose Inhaftierungen und andere Schikanen der „Sicherheitskräfte". Die SED konnte bei der Ausgrenzung dieser und anderer Menschen, die gegen den aufgezwungenen Kollektivismus Individualität zu leben versuchten, auf das Verständnis vieler „Normalbürger" rechnen.[182] Auch kleine, vorwiegend im Umfeld der evangelischen Kirche agierende Gruppen, die sich dezidiert als politisch-alternativ verstanden, wurden häufig mit moralischen Diffamierungen bekämpft. Besonders problembeladen war der Alltag der „Antragsteller auf ständige Ausreise", die meist sofort aus qualifizierten Arbeitsverhältnissen entlassen wurden, häufig

---

[181] Vgl. Oschlies 1991 und Lindemann 1995.
[182] Vgl. z. B. Plenzdorf 1973.

jahrelang auf gepackten Koffern saßen, immer mit der Ausweisung innerhalb von 24 Stunden rechnen mußten und oft auch noch von Nachbarn und ehemaligen Arbeitskollegen „geschnitten" wurden.[183]

g) Folgen des Alltags

Die SED hat natürlich weder den „neuen Menschen" noch die „allseitig gebildete Persönlichkeit" zu schaffen vermocht. Das zeigte sich gerade im Alltagsleben. Die „sozialistische Lebensweise", die nach offizieller Lesart den „Interessen aller Werktätigen und ihrem Streben nach einem sinnerfüllten, inhaltsreichen und schönen Leben in der sozialistischen Gemeinschaft" entsprach und „untrennbar mit der Entwicklung sozialistischer Persönlichkeiten verbunden (war), deren Denken und Handeln vom sozialistischen Patriotismus und proletarischen Internationalismus gekennzeichnet" war,[184] existierte für die breite Masse der Bevölkerung nur in den Phrasen und Parolen der Partei. Der „Normalbürger" gab sich bei der Arbeit, im Büro oder auf Massenversammlungen und Demonstrationen Staat und Partei gegenüber loyal, demonstrierte, wo immer es verlangt wurde, „sozialistisches Bewußtsein", um sein privates Leben gleichzeitig nach anderen Werten und Verhaltensmustern zu organisieren.[185] Diese alltägliche Schizophrenie galt in weiten Kreisen der Bevölkerung als Normalität.[186] Die Anstrengungen der SED, das Alltagsleben zu organisieren, ließen im Laufe der Jahre nach. Schließlich wurde die Möglichkeit zum begrenzten Rückzug in selbstgestaltete Freiräume geduldet. Dies war freilich kalkuliert und jederzeit widerrufbar. Die vielbeschworenen „privaten Nischen" blieben systemgeprägt, auch werden sie in ihrer Bedeutung überbewertet.[187] Der Widerspruch zwischen der nach ideologischen Vorgaben simulierten und der realen Existenz bestimmte nachhaltig auch das Alltagsleben der DDR-Bürger.[188]

Alltägliche Schizophrenie

Der eigentliche Zufluchtsort vor den Ansprüchen und Zumutungen der von der SED eingeengten Lebenswirklichkeit war für viele die Familie. Ein glückliches Familienleben gehörte zu den wichtigsten Lebenswerten.[189] Der Alltag einer typischen DDR-Familie blieb freilich in starkem Maße von den gesellschaftlichen Rahmenbedingungen geprägt und läßt sich verkürzt wie folgt darstellen:

Zufluchtsort Familie

> „Beide Ehegatten, Mann und Frau, verfügten über eine abgeschlossene Berufsausbildung und waren vollzeitberufstätig, das hieß in der DDR 43 3/4 Stunden pro Woche an fünf Wochentagen zu arbeiten. In der Regel hatte die Familie zwei Kinder, die beide ganztägig in Kindereinrichtungen (Kinderkrippe, Kindergarten, Hort) betreut wurden. Zum Betrieb kamen sie mit dem Betriebsberufsverkehr, dem öffentlichen Nahverkehr oder dem Trabi. Alle Familienmitglieder nahmen eine warme Mittagsmahlzeit ein, die staatlich und betrieblich (durch subventionierte Lebensmittelpreise bzw. durch Stützung des Betriebsessens durch den betrieblichen Kultur- und Sozialfonds) für ein geringes Entgelt zu erhalten war (meist unter einer Mark je Mahlzeit; für Drei-Schicht-

---

[183] Vgl. Neubert 1996a, S. 39 f.
[184] Vgl. KPW 1989, S. 581.
[185] Vgl. Grunenberg 1989, S. 228.
[186] Vgl. ebd.
[187] Vgl. Diewald 1995, S. 223 ff.
[188] Vgl. Broder 1993.
[189] Vgl. Gysi 1988, S. 99 ff.

Arbeiter war sie kostenlos). Die Familie hatte eine eher durchschnittliche Wohnung, deren Komfort gering war und deren Einrichtung mit einem bis 7000 Mark zinslosen Ehekredit finanziert wurde. Bei der Geburt von Kindern erfolgte ein entsprechender Krediterlaß (bei der Geburt des ersten Kindes 1000 Mark, bei der Geburt des zweiten Kindes weitere 1500 Mark; bei der Geburt des dritten Kindes schließlich 2500 Mark). In der Regel verfügte die Wohnung über warmes Wasser, nicht jedoch über ein Telefon. Viele Familien hatten ein in der DDR produziertes Auto und verbrachten ihre Wochenenden auf der „Datsche", im Schrebergarten. Die Kinder waren größtenteils Wunschkinder und wurden innerhalb sehr weniger Jahre bald nach der Eheschließung geboren. Mindestens einmal im Jahr fuhren die Kinder ins Pionier- oder Betriebsferienlager oder besuchten die Ferienspiele der Schule. Die Familie machte in der DDR oder ‚im sozialistischen Ausland', privat oder über den betrieblichen und FDGB-Feriendienst organisiert, Urlaub."[190]

Nur wenige Bürger vermochten sich dieser genormten und seriellen Massenexistenz zu entziehen. Die umfassende Planung und Versorgung ließ hierfür wenig Spielraum. Entwicklung und Ausleben von Individualität waren nur sehr eingeschränkt möglich, die Optionen zur Gestaltung des Lebensalltags blieben begrenzt.

Die fortwährende und anmaßende Politisierung aller Lebensbereiche bei gleichzeitiger Unterbindung eines öffentlichen Raumes, in dem sich soziale und politische Interessen hätten artikulieren können, brachte letztlich eine weitgehend unpolitische Bevölkerung hervor, die ihren Drang zur sozialen Differenzierung und Abgrenzung verdeckt ausleben mußte. Da die Möglichkeit, den Nachbarn in Lebensstil oder materiellen Werten zu übertreffen, minimiert war, liefen „symbolische Konkurrenzen" „erbitterter und hilfloser" ab als im Westen.[191]

Zwar waren die DDR-Bürger ständig „damit beschäftigt, die in allen Bereichen des gesellschaftlichen Lebens anfallenden Funktionsdefizite aufzufangen und die ihnen damit aufgebürdeten Alltagsprobleme zu bewältigen",[192] dennoch erzeugte der sozialistische Versorgungsstaat, der alle Lebensbereiche und Lebenslagen durchsetzte, ein Gefühl von Sicherheit und beförderte zugleich die individuelle Entmündigung.[193] Unter diesen Bedingungen vollzog sich eine Persönlichkeitsentwicklung, die Unterordnung und sogar Unterwürfigkeit begünstigte und gleichzeitig vom Streben nach Freiheitsräumen und Ventilen zur Bewältigung oder Verdrängung von Alltagsproblemen geprägt war.

Starker Anpassungsdruck

Die vorgefundenen Lebensverhältnisse zwangen den einzelnen zur weitgehenden Anpassung, so daß die Grenze zwischen selbstbestimmter und fremdbestimmter Biographie verschwamm. Als Folge bildeten sich in der Bevölkerung politische Apathie, individueller Zynismus oder Opportunismus heraus. Sozialistische Tugenden und Wertemuster konnten sich bei den meisten Menschen nur soweit durchsetzen, wie sie den tradierten obrigkeitsstaatlich geprägten deutschen Sekundärtugenden entsprachen. In diesem Punkt blieben die Ostdeutschen die „eigentlichen Deutschen", während die westdeutsche Bevölkerung seit den sechziger Jahren einen tiefgehenden Wertewandel durchlebte. Dieser Prozeß erreichte über die Medien, Verwandtenbesuche etc. mit einem Abstand von etwa fünfzehn bis zwanzig

---

[190] Bast/Ostner 1992, S. 235/236.
[191] Vgl. Engler 1992, S. 73.
[192] Vgl. Pollack 1992, S. 51 f.
[193] Vgl. Schuller 1995, S. 220 ff.

Jahren auch die DDR[194] und erfaßte zuerst Jugendliche, die sich immer weniger von den Pflicht- und Akzeptanzwerten als vielmehr von Selbstverwirklichungsvorstellungen leiten ließen.[195] Der Erosionsprozeß begann mit einer angestrebten Verwestlichung des Alltags, setzte sich über eine veränderte Einstellung zu Arbeit und Beruf fort und kumulierte schließlich in einer prinzipiellen Unzufriedenheit mit den gesellschaftlichen Verhältnissen.[196] Hiermit einher ging eine stark nachlassende Bereitschaft, sich für die Gesellschaft oder auch für die eigene berufliche Karriere zu engagieren.[197] Als im Laufe des Jahres 1989 öffentliche Räume erkämpft und Möglichkeiten zur Umwälzung der Verhältnisse greifbar wurden, erleichterte das über Jahrzehnte im Verborgenen existierende informelle Eigenleben der DDR-Gesellschaft den Bruch mit dem alten System.

---

[194] Vgl. Schroeder 1991.
[195] Vgl. Thomas 1995b, S. 1845 ff.
[196] Vgl. Gensicke 1992, S. 1266 ff.
[197] Vgl. Hahn 1990, S. 240 und Gensicke 1992, S. 1276.

C) Determinanten und Entwicklungslinien der DDR-Geschichte

Die DDR als sowjetisierter und deutscher Teilstaat

1. Die deutsche Selbstpreisgabe als Teilungsvoraussetzung

Die Geschichte der DDR hatte wie die der Bundesrepublik Deutschland ihren Ausgangspunkt in der Zerschlagung des nationalsozialistischen Deutschlands. Die Entwicklung beider Staaten wurde nachhaltig durch diese Vorgeschichte geprägt.[1] Die Politik und die meisten Deutschen begannen aber erst unter Druck und sehr allmählich, diese Vergangenheit als ihre eigene Geschichte und Verantwortung anzuerkennen.[2] In wechselseitiger Abgrenzung und Anschuldigung beanspruchten die Bundesrepublik Deutschland und die Deutsche Demokratische Republik, den konsequentesten Weg der Aufarbeitung und Überwindung dieses Erbes beschritten zu haben. Stets aufs neue behaupteten Repräsentanten beider deutscher Staaten, die nationalsozialistische Vergangenheit sei zumindest in der eigenen Gesellschaft angemessen „aufgearbeitet" worden. Doch solche Erwartungen erwiesen sich, wie zuletzt die vehemente und aufgeregte Diskussion um das Buch von Daniel Goldhagen[3] einmal mehr belegt hat, als nur vorläufig. Wegen der Dimensionen der nationalsozialistischen Verbrechen und der Umstände ihrer Beendigung wird sich daran in absehbarer Zeit auch nichts ändern. Ohne den Nationalsozialismus wären weder Bundesrepublik noch DDR entstanden, die nationalsozialistische Hybris blieb stets Voraussetzung wie auch Hypothek der Entwicklung beider deutscher Teilstaaten. Zugleich ist als weiterer, die Teilung mitbegründender Faktor der schon bald nach Kriegsende heraufziehende Kalte Krieg zu berücksichtigen.

Angemessene Aufarbeitung des Nationalsozialismus?

In der Bundesrepublik setzte die eigene juristische und moralische Auseinandersetzung, die in der unmittelbaren Nachkriegszeit zunächst vornehmlich von den Alliierten erzwungen worden war, erst in den sechziger Jahren verstärkt ein. Nun zogen zudem auch die „Kinder der Täter", mitunter allerdings von Selbstgerechtigkeit nicht frei, die Verbrechen erneut ans Licht der Öffentlichkeit.[4] Die Protestbewegung der späten sechziger und frühen siebziger Jahre suchte ihre Radikalität und

---

1 Vgl. Lepsius 1993.
2 Vgl. Jaspers 1946 und Frei 1996.
3 Vgl. Goldhagen 1996.
4 Vgl. Giordano 1987 und Frei 1996.

teilweise Gewaltbereitschaft sowie ihre Charakterisierung der Bundesrepublik als nachfaschistischer und imperialistischer Staat nicht zuletzt mit einer weitgehend verdrängten Vorgeschichte des westdeutschen Teilstaates zu legitimieren. Dabei war der Nationalsozialismus zumindest teilweise gewiß auch Alibi für die ideologisch begründete Ablehnung und Bekämpfung der „bürgerlichen" Bundesrepublik. Nicht vergessen werden sollte freilich auch die ganze Vielfalt intellektueller wie emotionaler Betroffenheit über die Verbrechen des NS-Regimes und über manche Versäumnisse bei seiner „Aufarbeitung".

In der DDR fand eine vergleichbare Auseinandersetzung nicht statt. Christa Wolf beschrieb im Rückblick, ohne auf institutionelle und rechtsstaatliche Aspekte einzugehen, die psychologische und moralische Entwicklung so:

> „Eine kleine Gruppe von Antifaschisten, die das Land regiert, hat ihr Siegesbewußtsein zu irgendeinem nicht genau zu bestimmenden Zeitpunkt aus pragmatischen Gründen auf die ganze Bevölkerung übertragen. Die ‚Sieger der Geschichte' hörten auf, sich mit ihrer wirklichen Vergangenheit, der der Mitläufer, der Verführten, der Gläubigen in der Zeit des Nationalsozialismus auseinanderzusetzen. Ihren Kindern erzählten sie meistens wenig oder nichts von ihrer eigenen Kindheit und Jugend. Ihr untergründig schlechtes Gewissen machte sie ungeeignet, sich den stalinistischen Strukturen und Denkweisen zu widersetzen ... Die Kinder dieser Eltern, nun schon ganz und gar ‚Kinder der DDR', selbst unsicher, entmündigt, häufig in ihrer Würde verletzt, wenig geübt, sich in Konflikten zu behaupten, gegen unerträgliche Zumutungen Widerstand zu leisten, konnten wiederum ihren Kindern nicht genug Rückhalt geben, ... ihnen ... keine Werte vermitteln, an denen sie sich hätten orientieren können."[5]

NS-Verwaltungsmassenmord

Umfang und Durchführung des nationalsozialistischen „Verwaltungsmassenmordes"[6], insbesondere in Gestalt der Shoah, der kollektiven Vernichtung der europäischen Juden, aber auch etwa in Gestalt der massenhaften Tötung von Sinti und Roma, und des „Vernichtungskrieges"[7] haben jede bis dahin in „zivilisierten Gesellschaften" bekannte unvorstellbare Dimension menschlicher Verbrechen überschritten. (Die heute vielfach gestellte Frage nach einem „Vergleich" mit stalinistischen Verbrechen, die auf Singularitäten der nationalsozialistischen Untaten wie Parallelen hinausläuft, bleibt hier ausgeklammert.) Auf die Auflösung der institutionellen und normativen Grundlagen der parlamentarischen Demokratie der Weimarer Republik folgte der arbeitsteilige Aufbau einer totalitären Vernichtungsmaschinerie, die nach Weltherrschaft strebte. Militär, Wirtschaft, NSDAP und ihr Sicherheitsapparat, die vier Machtsäulen des Nationalsozialismus, kooperierten in der Umsetzung der vom Führer und seinem engeren Umfeld verordneten rassistischen „Säuberung" nach innen und eines „Rassenimperialismus"[8] nach außen. SA, SS, Gestapo, KZ-Wächter, Soldaten, Polizisten, Richter, Blockwarte, Lokomotivführer, aber auch Ärzte und Wissenschaftler wurden wie andere freiwillig oder gezwungenermaßen wegen ihrer Tätigkeiten oder aber ihrer Funktionen Teile eines Fließbandes, dessen Produkt Vernichtung war. Der aus Wien über

---

5 Wolf 1990, S. 11.
6 Vgl. Arendt 1964.
7 Vgl. Ueberschär/Wette 1984, Hillgruber 1993, S. 545 und Enquete-Kommission 1994, S. 18.
8 Vgl. Neumann 1944.

Kuba in die USA emigrierte Politikwissenschaftler Raul Hilberg, ein Schüler von Franz Leopold Neumann, formulierte zugespitzt: Im Nationalsozialismus hätten die Täter zum „ersten Mal in der Geschichte der westlichen Zivilisation ... alle einer Tötungsoperation im Wege stehenden administrativen und moralischen Widerstände überwunden".[9] Täter, Mitläufer und Zuschauer waren keineswegs überwiegend „mißbraucht" worden, wie die gängige Schutzbehauptung nach dem Ende des Krieges lautete. Sie selbst hatten gewissermaßen kollektiv die zivilisierten Institutionen und Normen außer Kraft gesetzt bzw. zerstört, den „Zivilisationsbruch"[10] herbeigeführt oder doch hingenommen. Berichte überlebender Opfer und hinterlassene Archivalien der Schreckensherrschaft dokumentieren dies in abscheugebietender Klarheit.

Der Nationalsozialismus und die Durchführung seiner Verbrechen waren nur möglich, weil seine Gefolgsleute und Dulder sich von der Idee einer zivilisierten Gesellschaft verabschiedet oder doch zumindest deren Rang aus ihrem Gewissen verbannt hatten. Der polnische Schriftsteller Andrzej Szczypiorski hat in schonungsloser Deutlichkeit diese Tatsache auf den Punkt gebracht:

> „Das deutsche Volk hat Europa mit dem Kainsmal gezeichnet, es hat sich von sich selbst losgesagt, seine eigene Geschichte verneint und gemeinsam mit den Juden Europas Lessing und Kleist, Goethe und Bach und Beethoven in den Kammern vergast und in den Öfen verbrannt, es hat seine deutsche geistige Identität vergast und verbrannt."[11]

Wie immer man dabei das Mischungsverhältnis in der deutschen Bevölkerung von Tätern, Mitläufern, Resistenten und Widerständigen einschätzt, im Ergebnis bleibt als Befund:

Die totalitäre Diktatur und der Vernichtungsfeldzug des Dritten Reiches wurden nicht durch den Widerstand der Deutschen selbst beendet oder zumindest nennenswert behindert. Obwohl dieser Widerstand weitaus vielfältiger war, als die lange Zeit eingeschränkte Sichtweise in beiden deutschen Staaten nahelegte,[12] konnte er keine zureichende Kraft für die Niederschlagung des Nationalsozialismus und damit für den Aufbau der Nachkriegsordnung entfalten. Die überlebenden KZ-Häftlinge wurden nicht von deutschen Widerstandsgruppen befreit, sondern von Soldaten der Alliierten. Nur durch die militärischen Schläge der gegnerischen Armeen und die Aktionen der europäischen Widerstandsbewegungen wurde die deutsche Wehrmacht aus den besetzten Ländern vertrieben. Das fürchterliche „moral bombing" der alliierten Luftstreitkräfte hatte zwar die Siegeshoffnungen der deutschen Zivilbevölkerung empfindlich gedämpft, ihre überwiegende Loyalität zu „Führer, Volk und Vaterland" jedoch nicht aufgelöst oder gar ins Gegenteil gekehrt.

Keine Selbstbefreiung der Deutschen

Die deutschen Armeen waren an allen Fronten besiegt worden, für Dolchstoßlegenden fehlte jede Grundlage. Die Geschicke des Völkerrechtssubjektes Deutschland lagen seit dem 8. Mai 1945 in den Händen der Alliierten, eine schnelle Rückkehr

Deutsche Geschicke in den Händen der Alliierten

---

9   Vgl. Hilberg 1990, S. 1115.
10 Vgl. Diner 1988, S. 30 ff.
11 Andrzej Szczypiorski: Zum 50. Jahrestag des Aufstandes im Warschauer Ghetto, zit. nach: Brumlik 1995, S. 109/110.
12 In der Bundesrepublik wurde seine Betrachtung auf den 20. Juli 1944, in der DDR auf kommunistische Gruppen fokussiert.

der Deutschen in die Gemeinschaft zivilisierter Gesellschaften war nicht absehbar. Die deutsche Gesellschaft hatte mit der perfektionierten und hochindustrialisierten Barbarei in ihrer Mitte so offensichtlich Schuld auf sich geladen, daß ein Aufbau des zerstörten Landes nur mit neuen Prinzipien und nach einem Bruch mit früheren Traditionen möglich erschien.

Die Zerstörung des deutschen Staates als Folge der nationalsozialistischen Politik, aber auch die Existenz und zugleich die Erfolglosigkeit des Widerstandes, bildeten wesentliche Voraussetzungen für die Entstehung der Bundesrepublik und der DDR und damit für die deutsche Teilungsgeschichte von 1945 bis 1990.

Zugleich beriefen sich beide Ordnungen auf das Erbe der ihnen aus der Weimarer Republik, wie dem Widerstand gegen das NS-Regime nahestehenden Kräfte. Hier gab es im Westen Deutschlands trotz aller Brüche bei Union wie SPD wichtige Kontinuitäten. Dafür stehen Namen wie Jakob Kaiser, Josef Müller, Eugen Gerstenmaier, Konrad Adenauer, Kurt Schumacher, Erich Ollenhauer, Wilhelm Hoegner oder Willy Brandt. Die beiden Staatsgründungen erfolgten nach (unterschiedlichen) Vorgaben der jeweiligen Besatzungsmächte, deren Zusammenarbeit in der „Anti-Hitler-Koalition" sich schon bald nach Beendigung des Krieges in eine konfrontative Polarisierung wandelte, die in den Kalten Krieg mündete. Das geteilte Deutschland war nicht Auslöser der Blockkonfrontation zwischen der Sowjetunion und den USA, sondern Produkt und später teilweise Mitgestalter dieser Entwicklung.

Trotz vorhandener Bezüge zur Geschichte der Deutschen vor 1933 stellten beide Staaten Neugründungen dar. Die unterschiedlich gestaltete und legitimierte Einbindung in die jeweilige Blocklogik und die Unterordnung unter die Politik der jeweiligen Führungsmacht dominierten mehr als jeder andere Faktor die deutsche Teilungsgeschichte.

2. Die Sowjetisierung der SBZ/DDR und ihre Einbeziehung in den sowjetischen Machtbereich

Die Sowjetunion war ebenso wie das nationalsozialistische Deutschland ein Staat, der – freilich unter anderen ideologischen Vorzeichen – nach Weltherrschaft strebte. Nach der unter totalitären Vorzeichen und mit terroristischen Mitteln herbeigeführten Konsolidierung im Inneren, die Millionen von Menschen das Leben kostete,[13] trachtete auch die Sowjetunion in den dreißiger Jahren nach äußerer Expansion. Die sowjetischen Kommunisten hatten dabei keine Skrupel, mit dem vermeintlichen Hauptfeind – dem nationalsozialistischen Deutschland – im Rahmen des sogenannten Hitler-Stalin-Paktes die Aufteilung Osteuropas zu vereinbaren.[14] Mit dem Einmarsch deutscher Truppen in die Sowjetunion entfiel zwar dessen Grundlage, aber nach der Niederschlagung des Nationalsozialismus gelang es Stalin bei seinen neuen Verbündeten daraus resultierende Ansprüche durchzusetzen.

Sowjetischer Expansionsanspruch

Die unmittelbare Einbeziehung Deutschlands in den sowjetischen Macht- oder zumindest Einflußbereich scheiterte an der militärischen Präsenz der Westalliierten. Die Sowjetunion entwickelte eine Doppelstrategie: Neben dem Streben, die

---

[13] Vgl. z. B. Stettner 1996.
[14] Vgl. Hacker 1983, S. 4 ff.

ökonomische und politische Vorherrschaft über das gesamte Deutschland zu gewinnen oder es zumindest als neutralen Staat zu dominieren, wurde zunächst im sowjetisch besetzten Teil Deutschlands eine rasche Umwälzung der gesellschaftlichen und staatlichen Verhältnisse nach dem Vorbild der Besatzungsmacht vollzogen. Die Sowjetunion konnte sich dabei auf deutsche Kommunisten als „Hilfskräfte" verlassen, die gegenüber dem „Vaterland aller Werktätigen" eine vorrangige Loyalität an den Tag legten.

Die DDR war als nationalsozialistischer Nachfolge- und zukünftiger deutscher Teilstaat eine von deutschen Kommunisten geforderte und unterstützte „koloniale Gründung der UdSSR".[15] Die sowjetische Besatzungsmacht übertrug die begrenzte und eingeschränkte Staatsgewalt an die SED, die in der Folgezeit Partei, Staat und Gesellschaft nach sowjetischem Vorbild formte. Es entstand insoweit ein „Kollaborationsregime".[16] Der SED-Staat blieb während seiner gesamten Existenz immer von sowjetischer Unterstützung abhängig und gründete seine Macht in erster Linie auf Gewalt und Zwang. Eine demokratische Legitimation besaß dieser sowjetisierte deutsche Teilstaat zeit seiner Existenz nicht.[17]

Kollaborationsregime in der SBZ/DDR

Sowjetisierungsprozesse, d. h. die Umgestaltung der Gesellschaft nach sowjetischem Vorbild und die Übertragung sowjetischer Institutionen, fanden nach dem Zweiten Weltkrieg in allen von der Sowjetunion besetzten Ländern Ost-Mitteleuropas statt.[18] In der SBZ standen der Sowjetisierung, die entgegen der auf ganz Deutschland zielenden Propaganda zügig durchgesetzt wurde, aufgrund der umfassenden Besatzungsrechte der UdSSR die formal geringsten Hindernisse entgegen. Die sowjetischen Behörden besetzten systematisch und konsequent die Schaltstellen der – vorerst nur sehr begrenzt handlungsfähigen – ostdeutschen Verwaltung mit ihr treu ergebenen kommunistischen Kadern, die meist aus dem sowjetischen Exil kamen (Moskau-Kader). Hiermit und durch die Vertreibung der alten Eliten durch Bodenreform, Enteignungen und Verstaatlichungen legte die Besatzungsmacht einen ersten sozialstrukturellen Grundstock für eine darauf aufbauende sozialistische Diktatur.

Die sowjetische Deutschlandpolitik war – zumindest nach außen hin – nicht nur auf eine Konzeption festgelegt. Stalin hielt sich lange Zeit die Option auf ein unter sowjetischem Einfluß stehendes neutrales Gesamtdeutschland offen. Er ließ von diesem Ziel zumindest propagandistisch auch dann noch nicht ab, als alle Zeichen auf die Zementierung der deutschen Spaltung und die Gründung zweier deutscher Staaten hindeuteten.

Mehrere deutschlandpolitische Optionen Stalins

Aus taktischen Erwägungen (deutschlandpolitische Option, Hoffnung auf materielle Unterstützung durch die Westalliierten) versuchte die sowjetische Besatzungsmacht, die von Beginn an betriebene Errichtung einer kommunistischen Diktatur soweit wie möglich zu verschleiern. Durch die selektive Zulassung von Parteien und Organisationen sollte für die politische Ebene der Anschein pluralistischer und demokratischer Verhältnisse erweckt werden. Tatsächlich handelte es sich um einen

---

15 Vgl. Wettig 1996c, S. 526.
16 Vgl. Mommsen 1993, S. 20 ff.
17 Vgl. Fricke 1992d.
18 Vgl. Hacker 1983, S. 205 ff. und Lemberg 1991.

von der SMAD und der SED kontrollierten und gesteuerten Pluralismus, der keine gestaltende Wirkung hatte. In der unmittelbaren Nachkriegszeit behinderten außerdem institutionelle Rivalitäten bzw. unklare Kompetenzverteilungen zwischen verschiedenen sowjetischen Dienststellen zumindest in Teilbereichen eine durchgängig stringente Besatzungspolitik.[19] Die Sowjetisierung des Sicherheitsbereiches und die Besetzung der entscheidenden Positionen durch in der Sowjetunion ausgebildete und/oder erprobte Kräfte betrieb die Besatzungsmacht allerdings frühzeitig und konsequent.[20]

Vertiefung der deutschen Spaltung

Mit der Zunahme von Spannungen zwischen den ehemaligen Kriegsalliierten gab die Sowjetunion ihre taktisch bedingte Rücksichtnahme bei der Sowjetisierung ihrer Besatzungszone weitgehend auf. Spätestens mit der Zurückweisung des sowjetischen Expansionsbegehrens durch die Truman-Doktrin sowie der Ankündigung des Marshall-Planes im Laufe des Jahres 1947 vertiefte sich der Ost-West-Konflikt und mit ihm die deutsche Spaltung.[21] Die SED agierte nun auch nach außen hin als eine „Partei neuen Typs", die getreu dem sowjetischen Vorbild den Marxismus-Leninismus als Ideologie, den demokratischen Zentralismus als Organisationsprinzip sowie die Beherrschung von Staat und Gesellschaft als Hauptaufgabe proklamierte. Zur Ausweitung und Systematisierung ihrer Personalpolitik übernahm die SED das Nomenklatursystem der sowjetischen Kommunisten.[22]

Nach der Gründung einer „Deutschen Demokratischen Republik", die mit Errichtung der DWK und Initiierung der Volkskongreßbewegung schon 1947/1948 vorbereitet worden war, nannte die Sowjetunion ihre ostdeutsche Dependance nicht mehr „Sowjetische Militäradministration in Deutschland" (SMAD), sondern „Sowjetische Kontrollkommission" (SKK). An den sehr geringen Entscheidungsspielräumen der ostdeutschen Verwaltungen änderte sich damit nicht viel.[23] Sowjetische „Berater" bestimmten nach wie vor insbesondere im Sicherheitsbereich[24] und beim Auf- und Ausbau militärischer Kräfte die Politik im kommunistischen Teil Deutschlands. Ohnehin existierten keine prinzipiellen Interessengegensätze zwischen KPdSU und SED. Den deutschen Kommunisten war durchaus bewußt, daß ihre Macht allein auf sowjetischen Panzern beruhte und es mithin zur freiwilligen Unterordnung unter die KPdSU keine Alternative gab. Dieser Unterwerfungsprozeß führte teilweise selbst in Details zu Anpassungsleistungen. So verfügte das Politbüro der SED z. B. im März 1950 die Angleichung des Formats der eigenen Hauspostille „Neues Deutschland" an das des KPdSU-Zentralorgans „Prawda".[25] Auch hatten Macht- oder Richtungskämpfe in der SED – wie z. B. 1953 oder 1957 – einen direkten, wenn auch nicht öffentlich sichtbaren Bezug zu Machtkämpfen in der KPdSU.[26]

---

19 Vgl. Naimark 1997b, S. 35 ff.
20 Vgl. Naimark 1997b, S. 465 ff.
21 Vgl. Heering 1997.
22 Vgl. Lemke 1997, S. 44 ff.
23 Vgl. Otto 1993.
24 Vgl. Naimark 1997b, Engelmann 1997 sowie Erler 1997.
25 Vgl. Lemke 1997, S. 46.
26 Vgl. Engelmann 1997.

Differenzen zwischen Besatzungsmacht und SED gab es gelegentlich bezüglich des Tempos der Sowjetisierung. Der SED-Führung lag allein schon aus Überlebensgründen sehr daran, unumkehrbare Tatsachen zu schaffen und schoß dabei nach Meinung der sowjetischen KP-Führung mit einigen Maßnahmen über das Ziel hinaus. Als typisches Beispiel für diese Konstellation kann die sowjetische Anordnung eines „neuen Kurses" in der DDR Anfang Juni 1953 gelten, mit der die Geschwindigkeit des 1952 von der SED beschlossenen „Aufbaus der Grundlagen des Sozialismus" erheblich abgeschwächt werden sollte. Doch die politische Intervention erfolgte zu spät, um die aus allgemeiner und konkreter sozialer und politischer Unzufriedenheit gespeiste Volkserhebung verhindern zu können. Sowjetische Panzer mußten am 17. Juni 1953 die kommunistischen Machthaber vor ihrer eigenen Bevölkerung schützen. Ihnen wie der sowjetischen Führung verdeutlichte dieses Ereignis, daß die Aufrechterhaltung der Diktatur in der DDR nur unter Androhung und im Ernstfall unter Anwendung sowjetischer Militärmacht möglich war.

SED-Führung wollte unumkehrbare Tatsachen

Nachdem im Jahre 1952 eine erneute deutschlandpolitische Offensive Stalins („Stalin-Note"), über deren Gehalt bis heute unter Politikern und Historikern gestritten wird, gescheitert und die Integration der Bundesrepublik in das westliche Staatenbündnis nicht mehr zu verhindern war, erhielt die DDR im September 1955 von der Sowjetunion formell die „volle Souveränität". Allerdings nahm die kommunistische Führungsmacht ihre auf der Feind-Staaten-Klausel der UN-Charta beruhenden Rechte gegenüber der DDR weiterhin wahr.[27] In der Folgezeit erhöhte sich die Bedeutung der DDR für den Ostblock bzw. deren Führungsmacht. Als „westlicher Frontstaat" des 1955 gegründeten Warschauer Paktes besaß sie insbesondere ein hohes militärstrategisches Gewicht.[28] Die aus kasernierten, militärisch ausgebildeten und bewaffneten Polizeikräften entstandene „Nationale Volksarmee" (NVA) sollte im Kriegsfall als „Ergänzungsarmee" die „Gruppe der sowjetischen Streitkräfte in Deutschland" (GSSD) bei ihrer nach Westen gerichteten „offensiven Verteidigungsstrategie" unterstützen.[29]

DDR westlicher Frontstaat des Ostblocks

Die Sowjetunion versuchte von der vergleichsweise hochentwickelten Industriestruktur und beträchtlichen Wirtschaftskraft der DDR zu profitieren. Sie stand dabei anfangs vor einem Dilemma: Durch Reparationen und Demontagen, die phasenweise Züge einer Ausplünderung annahmen, sollte der Verlust an eigener Wirtschaftskraft durch die kriegsbedingten Zerstörungen kompensiert werden. Andererseits wurde gleichzeitig mittels einer Verbesserung der Versorgungslage und des Wiederaufbaus Ostdeutschlands die Zustimmung der deutschen Bevölkerung zur Errichtung eines kommunistischen Regimes angestrebt. Durch die Anbindung der DDR-Wirtschaft an die Erfordernisse der unterentwickelten sowjetischen Wirtschaft, die sich im RGW fortsetzte, entstand eine wechselseitige Abhängigkeit. Dabei war die DDR vor allem auf sowjetische Rohstofflieferungen angewiesen. Durch die weitgehende Abschaffung des Privateigentums im Produktionsbereich und die Errichtung einer zentralistischen Planwirtschaft in der SBZ waren die

Wechselseitige wirtschaftliche Abhängigkeit DDR-Sowjetunion

---

[27] Vgl. Staadt 1993, S. 66.
[28] Vgl. Oldenburg 1996, S. 200.
[29] Vgl. Lapp 1995.

Wirtschaftsordnungen beider Länder schon vor der DDR-Gründung kompatibel gemacht geworden.

Trotz gelegentlicher Irritationen blieb die DDR der treueste und wichtigste Vasall der Sowjetunion. Diese Haltung nahm die SED-Führung aus ideologischer Überzeugung, aber auch aus Eigeninteresse ein. Die Angst vor einer zweiten Volkserhebung oder vor einer veränderten Deutschlandpolitik der Sowjetunion, die die DDR zur Disposition stellen könnte, saß bei den deutschen Kommunisten tief. So folgten sie mehr oder weniger bereitwillig den jeweiligen sowjetischen Vorgaben und standen vor allem immer dann an vorderster Front, wenn es galt, potentiellen Abweichlern im sowjetischen Block die Grenzen aufzuzeigen. Dies betraf Ungarn 1956 ebenso wie Prag 1968 und Polen 1980/81.[30] Die SED beteiligte sich an Maßnahmen und Interventionen der Sowjetunion im Rahmen der ihr im Einzelfall zugewiesenen Rolle. Diese Unterstützung sowjetischer Machtpolitik gegenüber den Satellitenstaaten ging bis hin zur wiederholt geäußerten Bereitschaft, auch an militärischen Interventionen direkt mitzuwirken.

Nach dem Machtwechsel von Ulbricht zu Honecker und der internationalen Anerkennung der DDR im Gefolge des deutsch-deutschen Grundlagenvertrages verstärkte die DDR die formelle Anbindung an ihre Führungsmacht. Im Jahre 1974 erhielten sowohl das Bündnis mit der Sowjetunion als auch die Prinzipien des „sozialistischen Internationalismus" Verfassungsrang.[31] Der 1975 mit der Sowjetunion abgeschlossene Freundschaftsvertrag sah eine weitere Intensivierung der Zusammenarbeit vor. Doch die Entwicklung der innerdeutschen Beziehungen in den siebziger Jahren weckte ebenso wie zuvor manche zeitweilige Halsstarrigkeit Walter Ulbrichts das Mißtrauen der Sowjet-Führung gegenüber einer nicht unter ihrer Kontrolle stehenden deutsch-deutschen Annäherung.

Verschlechterung des Verhältnisses UdSSR/DDR ab 1986

Mit der Verschärfung internationaler Spannungen Ende der siebziger Jahre im Gefolge des Einmarsches sowjetischer Truppen in Afghanistan sowie des NATO-Doppelbeschlusses wurden unterschiedliche Teilinteressen zwischen der Sowjetunion und der SED-Führung sichtbar. Letztere wollte aus wirtschaftlichen Gründen ihre Beziehungen zur Bundesrepublik nicht verschlechtern, da sie auf materielle Hilfe mehr denn je angewiesen war, seit die Sowjetunion Ende 1981 die Erdöllieferungen in die DDR drastisch reduziert hatte.[32] Die Versuche der SED, gegenüber der Bundesrepublik einen Spagat zwischen hohen Proklamationen und Ansprüchen („Geraer Forderungen") und Gesprächsbereitschaft („Koalition der Vernunft") zu praktizieren, stießen bei der Sowjetunion auf wenig Gegenliebe. Sie verhinderte nach der DDR-Visite Helmut Schmidts im Jahre 1981 jahrelang einen Gegenbesuch Honeckers in der Bundesrepublik. Mit dem Amtsantritt Gorbatschows als KPdSU-Generalsekretär verschlechterte sich das Verhältnis DDR-Sowjetunion zusehends. Gorbatschow reagierte wie seine Vorgänger auf innerdeutsche Sonderbeziehungen äußerst argwöhnisch und versuchte diese zu unterbinden. Die SED ihrerseits lehnte die innenpolitischen Reformankündigungen Gorbatschows strikt ab, da sie erneut die Ausbreitung des Bazillus „demokratischer Sozialismus" nach Prager Vorbild befürchten mußte. Die Entfremdung vom

---

[30] Vgl. Prieß u. a. 1996 und Kubina/Wilke 1995.
[31] Vgl. § 6 der DDR-Verfassung von 1974.
[32] Vgl. Oldenburg 1996, S. 201 f.

„großen Bruder" fand in der Abkehr von der Formel „Von der Sowjetunion lernen, heißt siegen lernen" beredten Ausdruck. Statt dessen sprach die SED seit September 1988 vom „Sozialismus in den Farben der DDR".[33] Mit ihrer Zurückweisung jeglicher Reformen isolierte sich die DDR teilweise sogar im eigenen Block.

Als schließlich infolge der Abkehr Gorbatschows von der Breschnew-Doktrin deutlich wurde, daß die Sowjetunion nicht bereit war, sich mit Truppen an einer möglichen Niederschlagung der Demonstrationen im Herbst 1989 zu beteiligen, waren das Schicksal der SED und der DDR besiegelt. Das Verhalten der Sowjetunion unter Gorbatschow stellte in den Augen der greisen Parteiführung Verrat dar, wie auch dessen spätere Zustimmung zur deutschen Vereinigung als „Verkauf der DDR" durch die Sowjetunion gewertet wurde. Das Ende der DDR war ebenso wie ihre Gründung vor allem ein Ergebnis sowjetischer Politik.

3. Abgrenzung und Annäherung: Das innerdeutsche Verhältnis

Die KPD-/SED-Führung ordnete ihre Deutschland- bzw. Westpolitik den deutschlandpolitischen Optionen ihrer sowjetischen Führungsmacht unter. Sie versuchte, die westdeutsche Teilstaatsgründung durch Vereinigungspropaganda zu verhindern. Nach dem Fehlschlag dieser Bemühungen diffamierte sie die Bundesrepublik als Separatstaat unter westalliierter Regie („die amerikanische Mc-Cloy-Republik in Bonn"). Dem westdeutschen Alleinvertretungsanspruch begegnete die SED-Führung mit gleicher Münze und der Forderung nach deutscher Einheit. Gleichzeitig forcierte sie in ihrem Machtbereich die gesellschaftlichen Umwälzungen in Richtung Sozialismus.[34]

Das Verhältnis der DDR zur Bundesrepublik wurde bis 1989 von der Blockkonfrontation zwischen Ost und West überlagert, so daß die Spielräume eigenverantwortlichen Handelns auch auf diesem Feld sehr begrenzt blieben. Die SED-Führung folgte mehr oder weniger freiwillig den wechselnden Vorgaben der sowjetischen Führungsmacht, die in den verschiedenen von Entspannung oder Konfrontation bestimmten Phasen des Kalten Krieges zuerst um die Sicherung ihres Macht- und Einflußbereiches, später um die Weltherrschaft und schließlich ums eigene Überleben kämpfte. Dennoch brachte der Kalte Krieg in Deutschland spezifische Ausprägungen und Resultate hervor.[35]

Überlagerung durch Blockkonfrontation

Die DDR als kleinerer und fremdbeherrschter Teil Deutschlands bedurfte des Feindbildes Bundesrepublik allein schon zur Selbstlegitimation der SED-Herrschaft. Auf der anderen Seite trat die Bundesrepublik oder zumindest die Mehrheit ihrer politischen Führungsschicht mit dem Verweis auf die diktatorische Herrschaft in der DDR für die Westintegration ein. Das Ringen um die deutsche Einheit oder die Zementierung der Spaltung stellte insoweit immer auch einen Kampf der Gesellschaftssysteme dar. Bis zuletzt träumte die SED von der „Beseitigung des westlichen Separatstaates".[36]

Kampf der Gesellschaftssysteme

---

[33] Vgl. Oldenburg 1996, S. 206 ff.
[34] Vgl. Kuppe 1989, S. 552.
[35] Vgl. Nolte 1974.
[36] Vgl. ebd., S. 388.

Nach dem Inkrafttreten der Pariser Verträge und damit der Besiegelung der Westintegration der Bundesrepublik 1955 vollzog die SED in Abstimmung mit der sowjetischen Führung unter Chruschtschow einen taktischen Kurswechsel und betonte, eine „demokratische Wiedervereinigung" sei nur unter Wahrung „sozialistischer Errungenschaften der Deutschen Demokratischen Republik" möglich.[37] Walter Ulbricht stellte auf der 3. Parteikonferenz der SED im März 1956 fest, „daß unser Ziel, das den gesellschaftlichen Entwicklungsbedingungen entspricht, ein sozialistisches Gesamtdeutschland ist".[38] Einige Monate später entwickelte die SED-Führung den Plan einer „deutschen Konföderation", den sie im Sommer 1957 offiziell unterbreitete. Die Bundesregierung lehnte diese auf dem Prinzip der Gleichrangigkeit und des vorläufigen staatlichen Nebeneinanders beruhende Vorstellung prinzipiell ab, da sie eine Anerkennung der DDR vermeiden wollte.[39] Während sie ihren Alleinvertretungsanspruch bekräftigte und mit der Hallstein-Doktrin (1955) die DDR weiterhin außenpolitisch zu isolieren trachtete, hielt die SED mit verschiedenen Initiativen bis etwa Mitte der sechziger Jahre an den eigenen Konföderationsplänen fest.

Konföderationsplan

Im „Nationalen Dokument" vom März 1962 wie auch im ersten Parteiprogramm vom Januar 1963 bekräftigte die SED ihren gesamtnationalen Anspruch; jedoch deutete sich ein erneuter Kurswechsel bereits an. Zwar sprach sie noch von einer in zwei Staaten gespaltenen deutschen Nation, die sich zu einer „einheitlichen sozialistischen Nation" entwickeln müßte, aber gleichzeitig begann eine interne Diskussion um eine ideologisch hergeleitete und begründete Definition des Begriffs „Nation".[40]

Die Perspektive eines sozialistischen Gesamtdeutschland, die von Beginn an als (Fern)Ziel der SED betrachtet werden kann, setzte freilich auch weiterhin eine revolutionäre Veränderung in der Bundesrepublik voraus. Die SED „orientierte" ihren „Westableger" – die KPD – auf die Strategie, die „Adenauer-Regierung" zu stürzen, wie sie auch Anstrengungen unternahm, über eine Radikalisierung von SPD und Gewerkschaften das revolutionäre Potential in der Bundesrepublik zu erhöhen.[41] Diesen Bemühungen war jedoch kein Erfolg beschieden, im Gegenteil: Durch das ab Mitte der fünfziger Jahre deutlicher werdende Wohlstandsgefälle zwischen der DDR und der Bundesrepublik stiegen die Flüchtlingszahlen, die nach dem Massenexodus im Jahre 1953 zurückgegangen waren, wieder an.[42]

Versuchte Einflußnahme auf SPD und Gewerkschaften

Während die SED-Führung und ihre Wissenschaftler gemäß ihrem marxistisch-leninistischen Grundverständnis wirtschaftliche Krisen des „BRD-Kapitalismus" prognostizierten, führte der Wachstumsboom zu einer bisher nicht gekannten Verbesserung des materiellen Lebensniveaus für breite Schichten in der Bundesrepublik. Das Pro-Kopf-Bruttoinlandsprodukt in der DDR fiel im Verhältnis zur Bundesrepublik von 49,6% (1950) über 42,6% (1955) und 39,0% (1960) auf schließlich 35,6% im Jahre 1965.[43] Der SED blieb als Reaktion schließlich nur die

---

37 Vgl. Hacker 1987, S. 47.
38 Zit. nach: ebd., S. 47.
39 Vgl. Hofmann 1994, S. 62 f.
40 Vgl. Hacker 1987, S. 49.
41 Vgl. Schmidt, K.-H. 1995a, S. 2127 ff.
42 Vgl. Ackermann 1995, S. 288 ff.
43 Vgl. Merkel/Wahl 1991, S. 59.

Abriegelung der Grenzen, um ein vollständiges Ausbluten und einen wirtschaftlichen und politischen Zusammenbruch zu verhindern.

Gegenüber der SPD änderte die SED ab etwa Mitte der fünfziger Jahre kurzzeitig ihre Taktik. Im Zuge sowjetischer Entspannungsbemühungen nach dem XX. Parteitag im Februar 1956 entdeckte sie die SPD nun als „Bündnispartner", nachdem sie in den Jahren zuvor den „Sozialdemokratismus" im eigenen Land mit aller Macht bekämpft und in der Bundesrepublik versucht hatte, eine vermeintlich linke Parteibasis gegen die Führung aufzuhetzen. Die Kontaktaufnahme mit „SPD-Führern" sollte dem Ziel dienen, eine „Frontstellung gegen das Adenauer-Regime" herbeizuführen. In einem internen Papier der Westkommission vom Frühjahr 1956 hoben die Autoren hervor, „daß die SPD-Führer, die wir heute noch als rechte Führer bezeichnen, in der zukünftigen Entwicklung eine positive Rolle im Interesse der Arbeiterklasse und der Sache unserer deutschen Nation spielen können".[44]

Taktische Kurswechsel gegenüber SPD

Der Münchener Parteitag der SPD im Juli 1956, auf dem der Parteivorsitzende Erich Ollenhauer die Vorstellung der Wiedervereinigung als „Anschluß der Sowjetzone an das jetzige System der Bundesrepublik auf der Grundlage der Segnungen der freien Wirtschaft" ablehnte,[45] sowie Äußerungen von Herbert Wehner, der sich im November 1956 mit dem SED-Funktionär Wilhelm Girnus getroffen hatte,[46] weckten noch Hoffnungen bei der SED-Führung auf eine engere Zusammenarbeit zwischen SPD und SED. Diese wurden durch den Deutschlandplan der SPD vom März 1959 verstärkt. Aber die Verabschiedung des Godesberger Programms und die außenpolitische Kurskorrektur der SPD führten 1959/60 zu einer erneuten taktischen Wende in der Westpolitik.[47] Aufbau und Unterstützung einer Opposition innerhalb der Sozialdemokratie rückten nun wieder in das Zentrum der Westarbeit,[48] ohne daß die Perspektive eines zukünftigen Bündnisses mit der SPD gegen die „Adenauer-Regierung" gänzlich aufgegeben wurde. Der geplante und letztlich gescheiterte Redneraustausch im Jahre 1966 stand beispielhaft für solche Initiativen.[49]

Nach dem Bau der Mauer verstärkte die SED-Führung ihre Versuche zur Einflußnahme auf die westdeutsche Politik. Die operative Umsetzung ihrer west- und deutschlandpolitischen Ziele in der Bundesrepublik wurde ab 1950 von einer speziellen Kommission beim Politbüro koordiniert, die 1965 in einer eigenen ZK-Abteilung aufging. Dieser verdeckt arbeitende Apparat versuchte neben der Verbreitung allgemeiner Propaganda auch gezielt Einfluß auf westdeutsche Politiker, Gewerkschafter, Journalisten, Wissenschaftler, Unternehmer und andere Personen des öffentlichen Lebens zu nehmen.[50] Die Leitlinien der SED-Westpolitik

Ausbau des westpolitischen Apparates

---

[44] Westkommission: „Vorschläge zur Verbesserung unserer Politik gegenüber der SPD", Frühjahr 1956, zit. nach: Lemke 1993, S. 367.
[45] Zit. nach: Lemke 1993, S. 369.
[46] Ausschuß für Deutsche Einheit. Bericht W. Girnus an W. Ulbricht, 20. Januar 56. Fundort: SAPMO-BArch, Dy 30, J IV 2/202/87.
[47] Vgl. Lemke 1993, S. 373 ff.
[48] Vgl. Staadt 1993, S. 43 ff.
[49] Vgl. Staadt 1993, S. 167 ff.
[50] Vgl. Staadt 1996c, S. 685 ff. und Staadt 1993.

wurden zwar in Moskau bestimmt, aber für die politische Umsetzung blieb die SED verantwortlich. Diese bezog in ihre Westarbeit den Staatsapparat und die Blockparteien ebenso mit ein wie die Massenorganisationen.

Die ostpolitischen Aktivitäten der Regierung Erhard (1963–1966), die auf bessere Beziehungen zur Sowjetunion und zu anderen Ostblockstaaten bei gleichzeitiger Beibehaltung des Nichtanerkennungskurses gegenüber der DDR zielten, zwangen die SED-Führung zu außenpolitischem Handeln. Auf den Abschluß von Handelsabkommen zwischen der Bundesrepublik und mehreren Ostblockstaaten in den Jahren 1963/64, der 1967 in die Aufnahme diplomatischer Beziehungen zwischen Rumänien und der Bundesrepublik mündete, reagierte die SED-Führung mit verstärkten außenpolitischen Aktivitäten und einer erneuten Abgrenzungsoffensive. Die DDR schloß mit anderen Ostblockländern „Freundschaftsverträge" nach dem Muster ihres Abkommens mit der Sowjetunion vom Jahre 1955[51] und streckte ihre Fühler u. a. in den arabischen Raum aus, was Walter Ulbricht 1965 eine Einladung des ägyptischen Präsidenten Nasser einbrachte. Schließlich erarbeitete sie gemeinsam mit der sowjetischen Führungsmacht die sogenannte Ulbricht-Doktrin, die in Analogie zur bundesdeutschen „Hallstein-Doktrin" die „sozialistischen Bruderländer" hindern sollte, ohne Vorbedingungen diplomatische Beziehungen zur Bundesrepublik aufzunehmen.

Ulbricht-Doktrin

Vor dem Austausch von Botschaftern hatten die Bruderländer in gesonderten diplomatischen Noten festzustellen,

> „daß der betreffende sozialistische Staat bei der Aufnahme normaler Beziehungen mit Westdeutschland davon ausgeht, daß die bestehenden Grenzen in Europa endgültig sind und anerkannt werden müssen, zwei souveräne deutsche Staaten bestehen, die DDR ein befreundeter, verbündeter Staat ist und daß die Jurisdiktion der westdeutschen Bundesrepublik ausschließlich für deren Territorium gilt, keineswegs aber für die selbständige politische Einheit Westberlin".[52]

Innerdeutsche Gräben vertieft

Durch die Einführung eines zwangsweisen Devisenumtauschs für Besuchsreisen in die DDR (1964), die Aufkündigung der bisherigen Mitarbeit im alliierten Abrechnungsbüro für den innerdeutschen Post- und Fernmeldeverkehr (1967) sowie die Verabschiedung eines „Gesetzes über die Staatsbürgerschaft der DDR" (1967), das aus Sicht der DDR die seit 1913 bestehende einheitliche deutsche Staatsbürgerschaft beendete, vertiefte die SED die Gräben zwischen beiden deutschen Staaten.[53]

In der Bundesrepublik wurde 1966 erstmals eine Große Koalition gebildet. Vor allem deren Außenminister Willy Brandt (SPD) setzte in einer veränderten deutschlandpolitischen Strategie auf „Alleinvertretung ohne Bevormundung"[54] sowie auf Kontakte unterhalb der Ebene der Anerkennung. Als Reaktion erklärte Walter Ulbricht auf dem VI. Parteitag der SED im April 1967, eine Vereinigung der beiden deutschen Staaten sei derzeit „nicht real", sondern könne erst im Sozialismus

---

[51] Vgl. Timmermann 1996, S. 584.
[52] Denkschrift der DDR-Regierung für die Partei- und Staatsführungen der Bruderländer, zit. nach: Staadt 1993, S. 326 ff., hier: S. 329.
[53] Vgl. Kuppe 1989, S. 558.
[54] Vgl. Hacke 1989, S. 540.

verwirklicht werden bzw. nach einer „demokratischen Umgestaltung Westdeutschlands" möglich sein.⁵⁵

In ihrer neuen Verfassung von 1968 bezeichnete sich die DDR als „sozialistischer Staat deutscher Nation", aber bereits zwei Jahre später entwarf Walter Ulbricht – als Reaktion auf die von der 1969 an die Regierung gelangten sozialliberalen Koalition verkündete Formel von der „Einheit der Nation" und den besonderen Beziehungen zwischen den beiden deutschen Staaten – die Konstruktion der DDR als „sozialistischer deutscher Nationalstaat", in dem die „sozialistische Nation" heranreife.⁵⁶

> DDR als „sozialistischer deutscher Nationalstaat"

Nachdem die Entspannungs- und Deutschlandpolitik der sozialliberalen Koalition bei der SED-Führung Ängste vor einer schleichenden Unterwanderung nach dem Vorbild der Entwicklung in der Tschechoslowakei im Jahre 1968 geweckt hatte, wurden entsprechende Gegenkräfte mobilisiert. In dem Maße, wie sich die innerdeutschen Beziehungen nach Abschluß des Grundlagenvertrages auf der zwischenstaatlichen Ebene normalisierten, intensivierte die SED deshalb ihre innenpolitischen Abgrenzungsaktivitäten. Die deutschlandpolitische Strategie der sozialliberalen Koalition setzte auf einen „Wandel durch Annäherung". Ihr begegnete die SED-Führung mit einer Politik der „Entspannung durch Abgrenzung". Der spontane Beifall der Erfurter Bevölkerung für Willy Brandt anläßlich seines Besuches im März 1970 hatte der SED-Führung signalisiert, daß in großen Teilen der DDR-Bevölkerung noch ein gesamtdeutsches Zugehörigkeitsgefühl oder sogar eine Westorientierung bestanden. Diese konnten auch nicht, wie sich 1989/90 bestätigen sollte, per Federstrich aus der Welt geschafft werden. So erwiesen sich die Abgrenzungsbemühungen, die in der Fixierung der DDR als ein „sozialistischer Staat der Arbeiter und Bauern" in der novellierten Verfassung von 1974 und der Proklamation einer „sozialistischen Nation" gipfelten, letztlich als hilflose Unterfangen, die deutsche Teilung zu verewigen und die Entfremdung zwischen den Bevölkerungsteilen zu vertiefen.

Auch nach Abschluß des deutsch-deutschen Grundlagenvertrages setzte die SED ihre Abgrenzungspolitik fort, die mit der Ablehnung jedes Gedanken an eine mögliche deutsche Vereinigung verbunden war und nach völkerrechtlicher Anerkennung und Festschreibung der Existenz zweier deutscher Staaten durch die Bundesrepublik strebte. Da die innerdeutschen Kontakte nicht abrissen, sondern durch die Vertragspolitik in den siebziger Jahren eher noch zunahmen, war das Erreichen dieses Ziels für den SED-Staat überlebensnotwendig.

Die Westarbeit der SED in der Bundesrepublik erhielt daher in den siebziger Jahren eine neue Ausrichtung. Vor allem gegenüber der regierenden SPD, aber auch gegenüber anderen Parteien und Organisationen, ging es um die Unterstützung „realistischer Kräfte", die eine völkerrechtliche Anerkennung der DDR befürworteten. Um der völkerrechtlichen Anerkennung durch die Bundesrepublik schrittweise näherzukommen, verfolgte Erich Honecker den Kurs einer „Anerkennungspolitik auf Raten".⁵⁷ Anläßlich einer Rede in Gera zur Eröffnung des Parteilehrjah-

> Neue Ausrichtung der SED-Westarbeit

---

⁵⁵ Vgl. Kuppe 1989, S. 559 und Hacker 1987, S. 50.
⁵⁶ Vgl. Hacker 1987, S. 52 f.
⁵⁷ Vgl. Staadt 1996c, S. 688.

res im Oktober 1980 erhob der Generalsekretär seine vier „Geraer Forderungen", die die SED-Westpolitik bis in das Jahr 1989 hinein bestimmen sollten. Sie zielten auf die Anerkennung der DDR-Staatsbürgerschaft, die Auflösung der „Zentralen Erfassungsstelle für Menschenrechtsverletzungen in der DDR" in Salzgitter, die Umwandlung der Ständigen Vertretungen in Botschaften und die Festlegung des Grenzverlaufs auf der Elbe in der Mitte der Wasserstraße.[58]

Gleichzeitig enthielt die Geraer Rede Angriffe auf die Bundesrepublik, die an längst vergangene Zeiten im „Kalten Krieg" erinnerten. Honecker sprach von der „imperialistischen BRD", die gemeinsam mit den USA eine „Droh- und Boykottpolitik" gegen das sozialistische Polen betreibe.[59] Im gleichen Jahr erhöhte die SED den Zwangsumtausch für Reisen in die DDR, um auf diese Weise den Besucherstrom einzudämmen. Dennoch wollte Honecker gerade angesichts der verschärften internationalen Lage den Gesprächsfaden zur Bundesrepublik nicht abreißen lassen. Bei seinem **Treffen mit Bundeskanzler Helmut Schmidt im Dezember 1981** am Werbellinsee bei Berlin wurden die Grundlagen für die Fortsetzung der innerdeutschen Entspannungspolitik gelegt, die ungeachtet weiterhin gegensätzlicher Grundsatzpositionen auf eine pragmatische Verständigung hinauslief. Dies war angesichts der verhärteten Position der sowjetischen Führung, die den deutsch-deutschen Dialog mit einigem Mißtrauen beobachtete, mehr als erwartet werden konnte. Die SED setzte ihre Deutschlandpolitik („Koalition der Vernunft") auch nach dem Regierungswechsel und dem Amtsantritt von Helmut Kohl fort, ohne die Grundpfeiler ihrer Politik gegenüber der Bundesrepublik aufzugeben.

Wie in den Jahren zuvor ließ sich die SED-Führung „menschliche Erleichterungen" (Familienzusammenführung, Häftlingsfreikauf, Reiseerleichterungen, Abbau der Selbstschußanlagen etc.) durch finanzielle Zugeständnisse abkaufen. Die von Franz-Josef Strauß in den Jahren 1983 und 1984 vermittelten Milliardenkredite stabilisierten die DDR-Wirtschaft und verhinderten eine soziale und politische Krise. Ein solcher Schwächeanfall des SED-Staates hätte angesichts der weltpolitischen Lage und der auch von den Sowjets praktizierten „Politik der Stärke" nach Auffassung der Bundesregierung zu einer nicht kontrollierbaren Entwicklung führen können. Gleichzeitig nahm die DDR gewisse Änderungen an ihrem Grenzregime vor. Bundesdeutsche Regierungsvertreter mahnten die SED-Führung zur Einhaltung der Menschenrechte und betonten auch in der öffentlichen Debatte die deutsche Wiedervereinigung als perspektivisches Ziel. Diese schien freilich trotz entsprechender öffentlicher Äußerungen Helmut Kohls beim Besuch Erich Honeckers **1987** in weite Ferne gerückt zu sein. Der SED-Generalsekretär hatte mit diesem **Besuch in der Bundesrepublik**, den er als vorletzten Schritt auf dem Weg zur endgültigen Anerkennung der DDR empfand, den Höhepunkt seiner politischen Laufbahn erreicht.[60]

Doch trotz dieser Aufwertung und der verbesserten Beziehungen zu westlichen Ländern konnte Honecker sein Endziel – die völkerrechtliche Anerkennung der DDR durch die Bundesrepublik und die Festschreibung der deutschen Teilung – nicht erreichen. Zwar plädierten hochrangige westdeutsche Politiker, vor allem aus der SPD, für das Eingehen auf einige der Geraer Forderungen. Außerdem kündigten

---

58 Vgl. Kuppe 1989, S. 563.
59 Zit. nach: Potthoff 1997, S. 73.
60 Vgl. Hertle u. a. 1991.

etliche SPD-geführte Bundesländer die finanzielle Unterstützung für die zentrale Erfassungsstelle Salzgitter auf,[61] aber der letzte Schritt – die völkerrechtliche Anerkennung der DDR – unterblieb, obwohl es in der Bundesrepublik trotz des dagegen stehenden Urteils des Bundesverfassungsgerichts zum Grundlagenvertrag von 1973 Stimmen gab, die in dieser Richtung sehr weit gingen. Die Abgeordnete der Grünen, Antje Vollmer, war das erste Mitglied des Deutschen Bundestages, das im September 1984 öffentlich „die Anerkennung der Realitäten" im Sinne der Geraer Forderungen Erich Honeckers verlangte und damit implizit diesen letzten Schritt befürwortete.[62]

Kooperation SPD-SED

Neben der Fortsetzung der Vertragspolitik mit der Bundesregierung intensivierte die SED in den achtziger Jahren ihre Zusammenarbeit mit der SPD. Diese als Politik der „Sicherheitspartnerschaft" apostrophierte Kooperation führte zu einem Vorschlag für die Bildung einer chemiewaffenfreien Zone in Europa (Sommer 1985), zu gemeinsamen Grundsätzen für einen atomwaffenfreien Korridor in Mitteleuropa (Herbst 1986) sowie zu einem Vorschlag für eine Zone des Vertrauens und der Sicherheit in Zentraleuropa (Sommer 1988).[63] Die SED fand für ihre als „Friedenspolitik" deklarierte Forderung nach einseitigen Abrüstungsschritten im Westen bei der SPD nachhaltige Unterstützung. Eine überwältigende Mehrheit der Sozialdemokraten lehnte nach dem Regierungswechsel 1982 in Bonn den NATO-Nachrüstungsbeschluß ab, den die Regierung Kohl/Genscher ebenso vehement wie zuvor der in dieser Frage in seiner Partei zunehmend isolierte Bundeskanzler Helmut Schmidt verteidigte.

Die Zusammenarbeit zwischen SPD und SED ging über die als Sicherheits- und Friedenspolitik firmierende Deutschlandpolitik hinaus, wie insbesondere das im August 1987 der Öffentlichkeit vorgestellte gemeinsame Papier beider Parteien „Der Streit der Ideologien und die gemeinsame Sicherheit" verdeutlichte. Die Festschreibung der Existenzberechtigung der beiden deutschen Staaten wie auch insbesondere die Behauptung, beide Systeme seien aus sich selbst heraus reformfähig, weckten bei Beobachtern Mißtrauen, inwieweit damit der deutschlandpolitische Konsens der demokratischen Parteien in der Bundesrepublik aufgekündigt worden sei.[64]

Sozialdemokratische Nebenaußenpolitik

Die Unterordnung der nationalen Frage unter eine Gewaltverzicht fordernde „Friedenspolitik" von SPD und SED bzw. – als Ziel – von Bundesrepublik und DDR war das Charakteristikum sozialdemokratischer „Nebenaußenpolitik" in den

---

61 Einzelne prominente SPD-Politiker forderten gar die Auflösung der zentralen Erfassungsstelle. Der stellvertretende Vorsitzende der SPD-Bundestagsfraktion, Jürgen Schmude, stellte im parlamentarisch-politischen Pressedienst vom 13. März 1984 diese Forderung auf. Vor Journalisten in Bonn bezeichnete er Salzgitter als „institutionalisierte Drohung gegenüber Bürgern der DDR, die die Vorschriften und Befehle der DDR-Regierung befolgen". Zit. nach: Sauer/Plumeyer 1991, S. 242. Die SPD-Bundestagsfraktion beschloß am 6. November 1984 einstimmig: „Diese zentrale Erfassungsstelle Salzgitter ist – selbst gemessen an den ihr gestellten Aufgaben – wirkungslos und überflüssig. Sie soll durch die Bundesländer aufgelöst werden." Vgl. ebd., S. 244. Die Auffassung setzte sich indes nicht durch, und da die Bundesregierung ihren Jahreszuschuß erhöhte, führte auch die Zahlungseinstellung durch einzelne Bundesländer nicht zur Arbeitsunfähigkeit der zentralen Erfassungsstelle.
62 Vgl. Deutz-Schroeder/Staadt 1994, S. 115.
63 Vgl. Kuppe 1993, S. 117.
64 Vgl. Hacker 1992, S. 207 ff., Zimmer 1992, S. 120 ff. und Vogtmeier 1996, S. 285/286.

achtziger Jahren.[65] Das Konzept der Sicherheitspartnerschaft bedeutete die Anerkennung der deutschen Teilung als Voraussetzung für Entspannungspolitik und verlagerte die Lösung der deutschen Frage auf eine gesamteuropäische Friedensordnung bzw. eine Auflösung der Militärblöcke.[66] Während die SPD mit ihrer „zweiten Ostpolitik"[67] Alternativen zur Regierungskoalition im Bereich der Sicherheits- und Außenpolitik manifestieren wollte („Frieden ist nicht alles, aber ohne Frieden ist alles nichts")[68] und auf eine Reform des DDR-Sozialismus von oben hoffte, nutzte die SED diese Zusammenarbeit als vermeintlich entscheidende Etappe auf dem Wege zur endgültigen völkerrechtlichen Anerkennung. Da sie glaubte, ihre Ziele mit einer SPD-Regierung in Bonn leichter verwirklichen zu können, versuchte die SED, die Sozialdemokraten im Bundestagswahlkampf 1987 zu unterstützen.[69]

Mögliche innenpolitische Auswirkungen der Vereinbarungen mit der SPD, die vor allem aus einer Diskussion über die Reformfähigkeit des Systems resultieren könnten, dämmte die Parteiführung vorsorglich ein.[70] Diskussionen innerhalb der SED über die Zusammenarbeit von SPD und SED und ihr gemeinsames Papier z. B. wurden jedenfalls einer breiteren Öffentlichkeit nicht bekannt, und gegen Kritiker außerhalb der Partei ging die Staatsmacht eher härter vor als in den vorangegangenen Jahren.[71]

Sozialdemokraten wie Egon Bahr setzten gleichwohl noch im Herbst 1989 auf eine Stabilisierung der SED, während freilich andere wie Erhard Eppler in seiner Rede am 17. Juni 1989 im Deutschen Bundestag sich zunehmend desillusioniert zeigten oder wie Norbert Gansel auf die menschenrechtlichen Defizite in der DDR hinwiesen.[72]

Diskussion in der CDU

Nicht zuletzt in den Unionsparteien, insbesondere der CDU, wurde in den letzten Jahren vor dem Zusammenbruch der DDR vor allem die Frage diskutiert, welchen Stellenwert angesichts der fortschreitenden (west-)europäischen und als Vision angestrebten kontinentalen Integration die nationale Einheit als Zielvorstellung noch habe. Langfristig würden ohnehin Elemente von Staatlichkeit zunehmend auf die europäische Ebene verlagert. Zu fragen sei deshalb, inwiefern die Deutschen in einem künftigen, unter freiheitlichen Vorzeichen vereinten Europa, noch eines verbindenden nationalstaatlichen Daches bedürften.

Für eine derartige Implantierung der „deutschen Frage" in die europäische Integration standen innerhalb der CDU z. B. Heiner Geißler und Karl Lamers. Letzterer erklärte 1983, die „Einigung Europas" sei „Selbstzweck", da sie „dem Grundziel einer jeden Politik überhaupt dient: die eigene Lebensart zu sichern. Das nächstrangige Ziel ist es, für die Deutschen in der DDR diese Freiheit auch zu

---

65 Vgl. Vogtmeier 1996, S. 263/264.
66 Vgl. Zimmer 1992, S. 126.
67 Vgl. Garton Ash 1993, S. 457 ff.
68 Vgl. Bahr 1996, S. 564.
69 Vgl. Staadt 1994 und 1995b, S. 2431 ff.
70 Vgl. Garton Ash 1993, S. 475 ff.
71 Vgl. Potthoff 1995b, S. 51/52 und – aus Sicht der Opposition – Neubert 1997, S. 663 ff.
72 Vgl. Vogtmeier 1996, S. 318 ff. und Garton Ash 1993, S. 482/483.

erlangen, die darin besteht, eigenverantwortlich auch eine Politik zu betreiben, die demselben Grundziel dient."[73]

Andere CDU-Bundestagsabgeordnete wie Jürgen Todenhöfer, Manfred Abelein, Heinrich Lummer oder Bernhard Friedmann betonten dagegen den Vorrang der Wiedervereinigung vor der europäischen Integration. Eine Art Mittelposition nahm in dieser Fragestellung offenkundig Bundeskanzler Helmut Kohl ein, der hier keine Entweder-Oder-Konstellation zu erkennen vermochte. Kohl war immer klar, daß die deutsche Einheit ohne Unterstützung durch die westlichen Partner und die Einbettung des deutschen in einen europäischen Einigungsprozeß nicht erreichbar wäre. Am 27. November 1985 erklärte er in Cambridge: Neben „der europäischen Option steht unverändert auch die nationalstaatliche Option: Auf keine von beiden darf politisch oder rechtlich verzichtet werden". Ähnliche Positionen wurden auch in der CSU vertreten.[74]

Die unionsinternen Konflikte erreichten im Vorfeld des Wiesbadener Parteitags der CDU 1988 einen Höhepunkt. Zwar setzten sich letztlich die Kräfte durch, die ausdrücklich am Ziel der Wiedervereinigung festhalten wollten. Dennoch muß offenbleiben, wie sich die Diskussionen innerhalb der CDU weiterentwickelt hätten, wenn es nicht zum Zusammenbruch des Ostblocks gekommen wäre.[75]

Den politischen Akteuren der damaligen Zeit ist zuzugestehen, daß bis Ende der achtziger Jahre das baldige Ende der DDR und vor allem die Akzeptanz einer deutschen Vereinigung durch die Sowjetunion kaum vorstellbar schien. Wer allerdings, wie beachtliche Teile der politischen Führungsschicht in der Bundesrepublik, die Zukunft des deutschen Nationalstaates in einem „vereinten Europa" gänzlich auflöste, verkannte in seiner Argumentation, vom Wiedervereinigungsgebot des Grundgesetzes ganz abgesehen, daß eine auf sich gestellte DDR in einem Europa ohne Mauer und mit freiem Wettbewerb ökonomisch und sozial nicht überlebensfähig gewesen wäre und ihre Bürger daher zwingend einer gesamtdeutschen Solidarität bedurften.[76]

Sicher kommt es nicht von ungefähr, daß gerade erfahrene Politiker wie Helmut Kohl und Willy Brandt als „realistische Visionäre" die sich schließlich wandelnden Rahmenbedingungen in der deutschen Frage und die damit verbundene Chance frühzeitig wahrnahmen.

Trotz aller Bemühungen gelang es der SED letztlich nicht, die Realität der gesamtdeutschen Bezüge aus der Welt zu schaffen und die Hoffnung auf Wiedervereinigung aus dem Bewußtsein der Bevölkerung zu verdrängen. Sie scheiterte mit ihren Versuchen, der DDR eine neue ideologisch begründete „nationale Identität" und damit in Abgrenzung zur Bundesrepublik und zur

---

[73] Vgl. Roos 1996, S. 275 f.
[74] Vgl. ebd., S. 265 ff.
[75] Vgl. März 1997, S. 236.
[76] So erklärte z. B. der SPD-Bundestagsabgeordnete Freimut Duve am 9. November 1989 (!) im Sozialdemokratischen Pressedienst: „Die Mehrheit der Deutschen in der DDR und der BRD wollen nicht zurück in einen Nationalstaat! Im vereinten Europa zusammengehören, das ist unser Ziel. Für diese Entwicklung gibt es viele Gründe und viel Zustimmung, natürlich keine Garantie! Wer populistisch die logische Entwicklung der europäischen Kultur zur europäischen Gesellschaft versperren möchte, durch die Wiederbeatmung des überholten deutschen Nationalstaates, der hat dafür aber keine große Chance." Zit. nach: Roos 1996, S. 290.

gemeinsamen Vergangenheit ein eigenes „kollektives Gedächtnis" zu geben.[77] Bei der Mehrheit der Bevölkerung überlagerte der Gedanke an die deutsch-deutschen Gemeinsamkeiten das von der SED immer wieder verordnete ideologische Feindbild. Auch die innerdeutschen Verbindungen durch Besuche, Briefe oder Telefonate rissen nicht ab. So stand nach dem Verzicht der Sowjetunion auf die DDR die Frage der Wiedervereinigung wie selbstverständlich auf der Tagesordnung. Die Erosion des SED-Staates in den letzten Jahren seiner Existenz hatte ihre wesentlichen Ursachen in der Westorientierung der Bevölkerung wie auch in der wachsenden finanziellen und wirtschaftlichen Abhängigkeit der DDR von der Bundesrepublik. Letztlich konnten weder „Ochs noch Esel" noch sonst irgend etwas den Sturz des Sozialismus aufhalten.[78]

Westorientierung der DDR-Bevölkerung

Untersuchungen zum Identitätsgefühl und zum Nationalbewußtsein der DDR-Bürger waren in der Zeit vor 1989 nur sehr eingeschränkt möglich. Die im Auftrag der Bundesregierung durchgeführten und unter Verschluß gehaltenen Befragungen zeichneten jedoch, wenn auch nur als Trendaussage, ein eindeutiges Bild. Hiernach blieb die Identifizierung von DDR-Bürgern mit ihrem Gesellschaftssystem auf durchgängig niedrigem Niveau (von 1973 bis 1988 zwischen 19% und 30%), während der Wunsch nach Wiedervereinigung, die eine Mehrheit allerdings nicht für realistisch hielt, stark ausgeprägt war (1970: 88%; 1984: 89%). Für ein vereinigtes Deutschland wünschten sich drei Viertel der Befragten ein am westlichen Modell orientiertes Gesellschaftssystem.[79]

---

[77] Vgl. Münkler 1997, S. 121 ff.
[78] Erich Honecker hatte dagegen wiederholt verkündet: „Den Sozialismus in seinem Lauf, halten weder Ochs noch Esel auf."
[79] Vgl. Köhler 1995, S. 1636 ff.

C) Determinanten und Entwicklungslinien der DDR-Geschichte

Strukturmerkmale des DDR-Sozialismus im historischen Verlauf

1. Die Errichtung und Aufrechterhaltung der Parteidiktatur

Die SED baute die ihr von der sowjetischen Besatzungsmacht übertragene Macht schon vor der Gründung der DDR zielstrebig aus. Von Beginn an formulierte sie einen umfassenden Macht- und Gestaltungsanspruch, den sie umzusetzen trachtete. Angesichts ihres Mißtrauens gegenüber der eigenen Bevölkerung, die – was nach Krieg und nationalsozialistischer Propaganda nicht verwunderte – keine sonderlichen Sympathien für sowjetische Soldaten und deutsche Kommunisten hegte, begann sie unverzüglich mit dem Aufbau eigener Sicherheitskräfte.[1] Diese sollten in Ergänzung zur sowjetischen Militärpräsenz die Errichtung des SED-Regimes und dessen Aufrechterhaltung absichern.[2] Doch trotz eines erheblichen personellen Ausbaus des Sicherheitsapparates und der kasernierten Polizeikräfte reichte dieser staatliche Gewaltapparat anfangs nicht aus, um das Volk niederzuhalten. Der 17. Juni 1953[3] zeigte der SED-Führung in brutaler Deutlichkeit die Grenzen ihrer Macht auf.[4]

Die schon im Moskauer Exil auf ihren Einsatz in Nachkriegsdeutschland als Hilfskräfte der Roten Armee vorbereiteten KPD-Kader[5] (Moskau-Kader) besetzten unmittelbar nach ihrem Eintreffen in Deutschland die zentralen Schlüsselpositionen in den Verwaltungen.[6] Das von der sowjetischen Besatzungsmacht in der SBZ installierte politische System sah zwar unterschiedliche Parteien und Massenorganisationen vor, war aber durch die vorprogrammierte Blockbildung so organisiert, daß die Dominanz der KPD gesichert blieb. Trotz ihrer Begünstigung durch die SMAD konnte die KPD erst dann eine Massenbasis aufbauen, als sie durch ihre Verschmelzung mit der Ost-SPD zur SED die Sozialdemokratie als eigenständigen politischen Faktor ausgeschaltet hatte. Bis zur Staatsgründung im Jahre 1949 gelang es den KPD-Führungskadern, durch Disziplinierungen und Parteisäuberungen den

Besetzung von Schlüsselpositionen durch Moskau-Kader

---

1 Vgl. für die erste Phase des Aufbaus Kubina 1996, S. 340 ff.
2 Vgl. Erler 1997.
3 Vgl. Kowalczuk u. a. 1995 und Hagen 1992.
4 Vgl. Schroeder 1997.
5 Vgl. Erler u. a. 1994.
6 Vgl. ebd. und Leonhard 1961.

Einfluß ehemaliger Sozialdemokraten zurückzudrängen und die SED vollständig auf kommunistischen Kurs zu trimmen.[7] Viele ehemalige Sozialdemokraten wurden aus ihren Parteiämtern gedrängt oder zur Flucht getrieben, gingen in die innere Emigration oder wurden inhaftiert. Einige verloren sogar ihr Leben. Andere assimilierten sich schnell in die kommunistische Umgebung und vertraten die neue Linie zum Teil vehementer als ehemalige KPD-Kader. Die von ihren Gegnern als „Zwangsvereinigung" erlebte Verschmelzung von KPD und SPD führte damit in der Konsequenz auch zur Selbstaufgabe sozialdemokratischen Geistes durch ehemalige Funktionäre und Parteiführer.

Politische Gleichschaltung der Gesellschaft

Die innere Formierung der SED verlief parallel zur politischen Gleichschaltung der Blockparteien und Massenorganisationen. Funktionäre der Blockparteien, die sich der Unterwerfung unter die kommunistische Regie von SMAD und SED zu widersetzen wagten, wurden ihrer Ämter enthoben und politisch verfolgt, nicht wenige unter Vorwänden verhaftet und verurteilt. Viele sahen in der Flucht ihre einzige Möglichkeit. Der von der sowjetischen Besatzungsmacht mit Blick auf ihre deutschlandpolitischen Optionen verordnete Pluralismus existierte nur sehr eingeschränkt, da sich die Blockparteien in allen strittigen Fragen dem Diktat der SMAD und dem Druck der Kommunisten beugen mußten. Zugleich gab es in den ersten Nachkriegsjahren über alle Parteien hinweg einen Konsens, mit der nationalsozialistischen Vergangenheit radikal und endgültig zu brechen und eine neue „antifaschistisch-demokratische" Gesellschaft aufzubauen. Doch schnell entpuppte sich diese Formel, deren Inhalt und Umsetzung verschieden interpretiert wurden, als taktisches Mittel der SED, ihre Führungsrolle durchzusetzen und zu legitimieren. Anfang der fünfziger Jahre hatten alle Blockparteien und Massenorganisationen die Führungsrolle der SED auch förmlich anerkannt, so daß der Gleichschaltungsprozeß eine gewissermaßen ordnungsgemäße Form fand.

Die SED bezeichnete sich seit 1948 offiziell als marxistisch-leninistische Partei, die den demokratischen Zentralismus – schon bald über die Partei hinaus – zu einem verbindlichen Organisationsprinzip und den Marxismus-Leninismus neben dem Antifaschismus zur Partei- und Staatsdoktrin erklärte. Die Eroberung des Staatsapparates und seine Transformation zu einem „Instrument im Klassenkampf" hatte die Partei schon vor der Staatsgründung weitgehend vollzogen. Es gab keine Gewaltenteilung, statt dessen eine konzentrierte Gewalteneinheit. Alle Macht ging von der Parteiführung und ihrem zentralen Apparat aus. Das Politbüro mit einem mächtigen Generalsekretär (bzw. Ersten Sekretär) an der Spitze war die Machtzentrale; die legislative, exekutive und judikative Letztinstanz konzentrierte sich in diesem Gremium, das alle wichtigen Entscheidungen in seinem Sinne bestimmte oder direkt an sich ziehen konnte.

Konzentrierte Gewalteneinheit

Die Parteiführung verfügte bis weit in das Jahr 1989 hinein ohne Abstriche über unbegrenzte und unkontrollierte Machtfülle. Sie verpflichtete die staatlichen Instanzen und Institutionen zur kritiklosen Umsetzung ihrer Beschlüsse und die Staatsbediensteten zur Loyalität gegenüber der Partei. Allein schon die Besetzung staatlicher Funktionen über das von der SED gesteuerte Nomenklatursystem garantierte die gewünschte Parteiloyalität des Führungspersonals. Während die

---

[7] Vgl. Bouvier/Schulz 1991 und Bouvier 1996.

obersten Leitungspositionen SED-Funktionäre innehatten, konnten Mitglieder der Blockparteien unterhalb dieser Ebene nach einem ausgeklügelten Quotensystem ebenfalls entsprechende Positionen erreichen. Der Zugang zu den Sicherheitskräften blieb ihnen jedoch versperrt. Hier dominierten in den oberen Rängen in der Sowjetunion ausgebildete und mehr oder weniger direkt dort angebundene SED-Kader.

Durch die Anleitung, Steuerung und Kontrolle des Staates über den zentralen Parteiapparat und die regionalen und lokalen Parteiorgane sowie durch die zahlenmäßige Ausweitung des Nomenklaturprinzips verschmolzen Partei und Staat zu einer Einheit. Dem Staat als ausführendem Organ der SED bzw. ihrer Führung war jeder Rest von Eigenständigkeit genommen worden. Dies galt in herausgehobener Weise für das Ministerium für Staatssicherheit, das offiziell als „Schild und Schwert der Partei" fungierte.[8] Auftretende Konflikte und Kompetenzstreitigkeiten waren Ausdruck parteiinterner Rivalitäten, bürokratischer Reibungsflächen oder persönlicher Animositäten und resultierten nicht aus prinzipiellen Meinungsverschiedenheiten zwischen Vertretern der Partei und Staatsorganen.

Verschmelzung von Partei und Staat

Das Zusammenwirken von SED, Blockparteien und Massenorganisationen verlief im Laufe der Jahrzehnte nach immer gleichem Ritual: Die SED gab auf ihren Parteitagen die Richtung vor, der die anderen bereitwillig folgten. Die Umsetzung der Beschlüsse in den Blockparteien wurde von deren SED-hörigen Parteiführungen und der zuständigen ZK-Abteilung „Befreundete Parteien" sichergestellt. Darüber hinaus sorgten Inoffizielle Mitarbeiter des MfS dafür, daß etwaige Unbotmäßigkeiten in den Blockparteien rechtzeitig erkannt wurden und damit beseitigt werden konnten. Inwieweit dort zumindest an der Parteibasis Reste von „Eigensinn" erhalten blieben, kann vermutet, aber nicht belegt werden. Die in breiten, nicht parteigebundenen Bevölkerungskreisen vorhandene Westorientierung dürfte indes auch hier eine gewisse Ausbreitung gefunden haben.

Während die von der SMAD begonnene und von der SED fortgesetzte gesellschaftliche Umgestaltung wirtschaftlichen Pluralismus verhindern und die Sozialstruktur nivellieren und homogenisieren sollte, hatten Massenorganisationen die Aufgabe, die Artikulation sozialer Interessen auf der politischen Ebene auszuschließen. Diese gesellschaftlichen Organisationen standen schon sehr bald unter der direkten Regie der SED und ihrer Funktionäre, so daß sie nicht einmal eingeschränkt als Interessenorganisationen für bestimmte soziale Gruppen, sondern ausschließlich als verlängerter Arm der Partei und Teil des Staates wirkten. Die verordnete Interessenidentität und die Verpflichtung auf das von der Parteiführung definierte Gemeinwohl erübrigte nach Auffassung der SED-Ideologen eine unabhängige Vertretung sozialer Gruppen. Die Organisationsdichte selbst dürfte weltweit führend gewesen sein.[9] Vor allem durch den FDGB und die FDJ erhielt die SED den organisatorischen Zugriff auf nahezu die gesamte Bevölkerung. Diese verweigerte sich jedoch zu einem großen Teil der verordneten ideologischen Indoktrination und betrachtete diese Organisationen eher als soziale Einrichtungen.

Blockparteien/ Massenorganisationen

---

8   Vgl. Fricke 1991b und Suckut/Süß 1997.
9   Vgl. Niethammer 1997, S. 321/322.

Steuerung von Kultur, Kunst, Wissenschaft

Die institutionelle Steuerung von Kultur, Kunst und Wissenschaft etc. korrespondierte mit inhaltlichen Vorgaben, über deren Einhaltung Partei, Staat und Staatssicherheit mit unterschiedlicher Intensität wachten. In der Honecker-Ära konnte die Partei weitgehend auf äußerlich erkennbare Eingriffe verzichten, da inzwischen die Kulturfunktionäre in den Verbänden „funktionierten" und wenig Anlaß zum Einschreiten boten. Unliebsame Künstler oder Literaten wurden im direkten oder informellen Zusammenspiel der jeweiligen Verbände mit den zuständigen Abteilungen in der Partei und im MfS beruflich diskriminiert, sozial ausgegrenzt, kriminalisiert, ausgebürgert oder zur Ausreise gedrängt.[10]

Den künstlerischen Aderlaß, den die DDR hierdurch erlitt, konnte die SED in den achtziger Jahren nicht mehr kompensieren, zumal nun eine künstlerische Subkultur entstand, die versuchte, eigene Wege zu gehen. Die breite Masse der „Kulturschaffenden" stellte indes ebensowenig wie die Wissenschaftler ein besonderes systemkritisches Potential dar. Die Verstaatlichung auch dieses Sektors hatte materielle Abhängigkeiten geschaffen, die den Anpassungsdruck erhöhten. Der Freiraum für Literatur und Kunst blieb selbst für Prominente sehr begrenzt, allerdings hatten diese Ausweichmöglichkeiten, in der Bundesrepublik zu publizieren oder auszustellen. Während die SED auf dem Sektor der Massenkultur seit den siebziger Jahren zunehmend die Imitation westlicher Muster tolerierte, blieb sie gegenüber eigenständigen künstlerischen Ambitionen auch von Prominenten reserviert. Der Argwohn, zugestandene künstlerische Freiheit könnte in Systemkritik umschlagen, beherrschte das Denken der meisten für Kultur zuständigen Parteifunktionäre.

Situation der Kirchen

Den Kirchen als einzigen Institutionen, die nicht direkt von der SED gesteuert wurden,[11] blieb, wiewohl SED und MfS ein dichtes Netz der Überwachung und Kontrolle über sie gespannt hatten und hierfür kirchenintern zum Teil auch Unterstützung fanden, eine weitgehende organisatorische Eigenständigkeit. Damit bot sich unter ihrem Dach oppositionellen Kräften ein Raum für die begrenzte Entfaltung ihrer Aktivitäten. Gleichzeitig konnten SED und MfS ihre Widersacher leichter lokalisieren. Die Rolle vor allem der evangelischen Kirche[12] war damit zumindest ambivalent. Wie auch immer das Verhalten der Kirchenleitungen eingeschätzt werden mag, unter dem Dach der Kirchen entstand ein systemkritisches Potential. Allerdings konnten die Kirchen nicht verhindern, daß ein anwachsender Teil der Bevölkerung sich vom Glauben abwandte und aus der Kirche austrat.

Die SED konnte ihren Macht- und Gestaltungsanspruch in den über vierzig Jahren ihrer Diktatur aber nur gesellschaftlich umsetzen, weil sie über eine Massenbasis in Gestalt der Funktionäre und ihrer zwei Millionen Mitglieder verfügte. Die von der Partei ausgesuchten Staats- und Wirtschaftskader agierten primär als Parteifunktionäre. Die Staats- und Wirtschaftsbürokratien waren insoweit keine Verwaltungen im westlichen Sinne,[13] die nach rationalen Kriterien

---

10 Vgl. für die Schriftsteller Walther 1996.
11 Vgl. Pollack 1994.
12 Vgl. Besier 1993 und 1995b und Vollnhals 1996a.
13 Vgl. Balla 1972.

funktionierten, sondern politische Bürokratien, denen das Wort der Partei Befehl war.

Das Funktionärskorps genoß bestimmte materielle und immaterielle Privilegien, die es von der Masse der Bevölkerung abhob. Ihm wie auch den einfachen Mitgliedern der SED suggerierte die Parteiführung, Wegbereiter für eine „bessere Gesellschaft" zu sein. Die Motivation, für Partei und Staat aktiv zu wirken, entstand aus einer nur im Einzelfall zu entschlüsselnden Gemengelage von materiellen Anreizen und ideologischer Überzeugung. Die Begünstigten vermittelten wiederum der Parteiführung den Glauben, sie könne sich auf eine hinreichende Massenbasis zur Legitimation ihrer Diktatur stützen. Zwar nahmen auch in der Mitgliedschaft und vermutlich sogar unter den Funktionären in den achtziger Jahren die Zweifel an der Richtigkeit des eingeschlagenen Weges zu, vor allem angesichts der Veränderungen in der Sowjetunion unter Gorbatschow. Dennoch hielt die überwiegende Mehrheit der Genossen der Parteiführung bis zum bitteren Ende die Treue. Die Identifikation mit der SED und der DDR überlagerte selbst angesichts des drohenden Zusammenbruchs die Bereitschaft, einen wirklichen Bruch mit dem alten System herbeizuführen.

Funktionärskorps

Während die SED unter der „sozialistischen Intelligenz" über eine erstaunliche Anhängerschaft verfügte, die im Laufe der Jahrzehnte durch die materielle Abhängigkeit noch zunahm, zeigte sich das „Objekt der Begierde" – die Arbeiterklasse – gegenüber dem Liebeswerben der Partei reserviert. Trotz wiederholter Kampagnen gelang es der Partei nicht, ihre Verankerung in der Arbeiterschaft zu verbreitern. Auch mittels ihrer Sozialpolitik vermochte es die SED nicht, über ein einfaches Hinnehmen der Verhältnisse hinaus ideologisch oder politisch begründete Sympathien bei einer Mehrheit der Werktätigen zu gewinnen. Die Masse der Bevölkerung nahm nach den Erfahrungen vom Juni 1953 und vom August 1961, die bei den meisten das Gefühl der Unveränderbarkeit der Verhältnisse implantiert hatten, die vorgefundenen Bedingungen hin, ohne sich jedoch mit diesen zu identifizieren. Als sich 1989/90 eine realistische Möglichkeit zur Beseitigung des Systems bot, stellte sich die Mehrheit der Bevölkerung gegen Partei und Staat.

Geringe Verankerung der SED in der Arbeiterschaft

Die faktische Durchsetzung der Parteimacht, notfalls mittels Gewalt oder auch nur Gewaltandrohung, korrespondierte mit der Selbstlegitimierung des Macht- und Gestaltungsanspruchs durch die marxistisch-leninistische Ideologie. Diese zur Wissenschaft erklärte Weltanschauung reklamierte für die kommunistische Partei, die durch das Interpretationsmonopol als Gralshüter der Wahrheit auftrat, eine sogenannte „historische Mission". Sie sollte als „Avantgarde der Arbeiterklasse" den werktätigen Massen und der übrigen Bevölkerung den Weg zu Sozialismus und Kommunismus weisen.

Die Ausschaltung der Opposition erfolgte bis in die sechziger Jahre hinein mit brachialen, ja zum Teil offen terroristischen Mitteln.[14] Da in der SBZ/DDR Gewaltenteilung und unabhängige Rechtsprechung fehlten, vollzog sich die juristische Verfolgung unabhängigen Denkens und Handelns zwar im Namen von Gesetzen, aber ohne Rechtsstaatlichkeit. Die Justiz war ebenso wie der gesamte

---

[14] Vgl. Fricke 1984b, Fricke 1990, Fricke 1991a, Schuller 1980, Werkentin 1995 und Neubert 1997.

Staatsapparat zu einem Instrument der herrschenden Partei geworden.[15] Mußten anfangs SED-Funktionäre und MfS-Mitarbeiter oder in Einzelfällen Walter Ulbricht höchstpersönlich noch die Mühlen des repressiven Rechtswesens steuern und kontrollieren, so existierte in späteren Jahrzehnten ein vom SED-Apparat systematisch ausgewähltes und geschultes Justizpersonal, das seinen „Klassenauftrag" zur Zufriedenheit der Parteioberen ausfüllte. Die politische Justiz sollte dabei nicht nur das Handeln, sondern darüber hinaus schon die Absicht zu systemwidriger bzw. oppositioneller Tätigkeit bestrafen.[16]

Opposition und politische Justiz

Auch wenn die Verfolgung und Ausschaltung oppositioneller Bestrebungen seit den sechziger Jahren eine verdecktere und scheinbar rechtlich abgesicherte Form annahm, blieb dennoch während der gesamten Existenz der DDR der Willkürcharakter gerade im Bereich der politischen Strafjustiz erhalten. Zwar wurde nicht mehr jeder Erzähler eines politischen Witzes oder Alltagskritiker gleich mit Gefängnis bestraft, aber allein das stattliche Ausmaß der Häftlingsfreikäufe von 1964 bis 1989 deutet auf eine hohe Zahl von Verurteilungen wegen politischer Delikte hin. Nur noch in Einzelfällen (z. B. bei Bahro) intervenierte die Parteiführung direkt.[17]

Die „bürgerliche" Opposition, die nach Wiedervereinigung strebte, wie auch die innerkommunistische Opposition, deren Ziel in den meisten Fällen eine „Verbesserung" der sozialistischen Diktatur und/oder eine Ablösung Walter Ulbrichts war, wurde bis zum Mauerbau weitgehend ausgeschaltet. Die über drei Millionen Personen, die von 1949 bis 1961 in die Bundesrepublik flohen, fehlten nicht nur der DDR-Wirtschaft, die daraufhin an chronischem Arbeitskräftemangel litt, sondern auch bei möglichen oppositionellen Aktivitäten. Wie auch immer die Fluchtmotive individuell gewichtet waren,[18] und unabhängig davon, ob wirtschaftliche oder politische Gründe überwogen, hätte dieser Personenkreis als Reservoir von Unzufriedenen vielleicht eine Massenopposition hervorbringen oder diese zumindest unterstützen können.

Grenzregime

Das Grenzregime wurde nach der Einmauerung der DDR im Jahre 1961 systematisch ausgebaut und verfeinert.[19] Mit dem Verlegen von Personenminen, der Installierung von Selbstschußanlagen, die erst nach Unterzeichnung internationaler Verträge und auf Druck westdeutscher Politiker nach Gewährung von Milliardenkrediten (Strauß) wieder abgebaut wurden, sowie dem „Schießbefehl" erhielt die SED-Diktatur auch öffentlich ein menschenverachtendes Gesicht. Der Versuch, die DDR zu verlassen, kostete nahezu tausend Menschen das Leben.[20]

Zehntausende von DDR-Bürgern, die ebenfalls das Land verlassen wollten und deren Flucht scheiterte, mußten ihren individuellen Bruch mit der Diktatur mit Gefängnis und gesellschaftlicher Ausgrenzung büßen. Die „versuchte Republikflucht" galt der SED-Führung und ihren Funktionären als Staatsverbrechen, das unerbittlich verfolgt werden mußte, um Nachahmer abzuschrecken. Die meisten

---

15 Vgl. Werkentin 1995, Wendel 1996, Rottleuthner 1994b und allgemein zum Verhältnis von Ideologie und Recht: Rüthers 1992.
16 Vgl. Linz 1996, S. 521.
17 Vgl. Vollnhals 1997, S. 241 ff.
18 Vgl. Ackermann 1995.
19 Vgl. Koop 1996b.
20 Vgl. Filmer/Schwan 1991 und Pressekonferenz 1997.

derjenigen, die nach dem Abschluß internationaler Vereinbarungen unter Berufung auf ihr Menschenrecht auf Ausreise einen entsprechenden Antrag stellten, teilten mit den verhinderten Republikflüchtlingen das Schicksal beruflicher Diskriminierung und gesellschaftlicher Ausgrenzung. Die SED-Führung dachte nicht daran, den Bürgern „ihres" Staates die von ihr selbst verbindlich unterschriebenen Rechte zu gewähren. Im Gegenteil: Wer sich auf internationale Vereinbarungen und Menschenrechte berief, mußte mit Kriminalisierung der eigenen Person rechnen. Als sich in Ungarn der Eiserne Vorhang hob, war dies das Signal für Hunderttausende, ihr Land zu verlassen.

Die SED-Führung baute ihren Unterdrückungsapparat nach 1961 weiter aus. Die personelle Verstärkung vor allem des MfS ging einher mit einer veränderten Strategie der Bekämpfung politischer Gegner. Da in den Augen der SED- und MfS-Führung potentiell jeder ein „Feind des Sozialismus" sein konnte, wurde republikweit ein dichtes Überwachungsnetz installiert. Dieses wurde nach Abschluß der innerdeutschen Vereinbarungen und der Zunahme des Besucherverkehrs weiter ausgebaut und verfeinert, so daß die DDR schließlich im zahlenmäßigen Verhältnis von „Sicherheitskräften" zur Bevölkerung weltweit eine Spitzenposition einnahm. Das MfS sollte durch eine allgegenwärtige Überwachung jede Form oppositioneller Aktivitäten im Keim ersticken. Seit den siebziger Jahren sahen sich die Unterdrückungsapparate durch die nach der internationalen Anerkennung der DDR möglich gewordene Beobachtung durch westliche Medien zu einem vorsichtigeren und versteckteren Umgang mit Andersdenkenden gezwungen. **Ausbau des MfS**

Zwar gelang der SED bis in die achtziger Jahre hinein die Unterdrückung organisierter Opposition, aber die Entstehung und Ausbreitung von Unzufriedenheit, Gleichgültigkeit und politischer Gegnerschaft, die gewissermaßen im Verborgenen blühten, konnte sie nicht verhindern. Die Gleichsetzung von äußerlicher Ruhe und politischer Stabilität, von der auch viele westdeutsche Beobachter ausgingen, erwies sich im nachhinein als Trugschluß.

Neue oppositionelle Strukturen entstanden Ende der siebziger/Anfang der achtziger Jahre vor allem im Umkreis der evangelischen Kirche und aus subkulturellen und alternativen Milieus. Die Kritik dieser in kleinen Gruppen und informellen Beziehungsgeflechten agierenden Dissidenten entzündete sich vornehmlich an der „Friedenspolitik" der SED. Darüber hinaus bestimmten industrie- und zivilisationskritische Aspekte sowie die „Dritte-Welt"-Problematik das Denken der meisten informellen Gruppen, die bis in das Jahr 1989 hinein zersplittert und zahlenmäßig sehr klein blieben. Die meisten dieser Gruppen und Personen strebten eine (im Detail nicht ausformulierte) sozialismusimmanente Reform der DDR an. Erst unter dem Druck der Ausreisewelle im Sommer/Herbst 1989 formierte sich eine politische Opposition und leitete den Sturz des SED-Regimes mit ein.[21] **Neue oppositionelle Strukturen**

Das MfS hatte die oppositionellen Gruppen zwar nahezu vollständig erfaßt, Wortführer ins Gefängnis gesteckt und/oder in die Bundesrepublik ausgewiesen, konnte aber dennoch die Aktivitäten der Gruppen in der Phase der Agonie des Systems nicht mehr unterbinden. Da diese nun öffentliche Räume erobert hatten, erwiesen sich die geplanten Isolierungslager, die „Zersetzungs"pläne oder das

---

21 Vgl. Jander 1996, Jander/Schroeder 1996 und 1997, Torpey 1995, Bickhardt 1995 und Neubert 1997.

Einschleusen von Inoffiziellen Mitarbeitern als wirkungslos. Das Streben nach Wohlstand und Freiheit hatte bald große Teile der Bevölkerung erfaßt und machte in deren Augen Staatsmacht und Opposition gleichermaßen überflüssig.

2. Die sozialistische Umgestaltung und ideologische Formierung der Gesellschaft

Die sowjetische Besatzungsmacht hatte unmittelbar nach der militärischen Besetzung Deutschlands in ihrer Zone mit einer grundlegenden Umgestaltung der Gesellschaft begonnen, die im Grundsatz nicht nur bei den deutschen Kommunisten auf Zustimmung stieß. Die Bodenreform, die Verstaatlichung von Banken und Versicherungen sowie die Enteignung von Nazi-Verbrechern wurden prinzipiell auch von den anderen Parteien in der SBZ begrüßt. Als aber sichtbar wurde, daß diese Maßnahmen weniger der Bestrafung der Verantwortlichen des alten Regimes als vielmehr dem Aufbau einer neuen Diktatur dienten, setzte ein mit Kritik an diesem Kurs verbundener Differenzierungsprozeß der politischen Vorstellungen ein, den SMAD und SED mit Gewalt abwürgten.

Der von der SED nach der Staatsgründung fortgesetzte sozialistische Umgestaltungsprozeß der Gesellschaft, der im ökonomischen Bereich auf eine weitestgehende Verstaatlichung von Betrieben und eine zentralistische Planung und Steuerung hinauslief, sollte ihr den Zugriff auf die wirtschaftlichen Ressourcen des Landes sichern und den Aufbau einer sozialen Basis für ihre Diktatur ermöglichen.[22] Die Verstaatlichung und Zentralisierung der Wirtschaft sowie die Kollektivierung der Landwirtschaft erfolgten in mehreren Phasen mit unterschiedlicher Intensität und führten jedesmal zu Abwehrreaktionen, auf die SED und MfS wiederum mit Repressionen reagierten.

Die DDR-Wirtschaft litt anfangs zweifellos unter den gewaltigen Reparationen und Besatzungslasten, fehlenden Experten und ausreichend qualifizierten Leitungskadern sowie dem aus der Fluchtwelle in die Bundesrepublik resultierenden Verlust an Fachkräften. Aber ihre Wettbewerbssituation gegenüber der westdeutschen Wirtschaft verschlechterte sich auch und gerade nach dem Mauerbau.[23] Die anschließende scheinbare Stabilisierung der DDR bot der SED-Führung zwar die Möglichkeit zur Wirtschaftsreform, mit der eine Erhöhung der Produktivität und ein Anstieg der Produktion über das bundesdeutsche Niveau hinaus erreicht werden sollten. Doch bevor die Reform überhaupt Wirkung entfalten konnte, brach die SED sie schon wieder ab. Eine maßgebliche Gruppe von leitenden Parteifunktionären, zu denen Erich Honecker gehörte, befürchtete das Entstehen einer ökonomischen Machtelite, die nicht am direkten Gängelband der Partei hing, und darüber hinaus einen durch die Reform möglicherweise ausgelösten und nicht mehr kontrollierbaren gesellschaftlichen Wandel.

Grenzen der Zentralplanwirtschaft

Die Grenzen einer Zentralplanwirtschaft zeigten sich insbesondere in den siebziger Jahren, als die Ölpreiserhöhungen die nationalen Wirtschaften vor neue Herausforderungen stellten. Während die westlichen Ökonomien darauf mit einer technologischen Offensive reagierten, verharrte die DDR-Wirtschaft in Stagnation,

---

22 Vgl. Schwarzer 1996.
23 Vgl. Merkel/Wahl 1991 und Kusch u. a. 1991.

da sie weder über eine hinreichende Rohstoffbasis noch über soziale Träger verfügte, die eine technologische Modernisierung hätten initiieren und vorantreiben können. Infolgedessen vergrößerte sich der Abstand zur westdeutschen Wirtschaft noch einmal beträchtlich, so daß schließlich in der Endphase der DDR deren Ökonomie nur etwa ein Drittel der Wirtschaftskraft und ein Fünftel der Produktivität ihres bundesdeutschen Pendants erreichte. Auch wenn die Versorgung mit Konsumgütern im Laufe der Jahrzehnte besser wurde, blieb die DDR-Ökonomie eine Mangelwirtschaft. Immer wieder fehlte es an bestimmten Konsumartikeln oder Ersatzteilen, waren keine Handwerker aufzutreiben bzw. zu motivieren, oder es mangelte an Sitzplätzen in Restaurants, an Ferienplätzen etc. Der alltägliche Mangel verurteilte die Bevölkerung zur Improvisation, zum informellen Tausch oder zur Geduld, sei es beim Anstehen oder bei der Erfüllung von Konsumwünschen. Dieser Mangel war systembedingt[24]: Sozialistische Gesellschaftsordnung und zentralistische Planwirtschaft hatten Eigeninitiative und Kreativität weitgehend erstickt bzw. in den informellen Sektor vertrieben.

Der selbstverordnete und nicht zuletzt aus der Konkurrenz mit der Bundesrepublik entstandene Zwang zum Wirtschaftswachstum wie auch ein instrumentelles Verständnis von Technik und Wirtschaft ließen keinen Platz für ökologische Rücksichtnahmen. Der Umweltschutz genoß allein schon aus Kostengründen für die SED keine Priorität. Im Gegenteil: Die Zerstörung der Umwelt nahm weitaus größere und bedrohlichere Ausmaße an als in der Bundesrepublik. In den achtziger Jahren aufkommende Kritik suchte die Partei zu unterbinden; Umweltdaten z. B. erhielten den Status einer „Vertraulichen" oder sogar „Geheimen Verschlußsache".[25] **Umweltdaten Verschlußsache**

Die technische Modernisierung der Wirtschaft – selbst im Rahmen immanenter Möglichkeiten – wurde darüber hinaus durch die hohen Kosten der Machtsicherung und die Sozialausgaben blockiert. Aber auch angesichts des drohenden wirtschaftlichen Niedergangs entschied sich die SED-Führung zur Fortsetzung ihres macht- und sozialpolitischen Kurses. Dieser zwang die DDR zur Verschuldung im westlichen Ausland und trieb sie in der Folge in eine zunehmende finanzielle Abhängigkeit von der Bundesrepublik.[26] Doch selbst der innerdeutsche Finanztransfer durch Häftlingsfreikauf, Verkehrspauschale, Milliardenkredite etc. konnte den stagnativen wirtschaftlichen Trend nicht brechen.

Da die SED seit den siebziger Jahren ihre Ideologie und praktische Politik auf die (vermeintliche) sozialpolitische Überlegenheit ihres Systems fokussiert hatte, blieb ihr wenig Spielraum für eine Modernisierung der Volkswirtschaft. So tappte sie auf diesem Feld in die von ihr selbst gestellte Ideologie- und Politikfalle. Indem sie eine sozialpolitische Überlegenheit des Sozialismus lautstark propagierte, konnte sie das einmal erreichte sozialstaatliche Niveau nicht mehr zurückschrauben, ohne Unruhen befürchten zu müssen.

Die mit der sozialistischen Umgestaltung der Gesellschaft und der auch instrumentell eingesetzten Entnazifizierung einhergehende Vertreibung der alten Eliten eröffnete Spielräume für eine sozialstrukturelle Erneuerung der Gesell- **Sozialstrukturelle Erneuerung**

---

24 Vgl. Maser 1997.
25 Vgl. Paucke 1994.
26 Vgl. Schürer 1996.

schaft.²⁷ Die SED benötigte über ihre alten kommunistischen Kader hinaus Fach- und Leitungskräfte, die ihr verbunden waren und gleichzeitig den notwendigen Sachverstand aufbrachten, wobei im Zweifel die ideologische Zuverlässigkeit wichtiger war. Durch die Öffnung und Umgestaltung des Bildungssystems erhielten soziale Gruppen, denen zuvor eine qualifizierte Ausbildung weitgehend versperrt war, die Möglichkeit zu einem schnellen sozialen Aufstieg. Die sozialistische Aufbaugeneration, die die freigewordenen Führungspositionen in Staat, Wirtschaft und Gesellschaft übernahm, war mit der SED untrennbar verbunden, sie verdankte ihr alles. Da die Partei unbegrenzten und unkontrollierten Zugriff auf alle gesellschaftlichen Ressourcen hatte, konnte sie Lebenschancen nach ihrem Kalkül verteilen und – bei Aufkündigung der Loyalität – wieder entziehen. So schuf die SED existentielle Abhängigkeiten, die weit über das ideologische Band hinausgingen.

Sozialistische Dienstklasse

Die neu entstandenen Staats- und Wirtschaftsbürokratien, die vom zentralen Parteiapparat angeleitet, gesteuert und kontrolliert wurden, bestanden spätestens seit Anfang der sechziger Jahre auf den mittleren und hohen Positionen ausschließlich aus parteiloyalen Personen. Die neue „sozialistische Dienstklasse", zu der auch das Gros der hauptamtlich Beschäftigten in Partei und Massenorganisationen gehörte, sorgte dafür, daß dieses System über die Gewaltanwendung oder -androhung hinaus funktionstüchtig wurde. Das abgestufte hierarchische System von materiellen Privilegien, Machtzugang und Statuszuweisungen stellte den sozialen und ideologischen Kitt dar, der diesen Personenkreis zusammenhielt und an die Partei band.

Der breiten Masse der Bevölkerung, den Arbeitern und Bauern sowie den kleinen Angestellten garantierte die SED – wenn auch auf vergleichsweise niedrigem Niveau – Arbeit, Wohnung und Brot. Die Verstaatlichung der Betriebe, die Zentralplanwirtschaft und die Sozialpolitik brachten den „Werktätigen" weitgehend einheitliche Arbeits- und Lebensbedingungen. Die Kollektivierung auf dem Land, die der Bodenreform folgte und schließlich in die Entstehung von Agrarfabriken mündete, verwandelte den Bauern in einen Landarbeiter, dem annähernd gleiche Lebensbedingungen wie dem Fabrikarbeiter zugestanden wurden. Der Wechsel im Eigentumstitel vom Privat- zum Staatsbesitz entpersonalisierte zwar die Abhängigkeit, änderte aber nichts daran, daß der gesellschaftliche Reichtum weiter von den Arbeitern und Bauern geschaffen wurde, während die Partei über die Verteilung entschied. Die Möglichkeiten der Mitwirkung erschöpften sich in ritualisierter Zustimmung zu den Planvorgaben und einem allgemeinen Meckern über schlechte Arbeitsbedingungen und Lebensverhältnisse. In Eingaben an die Partei- oder Staatsführung durfte die arbeitende Bevölkerung ihrem Unmut Luft machen.²⁸ Die informelle Stärke der Arbeiter bestand in den ihnen zugestandenen sozialen Garantien. Da sie faktisch unkündbar waren, konnten sie auf Arbeitstempo und -leistung zumindest indirekt Einfluß nehmen. Die fehlende Sanktionsmöglichkeit gegenüber leistungsunwilligen Beschäftigten erwies sich für viele Betriebe neben

---

27 Vgl. Geisler 1996.
28 Vgl. Staadt 1996a.

unzureichender Materialbasis und nichttermingemäßen Zulieferungen als entscheidendes Problem für die Erhöhung von Produktivität und Produktion.[29]

Trotz dieser Vorteile blieb die Arbeiterschaft im Vergleich zur sozialistischen Dienstklasse und der Parteielite unterprivilegiert. Sie verdiente im allgemeinen weniger, bewohnte zumeist kleinere und schlechter ausgestattete Wohnungen, besaß seltener ein Auto und mußte, wenn der Zugang zu Devisen über Verwandte oder Freunde aus der Bundesrepublik nicht gegeben war, weitgehend auf gehobene Konsumgüter verzichten.[30] Jenseits der Differenzierung von „oben und unten" läßt sich aber auch ein sozialer Nivellierungs- und Homogenisierungsprozeß feststellen. Die geringen Einkommensdifferenzen zwischen Teilen der „Intelligenz" und Facharbeitern zum Beispiel zeugten von einer relativen Besserstellung der letzteren. Diese führte jedoch nicht zur Identifikation mit dem DDR-Sozialismus, da die Lebensverhältnisse des westdeutschen Facharbeiters den eigentlichen Vergleichsmaßstab darstellten.

Arbeiterschaft unterprivilegiert

Die soziale Ungleichheit in der DDR, zwar nicht vom Ausmaß derjenigen in der Bundesrepublik, aber dennoch signifikant, resultierte vornehmlich aus der eklatant schlechten materiellen Situation der „unproduktiven Schichten". Vor allem die Masse der Rentner, die zumeist vierzig bis fünfzig Jahre berufstätig gewesen waren, lebte in ärmlichen Verhältnissen. Gleiches galt für dauerhaft Schwerstbehinderte oder chronisch Kranke. Gerade diese Personengruppen litten unter der vorrangigen Ausrichtung der Sozialpolitik auf den produktiven Sektor.

Der Rausch des schnellen sozialen Aufstiegs und die damit einhergehende soziale Mobilität verflogen in den siebziger Jahren. Die Führungspositionen waren besetzt, und da ein leistungsorientierter Verdrängungswettbewerb nicht existierte, blieb der Zugang zu höheren Positionen verstellt bzw. reduzierte sich auf die Besetzung regulär freiwerdender Stellen. Die Chancen beim Kampf um die wenigen vakanten oberen Ränge im DDR-Sozialismus ergaben sich aus der Nähe zur Partei und dem Qualifizierungsgrad. Die abnehmende Möglichkeit zum sozialen Aufstieg erzeugte bei den nachwachsenden Generationen weitere Frustrationen und verringerte das partei- und systemloyale Potential noch zusätzlich.

Für die Frauen brachten die Strukturdefizite der sozialistischen Wirtschaft eine grundsätzliche Veränderung ihrer sozialen Lage. Da die DDR unter einem chronischen Arbeitskräftemangel litt, wurden nahezu alle Frauen im erwerbsfähigen Alter in den Arbeitsprozeß einbezogen. Ihr Bildungs- und Qualifizierungsgrad erhöhte sich im Laufe der Jahrzehnte beträchtlich, und sie erlangten eine gewisse ökonomische Unabhängigkeit von ihren Ehepartnern. Dennoch blieben auch in der DDR Frauen beruflich benachteiligt; den Aufstieg in Spitzenpositionen von Partei und Staat schafften nur wenige. In den unteren Lohngruppen waren Frauen überrepräsentiert und damit insgesamt schlechter entlohnt als Männer. Die SED-Frauenpolitik reduzierte sich über weite Strecken auf Familienpolitik, wie umgekehrt familienpolitische Maßnahmen immer nur auf Frauen zielten.[31] Zur

Situation der Frauen

---

[29] Vgl. Rottenburg 1991 und Hübner 1995.
[30] Vgl. Huinink u. a. 1995.
[31] Vgl. Trappe 1995.

Sicherung der sozialistischen Population sollten die Frauen hinreichend Kinder gebären, aber gleichzeitig berufstätig bleiben.

Erziehungsdiktatur

Seiner Genese nach mußte der SED-Staat eine Erziehungsdiktatur sein. Stand anfangs die Umerziehung der vom Nationalsozialismus verführten Massen im Vordergrund des von der SED umgestalteten und ideologisch ausgerichteten Bildungs- und Schulungssystems, so galt das Interesse später stärker der Rekrutierung systemloyaler Kader für Staatsapparat und Wirtschaft. In Schulen und Hochschulen ersetzte die SED das alte, noch vom nationalsozialistischen Deutschland oder der Weimarer Republik geprägte Lehrpersonal so schnell es ging mit loyalen Nachwuchskräften, die ihren Aufstieg der Partei verdankten. Schon bis Mitte der fünfziger Jahre war der nahezu komplette Austausch in den wichtigsten Sektoren erreicht. Besonders in den Hochschulen mußte anfangs massiver Widerstand bürgerlicher Kräfte unter den Studenten und Dozenten gebrochen werden. Im Ergebnis dieses Elitenwechsels gehörte das Lehrpersonal an Schulen und Hochschulen, das ebenfalls zur sozialistischen Dienstklasse zählte, ebenso wie die meisten Studenten bis in das Jahr 1989 hinein zum systemloyalen Potential.

Erziehungsziel „sozialistische Persönlichkeit"

Das Erziehungsziel der SED war die „sozialistische Persönlichkeit", die die ihr von der Partei aufgetragenen Arbeiten ordnungsgemäß und sachgerecht erfüllen sollte. Mit dem Leitbild der „sozialistischen Lebensweise" versuchte die SED darüber hinaus, Verhaltensmaßregeln auch für das private Leben in den Köpfen zu verankern. In dem Maße, wie sich die Säkularisierung der Gesellschaft beschleunigte, trachtete die Partei danach, das daraus resultierende „ethische Vakuum" mit ihrer Weltanschauung zu füllen.

Doch während die sozialistische Umgestaltung der Institutionen in Staat, Wirtschaft und Gesellschaft schnell und umfassend erreicht wurde und mit der sozialistischen Dienstklasse eine unter den gegebenen Bedingungen allerdings nur eingeschränkt funktionsfähige Elite entstand, mißlang die Kolonisierung der Köpfe jedenfalls bei der Mehrheit der Bevölkerung. Diese paßte sich, zumal nach dem 13. August 1961, den sozialistischen Verhältnissen an, verweigerte aber trotz formeller Bekundungen die innere Identifikation. Hieran konnte auch die von der SED angeordnete fortwährende Mobilisierung zu zahllosen Anlässen, die die Verbundenheit zwischen Bevölkerung und Parteiführung demonstrieren sollte, nichts ändern.

Permanente ideologische Indoktrination

Die permanente und penetrante ideologische Indoktrination der Bevölkerung durch Bildungssystem und Medien, die schon frühzeitig unter die Kuratel der Partei gestellt worden waren, erzeugte im Laufe der Jahrzehnte bei der Mehrheit der Bevölkerung eher eine Immunisierung gegen diese Anmaßung, zumal die Lebenswirklichkeit der ideologiegestützten Verklärung eklatant widersprach.[32] Entgegen ideologischer Proklamation hatte der DDR-Sozialismus weder die Herrschaft der Arbeiterklasse noch materiellen Wohlstand (im Vergleich zur kapitalistischen Bundesrepublik) oder echte soziale Gleichheit gebracht. Trotz marxistisch-leninistischer Krisenprognosen prosperierte dagegen der westliche Kapitalismus weiter und brachte auch der Masse der Bevölkerung wachsenden Wohlstand. In dem Maße, wie sich die herrschende Ideologie als unbrauchbar zur Beschreibung der

---

[32] Vgl. Hürten 1996.

Lebenswirklichkeit erwies, nahm ihr dogmatischer Charakter zu und erzeugte gerade bei der Jugend Abwehrhaltungen.

Die über Besucherreisen, Briefe oder Telefon vermittelte innerdeutsche Kommunikation begrenzte neben westlichen Rundfunk- und Fernsehstationen, die das Medienmonopol der SED aufbrachen, zusätzlich die beabsichtigte Wirkung der Ideologie und reduzierte sie für viele auf das, was sie tatsächlich war: ein propagandistisches Herrschaftsmittel zur Legitimierung der Parteidiktatur. Doch obwohl der Terror gegen Andersdenkende zurückging, die Ideologie weiter an Wirkung verlor und der Rückzug in die innere Emigration im letzten Jahrzehnt weitgehend toleriert wurde, hielt die SED bis zuletzt an ihrem totalitären Gestaltungs- und Machtanspruch fest.

Dem von der Partei verordneten Freund-Feind-Denken, das neben dem Haß auf den „Klassenfeind" auch die moralische und soziale Ausgrenzung von Andersdenkenden erforderte, konnten sich allerdings in den Institutionen nur wenige widersetzen. Wer durch couragiertes, tatsächlich oder auch nur vermeintlich gegen die Partei gerichtetes Verhalten auffiel, wurde beruflich in Nischen ohne Aufstiegsmöglichkeiten abgeschoben, durfte sich „in der Produktion bewähren" oder wurde „juristisch" verfolgt. Die Feinderklärung konnte nahezu jeden treffen, der, auch ohne ein politischer Gegner des Systems zu sein, durch „Fehlverhalten" auffiel.[33] Seit den siebziger Jahren erfolgte die Ausgrenzung willkürlich definierter „Abweichler" nicht mehr mit brachialen Mitteln, sondern eher subtil.

Verordnetes Freund-Feind-Denken

Das „Freund-Feind-Denken" sollte die gesamte Bevölkerung zur Parteinahme zwingen. Da in den Institutionen und in abgeschwächter Form auch im Alltagsleben das Verhalten der einzelnen und vor allem der Kontakt mit politisch Andersdenkenden überwacht wurde, erzwang das System zumindest eine neutrale oder abwartende Haltung auch bei denjenigen, die ihm skeptisch gegenüberstanden, aber ihre materielle Existenz nicht aufs Spiel setzen wollten. Der Anschein innerer Stabilität verdankte sich nicht zuletzt dem Mechanismus, den Individuen in den Institutionen keinen Spielraum zu geben bzw. sie bei Strafe des sozialen Abstiegs zu konformem Verhalten zu zwingen.

Die SED hatte ein dichtes institutionelles und nach ihren Vorgaben funktionierendes Netz in Staat und Gesellschaft geschaffen, das der individuellen Entfaltung enge Grenzen setzte. Die Lebensverläufe vor allem der jüngeren Generationen gestalteten sich nach weitgehend gleichem Muster. Dafür sorgten allein schon die Institutionen der kollektiven Sozialisation wie Kindergärten, Schulen, FDJ, Brigaden und Massenorganisationen. Auch in der privaten Sphäre, die die SED ebenfalls zu lenken beanspruchte, setzten die Rahmenbedingungen Schranken für Individualität bzw. Pluralität im Lebensstil. Über das Instrument der Sozialpolitik (Arbeitspolitik, Wohnungspolitik, Familienpolitik etc.) gelang es der Partei, zumindest die Berufstätigkeit oder den Zeitpunkt von Eheschließung, Geburt der Kinder etc. zu beeinflussen.

Kollektive Sozialisation

In der individuellen Freizeit, die aufgrund der hohen zeitlichen Beanspruchung im Arbeitsleben, bei der „gesellschaftlichen Tätigkeit" und zur „Warenbeschaffung" ziemlich knapp ausfiel, entwickelten viele ein Eigenleben, das sich von den

---

[33] Vgl. Koenen 1996, S. 201/202.

Vorstellungen der Partei unterschied. In der Familie, im Freundes- und Bekanntenkreis, überdauerten tradierte Verhaltensweisen und auch milieuspezifische Sozialisationsmuster, die dem ideologischen Imperialismus der Partei Grenzen setzten.[34] Die aufgezwungene Politisierung auch des Alltags und der Freizeit empfand die Mehrheit der Bevölkerung zunehmend als Belästigung, der sie sich soweit wie möglich zu entziehen suchte. Der SED und ihren Massenorganisationen fiel es in den achtziger Jahren immer schwerer, „die Massen" zu mobilisieren und für bestimmte Ziele zu motivieren. Stärker noch als Ablehnung breitete sich selbst unter systemnahen Personen politische Gleichgültigkeit aus. Der Rückzug in die vom Regime gleichwohl kontrollierten Nischen führte darum nicht zu steigender Zufriedenheit, sondern zu einer ausgeprägten Distanz gegenüber dem gesamten System des DDR-Sozialismus.

Erosion der Ideologie

Während im politischen und wirtschaftlichen Bereich die schon vor der Staatsgründung oder unmittelbar danach geschaffenen Strukturen und Inszenierungen weitgehend gleich blieben bzw. im sozialistischen Sinne weiter umgestaltet wurden, erodierte das ideologische System, wie auch der Einfluß der SED auf die Gestaltung des Alltags jenseits der Erwerbsarbeit geringer wurde. Die angestrebte „Diktatur über die Bedürfnisse"[35] scheiterte vor allem an der Orientierung der Bevölkerungsmehrheit am westlichen Lebensstil. Nach außen hin erschien jedoch die Anpassungsbereitschaft nahezu ungebrochen, so daß die SED-Diktatur sich zumindest als eine stabile Mitläufergesellschaft darstellte. Allerdings fiel diese in dem Augenblick, als die Gewaltandrohung entfiel, in geradezu atemberaubender Geschwindigkeit in sich zusammen.

---

[34] Vgl. Bessel/Jessen 1996.
[35] Vgl. Heller u. a. 1983.

C) Determinanten und Entwicklungslinien der DDR-Geschichte

Der gescheiterte Totalitarismus

1. Der Streit um die Bewertung der DDR in der westdeutschen DDR-Forschung vor 1989

Zeitgeschichtliche und politikwissenschaftliche Forschung steht naturgemäß immer in einem engen Wechselverhältnis zur Politik. Dies galt und gilt insbesondere auch für die westdeutsche DDR-Forschung. Die zu Beginn der fünfziger Jahre vor allem in West-Berlin an der 1948 wiedergegründeten „Deutschen Hochschule für Politik" (DHfP), dem späteren „Otto-Suhr-Institut" (OSI) der Freien Universität Berlin, und dem 1950 gegründeten „Institut für politische Wissenschaft" (IfPW) betriebene SBZ/DDR-Forschung bediente sich anfangs der normativen und methodischen Perspektive der Totalitarismustheorie. Die Kennzeichnung der SBZ/DDR als totalitäres Regime bildete dabei die Negativfolie zur Bewertung der Westzonen/Bundesrepublik als demokratisches und pluralistisches System.[1]

Totalitarismus versus Pluralismus

Diente somit die wissenschaftliche und politische Bewertung der SBZ/DDR aus totalitarismustheoretischer Sicht auch der Legitimation des eingeschlagenen westdeutschen Weges zu Demokratie und sozialer Marktwirtschaft und der damit einhergehenden Abgrenzung zu Diktatur und Zentralplanwirtschaft, so bereitete die wissenschaftliche Ablösung des Totalitarismusparadigmas auch einen politischen Perspektivenwechsel mit vor. Noch bevor Egon Bahr in seinem berühmten Tutzinger Vortrag im Jahre 1963 die vom amerikanischen Präsidenten John F. Kennedy vorgegebene „Strategie für den Frieden" in die Notwendigkeit des innerdeutschen Entspannungsdialogs ummünzte, äußerten DDR-Forscher wie Peter-Christian Ludz und Hartmut Zimmermann erste Zweifel an der weiteren Brauchbarkeit des Totalitarismusbegriffs bei der Analyse der DDR. Sie konnten dabei an Überlegungen von Otto Stammer anknüpfen, der Anfang der sechziger Jahre dafür plädierte, über den von ihm mitvertretenen Totalitarismusansatz hinauszugehen.[2] Stammer äußerte Verständnis für eine „separate wissenschaftliche Behandlung der totalitären Systeme" und forderte ein „allmähliches Abrücken von einem idealtypischen Modell des Totalitarismus".[3]

---

[1] Vgl. Buchstein 1997.
[2] Vgl. Stammer 1965, S. 259 ff. sowie Buchstein 1997, S. 253 ff.
[3] Vgl. Stammer 1965, S. 272/273.

Empirisch orientierte DDR- und Kommunismusforscher verwiesen in ihrer methodischen Kritik an den verschiedenen Ausprägungen der Totalitarismustheorie vor allem auf deren (vermeintliches) Unvermögen, den seit dem XX. Parteitag der KPdSU im Jahre 1956 eingetretenen politischen und sozialen Wandel zu erfassen.[4] Inhaltlich lehnte die neue Generation von DDR-Forschern den in den meisten Totalitarismuskonzeptionen enthaltenen Verweis auf Analogien zwischen Faschismus/Nationalsozialismus und Kommunismus ab.[5]

Ludz/Zimmermann: DDR von innen heraus verstehen

Während Ludz in den frühen sechziger Jahren hinsichtlich der stalinistischen Sowjetunion noch an einem zumindest historisch angemessenen Totalitarismusbegriff festhielt,[6] konstatierte sein Kollege Zimmermann schon im Jahre 1961 einen Wandel der DDR-Gesellschaft, in der die Wertvorstellungen der Menschen zunehmend identisch würden mit der Ideologie der sie kolonisierenden Apparate.[7] Eine solche Einschätzung läßt sich zwar durchaus als indirekte Bestätigung des Totalitarismuskonzeptes deuten, als hier sogar ein teilweiser Übergang von einem „totalitären" zu einem „totalen" Regime diagnostiziert wird. Sie war aber von Zimmermann wohl anders gemeint. Jedenfalls begriff er die DDR als sich herausbildende eigenständige Gesellschaft neuen Typs, deren Erforschung auch einer eigenen Herangehensweise bedurfte. Er empfahl als methodisches Werkzeug „das von Ludz vorgeschlagene ,deutende Verstehen' des bolschewistischen Systems von ,innen heraus', eine Analyse also, die diese Gesellschaft als Totalität zu begreifen sucht".[8]

Das von Zimmermann entwickelte „dynamische Modell" von „Verlaufsanalysen" beruhte auf der Annahme, daß bolschewistische Gesellschaften, nachdem sie eine dreiphasige Umwälzung der Verhältnisse durchlaufen haben, „neue Gesellschaften" darstellen, für die es schon nach der zweiten Phase „ein Zurück zur vorangegangenen gesellschaftlichen Formation kaum noch gibt". In gewisser Weise sei dies auch den „Betroffenen kaum noch zumutbar".[9] Zimmermann verortete die DDR im Frühjahr 1961 in dieser entscheidenden zweiten Phase der sozialistischen Umgestaltung, die durch die Vernichtung der Bauernschaft wie des städtischen Kleinbürgertums und die Verdrängung der alten durch eine neue, bolschewistisch geschulte Intelligenz gekennzeichnet sei. Die Tschechoslowakei vermutete er bereits in der dritten Phase, in der die Gesellschaft bolschewistischen Typs „definitiv herausgebildet" sei und sich ein „eigenes System der Moral entwickelt" habe.[10]

Eine Weiterentwicklung bzw. Veränderung bolschewistischer Gesellschaften konnte sich Zimmermann nur noch als „Verbesserung, Vervollkommnung der bestehenden" vorstellen.[11] Die DDR als hochindustrialisierte Gesellschaft sei eine Alternative zu den kapitalistischen Gesellschaften und könne nur von innen heraus angemessen verstanden werden.[12]

---

4   Vgl. Gransow 1980, S. 40 ff.
5   Vgl. Glaeßner 1982, S. 72.
6   Vgl. ebd., S. 74.
7   Vgl. Zimmermann 1961.
8   Vgl. ebd., S. 199.
9   Vgl. ebd., S. 202.
10 Vgl. ebd.
11 Vgl. ebd., S. 202.
12 Vgl. Glaeßner 1982, S. 78.

Peter-Christian Ludz kam in seinem 1968 erschienenen Buch „Parteielite im Wandel" zu der Einschätzung, die DDR habe sich von einem totalitären Ein-Parteien-Staat zu einem auf Funktionstüchtigkeit angelegten Industriestaat konsultativ-autoritativen Gepräges entwickelt.[13] In einer neu entstehenden industriellen Expertenschicht glaubte Ludz eine institutionalisierte Gegenelite in der DDR zu erkennen, die die herrschende strategische Clique der Alt-Funktionäre bereits gezwungen habe, das SED-Zentralkomitee vom Akklamations- und Deklamationsgremium zu einer Konsultations-, Transformations- und Kooperationsstelle umzuwandeln.[14] Er ging davon aus, daß die „Bejahung des technischen Fortschritts" zwangsläufig zu einem ökonomischen und sozialen Wandel und damit auch zu politischen Veränderungen in Richtung auf „Partizipation" führen mußte.[15]

Ludz: Experten Gegenelite zu Funktionären

Noch Ende der siebziger Jahre beschrieb Ludz die Expertenschicht als „Wissenselite", deren „durch Problemdruck und hohen sozialen Status sich bildende, gleichsam gebündelte neue Legitimationsansprüche mit der Zeit einen Modernisierungsschub, d. h. in unserem Zusammenhang eine weitere ‚Öffnung' des Herrschaftssystems" herbeiführen würden.[16] Wie andere dem gleichen Ansatz verpflichtete DDR-Forscher propagierte Ludz im Jahre 1980, zu einem Zeitpunkt also, als Ansätze einer breiteren Intellektuellenopposition im Ostblock erkennbar waren, die „These der partiellen Modernisierung und Modernisierbarkeit der DDR-Gesellschaft".[17]

In den siebziger Jahren setzte sich der von Ludz, Zimmermann und anderen betriebene Methodenwechsel in der DDR-Forschung von der Totalitarismustheorie zu einer (kritisch-)systemimmanenten Betrachtungsweise weitgehend durch.[18] Nicht zuletzt der Regierungswechsel von der Großen zur sozialliberalen Koalition im Herbst 1969 begünstigte die Ausweitung und die Dominanz des systemimmanenten Ansatzes in der öffentlichen Debatte.[19] Der neuen Bundesregierung lag angesichts ihrer Ostpolitik, die auf eine Akzeptanz des Status quo in Europa und damit letztlich auch der staatlichen Existenz der DDR zielte, sehr an „wertneutralen" und „vorurteilsfreien" Analysen.[20] Ende der siebziger Jahre meinte Gerd Meyer, in bezug auf die Totalitarismustheorie feststellen zu müssen: „... Das Konzept erscheint im ganzen politisch und theoretisch, methodisch und empirisch überholt."[21]

Dominanz des systemimmanenten Ansatzes

Die DDR galt fortan bei vielen Sozialwissenschaftlern als eine moderne Industriegesellschaft, die zwar konträr und alternativ zu den westlichen, demokratischen Industriegesellschaften stand, aber diesen prinzipiell gleichrangig war. DDR-Forscher wie Dietrich Staritz glaubten noch Mitte der achtziger Jahre, einen „Trend zur Modernisierung ... auch im politischen System" erkennen zu können.[22]

---

13 Vgl. Ludz 1968, S. 324 ff.
14 Vgl. den Hinweis in Schroeder/Staadt 1994a, S. 314 sowie Ludz 1968, S. 55 ff.
15 Vgl. Ludz 1968, S. 37.
16 Vgl. Ludz 1980, S. 104.
17 Vgl. ebd. 1980, S. 62.
18 Vgl. Gransow 1980, S. 59 ff. und Jesse 1992, S. 20 ff.
19 Vgl. Hamacher 1991, S. 39 ff. und 55 ff.
20 Vgl. ebd. 1991, S. 55 und Schroeder/Staadt 1994a, S. 323 ff.
21 Vgl. Meyer 1979, S. 203.
22 Vgl. Staritz 1985, S. 236.

Der SED attestierte er, sie suche nach „neuen Formen einer funktionalen, d. h. stabilisierenden Partizipation in Städten und Gemeinden" und beabsichtige, „mit den Bürgern einen Dialog zu führen".²³ Sein Kollege Gerd Meyer beobachtete im Jahre 1989 eine „Ausweitung des konsultativen Autoritarismus" und einen „begrenzten Wandel der Machtausübung und der Flexibilisierung gesamtgesellschaftlicher Integrationsmechanismen".²⁴ Die repressive Dimension der Parteidiktatur fand in den Analysen vieler „systemimmanenter" DDR-Forscher nahezu keine Erwähnung mehr. An ihre Stelle rückte die „paternalistische Fürsorgepolitik" als (vermeintlich) entscheidendes Herrschaftsinstrument.

Repressive Dimension kaum noch erwähnt

Gert-Joachim Glaeßner, der 1989 kurz vor dem Zusammenbruch der DDR befand, die SED-Führung habe „nicht zu Unrecht eine selbstbewußte Bilanz der Ära Honecker aufmachen" können,²⁵ hatte ein Jahr zuvor der systemimmanenten DDR-Forschung ein bezeichnendes Zeugnis ausgestellt: „Der DDR-Forschung ist es in den letzten beiden Jahrzehnten gelungen, durch eine weitgehend vorurteilsfreie Beschreibung und Interpretation der politischen, sozialen und kulturellen Entwicklung im anderen deutschen Staat dazu beizutragen, das in der DDR errichtete Gesellschaftssystem zu ‚entdämonisieren'".²⁶ Die von ihm angesprochene „Entdämonisierung" sollte darauf hinweisen, daß die DDR ihren repressiven Charakter weitgehend verloren habe und ein modernes soziales System geworden sei.²⁷

Der Politikwissenschaftler Ralf Rytlewski konstatierte unmittelbar vor dem Zusammenbruch der DDR, diese sei „seit den siebziger Jahren ... in eine Phase der erweiterten sozialen und kulturellen Pluralisierung eingetreten".²⁸ Als Gründe für diese „neue Pluralität" benannte er „abweichende Eigentümerrollen", eine „sozialstrukturelle Pluralisierung", bedingt durch soziale Differenzen zwischen den Berufen, eine „künstlerische Pluralisierung", die Zunahme von „heimat- und regionalgeschichtlichen Interessen und Aktivitäten" sowie eine „weltanschauliche Pluralität" als Folge „alternativer Sinnhorizonte".²⁹ Die Westorientierung weiter Bevölkerungsteile, die nicht zuletzt den schnellen Zusammenbruch der DDR und die nachfolgende deutsche Vereinigung begünstigte, erwähnte er in diesem Zusammenhang nicht.

Politische Funktion der DDR-Forschung

Der Kurswechsel in der DDR-Forschung, der letztlich zu einer gänzlich anderen Sicht dieses deutschen Teilstaates führte, sollte nicht nur die Entspannungspolitik und vor allem die Akzeptanz und Fortschreibung deutscher Zweistaatlichkeit legitimieren, sondern auch den Boden für einen politischen und sozialen Kurswechsel in der Bundesrepublik selbst begründen. Wolfgang Mommsen stellte 1979 rückblickend einen direkten Bezug zwischen der erfolgten Ablösung der Totalitarismustheorie und den von linken und linksliberalen Sozialwissenschaftlern angestrebten und unterstützten innenpolitischen Veränderungen her:

---

23 Vgl. ebd.
24 Vgl. Meyer 1989, S. 428/429.
25 Vgl. Glaeßner 1989, S. 73.
26 Vgl. Glaeßner 1988, S. 118.
27 Vgl. Glaeßner 1989, S. 15.
28 Vgl. Rytlewski 1989, S. 28.
29 Vgl. ebd.

„Indirekt erwuchs damit die Chance einer Revitalisierung sozialistischer Ideen, unabhängig von und bisweilen im Gegensatz zum orthodoxen Marxismus-Leninismus jenseits des ‚Eisernen Vorhangs'. Vor allem aber bahnte dies Wege für die Entfaltung der Idee eines konsequent reformorientierten Interventionsstaates demokratischer Observanz, der sich nicht länger scheute, in die gesellschaftlichen Prozesse steuernd und – wo es sein mußte – maßgeblich einzugreifen."[30]

Der Methodenwechsel in der DDR-Forschung wurde begünstigt und beschleunigt durch den gewandelten politischen Zeitgeist und durch die Expansion des Hochschulwesens in der sozialliberalen Reformära (1969–1974). Wie generell ein mehr oder weniger dogmatischer Marxismus wissenschaftlich zunehmend salonfähig wurde,[31] sozialistische Ideen eine selbst unter deutschen Intellektuellen bislang nicht gekannte Verbreitung erfuhren, so besetzten auch Vertreter der neuen Richtung innerhalb der DDR-Forschung neu geschaffene Stellen an Schulen, Hochschulen und Forschungsstätten, konnten ihre wissenschaftlichen Aktivitäten durch den Zufluß staatlicher Mittel ausweiten und fanden in einigen Medien ausgiebig Resonanz. Aus Sicht ihrer totalitarismustheoretisch orientierten Kontrahenten erfolgte dieser Methodenwechsel weniger durch den „wissenschaftlichen Diskurs" als durch stellenweise rabiate Verdrängung.[32]

Den Protagonisten der systemimmanenten Forschungsrichtung ging es in der Mehrzahl sicherlich nicht um eine kritiklose Verteidigung der DDR, sondern eher um einen „dritten Weg" oder einen „demokratischen Sozialismus". Dies bedeutete jedoch gleichzeitig eine Verschiebung des Bewertungsmaßstabes für die Beurteilung realsozialistischer Gesellschaften; zuweilen war man gar der Meinung, Abschied nehmen zu müssen von einer politischen Wissenschaft als „Demokratiewissenschaft", „die sich eine demokratische Gesellschaft nur als bürgerlich-parlamentarische Gesellschaft vorstellen kann".[33]

Verschiebung des Bewertungsmaßstabes

Der politische Zeitgeist der späten sechziger und der siebziger Jahre verführte Politikwissenschaftler zu der Annahme, die DDR stelle wie andere sowjetisch dominierte Staaten trotz aller Kritik im Detail und trotz ihrer demokratischen Defizite die jedenfalls fortgeschrittenere bzw. „fortschrittliche" Gesellschaftsformation dar. Der Politikwissenschaftler Klaus von Beyme sah zum Beispiel Mitte der siebziger Jahre den Sozialismus in vielen Ländern „heute hinreichend legitimiert durch die Zustimmung der Mehrheit und durch objektive Erfolge" und erklärte den Realsozialismus sogar zum Vorbild westlicher Gesellschaften:

„So läßt sich nicht leugnen, daß sozialistische Systeme auch nach bürokratischen Degenerationserscheinungen immer wieder Perspektiven für die Innovation und Fortentwicklung des Systems entwickelten. Gewiß, auch bürgerliche Demokratien wiesen gelegentlich Innovationskräfte auf, die ihnen viele nicht mehr zutrauten, aber um den Preis der geistigen Anleihen beim Sozialismus (Sozialstaatlichkeit, Basisdemokratisierung, Systemplanung usw.)."[34]

---

30 Vgl. Mommsen 1979, S. 203.
31 Vgl. Schroeder 1985.
32 Vgl. Picaper 1982, S. 103.
33 Vgl. Glaeßner 1982, S. 240.
34 Vgl. Beyme 1975, S. 320 und S. 348.

Neben der dominierenden systemimmanenten Forschungsrichtung gab es auch in den siebziger und zunehmend in den achtziger Jahren andere wissenschaftliche bzw. ideologische Strömungen, die zum Teil zu ähnlichen, zum Teil aber auch zu entgegengesetzten Einschätzungen der DDR gelangten. Dogmatische Marxisten zum Beispiel stellten die DDR als reale und erstrebenswerte Alternative zur Bundesrepublik dar.[35] Während sie die Totalitarismustheorie als politisch motivierten und wissenschaftlich nicht begründeten Antikommunismus charakterisierten,[36] warfen sie der systemimmanenten Forschung vor, ein verzerrtes Bild vom Sozialismus zu zeichnen und ihn auf seine industriegesellschaftliche Basis reduzieren zu wollen. Olaf Cless klagte die systemimmanente Forschungsrichtung an, letztlich die alte Totalitarismusfraktion gestärkt zu haben, weil sich ihre Prognosen nicht erfüllt hätten.[37] Das von orthodoxen Marxisten vornehmlich aus dem Umfeld der sogenannten Marburger Schule gezeichnete Bild des SED-Staates deckte sich weitgehend mit dessen Selbstbeschreibung.

Konservative Außenseiter

Gänzlich anders fiel dagegen die konservative Einschätzung der DDR aus. Die in der vom Juristen Siegfried Mampel 1978 gegründeten „Gesellschaft für Deutschlandforschung" versammelten Wissenschaftler, unter denen Ökonomen und Juristen dominierten, orientierten sich auch in den siebziger Jahren mehr oder weniger deutlich an einer Totalitarismus-Konzeption.[38] Im Gegensatz zu Vertretern der systemimmanenten Perspektive, die zumeist von einer endgültigen deutschen Zweistaatlichkeit ausgingen, beharrten Vertreter dieser Gesellschaft auf dem Ziel der deutschen Wiedervereinigung und stellten nachdrücklich die Legitimation des SED-Staates in Frage.[39] Auch wenn diese Forschungsrichtung in der öffentlichen Beachtung die Dominanz der systemimmanenten Wissenschaftler nicht brechen konnte, war doch in den achtziger Jahren wieder ein gewisser Methodenpluralismus in der DDR-Forschung gegeben.

Mehr Methodenpluralismus in den achtziger Jahren

Jenseits dieser beiden Strömungen hatten die Arbeiten des von Hermann Weber und Dietrich Staritz geleiteten „Arbeitsbereiches Geschichte und Politik der DDR an der Universität Mannheim" einen nicht zu unterschätzenden Stellenwert. Hermann Weber zeichnete – zumeist unbeirrt von den politischen Konjunkturen der DDR-Forschung – ein Bild dieses Staates, das den diktatorischen Charakter der Herrschaft in den Mittelpunkt stellte.[40] Allerdings verzichtete er in seinen zeithistorischen Studien weitgehend auf eine theoretisch abgeleitete und begründete Charakterisierung der DDR. Seine Bewertung dieses Staates als „stalinistisch" resultierte mehr oder weniger unmittelbar aus seinen konkreten Untersuchungen. Die von ihm genannten typischen Merkmale des Stalinismus decken sich freilich größtenteils mit den klassischen Merkmalen der Totalitarismustheorie, allerdings mit dem entscheidenden Unterschied, daß in letzterer zumeist keine immanente Reformmöglichkeit des Sozialismus gesehen und der Totalitarismus als zwangsläufiges Resultat marxistischer Vorstellungen betrachtet wird.[41]

---

35 Vgl. z. B. Brokmeier/Rilling 1978 und die Einschätzung in Jesse 1992, S. 29 ff.
36 Vgl. Kühnl 1972 und – grundsätzlicher – Akademie für Gesellschaftswissenschaften 1985.
37 Vgl. Cless 1978, S. 13.
38 Vgl. Hamacher 1991, S. 66.
39 Vgl. Hacker 1995b, S. 29 ff.
40 Vgl. neben vielen anderen Beiträgen: Weber 1988.
41 Vgl. Hornung 1993 und Löw 1996.

Weber, der an seiner Einschätzung auch nach 1989 festgehalten hat, differenziert zwischen einem Stalinismus im engeren Sinne, der durch terroristische Gewalt in der Stalin-Ära geprägt gewesen sei, und dem Stalinismus als gesellschaftspolitischem System bzw. Modell. Als hervorstechendes Kennzeichen nennt er die diktatorische Allmacht der kommunistischen Partei, die mittels ihrer Sicherheitsapparate das gesamte öffentliche Leben zu steuern trachtete. Für die DDR stellt er fest:

Webers Stalinismuskonzept

„Alle wesentlichen Merkmale des gesellschaftspolitischen Systems des Stalinismus sind in der DDR bis 1989 zu registrieren: der Absolutheitsanspruch mit dem ideologischen Dogma, ‚die Partei hat immer recht', die straffe Organisationsstruktur des hierarchischen ‚demokratischen Zentralismus'; das Erziehungs-, Informations- und Organisationsmonopol von Partei und Staat. Diesem Regime war das Spitzelsystem des Überwachungsstaates ebenso immanent wie Repressalien, die keineswegs als ‚Betriebsunfälle' zu verharmlosen sind. Die Ideologie des Stalinismus (i.w.S.; K.S.) benötigte stets ein ‚Feindbild', ständig mußten ‚Feinde' aufgespürt, verfolgt und sogar ‚vernichtet' werden. Der Stalinismus war ein Regime, dessen Strukturen und Praktiken zum Konformismus erziehen sollten und in dem jeder ‚Abweichler' unterdrückt und verfolgt wurde."[42]

Das Ende der DDR überraschte nahezu die gesamte DDR-Forschung, allerdings aus unterschiedlichen Gründen. Vertreter der systemimmanenten Forschungsrichtung hatten der DDR noch gegen Ende der achtziger Jahre ein hohes Maß an innerer Stabilität bescheinigt,[43] ihre konservativen Widersacher befürchteten dagegen den Einsatz von Gewalt zur Aufrechterhaltung der totalitären Ostblock-Regime.[44] Ein Verzicht dieser Diktaturen auf den Einsatz des staatlichen Gewaltmonopols im Krisenfall schien letzteren undenkbar.

Ende der DDR überraschte Forscher

Der Zusammenbruch der DDR und die nachfolgende deutsche Vereinigung stellten das in den letzten Jahrzehnten gezeichnete DDR-Bild auf den Prüfstand kritischer Wissenschaft und Öffentlichkeit. Die von verschiedenen Seiten und aus unterschiedlichen Blickwinkeln einsetzende mehr oder weniger scharfe Kritik vor allem an der systemimmanenten DDR-Forschung[45] bemängelte eine weitgehend unkritische Übernahme der SED-Sicht, die Vernachlässigung bestimmter Themen (MfS, Grenzregime etc.), die das Ansehen der DDR hätten beeinträchtigen können, den Verzicht auf zentrale, auch normativ begründete Untersuchungskategorien, das Fehlen eigener Bewertungsmaßstäbe sowie die Fixierung auf die deutsche Zweistaatlichkeit als Fluchtpunkt der Analysen.

Die beiden zentralen Dogmen der ehedem dominierenden DDR-Forschung – die Anerkennung der Legitimation und Existenzberechtigung der DDR sowie ihre vorrangige Einordnung als sozialistische Industriegesellschaft – verstellten ihr den Blick auf das Wesentliche: auf die Strukturen und Wirkungsmechanismen des diktatorischen Systems. Auf methodologischer Ebene ist zu bemängeln, daß wissenschaftliche Analyse und politisch normative Bewertung nicht sauber auseinander gehalten wurden; der Vorwurf, den die Vertreter dieser Forschungsrichtung

---

42   Weber 1993, S. 138.
43   Vgl. z. B. Glaeßner 1989.
44   Vgl. z. B. Wagner 1985.
45   Vgl. z. B. Fenner 1991, Hacker 1992, Jesse 1992, Pollack 1993 und Schroeder/Staadt 1994a.

gegen ihre Kontrahenten im Lager der Totalitarismustheorie wohl nicht völlig zu Unrecht erhoben hatten, trifft sie insoweit zumindest in gleicher Weise. Die Anwendung der „immanenten" Methode führte in der Forschungspraxis häufig genug zur kritiklosen Akzeptanz von Selbstdarstellungen des DDR-Regimes. Auf inhaltlicher Ebene entsprach dem eine weitgehende Überschätzung der Steuerungs- und Gestaltungsmöglichkeiten des Staates wie auch der Formbarkeit der Menschen.

Reaktionen kritisierter DDR-Forscher

Die dergestalt gescholtenen Wissenschaftler reagierten auf die Kritik vereinzelt mit einem Rückzug aus diesem Forschungsgebiet, mit anerkennenswerter Selbstkritik und/oder Verteidigung ihrer Positionen,[46] aber mitunter auch mit unqualifizierter Gegenkritik, die ihre eigene Position immunisieren sollte.[47] Die Zeitgeschichtler Christoph Kleßmann und Martin Sabrow z. B. entschuldigen unter Bezugnahme auf den engen Zusammenhang von Politik und Zeitgeschichte den seinerzeitigen Verzicht auf den Diktaturbegriff als Schlüsselkategorie mit den Worten:

> „Zwar konnte auch jeder zeitgenössische Beobachter oder Besucher der DDR wissen, daß er es mit einer Parteidiktatur zu tun hatte, aber man sagte das zumindest nicht laut, weil es die zarte Pflanze der angestrebten Normalisierung im Verhältnis beider deutschen Staaten nur zu knicken drohte."[48]

2. Zugänge zur Erforschung der DDR-Geschichte nach 1989

Die DDR-Forschung erlebt nach dem Ende dieses deutschen Teilstaates einen „zweiten Frühling".[49] Die DDR kann nun als abgeschlossene historische Periode untersucht werden. Die seitdem zugänglichen Daten und Akten ermöglichen darüber hinaus eine realitätsnähere Beschreibung dieses Staates. Der Streit um seine theoretische Einordnung und Kennzeichnung setzt sich dennoch fort, wenn auch auf einer anderen Ebene. Unterschiedliche methodische Zugänge und Blickwinkel führen weiterhin zu einer kontroversen Einschätzung. Allerdings müssen sich jetzt die begrifflichen Zuordnungen auch an einer empirisch rekonstruierbaren Wirklichkeit messen lassen.

Diskussion um Aussagekraft der DDR-Archivalien

Während ungeschminkte Daten etwa zur Wirtschafts- und Umweltentwicklung oder zur Sozialpolitik gewissermaßen für sich selbst sprechen, ist über Stellenwert und Aussagekraft der archivalischen Hinterlassenschaften des SED-Staates, die eine detaillierte Beschreibung und Ausleuchtung des Macht- und Herrschaftsapparates ermöglichen, ein Streit entbrannt. Dieser folgt insbesondere daraus, daß „Mitlebende", d. h. Personen, die schon vor 1989 auf zwischenstaatlichem Gelände agiert haben, sich in diesen schriftlichen Hinterlassenschaften wiederfinden, aber aus heutiger Sicht nicht unbedingt ihre damaligen Äußerungen oder Handlungen im Raum stehenlassen wollen.

Einige Zeitgeschichtler bezweifeln die Verläßlichkeit der Akten insgesamt oder koppeln z. B. ihre Aussagekraft an die unterschiedliche Stellung des Protokollanten in der Hierarchie des SED-Regimes.[50] Andere regen an, Historiker sollten aus den

---

[46] Vgl. z. B. Sontheimer 1990, Beyme 1991, Thomas 1995a.
[47] Vgl. als prägnantes Beispiel Glaeßner 1995.
[48] Vgl. Kleßmann/Sabrow 1996, S. 11 und zur Kritik Schroeder/Staadt 1997.
[49] Vgl. z. B. die Beiträge in: Kocka 1993, Kaelble u. a. 1994, Schroeder 1994, Weber 1994, Timmermann 1995 sowie Timmermann 1996.
[50] Vgl. Potthoff 1995b, S. 88.

Archivalien vor allem etwas herausfinden, „was nicht mit dem identisch ist, was in den Akten zu lesen ist. Zu vielen Problemen sagen die Akten fast nichts, zum Beispiel über die wichtigeren politischen Entscheidungsprozesse."[51] Wieder andere, nicht zuletzt Beteiligte des vorrevolutionären west-östlichen Beziehungsgeflechts, beurteilen die schriftlichen Hinterlassenschaften der DDR als Zeugnisse einer „wirklichkeitsfremden Bürokratie", aus denen sich nicht „ohne Umstände eine intelligible Sicht der historischen Wirklichkeit nachzeichnen" lasse.[52] Ein Historiker befürchtet gar, „daß zeithistorische Untersuchungen der Gefahr eines vor allem antiquarisch orientierten Interesses erliegen, das sich besonders auf die Entdeckung unbekannter Quellen konzentriert und dabei Gefahr läuft, wissenschaftliche Zeitgeschichte vorrangig im Kontext politisierbarer Interpretationen zu rechtfertigen".[53]

Angesichts solcher Äußerungen und der um die Quellen geführten öffentlichen Diskussion scheint zunächst einmal ein eigentlich selbstverständlicher Tatbestand der Erwähnung wert zu sein: Die Akten aus dem Herrschaftsapparat der SED sind nicht angelegt worden, um die zeitgeschichtliche Forschung nach dem – ja nicht erwarteten – Zusammenbruch des SED-Regimes in die Irre zu führen! Sie sind vielmehr bei der Arbeit eines politisch-bürokratischen Apparates aus dessen eigener Logik entstanden. Auch die Amtsführung in der DDR bedurfte der schriftlichen Form und beruhte somit auf Akten. Die SED-Führung konnte ihren totalitären Machtanspruch nur auf der Grundlage von Beschlüssen, Direktiven, Maßnahmeplänen und terminierten Vollzugsvorgaben entfalten. Neben den Anordnungen des zentralen Parteiapparates finden sich in den Überlieferungen auch Meldungen und Berichte der angewiesenen Instanzen über die Ausführung der Anordnung und die aufgetretenen Probleme.

Besonders brisant gestalten sich die Auseinandersetzungen bezüglich der SED-Überlieferungen von deutsch-deutschen Gesprächen.[54] Bisher spricht nichts gegen deren weitgehende Authentizität.

Brisante deutsch-deutsche Überlieferungen

Auch wenn im Einzelfall der SED-Protokollant gewisse Dinge besonders hervorhob und andere eher beiläufigen Charakter erhielten, sind doch Gesprächsgegenstand und jeweiliger Standpunkt der Gesprächspartner im wesentlichen korrekt wiedergegeben;[55] dies jedenfalls bestätigen bisher vorgenommene Vergleiche mit Aufzeichnungen westlicher Beteiligter.[56] Mehr läßt sich derzeit dazu nicht sagen, da die entsprechenden Protokolle bundesdeutscher Politiker der Wissenschaft bisher nicht oder nur in Ausnahmefällen zugänglich gemacht werden. Dies entspricht zwar formell der Rechtslage, die im allgemeinen eine dreißigjährige Sperrfrist für zeitgeschichtliche Archivbestände westlicher Provenienz vorsieht. Da aber – nicht zuletzt auf Druck von DDR-Bürgerrechtlern – die Aktenbestände der

---

51 Vgl. Fulbrook 1996, S. 280.
52 Vgl. Niethammer 1994, S. 96 f.
53 Vgl. Steinbach 1996, S. 400/401.
54 Vgl. die Einlassungen verschiedener SPD-Politiker auf die Expertise Jochen Staadts (Staadt 1995b) und die Briefwechsel in ZdF 1996.
55 Vgl. Staadt 1993, S. 19 ff.
56 Vgl. z. B. Potthoff 1995b.

„Schieflage" beim Quellenzugang

totalitären Staatspartei und ihres Ministeriums für Staatssicherheit der Forschung weitgehend zur Verfügung stehen, kommt es gerade bezüglich der deutsch-deutschen Problematik zu einer auch in der Öffentlichkeit bereits mehrfach beklagten „Schieflage" der zeitgeschichtlichen Forschung.

Abgesehen von den Fragen nach der Echtheit eines Dokumentes und der Vollständigkeit eines Aktenbestandes sind im Kern drei Aspekte für die Beurteilung der Aussagekraft eines einzelnen Dokumentes und letztlich auch eines Aktenbestandes bedeutsam: erstens die Frage nach der Form, in der berichtet wird, zweitens die Frage nach dem, was und worüber der Verfasser berichten konnte (Nähe zum Geschehen), und drittens die Frage danach, was und worüber er berichten wollte. Zu fragen ist also nach dem Zweck der Aufzeichnung, nach dem Adressaten, nach dessen Erwartungshaltung, nach den Kompetenzen des Verfassers, seiner Position, seiner Motivation, nach eventuellen Legitimationszwängen etc. Generell muß schließlich bei der Arbeit mit Quellen aus dem kommunistischen Machtbereich bedacht werden, daß sie in einer von Ideologie geprägten Sprache verfaßt wurden; zuweilen ist daher eine „Übersetzungsarbeit" vonnöten, was aber nichts über den Realitätsgehalt der Überlieferung aussagt.[57]

Stellenwert von Zeitzeugen

Sicherlich reichen die Offenlegung und systematische Auswertung und Einordnung der Akten und die Interpretation von Daten allein nicht aus, um alle Aspekte geschichtlicher Entwicklung angemessen zu beschreiben. Die Berücksichtigung der Erinnerungen von Beteiligten bleibt notwendig, um Quellen richtig einordnen bzw. gegebenenfalls deren Bedeutung relativieren zu können. Aber sich allein oder vor allem auf die Aussagen von Zeitzeugen zu beschränken, wäre fahrlässig. Die Gefahr nachträglicher Schönfärberei und Legitimation eigenen Handelns wie schlichter Erinnerungsfehler scheint ungleich größer als die einer behaupteten „Unzuverlässigkeit" der archivalischen Hinterlassenschaften. Nur die Auswertung schriftlicher Überlieferungen kann einem Prozeß der Geschichtsverdrängung oder sogar Geschichtsverdunkelung wirkungsvoll Einhalt gebieten. Selbstverständlich trachten jetzt Verantwortliche, Mitläufer wie auch Mitwisser und Zuschauer danach, durch die Infragestellung von Aktenmaterial das hier zutage tretende Bild zu ihren Gunsten zu korrigieren. Aber: „Der Erklärungshorizont des Zeithistorikers ist nicht identisch mit dem Erlebnishorizont des Zeitzeugen."[58] Daher ist absehbar, daß die vornehmlich auf der Auswertung von Akten basierende Forschung mit heftigen Abwehrreaktionen betroffener Mitlebender konfrontiert (werden) wird. Insofern scheint es ratsam, wie Hans-Günter Hockerts empfiehlt, „sich bei zeithistorischen Analysen auf derartige Spannungen von vornherein einzustellen".[59]

DDR zuerst „politische Gesellschaft"

Die neu entflammte Kontroverse, ob die DDR-Geschichte vornehmlich als Politik- oder Sozialgeschichte zu untersuchen sei,[60] wird dem Untersuchungsgegenstand kaum gerecht. Weitgehend unbestritten dürfte sein, daß die DDR zu allererst eine „politische Gesellschaft"[61] gewesen ist, in der die Monopolpartei mit ihrem

---

57 Vgl. Schroeder 1994, S. 15 ff.
58 Vgl. Hockerts 1993, S. 9.
59 Vgl. ebd.
60 Vgl. Erker 1993, S. 202 ff., Kocka 1994a sowie Jessen 1995.
61 Vgl. Heller u. a. 1983 und Schroeder 1994, S. 11 ff.

totalitären Anspruch auf Gestaltung, Beherrschung und Kontrolle von Staat und Gesellschaft dominierte. Im Vordergrund sollten daher auch bei der gesellschaftsgeschichtlichen Beschreibung der DDR die Analyse der Durchsetzung des totalitären Herrschaftsanspruches und dessen Realisierungsgrad stehen. Hier müssen natürlich neben den politischen Strukturen und Handlungen wirtschaftliche, soziale und kulturelle Aspekte, die jedoch in hohem Maße auch Konstrukte politischen Handelns waren, miteinbezogen werden. Anders als bei westlichen Gesellschaften kann im Realsozialismus jedoch nicht von einer Interdependenz zwischen den verschiedenen Sphären gesprochen werden, vielmehr handelt es sich um eine Hierarchie.

Die von der SED-Politik betriebene Entdifferenzierung der Gesellschaft erschwert eine analytische Trennung von „System" und „Lebenswelt" und relativiert eine gesonderte Betrachtung der DDR in Form einer Gesellschaftsgeschichte. Es wäre geradezu fatal, die Gesellschaft der DDR als „eigenständige und nicht ableitbare Größe" zu bestimmen.[62] Umgekehrt vernachlässigt eine Kennzeichnung der DDR als „stillgelegte Gesellschaft" das informelle Eigenleben in weiten Teilen der Bevölkerung.[63] Die Entwicklung der Gesellschaft stand immer unter dem Primat der Politik, die versuchte, den Funktionserfordernissen gesellschaftlicher Teilbereiche zu entsprechen bzw. diese nach ihrer Vorgabe zu steuern. Da die DDR jedoch keine autarke Insel und somit Einflüssen von außerhalb ausgesetzt war, führte die zentralistische Politik teilweise zu einer Blockade funktional notwendiger Entwicklungen und zu einer Verlangsamung gesellschaftlicher Prozesse. Vor allem der Weltmarkt und die innerdeutsche Systemkonkurrenz erzwangen aber schließlich doch eine (politisch gesteuerte) Veränderung, die den Konflikt zwischen externen und internen Vorgaben konstitutiv in sich trug. Im Ergebnis kam es zu einer verzögerten gesellschaftlichen Entwicklung, die aber zumindest im Bereich der Wirtschaft dem Entwicklungsmuster westlicher Industrialisierung folgte. In der Wirtschafts- und Beschäftigungsstruktur z. B. entsprach die DDR des Jahres 1989 in etwa dem Mitte bis Ende der sechziger Jahre in Westdeutschland erreichten Stand.[64]

Obwohl die DDR – wie andere realsozialistische Staaten – gemäß ihrem marxistisch-leninistischen Grundverständnis auf eine technologisch induzierte Entwicklung der Produktivkräfte und damit die Weiterentwicklung der industriellen Basis setzte, vergrößerte sich gerade auf diesem Feld trotz aller Anstrengungen der Abstand zu den westlichen Ländern. Die „nachhaltige Verlangsamung des Modernisierungsprozesses"[65] resultierte aus einem dem Marxismus immanenten instrumentellen bzw. technizistischen Verständnis von Produktivkraftentwicklung. Die politisch verordnete sozialstrukturelle und kulturelle Nivellierung und die damit einhergehende Verhinderung oder zumindest weitgehende Einschränkung eigenständigen Denkens und Handelns blockierten notwendige Innovationskräfte, die über die technologische Entwicklung hinaus für den gesellschaftlichen Modernisierungsprozeß überhaupt bestimmend sind. Die von der SED behauptete Überlegenheit des Realsozialismus im Bereich von Technik und Wissenschaft

---

[62] Vgl. Jessen 1995, S. 99.
[63] Vgl. Meuschel 1993.
[64] Vgl. Geißler 1996, S. 136.
[65] Vgl. Srubar 1991, S. 427.

DDR Opfer der technischen und wirtschaftlichen Entwicklung

verkehrte sich im Ergebnis in ihr Gegenteil: Die DDR wurde letztlich auch Opfer des technischen Fortschritts und Wettbewerbs.[66]

Aus den genannten Gründen scheint es ratsam, die Geschichte der DDR vor allen Dingen als Herrschaftsgeschichte, die gleichzeitig Gesellschaftsgeschichte prägte und dominierte, zu schreiben. Dies wird auch dem totalitären Gestaltungs- und Machtanspruch der SED gerecht, wobei sich die Grenzen der Diktatur aus dem Spannungsfeld von Anspruch und Wirklichkeit ergeben.

3. Die Kennzeichnung der DDR durch die Forschung nach 1989

a) Die DDR als sozialistische Parteidiktatur

Zentrale Bedeutung der Herrschaftsgeschichte

Die in diesem Buch vorgenommene Rekonstruktion der DDR-Geschichte und die Beschreibung und Analyse ihrer zentralen Strukturen erfolgten auf der Grundlage eines methodischen Zugangs, der die Herrschaftsgeschichte bzw. die Rolle der totalitären Staatspartei, der SED, ins Zentrum stellt. Es scheint nach dem Ende der DDR unter Sozialwissenschaftlern weitgehend unbestritten, daß die DDR als eine „sozialistische Parteidiktatur" zu kennzeichnen ist, die weder Gewaltenteilung noch Rechtsstaat kannte, Menschen- und Bürgerrechte systematisch verletzte, und deren Herrschaft nicht durch freie Wahlen legitimiert war. Es handelte sich im engeren Sinn um eine „Parteidiktatur" – und nicht etwa um eine „Diktatur des Proletariats" –, da die Macht in den Händen der SED bzw. ihrer Führung lag. Das Attribut „sozialistisch" kennzeichnet dabei die Selbstbeschreibung der SED, die auf einem marxistisch-leninistischen Verständnis fußte.

Scheint über diese Charakteristika unter Wissenschaftlern weitgehend Einigkeit zu bestehen,[67] ist jedoch eine Neuauflage des Streits um die Frage entbrannt, ob die DDR darüber hinaus als ein totalitäres System einzuordnen ist. In der aktuellen Diskussion geht es um die „Grenzen der Diktatur"[68], das informelle Eigenleben in der Bevölkerung,[69] oder – gewissermaßen entgegengesetzt – um die Prägung der Gesellschaft durch den Herrschaftsapparat[70] sowie die Dimension von Terror und Ideologie bei der Aufrechterhaltung der SED-Diktatur.[71]

Die Kennzeichnung der DDR als „durchherrschte Gesellschaft" erfreut sich besonders bei einigen Sozialhistorikern großer Beliebtheit.[72] Allerdings liegt bisher keine empirisch begründete oder gar theoretisch abgeleitete Bestimmung dieses Begriffs vor. Die Autoren begnügen sich zumeist mit dem Hinweis, daß „ubiquitäre politische Herrschaft jene Gesellschaft bis in ihre feinsten Verästelungen hinein" prägte.[73] Gleichzeitig wird jedoch darauf verwiesen, daß es „faktische Grenzen der

---

66 Vgl. Radkau 1990, S. 16.
67 Vgl. z. B. Pollack 1993 und 1994 sowie Huinink 1995 und Mayer 1993.
68 Vgl. z. B. Bessel/Jessen 1996.
69 Vgl. z. B. Engler 1995 und Pollack 1994.
70 Vgl. z. B. Brie 1996 und Adler 1992.
71 Vgl. z. B. Marquardt 1991, Suckut/Süß 1997, Hornung 1993 und die Beiträge in Timmermann 1996.
72 Vgl. z. B. die Beiträge in: Kaelble u. a. 1994.
73 Vgl. Kocka 1994b, S. 548.

Durchherrschung im Alltag" gab,[74] und es „falsch wäre ... anzunehmen, daß die Herrschaft von Partei und Staat die Gesellschaft total prägte und determinierte".[75]

Es bleibt offen, ob der von Max Weber geprägte Begriff von Herrschaft als „Chance, für einen Befehl bestimmten Inhalts bei angebbaren Personen Gehorsam zu finden,"[76] zugrunde liegt, oder der Herrschaftsbegriff eine gesellschaftliche Ordnung im ganzen bezeichnen soll.[77] Außerdem sind nach beiden Definitionen selbstverständlich auch demokratische Gesellschaften „durchherrschte Gesellschaften". Sie unterscheiden sich allenfalls durch den Grad der „Durchherrschung" von diktatorischen Systemen. Diese indirekte Gleichsetzung oder zumindest Analogie suggeriert zudem, daß beide Herrschaftssysteme – auf allerdings unterschiedliche Weise – legitimiert sind. Der entscheidende Unterschied zwischen der durch die Zustimmung einer Mehrheit legitimierten Herrschaft und einer auf Gewalt oder ideologischen Ansprüchen begründeten kann dabei leicht verloren gehen.[78]

Auf Grundlage der von Max Weber verwendeten Begrifflichkeiten wäre es angemessener, von einer „vermachteten Gesellschaft" zu sprechen. Macht bedeutet dabei „jede Chance, innerhalb einer sozialen Beziehung den eigenen Willen auch gegen Widerstreben durchzusetzen, gleichviel worauf diese Chance beruht".[79] Der Machtbegriff verweist insoweit stärker auf einen jederzeit möglichen Gewalteinsatz zur Durchsetzung von Interessen der Führungsschicht. Im Unterschied zu demokratischen Systemen existierte in realsozialistischen keine Kontrolle über Macht und Herrschaft, im Gegenteil: Das Führungszentrum verfügte über eine allumfassende und unbegrenzte, d. h. totale Machtbefugnis. Die Grenzen der Macht sind erst da erreicht, wo die Machthaber zur gewaltsamen Durchsetzung ihrer Interessen keinen Gehorsam bei Sicherheitskräften, Polizei oder Armee mehr finden. Von daher hängt nach Michael Greven „die Fähigkeit des Staates, ‚Gewalt' bzw. seine physischen Zwangsmittel einzusetzen, von der Intaktheit seiner ‚Machtstruktur'" ab.[80] Es stellt sich aber letztlich die Frage, ob eine begriffliche Unterscheidung zwischen Macht und Herrschaft in diktatorischen Systemen, die weder Pluralismus noch Machtkontrolle kennen, überhaupt angebracht ist.

„Vermachtete Gesellschaft"

Der Streit um die allgemeine begriffliche Charakterisierung der DDR scheint angesichts der weitgehenden Übereinstimmung in zentralen Definitionsmerkmalen etwa im Konzept der „durchherrschten Gesellschaft"[81], der „stalinistischen Gesellschaft"[82], des „bürokratischen Totalitarismus"[83] sowie des „(spät-)totalitären Versorgungs- und Überwachungsstaates"[84] weitgehend überflüssig bzw. aufgesetzt zu sein. Die Ablehnung der Kennzeichnung als „totalitäres Regime" resultiert weniger

---

74 Vgl. ebd., S. 552.
75 Vgl. ebd., S. 550.
76 Vgl. Weber 1972, S. 28.
77 Vgl. Schiller 1991, S. 145.
78 Vgl. z. B. Meuschel 1992, S. 22 ff.
79 Vgl. Weber 1972, S. 28.
80 Vgl. Greven 1991, S. 132.
81 Vgl. Kocka 1994b, Suckut/Süß 1997 und die Beiträge in Timmermann 1996.
82 Vgl. Weber 1993 und Hurwitz 1997.
83 Vgl. Friedrich 1994.
84 So meine eigene Charakterisierung; vgl. Kap. C.III.3.c).

aus einer wissenschaftlich begründeten Analyse, sondern vor allem aus Unkenntnis der Genese und Weiterentwicklung des Begriffs,[85] dem Bestreben, das SED-Regime vom Nationalsozialismus auch begrifflich stärker abzusetzen[86] oder einer politisch motivierten Rücksichtnahme auf aktuelle politische Kontroversen bzw. auf Teile der ehemaligen DDR-Bevölkerung.[87] Auch die Identifizierung von „totalitär" mit „total" und hieran anknüpfende Kritiken werden dem Gegenstand nicht gerecht;[88] denn „totalitäre Herrschaft (ist) im Gegensatz zur totalen jene, in der sich die monopolisierte Anspruchsgewalt noch nicht erfüllt hat. Hier ist die Herrschaftsidee noch nicht geronnen: Total steht noch zu sich selbst dialektisch, d. h. unvollendet in actu".[89] Gleichzeitig haben Vertreter des Totalitarismuskonzeptes wie Hans Buchheim schon frühzeitig darauf hingewiesen, daß gerade in diesem Widerspruch die letzte Grenze dieser Systeme besteht: „Der totalitäre Machtanspruch ist unerfüllbar und trägt deswegen die Grenzen seiner Verwirklichung gewissermaßen in sich selbst".[90]

Möglichkeit zu antitotalitärem Konsens

Nach dem Zusammenbruch der DDR und der erfolgten Wiedervereinigung besteht heute zum ersten Mal die Möglichkeit, daß sich ein antitotalitärer Konsens bildet, „der diesen Namen verdient, weil er nicht länger selektiv ist. Jedenfalls können liberale Haltung und demokratische Gesinnung der Geburtshilfe durch Antikommunismus oder Antifaschismus erst dann entbehren, wenn sich die politische Sozialisation der Nachwachsenden nicht mehr unter dem polarisierenden Generalverdacht gegen innere Feinde vollziehen."[91] Tatsächlich diente der Totalitarismusbegriff in der Bundesrepublik zur Herstellung eines politischen Selbstverständnisses durch die gleichzeitige Ablehnung von Kommunismus und Nationalsozialismus. Der in der Zuspitzung des Ost-West-Konfliktes geläufige politisch-publizistische Gebrauch des Totalitarismus führte aber auch zu einem innenpolitisch gewendeten Freund-Feind-Denken, das durch die Kritik am Totalitarismus gerade überwunden werden sollte. Heute kann dieser Begriff jenseits politischer Instrumentalisierung auf seinen wissenschaftlichen Kernbestand begrenzt bleiben, wobei selbstverständlich jeder Zentralbegriff in der Politischen Wissenschaft und der Zeitgeschichte einen politischen Bezug hat und auch tagespolitisch genutzt werden kann. Dies ändert jedoch nichts an der Tragfähigkeit eines Begriffs, insoweit er wissenschaftlich begründet und plausibel ist.[92]

Zum besseren Verständnis des Totalitarismusmodells soll nachfolgend die Weiterentwicklung dieses Begriffs vor allem in der Bundesrepublik seit den fünfziger Jahren skizziert werden.

b) Entstehung und Entwicklung des Totalitarismusmodells

Der Totalitarismusbegriff entstand aus der Beschreibung und Analyse faschistischer bzw. nationalsozialistischer wie kommunistischer Systeme und den ihr

---

[85] So bei Fulbrook 1996, S. 282 ff.
[86] Vgl. Schroeder/Staadt 1994b, S. 349.
[87] So Kleßmann/Sabrow 1996, S. 4.
[88] Vgl. Fulbrook 1996, S. 282/283.
[89] Vgl. Funke 1988, S. 46.
[90] Buchheim 1962, S. 127.
[91] Habermas 1995, S. 690.
[92] Vgl. Elias 1983, S. 23 ff.

zugeschriebenen Analogien im Zuge der politischen Auseinandersetzungen zwischen diesen und liberal-demokratischen Systemen.[93] Viele frühe Protagonisten des Totalitarismuskonzepts hatten Ideologie und Terror des linken Totalitarismus am eigenen Geist und Leibe erfahren. Gerade diese Dissidenten entwickelten eine besondere Sensibilität für die Differenz zwischen utopischem Anspruch und politischer Praxis totalitärer Systeme, Parteien oder Bewegungen. Die spätere Überleitung des Totalitarismusbegriffs in eine Theorie bzw. verschiedene Theorien, Modelle oder Konzepte erfolgte zumeist im Rahmen der Erweiterung bzw. Differenzierung politischer Herrschaftssysteme um den totalitären Herrschaftstypus.[94] Entgegen der Annahme zeitgenössischer Kritiker wurde das Totalitarismuskonzept, dem vor allem Hannah Arendt und Carl Joachim Friedrich/Zbigniew Brzezinski in den fünfziger Jahren eine spezifische Prägung gaben, seit den sechziger Jahren unter Berücksichtigung der Veränderungen im sowjetischen Machtbereich weiterentwickelt.

Hannah Arendt erarbeitete ihr wirkungsmächtiges Totalitarismusmodell aus der Kontrastierung einer verfassungsgemäßen Regierung als eigentlichem Kern einer liberal-demokratischen Ordnung mit dem Prinzip terroristischer Verwirklichung ideologischer Fiktionen.[95] Dabei begnügt sich der Terror als Wesen totalitärer Herrschaft nicht mit Gesetzlosigkeit oder Willkür; er folgt der Logik bestimmter Prozesse, sei es nach einer strikten Rechtsfiktion oder im Namen vorgeblicher geschichtlicher Gesetze.[96] Die weder klassenstrukturell verankerte noch wertemäßig orientierte Masse bildet für Arendt den Nährboden für die Entstehung von Totalitarismus. Soziale Vereinzelung und der in das diffuse Gefühl eigener Wertlosigkeit mündende Selbstwertverlust sind dabei die wichtigsten Charakteristika der modernen Masse. Weltentfremdung und nicht Selbstentfremdung ist für Hannah Arendt das Kennzeichen der Neuzeit.

Totalitarismusmodell von Hannah Arendt

An diesem psychosozialen Zustand der Massen können totalitäre Ideologien ansetzen, indem die terroristische Erzeugung diffuser Angst den einzelnen für die totalitäre Herrschaft gefügig macht. Herrschaftszweck ist der prinzipiell ersetzbare, uniforme neue Mensch. Im Unterschied zur Tyrannei, die das öffentliche Leben in unorganisierter Ohnmacht erstickt, inszeniert die totalitäre Herrschaft die organisierte Allmacht. Ausdrücklich bezieht Hannah Arendt ihre Einschätzung totalitärer Herrschaft auf die Zeit des stalinistischen Terrors und der nationalsozialistischen Gewaltherrschaft. Ideologie und Terror gehen dabei eine eigentümliche Symbiose ein.

Totalitäre Herrschaft als organisierte Allmacht

Die totalitäre Ideologie erhebt Anspruch auf totale Welterklärung und Erfahrungsunabhängigkeit. Sie dekretiert gewissermaßen axiomatisch – in freiheitsverachtender Unerbittlichkeit – eine absolute Folgerichtigkeit. Der äußere Zwang, der sich im Terror austobt, wird vom inneren Zwang des logischen Folgerns unterstützt. Die hier entwickelte Argumentation sieht als Bewegungsgesetz und Antrieb des totalitären Terrors die ideologisch bedingte angeblich objektive Notwendigkeit der Ausschaltung von Feinden, die nach der ideologisch gegebenen Logik immer wieder

---

[93] Vgl. Petersen 1996, Ruffmann 1997 und Maier 1996.
[94] Vgl. z. B. die Beiträge in Jesse 1997, Löw 1988 sowie Seidel/Jenkner 1968.
[95] Vgl. Arendt 1968, S. 143 und allgemein Arendt 1986, S. 473 ff.
[96] Vgl. Arendt 1986, S. 711.

neu und anders definiert werden können. Der Zustand permanenter Bewegung und die damit einhergehende eigentümliche Strukturlosigkeit ist die Basis für wahrhaft totale Macht. Einzig das Führungszentrum gibt Halt und Orientierung. Für Hannah Arendt gibt sich die totale Herrschaft niemals damit zufrieden,

> „von außen, durch den Staat und einen Gewaltapparat, zu herrschen; in der ihr eigentümlichen Ideologie und der Rolle, die ihr in dem Zwangsapparat zugeteilt ist, hat die totale Herrschaft ein Mittel entdeckt, Menschen von innen her zu beherrschen und zu terrorisieren. In diesem Sinne schafft die totale Herrschaft gerade den Unterschied zwischen Herrschern und Beherrschten ab und erzielt einen Zustand, in dem das, was wir unter Macht und Willen zur Macht verstehen, gar keine oder eine sekundäre Rolle spielt."[97]

Mit ihrer Theorie liefert Hannah Arendt gewissermaßen eine anthropologisch geprägte sozialphilosophische Letztbegründung für das in den Grundzügen schon von Siegmund Neumann und Gerhard Leibholz bestimmte Wesen totalitärer Herrschaft, das diese als stete Revolution, als permanenten Ausnahmezustand bzw. als totale Mobilmachung einer Nation erkannt hatten.[98]

Das Verhältnis von Individuum und totalitärer Macht hat Jahre später ebenfalls Tzvetan Todorov thematisiert. Selbst wenn das Individuum sich in totalitären Systemen soweit wie möglich der offiziellen Politik und dem äußeren Druck zu entziehen sucht, bleibt es doch gefangen. Wie Todorov anmerkt, führt die Einordnung des Individuums in das Gefüge totalitärer Herrschaft nicht nur zu gehorsamem Verhalten und passiver Unterordnung, sondern auch zu einer kaum auflösbaren Verstrickung von Herrschenden und Untertanen. Diese ergibt sich aus der Annahme der totalitären Untertanen,

Verstrickung von Herrschenden und Beherrschten

> „sich erfolgreich zu verstellen. Sie entschieden sich, ‚nur' ihr äußeres Verhalten, ihre Worte und Taten in der Öffentlichkeit, mit der nötigen Unterwürfigkeit auszustatten, und trösteten sich damit, daß sie Herr über ihr Gewissen und sich in ihrem inneren Leben selber treu bleiben können. In Wirklichkeit wandte sich diese Art gesellschaftlicher Schizophrenie, die als Verstellung benutzt wurde, gegen sie selber. Selbst wenn das totalitäre Regime Anstrengungen unternahm, seine Untertanen zu indoktrinieren, war es doch mit ihrem ‚nur' öffentlichen Gehorsam durchaus zufrieden, weil er ihm ausreichte, um sich unangefochten an der Macht zu halten. Gleichzeitig beruhigte es diese selben Untertanen, indem es sie in der Illusion wiegte, daß sie ‚im Inneren ihrer selbst' rein und würdevoll blieben. Die gesellschaftliche Schizophrenie wurde so zu einer Waffe in den Händen der Macht und dazu benutzt, das Wissen der Untertanen einzuschläfern, sie zu beruhigen und sie die Gefährlichkeit dessen unterschätzen zu lassen, was sie in der Öffentlichkeit taten. Weil der Untertan Herr über sein Gewissen geblieben war, achtete er nicht mehr sehr darauf, was er ansonsten tat."[99]

Friedrich und Brzezinski nehmen die Gedanken der bisherigen Totalitarismusforschung auf und entwerfen in verschiedenen Studien ein auch formalisiertes, theoretisches Totalitarismusmodell.[100] Die totalitäre Diktatur wird als die der

---

[97] Vgl. ebd., S. 527.
[98] Vgl. Neumann 1942 und Leibholz 1968.
[99] Todorov 1993, S. 144/145.
[100] Vgl. Friedrich/Brzezinski 1957 und Friedrich/Brzezinski 1968.

Industriegesellschaft des 20. Jahrhunderts angepaßte Form der Autokratie gekennzeichnet;[101] sie ist faschistischen bzw. nationalsozialistischen und kommunistischen Regimen gleichermaßen eigen, ohne daß eine vollständige Wesensidentität behauptet wird. Ideologisch verschieden motivierte totalitäre Diktaturen sind sich nur im Grunde ähnlich, oder jedenfalls ähnlicher als anderen Systemen.[102] Die historische Neuartigkeit begründet sich nicht allein im Anspruch totaler Kontrolle des täglichen Lebens – Regime mit diesem Anspruch hat es auch schon früher gegeben – sondern in der auf moderner Technik basierenden Durchsetzung dieser Zielsetzung. Erst die moderne Technik erlaubt die Entwicklung von Organisationsformen und Kontrollmöglichkeiten, die auf eine völlige Zerstörung und einen anschließenden Wiederaufbau der Massengesellschaft abzielen. Die von Friedrich/Brzezinski aufgestellten und viel diskutierten sechs Grundmerkmale totalitärer Diktaturen seien hier nur kurz angeführt: Es handelt sich um Ideologie, Monopolpartei, Terrorsystem, Massenkommunikationsmittel, Gewaltmonopol sowie zentrale Überwachung und Lenkung der gesamten Wirtschaft.[103]

Grundmerkmale totalitärer Ordnungen nach Friedrich/ Brzezinski

Diese sechs Grundmerkmale sind wesensmäßig miteinander verflochten und erlauben in dieser Kombination die Charakterisierung von Systemen als totalitär.[104] Vier der sechs genannten Grundmerkmale sind technisch bedingt, sie erst ermöglichen eine totalitäre Kontrolle der Gesellschaft. In einem späteren Beitrag vermutet Friedrich einen Trend zur totalitären Zuspitzung in Folge des technischen Fortschritts, allerdings ist eine Zunahme des Terrors keineswegs zwangsläufig. In dem Maße, wie sich Konsens zwischen Beherrschten und Herrschern ausbreitet, kann der Terror auch zurückgenommen werden. Totalitäre Diktaturen pendeln zwischen den Extremen totalitärer Gewalt und tatsächlichem Zusammenbruch.[105] Totalitäre Führer und Bewegungen setzten sich zudem durchaus das Ziel der „Demokratie", der Herstellung „wahrer" bzw. „wahrhafter" Demokratie. Stalin ebenso wie Hitler und Mussolini sprachen im Hinblick auf ihre totalitären Regime von einer „perfekten Demokratie". Die Konzepte von Volks- oder Klassengemeinschaften verheißen die Aufhebung von Heterogenität und die Verwirklichung von Demokratie als gänzlich egalitäre Ordnung.[106]

Die Differenzierung des Totalitarismusbegriffs in ein primäres und mehrere sekundäre Phänomene durch Martin Drath gab diesem Modell eine spezifische begriffliche Zuspitzung und gleichzeitig Vereinfachung, die sich bis heute als praktikabel für die Beschreibung totalitärer Gesellschaften erwiesen hat.[107] Drath hält den klassischen Totalitarismusbegriff für Analysen der DDR oder der Sowjetunion wegen des Fehlens von hinreichend klar definierten und abgrenzbaren Begriffen für nur bedingt tauglich. Für ihn ist die Begriffsbildung dabei nie bloße Abbildung objektiver Gegebenheiten, sondern stets geistige Bemächtigung. Sie sei

---

101 Vgl. Friedrich 1966, S. 43.
102 Vgl. Friedrich/Brzezinski 1968, S. 601.
103 Vgl. ebd., S. 610/611.
104 Vgl. zur Kontroverse um diese Merkmale Fritze 1995 und Siegel 1996.
105 Vgl. Friedrich/Brzezinski 1968, S. 629.
106 Vgl. Brzezinski 1994, S. 49 ff.
107 Vgl. Drath 1958, S. IX ff.

Draths „Primärphänomen"

nie ganz voraussetzungslos und bleibe stets einem bestimmten geistigen System verhaftet.

Als besonders charakteristisches Merkmal („Primärphänomen") des Totalitarismus kennzeichnet er dessen Bestreben, ein von den bisher in der Gesellschaft vorherrschenden Maßstäben fundamental unterschiedenes Wertesystem durchzusetzen. Im Unterschied zu autoritären Diktaturformen ist daher der Totalitarismus regelmäßig mit dem Gebrauch einer neuen sozialen Ideologie verbunden. Totalitäre Regime streben nach sozialer und politischer Homogenisierung der Gesellschaft. Bis in die Metaphysik hinein soll das neue Wertungssystem durchgesetzt werden.[108]

Der Totalitarismus will nach Drath „selbst den Geist der Menschen indoktrinieren" und darf deshalb „nicht einmal im Privaten und Individuellsten Freiheitssphären dulden. Der Autoritarismus verneint die Freiheit insoweit, als die Demokratie politisch auf der individuellen Willensbildung in gesellschaftlicher Freiheit beruht und aufbaut. Der Totalitarismus muß weit darüber hinaus grundsätzlich die Freiheit der Entwicklung der Gesellschaft und des Lebens in der Gesellschaft verneinen; denn er kann sein Ziel nur erreichen durch ebenso tiefe wie breite Eingriffe in das gesamte gesellschaftliche und private Leben."[109] Drath läßt bewußt offen, welche Wertungen eine totalitäre Bewegung/Partei der Gesellschaft aufoktroyiert; ob dieses Wertesystem inhaltlich begründet, rational, antimodern etc. ist, bleibt für ihn völlig irrelevant. Aber er ist sich sicher, „daß der Begriff ‚Totalitarismus' lediglich vom Standpunkt freiheitlicher Demokratie aus gebildet werden kann, weil er nur für sie etwas Wesentliches aussagt und Erscheinungen zusammenfaßt, die von ihr aus gesehen gleichartig sind."[110]

Die Mittel und Instrumente zur Durchsetzung dieses Bestrebens sind Sekundärphänomene, die in ihrem Zusammenwirken und ihrer Bedeutung wechseln können und in ihrer Intensität und Reichweite nicht weiter definiert werden. Draths einfaches und doch den gesellschaftlichen Gestaltungsanspruch totalitärer Parteien und Bewegungen erfassendes Primärphänomen findet sich ebenfalls bei osteuropäischen Intellektuellen. Leszek Kolakowski zum Beispiel unterscheidet totalitäre von

Geistige und moralische Enteignung des Menschen

autoritären Gewaltregimen durch ihre Neigung und ihren Anspruch, alle menschlichen Aktionsbereiche zu steuern, die Menschen total zu enteignen – materiell wie seelisch – und sie in Staatseigentum zu verwandeln. Das Endziel der modernen totalitären Lüge sei die vollständige geistige und moralische Enteignung der Menschen, so daß sich die individuelle Existenz im sozialen Ganzen auflöst.[111] Für Kolakowski existiert der reale Stalinismus bzw. Sozialismus immer nur als Annäherung an eine totalitäre Gesellschaft. Dabei kann sich der Totalitarismus als Versuch gänzlicher staatlicher Kontrolle über alle Lebensbereiche nur behaupten, wenn es ihm gelingt, die Realität insgesamt für ungültig zu erklären und an deren Stelle eine ideologisch konstruierte Scheinwirklichkeit zu setzen.[112] Alle Regime im sowjetischen Machtbereich sind aus der Sicht von Kolakowski als totalitär zu kennzeichnen, unterscheiden sich allerdings erheblich in dem jeweiligen Grad der Vollendung des Totalitarismus.

---

[108] Vgl. ebd., S. XXIV.
[109] Vgl. ebd., S. XXV.
[110] Vgl. ebd., S. XXIX sowie Ruffmann 1996, S. 48.
[111] Vgl. Kolakowski 1984, S. 94.
[112] Vgl. ebd., S. 99.

Agnes Heller, Ferenc Fehér und György Markus zeichnen in ihrer Analyse der Sowjetunion die Konturen eines Systems, dessen Herrscher eine „Diktatur über die Bedürfnisse" anstreben.[113] Für sie zeigt die Sowjetunion als absolutistischer Staat

„Diktatur über die Bedürfnisse"

> „die Tendenz zur Totalisierung von Macht und Kontrolle, aber es ist nicht der Staat, der totalitär ist, sondern die Gesellschaft wird durch den Staat totalitär gemacht. Totalitäre Gesellschaften sind rein politische Gesellschaften, obgleich umgekehrt nicht alle politischen Gesellschaften totalitär sind. Der Begriff der politischen Gesellschaft umschreibt die Identität von privater und öffentlicher Sphäre, die Identität des Menschen mit dem Bürger oder Untertan. Es handelt sich um eine Gesellschaft, in der es keine staatsfreien Räume gibt ... In der totalitären Gesellschaft geht folglich die Identifikation des Öffentlichen und des Privaten Hand in Hand mit der staatlichen Definition von Ideologien und politischen Betätigungsfeldern, die dem Untertanen eindeutig vorgeschrieben werden. Das heißt: Eine Gesellschaft ist totalitär, wenn in ihr der Pluralismus kriminalisiert wird."[114]

Aber auch totalitäre Staaten können zeitweise aus taktischen Gründen oder mit Rücksicht auf die internationale Öffentlichkeit eine Pluralismustoleranz entwickeln. Doch jederzeit kann dieser Pluralismus wieder zurückgezogen bzw. kriminalisiert werden. Die Beschreibung totalitärer Gesellschaften als „Herrschaft der Bürokratie" ist für Heller/Markus unpräzise, da es der politische Zentralismus ist, der diese bürokratischen Strukturen hervorbringt und kontrolliert. Aber gleichzeitig kann die Totalisierung von Macht und Kontrolle über die gesamte Gesellschaft einschließlich der Volkswirtschaft nicht ohne eine Verwaltungsmaschinerie funktionieren.[115]

Der Souverän – die Parteiführung – entscheidet nach Heller/Fehér/Markus auch über die Interpretation der einzig wahren Wissenschaft, die wiederum das System legitimiert. Das Dogmensystem hat ebenfalls die Funktion der Totalisierung von Macht und Kontrolle über die Gesellschaft, indem alle Werte im und durch den totalitären Staat vermittelt und kontrolliert werden. Die durch die Parteiführung vorgegebene Doktrin ist der vorgeschriebene Glaube für alle Gesellschaftsmitglieder. Eine Kritik oder Alternative zum offiziellen Interpretations- und Wertesystem ist bei Strafe ausgeschlossen. Immer wieder besteht für die Parteiführung der Zwang, Reichweite und Wirkung der Totalität zu überprüfen. Die Massen müssen jederzeit den jeweiligen Wendungen der Partei und ihren Verlautbarungen folgen „... Kontrolle über die Menschen ist erst dann total, wenn sie bereit sind, von einem Moment zum nächsten ihre Meinung über beliebige Probleme zu ändern, so wie die Partei ihren Standpunkt wechselt. Die Erzwingung des Gehorsams muß gründlich sein."[116] Diesen Prozeß bezeichnen die Autoren als „Negation der Aufklärung", der einen Rückfall in die Unmündigkeit bedeutet, da er auf die Zerstörung von Individualität zielt. In dem vom Komsomol, der kommunistischen Jugendorganisation der SU, propagierten Slogan „Die Partei: unsere Vernunft, unsere Ehre, unser Gewissen" äußert sich die Selbstentfremdung als öffentliches Glaubensbekenntnis. Die realsozialistischen Gesellschaften entwickeln sich zu Gesellschaften „der Diktatur über die Bedürfnisse", in der eine selbstbestimmte Assoziation und

„Negation der Aufklärung"

---

[113] Vgl. Heller u. a. 1983, S. 211.
[114] Ebd., S. 189.
[115] Vgl. ebd., S. 203.
[116] Vgl. ebd., S. 225.

Interessenartikulation von freien Individuen nicht mehr vorgesehen ist.[117] Sie basieren auf der Zwangswirtschaft als Ausdruck und Folge des zum Irrationalen gesteigerten „Rationalismus". Die vom Staat gegebenen Garantien beziehen sich auf gewisse soziale Rechte und Pflichten, dabei entspricht das sozialpolitische Niveau dem allgemein niedrigen Entwicklungsstand der Sowjetgesellschaft und ihrer Satellitenstaaten. Die garantierte Gesellschaft erlaubt ihren Mitgliedern nur Bittstellungen, es gibt kein grundsätzliches Recht der Bürger, gewisse soziale Dienste für immer in Anspruch zu nehmen. Auch die Atomisierung der Menschen bleibt erhalten, der in der Stalin-Ära geprägte Untertanengeist lebt fort und kann jederzeit wieder aufstehen.[118] Die eigentliche Gefahr für diese „Gesellschaft der Diktatur über die Bedürfnisse" geht vom Lebensstil in freiheitlichen Marktsystemen aus, da dieser gerade für die atomisierte und entmündigte Masse attraktiv erscheint.

Risse im Sowjetsystem bewirken Korrekturen am Totalitarismusmodell

Das totalitäre Sowjetsystem zeigte nach Meinung vieler Beobachter schon in den siebziger und achtziger Jahren deutliche Risse. Dies bestärkte nicht nur die Kritiker, sondern bewog auch die Befürworter des Totalitarismusmodells, Korrekturen bzw. Ergänzungen an dem Begriff vorzunehmen. Für sie kam es zu Aufweichungen, ohne daß das Herrschaftszentrum jedoch seinen absoluten Macht- und Gestaltungsanspruch aufgab. Milovan Djilas wertet die Symptome der Erosion des totalitären Systems im Inneren als Krise des Sowjetregimes: „Die Auflösung des Totalitarismus in der Sowjetunion ist in Wirklichkeit nur die Kehrseite der Umwandlung der Sowjetunion in ein Militärimperium, die mit Hilfe der den gesamten Globus umfassenden sowjetischen Expansionspolitik vollzogen wird."[119] Die Auflösungsprozesse des Totalitarismus verwandelten in den achtziger Jahren die Ideologie in einen Ritualkodex, den immer weniger Menschen ernst nahmen, gegen den sich aber auch nur eine kleine Schar andersdenkender Intellektueller offen auflehnte. Die Entwertung der Ideologie, die ohnehin den vitalen Interessen der osteuropäischen Nationen widersprach, vollzog sich in den sowjetischen Satellitenstaaten noch intensiver als in der Sowjetunion selbst. Nur in Albanien und Rumänien konnte sich der Totalitarismus noch in den achtziger Jahren in weitgehend traditioneller Form erhalten. In den anderen Satellitenstaaten kam es sukzessive zu einem Wiedererstarken nationalistischer Ideologien sowie zu einer strukturellen Aufweichung der zentralistischen Planwirtschaft durch neue Wirtschaftsformen. Solche Fluchtwege blieben jedoch der DDR wegen ihrer Sonderstellung als sowjetisierter deutscher Teilstaat versperrt.

Kernbestand totalitärer Herrschaft bleibt erhalten

Trotz der Auflösungserscheinungen des Totalitarismus in der Breschnew-Ära, der Konturen eines „verwahrlosten Sozialismus"[120] annahm, blieb aus der Sicht von Totalitarismustheoretikern wie Karl-Dietrich Bracher der Kernbestand totalitärer Herrschaft erhalten. Für ihn relativierte sich zwar der Stellenwert des Terrors, der jedoch nicht gänzlich verschwand. Statt dessen gewann die permanente Mobilisierung der Massen mit Hilfe moderner Propaganda und Werbetechniken an Bedeutung. Für Karl Graf Ballestrem entsprang die Zurücknahme des Terrors nach

---

[117] Vgl. ebd., S. 255.
[118] Vgl. ebd., S. 285.
[119] Djilas 1984, S. 190.
[120] Vgl. Gellner 1995, S. 12.

der Errichtung der Macht dem Kalkül der Machthaber, da „systematischer Terror ... effektive Opposition verhindern und die Privilegien der Machthaber sichern (kann). Aber Terror kann weder Herrschaft legitimieren, noch Leistung motivieren, erst recht nicht auf Dauer eine Bevölkerung mit revolutionärem Elan beflügeln."[121] Zunehmend wurde die Unterwerfung des einzelnen unter die Gemeinschaft oder das Kollektiv auch sozialstaatlich fundiert, wenn auch im Vergleich mit den westlichen Staaten auf sehr niedrigem Niveau.

Bracher benennt drei charakteristische übereinstimmende Merkmale zwischen Kommunismus, Faschismus und Nationalsozialismus, die er als prägend für den Totalitarismus bezeichnet:
- Eine möglichst totale Herrschaftsverfügung einer einzigen, umfassend organisierten Partei und ihrer Führung, die mit den Attributen der Unfehlbarkeit und dem Anspruch auf pseudoreligiöse Massenverklärung ausgestattet ist. Andere politische Parteien oder Gruppen werden nicht zugelassen bzw. gleichgeschaltet.
- Der totalitäre Ein-Parteien-Staat stützt sich auf eine Ideologie, die neben dem politischen Ausschließlichkeitsanspruch die Unterdrückung jeder Opposition und die totalitäre Ausrichtung des Staatsbürgers sowohl historisch wie zukunftsutopisch begründet und rechtfertigt. Die möglichst umfassende Überwachung der Bevölkerung durch die Geheimpolizei, die Inhaftierung politischer Gegner und die massive Indoktrination durch staatsmonopolistische Medien sichern der Parteiführung die Macht. Mit Hilfe moderner Propaganda und Werbetechnik wird ein Feindbild entworfen, das die Massen zusätzlich mobilisieren und homogenisieren soll. „Mit dem Anspruch auf völlige Verfügung über Leben und Glauben seiner Bürger verneint der totale Staat jedes Recht auf Freiheit, jeden letzten Wert und Zweck neben sich selbst als der allein verbindlichen ‚Totalität aller Zwecke'."[122]
- Die totalitäre Herrschaftsideologie begründet den Ein-Parteien-Staat und das errichtete Herrschaftssystem auch mit seiner vermeintlich höheren Effektivität.

Faszination totalitärer Ideologien

Ungeachtet der bitteren Erfahrung, daß alle bisherigen Versuche, politische Utopien in die Praxis umzusetzen, in Terror mündeten, bleiben totalitäre Ideologien für manche Intellektuelle attraktiv, sofern sie „wahre Demokratie" und Emanzipation versprechen.[123] Die Faszination solcher Ideologien nach dem Ersten Weltkrieg lag nach Bracher gerade in ihrem doppelten Anspruch, elitäre Revolutionsgewißheit und gleichzeitig politische Religion für die Massen zu sein. Die Ideologisierung des Denkens und politischen Handelns führt für ihn in letzter Konsequenz zum Totalitarismus.

Obwohl ab Mitte der siebziger Jahre zunehmend Berichte über Ausmaß und Intensität von Gewalt und Terror in kommunistischen Staaten an die Öffentlichkeit drangen, verstärkte sich in der Bundesrepublik anders als etwa in Frankreich[124] die Kritik am Totalitarismusmodell.[125] Nur wenige Sozialwissenschaftler und Historiker

---

121 Ballestrem 1996a, S. 244.
122 Bracher 1987, S. 24.
123 Vgl. ebd., S. 39 und allgemein Furet 1996.
124 Vgl. Bossart 1992.
125 Vgl. z. B. Gransow 1980 und Glaeßner 1982.

vornehmlich aus dem konservativen Lager nahmen auch weiterhin Bezug auf diese Konzeption bzw. entwickelten sie weiter.[126] Sie konnten sich u. a. auf die von Peter Graf Kielmannsegg vorgelegte Neuformulierung der Totalitarismustheorie stützen, die dem eingetretenen politischen Wandel in den kommunistischen Gesellschaften Rechnung trug. Kielmannsegg war sich sehr wohl der Gefahr bewußt, die in der Festlegung von Beobachtungen in Typenbegriffen liegt. Daher orientierte er das Konzept an Kategorien, die gewissermaßen das Fundament der Theorie darstellen. Im Zentrum seiner Überlegungen steht das politische System als eine Form der Institutionalisierung von Entscheidungskapazität, ausgestattet mit der Fähigkeit, für die Gesamtheit der Menschen verbindliche Entscheidungen zu treffen und durchzusetzen.

Thesen von Graf Kielmannsegg

Als erste Bestimmung für totalitäre Herrschaft ergibt sich danach die monopolistische Konzentration der Macht auf ein Führungszentrum, eine prinzipiell unbegrenzte Reichweite der Entscheidungen des politischen Systems sowie eine weitgehend unbeschränkte Intensität der Sanktionen. Entscheidungsmonopol bedeutet für Kielmannsegg nicht, daß alles durch das Monopol entschieden wird, sondern nur, daß keine Entscheidung dagegen getroffen und durchgesetzt werden kann.[127] Übergeordnete Kategorie für die Bestimmung totalitärer Systeme ist hiernach die unbegrenzte Verfügungsgewalt über die Gesamtheit der Lebenschancen der einzelnen. Die Aufgabe der Monopolpartner besteht darin, die Bevölkerung immer wieder neu auf von der Ideologie bestimmte Ziele hin zu mobilisieren.[128]

Monopolistische Steuerung sozialen Verhaltens

Das Ziel totalitärer Regime – die vollkommene monopolistische Steuerung des sozialen Verhaltens – erfordert nicht nur Kontrolle, sondern auch die Fähigkeit zu motivieren. Ideologie und Partei sind daher die entscheidenden Faktoren für die Kielmannseggsche Totalitarismusanalyse.[129] Die Ideologie wird zum Instrument monopolistischer Steuerung des sozialen Verhaltens durch die Festlegung verbindlicher Werte und Normen wie auch durch die Bereitstellung eines Interpretationsschemas der Wirklichkeit für das Führungszentrum. Die Partei wird durch die ihr zugewiesene Kontrolle des Monopolisierungsprozesses unentbehrlich, das Führungszentrum muß gewissermaßen allgegenwärtig sein. Die Untergliederungen der Massenpartei haben die Aufgabe der Motivierung und Kontrolle vor Ort; dabei duldet die Partei keinen Widerspruch.

Indem Kielmannsegg strukturelle Momente mit prozessualen verband, konnte er auch die von Richard Löwenthal[130] beschriebene Tendenz poststalinistischer Regime zur Institutionalisierung der Revolution erfassen. Die sich dabei ergebende Verbürokratisierung des Totalitarismus führt freilich nicht zu einer prinzipiellen Veränderung der Herrschaftsform, im Gegenteil: Das postrevolutionäre totalitäre Regime schuf sich die doppelte Herrschaftsstruktur, das spezifische Geflecht von Staats- und Parteibürokratie, um die revolutionäre Dynamik zu konservieren und den ideologischen Charakter der Herrschaft zu bewahren.[131]

---

[126] Vgl. z. B. Marquardt 1986, Bracher 1987 und die Beiträge in Löw 1988.
[127] Vgl. Kielmannsegg 1978, S. 75 ff.
[128] Vgl. auch Ballestrem 1996b, S. 259.
[129] Vgl. Kielmannsegg 1978, S. 78/79.
[130] Vgl. Löwenthal 1984.
[131] Vgl. Friedrich 1994, S. 18.

Nahezu alle nachklassischen Totalitarismustheorien verbindet das Beharren auf einer gemeinsamen Kennzeichnung von faschistischen, nationalsozialistischen und kommunistischen Regimen und deren Unterscheidung von autoritären Systemen. Manfred Funke nennt als die drei diese Regime verbindenden ‚essentials' ihren trotz unterschiedlicher Ziele funktional gleichen Herrschaftsapparat, ihren unteilbaren Machtanspruch durch eine nicht zu bezweifelnde Letztbegründung und ihr gemeinsames Ziel der Vernichtung der bürgerlichen Gesellschaft, des pluralistischen Verfassungsstaates und seiner Kultur.[132] Nach Juan Linz und Giovanni Sartori kann eine statische Klassifizierung von Totalitarismus und Autoritarismus vermieden werden, indem jeweils nach dem Grad von Pluralismus, ideologischer Ausrichtung, Mobilisierung und anderen Faktoren unterschieden und gemessen wird.[133]

Karl Graf Ballestrem konstatiert eine „Dialektik totaler Herrschaft", die letztlich zu ihrer Selbstzerstörung führen muß:

„Unkontrollierte Macht wird machtlos, zentrale Planung planlos, verordneter Glaube unglaubwürdig. Was an dieser sowohl totalen, als auch kontraproduktiven Form von Herrschaft zunächst als paradox erscheint, erweist sich als eine Reihe wechselseitiger Kausalverhältnisse. Totale Macht erzeugt Ohnmacht – zunächst bei den Untertanen, indirekt aber auch bei den Herrschern. Versuche, diese Ohnmacht zu überwinden, führen zu weiterem Machtverlust – sei es, daß Angst und Lethargie der Bevölkerung um so ausgeprägter werden; sei es, daß die notwendige Infusion von Freiheit Auflösungserscheinungen zur Folge hat und Gegenmächte auf den Plan ruft."[134]

Die Aussagefähigkeit eines Totalitarismusmodells unterschieden von einem Modell autoritärer Diktaturen und als Gegenmodell zur liberal-demokratischen Gesellschaft, soll abschließend an der Geschichte der DDR kurz nachgezeichnet und begründet werden.

c) Die DDR: ein (spät-)totalitärer Versorgungs- und Überwachungsstaat

Die Geschichte der DDR war geprägt durch verschiedene Kennzeichen, die sich zum Teil ergänzten oder überlagerten, aber auch Spannungsfelder entstehen ließen. Der Staat entstand als Folge eines bedingungslos verlorenen Krieges ohne Zustimmung einer Mehrheit. Der von der Sowjetunion errichtete „Okkupationssozialismus" begründete eine auf Gewalt gegründete Fremdherrschaft, die von deutschen Kommunisten als den Statthaltern der kommunistischen Führungsmacht ausgeübt wurde.[135] Die Zielsetzungen dieses Regimes ergaben sich aus den sowjetkommunistischen Vorgaben sowie aus der Tradition des deutschen Kommunismus in der Weimarer Republik und in der Emigration. Die hieraus resultierenden politischen und ideologischen Grundlinien zielten auf eine sozialistische/kommunistische Gesellschaft, in der soziale Gleichheit und Selbstbestimmung herrschen und die Ausbeutung des Menschen abgeschafft sein sollten. Tatsächlich aber waren die Gesellschaften sowjetischen Typs „politische Gesellschaften", in denen die Differenz von Partei, Staat und Gesellschaft sowie von privater und öffentlicher Sphäre weitgehend beseitigt wurde, und der einzelne nichts, das Kollektiv und die

„Okkupationssozialismus"

---

[132] Vgl. Funke 1988, S. 58.
[133] Vgl. Linz 1975, S. 175 ff. und Sartori 1996.
[134] Vgl. Ballestrem 1996b, S. 258.
[135] Vgl. Sywottek 1993.

Partei aber alles galten. Mit der Abschaffung des Privateigentums war die wirtschaftliche Pluralität beseitigt worden, der politische Pluralismus wurde kriminalisiert.

Durch ihren Status als sowjetisierter und dem sowjetischen Machtbereich einverleibter Staat war die DDR in den unmittelbar nach Kriegsende aufbrechenden Ost-West-Konflikt – den „Kalten Krieg" – an vorderster Front miteinbezogen. Aber der Kalte Krieg erzwang nicht nur eine bestimmte Entwicklungsrichtung des DDR-Sozialismus als sowjetisches Protektorat, sondern sicherte auch seine 45jährige Lebensdauer. Mit dem Ende des Kalten Krieges verlor die DDR ihre Existenzberechtigung.[136]

Gleichzeitig blieb sie ein deutscher Teilstaat und konnte keine eigenständige nationale Identität herausbilden.[137] Die deutsch-deutsche Systemkonkurrenz, die fortbestehenden verwandtschaftlichen und freundschaftlichen Beziehungen begründeten ebenso wie gemeinsame Traditionsbezüge und Wirtschaftsbeziehungen eine ostdeutsche Sonderentwicklung im Rahmen des sowjetischen Imperiums. Errichtung, Entwicklung und Ende der DDR verliefen insoweit im Spannungsfeld von kommunistischem Gestaltungs- und Machtanspruch, sowjetischem Großmachtinteresse und westdeutscher Ost- bzw. Deutschlandpolitik.

Die historischen Entwicklungslinien auf diesen Feldern, die gleichermaßen Kontinuitäten und Veränderungen aufwiesen, prägten die Geschichte der DDR nachhaltig. In den Außenbeziehungen blieb die SED eher Objekt als Subjekt historischer Entwicklung, in der inneren Entwicklung konnte sie dagegen im Laufe der Jahrzehnte zunehmend selbständiger agieren.

Der von der stalinistischen Sowjetunion implantierte Sozialismus hatte anfangs zweifellos eine totalitäre Gestalt. Spätestens ab Anfang der fünfziger Jahre erfüllte die SBZ/DDR alle von der klassischen Totalitarismustheorie aufgestellten Kriterien: eine allgemeinverbindliche Ideologie mit endzeitlichem Anspruch; eine hierarchisch und oligarchisch organisierte Monopolpartei als ausschließlicher Träger der Macht; ein von der Partei und ihrer Geheimpolizei organisiertes und kontrolliertes physisches und psychisches Terrorsystem; ein nahezu vollkommenes Monopol der Massenkommunikationsmittel; ein Gewaltenmonopol sowie eine zentrale Kontrolle und Lenkung der gesamten Wirtschaft.[138]

Vergleich DDR- mit NS-Regime

Auch wenn vor allem die frühe DDR die meisten dieser Eigenschaften mit dem nationalsozialistischen Deutschland gemein hatte, verbietet sich doch eine einfache Gleichsetzung beider Systeme. Weder hat der SED-Staat Millionen Menschen nahezu fabrikmäßig umgebracht, noch hat er einen Weltkrieg entfesselt. Die rechtstotalitäre Diktatur war zudem „hausgemacht", die linkstotalitäre fremdbeherrscht. SED wie NSDAP nutzten zwar alle Möglichkeiten zur Etablierung und Aufrechterhaltung ihrer jeweiligen Diktatur, aber nicht zuletzt wegen des mangelnden Zuspruchs mußten Ulbricht und Honecker die eigene Bevölkerung noch stärker kontrollieren, und hatten – anders als Hitler – keine Möglichkeit und auch kein Machtpotential für eine eigenständige expansive und aggressive Politik nach außen.

Eine derartige Gleichsetzung wird auch ernsthaft nicht behauptet, sondern zumeist von Kritikern eines Totalitarismuskonzepts seinen Befürwortern unter-

---

[136] Vgl. Bender 1996.
[137] Vgl. Bender 1992.
[138] Vgl. Friedrich 1966, S. 47/48.

stellt.¹³⁹ Angebracht und sinnvoll bleibt dagegen die Betonung von Analogien zwischen stalinistischer Sowjetunion und nationalsozialistischem Deutschland – bei allen auch hier gegebenen Unterschieden. Beide strebten nach einer – ideologisch verschieden begründeten – Weltherrschaft, unterwarfen – mit unterschiedlicher Intensität und Dauer sowie unterschiedlichem Erfolg – Staat und Gesellschaft der Parteiherrschaft, und beide setzten zur Erreichung ihres Zieles terroristische Mittel ein.¹⁴⁰ Der rassistische Vernichtungswahn des NS-Regimes war sicher systematischer als Unterdrückung und Ermordung in der stalinistischen Sowjetunion. Die Zahl der Opfer war hingegen in beiden Fällen historisch beispiellos.

Die DDR als von der Sowjetunion dominierter und abhängiger Staat konnte allein aufgrund dieser Rahmenbedingung den totalitären Macht- und Gestaltungsanspruch nur im Inneren durchsetzen. Dies allerdings betrieb die SED unter dem Schutz der sowjetischen Besatzungsmacht mit erheblicher Energie und Erfolg. Erste Voraussetzung hierfür war die Gründung der aus der Vereinigung von SPD und KPD hervorgegangenen SED und deren Formierung als marxistisch-leninistische Kader- und Massenpartei. Schon vor der Staatsgründung hatten SMAD und SED das politische System institutionell gleichgeschaltet und gleichzeitig die entscheidenden Grundlagen für die sozialistische Umgestaltung der Gesellschaft gelegt. Indem die totalitäre Staatspartei SED ihre Prinzipien auf Gesellschaft und Staat übertrug, war die 1949 gegründete DDR ein totalitärer SED-Staat, der weder Gewaltenteilung noch kulturellen, sozialen oder politischen Pluralismus kannte.

DDR als totalitärer SED-Staat

Das Politbüro der SED avancierte zum unumstrittenen Führungszentrum in Staat und Gesellschaft. Wie eine Spinne zog die Parteiführung ein dichtes, ideologisch gewebtes Netz über Partei, Staat und Gesellschaft. Die Parteispitze beanspruchte, jede Regung innerhalb des Netzes zu steuern und zu kontrollieren. Hierzu baute sie ihren zentralen Parteiapparat als oberste Steuerungs- und Kontrollinstanz aus, instrumentalisierte den Staatsapparat und die gesellschaftlichen Massenorganisationen und stützte sich zur Durchsetzung der Parteimacht auf einen umfassenden Sicherheitsapparat. Wer sich den Anweisungen der Partei und ihrer Untergliederungen widersetzte, wurde von einem der SED hörigen Justizapparat erbarmungslos verfolgt und verurteilt. Dies erfolgte auf Grundlage von Gesetzen, die die SED zur Sicherung ihrer Macht selbst verfaßt hatte und jederzeit willkürlich auslegen konnte.

Die Fundamente des Staates waren auf Gewalt und Zwang sowie auf Fremdherrschaft gegründet, gleichzeitig konnte sich die Parteiführung auf eine große Zahl von Partei- und Staatsfunktionären verlassen, die zumeist ihren schnellen sozialen Aufstieg der rabiaten sozialistischen Umgestaltung und der damit einhergehenden Vertreibung der alten Funktionseliten verdankten. Doch die Wirkungsmöglichkeiten der totalitären SED-Politik waren in den fünfziger Jahren durch die offene Grenze zur Bundesrepublik begrenzt. Vertreibung und Flucht von Millionen seiner Einwohner beeinträchtigte die Funktionsfähigkeit des Staates und zwang die SED zur vollständigen Schließung der Westgrenzen der DDR. Das von ihr installierte und in den nachfolgenden Jahrzehnten perfektionierte Grenzregime symbolisierte die fehlende Legitimation des Staates wie auch seine freiheits- und damit letztlich menschenverachtende Politik.

Menschenverachtendes Grenzregime

---

¹³⁹ Vgl. z. B. Wippermann 1997, S. 10 ff.
¹⁴⁰ Vgl. z. B. Hornung 1993.

Auch in der zweiten Hälfte der Ulbricht-Ära blieb die DDR, wenn auch nach 1961 mit abnehmender gewaltsamer Energie, ein totalitärer Staat, der die „neue Gesellschaft" mit Zwang und Gewalt und ideologischem Eifer aufbauen wollte und sich hierbei auf eine neuentstandene sozialistische Dienstklasse stützen konnte. Durch die von der SED-Führung mitbetriebene Niederschlagung des Prager Frühlings im Jahre 1968 hatte die Sowjetunion der Weltöffentlichkeit demonstriert, daß sie eine grundlegende Reform des Sozialismus in ihrem Machtbereich nicht zulassen würde. Dies war für die DDR-Bevölkerung und die Bundesrepublik nach dem 17. Juni 1953 und dem 13. August 1961 das dritte Signal, daß sich die Verhältnisse in der DDR ohne Zustimmung der Sowjetunion nicht ändern würden.

Dualität von Versorgung und Überwachung

Mit dem Übergang vom Kalten Krieg zur Entspannungspolitik veränderten sich auch für die DDR die äußeren Rahmenbedingungen. Sie erhielt endlich die langersehnte internationale Anerkennung, mußte hierfür jedoch den Preis der zumindest formalen Anerkennung international verbindlicher Bürger- und Menschenrechte und der Beobachtung durch die Weltöffentlichkeit, vor allem die westdeutschen Medien, zahlen. Als Konsequenz modifizierte die SED-Führung ihr totalitäres Sicherheitssystem. An die Stelle ebenso offener wie willkürlicher Repression trat nun die bis zu ihrem Ende flächendeckend ausgebaute Überwachung und präventive Unterdrückung potentiell oppositionellen Verhaltens. Parallel hierzu verstärkte die SED ihre Bemühungen, die Bevölkerung mit dem Ausbau der Sozialpolitik an sich zu binden. Durch die Dualität von Versorgung und Überwachung sollte der SED-Staat stabilisiert werden. Um den totalitären Gestaltungsanspruch gleichwohl beizubehalten, wurde der „ideologische Kampf" verschärft.

Trotz internationaler Anerkennung und der ihren Staat eher stabilisierenden westdeutschen Politik ließ die SED unter Honecker auch weiterhin keinen wirtschaftlichen, sozialen oder politischen Pluralismus zu. Im Gegenteil: Sie zog das Netz über Staat und Gesellschaft weiter zu und erstickte damit jeden Reformansatz.

In den achtziger Jahren mehr informelles Eigenleben

In den achtziger Jahren entwickelte sich wieder stärker ein informelles Eigenleben weiter Bevölkerungskreise, das mit den ideologischen Vorgaben und strukturellen Bedingungen der „offiziellen" Lebenswelt kaum korrespondierte und diese insoweit auch nicht positiv beeinflussen konnte.[141] Das produktive Potential verpuffte in individuellen Überlebens- und Ausweichstrategien. Die informellen Strukturen und Beziehungen waren jedoch weitgehend aus der Not geboren und hatten nach 1989 unter veränderten Bedingungen nach außen hin zumeist keinen Bestand mehr. Stärker nachwirken dürften die mentalen Prägungen, die sich aus dem Wechselspiel von offizieller mit informeller Realität und subjektiver Selbstwahrnehmung ergaben.[142]

Die durch die veränderten internationalen Rahmenbedingungen erzwungene Lockerung des totalitären System legte gleichzeitig seine zentrale Schwäche offen: die bei der Mehrheit der Bevölkerung mißlungene Kolonisierung der Köpfe. In dem Maße, wie die sozialen und materiellen Ansprüche der Bevölkerung und gleichzeitig die Kosten für den gigantischen Macht- und Sicherheitsapparat stiegen, zeigten sich

---

[141] Vgl. Pollack 1994, S. 65.
[142] Vgl. Todorov 1993, S. 144 ff.

die Grenzen einer zentralistischen Planwirtschaft, die soziale und kulturelle Innovationskräfte blockierte. Die daraus resultierende Schwäche der DDR-Wirtschaft führte in den siebziger und achtziger Jahren zu einer weiteren Vergrößerung des Wohlstandsgefälles gegenüber der Bundesrepublik und zu einer drastischen Zunahme der Verschuldung im westlichen Ausland.

Mitte der achtziger Jahre war der vollständige Bankrott des sowjetischen Imperiums absehbar.[143] Es hatte seine ideologischen und wirtschaftlichen Ressourcen erschöpft und begann, im Zentrum wie an den Rändern zu erodieren. Der Versuch Gorbatschows, über strukturelle, aber in der Realität immer wieder eingeschränkte Reformen zumindest die Sowjetunion vor dem Untergang zu bewahren, scheiterte. Die SED widersetzte sich von Beginn an konsequent den sowjetischen Aufforderungen zur Reform und propagierte statt dessen einen „Sozialismus in den Farben der DDR". Doch dieser hatte weder eine soziale noch eine politische Basis, so daß der SED-Staat in ein unauflösbares Dilemma stürzte. Öffnete er das totalitäre System für Reformen, waren die Folgen nicht kalkulierbar und seine Zukunft ungewiß, sperrte er sich – wie geschehen – gegen jede Öffnung, erzeugte er bis weit in seine Anhängerschaft hinein Resignation und Mißmut. Honecker wußte sehr wohl, daß die offizielle Gewährung öffentlicher Räume Platz zur Artikulation sozialer und politischer Interessen böte, die außerhalb der Kontrolle von Partei und Sicherheitsapparat stünden. Die sich daraus ergebenden Entwicklungen könnten das Regime in den Grundfesten erschüttern. Er sollte Recht behalten und doch aufgrund seiner Halsstarrigkeit stürzen. Seine Nachfolger waren indes schlichtweg überfordert und wurden vom weiteren Gang der Geschichte überrollt.

In dem Augenblick, als eine neue SED-Führung die öffentliche Artikulation regimekritischer Meinungen zuließ und die sowjetische Führungsmacht auf eine bewaffnete Intervention zur Aufrechterhaltung der Diktatur verzichtete, war es um den SED-Staat geschehen. Seine Machtpotentiale – Gewaltapparat, ökonomische Verfügungs- und ideologische Interpretationsmacht sowie die Loyalität der sozialistischen Dienstklasse – waren erschöpft, so daß das geöffnete Ventil die im Verborgenen gewachsenen Kräfte freisetzte. Diese zielten erst auf den Sturz der totalitären Diktatur und sodann auf die schnelle Wiedervereinigung. Die in den achtziger Jahren entstandenen Oppositionsgruppen präferierten im Sommer/Herbst des Jahres 1989, als sich die innenpolitische Situation in der DDR durch die Flucht zehntausender Menschen über Ungarn und die Tschechoslowakei zuspitzte, eine Reform des DDR-Sozialismus. Ab Ende November 1989 wurde jedoch deutlich, daß breite Schichten der Bevölkerung eine schnelle Wiedervereinigung favorisierten und sich auf keine sozialistischen Experimente mehr einlassen wollten.

Machtpotential der DDR erschöpft

Das Streben nach Demokratisierung des sozialistischen Systems wurde damit abgelöst von dem Ruf nach nationaler Einheit. Diese wurde durch demokratische Wahlen in der DDR legitimiert und anschließend weitgehend nach Maßgabe der westdeutschen Regierung vollzogen. Die von der Bürgerbewegung erstrebte friedliche Revolution, die zum Sturz von Erich Honecker und Egon Krenz sowie zu den ersten freien Wahlen seit 1946 führte, endete damit – gegen den Willen der

---

[143] Vgl. Rohrmoser 1994, S. 21 ff.

meisten „friedlichen Revolutionäre" – in der unverzüglichen Wiederherstellung des deutschen Nationalstaates auf der Grundlage des liberalen Rechtsstaats und des westlichen Gesellschaftssystems.

Die hiermit einhergehende teilweise Selbstbefreiung der Bevölkerung korrespondierte mit der erzwungenen Selbstaufgabe der Machtelite, die sich ihrer Befehlsgewalt nicht mehr gewiß sein konnte. Der SED-Staat erstickte unter dem von ihm ideologisch gewebten Netz an seinem eigenen totalitären Macht- und Gestaltungsanspruch. Die SED-Führung gab ihren totalitären Anspruch freilich erst in dem Moment auf, als das Schicksal ihres Staates schon besiegelt war. Der ihr von den veränderten internationalen Rahmenbedingungen aufgezwungene und von einer anpassungsfähigen Bevölkerung erlaubte Wechsel vom gewaltsamen totalitären System zu einem spättotalitären Versorgungs- und Überwachungsstaat hatte hieran nichts mehr ändern können.

Der Untergang des SED-Staates und des gesamten sowjetischen Imperiums hat die entscheidende Grenze totalitärer Regime bloßgelegt: den Wunsch der Menschen nach Freiheit und Wohlstand, der allenfalls kurzfristig durch das Versprechen auf eine neue, bessere Zukunftsgesellschaft verdrängt werden konnte. Das totalitäre System gründete – auch in seiner spättotalitären Variante als Versorgungs- und Überwachungsstaat – letztlich auf Zwang und Gewalt und stürzte, als es auf die Gewaltanwendung verzichtete.

Die Kennzeichnung des SED-Staates als totalitäre bzw. spättotalitäre Gesellschaft erklärt den Zusammenbruch der DDR aus dem unaufhebbaren Widerspruch zwischen dem totalitären Gestaltungs- und Machtwillen der SED-Führung und den unzureichenden Entwicklungspotentialen einer hiervon gefesselten und blockierten Industriegesellschaft. Ohne Berücksichtigung dieser ideologisch begründeten totalitären Herrschaftsform kann weder die trotz wiederholter Versuche erwiesene Reformunfähigkeit der Wirtschaft noch die Passivität und Gleichgültigkeit weiter Bevölkerungskreise verstanden werden. Die Geschichte hat damit Ende der achtziger Jahre „bewiesen", was verschiedene Totalitarismustheoretiker schon vorher mutmaßten: die Reformunfähigkeit eines totalitären Regimes, das seine Herrschaft nur durch Gewalt und/oder Expansion sichern konnte. Erklärungsbedürftig bleibt indes weiterhin, warum die kommunistischen Machthaber auf den Einsatz von Gewalt zur Sicherung ihrer Macht verzichtet haben.

Doch die totalitären Regime haben auch jenseits der öffentlichen Wahrnehmung Spuren hinterlassen. Die jetzige Kennzeichnung heutiger ost- und mitteleuropäischer Gesellschaften als „posttotalitär" verweist auf das schwierige Erbe, das allein durch die Etablierung demokratischer Institutionen noch nicht überwunden ist. Die Probleme im Transformationsprozeß in den ost- und mitteleuropäischen Ländern und – trotz der enormen finanziellen Hilfen – gerade auch in Ostdeutschland veranschaulichen bis zum heutigen Tage das nachwirkende Erbe des linken Totalitarismus, dessen Heilsversprechen zwar im Desaster endete, aber dennoch die Erwartungen und Verhaltensweisen geprägt hat.

Dokumenteverzeichnis

Dok. 1: „Die Lage und die Aufgaben in Deutschland bis zum Sturz Hitlers" – handschriftliche Ausarbeitung Wilhelm Florins für das Referat vor der Arbeitskommission, auf der Sitzung am 6. März 1944 vorgetragen (Auszüge) 651

Dok. 2: Aufruf des Zentralkomitees der Kommunistischen Partei Deutschlands an das deutsche Volk zum Aufbau eines antifaschistisch-demokratischen Deutschlands (Auszüge), 11. Juni 1945 652

Dok. 3: Gründungserklärung des Zentralen Einheitsfront-Ausschusses vom 14. Juli 1945. Einheitsfront der antifaschistisch-demokratischen Parteien 656

Dok. 4: Grundsätze und Ziele der Sozialistischen Einheitspartei Deutschlands, angenommen auf dem Vereinigungsparteitag von KPD und SPD (Auszüge), 21./22. April 1946 657

Dok. 5: Entschließung „Die nächsten Aufgaben der Sozialistischen Einheitspartei Deutschlands", angenommen auf der ersten Parteikonferenz der SED (Auszüge), 25.–28. Januar 1949 660

Dok. 6: Bericht eines V-Mannes des MfS über den Parteitag der CDU 1950 665

Dok. 7: Gedicht von Johannes R. Becher zum Tode Stalins 666

Dok. 8: Kommuniqué des Politbüros der SED (Auszüge), 9. Juni 1953 667

Dok. 9: Das Gelöbnis und die Gesetze der Jungen Pioniere, 1953 668

Dok. 10: SED-Hausmitteilung an Genossen Walter Ulbricht von Abteilung Staatliche Organe, 14. Juni 1955 669

Dok. 11: „Die ökonomische Hauptaufgabe": Referat Walter Ulbrichts auf dem V. Parteitag der SED, 10. Juli 1958 670

Dok. 12: Walter Ulbrichts 10 Gebote für den neuen sozialistischen Menschen, 10. Juli 1958 671

Dok. 13: Informationsberichte der ZK-Abteilung Parteiorgane über die Stimmung der Bevölkerung in Ost-Berlin am 13. August, 13./14. August 1961 672

Dok. 14: Tödliches Ende eines Fluchtversuchs am 5. Juni 1962 in Berlin (offizieller Bericht) 673

Dok. 15: Richtlinie für das „Neue Ökonomische System der Planung und Leitung der Volkswirtschaft" (Auszüge), 15. Juli 1963 680

Dok. 16: Schlußwort Walter Ulbrichts auf der 11. Tagung des ZK der SED (Auszüge), 18. Dezember 1965 681

Dok. 17: Kampagne und Manipulationen gegen Bundespräsident Lübke 683

Dok. 18: Offener Brief des ZK der SED an die SPD (Auszüge), 11. Februar 1966 684

Dok. 19: Brief des SED-Politbüros an Breschnew (Auszüge), 21. Januar 1971 684

Dok. 20: Wirtschaftliche Direktiven des VIII. Parteitages (Auszüge), 15. Juni 1971 ... 687

Dok. 21: Statut der SED (Auszüge), 22. Mai 1976 688

Dok. 22: Kirche im Sozialismus. Zusammenfassung eines Gesprächs zwischen Erich Honecker und Albrecht Schönherr (Auszüge) bei der Besprechung der Staats- und Parteiführung der DDR mit führenden Repräsentanten der evangelischen Kirchen vom 6. März 1978 692

Dok. 23: Mitschnitt eines Telefongesprächs zwischen Erich Honecker und Helmut Schmidt (Auszüge), 17. Oktober 1978 693

Dok. 24: Rede Erich Honeckers in Gera (Auszüge), 13. Oktober 1980 694

Dok. 25: Franz Loeser: Über die Parteilichkeit des Parteisekretärs (Auszüge), 1985... 695

Dok. 26: Ansprache von Bundeskanzler Kohl zum Beginn des Arbeitsbesuches von Staats- und Parteichef Honecker in Bonn (Auszüge), 7. September 1987 697

Dok. 27: Handschriftliche Notizen von Egon Krenz über die Auswertung des Honecker-Besuchs in Bonn im SED-Politbüro (Auszüge), 15. September 1987 699

Dok. 28: MfS-Information über Erscheinungsformen negativ-dekadenter Jugendlicher (Auszüge), 2. Februar 1988 700

Dok. 29: Stellungnahme des Rektors der Akademie der Gesellschaftswissenschaften beim ZK, Otto Reinhold, zur DDR-Identität (Auszüge), 19. August 1989 .. 702

Dok. 30: Streng geheimer MfS-Bericht: Hinweise auf wesentliche motivbildende Faktoren im Zusammenhang mit Anträgen auf ständige Ausreise nach dem nichtsozialistischen Ausland und dem ungesetzlichen Verlassen der DDR (Auszüge), 9. September 1989............................... 703

Dok. 31: Gründungsaufruf des Neuen Forums (Auszüge), 18. September 1989 709

Dok. 32: MfS-Bericht: Hinweise über Reaktionen progressiver Kräfte auf die gegenwärtige innenpolitische Lage in der DDR, 8. Oktober 1989 710

Dok. 33: MfS-Information über das Wirken antisozialistischer Sammlungsbewegungen und damit in Zusammenhang stehende beachtenswerte Probleme (Auszüge), 23. Oktober 1989 712

Dok. 34: Referat von Generalleutnant Kleine, dem Leiter des MfS-HA XVIII, zur Lage der DDR-Wirtschaft (Auszüge), 27. Oktober 1989 716

Dok. 35: Aufruf „Für unser Land", 26. November 1989 721

Dok. 36: Rückblick von Erich Honecker (Auszüge), 1991 722

Dokumente

Dok. 1: „Die Lage und die Aufgaben in Deutschland bis zum Sturz Hitlers" – handschriftliche Ausarbeitung Wilhelm Florins für das Referat vor der Arbeitskommission, auf der Sitzung am 6. März 1944 vorgetragen (Auszüge)

[...]

Alle unsere zentralen Programmlosungen können und dürfen deshalb nur ausgerichtet sein auf den Sturz des Faschismus, die Niederringung der aggressiven imperialistischen Kräfte und die Erkämpfung der bürgerlichen Demokratie als die Herrschaft des Volkes.

Diese politische Linie ist auch vom innerdeutschen Standpunkt deshalb richtig, weil unser Ziel nach wie vor sein muß, die deutsche *Bourgeoisie zu spalten* und den einen Teil in die *nationale Front zu ziehen*.

Kann man damit rechnen, daß ein Teil der deutschen Bourgeoisie eine andere Orientierung einschlägt als die am meisten reaktionären Kräfte? Jawohl! Warum?

Reaktionäre Kreise in England und in den Vereinigten Staaten wollen Deutschland unter ihre imperialistische Kontrolle bringen. Sie werden dabei von gewissen Liberalen unterstützt, die sagen: „Schaffen wir einen Westplan, der anziehender sein muß als der Ostplan der Sowjetunion." Aber in Deutschland sehen *einsichtige bürgerliche* Kreise auch, daß die deutsche Industrie und der Handel *nur noch einmal* in einem unabhängigen Deutschland *blühen können*.

Durch die Politik der Engländer und Amerikaner und durch das Unabhängigkeits*streben* der fortschrittlichen Kreise im Lager der deutschen Bourgeoisie wird das Problem Ost- oder Westorientierung aufgeworfen. Auch in der Kriegsgefangenschaft spiegelt sich das schon wider. Die deutsche Bourgeoisie wird durch dieses Problem gespalten. Diesen Riß müssen wir geschickt vertiefen und zu einem Kompromiß ausnutzen, ohne das Bündnis der drei Staaten zu stören. Um diesen Riß heute im Lager der deutschen Bourgeoisie zu vertiefen, sollten wir immer darauf hinweisen, daß Deutschland im friedlichen Handel mit der Sowjetunion nicht nur Rohstoffe und Lebensmittel erhalten könnte – sondern auch in Rußland einen breiten aufnahmefähigen Markt [findet]. Das wollte die Reaktion nicht. Sie wollte *Eroberungen* und hat das Unglück über Deutschland gebracht.

Wir stellen nicht die Frage so: Ost- oder Westorientierung? Wir sagen: Frieden und Freundschaft mit allen Nachbarn und besonders enge Freundschaft mit der Sowjetunion.

Wir müssen uns heute schon darauf einstellen, daß das Problem enge Freundschaft mit der Sowjetunion *morgen* noch viel mehr ein Problem der *Lebensexistenz* des deutschen Volkes und Deutschlands ist und daß das noch viel schärfer als Scheidelinie zwischen Reaktion und Fortschritt hervortritt als heute.

Das Problem ist heute schon nicht mehr nur eine Klassenfrage, sondern eine nationale Frage.

Damit wird auch näher zum Kriegsende hin das Problem: dieser oder jener Friede – aufgeworfen.

Wir [müssen?] deshalb gegenüber der Reaktion in Deutschland betonen:

Jeder Friede mit Abgrenzung gegen die Sowjetunion ist ein Friede gegen Deutschland. Jeder Friede mit aktiver Teilnahme der Sowjetunion ist kein Versailler Vertrag. Das erlaubt uns, die Mehrheit des Volkes auf der fortschrittlichen Plattform gegen die Volksfeinde in Deutschland zusammenzuschließen.

Die reaktionären Kreise in England und in den Vereinigten Staaten werden uns diese Politik nicht leichtmachen. Sie werden darauf hinarbeiten, daß ihre Regierungen mit Speck und Krediten, mit geringen Reparationsforderungen nach Deutschland gehen, um unserem Volk die *Westorientierung* schmackhaft zu machen und um es mit Hilfe der deutschen Reaktion doch wieder gegen die Sowjetunion *zu mißbrauchen*.

[...]

Wir müssen uns darüber klar sein: Ein unabhängiges Deutschland kann nach der Kriegsniederlage nur ein solches demokratisches Deutschland sein, in dem das Volk tatsächlich imstande ist, die reaktionären und die Nation verratenden Kräfte im Zaum zu halten oder zu vernichten.

[...]

Disposition über *Wiederaufbau der Partei* heute und morgen.

1) Deutschland ohne starke *KP* ist eine Gefahr für die Sowjetunion.
Beweis: Weimarer Republik, Faschismus, Polen.

2) Deutschland ohne eine starke KP ist ein *Spielball* für reaktionäre fremde Interessen, für fremde Imperialisten.
Beweis: bis München, Polen, Rumänien, Finnland, Ungarn.

3) Deutschland ohne starke KP wird immer imperialistisch oder eine Halbkolonie sein. Daher wird Deutschland ohne starke KP in der Zukunft für die Bauern Fronarbeit, für die Arbeiter Sklavenarbeit sein.

4) Deutschland ohne starke KP wird niemals feste Brücken zur Arbeiterklasse anderer Länder finden, die gerade das deutsche Proletariat so notwendig braucht.

Wenn das klar ist, dann steht die Frage – die KP Deutschlands muß heute beginnen zu *führen* – und hat faktisch begonnen – und darf nicht die Geführte werden von anderen Kräften.

Die KP wird heute schon im Feuer des Kampfes umerzogen und streift ihren starren Dogmatismus, ihren schädlichen Schematismus und ihr Sektierertum ab. Das ergibt sich vor allem aus der besseren Behandlung der *nationalen* Probleme. Morgen wird bei der Kompliziertheit der Lage die Behandlung der nationalen Probleme noch mehr im Vordergrund stehen.

[...]

Quelle: Erler u. a. 1994, S. 136 ff.

Dok. 2: Aufruf des Zentralkomitees der Kommunistischen Partei Deutschlands an das deutsche Volk zum Aufbau eines antifaschistisch-demokratischen Deutschlands (Auszüge), 11. Juni 1945

Schaffendes Volk in Stadt und Land!
Männer und Frauen! Deutsche Jugend!

Wohin wir blicken, Ruinen, Schutt und Asche. Unsere Städte sind zerstört, weite ehemals fruchtbare Gebiete verwüstet und verlassen. Die Wirtschaft ist desorganisiert und völlig gelähmt. Millionen und aber Millionen Menschenopfer hat der Krieg verschlungen, den das Hitlerregime verschuldete. Millionen wurden in tiefste Not und größtes Elend gestoßen.

Eine Katastrophe unvorstellbaren Ausmaßes ist über Deutschland hereingebrochen, und aus den Ruinen schaut das Gespenst der Obdachlosigkeit, der Seuchen, der Arbeitslosigkeit, des Hungers.

Und wer trägt daran die Schuld?

Die Schuld und Verantwortung tragen die gewissenlosen Abenteurer und Verbrecher, die die Schuld am Kriege tragen. Es sind die Hitler und Göring, Himmler und Goebbels, die aktiven Anhänger und Helfer der Nazipartei. Es sind die Träger des reaktionären Militarismus, die Keitel, Jodl und Konsorten. Es sind die imperialistischen Auftraggeber der Nazipartei, die Herren der Großbanken und Konzerne, die Krupp und Röchling, Poensgen und Siemens.

Eindeutig ist diese Schuld. Sie wurde von den Naziführern selbst offen bekannt, als sie auf der Höhe ihrer trügerischen Triumphe standen, als ihnen Sieg und Beute gesichert erschienen.

Euch allen, ihr Männer und Frauen des schaffenden Volkes, euch Soldaten und Offiziere klingen noch die Worte in den Ohren:

„Das ist für uns der Sinn des Krieges: Wir kämpfen nicht um Ideale: wir kämpfen um die ukrainischen Weizenfelder, um das kaukasische Erdöl, den Reichtum der Welt. Gesundstoßen wollen wir uns!"

Dafür wurde das nationale Dasein unseres Volkes aufs Spiel gesetzt. Der totale Krieg Hitlers – das war der ungerechteste, wildeste und verbrecherischste Raubkrieg aller Zeiten!

Das Hitlerregime hat sich als Verderben für Deutschland erwiesen: denn durch seine Politik der Aggression und der Gewalt, des Raubes und des Krieges, der Völkervernichtung hat Hitler unser eigenes Volk ins Unglück gestürzt und es vor der gesamten gesitteten Menschheit mit schwerer Schuld und Verantwortung beladen.

Ein Verbrechen war die gewaltsame Annexion Österreichs, die Zerstückelung der Tschechoslowakei. Ein Verbrechen war die Eroberung und Unterdrückung Polens, Dänemarks, Norwegens, Belgiens, Hollands und Frankreichs, Jugoslawiens und Griechenlands. Ein Verbrechen, das sich so furchtbar an uns selbst rächte, war die Coventrierung und Ausrottung englischer Städte.

Das größte und verhängnisvollste Kriegsverbrechen Hitlers aber war der heimtückische, wortbrüchige Überfall auf die Sowjetunion, die nie einen Krieg mit Deutschland gewollt hat, aber seit 1917 dem deutschen Volke zahlreiche Beweise ehrlicher Freundschaft erbracht hat.

Deutsche Arbeiter! Konnte es ein größeres Verbrechen als diesen Krieg gegen die Sowjetunion geben?!

Und ungeheuerlich sind die Greueltaten, die von den Hitlerbanditen in fremden Ländern begangen wurden. An den Händen der Hitlerdeutschen klebt das Blut von vielen, vielen Millionen gemordeter Kinder, Frauen und Greise. In den Todeslagern wurde die Menschenvernichtung Tag für Tag fabrikmäßig in Gaskammern und Verbrennungsöfen betrieben. Bei lebendigem Leibe verbrannt, bei lebendigem Leibe verscharrt, bei lebendigem Leibe in Stücke geteilt – so haben die Nazibanden gehaust!

Millionen Kriegsgefangene und nach Deutschland verschleppte ausländische Arbeiter wurden zu Tode geschunden, starben an Hunger, Kälte und Seuchen.

Die Welt ist erschüttert und zugleich von tiefstem Haß gegenüber Deutschland erfüllt angesichts dieser beispiellosen Verbrechen, dieses grauenerregenden Massenmordes, das von Hitlerdeutschland als System betrieben wurde.

Wäre Gleiches mit Gleichem vergolten worden, deutsches Volk, was wäre mit dir geschehen?

Aber auf der Seite der Vereinten Nationen, mit der Sowjetunion, England und den Vereinigten Staaten an der Spitze, stand die Sache der Gerechtigkeit, der Freiheit und des Fortschritts. Die Rote Armee und die Armeen ihrer Verbündeten haben durch ihre Opfer die Sache der Menschheit vor der Hitlerbarbarei gerettet. Sie haben die Hitlerarmee zerschlagen, den Hitlerstaat zertrümmert und damit auch dir, schaffendes deutsches Volk, Frieden und Befreiung aus den Ketten der Hitlersklaverei gebracht.

Um so mehr muß in jedem deutschen Menschen das Bewußtsein und die Scham brennen, daß das deutsche Volk einen bedeutenden Teil Mitschuld und Mitverantwortung für den Krieg und seine Folgen trägt.

Nicht nur Hitler ist schuld an den Verbrechen, die an der Menschheit begangen wurden! Ihr Teil Schuld tragen auch die zehn Millionen Deutsche, die 1932 bei freien Wahlen für Hitler stimmten, obwohl wir Kommunisten warnten: „Wer Hitler wählt, der wählt den Krieg!"

Ihr Teil Schuld tragen alle jene deutschen Männer und Frauen, die willenlos und widerstandslos zusahen, wie Hitler die Macht an sich riß, wie er alle demokratischen Organisationen, vor allem die Arbeiterorganisationen, zerschlug und die besten Deutschen einsperren, martern und köpfen ließ. Schuld tragen alle jene Deutschen, die in der Aufrüstung die „Größe Deutschlands" sahen und im wilden Militarismus, im Marschieren und Exerzieren das alleinseligmachende Heil der Nation erblickten.

Unser Unglück war, daß Millionen und aber Millionen Deutsche der Nazidemagogie verfielen, daß das Gift der tierischen Rassenlehre, des „Kampfes um Lebensraum" den Organismus des Volkes verseuchen konnte.

Unser Unglück war, daß breite Bevölkerungsschichten das elementare Gefühl für Anstand und Gerechtigkeit verloren und Hitler folgten, als er ihnen einen gutgedeckten Mittags- und Abendbrottisch auf Kosten anderer Völker durch Krieg und Raub versprach.

So wurde das deutsche Volk zum Werkzeug Hitlers und seiner imperialistischen Auftraggeber.

Deutsche Arbeiter und Arbeiterinnen! Deutsche Arbeiterjugend! Schaffendes deutsches Volk!

Gegen den Willen eines geeinten und kampfbereiten Volkes hätte Hitler niemals die Macht ergreifen, sie festigen und seinen verbrecherischen Krieg führen können. Wir deutschen Kommunisten erklären, daß auch wir uns schuldig fühlen, indem wir es trotz der Blutopfer unserer besten Kämpfer infolge einer Reihe unserer Fehler nicht vermocht haben, die antifaschistische Einheit der Arbeiter, Bauern und Intelligenz entgegen allen Widersachern zu schmieden, im werktätigen Volk die Kräfte für den Sturz Hitlers zu sammeln, in den erfolgreichen Kampf zu führen und jene Lage zu vermeiden, in der das deutsche Volk geschichtlich versagte.

Nach all dem Leid und Unglück, der Schmach und Schande, nach der dunkelsten Ära deutscher Geschichte, heute, am Ende des „Dritten Reiches", wird uns auch der sozialdemokratische Arbeiter recht geben, daß sich die faschistische Pest in Deutschland nur ausbreiten konnte, weil 1918 die Kriegsschuldigen und Kriegsverbrecher ungestraft blieben, weil nicht der Kampf um eine wirkliche Demokratie geführt wurde, weil die Weimarer Republik der Reaktion freies Spiel gewährte, weil die Antisowjethetze einiger demokratischer Führer Hitler den Weg ebnete und die Ablehnung der antifaschistischen Einheitsfront die Kraft des Volkes lähmte.

Daher fordern wir: Keine Wiederholung der Fehler von 1918! Schluß mit der Spaltung des schaffenden Volkes!

Keinerlei Nachsicht gegenüber dem Nazismus und der Reaktion!

Nie wieder Hetze und Feindschaft gegenüber der Sowjetunion; denn wo diese Hetze auftaucht, da erhebt die imperialistische Reaktion ihr Haupt!

Die Kommunistische Partei Deutschlands war und ist die Partei des entschiedenen Kampfes gegen Militarismus, Imperialismus und imperialistischen Krieg. Sie ist nie von diesem Wege abgewichen. Sie hat die Fahne Karl Liebknechts und Rosa Luxemburgs, Ernst Thälmanns und Jonny Schehrs stets rein gehalten. Mit Stolz blicken wir Kommunisten auf diesen Kampf zurück, in dem unsere besten und treuesten Genossen fielen. Rechtzeitig und eindringlich haben wir gewarnt, der imperialistische Weg, der Weg des Hitlerfaschismus führt Deutschland unvermeidlich in die Katastrophe.

Im Januar 1933 forderte die Kommunistische Partei zum einmütigen Generalstreik auf, um den Machtantritt Hitlers zu verhindern.

Im Juni 1933 haben wir gewarnt:

„Der Krieg steht vor der Tür! Hitler treibt Deutschland in die Katastrophe!"

Im Januar 1939 hat die Berner Konferenz der KPD dem deutschen Volk zugerufen:

„Im Westen wie im Osten schafft das Hitlerregime eine Lage, wo über Nacht das deutsche Volk in die Katastrophe des Krieges gestürzt werden kann – eines Krieges gegen die gewaltige Front aller von Hitler und der Kriegsachse bedrohten und angegriffenen Völker."

Im Oktober 1941, als Hitler prahlerisch verkündete, Sowjetrußland sei endgültig zu Boden geworfen und werde sich niemals mehr erheben, da erklärte das Zentralkomitee der Kommunistischen Partei Deutschlands in seinem Aufruf an das deutsche Volk und an das deutsche Heer:

„Dieser Krieg ist ein für das deutsche Volk hoffnungsloser Krieg. Hitlers Niederlage ist unvermeidlich. Die einzige Rettung für das deutsche Volk besteht darin, mit dem Kriege Schluß zu machen. Um aber mit dem Kriege Schluß zu machen, muß Hitler gestürzt werden. Und wehe unserem Volke, wenn es sein Schicksal bis zuletzt an Hitler bindet!"

Jetzt gilt es, gründlich und für immer die Lehren aus der Vergangenheit zu ziehen. Ein ganz neuer Weg muß beschritten werden!

Werde sich jeder Deutsche bewußt, daß der Weg, den unser Volk bisher ging, ein falscher Weg, ein Irrweg war, der in Schuld und Schande, Krieg und Verderben führte!

Nicht nur der Schutt der zerstörten Städte, auch der reaktionäre Schutt aus der Vergangenheit muß gründlich hinweggeräumt werden. Möge der Neubau Deutschlands auf solider Grundlage erfolgen, damit eine dritte Wiederholung der imperialistischen Katastrophenpolitik unmöglich wird.

Mit der Vernichtung des Hitlerismus gilt es gleichzeitig, die Sache der Demokratisierung Deutschlands, die Sache der bürgerlich-demokratischen Umbildung, die 1848 begonnen wurde, zu Ende zu führen, die feudalen Überreste völlig zu beseitigen und den reaktionären altpreußischen Militarismus mit allen seinen ökonomischen und politischen Ablegern zu vernichten.

Wir sind der Auffassung, daß der Weg, Deutschland das Sowjetsystem aufzuzwingen, falsch wäre, denn dieser Weg entspricht nicht gegenwärtigen Entwicklungsbedingungen in Deutschland.

Wir sind vielmehr der Auffassung, daß die entscheidenden Interessen des deutschen Volkes in der gegenwärtigen Lage für Deutschland einen anderen Weg vorschreiben, und zwar den Weg der Aufrichtung eines antifaschistischen, demokratischen Regimes, einer parlamentarisch-demokratischen Republik mit allen demokratischen Rechten und Freiheiten für das Volk.

An der gegenwärtigen historischen Wende rufen wir Kommunisten alle Werktätigen, alle demokratischen und fortschrittlichen Kräfte des Volkes zu diesem großen Kampf für die demokratische Erneuerung Deutschlands, für die Wiedergeburt unseres Landes auf!

Die unmittelbarsten und dringendsten Aufgaben auf diesem Wege sind gegenwärtig vor allem:

1. Vollständige Liquidierung der Überreste des Hitlerregimes und der Hitlerpartei. Mithilfe aller ehrlichen Deutschen bei der Aufspürung versteckter Naziführer, Gestapoagenten und SS-Banditen. Restlose Säuberung aller öffentlichen Ämter von den aktiven Nazisten. Außer der Bestrafung der großen Kriegsverbrecher, die vor den Gerichten der Vereinten Nationen stehen werden, strengste Bestrafung durch deutsche Gerichte aller jener Nazis, die sich krimineller Verbrechen und der Teilnahme an Hitlers Volksverrat schuldig gemacht haben. Schnellste und härteste Maßnahmen gegen alle Versuche,

die verbrecherische nazistische Tätigkeit illegal fortzusetzen, gegen alle Versuche, die Herstellung der Ruhe und Ordnung und eines normalen Lebens der Bevölkerung zu stören.

2. Kampf gegen Hunger, Arbeitslosigkeit und Obdachlosigkeit. Allseitige aktive Unterstützung der Selbstverwaltungsorgane in ihrem Bestreben, rasch ein normales Leben zu sichern und die Erzeugung wieder in Gang zu bringen. Völlig ungehinderte Entfaltung des freien Handels und der privaten Unternehmerinitiative auf der Grundlage des Privateigentums. Wirkungsvolle Maßnahmen zum Wiederaufbau der zerstörten Schulen, Wohn- und Arbeitsstätten. Strenge Sparsamkeit in der Verwaltung und bei allen öffentlichen Ausgaben, Umbau des Steuerwesens nach dem Grundsatz der progressiven Steigerung, Sicherung der restlosen Ernteeinbringung auf dem Wege breiter Arbeitshilfe für die Bauern. Gerechte Verteilung der Lebensmittel und der wichtigsten Verbrauchsgegenstände; energischer Kampf gegen die Spekulation.

3. Herstellung der demokratischen Rechte und Freiheiten des Volkes. Wiederherstellung der Legalität freier Gewerkschaften der Arbeiter, Angestellten und Beamten sowie der antifaschistischen, demokratischen Parteien. Umbau des Gerichtswesens gemäß den neuen demokratischen Lebensformen des Volkes. Gleichheit aller Bürger ohne Unterschied der Rasse vor dem Gesetz und strengste Bestrafung aller Äußerungen des Rassenhasses. Säuberung des gesamten Erziehungs- und Bildungswesens von dem faschistischen und reaktionären Unrat. Pflege eines wahrhaft demokratischen, fortschrittlichen und freiheitlichen Geistes in allen Schulen und Lehranstalten. Systematische Aufklärung über den barbarischen Charakter der Nazi-Rassentheorie, über die Verlogenheit der „Lehre vom Lebensraum", über die katastrophalen Folgen der Hitlerpolitik für das deutsche Volk, Freiheit der wissenschaftlichen Forschung und künstlerischen Gestaltung.

4. Wiederaufrichtung der auf demokratischer Grundlage beruhenden Selbstverwaltungsorgane in den Gemeinden, Kreisen und Bezirken sowie der Provinzial- bzw. Landesverwaltungen und der entsprechenden Landtage.

5. Schutz der Werktätigen gegen Unternehmerwillkür und unbotmäßige Ausbeutung. Freie demokratische Wahlen der Betriebsvertretungen der Arbeiter, Angestellten und Beamten in allen Betrieben, Büros und bei allen Behörden. Tarifliche Regelung der Lohn- und Arbeitsbedingungen. Öffentliche Hilfsmaßnahmen für die Opfer des faschistischen Terrors, für Waisenkinder, Invaliden und Kranke. Besonderer Schutz den Müttern.

6. Enteignung des gesamten Vermögens der Nazibonzen und Kriegsverbrecher. Übergabe dieses Vermögens in die Hände des Volkes zur Verfügung der kommunalen oder provinzialen Selbstverwaltungsorgane.

7. Liquidierung des Großgrundbesitzes, der großen Güter der Junker, Grafen und Fürsten und Übergabe ihres ganzen Grund und Bodens sowie des lebenden und toten Inventars an die Provinzial- bzw. Landesverwaltungen zur Zuteilung an die durch den Krieg ruinierten und besitzlos gewordenen Bauern. Es ist selbstverständlich, daß diese Maßnahmen in keiner Weise den Grundbesitz und die Wirtschaft der Großbauern berühren werden.

8. Übergabe aller jener Betriebe, die lebenswichtigen öffentlichen Bedürfnissen dienen (Verkehrsbetriebe, Wasser-, Gas- und Elektrizitätswerke usw.), sowie jener Betriebe, die von ihren Besitzern verlassen wurden, in die Hände der Selbstverwaltungsorgane der Gemeinden oder Provinzen bzw. Länder.

9. Friedliches und gutnachbarliches Zusammenleben mit den anderen Völkern. Entschiedener Bruch mit der Politik der Aggression und der Gewalt gegenüber anderen Völkern, der Politik der Eroberung und des Raubes.

10. Anerkennung der Pflicht zur Wiedergutmachung für die durch die Hitleraggression den anderen Völkern zugefügten Schäden. Gerechte Verteilung der sich daraus ergebenden Lasten auf die verschiedenen Schichten der Bevölkerung nach dem Grundsatz, daß die Reicheren auch eine größere Last tragen.

Werktätige in Stadt und Land!

Das sind die ersten und dringendsten Aufgaben zum Wiederaufbau Deutschlands, zur Neugeburt unseres Volkes. Diese Aufgaben können nur durch die feste Einheit aller antifaschistischen, demokratischen und fortschrittlichen Volkskräfte verwirklicht werden.

Erfüllt von der Erkenntnis des Ausmaßes der Katastrophe und der verhängnisvollen Folgen der bisherigen Spaltung des Volkes gegenüber Nazismus und Reaktion, bricht sich in Stadt und Land immer stärker der Drang zur Einheit Bahn. In Übereinstimmung mit diesem Willen des Volkes darf den Spaltern und Saboteuren der Einheit kein Zoll Raum für ihr verräterisches Werk gegeben werden. Notwendig ist die Schaffung einer festen Einheit der Demokratie für die endgültige Liquidierung des Nazismus und zum Aufbau eines neuen demokratischen Deutschlands!

Das Zentralkomitee der Kommunistischen Partei Deutschlands ist der Auffassung, daß das vorstehende Aktionsprogramm als Grundlage zur Schaffung eines Blocks der antifaschistischen, demokratischen Parteien (der Kommunistischen Partei, der Sozialdemokratischen Partei, der Zentrumspartei und anderer) dienen kann.

Wir sind der Auffassung, daß ein solcher Block die feste Grundlage im Kampf für die völlige Liquidierung der Überreste des Hitlerregimes und für die Aufrichtung eines demokratischen Regimes bilden kann.

Ein neues Blatt in der Geschichte des deutschen Volkes wird aufgeschlagen. Aus den Lehren des Niederbruchs Deutschlands bahnen sich im Volk neue Erkenntnisse den Weg.

Wir erklären: Feste Einheit, entschlossener Kampf und beharrliche Arbeit bilden die Garantien des Erfolges unserer gerechten Sache!

Fester den Tritt gefaßt! Höher das Haupt erhoben! Mit aller Kraft ans Werk! Dann wird aus Not und Tod, Ruinen und Schmach die Freiheit des Volkes und ein neues würdiges Leben erstehen.

Berlin, den 11. Juni 1945

Zentralkomitee
der Kommunistischen Partei Deutschlands
A. Ackermann, Marta Arendsee, J. R. Becher, F. Dahlem, Irene Gärtner, (Elli Schmidt), O. Geschke, E. Hoernle, H. Jendretzky, B. Koenen, H. Mahle, H. Matern, M. Niederkirchner, W. Pieck, G. Sobottka, W. Ulbricht und O. Winzer

Quelle: Institut für Marxismus-Leninismus beim Zentralkomitee der Sozialistischen Einheitspartei Deutschlands, Zentrales Parteiarchiv. Ausfertigung. Veröffentlicht in: Deutsche Volkszeitung vom 13. Juni 1945; abgedruckt in: Dokumente 1945–1949, S. 56 ff.

Dok. 3: Gründungserklärung des Zentralen Einheitsfront-Ausschusses vom 14. Juli 1945. Einheitsfront der antifaschistisch-demokratischen Parteien

Am 14. Juli 1945 traten die Vertreter der antifaschistisch-demokratischen Parteien zu einer ersten gemeinsamen Besprechung zusammen.

An der Beratung nahmen teil:

Vom Zentral-Komitee der Kommunistischen Partei Deutschlands: Wilhelm Pieck, Walter Ulbricht, Franz Dahlem, Anton Ackermann, Otto Winzer.

Vom Zentralausschuß der Sozialdemokratischen Partei Deutschlands: Erich W. Gniffke, Otto Grotewohl, Gustav Dahrendorf, Helmut Lehmann, Otto Meier.

Vom Vorstand der Christlich-Demokratischen Union Deutschlands: Andreas Hermes, Walther Schreiber, Jakob Kaiser, Theodor Steltzer, Ernst Lemmer.

Vom Vorstand der Liberal-Demokratischen Partei Deutschlands: Waldemar Koch, Eugen Schiffer, Wilhelm Külz, Arthur Lieutenant.

In einer vom Willen aufrichtiger Zusammenarbeit getragenen Aussprache wurde festgestellt: Hitler hat Deutschland in die tiefste Katastrophe seiner Geschichte gestürzt. Die Kriegsschuld Hitler-Deutschlands ist offenkundig. Weite Kreise des deutschen Volkes waren dem Hitlerismus und seiner Ideologie verfallen und haben seinen Eroberungskrieg bis zum furchtbaren Ende unterstützt. Groß war die Zahl jener Deutschen, die willenlos der Hitlerpolitik folgten und sich damit mitschuldig gemacht haben. So hat Hitler unser ganzes Volk in ein Chaos von Schuld und Schande gestürzt. Nur durch einen grundlegenden Umschwung im Leben und im Denken unseres Volkes, nur durch Schaffung einer antifaschistisch-demokratischen Ordnung ist es möglich, die Nation zu retten. Die Vertreter der vier Parteien beschließen unter gegenseitiger Anerkennung ihrer Selbständigkeit die Bildung einer festen Einheitsfront der antifaschistisch-demokratischen Parteien, um mit vereinter Kraft die großen Aufgaben zu lösen. Damit ist ein neues Blatt in der Geschichte Deutschlands aufgeschlagen.

Es wurde ein gemeinsamer Ausschuß gebildet, in den die vier Parteien je fünf Vertreter entsenden. Dieser Ausschuß wird unter wechselndem Vorsitz mindestens zweimal monatlich tagen. Ein Verbindungsbüro wird die gemeinsamen Besprechungen organisieren und für den Austausch des Materials sorgen.

Der gemeinsame Ausschuß stellt sich folgende Hauptaufgaben:

1. Zusammenarbeit im Kampf zur Säuberung Deutschlands von den Überresten des Hitlerismus und für den Aufbau des Landes auf antifaschistisch-demokratischer Grundlage. Kampf gegen das Gift der Nazi-Ideologie wie gegen alle imperialistisch-militaristischen Gedankengänge.
2. Gemeinsame Anstrengungen zu möglichst raschem Wiederaufbau der Wirtschaft, um Arbeit, Brot, Kleidung und Wohnung für die Bevölkerung zu schaffen.
3. Herstellung voller Rechtssicherheit auf der Grundlage eines demokratischen Rechtsstaates.
4. Sicherung der Freiheit des Geistes und des Gewissens sowie der Achtung vor jeder religiösen Überzeugung und sittlichen Weltanschauung.
5. Wiedergewinnung des Vertrauens und Herbeiführung eines auf gegenseitiger Achtung beruhenden Verhältnisses zu allen Völkern, Unterbindung jeder Völkerverhetzung.

Ehrliche Bereitschaft zur Durchführung der Maßnahmen der Besatzungsbehörden und Anerkennung unserer Pflicht zur Wiedergutmachung.

Die Parteien vereinbaren, ein gemeinsames Aktionsprogramm auszuarbeiten.

Den Organisationen der antifaschistisch-demokratischen Parteien in allen Landesteilen, Bezirken, Kreisen und Orten wird empfohlen, sich in gleicher Weise, wie es zentral geschehen ist, zu gemeinsamer Aufbauarbeit zusammenzuschließen.

Berlin, den 14. Juli 1945

Kommunistische Partei Deutschlands:
Wilhelm Pieck, Walter Ulbricht, Franz Dahlem, Anton Ackermann, Otto Winzer, (Unterschriften)

Christlich-Demokratische Union Deutschlands:
Andreas Hermes, Walther Schreiber, Jakob Kaiser, Theodor Steltzer, Ernst Lemmer, (Unterschriften)

Sozialdemokratische Partei Deutschlands:
Erich W. Gniffke, Otto Grotewohl, Gustav Dahrendorf, Helmut Lehmann, Otto Meier, (Unterschriften)

Liberal-Demokratische Partei Deutschlands:
Waldemar Koch, Eugen Schiffer, Wilhelm Külz, Arthur Lieutenant, (Unterschriften)

Quelle: Archiv beim Hauptvorstand der CDU in der DDR, Bestand: Sekretariat des Hauptvorstandes, Archiv-Nr. 849 (Original mit Unterschriften); abgedruckt in: Suckut 1986, S. 64/65

Dok. 4: Grundsätze und Ziele der Sozialistischen Einheitspartei Deutschlands, angenommen auf dem Vereinigungsparteitag von KPD und SPD (Auszüge), 21./22. April 1946

Zwölf Jahre faschistischer Diktatur, sechs Jahre Hitlerkrieg schleuderten das deutsche Volk in die furchtbarste wirtschaftliche, politische und sittliche Katastrophe seiner Geschichte.

Deutschland wurde in ein Trümmerfeld verwandelt.

Der Hitlerfaschismus war das Herrschaftsinstrument der wildesten reaktionären und imperialistischen Teile des Finanzkapitals, der Herren der Rüstungskonzerne, der Großbanken und des Großgrundbesitzes.

Durch die Spaltung der Arbeiterklasse gelangte der Faschismus zur Macht. Mit grausamstem Terror vernichtete er alle demokratischen Rechte und Freiheiten und verwandelte Deutschland in ein Militärzuchthaus.

Damit war der Weg für eine ungehemmte imperialistische Kriegspolitik frei. Der deutsche Imperialismus opferte seinen Weltmachtsansprüchen bedenkenlos das Leben und die Existenz von Millionen Arbeitern, Bauern, Gewerbetreibenden, Geistesarbeitern und vor allem der Jugend, er setzte Existenz und Zukunft der Nation aufs Spiel.

Wo ist der Ausweg aus der Katastrophe?

Militarismus und imperialistische Gewalt- und Kriegspolitik haben Deutschland zweimal in das größte nationale Unglück gestürzt.

Die Sicherung des Friedens, der Wiederaufbau der deutschen Wirtschaft und die Erhaltung der Einheit Deutschlands erfordern die Vernichtung der Überreste des Hitlerfaschismus und die Liquidierung des Militarismus und Imperialismus.

Niemals wieder darf die Reaktion zur Herrschaft gelangen!

Dazu ist die Einheit der Arbeiterbewegung und der Block aller antifaschistisch-demokratischen Parteien die wichtigste Voraussetzung.

Von allen Schichten des deutschen Volkes haben die Werktätigen das größte Leid, die größten Lasten getragen. Sie sind die große Mehrheit des Volkes. Auf ihren Schultern ruht in erster Linie die Last des Wiederaufbaus und der Wiedergutmachung.

Das schaffende Volk muß daher auch die Geschicke des neuen demokratischen Deutschlands bestimmen.

Die Arbeiterklasse wird alle demokratischen und fortschrittlichen Kreise des Volkes einen. Sie ist die konsequenteste demokratische Kraft und der entschiedenste Kämpfer gegen den Imperialismus. Sie ist die Kraft, die unser nationales Unglück überwinden wird.

Die Arbeiterklasse allein hat ein großes geschichtliches Ziel: den Sozialismus. Ihr gehört daher im Bunde mit den Werktätigen die Zukunft.

Die bitteren Erfahrungen der Vergangenheit lehren, daß die Arbeiterklasse nur dann die Führung im Aufbau der neuen, freien, unteilbaren deutschen Republik haben wird und zur Umgestaltung der gesamten politischen, wirtschaftlichen, kulturellen und geistigen Beziehungen, zum Aufbau des Sozialismus nur schreiten kann, wenn sie die Spaltung in ihren eigenen Reihen überwindet, die Sozialistische Einheitspartei Deutschlands schafft und das ganze werktätige Volk um sich sammelt.

Die Vereinigung der Sozialdemokratischen Partei Deutschlands und der Kommunistischen Partei Deutschlands ist daher das unaufschiebbare Gebot der Stunde!

Von diesen Erwägungen ausgehend, wird die *Sozialistische Einheitspartei Deutschlands* auf dem Boden folgender Grundsätze und Ziele gebildet:

I. Gegenwartsforderungen

1. Bestrafung aller Kriegsschuldigen und Kriegsverbrecher. Beseitigung der Überreste des *Hitlerregimes in Gesetzgebung und Verwaltung. Völlige Säuberung des gesamten öffentlichen Lebens, aller Ämter und Wirtschaftsleitungen von Faschisten und Reaktionären.*

2. Beseitigung der *kapitalistischen Monopole,* Übergabe der Unternehmungen der Kriegsschuldigen, Faschisten und Kriegsinteressenten in die Hände der Selbstverwaltungsorgane.

3. Vernichtung des *reaktionären Militarismus,* Entmachtung der Großgrundbesitzer und Durchführung der demokratischen Bodenreform.

4. Ausbau der *Selbstverwaltung* auf der Grundlage demokratisch durchgeführter Wahlen. Leitung aller öffentlichen Einrichtungen und der Wirtschaft durch ehrliche Demokraten und bewährte Antifaschisten. Systematische Ausbildung befähigter Werktätiger als Beamte der Selbstverwaltungsorgane, als Lehrer, Volksrichter und Betriebsleiter unter besonderer Förderung der Frauen.

5. Überführung aller öffentlichen Betriebe, der Bodenschätze und Bergwerke, der Banken, Sparkassen und Versicherungsunternehmungen in die *Hände der Gemeinden, Provinzen und Länder oder der gesamtdeutschen Regierung.* Zusammenfassung der wirtschaftlichen Unternehmungen in *Wirtschaftskammern* unter gleichberechtigter Mitwirkung der Gewerkschaften und Genossenschaften. Stärkste Förderung des Genossenschaftswesens, Begrenzung der Unternehmergewinne und Schutz der Werktätigen vor kapitalistischer Ausbeutung.

6. *Aufbau der Wirtschaft und Sicherung der Währung* auf Grund von Wirtschaftsplänen. Planmäßige Förderung der Bedarfsgütererzeugung in Industrie und Handwerk unter Einschaltung der Privatinitiative. Stärkste Intensivierung und Förderung der Landwirtschaft. Wiederaufbau der zerstörten Städte und beschleunigte Wiederherstellung des Transports und der Sicherheit des Verkehrs. Schaffung der Grundlagen zur Wiedereingliederung Deutschlands in den internationalen Warenaustausch durch Ausfuhr von Bedarfsgütern und Einfuhr fehlender Rohstoffe und Lebensmittel, auch mit Hilfe internationaler Warenkredite. Neuaufbau des Kreditwesens durch öffentliche Kreditinstitute. Arbeitsbeschaffung für alle Werktätigen. Sicherung des lebensnotwendigen

Bedarfs der breiten Volksmassen an Nahrung, Kleidung, Wohnung und Heizung.

7. *Demokratische Steuerreform.* Vereinfachung des Steuerwesens durch straffe Zusammenfassung aller Steuerarten. Stärkere Berücksichtigung der sozialen Lage bei der Steuerbemessung. Die Reicheren sollen die größeren Kriegslasten tragen.

8. *Sicherung der demokratischen Volksrechte.* Freiheit der Meinungsäußerung in Wort, Bild und Schrift unter Wahrung der Sicherheit des demokratischen Staates gegenüber reaktionären Anschlägen. Gesinnungs- und Religionsfreiheit. Gleichheit aller Bürger vor dem Gesetz ohne Unterschied von Rasse und Geschlecht. Gleichberechtigung der Frau im öffentlichen Leben und im Beruf. Staatlicher Schutz der Person. Demokratische Rechts- und Justizreform.

9. *Sicherung des Koalitions-, Streik- und Tarifrechts.* Anerkennung der Betriebsräte als gesetzmäßige Vertretung der Arbeiter und Angestellten im Betrieb. Gleichberechtigte Mitwirkung der Betriebsräte in allen Betriebs- und Produktionsfragen.

10. *Achtstundentag* als gesetzlicher Normalarbeitstag. Ausbau des gesetzlichen Arbeitsschutzes, besonders für Frauen und Jugendliche. Ausbau einer einheitlichen Sozialversicherung unter Einbeziehung aller Werktätigen. Neuordnung der Sozialfürsorge, des Mutter-, Kinder- und Jugendschutzes. Besondere Fürsorge für die Opfer des Faschismus, Betreuung der Umsiedler und Heimkehrer.

11. Demokratische Reform des gesamten *Bildungs- und Erziehungswesens.* Aufbau der Einheitsschule. Erziehung der Jugend im Geiste einer fortschrittlichen Demokratie, der Freundschaft unter den Völkern und einer wahren Humanität. Jeder Deutsche hat das Anrecht auf Bildung nach seinen Anlagen und Fähigkeiten. Trennung der Kirche von Staat und Schule. Kulturelle Erneuerung Deutschlands; Förderung von Literatur, Kunst und Wissenschaft.

12. Herstellung der *Einheit Deutschlands* als antifaschistische, parlamentarisch-demokratische Republik, Bildung einer Zentralregierung durch die antifaschistisch-demokratischen Parteien.

13. Anerkennung der Pflicht zur *Wiedergutmachung* der durch das Hitlerregime den anderen Völkern zugefügten Schäden. Sicherung eines durchschnittlichen europäischen Lebensstandards für das deutsche Volk im Sinne der Potsdamer Konferenz der drei Großmächte.

14. Schärfster *Kampf gegen Rassenhetze* und jedwede Hetze gegen andere Völker. Friedliches und gutnachbarliches Zusammenleben mit anderen Nationen.

II. Der Kampf um den Sozialismus

Mit der Verwirklichung der Gegenwartsforderungen ist jedoch das System der kapitalistischen Ausbeutung und Unterdrückung nicht beseitigt und die Anarchie der kapitalistischen Produktionsweise nicht aufgehoben, der Frieden nicht endgültig gesichert.

Das Ziel der Sozialistischen Einheitspartei Deutschlands ist die Befreiung von jeder Ausbeutung und Unterdrückung, von Wirtschaftskrisen, Armut, Arbeitslosigkeit und imperialistischer Kriegsdrohung. Dieses Ziel, die Lösung der nationalen und sozialen Lebensfragen unseres Volkes, kann nur durch den Sozialismus erreicht werden.

Die Sozialistische Einheitspartei Deutschlands kämpft für die Verwandlung des kapitalistischen Eigentums an den Produktionsmitteln in gesellschaftliches Eigentum, für die Verwandlung der kapitalistischen Warenproduktion in eine sozialistische, für und durch die Gesellschaft betriebene Produktion. In der bürgerlichen Gesellschaft ist die Arbeiterklasse die ausgebeutete und unterdrückte Klasse. Sie kann sich von Ausbeutung und Unterdrückung nur befreien, indem sie zugleich die ganze Gesellschaft für immer von Ausbeutung und Unterdrückung befreit und die sozialistische Gesellschaft errichtet. Der Sozialismus sichert allen Nationen, allen Menschen die freie Ausübung ihrer Rechte und die Entfaltung ihrer Fähigkeiten. Erst mit dem Sozialismus tritt die Menschheit in das Reich der Freiheit und des allgemeinen Wohlergehens ein.

Die grundlegende Voraussetzung zur Errichtung der sozialistischen Gesellschaftsordnung ist die Eroberung der politischen Macht durch die Arbeiterklasse. Dabei verbündet sie sich mit den übrigen Werktätigen.

Die Sozialistische Einheitspartei Deutschlands kämpft um diesen neuen Staat auf dem Boden der demokratischen Republik.

Die gegenwärtige besondere Lage in Deutschland, die mit der Zerbrechung des reaktionären staatlichen Gewaltapparates und dem Aufbau eines demokratischen Staates auf neuer wirtschaftlicher Grundlage entstanden ist, schließt die Möglichkeit ein, die reaktionären Kräfte daran zu hindern, mit den Mitteln der Gewalt und des Bürgerkrieges der endgültigen Befreiung der Arbeiterklasse in den Weg zu treten. Die Sozialistische Einheitspartei Deutschlands erstrebt den demokratischen Weg zum Sozialismus; sie wird aber zu revolutionären Mitteln greifen, wenn die kapitalistische Klasse den Boden der Demokratie verläßt.

III. Das Wesen der Sozialistischen Einheitspartei Deutschlands

Die geschichtliche Aufgabe der geeinten Arbeiterbewegung ist es, den Kampf der Arbeiterklasse und des schaffenden Volkes bewußt und einheitlich zu gestalten. Die Sozialistische Einheitspartei Deutschlands hat die Gegenwartsbestrebungen der Arbeiterklasse in der Richtung des Kampfes um den Sozialismus zu lenken, die Arbeiterklasse und das gesamte schaffende Volk bei der Erfüllung dieser ihrer historischen Mission zu führen.

Die Sozialistische Einheitspartei Deutschlands kann ihren Kampf nur erfolgreich führen, wenn sie die besten und fortgeschrittensten Kräfte der Werktätigen vereint und durch die Vertretung ihrer Interessen *zur Partei des schaffenden Volkes* wird.

Diese Kampforganisation beruht auf dem demokratischen Beschlußrecht ihrer Mitglieder, der demokratischen Wahl aller Parteileitungen und der Bindung aller Mitglieder, Abgeordneten, Beauftragten und Leitungen der Partei an die demokratisch gefaßten Beschlüsse.

Die Interessen der Werktätigen sind in allen Ländern mit kapitalistischer Produktionsweise gleich. Die Sozialistische Einheitspartei Deutschlands erklärt sich daher eins mit den klassenbewußten Arbeitern aller Länder. Sie fühlt sich solidarisch mit den friedliebenden und demokratischen Völkern der ganzen Welt.

Die Sozialistische Einheitspartei Deutschlands kämpft als unabhängige Partei in *ihrem* Lande für die wahren nationalen Interessen *ihres* Volkes. Als deutsche sozialistische Partei ist sie die fortschrittlichste und beste nationale Kraft, die mit aller Kraft, die mit aller Energie gegen alle partikularistischen Tendenzen für die *wirtschaftliche, kulturelle und politische Einheit Deutschlands* eintritt.

Die Sozialistische Einheitspartei Deutschlands wird sich nach diesen Grundsätzen und Forderungen ein Programm geben, das vom Parteivorstand der Mitgliedschaft vorzulegen und vom nächsten ordentlichen Parteitag zu beschließen ist.

Die Einheit der sozialistischen Bewegung ist die beste Gewähr für die Einheit Deutschlands! Sie wird den Sieg des Sozialismus sichern! Der Sozialismus ist das Banner der Zukunft!

In diesem Zeichen werden wir siegen!

Quelle: Dokumente der Sozialistischen Einheitspartei Deutschlands. Beschlüsse und Erklärungen des Zentralsekretariats und des Parteivorstandes, Band I, Berlin 1952, S. 5–10; abgedruckt in: Dokumente 1986, S. 32 ff.

Dok. 5: Entschließung „Die nächsten Aufgaben der Sozialistischen Einheitspartei Deutschlands", angenommen auf der ersten Parteikonferenz der SED (Auszüge), 25.–28. Januar 1949

I. Der Kampf um die Einheit Deutschlands und einen gerechten Frieden

1. Die politischen Aufgaben der Sozialistischen Einheitspartei Deutschlands ergeben sich aus der drohenden Gefahr, die infolge der imperialistischen Raubpolitik der Westmächte über dem deutschen Volke schwebt. Unter grobem Bruch der feierlichen Abmachungen der Potsdamer Konferenz betreiben die Westmächte systematisch die Zerreißung Deutschlands und die Umwandlung der Westzonen in ein Kolonialgebiet des anglo-amerikanischen Imperialismus, das zur militärischen und wirtschaftlichen Aufmarschbasis für ihre Aggressionspläne dienen soll. Nachdem sie Schritt für Schritt den separaten Weststaat aufgebaut haben, reißen sie durch das Ruhrstatut das westdeutsche Industriegebiet aus dem deutschen Wirtschaftskörper heraus. Damit wollen sie es dem deutschen Volke unmöglich machen, seine Wirtschaft aus eigener Kraft aufzubauen, denn ohne das Ruhrgebiet kann Deutschland nicht leben. Gleichzeitig richteten sie eine militärische Sicherheitsbehörde ein, die den anglo-amerikanischen Monopolkapitalisten die Möglichkeit gibt, die Entwicklung der deutschen Friedens-

industrie zu verhindern und die gesamte industrielle Wirtschaft West- und Süddeutschlands zu beherrschen. Diese koloniale Versklavungspolitik soll durch das Besatzungsstatut besiegelt werden, das die deutsche Bevölkerung der Westzonen endgültig unter das Joch fremder Kolonialherrschaft beugen soll. Die Aufzwingung eines Besatzungsstatuts bedeutet, daß dem deutschen Volke der Friedensvertrag verweigert und in Zentraleuropa der bis heute bestehende Kriegszustand auf unbegrenzte Zeit aufrechterhalten werden soll. Das Besatzungsstatut bedeutet die unbefristete Verlängerung der Besetzung Deutschlands durch fremde Truppen, die Vernichtung der Unabhängigkeit und Souveränität des deutschen Volkes. Das Besatzungsstatut ist gegen die Demokratisierung Deutschlands gerichtet. Schließlich bedeutet das Besatzungsstatut für die werktätige Bevölkerung der Westzonen das unerträgliche Doppeljoch der Ausbeutung durch das deutsche und das ausländische Monopolkapital. Es ist ein Ausdruck kolonialer Unterdrückungsmethoden, wenn die britische Militärregierung durch ihre Anklage gegen Max Reimann, durch Versammlungs- und Redeverbote den Versuch unternimmt, dem deutschen Volke das Recht zu nehmen, gegen seine Versklavung zu protestieren. Die Knebelung der freien Meinungsäußerung durch die imperialistischen Besatzungsbehörden zeigt ihre Absicht, die deutsche Bevölkerung nicht nur politisch und wirtschaftlich, sondern auch geistig zu versklaven. Zuerst wird dem deutschen Volke das Ruhrgebiet geraubt, und dann will man ihm auch noch das Recht nehmen, dagegen zu protestieren.

Das in London vorbereitete Besatzungsstatut bedeutet eine geradezu tödliche Bedrohung der nationalen Existenz des deutschen Volkes, seiner Einheit, Freiheit und Unabhängigkeit.

Die westlichen Besatzungsmächte haben ihre Politik der Zerreißung Deutschlands auch auf die Hauptstadt Berlin übertragen. Sie sind bestrebt, die Westsektoren Berlins als „Brückenkopf" ihrer verbrecherischen imperialistischen Aggressionspolitik auszubauen. Sie organisieren Sabotage- und Diversionsakte, um den demokratischen Aufbau in der sowjetisch besetzten Zone und in Berlin zu stören.

Die Westmächte hätten ihre Versklavungspolitik gegen das deutsche Volk nie und nimmer durchführen können, wenn sich nicht Deutsche zu Handlangerdiensten hergegeben hätten. Die deutschen Junker, Monopolkapitalisten und reaktionären Beamten stellen sich den fremdländischen Imperialisten zur Verfügung, weil sie bei ihnen Schutz vor der demokratischen Entwicklung in Deutschland suchen. Aber nicht sie allein, auch die Politiker westdeutscher Parteien, die Adenauer, Schumacher und Co., unterstützen die Politik der Versklavung des deutschen Volkes, indem sie dem Ruhrstatut und dem Besatzungsstatut zustimmen und sich dazu hergeben, in Bonn an der Verfassung des westdeutschen Kolonialgebietes mitzuarbeiten. Mit dieser schmachvollen Politik vergehen sich diese Fronvögte an den elementarsten nationalen Interessen des deutschen Volkes.

In den westlichen Besatzungszonen wurde die monopolkapitalistische Wirtschaft wiederhergestellt. Das Land blieb in den Händen der Junker und Großgrundbesitzer. Die Konzern- und Bankherren sowie die anderen Kriegsverbrecher behielten ihre Machtpositionen. Die demokratischen Kräfte werden unterdrückt, und die Herrschaft der Reaktion wurde wiedererrichtet. Unter der Führung des deutschen Monopolkapitals, unter der Obhut der englischen, amerikanischen und französischen Imperialisten und mit aktiver Unterstützung der Führer der Sozialdemokratie wird die Unterdrückung und weitere Versklavung der Arbeiterklasse und aller Werktätigen durchgeführt.

Das deutsche Volk wird sich niemals mit dieser Politik und ihren Ergebnissen abfinden. Es hat das in Potsdam feierlich verbriefte Recht auf Einheit, Selbständigkeit und Frieden und wird sich dieses Recht niemals rauben lassen. Die flammende Empörung aller ehrlichen Deutschen über das Ruhrdiktat und das Besatzungsstatut muß zu einer breiten nationalen Protest- und Widerstandsbewegung entfaltet werden.

2. Der Kampf um die Erhaltung der nationalen Existenz des deutschen Volkes ist eine der wichtigsten Aufgaben. Die Sozialistische Einheitspartei Deutschlands stellt sich an die Spitze der nationalen Protest- und Widerstandsbewegung. Sie wird die berechtigten Forderungen des deutschen Volkes formulieren und alle ehrlichen und aufrechten Deutschen zum Kampf um diese Forderungen mobilisieren.

Wir fordern die Beseitigung des Ruhrstatuts und der militärischen Sicherheitsbehörde, wir werden uns niemals mit dem Besatzungsstatut abfinden!

Wir fordern die Wiederherstellung der Einheit Deutschlands und die Bildung einer gesamt-

deutschen Regierung aus den demokratischen Parteien und Organisationen!

Wir fordern den Abschluß eines Friedensvertrages mit Deutschland und den Abzug der Besatzungstruppen nach Abschluß des Friedensvertrages!

Wir fordern die restlose Ausrottung des Militarismus und Nazismus und den Aufbau eines friedlichen demokratischen Deutschlands!

Wir fordern den Aufbau einer deutschen Friedenswirtschaft, die es möglich macht, die materielle Lage des deutschen Volkes zu verbessern und die berechtigten Reparationsforderungen der Opfer der *Hitleraggression zu befriedigen!*

Diese Forderungen des ganzen deutschen Volkes müssen im Vordergrund unserer gesamten Parteiarbeit stehen. Im Kampfe um diese Forderungen verbinden wir uns mit allen fortschrittlichen demokratischen Kräften unseres Volkes. Der Kampf um die nationale Existenz unseres Volkes kann nicht Sache einer Partei allein sein! Um diesen Forderungen den größten Nachdruck zu verleihen, setzt die Partei ihre ganze Kraft ein zur allseitigen Stärkung und Förderung der großen Volkskongreßbewegung für Einheit und gerechten Frieden, in der sich alle wahrhaft nationalen und demokratischen Kräfte des deutschen Volkes zusammenschließen. Mit aller Kraft gilt es, den Einfluß und die Autorität des Deutschen Volksrats zu stärken.

3. In seinem Kampfe um Einheit und gerechten Frieden fühlt sich das deutsche Volk fest verbunden mit den fortschrittlichen Völkern der Erde, die einen unermüdlichen Kampf gegen die Kriegsbrandstifter führen. Diese Völker haben sich unter der Führung der Sowjetunion im antiimperialistischen, demokratischen Lager zum Kampf um den Frieden zusammengeschlossen. Dieses Lager ist stärker als das Lager der imperialistischen Kriegsprovokateure, denn es stützt sich auf die werktätigen Massen in allen Ländern, die keinen neuen Krieg wollen. Die Stärke des antiimperialistischen Lagers findet ihren Ausdruck in den glänzenden Siegen der chinesischen Volksarmee, die dabei ist, das korrupte System Tschiang Kai Scheks zu zerschmettern. Diese Siege der chinesischen Demokraten wie auch der erfolgreiche Kampf der griechischen Freiheitsarmee beweisen, daß immer breitere Volksmassen auf die Seite der Kämpfer für Frieden und Demokratie treten. Die Kriegsbrandstifter können keinen Krieg entfachen, ohne die breiten Massen für ihre Kriegsziele zu gewinnen. Darum haben sie eine wilde Kriegshetze entfesselt, mit der sie die Massen für ihre imperialistischen Aggressionspläne einfangen wollen. Der Kampf gegen die Kriegshetze ist daher eine der wichtigsten Aufgaben.

Das deutsche Volk stützt sich in seinem Kampf um Einheit und gerechten Frieden auf das antiimperialistische, demokratische Lager und vor allem auf die sozialistische Sowjetunion, die das unerschütterliche Bollwerk des Friedens darstellt. Es stützt sich auf die Völker der Volksdemokratien und die fortschrittlichen demokratischen Kräfte in den imperialistischen Ländern selbst, die den Kampf um Frieden und demokratischen Fortschritt führen. Das deutsche Volk erblickt in den Beschlüssen der Warschauer Außenministerkonferenz den Weg zur Einheit Deutschlands und zu einem gerechten Frieden.

In diesem großen Kampfe um die Einheit und Unabhängigkeit Deutschlands und um einen gerechten Frieden hängt der Erfolg vor allem vom deutschen Volke selbst ab. Die zunehmende Verstärkung der Friedenskräfte in der Welt und die wachsenden Widersprüche im imperialistischen Lager bieten dem deutschen Volke die Möglichkeit, durch Anstrengung aller Kräfte den Sieg in seinem gerechten Kampfe zu erlangen.

[...]

III. Die führende Rolle der Arbeiterklasse

1. In den verflossenen dreieinhalb Jahren wurden in der sowjetischen Besatzungszone bedeutende Erfolge errungen. Die Arbeiterklasse hat sich als die hauptsächliche und entscheidende Kraft im Kampf um die demokratische Erneuerung erwiesen. Die Arbeiterklasse und ihre Partei – die Sozialistische Einheitspartei Deutschlands – war der Hauptorganisator und Kämpfer für die demokratische Bodenreform, für die Enteignung der faschistischen Kriegsverbrecher und die Übergabe ihrer Betriebe an das Volk, für die demokratischen Reformen auf den Gebieten des Schulwesens, der Justiz, des Arbeitsschutzes und der Versicherung in der sowjetisch besetzten Zone. Im Wiederaufbau der Wirtschaft und in der Ausarbeitung des Zweijahresplans hat die Arbeiterklasse und ihre Partei die führende Rolle gespielt. Die Partei konnte diese Maßnahmen zur demokratischen Erneuerung nur im ständigen Klassenkampf gegen die reaktionären Elemente durchführen, die sich der fortschrittlichen Entwicklung entgegenstemmen. Der Widerstand dieser Elemen-

te gegen die demokratische Neuordnung hat sich im Maße der Erfolge unseres Kampfes verschärft und wird sich weiter verschärfen. Der Feind wendet vielfältige Methoden an, tarnt sich und greift zu den verzweifeltsten Mitteln, um die demokratische Entwicklung aufzuhalten und rückgängig zu machen.

An der demokratischen Umwandlung des gesellschaftlichen Lebens unserer Zone haben auch die demokratischen Kräfte anderer Parteien teilgenommen. Dabei zeigten sich manchmal auch Unentschlossenheit und Schwankungen sowie Neigungen zu Kompromissen mit den reaktionären Elementen. Die besondere Rolle der Arbeiterklasse besteht darin, daß sie im Unterschied zu den bürgerlichen und kleinbürgerlichen Schichten die demokratische Linie konsequent und ohne Schwankungen durchführte, die Überreste des Faschismus und Militarismus entschieden beseitigte und die Selbständigkeit, Energie und Initiative aller Werktätigen in Stadt und Land entwickelte. Dadurch hat die Arbeiterklasse breite Volksmassen für den Kampf um Demokratie, Frieden und die Einheit Deutschlands gewonnen. Die Parteikonferenz begrüßt die sich im Zusammenhang mit dem Zweijahresplan entwickelnde breite Aktivisten- und Hennecke-Bewegung, die auf die rasche Wiederherstellung der Wirtschaft und die Vermehrung der Massenbedarfsgüter für die Bedürfnisse der deutschen Bevölkerung gerichtet ist.

Die weitere Entwicklung der Aktivität der Arbeiterklasse auf allen Gebieten ist die wichtigste Aufgabe der Sozialistischen Einheitspartei Deutschlands. Dabei ist besonders die breite Entfaltung der Gewerkschaftsarbeit zu fördern, die Tätigkeit unter den berufstätigen Frauen zu verstärken und die Zusammenarbeit mit allen ehrlichen demokratischen Kräften zu verbessern. Das Bündnis der Arbeiterklasse mit den werktätigen Bauern und Intellektuellen als die feste Basis für den weiteren demokratischen Aufbau ist zu stärken.

2. Die gegenwärtige Ordnung in der sowjetischen Besatzungszone ist eine antifaschistisch-demokratische Ordnung, in der die Arbeiterklasse entscheidende Positionen innehat. Sie ist keine volksdemokratische Ordnung, da die Bedingungen in der Zone von denen in den volksdemokratischen Ländern sehr verschieden sind.

Davon ausgehend ist die grundlegende politische Aufgabe der Partei in der sowjetisch besetzten Zone die allseitige Festigung der antifaschistisch-demokratischen Ordnung als Basis für den Kampf um die Wiederherstellung der Einheit Deutschlands auf demokratischer Grundlage und für die Entwicklung Deutschlands auf dem Wege zu einer fortschrittlichen gesellschaftlichen Ordnung.

Die Konferenz hält darum die allseitige Festigung und Entwicklung der Blockpolitik der SED mit allen antifaschistisch-demokratischen Parteien und Massenorganisationen für erforderlich. Die Zusammenarbeit im Block muß darauf gerichtet sein, die demokratischen Kräfte zu fördern und den Kampf gegen die reaktionären Kräfte zu führen, in welcher Maske sie immer auftreten mögen.

Die Sozialistische Einheitspartei Deutschlands wendet sich an alle ehrlichen, ihre Heimat liebenden Deutschen, unabhängig von Parteizugehörigkeit, sozialer Lage, politischen und religiösen Ansichten: Nehmt aktiv am allgemeinen Kampf für die Wiedergeburt unserer Heimat, für die demokratische Einheit Deutschlands und für die Verbesserung der Lebensbedingungen der deutschen Bevölkerung teil! Schließt euch in der Volkskongreßbewegung für Einheit und gerechten Frieden zusammen! Verstärkt die Volksausschüsse!

IV. Die Entwicklung der SED zu einer Partei neuen Typs

1. Die großen Aufgaben, die vor dem werktätigen Volke Deutschlands stehen, machen es erforderlich, das große historische Versäumnis der deutschen Arbeiterbewegung nachzuholen und die SED zu einer Partei neuen Typs zu entwickeln.

Die Verschmelzung der KPD und SPD zur Sozialistischen Einheitspartei Deutschlands war das bedeutendste Ereignis in der jüngsten Geschichte der deutschen Arbeiterbewegung. Die Einheit hat sich bewährt – das beweisen die Erfolge im demokratischen Aufbau der Ostzone. Das beweist auch die ideologische Einheit und Festigkeit der Partei, die in den fast drei Jahren seit der Vereinigung erzielt wurden.

Es muß selbstkritisch festgestellt werden, daß der Kampf um die ideologische Klarheit in der Partei nach der Vereinigung nicht mit genügender Aktivität geführt wurde. Insbesondere wurde der bedeutende Schritt, den der II. Parteitag zur ideologischen Klärung vorwärts tat, nicht genügend in der ganzen Partei ausgewertet. Auch gab es ernste Schwächen im ideologischen Kampf, die gewisse Elemente ermutigen, Versuche zu unternehmen, die SED zu einer opportunistischen

Partei westlicher Prägung zu machen. Diese Versuche wurden dadurch gefördert, daß der Klassenfeind durch seine Schumacher-Agentur Spione und Agenten in die Reihen unserer Partei entsandte mit der Aufgabe, innerhalb der SED antisowjetische und nationalistische Tendenzen und Stimmungen zu erzeugen ...

2. Die Kennzeichen einer Partei neuen Typs sind:

Die marxistisch-leninistische Partei ist die bewußte Vorhut der Arbeiterklasse. Das heißt, sie muß eine Arbeiterpartei sein, die in erster Linie die besten Elemente der Arbeiterklasse in ihren Reihen zählt, die ständig ihr Klassenbewußtsein erhöhen. Die Partei kann ihre führende Rolle als Vorhut des Proletariats nur erfüllen, wenn sie die marxistisch-leninistische Theorie beherrscht, die ihr die Einsicht in die gesellschaftlichen Entwicklungsgesetze vermittelt. Daher ist die erste Aufgabe zur Entwicklung der SED zu einer Partei neuen Typs die ideologisch-politische Erziehung der Parteimitglieder und besonders der Funktionäre im Geiste des Marxismus-Leninismus.

Die Rolle der Partei als Vorhut der Arbeiterklasse wird in der täglichen operativen Leitung der Parteiarbeit verwirklicht. Sie ermöglicht es, die gesamte Parteiarbeit auf den Gebieten des Staates, der Wirtschaft und des Kulturlebens allseitig zu leiten. Um dies zu erreichen, ist die Schaffung einer kollektiven operativen Führung der Partei durch die Wahl eines Politischen Büros (Politbüro) notwendig.

Die marxistisch-leninistische Partei ist die organisierte Vorhut der Arbeiterklasse. Alle Mitglieder müssen unbedingt Mitglied einer der Grundeinheiten der Partei sein. Die Partei stellt ein Organisationssystem dar, in dem sich alle Glieder den Beschlüssen unterordnen. Nur so kann die Partei die Einheit des Willens und die Einheit der Aktion der Arbeiterklasse sichern.

Die marxistisch-leninistische Partei ist die höchste Form der Klassenorganisation des Proletariats. Die Partei, in der die besten Menschen der Klasse zusammengefaßt sind, die mit der Theorie des Marxismus-Leninismus, mit der Kenntnis der Gesetze des Klassenkampfes und mit der Erfahrung der revolutionären Bewegung gewappnet sind – hat die Möglichkeit und ist berufen und verpflichtet, alle anderen Organisationen der Werktätigen dadurch zu leiten, daß die Parteimitglieder vorbildliche Arbeit in diesen Massenorganisationen leisten.

Die Partei verkörpert die Verbindung des Vortrupps der Arbeiterklasse mit den Millionenmassen der Arbeiter und der übrigen Werktätigen. Darum darf sie sich nicht von den Massen abkapseln und isolieren, sondern muß ihre Verbindungen mit ihnen festigen und das Vertrauen und die Unterstützung der breiten Massen verstärken.

Um die führende Rolle der Partei sicherzustellen und die Partei vor Schwankungen zu bewahren, ist die Einführung einer Kandidatenzeit für die Aufnahme in die Partei erforderlich. Diese Kandidatenzeit soll es dem Kandidaten ermöglichen, sich mit dem Programm und den Statuten, der Politik und Taktik der Partei vertraut zu machen und sich in der Parteiarbeit und in der Arbeit in den Massenorganisationen im Sinne der Partei zu bewähren.

Die marxistisch-leninistische Partei beruht auf dem Grundsatz des demokratischen Zentralismus. Dies bedeutet die strengste Einhaltung des Prinzips der Wählbarkeit der Leitungen und Funktionäre und der Rechnungslegung der Gewählten vor den Mitgliedern. Auf dieser innerparteilichen Demokratie beruht die straffe Parteidisziplin, die dem sozialistischen Bewußtsein der Mitglieder entspringt. Die Parteibeschlüsse haben ausnahmslos für alle Parteimitglieder Gültigkeit, insbesondere auch für die in Parlamenten, Regierungen, Verwaltungsorganen und in den Leitungen der Massenorganisationen tätigen Parteimitglieder.

Demokratischer Zentralismus bedeutet die Entfaltung der Kritik und Selbstkritik in der Partei, die Kontrolle der konsequenten Durchführung der Beschlüsse durch die Leitungen und die Mitglieder.

Die Duldung von Fraktionen und Gruppierungen innerhalb der Partei ist unvereinbar mit ihrem marxistisch-leninistischen Charakter.

Die marxistisch-leninistische Partei wird durch den Kampf gegen den Opportunismus gestärkt. Die Arbeiterklasse ist keine nach außen abgeschlossene Klasse. Der Geist des Opportunismus wird ständig durch bürgerliche Kräfte in sie hineingetragen und ruft dadurch Unsicherheit und Schwankungen in ihren Reihen hervor. Deshalb ist der schonungslose Kampf gegen alle opportunistischen Einflüsse die unerläßliche Voraussetzung für die Stärkung der Kampfkraft der Partei.

Höchste Klassenwachsamkeit ist unbedingte Pflicht eines jeden Parteimitgliedes. Durch sie muß auch das Eindringen von Spionen, Agenten der Geheimdienste und des Ostbüros Schumachers in die Partei und die demokratischen Organe verhindert werden.

Die marxistisch-leninistische Partei ist vom Geiste des Internationalismus durchdrungen. Dieser Internationalismus bestimmt ihren Platz in der weltweiten Auseinandersetzung zwischen den Kriegshetzern und den Friedenskräften, zwischen Reaktion und Fortschritt, zwischen Kapitalismus und Sozialismus. In diesem Kampfe steht die marxistisch-leninistische Partei eindeutig im Lager der Demokratie und des Friedens, an der Seite der Volksdemokratien und der revolutionären Arbeiterparteien der ganzen Welt. Sie erkennt die führende Rolle der Sowjetunion und der KPdSU (B) im Kampfe gegen den Imperialismus an und erklärt es zur Pflicht jedes Werktätigen, die sozialistische Sowjetunion mit allen Kräften zu unterstützen.

Quelle: Dokumente 1986, S. 91 ff.

Dok. 6: Bericht eines V-Mannes des MfS über den Parteitag der CDU 1950

Abteilung VI
Weimar, den 18. September 1950
Bericht über den V. Parteitag der CDU in Berlin vom 14. September bis 17. September 1950
Tagungsort: Staatsoper Berlin

Schon auf der Hinfahrt nach Berlin machte sich unter den Mitgliedern der CDU eine negative Haltung zum Parteitag bemerkbar. Es wurde einerseits über den Parteitag selbst überhaupt nicht diskutiert. Dagegen versuchte man, die Geschehnisse in der DDR zu kritisieren und ins Lächerliche zu ziehen.

Während der Fahrt spielten vier Mitglieder der CDU, die auch zum Parteitag fuhren, Skat, wobei des öfteren die Bemerkung fiel: „Pieck muß raus". Gemeint war hiermit unser Präsident Wilhelm Pieck.

[. . .]

Auf der Tagung selbst machten sich die reaktionären Tendenzen in Stellungnahmen und in Diskussionen einzelner Mitglieder im Saal, auf den Gängen und im Vorraum der Staatsoper wie in nun folgenden Beispielen bemerkbar.

Während der Rede des Vorsitzenden Otto *Nuschke* wurden in der zweiten und dritten Reihe hinter mir des öfteren Randbemerkungen wie folgt gemacht:

„Der ist ja gekauft."
„Den haben sie ja schon ganz schön umgedreht."
„Das glaubt er ja selbst nicht, was er uns erzählt", usw.

Bei der Ansprache des Pfarrers *Mehnert* wurde von einem Delegierten in der zweiten Reihe vor mir geäußert:

„Der wird uns den Frieden auch nicht bringen."
„Mit der Angelegenheit der Zeugen Jehovas waren viele Mitglieder unserer Partei nicht einverstanden. Ich möchte nur wissen, wer diese Sache eingefädelt hat."

Als vom Pfarrer *Mehnert* angeführt wurde, daß die Kinder im Westen zu Verbrechern erzogen werden, äußerte sich ein Delegierter hinter mir wie folgt:

„Na na, so schlimm ist es drüben nicht, wie es hier gemacht wird."

Bei den Ausführungen von Frau *Sonde* aus Brandenburg wurde eine allgemeine Anteillosigkeit an den Tag gelegt. Nach Beendigung des Referates sagte ein Delegierter links von mir:

„Das war wie ein Aufsatz von einem Schulkind."

Als die Vormittags-Sitzung beendet war, wurde auf dem Nachhauseweg in den Gängen über die Ausführungen der einzelnen Redner heftig Stellung genommen.

So wurde z. B. von einem Delegierten sehr laut gesagt:

„Der Pfarrer Mehnert soll sich um andere Sachen kümmern. Der ist sowieso gekauft."

[. . .]

Beim Referat des Referenten *Sandmann,* welches den 5-Jahrplan eingehend behandelte, war eine skeptische und ablehnende Tendenz unter den Delegierten zu bemerken. Dieses kommt durch folgende Diskussionen zum Ausdruck:

Bei einer Diskussion im Gang des zweiten Ranges sagte ein Delegierter folgendes:

„Das kann nie realisiert und verwirklicht werden. Es steht zwar auf dem Papier, dann hört aber auch die Herrlichkeit auf."

Der dabeistehende Herr äußerte sich dazu wie folgt:

„Die gestellten Aufgaben können nie erreicht werden, da uns der Amerikaner mit seiner Produktion weit überlegen ist und uns mit seinen Waren überschüttet und dadurch kaputt macht."

Nach dem Referat von Sandmann waren nur noch 30% der Delegierten im Saal, so daß ein Mitglied des Präsidiums in den Vorraum der Staatsoper herauskam und die Delegierten mit folgenden Worten in den Saal bat:

> „Liebe Parteifreunde, ich halte es für angebracht, bei den Arbeitsbesprechungen und Diskussionen im Saale anwesend zu sein, denn wenn unser Vorsitzender Otto Nuschke dort ist, kann man auch die gleiche Disziplin von den Mitgliedern verlangen. Es befinden sich ja mehr im Vorraum und im Hof, als zur Zeit im Saal."

Daraufhin verließ noch ein großer Teil der Delegierten den Parteitag und begaben sich mit der Bemerkung: „Es wird ja doch nur einunddasselbe gekaut", in die Stadt.

Über die jedem Delegierten überreichten Entschließungsentwürfe wurde heftig Stellung genommen. Aus den Diskussionen, die hierüber geführt wurden, konnte man erkennen, daß der größte Teil der Delegierten mit diesen Entschließungsentwürfen nicht einverstanden waren. So äußerte sich ein Delegierter dazu wie folgt:

> „Damit ist doch niemand zufrieden und einverstanden. Ich möchte nur wissen, wer diese Sachen zusammengestellt hat. Es ist der größte Mist, den sie bisher auf dem Parteitag geleistet haben. Ich persönlich sehe es als reine Nachäffung der SED an. Ist es denn notwendig, daß wir denen nun alles nachmachen müssen?"

Die obenangeführten Beispiele sind Auszüge aus Berichten von V-Mann 2034 und von mir.
[...]
Die ablehnende Haltung gegenüber der Sowjetunion kommt am klarsten dadurch zum Ausdruck, daß auf der Kulturveranstaltung am 16. September 1950, 21.00 Uhr, die von der FDJ-Kulturgruppe Berlin durchgeführt wurde, der größte Teil der Delegierten bei der Stalinkantate sitzen blieben und auch keinen Beifall spendeten. Es wurde sogar die Randbemerkung gemacht:

> „Und so etwas nennt man Kultur. Sie sollen ruhig deutsche Lieder singen, was interessieren uns die russischen Lieder und die Stalinkantate."

Als ich nach der Kulturveranstaltung im Hotel „Intourist" (Adria) mein Abendessen einnahm, wurde ich von dem bedienenden Kellner gefragt, wie mir der Parteitag gefalle. Ich zögerte und ließ durchblicken, um etwas zu erfahren, daß es nicht das Richtige wäre, worauf der Kellner mir zur Antwort gab:

> „Das hätte er schon von mehreren Delegierten gehört." Z. B. wären am Abend Gäste aus Dresden dagewesen, die sich wie folgt äußerten; ja sogar geschimpft hätten."

> „Unser Parteitag ist absolut nicht in unserem Sinne. Die setzen uns ja marxistisches Gedankengut vor. Hätten wir das gewußt, dann wären wir nicht nach Berlin gefahren. Wie wir aus dem Parteitag ersehen haben, sind wir verraten und verkauft."

Mein persönlicher Eindruck von den Delegierten des Parteitages ist, daß sich hier eine Clique von Menschen getroffen haben, die zu 50% gegen den Fortschritt und alle Einrichtungen in der DDR stehen, die mit den Zielen der CDU-Leitung in Berlin nicht einverstanden sind und die Meinung vertreten, daß Nuschke und alle anderen dem Zonenvorstand angehörigen Funktionäre Marionetten der sowjetischen Besatzungsmacht sind."

Quelle: BStU, Zentralarchiv (ZA), Allgemeine Sachablage 308/66; abgedruckt in: Suckut 1994, S. 128–133

Dok. 7: Gedicht von Johannes R. Becher zum Tode Stalins

Danksagung

I

In seinen Werken reicht er uns die Hand,
Band reiht an Band sich in den Bibliotheken,
Und niederblickt sein Bildnis von der Wand,
Auch in dem fernsten Dorf ist er zugegen.

Mit Marx und Engels geht er durch Stralsund,
Bei Rostock überprüft er die Traktoren,
Und über einem dunklen Wiesengrund
Blickt in die Weite er, wie traumverloren.

Er geht durch die Betriebe an der Ruhr,
Und auf den Feldern tritt er zu den Bauern,
Die Panzerfurche – eine Leidensspur,
Und Stalin sagt: „Es wird nicht lang mehr dauern."

In Dresden sucht er auf die Galerie,
Und alle Bilder sich vor ihm verneigen,

Die Farbentöne leuchten schön wie nie
Und tanzen einen bunten Lebensreigen.

Mit Lenin sitzt er abends auf der Bank,
Ernst Thälmann setzt sich nieder zu den beiden,
Und eine Ziehharmonika singt Dank,
Da lächeln sie, selbst dankbar und bescheiden.

Die Jugend zeigt euch ihre Meisterschaft
In Sport und Spiel – und ihr verteilt die Preise,
Dann summt ihr mit die Worte „lernt und schafft",
Wenn sie zum Abschied singt die neue Weise.

II

Dort wird er sein, wo sich von ihm die Fluten
Des Rheins erzählen und der Kölner Dom.
Dort wird er sein in allem Schönen, Guten,
Auf jedem Berg, an jedem deutschen Strom.

Dort wirst du, Stalin, stehn, in voller Blüte
Der Apfelbäume an dem Bodensee,
Und durch den Schwarzwald wandert seine Güte,
Und winkt zu sich heran ein scheues Reh.

Nun lebt er schon und wandert fort in allen,
Und seinen Namen trägt der Frühlingswind,
Und in dem Bergsturz ist sein Widerhallen,
Und Stalins Namen buchstabiert das Kind.

Im Wasserfall und in dem Blätterrauschen
Ertönt dein Name, und es zieht dein Schritt
Ganz still dahin. Wir bleiben stehn und lauschen
Und folgen ihm und gehen leise mit.

Gedenke, Deutschland, deines Freunds, des besten.
O danke, Stalin, keiner war wie er
So tief verwandt dir, Osten ist und Westen
In ihm vereint. Er überquert das Meer.

Und kein Gebirge setzt ihm eine Schranke,
Kein Feind ist stark genug, zu widerstehn
Dem Mann, der Stalin heißt, denn sein Gedanke
Wird Tat, und Stalins Wille wird geschehn.

*Quelle: Sinn und Form 5 (1953), Heft 2, S. 8 f.;
abgedruckt in: Hoffmann u. a. 1993, S. 144/145*

Dok. 8: Kommuniqué des Politbüros der SED (Auszüge), 9. Juni 1953

Das Politbüro des Zentralkomitees der SED hat in seiner Sitzung vom 9. Juni 1953 beschlossen, der Regierung der Deutschen Demokratischen Republik die Durchführung einer Reihe von Maßnahmen zu empfehlen, die der entschiedenen Verbesserung der Lebenshaltung aller Teile der Bevölkerung und der Stärkung der Rechtssicherheit in der Deutschen Demokratischen Republik dienen. Das Politbüro des ZK der SED ging davon aus, daß seitens der SED und der Regierung der Deutschen Demokratischen Republik in der Vergangenheit eine Reihe von Fehlern begangen wurden, die ihren Ausdruck in Verordnungen und Anordnungen gefunden haben, wie zum Beispiel der Verordnung über die Neuregelung der Lebensmittelkartenversorgung, über die Übernahme devastierter landwirtschaftlicher Betriebe, in außerordentlichen Maßnahmen der Erfassung, in verschärften Methoden der Steuererhebung usw. Die Interessen solcher Bevölkerungsteile wie der Einzelbauern, der Einzelhändler, der Handwerker, der Intelligenz wurden vernachlässigt. Bei der Durchführung der erwähnten Verordnungen und Anordnungen sind außerdem ernste Fehler in den Bezirken, Kreisen und Orten begangen worden. Eine Folge war, daß zahlreiche Personen die Republik verlassen haben.

Das Politbüro hat bei seinen Beschlüssen das große Ziel der Herstellung der Einheit Deutschlands im Auge, welches von beiden Seiten Maßnahmen erfordert, die die Annäherung der beiden Teile Deutschlands konkret erleichtern.

Aus diesen Gründen hält das Politbüro des ZK der SED für nötig, daß in nächster Zeit im Zusammenhang mit Korrekturen des Planes der Schwerindustrie eine Reihe von Maßnahmen durchgeführt werden, die die begangenen Fehler korrigieren und die Lebenshaltung der Arbeiter, Bauern, der Intelligenz, der Handwerker und der übrigen Schichten des Mittelstandes verbessern. Auf der Sitzung am 9. Juni hat das Politbüro Maßnahmen auf dem Gebiet des Handels und der Versorgung, auf landwirtschaftlichem Gebiet und auch hinsichtlich der Erleichterung des Verkehrs zwischen der Deutschen Demokratischen Republik und Westdeutschland festgelegt.

Um die Erzeugung von Waren des Massenbedarfs zu vergrößern, die von kleinen und mittleren Privatbetrieben hergestellt werden, und um das Handelsnetz zu erweitern, wird vorgeschlagen, den Handwerkern, Einzel- und Großhändlern, privaten Industrie-, Bau- und Verkehrsbetrieben in ausreichendem Umfange kurzfristige Kredite zu gewähren. Die Zwangsmaßnahmen zur Beitreibung von Rückständen an Steuern und Sozialversicherungsbeiträgen, die bis zum Ende des Jahres 1951 entstanden sind, sollen für Klein-, Mittel- und Großbauern, Handwerker, Einzel- und

Großhändler, private Industrie-, Bau- und Verkehrsbetriebe, das heißt in der gesamten privaten Wirtschaft, ausgesetzt werden.

Wenn Geschäftseigentümer, die in letzter Zeit ihre Geschäfte geschlossen oder abgegeben haben, den Wunsch äußern, diese wieder zu eröffnen, so ist diesem Wunsche unverzüglich Rechnung zu tragen. Außerdem soll die HO zur besseren Versorgung der Bevölkerung sofort Agenturverträge mit dem privaten Einzelhandel abschließen.

Das Politbüro schlägt ferner vor, daß die Verordnungen über die Übernahme devastierter landwirtschaftlicher Betriebe aufgehoben werden und die Einsetzung von Treuhändern wegen Nichterfüllung der Ablieferungspflichten oder wegen Steuerrückständen untersagt wird. Die Bauern, die im Zusammenhang mit Schwierigkeiten in der Weiterführung ihrer Wirtschaft ihre Höfe verlassen haben und nach Westberlin oder nach Westdeutschland geflüchtet sind (Kleinbauern, Mittelbauern, Großbauern), sollen die Möglichkeit erhalten, auf ihre Bauernhöfe zurückzukehren. Ist das in Ausnahmefällen nicht möglich, so sollen sie vollwertigen Ersatz erhalten.

[...]

Das Politbüro schlägt weiter vor, daß alle republikflüchtigen Personen, die in das Gebiet der Deutschen Demokratischen Republik und den demokratischen Sektor von Berlin zurückkehren, das auf Grund der Verordnung vom 17. Juli 1952 zur Sicherung von Vermögenswerten beschlagnahmte Eigentum zurückerhalten. Ist in Einzelfällen die Rückgabe nicht möglich, so soll Ersatz geleistet werden. Zurückkehrenden Republikflüchtlingen darf aus der Tatsache der Republikflucht keine Benachteiligung entstehen.

[...]

Das Politbüro schlägt ferner vor, daß alle im Zusammenhang mit der Überprüfung der Oberschüler und der Diskussion über die Tätigkeit der Jungen Gemeinde aus den Oberschulen entfernten Schüler sofort wieder zum Unterricht zuzulassen sind und daß ihnen die Möglichkeit gegeben wird, die versäumten Prüfungen nachzuholen. Ebenso sollen die im Zusammenhang mit der Überprüfung der Oberschulen ausgesprochenen Kündigungen und Versetzungen von Lehrern rückgängig gemacht werden. Die in den letzten Monaten ausgesprochenen Exmatrikulationen an Hochschulen und Universitäten sollen sofort überprüft und bis zum 20. Juni 1953 entschieden werden. Bei Immatrikulationen an den Hochschulen und Universitäten dürfen befähigte Jugendliche aus den Mittelschichten nicht benachteiligt werden.

Ferner empfiehlt das Politbüro der Regierung der Deutschen Demokratischen Republik, die Justizorgane zu beauftragen, diejenigen Verurteilten sofort zu entlassen, die nach dem Gesetz zum Schutz des Volkseigentums zu ein bis drei Jahren Haft verurteilt worden sind, mit Ausnahme der Fälle, in denen schwere Folgen eintraten.

Ebenso empfiehlt es, diejenigen Untersuchungshäftlinge sofort zu entlassen, gegen die ein Verfahren nach dem Gesetz zum Schutz des Volkseigentums anhängig gemacht wurde und bei denen keine höheren Strafen als die gesetzlichen Mindeststrafen von ein bis drei Jahren zu erwarten sind.

Quelle: Dokumente der Sozialistischen Einheitspartei Deutschlands, Band IV, Berlin (Ost) 1954, S. 428–431; abgedruckt in: Hoffmann u. a. 1993, S. 158 ff.

Dok. 9   Das Gelöbnis und die Gesetze der Jungen Pioniere, 1953

Gelöbnis

Ich verspreche, als Junger Pionier so zu leben und zu lernen, daß ich würdig bin, Mitglied der Pionierorganisation zu sein, die den Namen „Ernst Thälmann" trägt.

Ich verspreche, die Gesetze der Jungen Pioniere immer zu halten und nach diesen Gesetzen meine Aufgaben als Junger Pionier zu erfüllen.

Die Gesetze der Jungen Pioniere, 1953

Junge Pioniere *achten den Menschen*

Wir sind ein Teil des werktätigen Volkes – die revolutionären Kämpfer der Arbeiterklasse sind die Vorbilder der Jungen Pioniere.

Junge Pioniere *lieben ihre Heimat*

Wir helfen nach unseren Kräften mit im Kampf um den Frieden, ein einheitliches, demokratisches, friedliebendes und unabhängiges Deutschland und den Aufbau des Sozialismus in unserer Deutschen Demokratischen Republik.

Junge Pioniere *sind Freunde der Sowjetunion*

Wir hüten und pflegen die Freundschaft mit der Sowjetunion so, wie es uns Ernst Thälmann und

Wilhelm Pieck lehren. Die Jungpioniere der Sowjetunion sind unsere Freunde, von ihnen wollen wir immer lernen.

Junge Pioniere *halten Freundschaft mit anderen Völkern*

Wir stehen fest auf der Seite der Menschen, die den Frieden und den Fortschritt lieben und für ihn kämpfen.

Junge Pioniere *achten ihre Eltern*

Wir wissen, daß wir unseren Eltern viel verdanken, und helfen ihnen bei der häuslichen Arbeit. Wir achten ihren Rat und versprechen ihnen, stets fleißig zu sein, um tüchtige Menschen zu werden.

Junge Pioniere *lieben die Wahrheit*

Wir lügen nicht und werden immer danach streben, zu erkennen, was wahr ist, und offen unsere Meinung vertreten.

Junge Pioniere *lernen gut*

Wir lernen vorbildlich in der Schule, sind diszipliniert und helfen allen Klassenkameraden, gut und gründlich zu lernen. Dazu nutzen wir alle Möglichkeiten.

Junge Pioniere *helfen überall mit*

Wir packen bei jeder Arbeit für die Allgemeinheit mit zu, sei es in der Schule, im Elternhaus, auf der Straße, auf dem Dorfe oder wo immer es auf unsere Hilfe ankommt.

Junge Pioniere *sind zuverlässig*

Wir erfüllen die von uns übernommenen Aufgaben, sind pünktlich und ordentlich, halten auf Sauberkeit und stehen zu unserem Pionierwort.

Junge Pioniere *halten ihren Körper sauber und gesund*

Wir stählen unseren Körper bei Sport und Spiel und beim Wandern. Wir rauchen nicht und trinken keinen Alkohol.

Junge Pioniere *lieben und schützen die Natur*

Wir beobachten die Tier- und Pflanzenwelt, erforschen ihre Gesetze und die Naturreichtümer unserer Heimat.

Junge Pioniere *sind einander Freund*

Wir helfen kameradschaftlich jedem anderen Jungen Pionier, seine Aufgaben zu lösen.

Junge Pioniere *halten ihr blaues Halstuch in Ehren*

Unser blaues Halstuch ist ein Teil der Fahne der Freien Deutschen Jugend. Es ist eine Ehre für die Jungen Pioniere, Mitglied der Freien Deutschen Jugend zu werden.

Quelle: Reiher u. a. 1995, S. 43/44

Dok. 10: SED-Hausmitteilung an Genossen Walter Ulbricht von Abteilung Staatliche Organe, 14. Juni 1955

SED Hausmitteilung
An Genossen Walter Ulbricht
Von Abteilung Staatl. Organe
Diktatzeichen: Str/Hl –   14. Juni 1955

Betr.: Strafsache gegen 5 Agenten des RIAS (Wiebach und andere)

Die Beschuldigten sind Agenten des RIAS und haben durch die Lieferung von Spionageinformationen politischen, wirtschaftlichen und militärischen Charakters die Durchführung von Sabotage- und Diversionsakten unterstützt und zur Vorbereitung eines neuen Krieges beigetragen.

Der Beschuldigte *Wiebach* war bis Februar d. J. bei der DEWAG und berichtete an den RIAS über Inhalt und Verlauf der Betriebsversammlungen bei der DEWAG, über Versorgungsschwierigkeiten, über die Struktur des Betriebes, über Namen und Tätigkeit von SED-Mitgliedern, über die Tätigkeit der BGL, der FDJ und der Gesellschaft für Sport und Technik, über laufende Aufträge der Regierung und des ZK.

Nach seiner Entlassung lieferte er Informationen über Objekte der Sowjetarmee und der KVP, über die Stärke der Einheiten und über deren Waffen in den Gebieten Potsdam, Angern, Mirow, Leisnig, Schwerin und Peitz. Bei diesen Fahrten horchte er die Bewohner aus und fertigte verleumderische Berichte an. Bei den Treffs im RIAS lieferte er ferner Informationen über Staatsakte der Regierung, über Besuche ausländischer Delegationen und sonstige Veranstaltungen. Ähnliche Berichte gab er auch an das „Bundesamt für Verfassungsschutz" und an den CIC.

Insbesondere für die letztgenannte Spionagezentrale lieferte er Spionageberichte militärischen Charakters aus dem Gebiet Jüterbog und trug militärische Objekte in Meßtischblätter beim CIC ein.

Der Beschuldigte *Baier* ist seit 1954 Agent des RIAS. Er benutzte seine Stellung als Lektor beim VEB Globus und vermittelte an den RIAS Hetzberichte über verschiedene Schwierigkeiten in der DDR. In über 50 Treffs und hunderten von Informationen berichtete B. über die Volkswahlen, über die Tätigkeit der Wahlhelfer bei den Westberliner Wahlen und andere Dinge.

Der Beschuldigte *Krause* ist seit 1949 Agent des RIAS und seit vielen Jahren ohne geregeltes Arbeitsverhältnis. In über 60 Treffs beim RIAS und in über 40 Berichten hat der K. unzählige Spionageinformationen zu Berichten zusammengefaßt und dem RIAS übergeben. Er lieferte Berichte über: Baustellen, Bauarbeiten, Bewachung der Gebäude, über die Auflösung und Verlegung sowjetischer Kommandanturen, über Saatzuchtzuteilung, Bestellung, Sollerfüllung in der Landwirtschaft, Schweinepest, Struktur und personelle Besetzung des Rates des Kreises und die Zusammensetzung des Kreistages, über Versammlungen, Stockungen im S-Bahnverkehr usw.

Der Beschuldigte *Gast,* Angestellter im Kreiskontor Stralsund, ist seit 1951 Agent des RIAS. Er berichtete über: Erfassung landwirtschaftlicher Produkte, Versorgung mit Lebensmitteln wie Fleisch, Butter, Wurst und Gemüse und über sonstige Vorkommnisse. Er berichtete ferner über die Arbeit der Kreisleitung der SED in Stralsund, über die Bauunion „Küste".

In über 35 Berichten berichtete er unter Ausnutzung seiner Stellung beim Rat der Stadt über: Wohnungsschwierigkeiten, Bauten der KVP, Verlegung von Einheiten der KVP und über die Verhaftung von Gastwirten.

Zur Abfassung der Berichte bediente sich Gast seiner Mitarbeiterin in der Abteilung Landwirtschaft, die seine diktierten Spionageberichte auf der Maschine schrieb.

Der Beschuldigte *Vogt,* zuletzt Rundfunkmechaniker im Stahlwerk Brandenburg, wurde 1954 als Agent für den RIAS geworben. Er lieferte Spionageberichte über die Erfüllung der Planauflagen im Stahl- und Walzwerk Brandenburg, insbesondere an den Siemens-Martin-Öfen und der Walzstraße. Er hatte ferner den Auftrag, alle Vorkommnisse im Stahlwerk zu melden und interne schriftliche Unterlagen des Betriebes zu entwenden und an den RIAS zu liefern. Auch diesen Auftrag führte er aus.

Die Hauptverhandlung wird am 24. Juni 1955 beim Obersten Gericht beginnen.

Die Anklage wird Genosse Dr. Melsheimer vertreten, den Vorsitz führt der Präsident des Obersten Gerichts, Dr. Schumann.

Die Verhandlung wird öffentlich durchgeführt. Es sollen wieder Delegationen aus Betrieben und die Presse teilnehmen.

Folgende Strafen sind beabsichtigt:

Wiebach	lebenslängliches Zuchthaus handschriftlicher Eintrag Ulbrichts: Vorschlag Todesurteil
Baier	15 Jahre Zuchthaus
Krause	lebenslängliches Zuchthaus
Gast	12 Jahre Zuchthaus
Vogt	8 Jahre Zuchthaus

Einverstanden W. Ulbricht

Staatliche Organe
gez. Sorgenicht

Quelle: Wendel 1996, S. 102 ff.

Dok. 11: „Die ökonomische Hauptaufgabe": Referat Walter Ulbrichts auf dem V. Parteitag der SED, 10. Juli 1958

[. . .]

Die ökonomischen Aufgaben auf dem Weg zum Sieg des Sozialismus

Wir können auf diesem V. Parteitag unserer Partei feststellen: Im Ergebnis der großen Leistungen der Arbeiterklasse, der werktätigen Bauern, der Intelligenz, der Handwerker und Gewerbetreibenden der Deutschen Demokratischen Republik, die durch die zielbewußte Staats- und Wirtschaftspolitik unserer Partei und der Nationalen Front des demokratischen Deutschland inspiriert wurden, sind die Grundlagen des Sozialismus in der DDR im wesentlichen geschaffen. Es gilt jetzt, für den dritten Fünfjahrplan die weiteren ökonomischen Hauptaufgaben zu bestimmen, und zwar so, daß sie sowohl der großen Zielsetzung des sozialistischen Lagers im Kampf um die friedliche Koexistenz und dem weltweiten Wettbewerb zwischen dem sozialistischen und dem kapitalistischen System entsprechen als auch unser

Ziel, den Sozialismus in der DDR in der nächsten Periode zum Siege zu führen, in greifbare Nähe rücken.

Die ökonomische Hauptaufgabe

Die Kommunistische Partei der Sowjetunion hat das Sowjetvolk aufgerufen, in den wichtigsten Zweigen der landwirtschaftlichen und industriellen Produktion die USA in historisch kürzester Frist einzuholen und zu überholen. Die erfolgreiche Lösung dieser großartigen Aufgabe wird nicht nur den entscheidenden Sieg im Wettstreit für die Überlegenheit der sozialistischen gegenüber der kapitalistischen Ordnung bedeuten, sie bedeutet darüber hinaus die Schaffung der ausschlaggebenden ökonomischen Grundlage für die kommunistische Gesellschaft in der Sowjetunion.

Die Kommunistische Partei Chinas hat das chinesische Volk aufgerufen, in weniger als 15 Jahren Großbritannien hinsichtlich der Eisen- und Stahlproduktion und der Produktion anderer ausschlaggebender Industrieerzeugnisse einzuholen und zu übertreffen. Die Lösung dieser Aufgabe wird ein gewaltiges Anwachsen der politischen und ökonomischen Macht des sozialistischen Lagers zur Folge haben, sie wird ein leuchtendes Vorbild für alle ost- und südostasiatischen Völker schaffen und ihnen von den Riesenkräften der befreiten Volksmassen künden.

In allen anderen sozialistischen Staaten stellen sich die Völker unter Führung ihrer marxistisch-leninistischen Parteien ebenfalls ökonomische Hauptaufgaben von historischer Tragweite.

Unser V. Parteitag hat die ökonomische Hauptaufgabe für den nächsten Abschnitt unseres Weges zu beraten, und ich schlage daher im Auftrag des Zentralkomitees vor, als ökonomische Hauptaufgabe zu beschließen:

Die Volkswirtschaft der Deutschen Demokratischen Republik ist innerhalb weniger Jahre so zu entwickeln, daß die Überlegenheit der sozialistischen Gesellschaftsordnung der DDR gegenüber der Herrschaft der imperialistischen Kräfte im Bonner Staat eindeutig bewiesen wird und infolgedessen der Pro-Kopf-Verbrauch unserer werktätigen Bevölkerung mit allen wichtigen Lebensmitteln und Konsumgütern den Pro-Kopf-Verbrauch der Gesamtbevölkerung in Westdeutschland erreicht und übertrifft. (Lebhafter Beifall.)

Diese ökonomische Hauptaufgabe umfaßt den entsprechenden Ausbau der Grundstoffindustrie und – was für die DDR von besonderer Bedeutung ist – die rasche Entwicklung der internationalen Arbeitsteilung und der planmäßigen Zusammenarbeit innerhalb des gesamten sozialistischen Lagers.

Die Lösung dieser ökonomischen Hauptaufgabe wird der Anteil unserer Republik sein am weltweiten Kampf für die friedliche Koexistenz und für den friedlichen Wettkampf zwischen der sozialistischen und der kapitalistischen Gesellschaftsordnung, in der die Überlegenheit des Sozialismus zu beweisen ist. Die ökonomische Hauptaufgabe hat einen tiefen politischen Inhalt; ihre Lösung dient der Festigung der Arbeiter-und-Bauern-Macht in der DDR und des sozialistischen Lagers überhaupt, und sie wird zweifellos dem Volkskampf gegen die Bonner Atomrüstungspolitiker Aufschwung geben. Diese Aufgabenstellung entspricht daher voll den politischen und wirtschaftlichen Interessen der Arbeiterklasse und der gesamten werktätigen Bevölkerung unseres Landes. (Beifall.)

[. . .]

Wir schlagen der Arbeiterklasse und der ganzen werktätigen Bevölkerung der Deutschen Demokratischen Republik vor, durch gemeinsame größere Anstrengungen in den nächsten drei Jahren die ökonomische Hauptaufgabe bis 1961 zu lösen. (Beifall.)

Quelle: Protokoll der Verhandlungen des V. Parteitags der Sozialistischen Einheitspartei Deutschlands, Berlin (Ost) 1959, S. 67–70; abgedruckt in: Hoffmann u. a. 1993, S. 321 ff.

Dok. 12: Walter Ulbrichts 10 Gebote für den neuen sozialistischen Menschen, 10. Juli 1958

1. **Du sollst** Dich stets für die internationale Solidarität der Arbeiterklasse und aller Werktätigen sowie für die unverbrüchliche Verbundenheit aller sozialistischen Länder einsetzen.
2. **Du sollst** Dein Vaterland lieben und stets bereit sein, Deine ganze Kraft und Fähigkeit für die Verteidigung der Arbeiter-und-Bauern-Macht einzusetzen.
3. **Du sollst** helfen, die Ausbeutung des Menschen durch den Menschen zu beseitigen.
4. **Du sollst** gute Taten für den Sozialismus vollbringen, denn der Sozialismus führt zu einem besseren Leben für alle Werktätigen.

5. **Du sollst** beim Aufbau des Sozialismus im Geiste der gegenseitigen Hilfe und der kameradschaftlichen Zusammenarbeit handeln, das Kollektiv achten und seine Kritik beherzigen.
6. **Du sollst** das Volkseigentum schützen und mehren.
7. **Du sollst** stets nach Verbesserung Deiner Leistungen streben, sparsam sein und die sozialistische Arbeitsdisziplin festigen.
8. **Du sollst** Deine Kinder im Geiste des Friedens und des Sozialismus zu allseitig gebildeten, charakterfesten und körperlich gestählten Menschen erziehen.
9. **Du sollst** sauber und anständig leben und Deine Familie achten.
10. **Du sollst** Solidarität mit den um ihre nationale Befreiung kämpfenden und den ihre nationale Unabhängigkeit verteidigenden Völkern üben.

Walter Ulbricht auf dem V. Parteitag der SED am 10. Juli 1958 in Berlin.

Quelle: Vorsteher 1996, S. 37

Dok. 13: Informationsberichte der ZK-Abteilung Parteiorgane über die Stimmung der Bevölkerung in Ost-Berlin am 13. August, 13./14. August 1961

Nach Berichten unserer Mitarbeiter gibt es am Übergang in der Wollankstraße und an der Warschauer Straße Ansammlungen von ca. 500 bis 600 Menschen, meist Jugendliche.

Am Übergang Wollankstraße wurde von Jugendlichen und Frauen provokatorisch ein Übergang nach Westberlin gefordert.

So schrie eine Frau: „Gehen wir doch in die Straßenmitte und machen einen gewaltsamen Durchbruch, wir sind alles Deutsche, wir wollen rüber zu unseren Brüdern."

Jugendliche brüllten: „Es ist eine Schande, daß ihr euch dafür hergebt, die Grenze zu bewachen und uns nicht rüberzulassen. Ihr seid keine Deutschen."

Die Diskussion mit der Bevölkerung führt fast ausschließlich die Volkspolizei. Es sind keine Agitatoren der Partei offen in Erscheinung getreten.

Die Bezirksleitung wurde von diesem Zustand unterrichtet und hat sofort 70 Agitatoren nach dem Übergang Wollankstraße in Marsch gesetzt.

In der Nähe des Brandenburger Tores versammeln sich gegenwärtig ca. 100 neugierige Passanten, ohne daß von seiten der Agitatoren mit diesen Menschen gesprochen wird.

Nach Ansicht der Mitarbeiter unseres Hauses ist die Postenkette der Armee und der Volkspolizei in diesem Abschnitt zu schwach, um die volle Sicherheit zu gewährleisten.

Die Volkspolizisten werden von ihren eigentlichen Sicherungsmaßnahmen abgelenkt, da die Anzahl der eingesetzten Agitatoren nicht ausreicht.

Weitere Provokationen gab es im Bahnhof Bornholmerstraße, in der Dri[e]senerstraße (Prenzlauer Berg), Bahnhof Schönhauser Allee und Französische Straße, an denen nach wie vor vorwiegend Jugendliche beteiligt sind.

[...]

Die letzten Berichte der Bezirksleitung Berlin besagen, daß die negativen und zum Teil sehr aggressiven Äußerungen zunehmen.

„Wir sind doch diejenigen, die spalten."

„Das ist doch keine Freiheit oder Demokratie, wenn man nicht einmal die Verwandten besuchen kann."

„Es wird immer schöner, jetzt machen wir schon Grenzen innerhalb der Stadt."

„Mit Panzern kann man doch nicht für den Frieden sein."

„Die Maßnahmen sind die schmutzigste Sache, die es gibt. Wir sind alles Deutsche und Deutschsein heißt treu sein."

„Wir haben ja bald ‚freie' Wahlen, da werden wir uns revanchieren. Da müssen sie uns mit dem Knüppel hintreiben."

Auf die Drahthindernisse hinweisend, sagte ein anderer: „Der Sozialismus siegt, er schreitet unaufhaltsam vorwärts!"

Quelle: SAPMO-BArch ZPA, IV 2/5/433, Bl. 4 f.; abgedruckt in: Hoffmann u. a. 1993, S. 395/396

Dok. 14: Tödliches Ende eines Fluchtversuchs am 5. Juni 1962 in Berlin (offizieller Bericht)

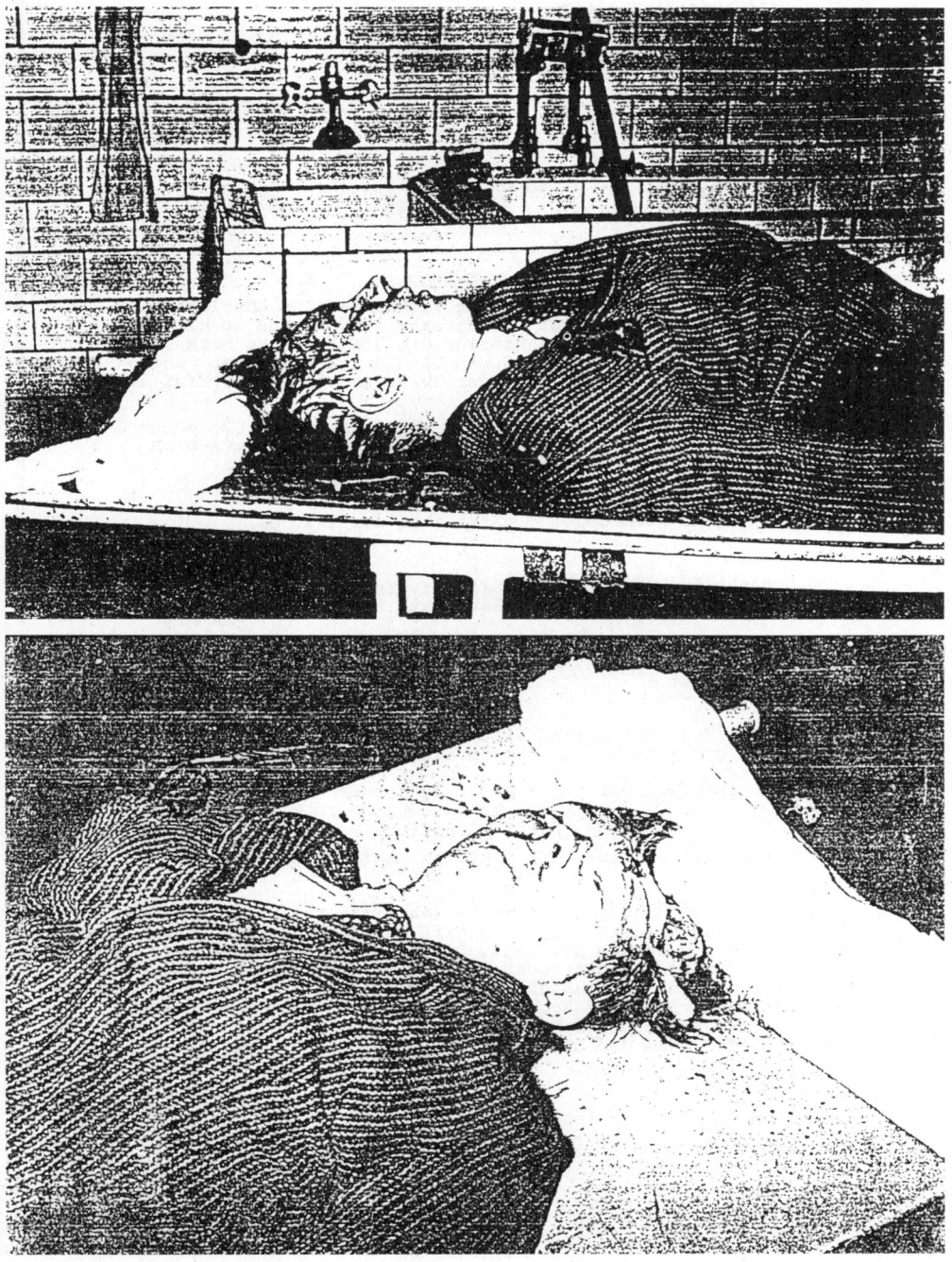

Ministerium des Innern　　　　　　　　　Berlin, den 05.06.62
Bereitschaftspolizei
1. Grenzbrigade (B)
III. Grenzabteilung

Bericht

zum versuchten Grenzdurchbruch im Abschnitt der 2. Kompanie
der III. Grenzabteilung am 05.06.1962, um 17.30 Uhr.

Am 05.06.1962 gegen 17.15 Uhr versuchte eine männliche, jugendliche Person von der Marschallbrücke aus in Richtung Reichstagsufer schwimmend die Staatsgrenze nach Westberlin zu durchbrechen. Durch Abgabe von gezielten Schüssen der Grenzposten wurde der Grenzverletzer getroffen und versank.

Auf Befehl des Kommandeurs der 1. Grenzbrigade (B) wurde zur Untersuchung des o.g. Vorkommnisses eine Kommission eingesetzt.

Leiter der Kommission : Stabschef der III. GA
　　　　　　　　　　　　Hauptmann D r e i ß i g

Mitarbeiter　　　　　 : Offz. f. Kommandantendienst
　　　　　　　　　　　　Leutnant G e b h a r d t

Sachverhalt:

Gegen 17.15 Uhr sprang eine männliche Person von der Ostseite der Marschallbrücke in den Lastkahn Z 2 - 065

　　Schiffsführer　　H ä n s e l, Werner
　　　　　　　　　　geb. am 30.08.1930 in Rattwitz
　　　　　　　　　　Beruf Schiffer

　　Arbeitsstelle　　VEB Deutsche Schiffsreederei
　　　　　　　　　　Berlin, Grünstr. 5 - 6

auf die Sandladung. Durch den Schiffsführer wurde der Jugendliche bemerkt und das Schiff unmittelbar unter der Marschallbrücke zum stehen gebracht. Die jugendliche Person versuchte, den Schiffer zu überreden, weiter zu fahren. Als er bemerkte, daß das Schiff zum stehen gebracht wird, sprang er ins Wasser. Durch den Schiffer konnte er jedoch wieder aus dem Wasser gezogen werden. Durch Rufen bzw. durch Zeichen versuchte der Schiffer, die Genossen vom AZKW oder unsere Genossen zu verständigen.

- 2 -

Ministerium des Innern
Bereitschaftspolizei
1. Grenzbrigade (B)
III. Grenzabteilung

Berlin, den 05. 06. 62

Bericht

zum versuchten Grenzdurchbruch in Abschnitt der 2. Kompanie der III. Grenzabteilung am 05. 06. 1962 um 17.30 Uhr.

Am 05. 06. 1962 gegen 17.15 Uhr versuchte eine männliche, jugendliche Person von der Marschallbrücke aus in Richtung Reichstagsufer schwimmend die Staatsgrenze nach Westberlin zu durchbrechen. Durch Abgabe von gezielten Schüssen der Grenzposten wurde der Grenzverletzer getroffen und versank.

Auf Befehl des Kommandeurs der i. Grenzbrigade (B) wurde zur Untersuchung des o. g. Vorkommnisses eine Kommission eingesetzt.

Leiter der Kommission: Stabschef der III. GA
                                 Hauptmann D r e i ß i g

Mitarbeiter: Offz. f. Kommandantendienst
                                   Leutnant G e b h a r d t

<u>Sachverhalt:</u>

Gegen 17.15 Uhr sprang eine männliche Person von der Ostseite der Marschallbrücke in den Lastkahn Z 2 – 065

                Schiffsführer   H ä n s e l , Werner
                                    geb. am 30. 08. 1930 in Rattwitz
                                    Beruf: Schiffer

                Arbeitsstelle   VEB Deutsche Schiffsreederei
                                    Berlin, Grünstr. 5–6

auf die Sandladung. Durch den Schiffsführer wurde der Jugendliche bemerkt und das Schiff unmittelbar unter der Marschallbrücke zum Stehen gebracht. Die jugendliche Person versuchte, den Schiffer zu überreden, weiter zu fahren. Als er bemerkte, daß das Schiff zum stehen gebracht wird, sprang er ins Wasser. Durch den Schiffer konnte er jedoch wieder aus dem Wasser gezogen werden. Durch Rufen bzw. durch Zeichen versuchte der Schiffer, die Genossen vom AZKW oder unsere Genossen zu verständigen.

– 2 –

Dabei gelang es dem Grenzverletzer sich loszureißen und wieder ins Wasser zu springen.

Die Grenzposten 7, VEB Deutsche Schallplatte, bemerkten den Grenzverletzer, liefen an die Anlegestelle in Höhe VEB Deutsche Schallplatte.

Postenführer: Gefr. D u t s c h, Wolfgang
geb. am 14.06.1941
wohnhaft Neumark
VP seit 14.09.1959
organisiert FDJ, FDGB, DSF
Angehöriger 2. Komp. III. Zug

Posten: Gefr. S c h l u s c h e, Reinhardt
geb. am 23.02.41
wohnhaft Oschersleben, Karl-Marx-Str. 18
VP seit 14.09.1959
Angehöriger der 2. Komp. III. Zug

Zu diesem Zeitpunkt befand sich der Grenzverletzer ca. 10 m vor der Anlegestelle (siehe Skizze). Da mehrere Anrufe des Postenführers ergebnislos blieben, wurde durch den Postenführer ein Warnschuß und anschließend 3 Zielschüsse abgegeben. Zur gleichen Zeit gab auch der Posten 2 Zielschüsse auf den Grenzverletzer ab. Durch das gezielte Feuer wurde der Grenzverletzer getroffen und versank im Kanal.

Unmittelbar nach dem versuchten Grenzdurchbruch erschienen auf Westberliner Seite 3 Zöllner mit einem Hund, 1 engl. SPW und 4 Jeeps. Ca. 10 Min. nach dem Vorkommnis erschienen ca. 20 Zivilisten, größten Teils ausgerüstet mit Fotoapparaten.

Eingeleitete Maßnahmen:

- Die am Tathergang beteiligten Genossen der 2. Kompanie wurden zwecks weiterer Untersuchung abgelöst.
- Im gefährdeten Grenzabschnitt wurde erhöhte Wachsamkeit befohlen und eine Doppelstreife am Schiffbauerdamm eingesetzt.
- Alle im Grenzdienst eingesetzten Genossen wurden vom Vorkommnis in Kenntnis gesetzt und verstärkte Wachsamkeit befohlen.
- Durch den OpD wurde der Op.-Stab des PdVP verständigt und von dort aus die Feuerwehr mit 2 Booten zur Suche des Grenzverletzers eingesetzt.
- Am 06.08.1962 09.00 Uhr wird das Vorkommnis mit den Kompaniechefs ausgewertet.

Schlußfolgerungen:

- Die Schußwaffengebrauchsbestimmung wurde eingehalten, Westberliner Gebiet wurde nicht verletzt.

Dabei gelang es dem Grenzverletzer sich loßzureißen und wieder ins Wasser zu springen.

Die Grenzposten 7, VEB Deutsche Schallplatte, bemerkten den Grenzverletzer, liefen an die Anlegestelle in Höhe VEB Deutsche Schallplatte.

Postenführer: Gefr. D ü t s c h , Wolfgang
geb. am 14. 06. 1941
wohnhaft Neumark
VP seit 14. 09. 1959
organisiert FDJ, FDGB, DSF
Angehöriger 2. Komp. III. Zug

Posten: Gefr. S c h l u s c h e , Reinhardt
geb. am 23. 02. 41
wohnhaft Oschersleben, Karl-Marx-Str. 18
VP seit 14. 09. 1959
Angehöriger der 2. Komp. III. Zug

Zu diesem Zeitpunkt befand sich der Grenzverletzer ca. 10 m vor der Anlegestelle (siehe Skizze). Da mehrere Anrufe des Postenführers ergebnislos blieben, wurden durch den Postenführer ein Warnschuß und anschließend 3 Zielschüsse abgegeben. Zur gleichen Zeit gab auch der Posten 2 Zielschüsse auf den Grenzverletzer ab. Durch das gezielte Feuer wurde der Grenzverletzer getroffen und versank im Kanal.

Unmittelbar nach dem versuchten Grenzdurchbruch erschienen auf Westberliner Seite 3 Zöllner mit einem Hund, 1 engl. SPW und 4 Duepes. Ca. 10 Min. nach dem Vorkommnis erschienen ca. 20 Zivilisten, größten Teils ausgerüstet mit Fotoapparaten.

Eingeleitete Maßnahmen:

— Die am Tathergang beteiligten Genossen der 2. Kompanie wurden zwecks weiterer Untersuchung abgelöst.

— Im gefährdeten Grenzabschnitt wurde erhöhte Wachsamkeit befohlen und eine Doppelstreife am Schiffbauerdamm eingesetzt.

— Alle im Grenzdienst eingesetzten Genossen wurden vom Vorkommnis in Kenntnis gesetzt und verstärkte Wachsamkeit befohlen.

— Durch den OpD wurde der Op.-Stab des PdVP verständigt und von dort aus die Feuerwehr mit 2 Booten zur Suche des Grenzverletzers eingesetzt.

— Am 06. 06. 1962   09.00 Uhr   wird das Vorkommnis mit den Kompaniechefs ausgewertet.

Schlußfolgerungen:

— Die Schußwaffengebrauchsbestimmung wurde eingehalten, Westberliner Gebiet wurde nicht verletzt.

- Die Handlungen der eingesetzten Genossen waren taktisch richtig und zweckmäßig
- Der Gen. Gefr. Dütsch und Schlusche werden zur Auszeichnung für ihre taktisch-richtige Handlungsweise eingereicht.

Zusatz zum Sachverhalt :

Durch den Einsatz der Boote der Feuerwehr wurde die Suche nach dem Grenzverletzer durchgeführt, dabei der Grenzverletzer mit einem Kopfschuß tot geborgen (siehe Skizze). Bei dem Grenzverletzer handelt es sich um den

    H a n n e m a n n, Axel
    geb. am 27.04.1945 in Buchhain
    wohnhaft Cottbus, Leuthenerstr. 11

Durch die Feuerwehr wurde der H. in das Leichenschauhaus überführt.

Stabschef der III. Grenzabteilung

  - Hauptmann -   (D r e i ß i g)

– 3 –

– Die Handlungen der eingesetzten Genossen waren <u>taktisch richtig und zweckmäßig</u>
– Der Gen. Gefr. Dütsch und Schlusche werden zur Auszeichnung für ihre taktisch-richtige Handlungsweise eingereicht.

<u>Zusatz zum Sachverhalt:</u>

Durch den Einsatz der Boote der Feuerwehr wurde die Suche nach dem Grenzverletzer durchgeführt, dabei der Grenzverletzer mit einem Kopfschuß tot geborgen (siehe Skizze).

Bei dem Grenzverletzer handelt es sich um den

> H a n n e m a n n , Axel
> geb. am 27. 04. 1945 in Buchhain
> wohnhaft Cottbus, Leuthenerstr. 11

Durch die Feuerwehr wurde der H. in das Leichenschauhaus überführt.

Stabschef der III. Grenzabteilung

– Hauptmann –   (D r e i ß i g)

Quelle: SAPMO-BArch, ZPA, Bestand: Abt. Sicherheit; IV2/XII/76. Die Buchstaben „EH" auf S. 1 dieses Dokuments bzw. auf S. 674 rechts oben stehen als Paraphe Erich Honeckers für dessen persönliche Kenntnisnahme. Die Fotos zeigen den erschossenen Werner Hänsel.

Reinschrift des Faksimiles

Dok. 15: Richtlinie für das „Neue Ökonomische System der Planung und Leitung der Volkswirtschaft" (Auszüge), 15. Juli 1963

1. Die Wirkung des Gewinns und der Kategorien, die unmittelbar mit dem Gewinn in Beziehung stehen ...

a) Die zentrale Stellung des Gewinns im System ökonomischer Hebel und die Bedingungen seiner wirkungsvollen Ausnutzung

Auf der Grundlage des gesellschaftlichen Eigentums an den Produktionsmitteln und der planmäßigen Tätigkeit der Betriebe widerspiegelt der Gewinn die gemeinsamen Anstrengungen und den Erfolg der wirtschaftlichen Tätigkeit sozialistischer Produzenten. Der erreichte Entwicklungsstand der Produktivkräfte und das neue ökonomische System der Planung und Leitung der Volkswirtschaft machen es notwendig, daß der Gewinn als Maßstab für die Beurteilung der ökonomischen Leistung in Betrieben und VVB voll wirksam wird.

Deshalb kommt es darauf an, alle Bedingungen seiner Erwirtschaftung so zu gestalten, daß in ihm die Beachtung der ökonomischen Gesetze und damit der gesellschaftlichen Erfordernisse präzise zum Ausdruck kommt. Entwicklung und vollständiger Einsatz der neuen Technik, Steigerung der Arbeitsproduktivität, Senkung der Kosten und hohe Qualität, bedarfsgerechte Produktion und Absatztätigkeit müssen zu einem hohen Gewinn und die Verletzung dieser gesellschaftlichen Notwendigkeiten zu Gewinneinbußen (Verlust) führen. Unter solchen Bedingungen ist das Streben der Betriebe und VVB nach einem hohen Gewinn identisch mit ihren Anstrengungen um eine hohe volkswirtschaftliche Leistung.

Der Gewinn dient als Finanzierungsquelle für die erweiterte Reproduktion. In dieser Funktion soll er im Industriezweig voll zur Wirkung kommen. Der Gewinn soll vollständig zur Finanzierung der planmäßigen Aufgaben des Zweiges und seiner Betriebe eingesetzt werden. Soweit die planmäßigen Investitionen und Erhöhungen der eigenen Umlaufmittel geringer als der realisierte Gewinn sind, ist der Teil des überschießenden Gewinnes an den Staatshaushalt abzuführen.

Zugleich dient der Gewinn sowohl als Finanzierungsquelle als auch als Bezugsbasis für die Bildung des Prämienfonds in den VVB und Betrieben.

Damit der Gewinn seine Aufgabe im ökonomischen System der Planung und Leitung der Volkswirtschaft erfüllen kann, sind folgende Voraussetzungen zu schaffen und ständig zu gewährleisten:

— Durchführung der Preisreform mit dem Ziel, die Preise stärker an den Wert anzunähern. Auf diese Weise sollen richtige Preis- und Gewinnrelationen zwischen den Erzeugnissen geschaffen werden. Danach muß kontinuierlich der Einfluß der Steigerung der Arbeitsproduktivität und der Senkung der Selbstkosten auf die planmäßige Preisgestaltung berücksichtigt werden. Dabei ist die Einführung der vorgeschlagenen Produktionsfondsabgabe zu beachten;

— Veränderung der Preisbestimmungen für neue und alte Erzeugnisse mit dem Ziel, für veraltete Erzeugnisse einen niedrigeren Gewinn als für neue und bessere Erzeugnisse zu gewähren. Gleichzeitig muß die bedarfsgerechte Produktion nach Sortiment, Qualität und Termin der Bereitstellung durch Preisdifferenzierungen im Gewinn wirksam werden;

— Umbewertung der Grundmittel;

— Einführung ökonomisch begründeter Abschreibungen, die den vollen physischen und moralischen Verschleiß berücksichtigen, und Einführung einer Produktionsfondsabgabe, um die rationelle Ausnutzung der Produktionsfonds im Gewinn wirksam werden zu lassen;

— volle Ausnutzung der Ware-Geld-Beziehungen zwischen den Käufern und Verkäufern. Insbesondere soll der Wegfall der automatischen Bezahlung der Rechnungen durch die Bank, die Anwendung von Verzugszinsen und der Ausbau des Vertragssystems gewährleisten, daß der Gewinn erst nach der Realisierung der Ware verfügbar wird;

— Beseitigung der schematischen Finanzbestimmungen zur Verwendung des Gewinns, wie z. B. der 20 Prozent Mindestabführung an den Staatshaushalt. Statt dessen werden solche Regeln eingeführt, die den in den Betrieben und VVB verbleibenden Teil des Gewinns von dessen Entwicklung abhängig machen;

— Ausarbeitung und Anwendung von Rentabilitätskennziffern und Bestwerten, um für die Differenzierung des Gewinnes zwischen den VVB und Betrieben entsprechend den volkswirtschaftlichen Erfordernissen und dem unterschiedlichen Entwicklungsstand der Produktivkräfte in den Zweigen und Betrieben Vergleichsmaßstäbe zu haben ...

b) Die richtige Gestaltung der Preise in ihrer Beziehung zum Gewinn

Der auf dem gesellschaftlich notwendigen Arbeitsaufwand beruhende Preis stellt einen Hebel dar, der zugleich die Wirksamkeit anderer an Wertkennziffern gebundener ökonomischer Hebel gewährleistet und eine Vielzahl von besonderen Hebeln unnötig macht. Von seiner Aussagekraft – Annäherung an den Wert – hängt auch der Grad der Überlegungen und Entscheidungen bei der Planung und Leitung ab.

„Ohne richtige Lösung des Problems der Preisbildung und der Festsetzung wissenschaftlich begründeter Preise ist es unmöglich, viele ernste Mängel in der Planung der Produktion zu beseitigen, die wirtschaftliche Rechnungsführung umfassend zu verwirklichen und die Bedingungen für eine rentable Arbeit der Betriebe zu sichern."

Der Preis gehört zum System der ökonomischen Hebel als Leistungsnorm des Betriebes bei der Herstellung eines Erzeugnisses, indem er den gesellschaftlich notwendigen Arbeitsaufwand zum Ausdruck bringt.

Der Preis wird dieser Funktion nur gerecht, wenn seine Übereinstimmung mit dem notwendigen Arbeitsaufwand kontinuierlich überprüft und hergestellt wird. Durch eine perspektivische Preisplanung müssen notwendige Preisveränderungen vorgesehen und durchgeführt und eine größere Beweglichkeit bei der Preisbildung für neue Erzeugnisse zur Sicherung einer bedarfsgerechten Produktion erreicht werden.

Wichtig ist die umfassende Preiskontrolle durch ein besonderes staatliches Organ, das zugleich für die Haupterzeugnisse der Zweige die staatliche Preisgenehmigung erteilt . . .

2. Die Wirkung des Arbeitslohnes, der Prämien und übrigen Hebel der persönlichen materiellen Interessiertheit

Durch die differenzierte Anwendung der Formen der persönlichen materiellen Interessiertheit muß jeder Leiter und Werktätige unmittelbar an den Ergebnissen seiner Tätigkeit verspüren, ob diese sich in Übereinstimmung oder im Gegensatz zu den gesellschaftlichen Erfordernissen befindet. Bei richtiger Handhabung dieses Grundsatzes wird es den Werktätigen zu einer tagtäglichen Erfahrung, daß

— ihre eigene persönliche Arbeit unmittelbar gesellschaftliche Arbeit ist,
— in ihrer persönlichen Tätigkeit die Wirkung der ökonomischen Gesetze des Sozialismus materiell spürbar ist,
— ihre Mitwirkung bei der Planung und Leitung sich in den Ergebnissen des Betriebes und damit in ihrem eigenen Anteil niederschlägt.

Daraus ergeben sich folgende allgemeine Anforderungen, die an den Arbeitslohn als die Hauptform der Verteilung nach der Arbeitsleistung zu stellen sind:

— Der Arbeitslohn muß die persönlichen materiellen Interessen der Werktätigen mit den gesellschaftlichen Erfordernissen verbinden.

Er muß insbesondere durch die Anwendung zweckmäßiger Lohnformen und Prämienregelungen auf der Grundlage exakter Arbeitsnormen und anderer Leistungskennziffern auf die Steigerung der Arbeitsproduktivität, auf hohe Qualität der Erzeugnisse und auf die Senkung der Selbstkosten orientieren.

Quelle: Weber 1986, S. 273 ff.

Dok. 16: Schlußwort Walter Ulbrichts auf der 11. Tagung des ZK der SED (Auszüge), 18. Dezember 1965

[. . .]

Einige Genossen versuchten den Eindruck zu erwecken, als ob eine Diskussion über die Fragen der Literatur begonnen hätte. Aber das stimmt gar nicht. Die Diskussion hat über ein ganz anderes Thema begonnen. Die Diskussion begann über das Thema der Sauberkeit in der Deutschen Demokratischen Republik, begann über das Thema, ob die Beat-Gruppen und ob die Sex-Propaganda, die systematisch nach amerikanischem Vorbild betrieben wurde, ob das die Richtung der Entwicklung der Kultur ist. Damit begann die Diskussion. Ich möchte das ausdrücklich klarstellen. Von diesem Standpunkt aus wurde einiges in der „Neuen Deutschen Literatur" kritisiert. Von diesem Standpunkt aus wurden eine Reihe Fernsehfilme und Fernsehdarbietungen kritisiert, und nicht wir haben sie kritisiert, sondern die Bevölkerung hat sie kritisiert. Die Bevölkerung hat mit Protesten begonnen. Das ist die Wahrheit.

Selbstverständlich gibt es auch Fragen der Literatur, aber wie gesagt: Wir haben mit der Frage der Ästhetik und der Ethik begonnen. Das war der Ausgangspunkt der Auseinandersetzung. Ästhetik und Ethik – wie steht es damit?

Die Ästhetik wurde nur als Tarnschild benutzt, und die Ethik kam unter die Räder. So war das in weitgehendem Maße der Fall. Man mußte also wieder die Positionen klarstellen, die Beschlüsse des Parteitages über die Entwicklung der sozialistischen Ethik und über die Gesetze der sozialistischen Moral hervorholen.

Denn wenn in der illustrierten Zeitschrift der deutsch-sowjetischen Freundschaft, „Freie Welt", Propaganda gemacht wird für die Bordelle auf der Reeperbahn in Hamburg, dann scheint mir das doch schon der Gipfel zu sein und höchste Zeit dafür, daß eingegriffen wird. Ich denke, daß das die höchste Zeit war. Das betraf auch einige Fernsehsendungen und einiges andere mehr.

In diese Schmutzlinie haben sich Biermann und einige andere hineingeschoben und haben Politik gemacht. Wessen Politik? Es handelt sich um den Kreis Havemann, Heym, Biermann und – ich möchte jetzt die weiteren Namen nicht nennen, das kann man später nachholen. Es handelt sich also nicht um den Dichter Biermann als solchen oder um eine Frage der Dichtkunst, sondern es handelt sich um eine Gruppe, die einen politischen Kampf gegen die Arbeiter-und-Bauern-Macht zielbewußt geführt hat und führt. Ich möchte noch erwähnen, daß es selbstverständlich vorkommen kann, daß manche Genossen nicht sofort und rechtzeitig alle Zusammenhänge sehen. Das kann vorkommen. Nicht jeder hat die Übersicht, und manchmal scheint das eine oder andere gar nicht von so großer Bedeutung zu sein. Aber damit diejenigen, die an der Richtigkeit unserer Einschätzung der Lage Zweifel hatten, vollständig überzeugt werden, erlaube ich mir, aus dem Springerblatt von heute folgende Mitteilung hier bekanntzugeben: Prof. Havemann hat im „Spiegel" einen Artikel veröffentlicht, in dem er die Zulassung einer parlamentarischen Opposition in der „Sowjetzone" fordert. Er fordert, daß in der „deutschen Sowjetzone" – wie es dort heißt – die Freiheiten gegeben werden, die in der bürgerlichen Gesellschaft des Westens bestehen. Damit das etwas getarnt wird, sagt er, er sei auch für die Legalisierung der KPD in Westdeutschland. Und dann stellt er die Frage: „Kann es auch im Sozialismus eine parlamentarische Opposition geben"? – „d. h., er meint eine Oppositionspartei" – „und warum haben die Arbeiter kein Streikrecht oder – wenn sie nicht streiken wollen – warum können sie nicht wenigstens eine unfähige Betriebsleitung absetzen?"

So, ist alles klar?

(*Zurufe:* Völlig klar! Vollkommen klar!)

Ist es jetzt allen Genossen klar, frage ich, daß es nicht um Literatur geht und auch nicht um höhere Philosophie, sondern um einen politischen Kampf zwischen 2 Systemen? – Ich hoffe, daß das inzwischen klargeworden ist. Selbstverständlich, für uns ist es manchmal nicht leicht, schon wenn wir andere Anhaltspunkte haben, Genossen zu überzeugen, bevor der Gegner selber bis zu Ende formuliert. Dann ist es selbstverständlich leichter.

Also worum geht es? Um die Gewährung der Freiheiten in der DDR, die in der bürgerlichen Gesellschaft des Westens üblich sind. – Aber wir haben viel weitergehende Freiheiten; wir haben nur keine Freiheit für Verrückte, sonst haben wir absolute Freiheiten überall.

(Kurt *Hager:* Und keine für solche Konterrevolutionäre!)

Für Konterrevolutionäre haben wir auch keine Freiheiten, das nicht.

Selbstverständlich, Genossen, wenn die Frage so gestellt wird, geht es um die prinzipielle Auseinandersetzung. Was sind denn demokratische Freiheiten? Besteht die demokratische Freiheit darin, daß jemand unter dem Druck der Meinungsfabriken der Bourgeoisie alle 4 Jahre einmal einen Stimmzettel abgeben darf, oder besteht die Demokratie in der ständigen Mitarbeit, in der Mitwirkung des werktätigen Volkes und darin, daß das werktätige Volk die Produktionsmittel besitzt und über sie verfügt?

Was ist los? Die Herren haben jetzt auch diejenigen, die bisher glaubten, sie könnten sich durchmanövrieren, die Herren haben alle gezwungen, die prinzipiellen Fragen bis zu Ende zu diskutieren. Einverstanden, wir nehmen den Kampf auf, wir sind gar nicht dagegen.

[. . .]

Wenn die Westpresse schreibt, daß jetzt der Stalinismus wieder eingezogen ist usw., so kann ich dazu nur sagen, daß dieser alte Trick, gegen den Marxismus-Leninismus unter der Losung des Stalinismus zu kämpfen, jetzt schon so abgegriffen ist, daß darauf bei uns niemand mehr hereinfällt. Darum geht es gar nicht. Der „Tagesspiegel" hat ganz genau begriffen, daß wir genau auf den Punkt geschlagen haben, wo die Verbündeten des „Tagesspiegel" saßen oder sitzen, nämlich ideologisch.

[. . .]

Quelle: SAPMO-BArch, ZPA, IV 2/1/191; abgedruckt in: Agde 1991, S. 344 ff.

Dok. 17: Kampagne und Manipulationen gegen Bundespräsident Lübke

Genossen Minister

zur Information

Kampagne gegen **Lübke**

Am Mittwoch, dem 2. Februar 1966, fand beim Genossen Albert Norden eine Beratung über die Weiterführung der Kampagne gegen Lübke statt, an der folgende Genossen teilnahmen:

Genosse Heinz Stadler	– Büro Norden
Genosse Max Schmidt	– Sekretär der Westkommission
Gen. Eberhard Heinrich	– Agitationskommission
Genosse Prof. Kaul	
Genosse Oberstltn. Halle	– MfS

Es wurden folgende Fakten diskutiert und die notwendigen Festlegungen getroffen:

1. Pressefahrt nach Leau – Neu-Staßfurt

Am Dienstag, dem 8. Februar und Mittwoch, dem 9. Februar 1966 werden

a) 10 westdeutsche Journalisten aus dem Kreis der Westberliner Korrespondenten,

b) 5 Korrespondenten ausländischer Presseorgane aus dem kapitalistischen Ausland und

c) Journalisten der DDR

in Begleitung je eines Mitarbeiters des MfAA, des Presseamtes und des Nationalrates nach Leau und Neu-Staßfurt fahren, um sich an Ort und Stelle unmittelbar über die von Lübke errichteten KZ-Anlagen zu informieren.

Es wird ihnen Gelegenheit gegeben mit ehemaligen Häftlingen dieser KZ und anderen Zeugen zu sprechen.

Von seiten des MfS wird der Pressebesuch durch einen Mitarbeiter der Abteilung Agitation am Ort vorbereitet, soweit es sich um Zeugen handelt, über die wir verfügen.

Die zuständigen Kreisdienststellen des MfS werden informiert und treffen alle von unserer Seite her notwendigen Vorkehrungen.

2. Über ZK wird organisiert, daß ein ehemaliger französischer Häftling des von Lübke errichteten KZ Neu-Staßfurt bei einem namentlich feststehenden französischen Anwalt eine zivilrechtliche Klage gegen Lübke anstrengt.

Der französische Anwalt reicht diese Klage an Prof. Kaul, seinen Korrespondentenanwalt in der DDR, mit der Bitte um Wahrnehmung der Klage.

Daraufhin wird von Prof. Kaul als Vertreter des französischen Klägers beim Kreisgericht in Staßfurt eine zivilrechtliche Klage gegen Lübke angestrengt.

Dieses Verfahren wird entsprechend politisch-agitatorisch ausgewertet. Im Rahmen dieser Auswertung kann Prof. Kaul in Westdeutschland auftreten, da das Gerichtsurteil zwecks Vollstreckung an westdeutsche Gerichtsbehörden übergeben wird.

3. Auf Grund der vor einigen Tagen von Lübke abgegebenen Erklärung, daß er die auf der Pressekonferenz gezeigten Originaldokumente über die Errichtung von KZ-Bauten, insbesondere bezüglich seiner Unterschrift verleugnet, wird eine Aktion vorbereitet, Lübke durch international bekannte Schriftsachverständige der Lüge zu überführen.

Es wurde festgestellt, daß

a) Prof. Kaul über den Westberliner Anwalt Scheidt einen Westberliner Schriftsachverständigen,

b) der Genosse Max Schmidt über den Parteitag einen französischen Schriftsachverständigen und

c) das MfS über die Generalstaatsanwaltschaft den polnischen Professor Horoszowski (H. ist international anerkannt; er arbeitete damals beim Globke-Prozeß ein Gutachten für uns aus)

gewinnen.

4. Im Anschluß an die Sitzung bat mich Genosse Norden unter vier Augen, ob es dem MfS nicht möglich sei, die Kampagne gegen Lübke durch spezielle aktive Maßnahmen in Westdeutschland zu unterstützen.

Er hatte dabei insbesondere folgende Vorstellungen:

a) Lancierung des Lübke-Materials in westliche Presseorgane;

b) Maßnahmen, um den Diffamierungsprozeß um Lübke zu fördern, wobei die sich durch die Koalitionsfrage gebildeten Fraktionen innerhalb der CDU/CSU ausgenutzt werden könnten;

c) Organisierung des öffentlichen Auftretens eines prominenten FDP-Funktionärs, der unter Berufung auf den „einwandfreien" ehemaligen FDP-Bundespräsidenten Heuss die sich aus der Vergangenheit ergebende

Disqualifikation Lübkes für das Amt des Bundespräsidenten feststellt.

Ich schlage vor, eine Durchschrift dieser Information an Genossen Generalleutnant Wolf zu geben, mit der Bitte, die Möglichkeiten zur Realisierung des Punktes 4 durch die HVA zu prüfen.

Leiter der Abteilung Agitation

Halle
Oberstltn.

Quelle: Aus Akten BStU, abgedruckt in: Bohnsack 1997, S. 185 ff.

Dok. 18: Offener Brief des ZK der SED an die SPD (Auszüge), 11. Februar 1966

SED und SPD sind die bei weitem stärksten Parteien Deutschlands. Wenn die Beziehungen dieser beiden größten deutschen Parteien durch Feindseligkeit oder dadurch gekennzeichnet werden, daß man nicht miteinander spricht, dann bliebe die deutsche Frage auch in Zukunft blockiert. Denn die Politik der westdeutschen CDU/CSU-Regierung ist so festgelaufen und steckt so tief in der Sackgasse, daß von dieser Seite nur weitere Vertiefung und Versteinerung der deutschen Spaltung zu erwarten ist. Die Politik der Annäherung der SPD an die CDU, die Politik der Anpassung und Umarmung ist nun bis zu Ende ausprobiert. Es ist jetzt erwiesen: Diese Politik hat nicht die von manchen Sozialdemokraten erwarteten günstigen Ergebnisse gebracht. Das erhoffte Vertrauensvotum der Mehrheit der Bevölkerung Westdeutschlands für die SPD blieb aus, weil sich die SPD-Politik freiwillig mit in die Sackgasse begeben hat, in der die verfehlte CDU-Politik festsitzt.

[. . .]

Die SPD steht am Scheideweg. Die Fortführung der Politik der Anpassung an die CDU schadet ihrem Ansehen in weiten Kreisen der Bevölkerung. Mit der Politik der Gemeinsamkeit mit der CDU wird sie niemals eine Mehrheit gewinnen, ja nicht einmal entscheidenden Einfluß in einer Regierung der Bundesrepublik erreichen. Wenn die SPD die Führung in Westdeutschland übernehmen will, so muß sie doch offenbar eine solche eigene Politik entwickeln und glaubhaft machen, die die Mehrheit der Bevölkerung der westdeutschen Bundesrepublik veranlaßt zu sagen: Dieser Partei müssen wir die Macht im Staate geben, zur Politik dieser Partei können wir uns mit gutem Gewissen bekennen.

[. . .]

Wir geben offen zu, daß die SED allein die Deutschlandfrage auch nicht lösen kann. Aber die beiden größten Parteien Deutschlands könnten gemeinsam den entscheidenden Beitrag zur Lösung der Deutschlandfrage leisten, wenn sie wenigstens ein Mindestmaß an Annäherung und Übereinstimmung in den Fragen des Friedens und an Zusammenarbeit bei der Überwindung der Spaltung fänden.

Quelle: Weber 1986, S. 293/294

Dok. 19: Brief des SED-Politbüros an Breschnew (Auszüge), 21. Januar 1971

Teure Genossen!

Wie Ihnen bekannt ist, kam es bei uns in den letzten Monaten in wachsendem Maße zu einer außerordentlich schwierigen Lage im Politbüro. Das hat seine Ursache darin, daß seit Mitte 1970 vom Genossen Walter Ulbricht immer wieder Einschätzungen gegeben und Fragen aufgeworfen werden, die nicht mit der realen Lage der Deutschen Demokratischen Republik und unseren Aufgaben in Übereinstimmung stehen.

Das erfüllt uns mit großer Sorge, weil dadurch die politische und organisatorische Führungstätigkeit der Partei in einer Situation geschwächt wird, in der sowohl angespannte innere Probleme als auch komplizierte außenpolitische Aufgaben unsere ganze Aufmerksamkeit und Kraft verlangen. Genosse Walter Ulbricht hält sich gar nicht an Beschlüsse und getroffene Vereinbarungen. Er geht nicht von den ZK- und Politbüro-Beschlüssen aus, sondern stellt gefaßte Beschlüsse immer wieder infrage und zwingt dem Politbüro ständig Diskussionen auf, die es in nicht mehr zu vertretender Weise von der konkreten Arbeit bei der Lösung der wichtigsten Aufgaben abhalten.

Wir haben uns bemüht und bemühen uns, die im August 1970 in Moskau getroffenen Vereinbarungen konsequent durchzuführen und faßten dementsprechend für die Stabilisierung der Lage in der Deutschen Demokratischen Republik bereits am 8. September 1970 einen grundlegenden Beschluß. Genosse Walter Ulbricht trat mehrfach außerhalb des Politbüros vor einem breiten Auditorium gegen diesen Beschluß auf.

Nachdem die 14. Tagung des Zentralkomitees (9. bis 11. Dezember 1970) eine realistische Einschätzung der inneren, insbesondere der wirtschaftlichen Entwicklung und eine entsprechende Zielstellung erarbeitet und gebilligt hatte, hielt Genosse Walter Ulbricht ein Schlußwort, das in seiner Grundtendenz nicht mit dem, was auf dieser Tagung gesagt wurde, und unserer gemeinsamen Linie übereinstimmte. Das Politbüro war gezwungen, die Veröffentlichung dieses Schlußwortes abzulehnen. Dasselbe war bereits mit einer Rede eingetreten, die Genosse Walter Ulbricht auf einer erweiterten Sitzung der Bezirksleitung Leipzig im November 1970 gehalten hatte. Das Politbüro mußte auch im Januar 1971 ein von Genossen Walter Ulbricht überraschend eingebrachtes Material ablehnen, das zur Vorbereitung des VIII. Parteitages der SED an alle Bezirks- und Kreisleitungen sowie an die Grundorganisationen der Partei versandt werden sollte. Auch darin wurden zwar die Beschlüsse der 14. Tagung des Zentralkomitees der Sozialistischen Einheitspartei Deutschlands und vorangegangener Politbüro-Sitzungen verbal anerkannt, in der Tat aber versucht, eine andere Einschätzung der Lage zu geben und erneut die Partei auf irreale Ziele zu orientieren. In diesem Material ist vorgesehen, zum VIII. Parteitag eine Orientierung zu geben und Beschlüsse zu fassen, die nicht auf die Fragen des Lebens Antwort geben und um das gültige Programm entsprechend der Entwicklung zu konkretisieren, sondern durch lebensfremde, pseudowissenschaftliche teilweise „technokratische" Theorien einer sogenannten Vorausschau bis 1990 und darüberhinaus ersetzt werden sollen. In der Einschätzung internationaler Fragen wird von ihm teilweise in den Formulierungen hinter die Beschlüsse der Moskauer Beratung der kommunistischen und Arbeiterparteien und der verschiedenen Beratungen der Staaten des Warschauer Vertrages zurückgegangen. Das würde dazu führen, daß wir zum VIII. Parteitag nicht mit einer einheitlichen Meinung kommen, sondern mit der Meinung der Mehrheit des Politbüros und des Zentralkomitees auf der einen und der des Genossen Walter Ulbricht auf der anderen Seite. Sein ganzes Verhalten behindert in der letzten Zeit unsere Vorarbeiten zum Parteitag.

Nicht nur in der Innenpolitik, sondern auch in unserer Politik gegenüber der BRD verfolgt Genosse Walter Ulbricht eine persönliche Linie, an der er starr festhält. Damit wird ständig der zuverlässige Ablauf des zwischen der KPdSU und der SED koordinierten Vorgehens und der getroffenen Vereinbarungen gegenüber der BRD gestört.

Leider sind die Meinungsverschiedenheiten nicht nur in unserer Partei, sondern dank der Umgebung des Genossen Walter Ulbricht auch im Westen bekannt geworden.

Wir sehen die Ursachen für die zunehmenden Schwierigkeiten, die für unsere Partei durch die Handlungsweise des Genossen Walter Ulbricht entstehen, auch im Zusammenhang mit seinem hohen Alter. Hier geht es sicherlich um ein menschliches und biologisches Problem. Wir verstehen – und jeder in unserer Partei wird verstehen – daß es im Alter von 78 Jahren äußerst kompliziert ist, den großen Umfang von Arbeiten und Verpflichtungen wahrzunehmen, die sich aus der Funktion des Ersten Sekretärs des Zentralkomitees der SED und des Vorsitzenden des Staatsrates der DDR ergeben, insbesondere, wenn man berücksichtigt, daß die gegenwärtige und künftige politische Situation an uns hohe Anforderungen stellt.

Wir können mit voller Verantwortung sagen, daß wir alles getan haben, um Genossen Walter Ulbricht zu helfen. Wir schätzen auch seine Verdienste in der Vergangenheit hoch ein. Leider können wir nicht umhin festzustellen, daß sich bei Genossen Walter Ulbricht in der letzten Zeit bestimmte negative Seiten seines auch ohnehin schwierigen Charakters immer mehr verstärken. In dem Maße, in dem er sich vom wirklichen Leben der Partei, der Arbeiterklasse und aller Werktätigen entfremdet, gewinnen irreale Vorstellungen und Subjektivismus immer mehr Herrschaft über ihn. Im Umgang mit den Genossen des Politbüros und mit anderen Genossen ist er oft grob, beleidigend und diskutiert von einer Position der Unfehlbarkeit. Es tritt immer stärker hervor, daß Genosse Walter Ulbricht von dem Gefühl seiner Unfehlbarkeit geleitet, für kommende Jahrzehnte, ja, bis zum Jahre 2000 politische und andere Prognosen vorlegt, die sich keine andere Partei der sozialistischen Staatengemeinschaft stellt. Aus vielen Bemerkungen und manchem Auftreten geht hervor, daß sich Genosse Walter Ulbricht gern auf einer Stufe mit Marx, Engels und Lenin sieht. Genosse Walter Ulbricht betrachtet es als eine seiner wesentlichsten Aufgaben, den Marxismus-Leninismus auf den verschiedensten Gebieten „schöpferisch weiter zu entwickeln".

Seine Haltung gipfelte in einer Behauptung im Politbüro, daß er „unwiederholbar" sei. Die übertriebene Einschätzung seiner Person überträgt er auch auf die DDR, die er immer wieder in eine „Modell-" und „Lehrmeisterrolle" hineinmanövrieren will. So stellte er allen Ernstes der Partei und dem Staat die Aufgabe, in den nächsten Jahren eine jährliche Zuwachsrate der Industrieproduktion und der Arbeitsproduktivität von 10% unter allen Umständen zu erreichen, weil das angeblich objektiv notwendig sei. Gleichzeitig vertrat er den Standpunkt, daß es darauf ankomme, „bisher Nichtgedachtes" einzuschätzen und zu bilanzieren.

Sicherlich waren auch wir in der Vergangenheit der nicht angebrachten übertriebenen Selbstbewertung des Genossen Walter Ulbricht gegenüber nicht immer kritisch und konsequent genug.

In der Haltung und im öffentlichen Auftreten von Genossen Walter Ulbricht liegen ernste Gefahren für die Beziehungen unserer Partei zur Kommunistischen Partei der Sowjetunion und zu den Bruderparteien. Deshalb mußte das Politbüro sich schon mehrfach mit ihm auseinandersetzen, um größten Schaden und ernste Konflikte zu verhindern. Wir berücksichtigen dabei auch bestimmte Lehren aus den Ereignissen in Volkspolen und in der CSSR.

Angesichts der Verantwortung unserer Partei in der gegenwärtigen inneren und internationalen Situation und auch angesichts der Erfahrungen, daß sich trotz vieler Diskussionen und Bemühungen, die mit der Haltung des Genossen Walter Ulbricht verbundenen Belastungen nicht mindern, sondern im Gegenteil erhöhen, halten wir es für unsere internationalistische Pflicht, das Politbüro des ZK der KPdSU über die bei uns entstandene Lage zu informieren und zu bitten, uns bei der Lösung dieser komplizierten Frage zu helfen.

Wir sind der Ansicht, daß eine solche Lösung darin bestehen könnte, daß die Funktion des Ersten Sekretärs des Zentralkomitees der SED sehr bald von der des Vorsitzenden des Staatsrates der DDR getrennt wird und Genosse Walter Ulbricht nur die Funktion des Vorsitzenden des Staatsrates der DDR ausübt. Dabei wäre es gleichzeitig geboten, die bisher übertriebenen und künstlich ausgeweiteten Befugnisse des Staatsrates zu beschränken. Die Tätigkeit des Staatsrates, die heute oft dazu benutzt wird, um ohne das Politbüro Entscheidungen zu treffen, wäre der Kontrolle des Politbüros zu unterstellen. Der Staatsrat müßte seine Aktivitäten auf den Gebieten einstellen, die voll zum Verantwortungsbereich der Regierung der Deutschen Demokratischen Republik gehören.

Bei unseren Erwägungen können wir auch nicht daran vorbeigehen, daß nach offiziellem ärztlichen Befund die gegenwärtige arbeitsmäßige Belastung des Genossen Walter Ulbricht unverantwortlich ist. Es wurde ihm von den ihn betreuenden Ärzten dringend und wiederholt empfohlen, täglich nur vier Stunden zu arbeiten, sich mittwochs, sonnabends und sonntags zu erholen und nur einmal in der Woche abends für zwei Stunden an Veranstaltungen teilzunehmen. Zu unserer Sorge hält sich Genosse Walter Ulbricht nicht an diese und andere ärztliche Ratschläge. Dadurch kann sowohl für Genosse Walter Ulbricht persönlich als auch für Partei und Staat eine komplizierte Lage entstehen.

Wir lassen uns bei unseren Vorschlägen auch davon leiten, daß Genosse Walter Ulbricht möglichst lange für unsere Sache erhalten bleibt. Im Interesse unserer Partei und in seinem eigenen Interesse ist eine möglichst baldige Lösung wünschenswert, da sonst der Schaden für unsere Partei, der dann schwer wieder gutzumachen ist, immer größer wird, aber auch eine offene Austragung der Differenzen vor der Partei und die Zurückweisung seiner falschen Auffassungen immer schwieriger zu verhindern ist.

Deshalb wäre es sehr wichtig und für uns eine unschätzbare Hilfe, wenn Genosse Leonid Iljitsch Breschnew in den nächsten Tagen mit Genossen Walter Ulbricht ein Gespräch führt, in dessen Ergebnis Genosse Walter Ulbricht von sich aus das Zentralkomitee der Sozialistischen Einheitspartei Deutschlands ersucht, ihn auf Grund seines hohen Alters und seines Gesundheitszustandes von der Funktion des Ersten Sekretärs des Zentralkomitees der Sozialistischen Einheitspartei Deutschlands zu entbinden. Diese Frage sollte möglichst bald gelöst werden, das heißt, unbedingt noch vor dem VIII. Parteitag der SED.

Indem wir Ihnen diese große Bitte unterbreiten, gehen wir davon aus, daß immer zwischen unseren Parteien und Staaten, seit der Zeit Thälmanns und Piecks eine gute, feste, unverbrüchliche Kampfgemeinschaft bestand und auch heute besteht, die sich auf den Marxismus-Leninismus gründet und daß die Lösung der uns außerordentlich bewegenden Frage dazu beitragen wird, all das Große und Gute, das unsere Beziehungen bestimmt, weiter zu vertiefen.

Wir erwarten Ihre Antwort und Hilfe.

Mit kommunistischem Gruß

Berlin, den 21. Januar 1971

H. Axen, Mitglied d. PB und Sekretär d. ZK
G. Grüneberg, Mitglied d. PB und Sekretär d. ZK
K. Hager, Mitglied d. PB und Sekretär d. ZK
E. Honecker, Mitglied d. PB und Sekretär d. ZK
G. Mittag, Mitglied d. PB und Sekretär d. ZK
H. Sindermann, Mitglied d. PB, 1. Sekretär der BL Halle
W. Stoph, Mitglied d. PB, Vorsitzender des Ministerrates
P. Verner, Mitglied d. PB, Sekretär d. ZK
E. Mückenberger, Mitglied d. PB, 1. Sekretär der BL Frankfurt/Oder
H. Warnke, Mitglied d. PB, Vors. FDGB
W. Jarowinsky, Kandidat d. PB, Sekretär d. ZK
W. Lamberz, Kandidat des PB, Sekretär des ZK
G. Kleiber, Kandidat des PB, Staatssekretär d. Ministerrates der DDR

Quelle: Przybylski 1991, S. 297 ff.

Dok. 20: Wirtschaftliche Direktiven des VIII. Parteitages (Auszüge), 15. Juni 1971

[. . .]

Aus der Reihe von Maßnahmen zur weiteren Verbesserung der Lebensbedingungen möchte ich noch eine hervorheben, die uns besonders dringlich und wesentlich erscheint. Es handelt sich um die Versorgung der Bevölkerung mit Waren des täglichen Bedarfs, mit Konsumgütern, Ersatzteilen und Dienstleistungen. Die Lückenhaftigkeit und Unbeständigkeit auf diesem Gebiet wird von vielen Werktätigen mit Recht bemängelt. Es darf bei uns nicht einreißen, den sogenannten tausend kleinen Dingen nicht die ihnen gebührende Beachtung zu schenken. Fortschritte in der Versorgung der Bevölkerung, vor allem Stabilität und Kontinuität, würden eine wesentliche Verbesserung des täglichen Lebens bedeuten und viele Anlässe für Reibungen und Verärgerungen aus der Welt schaffen.

Wir sind entschlossen, diesem Problem ernsthaft zu Leibe zu rücken. Aber dabei gilt es nicht geringe Schwierigkeiten zu überwinden, müssen stabile Voraussetzungen in der Produktion geschaffen werden, und wir haben auch andere Zusammenhänge zu berücksichtigen. Wesentliche Schlußfolgerungen sind für die Leitungstätigkeit zu ziehen. Das Politbüro und der Ministerrat haben dazu bereits die entsprechenden Maßnahmen getroffen.

Bestimmte Störungen der Proportionalität wirken natürlich auch auf die Versorgung ein. Zudem können wir nicht außer acht lassen, daß die geplante rasche Steigerung des Exports lebenswichtig für unsere Wirtschaft ist und nicht eingeschränkt werden kann.

Ergebnisse werden sich also nur Schritt für Schritt einstellen. Aber wir werden die Aufgabe der stabilen und kontinuierlichen Versorgung konsequent und bis zu Ende verfolgen. Aus der generellen Zielstellung ergeben sich für eine Reihe von Wirtschaftsbereichen besondere Verpflichtungen. In der Direktive ist die planmäßige Steigerung der Produktion industrieller Konsumgüter und landwirtschaftlicher Erzeugnisse vorgesehen. Der Warenfonds zur Versorgung der Bevölkerung wird von 65 Milliarden Mark 1970 auf 79 bis 80 Milliarden Mark 1975 erhöht.

Es ist die Aufgabe gestellt, die Produktion der Konsumgüterindustrie stärker zu entwickeln. Doch die Produktion von Massenbedarfsgütern aufzunehmen und zu erweitern ist darüber hinaus eine Forderung an alle Zweige der Industrie. In jedem Betrieb, in jedem Zweig ist zu prüfen, welcher Beitrag dazu geleistet werden kann.

Jeder sollte sich bewußt sein, daß mit der im Entwurf der Direktive formulierten Hauptaufgabe ein anderes, ein neues Herangehen an die Leitung, Planung und Organisierung der Versorgung der Bevölkerung notwendig geworden ist.

Bei der Planung und Bilanzierung der Produktion und der Versorgung ist künftig verstärkt der Bedarf der Bevölkerung als eine der entscheidenden Ausgangsgrößen zum Maßstab für die gemeinsame Arbeit, für den Einsatz der Produktionskapazitäten, der Rohstoffe, Materialien und Rationalisierungsmittel zu nehmen. Die Waren des Grundbedarfs, wie Grundnahrungsmittel, Erzeugnisse des Kinderbedarfs, Ersatz- und Zubehörteile sowie die sogenannten tausend kleinen Dinge müssen bedarfsgerecht produziert und angeboten werden. Je dringlicher die zu lösenden Versorgungsaufgaben sind, um so gewissenhafter müssen der Bedarf und die Aufträge des Handels zum Gegenstand der sozialistischen Gemeinschaftsarbeit und eines beweglichen Reagierens von Handel und Industrie gemacht werden.

Wir wissen, daß die Mitarbeiter des Handels eine wichtige Aufgabe zu erfüllen haben. Sie tragen eine große Verantwortung und erhalten größere Möglichkeiten, die Versorgung der Bevölkerung zu verbessern. Die Parteiorganisationen in diesem Bereich sollten darauf einwirken, daß die Interessen der Kunden nachdrücklicher und konsequenter vertreten werden. Der Handel insgesamt, vor allem der Großhandel, muß den Bedarf der Bevölkerung stärker gegenüber der Produktion vertreten und gemeinsam mit der Industrie alle Produktionsmöglichkeiten erschließen. Schließlich hat der Handel darüber zu wachen, daß Erzeugnisse in einwandfreier Qualität angeboten werden, die Sortimente auch in den niedrigen Preisgruppen in Übereinstimmung mit dem Bedarf produziert und Versuche, die Produktion von Konsumgütern einzustellen, unterbunden werden.

Von nicht geringer Bedeutung ist, daß der Handel der Bevölkerung durch Einkaufserleichterungen, Kundendienste und Dienstleistungen hilft, Zeit zu sparen, daß die Bürger gut bedient und sachkundig beraten werden.

Genossen!

Ich möchte diesen Punkt, der sich ausführlich mit den Fragen der Verbesserung des Lebens der Bevölkerung beschäftigt, nicht abschließen, ohne auf das nachdrücklichste zu unterstreichen, daß für die Arbeits- und Lebensbedingungen, besonders aber für die stabile und kontinuierliche Versorgung, alle bei uns Verantwortung tragen und ihren Beitrag leisten müssen.

Hier wird sichtbar, daß die Bestimmung der Hauptaufgabe des Fünfjahresplans auch wichtige Verhaltensweisen berührt und fordert. Gleichgültigkeit in dieser Sache, ihre Mißachtung als „untergeordnete Aufgabe", dürfen wir nirgendwo mehr dulden. Mehr und bessere Waren, die dem Bürger gefallen und seine Bedürfnisse befriedigen, Ideen für deren rationelle und ausreichende Produktion, Initiativen für die Dienstleistungen – das betrachten wir in unserer Gesellschaft als wichtige Staatsangelegenheit. (Beifall)

Quelle: Neues Deutschland vom 16. Juni 1971, S. 5

Dok. 21 Statut der SED (Auszüge), 22. Mai 1976

Die Sozialistische Einheitspartei Deutschlands ist der bewußte und organisierte Vortrupp der Arbeiterklasse und des werktätigen Volkes der sozialistischen Deutschen Demokratischen Republik. Als freiwilliger Kampfbund Gleichgesinnter vereinigt sie in ihren Reihen die fortschrittlichsten Angehörigen der Arbeiterklasse, der Klasse der Genossenschaftsbauern, der Intelligenz und der anderen Werktätigen.

Die Sozialistische Einheitspartei Deutschlands verkörpert die besten revolutionären Traditionen der mehr als hundertjährigen Geschichte der deutschen Arbeiterbewegung und setzt sie fort.

In Übereinstimmung mit der geschichtlichen Entwicklung unserer Epoche verwirklicht sie in der Deutschen Demokratischen Republik die von Marx, Engels und Lenin begründeten Aufgaben und Ziele der Arbeiterklasse. Unter der Führung der Sozialistischen Einheitspartei Deutschlands hat die Arbeiterklasse im Bündnis mit den werktätigen Bauern und der fortschrittlichen Intelligenz und anderen Werktätigen in einem einheitlichen revolutionären Prozeß die antifaschistisch-demokratische Umwälzung durchgeführt und die sozialistische Revolution in der Deutschen Demokratischen Republik zum Siege geführt.

Die Sozialistische Einheitspartei Deutschlands als die höchste Form der gesellschaftlich-politischen Organisation der Arbeiterklasse, als ihr kampferprobter Vortrupp, ist die führende Kraft der sozialistischen Gesellschaft, aller Organisationen der Arbeiterklasse und der Werktätigen, der staatlichen und gesellschaftlichen Organisationen.

Auf der Grundlage des Marxismus-Leninismus, seiner schöpferischen Anwendung und Weiterentwicklung lenkt und leitet die Partei die Gestaltung der entwickelten sozialistischen Gesellschaft, mit der grundlegende Voraussetzungen für den allmählichen Übergang zum Kommunismus in der Deutschen Demokratischen Republik geschaffen werden. Sie führt das Volk auf den Weg des Sozialismus und Kommunismus, der Sicherung des Friedens und der Demokratie voran. Sie gibt diesem Kampf Richtung und Ziel.

Das gesamte Wirken der Partei ist darauf gerichtet, alles zu tun für die Interessen der Arbeiterklasse, für das Wohl des ganzen Volkes. Diesem edlen Ziel bei der Gestaltung der entwickelten sozialistischen Gesellschaft dient die Erfüllung der Hauptaufgabe, die weitere Erhöhung des materiellen und kulturellen Lebensniveaus des Volkes auf der Grundlage eines hohen Entwicklungstempos der sozialistischen Produktion, der Erhöhung der Effektivität, des wissenschaftlich-technischen Fortschritts und des Wachstums der Arbeitsproduktivität.

Stärke und Unbesiegbarkeit der Sozialistischen Einheitspartei Deutschlands in der ideologischen und organisatorischen Einheit und Geschlossenheit ihrer Reihen, der freiwilligen und bewußten Disziplin, der aktiven und selbstlosen Arbeit aller Kommunisten, in ihren engen und vertrauensvollen Beziehungen zu den Werktätigen und im sozialistischen Patriotismus und proletarischen Internationalismus.

[. . .]

Die Partei wacht über die strikte Einhaltung des demokratischen Zentralismus und der Leninschen Normen des Parteilebens, der Kollektivität der Leitungen und der innerparteilichen Demokratie. Sie entwickelt die Aktivität und schöpferische Initiative aller Mitglieder und fördert allseitig Kritik und Selbstkritik.

Jede Erscheinung von Fraktionsmacherei und Gruppenbildung widerspricht dem Wesen unserer marxistisch-leninistischen Partei und ist unvereinbar mit der Zugehörigkeit zur Partei. Die Partei trennt sich von Personen, die das Programm oder das Statut der Sozialistischen Einheitspartei Deutschlands mißachten und die sich durch ihr Verhalten nicht würdig erweisen, den ehrenvollen Namen eines Kommunisten zu tragen.

Die Sozialistische Einheitspartei Deutschlands festigt unaufhörlich das Bündnis der Arbeiterklasse mit der Klasse der Genossenschaftsbauern, mit der Intelligenz und den anderen Werktätigen.

Sie arbeitet kameradschaftlich mit den in der Nationalen Front der Deutschen Demokratischen Republik vereinten befreundeten Parteien und Organisationen zusammen.

Die Sozialistische Einheitspartei Deutschlands vertieft unablässig die unverbrüchliche Freundschaft und das brüderliche Bündnis mit der Kommunistischen Partei der Sowjetunion, der Vorhut der kommunistischen Weltbewegung.

Getreu den Prinzipien des proletarischen Internationalismus gestaltet die Sozialistische Einheitspartei Deutschlands die enge Zusammenarbeit mit allen Bruderparteien und Völkern der sozialistischen Staatengemeinschaft, deren fester Bestandteil die Deutsche Demokratische Republik ist.

Die Sozialistische Einheitspartei Deutschlands ist untrennbarer Teil der internationalen kommunistischen und Arbeiterbewegung.

[. . .]

I. Die Parteimitglieder, ihre Pflichten und Rechte

1. Mitglied der Sozialistischen Einheitspartei Deutschlands zu sein ist eine große Ehre. Die Zugehörigkeit zur Sozialistischen Einheitspartei Deutschlands erlegt jedem Kommunisten hohe Verpflichtungen auf. Mitglied der Sozialistischen Einheitspartei Deutschlands kann jeder Werktätige sein, der das Programm und das Statut der Partei anerkennt, aktiv an der Gestaltung der entwickelten sozialistischen Gesellschaft in der Deutschen Demokratischen Republik teilnimmt, in einer Parteiorganisation tätig ist, sich den Beschlüssen der Partei unterordnet, sie durchführt sowie regelmäßig die festgesetzten Beiträge bezahlt.

2. Das Parteimitglied ist verpflichtet:

(a) die Einheit und Reinheit der Partei als die wichtigste Voraussetzung ihrer Kraft und Stärke stets zu wahren und sie in jeder Weise zu schützen;

am Leben der Partei und regelmäßig an den Mitgliederversammlungen teilzunehmen;

(b) aktiv die Parteibeschlüsse zu verwirklichen, unablässig die Deutsche Demokratische Republik allseitig zu stärken, für ein hohes Entwicklungstempo der sozialistischen Produktion, die Erhöhung der Effektivität, den wissenschaftlich-technischen Fortschritt und das Wachstum der Arbeitsproduktivität zu wirken;

[. . .]

(c) die Verbundenheit mit den Massen unaufhörlich zu festigen.

[. . .]

Jedes Parteimitglied reagiert rechtzeitig auf ihre Wünsche und Bedürfnisse, auf Vorschläge und Kritiken und trägt dazu bei, notwendige Veränderungen herbeizuführen.

Jeder Kommunist fördert die sozialistische Bewußtseinsbildung der Bürger im Geiste der Weltanschauung der Arbeiterklasse, des Marxismus-Leninismus und des proletarischen Internationalismus, die Liebe zur Deutschen Demokratischen Republik, seinem sozialistischen Vaterland, und stärkt seinen Arbeiter-und-Bauern-Staat und die sozialistische Staatengemeinschaft.

Jedes Parteimitglied tritt ein für die unverbrüchliche Freundschaft, Zusammenarbeit und das brüderliche Bündnis mit der Sowjetunion, für den engen Zusammenschluß der Länder der sozialistischen Staatengemeinschaft und fördert den Prozeß der sozialistischen ökonomischen Integration.

[. . .]

(f) das sozialistische Eigentum als unverletzliche Grundlage der Arbeiter-und-Bauern-Macht und die sozialistische Ordnung zu schützen und zu festigen sowie die Landesverteidigung zu stärken;

(g) seine Arbeit in den staatlichen und wirtschaftlichen Organen und in den Massenorganisationen entsprechend den Beschlüssen der Partei im Interesse der Werktätigen zu leisten, die Partei- und Staatsdisziplin zu wahren, die für alle Mitglieder der Partei in gleichem Maße bindend ist. Wer die Partei- und Staatsdisziplin verletzt, ist, unabhängig von seinen Verdiensten und seiner Stellung, zur Verantwortung zu ziehen.

[. . .]

3. Das Parteimitglied hat das Recht:

(a) in seiner Parteiorganisation, auf den Parteiversammlungen und in der Parteipresse an der Erörterung aller Fragen der Politik der Partei und ihrer praktischen Arbeit teilzunehmen, Vorschläge zu unterbreiten, seine Meinung frei zu äußern, bis die Organisation ihren Beschluß gefaßt hat;

(b) in Parteiversammlungen, auf Plenartagungen der leitenden Parteiorgane sowie auf Parteikonferenzen und Parteitagen an der Tätigkeit der Mitglieder und Funktionäre der Partei, unabhängig von ihrer Stellung, Kritik zu üben. Parteimitglieder, die Kritik unterdrücken oder bewußt die Unterdrückung der Kritik dulden, sind zur Verantwortung zu ziehen;

(c) an der Wahl der Parteiorgane teilzunehmen und selbst gewählt zu werden;

(d) seine Anwesenheit zu verlangen, wenn in der Parteiorganisation zu seinem Verhalten und seiner Tätigkeit Stellung genommen wird oder Beschlüsse über seine Person gefaßt werden;

(e) sich mit jeder Frage an jedes höhere Organ der Partei bis zum Zentralkomitee zu wenden und eine auf das Wesen der Sache eingehende Antwort auf seine Eingabe zu verlangen.

[. . .]

8. Wer gegen die Einheit und Reinheit der Partei verstößt, ihre Beschlüsse nicht erfüllt, die innerparteiliche Demokratie nicht achtet, die Partei- und Staatsdisziplin verletzt oder seine Mitgliedschaft und ihm übertragene Funktionen mißbraucht, im öffentlichen und persönlichen Leben sich eines Parteimitgliedes nicht würdig zeigt, ist von der Grundorganisation oder einem höheren Parteiorgan zur Verantwortung zu ziehen.

Je nach Art des Vergehens können folgende Parteistrafen beschlossen werden:

(a) die Rüge; (b) die strenge Rüge; (c) der Ausschluß aus der Partei.

[. . .]

9. Der Ausschluß aus der Partei ist die höchste Parteistrafe. Bei der Entscheidung über den Ausschluß aus der Partei ist ein Höchstmaß an Sorgfalt zu üben und eine gründliche Prüfung der gegen das Parteimitglied erhobenen Beschuldigungen zu gewährleisten.

Der Ausschluß aus der Partei ist nur gültig, wenn zwei Drittel der auf der Mitgliederversammlung anwesenden Parteimitglieder dafür stimmen und wenn der Beschluß von der Kreisleitung bestätigt ist.

[. . .]

III. Der Parteiaufbau und die innerparteiliche Demokratie

23. Der Organisationsaufbau der Partei beruht auf dem Prinzip des demokratischen Zentralismus. Dieser Grundsatz besagt:

(a) daß alle Parteiorgane von unten bis oben demokratisch gewählt werden;

(b) daß die gewählten Parteiorgane zur regelmäßigen Berichterstattung über ihre Tätigkeit vor den Organisationen verpflichtet sind, durch die sie gewählt wurden;

(c) daß alle Beschlüsse der höheren Parteiorgane für die nachgeordneten Organe verbindlich sind, straffe Parteidisziplin zu üben ist und die Minderheit sowie der einzelne sich den Beschlüssen der Mehrheit diszipliniert unterordnet.

24. Das höchste Prinzip der Arbeit der leitenden Parteiorgane ist die Kollektivität. Alle Leitungen haben die vor der Partei stehenden Probleme, die Aufgaben und die Planung der Arbeit im Kollektiv zu beraten und zu entscheiden.

Der Grundsatz der Kollektivität schließt die persönliche Verantwortung des einzelnen ein. Personenkult und die damit verbundene Verletzung der innerparteilichen Demokratie sind unvereinbar mit den Leninschen Normen des Parteilebens und können in der Partei nicht geduldet werden.

[. . .]

27. Das höchste Organ

(a) der Grundorganisation ist die Mitgliederversammlung;

(b) der Parteiorganisation des Großbetriebes, der größeren Institution sowie des Ortes, Kreises, Stadtbezirk, der Stadt und des Bezirkes ist die Delegiertenkonferenz;

(c) der Partei als Ganzes ist der Parteitag.

Die Mitgliederversammlungen und Delegiertenkonferenzen wählen die Leitungen. Der Parteitag wählt das Zentralkomitee.

Sie sind Vollzugsorgane, die die gesamte laufende Arbeit der Parteiorganisation leiten.

28. Die Wahlen zu den leitenden Parteiorganen erfolgen durch geheime Abstimmung. Über jeden vorgeschlagenen Kandidaten wird einzeln beraten und abgestimmt. Jedes Mitglied und jeder Kandidat hat das uneingeschränkte Recht, Fragen an die aufgestellten Kandidaten zu richten, Einwände gegen sie zu erheben und neue Vorschläge zu unterbreiten. Als gewählt gilt der Kandidat, für den mehr als die Hälfte der stimmberechtigten Teilnehmer der Versammlung, der Konferenz oder des Parteitages stimmte. Die Mitglieder aller leitenden Parteiorgane müssen das große Vertrauen, das die Partei in sie gesetzt hat, in ihrer gesamten Tätigkeit rechtfertigen.

Bei den Wahlen wird auf die Erneuerung der leitenden Parteiorgane durch bewährte politisch und fachlich qualifizierte Mitglieder der Partei geachtet. Die Kontinuität der Leitungen ist dabei zu wahren.

[. . .]

30. Die innerparteiliche Demokratie sichert jedem Parteimitglied und Kandidaten das Recht, frei und sachlich in den Parteiorganisationen zu allen Fragen der Politik der Partei Stellung zu nehmen.

31. Die innerparteiliche Demokratie ist die Grundlage für die Erfahrung der Kritik und Selbstkritik, für die Festigung der Parteidisziplin, die eine bewußte und freiwillige Disziplin ist, und für die gesunde Entwicklung und ständige Stärkung der Partei.

32. Jede Parteiorganisation, jedes Mitglied, jeder Kandidat schützt die Partei gegen parteifeindliche Einflüsse und Elemente sowie Fraktionsmacherei und tritt für die Einheit und Reinheit der Partei auf dem Boden des Marxismus-Leninismus ein. Die Parteimitglieder haben die Pflicht, darüber zu wachen, daß die innerparteiliche Demokratie nicht von den Feinden der Arbeiterklasse dazu ausgenutzt werden kann, die Parteilinie zu entstellen, den Willen einer unbedeutenden Minderheit der Mehrheit der Partei aufzuzwingen oder durch die Bildung von fraktionellen Gruppierungen die Einheit der Partei zu zerstören und Spaltungsversuche zu unternehmen.

[. . .]

IV. Die höchsten Parteiorgane

34. Das höchste Organ ist der Parteitag.

Ordentliche Parteitage finden in der Regel einmal in fünf Jahren statt.

[. . .]

38. Der Parteitag

(a) nimmt die Rechenschaftsberichte des Zentralkomitees, der Revisionskommission und anderer zentraler Organe entgegen und faßt darüber Beschluß;

(b) beschließt über das Programm und das Statut der Partei und legt die Generallinie und die Taktik der Partei fest;

(c) wählt das Zentralkomitee entsprechend der vom Parteitag festzulegenden Zahl von Mitgliedern und Kandidaten.

[. . .]

39. Das Zentralkomitee führt die Beschlüsse des Parteitages aus, ist zwischen den Parteitagen das höchste Organ der Partei und leitet ihre gesamte Tätigkeit. Es vertritt die Partei im Verkehr mit anderen Parteien und Organisationen.

Das Zentralkomitee entsendet die Vertreter der Partei in die höchsten leitenden Organe des Staatsapparates und der Wirtschaft, bestätigt ihre Kandidaten für die Volkskammer.

Das Zentralkomitee lenkt die Arbeit der gewählten zentralen staatlichen und gesellschaftlichen

Organe und Organisationen durch die in ihnen bestehenden Parteigruppen.

40. Das Zentralkomitee hält mindestens einmal in sechs Monaten eine Plenartagung ab. Die Kandidaten des Zentralkomitees nehmen an den Plenartagungen mit beratender Stimme teil.

[...]

42. Das Zentralkomitee wählt:
zur politischen Leitung der Arbeit des Zentralkomitees zwischen den Plenartagungen das Politbüro;
zur Leitung der laufenden Arbeit, hauptsächlich zur Durchführung und Kontrolle der Parteibeschlüsse und zur Auswahl der Kader, das Sekretariat;
den Generalsekretär des Zentralkomitees.

[...]

44. Das Zentralkomitee beruft die Zentrale Parteikontrollkommission und beschließt ihre Zusammensetzung.

Die Zentrale Parteikontrollkommission hat folgende Aufgaben:

(a) Sie schützt die Einheit und Reinheit der Partei, kämpft gegen feindliche Einflüsse sowie gegen jede fraktionelle Tätigkeit. Sie befaßt sich mit den Mitgliedern und Kandidaten, die mit opportunistisch-revisionistischen Auffassungen oder durch dogmatisches Verhalten die Politik der Partei verfälschen und entstellen.

Sie hilft dort die Parteidisziplin zu verwirklichen, wo die leninschen Normen des Parteilebens, die Rechte der Mitglieder und Kandidaten verletzt werden und die Durchführung der Beschlüsse gefährdet ist. Sie wacht über die Einhaltung der Parteidisziplin durch die Mitglieder und Kandidaten der Partei, zieht diejenigen zur Verantwortung, die sich der Verletzung der Beschlüsse, des Programms und des Statuts der Partei, der Partei- und Staatsdisziplin oder der Parteimoral schuldig gemacht haben.

[...]

Quelle: Protokoll der Verhandlungen des IX. Parteitages der SED. Berlin 1976, Bd. 2, S. 267 ff.

Dok. 22: Kirche im Sozialismus. Zusammenfassung eines Gesprächs zwischen Erich Honecker und Albrecht Schönherr (Auszüge) bei der Besprechung der Staats- und Parteiführung der DDR mit führenden Repräsentanten der evangelischen Kirchen vom 6. März 1978

[...]

Erich Honecker würdigte das Friedensengagement, zu dem sich die Kirchen gemäß den christlichen Maximen der Achtung vor dem Leben und des Dienstes am Nächsten gerufen wissen. Ihr Eintreten für die Erhaltung des Friedens, für Entspannung und Völkerverständigung könne man nur mit Befriedigung aufnehmen. Insbesondere sei die große Bedeutung des Beitrages der Kirchen zur Beendigung des Wettrüstens, zum Verbot der Massenvernichtungsmittel, vor allem der Neutronenwaffe, zu unterstreichen. „Für uns und gewiß auch für Sie ist es beunruhigend", sagte der Vorsitzende des Staatsrates, „daß trotz der Fortschritte in der Entspannung das Wettrüsten von imperialistischer Seite ständig forciert wird.

[...]

Der Vorsitzende des Staatsrates brachte seine Wertschätzung für die humanistische Hilfe der Kirchen in der DDR an notleidende und um ihre Befreiung kämpfende Völker zum Ausdruck. Dadurch werde dem edlen Anliegen ein Dienst geleistet, Rassismus und Neokolonialismus aus dem Leben der Menschheit zu verbannen.

[...]

„Den Kirchen als Kirchen im Sozialismus", so betonte Erich Honecker, „eröffnen sich heute und künftig viele Möglichkeiten des Mitwirkens an diesen zutiefst humanistischen Zielen. Wir gehen von der Beteiligung aller Bürger am Werk des Sozialismus aus, das im gesellschaftlichen wie im individuellen Interesse liegt."

Dafür seien die Wertschätzung und großzügige Unterstützung der diakonischen Arbeit der Kirchen durch unsere staatlichen Organe ein deutlicher Ausdruck. Die Arbeit, die in kirchlichen Einrichtungen des Gesundheits- und Sozialwesens geleistet werde, diene gesamtgesellschaftlichen Interessen. Sinnvoll füge sie sich in das Grundanliegen des Sozialismus ein, alles für das Wohl des Menschen zu tun. Auch weiterhin werde diese Tätigkeit materiell und durch die Ausbildung qualifizierter Fachkräfte unterstützt.

[...]

Der Vorsitzende des Staatsrates [erklärte,] daß unsere sozialistische Gesellschaft jeden Bürger, unabhängig von Alter und Geschlecht, Weltanschauung und religiösem Bekenntnis Sicherheit und Geborgenheit bietet. Sie gibt ihm eine klare

Perspektive und die Möglichkeit, an der Zukunft mitzubauen, seine Fähigkeiten und Talente, seine Persönlichkeit voll zu entfalten. Wie Erich Honecker betonte, stellen die Gleichberechtigung und Gleichachtung aller Bürger, ihre uneingeschränkte Einbeziehung in die Gestaltung der entwickelten sozialistischen Gesellschaft eine Norm dar, welche die zwischenmenschlichen Beziehungen prägt und für alle verbindlich ist. Dementsprechend stehe in der DDR jedem Bürger, gerade auch jedem Jugendlichen, der Weg zu hoher Bildung, beruflicher Ausbildung und Entwicklung offen.

Der Vorsitzende des Staatsrates erklärte zur Situation der Kirchen und der Christen in der DDR, daß die Freiheit der Religionsausübung bei klarer Trennung von Staat und Kirche verfassungsgemäß garantiert und in der Praxis gesichert ist. „Wir bringen hier sehr viel Verständnis auf, und daran halten wir fest."
[. . .]
Bischof Schönherr führte namens der Konferenz der Evangelischen Kirchenleitungen in der DDR aus, „es gehe beiden Seiten, je von ihren Voraussetzungen aus um die Verantwortung für die gleiche Welt und für den gleichen Menschen. Und dieser Mensch ist nun einmal immer zugleich Staatsbürger und Träger einer Grundüberzeugung. Weil man den Menschen nicht zerteilen kann, sind solche Begegnungen aller Art nicht nur nützlich, sondern lebensnotwendig. Und ich darf betonen, daß der Christ seine Existenz als Staatsbürger nicht nur so versteht, daß er die bestehenden Gesetze rein formal beachtet, sondern daß er sich von seinem Glauben her mitverantwortlich sowohl für das Ganze als auch für den Einzelnen und für dessen Verhältnis zum Ganzen weiß."

Bischof Schönherr bezeichnete die Kirche im Sozialismus als Kirche, die dem christlichen Bürger und der einzelnen Gemeinde hilft, daß sie einen Weg in der sozialistischen Gesellschaft in der Freiheit und Bindung des Glaubens finden und bemüht sind, das Beste für alle und für das Ganze zu suchen. Kirche im Sozialismus wäre eine Kirche, die auch als solche, in derselben Freiheit des Glaubens, bereit ist, dort, wo in unserer Gesellschaft menschliches Leben erhalten und gebessert wird, mit vollem Einsatz mitzutun und dort, wo es nötig ist, Gefahr für menschliches Leben abzuwenden zu helfen.
[. . .]
Abschließend äußerte er den aufrichtigen Wunsch, daß durch die Begegnungen und Gespräche zwischen Vertretern des Staates und der Kirche jenes Vertrauen wachsen kann, das die Redlichkeit des anderen nicht in Frage stellt, sondern voraussetzt. Dieses Vertrauen werde sich um so mehr durchsetzen, je mehr die entsprechenden Erfahrungen auf allen Ebenen gemacht werden. „Offenheit und Durchsichtigkeit sind die Barometer des Vertrauens. Das Verhältnis von Staat und Kirche ist so gut, wie es der einzelne christliche Bürger in seiner gesellschaftlichen Situation vor Ort erfährt."

Im Verlaufe des Gesprächs wurden verschiedene Sachfragen erörtert bzw. einer Lösung zugeführt. So unter anderem über kirchliche Sendungen im Rundfunk und Fernsehen, zu Fragen der Seelsorge in Strafvollzugsanstalten und zur Altersversorgung für auf Lebenszeit angestellte kirchliche Mitarbeiter. Kirchlichen Aktivitäten zum Luther-Jubiläumsjahr 1983 wurde Unterstützung staatlicherseits zugesichert.

Abschließend konnten beide Seiten mit Befriedigung feststellen, daß die Beziehungen der Kirchen zum Staat in den letzten Jahren zunehmend von Sachlichkeit, Vertrauen und Freimütigkeit geprägt werden.
[. . .]

Quelle: Neues Deutschland vom 7. März 1978

Dok. 23: Mitschnitt eines Telefongesprächs zwischen Erich Honecker und Helmut Schmidt (Auszüge), 17. Oktober 1978

Sch.: Bei uns ist das Getreide an und für sich sehr gut. Wir haben wieder einmal zu viel von dem Zeug. Erst hatten wir zu viel Milch und zu viel Butter, und neuerdings haben wir auch noch auf anderen Gebieten zu viel.

H.: Nun ja, darüber kann man ja einmal reden, da wir zu wenig davon haben.

Sch.: Habt ihr zu wenig?

H.: Butter haben wir genug, Fleisch auch. Aber was wir brauchen, ist Futter für das Vieh.
[. . .]
Sch.: Butter haben Sie genug?

H.: Für die Ernährung haben wir genug.

Sch.: Ich habe auch Sorge, unsere Butter ist zu teuer für Euch.

H.: Nein, ich glaube nicht.

Sch.: Wir haben entsetzliche Preise hier durch die EG.

[Honecker erklärte sodann, daß die DDR selbst Butter exportiere.]

Sch.: Euer Lebensstandard hat sicherlich einen sehr hohen Stand erreicht.

H.: Ja, einen sehr hohen Stand. Wir sind ziemlich gleich auf diesem Gebiet.

Sch.: Bei uns müssen die Leute alle aufgefordert werden, weniger zu essen.

H.: Ja wir möchten das auch machen, nur sie essen nicht weniger. Das schadet sogar der Gesundheit, nur essen sie trotzdem nicht weniger. Wir haben den höchsten Pro-Kopf-Verbrauch an Butter in der Welt – 14 Kilogramm.

Sch.: Ja, das ist zu viel, die sollen lieber Margarine essen, da werden sie nicht so fett davon.

H.: Natürlich, Margarine ist auch viel besser.

Sch.: Ich fasse auch immer große Absichten und große Vorsätze, und dann werden die immer nicht ausgeführt.

H.: Ja, das ist so. Ich trinke auch Kaffee, obwohl er teuer ist. Wir geben allein 400 Millionen Mark in Devisen aus für den Kaffee, unwahrscheinlich. Früher hatte man kaum, mit Ausnahme der Sachsen, Kaffee getrunken.

Sch.: Haben Blümchenkaffee getrunken.

H.: Kathreiners Malzkaffee.

Sch.: Das ist vorbei. Da sind sie heute nicht mehr damit zufrieden.

[Nach einer Woche fragte Schmidt nach den Beziehungen zu „dem großen Bruder". Honecker berichtete vom letzten Treffen mit Breschnew, es habe eine kurze Besprechung gegeben und dann habe man zusammen in] etwas über drei Stunden (...) eine schöne Flasche sowjetischen Wodka ausgetrunken.

Sch.: Aha, da muß man ja aufpassen, daß er einen nicht unter den Tisch trinkt.

H.: Ja, er war sehr standhaft.

Sch.: Ja, er ist sehr stark im Nehmen. Aber ich muß sagen, ich habe immer Angst, wenn ich so viel mittrinken muß.

H.: Ja, das stimmt auch. Aber ich mußte in diesem Fall mittrinken, und ich habe auch gerne mitgetrunken. Wobei ich wirklich sagen möchte, daß er tief beeindruckt ist von seinem Besuch in der BRD, vor allen Dingen von seinem Aufenthalt in Hamburg.

Sch.: Das freut mich zu hören. Wissen Sie, es gibt einen, der trinkt nicht mit. Der trinkt Wasser insgeheim.

H.: Ja, er hatte zwei bei sich gehabt. Die mußten auch trinken. Die haben keinen Wodka getrunken. Die mußten das Getränk für die Intelligenz trinken, den Cognak. Die haben zusammen auch eine Flasche getrunken. Es ging trotzdem äußerst bewundernswert. Wir haben im Anschluß sogar noch Fernsehen geschaut. Also, es war sehr gut.

Quelle: Deutz-Schroeder/Staadt 1994, S. 64 ff.

Dok. 24: Rede Erich Honeckers in Gera (Auszüge), 13. Oktober 1980

[...]

Liebe Genossinnen und Genossen! In letzter Zeit war viel von der Entwicklung des Verhältnisses zwischen der DDR und der BRD die Rede. Für uns versteht sich von selbst, daß unsere Vertragspolitik mit der BRD ein Teil der abgestimmten Politik unseres Bündnisses der Staaten des Warschauer Vertrages zur Friedenssicherung ist. Dies nochmals deutlich zu machen, entspricht den Erfordernissen unserer Zeit.

[...]

Die Deutsche Demokratische Republik strebt nach gutnachbarlichen Beziehungen zur Bundesrepublik Deutschland, und ebenso wie gegenüber anderen westlichen Staaten ist ihre Politik auch hier die Politik der friedlichen Koexistenz.

[...]

Natürlich kann man nicht übersehen, daß zwischen der DDR und der BRD weiterhin viele Probleme bestehen und wir von einer umfassenden Normalisierung noch ein beträchtliches Stück entfernt sind. Die Hauptursache dafür sind fortgesetzte Versuche der BRD, in den Beziehungen zur DDR, unter Verletzung des Grundlagenvertrages, entscheidende Prinzipien der Souveränität unseres Staates zu mißachten. In diesen Beziehungen kann sich aber nur dann etwas vorwärtsbewegen, wenn ohne jeden Vorbehalt von der Existenz zweier souveräner, voneinander unabhängiger Staaten mit unterschiedlicher Gesellschaftsordnung ausgegangen wird. Jegliches Streben nach einer Revision der europäischen Nachkriegsordnung muß die Normalisierung des Verhältnisses zwischen beiden deutschen Staaten belasten, ja in Frage stellen.

Ganz wesentlich ist, daß das Prinzip der Nichteinmischung sowohl im bilateralen Verhältnis als auch in den Beziehungen zu dritten Staaten von beiden Seiten uneingeschränkt akzeptiert und eingehalten wird. Dazu verpflichtet übrigens der Grundlagenvertrag. Die Mißachtung gerade des Prinzips der Nichteinmischung, das ja auch von der BRD in Helsinki unterschrieben wurde, ist mit einer Normalisierung der Beziehungen auf keinen Fall zu vereinbaren. Weitergehenden Regelungen verschiedener Art, die den Bürgern der BRD und der DDR nützlich wären, werden von seiten der BRD noch immer schwerwiegende Hindernisse entgegengestellt. Wir haben oft auf ihre Beseitigung gedrungen, aber kein Entgegenkommen gefunden. Das gilt vor allem für die Anerkennung der Staatsbürgerschaft der DDR. Da die BRD an völkerrechtswidrigen Konzeptionen festhält und sich weigert, die Staatsbürgerschaft der DDR zu respektieren, wird die Personalhoheit unseres Staates geleugnet. Aber Tatsache ist doch, daß es zwei souveräne, voneinander unabhängige Staaten gibt. Es gibt, und auch das ist Tatsache, Bürger der sozialistischen DDR und Bürger der kapitalistischen BRD.

Wir halten es für notwendig, daß sich die BRD in der Frage der DDR-Staatsbürgerschaft endlich auf die Realitäten besinnt, was ihr auf Dauer ohnehin nicht erspart bleibt.

[...]

Überfällig ist die Auflösung der sogenannten „Zentralen Erfassungsstelle" Salzgitter. Schluß gemacht werden muß mit der Ausstellung vorläufiger Reiseausweise der BRD für Bürger der DDR bei deren zeitweiligem Aufenthalt in der BRD, ebenso mit der Ausstellung von BRD-Pässen für Bürger der DDR durch Botschaften der BRD in dritten Staaten. Wir halten auch die Zeit für gekommen, auf diplomatischem Gebiet, so wie es den Beziehungen zwischen zwei souveränen, voneinander unabhängigen Staaten zukommt, Botschafter auszutauschen, das heißt, die Ständigen Vertretungen der DDR und der BRD in das zu verwandeln, was dem Völkerrecht entspricht – in Botschaften. Das wäre ein sichtbarer Schritt zur Normalisierung der Beziehungen zwischen beiden deutschen Staaten.

Von großer Bedeutung ist die Lage an der Staatsgrenze DDR–BRD, die zugleich die Trennlinie zwischen den Staaten des Warschauer Vertrages und der NATO darstellt. Die gemeinsame Grenzkommission beider deutscher Staaten hat eine positive Arbeit geleistet, und es kam zu wichtigen Vereinbarungen. Den Interessen des Friedens und der guten Nachbarschaft würde es dienen, möglichst bald eine Regelung des Grenzlandverlaufs auf der Elbe entsprechend dem internationalen Recht herbeizuführen, die bisher an unannehmbaren Standpunkten der BRD scheitert.

[...]

Für uns bleibt es beim Kurs der friedlichen Koexistenz, zu dem es keine annehmbare Alternative gibt. Die Gestaltung normaler Beziehungen zwischen der DDR und der BRD geht weit über bilaterale Fragen hinaus. Sie ist von wesentlicher Bedeutung für Frieden und Entspannung in Europa. Ungeachtet aller Schwierigkeiten und Probleme halten wir neue, positive Ergebnisse auf dem Wege zur Normalisierung der Beziehungen zwischen der DDR und der BRD für möglich, wenn die Prinzipien uneingeschränkt respektiert werden, die für die Beziehungen zwischen souveränen Staaten üblich sind.

[...]

Quelle: Neues Deutschland vom 14. Oktober 1980

Dok. 25: Franz Loeser: Über die Parteilichkeit des Parteisekretärs (Auszüge), 1985

Die Genossen der Grundorganisation der SED erheben sich von ihren Sitzen. Lang anhaltender Beifall. Eine junge, hübsche Genossin überreicht mir einen Blumenstrauß. Einstimmig bin ich zum Ersten Sekretär der SED meiner Sektion der Berliner Humboldt-Universität gewählt. Das bedeutet schon etwas, denn auf der Ebene der Grundorganisation, der untersten Stufe der Parteihierarchie, existiert immer noch ein Hauch von Demokratie. Hier werden noch Parteisekretäre echt gewählt, und Gegenstimmen sind nicht ungewöhnlich.

Ich war ein wenig stolz auf die Wahl und mir der Macht bewußt, die mir jetzt zufiel. Denn als Parteisekretär bin ich die Nummer eins im akademischen Gefüge der Sektion. Mein Wort gilt mehr als selbst das des Sektionsdirektors oder irgendeines ehrwürdigen Professors. Doch die Ehre ist zweischneidig. Ich bin jetzt nicht nur der Mächtigste, ich bin auch mit Abstand der Geplagteste. Die führende Rolle der Partei bedeutet, daß meine Aufgaben als ehrenamtlicher Parteisekretär Vorrang vor allen meinen anderen Pflichten haben. Zum Beispiel meine akademischen Pflichten als Professor, meine Lehr-, Erziehungs- und Forschungstätigkeit, die Veröffentlichung meiner Bücher und Artikel, meine gesellschaftlichen Funktionen als Präsidiumsmitglied des Friedensrates, der Liga für Völkerfreundschaft und ähnliches. Sie alle besitzen jetzt zweitrangige Bedeutung. Erst kommt die Partei und allen voran der Parteisekretär!

Ein parteiloser Laie mag glauben, daß man diese ehrenamtliche Funktion eines Parteisekretärs so nebenbei, gewissermaßen mit der linken Hand erledigen kann. Was könne es da schon groß zu tun geben? Doch wer die Partei kennt, weiß das besser. Der Alltag eines Parteisekretärs wird nämlich von zwei antagonistischen und unvereinbaren Gesetzmäßigkeiten beherrscht. Da ist erst einmal das Gesetz der begrenzten Arbeitszeit. Eine Woche hat nun mal nicht mehr als fünf Arbeitstage. Mehr Zeit steht nicht zur Verfügung. Doch diesem Gesetz wirkt das Gesetz der unbegrenzten Parteiversammlungen, Parteiberichte und Parteisitzungen entgegen. Beide Gesetze sind nicht unter einen Hut zu kriegen, denn die Versammlungen, Sitzungen und Berichte, für die der Parteisekretär zuständig ist, sind so zahlreich und ausgedehnt beziehungsweise umfangreich, daß sie einfach nicht in die zur Verfügung stehende Arbeitszeit hineinpassen.

[...]

Man kann über den Parteiapparat der SED denken, wie man will. Aber parteilich, das ist er. Ja, er ist das Parteilichste vom Parteilichen. Selbst der sowjetische Parteiapparat gibt sich nicht so parteilich. Hier kommt dem SED-Apparat die gründliche Systematik und die systematische Gründlichkeit der Deutschen zugute. Und so zeugt der SED-Parteiapparat mehr und längere Sitzungen, Versammlungen und Berichte als irgendein anderer Parteiapparat in der Geschichte.

Hier beginnt mein Problem als Parteisekretär. Für den parteilosen Laien ein kleiner Einblick in den wöchentlichen Versammlungs- und Sitzungsablauf eines Parteisekretärs: Montag: Montag abends ist in der ganzen DDR Parteiversammlung der Grundorganisationen der SED. Am Montag gibt es deshalb keine Dienstreisen, kein geselliges Beisammensein, kein Kino oder keinen Theaterbesuch. Krank schreiben ist verpönt. Nicht einmal ein kleiner Seitensprung mit der Freundin ist erlaubt. Montag abends ist die gesamte DDR eine einzige geschlossene Gesellschaft. Und damit basta! Dienstag: Parteigruppenversammlung des Lehrkörpers. Mittwoch: Parteilehrjahr. Donnerstag: Parteigruppenversammlung der Studenten. (Der Parteisekretär hat daran teilzunehmen.) Freitag: Gewerkschaftsversammlung.

Jeder Abend ist restlos ausgefüllt. Doch nun muß man folgendes verstehen. Zusätzlich zu diesen Versammlungen kommen weitere Versammlungen. Zum Beispiel: Versammlung der Deutsch-Sowjetischen Freundschaft, der GST (Gesellschaft für Sport und Technik), der FDJ und ähnliches.

Doch mit den Versammlungen würde ich ohne weiteres fertig werden, wenn nicht die Sitzungen dazukämen. Als Parteisekretär muß ich in der Regel auf folgenden Sitzungen sitzen: Parteileitungssitzung, Institutsleitungssitzung, Abteilungssitzung, Lehrkörpersitzung, Fakultätssitzung, Forschungsgruppensitzung, Kommissionssitzung. Es gibt natürlich auch Sitzungen über die Organisation von Sitzungen und Sitzungen gegen das Unwesen der Sitzungen und wiederum Sitzungen für die Sitzungen. Und schließlich einfach Sitzungen.

Auch das ist zu schaffen, wenn nicht die Anleitungen noch wären. Der Parteisekretär wird angeleitet von seiner Kreisleitung, von seiner Bezirksleitung, von der Abteilung Wissenschaften im Zentralkomitee, vom Ministerium für Hoch- und Fachschulwesen, um nur die wichtigsten Anleitungsorgane zu nennen.

[...]

Doch es ist nicht die Quantität der Versammlungen und Sitzungen, die mich an der Parteilichkeit zweifeln läßt. Es ist ihre Qualität. Stellen Sie sich vor, Sie sitzen auf zehn ganz unterschiedlichen Sitzungen. Auf keiner dieser Veranstaltungen wird auch nur ein einziger neuer Gedanke geäußert. Auf allen zehn Veranstaltungen werden derselbe Leitartikel aus dem „Neuen Deutschland", dasselbe Plenum oder Referat des Generalsekretärs auf dieselbe Weise erläutert, analysiert, ausgewertet, besprochen, durchgekaut, gelobt und am Ende zu ein und demselben Parteibeschluß erhoben. Wenn man diesen Modus von Parteilichkeit auf etwa zehn Veranstaltungen hintereinander durchexerziert hat, dann ist selbst der parteilichste Parteisekretär zur unparteilichsten Unparteilichkeit bereit!

Das alles ist aber erst der Anfang der Parteilichkeit des Parteisekretärs. Der Kern des Parteilichen, das Wesensmerkmal der Arbeit des Parteisekretärs, sind die Parteiberichte. Die Berichte, die ich als Parteisekretär zu berichten habe, sind so zahlreich, so erschöpfend, so nichtssagend, kurzum so parteilich, daß ich mich außerstande sehe, sie alle hier aufzuzählen. Sie reichen von Berichten über die Parteilichkeit der Parteilosen als auch der Parteilichkeit der Parteimitglieder der Studenten, der Mitarbeiter und der Professoren, über die Westkontakte der Parteilosen und der Parteimitglieder, der Studenten, der Mitarbeiter und der Professoren bis zu der Kampfkraft der Parteilosen und der Parteimitglieder, der Studenten, der Mitarbeiter und der Professoren.

[. . .]

Und was das Berichtswesen betrifft, so gibt es auch hier eine unerläßliche Hilfe: das Kochrezept für Parteiberichte.

Man nehme das „Neue Deutschland" und das letzte Plenum des ZK der SED und schreibe die wichtigsten Punkte daraus ab. Dann fügt man geschickt einige Passagen der letzten Rede des Generalsekretärs hinzu. Jetzt würzt man das Ganze mit einigen Zitaten der Klassiker des Marxismus-Leninismus. Als Garnierung ein Ausspruch des Generalsekretärs der KPdSU. Man mischt ein mächtiges Lob auf die Partei der Arbeiterklasse bei, auf ihre jeweils übergeordnete Kreisleitung und Bezirksleitung und auf das Politbüro mit Erich Honecker an der Spitze. Dazu einige Messerspitzen Kritik am Imperialismus und eine klitzekleine Kritik . . . Nein, nein, nicht wie Sie denken! Um Gottes willen, keine Kritik an einer übergeordneten Parteileitung oder einem Funktionär. Das wäre kein Parteibericht, das wäre politischer Selbstmord! Nein, eine kleine Prise Selbstkritik an der eigenen Grundorganisation und der eigenen Person.

Jetzt läßt man das Ganze etwas schmoren, bespricht es mit der übergeordneten Leitung, um sich noch einmal gründlich abzusichern. Und wenn der Bericht schließlich so ganz nach Parteilichkeit mundet, dann erhält er als Krönung einen rosaroten Zuckerguß mit herzlichstem Dank an den Generalsekretär des Zentralkomitees der Sozialistischen Einheitspartei Deutschlands und Staatsratsvorsitzenden der Deutschen Demokratischen Republik, unseren hochverehrten Genossen Erich Honecker. Und schon ist der Parteibericht gar, so ganz nach dem Geschmack des realen Sozialismus.

Vielleicht werden Sie schmunzeln und es alles recht komisch finden. Aber für alle, die zutiefst an einen demokratischen Sozialismus glauben, ist es nicht komisch. Es ist tragisch!

Quelle: Franz Loeser: Über die Parteilichkeit des Parteisekretärs, abgedruckt in: W. Filmer/H. Schwan (Hg.): Alltag im anderen Deutschland, Düsseldorf und Wien 1985, S. 237 ff.

Dok. 26: Ansprache von Bundeskanzler Kohl zum Beginn des Arbeitsbesuches von Staats- und Parteichef Honecker in Bonn (Auszüge), 7. September 1987

Ich heiße Sie, Herr Generalsekretär, und Ihre Begleitung hier in Bonn willkommen. Sie besuchen zum ersten Mal in offizieller Funktion die Bundesrepublik Deutschland.

Dieser Arbeitsbesuch eröffnet vielfältige Möglichkeiten, die Beziehungen zwischen den beiden Staaten in Deutschland zum Wohle der Menschen weiterzuentwickeln. Unsere Gegensätze in Grundsatzfragen werden wir nicht überwinden, aber was uns im Grundsätzlichen trennt, sollte uns nicht an praktischer Zusammenarbeit hindern. Dies entspricht auch dem Grundlagenvertrag, den die Bundesrepublik Deutschland und die Deutsche Demokratische Republik am 21. Dezember 1972 unterzeichnet haben. Im Rahmen dieses Vertrages steht auch Ihr Besuch.

Die Bundesregierung hält fest an der Einheit der Nation, und wir wollen, daß alle Deutschen in gemeinsamer Freiheit zueinander finden können. Diese Haltung hat im Grundlagenvertrag und im Brief zur deutschen Einheit ihren Niederschlag gefunden.

Wir haben uns darin zugleich erneut zum Gewaltverzicht bekannt, der ein zentrales Element der Politik der Bundesrepublik Deutschland seit ihrer Gründung gewesen ist und bleiben wird. Wir achten die bestehenden Grenzen, aber die Teilung wollen wir auf friedlichem Weg durch einen Prozeß der Verständigung überwinden.

Bei unserer Begegnung in Moskau im März 1985 haben wir gemeinsam erklärt: Von deutschem Boden darf in Zukunft nur noch Frieden ausgehen. Ich füge hinzu: Gerade auch an der Grenze mitten durch Deutschland darf Anwendung und Androhung von Gewalt nicht länger ein Mittel der Politik sein. Wirklicher Friede ist auch nicht möglich ohne Gewährleistung der Menschenrechte.

Für die Bundesrepublik Deutschland sind die Grundwerte der Freiheit und Demokratie unverzichtbar. Deshalb stehen wir fest in der Gemeinschaft der freien westlichen Staaten.

In letzter Zeit hat es einen intensiven West–Ost-Dialog und eine positive Bewegung bei den Bemühungen um Abrüstung und Rüstungskontrolle gegeben. Der in Aussicht stehende Abschluß eines Abkommens zwischen den USA und der Sowjetunion über Mittelstreckenwaffen liegt im Interesse aller Europäer und ist ein wichtiges Element in einem Gesamtkonzept der Rüstungskontrolle und Abrüstung.

Mit meiner Erklärung zu den Pershing Ia habe ich noch einmal deutlich gemacht, daß die Bundesregierung zu ihrem erklärten Ziel steht: Frieden schaffen mit weniger Waffen.

Eine Vereinbarung über den Abbau von Mittelstreckenwaffen macht die Beseitigung des bestehenden Ungleichgewichts bei bodengestützten nuklearen Flugkörpersystemen kürzerer Reichweite und im Bereich konventioneller Rüstungen besonders dringlich – übrigens auch die weltweite Beseitigung chemischer Waffen.

Wir erwarten, daß die DDR ihren Einfluß im Rahmen ihres Bündnisses geltend macht, damit es hier bald ebenfalls zu konkreten Schritten kommt.

Jeder Fortschritt in den Ost–West-Beziehungen eröffnet auch Chancen für das bilaterale Verhältnis. Andererseits können beide Staaten in Deutschland durch die Ausgestaltung der beiderseitigen Beziehungen zur Vertrauensbildung und zur Zusammenarbeit in den West–Ost-Beziehungen allgemein beitragen und damit auch die Lösung von Fragen der Sicherheit erleichtern.

Eine zentrale Frage für beide Staaten in Deutschland ist Berlin. Wir respektieren den besonderen Status der Stadt, wie er sich aus den Vereinbarungen und Beschlüssen der Vier Mächte aus der Kriegs- und Nachkriegszeit ergibt. Wir halten fest an der strikten Einhaltung und vollen Anwendung des Viermächte-Abkommens von 1971. Dazu gehört aber auch die Erhaltung und Entwicklung der Bindungen des westlichen Teils der Stadt an die Bundesrepublik Deutschland. Das ist für uns unverzichtbar. Unsere Beziehungen können daher keinesfalls um Berlin herum entwickelt werden.

Herr Generalsekretär, ich denke, wir sind uns einig, daß Fragen, die zur Zeit nicht lösbar sind, nicht in den Vordergrund gestellt werden sollten, daß wir uns auf das Machbare konzentrieren müssen. Es müssen in jedem Fall Lösungen gefunden werden, die keine Seite überfordern.

Wir haben auf diese Weise in den vergangenen Jahren miteinander manches erreicht. Andererseits sind viele Wünsche und Fragen nach wie vor offen. Für uns stehen die Kontakte zwischen Menschen auf allen Ebenen und in allen Lebensbereichen im Vordergrund. Wir begrüßen die Zunahme des Reiseverkehrs, insbesondere die Vervielfachung der Reisen jüngerer Menschen aus der DDR. Wir streben aber letztlich einen freien Reiseverkehr an. Die bestehenden Beschränkungen sollten schrittweise abgebaut, der grenznahe Verkehr ausgeweitet und besonders auch in Berlin die offenen Fragen im Reise- und Besucherverkehr bald geregelt werden.

Wir wünschen einen verstärkten Austausch innerhalb der jüngeren Generation, einen Ausbau des Tourismus, weitere Städtepartnerschaften mit ihren vielfältigen Möglichkeiten für persönliche, sportliche und kulturelle Begegnungen. Ebenso sind beim Sportverkehr die Möglichkeiten noch lange nicht ausgeschöpft. Im Telefonverkehr werden dringend zusätzliche Leitungen benötigt.

Generell muß die Kommunikation zwischen den Menschen in allen Bereichen verbessert werden. Wichtig ist gegenseitiges Kennenlernen und der Abbau von Vorurteilen. Auch die Arbeit der Journalisten kann dazu einen erheblichen Beitrag leisten; sie sollte deshalb nicht behindert werden. Es geht uns immer und vor allem um die Menschen. Deshalb haben Menschenrechte und humanitäre Fragen in unseren Beziehungen eine herausragende Bedeutung. Wir konnten in der Vergangenheit vielfach Härtefälle lösen. Dies sollte auch weiter möglich bleiben.

Die Vertragsbeziehungen konnten in den letzten Jahren ausgebaut werden. Das Kulturabkommen hat deutliche Impulse für den Kulturaustausch gegeben. Morgen werden drei Verträge zum Umweltschutz, über wissenschaftlich-technische Zusammenarbeit sowie über einen Informations- und Erfahrungsaustausch auf dem Gebiet des Strahlenschutzes unterzeichnet werden. Damit fügen wir unserer praktischen Zusammenarbeit einige wichtige Bausteine hinzu.

Wir haben eine gemeinsame Verantwortung für die Erhaltung der Lebensgrundlagen unseres Volkes. Auch die DDR muß erkennen, daß Umweltschutz von ihr höhere Aufwendungen verlangt. Die Probleme der Gewässerreinhaltung bei Werra und Elbe bedürfen dringlich einer Lösung.

Gemeinsam sollten wir nach Wegen suchen, den Sorgen wegen der Umweltverträglichkeit der Abfalldeponie Schönberg zu begegnen.

Die Wirtschaftsbeziehungen zwischen den beiden Staaten haben sich in den letzten Jahren insgesamt positiv entwickelt. Sicher gibt es aber auch hier noch ungenutzte Möglichkeiten. Im nichtkommerziellen Zahlungsverkehr muß weiter konstruktiv nach Verbesserungen gesucht werden. Hier könnten mit relativ geringem Aufwand viele Beschwernisse beseitigt werden.

Auf kommerzieller Ebene werden zur Zeit Gespräche über Stromlieferungen zwischen beiden Staaten unter Einbeziehung von Berlin (West) geführt. Wir hoffen, daß es hier zu einem erfolgreichen Abschluß kommt. Daneben bleibt der Ausbau von Verkehrsverbindungen, insbesondere für den Berlin-Verkehr, wichtig. Im Vordergrund stehen dabei aus unserer Sicht jetzt Verbesserungen im Eisenbahnverkehr.

Auf längere Sicht sollten wir auch versuchen, im Luftverkehr zu einer Regelung zu kommen, die dann allerdings auch die Flughäfen in Berlin einschließen muß.

Herr Generalsekretär, es geht uns um eine Entwicklung der Zusammenarbeit beider Staaten, wo immer dies bei den sonst bestehenden Gegensätzen möglich ist. Sie soll den Menschen dienen, für die wir Verantwortung tragen. Wir können in diesen beiden Tagen sicherlich nicht überall zu detaillierten Absprachen kommen.

Aber ich habe die Hoffnung, daß unsere Gespräche Impulse für einen Ausbau der Zusammenarbeit geben. Und ich hoffe, daß Ihr Besuch zu einer Vertiefung und Verstetigung des politischen Dialogs zwischen unseren beiden Staaten beiträgt.

[. . .]

Quelle: Grosser u. a. 1996, S. 145 ff.

Dok. 27: Handschriftliche Notizen von Egon Krenz über die Auswertung des Honecker-Besuchs in Bonn im SED-Politbüro (Auszüge), 15. September 1987

BRD-Reise

– E[rich] H[onecker]:

– Wenige Gesichtspunkte: Froh, wieder auf DDR-Boden zu sein.

– 5 Tage = Welt + BRD beschäftigt. *Übertragungen* rund um die Uhr.

– Entscheidend war, Schwerpunkt auf verschiedenen Thesen. 2 souveräne deutsche Staat[en]. *Verhältnis zwischen ihnen entscheidend für Sicherheit + Frieden in Europa.* Niemand, der das leugnet. Waren zum richtigen Zeitpunkt da. Linie P[olit]b[üro] verwirklicht.

– Alle standen unter Eindruck z. B. *Bachmann in Dachau.*

Historisch: Dachau-Begegnung mit Antifaschisten. Kämpfer + Opfer der braunen Barbarei. *Bürgermeister:* 2 Dachau. Gleichzeitige Ehrung für Christ, Thälmann, Ph. *Müller.*

Nur einige Fragen.

1. Beide Staaten haben Verantwortung für die Friedenssicherung. Jetzt Zeit *Pershing-Ia.* Über diese Fragen bei Kohl keine Frage. *Genscher:* Für Kohl war es schwer, diese Drehung vorzunehmen.

Offensivwaffen: Bei Abkommen *UdSSR : USA* wird BRD P[ershing]-Ia abschaffen. Das ist *Tatsache.*

2. *Gemeinsame Erklärung vom 12. März.*

Bekräftigen! Kein *Zweifel* Unverletzbarkeit der Grenzen. Kerngedanke strikt erneuern. *Kennzeichnend:* Unterschiedlich, wie man miteinander redet, und wie man nach außen auftritt. *Öffentlich nur Wahlkampf. Stimmung im Volk beachten. Entwicklung beiderseitiger Beziehungen. Gegenbesuch:* Hauptstadt? DDR?

Streit Amerongen/*Kohl.* Bedeutung des Treffens mit den Bossen

– keine Träumereien am Kamin.

– Besuch bei H. *Wehner.* Einheit der Arbeiterklasse vollzieht sich in den Gewerkschaften.

– Von Anfang bis Ende unsere Linie.

Sorge von *Strauß:* Die Großen rüsten ab, was wird aus *uns??*

Strauß will von *0–500 km.*

– *Kernfrage bleibt Friedenssicht*
– *Leitartikel*
– Elbgrenze
– *Schröder. Salzgitter. Partnerschaft/Gemeinderat besorgt Aufhebung Salzgitter.*
– Regierende in Bonn – waren selbst überrascht.
– Entwicklung zu *Botschaften*. Sichtbar grundl[egende] Position DDR als *A[rbeiter] + B[auern]-Staat*. Zentrum Europas sagt viel aus. *Spannung oder Zusammenarbeit*. Grundstimmung der Massen.
– Arbeitslosigkeit widerspiegelt sich anders als in Weimarer Republik: Senkung des Lebensstandards.
K[urt] Hager
– Außerordentlicher Erfolg für unsere Sache
H[arry] *Tisch*
E[rich] H[onecker]
– *Übereinstimmung!*
– Schlußfolgerungen entsprechend ergänzen.
– *Genugtuung:* Insgesamt das Ergebnis unserer gemeinsamen Arbeit. Sie können DDR nicht mehr negieren ... *Zusammenarbeit* wirkt sich günstig auf Massen aus. *Selbstbewußtsein derer wurde gestärkt, starke DDR* – so werden wir erfolgreich sein. Wir sind Vertreter des A[rbeiter] + B[auern]-Staates auf deutschem Boden.
Villa Hügel
6. Februar
– *Schießbefehl:*
– Anwendung Schußwaffe.
– Fischer/*Genscher*
– *Vogel: Kein böses Wort.*
Dieser Kurs von Bedeutung für gesamte *Gesellschaft.*

Quelle: SAPMO-BArch, DY 30/IV 2/2039/303; abgedruckt in: Nakath/Stephan 1995, S. 336 ff.

Dok. 28: MfS-Information über Erscheinungsformen negativ-dekadenter Jugendlicher (Auszüge), 2. Februar 1988

Ministerium für Staatssicherheit
Bezirksverwaltung Schwerin

Information über Erscheinungsformen negativ-dekadenter Jugendlicher

Die nachfolgenden Charakteristika der durch feindlich-negative Einflüsse initiierten Formationen dekadenter Jugendlicher treten auch im Bezirk nicht so klassisch, wie beschrieben, auf. Noch sind die Übergänge fließend. Inhaltlich und strukturell gibt es örtlich und zeitlich, auch altersbezogen große Unterschiede. Die

> Heavy Metal,
> Skinhead's,
> Punker,
> Tramper

sind *in ausgeprägter Weise im Bezirk so nicht mehr existent*. Zur Zeit sind wir *nach offensiver Auflösung negativer Gruppierungen mit diesen Formationen nicht mehr generell konfrontiert.*

Weil in anderen Bezirken doch noch immer Schwerpunkte bestehen, wirken sie auch in unseren Bezirk zeitweilig und zu besonderen Anlässen hinein.

Maßnahmen gegen solches Auftreten bleiben in der Regel erforderlich bei ihren „Manifestationen", bei Großveranstaltungen in der Stadt Schwerin, wie Pressefest, Pfingsttreffen, sogenannte Badewannenveranstaltungen in Lankow, bei denen sie als Treffpunkte vor allen Dingen den Reppiner Burgwall bei Mueß bevorzugen. Versuche, präsent zu werden, sind auch bei Motorradveranstaltungen in Güstrow, wie bei größeren Sportveranstaltungen abgewiesen.

Wenngleich ausgeprägte Gruppen bzw. Gruppierungen solcher negativ-dekadenter Jugendlicher – Heavy Metal, Skinhead's, Punker, Tramper – organisatorisch bei uns nicht installiert sind, gibt es Jugendliche, die versuchen, wenn auch bestimmte Merkmale der „Bekleidung" fehlen, rowdyhaft diese nachzuahmen.

Kräfte der DVP und der Kreisdienststellen suchen deshalb immer wieder Unterstützung der Veranstalter gegen solche Nachahmer in Schwerin, z. B. hauptsächlich im Jugendklub Wüstmark, Jugendklub Lankow und „Achteck".

Erscheinungsformen negativ dekadenter Jugendlicher

1. HEAVY METAL (Abk. HEAVY'S)

— Begriff aus dem Englischen, bedeutet soviel wie Schwermetallrock und stellt eine Musikrichtung dar.

- Heavy-Metal-Musik ist extrem harter Rock, aggressiv und besonders unter Alkoholeinfluß mit aufputschender Wirkung.
- Bekleidung der Heavy's:
  - nach dem „Vorbild" westlicher Rocker gekleidet – Lederbekleidung in schwarz
  - Lederjacken bestückt mit Nieten, Abzeichen
  - Lederhosen bzw. Jeans, ebenfalls mit Nieten bestückt
  - Ledermützen (teilweise)
  - Armreifen mit Dornen aus Metall
  - verchromte Ketten um den Oberkörper und Bauch
  - Haarschnitt: normal bis halblang.
- Auftreten in der Öffentlichkeit
  - Auftreten in Gruppen
  - in der Öffentlichkeit zumeist provokatives und demonstratives Auftreten
  - unter Alkoholeinfluß aggressives und gewalttätiges Verhalten, mitunter neofaschistische, rassistische Tendenzen.
- Altersstruktur: 15–25 Jahre
- Heavy's haben überwiegend eine ablehnende Haltung zu Staat und Gesellschaft.

2. SKINHEAD'S

- Begriff aus dem Englischen, bedeutet die „Kahlköpfigen".
- Markante Merkmale
  - Glatze oder extrem kurzer Bürstenhaarschnitt,
  - Bekleidung: – „Bomberjacken" (Jacken der amerikanischen Luftstreitkräfte, olivgrün) bzw. auch andere militante Oberbekleidung,
    - Röhrenjeans bzw. schwarze, enge Hosen,
    - Schnürstiefel bzw. Stiefel, teilweise mit Nägeln beschlagen,
    - insgesamt aber äußerlich saubere Erscheinung.

Auftreten in der Öffentlichkeit

- Bei den Skinhead's sind neofaschistische und rassistische Tendenzen am deutlichsten ausgeprägt (Erscheinungen wie Neofaschismus, Ausländerfeindlichkeit, Antisemitismus sind charakteristisch).
- Auftreten in Gruppen ist zumeist gekennzeichnet durch einen hohen Grad an Aggressivität und Brutalität, die Verherrlichung von Gewalt.
- Die Vorbilder und Ideale leiten die Skins ab vom „reinrassischen Deutschen", wie er vom Faschismus propagiert wurde.
- Skinhead's gehen in der Regel einer Arbeit nach und leben nicht asozial.
- Sie bekämpfen solche Gruppierungen wie die der Punker und Popper, die sich nicht mit ihren „Anschauungen" vereinbaren.
- Sie existieren hauptsächlich im negativen Fußballanhang.
- Das Auftreten in der Öffentlichkeit ist oft verbunden mit Straftaten.
- Im Verantwortungsbereich existieren keine festen Gruppierungen von Skinhead's.

3. Punker

- Begriff aus dem Englischen, bedeutet soviel wie Dreck, Abfall.

Bekleidung:

- Erscheinungsbild der Punk's ist vielfältig und nicht einheitlich.
- Typisch sind aber verdreckte, zerrissene, mit Farbe beschmierte Kleidungsgegenstände.
- Die Haartracht ist meist mehrfarbig und mit grellen Farben gefärbt, extreme Haarfrisuren und -schnitte (z. B. „Irokesenschnitt").
- Als „Schmuck" werden Sicherheitsnadeln, Kloketten usw. getragen.
- Mit dem äußeren Erscheinungsbild wollen die Punker gegenüber der Umwelt eine „Schockwirkung" auslösen, deshalb kleiden und frisieren sie sich bewußt „abstoßend und anormal", zugleich demonstrieren sie sich damit als „Aussteiger der Gesellschaft".

Auftreten in der Öffentlichkeit

- Punker negieren bewußt alle gesellschaftlichen Normen.
- Die Verherrlichung anarchistischer Ideen und Ablehnung jeder Staatsform sind charakteristisch, d. h. ablehnende bis feindliche

Haltung zur Gesellschaft (typischer Slogan der Punker „No Future – keine Zukunft").

- Aufgrund der totalen gesellschaftlichen Ablehnung ist eine asoziale Lebensweise typisch, die zwangsläufig zu kriminellen Handlungen führt.
- Als sogenannte Randgruppe steht diese Kategorie im Blickpunkt der evangelischen Kirche, die im Rahmen ihrer „offenen Jugendarbeit" eine feste Anbindung anstrebt.
- Altersstruktur: 15–22 Jahre.
- Im Verantwortungsbereich existieren keine Gruppierungen von Punkern.

4. Tramper

- Werden auch als Penner genannt.
- „Klassische" Erscheinungsform dekadenter Jugendlicher der 70er Jahre.

Bekleidung/Aussehen:

- verwaschene Jeans, Sandaletten oder Tramperschuhe, grüne Parka;
- lange Haare, Bärte, Nickelbrillen (teilweise Zopf).
- Tramper bewegen sich in größeren Gruppen auf Großveranstaltungen, insbesondere Jugendveranstaltungen unter freiem Himmel.
- Charakteristisch für Tramper – Anhänger der Bluesmusik.
- Tramper sind in der Regel nicht aggressiv und gewalttätig.
- Teilnahme auch an Veranstaltungen der Kirche.

Quelle: Mothes 1996, S. 331 ff.

Dok. 29: Stellungnahme des Rektors der Akademie der Gesellschaftswissenschaften beim ZK, Otto Reinhold, zur DDR-Identität (Auszüge), 19. August 1989

Heute haben sich die Beziehungen zwischen der DDR und der BRD wesentlich geändert. Der neuen Realität mußte selbst die Springer-Presse in gewisser Weise Rechnung tragen und die Gänsefüßchen vom Namen unseres Landes weglassen. Aber die Gegensätzlichkeit der beiden Gesellschaftssysteme ist geblieben, auch wenn sie in neuen Formen ausgetragen wird. Die Thesen vom Offenhalten der deutschen Frage, vom Weiterbestehen des Deutschen Reiches in den Grenzen von 1937 und vieles andere zeigen, daß die Vertreter solcher Thesen nach wie vor hoffen, die DDR liquidieren zu können und die alten Machtbereiche wieder erobern zu können.

Zugleich ist es notwendig, im Interesse beider deutscher Staaten auf politischem, ökonomischem, kulturellem, humanitärem Gebiet und in anderen Bereichen eng zusammenzuarbeiten. Wie für kein anderes sozialistisches Land in Europa ist daher die dialektische Verbindung von Zusammenarbeit und Auseinandersetzung unabdingbar ein Wesensmerkmal der Gesellschaftskonzeption. Die Kernfrage ist dabei in besonderem Maße, was man die sozialistische Identität der DDR nennen könnte. In dieser Frage gibt es ganz offensichtlich einen prinzipiellen Unterschied zwischen der DDR und anderen sozialistischen Ländern. Sie alle haben bereits vor ihrer sozialistischen Umgestaltung als Staaten mit kapitalistischer oder halbfeudaler Ordnung bestanden. Ihre Staatlichkeit war daher nicht in erster Linie von der gesellschaftlichen Ordnung abhängig.

Anders die DDR. Sie ist nur als antifaschistischer, als sozialistischer Staat, als sozialistische Alternative zur BRD denkbar. Welche Existenzberechtigung sollte eine kapitalistische DDR neben einer kapitalistischen Bundesrepublik haben? Natürlich keine. Nur wenn wir diese Tatsache immer vor Augen haben, wird klar erkennbar, wie wichtig für uns eine Gesellschaftsstrategie ist, die kompromißlos auf die Festigung der sozialistischen Ordnung gerichtet ist. Für ein leichtfertiges Spiel mit dem Sozialismus, mit der sozialistischen Staatsmacht ist da kein Platz.

[...]

Quelle: Blätter für deutsche und internationale Politik, Oktober 1989, S. 1175; abgedruckt in: Gransow/Jarausch 1991, S. 57

Dok. 30: Streng geheimer MfS-Bericht: Hinweise auf wesentliche motivbildende Faktoren im Zusammenhang mit Anträgen auf ständige Ausreise nach dem nichtsozialistischen Ausland und dem ungesetzliche Verlassen der DDR (Auszüge), 9. September 1989

Die zu diesem Komplex in den letzten Monaten zielgerichtet erarbeiteten Erkenntnisse beweisen erneut, daß die tatsächlichen Handlungsmotive zum Verlassen der DDR sowohl bei Antragstellungen auf ständige Ausreise als auch für das ungesetzliche Verlassen im wesentlichen identisch sind.

Sie haben sich in der Regel im Ergebnis eines längeren Prozesses der Entwicklung bestimmter Auffassungen und Haltungen und des Abwägens daraus abzuleitender persönlicher Schlußfolgerungen herausgebildet und sind häufig verfestigt. Im wesentlichen handelt es sich um ein ganzes Bündel im Komplex wirkender Faktoren.

Es zeigt sich, daß diese Faktoren unter dem Einfluß der ideologischen Diversion des Gegners, insbesondere über die Massenmedien, und durch andere westliche Einflüsse – zunehmend vor allem über Rückverbindungen von ehemaligen Bürgern der DDR, Besuchsaufenthalte von DDR-Bürgern im westlichen Ausland bzw. von Personen des nichtsozialistischen Auslandes in der DDR usw. – bei einer nicht unerheblichen Anzahl von Bürgern der DDR als Gründe/Anlässe sowohl für Bestrebungen zur ständigen Ausreise als auch des ungesetzlichen Verlassens der DDR genommen werden.

Die überwiegende Anzahl dieser Personen wertet Probleme und Mängel in der gesellschaftlichen Entwicklung, vor allem im persönlichen Umfeld, in den persönlichen Lebensbedingungen und bezogen auf die sogenannten täglichen Unzulänglichkeiten, im wesentlichen negativ und kommt davon ausgehend, insbesondere durch Vergleiche mit den Verhältnissen in der BRD und in Westberlin, zu einer negativen Bewertung der Entwicklung in der DDR.

Die Vorzüge des Sozialismus, wie z. B. soziale Sicherheit und Geborgenheit, werden zwar anerkannt, im Vergleich mit aufgetretenen Problemen und Mängeln jedoch als nicht mehr entscheidende Faktoren angesehen. Teilweise werden sie auch als Selbstverständlichkeiten betrachtet und deshalb in die Beurteilung überhaupt nicht mehr einbezogen oder gänzlich negiert. Es kommt zu Zweifeln bzw. zu Unglauben hinsichtlich der Realisierbarkeit der Ziele und der Richtigkeit der Politik von Partei und Regierung, insbesondere bezogen auf die innenpolitische Entwicklung, die Gewährleistung entsprechender Lebensbedingungen und die Befriedigung der persönlichen Bedürfnisse. Das geht einher mit Auffassungen, daß die Entwicklung keine spürbaren Verbesserungen für die Bürger bringt, sondern es auf den verschiedensten Gebieten in der DDR schon einmal besser gewesen sei. Derartige Auffassungen zeigen sich besonders auch bei solchen Personen, die bisher gesellschaftlich aktiv waren, aus vorgenannten Gründen jedoch „müde" geworden seien, resigniert und schließlich kapituliert hätten.

Es zeigt sich ein ungenügendes Verständnis für die Kompliziertheit des sozialistischen Aufbaus in seiner objektiven Widersprüchlichkeit, wobei aus ihrer Sicht nicht erreichte Ziele und Ergebnisse sowie vorhandene Probleme, Mängel und Mißstände dann als fehlerhafte Politik interpretiert und gewertet werden.

Diese Personen gelangen in einem längeren Prozeß zu der Auffassung, daß eine spürbare, schnelle und dauerhafte Veränderung ihrer Lebensbedingungen, vor allem bezogen auf die Befriedigung ihrer persönlichen Bedürfnisse, nur in der BRD oder Westberlin realisierbar sei.

Obwohl in jedem Einzelfall ganz konkrete, individuelle Fakten, Erscheinungen, Ereignisse, Erlebnisse usw. im Komplex auf die Motivbildung zum Verlassen der DDR einwirken, wird im folgenden eine Zusammenfassung wesentlicher diesbezüglicher zur Motivation führender Faktoren vorgenommen.

Als wesentliche Gründe/Anlässe für Bestrebungen zur ständigen Ausreise bzw. das ungesetzliche Verlassen der DDR – die auch in Übereinstimmung mit einer Vielzahl Eingaben an zentrale und örtliche Organe/Einrichtungen stehen – werden angeführt:

— Unzufriedenheit über die Versorgungslage;

— Verärgerung über unzureichende Dienstleistungen;

— Unverständnis für Mängel in der medizinischen Betreuung und Versorgung;

— eingeschränkte Reisemöglichkeiten innerhalb der DDR und nach dem Ausland;

— unbefriedigende Arbeitsbedingungen und Diskontinuität im Produktionsablauf;

— Unzulänglichkeiten/Inkonsequenz bei der Anwendung/Durchsetzung des Leistungs-

prinzips sowie Unzufriedenheit über die Entwicklung der Löhne und Gehälter;
- Verärgerung über bürokratisches Verhalten von Leitern und Mitarbeitern staatlicher Organe, Betriebe und Einrichtungen sowie über Herzlosigkeit im Umgang mit den Bürgern;
- Unverständnis über die Medienpolitik der DDR.

Hierzu im einzelnen:

Unzufriedenheit über die Versorgungslage

Den größten Umfang im Motivationsgefüge nimmt die Kritik an der Versorgung der Bevölkerung ein. Auf Unverständnis stoßen vor allem anhaltende Mängel bei der kontinuierlichen Versorgung mit hochwertigen Konsumgütern (Pkw, Möbel, Textilien, Schuhe, Heimelektronik usw.) sowie Ersatzteilen, mit Baustoffen und Baumaterialien sowie mit bestimmten Waren des täglichen Bedarfs (z. B. hochwertige Lebensmittel, Frischobst, Gemüse, häufig wechselnde Artikel der „1000 kleinen Dinge").

Darin einbezogen sind die Warenstreuung, der Frischheitsgrad der Lebensmittel, Versorgungslücken, das fehlende durchgängige Angebot bis Ladenschluß und die damit im Zusammenhang stehenden Transportprobleme.

Die betreffenden Personen verweisen insbesondere auf das damit verbundene „Schlange stehen", das Herumlaufen und die Suche nach bestimmten Artikeln, das „Beschaffen und Organisieren" auch während der Arbeitszeit und den Erwerb bestimmter Waren nur über „Beziehungen", und resümieren, daß das alles nicht mehr zu ertragen sei.

Diese Argumentation erfährt ihre Zuspitzung durch den Verweis darauf, daß die Besitzer von Devisen (nicht nur im Intershop-Laden) im wesentlichen alles erwerben könnten.

Es wird Kritik am sogenannten doppelten Währungssystem, an Intershops, Valutahotels und an „Privilegien" für Devisenbesitzer geübt.

Der vorgenannte Personenkreis zweifelt – häufig unter Verweis auf die Beständigkeit bzw. Zunahme derartiger Erscheinungen – generell an der Lösung dieser die Bürger bewegenden Probleme.

Verärgerung über unzureichende Dienstleistungen

Im engen Zusammenhang mit den insgesamt vertretenen Auffassungen zur Versorgungslage stehen die vielfältigen Probleme im Dienstleistungsbereich. Es wird insbesondere auf fehlende bzw. begrenzte Kapazitäten bei Reparatur- und Dienstleistungen verwiesen. Fehlende Ersatzteile, z. T. lange Wartezeiten sowie die kundenunfreundliche Behandlung der Bürger im Dienstleistungsbereich, in Gaststätten sowie in Verkaufseinrichtungen stehen im Mittelpunkt kritischer Äußerungen.

Unverständnis für Mängel in der medizinischen Betreuung und Versorgung

Die medizinische Betreuung und Versorgung der Bevölkerung sowie die Situation im Gesundheitswesen wird unter Hinweis auf fehlendes medizinisches Personal und fehlende Bettenkapazität ernste Mängel auf den Gebieten der Patientenbetreuung, Diagnostik, Medikamentenversorgung, Anwendung moderner medizinischer Behandlungsmethoden, Ausstattung mit Medizintechnik, hinsichtlich der Hygienebedingungen, der Arbeits- und Lebensbedingungen des medizinischen Personals als völlig unbefriedigend bezeichnet.

Das wirke sich auch negativ auf die in diesem Bereich tätigen Kräfte aus, weil sie – so wird argumentiert – nicht den Erfordernissen entsprechend tätig werden könnten.

In diesem Zusammenhang werden auch „bürokratische Auflagen", „bürokratische Zwänge" durch übergeordnete Leitungen genannt, die von der eigentlichen Wahrnehmung medizinischer Aufgaben abhalten würden (z. B. Überlastung durch berufsfremde Tätigkeit).

Eingeschränkte Reisemöglichkeiten innerhalb der DDR und nach dem Ausland

Bemängelt werden von den betreffenden Personenkreisen sowohl die ihrer Ansicht nach ungenügenden Reisemöglichkeiten innerhalb der DDR infolge fehlender Hotel- und Ferienplätze als auch die eingeschränkten Reisemöglichkeiten nach dem sozialistischen und nichtsozialistischen Ausland.

U. a. wird die z. T. fehlende Sauberkeit in Städten, Gemeinden, kommunalen u. a. Einrichtungen sowie öffentlichen Verkehrsmitteln kritisiert – oftmals unter Bezugnahme auf in der BRD und Westberlin diesbezüglich festgestellte gegensätzliche Erscheinungen.

Wiederholt wird auch darauf hingewiesen, daß man Bürgern der DDR infolge fehlender Devisen im sozialistischen Ausland nicht die gebührende Achtung und Aufmerksamkeit entgegenbringt.

Es mehrten sich auch Erscheinungen eines sich verschlechternden Reiseservice.

Bezüglich des Reiseverkehrs nach dem nichtsozialistischen Ausland konzentrieren sich die Diskussionen und Beschwerden insbesondere auf abgelehnte Privat- und Touristenreisen – begünstigt vor allem durch die in anderen sozialistischen Staaten nach Abschluß der Wiener KSZE-Nachfolgekonferenz geschaffenen größeren Reisemöglichkeiten – und die Nichtgenehmigung der Teilnahme an ausländischen Kongressen sowie die Ablehnung von ständigen Ausreisen.

Teilweise ist auch die „Befürchtung", daß es zukünftig zu Schwierigkeiten bei der Genehmigung von Reisen nach der BRD/Westberlin kommen könnte, Anlaß für die Nichtrückkehr in die DDR.

Unbefriedigende Arbeitsbedingungen und Diskontinuität im Produktionsablauf

Häufig wird ein Widerspruch gesehen zwischen den Leistungsanforderungen und den die Planerfüllung nachhaltig negativ beeinflussenden Faktoren. Als derartige Faktoren werden insbesondere genannt:

— der physisch und moralisch verschlissene Zustand von Maschinen/Anlagen, Produktionsgebäuden, Stallgebäuden und Transporttechnik in Betrieben/Kombinaten und Produktionsgenossenschaften,

— Mängel in der Leitung und Organisation von Produktionsprozessen, insbesondere hinsichtlich der Diskontinuität der Produktion durch nicht ausreichende bzw. diskontinuierliche Bereitstellung von Materialien und Hilfsmitteln, und damit verbundene Auswirkungen auf die Werktätigen,

— die ungenügende Modernisierung/Ausstattung der Institute/wissenschaftlichen Einrichtungen mit hochleistungsfähiger Forschungs-, Informations- und Kommunikationstechnik sowie das Fehlen von Bio- und Feinchemikalien,

— von angeblicher Kurzsichtigkeit zeugende getroffene Entscheidungen über Reduzierungen finanzieller und materieller Fonds,

— die Zurückstellung von Bau- und Rekonstruktionsmaßnahmen in Kombinaten, Einrichtungen, Universitäten usw., die zu erheblichen Nachteilen für die Volkswirtschaft der DDR führen würden. Der „allgemeine Verschleiß" müsse zwangsläufig eine weitere Vergrößerung des Abstandes zur Weltspitze nach sich ziehen.

In den Arbeitsstellen hätten Bürokratismus und Berichtswesen ein nicht mehr zu vertretendes Ausmaß erreicht, das sich spürbar negativ auf die Arbeit mit und in den Kollektiven und die Organisation von Produktionsprozessen auswirke. Des weiteren seien Forschungsvorhaben durch bürokratische Planung beeinträchtigt, und somit wäre ein echter wissenschaftlicher Vorlauf nicht mehr gewährleistet.

In zunehmendem Maße müßten auftretende Unzulänglichkeiten und Störungen im Produktionsprozeß durch zusätzliche physische Leistungen der Werktätigen und z. T. auch unter Inkaufnahme grober Verletzungen der geltenden Bestimmungen des Gesundheits-, Arbeits- und Brandschutzes sowie von Verkehrs- und Betriebssicherheit kompensiert werden. Verbreitet ist die Auffassung, daß der geforderte Leistungszuwachs in der Volkswirtschaft nur auf Kosten der Arbeiter und Genossenschaftsbauern erreicht werde.

Das Arbeitsklima würde auch beeinträchtigt durch

— gestörte Beziehungen zwischen Leitern und Kollektiven,

— Verärgerung über nichteingehaltene Zusicherungen bezüglich beruflicher Perspektive und Entwicklungsmöglichkeiten (wie Übernahme von Leitungsfunktionen), wobei durch Strukturveränderungen in verschiedenen gesellschaftlichen Bereichen Leitungsfunktionen in Wegfall kamen, was jedoch von den Betroffenen nicht verstanden wurde.

Das alles ist verbunden mit erheblichen Zweifeln an der positiven Veränderung dieser Situation und hat zu Ermüdungserscheinungen, Skepsis und Resignation unter dem betreffenden Personenkreis geführt.

Unzulänglichkeiten/Inkonsequenz bei der Anwendung/Durchsetzung des Leistungsprinzips sowie Unzufriedenheit über die Entwicklung der Löhne und Gehälter

Es wird auf Unzulänglichkeiten/Inkonsequenz bei der Anwendung und Durchsetzung des Leistungsprinzips auf allen Leitungsebenen hingewiesen. Tendenzen der Gleichmacherei und der Bezahlung von nichterbrachten Leistungen würden immer mehr zunehmen. Der leistungsabhängige Lohnanteil insgesamt sei zu gering, um das Erbringen überdurchschnittlicher Arbeitsleistungen zu stimulieren. Das führe auch zum Rückgang der Arbeitsdisziplin.

Auch halte nach Meinung der betreffenden Personen die Entwicklung der Löhne und Gehälter den ständig wachsenden Preisen nicht stand. Dieses wirke sich immer stärker auch negativ auf die Erhaltung des erreichten Lebensniveaus aus.

Vielfach wird in diesem Zusammenhang von einer „Preisexplosion" gesprochen, mit der angeblich Unzulänglichkeiten in der Wirtschaftsführung auf Kosten der Werktätigen „ausgebügelt" werden sollen. Für das erarbeitete Geld könne man sich kaum etwas kaufen, durch schleichende Preiserhöhungen in allen anderen Bereichen würde die Propaganda und Argumentation hinsichtlich stabiler Preise bei Grundnahrungsmitteln gegenstandslos, eine Reihe von Erzeugnissen, z. B. Pkw, Fernsehgeräte, Möbel seien auch für gut verdienende Leute nur noch schwer erschwinglich.

Weiter wird argumentiert, daß

— trotz schlechter gewordener Qualität der Erzeugnisse – auch bei hochwertigen Konsumgütern – die Preise gestiegen seien (dabei werden vor allem genannt: Möbel und Polsterwaren, Textilien – auch im Exquisitangebot – und Schuhe sowie Pkw),

— im Ergebnis geringfügiger technischer Veränderungen bzw. ausgewiesener technischer Weiterentwicklungen, womit letztlich auch der erhöhte Preis begründet wird, z. T. keine adäquate Erhöhung des Gebrauchswertes erkennbar bzw. vorhanden sei und

— die allgemeine Preisentwicklung (Lohn-Preis-Spirale) nicht durch die realisierten Sozialmaßnahmen (Lohnentwicklung, Kindergeld, Ehekredite) aufgewogen werde.

Verärgerung über bürokratisches Verhalten von Leitern und Mitarbeitern staatlicher Organe, Betriebe und Einrichtungen sowie über Herzlosigkeit im Umgang mit Bürgern

Von den zuständigen staatlichen Organen und Einrichtungen würde den Bürgern auch bei Vorliegen berechtigter persönlicher Anliegen häufig keine Hilfe und Unterstützung gegeben. Teilweise resultiere das aus solchen subjektiven Gründen wie fehlendem Engagement bzw. hartnäckigem „Dranbleiben" bis zur Klärung der Angelegenheit durch Mitarbeiter von Staatsorganen oder sei auf fehlende objektive Voraussetzungen zurückzuführen, die dem Bürger jedoch zu selten in überzeugender Art und Weise erläutert würden. Außerdem würden die Rechte der Bürger noch zu wenig deutlich gemacht.

Vor allem durch unbeherrschtes Auftreten, durch taktisch unkluges Verhalten entstehe beim Bürger häufig der Eindruck, daß

— seine eigenen Ideen und Gedanken nicht gefragt seien, er in der DDR überflüssig sei,

— seine Individualität und sein Handlungsspielraum eingeschränkt wären und

— sie nicht als mündige Bürger, die über ihre ureigensten Angelegenheiten selbst entscheiden wollen, behandelt würden.

Weiter wird häufig das Fehlen der geforderten Bürgernähe sowie des feinfühligen Umganges mit den Bürgern angesprochen. Das beziehe sich auf alle Bereiche des gesellschaftlichen Lebens.

Unverständnis über die Medienpolitik der DDR

In die Bewertungen und negativen Schlußfolgerungen werden durch Antragsteller auf ständige Ausreise bzw. Personen, die mit dem ungesetzlichen Verlassen der DDR in Erscheinung getreten sind, oft auch Vergleiche einbezogen, die sich auf die offiziellen Verlautbarungen und die Berichterstattung in den Medien der DDR und die gesammelten persönlichen Erfahrungen beziehen. Insbesondere betrifft dies Berichte und Statistiken über die Erfüllung und Übererfüllung von Plankennziffern, über Steigerungsraten bei der Konsumgüterproduktion oder der Ersatzteilproduktion, den Grad der Versorgung mit neuen oder modernisierten Wohnungen, über positive Beispiele der engen Verbindung und Zusammenarbeit von Bevölkerung sowie territorialen Staatsorganen und Volksvertretungen. Diese fast ausschließlich positive Darstellung wird in negative Beziehung gesetzt zu entgegengesetzten persönlichen Erfahrungen und Lebensverhältnissen.

In diesem Zusammenhang werden diesbezügliche Veröffentlichungen in den Medien der DDR, z. B. über die planmäßige Entwicklung der Volkswirtschaft und die Erhöhung des Warenumsatzes im Handel, vielfach als „Zweckpropaganda" bezeichnet. Das wirkliche Leben sei ganz das Gegenteil von dem, was in den Massenmedien dargestellt wird. So würden den Veröffentlichungen in den Medien über erfüllte und übererfüllte Pläne im täglichen Leben eine Vielzahl nichterfüllter Wünsche gegenüberstehen, Planerfüllungen würden häufig nur auf der

Grundlage von Planpräzisierungen, Plankorrekturen bzw. im Ergebnis von Planmanipulationen zu Stande kommen.

Abschließend wird darauf hingewiesen, daß die angeführten motivbildenden Faktoren z. T. verknüpft sind mit

— illusionären Vorstellungen über die „westliche" Lebensweise, insbesondere der Erwartung eines Lebens mit „besserer" materieller Sicherstellung und „besseren" beruflichen Verdienstmöglichkeiten, von mehr „Freizügigkeit" zur Verwirklichung eines eigenen Lebensstils auf der Grundlage eines egoistischen Konsum- und Besitzstrebens und

— Einstellungen, Auffassungen und Charaktereigenschaften wie Egoismus, Habsucht, Karrierismus, Unmoral, Selbstüberschätzung usw.

Im untrennbaren Zusammenhang damit wirken aktuelle Entwicklungstendenzen in anderen sozialistischen Staaten, insbesondere in der Ungarischen Volksrepublik, Volksrepublik Polen und der Sowjetunion, durch die in beachtlichem Umfang Zweifel an der Einheit, Geschlossenheit und damit der Stärke der sozialistischen Staatengemeinschaft entstanden sind, die zunehmend auch zu Zweifeln an der Perspektive und Sieghaftigkeit des Sozialismus überhaupt führen.

Weitere Motive zum Verlassen der DDR resultieren im geringen Umfang sowohl aus echten humanitären Gründen (z. B. Eheschließung, Familienzusammenführung), aus der „Lösung" von familiären oder persönlichen Konflikten, Abenteuerlust als auch aus Bestrebungen, sich der strafrechtlichen Verantwortlichkeit zu entziehen.

Bei der gesamten Einschätzung ist zu beachten, daß Antragsteller auf ständige Ausreise bzw. Personen, die mit dem ungesetzlichen Verlassen der DDR in Erscheinung treten, in der Regel politisch nichts mehr mit der DDR verbindet. Sie handeln jedoch mehrheitlich nicht aus einer grundsätzlich feindlichen Einstellung heraus.

Die Zur-Schau-Stellung feindlicher Haltungen ist in vielen Fällen darauf zurückzuführen, daß sich die betreffenden Bürger auf diese Weise größere Chancen für die Genehmigung ihrer ständigen Ausreise ausrechnen. Sie treten in der Regel mit Argumenten des Gegners auf, ohne diese in der Auseinandersetzung, z. B. mit den zuständigen staatlichen Organen, fundiert begründen zu können.

Im Rahmen des Gesamtaufkommens an Informationen der Diensteinheiten des MfS Berlin und der Bezirksverwaltungen zur Reaktion der Bevölkerung auf wesentliche Aspekte der innenpolitischen Lage in der DDR, insbesondere im Zusammenhang mit der Problematik der ständigen Ausreise von Bürgern der DDR und dem ungesetzlichen Verlassen der DDR, sind in wachsendem Maße auch Hinweise über beachtenswerte Meinungsäußerungen und Haltungen von Mitgliedern und Funktionären der SED zur Politik der Partei und zum innerparteilichen Leben enthalten.

Vorliegenden Informationen zufolge sind zahlreiche, vor allem langjährige Parteimitglieder, von tiefer Sorge erfüllt über die gegenwärtige allgemeine Stimmungslage unter großen Teilen der Werktätigen, besonders in den Betrieben, teilweise verbunden mit ernsten Befürchtungen hinsichtlich der weiteren Erhaltung der politischen Stabilität der DDR.

Sie begründen diese Haltung insbesondere mit solchen persönlich getroffenen Feststellungen im Arbeits-, Wohn- und Freizeitbereich wie

— der erheblichen Zunahme von durch Unwillen und Unzufriedenheit gekennzeichneten, in immer aggressiverem Ton geführten Diskussionen im Zusammenhang mit der Versorgungslage und der Lage im Dienstleistungsbereich, der Lohn-Preis-Politik, der materiell-technischen Sicherstellung der Produktion,

— zunehmenden Erscheinungen von Passivität und Gleichgültigkeit unter Werktätigen gegenüber dem politischen und gesellschaftlichen Leben in der DDR insgesamt und im Territorium,

— dem weiteren Rückgang von Arbeitsdisziplin und Leistungsbereitschaft,

— der erheblichen Zunahme von Erscheinungen des Spekulantentums und der Korruption.

Die Praxis zeige, daß auch zahlreiche Parteimitglieder mit derartigen Auffassungen und Verhaltensweisen in Erscheinung treten und sich damit kaum noch von Parteilosen unterscheiden.

In diesem Zusammenhang wiesen Mitglieder und Funktionäre der SED wiederholt darauf hin, daß Diskussionsinhalte von Werktätigen zu den vorgenannten Problemen in wachsendem Maße die Tendenz erkennen lassen, die Partei- und Staatsführung für die entstandene Lage verantwortlich zu machen, ihr, vor allem unter Hinweis auf die altersmäßige Zusammensetzung, die Fähigkeit abzusprechen, die vielfältigen Probleme zu lösen.

Unter Bezugnahme auf Feststellungen über die Stimmungslage unter den Werktätigen, auf den drastischen Anstieg der Ausreisebestrebungen bzw. die „Massenfluchten" von DDR-Bürgern in die BRD und nach Westberlin, aber auch unter Hinweis auf die sich häufenden Austritte bzw. angekündigten Austrittserklärungen aus der SED, schlußfolgern SED-Mitglieder und andere progressive Kräfte, es zeichne sich ein wachsender Vertrauensschwund zwischen Volk und Partei ab.

Als Hauptgründe für Austritte aus der Partei (Hinweise über eine erhebliche Zunahme von Parteiaustritten, besonders aus dem Bereich der materiellen Produktion, liegen aus allen Bezirken der DDR und der Hauptstadt der DDR, Berlin, vor) würden insbesondere angegeben:

— Nichteinverständnis mit der Um- und Durchsetzung der ökonomischen Politik der Partei (Hauptargument: Trotz vieler Beschlüsse ändere sich nichts an der komplizierten Lage in der Volkswirtschaft und auf dem Gebiet der Versorgung. Man habe keine überzeugenden Argumente gegenüber Parteilosen und könne deshalb die Parteilinie nicht mehr vertreten);

— mangelndes Vertrauen in die Parteiführung (Hauptargument: Die Parteiführung wolle die Probleme nicht wahrhaben; sie habe sich von der Basis gelöst);

— Ablehnung der Informationspolitik der Partei (Hauptargument: Die Partei überlasse es dem Gegner, sich mit unseren inneren Problemen zu befassen; die DDR-Massenmedien hielten an der Linie einer „Erfolgsberichterstattung" fest; die Einheit von Wort und Tat sei nicht mehr gewährleistet).

Mitglieder und Funktionäre der SED, besonders aus APO und GO in Bereichen der Volkswirtschaft sowie an Universitäten und Hochschulen, üben zum Teil scharfe Kritik an der Arbeit übergeordneter Parteileitungen sowie am Inhalt und Verlauf von Mitgliederversammlungen. Diese würden häufig nur noch den Charakter von Pflichtveranstaltungen tragen.

Es werde an den Problemen vorbeigeredet. Auf konkrete Fragen gebe es keine Antwort bzw. kritische Diskussionen würden mit dem Hinweis auf die Parteidisziplin „abgewürgt". Wer auf Parteiversammlungen die vorhandenen Probleme anspreche und klare Antworten verlange, werde sehr schnell als Nörgler abgestempelt. Hauptamtliche Parteifunktionäre wirken in ihrer Argumentation „hilflos"; teilweise weichen sie unbequemen Fragen aus. Auf den Parteiveranstaltungen werde das Vermitteln von überzeugenden Argumenten und Hintergrundinformationen vermißt. Es gebe erhebliche Informationsdefizite in der Partei. Dies sei der Grund dafür, daß viele Parteimitglieder resignierten, da sie sich mit ihren Problemen allein gelassen fühlten.

Hochschullehrer (SED-Mitglieder) erklärten, mit wachsendem Unbehagen in Vorlesungen und Seminare zu gehen, da Studenten immer häufiger politisch sensible Themenbereiche ansprechen und dazu Fragen stellen, auf die sie keine überzeugenden Antworten geben könnten, ohne Grundpositionen der Partei in Frage zu stellen.

Zunehmend offener äußern Mitglieder und Funktionäre der SED Unwillen und Enttäuschung über die Informationspolitik. Ihre zu dieser Thematik geäußerten Standpunkte unterscheiden sich dabei jedoch wesentlich von Meinungsäußerungen zahlreicher Parteiloser, die die gegenwärtig betriebene Informationspolitik grundsätzlich in Frage stellen, sie der Lächerlichkeit preisgeben.

Sie sind von der Sorge getragen, daß die derzeitige Informationspolitik, speziell die Medienpolitik, nicht mehr den neuen Anforderungen an die politisch-ideologische Arbeit entspricht und nur noch geringe Wirkung erzielt.

Vorliegenden Informationen zufolge zeigen sich viele Parteimitglieder u. a. progressive Kräfte verbittert darüber, daß die Medien der DDR gegenüber dem Klassengegner eine defensive Haltung einnehmen, auf Vorgänge und Vorkommnisse nicht aktuell und offensiv reagieren. Daraus resultiere — so z. B. im Falle der „Botschaftsbesetzungen" und der organisierten „Massenflucht" von DDR-Bürgern aus der UVR nach Österreich wie überhaupt bei der Problematik Antragsteller auf ständige Ausreise —, daß sich die überwiegende Mehrheit der DDR-Bevölkerung nahezu ausschließlich an entsprechenden Sendungen westlicher Medien orientiere. Die politische Meinungsbildung der DDR-Bürger werde damit in erheblichem Maße von westlichen elektronischen Medien bestimmt.

Darüber hinaus mangele es den DDR-Massenmedien an Objektivität bei der Darstellung innenpolitischer Probleme. Es werde das Bild einer „heilen Welt" des Sozialismus in der DDR vermittelt, das teilweise in krassem Widerspruch zur Wirklichkeit stehe.

Die fehlende Offenheit hemme in entscheidendem Maße die Bereitschaft der Werktätigen, aktiver mitzuwirken bei der Überwindung vorhandener komplizierter Probleme im Innern der DDR. Journalistisch tätige Personen vertreten die Auffassung, wenn die Diskussion zu erarbeiteten politischen und wirtschaftlichen Konzepten und Lösungsvarianten nicht wie bisher nur intern, sondern auch öffentlich – unter Einbeziehung der Medien – erfolgte, würde dies nicht nur zu einem Vertrauensgewinn der Partei, sondern auch zu echter schöpferischer Mitarbeit der Werktätigen führen und die Stimmungslage der Werktätigen positiv beeinflussen. Man könne nicht auf das Bewußtsein der Menschen einwirken und etwas in Bewegung setzen wollen, indem man nur den Begriff sozialistische Demokratie häufiger verwende.

Besonders beachtenswert erscheinen vorliegende interne Hinweise, wonach journalistisch tätige Personen ihre Verbitterung über fortgesetzte administrative Entscheidungen der Abteilung Agitation/Propaganda des ZK der SED bezüglich der Qualität, der Eignung und der Nutzung von zur Veröffentlichung vorgeschlagenen Artikeln zum Ausdruck bringen. Dies erzeuge bei ihnen zunehmend das Gefühl, daß den Journalisten ihr Urteilsvermögen abgesprochen werde.

Quelle: BStU, ZAIG, 0/225; abgedruckt in: Mitter/Wolle 1990, S. 141 ff.

Dok. 31: Gründungsaufruf des Neuen Forums (Auszüge), 18. September 1989

In unserem Lande ist die Kommunikation zwischen Staat und Gesellschaft offensichtlich gestört. Belege dafür sind die weitverbreitete Verdrossenheit bis hin zum Rückzug in die private Nische oder zur massenhaften Auswanderung. Fluchtbewegungen dieses Ausmaßes sind anderswo durch Not, Hunger und Gewalt verursacht. Davon kann bei uns keine Rede sein.

Die gestörte Beziehung zwischen Staat und Gesellschaft lähmt die schöpferischen Potenzen unserer Gesellschaft und behindert die Lösung der anstehenden lokalen und globalen Aufgaben. Wir verzetteln uns in übelgelaunter Passivität und hätten doch Wichtigeres zu tun für unser Leben, unser Land und die Menschheit.

In Staat und Wirtschaft funktioniert der Interessenausgleich zwischen den Gruppen und Schichten nur mangelhaft. Auch die Kommunikation über die Situation und die Interessenlage ist gehemmt. Im privaten Kreis sagt jeder leichthin, wie seine Diagnose lautet, und nennt die ihm wichtigsten Maßnahmen. Aber die Wünsche und Bestrebungen sind sehr verschieden und werden nicht rational gegeneinander gewichtet und auf Durchführbarkeit untersucht. Auf der einen Seite wünschen wir uns eine Erweiterung des Warenangebots und bessere Versorgung, andererseits sehen wir deren soziale und ökologische Kosten und plädieren für die Abkehr von ungehemmtem Wachstum. Wir wollen Spielraum für wirtschaftliche Initiative, aber keine Entartung in eine Ellenbogengesellschaft. Wir wollen das Bewährte erhalten und doch Platz für Erneuerung schaffen, um sparsamer und weniger naturfeindlich zu leben. Wir wollen geordnete Verhältnisse, aber keine Bevormundung. Wir wollen freie, selbstbewußte Menschen, die doch gemeinschaftsbewußt handeln. Wir wollen vor Gewalt geschützt sein und dabei nicht einen Staat von Büttel und Spitzeln ertragen. Faulpelze und Maulhelden sollen aus ihren Druckposten vertrieben werden, aber wir wollen dabei keine Nachteile für sozial Schwache und Wehrlose. Wir wollen ein wirksames Gesundheitswesen für jeden, aber niemand soll auf Kosten anderer krankfeiern. Wir wollen an Export und Welthandel teilhaben, aber weder zum Schuldner und Diener der führenden Industriestaaten noch zum Ausbeuter und Gläubiger der wirtschaftlich schwachen Länder werden.

Um alle diese Widersprüche zu erkennen, Meinungen und Argumente dazu anzuhören und zu bewerten, allgemeine von Sonderinteressen zu unterscheiden, bedarf es eines demokratischen Dialogs über die Aufgaben des Rechtsstaates, der Wirtschaft und der Kultur. Über diese Fragen müssen wir in aller Öffentlichkeit, gemeinsam und im ganzen Land, nachdenken und miteinander sprechen. Von der Bereitschaft und dem Wollen dazu wird es abhängen, ob wir in absehbarer Zeit Wege aus der gegenwärtigen krisenhaften Situation finden. Es kommt in der jetzigen gesellschaftlichen Entwicklung darauf an,

- daß eine größere Anzahl von Menschen am gesellschaftlichen Reformprozeß mitwirkt,
- daß die vielfältigen Einzel- und Gruppenaktivitäten zu einem Gesamthandeln finden.

Wir bilden deshalb gemeinsam eine politische Plattform für die ganze DDR, die es Menschen aus allen Berufen, Lebenskreisen, Parteien und Gruppen möglich macht, sich an der Diskussion und Bearbeitung lebenswichtiger Gesellschaftsprobleme in diesem Lande zu beteiligen. Für eine solche übergreifende Initiative wählen wir den Namen Neues Forum.

Die Tätigkeit des Neuen Forum werden wir auf gesetzliche Grundlagen stellen. Wir berufen uns hierbei auf das in Art. 29 der Verfassung der DDR geregelte Grundrecht, durch gemeinsames Handeln in einer Vereinigung unser politisches Interesse zu verwirklichen. Wir werden die Gründung der Vereinigung den zuständigen Organen der DDR entsprechend der VO vom 6. November 1975 über die „Gründung und Tätigkeit von Vereinigungen" (GBL I, Nr. 44, S. 723) anmelden.

Allen Bestrebungen, denen das Neue Forum Ausdruck und Stimme verleihen will, liegt der Wunsch nach Gerechtigkeit, Demokratie und Frieden sowie Schutz und Bewahrung der Natur zugrunde. Es ist dieser Impuls, den wir bei der kommenden Umgestaltung der Gesellschaft in allen Bereichen lebensvoll erfüllt wissen wollen.

„Wir rufen alle Bürger und Bürgerinnen der DDR, die an der Umgestaltung unserer Gesellschaft mitwirken wollen, auf, Mitglieder des Neuen Forum zu werden."

Die Zeit ist reif.

Quelle: Schüddekopf 1990, S. 29 ff.

Dok. 32: MfS-Bericht: Hinweise über Reaktionen progressiver Kräfte auf die gegenwärtige innenpolitische Lage in der DDR, 8. Oktober 1989

Nach vorliegenden Hinweisen aus der Hauptstadt und allen Bezirken der DDR schätzen viele progressive Kräfte, insbesondere Mitglieder der SED ein, daß die sozialistische Staats- und Gesellschaftsordnung in der DDR ernsthaft in Gefahr ist. Sie bekunden gleichzeitig ihre Bereitschaft, sich an die Seite der Partei zu stellen und die Arbeiter-und-Bauern-Macht vor allen Angriffen innerer und äußerer Feinde zu schützen. Sie treffen die Feststellung, daß sich die Stimmungslage der Bevölkerung der DDR weiter rapide verschlechtert hat. Ihren Darstellungen zufolge werde in vielen Meinungsäußerungen sowie in zahlreichen Eingaben und Stellungnahmen von Werktätigen zum Ausdruck gebracht, daß das System der Führung und Leitung politischer, ideologischer und volkswirtschaftlicher Prozesse in der DDR erstarrt sei. Die spürbare Zuspitzung vorhandener innenpolitischer Probleme und Schwierigkeiten sowie die Massenfluchten deuteten auf eine umfassende gesellschaftliche Krise in der DDR. Die Folge davon sei eine erhebliche Zunahme von Erscheinungen der Verunsicherung, der Ratlosigkeit und Resignation unter Parteimitgliedern, Mitarbeitern des Staatsapparates und weiteren aktiv gesellschaftlich tätigen Personen.

Unter den Werktätigen wachsen Zweifel an der Perspektive des Sozialismus in der DDR. Zahlreiche progressive Kräfte, darunter viele Werktätige vor allem älterer Jahrgänge, befürchten, daß es zu großen Erschütterungen in der Gesellschaft komme, die von der Partei nicht mehr beherrschbar seien. Bereits jetzt – so argumentieren sie – befände sich die DDR in einer Situation wie kurz vor den konterrevolutionären Ereignissen am 17. Juni 1953. Besorgt äußern sie sich vor allem über den weiter zunehmenden Vertrauensschwund der Werktätigen gegenüber der Partei- und Staatsführung.

Viele Werktätige, einschließlich zahlreiche Mitglieder und Funktionäre der Partei, sprechen ganz offen darüber, daß die Partei- und Staatsführung nicht mehr in der Lage und fähig sei, die Situation real einzuschätzen und entsprechende Maßnahmen für dringend erforderliche Veränderungen durchzusetzen. Sie könne angesichts ihrer altersmäßigen Zusammensetzung nicht mehr flexibel reagieren. Als besonders enttäuschend und teilweise mit großer Bitterkeit wird die Tatsache bewertet, daß sich die führenden Repräsentanten der DDR bisher nicht direkt und persönlich an die Werktätigen gewandt haben, um den Standpunkt der Partei zur gegenwärtigen innenpolitischen Situation darzulegen und damit zugleich Orientierungen für die politisch-ideologische Arbeit zu geben. Die bisher gehandhabte Methode, die die ganze DDR-Bevölkerung interessierenden persönlich berührenden Vorgänge ausschließlich durch ADN und einige ausgewählte Kommentatoren bewerten zu lassen, sei Ausdruck des Mißtrauens der politischen Führung der DDR gegenüber dem Volk. Das zeige sich auch in der durch führende Vertreter der Partei und des Staates vergebenen Chance, ihre Auftritte im Rahmen der Feierlichkeiten zum 40. Jahrestag der Gründung der DDR dafür zu benutzen, klare und offene Worte für die derzeitige Situation zu finden und entsprechende Lösungswege anzudeuten.

Wiederholt wurde dieses Vorgehen in Zusammenhang gebracht mit der Informationspolitik der Partei, die nach Meinung vieler Parteimitglieder nichts mehr mit Leninscher Informationspolitik zu tun habe. Zahlreiche journalistisch tätige Personen vertreten in Kenntnis der konkreten Lage den Standpunkt, daß die DDR-Massenmedien die Bevölkerung nicht mehr erreichen. Auf völliges Unverständnis stößt bei progressiven Kräften vor allem die fehlende politisch offensive Auseinandersetzung mit feindlichen, oppositionellen Kräften und von solchen Personenkreisen verfaßten und verbreiteten antisozialistischen Pamphleten. Ein derartig passives und defensives Verhalten würde der gegnerischen Seite Tür und Tor für deren ideologische Offensive öffnen.

Es sei dadurch eine Lage entstanden, daß selbst zahlreiche Bürger, darunter insbesondere Angehörige aus den Bereichen Hoch- und Fachschulwesen, Kunst und Kultur sowie Studenten, mit einer positiven Grundeinstellung sich mit Zielen und Inhalten der oppositionellen Sammlungsbewegung „Neues Forum" identifizieren, die in dem Gründungsaufruf dieser Gruppierung enthaltenen politischen Grundinhalte und Forderungen akzeptieren und weiter verbreiten.

Unter Bezugnahme auf diese vorgenannten Probleme verweisen progressive Kräfte darauf, immer unsicherer zu werden in der Beurteilung der Lage und keine, die Werktätigen überzeugende Argumente besitzen. Dadurch scheuten sie sich immer mehr, überhaupt noch Auseinandersetzungen in den Betrieben zu führen. Hinzu komme, daß es nach wie vor Praxis sei, daß hauptamtliche Parteifunktionäre auf entsprechende Fragen der Parteimitglieder keine Antworten geben oder versuchen, sich mit Zitaten aus entsprechenden Parteidokumenten „über die Runden zu retten". In einigen Fällen wurde Parteimitgliedern beim Stellen von unbequemen Fragen mit Parteistrafen gedroht und damit jegliche Diskussion strikt unterbunden. In dem Bestreben, dennoch gemäß den Forderungen der Partei das politische Gespräch mit den Werktätigen fortzusetzen, bemühen sich diese Parteimitglieder entsprechend ihrem Wissensstand darum, eigene Antworten und Lösungsvarianten zu erarbeiten, die jedoch nicht autorisiert seien, wenig Überzeugungskraft besäßen und angesichts der Unkenntnis der konkreten Situation teilweise auch von einem Abweichen von der Linie der Partei gekennzeichnet wären. Bei entsprechenden ideologischen Auseinandersetzungen in den Arbeitskollektiven würden viele progressive Kräfte in breitem Umfang mit Diskussionen über die Existenz einer sogenannten Klasse der Privilegierten in der DDR (gemeint sind damit Funktionäre der Partei, Leiter staatlicher und wirtschaftsleitender Organe auf zentraler Ebene bis hin zu den Kreisen) sowie mit Hinweisen über die massenhafte Ausbreitung von Schieber- und Spekulantentum konfrontiert. Die dazu in sehr aggressiver Form geführten Diskussionen beinhalten das Argument, diese vorgenannten Personenkreise seien die eigentlichen Nutznießer des Sozialismus. Offensichtlich sei auf ehrliche Art und Weise erworbenes Geld in unserer Gesellschaftsordnung nicht mehr gefragt.

Getragen von der Sorge um die Erhaltung der politischen Stabilität der DDR und der Abwendung von Gefahren für den sozialistischen Staat erwarten und fordern viele Werktätigen insbesondere klassenbewußte Arbeiter aus Industrie und Landwirtschaft, Angehörige der Intelligenz sowie Mitarbeiter staatlicher und wirtschaftsleitender Organe einen unverzüglich beginnenden offenen Dialog der Parteiführung mit den Werktätigen über die anstehenden Probleme.

Mitglieder und Funktionäre der SED, der befreundeten Parteien und gesellschaftlicher Organisationen sowie Arbeitskollektive aus allen gesellschaftlichen Bereichen fordern – zum Teil mit großem Nachdruck und sehr emotional geprägt –, daß die Partei- und Staatsführung unverzüglich eine umfassende kritische und reale Analyse der innenpolitischen Lage vornimmt, eine öffentliche Diskussion über Lösungswege zur Überwindung der vorhandenen Probleme und über strategische Entwicklungslinien in Gang setzt sowie eine politische Offensive gegen feindliche oppositionelle Kräfte in der DDR einleitet.

Als vordringlich angesehene Veränderungen werden insbesondere genannt:

1. **Volkswirtschaft**
- Aufzeigen einer klaren Perspektive der volkswirtschaftlichen Entwicklung in für alle Bürger der DDR faßbarer, überschaubarer und abrechenbarer Form,
- Durchsetzung moderner und wirksamer Methoden der Wirtschaftsführung, vor allem bezogen auf die Planung, Bilanzierung und Abrechnung unter Beachtung des Abbaues des administrativen Aufwandes im Planungsprozeß,
- weitere Erhöhung der Eigenverantwortung und Selbständigkeit der Betriebe,
- Abbau des Mißverhältnisses zwischen der Größe der produktiven Bereiche und des Überbaues,
- Veränderungen in der Subventionspolitik,
- konsequente Durchsetzung des Leistungsprinzips,

2. **Weiterentwicklung der sozialistischen Demokratie**
- Entwicklung neuer Formen und Methoden zur Einbeziehung der Werktätigen in die Vorbereitung von Entscheidungen in allen Bereichen der Gesellschaft,
- konsequente Durchsetzung des Prinzips der Mitbestimmung und Mitverantwortung,
- Entscheidungen zentraler Partei- und Staatsorgane für das Volk „durchsichtiger machen",
- Rechenschaftslegung der Partei- und Staatsfunktionäre auf zentraler Ebene vor dem Volk,

3. **Informationspolitik**
- Beseitigung des Widerspruches zwischen gesellschaftlichem Anspruch und der Wirklichkeit,
- offenes und ehrliches Aufdecken aller Probleme und Schwierigkeiten, um gesamte Gesellschaft zu mobilisieren,
- aktuell und offensiv reagieren auf Angriffe des Gegners und innerer Feinde,
- Beendigung umfassender „Hofberichterstattungen" und einseitig orientierter Erfolgsmeldungen,

4. **Innerparteiliches Leben**
- Kritik wieder zum Entwicklungsgesetz der Partei entwickeln,
- Gewährleistung einer offenen Atmosphäre, in der für alle Parteimitglieder die Möglichkeit besteht, sich mit Problemen und Hemmnissen auseinanderzusetzen, sie bewegende Fragen offen auszusprechen,
- Gewährleistung des ständigen Auftretens führender Parteifunktionäre vor dem Parteiaktiv,
- volle Gewährleistung der innerparteilichen Demokratie.

Quelle: BStU, ZAIG, 0/227; abgedruckt in: Mitter/Wolle 1990, S. 204 ff.

Dok. 33: MfS-Information über das Wirken antisozialistischer Sammlungsbewegungen und damit in Zusammenhang stehende beachtenswerte Probleme (Auszüge), 23. Oktober 1989

Nach dem MfS vorliegenden Hinweisen setzt sich der Prozeß der DDR-weiten Formierung der bekannten antisozialistischen Sammlungsbewegungen fort.

Im Ergebnis

- der weiter anhaltenden Popularisierung ihrer Ziele und Inhalte durch Selbstdarstellung und Diskussion dazu in vielen gesellschaftlichen Bereichen
- der Eingliederung von Mitgliedern der Sammlungsbewegungen in den begonnenen Prozeß des Dialogs von Vertretern der Partei und des Staatsapparates mit allen Schichten der Bevölkerung, vor allem im kommunalen Bereich

sowie durch

- flächendeckende Ausbildung und Festigung ihrer Strukturen,
- eine sich weiter vervollkommende Organisation

ist es den Inspiratoren/Organisatoren gelungen, ein politisch beachtliches Potential der Bevölkerung der DDR, vor allem jüngerer Bürger, in ihrem Sinne zu beeinflussen, bei diesem Handlungsbereitschaften zu wecken und für entsprechende Aktivitäten zu nutzen.

Über den größten Einfluß und die weiteste Verbreitung verfügt nach wie vor das „Neue Forum", dessen politisches Profil sich weiter ausgeprägt hat und dessen Leitungsstrukturen z. T. bis zu Ortsgruppen wirken. (Während einer Zusammenkunft der Berliner „Kontaktadressen" des „Neuen Forums" am 18. Oktober 1989 wurde die Arbeitsfähigkeit von sog. Wohngebietsgruppen in allen Stadtbezirken der Hauptstadt bekanntgegeben.)

Feststellbar ist ein kontinuierlicher Ausbau der Kommunikationsstrukturen in allen antisozialistischen Sammlungsbewegungen. Neben den sog. Kontaktadressen oder „Sprechern" – diese Personen wirken als Informationsvermittler, Werber und Organisatoren – spielen bei der schnellen Übermittlung von Informationen und Gewährleistung eines angestrebten abgestimmten einheitlichen Vorgehens vor allem in Pfarrämtern eingerichtete sog. Kontakttelefone eine beachtenswerte Rolle. In breitem Umfang werden vorhandene private und kirchliche sowie gesellschaftliche und betriebliche technische Mittel und Möglichkeiten zur Vervielfältigung der bekannten konzeptionellen Papiere dieser Kräfte genutzt; die Verbreitung hält unvermindert an, und es ist davon auszugehen, daß derartige Materialien zwischenzeitlich einen sehr hohen Verbreitungsgrad unter der Bevölkerung gefunden haben.

In zunehmendem Maße ist ein Zusammengehen verschiedener antisozialistischer Sammlungsbewegungen erkennbar, so u. a. bei der Nutzung gleicher Veranstaltungen. Begünstigt wird das durch eine teilweise vorhandene Personalunion der Führungskräfte – der bekannte Heiko **Lietz** ist z. B. in zentrale Aufgaben sowohl des „Neuen Forums" als auch des „Demokratischen Aufbruchs" und der „SDP" eingebunden – bzw. durch langjähriges gegenseitiges Kennen und persönliches Zusammenwirken solcher Personen im Rahmen personeller Zusammenschlüsse. Hinweisen zufolge gibt es – ungeachtet bestehender Widersprüche in den Zielen, Vorgehensweisen usw. sowie hinsichtlich der persönlichen Ambitionen der Führungskräfte – erste Überlegungen bei Inspiratoren/Organisatoren von derartigen Bewegungen, im Interesse der Erhöhung der Wirksamkeit das bisherige Zusammenwirken organisatorisch auszubauen, u. a. durch die mögliche Integration einer Bewegung in die andere bzw. die Entwicklung des „Neuen Forums" als sog. Dachorganisation.

Bedeutendste Ausgangsbasis für das Wirken aller antisozialistischen Sammlungsbewegungen bilden nach wie vor die evangelischen Kirchen. Feststellungen zufolge nahmen in der Zeit vom 16. bis 22. Oktober 1989 an Veranstaltungen ausschließlich politischen Charakters in Kirchen und kirchlichen Räumen, in denen Kräfte antisozialistischer Sammlungsbewegungen ungehindert auftreten konnten, weit über 100 000 Personen teil. Fast alle diese Veranstaltungen verzeichnen eine in diesen Kirchen und in diesem Ausmaß bisher nicht gekannte Besucherresonanz: Görlitz – 7000 Personen, Magdeburg – 6000, Rudolstadt – 3000. Eine sog. Informationsveranstaltung des „Neuen Forums" in der Friedrichskirche in Potsdam mußte aus Kapazitätsgründen wegen des hohen Zuspruchs in insgesamt 5 Durchgängen erfolgen – es nahmen insgesamt ca. 6000 Personen teil. In einigen Kirchen, so in der Gethsemanekirche in Berlin, wurde dazu übergegangen, fast täglich Veranstaltungen durchzuführen. Auch bei diesen ständig wiederkehrenden Veranstaltungen ist ein hoher Zustrom interessierter Personen feststellbar.

Bei der Mehrzahl dieser generell mit Wissen und Zustimmung kirchenleitender Kräfte und z. T. unter unmittelbarer Mitwirkung der jeweiligen Gemeindepfarrer durchgeführten Veranstaltungen werden die Ziele und Inhalte der antisozialistischen Sammlungsbewegungen dargelegt, erläutert und diskutiert, verbunden mit immer massiver werdenden Angriffen gegen die Politik von Partei und Regierung, führende Repräsentanten, die Schutz- und Sicherheitsorgane. Breiten Raum nehmen nach wie vor Diskussionen zu Forderungen an den Staat (über deren Inhalt bereits informiert wurde) und zur Solidarisierung mit Inhaftierten ein. Immer wieder werden weitergehende Aktivitäten und Aktionen bekanntgegeben bzw. zu solchen aufgerufen. Fortgeführt werden Unterschriftssammlungen. So wurden während der vorgenannten Veranstaltungen in der Friedrichskirche in Potsdam Handzettel verteilt, auf denen mit Angabe der Personalien durch Unterschrift bekundet werden sollte, daß ein gesellschaftliches Bedürfnis für die Zulassung des „Neuen Forums" bestehe.

Beachtenswert ist, daß die Ankündigung von solchen politischen Veranstaltungen in Kirchen und kirchlichen Räumen nicht mehr abgedeckt oder religiös verbrämt, z. B. als sog. Friedensgottesdienst, sondern überwiegend mit direktem Hinweis auf deren Inhalte in kirchlichen Schaukästen und anderweitig vorgenommen wird.

Es mehren sich Hinweise, wonach besonders im Sinne des „Neuen Forums" agierende Kräfte versuchen, auch andere Möglichkeiten für ihre

„Tätigkeit" zu nutzen, so in studentischen und wissenschaftlichen Einrichtungen, in Betrieben und im kommunalen Bereich. Vielfach werden dabei durch falsche Angaben Verantwortliche über den tatsächlichen Zweck von Zusammenkünften getäuscht bzw. werden politisch und fachlich anders orientierte Veranstaltungen politisch mißbraucht.

Kennzeichnend für das Wirken der Führungskräfte sowohl des „Neuen Forums" als auch anderer antisozialistischer Sammlungsbewegungen ist – begünstigt durch die ihrer Ansicht nach für sie günstig verlaufende Lageentwicklung – deren zunehmende Selbstsicherheit im öffentlichen Auftreten und eine damit verbundene deutlich stärkere Bekundung ihres Willens, als politische Opposition gelten und wirken zu wollen. So bewertet Pfarrer **Tschiche** das „Neue Forum" bereits als reale Massenbewegung. Seiner Auffassung nach sei der vom Staat angebotene Dialog lediglich ein Versuch, das „kritische Potential" zu zersplittern. Partei und Staatsmacht müssen weiter „durch die Straßen gedrängt" werden, bis deren Machtmonopol gebrochen ist; die SED dürfe in einer „künftigen Gesellschaft" keine Rolle mehr spielen. Der Organisator des „Neuen Forums" im Bezirk Karl-Marx-Stadt, **Böttger**, erklärte in Reaktion auf die 9. Tagung des ZK der SED, nunmehr müsse das „Neue Forum" verstärkt auf „politische, an die Substanz gehende Veränderungen drängen". Man müsse auf einen „Machtwechsel" hinwirken, wozu eine „echte Opposition", die auch künftig die Staatspolitik unter Kontrolle halten müsse, benötigt werde. Der bekannte Prof. **Reich** entwickelt Vorstellungen, den „Aktionsraum" des „Neuen Forums" durch „Infiltration" des FDGB und Ausnutzung der Blockparteien CDU und LDPD zu erweitern. **Reich** orientierte ferner darauf, daß sich das „Neue Forum" an die Volkskammer wenden solle, falls keine positiven Antworten auf die Zulassungsanträge erfolgen.

Führungskräfte und andere aktive Mitglieder antisozialistischer Sammlungsbewegungen agieren zunehmend überörtlich, treten im Rahmen von Zusammenkünften und Veranstaltungen in anderen Bezirken auf. Das betrifft sowohl Personen aus den sog. Führungsgremien, die in die Bezirke gehen, als auch Personen aus den Bezirksorganisationen, die an zentraler Stelle über die Lage in ihrem Territorium, konkrete Vorkommnisse und Ergebnisse von Aktivitäten berichten. Dieses, von der Arbeitsweise personeller Zusammenschlüsse her bekannte Vorgehen dient insbesondere dem Ziel des schnellen Informationsaustausches, des Bekanntmachens von Führungskräften auf den unteren Ebenen, der konzeptionellen Orientierung besonders auf die einheitliche politische Ausrichtung ihrer Forderungen und Aktivitäten und die bewußte Demonstration legalen Wirkens.

Nach vorliegenden streng internen Hinweisen treffen Führungskräfte des „Demokratischen Aufbruchs" Vorbereitungen zur Durchführung einer Gründungsversammlung am 29. Oktober 1989 im Evangelischen Diakoniewerk „Königin Elisabeth" in der Hauptstadt der DDR, Berlin. Auf dieser Zusammenkunft soll ein Arbeitspapier unter dem Titel „Was wollen wir" erörtert werden, in dem konzeptionelle Vorstellungen zu den Problemkreisen Ökonomie, Sozial- und Gesellschaftspolitik, Verfassungsrecht, Volkskammerwahlen und Steuerreform enthalten sind. Grundprinzip der Arbeit des „DA" soll die Orientierung auf Gewaltfreiheit sein.

Wie weiter bekannt wurde, traf am 11. Oktober 1989 beim Vorsitzenden der Sozialistischen Internationale, W. **Brandt**, der Aufnahmeantrag der „Sozialdemokratischen Partei in der DDR" ein. Der Rat der Sozialistischen Internationale beabsichtigt, auf seiner Sitzung am 23./24. November in Genf über diesen Aufnahmeantrag zu beraten.

Nach dem MfS vorliegenden Hinweisen intensivieren die antisozialistischen Sammlungsbewegungen ihre Aktivitäten, unter Nutzung des politisch desolaten Zustandes in einigen zentralen Einrichtungen des Bereiches Kunst/Kultur und in den Künstlerverbänden sowie begünstigt durch die offene Bekundung der Übereinstimmung mit den Zielen und Inhalten derartiger „Bewegungen" seitens einer Reihe von Kulturschaffenden, im Bereich Kunst und Kultur Einfluß zu erlangen. So gelang es Führungskräften des „Neuen Forums" in letzter Zeit wiederholt, an Veranstaltungen und Zusammenkünften der Akademie der Künste der DDR bzw. von Künstlerverbänden teilzunehmen und ihr politisches Konzept zu erläutern. Sie werden dabei maßgeblich von der Schriftstellerin Christa **Wolf** unterstützt. Der DDR-Schriftsteller Stephan **Hermlin** bezeichnete das „Neue Forum" auf der am 19. Oktober 1989 stattgefundenen Vollversammlung der Akademie der Künste als „Motor für Fortschritte in der DDR".

Auf einer durch den Bezirksverband Bildender Künstler Berlin erstmalig am 16. Oktober 1989 durchgeführten Zusammenkunft unter der Bezeichnung „Offene Stunde" – sie soll künftig wöchentlich stattfinden – wurde festgelegt, jeweils einer antisozialistischen Sammlungsbewegung die Möglichkeit zur Selbstdarstellung und zur Erläuterung ihrer Konzeption einzuräumen und dafür die Räumlichkeiten des Bezirksverbandes zur Verfügung zu stellen.

Darüber hinaus beabsichtigen auch andere Künstlerverbände, Vertreter des „Neuen Forums" zur Teilnahme an Diskussionsveranstaltungen einzuladen. (Für den 24. Oktober 1989 ist die Mitwirkung Bärbel **Bohleys** an einem Konzert- und Diskussionsabend im Haus der Jungen Talente/Berlin – verantwortlich: Vizepräsident des Komitees für Unterhaltungskunst der DDR, Toni **Krahl** – vorgesehen.)

Streng internen Hinweisen zufolge beabsichtigen Führungskräfte des „Neuen Forums", die für den 19. November 1989 beantragte Demonstration von Berliner Künstlern zu nutzen, um mit eigenständigen Losungen und Forderungen aufzutreten.

Im Ergebnis vor allem des Wirkens von Kräften aus antisozialistischen Sammlungsbewegungen sowie in Anlehnung an frühere analoge Aktivitäten im Sinne des gewaltfreien Widerstandes fanden in der Woche vom 16.–22. Oktober 1989 in nahezu allen Bezirken der DDR und der Hauptstadt Berlin 24 nicht genehmigte öffentliche Demonstrationen statt, an denen sich vorliegenden Hinweisen zufolge insgesamt über 140 000 Personen beteiligten. (Ein Eingreifen der Schutz- und Sicherheitsorgane war nicht erforderlich.) Sie fanden in der Regel nach Abschluß von politischen Veranstaltungen in Kirchen und dort erfolgten Aufforderungen zur Teilnahme statt.

Des öfteren wurden derartige Demonstrationen auch durch verbreitete Hetzblätter bzw. durch Flüsterpropaganda bekannt gemacht. Vereinzelt wirkten auch andere personelle Zusammenschlüsse bzw. Einrichtungen mit. In diesem Sinne beteiligten sich z. B. das „Grün-Ökologische Netzwerk Arche"/Berlin und die „Umweltbibliothek" der Zionskirchengemeinde Berlin an der Vorbereitung der sog. Menschenkette am 21. Oktober 1989 in der Hauptstadt.

Territoriale Schwerpunkte waren abermals Leipzig und Dresden mit ca. 70 000 bzw. 22 000 Personen sowie die Stadt und der Bezirk Karl-Marx-Stadt mit Teilnehmerzahlen in der Regel zwischen 2000 bis 3000, in einem Falle mit 25 000 Personen. In den letzten Tagen erfolgten derartige Demonstrationen erstmals auch in den Bezirken Rostock und Neubrandenburg.

Die Demonstrationszüge führten stets durch die jeweiligen Stadtzentren. Sie erfolgten mehrfach als sog. Schweigemärsche, in mehreren Fällen unter Mitführung brennender Kerzen, in der Regel jedoch mittels Sprechchören und unter Verwendung von Sichtelementen. Dabei wurden unter ständiger Betonung von und Aufforderung zur Gewaltlosigkeit grundsätzlich Forderungen nach Legalisierung der bekannten antisozialistischen Sammlungsbewegungen, insbesondere des „Neuen Forums", nach Verwirklichung der Menschenrechte und Grundfreiheiten in der DDR, besonders der Informations-, Meinungs- und Reisefreiheit, nach Demokratisierung und Reformierung der gesellschaftlichen Verhältnisse in der DDR, einschließlich „freier und geheimer Wahlen" erhoben.

Beim Passieren von bzw. gezielten Vorbeilaufen an Gebäuden und Einrichtungen der Partei bzw. Objekten der Schutz- und Sicherheitsorgane erfolgten aus den Demonstrationszügen heraus in Einzelfällen Angriffe auf die führende Rolle der SED in der sozialistischen Gesellschaft sowie oftmals aggressiv formulierte Rufe nach Abschaffung des MfS.

Gesicherten internen Erkenntnissen zufolge unternahmen bestimmte Kräfte, insbesondere kirchliche Amtsträger und Vertreter antisozialistischer Sammlungsbewegungen Aktivitäten, derartige Demonstrationen analog dem Vorgehen in Leipzig regelmäßig zu organisieren und zwischen den verschiedenen Territorien zu koordinieren mit dem Ziel, die Partei- und Staatsführung permanent unter Druck zu setzen.

Beachtenswert in diesem Zusammenhang ist auch die seit Wochen anhaltende hohe Anzahl anonymer Gewaltandrohungen in Form des Führens anonymer Telefonanrufe bzw. Versendens anonymer Briefe, in denen besonders Einrichtungen der SED unterschiedlichster Ebenen, Dienststellen der Deutschen Volkspolizei und des MfS, staatlichen Organen sowie wirtschaftsleitenden und gesellschaftlichen Einrichtungen Gewaltakte in Form von Bomben-, Sprengstoff- und Brandanschlägen sowie einzelnen Parteifunktionären persönlich Angriffe auf Leben und Gesundheit angedroht werden.
Mielke

Quelle: BStU, ZAIG, Nr. 471/89; abgedruckt in: Mitter/Wolle 1990, S. 231 ff.

Dok. 34: Referat von Generalleutnant Kleine, dem Leiter der MfS-HA XVIII, zur Lage der DDR-Wirtschaft (Auszüge), 27. Oktober 1989

Dokument 1
Hauptabteilung XVIII
Leiter Berlin, 6. Oktober 1989

Gen. Oberst Pulow

Hauptabteilung XVIII
Abteilung ....
Leiter

E i n l a d u n g

Am Freitag, dem 27. Oktober 1989, führe ich eine Arbeitsberatung durch.

Beginn: 9.00 Uhr
Ende: 15.00 Uhr
Ort: Haus 18, Raum 253
Thema: „Zur Um- und Durchsetzung der politisch-operativen Ziel- und Aufgabenstellungen der Planorientierung für die politisch-operative Sicherung der Volkswirtschaft der DDR für 1990"

Die Leiter der Abteilungen werden gebeten, in der Diskussion zu beiliegendem Thema zu sprechen.

Anlage Kleine
Generalleutnant

Unsere Beratung führen wir in einer äußerst angespannten innenpolitischen Situation durch. Jeder von uns ist in der täglichen Arbeit damit konfrontiert.

In meinen heutigen Ausführungen gehe ich davon aus, daß von den Leitern der Bezirke die Beratung zur aktuellen Lage beim Genossen Minister vom 21. Oktober 1989 ausgewertet und die sich daraus für die politisch-operative Arbeit konkret ergebenden Aufgaben abgeleitet wurden.

In der Hauptabteilung habe ich die Auswertung in der DILA am 24. Oktober 1989 vorgenommen. Deshalb werde ich nur im entsprechenden Zusammenhang darauf zurückkommen.

Bei uns geht es heute darum, ausgehend von einer realen Einschätzung der Lage, die Schwerpunkte der Arbeit zu bestimmen, die wir in nächster Zeit auf unserem spezifischen Gebiet bei der Sicherung der Volkswirtschaft zu lösen haben.

[...]

Es geht darum, Antwort zu finden, wie wir die nicht leichten Herausforderungen der 90er Jahre bestehen, um mit einer starken sozialistischen DDR die Schwelle zum nächsten Jahrtausend zu überschreiten.

[...]

Genossen!

Die ökonomische Stabilität und damit die politische Stabilität zu gewährleisten, erfordert ein dynamisch wachsendes Nationaleinkommen (erforderlich sind mindestens 4%) und damit ein hohes verteilbares Endprodukt zur guten Versorgung der Bevölkerung, zur materiell-technischen Sicherung der Produktion und der Erfüllung der Exportaufgaben.

Die erforderliche Zunahme des Nationaleinkommens muß ausschließlich durch die Steigerung der Arbeitsproduktivität erzielt werden, andere Wachstumsquellen stehen uns weder heute noch morgen zur Verfügung.

[...]

Bekanntlich realisiert die DDR 50% des Nationaleinkommens über den Außenhandel, das ist ein weit höherer Prozentsatz als international üblich. Welche Bedeutung deshalb die Erfüllung der Außenhandelsaufgaben für die Erwirtschaftung des verfügbaren Nationaleinkommens hat, bedarf sicher keiner besonderen Betonung.

Bei der Erfüllung der Außenhandelsaufgaben sind wir bereits mit dem Plan 1990 mit völlig neuen Bedingungen auf den Außenmärkten konfrontiert, die sich aus den tiefgreifenden Veränderungen in den sozialistischen Ländern und z. B. aus der Bildung des Gemeinsamen Marktes der Europäischen Gemeinschaft ergeben. Allein diese veränderten Bedingungen stellen hohe und höchste Anforderungen an unseren Außenhandel und an die Leistungsfähigkeit unserer Volkswirtschaft.

Hinzu kommt aber noch, daß die Exportzielstellungen des Fünfjahrplanes 1986 bis 1990 bisher in erheblichen Größenordnungen unterschritten wurden und demgegenüber die beschlossene Linie zur Reduzierung der NSW-Importe nicht eingehalten wurde, sondern gegenüber 1985 noch eine Steigerung der NSW-Importe um ca. 40% erfolgte.

Diese NSW-Importe wurden aber zum überwiegenden Teil für die Materialversorgung bzw. Konsumtion eingesetzt und nicht, wie erforderlich, für technische Neu- und Ersatzausrüstung in der verarbeitenden Industrie, wodurch die Abhängigkeiten bei wichtigen Material- und Versorgungspositionen gegenüber dem NSW weiter gestiegen sind. Diese für die DDR ungünstige Entwicklung der zu geringen Valutaeinnahmen gegenüber den hohen wachsenden Zahlungsverpflichtungen für die

— Begleichung von Zinsen,
— Tilgung von Krediten,
— Finanzierung von Importen,
— Sicherung der Bargeldbilanz,

hat dazu geführt, daß sich die seit den 70er Jahren bestehenden Probleme bei der Gewährleistung der Zahlungsfähigkeit in den letzten Jahren bedeutend verschärft haben (vgl. Angaben Statistisches Jahrbuch). Die Zahlungsfähigkeit der DDR konnte nur mit wachsenden Anstrengungen und unter immer komplizierteren Bedingungen gesichert werden und ist gegenwärtig gefährdet. Dabei ist wohl jedem Anwesenden klar, daß die Gewährleistung unserer Zahlungsfähigkeit eine Frage der Existenz des Sozialismus in der DDR darstellt.

Deshalb ist es auch für uns von höchster sicherheitspolitischer Bedeutung, wenn von kompetenten Persönlichkeiten eingeschätzt wird, daß im Zusammenhang mit der gegenwärtigen inneren Lage in der DDR von seiten der NSW-Bankenvertreter immer häufiger die Frage nach der Kreditwürdigkeit der DDR gestellt wird.

[...]

Damit erfordert die eingetretene Situation **prinzipielle** wirtschaftliche und politische Entscheidungen, die die Bereitstellung höherer Exportfonds durch Veränderung der Exportstruktur der Industrie, der Stärkung der Akkumulation in den produktiven Bereichen, Veränderungen auf dem Gebiet des Konsumtion und die Umverteilung des gesellschaftlichen Arbeitsvermögen zugunsten der Exportproduktion, betreffen.

Das ist eine Überlebensfrage unserer Republik!

Deshalb muß mit dem Plan 1990 und mit dem nächsten Fünfjahrplan der erforderliche Durchbruch erzielt werden. Welche hohen Anforderungen damit gestellt und welche Probleme dabei zu lösen sind, möchte ich mit den folgenden Ausführungen verdeutlichen.

[...]

Bei einer insgesamt rückläufigen Entwicklung der Akkumulationsrate von 22,2% im Zeitraum 1981 bis 1985 und voraussichtlich 20,6% im Zeitraum 1986 bis 1990 geht der Anteil der produktiven Akkumulation am Nationaleinkommen von 9,9% im Zeitraum 1981 bis 1985 auf 9,6% im Zeitraum 1986 bis 1990 zurück (zeigt sich u. a. in Pro-Kopf-Investitionen in der DDR 1987 nur ca. 70% der Pro-Kopf-Investitionen in der BRD).

Die Wirksamkeit des vorhandenen Grundfondspotentials für das volkswirtschaftliche Leistungswachstum sinkt in der Tendenz und ist insgesamt unzureichend.

Wie in der Rede des Generalsekretärs bestätigt wurde, ist die materiell-technische Basis der Volkswirtschaft der DDR bei beträchtlichen Unterschieden in der Bereichs- und Zweigstruktur im Vergleich zu führenden kapitalistischen Industrieländern in den zurückliegenden Jahren weniger umfassend und rasch modernisiert worden, und etwa 18,4% unserer produktiven Grundfonds sind bereits abgeschrieben und über 20% älter als 20 Jahre. Das entspricht einem dringenden Investitionsbedarf von ca. 500 Mrd. Mark, oder anders ausgedrückt, der Höhe von zwei jährlichen Nationaleinkommen.

Ich möchte noch einmal wiederholen, der Investitionsbedarf für die **produktiven** Grundfonds entspricht der Höhe von zwei jährlichen Nationaleinkommen!! Jeder von uns hat soviel ökonomische Kenntnisse, um einschätzen zu können, daß die Überwindung dieses Zustandes nicht in einem, nicht in zwei und auch nicht in fünf Jahren erfolgen kann, sondern einen langen Zeitraum einnehmen wird. Schnelle Erfolge sind deshalb nicht zu erwarten oder wie Egon Krenz am 18. Oktober 1989 sagte, niemand hat ein Zaubermittel, die Probleme von heute auf morgen zu bewältigen. Trotzdem muß aus der Situation heraus über Maßnahmen beraten werden, die in kurzer Frist bevölkerungswirksam werden.

Das bedeutet, daß mit den zur Verfügung stehenden Mitteln der höchste Effekt erzielt werden muß, daß höchste Anstrengungen unternommen werden müssen, um den geplanten Realisierungsablauf der Investitionsvorhaben, die beschlossenen Inbetriebnahmetermine und das mit den Grundsatzentscheidungen festgelegte Aufwand-Nutzen-Verhältnis einzuhalten.

[...]

Wie zeigt sich das z. B. beim 256-Kilobit-Speicherschaltkreis: Sein Einsatz in elektronischen Geräten, Anlagen und System bringt bedeutende Einsparungen an Material, Zeit, Platz und Gewicht gegenüber Vorläufertypen bzw. einer

Realisierung mit diskreten elektronischen Bauelementen.

Während der materialökonomische Vorteil sowie die Reduzierung des Arbeitszeitaufwandes bei der Verarbeitung eines solchen Speichers im Gerät sofort sichtbar wird, wirft das derzeitige **Kostenniveau** des Schaltkreises ernste Fragen nach dem gesellschaftlich notwendigen Aufwand für seine Herstellung auf:

Betriebspreis: 534.00 Mark
Industrieabgabepreis: 16,80 Mark

Dem gegenüber betrug der Marktpreis des 256-Kilobit-Speichers international zwischen 2 und 4 Dollar. Der hohe Arbeitspreis bedeutet, daß praktisch jeder eingesetzte Schaltkreis vom Anwender mit weniger als 20,00 Mark und **aus dem Staatshaushalt mit mehr als 500,00 Mark bezahlt wird.** 1989 werden laut Plan 500 000 Stück 256-Kilobit-Speicher produziert, deren Einsatz mit **rund 258 Millionen Mark** aus dem Staatshaushalt gestützt wird.

Es ist offensichtlich, daß eine solche Kosten-Preis-Relation sowohl in der Herstellung der Schaltkreise als auch bei ihrer Anwendung keineswegs volkswirtschaftlichen Effektivitätsmaßstäben entspricht.

[...]

So ist z. B. die Lage auf dem Gebiet der Kohle- und Energiewirtschaft, bezogen auf den Zustand einiger bedeutender Grundmittel, wie folgt zu charakterisieren:

Nur etwa 50% der Kraftwerksleistung für Elektroenergieerzeugung der DDR wird in neuen, leistungsstarken Anlagen (Kohle- und Kernkraftwerke) erzeugt. Die Altersstruktur der für die Elektroenergie-, Prozeßdampf- und Wärmeversorgung eingesetzten Dampfkessel und Turbinen und die Erhaltung dieser Leistungen in Braunkohlekraftwerken erfordert die Erneuerung durch Instandhaltung und Rekonstruktion, um einen Weiterbetrieb für eine Periode von ca. 25 Jahren zu sichern.

Es werden z. B. ca. 3000 MW in Dampfturbinen, die bereits über 30 Jahre alt sind, produziert, es gibt aber Dampfturbinen und Dampfkessel, die bereits über 70 Jahre alt sind. Die Altersstruktur der Kraftwerksanlagen weist ca. 40% Kapazitäten aus, die die technisch zulässige Grenze der Betriebszeit erreicht bzw. überschritten haben.

Von der Mehrzahl der 100-MW-Blöcke wird die technisch zulässige Grenze der Betriebszeit bereits jetzt überschritten und von den 210-MW-Blöcken 1991 bis 1995 erreicht. Das Durchschnittsalter der vorhandenen 49 Brikettfabriken beträgt 75 Jahre, 21 Brikettfabriken sind älter als 80 Jahre.

Die Schwelereien Espenhain, Böhlen und Deuben wurden im Zeitraum 1936 bis 1942 errichtet. Sie sind in großem Maße überaltert und physisch verschlissen (Hauptergebnisse der Expertenuntersuchungen über alternative Vorschläge zur Entwicklung der Energieproduktion der DDR, PB-Vorlage vom 29. Mai 1989). Das führt zu erheblichen Konsequenzen für die Arbeits- und Lebensbedingungen der Werktätigen, was sich in einer Vielzahl von Eingaben von Bürgern sowohl zu den bestehenden Arbeitsbedingungen als auch zu den daraus resultierenden erheblichen Umweltbelastungen ausdrückt.

Infolge des desolaten Zustandes der Grundfonds ist eine besondere Gefährdung durch Brände, Havarien und Störungen gegeben. Derartige Vorkommnisse vorbeugend zu verhindern muß mehr denn je fester Bestandteil unserer politisch-operativen Arbeit sein.

[...]

Genossen!

Die maximale Ausnutzung des vorhandenen Leistungsvermögens ist untrennbar mit dem volkswirtschaftlich effektiven Einsatz des gesellschaftlichen Arbeitsvermögens verbunden.

Es ist davon auszugehen, daß sich allein im Ergebnis der demographischen Entwicklung in den 90er Jahren das gesellschaftliche Arbeitsvermögen in der DDR beträchtlich verringern wird. So vermindert sich die Zahl der Berufstätigen aus diesem Grund zwischen 1991 und 1995 um etwa 150 000 Personen, und das trotz des Einsatzes von ca. 100 000 ausländischen Arbeitskräften. Bereits in diesem Jahr weicht die Anzahl der Arbeiter und Angestellten in der Volkswirtschaft (Stand: 30. Juni 1989) um 66 449 Personen gegenüber dem Volkswirtschaftsplan 1989 ab, davon allein ein Fehl in der Industrie gegenüber dem Plan von über 27 000 Personen.

Genossen!

Wir dürfen aber auch nicht die Augen vor der Tatsache verschließen, daß die Veränderung der Entwicklung der Zahl der Berufstätigen in der Volkswirtschaft in zunehmendem Maße durch das Verlassen unserer Republik negativ beeinflußt wird. Daraus ergeben sich allein im Zeitraum 1986 bis 1988 durch die Ausreise nach der BRD bzw. Berlin (West) Verluste in einer Größenordnung von 84 444 Personen.

Betrug dabei der Anteil der Personen im arbeitsfähigen Alter 1987 noch 64,7%, so stieg er 1988 bereits auf 71,2%. Das entspricht in etwa einem Verlust von 55 700 Beschäftigten im Zeitraum von 1986 bis 1988. Diese Verluste traten insbesondere in den Ballungsgebieten ein (Dresden, Karl-Marx-Stadt, Leipzig, Halle sowie in der Hauptstadt Berlin).

Es ist aber im Jahre 1989 mit einem bedeutend zunehmenden Verlust von Personen im arbeitsfähigen Alter zu rechnen, da, wie wir alle wissen, die Angriffe des Gegners sich gerade auf den Personenkreis im berufstätigen und insbesondere im leistungsfähigsten Alter konzentrieren, und – so schmerzlich die Feststellung ist – auch leider Erfolg haben.

Genossen!

Wir müssen uns darüber im klaren sein, daß diese sich verstärkende Tendenz der Verringerung der Zahl der Berufstätigen nur zeitweilig durch den Einsatz von ausländischen Werktätigen kompensiert werden konnte.

Warum?

Die mit dem Einsatz ausländischer Werktätiger verbundenen zusätzlichen Kosten sind erheblich und bewegen sich in etwa in der Höhe wie das durch sie produzierte verteilbare Nationaleinkommen (Kosten pro Jahr ca. 1,5 Mrd. Mark – vor allem durch Interkontinentalflüge zum Urlaub/jährlich produziertes verteilbares Nationaleinkommen ca. 1,5 Mrd. Mark).

Das je Werktätigen produzierte verteilbare Nationaleinkommen verhält sich z. B. wie folgt:

Werktätiger aus DDR = 100
Werktätiger aus Vietnam = 20
Werktätiger aus Kuba = 30
(Angaben Staatssekretariat für Arbeit und Löhne)

Zu den mit dem Einsatz ausländischer Arbeitskräfte verbundenen sicherheitspolitischen Problemen brauche ich in diesem Kreis nicht zu sprechen, da jeder mehr oder weniger in seiner Arbeit damit konfrontiert ist.

Ich muß aber mit aller Deutlichkeit sagen, daß der Einsatz ausländischer Arbeitskräfte nicht nur aus Gründen der internationalen Solidarität erforderlich ist, sondern daß ausschließlich die Aufrechterhaltung des Produktionsprozesses in einigen volkswirtschaftlichen Bereichen den Einsatz notwendig macht. Ohne den Einsatz könnten wir die Produktion nicht mehr gewährleisten.

Da ein weiterer Ausgleich unseres verringerten Arbeitskräftepotentials durch eine Erhöhung des Einsatzes ausländischer Werktätiger nicht möglich und auch nicht ökonomisch ist, gibt es nur einen Weg, und das ist die volle und effektive Nutzung des vorhandenen Arbeitsvermögens. Da der Mensch die Hauptproduktionskraft ist, hängen Niveau und Tempo der Produktivitätssteigerung in erster Linie von der Entfaltung und praktischen Nutzung all seiner Fähigkeiten ab.

Ausgehend vom erreichten Niveau der gesellschaftlichen Entwicklung, dem erreichten Stand der Entwicklung unserer Produktivkräfte und den bedeutenden Anforderungen an unsere weitere ökonomische Entwicklung erweist sich die konsequente Durchsetzung des Leistungsprinzips als ein dringendes und objektives Erfordernis.

[. . .]

Genossen!

Einige wenige Bemerkungen zur Auslastung der Arbeitszeit:

1988 stiegen die Ausfallzeiten gegenüber 1987 in den produzierenden Bereichen um 19,6 Mio. Stunden auf 1,35 Mrd. Stunden bzw. je Arbeiter und Angestellter um 3,6 auf 261,6 Stunden an und entsprachen einem Arbeitsvermögen von ca. 230 000 Werktätigen. Wir alle wissen, welche Konsequenzen sich daraus für das zu produzierende Endprodukt, für das zu erwirtschaftende Nationaleinkommen und nicht zuletzt für die Versorgung der Bevölkerung ergeben.

Um es deutlich zu machen: In 9 Monaten waren im Kombinat Schuhe 156 000 Stunden Warte- und Stillstandszeiten und 205 000 Stunden Ausfallzeiten zu verzeichnen, das entspricht einem Leistungsverlust von 30 Mio. Mark. Unabhängig von den Gründen für Ausfallzeiten wirken sie immer negativ auf die Leistungsbilanz.

Hauptsächliche Gründe sind:

— Arbeitsbefreiung aufgrund ärztlicher Atteste,

— gesetzliche Regelungen über die bezahlte Freistellung für gesellschaftliche Tätigkeit, Schutzbestimmungen für Werktätige sowie durch Schwangerschafts- und Wochenurlaub begründete Arbeitsbefreiungen,

— unbezahlte Freistellung,

— Warte- und Stillstandszeiten,

— fehlende materiell-technische Sicherstellung der Produktion,

— unentschuldigtes Fehlen.

Und, Genossen, darüber hinaus gibt es aus Betrieben, in denen die Inspektion des Staatssekretariats für Arbeit und Löhne Untersuchungen durchführte, Hinweise dafür, daß die tatsächlichen Ausfallzeiten noch höher als ausgewiesen sind.

Nicht konsequent nachgewiesen werden solche durch Leiter genehmigte **unbezahlte Freistellungen,** wie

— Verlassen des Betriebes zum Einkauf von Lebensmitteln, Baustoffen oder sogenannten Mangelwaren (wegen unkontinuierlicher oder unzureichender Warenbereitstellung im Territorium),

— Abwesenheit, weil sich Handwerker in der Wohnung angesagt haben,

— späteres Erscheinen oder früheres Verlassen des Arbeitsplatzes,

— Ausfallzeiten wegen gesellschaftlicher Verpflichtungen, insbesondere für Plandiskussionen und Versammlungen, werden oft nur dann erfaßt, wenn sie Leistungslöhner betreffen, für Zeitlöhner und Angestellte gibt es keine Aussagen.

Das Ansteigen der Ausfallzeiten signalisiert, daß der Kampf gegen Verluste von Arbeitsvermögen überall energischer zu führen ist.

[. . .]

Es kann nicht Aufgabe des MfS sein, und es ist nicht Aufgabe des MfS, den staats- und wirtschaftsleitenden Organen diese hohe Verantwortung abzunehmen, aber es ist Aufgabe des MfS, die störungsfreie Realisierung der Pläne durch wirksame politisch-operative Arbeit zur Feindbekämpfung, zur Vorbeugung und Verhinderung politischer und ökonomischer Schädigungen und zur aktiven Unterstützung und Stabilisierung leistungsbestimmender Prozesse und Vorhaben komplex zu gewährleisten und dabei eine wesentlich höhere Effektivität zu erreichen. Das ist und bleibt unsere vorrangige Aufgabe.

Die Erkenntnisse aus der operativen Arbeit bestätigen, daß die westlichen Geheimdienste, insbesondere der BND, aber auch staatliche und wissenschaftliche Einrichtungen der BRD ihre Angriffe nach wie vor auf die ökonomischen und damit natürlich eng verbunden auf die politischen Prozesse in der DDR konzentrieren. Schwerpunkte der Informationsinteressen sind die neuralgischen Punkte unserer volkswirtschaftlichen Entwicklung, die ich im ersten Teil meiner Ausführungen genannt habe und Probleme des Differenzierungsprozesses in der DDR sowie alles, was mit der Bildung einer inneren Opposition zusammenhängt.

Im Vorgehen gegen die DDR, insbesondere im Rahmen der politisch-ideologischen Diversion, werden aktuell eine Reihe von Thesen wie z. B.

„Wandel durch Annäherung",
„Wandel durch Abstand",
„Verflechtung so viel wie möglich",
„Politische Koevolution",
„Wandel durch Reform",
„Wandel in Sicherheit"

aufgestellt. Diesen Thesen liegen gefährliche Konzepte zugrunde.

Während rechte Kreise der CDU/CSU in konzentrierten Aktionen versuchen, der DDR außerordentliche weltpolitische Schwierigkeiten zu machen, d. h., sie vor der Welt zu blamieren, profiliert sich die SPD im Rahmen ihrer Bemühungen um Sozialdemokratisierung gesellschaftlicher Prozesse in der DDR und Förderung einer sozialdemokratischen Opposition pluralistischen Charakters mit dem Ziel, eine mögliche Übernahme der politischen Macht im Rahmen der Wahlen 1990 zu erreichen.

Der Stellenwert der westlichen Geheimdienste, aber auch der Einrichtungen der „DDR- und Ostforschung" – ich habe auf mehreren Linienkonferenzen dazu bereits gesprochen – ist in der aktuellen Situation zur Beratung der Regierung weiter gewachsen. Das trifft insbesondere für die derzeitige Strategie und Taktik der BRD-Regierung im Zusammenhang mit der Politik gegenüber der DDR zu, die auf einer „Zusammenbruchstheorie" basiert, die durch maßgebliche Vertreter von „Zusammenbruchstheorie" basiert, die durch maßgebliche Vertreter von „DDR- und Ostforschungseinrichtungen" gegenüber der Bundesregierung vertreten wird.

Diese Linie der Bundesregierung und der CDU/CSU ist auf eine systematische Destabilisierung der DDR, auf eine „Sturmreifmachung" der DDR ausgerichtet. Entsprechend dieser „Zusammenbruchstheorie" ist auch die Rolle der Bundesregierung bei der Organisation des massenhaften Verlassens der DDR durch DDR-Bürger über die Republik Ungarn einzuordnen. Mit dieser Aktion wurde und wird, Sogwirkungen in Rechnung stellend, versucht, eine ökonomische, moralische und politische Destabilisierung der DDR zu erreichen und von deutlichen Rechtsentwicklungen in der BRD abzulenken!

[. . .]

Genossen!

Ausgehend von der äußerst komplizierten Situation unserer Volkswirtschaft und den angestrebten Lösungen bei der Überwindung vorhandener Probleme sowie den Erkenntnissen über die Feindaktivitäten, erlangt – wie bereits betont – die umfassende Klärung der Frage „Wer ist wer?" unter wirtschaftsleitenden und entscheidungsbefugten Kadern in allen volkswirtschaftlichen Bereichen besondere Bedeutung.

Dabei muß in jeder Phase gewährleistet sein, daß im Ergebnis der politisch-operativen Sicherung von entscheidungsbefugten und verantwortlichen wirtschaftsleitenden Kadern unter diesen Personen keine Verunsicherung zugelassen werden darf und sie durch politisch-operative Einflußnahme stärker als bisher unterstützt werden.

Genossen!

In Vorbereitung des XII. Parteitages mit dem Plan 1990 sind äußerst komplizierte Aufgaben zu lösen, damit wird, und darüber muß absolute Klarheit herrschen, über die Zukunft unseres Landes entschieden.

Tiefbewegt habe ich den Brief der hervorragenden Kundschafterin Ruth Werner an die Weltbühne gelesen, den sie am 18. Oktober 1989, noch vor der Rede von Egon Krenz im Fernsehen geschrieben hat.

Sie bringt darin zum Ausdruck, was wir wohl alle empfinden, daß unsere Entwicklung nicht nur stagniert, sondern zurückgeht und wir Genossen infolge der großen Reden und Schönfärberei als Genossen unglaubwürdig geworden sind. Weiter heißt es, daß viele besorgte Menschen, Genossen und Nichtgenossen, sich fragen, wie wir aus der schlechten wirtschaftlichen Lage herauskommen.

„Sie sind ratlos und können nachts nicht schlafen. Sie sagen, sie haben die Kraft, mit mancher Enttäuschung fertig zu werden, wenn es nur den **Ausblick** auf ein Vorwärts gibt. Wir haben so prächtige Menschen in der DDR, ich möchte, daß sie besser schlafen können, damit sie besser anpacken können, am liebsten schon morgen." (Weltbühne, 25. Oktober 1989)

Genossen!

Wir haben mit unserer konkreten Arbeit den von uns erwarteten Beitrag bei der Verwirklichung der wahrhaft schweren Aufgaben zu leisten.

Auch für uns gilt, was Egon Krenz vor der Volkskammer bezugnehmend auf einen Arbeiter aus dem „7. Oktober" am 24. Oktober 1989 erklärte: „Unser gemeinsames Handeln für unser Land braucht Offenheit, Besonnenheit und Konstruktivität. Das sind kluge Überlegungen; ich will ihnen noch zwei hinzufügen: Vertrauen zu uns selbst und Sachverstand in allen Entscheidungen."

Quelle: BStU, MfS HA XVIII 565, Bd. 4; abgedruckt in: Bastian 1994

Dok. 35: Aufruf „Für unser Land", 26. November 1989

Unser Land steckt in einer tiefen Krise. Wie wir bisher gelebt haben, können und wollen wir nicht mehr leben. Die Führung einer Partei hatte sich die Herrschaft über das Volk und seine Vertretungen angemaßt, vom Stalinismus geprägte Strukturen hatten alle Lebensbereiche durchdrungen. Gewaltfrei, durch Massendemonstrationen hat das Volk den Prozeß der revolutionären Erneuerung erzwungen, der sich in atemberaubender Geschwindigkeit vollzieht. Uns bleibt nur wenig Zeit, auf die verschiedenen Möglichkeiten Einfluß zu nehmen, die sich als Auswege aus der Krise anbieten.

Entweder:

können wir auf der Eigenständigkeit der DDR bestehen und versuchen, mit allen unseren Kräften und in Zusammenarbeit mit denjenigen Staaten und Interessengruppen, die dazu bereit sind, in unserem Land eine solidarische Gesellschaft zu entwickeln, in der Frieden und soziale Gerechtigkeit, Freiheit des einzelnen, Freizügigkeit aller und die Bewahrung der Umwelt gewährleistet sind.

Oder:

wir müssen dulden, daß, veranlaßt durch starke ökonomische Zwänge und durch unzumutbare Bedingungen, an die einflußreiche Kreise aus Wirtschaft und Politik in der Bundesrepublik ihre Hilfe für die DDR knüpfen, ein Ausverkauf unserer materiellen und moralischen Werte beginnt und über kurz oder lang die Deutsche Demokratische Republik durch die Bundesrepublik vereinnahmt wird.

Laßt uns den ersten Weg gehen. Noch haben wir die Chance, in gleichberechtigter Nachbarschaft zu allen Staaten Europas eine sozialistische Alternative zur Bundesrepublik zu entwickeln. Noch können wir uns besinnen auf die antifaschistischen und humanistischen Ideale, von denen wir einst ausgegangen sind. Alle Bürgerinnen und Bürger, die unsere Hoffnung und unsere Sorge teilen, rufen wir auf, sich diesem Appell durch ihre Unterschrift anzuschließen.

Quelle: Blätter für deutsche und internationale Politik, Januar 1990, S. 124 f.; abgedruckt in: Gransow/Jarausch 1991, S. 100/101

Dok. 36: Rückblick von Erich Honecker (Auszüge), 1991

Natürlich ist es jetzt nach der Niederlage notwendig, das ganze theoretische und praktische Rüstzeug zu überprüfen, über das die SED und die deutsche Arbeiterklasse verfügte, und mit dem die DDR gegründet und gestaltet werden konnte, was davon für heute noch immer von Wert ist und was aus heutiger Sicht über Bord geworfen werden muß. Wichtig ist aber auch auszuloten, was aus den Erfahrungen dazu kommt. Zunächst möchte ich sagen, daß es notwendig ist, das ganze Gerede über den „aufrechten Gang" in der Versenkung verschwinden zu lassen. Den aufrechten Gang zu üben, haben andere notwendig, und nicht jene, die für eine neue, sozial gerechte Ordnung kämpfen, für eine Ordnung, die Frieden hervorbringt und nicht den Drang nach Expansion und Aggression.

Sie haben so vieles geschaffen, was im Gedächtnis des Volkes bleiben, was in die Zukunft wirken wird. Selbstverständlich brauchen wir eine selbstkritische und kritische Analyse der Vergangenheit, das habe ich bereits in meinen ersten Stellungnahmen zum Ausdruck gebracht, deren Veröffentlichung aus durchsichtigen Gründen unterbunden wurden. Aber die 2,3 Millionen ehemaliger Mitglieder der SED brauchen ihren Nacken nicht zu beugen vor den heutigen Herrschern. Das gilt für alle, die Werte schufen in Industrie und Landwirtschaft, die ihre Kraft und ihr Wissen in den Dienst der Wissenschaft, der Volksbildung, im Gesundheitswesen, in Körperkultur und Sport stellten.

Das gilt für alle, die in den bewaffneten Organen der DDR, der NVA, dem MDI oder in den Grenztruppen zur Sicherung der Grenzen ihre Pflicht taten, für alle, die im öffentlichen Dienst wirkten. Sie alle haben Großes geleistet, auch wenn es manchem schwerfällt, dies anzuerkennen. Vieles haben wir aus eigener Kraft geschaffen, vieles waren wir zu leisten imstande dank auch der Hilfe der Sowjetunion. L. I. Breschnew hatte vollkommen recht, als er zu mir am 28. Juli 1970 in Moskau im Krankenhaus, wo er sich zu einer Operation befand, sagte: „Vergiß nie, die DDR kann ohne uns, ohne die Sowjetunion, ihre Macht und ihre Stärke, nicht existieren, ohne uns gibt es keine DDR. Die Existenz der DDR entspricht unseren Interessen, den Interessen aller sozialistischen Staaten. Sie ist das Ergebnis unseres Sieges über Hitlerdeutschland. Deutschland gibt es nicht mehr, das ist gut so. Es gibt die sozialistische DDR und die Bundesrepublik."

Ich habe das nie vergessen.

Wer die Nachkriegsgeschichte kennt, den gemeinsamen Kampf derer, die ehrlich für die Durchführung des Potsdamer Abkommens eintraten, die um das Hineinschlittern Europas in den Kalten Krieg wissen, kennt die Entstehung und die Rolle der DDR. Sie wissen, daß diese weder „künstlich noch unnatürlich" war. Sie wurde für Jahrzehnte ein Land, in dem der Sozialismus eine Heimstätte hatte, für das Volk der DDR fühlbar und für viele Menschen in der Welt sichtbar. Ohne kritischen Fragen aus dem Wege zu gehen: Wir haben in der Tat den Sozialismus in unserer Heimat verloren. Nicht alles ist heute schon klar, aber natürlich steht die Frage im Raum: Hatte der Sozialismus Mängel, haben wir, habe ich Fehler gemacht? Ja, das haben wir, das habe ich. In einer Stellungnahme, die ich bereits am 1. Dezember 1989 abgegeben habe und die der Öffentlichkeit trotz vielfältiger Bemühungen zu ihrer Publizierung vorenthalten wurde, habe ich erklärt: „Ich übernehme die volle Verantwortung für die entstandene Lage, die um so stärker ins Gewicht fällt, da ich die Funktion des Generalsekretärs, des Vorsitzenden des Staatsrates und des Nationalen Verteidigungsrates über lange Zeit ausübte ..." Weiter erklärte ich, daß der in der Politbürositzung gegen mich und andere erhobene Vorwurf, die kritische Einschätzung der ernsten Lage in der Partei und im Land nicht geteilt zu haben, zutrifft.

Und im März 1990, nachdem manches schon weiter gereift war, hatte ich dann detaillierter definiert, was ich für die Kardinalfehler in der Politik der SED und von mir persönlich halte:

— **Erstens** habe ich nicht rechtzeitig, nicht umfassend und realistisch eingeschätzt, daß es bis in die Reihen der Partei Unzufriedenheit über die mangelnde innerparteiliche Demokratie, über ungenügende Offenheit über die Probleme der Wirtschaft, Versorgungsengpässe, zu den Fragen einer notwendig gewordenen tiefgreifenden Demokratisierung der Gesellschaft und anderes gab.

— **Zweitens** muß ich aus heutiger Sicht feststellen, daß die ideologische und propagandistische Arbeit unserer Medienpolitik nicht den Ansprüchen und den Erfordernissen der Zeit entsprach.

— **Drittens:** Für die Bürger der DDR wurde immer unverständlicher, daß die unter damaliger Sicht vorgenommenen Reiseerleichterungen (5 bis 7 Millionen Bürger konnten jährlich in die BRD und nach Berlin (West) reisen) nicht von unnötiger Bürokratie befreit, erleichtert und erweitert wurden.

Ich wiederhole: Das erklärte ich bereits im März 1990! Alles in allem hätten wir unserer guten Sache noch besser dienen können und müssen. Dabei muß man natürlich berücksichtigen, daß die Errichtung einer neuen Gesellschaft ungeheuer viele neue Fragen aufwirft und nicht alle wurden rechtzeitig und richtig in Angriff genommen. Zu spät wurde zum Beispiel im gesamten sozialistischen Lager die Herausforderung durchschaut, die uns aus der wissenschaftlich-technischen Revolution, aus der raschen Entwicklung der Hochtechnologie in einigen wenigen fortgeschrittenen kapitalistischen Ländern erwuchs. Vor allem wurde in der Praxis in den meisten sozialistischen Ländern zu spät darauf reagiert.

Auch das durch Reklamefeldzüge und diverse andere Methoden verstärkte Konsumdenken fand nicht rechtzeitig unsere gebührende Aufmerksamkeit. Der verständliche Ärger über die sogenannten Mangelwaren — ich denke nur an Ersatzteile — erschwerte den Alltag, und nicht zuletzt hatte der Wunsch vor allem der jungen Generation, die Welt kennenzulernen, eine erhebliche politische Sprengkraft.

Nicht alle, aber viele dieser Probleme wären bei größerer Konsequenz lösbar gewesen. Es steht also völlig außer Frage, daß wir in 40 Jahren keineswegs nur Erfolge erzielt haben, sondern daß sich auch große Mängel in der Arbeit zeigten. Sie haben dazu geführt, daß eine beträchtliche Anzahl von Bürgern die DDR nicht bewußt als ihr Vaterland verstand. Aber es ist auch eine der infamsten Legenden der jetzigen politischen Sieger, so zu tun, als hätten wir nur Fehler gemacht. Der totale Verriß des Sozialismus soll der totalen Vernichtung jeglicher sozialistischer Ideen dienen. Außerdem stellt sich doch die Frage, ob unsere subjektiven Versäumnisse wirklich die entscheidenden Faktoren für unsere Niederlage waren. Es ist doch offensichtlich, daß es eine Vielzahl objektiver und subjektiver Faktoren, internationaler und nationaler, historisch aufzuarbeiten gilt. Wie wäre sonst der Zusammenbruch des Sozialismus in ganz Europa, einschließlich der Sowjetunion, zu verstehen?

Quelle: Honecker 1992, S. 16 ff.

Abkürzungsverzeichnis

ABI	= Arbeiter- und Bauern-Inspektion
ABV	= Abschnittsbevollmächtigter
ADN	= Allgemeiner Deutscher Nachrichtendienst
AfA	= Amt für Arbeit
AfG	= Akademie für Gesellschaftswissenschaften beim ZK der SED
AfNS	= Amt für Nationale Sicherheit
AG	= Arbeitsgebiet/Arbeitsgruppe
AGB	= Arbeitsgesetzbuch
AHB	= Außenhandelsbetrieb
AK	= Aktuelle Kamera
APO	= Abteilungsparteiorganisation
APW	= Akademie für pädagogische Wissenschaften
BEK	= Bund der Evangelischen Kirchen in der DDR
BEL	= Bezirkseinsatzleitung
BFD	= Bund Freier Demokraten
BGL	= Betriebsgewerkschaftsleitung
BIP	= Bruttoinlandsprodukt
BKK	= Bereich Kommerzielle Koordinierung
BRD	= Bundesrepublik Deutschland
BStU	= Der Bundesbeauftragte für die Unterlagen des Staatssicherheitsdienstes der ehemaligen Deutschen Demokratischen Republik
CDU(D)	= Christlich-Demokratische Union (Deutschlands)
CoCom	= Coordinating Committee for East-West Trade Policy
ČSSR	= Tschechoslowakische Sozialistische Republik (1960–1990)
CSU	= Christlich-Soziale Union
DA	= Demokratischer Aufbruch
DBD	= Demokratische Bauernpartei Deutschlands
DDR	= Deutsche Demokratische Republik
DD	= Dienst für Deutschland
DFD	= Demokratischer Frauenbund Deutschlands
DGB	= Deutscher Gewerkschaftsbund
DGP	= Deutsche Grenzpolizei
DHfP	= Deutsche Hochschule für Politik
DHO	= Diensthabender Offizier
DJ	= Demokratie jetzt
DJV	= Deutscher Journalisten Verband
DKP	= Deutsche Kommunistische Partei
DM	= Deutsche Mark
DSE	= Deutsche Stiftung für internationale Entwicklung
DSU	= Deutsche Soziale Union
DTSB	= Deutscher Turn- und Sportbund
DVdI	= Deutsche Verwaltung des Inneren
DVfV	= Deutsche Verwaltung für Volksbildung
DVJ	= Deutsche Zentralverwaltung für Justiz
DVP	= Deutsche Volkspolizei
DWK	= Deutsche Wirtschaftskommission
EAC	= European Advisory Commission

EKD	=	Evangelische Kirche in Deutschland
EOS	=	Erweiterte Oberschule
EV	=	Ermittlungsverfahren
EVG	=	Europäische Verteidigungsgemeinschaft
FDGB	=	Freier Deutscher Gewerkschaftsbund
FDJ	=	Freie Deutsche Jugend
FDP	=	Freie Demokratische Partei
FGB	=	Familiengesetzbuch
FKK	=	Freikörperkultur
FZR	=	Freiwillige Zusatzrentenversicherung
GDR	=	German Democratic Republic
GG	=	Grundgesetz
GK	=	Grenzkommando
GIM	=	Gruppe Internationaler Marxisten
GL	=	Grüne Liga
GMS	=	Gesellschaftlicher Mitarbeiter Sicherheit
GP	=	Grenzpolizei
GPG	=	Gärtnerische Produktionsgenossenschaft
GPU	=	Staatliche Politische Verwaltung (Sowjetische Geheimpolizei)
GR	=	Grenzregiment
GSSD	=	Gruppe der sowjetischen Streitkräfte in Deutschland
GST	=	Gesellschaft für Sport und Technik
GÜSt	=	Grenzübergangsstelle
GVG	=	Gerichtsverfassungsgesetz
HA	=	Hauptabteilung
HGL	=	Hausgemeinschaftsleitung
HIM	=	Hauptamtlich Inoffizieller Mitarbeiter
HK	=	Hoher Kommissar
HO	=	Staatliche Handelsorganisation
HVA	=	Hauptverwaltung Aufklärung
IDH	=	Innerdeutscher Handel
IFM	=	Initiative Frieden und Menschenrechte
IfPW	=	Institut für politische Wissenschaft
IOC	=	International Olympic Committee
IM	=	Inoffizieller Mitarbeiter
IMF	=	IM der inneren Abwehr mit Feindverbindung zum Operationsgebiet
IMK	=	Inoffizieller Kriminalpolizeilicher Mitarbeiter
IML	=	Institut für Marxismus-Leninismus beim ZK der SED
IPW	=	Institut für Internationale Politik und Wirtschaft
IWF	=	Institut für Wirtschaftswissenschaftliche Forschung
K5	=	Kommissariat 5
KB	=	Kulturbund
KGB	=	Komitee für Staatssicherheit (UdSSR)
KK	=	Kriminalpolizeiliche Kontaktperson
KKL	=	Konferenz der (evangelischen) Kirchenleitungen
KoKo	=	Kommerzielle Koordinierung
KP	=	Kommunistische Partei
KPČ	=	Kommunistische Partei der Tschechoslowakei
KPD	=	Kommunistische Partei Deutschlands
KPKK	=	Kreisparteikontrollkommission

KPdSU(B)	=	Kommunistische Partei der Sowjetunion (Bolschewiki)
KPI	=	Kommunistische Partei Italiens
KSZE	=	Konferenz über Sicherheit und Zusammenarbeit in Europa
KVP	=	Kasernierte Volkspolizei
KZ	=	Konzentrationslager
LDP	=	Liberaldemokratische Partei
LDPD	=	Liberal-Demokratische Partei Deutschlands
LPG	=	Landwirtschaftliche Produktionsgenossenschaft
LOPM	=	Leitende Organe der Partei und Massenorganisationen
MdI	=	Ministerium des Inneren
MdJ	=	Ministerium der Justiz
MGB	=	Sowjetisches Ministerium für Staatssicherheit (ab 1946)
MfS	=	Ministerium für Staatssicherheit
NATO	=	North Atlantic Treaty Organization (Nordatlantikpakt-Organisation)
ND	=	Neues Deutschland
NDPD	=	Nationaldemokratische Partei Deutschlands
NKFD	=	Nationalkomitee „Freies Deutschland" (1943–1945)
NKGB	=	Volkskommissariat für Staatssicherheit der UdSSR (bis 1946)
NKWD	=	Volkskommissariat für innere Angelegenheiten der UdSSR (bis 1946)
NÖS(PL)	=	Neues Ökonomisches System (der Planung und Leitung der Volkswirtschaft)
NOK	=	Nationales Olympisches Komitee
NPD	=	Nationaldemokratische Partei Deutschlands (West)
NS	=	Nationalsozialismus
NSDAP	=	Nationalsozialistische Deutsche Arbeiterpartei
NSW	=	Nicht-Sozialistisches Wirtschaftsgebiet
NVA	=	Nationale Volksarmee
NVR	=	Nationaler Verteidigungsrat
OECC	=	Organisation für europäische wirtschaftliche Zusammenarbeit
OG	=	Oberstes Gericht
ÖSS	=	Ökonomisches System des Sozialismus
OibE	=	Offizier im besonderen Einsatz
OSI	=	Otto-Suhr-Institut
OV	=	Operativer Vorgang
PDS	=	Partei des Demokratischen Sozialismus
PG	=	Parteigenosse (der NSDAP)
PGH	=	Produktionsgenossenschaft des Handwerks
PHS	=	Parteihochschule „Karl Marx" beim ZK der SED
PHV	=	Politische Hauptverwaltung (der NVA)
PID	=	Politisch-Ideologische Diversion
PKE	=	Paßkontrolleinheit
PKK	=	Parteikontrollkommission
PKW	=	Personenkraftwagen
POS	=	Polytechnische Oberschule
POZW	=	Politisch-Operatives Zusammenwirken
PUT	=	Politische Untergrundtätigkeit
PV	=	Parteivorstand
PVAP	=	Polnische Vereinigte Arbeiterpartei
RAF	=	Rote Armee Fraktion
RGW	=	Rat für Gegenseitige Wirtschaftshilfe
RIAS	=	Rundfunk im amerikanischen Sektor von Berlin

RK	= Revisionskommisson
SAG	= Sowjetische Aktiengesellschaft
SALT	= Strategic Arms Limitation Talks = Verhandlungen über die Beschränkung der strategischen Rüstung (UdSSR/USA)
SAPMO-BArch	= Stiftung Archive der Parteien und Massenorganisationen der DDR im Bundesarchiv
SBI	= Staatliche Bilanzinspektion
SBZ	= Sowjetische Besatzungszone
SDP	= Sozialdemokratische Partei der DDR (1989–1990)
SED	= Sozialistische Einheitspartei Deutschlands
SKK	= Sowjetische Kontrollkommission
SMAD	= Sowjetische Militäradministration in Deutschland (1945–1949)
SMT	= Sowjetisches Militärtribunal
SOUD	= System der vereinigten Erfassung von Informationen über den Gegner
SPD	= Sozialdemokratische Partei Deutschlands
SPK	= Staatliche Plankommission
SPÖ	= Sozialistische Partei Österreichs
StGB	= Strafgesetzbuch
SU	= Sowjetunion
TASS	= Telegrafnoje agentstwo Sowjetskowo Sojusa (Nachrichtenagentur der UdSSR)
UdSSR	= Union der Sozialistischen Sowjetrepubliken
UFV	= Unabhängiger Frauenverband
UN	= United Nations (Vereinte Nationen)
UNCTAD	= Konferenz der Vereinten Nationen für Handel und Entwicklung
UNO	= United Nations Organization (Organisation der Vereinten Nationen)
USA	= United States of America (Vereinigte Staaten von Amerika)
USPD	= Unabhängige Sozialdemokratische Partei Deutschlands (1917–1922)
UTP	= Unterrichtstag in der Produktion
VdgB	= Vereinigung gegenseitiger Bauernhilfe
VEB	= Volkseigener Betrieb
VEG	= Volkseigene Güter
VK	= Volkskongreß
VP	= Volkspolizei
VS	= Verschlußsache
VVN	= Vereinigung der Verfolgten des Naziregimes
VVB	= Vereinigung volkseigener Betriebe
VZ	= Verteidigungszustand
WHO	= World Health Organization (Weltgesundheitsorganisation)
WTR	= Wissenschaftlich-technische Revolution
ZAIG	= Zentrale Auswertungs- und Informationsgruppe
ZDF	= Zweites Deutsches Fernsehen
ZGB	= Zivilgesetzbuch
ZK	= Zentralkomitee
ZPKK	= Zentrale Parteikontrollkommission
ZWF	= Zentralinstitut für sozialistische Wirtschaftsführung beim ZK der SED

Verzeichnis der Tabellen und Schaubilder

Schaubild 1: Pionier- und signaltechnischer Ausbau der Staatsgrenze zu Berlin-West (ca. 1970–1975) 214

Schaubild 2: Versuchte und erfolgte Grenzdurchbrüche über die Grenzsicherungsanlagen (1. Dezember 1974 – 30. November 1979) 234

Schaubild 3: Sperranlage mit Splitterminen in der Tiefe des Handlungsraumes 264

Schaubild 4: Organisatorischer Aufbau der SED (1980) 390

Schaubild 5: Funktionen der Mitglieder und Kandidaten des SED-Politbüros (1989) . 396

Schaubild 6: Sekretariat des Zentralkomitees und die ZK-Abteilungen (1989) 404

Schaubild 7: Nomenklatursystem der DDR 408

Schaubild 8: Organisationsaufbau des FDGB (ab 1977) 417

Schaubild 9: Organisationsaufbau der FDJ (in den achtziger Jahren) 419

Schaubild 10: Partei und Staat 422

Schaubild 11: Mitarbeiterbestand des MfS von 1950 bis 1989 443

Schaubild 12: Strukturschema des MfS (Stand: 1. Oktober 1989) 446

Schaubild 13: Insgesamt durch die Bezirksverwaltungen und (acht) Hauptabteilungen des MfS im Vorbeugekomplex erfaßte Personen 459

Schaubild 14: Auswahl der im Vorbeugekomplex erfaßten DDR-Bürger in einzelnen Bezirken und Städten 461

Schaubild 15: Vereinfachte Darstellung der Leitungsstruktur der zentralen Planwirtschaft in der DDR 491

Schaubild 16: Konzeption des sozialistischen Wettbewerbs 499

Schaubild 17: Erwerbstätige nach Produktionssektoren (1950–1993) 537

Schaubild 18: Verteilung der Bruttoeinkommen in West- und Ostdeutschland 541

Schaubild 19: Struktur des Bildungswesens 1989 561

Tabelle 1: Mitglieder politischer und gesellschaftlicher Organisationen 1946–1987 .. 414

Tabelle 2: Gesamtwirtschaftliche Grunddaten 1950–1989 507

Tabelle 3: Berufstätige nach Wirtschaftsbereichen 517

Tabelle 4: Entwicklung der Arbeitseinkommen und der Renten in Mark 1947–1989 521

Tabelle 5:	Ausgaben des Staatshaushaltes nach ausgewählten Bereichen 1950–1989	525
Tabelle 6:	Wohnungsbestand nach Ausstattungsmerkmalen	526
Tabelle 7:	Zuwendungen für die Bevölkerung aus Mitteln des Staatshaushaltes 1971–1988	526
Tabelle 8:	Anteil der Arbeiter- und Angestelltenhaushalte im Bereich der Armutsgrenze	542
Tabelle 9:	Ausstattung privater Haushalte mit langlebigen Gebrauchsgütern	577

Literatur

Abramowski 1992 = W. Abramowski: Im Labyrinth der Macht. Innenansichten aus dem Stasi-Apparat, in: Florath u. a. 1992, S. 212 ff.

Ackermann 1995 = V. Ackermann: Der „echte" Flüchtling. Deutsche Vertriebene und Flüchtlinge aus der DDR 1945 bis 1961, Osnabrück 1995

Ackermann 1996 = J. Ackermann: Parteisäuberungen: Die Fälle Paul Merker und Franz Dahlem, Arbeitspapiere des Forschungsverbundes SED-Staat der Freien Universität Berlin, Nr. 22/1996, Berlin 1996

Adler 1991a = F. Adler: Das „Bermuda-Dreieck" des Realsozialismus: Machtmonopolisierung – Entsubjektivierung – Nivellierung, in: BISS Public Nr. 2/1991, S. 5 ff.

Adler 1991b = F. Adler: Soziale Umbrüche, in: Reißig/Glaeßner (Hg.): Das Ende eines Experiments, Berlin 1991, S. 174 ff.

Adler 1992 = F. Adler: Zur Rekonstruktion des DDR-Realsozialismus. Strukturmerkmale, Erosion, Zusammenbruch, in: M. Thomas (Hg.): Abbruch und Aufbruch. Sozialwissenschaften im Transformationsprozeß, Berlin 1992, S. 36 ff.

Agde 1991 = G. Agde (Hg.): Kahlschlag. Das 11. Plenum des ZK der SED 1965. Studien und Dokumente, Berlin 1991

Agethen 1994 = M. Agethen: Die CDU in der SBZ/DDR 1945–1953, in Frölich 1994, S. 47 ff.

Akademie für Gesellschaftswissenschaften 1985 = Akademie für Gesellschaftswissenschaften beim Zentralkomitee der SED u. a. (Hg.): Die Totalitarismusdoktrin im Antikommunismus. Kritik einer Grundkomponente bürgerlicher Ideologie, Ost-Berlin 1985

Alisch 1996 = S. Alisch: Das Institut für Internationale Politik und Wirtschaft. „Imperialismusforschung" und SED-Westpolitik, Arbeitspapiere des Forschungsverbundes SED-Staat der Freien Universität Berlin, Nr. 19/1996, Berlin 1996

Ammer 1969 = Th. Ammer: Universität zwischen Demokratie und Diktatur, Köln 1969

Ammer 1994 = Th. Ammer: Strukturen der Macht – Die Funktionäre im SED-Staat, in: Weber 1994, S. 5 ff.

Ammer 1995a = Th. Ammer: Die Machthierarchie der SED, in: Materialien 1995, Band II, 2, S. 803 ff.

Ammer 1995b = Th. Ammer: Fragen zu Struktur und Methoden der Machtausübung in der SED-Diktatur, in: Materialien 1995, Band II, 1, S. 463 ff.

Andruschow 1987 = Oberstleutnant Andruschow u. a.: „Die politisch-ideologische Diversion gegen die DDR" (Entwurf Lehrbuch), Potsdam 1987, BStU-JHS 20083

Anweiler 1988 = O. Anweiler: Schulpolitik und Schulsystem in der DDR, Opladen 1988

Arato 1990 = A. Arato: „Civil Society" gegen den Staat: Der Fall Polen 1980/81, in: R. Fenchel/A.J. Pietsch (Hg.): Polen 1980–1982, Hannover 1982, S. 46 ff.

Arendt 1964 = H. Arendt: Eichmann in Jerusalem, München 1964

Arendt 1968 = H. Arendt: Ideologie und Terror: Eine neue Staatsform, in: Seidel/Jenkner 1968, S. 133 ff.

Arendt 1986 = H. Arendt: Elemente und Ursprünge totaler Herrschaft, München 1986

Arendt 1994 = H. Arendt: Freiheit und Politik, in: dies.: Zwischen Vergangenheit und Zukunft, München 1994, S. 201 ff.

Arnold 1994 = M. Arnold: Minderheitenvotum. Zum Schlußbericht des Sonderausschusses des Sächsischen Landtages zur Untersuchung von Amts- und Machtmißbrauch infolge SED-Herrschaft zum ersten Untersuchungsgegenstand; Drucksache 1/4773, Dresden 1994

Arnold 1995 = K.-H. Arnold: Schild und Schwert. Das Ende von Stasi und Nasi, Berlin 1995

Arnold/Modrow 1994 = K.-H. Arnold/H. Modrow: Das Große Haus. Struktur und Funktionsweise des Zentralkomitees der SED, in: Modrow 1994, S. 11 ff.

Arnold/Modrow 1995 = K.-H. Arnold/H. Modrow: Von Dresden über Davos nach Bonn. Drei deutsch-deutsche Begegnungen und ihr politisches Umfeld, in: Nakath 1995, S. 39 ff.

Auerbach 1995 = T. Auerbach: Vorbereitung auf den Tag X. Die geplanten Isolierungslager des MfS, Analysen und Berichte Nr. 1/1995 des Bundesbeauftragten für die Unterlagen des Staatssicherheitsdienstes der ehemaligen Deutschen Demokratischen Republik, Berlin 1995

Autorenkollektiv 1969 = Autorenkollektiv (Hg.): Zeittafel zur Militärgeschichte der Deutschen Demokratischen Republik 1949–1968, Berlin (Ost) 1969

Autorenkollektiv 1971 = Institut für Theorie und Methodik der sozialistischen Erziehung u. a. (Hg.): Überzeugungsbildung im Staatsbürgerkundeunterricht, Berlin 1971

Autorenkollektiv 1973 = Autorenkollektiv (Hg.): Wissenschaftlicher Kommunismus, Berlin (Ost) 1973

Axen 1979 = H. Axen: Der Aufbau des Sozialismus in der DDR und die Entwicklung in der Welt, in: Einheit 3/1979, S. 264 ff.

Axen 1996 = H. Axen: Ich war ein Diener der Partei: Autobiographische Gespräche/Herman Axen mit Harald Neubert, Berlin 1996

Baader 1995a = R. Baader (Hg.): Die Enkel des Perikles. Liberale Positionen zu Sozialstaat und Gesellschaft, Gräfelfing 1995

Baader 1995b = R. Baader: Vom Sozialismus zum Sozialstaat – Betrachtungen über ein deutsches Experiment, in: Baader 1995a, S. 245 ff.

Baar u. a. 1995a = L. Baar/U. Müller/F. Zschaler: Strukturveränderungen und Wachstumsschwankungen. Investitionen und Budget in der DDR 1945–1989, in: Jahrbuch für Wirtschaftsgeschichte 1995/2, S. 47 ff.

Baar u. a. 1995b = L. Baar/R. Karlsch/W. Matschke: Kriegsschäden, Demontagen und Reparationen, in: Materialien 1995, Band II, 2, S. 868 ff.

Badstübner/Heitzer 1979 = R. Badstübner/H. Heitzer (Hg.): Die DDR in der Übergangsperiode. Studien zu Vorgeschichte und Geschichte der DDR, Berlin 1979

Badstübner/Loth 1994 = R. Badstübner/W. Loth (Hg.): Wilhelm Pieck. Aufzeichnungen zur Deutschlandpolitik 1945–1953, Berlin 1994

Bahne 1993 = S. Bahne: Die Verfolgung deutscher Kommunisten im sowjetischen Exil, in: Kommunisten verfolgen Kommunisten. Stalinistischer Terror und „Säuberungen" in den kommunistischen Parteien Europas seit den dreißiger Jahren, hrsg. von Hermann Weber u. a., Berlin 1993, S. 236 ff.

Bahr 1990 = E. Bahr: Sieben Tage im Oktober. Aufbruch in Dresden, Leipzig 1990

Bahr 1996 = E. Bahr: Zu meiner Zeit, München 1996

Bahrmann/Fritsch 1990 = H. Bahrmann/P.-M. Fritsch: Sumpf, Privilegien, Amtsmißbrauch, Schiebergeschäfte, Berlin 1990

Bahrmann/Links 1990 = H. Bahrmann/C. Links: Wir sind das Volk. Die DDR im Aufbruch. Eine Chronik, Berlin, Weimar, Wuppertal 1990

Bahrmann/Links 1994 = H. Bahrmann/C. Links: Chronik der Wende. Die DDR zwischen 7. Oktober und 18. Dezember 1989, Berlin 1994

Bahrmann/Links 1995 = H. Bahrmann/C. Links: Chronik der Wende 2. Stationen der Einheit. Die letzten Monate der DDR, Berlin 1995

Bald 1992 = D. Bald (Hg.): Die Nationale Volksarmee. Beiträge zum Selbstverständnis und Geschichte des deutschen Militärs 1945–1990, Baden-Baden 1992

Balla 1972 = B. Balla: Kaderverwaltung. Versuch zur Idealtypisierung der „Bürokratie" sowjetisch-volksdemokratischen Typs, Stuttgart 1972

Ballestrem 1996a = K. Graf Ballestrem: Aporien der Totalitarismus-Theorie, in: Jesse 1996, S. 237 ff.

Ballestrem 1996b = K. Graf Ballestrem: Der Totalitarismus in Osteuropa und seine Folgen, in: Maier 1996, S. 251 ff.

Baring 1965 = A. Baring: Der 17. Juni 1953, Köln/Berlin 1965

Baring 1982 = A. Baring: Machtwechsel. Die Ära Brandt-Scheel, Stuttgart 1982

Barth u. a. 1995 = B.-R. Barth u. a.: Wer war wer in der DDR. Ein biographisches Handbuch, Frankfurt am Main 1995

Baßeler/Heinrich/Koch 1991 = U. Baßeler/J. Heinrich/W. Koch: Grundlagen und Probleme der Volkswirtschaft, Köln 1991

Bast/Ostner 1992 = K. Bast/I. Ostner: Ehe und Familie in der Sozialpolitik der DDR und BRD – ein Vergleich, in: Schmähl 1992a, S. 228 ff.

Bastian 1993 = U. Bastian: Zersetzungsmaßnamen der Staatssicherheit am Beispiel des Operativvorganges „Entwurf". Die Staatsicherheit gegen unabhängige linke Politikansätze in der DDR, Arbeitspapiere des Forschungsverbundes SED-Staat der Freien Universität Berlin Nr. 8/1993, Berlin 1993

Bastian 1994 = U. Bastian: Auf zum letzten Gefecht . . . Dokumentation über Vorbereitungen des MfS auf den Zusammenbruch der DDR-Wirtschaft, Arbeitspapiere des Forschungsverbundes SED-Staat der Freien Universität Berlin, Nr. 9/1994, Berlin 1994

Behnke 1995 = K. Behnke: Lernziel: Zersetzung. Die „operative Psychologie" in Ausbildung, Forschung und Anwendung, in: Behnke/Fuchs 1995, S. 12 ff.

Behnke/Fuchs 1995 = K. Behnke/J. Fuchs (Hg.): Zersetzung der Seele. Psychologie und Psychatrie im Dienste der Stasi, Hamburg 1995

Beintker 1996 = M. Beintker: Marxistisches Menschenbild, in: Eppelmann u. a. 1996, S. 398 ff.

Beleites 1992 = M. Beleites: Die IM-Reihenuntersuchung verkommt zur Farce, in: Frankfurter Rundschau vom 25. September 1992

Belwe 1989 = K. Belwe: Sozialstruktur und gesellschaftlicher Wandel in der DDR, in: W. Weidenfeld/H. Zimmermann (Hg.): Deutschland-Handbuch. Eine doppelte Bilanz 1949 bis 1989, Bonn 1989, S. 125 ff.

Bender 1992 = P. Bender: Unsere Erbschaft. Was war die DDR – was bleibt von ihr? Hamburg 1992

Bender 1996 = P. Bender: Episode oder Epoche? Zur Geschichte des geteilten Deutschlands, München 1996

Benjamin 1956 = H. Benjamin: Die sozialistische Gesetzlichkeit strikt verwirklichen, in: Neue Justiz Nr. 8/1956, S. 229 ff.

Bennewitz/Potratz 1994 = I. Bennewitz/R. Potratz: Zwangsaussiedlungen an der innerdeutschen Grenze. Analysen und Dokumente, Berlin 1994

Benser 1995 = G. Benser: Zusammenschluß von KPD und SPD 1946. Erklärungsversuche jenseits von Jubel und Verdammnis. Hefte zur DDR-Geschichte Nr. 27, Berlin 1995

Berg 1996 = S. Berg: Die Geschichte der eigenen Angst, in: Kurth 1996a, S. 38 ff.

Bergmann 1997 = C. Bergmann: Zum Feindbild des Ministeriums für Staatssicherheit der DDR, in: Aus Politik und Zeitgeschichte, B 50/97, S. 27 ff.

Besier 1993 = G. Besier: Der SED-Staat und die Kirche. Der Weg in die Anpassung, München 1993

Besier 1995a = G. Besier: Die Rolle des MfS bei der Durchsetzung der Kirchenpolitik der SED und die Durchdringung der Kirche mit geheimdienstlichen Mitteln, in: Materialien 1995, Band VI, 1, S. 509 ff.

Besier 1995b = G. Besier: Der SED-Staat und die Kirche 1969–1990. Die Vision vom „Dritten Weg", Berlin/Frankfurt am Main 1995

Besier 1996 = G. Besier: „Politische Reifeprozesse". Zum Engagement des MfS an den theologischen Fakultäten bzw. Sektionen, in: Vollnhals 1996a, S. 267 ff.

Besier/Wolf 1992 = G. Besier/S. Wolf (Hg.): „Pfarrer, Christen und Katholiken". Das Ministerium für Staatssicherheit der ehemaligen DDR und die Kirchen, Neukirchen-Vluyn 1992

Bessel/Jessen 1996 = R. Bessel/R. Jessen (Hg.): Die Grenzen der Diktatur. Staat und Gesellschaft in der DDR, Göttingen 1996

Besson 1970 = W. Besson: Die Außenpolitik der Bundesrepublik. Erfahrungen und Maßstäbe, München 1970

Beyer/Klein 1987 = A. Beyer/W. Klein: Lenkung und Kontrolle der Wirtschaftsabläufe, in: Bundesminister für innerdeutsche Beziehungen 1987, S. 137 ff.

Beyme 1975 = K. von Beyme: Ökonomie und Politik im Sozialismus, München/Zürich 1975

Beyme 1991 = K. von Beyme: Schwarzer Freitag der Sozialwissenschaften. Die Osteuropaforschung nach dem Zusammenbruch des realen Sozialismus, in: Unispiegel Heidelberg, Heft 1/1991

Bickhardt 1995 = S. Bickhardt: Die Entwicklung der DDR-Opposition in den 80er Jahren, in: Materialien 1995, Band VII, 1, S. 450 ff.

Bickhardt u. a. 1988 = St. Bickhardt u. a. (Hg.): Spuren – Zur Geschichte der Friedensbewegung in der DDR (Ms.), Ostberlin 1988

Bierling 1991 = S. Bierling: Die sieben Mythen der Wiedervereinigung, in: Grosser u. a. 1991, S. 68 ff.

Blaschke 1995 = K. Blaschke: Thesenpapier zur Rolle der Blockparteien und Massenorganisationen, in: Materialien 1995, Band II, 1, S. 382 ff.

Bleek/Bovermann 1995 = W. Bleek/R. Bovermann: Die Deutschlandpolitik der SPD/FDP-Koalition 1969–1982, in: Materialien 1995, Band V, 1, S. 1141 ff.

Bock 1994 = H. Bock: Partei – Staat – bürokratische Krise, in: Ansichten zur Geschichte der DDR, Band III, hrsg. von Dietmar Keller u. a., Bonn/Berlin 1994, S. 71 ff.

Bögeholz 1995 = H. Bögeholz: Die Deutschen nach dem Krieg. Eine Chronik, Reinbek 1995

Bohnsack 1997 = G. Bohnsack: Die Legende stirbt. Hauptverwaltung Aufklärung. Das Ende von Wolfs Geheimdienst, Berlin 1997

Bollinger 1994 = S. Bollinger: Die halbe Reform – Neues Ökonomisches System: Für eine effektivere Wirtschaft aber nicht für einen demokratischeren Sozialismus, in: D. Keller u. a. (Hg.): Ansichten zur Geschichte der DDR, Band 4, Bonn/Berlin 1994, S. 239 ff.

Bortfeldt 1992 = H. Bortfeldt: Von der SED zur PDS. Wandlung zur Demokratie? Bonn/Berlin 1992

Bosshart 1992 = D. Bosshart: Politische Intellektualität und totalitäre Erfahrung. Hauptströmungen der französischen Totalitarismuskritik, Berlin 1992

Bouvier/Schulz 1991 = B. Bouvier/H.P. Schulz (Hg.): „ ... Die SPD aber aufgehört hat zu existieren". Sozialdemokraten unter sowjetischer Besatzung, Bonn 1991

Bouvier 1996 = B. Bouvier: Ausgeschaltet! Sozialdemokraten in der Sowjetischen Besatzungszone und in der DDR 1945–1953, Bonn 1996

Boyens 1996 = A. Boyens: Das Staatssekretariat für Kirchenfragen, in: Vollnhals 1996a, S. 120 ff.

Bracher 1985 = K. D. Bracher: Zeit der Ideologien. Eine Geschichte politischen Denkens zum 20. Jahrhundert, München 1985

Bracher 1987 = K.-D. Bracher: Die totalitäre Erfahrung, München 1987

Bracher 1996 = K. D. Bracher: Kriegsende und Epochenwende, in: Oberreuter/Weber 1996, S. 23 ff.

Brandt 1967 = H. Brandt: Ein Traum, der nicht entführbar ist, München 1967

Brandt 1989 = W. Brandt: Erinnerungen, Frankfurt am Main 1989

Braun 1995 = M. Braun: Drama um eine Komödie. Das Ensemble von SED und Staatssicherheit, FDJ und Ministerium für Kultur gegen Heiner Müllers „Die Umsiedlerin oder das Leben auf dem Lande" im Oktober 1961, Berlin 1995

Brie u. a. 1990 = M. Brie u. a. (Hg.): Das Umbaupapier. Studie zur Gesellschaftsstrategie, in: Land 1990, S. 37 ff.

Brie 1996 = M. Brie: Staatssozialistische Länder Europas im Vergleich. Alternative Herrschaftsstrategien und divergente Typen, in: H. Wiesenthal (Hg.): Einheit als Privileg. Vergleichende Perspektiven auf die Transformation Ostdeutschlands, Frankfurt am Main 1996, S. 39 ff.

Broder 1993 = H. M. Broder: Die Republik der Simulanten, in: Broder u. a.: Der rasende Mob. Die Ossis zwischen Selbstmitleid und Barbarei, Berlin 1993, S. 94 ff.

Brokmeier/Rilling 1978 = P. Brokmeier/R. Rilling (Hg.): Beiträge zur Sozialismusanalyse, Bd. 1–3, Köln 1978, 1979, 1981

Broszat 1981 = M. Broszat: Resistenz und Widerstand, in: M. Broszat u. a.: Bayern in der NS-Zeit, Band 4, München 1981, S. 691 ff.

Broszat/Weber 1990 = M. Broszat/H. Weber: SBZ-Handbuch: Staatliche Verwaltungen, Parteien, Gesellschaftliche Organisationen und ihre Führungskräfte in der Sowjetischen Besatzungszone Deutschlands 1945–1949, München 1990

Brühl 1992 = R. Brühl: Zur Militärpolitik der SED – Zwischen Friedensideal und Kriegsapologie, in: Bald 1992, S. 31 ff.

Brumlik 1995 = M. Brumlik: Gerechtigkeit zwischen den Generationen, Berlin 1995

Brunner 1995a = G. Brunner: Staatsapparat und Parteiherrschaft in der DDR, in: Materialien 1995, Band II, 2, S. 989 ff.

Brunner 1995b = G. Brunner: Das Rechtsverständnis der SED (1961–1989), in: Materialien 1995, Band IV, S. 293 ff.

Brunner 1996 = G. Brunner: Führungsanspruch der SED, in: Eppelmann u. a. 1996, S. 220 ff.

Brzezinski 1994 = Z. Brzezinski: Macht und Moral, Hamburg 1994

Buchheim 1962 = H. Buchheim: Totalitäre Herrschaft. Wesen und Merkmale, München 1962

Buchheim 1995 = C. Buchheim: Kriegsschäden, Demontagen und Reparationen. Deutschland nach dem zweiten Weltkrieg, in: Materialien 1995, Band II, S. 1030 ff.

Buchstein 1997 = H. Buchstein: Totalitarismustheorie und empirische Politikforschung – die Wandlung der Totalitarismuskonzeption in der frühen Berliner Politikforschung, in: Söllner u. a. 1997, S. 241 ff.

Buck 1995 = H. Buck: Formen, Instrumente und Methoden zur Verdrängung, Einbeziehung und Liquidierung der Privatwirtschaft in der SBZ/DDR, in: Materialien 1995, Band II, 2, S. 1070 ff.

Buck 1996a = H. Buck: Bauwirtschaft und Wohnungswesen, in: Eppelmann u. a. 1996, S. 92 ff.

Buck 1996b = H. Buck: Wohnungsversorgung, Stadtgestaltung und Stadtverfall, in: Kurth 1996, S. 67 ff.

Buck 1997 = H. Buck: Kenntnisstand in Westdeutschland und wechselseitige Wahrnehmung der ökonomischen Lage in WEST und OST. Unveröffentlichtes Statement bei der öffentlichen Anhörung der Enquete-Kommission „Überwindung der Folgen der SED-Diktatur im Prozeß der deutschen Einheit" in Dresden am 3. März 1997

Bukowski 1996 = W. Bukowski: Abrechnung mit Moskau. Das sowjetische Unrechtsregime und die Schuld des Westens, Bergisch Gladbach 1996

Bundesminister für innerdeutsche Beziehungen 1987 = Bundesminister für innerdeutsche Beziehungen: Unterrichtung durch die Bundesregierung. Materialien zum Bericht zur Lage der Nation im geteilten Deutschland 1987, Drucksache des Deutschen Bundestages Nr. 11, 11. Wahlperiode, Bonn 1987

Bundesministerium für innerdeutsche Beziehungen 1991 = Bundesministerium für innerdeutsche Beziehungen (Hg.): Texte zur Deutschlandpolitik. Reihe III/Band VIIIa – 1990, Wolfenbüttel 1991

Buschfort 1991 = W. Buschfort: Das Ostbüro der SPD, München 1991

Caracciolo 1989 = L. Caracciolo: Grotewohls Position(en) im Vereinigungsprozeß (1945–1946), in: D. Staritz/H. Weber (Hg.): Einheitsfront. Einheitspartei. Kommunisten und Sozialdemokraten in Ost- und Westeuropa 1944 bis 1948, Köln 1989, S. 76 ff.

Cless 1978 = O. Cless: Zur Kritik der bürgerlichen DDR-Forschung und ihrer gesellschaftstheoretischen Grundlagen, in: Brokmeier/Rilling 1978

Derix/Haendcke-Hoppe 1987 = H.-H. Derix/M. Haendcke-Hoppe: Die Außenwirtschaftssysteme – Entwicklung – Probleme, in: Bundesminister für innerdeutsche Beziehungen 1987, S. 205 ff.

Deutschland Archiv 1980 = Die SED nach der Überprüfung – Zur Geschichte ihrer Säuberungsaktion, in: Deutschland Archiv Nr. 7/1980, S. 680 ff.

Deutschland Archiv 1987 = Dokumentation. Erich Honecker vor ersten Kreissekretären, in: Deutschland Archiv Nr. 4/1987, S. 436 ff.

Deutschland Archiv 1988 = Dokumentation. Das gemeinsame Papier von SED und SPD und die Reaktion der SED, in: Deutschland Archiv Nr. 1/1988, S. 86 ff.

Deutz-Schroeder/Staadt 1994 = M. Deutz-Schroeder/J. Staadt (Hg.): Teurer Genosse! Briefe an Erich Honecker, Berlin 1994

Dieckmann 1991 = C. Dieckmann: My Generation. Cocker, Dylan, Lindenberg und die verlorene Zeit, Berlin 1991

Diederich 1991 = D. Diederich: Der 17. Juni 1953 in der DDR. Bewaffnete Gewalt gegen das Volk, Berlin 1991

Diedrich 1994 = T. Diedrich: Zwischen Arbeitererhebung und gescheiterter Revolution in der DDR. Retrospektive zum Stand der zeitgeschichtlichen Aufarbeitung des 17. Juni 1953, in: Jahrbuch für historische Kommunismusforschung 1994, Berlin 1994, S. 288 ff.

Diedrich 1995 = T. Diedrich: „Der Volksaufstand am 17. Juni 1953" Podiumsdiskussion am 16. Juni 1993, in: Materialien 1995, Band II, 1, S. 772 ff.

Diemer 1994 = S. Diemer: Patriarchalismus in der DDR, Opladen 1994

Dietrich 1995 = C. Dietrich: Fallstudie Leipzig 1987–1989. Die politisch-alternativen Gruppen in Leipzig vor der Revolution. In: Materialien 1995, Band VII, 1, S. 558 ff.

Dietrich 1996 = I. Dietrich: Abschied von der Laubenkolonie? In: MKF 37, Nr. 2/1996, S. 346 ff.

Dietsch 1996 = I. Dietsch: Deutsch-deutscher Gabentausch, in: NGBK 1996, S. 204 ff.

Diewald 1995 = M. Diewald: „Kollektiv", „Vitamin B" oder „Nische"? Persönliche Netzwerke in der DDR, in: Huinink u. a. 1995, S. 223 ff.

Diewald/Solgar 1995 = M. Diewald/H. Solgar: Soziale Ungleichheiten in der DDR: Die feinen, aber deutlichen Unterschiede am Vorabend der Wende, in: Huinink/Mayer u. a. 1995, S. 261 ff.
Diller 1995 = A. Diller: Der Rundfunk als Herrschaftsinstrument der SED, in: Materialien 1995, Band II, 2, S. 1214 ff.
Diner 1988 = D. Diner (Hg.): Zivilisationsbruch, Frankfurt am Main 1988
Ditfurth 1991 = J. Ditfurth: Blockflöten. Wie die CDU ihre realsozialistische Vergangenheit verdrängt, Köln 1991
Djilas 1984 = M. Djilas: Die Auflösung des leninistischen Totalitarismus, in: Hasselblatt 1984, S. 188 ff.
Dokumentation 1983 = Martin Luther in der neueren DDR-Geschichtsschreibung, Dokumentation, in: Deutschland Archiv Nr. 2/1983, S. 198 ff.
Dokumente 1945–1949 = Um ein antifaschistisch-demokratisches Deutschland, Dokumente aus den Jahren 1945–1949, hrsg. vom Ministerium für Auswärtige Angelegenheiten der DDR und dem Ministerium für Auswärtige Angelegenheiten der UdSSR, Berlin (Ost) 1968
Dokumente 1965 = Dokumente der SED, Band IX, Berlin 1965
Dokumente 1970 = Dokumente zur Geschichte des Schulwesens in der DDR, Teil 1: 1945 bis 1955. Monumenta Paedagogica, Band 6, Berlin 1970
Dokumente 1974 = Dokumente zur Geschichte des Schulwesens in der DDR, Monumenta Paedagogica, Band 7, Berlin 1974
Dokumente 1986 = Dokumente zur Geschichte der SED, Band 2: 1945–1971, Redaktion: G. Benser u. a., Berlin 1986
Dokumente 1987a = Dokumente zur Berlin-Frage 1944–1966, Schriften des Forschungsinstituts der deutschen Gesellschaft für auswärtige Politik e.V. Bonn. Reihe internationale Wirtschaft Band 52/I, 4. Aufl. München 1987
Dokumente 1987b = Dokumente zur Berlin-Frage 1967–1986. Schriften des Forschungsinstituts der deutschen Gesellschaft für auswärtige Politik e.V. Bonn. Reihe internationale Wirtschaft Band 52/II, München 1987
Drath 1958 = M. Drath: Totalitarismus in der Volksdemokratie. Einleitung zu Ernst Richard: Macht ohne Mandat. Der Staatsapparat in der Sowjetischen Besatzungszone Deutschlands, Köln/Opladen 1958, S. IX ff.
Eckart 1995 = K. Eckart: Der wirtschaftliche Umbau in den neuen Bundesländern, in: Deutschland Archiv, 6/1995, S. 578 ff.
Eckert 1995a = R. Eckert: Die revolutionäre Krise am Ende der achtziger Jahre und die Formierung der Opposition, in Materialien 1995, Band VII, 1, S. 667 ff.
Eckert 1995b = R. Eckert: Zur Rolle der Massenorganisationen im Alltag der DDR-Bevölkerung, in: Materialien 1995, Band II, 2, S. 1243 ff.
Eckert 1996 = R. Eckert: Verband der Kleingärtner, Siedler und Kleintierzüchter der DDR (VKSK), in: Eppelmann u. a. 1996, S. 647 f.
Ehring/Dallwitz 1982 = K. Ehring/M. Dallwitz: Schwerter zu Pflugscharen, Hamburg 1982
Eisenfeld 1978 = B. Eisenfeld: Kriegsdienstverweigerung in der DDR – ein Friedensdienst? Frankfurt am Main 1978
Eisenfeld 1995a = B. Eisenfeld: Die Ausreise-Bewegung – Eine Erscheinungsform widerständigen Verhaltens, in: Poppe u. a. 1995, S. 192 ff.
Eisenfeld 1995b = B. Eisenfeld: Die zentrale Koordinierungsgruppe. Bekämpfung von Flucht und Übersiedlung, Berlin 1995
Eisenfeld 1996a = B. Eisenfeld: Bausoldaten, in: Eppelmann u. a. 1996, S. 89 ff.

Eisenfeld 1996b = B. Eisenfeld: Wehrdienstverweigerer, in: Eppelmann u. a. 1996, S. 683 ff.

Elias 1983 = N. Elias: Engagement und Distanzierung, Frankfurt am Main 1983

Emmerich 1996 = W. Emmerich: Kleine Literaturgeschichte der DDR. Erw. Neuausgabe, Leipzig 1996

Engelmann 1997 = R. Engelmann: Diener zweier Herren. Das Verhältnis der Staatssicherheit zur SED und den sowjetischen Beratern 1950 bis 1959, in: Suckut/Süß 1997, S. 51 ff.

Engelmann/Schumann 1995 = R. Engelmann/S. Schumann: Die Neuausrichtung des Staatssicherheitsdienstes der DDR 1957, in: Vierteljahreshefte für Zeitgeschichte Nr. 2/1995, S. 341 ff.

Engler 1992 = W. Engler: Die zivilisatorische Lücke, Frankfurt am Main 1992

Engler 1995 = W. Engler: Die ungewollte Moderne, Frankfurt am Main 1995

Enquete-Kommission 1994 = Bericht der Enquete-Kommission „Aufarbeitung von Geschichte und Folgen der SED-Diktatur in Deutschland" des Deutschen Bundestags, Bonn 1994

Enquete-Kommission 1995 = Enquete-Kommission „Aufarbeitung von Geschichte und Folgen der SED-Diktatur in Deutschland" des Deutschen Bundestags: Bericht der Enquete-Kommission vom 31. Mai 1994, in: Materialien 1995, Band I, S. 178 ff.

Eppelmann u. a. 1996 = R. Eppelmann/H. Möller/G. Nooke/D. Wilms (Hg.): Lexikon des DDR-Sozialismus. Das Staats- und Gesellschaftssystem der Deutschen Demokratischen Republik, Paderborn u. a. 1996

Erdmann/Krakat 1987 = K. Erdmann/K. Krakat: Der institutionelle Aufbau des Wirtschaftssystems (Leitungssystem, Organisationsstruktur), in: Bundesminister für innerdeutsche Beziehungen 1987, S. 111 ff.

Erdmann/Krakat/Meyer 1987 = K. Erdmann/K. Krakat/C. Meyer: Informationsgewinnung, Planausarbeitung und Plankoordination, in: Bundesminister für innerdeutsche Beziehungen 1987, S. 118 ff.

Erker 1993 = P. Erker: Zeitgeschichte als Sozialgeschichte. Forschungsstand und Forschungsdefizite, in: Geschichte und Gesellschaft Heft 2/1993, S. 202 ff.

Erler 1994 = P. Erler: Heeresschau und Einsatzplanung. Ein Dokument zur Kaderpolitik der KPD aus dem Jahre 1944, in: Schroeder 1994, S. 52 ff.

Erler 1996 = P. Erler: Zur Wirkung der sowjetischen Militärtribunale (SMT) in der SBZ/DDR 1945–1955, in: Zeitschrift des Forschungsverbundes SED-Staat. Beiträge und Informationen des Forschungsverbundes SED-Staat der Freien Universität Berlin, Nr. 2/1996, S. 51 ff.

Erler 1997 = P. Erler: Zur Sicherheitspolitik der KPD/SED 1945 bis 1949, in: Suckut/Süß 1997, S. 73 ff.

Erler 1998 = P. Erler: „Moskau-Kader" der KPD in der SBZ, in: Wilke 1998, S. 229 ff.

Erler u. a. 1994 = P. Erler/H. Laude/M. Wilke (Hg.): Nach Hitler kommen wir, Berlin 1994

Fait 1990 = B. Fait: Landesregierungen und -verwaltungen/Einleitung, in: Broszat/Weber 1990, S. 73 ff.

Falter 1992 = J. W. Falter: Wahlen 1990. Die demokratische Legitimation für die deutsche Einheit mit großen Überraschungen, in: Jesse/Mitter 1992, S. 163 ff.

Feher/Heller 1985a = F. Feher/A. Heller: Die Linke im Westen – die Linke im Osten, Köln 1985

Feher/Heller 1985b = F. Feher/A. Heller: Osteuropa unter dem Schatten eines neuen Rapallo, Köln 1985

Fenner 1991 = C. Fenner: Das Ende des „realen Sozialismus" und die Aporien vergleichender Politikwissenschaft, in: U. Backes/E. Jesse (Hg.): Jahrbuch Extremismus und Demokratie, Bonn 1991, S. 33 ff.

Feydt/Heinze/Schanz 1990 = S. Feydt/C. Heinze/M. Schanz: Die Leipziger Friedensgebete, in: Grabner/Heinze/Pollack 1990, S. 123 ff.

Filmer/Schwan 1991 = W. Filmer/H. Schwan: Opfer der Mauer. Die geheimen Protokolle des Todes, München 1991

Findeis/Pollack/Schilling 1994 = H. Findeis/D. Pollack/M. Schilling: Die Entzauberung des Politischen, Berlin und Leipzig 1994

Fischer 1948 = K. Fischer: Die neue Polizei, in: Die Volkspolizei Nr. 1/1948, S. 2 ff.

Fischer 1992 = A. Fischer: Das Bildungssystem der DDR. Entwicklung, Umbruch und Neugestaltung seit 1989, Darmstadt 1992

Fischer 1995 = B.-R. Fischer: Das Bildungs- und Erziehungssystem der DDR – Funktion, Inhalte, Instrumentalisierung, Freiräume, in: Materialien 1995, Band III, 2, S. 852 ff.

Fischer/Rißmann 1995 = A. Fischer/M. Rißmann: Deutschland als Gegenstand alliierter Politik (1941–1949), in: Materialien 1995, Band II, 2, S. 1300 ff.

Flach 1993 = H. Flach: Die Gruppe der 20 oder der Dresdener Weg – Eine Chronologie (Ms.), Dresden 1993

Flocken/Scholz 1994 = J. von Flocken/M. Scholz: Ernst Wollweber, Berlin 1994

Florath u. a. 1992 = B. Florath/A. Mitter/S. Wolle (Hg.): Die Ohnmacht der Allmächtigen. Geheimdienste und politische Polizei in der modernen Gesellschaft, Berlin 1992

Förster/Roski 1990 = P. Förster/G. Roski: DDR zwischen Wende und Wahl. Meinungsforscher analysieren den Umbruch, Berlin 1990

Förster 1994 = G. Förster: Die Dissertationen an der „Juristischen Hochschule" des MfS. Eine annotierte Bibliographie, hrsg. vom Bundesbeauftragten für die Unterlagen des Staatssicherheitsdienstes der ehemaligen DDR, Reihe A, Dokumente 2/94, Berlin 1994

Foitzik 1990 = J. Foitzik: Sowjetische Militäradministration in Deutschland (SMAD), in: Broszat/Weber 1990, S. 7 ff.

Foitzik 1995a = J. Foitzik: Berichte des Hohen Kommissars der UdSSR und Deutschlands aus dem Jahr 1953/54. Dokumente aus dem Archiv für Außenpolitik der russischen Förderation, in: Materialien 1995, Band II, 2, S. 1350 ff.

Foitzik 1995b = J. Foitzik: Inventar der Befehle des obersten Chef der Sowjetischen Militäradministration in Deutschland (SMAD) 1945–1949, München u. a. 1995

Frei 1996 = N. Frei: Vergangenheitspolitik: Die Anfänge der Bundesrepublik und die NS-Vergangenheit, München 1996

Frerich/Frey 1993 = J. Frerich/M. Frey: Handbuch der Geschichte der Sozialpolitik in Deutschland, Band 2: Sozialpolitik in der Deutschen Demokratischen Republik, München u. a. 1993

Fricke 1964 = K. W. Fricke: Selbstbehauptung und Widerstand in der Sowjetischen Besatzungszone Deutschlands, Bonn 1964

Fricke 1971 = K. W. Fricke: Warten auf Gerechtigkeit. Kommunistische Säuberungen und Rehabilitierungen, Köln 1971

Fricke 1979 = K. W. Fricke: Politik und Justiz in der DDR. Zur Geschichte der politischen Verfolgung 1945 – 1968. Bericht und Dokumentation, Köln 1979

Fricke 1982 = K. W. Fricke: Die DDR-Staatssicherheit. Entwicklung, Strukturen, Aktionsfelder, Köln 1982

Fricke 1984a = K. W. Fricke: Der Arbeiteraufstand. Zeitzeugen und Zeitdokumente zum 17. Juni 1953. Der Fall Berija und die Zeisser/Herrnstatt-Opposition. Zwei Dokumentationen des Deutschlandfunks von K. W. Fricke, Köln 1984

Fricke 1984b = K. W. Fricke: Opposition und Widerstand in der DDR. Ein politischer Report, Köln 1984

Fricke 1988 = K. W. Fricke: Zur Menschen- und Grundrechtssituation politischer Gefangener in der DDR. Analysen und Kommentar, zweite ergänzte Auflage, Köln 1988

Fricke 1989 = K. W. Fricke: Die DDR-Staatssicherheit. Entwicklung, Strukturen, Aktionsfelder. Dritte aktualisierte Auflage, Köln 1989

Fricke 1990 = K. W. Fricke: Politik und Justiz in der DDR, Köln 1990

Fricke 1991a = K. W. Fricke: Das justizielle Unrecht der Waldheimer Prozesse, in: Neue Justiz 1991, S. 209 ff.

Fricke 1991b = K. W. Fricke: MfS intern. Macht, Strukturen, Auflösung der DDR-Staatssicherheit, Köln 1991

Fricke 1992a = K. W. Fricke: Zur Geschichte der DDR-Staatssicherheit, in: Florath u. a. 1992, S. 123 ff.

Fricke 1992b = K. W. Fricke: Das MfS und die Schrifsteller, in: Deutschland Archiv Nr. 11/1992, S. 1130 ff.

Fricke 1992c = K. W. Fricke: „Schild und Schwert der Partei". Das Ministerium für Staatssicherheit – Herrschaftsinstrument der SED, in: Aus Politik und Zeitgeschichte, B 21/1992, S. 3 ff.

Fricke 1992d = K. W. Fricke: Die Geschichte der DDR: Ein Staat ohne Legitimität, in: Jesse/Mitter 1992, S. 41 ff.

Fricke 1993a = K. W. Fricke: Politische Strafjustiz im SED-Staat, in: Aus Politik und Zeitgeschichte, B 4/1993, S. 13 ff.

Fricke 1993b = K. W. Fricke: „Schild und Schwert": Die Stasi. Funkdokumentation des Deutschlandfunks, Köln 1993

Fricke 1994 = K. W. Fricke: Kein Recht gebrochen? Das MfS und die politische Strafjustiz der DDR, in: Aus Politik und Zeitgeschichte, B 40/1994, S. 24 ff.

Fricke 1995a = K. W. Fricke: Justiz im Auftrag der Partei. Der Fall Max Fechner als Beispiel, in: Rückblicke auf die DDR. Festschrift für Ilse Spittmann-Rühle, hrsg. von Gisela Helwig, Köln 1995, S. 26 ff.

Fricke 1995b = K. W. Fricke: Das Ministerium für Staatssicherheit als Herrschaftsinstrument der SED – Kontinuität und Wandel, in: Materialien 1995, Band VIII, S. 7 ff.

Fricke 1995c = K. W. Fricke: Der Rechtsanwalt als „Justizkader". Zur Rolle des Verteidigers im politischen Strafverfahren der DDR, in: Aus Politik und Zeitgeschichte, B 38/1995, S. 9 ff.

Fricke 1995d = K. W. Fricke: Das Zusammenspiel von Stasi, oberstem Gericht und Staatsanwaltschaft – Eine Fallstudie, in: Materialien 1995, Band IV, S. 206 ff.

Fricke 1996a = K. W. Fricke: Akteneinsicht, Berlin 1996

Fricke 1996b = K. W. Fricke: Zur Manipulierung und Präjudizierung politischer Strafurteile durch das MfS, in: Deutschland Archiv Nr. 6/1996, S. 887 ff.

Fricke 1996c = K. W. Fricke: Unterdrückungsmechanismen, in: Eppelmann u. a. 1996, S. 638 ff.

Fricke 1997 = K. W. Fricke: Ordinäre Abwehr – elitäre Aufklärung? Zur Rolle der Hauptverwaltung A im Ministerium für Staatssicherheit, in: Aus Politik und Zeitgeschichte, B 50/97, S. 17 ff.

Friedrich-Ebert-Stiftung 1981 = Friedrich-Ebert-Stiftung (Hg.): Honeckers Verfassung, Bonn 1981

Friedrich 1966 = C. J. Friedrich: Das Wesen totalitärer Herrschaft, in: Der Politologe, Heft 20/1966, S. 43 ff.

Friedrich 1994 = W.-U. Friedrich: Bürokratischer Totalitarismus – Zur Typologie des SED-Regimes, in: ders.: Totalitäre Herrschaft – totalitäres Erbe. Sonderausgabe der German Studies Review, Tempe 1994, S. 1 ff.

Friedrich/Brzezinski 1957 = C. J. Friedrich unter Mitarbeit von Z. K. Brzezinski: Totalitäre Diktatur, Stuttgart 1957

Friedrich/Brzezinski 1968 = C. J. Friedrich/Z. K. Brzezinski: Die allgemeinen Merkmale der totalitären Diktatur, in: Seidel/Jenkner 1968, S. 600 ff.

Friedrich u. a. 1995 = T. Friedrich/C. Hübner/H. Meier/K. Wolf (Hg.): Entscheidungen der SED 1948. Aus den stenographischen Niederschriften der 10.–15. Tagung des Parteivorstandes der SED, Berlin 1995

Fritschler 1996 = H.-D. Fritschler: Die Kreisleitung – verlängerter Arm des Politbüros? In: Modrow 1996, S. 39 ff.

Fritze 1993 = L. Fritze: Panoptikum DDR-Wirtschaft. Machtverhältnisse-Organisationsstrukturen-Funktionsmechanismen, Akademiebeiträge zur politischen Bildung, Band 26, München 1993

Fritze 1995 = L. Fritze: Unschärfen des Totalitarismusbegriffs. Methodologische Bemerkungen zu Carl-Joachim Friedrichs Begriff der totalitären Diktatur, in: Zeitschrift für Geschichtswissenschaft, Heft 7/1995, S. 629 ff.

Fritze 1996 = L. Fritze: Gestörte Kommunikation zwischen Ost und West, in: Deutschland Archiv Nr. 6/1996, S. 927 ff.

Frölich 1994 = J. Frölich (Hg.): „Bürgerliche" Parteien in der SBZ/DDR. Zur Geschichte von CDU, LPD(D), DBD und NDPD 1945–1953, Köln 1994

Frölich 1995 = J. Frölich: Transmissionsriemen, Interessenvertretung des Handwerks oder Nischenpartei? Zur Rolle, Bedeutung und Wirkungsmöglichkeiten der NDPD, in: Materialien 1995, Band II, 2, S. 1542 ff.

Fuchs 1977 = J. Fuchs: Gedächtnisprotokolle, Hamburg 1977

Fuchs 1984 = J. Fuchs: Fassonschnitt, Hamburg 1984

Fuchs 1988 = J. Fuchs: Das Ende einer Feigheit, Hamburg 1988

Fuchs 1990 = J. Fuchs: „. . . und wann kommt der Hammer?" Berlin 1990

Fuchs 1995 = J. Fuchs: Bearbeiten, Dirigieren, Zuspitzen. Die „leisen Methoden" des MfS, in: Behnke/Fuchs 1995, S. 44 ff.

Fuchs/Hieke 1992 = J. Fuchs/G. Hieke: Dummgeschult? Berlin 1992

Fulbrook 1996 = M. Fulbrook: Methodologische Überlegungen zu einer Gesellschaftsgeschichte der DDR, in: Bessel/Jessen 1996, S. 274 ff.

Funke 1988 = M. Funke: Erfahrung und Aktualität des Totalitarismus – zur definitorischen Sicherung eines umstrittenen Begriffs moderner Herrschaftslehre, in: Löw 1988, S. 44 ff.

Furet 1996 = F. Furet: Das Ende der Illusion. Kommunismus im 20. Jahrhundert, München 1996

Garton Ash 1990 = Th. Garton Ash: Ein Jahrhundert wird abgewählt, München 1990

Garton Ash 1993 = Th. Garton Ash: Im Namen Europas. Deutschland und der geteilte Kontinent, München 1993

Geisler 1996 = H. Geisler: Gesundheitswesen, in: Eppelmann u. a. 1996, S. 255 ff.

Geißler 1992 = R. Geißler: Die Sozialstruktur Deutschlands. Ein Studienbuch zur Entwicklung im geteilten und vereinten Deutschland, Opladen 1992

Geißler 1996 = R. Geißler: Die Sozialstruktur Deutschlands. Zur gesellschaftlichen Entwicklung mit einer Zwischenbilanz zur Vereinigung, 2. neubearbeitete und erweiterte Auflage, Bonn 1996

Gellner 1995 = E. Gellner: Bedingungen der Freiheit. Die Zivilgesellschaft und ihre Rivalen, Stuttgart 1995

Gensicke 1992 = T. Gensicke: Mentalitätswandel und Revolution. Wie sich die DDR-Bürger von ihrem System abwandten, in: Deutschland Archiv Nr. 12/1992, S. 1266 ff.

Geppert 1996 = D. Geppert: Störmanöver. Das „Manifest der Opposition" und die Schließung des Ost-Berliner „Spiegel"-Büros im Januar 1978, Berlin 1996

Gerlach 1991 = M. Gerlach: Mitverantwortlich. Als Liberaler im SED-Staat, Berlin 1991

Gesamtdeutsches Institut 1990 = Gesamtdeutsches Institut – Bundesanstalt für gesamtdeutsche Aufgaben (Hg.): Analysen, Dokumentationen und Chronik zur Entwicklung in der DDR vom September bis Dezember 1989, Bonn 1990

Gieseke 1995 = J. Gieseke: Die Hauptamtlichen Mitarbeiter des Ministeriums für Staatssicherheit, Teillieferung IV.1 von: Anatomie der Staatssicherheit. Geschichte, Struktur und Methoden. MfS-Handbuch, hrsg. von K. D. Henke u. a., Berlin 1995

Gill 1991 = U. Gill: FDGB. Die DDR-Gewerkschaft von 1945 bis zu ihrer Auflösung 1990, Köln 1991

Gill/Schröter 1991 = D. Gill/U. Schröter: Das Ministerium für Staatssicherheit. Anatomie des Mielke-Imperiums, Berlin 1991

Giordano 1987 = R. Giordano: Die zweite Schuld, Hamburg 1987

Glaeßner 1982 = G.-J. Glaeßner: Sozialistische Systeme. Einführung in die Kommunismus- und DDR-Forschung, Opladen 1982

Glaeßner 1988 = G.-J. Glaeßner: Die Mühen der Ebene – DDR-Forschung in der Bundesrepublik, in: ders. (Hg.): Die DDR in der Ära Honecker. Politik – Kultur – Gesellschaft, Opladen 1988, S. 111 ff.

Glaeßner 1989 = G.-J. Glaeßner: Die andere deutsche Republik. Gesellschaft und Politik in der DDR, Opladen 1989

Glaeßner 1995 = G.-J. Glaeßner: Kommunismus – Totalitarismus – Demokratie. Studien zu einer säkularen Auseinandersetzung, Frankfurt/Main 1995

Gniffke 1966 = E. Gniffke: Jahre mit Ulbricht, Köln 1966

Goeckel 1996 = R. Goeckel: Thesen zu Kontinuität und Wandel in der Kirchenpolitik der SED, in: Vollnhals 1996a, S. 29 ff.

Goerner 1994 = M. Goerner: Zu den Strukturen und Methoden der SED-Kirchenpolitik in den 50er Jahren, in: Schroeder 1994, S. 112 ff.

Goerner 1997 = M. Goerner: Die Kirche als Problem der SED. Strukturen kommunistischer Herrschaftsausübung gegenüber der evangelischen Kirche 1945 bis 1958, Berlin 1997

Goerner/Kubina 1995 = M. Goerner/M. Kubina: Die Phasen der Kirchenpolitik der SED und die sich darauf beziehenden Grundlagenbeschlüsse der Partei und Staatsführung in der Zeit von 1945/46 bis 1971/72, in: Materialien 1995, Band VI, 1, S. 615 ff.

Görtemarker 1979 = M. Görtemarker: Die unheilige Allianz. Die Geschichte der Entspannungspolitik, München 1979

Goldbach 1992 = J. Goldbach: Die Nationale Volksarmee – Eine deutsche Armee im Kalten Krieg, in: Bald 1992, S. 125 ff.

Goldhagen 1996 = D. Goldhagen: Hitlers willige Vollstrecker. Ganz gewöhnliche Deutsche und der Holocaust, Berlin 1996

Gorbatschow 1995 = M. Gorbatschow: Erinnerungen, Berlin 1995

Grabner/Heinze/Pollack 1990 = W.-J. Grabner/C. Heinze/D. Pollack (Hg:) Leipzig im Oktober. Kirchen und alternative Gruppen im Umbruch der DDR. Analysen zur Wende, Berlin 1990

Graml 1985 = H. Graml: Die Alliierten und die Teilung Deutschlands. Konflikte und Entscheidungen 1941–1948, Frankfurt am Main 1985

Graml 1996 = H. Graml: Zwischen Stalingrad und Währungsreform – formative Jahre für eine neue Gesellschaft in Deutschland, in: Oberreuter/Weber 1996, S. 51 ff.

Gransow 1980 = V. Gransow: Konzeptionelle Wandlungen der Kommunismusforschung. Vom Totalitarismus zur Immanenz, Frankfurt am Main, New York 1980

Gransow/Jarausch 1991 = V. Gransow/K. H. Jarausch: Die deutsche Vereinigung. Dokumente zu Bürgerbewegung, Annäherung und Beitritt, Köln 1991

Grasemann 1994 = H.-J. Grasemann: „Wenn die Partei Weisung gibt, folgen die Richter". Die politische Strafjustiz als Instrument von SED und Staatssicherheit, in: J. Weber 1994, S. 23 ff.

Grass 1993 = G. Grass: Ein Schnäppchen namens DDR. Letzte Reden vorm Glockengeläut, München 1993

Graumann 1995 = H.-J. Graumann: Diskussionsbeitrag anläßlich der 22. Sitzung der Enquete-Kommission „Aufarbeitung von Geschichte und Folgen der SED-Diktatur in Deutschland". Zur Rolle der Blockparteien und Massenorganisationen, in: Materialien 1995, Band II, 1, S. 344 ff.

Grebing u. a. 1992 = H. Grebing/C. P. Kleßmann/K. P. Schönhoven/H. Weber: Zur Situation der Sozialdemokratie in der SBZ/DDR 1945–1950, Marburg 1992

Gries/Meck 1996 = S. Gries/S. Meck: Reisekader, in: Eppelmann u. a. 1996, S. 487 ff.

Gros 1994 = J. Gros: Entscheidung ohne Alternativen? Die Wirtschafts-, Finanz- und Sozialpolitik im deutschen Vereinigungsprozeß 1989/90, Mainz 1994

Grosser u. a. 1991 = D. Grosser/S. Bierling/F. Kurz: Die sieben Mythen der Wiedervereinigung. Fakten und Analysen zu einem Prozeß ohne Alternative, München 1991

Grosser u. a. 1996 = D. Grosser/S. Bierling/B. Neuss: Deutsche Geschichte in Quellen und Darstellung, Bd. 11: Bundesrepublik und DDR 1969–1990, Stuttgart 1996

Grün/Stern 1991 = S. Grün/K. Stern: Es wird Zeit, den Holzhammer beiseite zu legen, in: I. Spittmann/G. Helwig (Hg.): DDR-Lesebuch 2, Köln 1991, S. 211 ff.

Grunenberg 1989 = A. Grunenberg: Bewußtseinslagen und Leitbilder in der DDR, in: Weidenfeld/Zimmermann 1989, S. 221 ff.

Grunenberg 1993 = A. Grunenberg: Antifaschismus – ein deutscher Mythos, Reinbek 1993

Grunenberg 1995 = A. Grunenberg: Die Opposition unter Schriftstellern in der DDR vom Beginn der Ära Honecker bis zur polnischen Revolution 1980/81, in: Materialien 1995, Band VII, 1, S. 758 ff.

Gruner/Wilke 1981 = G. Gruner/M. Wilke (Hg.): Sozialdemokraten im Kampf um die Freiheit. Die Auseinandersetzungen zwischen SPD und KPD in Berlin 1945/46, München 1981

Günther/Uhlig 1974 = K.-H. Günther/G. Uhlig: Geschichte der Schule in der Deutschen Demokratischen Republik 1945 bis 1971, Berlin 1974

Günther u. a. 1987 = K.-H. Günther u. a.: Geschichte der Erziehung, 15. Aufl., Berlin 1987

Günther u. a. 1989 = K.-H. Günther u. a.: Das Bildungswesen der Deutschen Demokratischen Republik, Berlin 1989

Gut u. a. 1993 = P. Gut u. a.: Normative Regulierung von Arbeit: Zum Wandel betrieblicher Arbeitsbeziehungen in Unternehmen der ehemaligen DDR. Kurzstudie im Auftrag der Kommission für die Erforschung des sozialen und politischen Wandels in den neuen Bundesländern (KSPW), und Arbeitspapier der Arbeitsstelle Politik und Technik der Freien Universität Berlin, Nr. 1/1993

Gutmann 1983 = G. Gutmann (Hg.): Das Wirtschaftssystem der DDR. Wirtschaftspolitische Gestaltungsprobleme, Schriften zum Vergleich von Wirtschaftsordnungen, Heft 30, Stuttgart/New York 1983

Gutmann 1994 = G. Gutmann: Ideologie und Wirtschaftsordnung, in: German Studies Review, Special Issue: Totalitäre Herrschaft – totalitäres Erbe, Fall 1994, S. 37 ff.

Gutmann 1995 = G. Gutmann: Der Einsatz der Volkswirtschaft der DDR für das Erreichen politischer Ziele der SED. Vortrag vor der Enquete-Kommission „Aufarbeitung von Geschichte und Folgen der SED-Diktatur in Deutschland", in: Materialien 1995, Band II, 1, S. 641 ff.

Gutmann/Buck 1996 = G. Gutmann/H. F. Buck: Die Zentralplanwirtschaft der DDR – Funktionsweise, Funktionsschwächen und Konkursbilanz, in: Kuhrt 1996b, S. 7 ff.

Gutmann/Klein 1995 = G. Gutmann/W. Klein: Herausbildungs- und Entwicklungsphasen der Planungs-, Lenkungs- und Kontrollmechanismen im Wirtschaftssystem, in: Materialien 1995, Band II, 3, S. 1579 ff.

Gutsche 1994 = R. Gutsche: Nur ein Erfüllungsgehilfe? Die SED-Führung und die militärische Option zur Niederschlagung der Opposition in Polen in den Jahren 1980/81, in: Schroeder 1994, S. 166 ff.

Gutzeit 1993 = M. Gutzeit: Der Weg in die Opposition, in: W. Euchner (Hg.): Politische Opposition in Deutschland und im internationalen Vergleich, Göttingen 1993, S. 84 ff.

Gysi 1988 = J. Gysi: Frauen- und Familienentwicklung in der DDR, in: Timmermann 1988, S. 93 ff.

Habermas 1995 = J. Habermas: Die Bedeutung der Aufarbeitung der Geschichte der beiden deutschen Diktaturen für den Bestand der Demokratie in Deutschland und Europa, in: Materialien 1995, Band IX, S. 686 ff.

Hacke 1989 = C. Hacke: Die Deutschlandpolitik der Bundesrepublik Deutschland, in: Weidenfeld/Zimmermann 1989, S. 535 ff.

Hacker 1983 = J. Hacker: Der Ostblock. Baden-Baden 1983

Hacker 1987 = J. Hacker: SED und Nationale Frage, in: Spittmann 1987, S. 43 ff.

Hacker 1992 = J. Hacker: Deutsche Irrtümer. Schönfärber und Helfershelfer der SED-Diktatur im Westen, Frankfurt am Main 1992

Hacker 1995a = J. Hacker: Die Deutschlandpolitik der SPD/FDP-Koalition 1969–1982, in: Materialien 1995, Band V, 1, S. 1489 ff.

Hacker 1995b = J. Hacker: Leistungen und Defizite der DDR- und vergleichenden Deutschlandforschung. Eine kritische Reflexion, in: Timmermann 1995, S. 29 ff.

Haendcke-Hoppe-Arndt 1994 = M. Haendcke-Hoppe-Arndt: Zum ökonomischen Erbe der SED-Diktatur: Versuch einer Bilanz, in: German Studies Review, Special Issue: Totalitäre Herrschaft – totalitäres Erbe, Fall 1994, S. 47 ff.

Haendcke-Hoppe-Arndt 1995a = M. Haendcke-Hoppe-Arndt: Interzonenhandel/Innerdeutscher Handel, in: Materialien 1995, Band V, 2, S. 1543 ff.

Haendcke-Hoppe-Arndt 1995b = M. Haendke-Hoppe-Arndt: Wer wußte was? Der ökonomische Niedergang der DDR, in: Deutschland Archiv Nr. 6/1995, S. 588 ff.

Haffner 1987 = F. Haffner: Preise und Preispolitik, in: Bundesminister für innerdeutsche Beziehungen 1987, S. 147 ff.

Haffner 1995 = F. Haffner: Ökonomische Systemtheorie, Valuierungskriterien und der sogenannte Realsozialismus, in: Timmermann 1995, S. 119 ff.

Haftendorn 1986 = H. Haftendorn: Sicherheit und Entspannung. Zur Außenpolitik der Bundesrepublik Deutschland 1955 bis 1982, 2. revidierte Auflage, Baden-Baden 1986

Hagen 1992 = M. Hagen: DDR-Juni '53. Die erste Volkserhebung im Stalinismus, Stuttgart 1992

Hagen 1995 = „Der Volksaufstand am 17. Juni 1953", Podiumsdiskussion am 16. Juni 1993, in: Materialien 1995, Band II, S. 775 ff.

Hahn 1990 = T. Hahn: Zur Untersuchung von Freizeitverhalten in der DDR, in: Timmermann 1990, S. 235 ff.

Hamacher 1991 = H. P. Hamacher: DDR-Forschung und Politikberatung 1949 bis 1990. Ein Wissenschaftszweig zwischen Selbstbehauptung und Anpassungszwang, Köln 1991

Hamberger 1994 = A. Hamberger: Ein „Dolchstoß"? Über das vermeintliche Demokratiekonzept Modrows und die Wiedervereinigung, in: Prokop 1994, S. 100 ff.

Hamel 1983 = H. Hamel: Reformen des Wirtschaftsmechanismus, in: Gutmann 1983, S. 27 ff.

Hampele 1993 = A. Hampele: „Arbeite mit, plane mit, regiere mit" – Zur politischen Partizipation von Frauen in der DDR, in: Helwig/Nickel 1993, S. 281 ff.

Hanke 1995 = I. Hanke: Sozialstruktur und Gesellschaftspolitik im SED-Staat und ihre geistig-seelischen Folgen, in: Materialien 1995, Band III, 2, S. 1144 ff.

Hardes u. a. 1971 = H.-D. Hardes/F. Rahmeyer/A. Schmid unter Mitarbeit von G.-J. Krol und M. Stadler: Volkswirtschaftslehre. Eine problemorientierte Einführung, 17. aktual. Aufl., Tübingen 1990

Hardes u. a. 1990 = H.-D. Hardes/F. Rahmeyer/A. Schmidt unter Mitarbeit von G.-J. Krol und M. Stadler: Volkswirtschaftslehre. Eine problemorientierte Einführung, 17. aktual. Auflage, Tübingen 1990

Harich 1993 = W. Harich: Keine Schwierigkeiten mit der Wahrheit. Zur nationalkommunistischen Opposition 1956 in der DDR, Berlin 1993

Hasselblatt 1984 = D. Hasselblatt: 1984. Orwells Jahr, Berlin 1984

Haupts 1995 = L. Haupts: „Die CDU ist die Partei in der am stärksten der Feind arbeitet.", in: Kowalczuk u. a. 1995, S. 278 ff.

Hauser 1996 = R. Hauser: Die Entwicklung der Einkommensverteilung in den neuen Bundesländern seit der Wende, in: Diewald/Mayer (Hg.): Zwischenbilanz der Wiedervereinigung, Opladen 1996, S. 165 ff.

Hauser/Wagner 1996 = R. Hauser/G. Wagner: Die Einkommensverteilung in Ostdeutschland – Darstellung, Vergleich und Determinanten für die Jahre 1990 bis 1994, in: R. Hauser (Hg.): Sozialpolitik im vereinten Deutschland, Band III: Lohnpolitik, Familienpolitik und Verteilung, Berlin 1996

Havemann 1978 = R. Havemann: Ein deutscher Kommunist. Rückblicke und Perspektiven aus der Isolation, hrsg. von M. Wilke, Reinbek 1978

Hax/Piorkowsky 1987 = H. Hax/M.-B. Piorkowsky: Die einzelwirtschaftlichen Handlungsbereiche in der Bundesrepublik Deutschland und in der DDR, in: Bundesminister für innerdeutsche Beziehungen 1987, S. 164 ff.

Hayek 1945 = F. A. von Hayek: The Use of Knowledge in Society, repr. in: Townsend 1980, S. 29 ff.

Heering 1993 = Objektive und subjektive Dimensionen der Unternehmensrestrukturierung in Ostdeutschland, in: Voigt/Mertens 1993, S. 118 ff.

Heering 1997 = W. Heering: Der Marshall-Plan und die ökonomische Spaltung Europas, in: Aus Politik und Zeitgeschichte B 22–23/1997, S. 30 ff.

Heering 1997a = W. Heering: Die Wirtschaftspolitik der Regierungen Modrow und ihre Nachwirkungen. Expertise für die Enquete-Kommission „Überwindung der Folgen der SED-Diktatur im Prozeß der deutschen Einheit" des Deutschen Bundestages, Berlin 1997

Heering/Schroeder 1992 = W. Heering/K. Schroeder: Hohe Motivation und verhaltener Optimismus. Ergebnisse einer Befragung von Belegschaften und Geschäftsleitungen ostdeutscher Betriebe, Wiederabdruck in: Heering/Schroeder 1995, S. 143 ff.
Heering/Schroeder 1995 = W. Heering/K. Schroeder: Transformationsprozesse in ostdeutschen Unternehmen. Akteursbezogene Studien zur ökonomischen und sozialen Entwicklung in den neuen Bundesländern, Berlin 1995
Heering/Schroeder 1996 = W. Heering/K. Schroeder: Zur Entwicklung der Frauenbeschäftigung in Ostdeutschland. Empirische Trends und subjektive Wahrnehmungen im deutschen Vereinigungsprozeß, in: Deutschland Archiv Nr. 3/1996, S. 391 ff.
Hehl/Tischner 1995 = U. von Hehl/W. Tischner: Die katholische Kirche in der SBZ/DDR 1945 bis 1989, in: Materialien 1995, Band VI, 2, S. 875 ff.
Heidtmann 1954 = G. Heidtmann: Hat die Kirche geschwiegen? Berlin 1954
Hein 1989 = C. Hein: Der Tangospieler, Berlin und Weimar 1989
Heller u. a. 1983 = A. Heller/F. Fehér/G. Markus: Der sowjetische Weg. Bedürfnisdiktatur und entfremdeter Alltag, Hamburg 1983
Helwig 1995a = G. Helwig: Frauen im SED-Staat, in: Materialien 1995, Band III, 2, S. 1223 ff.
Helwig 1995b = G. Helwig (Hg.): Rückblicke auf die DDR. Festschrift für Ilse Spittmann-Rühle, Köln 1995
Helwig 1996 = G. Helwig: Frauen- und Familienpolitik, in: Eppelmann u. a. 1996, S. 202 ff.
Helwig/Nickel 1993 = G. Helwig/H. Nickel (Hg.): Frauen in Deutschland 1945 bis 1992, Berlin 1993
Henke/Woller 1991 = K.-D. Henke/H. Woller (Hg.): Politische Säuberungen in Europa. Die Abrechnung mit Faschismus und Kollaboration nach dem 2. Weltkrieg, München 1991
Henkel 1994 = R. Henkel: Im Dienste der Staatspartei. Über Parteien und Organisationen der DDR, Baden-Baden 1994
Hensel 1970 = K. P. Hensel: Der Zwang zum wirtschaftspolitischen Experiment in zentralgelenkten Wirtschaften; in: Jahrbücher für Nationalökonomie und Statistik, Bd. 184 (1970), Heft 4–5, S. 349–359
Herbst u. a. 1994 = A. Herbst/W. Ranke/J. Winkler: So funktionierte die DDR, Band 1 und 2, Reinbek 1994
Herbst/Stephan/Winkler 1997 = A. Herbst/G.-R. Stephan/J. Winkler (Hg.): Die SED. Geschichte – Organisation – Politik. Ein Handbuch, Berlin 1997
Herdegen 1996 = G. Herdegen: Einstellungen zur Deutschen Einheit, in: W. Weidenfeld/K. R. Korte (Hg.): Handbuch zur Deutschen Einheit, Neuausgabe, Bonn 1996, S. 246 ff.
Herf 1994 = J. Herf: Antisemitismus in der SED. Geheime Dokumente zum Fall Paul Merker aus SED- und MfS-Archiven, in: Vierteljahreshefte für Zeitgeschichte, Heft 4/1994, S. 635 ff.
Hertle 1992 = H.-H. Hertle: Der Weg in den Bankrott der DDR-Wirtschaft. Das Scheitern der „Einheit von Wirtschafts- und Sozialpolitik" am Beispiel der Schürer/Mittag-Kontroverse im Politbüro 1988, in: Deutschland Archiv Nr. 2/1992, S. 127 ff.
Hertle 1995a = H.-H. Hertle: Die Diskussion der ökonomischen Krisen in der Führungsspitze der SED, in: Pirker u. a. 1995, S. 309 ff.
Hertle 1995b = H.-H. Hertle: Der 9. November 1989 in Berlin, in Materialien 1995, Band VII, 1, S. 787 ff.
Hertle 1996 = H.-H. Hertle: Chronik des Mauerfalls. Die dramatischen Ereignisse um den 9. November 1989, Berlin 1996
Hertle u. a. 1991: = H.-H. Hertle/R. Weinert/M. Wilke (Hg.): Der Staatsbesuch. Honecker in Bonn: Dokumente zur deutsch-deutschen Konstellation des Jahres 1987, Berlin 1991

Hertle/Stephan 1997 = H.-H. Hertle/G.-R. Stephan (Hg.): Das Ende der SED. Die letzten Tage des Zentralkomitees, Berlin 1997

Hertwig 1995 = M. Hertwig: Der Umgang des Staates mit oppositionellem und widerständigem Verhalten. Die Opposition in der SED/DDR in den 50er Jahren (insbesondere 1953, 1956/57), ihre Unterdrückung und Ausschaltung, in: Materialien 1995, Band VII, 2, S. 873 ff.

Herzfeld 1973 = H. Herzfeld: Berlin in der Weltpolitik 1945–1970, Berlin/New York 1973

Hess 1993 = H. Hess: Die „ARGU" – Sprachregelungen im Rundfunkjournalismus der DDR, in: Riedel 1993, S. 251 ff.

Heuer 1995 = U.-J. Heuer (Hg.): Die Rechtsordnung der DDR: Anspruch und Wirklichkeit, Baden-Baden 1995

Hilberg 1990 = R. Hilberg: Die Vernichtung der europäischen Juden, Bd. 3, Frankfurt am Main 1990

Hille 1996 = B. Hille: Freie Deutsche Jugend (FDJ), in: Eppelmann u. a. 1996, S. 209 ff.

Hillgruber 1993 = A. Hillgruber: Hitlers Strategie. Politik und Kriegsführung 1940/41, Bonn 1993

Hilmer 1995 = R. Hilmer: Übersiedler aus der DDR (Tabellen), in: Materialien 1995, Band VII, 1, S. 430 ff.

Hirsch 1988 = R. Hirsch: Die Initiative Frieden und Menschenrechte, in: F. Kroh (Hg.): „Freiheit ist immer Freiheit ...", Berlin 1988, S. 210 ff.

Hirsch 1989 = R. Hirsch/L. Kopelew (Hg.): Initiative Frieden und Menschenrechte. Grenzfall, Berlin 1989

Hirschman 1992 = A. O. Hirschman: Abwanderung und Widerspruch und das Schicksal der DDR, in: Leviathan 3/1992, S. 330 ff.

Hockerts 1993 = H.-G. Hockerts: Zeitgeschichte in Deutschland, in: Aus Politik und Zeitgeschichte, B 29–30/1993, S. 3 ff.

Hockerts 1994a = H.-G. Hockerts: Grundlinien und soziale Folgen der Sozialpolitik in der DDR, in: Kaelble u. a. (Hg.): Sozialgeschichte der DDR, Stuttgart 1994, S. 519 ff.

Hockerts 1994b = H.-G. Hockerts: Soziale Errungenschaften? Zum sozialpolitischen Legitimitätsanspruch der zweiten deutschen Diktatur, in: J. Kocka u. a. (Hg.): Von der Arbeiterbewegung zum modernen Sozialstaat, München u. a. 1994, S. 790 ff.

Hockerts 1997 = H.-G. Hockerts: Anspruch und Wirklichkeit der Arbeits- und Sozialpolitik in der DDR. Unveröffentlichtes Thesenpapier zur Anhörung der Enquete-Kommission „Überwindung der Folgen der SED-Diktatur im Prozeß der Deutschen Einheit" am 4. März 1997 in Dresden

Hof 1983 = H.-J. Hof: Motivationale Probleme der intensiven Nutzung des Arbeitskräftepotentials, in: Gutmann 1983, S. 103 ff.

Hoff 1993 = P. Hoff: „Die Kader entscheiden alles", in: Riedel 1993, S. 241 ff.

Hoffmann 1997 = D. Hoffmann: Sozialpolitik, in: Herbst/Stephan/Winkler 1997, S. 345 ff.

Hoffmann u. a. 1991 = D. Hoffmann u. a. (Hg.): Robert Havemann, Berlin 1991

Hoffmann u. a. 1993 = D. Hoffmann/K.-H. Schmidt/P. Skyba: Die DDR vor dem Mauerbau. Dokumente zur Geschichte des anderen deutschen Staates 1949–1981, München 1993

Hofmann 1994 = J. Hofmann: Deutschlandpolitische Ziele, theoretische Leitgedanken und Grundaktivitäten in den beiden deutschen Staaten von 1949 bis 1990, in: Ansichten zur Geschichte der DDR, Band II, hrsg. von D. Keller/H. Modrow/H. Wolf, Bonn, Berlin 1994, S. 51 ff.

Holzweißig 1989 = G. Holzweißig: Massenmedien in der DDR, Berlin 1989

Holzweißig 1995 = G. Holzweißig: Die Presse als Herrschaftsinstrument der SED, in: Materialien 1995, Band II, 3, S. 1689 ff.
Holzweißig 1996a = G. Holzweißig: Die „führende Rolle" der Partei im SED-Staat, in: Kuhrt 1996a, S. 29 ff.
Holzweißig 1996b = G. Holzweißig: Medien und Medienlenkung, in: Kuhrt 1996a, S. 51 ff.
Honecker 1980 = E. Honecker: Aus meinem Leben, Frankfurt am Main und Berlin (Ost) 1980
Honecker 1992 = E. Honecker: Zu dramatischen Ereignissen, Hamburg 1992
Hornung 1993 = K. Hornung: Das totalitäre Zeitalter, Berlin/Frankfurt am Main 1993
Hübner 1995 = P. Hübner: Konsens, Konflikt und Kompromiß: Soziale Arbeiterinteressen und Sozialpolitik in der SBZ/DDR 1945–1970, Berlin 1995
Huinink 1995 = J. Huinink: Individuum und Gesellschaft in der DDR – theoretische Ausgangspunkte einer Rekonstruktion der DDR-Gesellschaft in den Lebensverläufen ihrer Bürger, in: Huinink/Mayer u. a. 1995, S. 25 ff.
Huinink u. a. 1995 = J. Huinink u. a.: Kollektiv und Eigensinn. Lebensverläufe in der DDR und danach, Berlin 1995
Huinink/Wagner 1995 = J. Huinink/M. Wagner: Partnerschaft, Ehe und Familie in der DDR, in: Huinink u. a. 1995, S. 145 ff.
Hürten 1996 = H. Hürten: Totalitäre Herrschaft und ihre Grenzen, unveröffentlichtes Manuskript, Dresden 1996
Hurwitz 1997 = H. Hurwitz: Die Stalinisierung der SED. Zum Verlust von Freiräumen und sozialdemokratischer Identität in den Vorständen 1946–1949, Opladen 1997
Irmscher 1996 = G. Irmscher: Der Westen im Ost-Alltag, in: NGBK 1996, S. 185 ff.
Jäckel 1995 = H. Jäckel: Fortwirkende Maßnahmen der Regierung de Maiziere, in: Materialien 1995, Band VII, 2, S. 2015 ff.
Jäger 1994 = M. Jäger: Kultur und Politik in der DDR 1945–1990, Köln 1994
Jäger 1995 = W. Jäger: Die Deutschland-Politik der Bundesregierungen der CDU/CSU/FDP-Koalitionen (Kohl/Genscher). Die Diskussion in den Parteien und in der Öffentlichkeit 1982–1989, in: Materialien 1995, Band V, 3, S. 1572 ff.
Jahrbuch für Wirtschaftsgeschichte 1995/2 = Jahrbuch für Wirtschaftsgeschichte 1995/2. Quantitative Wirtschaftsgeschichte der DDR, Berlin 1995
Jander 1995 = M. Jander unter Mitarbeit von T. Voss: Die besondere Rolle des politischen Selbstverständnisses bei der Herausbildung einer politischen Opposition in der DDR außerhalb der SED und ihrer Massenorganisation seit den siebziger Jahren, in: Materialien 1995, Band VII, 1, S. 896 ff.
Jander 1996 = M. Jander: Formierung und Krise der DDR-Opposition. Die „Initiative für unabhängige Gewerkschaften" – Dissidenten zwischen Demokratie und Romantik, Berlin 1996
Jander/Schroeder 1996 = M. Jander/K. Schroeder: Verspätete Liebe zu seltenen deutschen Helden. Probleme und Perspektiven der Forschung zur DDR-Opposition, in: FAZ vom 19. August 1996, S. 6
Jander/Schroeder 1997 = M. Jander/K. Schroeder: Zwei Bewegungen, keine Revolution, in: ZdF (Zeitschrift des Forschungsverbundes SED-Staat) Nr. 4/1997, S. 43 ff.
Jänike 1964 = M. Jänike: Der dritte Weg, Köln 1964
Janka 1990 = W. Janka: Schwierigkeiten mit der Wahrheit, Berlin, Reinbek 1990
Jarausch 1995 = K. H. Jarausch: Die unverhoffte Einheit 1989–1990, Frankfurt am Main 1995
Jaspers 1946 = K. Jaspers: Die Schuldfrage, Heidelberg 1946

Jesse 1992 = E. Jesse: Die politikwissenschaftliche DDR-Forschung in der Bundesrepublik Deutschland, in: P. Eisenmann/G. Hirscher (Hg.): Dem Zeitgeist geopfert. Die DDR in Wissenschaft, Publizistik und politischer Bildung, Mainz/München 1992, S. 13 ff.

Jesse 1995 = E. Jesse: Artikulationsformen und Zielsetzungen von widerständigem Verhalten in der Deutschen Demokratischen Republik, in: Materialien 1995, Band VII, 1, S. 987 ff.

Jesse 1996 = E. Jesse (Hg.): Totalitarismus im 20. Jahrhundert. Eine Bilanz der internationalen Forschung, Bonn 1996

Jesse 1997 = E. Jesse, S. Kailitz (Hg.): Prägekräfte des 20. Jahrhunderts. Demokratie, Totalitarismus, Extremismus, Baden-Baden 1997

Jesse/Mitter 1992 = E. Jesse/A. Mitter (Hg.): Die Gestaltung der Deutschen Einheit. Geschichte – Politik – Gesellschaft, Bonn 1992

Jessen 1995 = R. Jessen: Die Gesellschaft im Staatssozialismus. Probleme einer Sozialgeschichte der DDR, in: Geschichte und Gesellschaft, Heft 1/1995, S. 96 ff.

Jodl 1997 = M. Jodl: Amboß oder Hammer? Otto Grotewohl, Berlin 1997

Joppke 1995 = C. Joppke: East German Dissidents and the Revolution of 1989, Social Movement in a Leninist Regime, New York 1995

Jürgs 1997 = M. Jürgs: Die Treuhänder. Wie Helden und Halunken die DDR verkauften, München 1997

Kaelble u. a. 1994 = H. Kaelble/J. Kocka/H. Zwahr (Hg.): Sozialgeschichte der DDR, Stuttgart 1994

Kaiser 1991 = K. Kaiser: Deutschlands Vereinigung. Die internationalen Aspekte, Bergisch Gladbach 1991

Kaiser 1995 = M. Kaiser: Herrschaftsinstrumente und Funktionsmechanismen der SED in Bezirk, Kreis und Kommune, in: Materialien 1995, Band II, 3, S. 1791 ff.

Kaiser 1997 = M. Kaiser: Machtwechsel von Ulbricht zu Honecker. Funktionsmechanismen der SED-Diktatur in Konfliktsituationen 1962 bis 1972, Berlin 1997

Kantorowitz 1968 = A. Kantorowitz: Der geistige Widerstand in der DDR, Troisdorf 1968

Keiderling 1993 = G. Keiderling (Hg.): „Gruppe Ulbricht" in Berlin. April bis Juni 1945. Von den Vorbereitungen im Sommer 1944 bis zur Wiedergründung der KPD im Juni 1945. Eine Dokumentation, Berlin 1993

Keiderling 1997 = G. Keiderling: Scheinpluralismus und Blockparteien. Die KPD und die Gründung der Parteien in Berlin 1945, in: Vierteljahrshefte für Zeitgeschichte, Heft 1/1997, S. 257 ff.

Kern/Land 1991 = H. Kern/R. Land: Der „Wasserkopf" oben und die „Taugenichtse" unten, in: Frankfurter Rundschau vom 13. Februar 1991

Keßler 1995 = M. Keßler: Die SED und die Juden – zwischen Repression und Toleranz. Politische Entwicklungen bis 1967, Berlin 1995

Kielmannsegg 1978 = P. Graf Kielmannsegg: Krise der Totalitarismustheorie? In: M. Funke (Hg.): Totalitarismus. Ein Studien-Reader zur Herrschaftsanalyse moderner Diktaturen, Düsseldorf 1978, S. 61 ff.

Kiessler/Elbe 1993 = R. Kiessler/F. Elbe: Ein runder Tisch mit scharfen Ecken. Der diplomatische Weg zur Deutschen Einheit, Baden-Baden 1993

Kießling 1994 = W. Kießling: Partner im „Narrenparadies". Der Freundeskreis um Noel Field und Paul Merker, Berlin 1994

Kilian 1997 = A. Kilian: Stalins Prophylaxe. Maßnahmen der sowjetischen Sicherheitsorgane im besetzten Deutschland, in: Deutschland Archiv, Nr. 4/1997, S. 531 ff.

Klein 1983 = W. Klein: Das Kombinat – Eine organisationstheoretische Analyse, in: Gutmann 1983, S. 79 ff.
Klein 1996 = T. Klein: Parteisäuberungen und Widerstand in der SED. Die innerbürokratische Logik von Repression und Disziplinierung, in: T. Klein u. a. 1996, S. 9 ff.
Klein u. a. 1996 = T. Klein/W. Otto/P. Grieder: Visionen. Repression und Opposition in der SED (1949–1989). Band 1 und Band 2, Frankfurt an der Oder 1996
Kleine 1989 = A. Kleine: Zur Um- und Durchsetzung der politisch-operativen Ziel- und Aufgabenstellungen der Planorientierung für die politisch-operative Sicherung der Volkswirtschaft der DDR für 1990. Referat auf der Arbeitsberatung der HA XVIII des MfS am 27. Oktober 1989, in: Bastian 1994, Dok. 1
Kless 1978 = O. Kless: Zur Kritik der bürgerlichen DDR-Forschung und ihrer gesellschaftstheoretischen Grundlagen, in: P. Brokmeier/R. Rilling (Hg.): Beiträge zur Sozialismusanalyse, Band 1, Köln 1978
Kleßmann 1995 = C. Kleßmann: Die Opposition in der DDR vom Beginn der Ära Honecker bis zur polnischen Revolution 1980/81, in: Materialien 1995, Band VII, 2, S. 1080 ff.
Kleßmann/Sabrow 1996 = C. Kleßmann/M. Sabrow: Zeitgeschichte in Deutschland nach 1989, in: Aus Politik und Zeitgeschichte B 39/1996, S. 3 ff.
Klier 1990 = F. Klier: „Lüg' Vaterland". Erziehung in der DDR, München 1990
Klier 1992 = F. Klier: Aktion „Störenfried" Januar-Ereignisse von 1988 im Spiegel der Staatssicherheit, in: Schädlich 1992, S. 91 ff.
Klier 1996 = F. Klier: Verschleppt ans Ende der Welt. Schicksale deutscher Frauen in sowjetischen Internierungslagern, Berlin 1996
Klokocka/Ziemer 1986 = V. Klokocka/K. Ziemer: Opposition, in: D. Nohlen (Hg.): Piepers Wörterbuch zur Politik – Sozialistische Systeme, Band 4, München 1986, S. 35 ff.
Knabe 1990 = H. Knabe: Politische Opposition in der DDR. Ursprünge, Programmatik, Perspektiven, in: Aus Politik und Zeitgeschichte, B 1–2/90, S. 21 ff.
Knabe 1993 = H. Knabe: Die geheimen Lager der Stasi, in: Aus Politik und Zeitgeschichte, B 4/93, S. 23 ff.
Knabe 1996 = H. Knabe: Sprachrohr oder Außenseiter, in: Aus Politik und Zeitgeschichte, B 2/96, S. 23 ff.
Knabe 1997 = H. Knabe: Die Stasi als Problem des Westens, in: Aus Politik und Zeitgeschichte, B 50/97, S. 3 ff.
Knieps 1990 = F. Knieps: Das Gesundheitswesen und die Krankenversicherung im beigetretenen Teil Deutschlands, in: Arbeit und Sozialpolitik Nr. 11–12/1990, S. 392 ff.
Koch 1990 = M. Koch: Volkskongreßbewegung und Volksrat, in: Broszat/Weber 1990, S. 349 ff.
Koch 1992 = P.-F. Koch: Das Schalck-Imperium lebt. Deutschland wird gekauft, München 1992
Koch/Eschler 1994 = U. Koch/St. Eschler: Zähne hoch – Kopf zusammenbeißen, Kückenshagen 1994
Kocka 1993 = J. Kocka (Hg.): Historische DDR-Forschung. Aufsätze und Studien, Berlin 1993
Kocka 1994a = J. Kocka: Ein deutscher Sonderweg. Überlegungen zur Sozialgeschichte der DDR, in: Aus Politik und Zeitgeschichte, B 40/1994, S. 34 ff.
Kocka 1994b = J. Kocka: Eine durchherrschte Gesellschaft, in: Kaelble u. a. 1994, S. 547 ff.
Koenen 1996 = G. Koenen: Bolschewismus und Nationalsozialismus. Geschichtsbild und Gesellschaftsentwurf, in: Vetter 1996, S. 172 ff.

Kohl 1996 = H. Kohl: Ich wollte Deutschlands Einheit. Dargestellt von K. Diekmann und R.G. Reuth, Berlin 1996
Köhler 1995 = A. Köhler: „Nationalbewußtsein und Identitätsgefühl der Bürger der DDR unter besonderer Berücksichtigung der deutschen Frage", in: Materialien 1995, Band V, 2, S. 1636 ff.
Kolakowski 1981 = L. Kolakowski: Die Hauptströmungen des Marxismus. Entstehung, Entwicklung, Zerfall, Band 3, 2. überarb. Auflage, München 1981
Kolakowski 1984 = L. Kolakowski: Totalitarismus und die Wirksamkeit der Lüge, in: E. Hasselblatt (Hg.): 1984, Orwells Jahr, Berlin 1984, S. 87 ff.
Koop 1996a = V. Koop: Der Bau der Mauer, in: Die Politische Meinung Nr. 321, Sankt Augustin 1996, S. 18 ff.
Koop 1996b = V. Koop: „Den Gegner vernichten". Die Grenzsicherung der DDR, Bonn 1996
Korte 1994 = K.-R. Korte: Die Chance genutzt? Die Politik zur Einheit Deutschlands, Frankfurt am Main 1994
Kotschemassow 1994 = W. Kotschemassow: Meine letzte Mission, Berlin 1994
Kowalczuk u. a. 1995 = I.-S. Kowalczuk/A. Mitter/S. Wolle (Hg.): Der Tag X – 17. Juni 53: Die „innere" Staatsgründung der DDR als Ergebnis der Krise 1952/54, Berlin 1995
Kowalczuk 1995a = I.-S. Kowalczuk: Artikulationsformen und Zielsetzungen von widerständigem Verhalten in verschiedenen Bereichen der Gesellschaft, in: Materialien 1995, Band VII, 2, S. 1203 ff.
Kowalczuk 1995b = I.-S. Kowalczuk: „Wir werden siegen, weil uns der große Stalin führt!", in: Kowalczuk u. a. 1995, S. 171 ff.
Kowalczuk/Mitter 1995 = I.-S. Kowalczuk/A. Mitter: „Die Arbeiter sind zwar geschlagen worden, aber sie sind nicht besiegt!" Die Arbeiterschaft während der Krise 1952/53, in: Kowalczuk u. a. 1995, S. 31 ff.
Koziolek 1996 = H. Koziolek: Das Scheitern eines Reformversuchs, in: Modrow 1996, S. 54 ff.
KPW 1967 = Kleines Politisches Wörterbuch, Berlin (Ost) 1967
KPW 1983 = Kleines Politisches Wörterbuch, Berlin (Ost) 1983
KPW 1988 = Kleines Politisches Wörterbuch, hrsg. von G. Schütz u. a., Berlin (Ost) 1988
Krakat 1996a = K. Krakat: Industriepolitik, in: Eppelmann u. a. 1996, S. 288 ff.
Krakat 1996b = K. Krakat: Probleme der DDR-Industrie im letzten Fünfjahrplanzeitraum (1986–1989/90), in: Kuhrt 1996b, S. 137 ff.
Kraushaar 1997 = W. Kraushaar: Von der Totalitarismustheorie zur Faschismustheorie – zu einem Paradigmenwechsel in der bundesdeutschen Studentenbewegung, in: Söllner u. a. 1997, S. 267 ff.
Krohmer 1990 = H. Krohmer (Hg.): Dresden. Die friedliche Revolution, Böblingen 1990
Krömke 1995 = C. Krömke: Innovationen – nur gegen den Plan, in: Pirker u. a. 1995, S. 33 ff.
Krötke 1996 = W. Krötke: Das beschädigte Wahrheitszeugnis der Kirche. Zu den Folgen der Einflußnahme des MfS auf die Kirche, in: Vollnhals 1996a, S. 405 ff.
Krusch 1996 = H.-J. Krusch: Irrweg oder Alternative? Vereinigungsbestrebungen der Arbeiterpartei 1945/46 und gesellschaftspolitische Forderungen, Bonn 1996
Krusch/Malycha 1990 = Einheitsdrang oder Zwangsvereinigung?: Die Sechziger Konferenzen von KPD und SPD 1945 und 1946, mit einer Einführung von H.-J. Krusch und H. Malycha, Berlin 1990
Kruse 1996 = J. Kruse: Nische im Sozialismus, in: Stiftung 1996, S. 106 ff.
Krusius/Wilke 1977 = R. Krusius/M. Wilke (Hg.): Entstalinisierung. Der XX. Parteitag der KPdSU und seine Folgen, Frankfurt am Main 1977

Kubina 1994 = M. Kubina: Massenorganisationen und Kaderpolitik. Denkmuster der Kirchenpolitik der SED in den 70er Jahren, in: Schroeder 1994, S. 130 ff.

Kubina 1996 = M. Kubina: „In einer solchen Form, die nicht erkennen läßt, worum es sich handelt..." Zu den Anfängen der parteieigenen Geheim- und Sicherheitsapparate der KPD/SED nach dem zweiten Weltkrieg, in: IWK Nr. 3/1996, S. 340 ff.

Kubina 1998 = M. Kubina: Der Aufbau des zentralen Parteiapparates der KPD 1945–1946, in: Wilke 1998, S. 49 ff.

Kubina/Wilke 1995 = M. Kubina/M. Wilke (Hg.): „Hart und kompromißlos durchgreifen": Die SED contra Polen 1980/81. Geheimakten der SED-Führung über die Unterdrückung der polnischen Demokratiebewegung, Berlin 1995

Küchenmeister 1993 = D. Küchenmeister: Wann begann das Zerwürfnis zwischen Honecker und Gorbatschow? Erste Bemerkungen zu den Protokollen ihrer Vier-Augen-Gespräche, in: Deutschland Archiv-Nr. 1/1993, S. 30 ff.

Küchenmeister/Stephan 1993 = D. Küchenmeister/G.-R. Stephan (Hg.): Honecker – Gorbatschow. Vier-Augen-Gespräche, Berlin 1993

Kudella u. a. 1996 = S. Kudella u. a.: Die Politisierung des Schulalltags in der DDR, in: Ministerium für Bildung, Jugend und Sport des Landes Brandenburg (Hg.): In Linie angetreten, Berlin 1996, S. 21 ff.

Kühnl 1972 = R. Kühnl: Zur politischen Funktion der Totalitarismustheorien in der BRD, in: Greifenhagen u. a.: Totalitarismus. Zur Problematik eines politischen Begriffs, München 1972, S. 7 ff.

Kuhrt 1996a = E. Kuhrt in Verbindung mit H. F. Buck und G. Holzweißig (Hg.): Am Ende des realen Sozialismus: Beiträge zu einer Bestandsaufnahme der DDR-Wirklichkeit in den 80er Jahren, Band 1: Die SED-Herrschaft und ihr Zusammenbruch, Opladen 1996

Kuhrt 1996b = E. Kuhrt in Verbindung mit H. F. Buck und G. Holzweißig (Hg.): Am Ende des realen Sozialismus. Beiträge zu einer Bestandsaufnahme der DDR-Wirklichkeit in den 80er Jahren, Band 2: Die wirtschaftliche und ökologische Situation der DDR in den achtziger Jahren, Opladen 1996

Kukutz 1995 = I. Kukutz: Nicht Rädchen, sondern Sand im Getriebe, den Kreis der Gewalt zu durchbrechen, in: U. Poppe u. a. (Hg.): Zwischen Selbstbehauptung und Anpassung, Berlin 1995, S. 273 ff.

Kukutz/Havemann 1991 = I. Kukutz/K. Havemann: Geschützte Quelle, Berlin 1991

Kunze 1990 = R. Kunze: Deckname „Lyrik", Berlin 1990

Kuppe 1989 = J. Kuppe: Die deutsch-deutschen Beziehungen aus der Sicht der DDR, in: Weidenfeld/Zimmermann 1989, S. 551 ff.

Kuppe 1993 = J. Kuppe: Die Deutschlandpolitik der SPD – von der Politik der deutschen Einheit zur Politik des Status quo der deutschen Teilung, in: Friedrich-Ebert-Stiftung (Hg.): Der 17. Juni 1953. Der Anfang vom Ende des sowjetischen Imperiums. Deutsche Teil-Vergangenheiten-Aufarbeitung West: Die innerdeutschen Beziehungen und ihre Auswirkungen auf die Entwicklung in der DDR, Leipzig 1993, S. 107 ff.

Kuppe 1995 = J. Kuppe: Zur Funktion des Marxismus-Leninismus, in: Materialien 1995, Band III, 2, S. 1370 ff.

Kusch u. a. 1991 = G. Kusch/R. Montag/G. Specht/K. Wetzker: Schlußbilanz – DDR. Fazit einer verfehlten Wirtschafts- und Sozialpolitik, Berlin 1991

Kwizinskij 1993 = J. A. Kwizinskij: Vor dem Sturm. Erinnerungen eines Diplomaten, Berlin 1993

Lampert 1991 = H. Lampert: Lehrbuch der Sozialpolitik, 2. überarb. Aufl., Berlin u. a. 1991

Land 1990 = R. Land (Hg.): Das Umbaupapier. Argumente gegen die Wiedervereinigung, Berlin 1990

Lapp 1995a = P.-J. Lapp: Die Blockparteien und ihre Mitglieder, in: Materialien 1995, Band II, 1, S. 290 ff.

Lapp 1995b = P.-J. Lapp: Die Nationale Volksarmee 1956–1900, in: Materialien 1995, Band II, 3, S. 1900 ff.

Lapp 1996 = P.-J. Lapp: Bewaffnete Kräfte, in: Eppelmann u. a. 1996, S. 111 ff.

Laufer 1991 = J. Laufer: Das Ministerium für Staatssicherheit und die Wahlfälschungen bei den ersten Wahlen in der DDR, in: Aus Politik und Zeitgeschichte, B 5/1991, S. 17 ff.

Laufer 1992 = J. Laufer: Die Ursprünge des Überwachungsstaates in Ostdeutschland. Zur Bildung der deutschen Verwaltung des Innern in der Sowjetischen Besatzungszone (1946), in: Florath u. a. 1992, S. 146 ff.

Laufer 1996 = J. Laufer: Ackermann, Ulbricht und Sobottka in Moskau im Juni 1945, in: Deutschland Archiv Nr. 3/1996, S. 355 ff.

Leibholz 1968 = G. Leibholz: Das Phänomen des totalen Staates, in: Seidel/Jenkner 1968, S. 123 ff.

Leipziger Bürgerkomitee 1991 = Leipziger Bürgerkomitee zur Auflösung des MfS/AfNS (Hg.): Stasi intern. Macht und Banalität, Leipzig 1991

Lemberg 1991 = H. Lemberg (Hg.), unter Mitwirkung von Karl v. Delhaes u. a.: Sowjetisches Modell und nationale Prägung. Kontinuität und Wandel in Ostmitteleuropa nach dem 2. Weltkrieg. Limburg/Lahn 1991

Lemke 1993 = M. Lemke: Eine neue Konzeption? Die SED im Umgang mit der SPD 1956 bis 1960, in: J. Kocka (Hg.): Historische DDR-Forschung. Aufsätze und Studien, Berlin 1993, S. 361 ff.

Lemke 1995 = M. Lemke: Die Berlin-Krise 1958 bis 1993. Interesse und Handlungsspielräume der SED im Ost-West-Konflikt, Berlin 1995

Lemke 1997 = M. Lemke: Die Sowjetisierung der SBZ/DDR im Ost-westlichen Spannungsfeld, in: Aus Politik und Zeitgeschichte, B 6/97, S. 41 ff.

Lendvai 1996 = P. Lendvai: Auf schwarzen Listen. Erlebnisse eines Mitteleuropäers, Hamburg 1996

Leonhard 1961 = W. Leonhard: Die Revolution entläßt ihre Kinder, West-Berlin 1961

Leonhard 1994 = W. Leonhard: Die Etablierung des Marxismus-Leninismus in der SBZ/DDR (1945–1955), in: Aus Politik und Zeitgeschichte B 40/1994, S. 3 ff.

Lepsius 1993 = M. R. Lepsius: Das Erbe des Nationalsozialismus und die politische Kultur der Nachfolgestaaten des großdeutschen Reiches, in: ders.: Demokratie in Deutschland, Göttingen 1993, S. 229 ff.

Lepsius 1995 = M. R. Lepsius: Handlungsräume und Rationalitätskriterien der Wirtschaftsfunktionäre in der Ära Honecker, in: Pirker u. a. 1995, S. 347 ff.

Leutheusser-Schnarrenberger 1994 = S. Leutheusser-Schnarrenberger: Wie Partei, Politbüro und Stasi die Justiz steuerten, in: Frankfurter Rundschau vom 24. Juni 1994

Lewytzkyi 1967 = B. Lewytzkyi: Die rote Inquisition. Die Geschichte der sowjetischen Sicherheitsdienste, Frankfurt am Main 1967

Lexikon-Institut Bertelsmann 1981 = Tatsachen über Deutschland, hrsg. vom Lexikon-Institut Bertelsmann, 3. neu bearbeitete Auflage, Gütersloh 1981

Lieber 1991 = H.-J. Lieber: Zur Theorie totalitärer Herrschaft, in: H.-J. Lieber (Hg.): Politische Theorien von der Antike bis zur Gegenwart, Bonn 1991, S. 881 ff.

Liebert/Merkel 1991 = U. Liebert/W. Merkel (Hg.): Die Politik zur Deutschen Einheit. Probleme – Strategien – Kontroversen, Opladen 1991

Liebsch 1989 = H. Liebsch: Dresdener Stundenbuch, Wuppertal 1989

Lindemann 1995 = H. Lindemann: Sorben, in: Eppelmann u. a. 1996, S. 519 f.

Lindner 1994 = G. Lindner: Das Maß der Macht. Runder Tisch und Modrow-Regierung, in: Prokop 1994, S. 123 ff.

Linz 1975 = J. J. Linz: Totalitarian and Autoritarian Regimes, in: F. Greenstein/N. Polsby (Hg.): Handbook of Political Science, Bd. 3, Reading/Mass. u. a. 1975, S. 175 ff.

Linz 1996 = J. Linz: Typen politischer Regime und die Achtung der Menschenrechte: Historische und länderübergreifende Perspektiven, in: Jesse 1996, S. 485 ff.

Lippe 1995 = P. von der Lippe: Die gesamtwirtschaftlichen Leistungen der DDR-Wirtschaft in den offiziellen Darstellungen. – Die amtliche Statistik als Instrument der Agitation und Popaganda der SED, in: Materialien 1995, Band II, 3, S. 1973 ff.

Lochen 1995 = H.-H. Lochen: Das Vorgehen gegen Ausreisewillige, in: Materialien 1995, Band IV, S. 270 ff.

Lochen 1996 = H.-H. Lochen: Reiseregelungen, in: Eppelmann u. a. 1996, S. 489 ff.

Lochen/Meyer-Seitz 1992 = H.-H. Lochen/C. Meyer-Seitz (Hg.): Die geheimen Anweisungen zur Diskriminierung Ausreisewilliger. Dokumente der Stasi und des Ministeriums des Inneren, Köln 1992

Lohmann 1986 = K.-E. Lohmann: Ökonomische Anreize im Staatssozialismus. Warteschlangen – geheime Reserven – Prämien, Berlin 1986

Lönnendonker 1988 = S. Lönnendonker: Freie Universität Berlin. Gründung einer politischen Universität, Berlin 1988

Loth 1996 = W. Loth: Stalins ungeliebtes Kind. Warum Moskau die DDR nicht wollte, München 1996

Lötsch 1982 = M. Lötsch: Soziale Strukturen als Wachstumsfaktoren und als Triebkräfte des wissenschaftlich-technischen Fortschritts, in: Deutsche Zeitschrift für Philosophie 30, 1982, S. 721 ff.

Lötsch 1988 = M. Lötsch: Sozialstruktur der DDR – Kontinuität und Wandel, in: Timmermann 1988, S. 13 ff.

Löw 1988 = K. Löw (Hg.): Totalitarismus kontra Freiheit. Begriff und Realität, München 1988

Löw 1994 = K. Löw (Hg.): Verratene Treue. Die SPD und die Opfer des Kommunismus, Köln 1994

Löw 1995 = K. Löw: Zur Funktion des Marxismus-Leninismus im SED-Staat, in: Materialien 1995, Band III, 2, S. 1401 ff.

Löw 1996 = K. Löw: Der Mythos Marx und seine Macher. Wie aus Geschichten Geschichte wird, Himberg bei Wien 1996

Löwenthal 1982 = R. Löwenthal: Widerstand im totalen Staat, in: ders./P. von zur Mühlen: Widerstand und Verweigerung in Deutschland 1933 bis 1945, Bonn 1982, S. 11 ff.

Löwenthal 1984 = R. Löwenthal: Jenseits des Totalitarismus? In: Hasselblatt 1984, S. 204 ff.

Ludes 1995 = Ludes: Das Fernsehen als Herrschaftsinstrument der SED, in: Materialien 1995, Band II, 3, S. 2194 ff.

Ludz 1968 = P. C. Ludz: Parteielite im Wandel. Funktionsaufbau, Sozialstruktur und Ideologie der SED-Führung. Eine empirisch-systematische Untersuchung, Köln/Opladen 1968

Ludz 1970 = P. Ludz: Parteielite im Wandel. Funktionsaufbau, Sozialstruktur und Ideologie der SED-Parteiführung. Eine empirisch-systematische Untersuchung, Opladen 1970

Ludz 1980 = P. C. Ludz: Mechanismen der Herrschaftssicherung. Eine sprachpolitische Analyse gesellschaftlichen Wandels in der DDR, München/Wien 1980

Luther/Seidl/Söder 1988 = H. Luther/A. Seidl/G. Söder: Gutachten über das Informationsblatt „Grenzfall", Berlin 1988, veröffentlicht in: Deutschland Archiv 5/1993, S. 624 ff.

Maaz 1990 = H.-J. Maaz: Der Gefühlsstau, Berlin 1990

Mählert 1995 = U. Mählert: Die Freie Deutsche Jugend 1945–1949. Von den „antifaschistischen Jugendausschüssen" zur SED-Massenorganisation: Die Erfassung der Jugend in der sowjetischen Besatzungszone, Paderborn u. a. 1995

Mählert/Stephan 1996 = U. Mählert/G.-R. Stephan: Blaue Hemden – Rote Fahnen. Die Geschichte der Freien Deutschen Jugend, Opladen 1996

Mahnke 1973 = D. Mahnke: Berlin im geteilten Deutschland, München u. a. 1973

Maier 1995 = H. Maier: Errungenschaften der SED-Wirtschaftspolitik und ihre Bewertung unter marktwirtschaftlichen Gesichtspunkten. Vortrag vor der Enquete-Kommission „Aufarbeitung von Geschichte und Folgen der SED-Diktatur in Deutschland", in: Materialien 1995, Band II, 1, S. 651 ff.

Maier 1996 = H. Maier: „Totalitarismus" und „politische Religionen". Zwei Konzepte des Diktaturvergleichs, in: H. Maier (Hg.): Totalitarismus und politische Religionen. Konzepte des Diktaturvergleichs, Paderborn u. a. 1996, S. 233 ff.

Malycha 1995 = A. Malycha: Auf dem Weg zur SED: Die Sozialdemokratie und die Bildung einer Einheitspartei in den Ländern der SBZ, Bonn 1995

Malycha 1996 = A. Malycha: Partei von Stalins Gnaden? Die Entwicklung der SED zur Partei neuen Typs in den Jahren 1946–1950, Berlin 1996

Mammach 1975 = K. Mammach (Hg.): Die Brüsseler Konferenz der KPD, Berlin (Ost) 1975

Mampel 1962 = S. Mampel: Die Verfassung der Sowjetischen Besatzungszone Deutschlands. Text und Kommentar, Frankfurt am Main 1962

Mampel 1968 = S. Mampel: Herrschaftssystem und Verfassungsstruktur in Mitteldeutschland. Die formale und materielle Rechtsverfassung der „DDR", Köln 1968

Mampel 1985 = S. Mampel: Arbeitsrecht, in: Bundesministerium für innerdeutsche Beziehungen (Hg.): DDR-Handbuch, Köln 1985, S. 72 ff.

Mampel 1988 = S. Mampel: Die Strukturelemente und -prinzipien der DDR-Verfassung, in: Innerdeutsche Rechtsbeziehungen, Band 4 der Schriftenreihe der deutschen Richterakademie, Trier/Heidelberg 1988, S. 75 ff.

Mampel 1996 = S. Mampel: Das Ministerium für Staatssicherheit der ehemaligen DDR als Ideologiepolizei. Zur Bedeutung einer Heilslehre als Mittel zum Griff auf das Bewußtsein für das Totalitarismusmodell, Berlin 1996

Manz 1992 = G. Manz: Armut in der „DDR"-Bevölkerung. Lebensstandard und Konsumptionsniveau vor und nach der Wende, Augsburg 1992

Margedant 1995 = U. Margedant: Das Bildungs- und Erziehungssystem der DDR. Funktion, Inhalte, Instrumentalisierungen, Freiräume, in: Materialien 1995, Band III, 3, S. 1489 ff.

Margedant 1996 = U. Margedant: Bildungswesen und Bildungspolitik, in: Eppelmann u. a. 1996, S. 117 ff.

Marquardt 1986 = B. Marquardt: DDR – totalitär oder autoritär? Bern 1986

Marquardt 1991 = B. Marquardt: Der Totalitarismus – ein gescheitertes Herrschaftssystem. Eine Analyse der Sowjetunion und anderer Staaten Ost-Mitteleuropas, Bochum 1991

Marquardt 1995a = B. Marquardt: Menschenrechtsverletzungen durch die deutsche Volkspolizei, in: Materialien 1995, Band IV, S. 655 ff.

Marquardt 1995b = B. Marquardt: Die Zusammenarbeit zwischen MfS und KGB, in: Materialien 1995, Band VIII, S. 297 ff.

März 1996 = P. März (Hg.): Dokumente zu Deutschland. 1944–1994, München; Landsberg am Lech 1996

März 1997 = P. März: Aspekte der deutschen Wiedervereinigung, in: Vom Wiener Kongreß bis zur Wiedervereinigung Deutschlands. Betrachtungen zu Deutschland und Österreich im 19. und 20. Jahrhundert, Festschrift für Hubert Rumpel, München 1997, S. 231 ff.

Maser 1995 = P. Maser: Juden und jüdische Gemeinden in verschiedenen Phasen der SED-Diktatur, in: Materialien 1995, Band III, 3, S. 1550 ff.

Maser 1997 = P. Maser: Erscheinungsformen des Mangels in der DDR, unveröffentlichtes Manuskript, Bonn 1997

Materialien 1995 = Materialien der Enquete-Kommission „Aufarbeitung von Geschichte und Folgen der SED-Diktatur in Deutschland" (12. Wahlperiode des Deutschen Bundestages), hrsg. vom Deutschen Bundestag, Baden-Baden 1995

Matern 1953 = H. Matern: Über die Durchführung des Beschlusses des ZK der SED „Lehren aus dem Prozeß gegen das Verschwörerzentrum Slánský" (13. Tagung des ZK der SED, 13.–14. Mai 1953), Berlin 1953

Mayer 1993 = K.-U. Mayer: Die soziale Ordnung der DDR und einige Folgen für ihre Inkorporation in die BRD, in: BISS public, Heft 11/1993, S. 39 ff.

MdI 1987 = Geschichte der deutschen Volkspolizei, Band 1 1945–1961, hrsg. vom Ministerium des Inneren, Kommission zur Erforschung und Ausarbeitung der Geschichte der deutschen Volkspolizei, 2. überarb. Auflage, Berlin (Ost) 1987

Mehls 1990 = H. Mehls (Hg.): Im Schatten der Mauer. Dokumente. 12. August bis 29. September 1961, Berlin 1990

Mehringer 1995 = H. Mehringer (Hg.): Von der SBZ zur DDR: Studien zum Herrschaftssystem in der sowjetischen Besatzungszone Deutschlands, Schriftenreihe der Vierteljahreshefte für Zeitgeschichte, Oldenbourg 1995

Meinel/Wernicke 1990 = R. Meinel/T. Wernicke: Mit tschekistischem Gruß. Berichte der Bezirksverwaltung für Staatssicherheit Potsdam 1989, Potsdam 1990

Meinerzhagen 1995 = U. Meinerzhagen: Das Verfahren gegen ehemalige Richter der DDR, in: Weber/Piazola 1995, S. 115 ff.

Melzer 1983 = M. Melzer: Wandlungen im Preissystem der DDR, in: Gutmann 1983, S. 51 ff.

Merkel, G. 1996 = G. Merkel: Entstehung und Charakter der NVA, in: Merkel/Wünsche 1996, S. 5 ff.

Merkel, I. 1996 = I. Merkel: Der unaufhaltsame Aufbruch in die Konsumgesellschaft, in: NGBK 1996, S. 8 ff.

Merkel/Wahl 1991 = W. Merkel/S. Wahl: Das geplünderte Deutschland. Die wirtschaftliche Entwicklung im östlichen Teil Deutschlands von 1949 bis 1989, Bonn 1991

Merkel/Wünsche 1996 = G. Merkel/W. Wünsche: Die Nationale Volksarmee der DDR – Legitimation und Auftrag. Alte und neue Legenden kritisch hinterfragt. Hefte zur DDR-Geschichte Nr. 35, Berlin 1996

Merseburger 1996 = P. Merseburger: Es war eine Zwangsvereinigung. Der Zusammenschluß von SPD und KPD erscheint nicht im völlig neuen Licht, in: Frankfurter Allgemeine Zeitung vom 22. Februar 1996

Meuschel 1992 = S. Meuschel: Legitimation und Parteiherrschaft in der DDR, Frankfurt am Main 1992

Meuschel 1993 = S. Meuschel: Überlegungen zu einer Herrschafts- und Gesellschaftsgeschichte der DDR, in: Geschichte und Gesellschaft, Heft 19/1993, S. 5 ff.

Meyer 1979 = G. Meyer: Sozialistische Systeme. Theorie- und Strukturanalyse, Opladen 1979

Meyer 1989 = G. Meyer: Sozialistischer Paternalismus. Strategien konservativen Systemmanagements am Beispiel der Deutschen Demokratischen Republik, in: R. Rytlewski (Hg.): Politik und Gesellschaft in sozialistischen Ländern. Ergebnisse und Probleme der Sozialistische-Länder-Forschung, Opladen 1989, S. 426 ff.

Meyer 1991 = G. Meyer: Die DDR-Machtelite in der Ära Honecker, Tübingen 1991

Meyer-Seitz 1995 = C. Meyer-Seitz: SED-Einfluß auf die Justiz in der Ära Honecker, in: Deutschland Archiv Nr. 1/1995, S. 32 ff.

Michael 1993 = K. Michael: Feindbild Literatur. Die Biermann-Affaire, Staatssicherheit und die Herausbildung einer literarischen Alternativkultur in der DDR, in: Aus Politik und Zeitgeschichte, B 22–23/93, S. 23 ff.

Mielke 1995 = H. Mielke: Die Auflösung der Länder in der SBZ/DDR 1945–1952, Stuttgart 1995

Ministerium für Volksbildung 1958 = Ministerium für Volksbildung der DDR (Hg.): Die Schule in der DDR, Berlin 1959

Mittag 1991 = G. Mittag: Um jeden Preis. Im Spannungsfeld zweier Systeme, Berlin und Weimar 1991

Mitter 1995a = A. Mitter: Der „Tag X" und die „innere Staatsgründung" der DDR, in: Kowalczuk u. a. 1995, S. 9 ff.

Mitter 1995b = A. Mitter: „Der Volksaufstand am 17. Juni 1953", Podiumsdiskussion am 16. Juni 1993, in: Materialien 1995, Band II, 1, S. 761 ff.

Mitter/Wolle 1990 = A. Mitter/S. Wolle (Hg.): Ich liebe Euch doch alle! Befehle und Lageberichte des MfS Januar bis November 1989, Berlin 1990

Mitter/Wolle 1993 = A. Mitter/S. Wolle: Untergang auf Raten. Unbekannte Kapitel der DDR-Geschichte, München 1993

Mitter/Wolle 1995 = A. Mitter/S. Wolle (Hg.): Der Tag X – 17. Juni 1953, Berlin 1995

Mlynar 1982 = Z. Mlynar (Leiter): Forschungsprojekt „Krisen in den Systemen sowjetischen Typs", Studienreihe 1982 ff.

Modrow 1991 = H. Modrow: Aufbruch und Ende, Hamburg 1991

Modrow 1994 = H. Modrow (Hg.): Das Große Haus. Insider berichten aus dem ZK der SED, Berlin 1994

Modrow 1996 = H. Modrow (Hg.): Das große Haus von außen. Erfahrungen im Umgang mit der Machtzentrale in der DDR, Berlin 1996

Mommsen 1979 = W. J. Mommsen: „Wir sind wieder wer". Wandlungen im politischen Selbstverständnis der Deutschen, in: J. Habermas (Hg.): Stichworte zur „geistigen Situation der Zeit", Band 1: Nation und Republik, Frankfurt am Main 1979, S. 185 ff.

Mommsen 1993 = W. J. Mommsen: Die DDR in der deutschen Geschichte, in: Aus Politik und Zeitgeschichte, B 29–30/1993, S. 20 ff.

Moraw 1973 = S. Moraw: Die Parole der „Einheit" und die Sozialdemokratie, Bonn – Bad Godesberg 1973

Moreau/Neu 1994 = P. Moreau/V. Neu: Die PDS zwischen Linksextremismus und Linkspopulismus, interne Studien Nr. 76/1994, hrsg. von der Konrad-Adenauer-Stiftung, Sankt Augustin 1994

Mothes 1996 = J. Mothes u. a. (Hg.): Beschädigte Seelen. DDR-Jugend und Staatssicherheit, Bremen 1996

Mühl-Benninghaus 1993 = W. Mühl-Benninghaus: Medienpolitische Probleme in Deutschland zwischen 1945 und 1989, in: Riedel 1993, S. 9 ff.

Mühlberg 1996 = F. Mühlberg: Wenn die Faust auf den Tisch schlägt. Eingaben als Strategie zur Bewältigung des Alltages, in: NGBK 1996, S. 175 ff.

Mühlberger 1956 = F. Mühlberger: Sozialistische Gesetzlichkeit im Strafverfahren, in: Neue Justiz Nr. 13/1956, S. 387 ff.

Mühlen 1953 = H. von zur Mühlen: Der Staatssicherheitsdienst, in: SBZ-Archiv Nr. 22/1953, S. 338 ff.

Müller 1990a = W. Müller: Sozialdemokratische Partei Deutschlands (SPD), in: Broszat/Weber 1990, S. 460 ff.

Müller 1990b = W. Müller: Sozialistische Einheitspartei Deutschlands (SED), in: Broszat/Weber 1990, S. 481 ff.

Müller, H.-P. 1996 = H.-P. Müller: Die Ersetzung des Berufsbeamtentums durch Gesinnungsverwaltung. Ein Aspekt beim Aufbau der deutschen Volksdemokratie in der SBZ im Lichte der Akten des Zentralen Parteiapparates der SED 1945 bis 1948, in: Timmermann 1996, S. 133 ff.

Müller, S. 1995 = S. Müller: Der Rundfunk als Herrschaftsinstrument der SED, in: Materialien 1995, Band II, 4, S. 2287 ff.

Müller, W. 1995 = W. Müller: Entstehung und Transformation des Parteiensystems in der SBZ/DDR 1945–1950, in: Materialien 1995, Band II, 4, S. 2327 ff.

Müller, W. 1996 = W. Müller: Die Gründung der SED. Zwangsvereinigung, Demokratieprinzip und gesamtdeutscher Anspruch, in: Aus Politik und Zeitgeschichte, B 16–17/96, S. 12 ff.

Müller-Enbergs 1991 = H. Müller-Enbergs: Der Fall Rudolf Herrnstadt, Berlin 1991

Müller-Enbergs 1996 = H. Müller-Enbergs (Hg.): Inoffizielle Mitarbeiter des Ministeriums für Staatssicherheit. Richtlinien und Durchführungsbestimmungen, Berlin 1996

Müller-Enbergs u. a. 1992 = H. Müller-Enbergs/M. Schulz/J. Wielgohs (Hg.): Von der Illegalität ins Parlament. Werdegang und Konzepte der neuen Bürgerbewegung, Berlin 1992

Müller-Enbergs u. a. 1993 = H. Müller-Enbergs u. a.: Das Fanal. Das Opfer des Pfarrers Brüsewitz und die evangelische Kirche, Frankfurt am Main 1993

Müller/Florath 1996 = S. Müller/B. Florath (Hg.): Die Entlassung. Robert Havemann und die Akademie der Wissenschaften 1965/66, Berlin 1996

Müller/Krönig 1994 = K. Müller/W. Krönig: Anpassung, Widerstand, Verfolgung. Hochschule und Studenten in der SBZ und DDR 1945 bis 1961, Köln 1994

Müller/Müller 1953 = M. Müller/E. Müller: „... Stürmt die Festung Wissenschaft". Die Sowjetisierung der mitteldeutschen Universitäten seit 1945, Berlin 1953

Münkler 1997 = H. Münkler: Politische Mythen und Institutionenwandel. Die Anstrengungen der DDR, sich ein eigenes kollektives Gedächtnis zu schaffen, in: G. Göhler (Hg.): Institutionenwandel, Leviathan Sonderheft Nr. 16, Opladen 1997, S. 121 ff.

Naimark 1995 = N. Naimark: Die Sowjetische Militäradministration in Deutschland und die Frage des Stalinismus. Veränderte Sichtweisen auf der Grundlage neuer Quellen aus russischen Archiven, in: Zeitschrift für Geschichte, Heft 4/1995, S. 293 ff.

Naimark 1997a = N. Naimark: Moskaus Suche nach Sicherheit und die sowjetische Besatzungszone 1945 bis 1949, in: Suckut/Süß 1997, S. 39 ff.

Naimark 1997b = N. Naimark: Die Russen in Deutschland, Berlin 1997

Nakath 1994 = D. Nakath: Zur Geschichte der deutsch-deutschen Beziehungen in den siebziger und achtziger Jahren, in: Ansichten 1994, Band 3, S. 255 ff.

Nakath 1995 = D. Nakath (Hg.): Deutschlandpolitiker der DDR erinnern sich, Berlin 1995
Nehrig 1995 = C. Nehrig: Rolle, Bedeutung und Wirkungsmöglichkeiten der Blockparteien – die DBD, in: Materialien 1995, Band II, 4, S. 2375 ff.
Neubert 1990 = E. Neubert: Eine protestantische Revolution, Berlin 1990
Neubert 1995 = E. Neubert: Die Rolle des MfS bei der Durchsetzung der Kirchenpolitik der SED und die Durchdringung der Kirche mit geheimdienstlichen Mitteln, in: Materialien 1995, Band VI, 2, S. 1026 ff.
Neubert 1996a = E. Neubert: Erfahrene DDR-Wirklichkeit, in: Eppelmann u. a. 1996, S. 31 ff.
Neubert 1996b = E. Neubert: Zur Instrumentalisierung von Theologie und Kirchenrecht des MfS, in: Vollnhals 1996a, S. 329 ff.
Neubert 1996c = E. Neubert: Das mentale Erbe der SED-Diktatur, Manuskript, Berlin 1996
Neubert 1997 = E. Neubert: Geschichte der Opposition in der DDR 1949–1989, Berlin 1997
Neues Forum 1989 = Neues Forum Leipzig: „Jetzt oder nie – Demokratie", Leipzig 1989
Neugebauer/Stöss 1996 = G. Neugebauer/R. Stöss: Die PDS. Geschichte. Organisation. Wähler. Konkurrenten, Opladen 1996
Neumann 1942 = S. Neumann: Permanent Revolution. The Total State in a World at War, New York, London 1942
Neumann 1944 = F. L. Neumann: Behemot, deutsche Ausgabe, Frankfurt am Main 1993
Nève 1995 = D. de Nève: Die Atomkatastrophe von Tschernobyl. Reaktionen in der DDR, Arbeitspapiere des Forschungsverbundes SED-Staat der Freien Universität Berlin Nr. 15/1995, Berlin 1995
NGBK 1996 = Neue Gesellschaft für bildende Kunst e.V. (Hg.): Wunderwirtschaft. DDR-Konsumkultur in den 60er Jahren, Köln u. a. 1996
Nickel 1993 = H. Nickel: „Mitgestalterinnen des Sozialismus" – Frauenarbeit in der DDR, in: Helwig/Nickel 1993, S. 233 ff.
Niethammer 1994 = L. Niethammer: Prolegomena zu einer Geschichte der Gesellschaft der DDR, in: Kaelble/Kocka/Zwahr 1994, S. 95 ff.
Niethammer 1997 = L. Niethammer: Die SED und „ihre" Menschen. Versuch über das Verhältnis zwischen Partei und Bevölkerung als bestimmendem Moment innerer Staatssicherheit, in: Suckut/Süß 1997, S. 307 ff.
Nohara 1977 = I. Nohara: Biermann – Reaktion und Gegenreaktion, in: Deutschland Archiv Nr. 1/1977, S. 12 ff.
Nolte 1974 = E. Nolte: Deutschland und der Kalte Krieg, München 1974
Nowak 1992 = K. Nowak: Protestantismus und Demokratie in Deutschland. Aspekte der politischen Moderne, in: M. Greschat/J. Kaiser: Christentum und Demokratie im 20. Jahrhundert, Stuttgart u. a. 1992, S. 1 ff.
Nowak 1996 = K. Nowak: Zum historischen Ort der Kirchen in der DDR, in: Vollnhals 1996a, S. 9 ff.
Oberreuter/Weber 1996 = H. Oberreuter/J. Weber (Hg.): Freundliche Feinde? Die Alliierten und die Demokratiegründung in Deutschland, München u. a. 1996
Oldenburg 1995 = F. Oldenburg: Eine endliche Geschichte. Zum Verhältnis DDR-UdSSR 1970–1990, in: Helwig 1995b, S. 163 ff.
Oldenburg 1996 = F. Oldenburg: Das entgleiste Bündnis. Zum Verhältnis DDR-Sowjetunion im Zeichen von Perestroika und „neuem Denken", in: Kurth 1996a, S. 199 ff.
Oschlies 1991 = W. Oschlies: Die Sorben – slawisches Volk im Osten Deutschlands, FORUM DEUTSCHE EINHEIT, Perspektiven und Argumente Nr. 5, hrsg. von der Friedrich-Ebert-Stiftung, Bonn-Bad Godesberg 1991

Otto 1993 = W. Otto: Zur Rolle der sowjetischen Kontrollkommission, in: Scherstjanoi 1993, S. 138 ff.

Otto 1995 = W. Otto: Widerspruch und abweichendes Verhalten in der SED, in: Materialien 1995, Band VII, 2, S. 1437 ff.

Otto 1996 = W. Otto: Visionen zwischen Hoffnung und Täuschung, in: Klein u. a. 1996, S. 137 ff.

Papke 1994 = G. Papke: Die Liberal-Demokratische Partei Deutschlands in der Sowjetischen Besatzungszone und DDR 1945–1952, in: Frölich 1994, S. 25 ff.

Papke 1995 = G. Papke: Rolle, Bedeutung und Wirkungsmöglichkeiten der Blockparteien – die LDPD, in: Materialien 1995, Band II, 4, S. 2399 ff.

Paucke 1994 = H. Paucke: Chancen für Umweltpolitik und Umweltforschung. Zur Situation in der ehemaligen DDR, Marburg 1994

Pechmann/Vogel 1991 = R. Pechmann/J. Vogel (Hg.): Abgesang der Stasi. Das Jahr 1989 in Presseartikeln und Stasi-Dokumenten, Braunschweig 1991

Peterhoff 1983 = R. Peterhoff: Der Orientierungswandel in der Sozialpolitik der DDR, in: Gutmann 1983, S. 405 ff.

Petersen 1996 = J. Petersen: Die Entstehung des Totalitarismusbegriffs in Italien, in: Jesse 1996, S. 95 ff.

Picaper 1982 = J.-P. Picaper: DDR-Bild im Wandel, Berlin 1982

Pirker u. a. 1995 = T. Pirker u. a.: Der Plan als Befehl und Fiktion: Wirtschaftsführung in der DDR, Opladen 1995

Plenzdorf 1973 = U. Plenzdorf: Die neuen Leiden des jungen W., Rostock 1973

Plück 1996a = K. Plück: Innerdeutsche Verbindungen, in: Eppelmann u. a. 1996, S. 293 ff.

Plück 1996b = K. Plück: Der Schwarz-Rot-Goldene Faden. Vier Jahrzehnte erlebter Deutschlandpolitik, Bonn 1996

Podewin 1995 = N. Podewin: Walter Ulbricht. Ein neue Biographie, Berlin 1995

Podewin 1996 = N. Podewin: „... der Bitte des Genossen Walter Ulbricht zu entsprechen". Hintergründe und Modalitäten eines Führungswechsels, Hefte zur DDR-Geschichte Nr. 33, Berlin 1996

Pollack 1990a = D. Pollack (Hg.): Die Legitimität der Freiheit. Politisch-alternative Gruppen in der DDR unter dem Dach der Kirche, Frankfurt am Main 1990

Pollack 1990b = D. Pollack: Ursachen des gesellschaftlichen Umbruchs in der DDR aus systemtheoretischer Perspektive, in: Grabner/Heinze/Pollack 1990, S. 12 ff.

Pollack 1992 = D. Pollack: The Times, They Are A-Changing, in: BISS Public, Heft 6/92, S. 51 ff.

Pollack 1993 = D. Pollack: Zum Stand der DDR-Forschung, in: PVS, Heft 1/1993, S. 119 ff.

Pollack 1994 = D. Pollack: Kirche in der Organisationsgesellschaft, Stuttgart/Berlin/Köln 1994

Pollack 1996 = D. Pollack: Sozialstruktureller Wandel, Institutionentransfer und die Langsamkeit der Individuen. Untersuchungen zu den ostdeutschen Transformationsprozessen in der Kölner Zeitschrift für Soziologie und Sozialpsychologie, der Zeitschrift für Soziologie und der Sozialen Welt, in: Soziologische Revue 1996, S. 412 ff.

Poppe u. a. 1995 = U. Poppe/R. Eckert/I.-S. Kowalczuk (Hg.): Zwischen Selbstbehauptung und Anpassung. Formen des Widerstandes und der Opposition in der DDR, Berlin 1995

Potthoff 1995a = H. Potthoff: Die Deutschland-Politik der Bundesregierungen der CDU/CSU/FDP-Koalitionen (Kohl/Genscher), Die Diskussion in den Parteien und in der Öffentlichkeit 1982–1989, in: Materialien 1995, Band V, 3, S. 2065 ff.

Potthoff 1995b = H. Potthoff: Die „Koalition der Vernunft". Deutschlandpolitik in den 80er Jahren, München 1995
Potthoff 1997 = H. Potthoff: Bonn und Ost-Berlin 1969 bis 1982. Dialog auf höchster Ebene und vertrauliche Kanäle. Darstellung und Dokumente, Bonn 1997
Pressekonferenz 1997 = 116. Pressekonferenz der Arbeitsgemeinschaft 13. August am 11. August 1997 in Berlin
Priebe u. a. 1996 = S. Priebe/D. Denis/M. Bauer (Hg.): Eingesperrt und nie mehr frei. Psychisches Leiden nach politischer Haft in der DDR, Darmstadt 1996
Prieß 1997 = B. Prieß: Erschossen im Morgengrauen. Verhaftet Gefoltert Verurteilt Erschossen. „Werwolf"-Schicksale mitteldeutscher Jugendlicher, Greiz 1997
Prieß 1995 = L. Prieß: Die Kreisleitungen der SED im politischen Herrschaftssystem der DDR – ihre Strukturen und Aufgaben. Ein Überblick, in: Materialien 1995, Band II, 2, S. 2464 ff.
Prieß u. a. 1996 = L. Prieß/W. Kural/M. Wilke: Die SED und der „Prager Frühling" 1968: Politik gegen einen „Sozialismus mit menschlichem Antlitz", Berlin 1996
Prieß/Eckert 1993 = L. Prieß/ D. Eckert: Zu Verhaltensmustern der SED-Parteiführung in Krisensituationen der DDR – Politischer Machtanspruch kontra Demokratie, in: Ansichten zur Geschichte der DDR, Band 1, hrsg. von der PDS/Linken Liste im Deutschen Bundestag, Bonn/Berlin 1993, S. 99 ff.
Programm 1976 = Programm der sozialistischen Einheitspartei Deutschlands, Berlin (Ost) 1976
Prokop 1994 = S. Prokop (Hg.): Die kurze Zeit der Utopie. Die „zweite DDR" im vergessenen Jahr 1989/90, Berlin 1994
Propp 1964 = P. D. Propp: Zur Transformation einer Zentralverwaltungswirtschaft sowjetischen Typs in eine Marktwirtschaft, Reprint, Köln 1990
Prowe 1976 = D. Prowe: Die Anfänge der Brandtschen Ostpolitik in Berlin 1963–1965, in: W. Benz/H. Gramel (Hg.): Aspekte deutscher Außenpolitik im zwanzigsten Jahrhundert, Stuttgart 1976, S. 249 ff.
Prützel-Thomas 1995 = M. Prützel-Thomas: Kein „Ausverkauf" der DDR. Anspruch und Wirklichkeit des Einigungsvertrages, in: Altenhof/Jesse (Hg.): Das wiedervereinigte Deutschland. Zwischenbilanz und Perspektiven, München 1995, S. 129 ff.
Przybylski 1991 = P. Przybylski: Tatort Politbüro. Band 1: Die Akte Honecker, Berlin 1991
Przybylski 1992 = P. Przybylski: Tatort Politbüro. Band 2: Honecker, Mittag und Schalck-Golodkowski, Berlin 1992
Raabe 1996 = T. Raabe: SED-Staat und katholische Kirche 1945 bis 1989, in: Vollnhals 1996a, S. 353 ff.
Rabehl 1988 = B. Rabehl: Am Ende der Utopie. Die politische Geschichte der Freien Universität Berlin, Berlin 1988
Radkau 1990 = J. Radkau: Revoltierten die Produktivkräfte gegen den real existierenden Sozialismus? In: 1999, Heft 4/1990, S. 13 ff.
Rahmenplan 1976 = Rahmenplan für die Bildung und Erziehung im Schulhort, Berlin 1976
Rehlinger 1991 = L. Rehlinger: Freikauf. Die Geschäfte der DDR mit politisch Verfolgten 1963–1989, Berlin/Frankfurt am Main 1991
Reiher u. a. 1995 = R. Reiher u. a. (Hg.): Mit sozialistischen und anderen Grüßen. Portrait einer untergegangenen Republik in Alltagstexten, Berlin 1995
Rein 1989 = G. Rein (Hg.): Die Opposition in der DDR, Berlin 1989
Reuth/Bönte 1993 = R. G. Reuth/A. Bönte: Das Komplott. Wie es wirklich zur deutschen Einheit kam, München 1993

Rexin 1989 = M. Rexin: Massenmedien in der DDR, in: Weidenfeld/Zimmermann 1989, S. 402 ff.

Richter 1991 = M. Richter: Die Ost-CDU 1948 bis 1952. Zwischen Widerstand und Gleichschaltung, Düsseldorf 1991

Richter 1994 = M. Richter: Zur Entwicklung der CDU in der Wende, in: Historisch-Politische Mitteilungen 1994, S. 115 ff.

Richter 1995 = M. Richter: Rolle, Bedeutung und Wirkungsmöglichkeiten der Blockparteien – die CDU, in: Materialien 1995, Band II, 4, S. 2587 ff.

Richter 1995a = M. Richter: Vom Widerstand der christlichen Demokraten in der DDR, in: B. Kaff (Hg.) „Gefährliche Gegner". Widerstand und Verfolgung in der sowjetischen Zone, Düsseldorf 1995, S. 107 ff.

Riedel 1993 = H. Riedel (Hg.): Mit uns zieht die neue Zeit . . . 40 Jahre DDR-Medien, Berlin 1993

Rieke 1994 = D. Rieke (Hg.): Sozialdemokraten als Opfer im Kampf gegen die rote Diktatur, Bonn 1994

Ritschl 1995 = A. Ritschl: Aufstieg und Niedergang der Wirtschaft der DDR: Ein Zahlenbild 1945–1989, in: Jahrbuch für Wirtschaftsgeschichte 1995/2, S. 11 ff.

Rohrmoser 1994 = G. Rohrmoser: Der Ernstfall. Die Krise unserer liberalen Republik, Berlin 1994

Roos 1996 = S. Roos: Das Wiedervereinigungsgebot des Grundgesetzes in der deutschen Kritik zwischen 1982 und 1989 (= Beiträge zur politischen Wissenschaft Bd. 90), Berlin 1996

Rösler 1993 = J. Rösler: Das neue ökonomische System – Dekorations- oder Paradigmenwechsel?, Berlin 1993

Rößler 1994 = R.-K. Rößler (Hg.): Entnazifizierungspolitik der KPD/SED 1945–1948. Dokumente und Materialien, Goldbach 1994

Roth, D. 1991 = D. Roth: Die Volkskammerwahlen in der DDR am 18. März 1990. Rationales Wahlverhalten beim ersten demokratischen Urnengang, in: Liebert/Merkel 1991, S. 115 ff.

Roth, H. 1991 = H. Roth: 17. Juni 1953 im Bezirk Leipzig, in: Deutschland Archiv Nr. 6/1991, S. 573 ff.

Rottenburg 1991 = R. Rottenburg: „Der Sozialismus braucht den ganzen Menschen", in: Zeitschrift für Soziologie, Nr. 4/1991, S. 305 ff.

Rottleuthner 1994a = H. Rottleuthner: Das Ende der Fassadenforschung: Recht in der DDR (Teil 1), in: Zeitschrift für Rechtssoziologie, Heft 2, 1994, S. 208 ff.

Rottleuthner 1994b = H. Rottleuthner: Steuerung der Justiz in der DDR, Köln 1994

Rottleuthner 1994c = H. Rottleuthner: Zur Steuerung der Justiz in der DDR, in: Rottleuthner 1994b, S. 9 ff.

Rottleuthner 1995 = H. Rottleuthner: Die Lenkung der Justiz in der DDR – institutioneller Rahmen – allgemeine Erkenntnisse, in: Materialien 1995, Band IV, S. 123 ff.

Rüddenklau 1992 = W. Rüddenklau: Störenfried, Berlin 1992

Ruffmann 1996 = K.-H. Ruffmann: Autokratie, Absolutismus, Totalitarismus. Bemerkungen zu drei historischen Schlüsselbegriffen, in: Jesse 1996, S. 43 ff.

Rühle/Holzweißig 1986 = J. Rühle/G. Holzweißig: 13. August 1961. Die Mauer von Berlin, 2. erw. Aufl., Köln 1986

Rüther 1991 = G. Rüther: „Greif zur Feder, Kumpel". Schriftsteller, Literatur und Politik in der DDR 1949–1990, Düsseldorf 1991

Rüthers 1992 = B. Rüthers: Ideologie und Recht im Systemwechsel, München 1992

Rytlewski 1989 = R. Rytlewski: Führt die Perestroika auch zur Umgestaltung der sozialistischen Länder-Forschung? Plädoyer für mehr politische Kulturforschung, in: ders. (Hg.): Politik und Gesellschaft in sozialistischen Ländern. Ergebnisse und Probleme der sozialistischen Länder-Forschung, PVS-Sonderheft 20/1989, S. 15 ff.

Sachse 1996 = C. Sachse: Sozialistische Wehrerziehung in der DDR und die kommunistische Tradition, in: Zeitschrift des Forschungsverbundes SED-Staat. Beiträge und Informationen des Forschungsverbundes SED-Staat der Freien Universität Berlin, Nr. 2/1996, S. 3 ff.

Sagolla 1952 = B. Sagolla: Die rote Gestapo. Der Staatssicherheitsdienst in der Sowjetzone, hrsg. von der Kampfgruppe gegen Unmenschlichkeit, Berlin 1952

Sartori 1996 = G. Sartori: Totalitarismus, Modellmanie und Lernen aus Irrtümern, in: Jesse 1996, S. 538 ff.

Sattler 1995 = F. Sattler: Die Funktion der Massenorganisationen, in: Materialien 1995, Band II, 5, S. 2639 ff.

Sattler 1998 = F. Sattler: Bündnispolitik als politisch-organisatorisches Problem des zentralen Parteiapparates der KPD 1945/46, in: Wilke 1998, S. 119 ff.

Sauer/Plumeyer 1991 = H. Sauer/H.-O. Plumeyer: Der Salzgitter-Report. Die zentrale Erfassungstelle berichtet über Verbrechen im SED-Staat, Eßlingen/München 1991

Schabowski 1990 = G. Schabowski: Das Politbüro. Ende eines Mythos, Reinbek 1990

Schädlich 1992 = H. J. Schädlich (Hg.): Aktenkundig, Berlin 1992

Schaker 1995 = I. Schaker: Die Arbeit der Hauptverwaltung Aufklärung (HVA) im ‚Operationsgebiet' und ihre Auswirkungen auf oppositionelle Bestrebungen in der DDR, in: Materialien 1995, Band VIII, S. 126 ff.

Schalck/Volpert 1970 = A. Schalck-Golodkowski/H. Volpert: Zur Vermeidung ökonomischer Verluste und zur Erwirtschaftung zusätzlicher Devisen im Bereich „Kommerzielle Koordination" des Ministeriums für Außenwirtschaft der deutschen demokratischen Republik. Dissertation an der Juristischen Hochschule Potsdam. GVS MfS 210–354/70

Schäuble 1993 = W. Schäuble: Der Vertrag. Wie ich über die deutsche Einheit verhandelte, München 1993

Schell/Kalinka 1991 = M. Schell/W. Kalinka: Stasi und kein Ende. Die Personen und Fakten, Bonn u. a. 1991

Scherstjanoi 1993 = E. Scherstjanoi (Hg.): „Provisorium für längstens ein Jahr". Die Gründung der DDR, Berlin 1993

Scherzer 1989 = L. Scherzer: Der Erste. Eine Reportage aus der DDR, Köln 1989

Schiller 1991 = T. Schiller: Machtprobleme in einigen Ansätzen der neueren Demokratietheorie, in: M. Greven (Hg.): Macht in der Demokratie. Denkanstöße zur Wiederbelebung einer klassischen Frage in der zeitgenössischen Politischen Theorie, Baden-Baden 1991, S. 141 ff.

Schilling 1996 = W. Schilling: Gruppe sowjetischer Streitkräfte in Deutschland (GSSD), in: Eppelmann u. a. 1996, S. 272 ff.

Schindler 1995 = H. Schindler: Deutsch-deutsche Gipfeltreffen. Etappen der Beziehung zwischen der DDR und der BRD 1981–1990, in: Nakath 1995, S. 223 ff.

Schirdewan 1994 = K. Schirdewan: Aufstand gegen Ulbricht, Berlin 1994

Schlomann 1996 = F.-W. Schlomann: „Einheitsdrang oder Zwangsvereinigung?" Vor 50 Jahren wurde die SED gegründet, Deutsche Welle Dokumentationen, Köln 1996

Schmähl 1992a = W. Schmähl (Hg.): Sozialpolitik im Prozeß der deutschen Vereinigung, Frankfurt am Main, New York 1992

Schmähl 1992b = W. Schmähl: Sozialpolitik und Systemtransformation. Zur Bedeutung und Veränderung von Sozialpolitik im Prozeß der deutschen Vereinigung, in: Schmähl 1992a, S. 26 ff.

Schmidt 1994 = H.-W. Schmidt: Schaufenster des Ostens, in: Deutschland Archiv Nr. 4/1994, S. 364 ff.

Schmidt, K.-H. 1995a = K.-H. Schmidt: Die Deutschlandpolitik der SED, in: Materialien 1995, Band V, 3, S. 2114 ff.

Schmidt, K.-H. 1995b = K.-H. Schmidt: Die westdeutsche Friedensbewegung in der Strategie von KPdSU und SED, in: Materialien 1995, Band V, 1, S. 585 ff.

Schmidt, W. 1995 = W. Schmidt: Metamorphosen des Betriebskollektivs. Zur Transformation der Sozialordnung in ostdeutschen Betrieben, in: Zeitschrift für sozialwissenschaftliche Forschung und Praxis, Nr. 3/1995, S. 305 ff.

Schmitz 1995 = M. Schmitz: Wendestreß. Die psychosozialen Kosten der deutschen Einheit, Berlin 1995

Schnauze! Gedächtnisprotokolle 7. und 8. Oktober 1989, Berlin 1990

Schneider, D. 1990 = D. Schneider: Innere Verwaltung/Deutsche Verwaltung des Innern (DVdI), in: Broszat/Weber 1990, S. 207 ff.

Schneider, E. 1994 = E. Schneider: Die politische Funktionselite der DDR. Eine empirische Studie zur SED-Nomenklatura, Opladen 1994

Schneider, F. 1996 = F. Schneider: „Jedem nach dem Wohnsitz seiner Tante". Die GENEX Geschenkdienst GmbH, in: NGBK 1996, S. 223 ff.

Schneider, I. 1990 = I. Schneider: Zur Kritik der weltanschaulichen Erziehung in der allgemeinbildenden zehnklassigen polytechnischen Oberschule der DDR und die Idee einer weltverantwortlichen Erziehung in einer humanistischen demokratischen Schule, Diss. Berlin 1990

Schneider, J. 1996 = J. Schneider: Von der nationalsozialistischen Kriegswirtschaftsordnung zur sozialistischen Zentralplanung in der SBZ/DDR, in: J. Schneider/W. Harbrecht (Hg.): Wirtschaftsordnung und Wirtschaftspolitik in Deutschland (1933–1993), Stuttgart 1996, S. 9 ff.

Schneider, W. 1990 = W. Schneider (Hg.): Leipziger Demontagebuch, Leipzig 1990

Schöllgen 1996 = G. Schöllgen: Geschichte der Weltpolitik von Hitler bis Gorbatschow 1941–1991, München 1996

Schollwer 1994 = W. Schollwer: Zeitzeugenberichte, in: Frölich 1994, S. 121 ff.

Schröder 1995 = R. Schröder u. a.: Der Versuch einer eigenständigen Standortbestimmung der evangelischen Kirchen der DDR am Beispiel der „Kirche im Sozialismus", in: Materialien 1995, Band VI, 2, S. 1166 ff.

Schroeder 1985 = K. Schroeder: Berliner Soziologie im Wechsel der politischen Moden, in: D. Grühn/K. Schroeder/W. Süß (Hg.): Wider das Krisengerede in den Sozialwissenschaften – oder: Wozu noch Soziologie? Bielefeld 1985, S. 229 ff.

Schroeder 1991 = K. Schroeder: Wächst jetzt zusammen, was nicht zusammengehört? Anmerkungen zum Wandel der DDR-Gesellschaft, apt-papers 7/1991, Berlin 1991

Schroeder 1994 = K. Schroeder (Hg.): Geschichte und Transformation des SED-Staates. Beiträge und Analysen, Berlin 1994

Schroeder 1996 = K. Schroeder: Der Kampf um den Sozialstaat, in: Politische Bildung Nr. 4/1996, S. 7 ff.

Schroeder 1997 = K. Schroeder: Der 17. Juni 1953: Volkserhebung gegen Fremdherrschaft, in: Frankfurter Allgemeine Zeitung vom 17. Juni 1997

Schroeder/Staadt 1994a = K. Schroeder/J. Staadt: Der diskrete Charme des Status quo: DDR-Forschung in der Ära der Entspannungspolitik, in: Schroeder 1994, S. 309 ff.

Schroeder/Staadt 1994b = K. Schroeder/J. Staadt: Die Kunst des Aussitzens, in: Schroeder 1994, S. 347 ff.

Schroeder/Staadt 1995 = K. Schroeder/J. Staadt: Im Westen nichts Neues? Dokumentation zur Diskussion um den Einfluß von SED, FdJ und MfS auf die Freie Universität Berlin, Arbeitspapiere des Forschungsverbundes SED-Staat der Freien Universität Berlin Nr. 18/1995, Berlin 1995

Schroeder/Staadt 1997 = K. Schroeder/J. Staadt: Zeitgeschichte vor und nach 1989, in: Aus Politik und Zeitgeschichte B 26/1997, S. 3 ff.

Schüddekopf 1990 = C. Schüddekopf (Hg.): „Wir sind das Volk!" Flugschriften, Aufrufe und Texte einer deutschen Revolution, Reinbek 1990

Schuller 1980 = W. Schuller: Geschichte und Struktur des politischen Strafrechts der DDR bis 1968, Ebelsbach 1980

Schuller 1995 = W. Schuller: Repressionsmechanismen in der DDR – Auswirkungen auf den Alltag, in: Materialien 1995, Band II, 1, S. 220 ff.

Schuller 1997 = W. Schuller: Die Verstummten sprechen. In das Dunkel der sowjetischen Archive fällt Licht, in: FAZ, 3. September 1997

Schüller/Hamel 1995 = A. Schüller/H. Hamel: Die Integration der DDR-Wirtschaft in den RGW, in: Materialien 1995, Band II, 4, S. 2692 ff.

Schulz 1992 = M. Schulz: Neues Forum, in: H. Müller-Enbergs u. a. (Hg.): Von der Illegalität in das Parlament. Werdegang und Konzepte der neuen Bürgerbewegungen, S. 11 ff.

Schürer 1994 = G. Schürer: Die Wirtschafts- und Sozialpolitik der DDR, in: D. Keller u. a. (Hg.): Ansichten zur Geschichte der DDR, Band 3, Bonn/Berlin 1994, S. 131 ff.

Schürer 1996 = G. Schürer: Gewagt und verloren. Eine deutsche Biographie, Frankfurt an der Oder 1996

Schürer/Wentzel 1995 = G. Schürer/S. Wentzel: Wir waren die Rechner, immer verpönt, in: Pirker u. a. 1995, S. 67 ff.

Schütt 1992 = H.-D. Schütt: Opposition mit der Augenbraue, in: Zimmermann/Schütt 1992, S. 190 ff.

Schwan 1997 = H. Schwan: Erich Mielke. Der Mann, der die Stasi war, München 1997

Schwarz 1995 = R. Schwarz: Wirtschaft und Wirtschaftswissenschaften in der DDR. Einsichten 1970–1990, in: Helwig 1995, S. 132 ff.

Schwarzer 1996 = D. Schwarzer: Arbeitsbeziehungen im Umbruch gesellschaftlicher Strukturen. Bundesrepublik Deutschland, DDR und neue Bundesländer im Vergleich, Beiträge zur Wirtschafts- und Sozialgeschichte, Band 67, Stuttgart 1996

Schwarzer 1995 = O. Schwarzer: Der Lebensstandard in der SBZ/DDR 1945–1989, in: Jahrbuch für Wirtschaftsgeschichte 1995/2, S. 119 ff.

Schwitzer 1990 = K.-P. Schwitzer: Lebenslagen älterer Bürger in der DDR, in: Timmermann 1990, S. 171 ff.

Seidel/Jenkner 1968 = B. Seidel/S. Jenkner (Hg.): Wege der Totalitarismusforschung, Darmstadt 1968

Selbach 1996 = C.-U. Selbach: Reisen nach Plan. Der Feriendienst des Freien Deutschen Gewerkschaftsbundes, in: Stiftung 1996, S. 65 ff.

Sélitrenny 1995 = R. Sélitrenny: Die Verantwortung der SED für die Isolierungslager, Arbeitspapiere des Forschungsverbundes SED-Staat der Freien Universität Berlin Nr. 17/1995, Berlin 1995

Semjonow 1995a = W. Semjonow: Von Stalin bis Gorbatschow. Ein halbes Jahrhundert in diplomatischer Mission 1935–1991, Berlin 1995

Semjonow 1995b = W. Semjonow: Stalins reges Interesse an der „Bodenreform" in der Sowjetzone, in: Frankfurter Allgemeine Zeitung vom 6. September 1995

Seul 1995 = A. Seul: Das Ministerium für Staatssicherheit und die DDR-Volkswirtschaft, in: Materialien 1995, Band VIII, S. 532 ff.

Siebenmorgen 1993 = P. Siebenmorgen: „Staatssicherheit" der DDR. Der Westen im Fadenkreuz der Stasi, Bonn 1993

Siegel 1996 = A. Siegel: Der Funktionalismus als sozialphilosophische Konstante der Totalitarismuskonzepte Carl-Joachim Friedrichs, in: ZfP Heft 2/1996, S. 123 ff.

Solberg 1962 = R. Solberg: Kirche in der Anfechtung, Berlin, Hamburg 1962

Solgar 1995 = H. Solgar: Auf dem Weg in eine klassenlose Gesellschaft? Klassenlagen und Mobilität zwischen Generationen in der DDR, Berlin 1995

Söllner u. a. 1997 = A. Söllner/R. Walkenhaus/K. Wieland (Hg.): Totalitarismus. Eine Ideengeschichte des 20. Jahrhunderts, Berlin 1997

Sontheimer 1990 = K. Sontheimer: Real war nur der schöne Schein – Kurt Sontheimer fragt, ob Wissenschaft und Medien bei uns den wirklichen Zustand der DDR verschleiert hatten, in: Rheinischer Merkur vom 23. Februar 1990

Sorensen/Trappe 1995 = A. Sorensen/H. Trappe: Frauen und Männer: Gleichberechtigung – Gleichstellung – Gleichheit? In: Huinink/Mayer u. a. 1995, S. 189 ff.

Spiegel Spezial 1993 = Stasi-Akte „Verräter". Bürgerrechtler Templin: Dokumente einer Verfolgung, Spiegel Spezial Nr. 1/1993, Hamburg 1993

Spittmann 1987 = I. Spittmann (Hg.): Die SED in Geschichte und Gegenwart, Köln 1987

Spittmann 1989 = I. Spittmann: Sozialismus in den Farben der DDR, in: Deutschland Archiv Nr. 3/1989, S. 241 ff.

Spittmann 1993 = I. Spittmann: Zum 40. Jahrestag des 17. Juni, in: Deutschland Archiv Nr. 6/1993, S. 635 ff.

Spittmann/Fricke 1982 = I. Spittmann/K.-W. Fricke (Hg.): 17. Juni 1953. Arbeiteraufstand in der DDR, Köln 1982

Srubar 1991 = I. Srubar: War der reale Sozialismus modern? Versuch einer strukturellen Bestimmung, in: Kölner Zeitschrift für Soziologie und Sozialpsychologie, Heft 3/1991, S. 415 ff.

Staadt 1993 = J. Staadt: Die geheime Westpolitik der SED 1960 bis 1970, Berlin 1993

Staadt 1994 = J. Staadt: Die SED im Bundestagswahlkampf 1968/87. Ein Fallbeispiel, in: Schroeder 1994, S. 286 ff.

Staadt 1995a = J. Staadt: Im Umkreis der Antiautoritären hatte die Stasi keinen Agenten, in: Frankfurter Rundschau vom 30. März 1995

Staadt 1995b = J. Staadt: Versuche der Einflußnahme der SED auf die politischen Parteien der Bundesrepublik nach dem Mauerbau, in: Materialien 1995, Band V, 3, S. 2406 ff.

Staadt 1996a = J. Staadt: Eingaben. Die institutionalisierte Meckerkultur in der DDR. Arbeitspapiere des Forschungsverbundes SED-Staat der Freien Universität Berlin Nr. 24/1996, Berlin 1996

Staadt 1996b = J. Staadt: Walter Ulbrichts letzter Machtkampf, in: Deutschland Archiv Nr. 5/1996, S. 686 ff.

Staadt 1996c = J. Staadt: Westarbeit der SED, in: Eppelmann u. a. 1996, S. 685 ff.

Stalin 1951 = J.W. Stalin: Fragen des Leninismus, Berlin (Ost) 1951

Stammer 1965 = O. Stammer: Aspekte der Totalitarismusforschung, in: ders.: Politische Soziologie und Demokratieforschung, Berlin 1965, S. 259 ff.
Staritz 1975 = D. Staritz: Sozialismus in einem halben Land, Berlin 1975
Staritz 1985 = D. Staritz: Geschichte der DDR 1949–1985, Frankfurt am Main 1985
Staritz 1987 = D. Staritz: Die SED und die Opposition, in: Spittmann, I. (Hg.): Die SED in Geschichte und Gegenwart, Köln 1987, S. 78 ff.
Staritz 1993 = D. Staritz: Einheits- und Machtkalküle der SED (1946–1948), in: Scherstjanoi 1993, S. 15 ff.
Staritz 1996 = D. Staritz: Geschichte der DDR. Erweiterte Neuausgabe, Frankfurt am Main 1996
Staritz/Weber 1989 = D. Staritz/H. Weber (Hg.) Einheitsfront. Einheitspartei. Kommunisten und Sozialdemokraten in Ost- und Westeuropa 1944–1948, Köln 1989
Stark 1991 = I. Stark: Der korporative Despot SED forderte Arbeitsdisziplin nicht ein, in: Der Arbeitgeber Nr. 18/1991, S. 666 ff.
Steinbach 1996 = P. Steinbach: Neue Arbeitsstelle „Diktatur und Demokratie" zur vergleichenden Diktaturforschung am Fachbereich Politische Wissenschaft der FU Berlin gegründet, in: Kirchliche Zeitgeschichte, Heft 2/1996, S. 397 ff.
Steiner 1995 = A. Steiner: Politische Vorstellungen und ökonomische Probleme im Vorfeld der Errichtung der Berliner Mauer. Briefe Walter Ulbrichts an Nikita Chruschtschow, in: Mehringer 1995, S. 233 ff.
Steiniger 1996a = R. Steiniger: Deutsche Geschichte seit 1945, Band I: 1945–1947, Frankfurt am Main 1996
Steiniger 1996b = R. Steiniger: Deutsche Geschichte seit 1945, Band II: 1948–1955, Frankfurt am Main 1996
Stelkens 1997 = J. Stelkens: Machtwechsel in Ost-Berlin. Der Sturz Walter Ulbrichts 1971, in: Vierteljahreshefte für Zeitgeschichte, Heft 4/1997, S. 503 ff.
Stephan 1991 = C. Stephan: Auslaufmodell Ernährerehe – im Westen krisengeschüttelt, im Osten nicht mehr vorhanden, in: D. Gatzmaga u. a. (Hg.): Auferstehen aus Ruinen, Marburg 1991, S. 81 ff.
Stephan 1993 = G.-R. Stephan: Die letzten Tagungen des ZK der SED, in: Deutschland Archiv Nr. 3/1993, S. 296 ff.
Stephan 1994 = G.-R. Stephan (Hg.): „Vorwärts immer, rückwärts nimmer!" Interne Dokumente zum Zerfall von SED und DDR 1988/89, Berlin 1994
Stettner 1996 = R. Stettner: „Archipel GULag": Stalins Zwangslager. Terrorinstrument und Wirtschaftsgigant, Paderborn u. a. 1996
Stiftung 1996 = Stiftung Haus der Geschichte der Bundesrepublik Deutschland (Hg.): Endlich Urlaub! Die Deutschen reisen, Köln 1996
Stiller 1986 = H. Stiller: Sturz in die Freiheit. Von Deutschland nach Deutschland, München 1986
Stiller 1986a = W. Stiller: Im Zentrum der Spionage, Mainz 1986
Suckut 1986 = S. Suckut: Blockpolitik in der SBZ/DDR 1945 bis 1949, Köln 1986
Suckut 1990 = S. Suckut: Christlich-Demokratische Union Deutschlands, CDU(D), in: Broszat/Weber 1990, S. 515 ff.
Suckut 1993 = S. Suckut: Innenpolitische Aspekte der DDR-Gründung, in: Scherstjanoi 1993, S. 84 ff.
Suckut 1994 = S. Suckut: Die DDR-Blockparteien im Licht neuer Quellen, in: Weber 1994, S. 99 ff.

Suckut 1996a = S. Suckut: Die LDP(D) in der DDR. Eine zeitgeschichtliche Skizze, in: Aus Politik und Zeitgeschichte, B 16–17/96, S. 31 ff.

Suckut 1996b = S. Suckut (Hg.): Das Wörterbuch der Staatssicherheit. Definitionen zur „politisch-operativen Arbeit", Berlin 1996

Suckut/Süß 1997 = S. Suckut/W. Süß (Hg.): Staatspartei und Staatssicherheit. Zum Verhältnis von SED und MfS, Berlin 1997

Süß 1991a = W. Süß: Bilanz einer Gratwanderung – Die kurze Amtszeit des Hans Modrow, in: Deutschland Archiv Nr. 6/1991, S. 596 ff.

Süß 1991b = W. Süß: Der Runde Tisch in der DDR der Übergangszeit, in: Deutschland Archiv Nr. 5/1991, S. 470 ff.

Süß 1995 = W. Süß: Entmachtung und Verfall der Staatssicherheit, in: Deutschland Archiv Nr. 2/1995, S. 122 ff.

Süß 1997 = W. Süß: Zum Verhältnis von SED und Staatssicherheit, in: Herbst/Stephan/Winkler 1997, S. 215 ff.

Sywottek 1993 = A. Sywottek: „Stalinismus" und „Totalitarismus" in der DDR-Geschichte, in: Deutsche Studien, Heft 117–118/1993, S. 25 ff.

Tantzscher 1995 = N. Tantzscher: „Was in Polen geschieht ist für die DDR eine Lebensfrage!" – Das MfS und die polnische Krise 1980/81, in: Materialien 1995, Band V, 3, S. 2601 ff.

Teltschik 1991 = H. Teltschik: 329 Tage: Innenansichten der Einigung, Berlin 1991

Templin u. a. 1995 = W. Templin/S. Werner/F. Ebert: Der Umgang des Staates mit oppositionellem und widerständigem Verhalten, in: Materialien 1995, Band VII, 2, S. 1654 ff.

Templin/Weißhuhn 1992 = W. Templin/R. Weißhuhn: Initiative Frieden und Menschenrechte, in: H. Müller-Enbergs u. a. 1992, S. 148 ff.

Tetzner 1990 = R. Tetzner: Leipziger Ring, Frankfurt am Main 1990

Thalheim 1987a = K. C. Thalheim: Entstehung und Entwicklung des Wirtschaftssystems der DDR nach dem II. Weltkrieg, in: Bundesminister für innerdeutsche Beziehungen 1987, S. 17 ff.

Thalheim 1987b = K. C. Thalheim: Das Leitbild der „sozialistischen Planwirtschaft", in: Bundesminister für innerdeutsche Beziehungen 1987, S. 96 ff.

Thaysen 1990 = U. Thaysen: Der Runde Tisch. Oder: Wo blieb das Volk? Opladen 1990

Thaysen 1995 = U. Thaysen: Fortwirkende Maßnahmen der Regierung Modrow, in: Materialien 1995, Band VII, 2, S. 1996 ff.

Thaysen/Kloth 1995 = U. Thaysen in Zusammenarbeit mit H. M. Kloth: Der Runde Tisch und die Entmachtung der SED. Widerstände auf dem Weg zur freien Wahl, in: Materialien 1995, Band VII, 2, S. 1706 ff.

Thomas 1991 = R. Thomas: Geschichte der DDR. Studienbrief 4: Auf dem Weg zum „sozialistischen Wohlfahrtsstaat"? – Internationale Anerkennung und politisch-sozialer Wandel (1971–1980), Tübingen 1991

Thomas 1995a = R. Thomas: Leistungen und Defizite der DDR- und vergleichenden Deutschlandforschung, in: Timmermann 1995, S. 13 ff.

Thomas 1995b = R. Thomas: Ursachen und Folgen der Gesellschaftspolitik im SED-Staat, in: Materialien 1995, Band III, 3, S. 1844 ff.

Timmermann 1988 = H. Timmermann (Hg.): Sozialstruktur und sozialer Wandel in der DDR, Saarbrücken-Scheidt 1988

Timmermann 1990 = H. Timmermann (Hg.): Lebenslagen. Sozialindikatorenforschung in beiden Teilen Deutschlands, Saarbrücken-Scheidt 1990

Timmermann 1995 = H. Timmermann (Hg.): DDR-Forschung. Bilanz und Perspektiven, Dokumente und Schriften der Europäischen Akademie Otzenhausen, Band 76, Berlin 1995

Timmermann 1996 = H. Timmermann (Hg.): Diktaturen in Europa im 20. Jahrhundert – Der Fall DDR, Berlin 1996

Todorov 1993 = T. Todorov: Angesichts des Äußersten, München 1993

Torpey 1992 = J. Torpey: Two Movements, Not a Revolution: Exodus and Opposition in the East German Transformation, 1989–1990, in: German Politics and Society, 26, 1992, S. 21 ff.

Torpey 1995 = J. Torpey: Intellectual, Socialism and Dissent, the East German Opposition and its Legacy, Minneapolis 1995

Townsend 1980 = H. Townsend (Ed.): Price Theory. Selected Readings, 2nd Edition, Harmondsworth et al. 1980

Trappe 1995 = H. Trappe: Emanzipation oder Zwang? Frauen in der DDR zwischen Beruf, Familie und Sozialpolitik, Berlin 1995

Turre 1996 = R. Turre: Moral und Ethik, in: Eppelmann u. a. 1996, S. 418 ff.

Ueberschär/Wette 1984 = G. Ueberschär/W. Wette (Hg.): Unternehmen Barbarossa. Der deutsche Überfall auf die Sowjetunion 1941, Paderborn 1984

Uhlig u. a. 1974 = G. Uhlig u. a.: Zur Entwicklung des Volksbildungswesens in der Deutschen Demokratischen Republik in den Jahren 1956 bis 1958; Monumenta Paedagogica, Band IX, Berlin 1974

Ulbricht 1957 = W. Ulbricht: Grundfragen der ökonomischen und politischen Entwicklung in der Deutschen Demokratischen Republik, in: Neues Deutschland vom 20. Oktober 1957

Ulbricht 1959 = W. Ulbricht: Über die Dialektik unseres sozialistischen Aufbaus, Ost-Berlin 1959

Ulbricht 1965 = H. Ulbricht: Aufgaben der sozialistischen Sozialpolitik bei der Gestaltung der sozialen Sicherheit in der Deutschen Demokratischen Republik, Habilitationsschrift, Leipzig 1965

UVA 1995 = Unabhängiger Verein zur historischen, politischen und juristischen Aufarbeitung der DDR-Vergangenheit e.V. (Hg.): Bericht der Arbeitsgruppe zur Aufarbeitung der SED-Archive, Rostock 1995

Vester 1995 = M. Vester: Deutschlands feine Unterschiede. Mentalitäten und Modernisierung in Ost- und Westdeutschland, in: Aus Politik und Zeitgeschichte, B 20/95, S. 16 ff.

Vetter 1996 = M. Vetter (Hg.): Terroristische Diktaturen im 20. Jahrhundert. Strukturelemente der nationalsozialistischen und stalinistischen Herrschaft, Opladen 1996

Vogel 1991 = J. Vogel: Magdeburg, Kroatenweg. Chronik des Magdeburger Bürgerkomitees, Braunschweig/Magdeburg 1991

Vogtmeier 1996 = A. Vogtmeier: Egon Bahr und die deutsche Frage. Zur Entwicklung der sozialdemokratischen Ost- und Deutschlandpolitik vom Kriegsende bis zur Vereinigung, Bonn 1996

Voigt 1985 = D. Voigt: Arbeitsbeziehungen in der DDR, in: G. Endruweit u. a. (Hg.): Handbuch der Arbeitsbeziehungen: Deutschland, Österreich, Schweiz, Berlin/New York 1985, S. 463 ff.

Voigt 1996 = D. Voigt: Mord – Eine Arbeitsmethode des Ministeriums für Staatssicherheit, in: Politische Studien, Nr. 349, 9/10 1996, S. 43 ff.

Voigt/Gries 1995 = D. Voigt/S. Gries: Karriereangebote, Karrieremuster und Elitenrekrutierung, in: Materialien 1995, Band III, 3, S. 1901 ff.

Voigt/Mertens 1993 = D. Voigt/L. Mertens (Hg.): Umgestaltung und Erneuerung im vereinigten Deutschland, Schriftenreihe der Gesellschaft für Deutschlandforschung, Band 39, Berlin 1993

Voigt/Mertens 1995 = D. Voigt/L. Mertens (Hg.): DDR-Wissenschaft im Zwiespalt zwischen Forschung und Staatssicherheit, Berlin 1995

Vollmer 1996 = U. Vollmer: Arbeit, in: Eppelmann u. a. 1996, S. 68 ff.

Vollnhals 1996a = C. Vollnhals (Hg.): Die Kirchenpolitik von SED und Staatssicherheit, Berlin 1996

Vollnhals 1996b = C. Vollnhals: Die kirchenpolitische Abteilung des Ministeriums für Staatssicherheit, in: Vollnhals 1996a, S. 79 ff.

Vollnhals 1997 = C. Vollnhals: Der Schein der Normalität. Staatssicherheit und Justiz in der Ära Honecker, in: Suckut/Süß 1997, S. 213 ff.

Volze 1995 = A. Volze: Innerdeutsche Transfers, in: Materialien 1995, Band V, 3, S. 2761 ff.

Volze 1996 = A. Volze: Ein großer Bluff? Die Westverschuldung der DDR, in: Deutschland Archiv, 29. Jg., S. 701 ff.

Vorsteher 1996 = D. Vorsteher (Hg.): Parteiauftrag: Ein neues Deutschland. Bilder, Rituale und Symbole der frühen DDR, Berlin 1996

Vortmann 1989 = H. Vortmann: Die soziale Sicherheit in der DDR, in: Weidenfeld/Zimmermann (Hg.): Deutschland-Handbuch. Eine doppelte Bilanz 1949–1989, Bonn 1989, S. 326 ff.

Voslensky 1980 = M. Voslensky: Nomenklatura. Die herrschende Klasse der Sowjetunion, Wien u. a. 1980

Wagner 1985 = H. Wagner: Das kommunistische Herrschaftssystem: Totalitär-bürokratische Parteidiktatur, in: Politische Bildung Heft 2/1985, S. 43 ff.

Wagner 1997 = M. Wagner: Das Kadernomenklatursystem. Ausdruck der führenden Rolle der SED, in: Herbst/Stephan/Winkler 1997, S. 148 ff.

Wagner o. J. = M. Wagner: Das Nomenklatursystem – Hauptinstrument der Kaderpolitik der SED, Potsdam o. J.

Wahlfall 1989 = Wahlfall 89. Eine Dokumentation zu den Kommunalwahlen im Jahre 1989; hrsg. von der Koordinierungsgruppe Wahlen, Berlin (Ost) 1989

Wahltreff 90 = „Wahltreff 90" – Zentrum für politikwissenschaftliche Information und Dokumentation (Hg.): Die aktuelle Programmatik von Parteien und politischen Vereinigungen in der DDR, Berlin 1990

Walter, F. 1996 = F. Walter: Die Einheit der Arbeiterklasse – Traum und Trugbild, in: Die Zeit Nr. 12 vom 15. März 1996

Walter, M. 1996 = M. Walter: Die Funktionen der Freien Deutschen Jugend im politischen System der DDR, in: Timmermann 1996, S. 193 ff.

Walther u. a. 1992 = J. Walther u. a. (Hg.): Protokoll eines Tribunals. Die Ausschlüsse aus dem DDR-Schriftstellerverband 1979, Reinbek 1991

Walther 1996 = J. Walther: Sicherungsbereich Literatur. Schriftsteller und Staatssicherheit in der Deutschen Demokratischen Republik, Berlin 1996

Warbeck 1991 = H. J. Warbeck: Die deutsche Revolution 1989/90. Die Herstellung der staatlichen Einheit, Berlin 1991

Weber 1963 = H. Weber (Hg.): Der deutsche Kommunismus. Dokumente, Köln/Berlin 1963

Weber 1972 = M. Weber: Wirtschaft und Gesellschaft, Tübingen 1972

Weber 1986 = H. Weber (Hg.): DDR. Dokumente zur Geschichte der Deutschen Demokratischen Republik 1945–1985, München 1986

Weber 1987 = H. Weber: Geschichte der SED, in: Spittmann 1987, S. 6 ff.

Weber 1988 = H. Weber: Geschichte der DDR, München 1985, 3. Aufl. 1988

Weber 1990 = H. Weber: „Weiße Flecken" in der Geschichte. Die KPD-Opfer der stalinschen Säuberungen und ihre Rehabilitierung, Berlin 1990

Weber 1991 = H. Weber: DDR: Grundriß der Geschichte, Hannover 1991

Weber 1993 = H. Weber: Die DDR 1945 bis 1990, München 1993

Weber 1994 = J. Weber (Hg.): Der SED-Staat: Neues über eine vergangene Diktatur, München 1994

Weber 1995 = A. Weber: Umgestaltung der Eigentumsverhältnisse und der Produktionsstrukturen der Landwirtschaft der DDR, in: Materialien 1995, Band II, 4, S. 2809 ff.

Weber 1996 = H. Weber: Die Sowjets verboten eine Urabstimmung unter den Mitgliedern. Der umstrittene Handschlag zwischen Kommunisten und Sozialdemokraten vor 50 Jahren, in: Frankfurter Rundschau vom 24. Januar 1996

Weber 1997 = H. Weber: Das I. Parlament in Brandenburg 1948 und die Entwicklung der FDJ. Erinnerungen eines Zeitzeugen, Einschätzungen eines Historikers, in: H. Gotschlich u. a. (Hg.): Aber nicht im Gleichschritt. Zur Entstehung der Freien Deutschen Jugend, Berlin 1997, S. 50 ff.

Weber/Koch 1983 = H. Weber/M. Koch: Opposition in der DDR. Bedingungen, Formen, Geschichte, in: Landeszentrale für politische Bildung Baden-Württemberg (Hg.): DDR, Stuttgart 1983, S. 141 ff.

Weber/Lange 1995 = H. Weber/L. Lange: Zur Funktion des Marxismus-Leninismus, in: Materialien 1995, Band III, 3, S. 2034 ff.

Weber/Piazolo 1995 = J. Weber/M. Piazolo (Hg.): Eine Diktatur vor Gericht. Aufarbeitung von SED-Unrecht durch die Justiz, München 1995

Weidenfeld/Zimmermann 1989 = W. Weidenfeld/H. Zimmermann (Hg.): Deutschland-Handbuch. Eine doppelte Bilanz 1949–1989, Bonn 1989

Weißhuhn 1991 = R. Weißhuhn (Red.): Gesteinsammlung. Festschrift für Gerd Poppe, Berlin 1991

Welsh 1991 = H. A. Welsh: „Antifaschistisch-Demokratische Umwälzung" und politische Säuberungen in der Sowjetischen Besatzungszone Deutschlands, in: Henke/Woller 1991, S. 84 ff.

Welsh/Zank 1990 = H. A. Welsh/W. Zank: Zentralverwaltungen/Einleitung, in: Broszat/Weber 1990, S. 201 ff.

Wendel 1996 = E. Wendel: Ulbricht als Richter und Henker. Stalinistische Justiz im Parteiauftrag, Berlin 1996

Wendt 1991 = H. Wendt: Die deutsch-deutschen Wanderungen, in: Deutschland Archiv 24/1991, S. 386 ff.

Wentker 1994 = H. Wentker: Kirchenkampf in der DDR, in: VfZ 42/1994, S. 95 ff.

Wentzel 1996 = D. Wentzel: Finanzierung des Systems, in: Eppelmann u. a. 1996, S. 196 ff.

Wenzel 1995 = O. Wenzel: Kriegsbereit. Der Nationale Verteidigungsrat der DDR 1960–1989, Köln 1995

Wenzel 1997 = O. Wenzel: „Einnahme von Westberlin – Einnahme von Westdeutschland" – aus den Akten des Ministeriums für Nationale Verteidigung und des Ministeriums für Staatssicherheit der DDR, in: Politische Studien Nr. 355/1997, S. 51 ff.

Werdin 1990 = J. Werdin (Hg.): Unter uns: Die Stasi. Berichte des Bürgerkomitees zur Auflösung der Staatssicherheit im Bezirk Frankfurt an der Oder, Berlin 1990

Werkentin 1994 = F. Werkentin: Strafjustiz im politischen System der DDR: Fundstücke zur Steuerungs- und Eingriffspraxis des zentralen Parteiapparates der SED, in: Rottleuthner 1994b, S. 93 ff.
Werkentin 1995 = F. Werkentin: Politische Strafjustiz in der Ära Ulbricht, Berlin 1995
Wettig 1981 = G. Wettig: Das Vier-Mächte-Abkommen in der Bewährungsprobe, Berlin 1981
Wettig 1993 = G. Wettig: Die Deutschland-Note vom 10. März 1952 auf der Basis der diplomatischen Akten des russischen Außenministeriums, in: Deutschland Archiv 26/1993, S. 786 ff.
Wettig 1994 = G. Wettig: Die Deutschland-Note vom 10. März 1952 nach sowjetischen Akten, in: Die Deutschlandfrage von der staatlichen Teilung Deutschlands bis zum Tode Stalins, Berlin 1994, S. 281 ff.
Wettig 1996a = G. Wettig: Kontrastprogramm „antifaschistisch-demokratische Ordnung": Sowjetische Ziele und Konzepte, in: Oberreuter/Weber 1996, S. 101 ff.
Wettig 1996b = G. Wettig: Niedergang, Krise und Zusammenbruch der DDR. Ursachen und Vorgänge, in: Kuhrt 1996a, S. 379 ff.
Wettig 1996c = G. Wettig: Sowjetunion und SBZ/DDR, in: Eppelmann u. a. 1996, S. 526 ff.
Wiedmann 1995 = R. Wiedmann (Bearbeiter): Die Organisationsstruktur des Ministeriums für Staatssicherheit 1989, Teillieferung des MfS-Handbuches: Anatomie der Staatssicherheit. Geschichte, Struktur und Methoden, hrsg. von K.-D. Henke u. a., Berlin 1995
Wiesniewski 1996 = R. Wiesniewski: Im Dienste der SED: Die Instrumentalisierung der Hochschulen, in: Forschung und Lehre, Heft 2/1996, S. 82 ff.
Wilke 1994 = M. Wilke: Nach Hitler kommen wir – Die Planung der Moskauer KPD-Führung 1944/1945 für Nachkriegsdeutschland, Arbeitspapiere des Forschungsverbundes SED-Staat der Freien Universität Berlin Nr. 11/1994, Berlin 1994
Wilke 1995 = M. Wilke: Der instrumentelle Antifaschismus der SED und die Legitimation der DDR, in: Materialien 1995, Band III, 1, S. 120 ff.
Wilke 1996 = M. Wilke: „Schlußbilanz": Die DDR vor dem ökonomischen Bankrott. Eine Lageanalyse des SED-Politbüros vom Oktober 1989, in: Zeitschrift des Forschungsverbundes SED-Staat. Beiträge und Informationen des Forschungsverbundes SED-Staat der Freien Universität Berlin, Nr. 1/1996, S. 29 ff.
Wilke 1998 = M. Wilke (Hg.): Anatomie der Parteizentrale. – Die KPD/SED auf dem Wege zur Macht, Berlin 1998
Wilke/Erler 1995 = M. Wilke/P. Erler: Zwischen Akzeptanz und Abwehr. Die Gründung der SED und die SPD, in: Zeitschrift des Forschungsverbundes SED-Staat. Beiträge und Informationen des Forschungsverbundes SED-Staat der Freien Universität Berlin, Nr. 0, Berlin 1995, S. 36 ff.
Wilke/Maser 1994 = M. Wilke/P. Maser: Die Gründung des Bundes der evangelischen Kirchen in der DDR, Arbeitspapiere des Forschungsverbundes SED-Staat an der Freien Universität Berlin Nr. 7/1994
Wilke/Müller 1991 = M. Wilke/H.-P. Müller: Zwischen Solidarität und Eigennutz. Die Gewerkschaften des DGB im deutschen Vereinigungsprozeß, Melle 1991
Winkler 1983 = K. Winkler: Made in GDR, Berlin 1983
Winkler 1987a = G. Winkler (Hg.): Lexikon der Sozialpolitik, Berlin (Ost) 1987
Winkler 1987b = G. Winkler: Soziale Entwicklung – Soziologie – Sozialpolitik, in: Jahrbuch für Soziologie und Sozialpolitik, Berlin (Ost) 1987, S. 29 ff.
Winkler 1988 = G. Winkler: Sozialpolitik in der DDR, in: Timmermann 1988, S. 135 ff.

Winkler 1989 = G. Winkler: Geschichte der Sozialpolitik der DDR 1945 bis 1985, Berlin (Ost) 1989

Winkler 1990a = G. Winkler: Demographische Forschung als Teil sozialstruktureller Forschung in der DDR, in: Timmermann 1990, S. 37 ff.

Winkler 1990b = G. Winkler: Soziale Entwicklung – Sozialstruktur – Sozialpolitik in der DDR, in: H. Timmermann (Hg.): Deutschland und Europa nach dem zweiten Weltkrieg, Saarbrücken-Scheidt 1990, S. 643 ff.

Winkler 1990c = G. Winkler (Hg.): Sozialreport '90. Daten und Fakten zur sozialen Lage in der DDR, Berlin (Ost) 1990

Winters 1995 = P.-J. Winters: Fortwirkende Maßnahmen der Regierung de Maizière, in: Materialien 1995, Band VII, 2, S. 2023 ff.

Wippermann 1997 = W. Wippermann: Wessen Schuld? Vom Historikerstreit zur Goldhagen-Kontroverse, Berlin 1997

Wolf 1990 = C. Wolf: Das haben wir nicht gelernt, in: Angepaßt oder mündig? Briefe an Christa Wolf im Herbst 1989, hrsg. von Petra Gruner, Berlin 1990

Wolf 1992 = S. Wolf: Die „Bearbeitung" der Kirchen in der Sowjetischen Besatzungszone der DDR durch die politische Polizei und das Ministerium für Staatssicherheit bis 1953, in: Florath u. a. 1992, S. 169 ff.

Wolf/Sattler 1995 = H. Wolf/F. Sattler: Entwicklung und Stuktur der Planwirtschaft der DDR, in: Materialien 1995, Band II, 4, S. 2889 ff.

Wolffsohn 1992 = M. Wolffsohn: Der außenpolitische Weg zur deutschen Einheit. Das Ausland und die vollendeten Tatsachen, in: Jesse/Mitter 1992, S. 142 ff.

Wolffsohn 1995 = M. Wolffsohn: Die Deutschlandakte. Juden und Deutsche in Ost und West, Tatsachen und Legenden, München 1995

Wolter 1992 = H. Wolter: Zusatzversorgungssysteme der Intelligenz, Baden-Baden 1992

Woods 1986 = R. Woods (Hg.): Opposition in the GDR under Honecker 1971–1985, Houndsmills, Basingstoke, Hampshire, London 1986

Worst 1991 = A. Worst: Das Ende eines Geheimdienstes, Berlin 1991

Wünsche 1996 = W. Wünsche: Zu einigen Fragen der Sicherheits- und Militärpolitik der DDR, in: Merkel/Wünsche 1996, S. 28 ff.

Wuttke 1994 = C. Wuttke: „Für unser Land!" Ein Aufruf im Gegensog, in: Prokop 1994, S. 88 ff.

Wuttke/Musiolek = Parteien und politische Bewegungen im letzten Jahr der DDR, Berlin 1991

Wyden 1995 = P. Wyden: Die Mauer war unser Schicksal, Berlin 1995

Zahlenspiegel 1988 = Bundesministerium für innerdeutsche Beziehungen (Hg.): Zahlenspiegel. Bundesrepublik Deutschland/Deutsche Demokratische Republik. Ein Vergleich. Bonn 1988

Zank 1990a = W. Zank: Gesellschaftspolitik der KPD/SED 1945–1949, in: Aus Politik und Zeitgeschichte, B 11/1990, S. 52 ff.

Zank 1990b = W. Zank: Wirtschaftliche Zentralverwaltungen und Deutsche Wirtschaftskommission (DWK), in: Broszat/Weber 1990, S. 253 ff.

Zank 1995 = W. Zank: Als Stalin Demokratie befahl, in: Die Zeit Nr. 25 vom 16. Juni 1995

Zapf 1993 = W. Zapf: Die DDR 1989/90 – Zusammenbruch einer Sozialstruktur? In: H. Joas/M. Kohly (Hg.): Der Zusammenbruch der DDR, Frankfurt am Main 1993

ZdF 1996 = Briefwechsel Jürgen Kockas mit Klaus Schroeder und Jochen Staadt vom Frühjahr 1995. Dokumentiert in: Zeitschrift des Forschungsverbundes SED-Staat, Nr. 2/1996, S. 105 ff.

Zeidler 1996 = S. Zeidler: Entstehung und Entwicklung der Ost-CDU 1945–1989. Zum Wandlungs- und Gleichschaltungsprozeß einer Blockpartei, in: Aus Politik und Zeitgeschichte, B 16–17/1996, S. 22 ff.

Zelikow/Rice 1995 = P. Zelikow/C. Rice: Germany unified and Europe transformed. A Study in Statecraft, London 1995

Zieger 1988 = G. Zieger: Die Haltung der SED und der DDR zur Einheit Deutschlands 1949–1987, Köln 1988

Ziemer 1995 = C. Ziemer: Der konziliare Prozeß in den Farben der DDR, in: Materialien 1995, Band VI, 2, S. 1430 ff.

Zilch 1994 = D. Zilch: Millionen unter der blauen Fahne. Die FDJ – Zahlen, Fakten, Tendenzen, Rostock 1994

Zilch 1996 = D. Zilch: Wer war die FDJ? Untersuchungen zur demographischen, sozialen und politischen Struktur der Mitglieder des Jugendverbandes der DDR – einschließlich seiner Funktionäre, in: Timmermann 1996, S. 215 ff.

Zimmer 1992 = M. Zimmer: Nationales Interesse und Staatsraison. Zur Deutschlandpolitik der Regierung Kohl 1983 bis 1989, Paderborn u. a. 1992

Zimmerling 1990 = Z. Zimmerling/S. Zimmerling: Neue Chronik DDR, 8 Bände, Berlin 1990

Zimmermann 1961 = H. Zimmermann: Probleme der Analyse bolschewistischer Gesellschaftssysteme. Ein Diskussionsbeitrag zur Frage der Anwendbarkeit des Totalitarismusbegriffs, in: Gewerkschaftliche Monatshefte, Nr. 4, S. 193 ff.

Zimmermann 1979 = H. Zimmermann (Hg.): DDR-Handbuch, Bonn 1979

Zimmermann 1985 = H. Zimmermann (Hg.): DDR-Handbuch, Bonn 1985

Zimmermann 1987 = H. Zimmermann: Die Arbeitsverfassung der DDR, in: Bundesminister für innerdeutsche Beziehungen 1987, S. 232 ff.

Zimmermann 1992 = B. Zimmermann: Vergiften geht wirklich leichter, in: Zimmermann/Schütt 1992, S. 235 ff.

Zimmermann/Schütt 1992 = B. Zimmermann/H.-D. Schütt (Hg.): ohnMacht. DDR-Funktionäre sagen aus, Berlin 1992

Zur Mühlen 1995 = Patrick von zur Mühlen: Der „Eisenberger Kreis". Jugendwiderstand und Verfolgung in der DDR 1953–1958, Bonn 1995

Zwahr 1993 = H. Zwahr: Ende einer Selbstzerstörung, Göttingen 1993

Zwahr 1995 = H. Zwahr: Die Revolution in der DDR 1989/90 – eine Zwischenbilanz, in: A. Fischer/G. Heydemann (Hg.): Die politische „Wende" 1989/90 in Sachsen. Rückblick und Zwischenbilanz, Weimar u. a. 1995, S. 205 ff.

Personenverzeichnis

A

Abelein, Manfred 605
Abrassimow, Pjotr Andrejewitsch 258
Abusch, Alexander 177
Achromejew, Sergei Fjodorowitsch 358
Ackermann, Anton 3, 10, 11, 13, 16, 17, 18, 24, 26, 38, 64, 89, 91, 128, 134, 435, 656, 657
Adenauer, Konrad 71, 72, 75, 86, 93, 96, 98, 124, 134, 151, 163, 167, 190, 463, 592, 598, 599
Albertz, Heinrich 190, 352
Albrecht, Susanne 325
Andropow, Juri Wladimirowitsch 257, 258, 271
Anlauf, Paul 106
Apel, Erich 154, 175, 180
Arendt, Erich 238
Arendt, Hannah 635, 636
Axen, Hermann 184, 230, 283, 293, 327, 465

B

Bach, Johann Sebastian 591
Bahr, Egon 160, 190, 191, 201, 202, 243, 258, 292, 293, 323, 604, 621
Bahro, Rudolf 229, 231, 242, 275, 312, 467, 469, 612
Baker, James 354, 379
Ballestrem, Karl Graf 640, 643
Barbe, Angelika 315
Bauer, Leo 85, 101, 433
Baumann, Edith 45
Baumann, Heinrich 68
Baumgarten, Klaus-Dieter 295
Becher, Johannes R. 45, 80
Becker, Jurek 238
Beethoven, Ludwig van 591
Behrens, Fritz 178
Beil, Gerhard 67
Beimler, Hans 559
Benjamin, Hilde 69, 127, 139, 157, 426
Bentzien, Hans 67, 155
Berg, Hermann von 242
Berg, Stefan 573
Berija, Lawrenti 84, 89, 122, 127
Bevin, Ernest 74
Beyme, Klaus von 625

Biermann, Wolf 155, 177, 227, 229, 238, 240, 241, 275, 321, 467, 469
Bismarck, Otto von 255, 263
Blecha, Kurt 67
Bloch, Ernst 137
Boer, Dick 351
Bohley, Bärbel 258, 275, 313, 328, 472
Böhme, Ibrahim 302, 315, 322, 323, 324, 339, 364
Bokow, Fjodor 36, 66
Bolz, Lothar 28, 42
Bonhoeffer, Dietrich 477
Borkowski, Dieter 237
Borm, William 260
Böttge, Bruno 62
Böttger, Martin 714
Bracher, Karl-Dietrich 640, 641
Brandt, Heinz 122, 150, 151, 153
Brandt, Helmut 85, 109
Brandt, Willy 155, 159, 160, 168, 173, 190, 191, 192, 195, 196, 200, 206, 207, 208, 223, 225, 260, 266, 293, 316, 330, 362, 364, 448, 463, 592, 600, 601, 605
Braun, Volker 237, 238, 321, 342
Bräutigam, Otto 312
Bredel, Willi 91, 137
Breschnew, Leonid Iljitsch 153, 154, 158, 185, 186, 199, 200, 204, 206, 208, 209, 210, 252, 257, 270, 285, 292, 469, 597, 640
Brill, Hermann 36, 38
Bronfman, Edgar M. 283
Brundert, Willi 102
Bruschke, Werner 34
Brüsewitz, Oskar 229, 243, 244, 480
Brzezinski, Zbigniew 635, 636, 637
Buchheim, Hans 634
Buchwitz, Otto 34
Bulganin, Nikolai Alexandrowitsch 90, 93
Bush, George 320, 324, 330, 352, 354, 355, 381, 382
Byrnes, William 26

C

Carlsson, Ingvar 284
Carstens, Karl 225

Carter, Jimmy 250
Chruschtschow, Nikita S. 84, 90, 91, 92, 93, 94, 95, 122, 132, 133, 134, 138, 144, 145, 150, 153, 163, 164, 166, 168, 185, 192, 598
Churchill, Winston 2, 3, 4, 6, 7, 26
Cless, Olaf 626
Corghi, Benito 229
Craxi, Benedetto 259

D

Dahlem, Franz 9, 18, 36, 54, 77, 88, 91, 101, 134
Dahrendorf, Gustav 36, 37, 40
Denissowitsch, Iwan 176
Dertinger, Georg 32, 88, 90, 153
Dibelius, Otto 432, 477
Diepgen, Eberhard 282
Diestel, Peter-Michael 326, 344, 367, 368, 369, 439
Dimitroff, Georgi 11, 16, 17
Djilas, Milovan 7, 640
Dohlus, Horst 305
Domaschk, Matthias 256
Drath, Martin 637, 638
Drescher, Fritz 39
Dubček, Alexander 157, 158, 184, 185, 186, 187
Dzierzynski, Feliks 267

E

Ebert, Friedrich 34, 126
Eckardt (*Obersekretär des DDR-Zolls*) 295
Eckhardt, Curt 39
Eden, Anthony 4
Eduard, Karl 570
Ehrensperger, Günter 327
Eichhorn, Günther 343, 368, 369
Eisenhower, Dwight D. 124, 163
Eisler, Gerhart 79
Ende, Lex 101
Engels, Friedrich 94, 133, 262, 549
Eppelmann, Rainer 256, 257, 275, 282, 313, 324, 484
Eppler, Erhard 604
Erhard, Ludwig 153, 192, 193, 600
Erler, Fritz 155, 190

F

Fabius, Laurent 260
Falcke, Heino 480
Faust, Siegmar 237
Fechner, Max 69, 89, 107, 109, 127, 134
Fechter, Peter 152
Fehér, Fèrenc 639
Felfe, Werner 212
Field, Noel H. 100
Fischer, Ernst 177
Fischer, Kurt 57
Fischer, Oskar 204, 230
Fischer, Werner 313
Florin, Peter 282
Florin, Wilhelm 10, 11, 12, 13, 185
Forck, Gottfried 484
Ford, Gerald Rudolph 204
Försterling, Paul 14
Franke, Egon 231
Fricke, Karl-Wilhelm 433
Friedmann, Bernhard 605
Friedrich II. (d. Gr.) 255, 263
Friedrich, Carl Joachim 635, 636, 637
Fuchs, Jürgen 229, 238
Fühmann, Franz 238
Funke, Manfred 643
Fürnberg, Louis 99

G

Gagarin, Juri 150
Gansel, Norbert 316, 604
Gartenschläger, Michael 228
Gärtner, Irene 656
Gauck, Joachim 368, 370
Geißler, Heiner 604
Genscher, Hans-Dietrich 266, 354, 378, 382, 384, 603
Gerlach, Manfred 321
Gerstenmaier, Eugen 592
Geschke, Ottomar 18
Gettner, Reinhard 102
Gimes, Miklós 135
Girnus, Wilhelm 599
Glaeßner, Gert-Joachim 624
Globke, Hans 172
Gniffke, Erich W. 47, 60, 61, 62, 63

Goebbels, Joseph 296
Goethe, Johann Wolfgang von 591
Gohlke, Reiner Maria 325
Goldbach, Joachim 451
Goldenbaum, Ernst 28
Goldhagen, Daniel 589
Goldstücker, Eduard 177
Gollwitzer, Helmut 352
Gomułka, Władysław 91, 135
Gorbatschow, Michail 259, 260, 279, 281, 282, 283, 284, 285, 286, 288, 290, 291, 292, 296, 297, 298, 301, 303, 310, 320, 321, 322, 323, 324, 325, 329, 330, 331, 334, 352, 354, 355, 357, 358, 359, 367, 379, 381, 382, 383, 384, 385, 451, 468, 482, 503, 596, 597, 611, 647
Göring, Peter 151
Götting, Gerald 229
Grass, Günter 323, 359, 386
Greven, Michael 633
Gromyko, Andrei 275
Großmann, Werner 448
Grotewohl, Otto 25, 31, 34, 35, 36, 37, 39, 63, 64, 71, 73, 78, 80, 86, 88, 104, 122, 124, 153, 358
Grün, Siegfried 122
Gueffroy, Chris 284, 295
Guillaume, Günter 225, 448
Gutzeit, Martin 285, 339
Gysi, Gregor 319, 321, 323, 333, 334, 472
Gysi, Klaus 155

H

Häber, Herbert 259, 268
Habermas, Jürgen 370
Hager, Kurt 138, 202, 217, 292, 322, 327, 396, 397, 523
Hamann, Karl 87
Harich, Wolfgang 84, 92, 136, 137, 153, 469
Havel, Václav 322
Havemann, Robert 149, 153, 155, 176, 177, 229, 231, 237, 241, 256, 257, 275, 276, 312, 467, 468, 469
Hein, Christoph 310, 571

Heinemann, Gustav 159
Heller, Agnes 389, 639
Hengst, Adalbert 128
Hennecke, Adolf 29, 77
Henning, Ottfried 267
Hermes, Andreas 25, 26, 32, 478
Hermlin, Stephan 172, 238
Herrmann, Joachim 155, 203, 212, 251, 300, 570
Herrnstadt, Rudolf 17, 89, 122, 126, 127, 128, 435
Herwegen, Leo 102
Heuß, Theodor 71, 72
Heym, Stefan 177, 218, 238, 239, 243, 321, 328, 351, 467, 469, 581
Hickmann, Hugo 32, 84, 101
Hilberg, Raul 591
Hilsberg, Stephan 315
Hindermann, Erich-Achim 109
Hitler, Adolf 3, 637, 644
Hockerts, Hans-Günter 630
Hoegner, Wilhelm 592
Hoffmann, Heinrich 63
Hoffmann, Heinz 203, 212, 260
Honecker, Erich 26, 45, 80, 126, 143, 160, 167, 169, 170, 177, 178, 179, 186, 196, 198, 199, 200, 201, 202, 206, 208, 209, 210, 211, 212, 213, 215, 217, 218, 219, 220, 226, 227, 228, 229, 230, 231, 232, 233, 235, 239, 242, 244, 247, 248, 251, 252, 253, 256, 257, 258, 259, 260, 261, 262, 266, 267, 268, 269, 270, 271, 275, 278, 279, 280, 281, 282, 283, 284, 285, 286, 288, 289, 290, 291, 292, 293, 294, 296, 297, 298, 299, 300, 301, 302, 307, 308, 312, 320, 322, 327, 330, 332, 389, 394, 395, 397, 398, 399, 403, 418, 440, 441, 457, 462, 464, 467, 468, 472, 474, 480, 490, 492, 503, 504, 507, 508, 513, 553, 554, 559, 564, 568, 569, 578, 579, 582, 596, 601, 602, 603, 610, 614, 624, 644, 646, 647
Honecker, Margot 256, 528, 560
Horn, Gyula 284
Howe, Geoffrey 260
Hübner, Nico 230, 231
Humboldt, Wilhelm von 153, 176, 350, 392
Hurd, Douglas 379

J

Jahn, Günther 305
Jahn, Roland 257, 275
Jähn, Siegmund 230
Janka, Walter 84, 92, 95, 137
Jarowinsky, Werner 259, 261, 327
Jaruzelski, Wojciech 253
Jendretzky, Hans 18, 89, 91, 128
Jewtuschenko, Jewgeni 291
Johannes Paul II. 260
Johnson, Lyndon B. 154
Just, Gustav 84, 92

K

Kádár, János 135
Kafka, Franz 177
Kaiser, Jakob 26, 27, 32, 47, 68, 101, 125, 478, 592
Kalb, Hermann 244, 481
Kaminsky, Horst 67
Kania, Stanislaw 253
Kant, Hermann 230, 239
Kaul, Friedrich Karl 218
Kayser, Karl 305
Kegel, Gerhard 190
Kennan, George F. 5, 26
Kennedy, John F. 150, 152, 163, 164, 173, 621
Kertzscher, Günter 67
Keßler, Heinz 260, 320
Keynes, John Maynard 487
Kielmannsegg, Peter Graf 642
Kiep, Walter Leisler 267, 268
Kiesinger, Kurt Georg 157, 195
Kinkel, Klaus 372
Kirow, Sergej Mironowitsch 133
Kirsch, Sarah 238
Kleiber, Günther 259, 261, 305
Klein, Dieter 351
Klein, Thomas 313
Kleine, Alfred 308, 309
Kleist, Heinrich von 591
Kleßmann, Christoph 628
Klingelhöfer, Gustav 31
Knabe, Hubertus 449
Koch, Waldemar 25, 32

Kohl, Helmut 255, 257, 259, 266, 267, 268, 279, 282, 293, 294, 296, 321, 323, 324, 325, 326, 329, 330, 331, 347, 351, 352, 353, 354, 355, 356, 357, 358, 359, 360, 362, 364, 370, 371, 372, 374, 378, 380, 381, 382, 383, 384, 385, 386, 472, 602, 603, 605
Kohl, Michael 160, 201, 202
Köhler, Willi 38
Kohrt, Günter 200
Kolakowski, Leszek 638
Korber, Horst 191, 192
Kotschemassow, Wjatscheslaw 258, 301, 329, 334, 358, 361, 367
Krack, Erhard 320
Krause, Günther 325, 372, 375
Krawczyk, Stephan 312
Kreikemeyer, Willi 101
Kreisky, Bruno 230
Krenz, Egon 203, 258, 261, 262, 280, 286, 287, 300, 301, 302, 303, 304, 305, 308, 319, 321, 322, 327, 328, 329, 330, 331, 332, 333, 335, 345, 350, 351, 397, 462, 472, 647
Kroker, Herbert 333
Krolikowski, Werner 212, 229, 271
Krusche, Günter 243, 321, 481
Külz, Wilhelm 32, 33, 47
Kummer, Michael 368
Kunert, Christian 229, 238
Kunert, Günter 238
Kunze, Reiner 229, 238
Kwizinskij, Julij A. 380, 382

L

Laban *(MfS-Hauptmann)* 295
Lafontaine, Oskar 260, 353, 364, 386
Lamberz, Werner 212, 225
Lambsdorff, Otto Graf 273, 311, 312, 325, 373
Lamers, Karl 604
Lange, Ingeburg 212
Lattmann, Dieter 352
Lehmann, Helmut 64
Lehmann, Otto 122
Leibholz, Gerhard 636
Lemmer, Ernst 26, 27, 32, 47
Lenin, Wladimir I. 8, 63, 108, 133, 134, 327, 501, 510, 547, 548, 549, 550

Lenk, Franz 106
Lenski, Arno von 450
Leonhard, Wolfgang 17
Lessing, Gottfried Ephraim 591
Levinson, Nathan Peter 551
Libermann, Jewsej G. 178
Liebknecht, Karl 283, 312, 482
Lietz, Heiko 313
Ligatschow, Jegor Kusmitsch 382
Linse, Walter 434
Linz, Juan 643
Litwin, Günter 151
Loest, Erich 153
Loewe, Lothar 229, 237
Lohmeyer, Ernst 68
Lorenz, Peter 267
Loth, Wilfried 81, 82
Lötsch, Manfred 532
Löwenthal, Richard 642
Loyen, Peter von 231
Lübke, Heinrich 448
Ludz, Peter-Christian 621, 622, 623
Lukács, Georg 92
Lummer, Heinrich 605
Luther, Martin 255, 258, 262, 476

M
Maetzig, Kurt 172
Mahle, Hans 17, 566
Maizière, Lothar de 319, 321, 322, 324, 325, 326, 343, 349, 360, 362, 366, 367, 368, 369, 373, 374, 375, 385, 439
Maléter, Pál 135
Maleuda, Günter 320
Mampel, Siegfried 626
Mann, Heinrich 9
Markus, György 639
Marx, Karl 105, 133, 142, 262, 547, 548, 549
Masur, Kurt 328
Matern, Hermann 43, 126, 129, 435
Matthäus-Meier, Ingrid 325
McCloy, John 84, 597
Meckel, Markus 285, 315, 366
Mehring, Franz 458
Melanchthon, Philipp 476
Melsheimer, Ernst 142
Merker, Paul 85, 101, 121, 433, 551

Mettke, Jörg 237
Metz, Heinrich 109
Meyer, Gerd 408, 623, 624
Meyer, Julius 552
Mielke, Erich 67, 77, 93, 106, 141, 172, 173, 212, 226, 239, 242, 251, 266, 272, 273, 278, 298, 303, 311, 312, 313, 327, 335, 336, 397, 425, 432, 436, 437, 438, 440, 441, 442, 445, 447, 448, 456, 474, 484
Mikojan, Anastas Iwanowitsch 92, 166
Mischnick, Wolfgang 202, 258
Mittag, Günter 175, 181, 183, 203, 209, 219, 229, 248, 257, 259, 272, 273, 300, 307, 308, 320, 397, 403, 489, 490, 509
Mitterrand, François 321, 324, 330, 354, 379
Mittig, Rudi 336
Mitzenheim, Moritz 477
Mlynář, Zdeněk 184
Mock, Alois 284
Modrow, Hans 280, 301, 304, 319, 320, 321, 322, 323, 327, 330, 331, 332, 333, 334, 336, 337, 338, 339, 342, 343, 344, 345, 346, 347, 348, 349, 350, 351, 352, 353, 355, 356, 357, 358, 359, 360, 361, 362, 367, 370, 371, 438, 462, 472, 473
Molotow, Wjatscheslaw M. 17, 20
Moltmann, Carl 34
Mommsen, Wolfgang 624
Momper, Walter 320, 330
Mückenberger, Erich 126
Müller, Ullrich 200
Müller, Gerhard 305
Müller, Heiner 238
Müller, Josef 592
Müller, Vincenz 42, 450
Münzer, Thomas 296
Mussolini, Benito 637

N
Nagy, Imre 135
Nakasone, Yasuhiro 282
Nasser, Gamal Abd el 154, 193, 600
Naumann, Konrad 260
Neumann, Franz Leopold 591
Neumann, Siegmund 636
Niebling, Gerhard 342
Niemöller, Martin 477

Nitschke, Karl-Heinz 229, 233
Norden, Albert 152, 156
Novotný, Antonín 184
Nuschke, Otto 32, 47, 109

O
Oelßner, Fred 92, 93, 126, 138
Ollenhauer, Erich 592, 599

P
Palme, Olof 259
Pannach, Gerulf 229
Papandreou, Andreas 259
Pieck, Wilhelm 8, 9, 10, 11, 12, 13, 14, 15, 16, 18, 20, 21, 25, 30, 34, 35, 36, 42, 59, 60, 61, 64, 66, 71, 73, 79, 80, 81, 82, 95, 101, 142, 395
Plenikowski, Anton 58
Plenzdorf, Ulrich 218, 237
Pohl, Gerhard 325
Pollack, Peter 325
Poppe, Gerd 313, 328
Poppe, Ulrike 258, 275, 313, 351
Preysing, Konrad Graf von 478

Q
Quandt, Bernhard 333

R
Rackwitz, Werner 218
Rathenow, Lutz 581
Rau, Heinrich 126
Rau, Johannes 293
Reagan, Ronald Wilson 260, 281, 282, 283, 292
Reinhold, Otto 304
Renner, Lutz 570
Reuter, Ernst 125
Rinser, Luise 352
Rohwedder, Detlev Karsten 325
Romberg, Walter 325
Roosevelt, Franklin D. 2, 3, 4, 6
Roth, Wolfgang 325
Rüddenklau, Wolfgang 313
Rühe, Volker 362
Rummler, Erich 457
Rupp, Rainer 448
Russakow, Konstantin 270

Rytlewski, Ralf 624

S
Sabrow, Martin 628
Sacharow, Andrei Dmitrijewitsch 231, 281
Sakowski, Helmut 218
Sartori, Giovanni 643
Schabowski, Günter 259, 261, 303, 317, 322, 329
Schacht, Ulrich 237
Schalck-Golodkowski, Alexander 268, 273, 307, 405, 447, 485, 504
Schäuble, Wolfgang 273, 283, 325, 375, 376, 377
Scheel, Walter 196, 223
Schewardnadse, Eduard 380, 384
Schiffer, Eugen 32, 69
Schirdewan, Karl 91, 92, 93, 119, 128, 131, 134, 138, 141, 436
Schleusener, Frank 102
Schlüter, Paul 283
Schmidt, Elli 10, 18, 89, 91, 126, 128
Schmidt, Helmut 231, 243, 253, 256, 257, 266, 267, 268, 275, 596, 602, 603
Schneider, Rolf 231, 238, 239
Schnur, Wolfgang 108, 324, 364
Schönherr, Albrecht 230, 244, 481
Schönherr, Johannes 244
Schorlemmer, Friedrich 314, 321, 346, 351, 449
Schramm, Henry G. 326
Schreiber, Walther 26, 32
Schröder, Richard 366
Schult, Reinhard 313, 339
Schumacher, Kurt 31, 34, 35, 36, 37, 39, 40, 41, 63, 71, 592
Schumpeter, Joseph Alois 487
Schürer, Gerhard 154, 180, 203, 209, 212, 219, 220, 247, 248, 271, 307, 308, 309, 322, 327, 498, 508, 512
Schütz, Klaus 200
Schwab, Sepp 14
Schwanitz, Wolfgang 336, 337, 338, 340, 342, 438
Schwarz, Ulrich 242
Seghers, Anna 92, 137
Seiters, Rudolf 273, 350

Semjonow, Wladimir Semjonowitsch 19, 20, 88, 128
Seyppel, Joachim 231
Shdanow, Andrei Alexandrowitsch 14, 20, 27, 47
Shukow, Georgi Konstantinowitsch 19, 36
Šik, Ota 184
Sindermann, Horst 203, 229, 281
Sinowatz, Fred 259
Slánský, Rudolf 87, 551
Smirnow, Andrei Andrejewitsch 19
Sobottka, Gustav 3, 16, 17, 18, 24
Sokolowski, Wassili 19, 75
Sölle, Dorothee 352
Solschenizyn, Alexander 176, 203
Sorsa, Kalerie 260
Springsteen, Bruce 310
Stalin, Josef 1, 2, 3, 4, 6, 7, 8, 9, 10, 17, 18, 20, 29, 35, 36, 42, 48, 60, 63, 66, 71, 76, 77, 79, 80, 81, 82, 83, 84, 87, 88, 91, 98, 101, 102, 108, 121, 125, 127, 132, 133, 134, 142, 151, 173, 395, 409, 434, 503, 547, 549, 552, 569, 592, 593, 595, 627, 637, 640
Stammer, Otto 621
Staritz, Dietrich 623, 626
Steinhoff, Karl 432
Stenzel, Günter 103
Stern, Katja 122
Stief, Eberhard 369
Stiller, Werner 448
Stockmann (*Major der DDR-Grenztruppen*) 295
Stolpe, Manfred 243, 276, 484
Stoph, Willi 95, 153, 154, 157, 160, 196, 200, 203, 209, 229, 300, 303, 332, 339
Strauß, Franz-Josef 208, 258, 259, 260, 268, 271, 273, 602, 612
Streletz, Fritz 143, 284, 295
Suhr, Otto 34, 621
Suslow, Michael Andrejewitsch 20
Szczypiorski, Andrzej 591

T
Teltschik, Horst 360, 380
Thälmann, Ernst 46, 93, 261, 402, 582
Thatcher, Margaret 324, 330, 354, 379
Thierse, Wolfgang 325

Thölke, Wim 580
Thürk, Harry 218
Tisch, Harry 204, 212
Tito, Josip Broz 7, 63, 64, 100, 154, 231
Todenhöfer, Jürgen 605
Todorov, Tzvetan 636
Trudeau, Pierre Elliott 258
Truman, Harry S. 3, 6, 7, 26, 47, 58, 59, 71, 594
Tschernenko, Konstantin Ustinowitsch 258, 259, 271
Tschiche, Hans-Jochen 313
Tulpanow, Sergei Iwanowitsch 20, 35, 59, 75

U
Ulbricht, Walter 3, 10, 11, 15, 16, 17, 18, 24, 57, 58, 59, 60, 62, 63, 65, 68, 79, 81, 82, 84, 85, 88, 89, 91, 92, 93, 94, 95, 97, 101, 103, 109, 119, 122, 123, 126, 127, 128, 129, 131, 132, 133, 134, 136, 138, 139, 140, 141, 142, 143, 144, 145, 148, 149, 150, 151, 152, 153, 154, 155, 156, 157, 158, 159, 160, 161, 162, 164, 165, 166, 167, 168, 170, 175, 177, 178, 180, 182, 183, 185, 190, 193, 194, 195, 196, 197, 198, 199, 200, 202, 206, 207, 208, 209, 210, 211, 212, 217, 219, 225, 226, 244, 247, 300, 301, 358, 395, 397, 399, 418, 423, 435, 436, 468, 503, 504, 505, 506, 513, 554, 556, 558, 578, 596, 598, 600, 601, 612, 644, 646

V
Varga, Jenö 48
Verner, Paul 143, 244, 480
Vogel, Hans-Jochen 316
Vogel, Wolfgang 108
Voigt, Karsten 353
Vollmer, Antje 603
Vranitzky, Franz 283

W
Waigel, Theo 273, 382
Wandel, Paul 118, 138, 558, 566
Warnke, Herbert 204
Weber, Hermann 626, 627
Weber, Max 421, 633
Weech, Hans von 450
Wehner, Herbert 155, 190, 202, 243, 260, 599

Weigel-Brecht, Helene 92, 137
Weinhold, Werner 205
Weizsäcker, Richard von 258
Welsch, Wolfgang 445
Wendt, Erich 191
Werner, Ruth 309, 721
Wesemeyer, Albert 39
Wesskamm, Wilhelm 478
Willmann, Heinz 45
Wischnewski, Hans-Jürgen 230
Witte, Siegfried 102
Wolf, Christa 172, 238, 321, 328, 351, 472, 581, 590
Wolf, Gerhard 238
Wolf, Markus 106, 173, 282, 303, 311, 327, 338, 368, 435, 447
Wollenberger, Vera 313
Wollweber, Ernst 89, 92, 93, 129, 138, 141, 435, 436
Wulz, Hans 450
Wünsche, Kurt 325
Wyschinski, Andrej J. 108

Z

Zaisser, Wilhelm 84, 89, 106, 123, 126, 127, 128, 129, 141, 433, 435
Ziller, Gerhart 92, 138
Zimmermann, Hartmut 621, 622, 623